Access 2002 programmieren

Ralf Albrecht, Natascha Nicol

Access 2002 programmieren

Professionelle Anwendungsentwicklung
mit Access und VBA

ADDISON-WESLEY

An imprint of Pearson Education

München • Boston • San Francisco • Harlow, England
Don Mills, Ontario • Sydney • Mexico City
Madrid • Amsterdam

Die Deutsche Bibliothek – CIP-Einheitsaufnahme

Ein Titeldatensatz für diese Publikation ist bei
Der Deutschen Bibliothek erhältlich.

Umwelthinweis:
Dieses Buch wurde auf chlorfrei gebleichtem Papier gedruckt. Die Einschrumpffolie – zum Schutz vor Verschmutzung – ist aus umweltverträglichem und recyclingfähigem PE-Material.

10 9 8 7 6 5 4 3 2
05 04
ISBN 3-8273-1942-0

Lektorat: Martin Asbach, masbach@pearson.de
Korrektorat: Karin Rinne, Bonn
Satz: Programmiererei Nicol GmbH, Frankfurt
Herstellung: Elisabeth Egger, eegger@pearson.de
CD-Mastering: Gregor Kopietz, gkopietz@pearson.de
Gestaltung der Kapitelanfänge: Kerstin Diacont, Neu-Isenburg
Umschlaggestaltung: Hommer Design, Haar
Druck: Bercker Graphischer Betrieb, Kevelaer
Printed in Germany

Inhaltsverzeichnis

1 Einleitung

Im letzten Sommer verspürten wir des Öfteren Lust auf einen erfrischenden Cocktail, insbesondere dann, wenn wir den ganzen Tag vor dem PC gesessen hatten und viel zu wenig Sonne abbekamen.

Und jedes Mal standen wir vor dem gleichen Problem: Welche Cocktailzutaten hatten wir im Haus und welche Cocktails ließen sich daraus mixen? Lange blätterten wir in Mixanleitungen in der Hoffnung, einen Drink zu finden, der unseren Zutaten entsprach.

Bild 1.1: Das Cocktailformular

Um die Zeit bis zum Cocktail zu verkürzen, entwickelten wir mit Access eine kleine Anwendung, die uns die mit unseren Zutaten möglichen Drinks sehr schnell ermittelte. Diese Cocktailanwendung soll im vorliegenden Buch als Beispiel dienen, denn an ihr lassen sich die vielfältigen Möglichkeiten von Access gut erklären.

Die Anwendung finden Sie auf der dem Buch beigelegten CD-ROM, sodass Sie sich während der Arbeit mit Access erfrischen können. Damit Sie einen klaren Kopf beim Programmieren behalten, befinden sich auch viele Drinks ohne Alkohol in der Datenbank.

1.1 Zum Buch

Wir möchten mit diesem Buch in erster Linie Access-Anwender ansprechen, die Anwendungen mit Access entwickeln wollen. Der Schwerpunkt dieses Buches liegt auf der Programmierung mit »Visual Basic für Applikationen« (VBA), der in Access implementierten Programmiersprache. Um die Möglichkeiten dieser Sprache nutzen zu können und die vielfältigen Funktionen von Access anzusprechen, behandelt das Buch drei wesentliche Bereiche: die Datenbankabfragesprache SQL als Basis für Datenbankoperationen, die Programmierung mit VBA in Access und die Grundlagen für eine Entwicklung von Access-Anwendungen. Daneben werden aber auch Themen wie Client-Server-Verarbeitung mit Access-Projekten und die Datensicherheit in Access besprochen.

1.2 Drei Ansätze

In Access finden Sie drei Ansatzmöglichkeiten, um Ihre Datenbankanwendungen zu erstellen: Formulare bzw. Berichte, Makros und Visual Basic. Für alle drei Varianten ist die Abfragesprache SQL die gemeinsame Basis.

1.2.1 Formulare und Berichte

Microsoft Access verfügt über leistungsfähige Programmteile zur Definition und Gestaltung von Formularen und Berichten. Die hier zur Verfügung gestellten Werkzeuge, die auf Endanwender ausgerichtet sind, die über keine Programmierkenntnisse verfügen, ermöglichen auch komplexe Masken- und Ausdruckgestaltungen. In unseren Seminaren erleben wir immer wieder Anwendungsentwickler, die über die Leistungsfähigkeit der Formular- und Berichtsgestaltung erstaunt sind.

1.2.2 Makros

Für einfache Abläufe lassen sich in Access Makros einsetzen. Das Makromodul erlaubt es Ihnen, Menübefehle aus Formularen und Berichten zusammenzufassen und gegebenenfalls mit Parametern zu versehen.

Der Nachteil, Anwendungen mit Makros zu erstellen, besteht darin, dass es nicht möglich ist, eine vernünftige Fehlerbehandlung zu implementieren. Damit ist es eigentlich ausgeschlossen, in größeren Anwendungen Makros einzusetzen, denn bei einem Fehler, der während der Ausführung eines Makros auftritt, wird die Anwendung sofort beendet. Aus diesem Grunde haben wir auf die Besprechung von Makros im Rahmen dieses Buches verzichtet.

1.2.3 Visual Basic-Programme

Mit Visual Basic stehen Ihnen alle Freiheiten einer vollständigen Programmiersprache in Access zur Verfügung. Visual Basic hat sich im Laufe der Jahre zu einer sehr leistungsfähigen Programmiersprache entwickelt, die nur noch wenig mit dem Basic zu tun hat, mit dem Bill Gates seine ersten Millionen verdient hat.

In Access lassen sich Visual Basic-Routinen als eigenständige Module und in Formularen bzw. Berichten als zugeordnete Programmteile einsetzen. Bei der zweiten Variante spricht man vom so genannten »code behind forms«.

Schon mit der Version Access 97 kam die Möglichkeit hinzu, Klassenmodule zu erstellen. Mit der Hilfe von Klassenmodulen ist eine objektorientierte Programmierung in Access möglich.

1.2.4 Entscheidungen

Für viele Problemstellungen lassen sich in Access mehrere Lösungsvarianten aufzeigen. Welcher Ansatz für Ihr Problem der sinnvollste ist, hängt von Ihren Rahmenbedingungen bzw. Ihrem Know-how ab.

Wir stellen Ihnen in diesem Buch an vielen Stellen mehrere Lösungen vor und diskutieren die Vor- und Nachteile der jeweiligen Varianten, insbesondere im Hinblick auf das Leistungsverhalten und die Dokumentation.

1.3 Was ist neu in Access 2002?

Wir möchten Ihnen kurz die Neuerungen gegenüber der Vorgängerversion Access 2000 beschreiben. Im Allgemeinen ist Access 2002 nur eine Überarbeitung von Access 2000 ohne große Änderungen. Access 2002 wurde in vielen Details verbessert, dies betrifft insbesondere auch die Laufzeitstabilität und Datensicherheit des Programms, beispielsweise weniger Abstürze mit defekten Datenbanken usw.

Für den Anwender sind die Formularansichten PivotTable und PivotChart neu hinzugekommen, die die Auswertung von Datenbeständen erlauben.

Für Access-Entwickler wurde mit dem `Printer`-Objekt bzw. der `Printers`-Auflistung ein alter Wunsch Realität: einfach und ohne die Programmierung von Windows-API-Funktionen Druckerauswahl und -steuerung programmieren zu können.

Für die Formular-Programmierung hat Microsoft zwei nützliche Ereignisse bereitgestellt, `OnUndo` und `OnDirty`, die Sie jetzt zusätzlich mit Ereignisprozeduren behandeln können.

Für die Programmierung von Listen- und Kombinationsfeldern sind die Methoden `AddItem` und `RemoveItem` ergänzt worden, die ein einfaches Füllen bzw. Leeren der Felder ermöglichen.

Access-Projekte unterstützen nun auch den Funktionsumfang von Microsoft SQL Server 2000.

Eines der wichtigsten Themen bei Microsoft ist zurzeit XML, infolgedessen nun auch Funktionen zum Lesen und Schreiben von XML-Dateien vorhanden sind.

1.4 Beschreibung der Kapitel

Wir haben das Buch, um es übersichtlicher zu gestalten, in acht thematisch unterschiedliche Abschnitte aufgeteilt. In der Regel ist jeder Abschnitt in weitere Kapitel unterteilt.

Teil 1: Datenbankgrundlagen und SQL

Der erste Teil des Buches beschäftigt sich mit den Grundlagen relationaler Datenbanken und der Abfragesprache SQL, die den Datenbankoperationen von Access zugrunde liegt.

In Kapitel 2 beschreiben wir kurz das Design von relationalen Datenbanken und erläutern Begriffe wie »Referentielle Integrität« und »Normalformen«. In diesem Kapitel wird auch die Datenstruktur der dem Buch zugrunde liegenden Beispielanwendung »Cocktails« vorgestellt.

Die Basis für Datenbankzugriffe und -abfragen ist die Abfragesprache SQL, die in Kapitel 3 ausführlich mit vielen Beispielen erläutert wird. Gute Kenntnisse in SQL sind fast immer die Voraussetzung für schnelle und leistungsfähige Access-Anwendungen. Beschrieben werden in diesem Kapitel die vielfältigen Möglichkeiten des SQL-Befehls `SELECT` ebenso wie Parameter- und Unterabfragen.

In Kapitel 4, »Aktionsabfragen«, werden SQL-Befehle erklärt, mit denen Daten geändert und gelöscht werden können. Behandelt werden unter anderem die Access-SQL-Befehle `UPDATE`, `INSERT INTO`, `SELECT INTO` und `DELETE`. Auch die Befehle zur Datendefinition, mit denen Datenbankstrukturen aufgebaut werden können, gehören zum Inhalt dieses Kapitels.

In Kapitel 5 besprechen wir die SQL-92-Erweiterungen, die mit dem Datenbankkern Jet 4.0 neu hinzukamen sowie die Datendefinitionsbefehle. Die Erweiterungen sind nur über OLE DB und ADO ansprechbar, zwei Konzepte, die wir Ihnen in diesem Buch vorstellen werden.

Teil 2: Programmierung mit Visual Basic

Im zweiten Teil werden die Grundlagen von Visual Basic für Applikationen (VBA) besprochen, der in Access verwendeten Programmiersprache.

Zunächst erhalten Sie im sechsten Kapitel eine »Einführung in Visual Basic«. Erläutert werden die grundlegenden Befehle und Konstrukte der Programmiersprache VBA, die die Basis für alle Programme in Access ist. Dazu gehören die Definition von Variablen, Datenfelder, Bedingungsabfragen, Schleifen und vieles mehr.

Für Ihre Programmieraufgaben können Sie die in Access enthaltenen VBA-Funktionen nutzen. Im Kapitel »VBA-Funktionen« erhalten Sie einen Überblick über die gebräuchlichsten Funktionen.

Die Entwicklung fehlerfreier Programme ist das Ziel aller Programmierer. Access bietet dazu eine Reihe von Werkzeugen und Hilfsmitteln, die im Kapitel »Fehlersuche und -behandlung« beschrieben sind. Für die Fehlersuche in Access-Programmen wird der Debugger vorgestellt. Zudem wird in diesem Kapitel die Behandlung von Laufzeitfehlern erläutert.

Teil 3: Datenbankobjekte

Access verwendet ein umfangreiches Objektmodell, mit dessen Hilfe auf die Inhalte von Datenbanken zugegriffen wird. In diesem Abschnitt werden sowohl die theoretischen Hintergründe als auch die praktische Anwendung der Datenbankobjekte vorgestellt.

In Kapitel 9, »Objekte, Methoden und Eigenschaften«, beschreiben wir das zugrunde liegende Objektmodell.

Anschließend stellen wir Ihnen in Kapitel 10 die Datenbankzugriffsschnittstelle ADO, »ActiveX Data Objects« vor, die Microsoft als neuen Standard für die Zukunft propagiert. Wir erläutern Begriffe wie Connections, Recordsets, Commands und vieles mehr.

In den Versionen vor Access 2000 wurde der Zugriff auf Datenbanken ausschließlich mithilfe der »Datenzugriffsobjekte« durchgeführt. Die Datenzugriffsobjekte (»Data Access Objects«, DAO), die in Kapitel 11 beschrieben werden, sind eine leistungsfähige Schnittstelle zur Datenbank für Ihre Applikationen. Trotz ADO wird DAO noch ein langes Leben haben.

Teil 4: Formulare und Berichte

Im vierten Teil des Buches möchten wir Ihnen den fortgeschrittenen Umgang und die Programmierung von Formularen und Berichten vorstellen.

Grafische Benutzeroberflächen wie Windows arbeiten ereignisorientiert. Ein Ereignis, wie beispielsweise ein Mausklick oder ein Tastenanschlag, wird von Windows bzw. dem Anwendungsprogramm ausgewertet. Die »Ereignisse« in Access sind das Thema des zwölften Kapitels.

Daten werden auf Access-Formularen und -Berichten in Steuerelementen dargestellt. Die Einrichtung und Verwendung von Steuerelementen sowie die Abfrage der Elemente aus VBA-Programmen stellt Kapitel 13, »Steuerelemente«, vor. Ausführlich behandelt werden Text-, Kombinations- und Listenfelder sowie Befehlsschaltflächen. An Beispielen werden Kontrollkästchen, Optionsfelder und Umschaltflächen, die sich in Optionsgruppen zusammenfassen lassen, erklärt.

»Formulare«, die Bildschirmmasken von Access, sind das Thema in Kapitel 14. Die vielfältigen Möglichkeiten von Formularen, den darauf angeordneten Steuerelementen und der Ereignissteuerung werden in diesem Kapitel beschrieben.

In Kapitel 15 werden die neuen Formular-Ansichten PivotTable und PivotChart behandelt.

Ähnlich wie Formulare werden Berichte behandelt, allerdings sind Berichte für die Ausgabe von Daten auf Druckern konzipiert. Kapitel 16, »Berichte«, erläutert den Umgang mit den Access-Ausgabedefinitionen.

Teil 5: Klassenmodule

Kapitel 17, »Klassenmodule«, zeigt auf, welche Möglichkeiten der objektorientierten Programmierung in Access bestehen. Wir erläutern Ihnen, wie Sie Klassen mit Eigenschaften (Properties) und Methoden erstellen, Instanzen von Klassen generieren und Auflistungen (Collections) programmieren.

Als Beispiele stellen wir Ihnen eine Klasse vor, die Zeichenketten mit Parametern bearbeitet, eine Klasse, die Log-Informationen in Dateien mitschreibt, und eine Klasse zur Fehlerbehandlung, eine für E-Mail und vieles mehr.

Teil 6: Professionelle Anwendungsentwicklung

Für komplette Anwendungen stellen wir Ihnen in diesem Teil die benötigten Hilfsmittel vor. Dabei gehen wir auch auf die Verwendung von Access-Anwendungen in Mehrbenutzerumgebungen ein.

Der Einsatz von Access im Netzwerk mit dem gleichzeitigen Zugriff mehrerer Benutzer auf die gleichen Daten wird in Kapitel 18, »Multiuser-Zugriffe«, behandelt. Erläutert werden verschiedene Sperrverfahren und die Durchführung von Transaktionen.

Die Steuerung anderer Applikationen, beispielsweise von Word oder Excel, aus Access heraus ist Thema von Kapitel 19, »Automatisierung«. Wir stellen Ihnen hier unter anderem das Programm DocuAid2002 vor, das Access-Datenbanken dokumentiert, wobei die Dokumentation direkt in Word erzeugt wird.

Zusätzliche Steuerelemente, die Ihre Anwendungen um viele Funktionen erweitern, beschreiben wir in Kapitel 20, »AxtiveX-Steuerelemente«. Die Steuerelemente basieren auf der ActiveX-Schnittstelle, die eine Einbindung auch von Steuerelementen fremder Hersteller ermöglicht. Wir stellen Ihnen in diesem Kapitel auch die mit Access bzw. der Entwicklungsumgebung »Microsoft Office 2002 Developer« (MOD) gelieferten ActiveX-Steuerelemente vor.

Mithilfe von CommandBar-Objekten können Sie Menüs und Symbolleisten programmieren. In Kapitel 21, »Menüs und Symbolleisten«, beschreiben wir Ihnen ausführlich die Leistungsmerkmale.

In Kapitel 22, »Add-Ins und Bibliotheken«, erläutern wir, wie Sie Datenbanken als Access-Add-Ins-Erweiterungen oder als Bibliotheksdatenbank einsetzen können.

Für die Entwicklung von Access-Anwendungen bietet das Programm eine Reihe von Funktionen und Einstellungen, die wir im Kapitel »Anwendungsentwicklung« zusammengefasst haben. Beschrieben werden unter anderem die Einstellungen der Start-Eigenschaften, das Setzen und Abfragen von Access-Optionen mit VBA, die Aufteilung von Access-Datenbanken, um Programme und Daten zu trennen, sowie die Möglichkeiten von DoCmd, SysCmd und des Application-Objekts.

Die »Datensicherheit«, d.h. den geregelten Zugriff von Benutzern und Benutzergruppen auf Daten und Programme, erläutern wir in Kapitel 24. Wir zeigen Ihnen, wie Sie Ihre Datenbank gegen unberechtigten Zugriff sichern und die Sicherheitsfunktionen aus Programmen heraus ansprechen können.

Teil 7: Client-Server-Verarbeitung mit Access

Der Einsatz von Access in Client-Server-Umgebungen ist Gegenstand dieses Abschnitts. Dazu wird erläutert, wie Sie mit Access auf »große« Datenbankmanagementsysteme zugreifen können.

In Kapitel 25, »Konzepte der Client-Server-Verarbeitung« erläutern wir die Grundlagen der Client-Server-Verarbeitung und beschreiben die mit Access möglichen Varianten. Diese Informationen sind hilfreich, um die Möglichkeiten des Zugriffs auf große Datenbankmanagementsysteme von Herstellern wie Oracle, Informix, IBM und vielen anderen einschätzen zu können. Wir erläutern ausführlich die Zusammenarbeit von Access mit Datenbankmanagementsystemen über die Schnittstelle ODBC bzw. OLE DB.

Access-Projekte ist die Bezeichnung für ein spezielles Access-Dateiformat mit der Endung ADP. Diese Dateien sind konzipiert für den Zugriff auf Datenbanken, die von Microsoft SQL Servern oder MSDE-Servern verwaltet werden. In Kapitel 26 geben wir Ihnen einen Überblick über die Möglichkeiten und die Programmierung von Access-Projekten.

In Kapitel 27 geben wir Ihnen einen Einblick in XML und seine Bedeutung für Access. Wir zeigen Ihnen einige interessante Lösungen, auch im Zusammenspiel mit Microsoft SQL Server 2000.

Anhang

In Anhang A finden Sie die »Reddick-VBA-Namenskonventionen«, die als Richtlinie für die Benennung von Variablen Ihre Programmierung unterstützen und standardisieren können. In Anhang B können Sie einige Spezifikationen von Access nachschlagen.

1.5 Was wird nicht beschrieben?

Wir haben in diesem Buch aus Platzgründen auf die Beschreibung der Internet-Funktionen von Access verzichten müssen. So werden beispielsweise die Ausgabe von Daten im HTML-Format, die Verwendung von Hyperlink-Feldern und der Einsatz von Datenzugriffsseiten nicht beschrieben.

Eine ausführliche Beschreibung der Komponenten hätte den Rahmen des Buchs gesprengt, denn insbesondere die Programmierung von Datenzugriffsseiten erfordert umfangreiche Erläuterungen und einiges an Internet-Kenntnissen.

Ebenfalls dem Platzmangel zum Opfer fiel die Beschreibung der Replikations-Funktionen von Access 2002.

Anregungen, Kommentare und Kritik

Anregungen, Kommentare und Kritik nehmen wir gerne entgegen und versuchen, jede E-Mail zu beantworten. Sie erreichen uns per E-Mail unter `aw@programmiererei.de`.

In einem unserer ersten Bücher beendeten wir die Einleitung mit einer chinesischen Weisheit, die auch für dieses Buch wieder gilt:

»Wollte ich Vollkommenheit anstreben, würde mein Buch nie fertig.«

T'ai Tung, 13. Jahrhundert

eins

Teil

Datenbankgrundlagen und SQL

2 Relationale Datenbanken
3 Die Abfragesprache SQL
4 Aktionsabfragen
5 SQL-Erweiterung von Jet 4.0

2 Relationale Datenbanken

Microsoft Access ist das erfolgreichste Datenbankprodukt für Windows der letzten Jahre. Diesen Erfolg hat Access außer der Marktpräsenz und dem Marketing von Microsoft zwei entscheidenden Eigenschaften zu verdanken: sowohl der leichten Bedienbarkeit für den Endanwender als auch der Eignung als Entwicklungssystem für professionelle Datenbankentwickler. Microsoft hat es geschafft, diesen »Spagat« so zu realisieren, dass beide Seiten in den meisten Fällen zufrieden sind.

2.1 Der Aufbau von Access

Access 2002 setzt sich aus verschiedenen Bestandteilen zusammen, die im folgenden Bild aufgeführt sind.

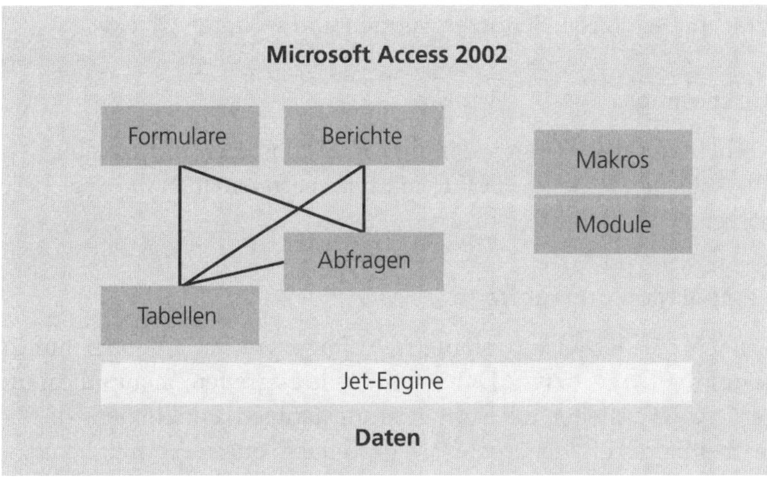

Bild 2.1: Access 2002-Aufbau

Die Datenbankbasis von Access 2002 ist die Microsoft Jet-Engine. Microsoft hat mit Jet einen breit einsetzbaren Datenbankkern, eine Datenbank-»Maschine« geschaffen, die inzwischen von fast allen Microsoft-Produkten genutzt wird.

Bis zur Version 97 von Access wurde über eine einheitliche Programmierschnittstelle »Data Access Objects«, im Weiteren kurz DAO genannt, auf Jet-eigene und andere Datenbanken zugegriffen. DAO wurde mit Access 2000 von ADO, »ActiveX Data Objects«, abgelöst. ADO ist nicht wie DAO eng mit der Jet-Engine verknüpft, sondern erlaubt den Zugriff auf beliebige Daten. Aus Gründen der Kompatibilität mit Access 97 und den Versionen davor unterstützt Access 2002 sowohl DAO als auch ADO. Leider ist die Integration beider Schnittstellen für den Programmierer etwas unübersichtlich ausgefallen, wie Sie beim Arbeiten und Programmieren selbst feststellen werden.

In Access 2002 verwendet Microsoft die Jet-Engine 4.0. Allerdings kann der volle Funktionsumfang der Version 4.0 nur mit ADO genutzt werden, mit DAO verhält sich die Jet-Engine wie die Version 3.6.

Alle Access-Datenbankoperationen werden über den Jet-Datenbankkern abgewickelt. Jet bietet die sechs grundlegenden Funktionen einer Datenbank: Datendefinition, Datenspeicherung, Datenmanipulation und -abfrage, Sicherheit, Multiuser-Zugriffe und Datenbankwartung.

Datendefinition

Jet erlaubt die Definition von Datenbanken, Tabellen, Feldern, Indizes, Relationen, Abfragen, Benutzern, Benutzergruppen und weiteren Objekten.

Datenspeicherung

Daten werden von der Jet-Engine immer in Datensätzen mit variabler Länge abgelegt. Zusätzliche Memo- und OLE-Feldtypen ermöglichen die Speicherung von fast unbegrenzten Datenmengen.

Datenmanipulation und -abfrage

Daten können mit der leistungsfähigen Abfragesprache SQL oder mit Programmen, die auf die DAO- bzw. ADO-Schnittstelle zugreifen, manipuliert und abgefragt werden. Jet arbeitet mit sehr leistungsfähigen Funktionen, die beispielsweise bearbeitbare Abfragenergebnisse (updatable queries) ermöglichen.

Sicherheit

Jet bietet ein ausgefeiltes Sicherheitssystem, in dem Berechtigungen für den Datenzugriff und die Datenänderung für Benutzer und Benutzergruppen vergeben werden können.

Multiuser-Zugriffe

Für Mehrbenutzerzugriffe sind in Jet Sperrmechanismen implementiert, damit, wenn mehrere Benutzer die gleichen Daten verwenden, nicht unbeabsichtigt Änderungen anderer Benutzer überschrieben werden. Unterstützt werden von Jet zwei Locking-Verfahren: optimistisch und pessimistisch. Seit der Access-Version 2000 wird hierbei standardmäßig ein zeilenweises Sperren, Row-Locking, durchgeführt, d.h., einzelne Datensätze werden gesperrt und nicht wie vorher ganze Datensatzgruppen.

Datenbankwartung

Für die Wartung, Komprimierung und Reparatur von Jet-Datenbanken stellt Jet entsprechende Funktionen bereit.

2.2 Datenbankdesign

Als Grundlage jeder Access-Datenbankapplikation sollte ein durchdachtes Datenmodell dienen. Wir möchten im Folgenden kurz die Grundlagen des Datenbankdesigns erläutern und einige Access-spezifische Besonderheiten beschreiben. Nach unserer Erfahrung spielt das Datenmodell eine entscheidende Rolle für die weitere Entwicklung einer Applikation, denn Änderungen an den Datenstrukturen in einer späten Phase einer Anwendungsentwicklung ziehen in den meisten Fällen hohe Kosten nach sich.

Zur Theorie des Datenbankdesigns sind zahlreiche Veröffentlichungen erschienen. Wir möchten nun eher kurz und knapp die wichtigsten Punkte erläutern und Sie ansonsten auf weiterführende Literatur verweisen.

2.2.1 Das relationale Modell

Die Datenbankfunktionen von Access basieren auf dem relationalen Modell. Das relationale Datenbankmodell wurde 1969 von E.F. Codd in den Labors von IBM entwickelt. Unmittelbar im Zusammenhang mit diesem Modell steht die Datenbankabfragesprache SQL (Structured Query Language), die ebenfalls bei IBM erarbeitet wurde.

Die grundlegende Idee des relationalen Modells ist die Möglichkeit, Tabellen mit ungeordneten Daten zueinander in Beziehung zu setzen und so auszuwerten, dass das Ergebnis wiederum aus Tabellen besteht.

In der Theorie der relationalen Datenbanken spricht E.F. Codd von Relationen, Attributen und Tupeln, während sich allgemein und in Access die Begriffe Tabellen, Spalten und Zeilen durchgesetzt haben. In vielen anderen Datenbankprodukten, z.B. in dBase von Borland, werden die Begriffe Datenbank, Datenfeld und Datensatz verwendet. Die verschiedenen Begriffe sind austauschbar. Wir werden im Weiteren meist von Tabellen, Zeilen und Spalten sprechen, vereinzelt auch von Datenfeldern und -sätzen.

Relationale Datenbestände weisen unter anderem die folgenden Eigenschaften auf:

- Die Spalten einer Tabelle sind unsortiert.
- Die Zeilen einer Tabelle sind unsortiert.
- Alle Datenwerte einer Spalte sind vom gleichen Typ.
- Jede Spalte hat innerhalb ihrer Tabelle einen eindeutigen Namen.

2.2.2 Tabellen

Jede Datentabelle in Access kann aus bis zu 255 Spalten (Datenfeldern) bestehen. Access unterstützt sowohl Felder mit fester als auch mit variabler Länge. Ein Feldname kann bis zu 64 Zeichen lang sein. Für einen Feldnamen sind alle Zeichen erlaubt mit Ausnahme von ».«, »!«, »[«, »]«, »´« und Zeichen mit einem ASCII-Wert von kleiner als 32. Möglich sind auch Leerzeichen, allerdings nicht als erstes Zeichen eines Feldnamens.

Access speichert Daten immer in variabler Länge ab, d.h., Datensätze verbrauchen nur den wirklich benötigten Platz.

2.2.3 Schlüssel

Für jede Tabelle lassen sich Indizes festlegen. Ein Index oder Schlüssel ermöglicht es Access, die jeweilige Spalte schnell zu sortieren und zu durchsuchen. Es lassen sich zwei Schlüsselarten unterscheiden: eindeutige (ohne Duplikate) und mehrdeutige (mit Duplikaten) Indizes.

Legen Sie Tabellen mit Access an, werden Sie aufgefordert, einen Primärschlüssel zu erstellen. Jede Tabelle muss einen eindeutigen Primärschlüssel aufweisen, d.h., in der Spalte des Primärindexes darf kein Wert mehrfach vorkommen.

Wenn Sie Access anweisen, einen Primärschlüssel zu generieren, erstellt das Programm dafür ein *AutoWert*-Feld. *AutoWerte* werden selbsttätig hochgezählt und sind immer eindeutig.

Schlüssel lassen sich aus mehreren Spalten zusammensetzen. Erstellen Sie beispielsweise einen zusammengesetzten Primärindex, so ist die Kombination der einzelnen Spalten eindeutig.

Bei der Erstellung von Schlüsseln gilt: »So viel wie notwendig, so wenig wie nötig!« Ein Index erhöht die Leistung der Datenbank beim Suchen und Sortieren, benötigt aber seinerseits wieder Speicherplatz. Beim Schreiben von Daten in eine Datenbank müssen die Schlüssel zusätzlich zu den eigentlichen Daten abgelegt werden.

2.2.4 Relationen

Zwischen den einzelnen Tabellen einer Datenbank lassen sich Beziehungen aufbauen, die sich wie folgt unterscheiden lassen.

1:1-Beziehungen

Die einfachste, aber selten eingesetzte Beziehung ist die 1:1-Relation. Dabei existiert für jeden Datensatz der einen Tabelle genau ein Datensatz der zweiten Tabelle. Im Bild sehen Sie dazu ein Beispiel: Für jeden Cocktail der linken Tabelle existiert genau ein Bild, das in der rechten Tabelle abgelegt ist.

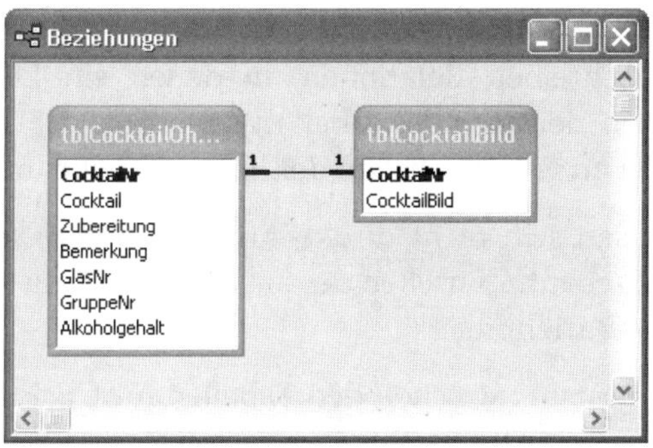

Bild 2.2: 1:1-Beziehung

Die 1:1-Beziehung wird dann eingesetzt, wenn Datentabellen aus Gründen der Größe, Leistung oder Übersichtlichkeit geteilt werden.

1:n-Beziehungen

Die meisten Relationen zwischen Tabellen sind 1:n-Beziehungen. Ein Datensatz der einen Tabelle hat eine Beziehung zu *n* Datensätzen der anderen Tabelle, beispielsweise hat ein Cocktail *n* Cocktailzutaten.

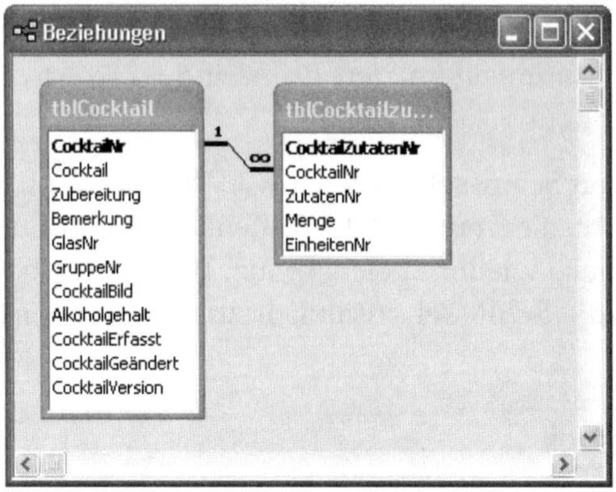

Bild 2.3: 1:n-Beziehung

Zwischen der Tabelle *tblCocktailZutaten* und der Tabelle *tblCocktail* besteht eine Fremdschlüsselbeziehung. Das Feld *CocktailNr* der Tabelle *tblCocktailZutaten* wird Fremdschlüssel genannt, da es sich auf den Primärschlüssel der Tabelle *tblCocktail* bezieht.

Übrigens erzeugt Access automatisch 1:n-Relationen, wenn Sie beim Entwurf von Tabellen den Nachschlage-Assistenten einsetzen.

n:m-Beziehungen

n:m-Beziehungen beschreiben Relationen, in denen ein Datensatz der linken Tabelle *n* Datensätzen der rechten Tabelle zugeordnet ist und gleichzeitig ein Datensatz der rechten zu *m* Datensätzen der linken Tabelle in Beziehung steht.

Beziehungen *n:m* lassen sich nicht direkt implementieren, sondern werden mit einer Hilfstabelle aufgebaut. Zwischen der jeweiligen Tabelle und der Hilfstabelle besteht dann eine *1:n*-Beziehung.

In unserem Beispiel besteht zwischen den Tabellen für Cocktails und für Kategorien eine *n:m*-Beziehung. Jeder Cocktail kann *n* Kategorien zugeordnet werden, während jede Kategorie aus *m* Cocktails gebildet wird.

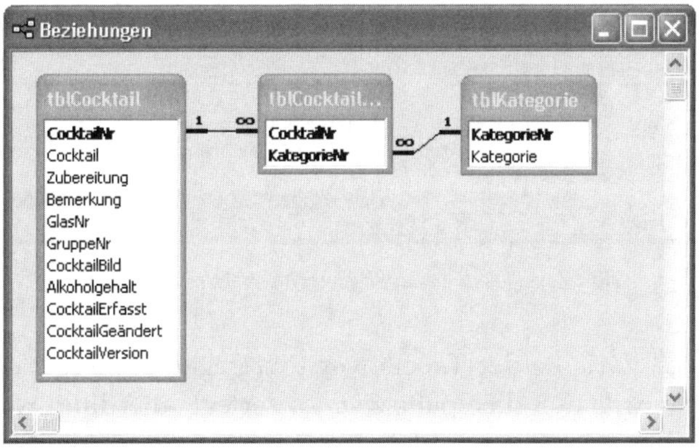

Bild 2.4: n:m-Beziehung

2.2.5 Normalformen

Um eine optimale Datenbankstruktur zu erhalten, sollten Ihre Daten normalisiert sein. Durch die Normalisierung wird erreicht, dass keine redundanten Daten in den Tabellen abgelegt werden. Die Normalisierung kann stufenweise anhand von fünf Regeln, den so genannten Normalformen, erfolgen. Die ersten drei Normalformen sind am wichtigsten, wir werden uns daher bei der Beschreibung auf diese beschränken.

Der Prozess der Normalisierung beginnt mit der ersten Normalform. Ist die Datenbank nach den Regeln der ersten Normalform zerlegt, wird die zweite angewandt, danach wird die dritte Stufe der Normalisierung durchgeführt. Jede Normalform ist in der nachfolgenden enthalten, d.h., eine Datenbank, die der zweiten Normalform genügt, erfüllt auch die erste Normalform.

Die erste Normalform (1NF)

Eine Tabelle ist in der ersten Normalform, wenn alle Spaltenwerte atomar sind. So ist beispielsweise die Spalte *Zutaten* im nächsten Bild nicht atomar, denn die dritte Spalte kann noch weiter aufgeteilt werden.

Dass diese Regel durchaus sinnvoll ist, kann man sich leicht überlegen: Soll beispielsweise auf Grundlage der Tabelle eine Liste ausgegeben werden, die nach einzelnen Zutaten sortiert ist, kann dies nur mit hohem Aufwand durchgeführt werden.

tbl1NF1 : Tabelle

CocktailNr	Cocktail	Zutat
1	Kir Royal	8 cl Champagner, 2 cl Crème de Cassis
2	Gin Tonic	2 cl Gin, 6 cl Tonic Water, Zitrone, Eiswürfel
3	Very Dry Martini	Olive, 5 cl Gin, 2 cl Vermouth blanco
(AutoWert)		

Datensatz: 4 von 4

Bild 2.5: Tabelle verstößt gegen die erste Normalform

Auch die nächste Variante der Tabelle verstößt gegen die Regel der ersten Normalform. Zwar wurde nun die Spalte *Zutaten* zerlegt, allerdings weist die Tabelle nun sich wiederholende Spalten auf, beispielsweise sind für die Menge vier Spalten angelegt.

tbl1NF2 : Tabelle

Coc	Cocktail	Menge1	Zutat1	Menge2	Zutat2	Menge3	Zutat3	Menge4	Zu
1	Kir Royal	8	Champagner	2	Crème de Cassis	0		0	
2	Gin Tonic	2	Gin	6	Tonic Water	1	Eiswürfel	1	Zitr
3	Very Dry Martini	5	Gin	2	Vermouth blanco	1	Olive	0	
'ert)		0		0		0		0	

Datensatz: 4 von 4

Bild 2.6: Zweite Variante der Tabelle

Die Abfrage einer solchen Tabelle ist problematisch, denn auf der Suche nach einer bestimmten Zutat müssen mehrere Spalten der Tabelle durchsucht werden. Ein weiteres Problem tritt auf, wenn ein Cocktail angegeben werden soll, für den fünf Zutaten erfasst werden sollen. Entweder muss nun die Struktur der Tabelle um eine fünfte Zutatenspalte ergänzt werden, oder es werden vorher so viele Spalten angelegt, wie Zutaten maximal erwartet werden. Das führt aber dazu, dass für viele Cocktails leere Spalten gespeichert werden müssen.

Um die erste Normalform zu erreichen, wird die Tabelle aufgeteilt. Jeder Cocktail kann nun eine beliebige Zahl von Zutaten haben, und es werden nie mehr Zutaten gespeichert, als tatsächlich vorhanden sind.

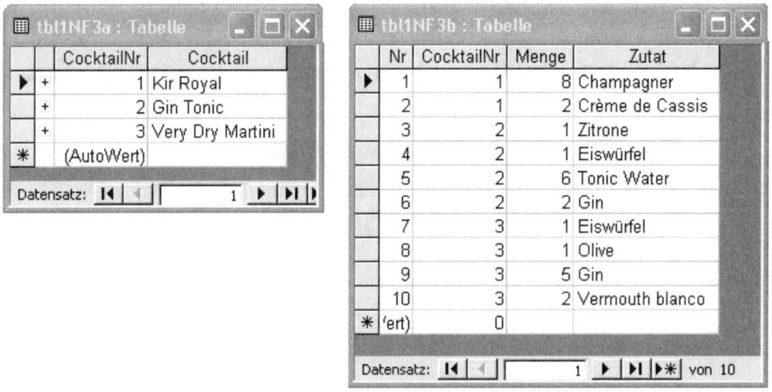

tbl1NF3a : Tabelle

CocktailNr	Cocktail
1	Kir Royal
2	Gin Tonic
3	Very Dry Martini
(AutoWert)	

Datensatz: 1

tbl1NF3b : Tabelle

Nr	CocktailNr	Menge	Zutat
1	1	8	Champagner
2	1	2	Crème de Cassis
3	2	1	Zitrone
4	2	1	Eiswürfel
5	2	6	Tonic Water
6	2	2	Gin
7	3	1	Eiswürfel
8	3	1	Olive
9	3	5	Gin
10	3	2	Vermouth blanco
'ert)	0		

Datensatz: 1 von 10

Bild 2.7: Tabellen in der ersten Normalform

Die beiden Tabellen werden nun miteinander verknüpft. Im Beziehungsfenster wird eine entsprechende Beziehung zwischen den Cocktailnummern der beiden Tabellen aufgebaut.

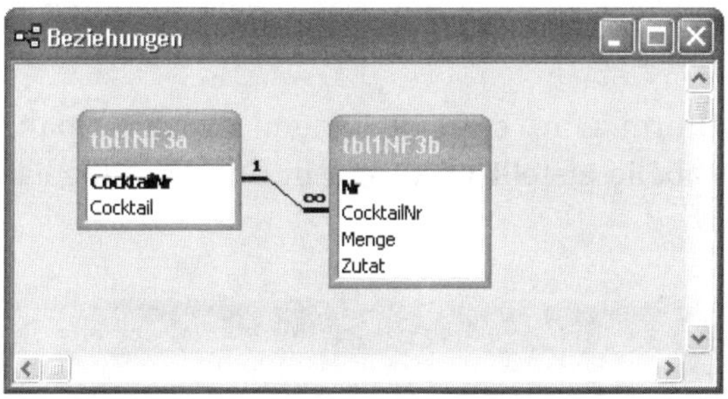

Bild 2.8: Tabellen in der ersten Normalform

In unserem Beispiel gehen wir übrigens davon aus, dass ein Cocktailname mehrfach vorkommen kann, da beispielsweise für einen Cocktail mehrere Mixanleitungen existieren können. Man könnte sich sonst die Spalte *CocktailNr* sparen, wenn die Spalte *Cocktail* eindeutig wäre.

Die zweite Normalform (2NF)

Die Regel für die zweite Normalform besagt, dass eine Tabelle in der zweiten Normalform ist, wenn sie die erste Normalform erfüllt und jede Spalte, die nicht zum Primärschlüssel gehört, von dem kompletten Primärschlüssel abhängig ist.

Probleme mit der zweiten Normalform können bei einem zusammengesetzten Primärschlüssel auftreten. In der im folgenden Bild gezeigten Tabelle ist der Primärschlüssel aus der *CocktailNr* und der *ZutatenNr* zusammengesetzt.

tbl2NF1 : Tabelle

CocktailNr	ZutatenNr	Zutat	Menge	EinheitenNr	Einheit
1	1	Champagner	8	1	cl
1	2	Crème de Cassis	2	1	cl
2	3	Zitrone	1	2	Stk.
2	4	Eiswürfel	1	2	Stk.
2	5	Tonic Water	6	1	cl
2	6	Gin	2	1	cl
3	4	Eiswürfel	1	2	Stk.
3	7	Olive	1	2	Stk.
3	6	Gin	5	1	cl
3	8	Vermouth blanco	2	1	cl
0	0		0	0	

Datensatz: 11 von 11

Bild 2.9: Tabelle ist nicht in der zweiten Normalform

Die Tabelle entspricht nicht der zweiten Normalform, denn die Spalte *Zutat* ist nur von dem Teil *ZutatenNr* des Primärschlüssels abhängig und nicht vom gesamten Primärschlüssel.

Die zweite Normalform wird erreicht, indem aus den Spalten *ZutatenNr* und *Zutat* eine eigene Tabelle erstellt wird und in der Ausgangstabelle nur noch die *ZutatenNr* geführt wird.

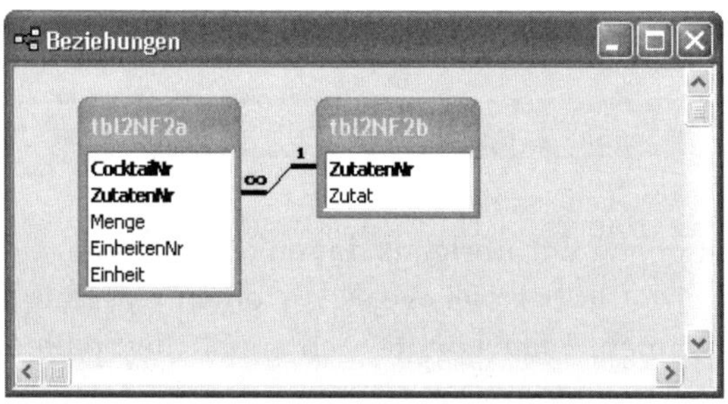

Bild 2.10: Aufteilung für die zweite Normalform

Die dritte Normalform (3NF)

Die dritte Normalform fordert, dass zwischen den Spalten, die nicht den Primärschlüssel bilden, keine Abhängigkeiten bestehen dürfen. In unserem Beispiel in Bild 2.9 bzw. 2.10 sind die Spalten *EinheitenNr* und *Einheit* voneinander abhängig.

Damit genügt die Tabelle nicht der dritten Normalform. Abhilfe schafft eine weitere Zerlegung der Tabelle, wie es im nächsten Bild dargestellt ist.

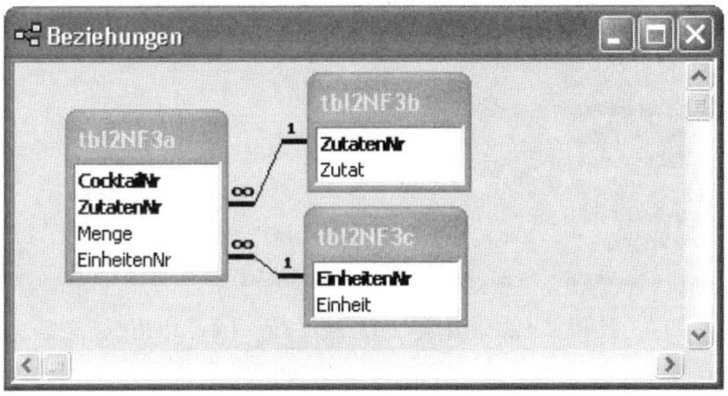

Bild 2.11: Tabellen in der dritten Normalform

Umgehung der Regeln

Es gibt eine Reihe von Beispielen, in denen aufgrund von Leistungskriterien oder Einschränkungen der verwendeten Datenbanksysteme die Normalformen nicht vollständig erfüllt werden. Beispielsweise könnte es sinnvoll sein, eine Spalte einzuführen, die ein Rechenergebnis aus anderen Spalten der Tabelle ist. Eigentlich ist die errechnete Spalte abhängig von den Spalten, die für die Rechnung gebraucht werden, und damit eine redundante Information. Eine solche Spalte kann aber trotzdem sinnvoll sein, um schnell auf das Rechenergebnis zugreifen zu können, ohne eine gegebenenfalls aufwändige Rechnung durchführen zu müssen.

2.2.6 Datenintegrität

Access unterstützt Sie dabei, die Gültigkeit und Integrität Ihrer Daten sicherzustellen. Zwei Mechanismen stehen Ihnen dabei zur Verfügung: die Gültigkeitsüberprüfung und die referentielle Integrität.

Überprüfung der Gültigkeit

Für eine Tabelle bzw. für einzelne Spalten einer Tabelle lassen sich *Gültigkeitsregeln* aufstellen. Bei jeder Eingabe oder Änderung der Daten wird überprüft, ob diese den Regeln entsprechen. Ist das nicht der Fall, wird eine Fehlermeldung mit dem unter *Gültigkeitsmeldung* vorgegebenen Text ausgegeben.

Für die Beispieltabelle *tblCocktail* wurde definiert, dass überprüft wird, ob das Änderungsdatum vor dem Erstellungsdatum eines Datensatzes liegt.

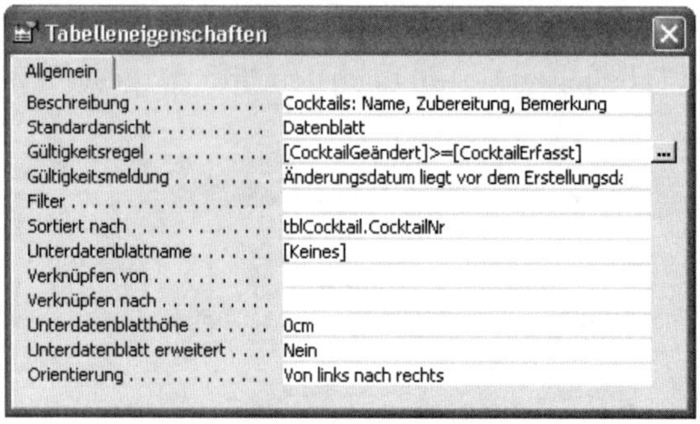

Bild 2.12: Gültigkeitsregel für die Tabelle

Bei Gültigkeitsregeln für Tabellen können mehrere Bedingungen mit AND oder OR verknüpft werden. Allerdings kann nur eine Fehlermeldung für alle Bedingungen verwendet werden.

Gültigkeitsregeln für Spalten werden in den Feldeigenschaften der jeweiligen Spalte erfasst, wie es im folgenden Bild gezeigt ist.

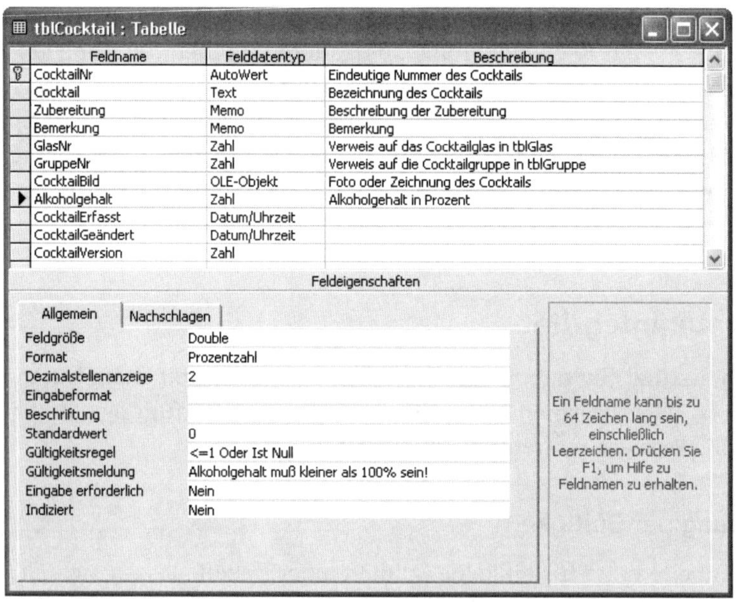

Bild 2.13: Gültigkeitsregel für Tabellenspalte Alkoholgehalt

Referentielle Integrität

Die Regel der referentiellen Integrität besteht aus zwei Teilen:

- Ein neuer Datensatz kann nicht in einer Tabelle mit einem Fremdschlüssel eingefügt werden, wenn ein entsprechender Wert nicht in der referenzierten Tabelle existiert.
- Wenn ein Wert in einer Tabelle, die durch einen Fremdschlüssel referenziert ist, geändert oder gelöscht wird, dürfen die Datensätze in der Tabelle mit dem Fremdschlüssel nicht »in der Luft« hängen.

In unserem Beispiel wurde zwischen den Tabellen *tblCocktail* und *tblCocktailZutaten* referentielle Integrität vereinbart.

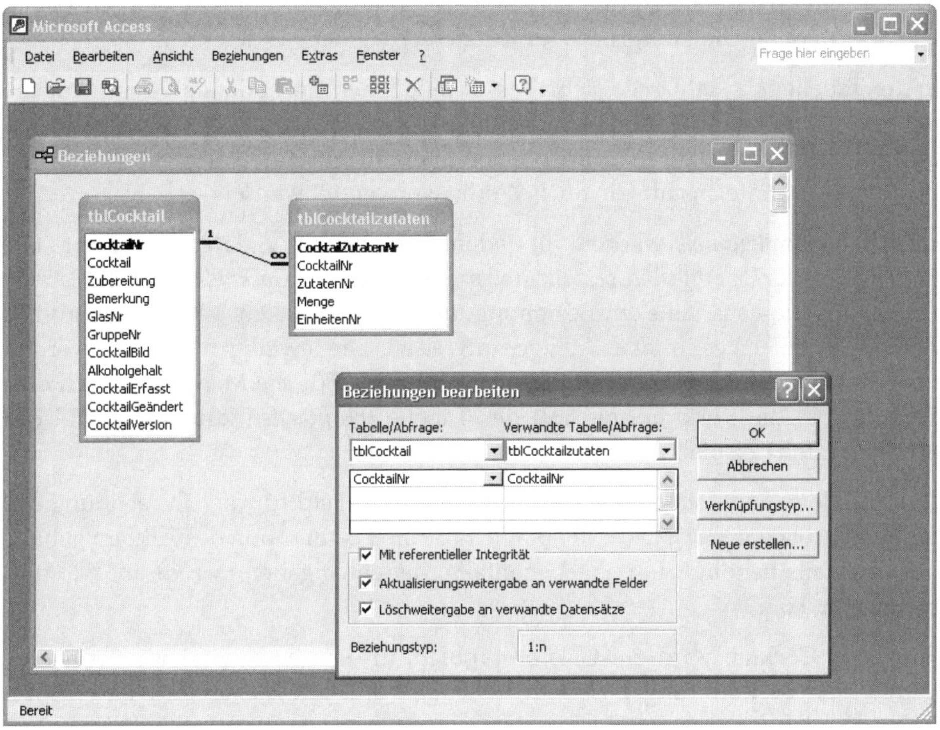

Bild 2.14: Definieren der referentiellen Integrität

Zusätzlich haben wir die *Aktualisierungsweitergabe an Detailfeld* und die *Löschweitergabe an Detaildatensatz* selektiert. Wird in der Tabelle *tblCocktail* die *CocktailNr* geändert, so wird dies an die Tabelle *tblCocktailZutaten* weitergegeben, sodass die Verbindung des Cocktails zu seinen Zutaten erhalten bleibt. Durch die Löschweitergabe wird erreicht, dass auch alle Zutaten eines Cocktails gelöscht werden, wenn ein Cocktail aus der Tabelle entfernt wird.

2.3 Die Datenstruktur der Beispielanwendung

Da sich fast alle Beispiele in diesem Buch auf die Tabellen der Cocktail-Anwendung beziehen, möchten wir Ihnen die Datenstrukturen vorstellen.

Alle Cocktails werden in der Tabelle *tblCocktail* verwaltet. Dort sind unter anderem eine eindeutige Cocktailnummer, der Name des Cocktails und die Zubereitungsanweisung abgelegt. Zusätzlich kann im Feld *CocktailBild* ein Foto des fertigen Cocktails als OLE-Objekt abgespeichert werden, damit Sie sich schon mal auf den Drink freuen können. In einem weiteren Feld wird der Alkoholgehalt des Cocktails in Prozent angegeben. In einem der folgenden Kapitel zeigen wir Ihnen, wie der Alkoholgehalt aufgrund der Zutaten errechnet werden kann.

In der Tabelle *tblZutat* lassen sich alle nur möglichen Cocktailzutaten mit Angabe des jeweiligen Alkoholgehalts angeben. Zusätzlich wurde ein Feld *Alternativ* aufgenommen, in dem die Nummer einer alternativen Zutat angegeben ist, beispielsweise könnte anstatt Gin auch Wodka verwendet werden.

Über *tblCocktailzutaten* werden für jeden Cocktail die Zutaten bestimmt. Die Einträge in der Tabelle *tblCocktailzutaten* sind über die *CocktailNr* mit *tblCocktail* verknüpft. Dieses ist eine 1:n-Beziehung, denn jeder Cocktail kann beliebig viele Zutaten in einer bestimmten Menge aufweisen. Die jeweiligen Zutaten werden über eine Beziehung zur Tabelle *tblZutat* bestimmt. Für die Menge lässt sich eine Einheit über die Verknüpfung mit der Tabelle *tblEinheiten* zuordnen. Typische Einheiten sind beispielsweise »cl« oder »Stk.«.

Die Tabelle *tblEinheiten* enthält darüber hinaus ein Feld für die Umrechnung der Einheit in cl (Zentiliter). Dieses Feld wird für die Bestimmung des Alkoholgehalts des Cocktails benötigt, um gegebenenfalls Mengenangaben in l, dl, ml o.ä. umrechnen zu können.

Für jeden Cocktail wird ein Glas empfohlen, in dem er serviert werden sollte. Durch eine Verknüpfung zwischen *tblCocktail* und *tblGlas* wurde eine entsprechende Beziehung definiert. Neben der Bezeichnung des Glases enthält die Tabelle *tblGlas* das Feld *GlasBild*. Dieses Feld ist als OLE-Objekt definiert, um gegebenenfalls ein Foto oder eine Zeichnung des Glases aufnehmen zu können.

Alle Cocktails lassen sich Gruppen zuordnen, beispielsweise Alkoholfrei, Fizzes, Sours, Coladas und viele andere. Die Gruppenzugehörigkeit eines Cocktails wird durch einen Verweis auf die Bezeichnung der Gruppe in *tblGruppe* festgelegt.

Um Geschmacksrichtungen wie »Sahnig«, »Süß«, »Hart«, »Alkoholfrei« oder Drinkvarianten wie »Aperitif«, »Digestif«, »Longdrink« in der Cocktail-Datenbank festhalten zu können, wurde eine Tabelle *tblKategorie* definiert, in der diese Bezeichnungen eingetragen werden können.

Über die Tabelle *tblCocktailKategorie* sind die Cocktails mit den Kategorien verknüpft. Ein Cocktail kann dabei mehreren Kategorien angehören.

Eine häufige Fragestellung beim Mixen von Cocktails ist: »Welche Cocktails lassen sich aus den Zutaten mixen, die in der Hausbar vorhanden sind?« Damit die Cocktail-Anwendung Vorschläge über mögliche Cocktails machen kann, muss natürlich der Bestand der Hausbar erfasst sein. Dazu wurde die Tabelle *tblHausbar* definiert, in der Cocktailzutaten und Mengen eingegeben werden können.

Das folgende Bild zeigt die Beziehungen zwischen den Tabellen. Die mit 1:∞ gekennzeichneten Beziehungslinien sind mit referentieller Integrität vereinbart.

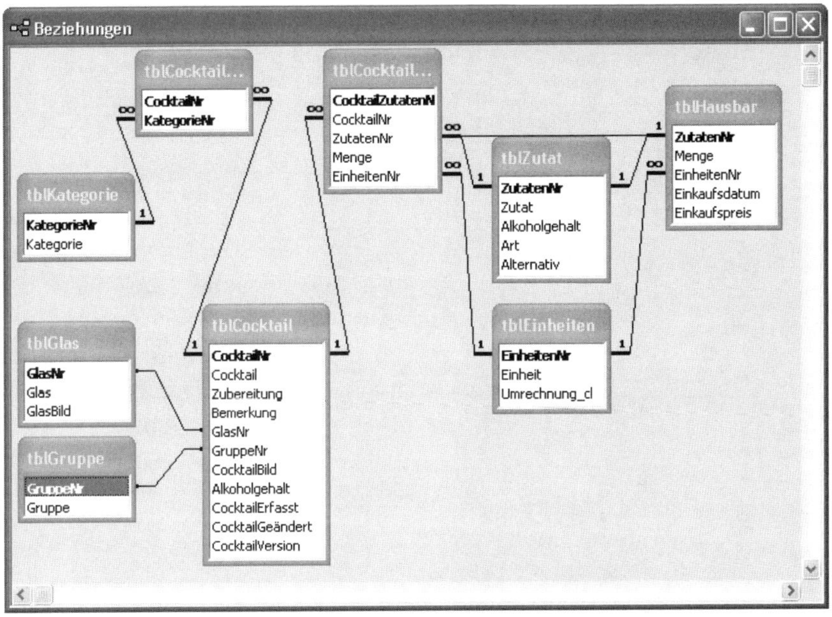

Bild 2.15: Beziehungen der Cocktailanwendung

3 Die Abfragesprache SQL

Access kennt zwei Methoden, um auf Daten zuzugreifen: das bewegungsorientierte Verfahren und das relationale Verfahren auf der Basis von SQL. Beim bewegungsorientierten Verfahren werden einzelne Datensätze einer Datentabelle bearbeitet, d.h., ein Datensatzzeiger deutet auf den Datensatz, der gelesen, verändert oder gelöscht werden soll. Um mehrere Datensätze zu bearbeiten, wird der Datensatzzeiger durch entsprechende Programmroutinen weiterbewegt.

Das bewegungsorientierte Zugriffsverfahren war lange Zeit, insbesondere auf dem PC, die von vielen Produkten bevorzugte Variante. Erfolgreiche Datenbanksysteme wie Borland dBase, Microsoft FoxPro oder Borland Paradox nutzen das bewegungsorientierte Verfahren.

Beim relationalen Zugriffsverfahren werden nicht einzelne Datensätze angesprochen, sondern mithilfe der Datenbankabfragesprache SQL abgefragt, sodass im Normalfall als Ergebnis eine Gruppe von Datensätzen zurückgeliefert wird. Der Zugriff mit SQL hat unter anderem den Vorteil, dass eine bessere Optimierung der Abfrage durch die Datenbank selbst vorgenommen werden kann. Die meisten der heute weit verbreiteten Datenbanken für Mainframe- oder UNIX-Rechner, wie IBM DB2, Oracle, Informix und viele andere, sind relationale Datenbanken, die über SQL abgefragt werden.

Access beherrscht beide Varianten der Verarbeitung, d.h., Sie können sowohl bewegungsorientiert als auch mit SQL auf Ihre Daten zugreifen. Der Zugriff mit SQL ist im Allgemeinen wesentlich effizienter und schneller, daher ist er dem bewegungsorientierten Verfahren vorzuziehen. In unseren Seminaren haben sich immer wieder Anwendungsentwickler über die zu langsame Verarbeitungsgeschwindigkeit von Access beschwert. In fast allen Fällen ließen sich die Geschwindigkeitsprobleme darauf zurückführen, dass die Entwickler die Leistung von SQL nicht genutzt hatten.

Wir möchten Ihnen empfehlen, sich mit der Datenbankabfragesprache SQL auseinander zu setzen, denn sie ermöglicht Ihnen die richtige Nutzung der Leistungen von Access. Insbesondere für die Programmierung mit Visual Basic sind SQL-Kenntnisse notwendig, denn hierbei werden oft die SQL-Kommandos direkt in die Programme eingebaut. In diesem Kapitel stellen wir Ihnen die Grundlagen von SQL vor und beschreiben die Einbindung in Access.

3.1 SQL – der Standard

SQL wurde vom »American National Standards Institute« (ANSI) normiert. Die ursprüngliche Normierung wurde im Laufe der Jahre weiterentwickelt. Es existieren heute mehrere durch Jahreszahlen gekennzeichnete Richtlinien: SQL-89, SQL-92, SQL-93 und SQL-99. Die verschiedenen Normvarianten differieren in Sprachumfang und Leistung.

Die verschiedenen Datenbankhersteller haben die SQL-Normen ganz oder teilweise in ihren Produkten umgesetzt. Leider haben sich die Datenbankanbieter bisher nicht auf eine einheitliche Linie festgelegt. Fast alle haben ihre Implementierung von SQL durch eigene Erweiterungen ergänzt, sodass sich die SQL-Varianten der einzelnen Produkte teilweise erheblich unterscheiden.

Microsoft Access 2002 unterstützt ANSI-89 SQL und ANSI-92 SQL. Beide Modi entsprechen weitestgehend den jeweiligen SQL-Level 1 Spezifikationen, sind mit ihnen aber nicht kompatibel. In der Microsoft Access-Hilfe werden für die von Microsoft verwendeten Modi die Bezeichnungen ANSI-89 SQL (oder auch Microsoft Jet SQL oder ANSI SQL) und ANSI-92 SQL benutzt. Die offiziellen Sprachstandards werden als ANSI-89 Level 1-Spezifikation und ANSI-92 Level 1-Spezifikation bezeichnet, was die Unterscheidung nicht eben leicht macht. Warum erwähnen wir noch SQL-89, das doch eine Untermenge von SQL-92 ist? Ganz einfach, Access 2002 arbeitet standardmäßig mit Jet-SQL, also ANSI-89 SQL. Erstellen Sie Access-Abfragen oder legen Sie die Datenherkunft von Formularen bzw. Berichten fest, so wird Jet-SQL eingesetzt. Auch alle Datenbankzugriffe über die Datenzugriffsschnittstelle »Data Access Objects«, DAO, verwenden diese SQL-Variante. Setzen Sie in Ihren Programmen die neuere Datenzugriffsschnittstelle ADO, »ActiveX Data Objects«, ein, so wird dort ANSI-92 SQL benutzt.

Allerdings ist es mit Access 2002 nun auch möglich, den ANSI SQL-Abfragemodus zu wechseln und standardmäßig auf ANSI-92-SQL umzuschalten. Dazu öffnen Sie über das Menü *EXTRAS* das Dialogfeld *Optionen* und setzten auf dem Registerblatt *Tabellen/Abfragen* unter *SQL-Server kompatible Syntax* ein Häkchen vor *In dieser Datenbank benutzen* und *Standard für neue Datenbanken.*

Beachten Sie aber, dass es nicht zu empfehlen ist, mit unterschiedlichen Abfragemodi erstellte Abfragen zu vermischen, da dadurch Laufzeitfehler oder unerwartete Ergebnisse auftreten können. Im Normalfall sollten Sie es bei den Standardeinstellungen belassen. Damit bleiben die Abfragen auch zu den Vorgängerversionen von Access kompatibel. Auch wenn Sie ANSI-92 SQL nicht zum Standard machen, können Sie über ADO trotzdem darauf zugreifen.

Seit der Vorgängerversion Access 2000 ermöglicht Microsoft mithilfe der Datenzugriffsschnittstelle ADO den Zugriff auf Datenbanken mithilfe von OLE DB-

Treibern (siehe Teil 7). Der OLE DB-Treiber für Access-Datenbanken, Version 4.0, ermöglicht den Einsatz von SQL-92. ADO kann nur aus VBA-Programmen oder mit so genannten Access-Projekten (siehe Kapitel 26) verwendet werden.

OLE DB ist die Spezifikation einer allgemeinen Schnittstelle zu beliebigen Datenquellen. Mit DAO wird auch ODBC (Open Database Connectivity) unterstützt. ODBC ist der Vorgänger von OLE DB.

Access ist über die ODBC-Schnittstelle in der Lage, auf SQL-Datenbanken wie IBM DB2, Oracle, Informix, mySQL und viele andere zuzugreifen. Allerdings ist der Zugriff auf SQL-89-Befehle beschränkt, es sei denn, man umgeht Access-SQL durch so genannte Pass-Through-Abfragen, in denen beliebige SQL-Kommandos erlaubt sind.

Erst mit OLE DB und ADO können Sie die volle Leistung der Server-Datenbanken und SQL-92 ausnutzen.

Der Sprachumfang von SQL setzt sich aus zwei Teilen zusammen: der »Data Definition Language« (DDL) und der »Data Manipulation Language« (DML). Mit DDL lassen sich Tabellenstrukturen anlegen, ändern und löschen sowie Indizes bestimmen. Die DML dient zur Abfrage der Daten bzw. zum Verändern und Löschen von Datenbeständen. In Access wird im allgemeinen nur mit der DML gearbeitet, da Tabellen und Indizes mit den Werkzeugen in Access erstellt werden.

3.2 SQL und Access-Abfragen

Der Access-Anwender hat im Normalfall wenig mit SQL zu tun, denn die Benutzerschnittstelle von Access verbirgt SQL hinter »Abfragen«. Eine Abfrage wird von Access immer in die Sprache SQL übersetzt. Sie können im Abfragefenster jederzeit auf die SQL-Darstellung umschalten bzw. die SQL-Befehle verändern, ergänzen oder sie in die Zwischenablage kopieren, um die Befehle in anderen Access-Programmteilen zu verwenden.

3.2.1 Query By Example

Die Benutzerschnittstelle zur Erstellung von Abfragen, die Entwurfsansicht, wird als »Query By Example« (QBE) bezeichnet. QBE ist sehr anwenderfreundlich, denn mithilfe von QBE können auch Anfänger und Ungeübte SQL-Abfragen erzeugen, ohne die Abfragesprache SQL selbst zu beherrschen.

Für den Programmierer hat QBE den Vorteil, dass sich schnell und frei von Schreibfehlern SQL-Abfragen erstellen lassen, die dann in Formularen, Berichten und Modulen verwendet werden können. Wir empfehlen Ihnen, alle SQL-Befehle als Abfragen zu testen und abzulegen, um aus Ihren Programmen auf die gespeicherten Abfragen zuzugreifen.

Es gibt allerdings einige SQL-Befehle, die nicht in der Entwurfsansicht eingegeben werden können. Diese müssen Sie daher direkt im SQL-Darstellungsfenster erfassen. Wir werden Ihnen die Sonderfälle im Laufe des Kapitels beschreiben.

Eine weitere Besonderheit von Access sind Nachschlagefelder, die wir für unsere Cocktail-Beispielanwendung auch vielfach eingesetzt haben. In Abfragen wertet Access die Nachschlagefelder aus, d.h., es wird immer der nachgeschlagene Wert gezeigt. Beispielsweise ist die *ZutatenNr* in der Tabelle *tblCocktailzutaten* eigentlich ein `Long Integer`, der auf die entsprechende Zutat verweist. Da die *ZutatenNr* als Nachschlagefeld vereinbart ist, wird die jeweilige Zutat aus *tblZutat* im Ergebnis einer Abfrage dargestellt. In den Beispielen dieses Kapitels werden wir die automatische Nachschlagefunktion vernachlässigen, da sonst viele Beispiele nicht zu überschauen wären.

3.2.2 SQL-Views

Access-Abfragen entsprechen teilweise den in den SQL-Standards definierten »Views«. Eine View ist eine Sicht auf die Daten von Tabellen. Dazu wird eine SQL-Abfrage unter einem Namen abgelegt. Auf eine View kann wie auf eine Tabelle zugegriffen werden.

Allerdings besteht ein erheblicher Unterschied zwischen Standard-SQL und Access, denn in Access ist es möglich, Datensätze einer Abfrage, auch wenn sie auf mehreren Tabellen oder anderen Abfragen basiert, zu verändern. In vielen anderen SQL-Datenbanken können immer nur Tabellen oder Abfragen bearbeitet werden, denen nur eine Tabelle zugrunde liegt. Microsoft nennt diese bearbeitbaren Abfragen »Dynasets«. Dynasets erleichtern die Arbeit mit SQL-Datenbanken erheblich.

Außerdem können Abfragen Parameter enthalten, die in reinen SQL-Views nicht enthalten sind.

3.3 Auswahlabfragen mit SELECT

Der folgende Abschnitt stellt Ihnen die vielfältigen Möglichkeiten der Auswahlabfragen mit dem SQL-Befehl `SELECT` vor. Sie werden am weitaus häufigsten eingesetzt und sind die Grundlage jeglicher Arbeit mit SQL.

3.3.1 Einfache SELECT-Abfragen

Mit `SELECT` werden Daten ausgewählt. Im einfachsten Fall besteht eine `SELECT`-Abfrage aus vier Teilen: dem Schlüsselwort `SELECT`, der Angabe der gewünschten Spalten der Tabelle, dem Schlüsselwort `FROM` und dem Namen einer Tabelle oder Abfrage.

```
SELECT * FROM tblCocktail;
```

Das Sternchen »*« dient dabei als Platzhalter für die Ausgabe aller Spalten der angegebenen Tabelle oder Abfrage, das Semikolon am Ende zeigt den Abschluss des Befehls an, der auch mehrzeilig angegeben werden kann. Das folgende Bild zeigt die SQL-Abfrage in der Entwurfsansicht.

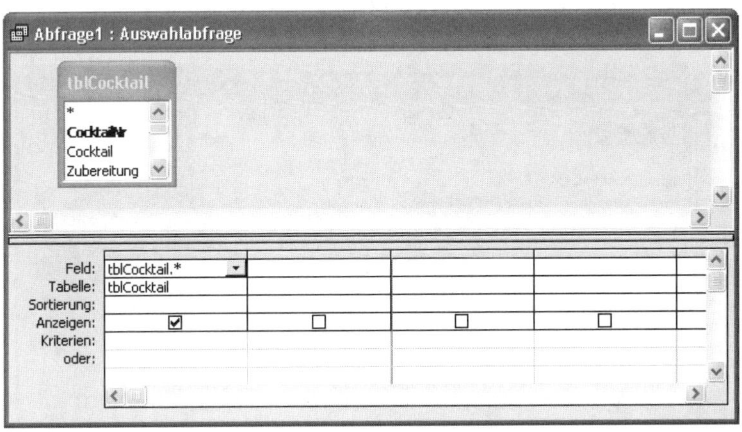

Bild 3.1: Entwurfsansicht

Mit der Schaltfläche *SQL-Ansicht* können Sie in die SQL-Darstellung wechseln, die im folgenden Bild mit dem SQL-Befehl zu sehen ist, den die oben abgebildete Abfrage erzeugt. Darin wird dem Sternchen automatisch die Tabellenbezeichnung vorangestellt.

Bild 3.2: SQL-Darstellung

Werden mehrere Spalten explizit ausgewählt, werden die Spaltenbezeichnungen mit vorangestelltem Tabellennamen aufgenommen. Der Tabellenname wird von Access immer vor der Feldbezeichnung angeordnet, unabhängig davon, ob die Option *ANSICHT Tabellennamen* für die Entwurfsansicht selektiert ist. Im folgenden Beispiel werden drei Spalten der Tabelle *tblCocktail* in die Abfrage aufgenommen.

```
SELECT tblCocktail.Cocktail, tblCocktail.Zubereitung,
tblCocktail.Alkoholgehalt
FROM tblCocktail;
```

Es können maximal bis zu 255 Spalten in einer Abfrage enthalten sein, wobei die Gesamtgröße des Ergebnisses nicht größer als ein GigaByte sein darf.

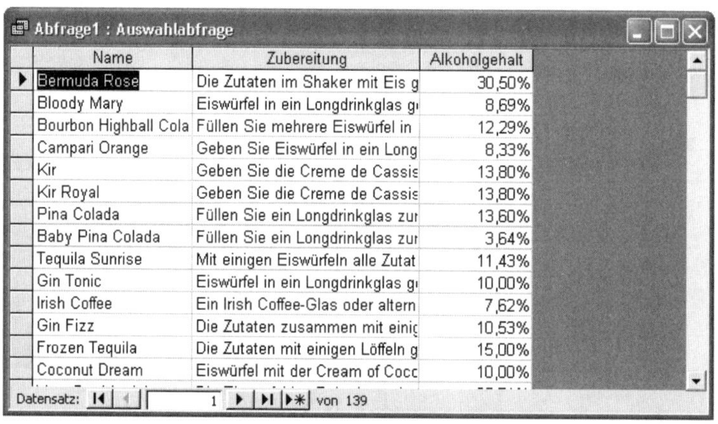

Name	Zubereitung	Alkoholgehalt
Bermuda Rose	Die Zutaten im Shaker mit Eis g	30,50%
Bloody Mary	Eiswürfel in ein Longdrinkglas g	8,69%
Bourbon Highball Cola	Füllen Sie mehrere Eiswürfel in	12,29%
Campari Orange	Geben Sie Eiswürfel in ein Long	8,33%
Kir	Geben Sie die Creme de Cassis	13,80%
Kir Royal	Geben Sie die Creme de Cassis	13,80%
Pina Colada	Füllen Sie ein Longdrinkglas zu	13,60%
Baby Pina Colada	Füllen Sie ein Longdrinkglas zu	3,64%
Tequila Sunrise	Mit einigen Eiswürfeln alle Zutat	11,43%
Gin Tonic	Eiswürfel in ein Longdrinkglas g	10,00%
Irish Coffee	Ein Irish Coffee-Glas oder altern	7,62%
Gin Fizz	Die Zutaten zusammen mit einig	10,53%
Frozen Tequila	Die Zutaten mit einigen Löffeln g	15,00%
Coconut Dream	Eiswürfel mit der Cream of Cocc	10,00%

Bild 3.3: Ergebnisdarstellung

In der Ergebnisdarstellung werden die Bezeichnungen der Spalten ohne den Tabellennamen als Spaltenüberschriften verwendet. Sollten bei einer Abfrage mehrerer Tabellen die Feldbezeichnungen übereinstimmen, werden in den Spaltenüberschriften die Tabellennamen mit angezeigt.

Die Überschriften der Spalten können vom Benutzer neu benannt werden. Die neuen Bezeichnungen werden in SQL dem Tabellennamen mit dem Befehlswort `AS` wie in

```
SELECT tblCocktail.Cocktail AS Name, tblCocktail.Alkoholgehalt AS Prozent
FROM tblCocktail;
```

nachgestellt. Die neuen Namen werden als Alias-Namen bezeichnet. In der Entwurfsansicht werden Alias-Namen mit einem Doppelpunkt vorangestellt, wie es das nächste Bild illustriert.

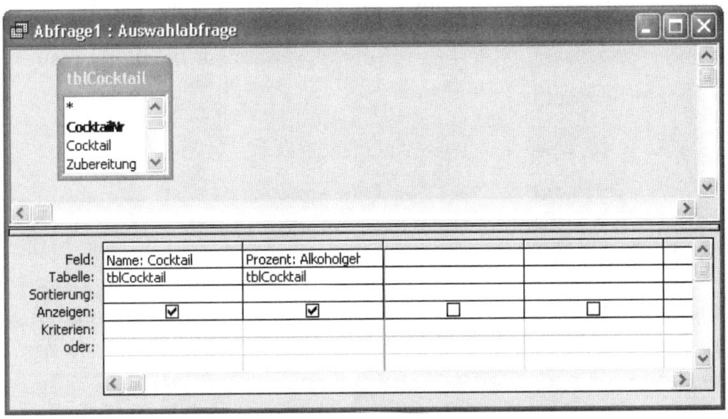

Bild 3.4: Vorangestellte neue Bezeichnungen

Für die Benennung von Datenfeldern erlaubt Access alle Zeichen bis auf den Punkt, das Ausrufezeichen, das Akzentzeichen und die eckigen Klammern. Um Feldnamen mit Leer- oder anderen Sonderzeichen in SQL-Befehlen darstellen zu können, werden diese von Access mit eckigen Klammern eingeschlossen.

```
SELECT  tblCocktail.[Dies ist ein Testfeld]
FROM tblCocktail;
```

Beachten Sie dabei, dass der Name der Tabelle außerhalb der eckigen Klammern vorangestellt wird. Auch Alias-Namen können entsprechend aufgebaut werden.

```
SELECT tblCocktail.Cocktail AS [Name des Cocktails]
FROM tblCocktail;
```

3.3.2 Daten sortieren

Mithilfe des `ORDER BY`-Befehls können Sie nach bis zu zehn Kriterien gleichzeitig sortieren. Die zu sortierenden Spalten lassen sich im Abfragefenster mit der Option *Sortierung Aufsteigend* oder *Absteigend* anordnen. In SQL beschreibt

```
SELECT tblCocktail.Cocktail
FROM tblCocktail
ORDER BY tblCocktail.Cocktail;
```

eine Sortierreihenfolge, womit die Spalte *Cocktail* aufsteigend sortiert wird. Eine absteigende Anordnung der Datensätze wird durch das SQL-Befehlswort `DESC`, als Abkürzung für »descending«, erreicht.

```
SELECT tblCocktail.Cocktail
FROM tblCocktail
ORDER BY tblCocktail.Cocktail DESC;
```

Standardmäßig wird aufsteigend sortiert. Sie können die aufsteigende Sortierung durch `ASC` für »ascending« explizit anzeigen.

Soll nach mehreren Spalten zur gleichen Zeit sortiert werden, werden die Spalten des Abfragefensters, für die eine Sortierreihenfolge angegeben ist, von links nach rechts hintereinander nach `ORDER BY` aufgeführt.

```
SELECT tblCocktail.Alkoholgehalt, tblCocktail.Cocktail
FROM tblCocktail
ORDER BY tblCocktail.Alkoholgehalt DESC , tblCocktail.Cocktail;
```

Viele andere SQL-Datenbanken verwenden auch die Schreibweise

```
SELECT tblCocktail.Alkoholgehalt, tblCocktail.Cocktail
FROM tblCocktail
ORDER BY 1 DESC, 2;
```

für die Sortierung. Dabei beschreiben die Ziffern, die wievielte Spalte sortiert werden soll. Prinzipiell können Sortierungen so auch in Access vorgegeben werden, allerdings ist die Darstellung im Abfragefenster nicht auf den ersten Blick einsichtig.

! Sortierungen: Normalerweise werden alle Tabellen nach dem Primärschlüssel sortiert, wenn Sie keinen speziellen Befehl zur Sortierung angeben. Das gilt für Abfragen, Formulare und Berichte. Allerdings ist Access hierbei inkonsequent, denn bei Auflistungen von Datensätzen in Listen- oder Kombinationsfeldern auf

Formularen und Berichten verwendet Access die Reihenfolge der Dateieingabe. Für die Steuerelemente muss dann nachträglich für die Datenherkunft eine Sortierung vereinbart werden.

Sortiergeschwindigkeit

Die richtige Auswahl der Felder, nach denen sortiert werden soll, hat maßgeblichen Einfluss auf die Ausführungsgeschwindigkeit von Abfragen. Sortieren Sie möglichst nur nach indizierten Feldern, denn bei allen anderen Spalten muss Access die Sortierung »ad hoc« durchführen. Bei kleineren Tabellen (< 500 Datensätze) ist das noch vertretbar, bei größeren steigt der Zeitbedarf erheblich.

Auf zwei unscheinbare Geschwindigkeitsfallen bei Abfragen, Sortierung und Filter sollten Sie besonders achten. In der Datenblattansicht kann mit den Schaltflächen *Aufsteigend sortieren* bzw. *Absteigend sortieren* nach jedem beliebigen Feld geordnet werden. Zusätzlich kann in der Datenblattansicht ein Filter vereinbart werden. Sortierung und Filter der Datenblattansicht werden von Access auf das Abfrageergebnis angewandt, d.h., zunächst wird die Abfrage durchgeführt und danach sortiert bzw. gefiltert. Während eine normale Abfrage von Access kompiliert wird, um ein Maximum an Geschwindigkeit zu erreichen, unterbleibt dies für die Einstellungen der Datenblattansicht.

Im Grunde genommen spricht nichts gegen eine nachträgliche Sortierung oder Filterung, die nur den Anwender betrifft, der sie durchführt. Allerdings werden das Sortierkriterium und die Filterbedingung mit der Abfrage gespeichert. Sie können die gespeicherten Kriterien im Dialogfeld *Abfrageeigenschaften* anschauen, welches Sie in der Entwurfsansicht über den Befehl *ANSICHT Eigenschaften* aufrufen.

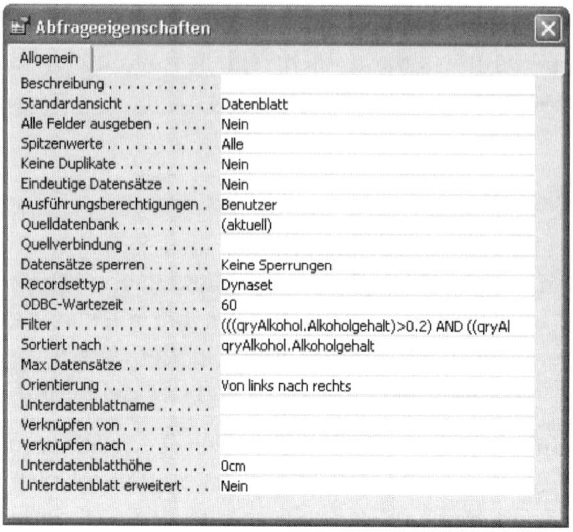

Bild 3.5: Dialogfeld Abfrageeigenschaften

Übrigens steckt eine weitere Fehlermöglichkeit in den Zeilen zu *Filter* und *Sortiert nach*. Wie in Bild 3.5 zu sehen, wird der Name der Abfrage mit in den Bedingungen aufgeführt. Benennen Sie die Abfrage um, bleibt hier der alte Name stehen und führt beim nächsten Aufruf des Filters zu einer Fehlermeldung.

3.3.3 Abfrageeinschränkungen mit WHERE

Mithilfe des SQL-Befehlswortes `WHERE` können Sie Ihre Abfragen einschränken. Die SQL-Abfrage

```
SELECT tblCocktail.CocktailNr, tblCocktail.Cocktail,
tblCocktail.Zubereitung, tblCocktail.Alkoholgehalt
FROM tblCocktail
WHERE (((tblCocktail.CocktailNr)=123));
```

gibt nur die Daten des Cocktails mit der *CocktailNr* 123 zurück. Die mehrfache Klammerung um die `WHERE`-Bedingung wurde von Access selbsttätig hinzugefügt und ist in diesem Fall überflüssig, aber unschädlich. Die Klammern können gelöscht werden, allerdings werden sie von Access wieder eingefügt. Im weiteren Verlauf des Kapitels haben wir auf die überflüssigen Klammern verzichtet, damit die SQL-Befehle übersichtlicher sind.

Die Spalten, die in der `WHERE`-Bedingung angegeben werden, müssen nicht zwangsläufig mit ausgegeben werden. Der Befehl

```
SELECT tblCocktail.Zubereitung, tblCocktail.Alkoholgehalt
FROM tblCocktail
WHERE tblCocktail.Cocktail="Kir Royal";
```

ist ausreichend. Im Abfragefenster wird die Abfrage wie in Bild 3.6 dargestellt, wobei kein Häkchen im Feld *Anzeigen* gesetzt wurde.

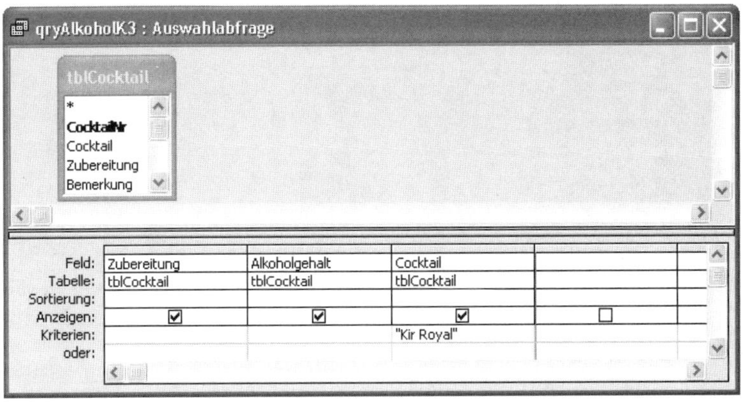

Bild 3.6: Abfrage nach dem Cocktailnamen

Vergleichsoperatoren

In einer `WHERE`-Klausel sind die Vergleichsoperatoren <, <=, >, >=, = und <> zulässig. Darüber hinaus stehen Ihnen die Operatoren `BETWEEN`, `LIKE` und `IN` zur Verfügung, die wir weiter unten beschreiben.

Bei allen Vergleichen müssen die Datentypen der Operanden miteinander verträglich sein, d.h., Sie können keine Zahl mit einem Text vergleichen. Allerdings können Sie alle Konvertierungsfunktionen von Access zur Umwandlung von Datentypen benutzen, wie wir es im weiteren Text erläutern.

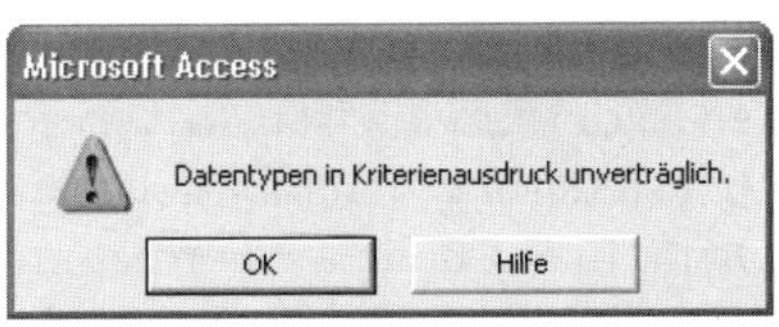

Bild 3.7: Warnmeldung bei unverträglichen Datentypen

Möchten Sie eine Liste erhalten, die die Namen aller Cocktails mit einem Alkoholgehalt von weniger als 15% aufführt, können Sie dazu die einfache Abfrage

```
SELECT  tblCocktail.Cocktail, tblCocktail.Alkoholgehalt
FROM tblCocktail
WHERE tblCocktail.Alkoholgehalt < 0.15;
```

verwenden. Im nächsten Bild ist die Definition zur Auswahl aller Drinks mit einem Alkoholgehalt zwischen 10% und 20% in der Entwurfsansicht zu sehen.

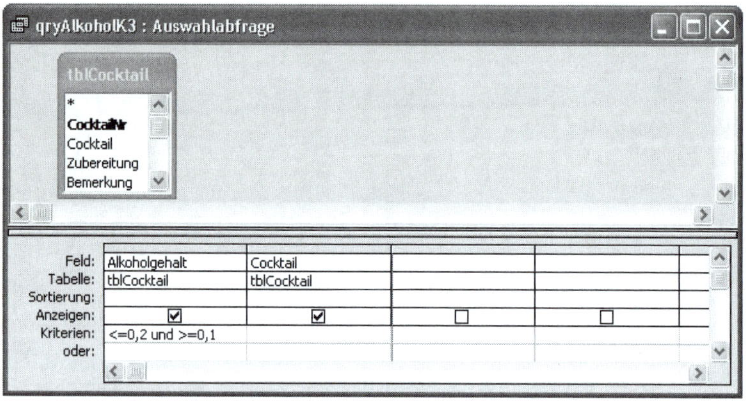

Bild 3.8: Alkoholgehalt zwischen 10% und 20%

Die Abfrage wird in SQL durch

```
SELECT tblCocktail.Cocktail, tblCocktail.Alkoholgehalt
FROM tblCocktail
WHERE tblCocktail.Alkoholgehalt <= 0.2
       AND tblCocktail.Alkoholgehalt >= 0.1;
```

umgesetzt. Die beiden Bedingungen wurden mit `AND` verbunden, d.h., ein Datensatz wird ausgewählt, wenn beide Bedingungen erfüllt sind. Über die Verknüpfung von Bedingungen mit `AND` und `OR` lesen Sie bitte im Folgenden den Abschnitt »Logische Operatoren«.

Zahlen und Datumswerte: In der Entwurfsansicht werden Zahlen und Datumswerte in dem in der Systemsteuerung vereinbarten Länderformat dargestellt, in unserem Fall in dem in Deutschland üblichen Format mit Dezimalkommas sowie Punkten als Datumstrennzeichen. In der SQL-Ansicht dagegen verwendet Access die englischen Schreibweisen, d.h., bei Zahlen wird der Dezimalpunkt verwendet, und Datumswerte wie 24.12.2002 werden zu 12/24/2002 umgesetzt.

Der BETWEEN-Operator

Das gleiche Ergebnis wie die zuletzt besprochene SQL-Abfrage liefert

```
SELECT tblCocktail.Cocktail, tblCocktail.Alkoholgehalt
FROM tblCocktail
WHERE tblCocktail.Alkoholgehalt BETWEEN 0.1 AND 0.2;
```

mit dem Operator `BETWEEN (ZWISCHEN)`. `BETWEEN` wird sehr oft zur Auswahl von Zeitabschnitten eingesetzt, beispielsweise um alle Cocktails zu ermitteln, die im November 2001 geändert wurden.

```
SELECT tblCocktail.Cocktail, tblCocktail.CocktailGeändert
FROM tblCocktail
WHERE tblCocktail.CocktailGeändert BETWEEN #11/1/2001# AND #11/30/2001#;
```

Die beiden Datumswerte werden in der SQL-Abfrage in der englischen Schreibweise dargestellt, obwohl sie im Abfragefenster im deutschen Format zu sehen wären. Möchten Sie die unterschiedliche Darstellung vermeiden, können Sie dazu die Funktion `DatWert()` bzw. englisch `DateValue()` verwenden. Die Funktion benötigt einen Parameter in Form einer Datumszeichenfolge. Die Zeichenfolge in der Funktion bleibt damit sowohl in der Entwurfs- als auch in der SQL-Ansicht unverändert.

```
SELECT tblCocktail.Cocktail, tblCocktail.CocktailGeändert
FROM tblCocktail
WHERE tblCocktail.CocktailGeändert BETWEEN DateValue("1.11.2001") AND
DateValue("30.11.2001");
```

Access-Funktionen: Der Einsatz von Access-Funktionen wie *DatWert()/ DateValue()* schränkt den Einsatz der SQL-Kommandos auf Access ein. Sie lassen sich ohne Modifikationen nicht mit anderen SQL-Datenbanksystemen verwenden. Prinzipiell können in Access-SQL alle Access-Funktionen, auch benutzerdefinierte, verwendet werden.

Der Operator LIKE

Ein häufig eingesetzter SQL-Operator ist `WIE` bzw. `LIKE`. Der Operator erlaubt die generische Suche nach Datensätzen. So ermittelt

```
SELECT tblCocktail.Cocktail, tblCocktail.Zubereitung
FROM tblCocktail
WHERE tblCocktail.Cocktail LIKE "B*";
```

alle Cocktails, deren Namen mit dem Buchstaben »B« beginnen. Access kennt zwei Platzhalterzeichen: das »*« für beliebig viele Zeichen und das »?« für ein beliebiges Zeichen. Die Bequemlichkeit des Einsatzes von Platzhalterzeichen geht in vielen Fällen auf Kosten der Geschwindigkeit, denn teilweise können LIKE-Bedingungen nur unzureichend von Access optimiert werden. Das gilt insbesondere, wenn die Bedingung mit einem »*« oder »?« beginnt, wie in der Form

```
SELECT tblCocktail.Cocktail, tblCocktail.Zubereitung
FROM tblCocktail
WHERE tblCocktail.Cocktail LIKE "*olada*";
```

Mit der Abfrage werden die im folgenden Bild gezeigten Cocktails ermittelt.

Wir empfehlen, LIKE-Bedingungen zu vermeiden, die mit Sternchen oder Fragezeichen beginnen, denn bei größeren Datenbeständen kann das Leistungsverhalten für den Benutzer inakzeptabel werden, da Access zur Lösung der Abfrage alle Datensätze einer Tabelle überprüfen muss.

Es empfiehlt sich daher, Spalten, die oft mit LIKE abgefragt werden, zu indizieren, da sie prinzipiell schneller abgefragt werden.

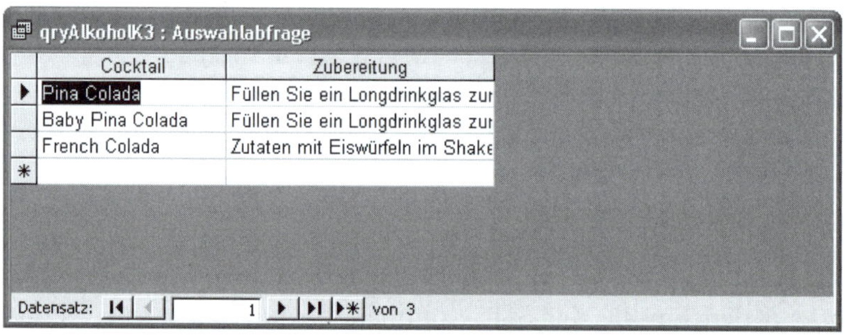

Bild 3.9: Ergebnis der Abfrage

Unterschiedliche Platzhalterzeichen: Die in Microsofts Jet-SQL verwendeten Platzhalterzeichen entsprechen nicht der ANSI-SQL-Spezifikation. Die offiziellen SQL-Spezifikationen verwenden anstelle von »*« das Zeichen »%« bzw. »_« für »?«. Haben Sie die Access-Abfragen auf den ANSI-92 SQL-Standard (*EXTRAS Optionen SQL Server-kompatible Syntax (ANSI 92)*) umgestellt, so müssen die Platzhalterzeichen des Standards benutzt werden.

Mit `LIKE` werden normalerweise nur Zeichenfolgen verglichen, also Datenfelder vom Typ *Text* oder *Memo*. Die Abfrage von *Memo*-Feldern sollte jedoch vermieden werden, denn sie können nicht indiziert werden.

Prinzipiell ist es auch möglich, Felder vom Typ *Zahl, Währung* oder *Datum* mit `LIKE` auszuwerten, wie es die nächsten Beispiele zeigen. Der SQL-Befehl

```
SELECT tblCocktail.Cocktail, tblCocktail.CocktailNr
FROM tblCocktail
WHERE tblCocktail.CocktailNr LIKE "1*5";
```

ermittelt beispielsweise die Cocktails mit den Cocktailnummern 105, 115, 125 usw.

Als weiteres Platzhalterzeichen können Sie »#« verwenden, das für eine beliebige Ziffer von 0 bis 9 innerhalb einer Zeichenfolge steht. Mit der Bedingung

```
SELECT Gerätebezeichnung
FROM Inventarliste
WHERE Seriennummer LIKE "ABC###DE";
```

ließen sich beispielsweise alle Geräte mit den Seriennummern ABC000DE bis ABC999DE ermitteln.

Eine leistungsfähige Funktion bietet der Mustervergleich mit Zeichenlisten. Hierzu werden in eckigen Klammern die Zeichen oder Zeichenbereiche angegeben, die in einer Zeichenfolge erkannt werden sollen. Der SQL-Befehl

```
SELECT tblCocktail.Cocktail
FROM tblCocktail
WHERE tblCocktail.Cocktail LIKE "[ABC]*";
```

gibt als Ergebnis alle Cocktailnamen zurück, die mit A, B oder C beginnen. Das gleiche Resultat wird erreicht, wenn die Bedingung in `"[A-C]*"` umformuliert wird, dabei bezieht sich die Mustererkennung nur auf ein Zeichen. Die folgende Tabelle gibt einen Überblick über die verschiedenen Varianten zur Mustererkennung.

Wenn Bereiche angegeben werden, müssen sie in aufsteigender Reihenfolge festgelegt werden, `[9-0]` oder `[M-B]` sind also nicht zulässig.

Tabelle 3.1: Mustervarianten

Muster	Bedeutung
[A-Z]	Alle Großbuchstaben von A bis Z
[a-zA-Z]	Alle Groß- und Kleinbuchstaben von A bis Z
[0-9]	Alle Ziffern
[!A]	Alle Buchstaben außer A
[!A-C]	Alle Buchstaben bis auf A, B und C
[-0-9] oder [0-9-]	Um ein Minuszeichen zusätzlich zu den Ziffern zu erkennen, muss es ganz an den Anfang oder an das Ende der Musterfolge gestellt werden
[1-37-9]	Die Ziffern 1,2,3,7,8 und 9 werden erkannt

Der Operator IN

Mithilfe des Operators `IN` lässt sich überprüfen, ob der Inhalt eines Datenfeldes in einer vorgegebenen Liste von Werten vorkommt. Die SQL-Abfrage

```
SELECT tblCocktail.Cocktail
FROM tblCocktail
WHERE tblCocktail.Cocktail IN ("Alaska","Gin Fizz","Kir");
```

liefert alle Zeilen der Tabelle *tblCocktail*, deren Cocktailnamen in der IN-Liste auftauchen. Weitere Einsatzfälle des `IN`-Operators stellen wir Ihnen im Abschnitt »Unterabfragen« vor. In der Entwurfsansicht muss als Trennzeichen statt des Kommas ein Semikolon eingegeben werden.

Logische Operatoren

SQL kennt die logischen Operatoren `AND (UND)`, `OR (ODER)` und `NOT (NICHT)`, die in `WHERE`-Bedingungen verwendet werden können. Access-SQL erlaubt je nach Komplexität der Abfrage bis zu 40 `AND`s in einer `WHERE`-Klausel. Die folgende Abfrage ermittelt alle Zutaten, die keine Spirituosen sind oder weniger als 20% Alkohol aufweisen.

```
SELECT tblZutat.Zutat, tblZutat.Alkoholgehalt, tblZutat.Art
FROM tblZutat
WHERE (NOT tblZutat.Art="Spirituose") OR
(tblZutat.Alkoholgehalt < 0.2);
```

Der Sonderfall NULL

Der Wert `NULL` zeigt die »Leere« eines Datenfeldes an. Ein Feld hat den Wert `NULL`, wenn es keinen definierten Inhalt hat. `NULL` darf nicht mit der Zahl 0, einer leeren Zeichenfolge "" oder einem Leerzeichen verwechselt werden. Der SQL-Befehl

```
SELECT tblCocktail.Cocktail, tblCocktail.Bemerkung
FROM tblCocktail
WHERE tblCocktail.Bemerkung IS NULL;
```

ermittelt alle Cocktails, für die das Bemerkungsfeld leer ist. `NULL` ist kein echter Wert und kann deshalb nicht direkt in einem Vergleich verwendet werden. Eine Bedingung wie `tblCocktail.Bemerkung = NULL` ist daher nicht korrekt. Access wandelt in manchen Fällen die fehlerhafte Bedingung um.

Die eigentlich nicht korrekte Bedingung `Feld <> NULL` wird von Access automatisch zu `Feld IS NOT NULL` (bzw. `IST NICHT NULL` in der Entwurfsansicht) umgesetzt.

Ohne doppelte Datensätze

Mithilfe des Prädikats `DISTINCT` kann die Ausgabe von mehrfach vorhandenen identischen Datensätzen unterdrückt werden. In der Entwurfsansicht rufen Sie über *ANSICHT Eigenschaften* das Dialogfeld *Abfrageeigenschaften* auf, in dem die Option *Keine Duplikate* eingeschaltet werden kann.

Der folgende SQL-Befehl listet alle Zutatennummern der Zutaten aller Cocktails auf. Jede Zutat wird nur einmal aufgeführt, auch wenn sie in mehreren Cocktails verwendet wird.

```
SELECT DISTINCT tblCocktailzutaten.ZutatenNr
FROM tblCocktailzutaten
ORDER BY tblCocktailzutaten.ZutatenNr;
```

! Verzicht auf DISTINCT: Sie können auf das Prädikat `DISTINCT` verzichten, wenn Sie unter den Ausgabefeldern Ihrer Abfrage den Primärschlüssel der Tabelle aufführen. Da ein Primärschlüssel immer eindeutig ist, benötigen Sie `DISTINCT` nicht, und die Abfrage wird schneller ausgeführt.

Die Besten

Das Prädikat `TOP` ermöglicht Ihnen, die ersten *n* bzw. die ersten *n* Prozent der mit einer Abfrage ermittelten Datensätze auszugeben. Die SQL-Abfrage

```
SELECT TOP 5 tblZutat.Zutat, tblZutat.Alkoholgehalt
FROM tblZutat
WHERE tblZutat.Alkoholgehalt > 0.2;
```

zeigt die ersten fünf Zutaten mit einem Alkoholgehalt von 20% und mehr an. Beachten Sie hierbei, dass eine Sortierung das Ergebnis beeinflussen kann. Die SQL-Abfrage oben wurde um die absteigende Sortierung nach dem Alkoholgehalt ergänzt. Die Abfrage

```
SELECT TOP 5 tblZutat.Zutat, tblZutat.Alkoholgehalt
FROM tblZutat
WHERE tblZutat.Alkoholgehalt > 0.2
ORDER BY tblZutat.Alkoholgehalt DESC;
```

ermittelt nun mehr als fünf Datensätze, nämlich die Zutaten mit den fünf höchsten unterschiedlichen Alkoholgehalten, so wie es das folgende Bild aufzeigt.

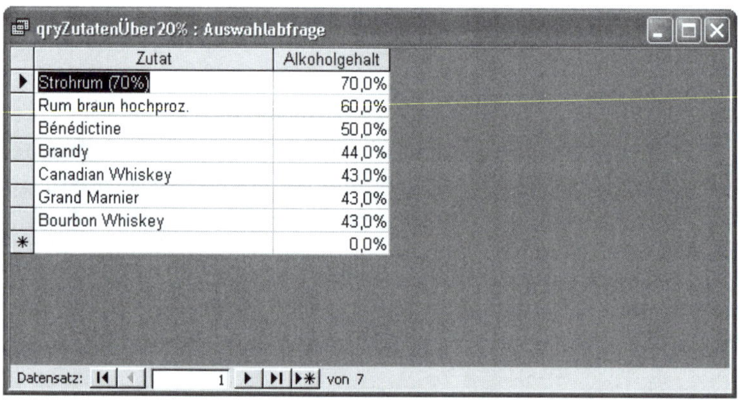

Bild 3.10: Spitzenwerte beim Alkoholgehalt

In der Entwurfsansicht stellen Sie das `TOP`-Prädikat mithilfe des entsprechenden Kombinationsfeldes auf der Symbolleiste oder der Abfrageeigenschaft *Spitzenwerte* ein. Standard-SQL verwendet hier im Gegensatz zu Access-SQL den Befehl `LIMIT TO nn ROWS`, um die Anzahl der Ergebniszeilen zu beschränken.

`NULL`-Werte werden vom `TOP`-Prädikat als kleinste Zahl bzw. als alphabetisch kleinste Zeichenfolge ausgewertet. Es empfiehlt sich in vielen Fällen, durch den Eintrag `IS NOT NULL` Nullwerte für die entsprechenden Spalten nicht mit auszuwerten.

Ausführungsberechtigung

Eine weitere Einstellung des Dialogfeldes *Abfrageeigenschaften* ist die *Ausführungsberechtigung*. Mit ihrer Hilfe bestimmen Sie, wer die Abfrage einsetzen darf. Selektieren Sie die Auswahl *Besitzer*, wird der SQL-Abfrage der Abschnitt `WITH OWNERACCESS OPTION` zugefügt.

```
SELECT tblZutat.Zutat, tblZutat.Alkoholgehalt
FROM tblZutat
WHERE tblZutat.Alkoholgehalt > 0.2
ORDER BY tblZutat.Alkoholgehalt DESC
WITH OWNERACCESS OPTION;
```

Diese Erweiterung ist Access-spezifisch und nicht kompatibel mit anderen SQL-Datenbanken. Zum Thema Berechtigungen für Besitzer und Benutzer in Access lesen Sie bitte Kapitel 24, »Datensicherheit«.

3.3.4 Verknüpfte Tabellen

Die Stärke relationaler Datenbanken liegt in der Möglichkeit der Verknüpfung von Tabellen. Die Verknüpfungen können in der Form von Beziehungen und von Nachschlagefeldern vorgegeben sein, sie können aber auch ad hoc in Abfragen definiert werden.

Verknüpfungen mit zwei Tabellen

In Standard-SQL werden Verknüpfungen zwischen Tabellen mithilfe der `WHERE`-Bedingung aufgebaut. Eine einfache Verbindung zweier Tabellen hat die Form

```
SELECT Cocktail, Zubereitung, ZutatenNr, Menge
FROM tblCocktail, tblCocktailzutaten
WHERE tblCocktail.CocktailNr=tblCocktailzutaten.CocktailNr;
```

Die Tabellennamen wurden bei der Aufzählung der Spalten weggelassen, da sie nur bei nicht eindeutigen Spaltenbezeichnungen notwendig sind, allerdings fügt Access die Tabellennamen immer selbsttätig hinzu. Die Abfrage wird in der Entwurfsansicht wie im nächsten Bild dargestellt.

Access baut aufgrund der SQL-Abfrage keine Verbindungslinie zwischen den beiden Tabellen auf, sondern stellt die Beziehung über den Eintrag der Verknüpfungsbedingung als Kriterium her. Das Ergebnis der Abfrage erbringt die richtigen Datensätze, allerdings können diese nicht bearbeitet werden. Access stellt das Ergebnis nur als Snapshot und nicht als Dynaset dar.

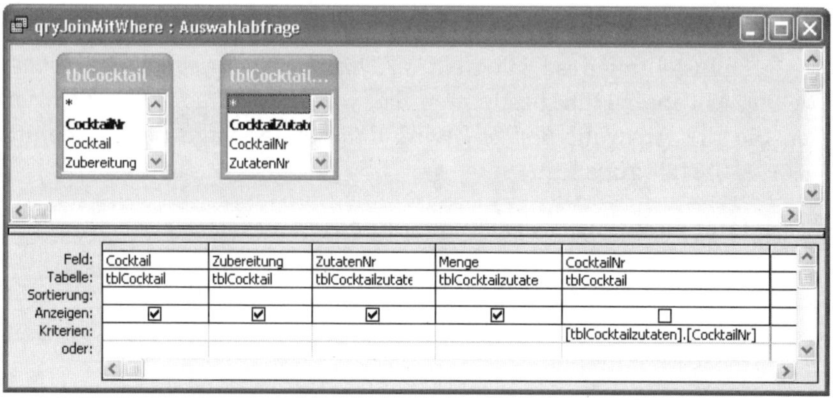

Bild 3.11: Einfache Verknüpfung in der Entwurfsansicht

Um die volle Leistung von Access im Hinblick auf Arbeitsgeschwindigkeit und bearbeitbare (»updatable«) Dynasets zu erhalten, müssen die Access-eigenen Verknüpfungsbefehle (`JOIN`) eingesetzt werden. Access wertet für die Verknüpfungen zwischen Tabellen die definierten Beziehungen im Dialogfeld *Beziehungen* (*EXTRAS Beziehungen*) aus.

Das folgende Beispiel soll den Sachverhalt erläutern. Wir haben dazu die Tabellen *tblCocktail* und *tblCocktailZutaten* in einen Abfrageentwurf aufgenommen, um die Zubereitung und die Zutaten aller Cocktails zu ermitteln. Für die beiden Tabellen ist eine 1:n-Beziehung mit referentieller Integrität definiert. Access zieht daher selbsttätig eine Verbindungslinie zwischen den beiden Tabellen, im vorliegenden Fall aufgrund der referentiellen Integrität eine dickere Linie mit den Bezeichnungen »1« und »∞«.

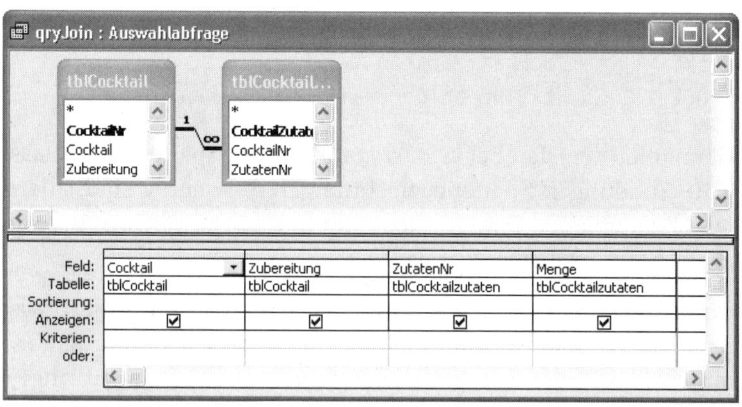

Bild 3.12: Zutaten und Zubereitung der Cocktails

Access wandelt die Festlegung der Entwurfsansicht um in den SQL-Befehl

```
SELECT tblCocktail.Cocktail, tblCocktail.Zubereitung,
tblCocktailzutaten.ZutatenNr, tblCocktailzutaten.Menge
FROM tblCocktail INNER JOIN tblCocktailzutaten ON tblCocktail.CocktailNr
= tblCocktailzutaten.CocktailNr;
```

Für die Verknüpfung wird das Befehlswort `INNER JOIN` eingesetzt. Mithilfe eines `INNER JOIN`s werden Datensätze aus zwei Tabellen kombiniert, sobald übereinstimmende Werte in den Feldern der `ON`-Bedingung in beiden Tabellen gefunden werden. Durch den Einsatz von `INNER JOIN` erzeugt Access nach Möglichkeit bearbeitbare Dynasets.

Durch einen Doppelklick auf die Verbindungslinie zwischen den Tabellen in der Entwurfsansicht erhalten Sie das Dialogfeld *Verknüpfungseigenschaften*. Zusätzlich zu dem `INNER JOIN`, der mit der ersten Option des Dialogfeldes selektiert wird, kann Access zwei Inklusionsverknüpfungen (Outer Joins) erstellen. Der Unterschied zwischen Inner und Outer Join besteht darin, dass bei einem Inner Join in der Abfrage nur Datensätze erzeugt werden, für die in beiden Tabellen übereinstimmende Werte vorhanden sind. Für einen Outer Join hingegen werden alle Werte der einen Tabelle verwendet, falls in der zweiten Tabelle passende Werte vorhanden sind, werden sie dann ebenfalls aufgeführt.

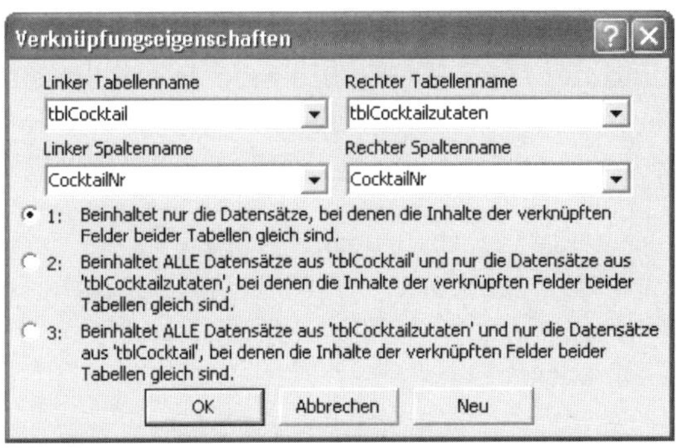

Bild 3.13: Dialogfeld Verknüpfungseigenschaften

So erzeugt die zweite Option der Verknüpfungseigenschaften eine linke Inklusionsverknüpfung; es werden also alle Datensätze der Tabelle links von dem Befehlswort `LEFT JOIN` und dazu nur die aus der rechten Tabelle ermittelt, die eine Entsprechung in der linken Tabelle haben.

```
SELECT tblCocktail.Cocktail, tblCocktail.Zubereitung,
tblCocktailzutaten.ZutatenNr, tblCocktailzutaten.Menge
```

```
FROM tblCocktail LEFT JOIN tblCocktailzutaten ON tblCocktail.CocktailNr =
tblCocktailzutaten.CocktailNr;
```

Für die dritte Option wird der Prozess umgekehrt: Der `RIGHT JOIN` nimmt alle Zeilen der rechten und nur die verknüpften Zeilen der Tabelle links des Befehls.

```
SELECT tblCocktail.Cocktail, tblCocktail.Zubereitung,
tblCocktailzutaten.ZutatenNr, tblCocktailzutaten.Menge
FROM tblCocktail RIGHT JOIN tblCocktailzutaten ON tblCocktail.CocktailNr
= tblCocktailzutaten.CocktailNr;
```

Die Felder, die für die Verknüpfung der Tabellen verwendet werden, in unserem Fall `tblCocktail.CocktailNr` und `tblCocktailzutaten.CocktailNr`, müssen vom gleichen Datentyp sein. Dabei ist zu beachten, dass bei Spalten vom Typ *Zahl* Gleitkommazahlen (`Single`, `Double`) und Ganzzahlen (`Byte`, `Integer`, `Long Integer`) nicht verknüpft werden können, sondern nur Gleitkomma- bzw. Ganzzahlen miteinander. *AutoWert*-Felder entsprechen `Long Integer`-Werten. Eine Verknüpfung von `Memo`- oder `OLE-Objekt`-Feldern ist nicht möglich.

Die Namen der Spalten für eine Verknüpfung müssen nicht übereinstimmen, d.h., es ist nicht zwingend notwendig, eine *CocktailNr* mit einer *CocktailNr* zu vergleichen, sondern Sie könnten, wenn Sie die Feldbezeichnungen beim Entwurf Ihrer Tabellen entsprechend gewählt haben, auch eine *CocktailNummer* mit einer *CNr* verknüpfen.

Eine typische Anwendung eines `RIGHT JOIN`-Befehls zeigt das nächste Beispiel. Es sollen alle Cocktails mit den dazugehörigen Gruppen ermittelt werden. Mit der SQL-Abfrage

```
SELECT tblCocktail.Cocktail, tblGruppe.Gruppe
FROM tblGruppe RIGHT JOIN tblCocktail ON tblGruppe.GruppeNr =
tblCocktail.GruppeNr
ORDER BY tblCocktail.Cocktail;
```

erhalten Sie wie gewünscht alle Cocktails mit ihrer Gruppenzugehörigkeit, die zudem nach den Cocktailnamen sortiert wurden.

Wäre die Abfrage mit einem `INNER JOIN` formuliert worden, hätte Access als Ergebnis nur die Cocktails ermittelt, für die eine Gruppe definiert ist.

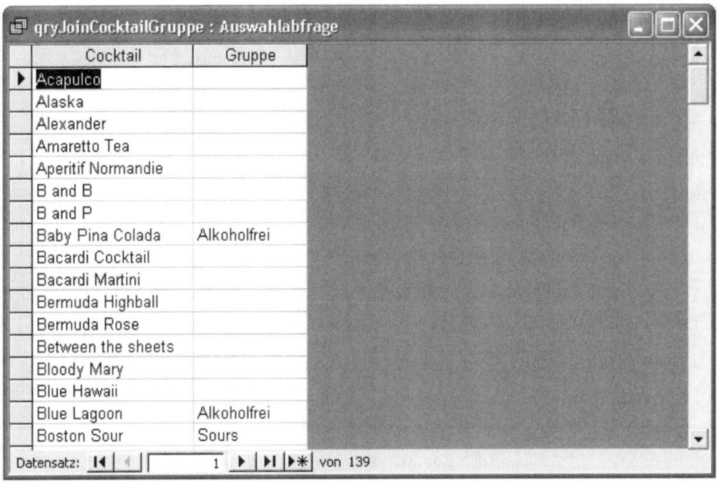

Bild 3.14: Alle Cocktails mit Gruppenzugehörigkeit

Drei und mehr Tabellen verknüpfen

Sie können bis zu 32 Tabellen miteinander verknüpfen. Im folgenden Beispiel wurden vier Tabellen verbunden, um zu einem Cocktail die Zutaten mit Mengenangabe und Einheit auszugeben.

```
SELECT tblCocktail.Cocktail, tblZutat.Zutat, tblCocktailzutaten.Menge,
tblEinheiten.Einheit
FROM tblZutat INNER JOIN (tblEinheiten INNER JOIN (tblCocktail INNER JOIN
tblCocktailzutaten ON tblCocktail.CocktailNr =
tblCocktailzutaten.CocktailNr) ON tblEinheiten.EinheitenNr =
tblCocktailzutaten.EinheitenNr) ON tblZutat.ZutatenNr =
tblCocktailzutaten.ZutatenNr;
```

Diese SQL-Abfrage erzeugt die folgende Entwurfsansicht.

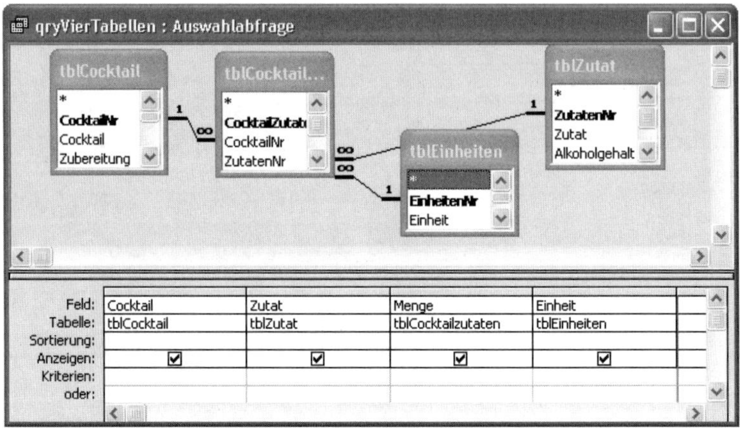

Bild 3.15: Vier verknüpfte Tabellen

Beachten Sie bei der Verknüpfung mehrerer Tabellen, dass `INNER JOIN`s und `LEFT` bzw. `RIGHT JOIN`s nicht beliebig verschachtelt werden können. Es ist möglich, einen `LEFT` oder `RIGHT JOIN` innerhalb eines `INNER JOIN`s zu verwenden, aber nicht umgekehrt. Die SQL-Abfrage

```
SELECT tblCocktail.Cocktail, tblZutat.Zutat, tblCocktailzutaten.Menge,
tblEinheiten.Einheit
FROM tblZutat LEFT JOIN (tblEinheiten INNER JOIN (tblCocktail INNER JOIN
tblCocktailzutaten ON tblCocktail.CocktailNr =
tblCocktailzutaten.CocktailNr) ON tblEinheiten.EinheitenNr =
tblCocktailzutaten.EinheitenNr) ON tblZutat.ZutatenNr =
tblCocktailzutaten.ZutatenNr;
```

führt zu der Fehlermeldung im nächsten Bild, da die `INNER JOIN`s innerhalb des `LEFT JOIN`s angeordnet sind.

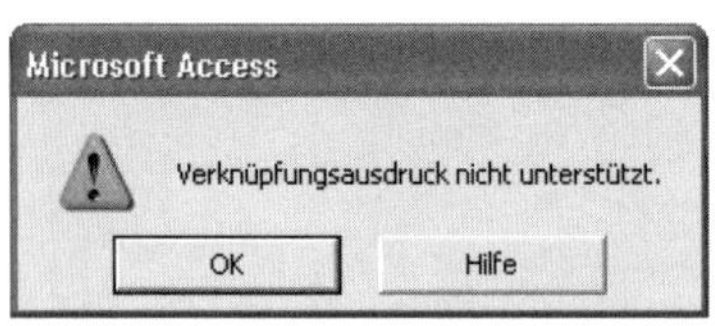

Bild 3.16: Warnhinweis bei fehlerhaften Verknüpfungen

Die folgende Abfrage soll alle Cocktails und die dazugehörigen Kategorien auflisten. Dabei soll aufgrund der *n:m*-Beziehung zwischen *tblCocktail* und *tblKategorie* ein Cocktail mehrfach ausgegeben werden, wenn er mehreren Kategorien angehört. Die n:m-Beziehung wurde mithilfe der Tabelle *tblCocktailKategorien* aufgebaut.

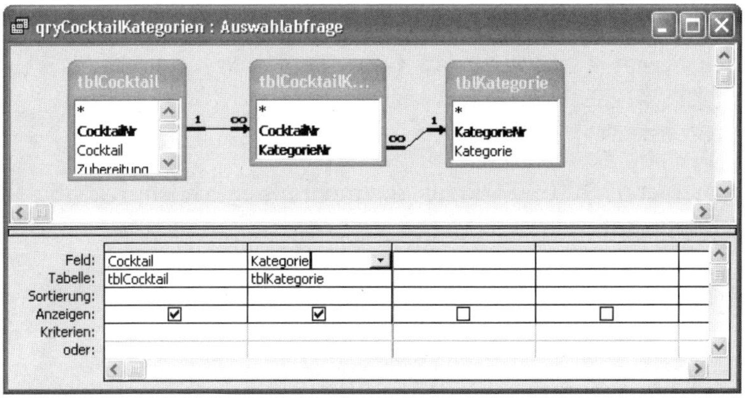

Bild 3.17: Verknüpfung einer n:m-Beziehung

Access wandelt die Abfragedefinition aus der Entwurfsansicht zum SQL-Befehl

```
SELECT tblCocktail.Cocktail, tblKategorie.Kategorie
FROM tblKategorie RIGHT JOIN (tblCocktail LEFT JOIN tblCocktailKategorie
ON tblCocktail.CocktailNr = tblCocktailKategorie.CocktailNr) ON
tblKategorie.KategorieNr = tblCocktailKategorie.KategorieNr;
```

`DISTINCTROW` ist eine Erweiterung von Access, die benötigt wird, um in bestimmten Fällen Updates in Dynasets zu erlauben. Wir möchten die Wirkung von `DISTINCTROW` in einem Beispiel erläutern. Wir haben dazu in der Entwurfsansicht die folgende Abfrage zusammengestellt, um alle Cocktails aufzulisten, die eine oder mehrere Zutaten mit einem Alkoholgehalt von 40% oder mehr enthalten.

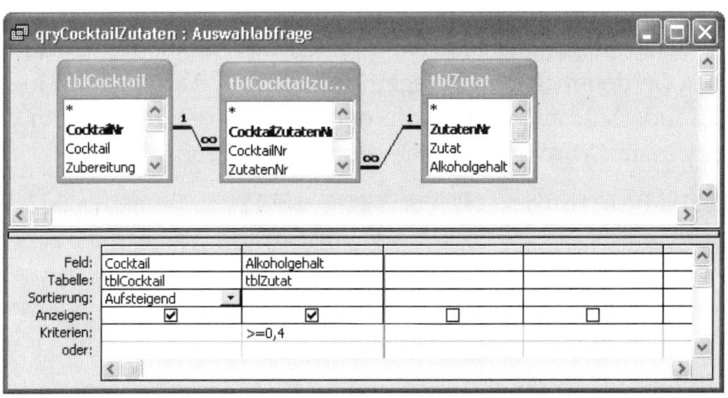

Bild 3.18: Ermittlung aller Cocktails mit hochprozentigen Zutaten

Der von Access erstellte SQL-Befehl hat die Form:

```
SELECT tblCocktail.Cocktail, tblZutat.Alkoholgehalt
FROM tblZutat INNER JOIN (tblCocktail INNER JOIN tblCocktailzutaten ON
tblCocktail.CocktailNr = tblCocktailzutaten.CocktailNr) ON
tblZutat.ZutatenNr = tblCocktailzutaten.ZutatenNr
WHERE tblZutat.Alkoholgehalt>=0.4
ORDER BY tblCocktail.Cocktail;
```

Das Abfrageergebnis führt Cocktails, die mehr als eine hochprozentige Zutat enthalten, mehrfach auf.

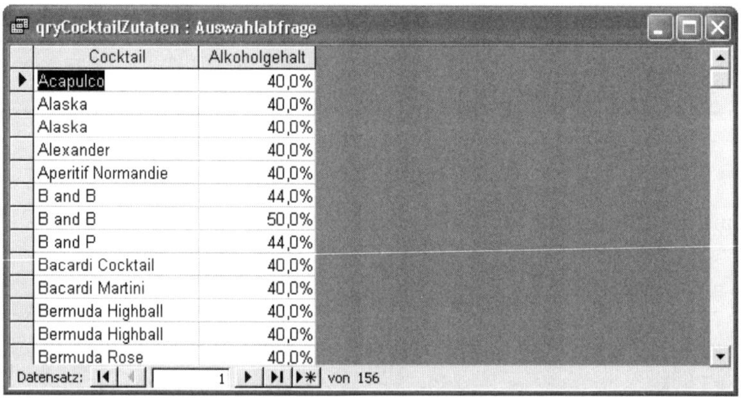

Cocktail	Alkoholgehalt
Acapulco	40,0%
Alaska	40,0%
Alaska	40,0%
Alexander	40,0%
Aperitif Normandie	40,0%
B and B	44,0%
B and B	50,0%
B and P	44,0%
Bacardi Cocktail	40,0%
Bacardi Martini	40,0%
Bermuda Highball	40,0%
Bermuda Highball	40,0%
Bermuda Rose	40,0%

Bild 3.19: Ergebnis der Abfrage

Wird die SQL-Abfrage um das Prädikat `DISTINCT` (Abfrageeigenschaft *Keine Duplikate*) ergänzt, wird jeder Cocktail nur einmal gezeigt. Allerdings sind die Cocktailnamen nun nicht veränderbar, d.h., das Dynaset ist schreibgeschützt. Verändern Sie `DISTINCT` zu dem Access-eigenen Prädikat `DISTINCTROW`, werden hier die gleichen Ergebnisdaten ausgegeben wie mit `DISTINCT`, das Dynaset kann aber bearbeitet werden, d.h., in unserem Fall können die Namen der Cocktails modifiziert werden. (In den meisten Abfragen – nämlich in Abfragen mit mehreren Tabellen *und* mindestens einer Tabelle in der `FROM`-Klausel, die nicht in der `SELECT`-Anweisung genannt wird - erhält man die selben Ergebnisse.)

```
SELECT DISTINCTROW tblCocktail.Cocktail, tblZutat.Alkoholgehalt
FROM tblZutat INNER JOIN (tblCocktail INNER JOIN tblCocktailzutaten ON
tblCocktail.CocktailNr = tblCocktailzutaten.CocktailNr) ON
tblZutat.ZutatenNr = tblCocktailzutaten.ZutatenNr
WHERE tblZutat.Alkoholgehalt>=0.4
ORDER BY tblCocktail.Cocktail;
```

Sie können ebenso im Eigenschaftsfenster für *Eindeutige Datensätze* die Option `Ja` auswählen, um das Prädikat `DISTINCTROW` in der SQL-Abfrage zu erzeugen.

Bild 3.20: Nur eindeutige Datensätze zulassen

Selbstbezügliche Verknüpfungen

In einigen Fällen können Sie durch die Verknüpfung einer Tabelle mit sich selbst (self join) die gewünschten Ergebnisse erzielen. Wir möchten Ihnen ein Beispiel anhand der Zutatenliste vorstellen. Dort sind für viele der Zutaten Alternativen abgelegt, beispielsweise können Sie anstelle von Champagner auch Sekt verwenden. Dafür wird im Alternativfeld des Datensatzes zu Champagner die Zutatennummer von Sekt angegeben.

In unserem Beispiel soll bestimmt werden, welche Zutat als Alternative für eine andere Zutat vereinbart ist. In der Entwurfsansicht nahmen wir dazu die Tabelle *tblZutat* zweimal auf. Access benennt die zweite Zutatentabelle automatisch in *tblZutat_1* um. Mit der Maus wird eine Beziehungslinie zwischen *tblZutat.ZutatenNr* und *tblZutat_1.Alternativ* aufgebaut. Die Feldtypen der Felder *ZutatenNr* als *AutoWert* und *Alternativ* als *Long Integer* sind für eine Verknüpfung miteinander geeignet. Als Ausgabespalten selektierten wir aus beiden Tabellen das Feld *Zutat*.

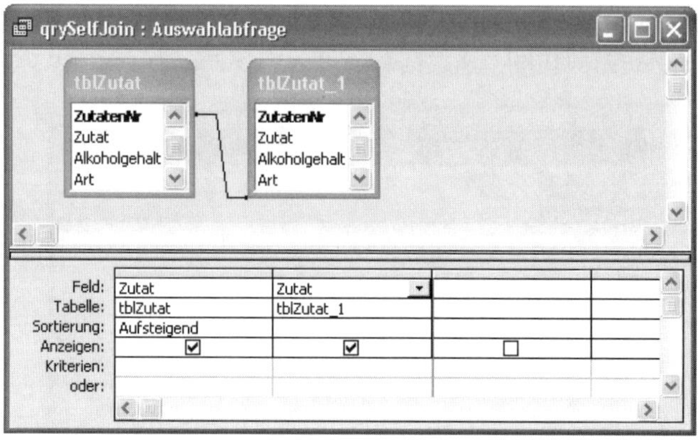

Bild 3.21: Entwurfsansicht für Liste mit Alternativzutaten

Aus der Festlegung in der Entwurfsansicht resultiert der folgende SQL-Befehl:

```
SELECT tblZutat.Zutat, tblZutat_1.Zutat
FROM tblZutat INNER JOIN tblZutat AS tblZutat_1 ON tblZutat.ZutatenNr =
tblZutat_1.Alternativ
ORDER BY tblZutat.Zutat;
```

Bild 3.22: Liste der Alternativzutaten

In der Tabelle *tblZutat* ist festgelegt, dass für jede Zutat nur eine Alternative erfasst werden kann. Theoretisch hätten wir auch eine Tabelle mit Alternativen anlegen und diese mit der Zutatenliste verknüpfen können. Da aber die meisten Zutaten mit nur einer Alternative auskommen, haben wir den Aufwand vermieden. Sollten Sie nun fragen, wie es dazu kommt, das in Bild 3.22 für Bourbon Whiskey mehrere Alternativen aufgeführt sind, dann lautet die Antwort, dass Bourbon Whiskey die Alternative der rechts aufgeführten Zutaten ist.

Stellen Sie sich vor, Sie möchten einen Cocktail mixen, in dem Cognac vorkommt, den Sie leider nicht im Hause haben. Die für die Zutat »Cognac« definierte Alternative ist Brandy, der aber leider auch nicht in Ihrer Hausbar vorrätig ist. Abhilfe könnte die folgende SQL- Abfrage

```
SELECT tblZutat.Zutat
FROM tblZutat AS tblZutat_1 INNER JOIN tblZutat ON tblZutat_1.ZutatenNr =
tblZutat.Alternativ
WHERE tblZutat_1.Zutat = "Cognac"
ORDER BY tblZutat.Zutat;
```

schaffen, die alle Zutaten ermittelt, für die Cognac als Alternative eingetragen ist. Vielleicht findet sich dann eine dieser Spirituosen in Ihrem Bestand.

Verknüpfungen mit anderen Operatoren

Access ist in der Lage, Verknüpfungen mit den Operatoren >, >=, <, <= und <> aufzubauen, wie es im Standard für SQL-89 bzw. SQL-92 vorgesehen ist. Verknüpfungen mit anderen Operatoren als dem Gleichheitszeichen werden verhältnismäßig selten eingesetzt. Darüber hinaus wird ihr Einsatz in Access dadurch erschwert, dass Access sie in der Entwurfsansicht nicht darstellen kann.

Wir möchten mithilfe einer »>«-Verknüpfung eine Abfrage erstellen, die zu einem bestimmten Cocktail alle Cocktails auflistet, deren Alkoholgehalt geringer ist.

```
SELECT tblCocktail.Cocktail, tblCocktail.Alkoholgehalt,
tblCocktail_1.Cocktail, tblCocktail_1.Alkoholgehalt
FROM tblCocktail INNER JOIN tblCocktail AS tblCocktail_1 ON
tblCocktail.Alkoholgehalt > tblCocktail_1.Alkoholgehalt
ORDER BY tblCocktail.Cocktail,tblCocktail_1.Alkoholgehalt Desc;
```

Zur Lösung der SQL-Abfrage wird die erste Zeile der ersten Tabelle genommen und alle Zeilen werden zum Ergebnis hinzugefügt, für die der Alkoholgehalt der ersten Tabelle größer ist als der Gehalt der zweiten Tabelle. Danach wird der Vorgang von der zweiten bis zur letzten Zeile der ersten Tabelle fortgeführt.

Wir haben die SQL-Abfrage für das folgende Bild durch die Bedingung

```
WHERE tblCocktail.Cocktail = "Alaska"
```

weiter eingeschränkt, sodass das folgende Ergebnis entstand.

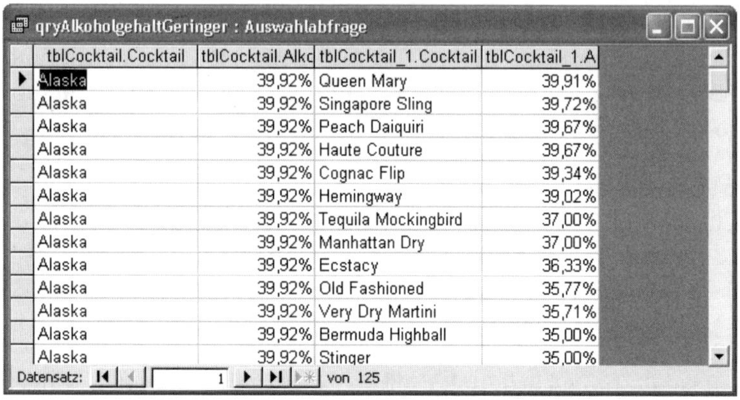

tblCocktail.Cocktail	tblCocktail.Alkc	tblCocktail_1.Cocktail	tblCocktail_1.A
Alaska	39,92%	Queen Mary	39,91%
Alaska	39,92%	Singapore Sling	39,72%
Alaska	39,92%	Peach Daiquiri	39,67%
Alaska	39,92%	Haute Couture	39,67%
Alaska	39,92%	Cognac Flip	39,34%
Alaska	39,92%	Hemingway	39,02%
Alaska	39,92%	Tequila Mockingbird	37,00%
Alaska	39,92%	Manhattan Dry	37,00%
Alaska	39,92%	Ecstacy	36,33%
Alaska	39,92%	Old Fashioned	35,77%
Alaska	39,92%	Very Dry Martini	35,71%
Alaska	39,92%	Bermuda Highball	35,00%
Alaska	39,92%	Stinger	35,00%

Bild 3.23: Ergebnisdarstellung der »Größer als«-Verknüpfung

Dass in den ersten Zeilen auch Cocktails mit 40% Alkoholgehalt zu sehen sind, liegt nur an den aufgerundeten Werten, die hier angezeigt werden. Wenn Sie die Prozentzahlen mit 2 Nachkommastellen anzeigen lassen, sehen Sie, dass alle in der Abfrage aufgeführten Cocktails tatsächlich einem geringeren Alkoholgehalt als der Alaska-Cocktail haben.

In der Praxis ist die Qualität von Verknüpfungen mit Nicht-Gleich-Operatoren schwer zu sichern, da die Ergebnisse oft schwer vorhersehbar sind. In vielen Fachbüchern wird von der Verwendung abgeraten, denn in den meisten Fällen lassen sich die Ergebnisse auch anders erreichen.

Das Ergebnis unseres Beispiels wäre auch mit der SQL-Abfrage

```
SELECT tblCocktail.Cocktail, tblCocktail.Alkoholgehalt,
tblCocktail_1.Cocktail, tblCocktail_1.Alkoholgehalt
FROM tblCocktail, tblCocktail AS tblCocktail_1
WHERE tblCocktail.Cocktail)="Alaska" AND
tblCocktail_1.Alkoholgehalt<[tblCocktail].[Alkoholgehalt]
ORDER BY tblCocktail.Cocktail, tblCocktail_1.Alkoholgehalt DESC;
```

zu erreichen, die im Gegensatz zu der zuvor besprochenen in der Access-Entwurfsansicht darstellbar ist.

3.3.5 Funktionen

Standard-SQL kennt fünf eingebaute Standardfunktionen, die als Aggregatfunktionen bezeichnet werden: Mittelwert (`Avg`), Anzahl (`Count`), Summe (`Sum`), Maximalwert (`Max`) und Minimalwert (`Min`). Access fügt den Standardfunktionen noch weitere hinzu, die Sie der Tabelle 3.2 entnehmen können.

SQL-Aggregatfunktionen

In SQL können Sie nur die englischen Funktionsbeschreibungen verwenden, während in der Entwurfsansicht sowohl die deutsche als auch die englische Schreibweise erlaubt ist.

Tabelle 3.2: SQL-Aggregatfunktionen

Funktion	Bedeutung	Standard-SQL
Avg([Spalte]) Mittelwert([Spalte])	Mittelwert aller Spaltenwerte verschieden von Null	Ja
Count([Spalte]) Anzahl([Spalte])	Anzahl der Spaltenwerte verschieden von Null	Ja
Count(*) Anzahl(*)	Anzahl der Spaltenwerte inklusive der Nullwerte	Ja
Min([Spalte])	Kleinster Spaltenwert verschieden von Null	Ja
Max([Spalte])	Größter Spaltenwert verschieden von Null	Ja
Sum([Spalte]) Summe([Spalte])	Summe der Spaltenwerte verschieden von Null	Ja
First([Spalte]) ErsterWert([Spalte])	Spaltenwert der ersten Zeile des Ergebnisses, kann Null sein	Nein
Last([Spalte]) LetzterWert([Spalte])	Spaltenwert der letzten Zeile des Ergebnisses	Nein
StDev([Spalte]) StAbw([Spalte])	Standardabweichung einer Stichprobe der Spaltenwerte	Nein
StDevP([Spalte]) StdAbwG([Spalte])	Standardabweichung der Grundgesamtheit der Spaltenwerte	Nein
Var([Spalte]) Varianz([Spalte])	Varianz der Stichprobe der Spaltenwerte	Nein
VarP([Spalte]) VarianzG([Spalte])	Varianz der Grundgesamtheit der Spaltenwerte	Nein

Die Aggregatfunktionen lassen sich in der Entwurfsansicht einfach anwenden. Schalten Sie mit *ANSICHT Funktionen* bzw. durch die Schaltfläche mit dem Summenzeichen in der Symbolleiste die zusätzliche Zeile *Funktion* im unteren Bereich der Entwurfsansicht ein. Für die Darstellung im nächsten Bild haben wir die

Funktion *Summe* für die Spalte *Menge* selektiert. Die Ausführung der Abfrage würde den aufsummierten Wert aller Mengenangaben der Tabelle *tblCocktailZutaten* ergeben.

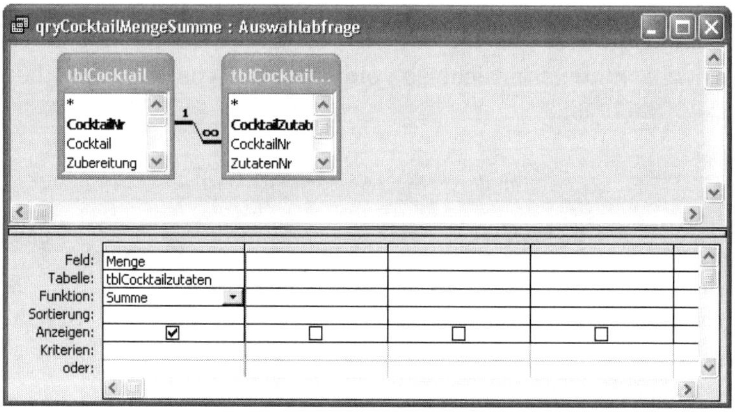

Bild 3.24: Einfache Summe

Damit die Auswertung etwas sinnvoller wird, haben wir zusätzlich die im folgenden Bild gezeigte Bedingung eingefügt. Für sie wurde die Funktion *Bedingung* angewählt. Normalerweise wird für ein neu in den unteren Entwurfsteil aufgenommenes Feld automatisch die Funktion *Gruppierung* eingestellt, die wir aber erst im nächsten Abschnitt des Kapitels besprechen.

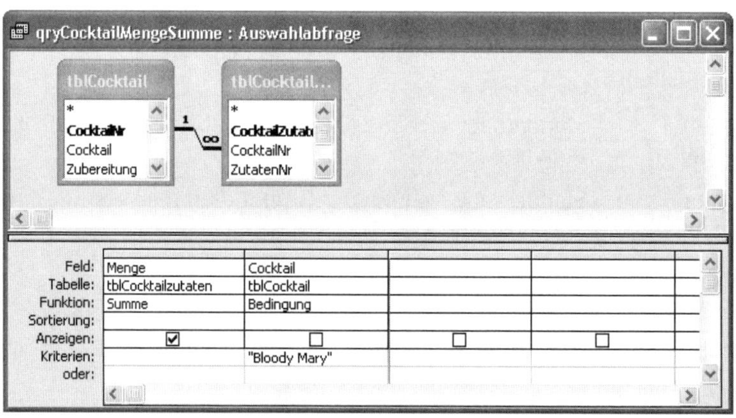

Bild 3.25: Erweiterte Abfrage

Das Ergebnis der Abfrage ist die Flüssigkeitsmenge für eine »Bloody Mary«, die das vorliegende Rezept ergibt. Zur Vereinfachung haben wir übrigens die Einheiten der Mengenangaben nicht berücksichtigt.

Bild 3.26: Ergebnisdarstellung

In der SQL-Darstellung wird die Anweisung zur Summenbildung durch

```
SELECT Sum(tblCocktailzutaten.Menge) AS [Summe von Menge]
FROM tblCocktail INNER JOIN tblCocktailzutaten ON tblCocktail.CocktailNr
= tblCocktailzutaten.CocktailNr
WHERE tblCocktail.Cocktail = "Bloody Mary";
```

umgesetzt. Übrigens ließe sich die SQL-Anweisung in der Entwurfsansicht auch in der in Bild 3.27 gezeigten Weise ohne die Zeile *Funktion* definieren. Das Ergebnis ist in beiden Fällen gleich.

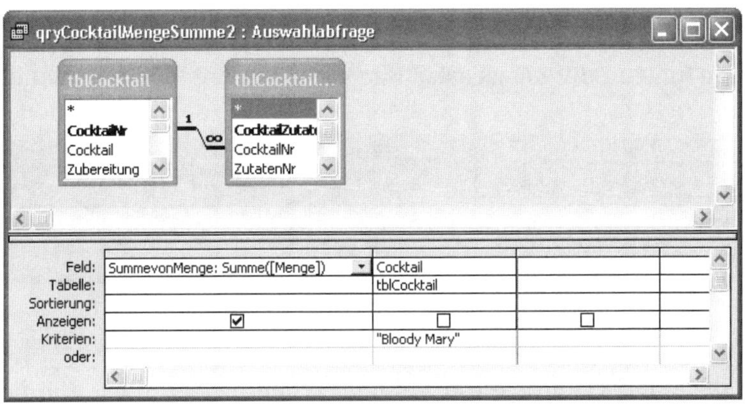

Bild 3.27: Umgeschriebene Summenanweisung

Aggregatfunktionen ohne GROUP: Verwenden Sie Aggregatfunktionen ohne eine `GROUP`-Anweisung (siehe Abschnitt 3.3.6, »Daten gruppieren«), dann dürfen Ausgabefelder mit und ohne Aggregatfunktion nicht gemeinsam verwendet werden.

Behandlung von Nullwerten

Alle Funktionen berücksichtigen nur Datensätze, bei denen der jeweilige Feldinhalt verschieden von NULL ist. Mit `COUNT(tblCocktail.Cocktail)` werden nicht alle Cocktails gezählt, sondern nur die, bei denen `tblCocktail.Cocktail` ungleich NULL ist. In der folgenden Entwurfsansicht sind drei Varianten der `COUNT()`-Funktion dargestellt.

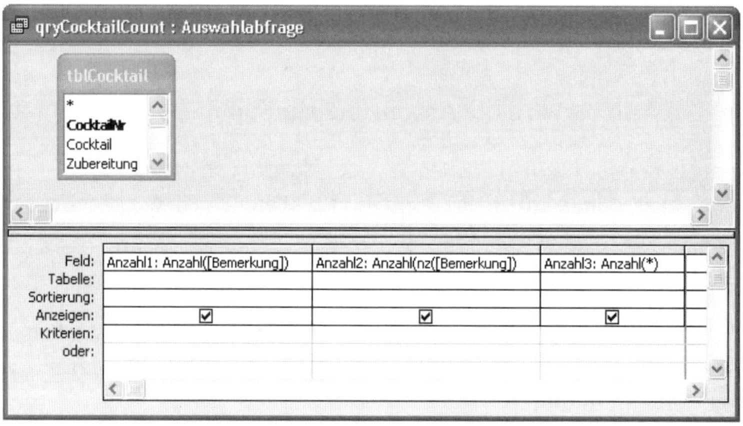

Bild 3.28: Drei Varianten »Anzahl«

Die Abfrage führt zu der im nächsten Bild gezeigten Ergebnisdarstellung.

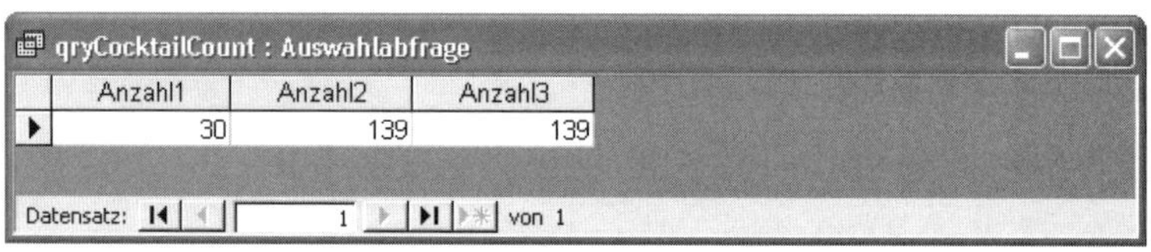

Bild 3.29: Ergebnisse der Zählfunktionsvarianten

In der Spalte `Anzahl1` wurde die Anzahl der Datensätze ermittelt, für die eine Bemerkung erfasst wurde. In `Anzahl2` und `Anzahl3` steht jeweils die gesamte Anzahl der Datensätze der Tabelle *tblCocktail*. Die SQL-Darstellung der Abfrage

```
SELECT Count([Bemerkung]) AS Anzahl1, Count(Nz([Bemerkung])) AS Anzahl2,
Count(*) AS Anzahl3
FROM tblCocktail;
```

zeigt die drei `COUNT()`-Varianten. Die Varianten `Count(Nz([Bemerkung])` und `Count(*)` führen zum gleichen Ergebnis, da durch die Verwendung von `Nz()` auch alle Nullwerte mitgezählt werden. Durch die Access-Funktion `Nz()` werden Nullwerte zum Wert 0 umgesetzt. Damit werden sie von `COUNT()` mitgezählt. `Count(*)` berücksichtigt automatisch alle Nullwerte, ist jedoch wesentlich schneller in der Ausführung. Daher empfehlen wir Ihnen, diese Variante prinzipiell zur

Ermittlung der Gesamtzahl der Resultatzeilen einer Abfrage zu verwenden. Die Abfrage

```
SELECT Count(*) AS Gesamtzahl
FROM tblCocktail
WHERE tblCocktail.Cocktail LIKE "C*";
```

beispielsweise gibt die Anzahl der Cocktails zurück, die mit »C« beginnen.

Haben Sie in Ihren Tabellen eine Spalte mit dem Datentyp *Ja/Nein* eingerichtet, können Sie mit der Summenfunktion die Anzahl der Ja- bzw. Nein-Werte zählen. Ja-Werte werden Access-intern als -1, Nein-Werte als 0 dargestellt. Angenommen, in einer Tabelle mit Rechnungen wäre ein Ja/Nein-Feld *Bezahlt* definiert, und mit einer Abfrage soll die Zahl der bezahlten bzw. unbezahlten Rechnungen ermittelt werden. Die bezahlten Rechnungen werden mit

```
SELECT Sum(Abs([Bezahlt])) AS [Bezahlte Rechnungen]
FROM tblRechnungen;
```

herausgesucht. Die Funktion `Abs()` gibt den Absolutwert einer Zahl zurück, also den Wert ohne Vorzeichen. Der Absolutwert von der *Ja/Nein*-Spalte *Bezahlt* ist entweder 1 oder 0. Die unbezahlten Rechnungen ermittelt die Abfrage

```
SELECT Sum(Abs(NOT[Bezahlt])) AS [Bezahlte Rechnungen]
FROM tblRechnungen;
```

Diese Art des Umgangs mit Ja/Nein-Werten funktioniert mit Access, aber nicht unbedingt mit anderen Datenbanken, denn die interne Darstellung von Ja/Nein-Werten ist unterschiedlich. Das gleiche Ergebnis erzielen Sie übrigens mit

```
SELECT Count(*) AS [Bezahlte Rechnungen]
FROM tblRechnungen
WHERE tblRechnungen.Bezahlt = True;
```

wobei die `WHERE`-Klausel alternativ auch

```
WHERE tblRechnungen.Bezahlt = Yes;
```

oder

```
WHERE tblRechnungen.Bezahlt;
```

lauten könnte.

3.3.6 Daten gruppieren

Auch Ergebnisdaten einer Abfrage lassen sich gruppieren und mit verschiedenen Funktionen auswerten. Durch die Gruppierung können die im vorherigen Abschnitt beschriebenen Aggregatfunktionen noch effektiver genutzt werden.

Die Ergebnismenge einer gruppierten Abfrage ist immer »read only«, d.h., Sie können keine Veränderung an den Daten vornehmen.

Der GROUP BY-Befehl

Als erstes einfaches Beispiel soll die Anzahl der Zutaten für jeden Cocktail bestimmt werden. Die Abfrage hat in der Entwurfsansicht das im folgenden Bild dargestellte Aussehen. Dabei wurde die Bezeichnung des Cocktails als Gruppierungskriterium gewählt.

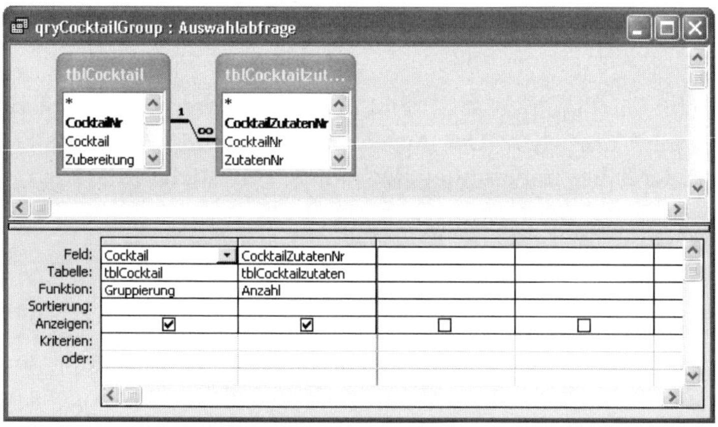

Bild 3.30: Ermittlung der Anzahl der Zutaten

Access erzeugt aus der Entwurfsansicht die SQL-Abfrage

```
SELECT tblCocktail.Cocktail, Count(tblCocktailzutaten.CocktailZutatenNr)
AS AnzahlvonCocktailZutatenNr
FROM tblCocktail INNER JOIN tblCocktailzutaten ON tblCocktail.CocktailNr
= tblCocktailzutaten.CocktailNr
GROUP BY tblCocktail.Cocktail;
```

Hierbei wird die Spaltenbezeichnung `AnzahlvonCocktailZutatenNr` automatisch eingesetzt. Das Ergebnis der Abfrage präsentiert das folgende Bild.

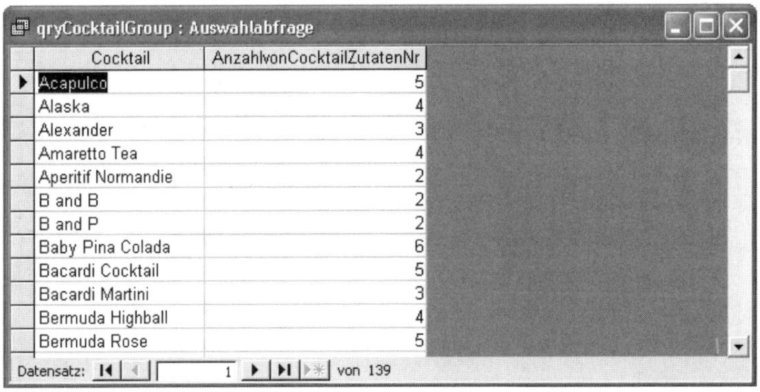

qryCocktailGroup : Auswahlabfrage

Cocktail	AnzahlvonCocktailZutatenNr
Acapulco	5
Alaska	4
Alexander	3
Amaretto Tea	4
Aperitif Normandie	2
B and B	2
B and P	2
Baby Pina Colada	6
Bacardi Cocktail	5
Bacardi Martini	3
Bermuda Highball	4
Bermuda Rose	5

Datensatz: 1 von 139

Bild 3.31: Anzahl der Zutaten pro Cocktail

Durch den Gruppierungsbefehl `GROUP BY` wird die Aggregatfunktion `COUNT()` für jeden Cocktail bestimmt, d.h., es werden alle Zutaten für eine bestimmte Cocktailnummer gezählt. Durch die Gruppierung ist es möglich, eine normale Ausgabespalte und eine Spalte mit Aggregatfunktion gleichzeitig auszugeben. Allerdings dürfen nur diejenigen Spalten, die hinter der `GROUP BY`-Klausel stehen, als Ausgabefelder benannt werden. Durch den `GROUP BY`-Befehl wird nicht automatisch nach den Gruppierungsfeldern sortiert. Hierfür müssen die Spalten in einer `ORDER BY`-Klausel aufgeführt werden.

Das nächste Beispiel summiert die Mengenangaben für jeden Cocktail aus der Tabelle *tblCocktailzutaten*. Die Cocktails werden über ihre Cocktailnummer bestimmt. Zur Vereinfachung haben wir die Einheiten der Mengenangaben nicht berücksichtigt.

```
SELECT tblCocktailzutaten.CocktailNr, Sum(tblCocktailzutaten.Menge) AS
SummevonMenge
FROM tblCocktailzutaten
GROUP BY tblCocktailzutaten.CocktailNr;
```

Die HAVING-Klausel

Mithilfe des SQL-Befehls `HAVING` lassen sich gruppierte Daten einschränken. Die `HAVING`-Klausel wird wie ein `WHERE`-Befehl verwendet, bezieht sich aber immer nur auf die Gruppen des `GROUP BY`-Befehls.

Zwei Beispiele sollen die Möglichkeiten der `HAVING`-Klausel verdeutlichen. Zuerst soll für alle Cocktails, die mehr als fünf Zutaten haben, die Anzahl der Zutaten und die Menge der Flüssigkeit bestimmt werden, wobei die Einheiten der Mengenangaben vernachlässigt werden sollen. Access zeigt die Einstellungen in der Entwurfsansicht in der im nächsten Bild präsentierten Form.

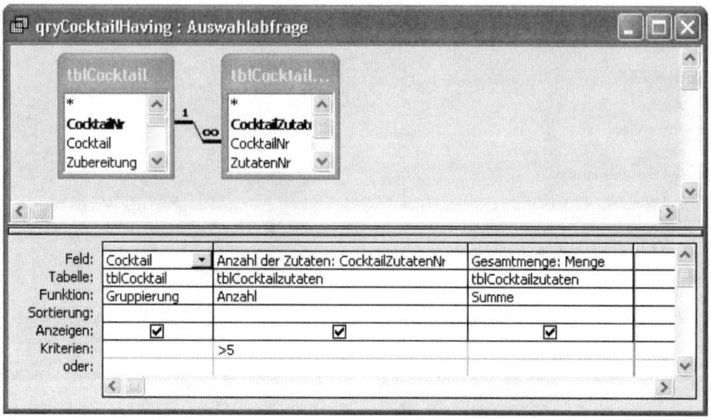

Bild 3.32: Cocktails mit mehr als fünf Zutaten

Das Ergebnis der Abfrage wird in Bild 3.33 dargestellt, wobei wir, wie in der Entwurfsansicht zu sehen, eigene Spaltenüberschriften festgelegt haben.

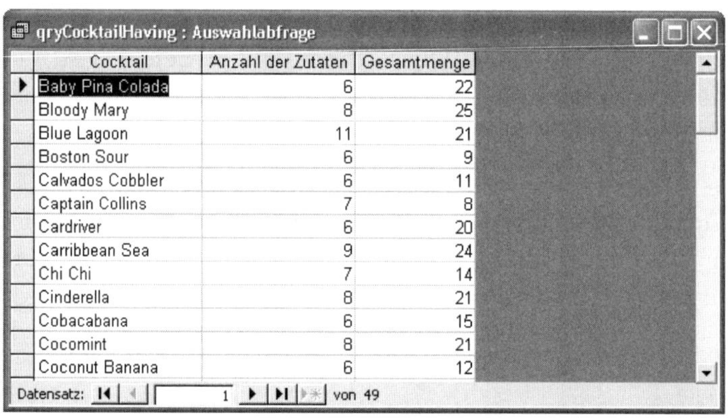

Cocktail	Anzahl der Zutaten	Gesamtmenge
Baby Pina Colada	6	22
Bloody Mary	8	25
Blue Lagoon	11	21
Boston Sour	6	9
Calvados Cobbler	6	11
Captain Collins	7	8
Cardriver	6	20
Carribbean Sea	9	24
Chi Chi	7	14
Cinderella	8	21
Cobacabana	6	15
Cocomint	8	21
Coconut Banana	6	12

Datensatz: 1 von 49

Bild 3.33: Ergebnis bei Verwendung der Having-Klausel

Zu diesem Ergebnis führte folgende von Access aus der Entwurfsansicht umgesetzte SQL-Abfrage:

```
SELECT tblCocktail.Cocktail, Count(tblCocktailzutaten.CocktailZutatenNr)
AS [Anzahl der Zutaten], Sum(tblCocktailzutaten.Menge) AS Gesamtmenge
FROM tblCocktail INNER JOIN tblCocktailzutaten ON tblCocktail.CocktailNr
= tblCocktailzutaten.CocktailNr
GROUP BY tblCocktail.Cocktail
HAVING Count(tblCocktailzutaten.ZutatenNr) > 5;
```

Die `COUNT()`-Funktion der `HAVING`-Klausel bezieht sich auf jede durch den `GROUP BY`-Befehl erstellte Gruppe, d.h. die Cocktailzutaten werden für jede Cocktailnummer gruppiert und mit `HAVING` ausgewertet.

Die SQL-Abfrage lässt sich noch mit einer `WHERE`-Bedingung ergänzen. `WHERE` bezieht sich immer auf die gesamte Tabelle, d.h. `WHERE` wird vor der Bildung der Gruppen angewendet. Die folgende Abfrage ermittelt wiederum die Anzahl der Zutaten und die Gesamtmenge für jeden Cocktail mit mehr als fünf Zutaten, aber diese Spalten werden nur für Cocktails ermittelt, deren Bezeichnung mit dem Buchstaben »C« beginnt.

```
SELECT tblCocktail.Cocktail, Count(tblCocktailzutaten.ZutatenNr) AS
[Anzahl der Zutaten], Sum(tblCocktailzutaten.Menge) AS Gesamtmenge
FROM tblCocktail INNER JOIN tblCocktailzutaten ON tblCocktail.CocktailNr
= tblCocktailzutaten.CocktailNr
WHERE tblCocktail.Cocktail LIKE "C*"
GROUP BY tblCocktail.Cocktail
HAVING Count(tblCocktailzutaten.ZutatenNr) > 5;
```

In die Entwurfsansicht wird die `WHERE`-Klausel durch eine weitere Spalte aufgenommen, deren Ausgabe unterdrückt ist. Als *Funktion* wird *Bedingung* gewählt, um die Bedeutung der Spalte anzuzeigen.

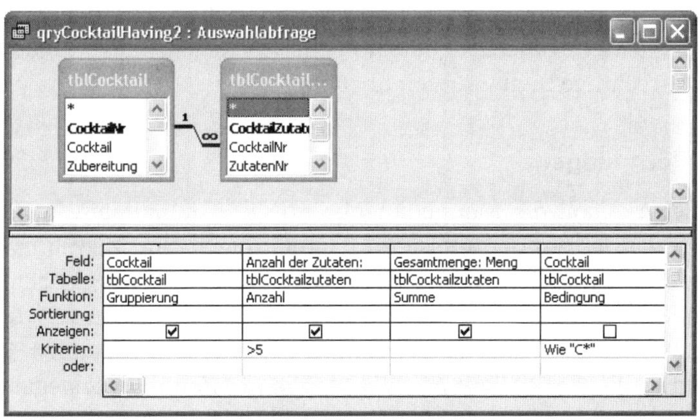

Bild 3.34: Um neue Bedingung erweiterte Entwurfsansicht

Das Resultat der Abfrage zeigt das folgende Bild. In unserer Cocktail-Datenbank haben sich neun Drinks mit mehr als fünf Zutaten gefunden, die mit »C« beginnen. Beachten Sie, dass immer zuerst die `WHERE`-Bedingung, dann die `GROUP BY`-Klausel und erst danach die `HAVING`-Bedingung ausgewertet wird.

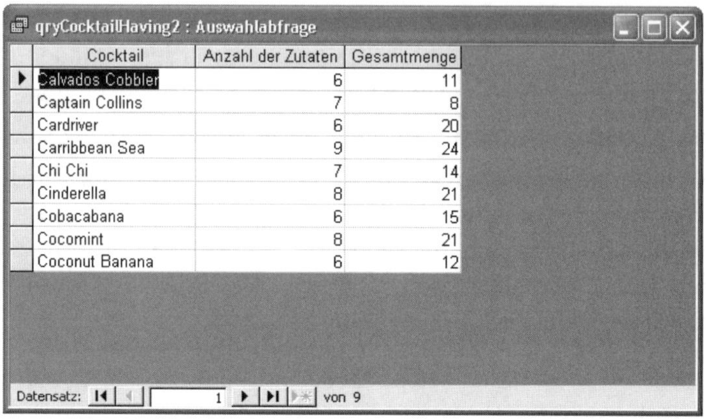

Cocktail	Anzahl der Zutaten	Gesamtmenge
Calvados Cobbler	6	11
Captain Collins	7	8
Cardriver	6	20
Carribbean Sea	9	24
Chi Chi	7	14
Cinderella	8	21
Cobacabana	6	15
Cocomint	8	21
Coconut Banana	6	12

Bild 3.35: Alle Cocktails, die mit »C« beginnen und mehr als fünf Zutaten haben

Theoretisch können Sie eine `HAVING`-Klausel auch ohne `GROUP BY` einsetzen. Die Bedingung wird dann auf eine Gruppe, nämlich die gesamte Abfrage, angewandt.

3.3.7 Berechnete Felder

In Abfragen können sowohl in den Ausgabespalten als auch in den Bedingungen Berechnungen enthalten sein. Wir möchten uns in diesem Abschnitt mit berechneten Ausgabefeldern beschäftigen. Die gleichen Regeln und Möglichkeiten lassen sich auf errechnete Bedingungen übertragen.

Einfache Berechnungen

Im ersten Beispiel soll die Mengenangabe von Cocktailzutaten in Zentiliter (cl) umgerechnet werden. In den meisten Mixanleitungen sind Zentiliter die übliche Maßeinheit, aber einige Rezepte, insbesondere solche aus angelsächsischen Ländern, verwenden andere Maße. In der Tabelle *tblEinheiten* werden die Einheiten und ein entsprechender Umrechnungsfaktor in Zentiliter aufgeführt. In einer Abfrage sollen für alle Cocktailzutaten die Mengen in Zentiliter angegeben werden. Dazu muss die Menge mit dem Umrechnungsfaktor multipliziert werden. In der im Bild dargestellten Entwurfsansicht wurde die `cl:[Menge]*[Umrechnung_cl]` als Umrechnung angegeben. Der Text vor dem Doppelpunkt bezeichnet die Überschrift der Spalte. Vergeben Sie keine eigenen Spaltenüberschriften, so nennt Access die berechneten Spalten `Ausdr1`, `Ausdr2` usw.

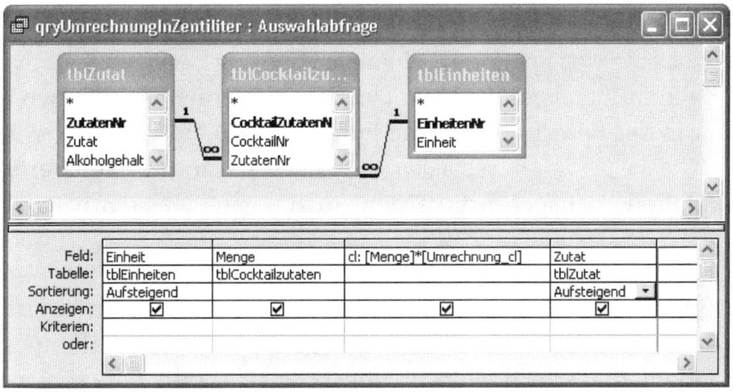

Bild 3.36: Berechnung der Menge in Zentiliter

Das Ergebnis der Abfrage zeigt die folgende Abbildung, wobei wir die Abfrage zur besseren Übersichtlichkeit nach der Bezeichnung der Einheit sortiert haben.

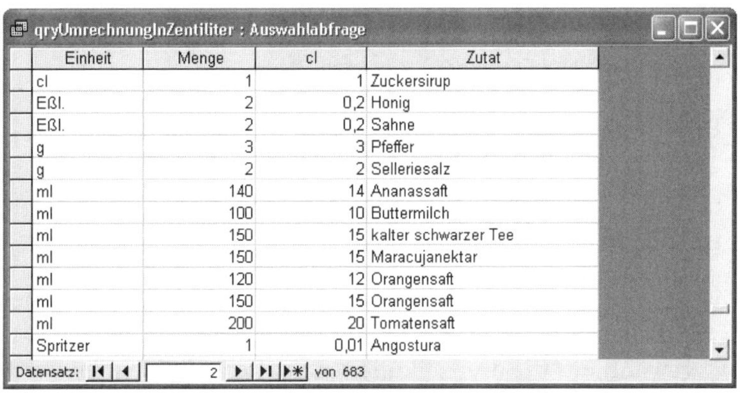

qryUmrechnungInZentiliter : Auswahlabfrage

Einheit	Menge	cl	Zutat
cl	1	1	Zuckersirup
Eßl.	2	0,2	Honig
Eßl.	2	0,2	Sahne
g	3	3	Pfeffer
g	2	2	Selleriesalz
ml	140	14	Ananassaft
ml	100	10	Buttermilch
ml	150	15	kalter schwarzer Tee
ml	150	15	Maracujanektar
ml	120	12	Orangensaft
ml	150	15	Orangensaft
ml	200	20	Tomatensaft
Spritzer	1	0,01	Angostura

Datensatz: 2 von 683

Bild 3.37: Ergebnis der Einheitenumrechnung

In der SQL-Darstellung werden Feldnamen in Berechnungen von Access automatisch in eckige Klammern gesetzt. Sollte die von Ihnen gewählte Spaltenüberschrift für das berechnete Feld Leerzeichen enthalten, wird die Bezeichnung ebenfalls in eckige Klammern eingeschlossen, beispielsweise `... AS [Menge in cl]`.

```
SELECT tblEinheiten.Einheit, tblCocktailzutaten.Menge,
[Menge]*[Umrechnung_cl] AS cl, tblZutat.Zutat
FROM tblEinheiten INNER JOIN (tblZutat INNER JOIN tblCocktailzutaten ON
tblZutat.ZutatenNr = tblCocktailzutaten.ZutatenNr) ON
tblEinheiten.EinheitenNr = tblCocktailzutaten.EinheitenNr
ORDER BY tblEinheiten.Einheit, tblZutat.Zutat;
```

Nullwerte: Hat eine der Spalten in einer Berechnung den Inhalt `NULL`, ist das Ergebnis der Kalkulation ebenfalls `NULL`. Um dies zu vermeiden, können Sie die einzelnen Felder in der Berechnung in die Funktion `Nz()` einschließen, wie beispielsweise in `Nz([Menge])*Nz([Umrechnung_cl])`. `Nz()` wandelt Nullwerte zu 0 um, sodass Kalkulationen ausgeführt werden, auch wenn eines der beteiligten Felder `NULL` ist.

Berechnete Spalten können in anderen Spalten weiter verrechnet werden. Im folgenden Beispiel wird im Feld `Alkohol` der Gesamtalkoholgehalt eines Cocktails kalkuliert, indem die errechneten Spalten `AlkMenge` und `Gesamtmenge` dividiert werden.

```
SELECT tblCocktail.Cocktail,
Sum([Menge]*[tblZutat].[Alkoholgehalt]*[Umrechnung_cl]) AS AlkMenge,
Sum([Menge]*[Umrechnung_cl]) AS Gesamtmenge, [AlkMenge]/[Gesamtmenge] AS
Alkohol
FROM tblZutat INNER JOIN (tblEinheiten INNER JOIN (tblCocktail INNER JOIN
tblCocktailzutaten ON tblCocktail.CocktailNr =
tblCocktailzutaten.CocktailNr) ON tblEinheiten.EinheitenNr =
tblCocktailzutaten.EinheitenNr) ON tblZutat.ZutatenNr =
tblCocktailzutaten.ZutatenNr
GROUP BY tblCocktail.Cocktail
ORDER BY tblCocktail.Cocktail;
```

In der Entwurfsansicht wird die SQL-Abfrage wie in Bild 3.38 dargestellt. In der Zeile *Funktion* im unteren Teil der Entwurfsansicht wurde für das Feld *Cocktail Gruppierung* gewählt, für die drei kalkulierten Spalten vereinbarten wir *Ausdruck*.

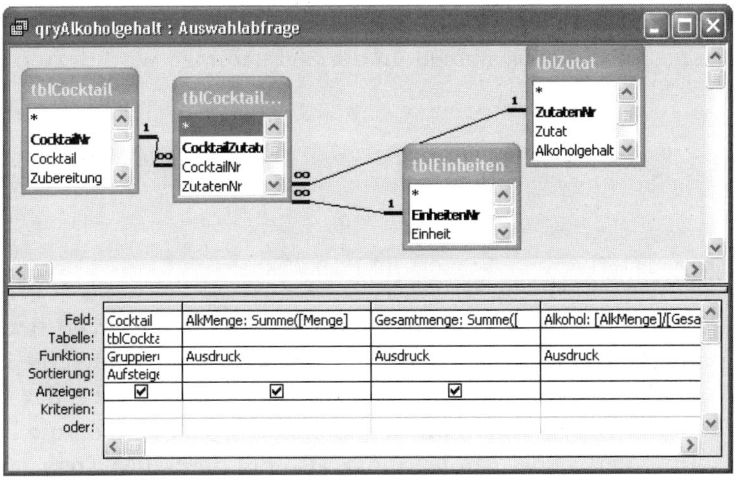

Bild 3.38: Entwurfsansicht zur Ermittlung des Gesamtalkoholgehalts pro Cocktail

Das Ergebnis der Abfrage zeigt, dass Access intern mit doppelter Genauigkeit rechnet, da die Menge als `Double`-Wert in der Tabelle *tblCocktailZutaten* definiert ist. In der Datenblattdarstellung werden von Access alle Nachkommastellen angezeigt.

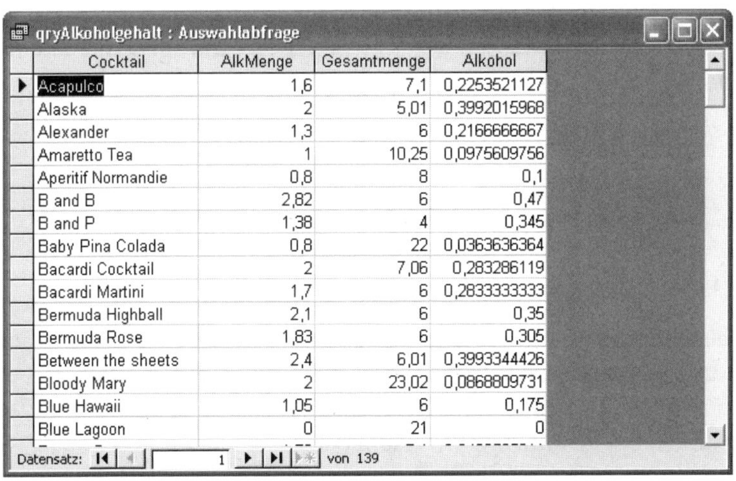

qryAlkoholgehalt : Auswahlabfrage

Cocktail	AlkMenge	Gesamtmenge	Alkohol
Acapulco	1,6	7,1	0,2253521127
Alaska	2	5,01	0,3992015968
Alexander	1,3	6	0,2166666667
Amaretto Tea	1	10,25	0,0975609756
Aperitif Normandie	0,8	8	0,1
B and B	2,82	6	0,47
B and P	1,38	4	0,345
Baby Pina Colada	0,8	22	0,0363636364
Bacardi Cocktail	2	7,06	0,283286119
Bacardi Martini	1,7	6	0,2833333333
Bermuda Highball	2,1	6	0,35
Bermuda Rose	1,83	6	0,305
Between the sheets	2,4	6,01	0,3993344426
Bloody Mary	2	23,02	0,0868809731
Blue Hawaii	1,05	6	0,175
Blue Lagoon	0	21	0

Datensatz: 1 von 139

Bild 3.39: Errechneter Gesamtalkoholgehalt der Cocktails

Einsatz von Access-Funktionen

In den meisten Fällen wird eine Formatierung der dargestellten Werte, z.B. mit nur einer Nachkommastelle, in einem Formular oder einem Bericht vorgenommen. Mithilfe der Access-Funktion FORMAT() können Sie eine Formatierung schon für das Abfrageergebnis vornehmen. In der SQL-Abfrage wird dazu die Anweisung

```
[AlkMenge]/[Gesamtmenge] AS Alkohol
```

zu

```
FORMAT([AlkMenge]/[Gesamtmenge],"0.0") AS Alkohol
```

ergänzt. Die Funktion FORMAT() benötigt zwei Parameter, den Wert und die Formatierungsanweisung. Informationen zur Format-Funktion finden Sie in Kapitel 7, »VBA-Funktionen«. Beachten Sie bitte, dass bei der Eingabe der FORMAT()-Funktion in der Entwurfsansicht im Gegensatz zur SQL-Funktion die Form FORMAT(Feld;"0,0"), verwendet werden muss, also mit deutschen Trenn- und Dezimalzeichen.

Prinzipiell können fast alle Access-Funktionen in Abfragen eingesetzt werden. Beachten Sie aber, dass bei ODBC-Zugriffen die Funktionen lokal in Access abgearbeitet werden.

Benutzerdefinierte Funktionen

Möglich sind auch benutzerdefinierte Funktionen, die in Visual Basic als Access-Module erfasst werden. Müssen Sie z.B. in vielen Abfragen mit der Mehrwertsteuer kalkulieren, ist es sinnvoll, für diese Aufgabe eine eigene Funktion in der Form

```
Function Mwst(ByVal curNetto As Currency) As Currency
    Const conMwstSatz = 0.16
    Mwst = curNetto * (1 + conMwstSatz)
End Function
```

zu schreiben, sodass Sie einen geänderten Steuersatz gegebenenfalls nur in der Funktion anpassen müssen, nicht aber in allen Abfragen. Sollten Sie mit Visual Basic noch nicht vertraut sein, erläutern wir die Details dieser und anderer Funktionen in Kapitel 6, »Einführung in Visual Basic«.

In einer Abfrage würde die Funktion wie folgt eingesetzt werden:

```
SELECT tblHausbar.ZutatenNr, tblHausbar.Menge, Mwst([Einkaufspreis]) AS
Brutto
FROM tblHausbar;
```

Vergleiche mit IIF()

Eine in Abfragen sehr hilfreiche Funktion ist `IIF()`, ausgesprochen »inline IF«. Die Funktion besitzt drei Argumente: `IIF(Bedingung, Wahr-Teil, Falsch-Teil)`. In der Entwurfsansicht heißt die Funktion `WENN()`. Beachten Sie, dass in der Entwurfsansicht die Argumente mit Semikolon getrennt werden müssen.

Die folgende SQL-Abfrage gibt in Abhängigkeit von der Menge, die das jeweilige Cocktailrezept ergibt, einen Text aus, wobei wir zur Vereinfachung der Abfrage die verschiedenen Mengeneinheiten vernachlässigt haben.

```
SELECT tblCocktail.Cocktail,
IIf(Sum([Menge])>20,"Mehr als ein Glas","Ein Glas") AS Rezept
FROM tblCocktail INNER JOIN tblCocktailzutaten ON tblCocktail.CocktailNr
= tblCocktailzutaten.CocktailNr
GROUP BY tblCocktail.Cocktail;
```

`IIF()`-Funktionen lassen sich auch verschachteln, beispielsweise lässt sich die `IIF()`-Funktion aus der obigen SQL-Abfrage wie folgt erweitern:

```
IIf(Sum([Menge])>20,IIF(Sum([Menge])>40,"Mehr als zwei Gläser","Mehr als
ein Glas"),"Ein Glas")
```

Verkettung von Zeichenfolgen

Mit den Operatoren »&« und »+« fügen Sie mehrere Zeichenfolgen zu einer Zeichenkette zusammen, beispielsweise erzeugen

```
tblCocktail.Cocktail & " - " & tblCocktail.Zubereitung
```

oder

```
tblCocktail.Cocktail + " - " + tblCocktail.Zubereitung
```

ein berechnetes Feld, in dem die Bezeichnung des Cocktails, ein Bindestrich und die Zubereitung zu einer Zeichenfolge verkettet werden. Der Unterschied zwischen den Operatoren »&« und »+« liegt in der Behandlung von Nullwerten. Während mit dem »&«-Zeichen Nullwerte als leere Zeichenfolgen "" aufgefasst werden, ist das Ergebnis einer »+«-Verknüpfung `NULL`, wenn eine der Teilzeichenfolgen `NULL` ist.

Die Access-Operatoren

In der folgenden Tabelle sind der Vollständigkeit halber die in Access einsetzbaren Operatoren aufgeführt. Beachten Sie bitte, dass im SQL-Standard nicht alle Operatoren nutzbar sind, die Access anbietet.

Tabelle 3.3: Operatoren

Operator	Bedeutung	Bemerkung
+	Addition	
-	Subtraktion	
*	Multiplikation	
/	Division	
\	Ganzzahlige Division	Die Operanden werden vor der Division in Byte, Integer- oder Long Integer-Wert umgewandelt und gerundet. Das Ergebnis ist ganzzahlig vom Typ Byte, Integer oder Long Integer.
^	Potenzierung	
Mod	Modulo	Gibt den Rest einer ganzzahligen Division zurück. Fließkommaoperanden werden zu ganzen Zahlen gerundet. Das Ergebnis ist ein Wert vom Typ Byte, Integer oder Long Integer.

3.4 Parameterabfragen

Abfragen mit Parametern sind eine Erweiterung des SQL-Standards durch Access. Parameter ermöglichen die Eingabe von Werten während der Auswertung der SQL-Abfrage, ohne den SQL-Text oder den Entwurf der Abfrage zu verändern. Sie sind ein gängiges Mittel innerhalb von Access, den Benutzer nach Eingaben zu fragen. Parameter können sowohl in der `WHERE`-Bedingung als auch in der `HAVING`-Klausel eingesetzt werden.

3.4.1 Einfache Parameter

In der Entwurfsansicht lassen sich Parameter durch Texte in eckigen Klammern hinter *Kriterium* definieren. Die Texte dürfen jedoch nicht mit Feldnamen der Tabelle oder der Tabellen übereinstimmen. Alle Bezeichnungen, die Access nicht als Feldnamen interpretiert, werden als Parameter angesehen. Aus diesem Grund entdeckt man in der Regel Schreibfehler in Feldnamen nur sehr langsam: Sie werden von Access als Parameter abgefragt. Die Länge des Parametertextes ist nicht begrenzt, wie Sie im nächsten Bild sehen können.

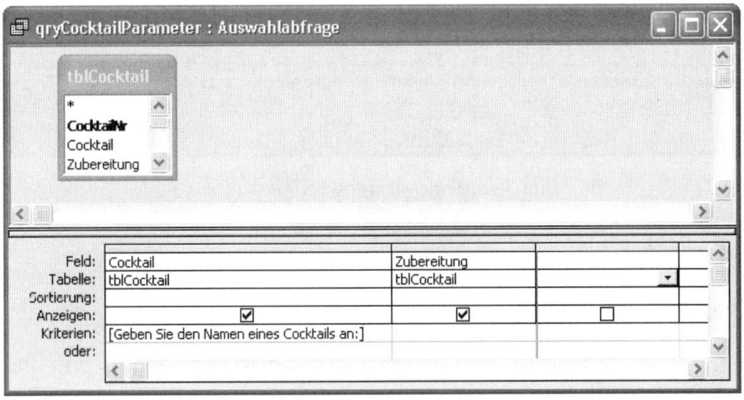

Bild 3.40: Vereinbarung eines Parameters

Die Umsetzung zu SQL hat das folgende Aussehen:

```
SELECT tblCocktail.Cocktail, tblCocktail.Zubereitung
FROM tblCocktail
WHERE tblCocktail.Cocktail = [Geben Sie den Namen eines Cocktails an:];
```

Wird die Abfrage ausgeführt, erscheint das folgende Dialogfeld, um einen Wert für den Parameter entgegenzunehmen.

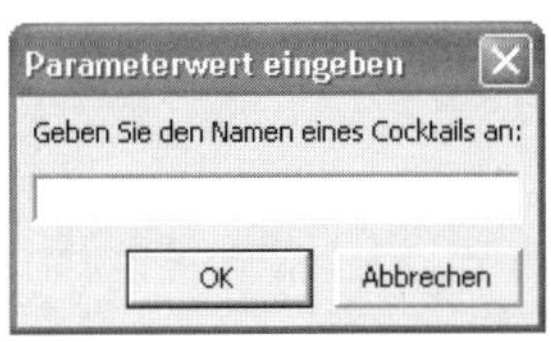

Bild 3.41: Dialogfeld für Parameter

Sollten Sie mehrere Parameter in einer Abfrage vereinbart haben, werden sie nacheinander in jeweils eigenen Dialogfeldern abgefragt. Bei der Eingabe findet keine Überprüfung des Datentyps statt. Im folgenden Beispiel ist die Spalte *tblCocktail.CocktailErfasst* vom Typ *Datum/Zeit*:

```
SELECT tblCocktail.Cocktail, tblCocktail.Zubereitung
FROM tblCocktail
WHERE tblCocktail.CocktailErfasst = [Geben Sie ein Datum an:];
```

Die Abfrage kann nur ausgewertet werden, wenn Sie im Parameterdialogfeld ein Datum angeben. Geben Sie Werte an, die Access nicht als Datum oder Zeit interpretieren kann, erhalten Sie die im nächsten Bild abgebildete Warnmeldung.

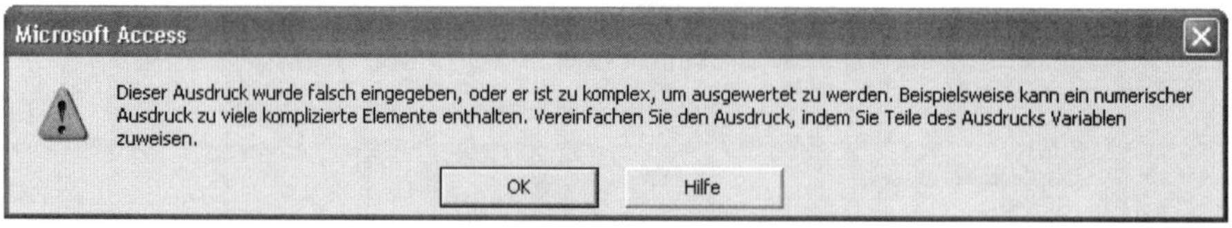

Bild 3.42: Fehlermeldung bei Typproblem

3.4.2 Vordefinierte Parameter

Sie können Access zu einer Typüberprüfung bei der Eingabe von Parametern veranlassen, indem Sie die Parameter vordefinieren. Rufen Sie dazu in der Entwurfsansicht über den Menübefehl *Parameter* im Menü *ABFRAGE* das in Bild 3.43 gezeigte Dialogfeld auf. Geben Sie in der Spalte *Parameter* die von Ihnen gewünschte Parameterbezeichnung ein, und wählen Sie dazu rechts einen entsprechenden *Felddatentyp*.

Bild 3.43: Dialogfeld Abfrageparameter

In der SQL-Darstellung wird die Parameterdefinition dem SQL-Befehl vorangestellt:

```
PARAMETERS [Geben Sie ein Datum an:] DateTime;
SELECT tblCocktail.Cocktail, tblCocktail.Zubereitung
FROM tblCocktail
WHERE tblCocktail.CocktailErfasst = [Geben Sie ein Datum an:];
```

Wird die Abfrage ausgeführt, erhalten Sie zur Eingabe das entsprechende Dialogfeld. Entspricht Ihre Eingabe nicht dem für den Parameter vereinbarten Felddatentyp, erhalten Sie die im nächsten Bild vorgestellte Fehlermeldung. Bestätigen Sie die Fehlermeldung, werden Sie erneut nach dem Parameter gefragt.

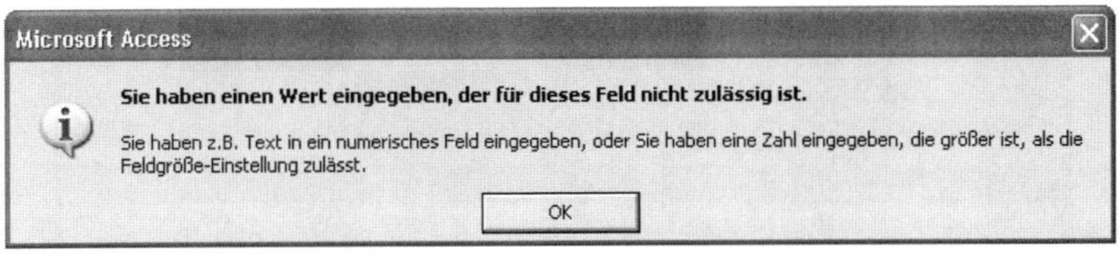

Bild 3.44: Fehlermeldung bei fehlerhafter Parametereingabe

Mehrere vordefinierte Parameter werden im SQL-Befehl durch Kommas getrennt und mit einem Semikolon abgeschlossen. Die folgende `PARAMETERS`-Anweisung zeigt alle vordefinierbaren Felddatentypen. Als Parameter-Namen in den eckigen Klammern haben wir die Bezeichnungen gewählt, die im Dialogfeld *Abfrageparameter* (Bild 3.43) in der Spalte *Felddatentyp* angeboten werden.

```
PARAMETERS [Ja/Nein] Bit, [Byte] Byte, [Integer] Short, [Long Integer]
Long, [Währung] Currency, [Single] IEEESingle, [Double] IEEEDouble,
[Datum/Uhrzeit] DateTime, [Binär] Binary, [Text] Text ( 255 ), [OLE-
Objekt] LongBinary, [Memo] Text, [Replikations-ID] Guid, [Decimal]
Decimal, [Wert] Value;
```

3.4.3 Benutzerdefiniertes Formular zur Parametereingabe

Besser und für den Anwender bequemer ist der Einsatz eines Formulars zur Eingabe der Parameter einer Abfrage. Anhand eines einfachen Beispiels möchten wir das Zusammenspiel zwischen Formular und Abfrage zeigen. Dazu werden wir zunächst eine Abfrage definieren, die den Verweis auf das Formular enthält und dann ein Formular erstellen, das über eine Schaltfläche die Abfrage aufruft.

Die Abfrage besteht aus dem SQL-Befehl

```
SELECT tblCocktail.Cocktail, tblCocktail.Zubereitung
FROM tblCocktail
WHERE tblCocktail.Cocktail LIKE [forms].[frmParaEingabe].[txtParameter] &
"*";
```

der in der Entwurfsansicht – wie im nächsten Bild gezeigt – dargestellt wird.

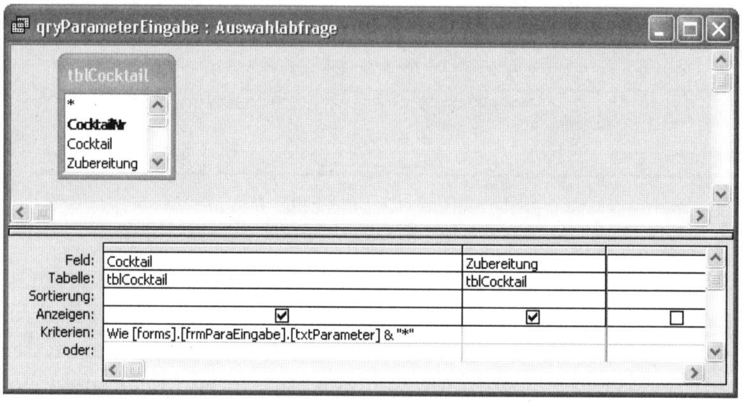

Bild 3.45: Entwurfsansicht

In die WHERE-Bedingung wurde der Parameter in der Form

```
LIKE [forms].[frmParaEingabe].[txtParameter]  & "*"
```

aufgenommen, d.h., der Parameter stammt aus einem Formular ([forms]) mit dem Namen frmParaEingabe und dort aus dem Textfeld txtParameter. Hinter den Parameter platzieren wir aus Gründen der Bequemlichkeit das Platzhalterzeichen »*«.

Auf die Schreibweise für den Zugriff auf Formularfelder [forms].[Formularname].[Feldname] werden wir in Kapitel 14, »Formulare«, noch ausführlich eingehen.

Abschließend wird die Abfrage gespeichert. Der Parameter in der Abfrage bezieht sich nun auf ein Feld in einem Formular, das noch nicht existiert. Prinzipiell können Sie die Abfrage aber auch jetzt schon einsetzen, denn der Parameter, der ja noch nicht in einem Formular zu finden ist, wird von Access in einem normalen Parameterdialogfeld abgefragt.

Im nächsten Schritt wird ein Formular angelegt. Das Formular wird als ungebundenes Formular erstellt, d.h., es wird keine Tabelle oder Abfrage als Grundlage für die Daten des Formulars genutzt. In Kapitel 14, »Formulare«, finden Sie die entsprechenden Informationen zu gebundenen und ungebundenen Formularen.

Bild 3.46 zeigt das fertige Formular, auf dem ein Textfeld zur Eingabe und zwei Befehlsschaltflächen zum Aufruf der Abfrage und zum Schließen des Formulars angeordnet sind.

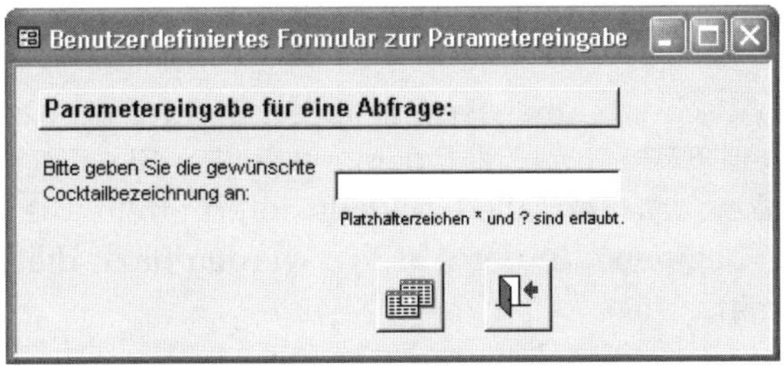

Bild 3.46: Fertiges Parametereingabeformular

Das Textfeld bekam den Namen *txtParameter,* so wie wir ihn schon in der oben erstellten Abfrage vorgesehen hatten. Das Formular selbst speicherten wir unter dem Namen *frmParaEingabe.*

Die beiden Befehlsschaltflächen sind mit dem Befehlsschaltflächen-Assistenten erzeugt worden. Die linke zeigt das Ergebnis der Parameterabfrage in Tabellenform, die rechte schließt das Formular.

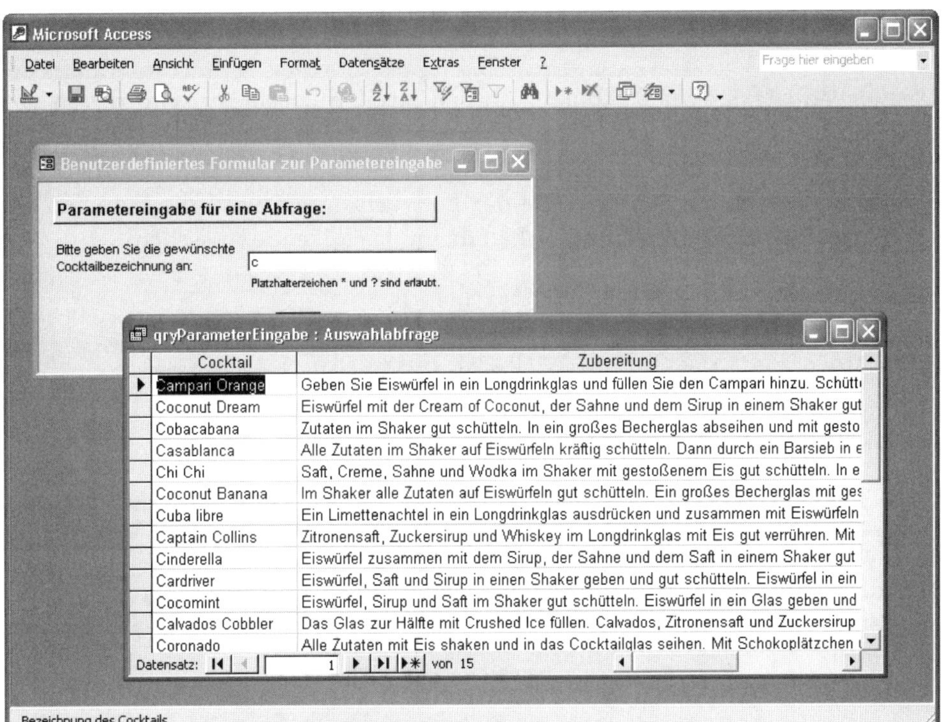

Bild 3.47: Parametereingabeformular und Abfrageergebnis

3.4.4 Von-Bis-Abfragen mit Parametern

Zum Schluss des Abschnitts über Parameter noch ein Tipp für den Einsatz von Parametern mit dem BETWEEN...AND-Operator. Stellen Sie sich vor, der Benutzer sollte die Möglichkeit erhalten, alle Cocktails zu ermitteln, die mit den Buchstaben C, D, E und F beginnen. In der Abfrage werden dazu die Parameter [Von:] und [Bis:] abgefragt.

```
SELECT tblCocktail.Cocktail, tblCocktail.Zubereitung
FROM tblCocktail
WHERE tblCocktail.Cocktail BETWEEN [Von:] AND [Bis:];
```

Um die Cocktails herauszufinden, die mit C, D, E oder F beginnen, muss der Anwender für den ersten Parameter ein »C« und für den zweiten ein »G« eingeben. Für viele Anwender scheint dies unlogisch, obwohl es lexikalisch korrekt ist, denn hätte der zweite Parameter ein »F« zum Inhalt, wären Drinks wie »Frozen Tequila« nicht im Abfrageergebnis enthalten, denn »Fr...« kommt alphabetisch nach «F«. Schwierig für den Anwender wird es insbesondere dann, wenn die Liste auch die Drinks mit «Z« enthalten soll. Welcher Buchstabe kommt nach »Z«?

Der folgende Trick schafft Abhilfe: An den zweiten Parameter wird das in der alphabetischen Sortierung größte Zeichen angehängt. Das letzte Zeichen der ASCII-Tabelle kann über die Access-Funktion Chr() als Chr(255) ermittelt werden. In der deutschen Schreibweise der Entwurfsansicht wird die Funktion als Zchn() benannt. Die SQL-Abfrage erhält damit das folgende Aussehen:

```
SELECT tblCocktail.Cocktail, tblCocktail.Zubereitung
FROM tblCocktail
WHERE tblCocktail.Cocktail BETWEEN [Von:] AND [Bis:] & Chr(255);
```

3.5 Unterabfragen

Unterabfragen sind SELECT-Abfragen innerhalb von SELECT-Abfragen. Das bedeutet, es wird eine SELECT-Abfrage verwendet, um Werte und Bedingungen für eine andere zu finden. Access erlaubt, die SELECTs bis zu 50 Ebenen tief zu schachteln.

3.5.1 Unterabfragen mit dem IN-Operator

Im ersten Beispiel sollen alle Cocktails gefunden werden, die mehr als fünf Zutaten haben. Wir haben die Aufgabenstellung schon mit einer Gruppierung im Abschnitt 3.3.6, »Daten gruppieren«, in »Die HAVING-Klausel« gelöst. Im Prinzip können solche Fragestellungen sowohl mit verknüpften Tabellen (joins) als auch mit Unterabfragen beantwortet werden.

In der SQL-Abfrage

```
SELECT tblCocktail.Cocktail
FROM tblCocktail
WHERE tblCocktail.CocktailNr
In(SELECT tblCocktailZutaten.Cocktailnr FROM tblCocktailZutaten GROUP BY
tblCocktailZutaten.Cocktailnr HAVING count(*) > 5 );
```

wird für die `WHERE`-Bedingung eine Menge von Cocktailnummern mithilfe des in Klammern eingeschlossenen `SELECT`s ermittelt. Der erste `SELECT` zeigt dann die Bezeichnung eines Cocktails, wenn sich die Cocktailnummer in der Ergebnismenge der Unterabfrage befindet. Der Operator `IN` führt die Überprüfung durch, ob `tblCocktail. CocktailNr` in der Ergebnismenge vorhanden ist.

In der Entwurfsansicht wird die Abfrage wie im folgenden Bild dargestellt. Dabei wird die Unterabfrage in der Entwurfsansicht direkt in die Kriterienzeile eingegeben. Es hat sich bewährt, die Unterabfrage zuerst in einem eigenen Entwurfsansichtsfenster zu erstellen und zu testen. Anschließend kann der SQL-Text in die Zwischenablage kopiert und dann als Unterabfrage eingefügt werden.

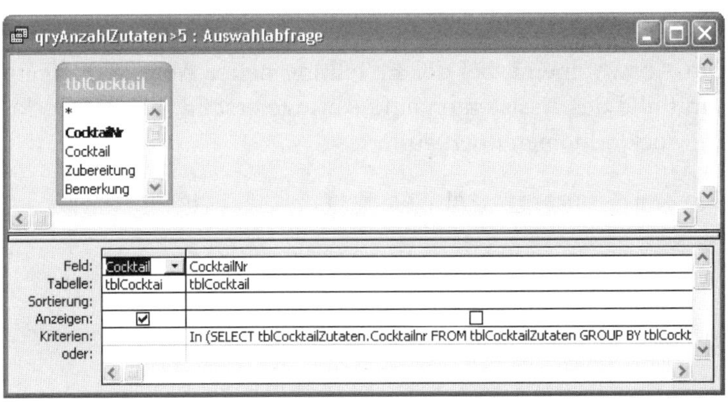

Bild 3.48: Darstellung der Unterabfrage in der Entwurfsdarstellung

Beachten Sie bitte, dass die Unterabfrage nur ein Ausgabefeld haben darf, da in der `WHERE`-Bedingung nur jeweils ein Wert verglichen wird. Haben Sie irrtümlich mehrere Ausgabespalten definiert, wird Access mit der folgenden Fehlermeldung reagieren. Mehrere Ausgabefelder sind nur in Zusammenhang mit dem Operator `EXISTS` erlaubt, der weiter unten besprochen wird.

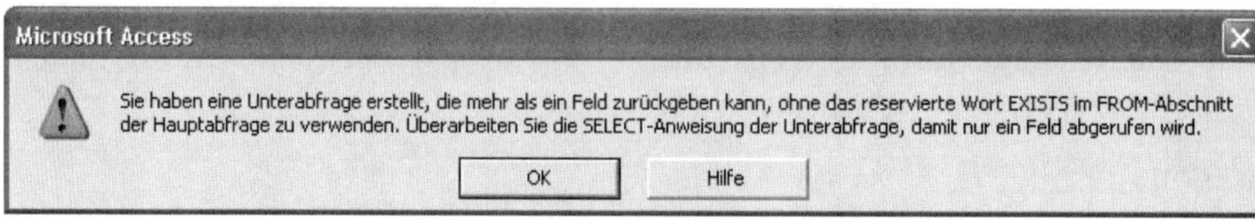

Bild 3.49: Fehlermeldung bei mehr als einem Ausgabefeld

Der `IN`-Operator wird auch im nächsten Beispiel genutzt, um alle Cocktails zu finden, die ohne die Zutat Gin gemixt werden. Dazu spürt die Unterabfrage die Nummern aller Cocktails auf, die Gin als Zutat verwenden. Durch die Anwendung von `NOT IN` in der `WHERE`-Bedingung werden als Resultat der Gesamtabfrage alle Drinks ausgegeben, die nicht in der Ergebnismenge der Unterabfrage vorkommen.

```
SELECT tblCocktail.Cocktail
FROM tblCocktail
WHERE tblCocktail.Cocktail NOT IN (SELECT DISTINCTROW
tblCocktail.Cocktail
FROM tblCocktail RIGHT JOIN (tblZutat LEFT JOIN tblCocktailzutaten ON
tblZutat.ZutatenNr = tblCocktailzutaten.ZutatenNr) ON
tblCocktail.CocktailNr = tblCocktailzutaten.CocktailNr
WHERE tblZutat.Zutat = "Gin");
```

Access verwendet Unterabfragen im »Abfrage-Assistenten zur Duplikatssuche«, der Ihnen im Auswahlmenü bei der Erstellung neuer Abfragen angeboten wird. Wir haben mithilfe des Assistenten eine Abfrage erstellt, die die Cocktail-Tabelle auf doppelte Cocktailnamen überprüft.

```
SELECT tblCocktail.Cocktail, tblCocktail.CocktailNr
FROM tblCocktail
WHERE tblCocktail.Cocktail IN (SELECT [Cocktail] FROM [tblCocktail] As
Tmp GROUP BY [Cocktail] HAVING Count(*)>1 )
ORDER BY tblCocktail.Cocktail;
```

Die Abfrage ergibt eine Liste der Cocktailbezeichnungen, die doppelt vorkommen. Die Unterabfrage gruppiert dazu die Cocktails nach `tblCocktail.Cocktail` und ermittelt für jede Gruppe die Anzahl der Datensätze mit `Count(*)`.

3.5.2 Unterabfragen mit einem Ergebniswert

Die Unterabfrage, die wir im nächsten Beispiel beschreiben möchten, ermittelt alle Cocktails, deren Alkoholgehalt kleiner als der durchschnittliche Alkoholgehalt aller Cocktails ist. Dazu wird zunächst eine Unterabfrage zusammengestellt, die den durchschnittlichen Gehalt an Alkohol ermittelt. Dieser Wert wird dann in einem `SELECT` zur Bestimmung der entsprechenden Cocktails verwandt.

```
SELECT tblCocktail.Cocktail, tblCocktail.Alkoholgehalt
FROM tblCocktail
WHERE tblCocktail.Alkoholgehalt < (SELECT Avg(tblCocktail.Alkoholgehalt)
FROM tblCocktail)
```

Die Rückgabemenge der Unterabfrage besteht hierbei nur aus einem Wert, mit dem der Vergleich der `WHERE`-Bedingung durchgeführt wird. Sie müssen sicherstellen, dass die Unterabfrage auch wirklich nur einen Wert als Resultat zurückliefert, denn sonst meldet Access einen Fehler mit dem im folgenden Bild gezeigten Dialogfeld.

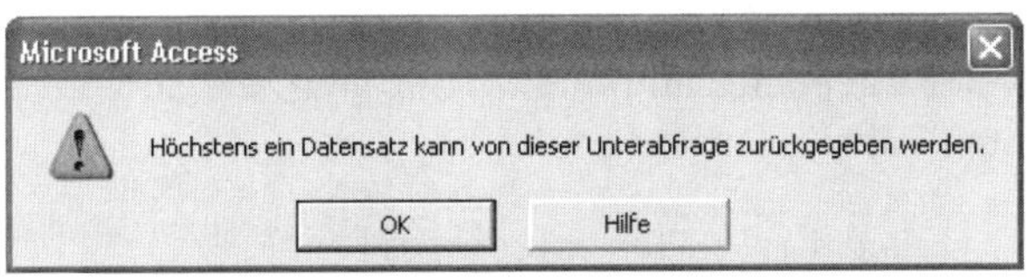

Bild 3.50: Fehlermeldung für Unterabfragen

Möchten Sie im Ergebnis der Abfrage zusätzlich erfahren, wie hoch der durchschnittliche Alkoholgehalt eigentlich war, erweitern Sie die Abfrage um ein entsprechendes Ausgabefeld.

```
SELECT tblCocktail.Cocktail, tblCocktail.Alkoholgehalt,
(SELECT Avg(tblCocktail.Alkoholgehalt) FROM tblCocktail) AS Mittelwert
FROM tblCocktail
WHERE tblCocktail.Alkoholgehalt<(SELECT Avg(tblCocktail.Alkoholgehalt)
FROM tblCocktail);
```

Unterabfragen können sowohl in Bedingungen als auch im Ausgabebereich eingesetzt werden.

3.5.3 Korrelierte Unterabfragen

Bei korrelierten Unterabfragen enthält die innere `SELECT`-Anweisung eine Spalte, deren Werte in der äußeren `SELECT`-Anweisung festgelegt sind.

Die folgende Abfrage zeigt eine einfache Unterabfrage, in der alle Cocktails bestimmt werden, in denen die Zutat mit der ZutatenNr 50 verwandt wird.

```
SELECT tblCocktail.Cocktail FROM tblCocktail
WHERE tblCocktail.CocktailNr IN (SELECT tblCocktailzutaten.CocktailNr
FROM tblCocktailzutaten
WHERE tblCocktailzutaten.ZutatenNr = 50);
```

Die gleiche Abfrage lässt sich auch als korrelierte Unterabfrage schreiben:

```
SELECT tblCocktail.Cocktail FROM tblCocktail
WHERE 50 IN (SELECT tblCocktailzutaten.ZutatenNr FROM tblCocktailzutaten
WHERE tblCocktail.CocktailNr = tblCocktailzutaten.CocktailNr);
```

3.5.4 Unterabfragen mit EXISTS

Mithilfe des EXISTS-Operators kann die Differenz bzw. mit NOT EXISTS der Durchschnitt zweier Tabellen bestimmt werden. Die Differenz zweier Tabellen besteht aus den Zeilen der ersten Tabelle, die nicht in der zweiten Tabelle auftreten. Der Durchschnitt zweier Tabellen beinhaltet alle Zeilen, die sowohl in der ersten als auch in der zweiten Tabelle vorkommen.

```
SELECT tblCocktail.Cocktail FROM tblCocktail
WHERE EXISTS (SELECT tblCocktailzutaten.ZutatenNr FROM tblCocktailzutaten
WHERE tblCocktail.CocktailNr = tblCocktailzutaten.CocktailNr
AND tblCocktailzutaten.ZutatenNr = 50);
```

3.6 UNION-Abfragen

UNION-Abfragen vereinigen die Ergebnisse zweier SELECT-Abfragen zu einem Resultat. Für die Definition von UNION-Abfragen müssen die SQL-Befehle direkt im SQL-Fenster eingegeben werden. Rufen Sie das entsprechende Fenster in der Entwurfsansicht mit *ABFRAGE SQL-spezifisch Union* auf. Im folgenden Bild ist eine UNION-Abfrage abgebildet, die eine Liste aller Cocktailbezeichnungen und Zutaten liefert. Durch das Befehlswort UNION werden zwei SELECT-Abfragen miteinander verbunden. Für eine erfolgreiche Verbindung zweier Abfragen müssen die Anzahl der Felder und die entsprechenden Feldtypen übereinstimmen.

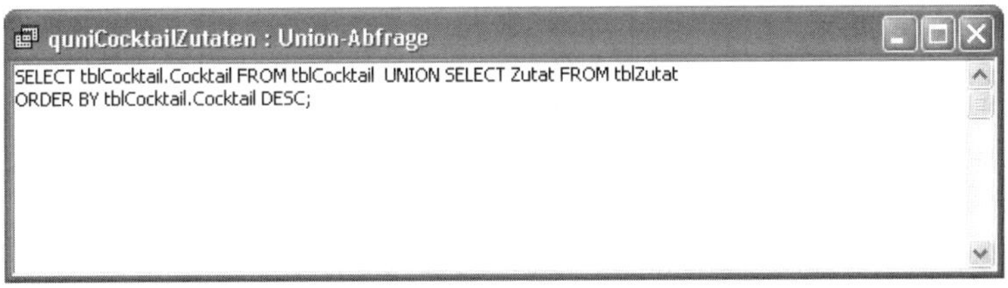

Bild 3.51: Definition der UNION-Abfrage

Soll die Abfrage die Daten sortiert ausgeben, können Sie ein Sortierkriterium mithilfe von `ORDER BY` festlegen, wobei nur die Felder der ersten `SELECT`-Abfrage als Sortierfelder benutzt werden können. Entsprechend sortiert

```
SELECT tblCocktail.Cocktail FROM tblCocktail  UNION SELECT tblZutat.Zutat
FROM tblZutat ORDER BY tblCocktail.Cocktail DESC;
```

wie Sie im nächsten Bild sehen können, die Cocktailbezeichnungen und Zutaten durcheinander, aber in umgekehrter Reihenfolge.

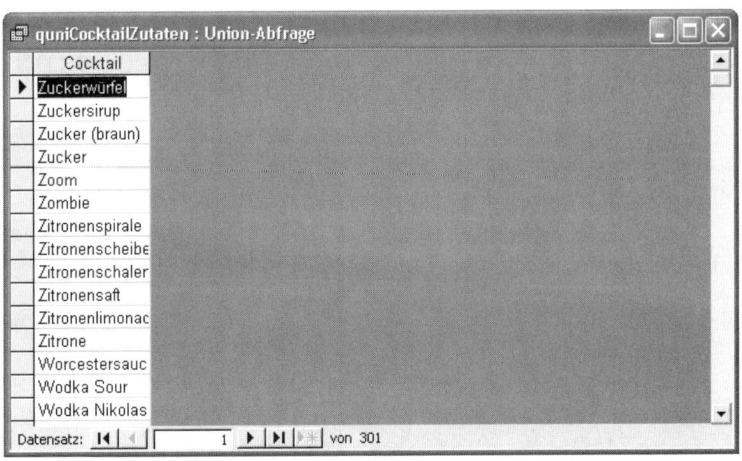

Bild 3.52: Ergebnis der UNION-Abfrage

Eine interessante `UNION`-Anwendung, die wir später in Kapitel 14, »Formulare«, einsetzen, möchten wir Ihnen noch vorstellen. Im folgenden Beispielformular wird eine Liste mit Cocktails gezeigt. Sie können ein oder mehrere Cocktailrezepte ausdrucken lassen, indem Sie die entsprechenden Cocktails selektieren. Der erste Eintrag der Liste »*** Alle Cocktails ***« ermöglicht den Ausdruck aller Rezepte.

Bild 3.53: Druckauswahlformular

Da dieser Eintrag nicht als Datensatz in der zugrunde liegenden Tabelle *tblCocktail* vorliegt, wird er mithilfe der `UNION`-Abfrage

```
SELECT tblCocktail.Cocktail, tblCocktail.Cocktailnr FROM tblCocktail
UNION SELECT "*** Alle Cocktails ***",0 FROM tblCocktail
ORDER BY tblCocktail.Cocktail;
```

für die Liste erzeugt. Die `UNION`-Abfrage zeigt, dass zur Erzeugung der Liste mit einem Trick gearbeitet wird. Die zweite `SELECT`-Abfrage liefert nur einen Datensatz mit zwei Feldern, nämlich `"*** Alle Cocktails ***"` und `0`. Beide basieren nicht auf der angegebenen Tabelle *tblCocktail*. Eine Tabelle muss aber in der `FROM`-Klausel angegeben werden, da sonst die Abfrage nicht bearbeitet werden kann. Der Wert `0` kommt als Cocktailnummer in *tblCocktail* nicht vor, deshalb wurde der Wert zur Erkennung des speziellen Eintrags gewählt.

Die Abfrage hat mit unseren Beispieldaten das im folgenden Bild gezeigte Ergebnis.

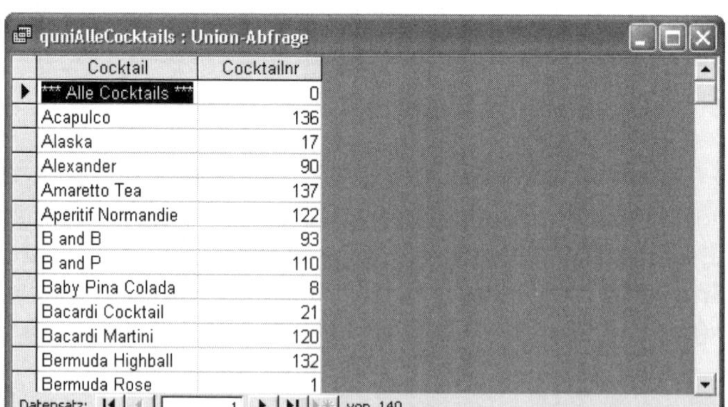

Bild 3.54: Ergebnis der geänderten UNION-Abfrage

3.7 Kreuztabellenabfragen

Eine Spezialität von Access sind Kreuztabellenabfragen. Mit ihrer Hilfe können Datenbestände schnell nach verschiedenen Kriterien abgefragt werden. Bei der Erstellung von Kreuztabellen unterstützt Sie ein Assistent. Wir möchten Ihnen im folgenden Abschnitt den Einsatz von Kreuztabellen in zwei Beispielen zeigen und die SQL-Erweiterungen in Access für Kreuztabellen ansprechen.

3.7.1 Cocktails in Gruppen und Kategorien

Im ersten Beispiel soll die Zugehörigkeit der Cocktails zu verschiedenen Gruppen und Kategorien dargestellt werden. Dazu ermittelt die SQL-Abfrage

```
SELECT DISTINCTROW tblCocktail.Cocktail, tblKategorie.Kategorie,
tblGruppe.Gruppe
FROM tblKategorie RIGHT JOIN ((tblGruppe RIGHT JOIN tblCocktail ON
tblGruppe.GruppeNr = tblCocktail.GruppeNr) LEFT JOIN tblCocktailKategorie
ON tblCocktail.CocktailNr = tblCocktailKategorie.CocktailNr) ON
tblKategorie.KategorieNr = tblCocktailKategorie.KategorieNr;
```

zunächst das im nächsten Bild gezeigte Ergebnis. In der ersten Spalte sind alle Cocktails aufgeführt, in den weiteren Spalten die entsprechenden Kategorien und Gruppen.

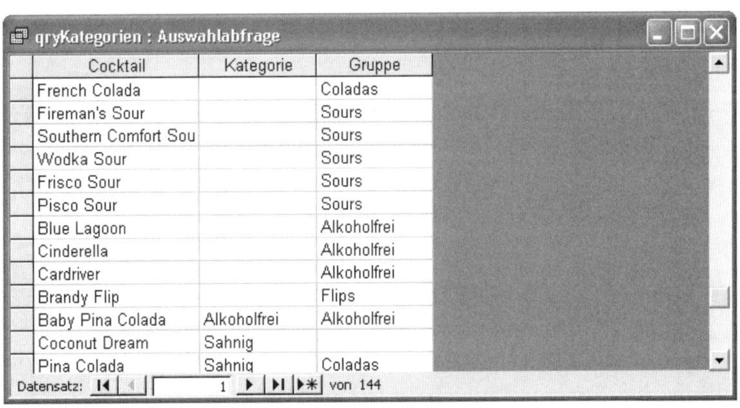

Cocktail	Kategorie	Gruppe
French Colada		Coladas
Fireman's Sour		Sours
Southern Comfort Sou		Sours
Wodka Sour		Sours
Frisco Sour		Sours
Pisco Sour		Sours
Blue Lagoon		Alkoholfrei
Cinderella		Alkoholfrei
Cardriver		Alkoholfrei
Brandy Flip		Flips
Baby Pina Colada	Alkoholfrei	Alkoholfrei
Coconut Dream	Sahnig	
Pina Colada	Sahnig	Coladas

Bild 3.55: Ergebnis der Abfrage

Möchten Sie nun wissen, wie viele Cocktails welchen Kategorien und Gruppen zugeordnet sind, können Sie dafür eine Kreuztabelle einsetzen. Sie erstellen eine Kreuztabelle am einfachsten mit dem Kreuztabellenabfrage-Assistenten auf der

Grundlage der eben erstellten Abfrage. Das folgende Bild stellt das Ergebnis unserer Kreuztabelle dar.

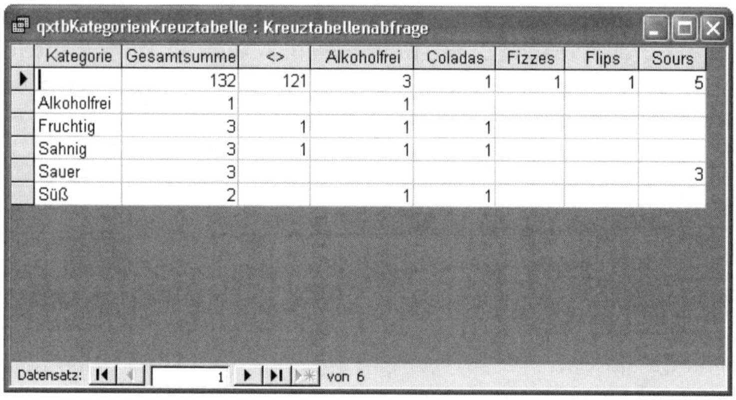

qxtbKategorienKreuztabelle : Kreuztabellenabfrage

Kategorie	Gesamtsumme	<>	Alkoholfrei	Coladas	Fizzes	Flips	Sours
	132	121	3	1	1	1	5
Alkoholfrei	1		1				
Fruchtig	3	1	1	1			
Sahnig	3	1	1	1			
Sauer	3						3
Süß	2		1	1			

Datensatz: 1 von 6

Bild 3.56: Ergebnis der Kreuztabellenabfrage

In der Entwurfsansicht wird für Kreuztabellen eine zusätzliche Zeile *Kreuztabelle* eingefügt, die die Funktion des Felds innerhalb der Kreuztabelle beschreibt.

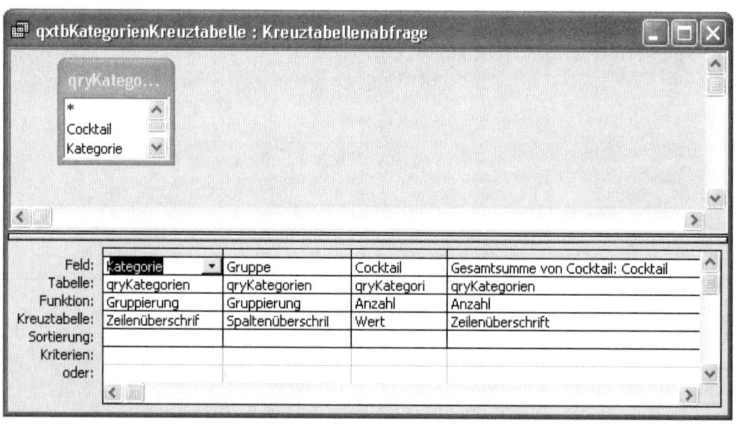

Bild 3.57: Entwurfsansicht der Kreuztabellenabfrage

Die Definition der Entwurfsansicht wird wie folgt in SQL umgeformt: Hinter dem Access-spezifischen SQL-Befehl `TRANSFORM` wird das Feld benannt, das als *Wert* in der Tabelle errechnet werden soll. Die *Zeilenüberschriften* legen Sie hinter `SELECT` fest. Die Spaltenüberschriften vereinbart der Access-eigene SQL-Befehl `PIVOT`.

```
TRANSFORM Count(qryKategorien.Cocktail) AS AnzahlvonCocktail
SELECT qryKategorien.Kategorie, Count(qryKategorien.Cocktail) AS
[Gesamtsumme von Cocktail]
FROM qryKategorien
GROUP BY qryKategorien.Kategorie
PIVOT qryKategorien.Gruppe;
```

3.7.2 Der Verbrauch pro Jahr

Für das folgende Beispiel soll ausgerechnet werden, welche Beträge pro Jahr für Spirituosen zum Mischen ausgegeben wurden. Dazu wurde zunächst eine neue Tabelle *tblEinkauf* angelegt, die neben dem Einkaufsdatum und der eingekauften Menge auch den Preis der gekauften Spirituosen aufzeigt.

tblEinkauf : Tabelle

LfdNr	ZutatNr	Kaufdatum	Kaufmenge in ml	Preis
36	Bordeaux	04.12.2001	750	10,50 €
37	Gin	04.12.2001	750	11,50 €
38	Amaretto	04.12.2001	500	8,00 €
39	Southern Comfort	04.12.2001	750	21,50 €
40	Apfelwein	04.12.2001	750	2,50 €
41	Southern Comfort	21.04.2002	750	17,00 €
42	Apfelwein	21.04.2002	750	2,50 €
43	Drambuie	21.04.2002	500	11,00 €
44	Orangenlikör	21.04.2002	750	13,50 €
45	Apfelwein	21.04.2002	750	2,50 €
46	Weißwein	21.04.2002	750	4,50 €
47	Grand Marnier	21.04.2002	500	16,00 €
48	Amaretto	21.04.2002	500	8,00 €
49	Bacardi weiß	13.12.2002	250	6,00 €
50	Wodka	13.12.2002	750	21,50 €

Datensatz: 1 von 54

Bild 3.58: Tabelle tblEinkauf

Daraus wurde mit dem Kreuztabellenabfrage-Assistenten eine neue Kreuztabelle erstellt, die für die einzelnen Spirituosen pro Jahr den ausgegebenen Betrag darstellt sowie für jede eingekaufte Spirituose die Summe über die Jahre 2000 bis 2002 errechnet.

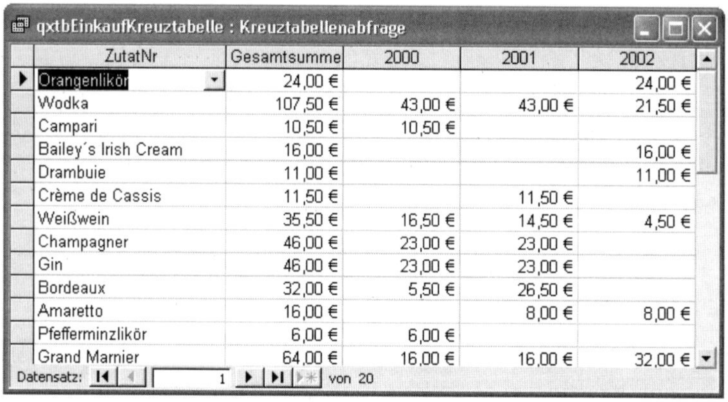

qxtbEinkaufKreuztabelle : Kreuztabellenabfrage

ZutatNr	Gesamtsumme	2000	2001	2002
Orangenlikör	24,00 €			24,00 €
Wodka	107,50 €	43,00 €	43,00 €	21,50 €
Campari	10,50 €	10,50 €		
Bailey´s Irish Cream	16,00 €			16,00 €
Drambuie	11,00 €			11,00 €
Crème de Cassis	11,50 €		11,50 €	
Weißwein	35,50 €	16,50 €	14,50 €	4,50 €
Champagner	46,00 €	23,00 €	23,00 €	
Gin	46,00 €	23,00 €	23,00 €	
Bordeaux	32,00 €	5,50 €	26,50 €	
Amaretto	16,00 €		8,00 €	8,00 €
Pfefferminzlikör	6,00 €	6,00 €		
Grand Marnier	64,00 €	16,00 €	16,00 €	32,00 €

Datensatz: 1 von 20

Bild 3.59: Kreuztabelle zum Bestimmen des Verbrauchs an Spirituosen pro Jahr

In der Entwurfsansicht sehen Sie, wie hierbei für die Jahresspalten die Format-Funktion eingesetzt wird.

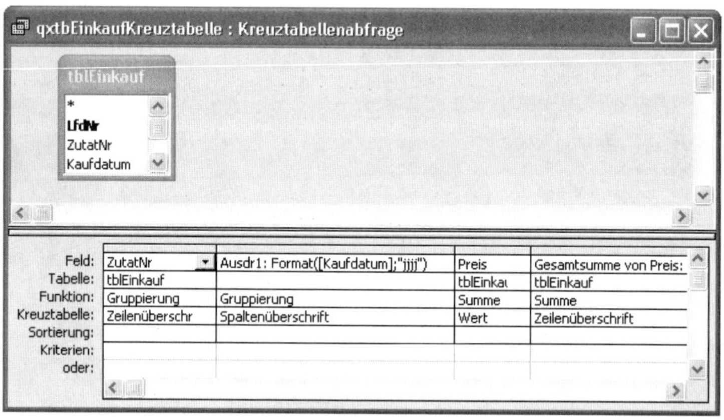

Bild 3.60: Entwurfsansicht der Kreuztabelle

Die entsprechende SQL-Anweisung sieht folgendermaßen aus:

```
TRANSFORM Sum(tblEinkauf.Preis) AS SummevonPreis
SELECT tblEinkauf.ZutatNr, Sum(tblEinkauf.Preis) AS [Gesamtsumme von
Preis]
FROM tblEinkauf
GROUP BY tblEinkauf.ZutatNr
PIVOT Format([Kaufdatum],"yyyy");
```

3.8 Ein komplexes Beispiel

Die einfache Fragestellung: »Welche Cocktails kann ich mit den Zutaten in meiner Hausbar mixen?« führt zu einer komplexen Abfrage. Wir möchten Ihnen im Folgenden zwei Varianten zur Lösung des Problems vorstellen. Im ersten Fall wurde die Fragestellung mit einer Access-typischen Lösungsvariante beantwortet. Für die zweite Variante wurden Unterabfragen eingesetzt.

Beide Lösungen arbeiten mit dem gleichen Grundschema. Ein Cocktail lässt sich dann mit den Zutaten der Hausbar mixen, wenn die Anzahl der Zutaten für den Cocktail gleich der Anzahl der Zutaten der Hausbar ist. Allerdings darf dabei nicht die Gesamtzahl der Zutaten der Hausbar verwendet werden, sondern es werden durch eine Verknüpfung mit der Cocktailzutatenliste nur die tatsächlich benötigten Zutaten ausgewertet. Dabei sollen auch die in der Hausbar noch vorhandenen Mengen berücksichtigt werden.

Beide Lösungen sind, zumindest mit dem kleinen Datenbestand der Cocktail-Datenbank, ungefähr gleich schnell.

Wir verwenden die Abfragen in einem Beispiel in Kapitel 14, »Formulare«. Dort wird in einem Formular zwischen der Anzeige aller Cocktails und der Anzeige nur der Cocktails, die mit den Zutaten der Hausbar gemixt werden können, umgeschaltet.

3.8.1 Aufeinander aufbauende Abfragen

Zur Beantwortung der Fragestellung sind für den ersten Ansatz drei aufeinander aufbauende Abfragen notwendig. Die erste Abfrage

```
SELECT Count(*) AS [ZAnzahl], tblCocktailzutaten.CocktailNr
FROM tblCocktailzutaten
GROUP BY tblCocktailzutaten.CocktailNr;
```

ermittelt die Anzahl der Zutaten pro Cocktail. Wir verwenden dabei aus Leistungsgründen die Funktion `Count(*)`, alternativ könnte `Count([tblCocktailzutaten.CocktailZutatenNr])` eingesetzt werden. Die Abfrage wurde als »qryHausbar1« abgespeichert.

Die zweite Abfrage, abgelegt unter dem Namen »qryHausbar2«, zählt ebenfalls die Anzahl der Zutaten eines Cocktails, allerdings mit der Bedingung, dass sich die entsprechenden Zutaten in der Hausbar befinden.

```
SELECT Count(*) AS [ZAnzahl], tblCocktailzutaten.CocktailNr
FROM tblCocktailzutaten INNER JOIN tblHausbar ON
tblCocktailzutaten.ZutatenNr = tblHausbar.ZutatenNr
GROUP BY tblCocktailzutaten.CocktailNr;
```

Diese Einschränkung wird mithilfe einer Verknüpfung zwischen den Tabellen *tblCocktailZutaten* und *tblHausbar* definiert. Die Definition der Einschränkung ist der entscheidende Teil der Abfrage, denn hier wird die eigentliche Verbindung zwischen Hausbar und Cocktail hergestellt.

Wir haben die zweite Abfrage um eine Prüfung ergänzt, ob die in der Hausbar vorhandene Menge überhaupt ausreicht. Hierzu wurde eine `WHERE`-Klausel hinzugefügt, die allerdings sehr aufwändig ist. Aufgrund der verschiedenen Einheiten für die Mengenangaben ist eine Umrechnung der Einheiten erforderlich, um die Mengen vergleichen zu können. Das führt dazu, dass die Einheitentabelle zweimal, als *tblEinheiten* und als *tblEinheiten_1*, mit der Zutaten- und der Hausbartabelle verknüpft wird. Um Nullwerte in der `WHERE`-Klausel abzufangen und zu behandeln, haben wir die Funktion `Nz()` eingesetzt, die Nullwerte zur Zahl 0 umsetzt.

```
SELECT Count(*) AS [ZAnzahl], tblCocktailzutaten.CocktailNr
FROM tblEinheiten INNER JOIN (tblEinheiten AS tblEinheiten_1 INNER JOIN
(tblCocktailzutaten INNER JOIN tblHausbar ON tblCocktailzutaten.ZutatenNr
= tblHausbar.ZutatenNr) ON tblEinheiten_1.EinheitenNr =
tblCocktailzutaten.EinheitenNr) ON tblEinheiten.EinheitenNr =
tblHausbar.EinheitenNr
WHERE Nz([tblCocktailzutaten].[Menge]) *
Nz([tblEinheiten_1].[Umrechnung_cl]) <= Nz([tblHausbar].[Menge]) *
Nz([tblEinheiten].[Umrechnung_cl])
GROUP BY tblCocktailzutaten.CocktailNr;
```

In der Entwurfsansicht ist die Abfrage leichter zu übersehen.

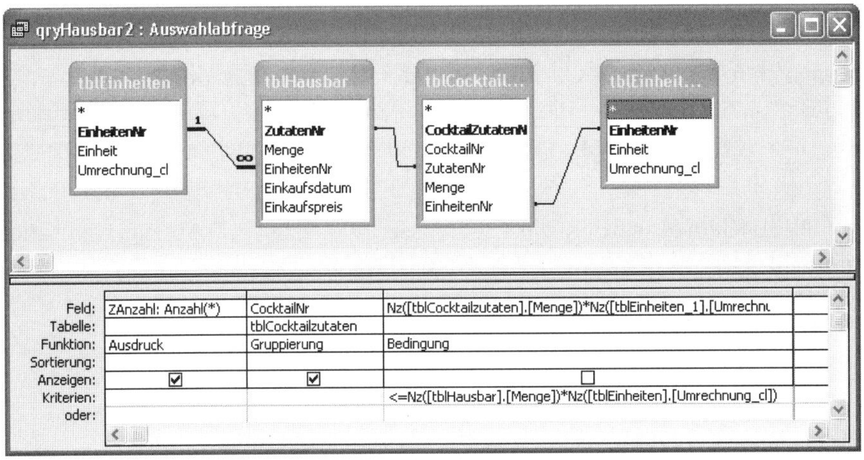

Bild 3.61: Abfrage »qryHausbar2«

Im letzten Schritt wird ermittelt, für welche Cocktails die Anzahl der benötigten Zutaten und die Anzahl der auch in der Hausbar vorhandenen Zutaten gleich ist.

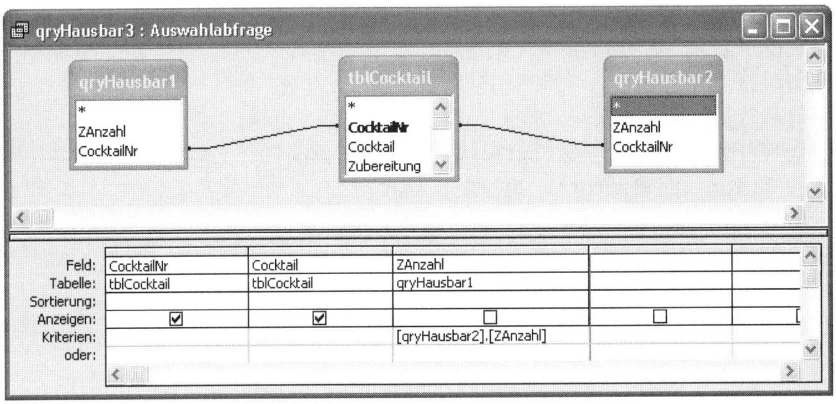

Bild 3.62: Abfrage »qryHausbar3«

Access setzt die Entwurfsansicht zu dem folgenden SQL-Befehl um.

```
SELECT tblCocktail.CocktailNr, tblCocktail.Cocktail
FROM (tblCocktail INNER JOIN qryHausbar1 ON tblCocktail.CocktailNr =
qryHausbar1.CocktailNr) INNER JOIN qryHausbar2 ON tblCocktail.CocktailNr
= qryHausbar2.CocktailNr
WHERE [qryHausbar1].[ZAnzahl]=[qryHausbar2].[ZAnzahl];
```

3.8.2 Mit Unterabfragen

Die Fragestellung, welche Cocktails mit den Zutaten aus der Hausbar möglich sind, lässt sich auch mit einer einzigen Abfrage lösen. Das Grundprinzip ist gleich, d.h., sowohl in der Cocktailzutaten-Tabelle als auch in der Hausbar wird die Anzahl der Zutaten bezogen auf einen bestimmten Cocktail ermittelt.

In der `WHERE`-Klausel werden die Ergebnisse zweier `SELECT`-Abfragen verglichen. Vereinfacht dargestellt hat die `WHERE`-Klausel die Form

```
WHERE (SELECT Anz. Cocktailzutaten) = (SELECT Anz. Hausbarzutaten)
```

In den `SELECTs` wird jeweils die Bedingung

```
WHERE tblCocktailzutaten.Cocktailnr = tblCocktail.CocktailNr
```

verwandt, die eine korrelierte Verknüpfung der Unterabfragen aufbaut. Ausführlich lässt sich die Abfrage

```
SELECT tblCocktail.CocktailNr, tblCocktail.Cocktail
FROM tblCocktail
WHERE
(SELECT Count(*) AS ZAnzahl
FROM tblCocktailzutaten INNER JOIN tblHausbar ON
tblCocktailzutaten.ZutatenNr = tblHausbar.ZutatenNr
WHERE tblCocktailzutaten.CocktailNr = tblCocktail.CocktailNr
GROUP BY tblCocktailzutaten.CocktailNr)
=
(SELECT Count(*) AS ZAnzahl
FROM tblCocktailzutaten
WHERE tblCocktailzutaten.Cocktailnr = tblCocktail.CocktailNr);
```

schreiben, wobei keine Mengen und Einheiten berücksichtigt wurden.

Mit der Berücksichtigung von Mengen und Einheiten wird die Abfrage ziemlich kompliziert und lässt sich nur schwer lesen.

```
SELECT tblCocktail.CocktailNr, tblCocktail.Cocktail
FROM tblCocktail
WHERE
(SELECT Count(*) AS ZAnzahl
FROM tblEinheiten INNER JOIN (tblEinheiten AS tblEinheiten_1 INNER JOIN
(tblCocktailzutaten INNER JOIN tblHausbar ON tblCocktailzutaten.ZutatenNr
= tblHausbar.ZutatenNr) ON tblEinheiten_1.EinheitenNr =
```

```
tblCocktailzutaten.EinheitenNr) ON tblEinheiten.EinheitenNr =
tblHausbar.EinheitenNr
WHERE tblCocktailzutaten.Cocktailnr = tblCocktail.CocktailNr and
(Nz([tblCocktailzutaten].[Menge])*Nz([tblEinheiten_1].[Umrechnung_cl]))<=
Nz([tblHausbar].[Menge])*Nz([tblEinheiten].[Umrechnung_cl]))
=
(SELECT Count(*) AS ZAnzahl
FROM tblCocktailzutaten
WHERE tblCocktailzutaten.CocktailNr = tblCocktail.CocktailNr);
```

3.9 Zugriff auf andere Datenbanken

Der Access-SQL-Dialekt ermöglicht es Ihnen, direkt auf Tabellen und Abfragen anderer Access- oder ODBC-Datenbanken zuzugreifen (ODBC erläutern wir Ihnen in Kapitel 25, »Client/Server-Verarbeitung«).

In der Entwurfsansicht von Abfragen können Sie die Eigenschaften *Quelldatenbank* und *Quellverbindung* setzen. Dort geben Sie entweder unter *Quelldatenbank* Pfad und Namen einer Access-Datenbank an oder legen unter *Quellverbindung* die Verbindungsdaten beispielsweise zu einer ODBC-Datenbank fest.

Wird als Quelldatenbank beispielsweise C:\PREISLISTE.MDB angegeben, könnte eine Auswahlabfrage auf die Tabelle *tblPreise* wie folgt aussehen:

```
SELECT *
FROM tblPREISE
IN 'C:\PREISLISTE.MDB';
```

Es ist allerdings für Sie übersichtlicher und zudem von der Verarbeitungsleistung schneller, wenn Sie auf Tabellen anderer Datenbanken über verknüpfte Tabellen zugreifen, wie es in Kapitel 23, »Anwendungsentwicklung«, gleich zu Beginn beschrieben wird.

3.10 Zusammenfassung des SELECT-Befehls

Der SELECT-Befehl ist der am häufigsten verwendete SQL-Befehl. Er ist aber sehr vielseitig und wird dadurch unübersichtlich. Wir haben aus diesem Grund ein Syntax-Diagramm zusammengestellt, mit dessen Hilfe er leicht zu generieren ist.

Um das Schema leichter lesen zu können, zeigt die folgende Übersicht die verwendeten Symbole.

Beginn des Befehls

Kommando geht über die Zeile

Ende des Befehls

Wenn sich ein Schlüsselwort unterhalb der Linie befindet, handelt es sich um ein optionales Schlüsselwort.

Befinden sich mehrere Schlüsselwörter übereinander unter der Linie, kann eines davor ausgewählt werden. Ist eines der Schlüsselwörter unterstrichen, handelt es sich dabei um den Standardwert, der automatisch verwendet wird, auch wenn sich keines der Schlüsselwörter in der Befehlsfolge befindet.

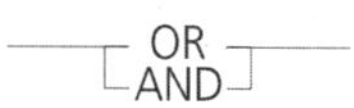

Befindet sich ein Schlüsselwort einer Auswahl auf der Linie, so bedeutet das, dass eines der Schlüsselwörter der Auswahl selektiert werden muss.

Ein Pfeil, der zurück an den Anfang eines Arguments zeigt, gibt an, dass das Argument wiederholt werden kann. Das Zeichen, das Sie auf dem Rückwärtspfeil finden, ist als Trennzeichen zwischen den Argumenten zu verwenden.

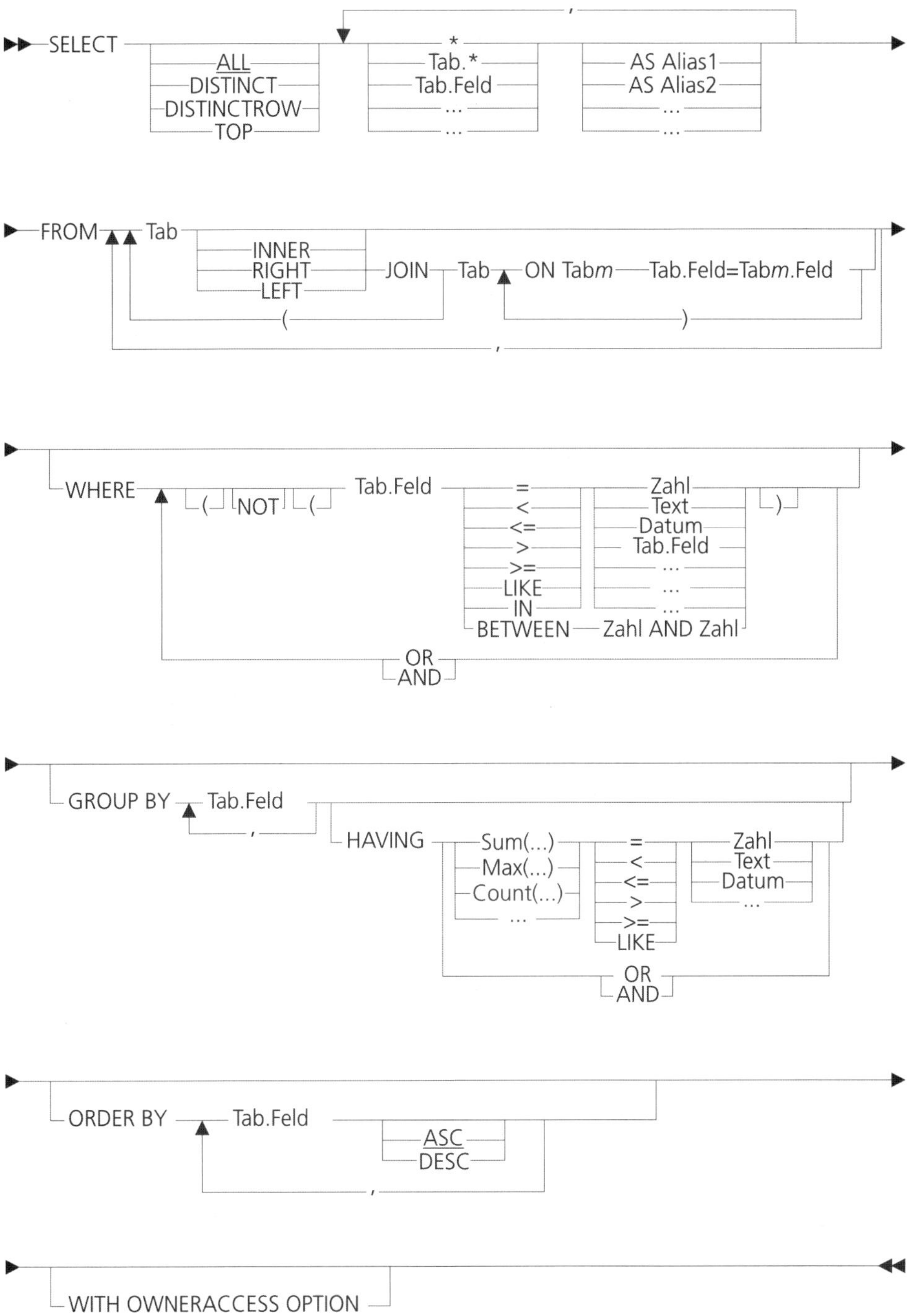

Bild 3.63: Syntax-Diagramm für den SQL-Befehl SELECT

4 Aktionsabfragen

SQL-Aktionsabfragen führen Änderungen an den Daten Ihrer Tabellen durch. Sie können beispielsweise die Aktionsabfrage `UPDATE` verwenden, um mit nur einem Befehl alle Artikel Ihrer Artikeltabelle 10% teurer zu machen.

Aktionsabfragen werden im Access-Datenbankfenster mit speziellen Symbolen dargestellt. In den Symbolen ist jeweils ein Ausrufezeichen zu sehen, um anzuzeigen, dass in einer Aktionsabfrage etwas mit den Daten passiert. Wir empfehlen Ihnen, auch in den Namen der Abfragen die Aktion zu kennzeichnen, beispielsweise die Zeichenfolge »qdel« den Namen Ihrer Löschabfragen voranzustellen. Sehen Sie dazu auch Anhang A, »Reddick-VBA-Namenskonventionen«, für weitere Vorschläge.

In der Abfragenentwurfsansicht wählen Sie den gewünschten Abfragetyp mithilfe der Schaltfläche *Abfragetyp* oder über das Menü *ABFRAGE* aus. Alle Aktionsabfragen erwarten normalerweise eine Bestätigung der Änderung. Möchten Sie die Bestätigung unterdrücken, können Sie im Dialogfeld *Optionen* (*EXTRAS Optionen*) auf dem Registerblatt *Bearbeiten/Suchen* die entsprechende Option im Gruppenfeld *Bestätigen* ausschalten.

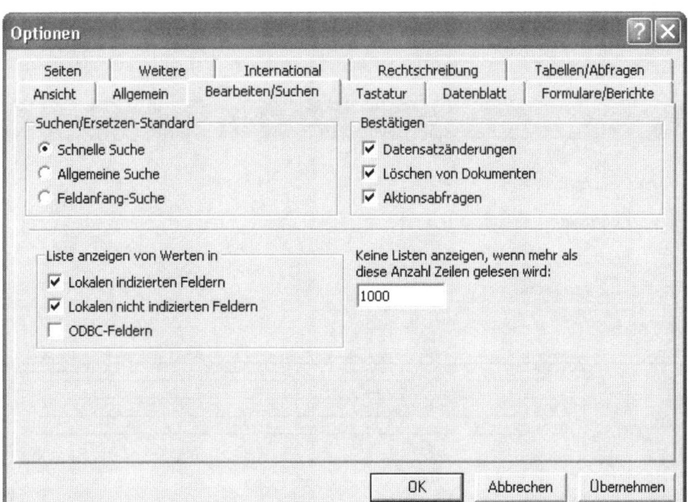

Bild 4.1: Dialogfeld Optionen Registerblatt Bearbeiten/Suchen

Parameter: In allen Aktionsabfragen können Parameter eingesetzt werden, sodass der Benutzer Bedingungen und Werte beim Ablaufen der Abfrage eingeben kann. Für die Parameter gelten die gleichen Regeln wie bei `SELECT`-Abfragen (siehe Kapitel 3.4, »Parameterabfragen«).

Multiuser-Umgebung: Für Aktionsabfragen in einer Multibenutzer-Umgebung (mehrere Benutzer greifen über ein Netzwerk auf die gleiche Datenbank zu), in denen Datensätze geändert werden, lesen Sie bitte Kapitel 18, »Multiuser-Zugriffe«.

4.1 Datenaktualisierung mit UPDATE

Während der Arbeit mit der Cocktail-Datenbank sind viele Ideen nachträglich in die Datenbank eingebaut worden, beispielsweise war das Feld *Art* in der Tabelle *tblZutaten* ein solcher Nachzügler. Für jede Zutat soll in diesem Feld anhand einer Werteliste bestimmt werden, ob die Zutat zu der Art »Spirituose«, »Saft«, »Dekoration«, »Früchte« oder einfach »Diverses« gehört.

Das Feld wurde leider erst zur Tabelle hinzugefügt, nachdem knapp 100 Zutaten erfasst waren. Um nicht für jede Zutat per Hand die Art nachtragen zu müssen, haben wir mit einer Aktualisierungsabfrage die Aufgabe vereinfacht. Für alle Zutaten, die einen Alkoholgehalt aufwiesen, sollte als Art einfach »Spirituose« festgelegt werden.

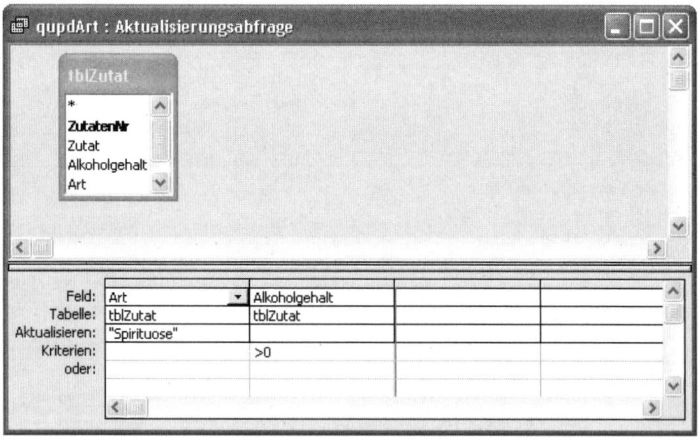

Bild 4.2: Entwurfsansicht der Aktualisierungsabfrage

Access setzt die Abfrage, die mit dem Objekttypkürzel »qupd« gespeichert wurde (siehe Anhang A, »Reddick-VBA-Namenskonventionen«), zu dem folgenden SQL-Befehl um:

```
UPDATE tblZutat SET tblZutat.Art = "Spirituose"
WHERE tblZutat.Alkoholgehalt > 0;
```

UPDATE-Abfragen sind vor allem dann sinnvoll, wenn größere Datenmengen gleichzeitig geändert werden müssen. Voraussetzung ist, dass die Daten, die aktualisiert werden sollen, durch einen SQL-Befehl beschrieben werden können.

Die folgende Aktualisierungsabfrage errechnet für alle Cocktails, deren Feld *Alkoholgehalt* leer ist, mithilfe der Funktion *AlkoholgehaltSQL()* den Gehalt an Alkohol aufgrund der verwendeten Zutaten. Die benutzerdefinierte Funktion *AlkoholgehaltSQL*() ist in Visual Basic realisiert worden und wird in Kapitel 11, »Datenzugriff mit DAO«, besprochen. Prinzipiell können im UPDATE-Befehl alle Access-Funktionen verwendet werden.

```
UPDATE tblCocktail SET tblCocktail.Alkoholgehalt =
fAlkoholgehaltSQL([Cocktailnr])
WHERE tblCocktail.Alkoholgehalt IS NULL;
```

Access-Funktionen in Abfragen: Sollten Sie planen, Ihre Access-MDB-Datenbanken später einmal in eine Access- und Microsoft SQL Server-Lösung zu überführen, beispielsweise mithilfe von Access-Projekten, die als Access-ADP-Datei gespeichert werden (siehe dazu ausführlich Kapitel 26), so ist es sinnvoll, den Einsatz von Access-eigenen und benutzerdefinierten Funktionen in Abfragen zu vermeiden. Bei Microsoft SQL Server-Lösungen werden die Abfragen nämlich vom SQL Server ausgeführt, der aber die Access-eigenen und die benutzerdefinierten Funktionen nicht kennt.

Die Möglichkeiten des UPDATE-Befehls unterscheiden sich zwischen Access und SQL-92. Während SQL-92 Unterabfragen in der SET-Klausel des UPDATE-Befehls erlaubt, nutzt Access-SQL Verknüpfungen (JOINs) aufgrund der nur in Access realisierten bearbeitbaren Dynasets. Das folgende Beispiel soll diese Möglichkeit illustrieren. Gleichzeitig wird in der Abfrage die Aktualisierung von Feldern verschiedener Tabellen vorgestellt.

Die Mengenangaben aller Zutaten der Cocktails, deren Bezeichnungen mit dem Buchstaben »C« beginnen, sollen in Zentiliter (cl) umgerechnet werden. Dazu wird die *Menge* aus *tblCocktailZutaten* mit dem Umrechnungsfaktor *Umrechnung_cl* der Tabelle *tblEinheiten* multipliziert und die *EinheitenNr* in *tblCocktailZutaten* auf den Wert »1« gesetzt, der Einheitennummer der Einheit »cl«. Gleichzeitig soll das Datumsfeld *CocktailGeändert* in der Tabelle *tblCocktail* aktualisiert werden, um das Datum der Änderung festzuhalten. Wir verwenden dazu die Access-Funktion `Now()` bzw. `Jetzt()`, die das aktuelle Systemdatum zurück liefert.

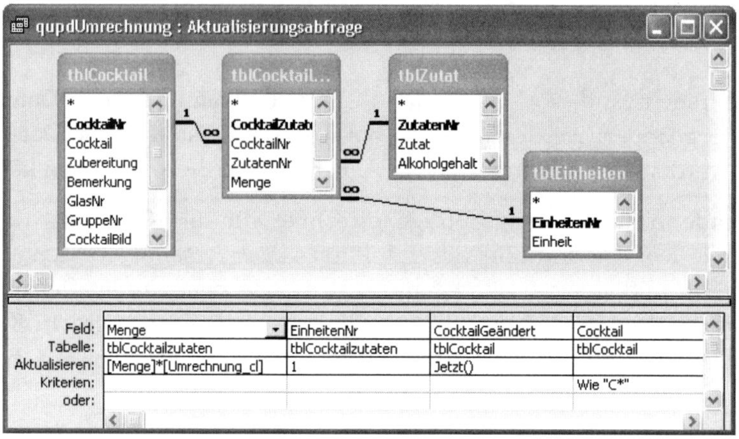

Bild 4.3: Entwurfsansicht der verknüpften Update-Abfrage

Die zugehörige SQL-Abfrage zeigt die Verknüpfung der vier Dateien mit `INNER JOIN`s.

```
UPDATE tblZutat INNER JOIN (tblEinheiten INNER JOIN (tblCocktail INNER
JOIN tblCocktailzutaten ON tblCocktail.CocktailNr =
tblCocktailzutaten.CocktailNr) ON tblEinheiten.EinheitenNr =
tblCocktailzutaten.EinheitenNr) ON tblZutat.ZutatenNr =
tblCocktailzutaten.ZutatenNr SET tblCocktailzutaten.Menge =
[Menge]*[Umrechnung_cl], tblCocktailzutaten.EinheitenNr = 1,
tblCocktail.CocktailGeändert = Now()
WHERE tblCocktail.Cocktail Like "C*";
```

Referentielle Integrität: Bei Tabellen, die zueinander in *1:n*-Beziehung mit referentieller Integrität stehen, sollten Sie vor dem Update in der Tabelle auf der »*1*«-Seite kontrollieren, ob Sie nicht unbeabsichtigt Datensätze auf der »*n*«-Seite ändern. Ist für die Beziehung der beiden Tabellen im Dialogfeld *Beziehungen* referentielle Integrität definiert und die Option *Aktualisierungsweitergabe an Detailfeld* eingeschaltet, werden von Access beim Update die entsprechenden Datenfelder auf der »*n*«-Seite aktualisiert.

4.2 Daten anfügen mit INSERT INTO

Mithilfe einer Anfügeabfrage hängen Sie das Ergebnis einer Abfrage als neue Datensätze an eine andere, vorher angelegte Tabelle an.

Wenn Sie in der Entwurfsansicht eine Anfügeabfrage selektieren, werden Sie zuerst nach dem Namen der Tabelle gefragt, an die angefügt werden soll. In unserem Fall besitzt die Tabelle *tblNeueCocktails* die gleiche Struktur wie die Tabelle *tblCocktail*.

Bild 4.4: Abfrage des Tabellennamens

Beim Anfügen von Daten muss prinzipiell darauf geachtet werden, dass die Datentypen der Felder zueinander passen, d.h. der Typ des entsprechenden Feldes der Anfügeabfrage muss mit dem Typ des Tabellenfeldes der Anfügetabelle übereinstimmen. Die Namen der Felder können unterschiedlich sein.

Wir möchten in unserem Beispiel einer Anfügeabfrage die Spalten *Cocktail*, *Zubereitung* und *Alkoholgehalt* aus der Tabelle *tblCocktail* an die Tabelle *tblNeueCocktails* übergeben. Zusätzlich soll der Zeitpunkt der Anfügung in das Feld *CocktailErfasst* der Anfügetabelle eingetragen werden. Wir nutzen dazu die Funktion `Now()` bzw. `Jetzt()`.

Allerdings möchten wir nicht alle Datensätze übertragen, sondern nur die Zeilen, die heute, am Tag der Durchführung der Anfügeabfrage, geändert wurden. Wir verwenden zur Ermittlung dieser Bedingung die Funktion `DateDiff()` bzw. `DatDiff()`. Die Funktion benötigt drei Parameter: eine Zeichenfolge zur Beschreibung eines Datums- oder Zeitintervalls und zwei Datum/Zeit-Angaben. Die von uns verwendete Zeichenfolge `"t"` steht für das Intervall »Tag«. In unserem Fall ermittelt die Funktion durch die Zeichenfolge `"t"` die Anzahl der Tage zwischen `Now()/Jetzt()` und *CocktailGeändert*. Wenn die Differenz der Tage gleich null ist, dann fand die Änderung heute statt. Übrigens orientiert sich die `DateDiff()`-Funktion am Tagesdatum, d.h., es werden nicht die Änderungen der letzten 24 Stunden berücksichtigt.

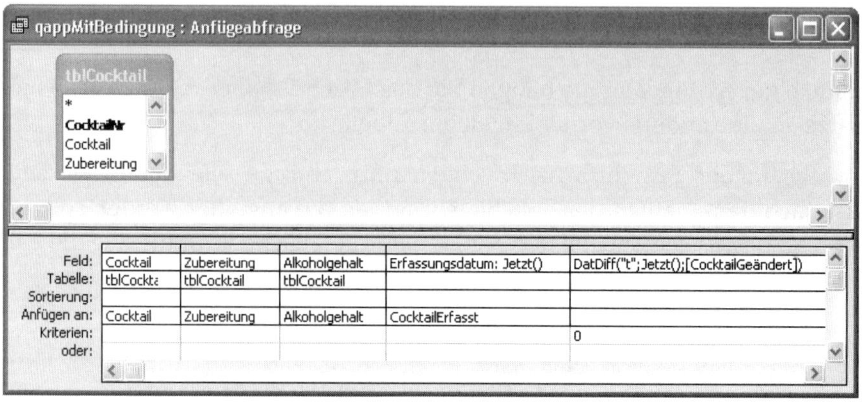

Bild 4.5: Anfügeabfrage in der Entwurfsansicht

Die Abfrage wurde entsprechend der Reddick-Namensregel mit dem Objekttypkürzel »qapp« gespeichert. Die von Access in SQL umgesetzte Abfrage beginnt mit dem Schlüsselwort `INSERT INTO`.

```
INSERT INTO tblNeueCocktails ( Cocktail, Zubereitung, Alkoholgehalt,
CocktailErfasst )
SELECT tblCocktail.Cocktail, tblCocktail.Zubereitung,
tblCocktail.Alkoholgehalt, Now() AS Erfassungsdatum
FROM tblCocktail
WHERE DateDiff("d", Now(), [CocktailGeändert]) = 0;
```

Sollte Access die Datensätze nicht anfügen können, wird eine entsprechende Fehlermeldung gezeigt. Die folgende Tabelle führt die Fehler auf, die beim Anfügen von Daten vorkommen können.

Tabelle 4.1: Mögliche Anfügen-Fehler

Fehlertyp	Entstehung
Typumwandlungsfehler	treten auf, wenn sich der Typ eines Feldes in der Herkunftstabelle vom Typ in der Anfüge-Tabelle unterscheidet, und Access eine Umwandlung nicht vornehmen kann.
Schlüsselverletzungen	können entstehen, wenn Sie versuchen, einen Wert in eine als eindeutiger Index definierte Spalte anzufügen, der dort schon vorhanden ist.
Sperrverletzungen	bedeuten, dass die Datensätze nicht angefügt werden können, da die Anfüge-Tabelle durch einen anderen Benutzer gesperrt ist.
Gültigkeitsregelverletzungen	zeigen an, dass die anzufügenden Daten nicht den für die Anfüge-Tabelle vereinbarten Gültigkeitsregeln entsprechen.

Standard-SQL kennt noch eine weitere Form des `INSERT INTO`-Befehls. In

```
INSERT INTO tblNeueCocktails ( Cocktail, Alkoholgehalt )
VALUES ("Test Cocktail", 0.25);
```

werden hinter dem Befehlswort `VALUES` Werte aufgeführt, die in die angegebenen Felder eingetragen werden sollen. Access wandelt die Standard-SQL-Version in eine Version mit `SELECT` um.

```
INSERT INTO tblNeueCocktails ( Cocktail, Alkoholgehalt )
SELECT "Test Cocktail" AS Ausdr1, 0.25 AS Ausdr2;
```

4.3 Neue Tabelle mit SELECT INTO erstellen

Das Access-eigene SQL-Kommando `SELECT INTO` ermöglicht es, das Ergebnis einer Abfrage als neue Tabelle zu speichern. Die Einstellungen und Bedingungen für eine Tabellenerstellungsabfrage gleichen denen der Anfügeabfrage.

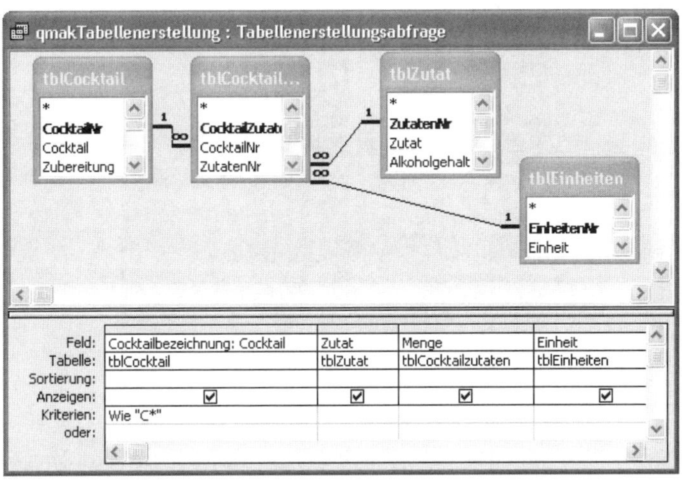

Bild 4.6: Definition für eine Tabellenerstellungsabfrage

Bei der Bestimmung einer Abfrage als Tabellenerstellungsabfrage werden Sie von Access gefragt, welchen Namen die neue Tabelle erhalten soll. Danach nehmen Sie in der Entwurfsansicht eine Auswahl der Felder vor, die in die neue Tabelle aufgenommen werden sollen. Die Felder der neuen Tabelle erhalten den gleichen Datentyp und den gleichen Namen wie die Felder der Herkunftstabellen. Möchten Sie einen anderen Feldnamen für die neue Tabelle vereinbaren, definieren Sie in der Entwurfsansicht einen Alias-Namen, z.B. *Cocktailbezeichnung:Cocktail*, so wie es im folgenden Bild illustriert ist. Speichern Sie diese Abfragen mit dem Typkürzel »qmak«.

Umgesetzt in SQL hat die Tabellenerstellungsabfrage die Form:

```
SELECT tblCocktail.Cocktail AS Cocktailbezeichnung, tblZutat.Zutat,
tblCocktailzutaten.Menge, tblEinheiten.Einheit
INTO tblCocktailsNeuErstellt
FROM tblEinheiten INNER JOIN (tblZutat INNER JOIN (tblCocktail INNER JOIN
tblCocktailzutaten ON tblCocktail.CocktailNr =
tblCocktailzutaten.CocktailNr) ON tblZutat.ZutatenNr =
tblCocktailzutaten.ZutatenNr) ON tblEinheiten.EinheitenNr =
tblCocktailzutaten.EinheitenNr
WHERE tblCocktail.Cocktail Like "C*";
```

Der Name der Tabelle, die neu erstellt werden soll, kann im Dialogfeld *Abfrage-eigenschaften* in der Zeile *Zieltabelle* angegeben werden.

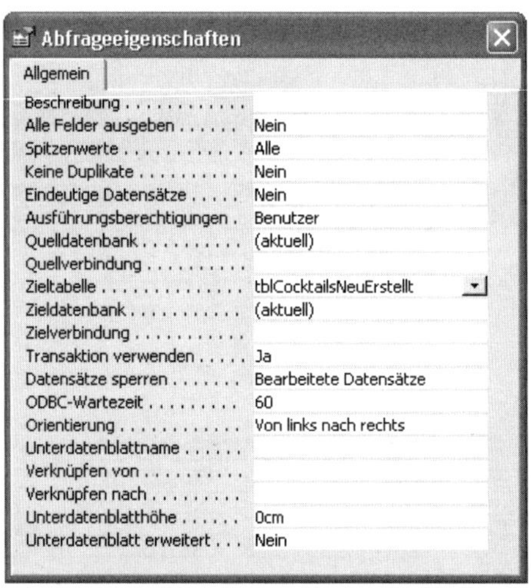

Bild 4.7: Dialogfeld Abfrageeigenschaften *für Tabellenerstellungsabfragen*

In vielen Anwendungen werden Daten, die ein bestimmtes Alter erreicht haben, in andere Datenbestände umgelagert. Die folgende Abfrage erstellt eine Tabelle mit der gleichen Struktur wie die Herkunftstabellen und kopiert alle Datensätze in die neue Tabelle, die der mithilfe eines Parameters vereinbarten Bedingung genügen.

```
SELECT tblCocktail.* INTO tblCocktailAlteWerte
FROM tblCocktail
WHERE tblCocktail.CocktailGeändert <= [Auslagerungsdatum:];
```

4.4 Daten löschen mit DELETE

Eine Löschabfrage entfernt unter bestimmten Bedingungen Datensätze aus einer oder mehreren Tabellen, die in einer *1:1*-Beziehung stehen. Beachten Sie, dass SQL-92 nur Daten aus einer Tabelle löschen kann, während in Access Löschvorgänge mehrere Tabellen in einer *1:1*-Beziehung gleichzeitig betreffen können.

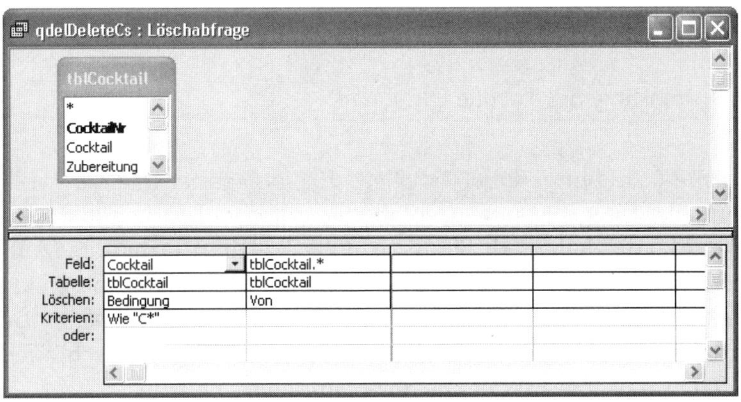

Bild 4.8: Löschabfrage in der Entwurfsansicht

Aus der Entwurfsansicht wird

```
DELETE tblCocktail.Cocktail, tblCocktail.*
FROM tblCocktail
WHERE tblCocktail.Cocktail Like "C*";
```

generiert, mit den beiden Spalten der Entwurfsansicht, die sich in der Einstellung in der Zeile *Löschen* im unteren Teil der Entwurfsansicht unterscheiden.

Klicken Sie auf die Schaltfläche *Ausführen* oder wählen Sie ABFRAGE Ausführen, so werden die entsprechenden Datensätze gelöscht, wobei vor dem endgültigen Löschen noch einmal nachgefragt wird (sofern in *EXTRAS Optionen* auf dem Registerblatt *Bearbeiten/Suchen* die entsprechende Option selektiert ist).

Möchten Sie nur anschauen, welche Datensätze beim Ausführen der Abfrage gelöscht werden würden, so schalten Sie mit der Schaltfläche *Ansicht* oder über *ANSICHT Datenblattansicht* um.

In Standard-SQL würde die Löschabfrage verkürzt

```
DELETE
FROM tblCocktail
WHERE tblCocktail.Cocktail Like "C*";
```

lauten. Access stellt diese Variante in der Entwurfsansicht nur mit einer Spalte dar, allerdings wird bei der Ausführung der Aktionsabfrage die Fehlermeldung »Abfrage benötigt wenigstens ein Zielfeld« ausgegeben. Sie müssen also mindestens ein Feld angeben oder alle Felder mit dem Sternchen. Tatsächlich gelöscht wird, auch wenn Sie nur ein Feld angeben, immer der komplette Datensatz!

```
DELETE tblCocktail.*
FROM tblCocktail;
```

löscht alle Datensätze der Tabelle *tblCocktail*.

Löschen in 1:n-Beziehungen: Bei Tabellen, die zueinander in einer *1:n*-Beziehung mit referentieller Integrität stehen, sollten Sie vor dem Löschen in der Tabelle auf der »*1*«-Seite kontrollieren, ob Sie nicht unbeabsichtigt Datensätze auf der »*n*«-Seite entfernen. Ist für die Beziehung der beiden Tabellen im Dialogfeld *Beziehungen* referentielle Integrität definiert und die Option *Löschweitergabe an Detaildatensatz* eingeschaltet, werden von Access beim Löschen automatisch auch die entsprechenden Datensätze auf der »*n*«-Seite eliminiert.

4.4.1 Komplexe Löschbedingungen

Access ist darüber hinaus in der Lage, Datensätze aufgrund komplexer und verknüpfter Bedingungen zu löschen. Im folgenden Beispiel sollen alle Cocktails gelöscht werden, in denen als Zutat »Gin« verwendet wird. In der Entwurfsansicht wird die Problemstellung wie im folgenden Bild dargestellt.

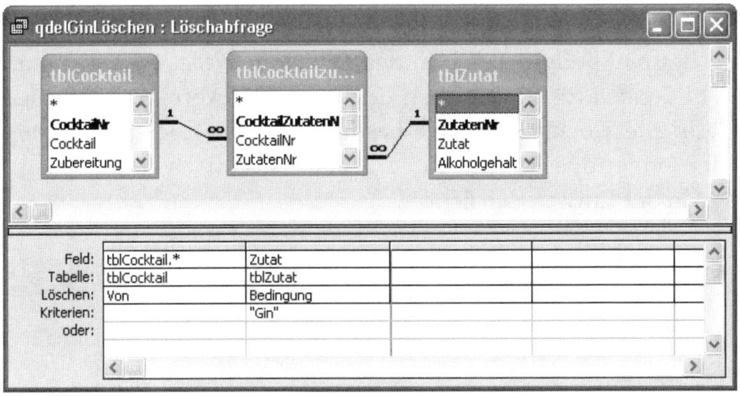

Bild 4.9: Entwurfsansicht für verknüpfte Löschbedingungen

In ausgeschriebener Form sind die beiden `INNER JOINs` für die Verknüpfung der Tabellen sichtbar.

```
DELETE tblCocktail.*, tblZutat.Zutat
FROM tblZutat INNER JOIN (tblCocktail INNER JOIN tblCocktailzutaten ON
tblCocktail.CocktailNr = tblCocktailzutaten.CocktailNr) ON
tblZutat.ZutatenNr = tblCocktailzutaten.ZutatenNr
WHERE tblZutat.Zutat = "Gin";
```

4.4.2 Duplikate löschen

Ein immer wieder auftretendes Problem ist das Löschen von doppelten Datensätzen. Es ist relativ einfach, die doppelt vorhandenen Datensätze zu ermitteln, beispielsweise mit dem »Abfrage-Assistenten zur Duplikatsuche«. Damit sind die doppelten Datensätze aber noch nicht gelöscht. Man könnte zwar aus der Auswahlabfrage zur Ermittlung der Duplikate eine Löschabfrage machen, aber diese würde zu viele Datensätze eliminieren, nämlich nicht nur die überzähligen Duplikate, sondern alle Datensätze, bei denen das Auswahlkriterium mehrfach vorkommt.

Es gibt eine Reihe von Ansätzen, um Duplikate zu löschen. Wir möchten Ihnen eine Variante vorstellen, die Sie vielleicht an Ihre Bedürfnisse anpassen können. Die Lösung hat den Vorteil, dass die Duplikate in einem Schritt, ohne zusätzliche temporäre Tabellen, gelöscht werden können. Die Methode setzt allerdings voraus, dass in der Tabelle, in der sich die Duplikate befinden, ein Primärschlüssel definiert ist. Gegebenenfalls müssen Sie zuerst einen Primärschlüssel, am einfachsten in Form eines *AutoWert*-Feldes, hinzufügen.

Zum Löschen der Duplikate benötigen Sie eine Auswahl- und eine Löschabfrage. In unserem Beispiel befinden sich in der Tabelle *tblNeueCocktails* mehrfache Einträge im Feld *Cocktail* für die gleichen Cocktails. Die Abfrage soll für jeden Cocktail die niedrigste Cocktailnummer bestimmen. Die Cocktailnummer in *CocktailNr* ist der eindeutige Schlüssel der Tabelle. Das nächste Bild zeigt die Auswahlabfrage in der Entwurfsansicht.

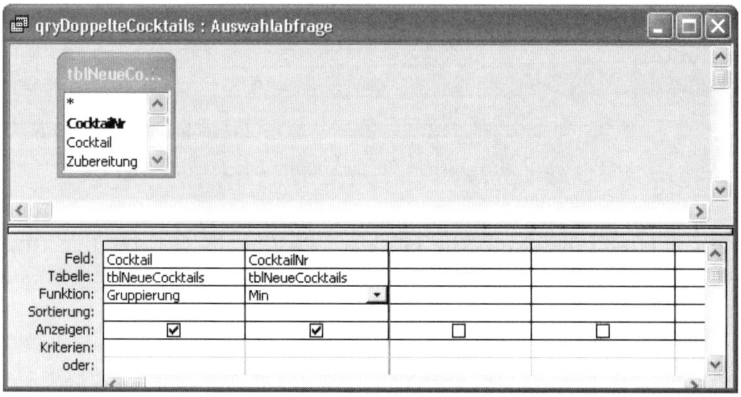

Bild 4.10: Die erste Cocktailnummer zu jedem Cocktail

Der dazugehörige SQL-Befehl lautet:

```
SELECT tblNeueCocktails.Cocktail, Min(tblNeueCocktails.CocktailNr) AS
MinvonCocktailNr
FROM tblNeueCocktails
GROUP BY tblNeueCocktails.Cocktail;
```

Für die Löschabfrage wird die Abfrage, die von uns »qryDoppelteCocktails« genannt wurde, mit der Ausgangstabelle verknüpft. Das Feld *CocktailNr* wird mit der in der neuen Abfrage ermittelten kleinsten Cocktailnummer `[Min von CocktailNr]` verknüpft, gleichzeitig werden die beiden Cocktailbezeichnungen verbunden. In beiden Fällen wurde ein `LEFT JOIN` verwendet, d.h. alle Datensätze der linken Tabelle werden mit den passenden aus der rechten verknüpft.

Das Ergebnis der Verknüpfung ist eine Auflistung aller Datensätze der Tabelle *tblNeueCocktails*, wobei bei doppelt vorhandenen Datensätzen nur für die jeweils kleinsten Cocktailnummern ein Eintrag in der rechten Tabelle existiert. Dies wird ausgenutzt, um die doppelten zu extrahieren: Für doppelte Datensätze ist `MinvonCocktailNr` leer.

Wir haben die Löschabfrage zuerst als Auswahlabfrage definiert, um die Auswirkungen risikofrei vorab anschauen zu können. Man kann zwar auch bei einer

Löschabfrage vorab die zu löschenden Datensätze darstellen lassen, aber sicher ist sicher, oder?

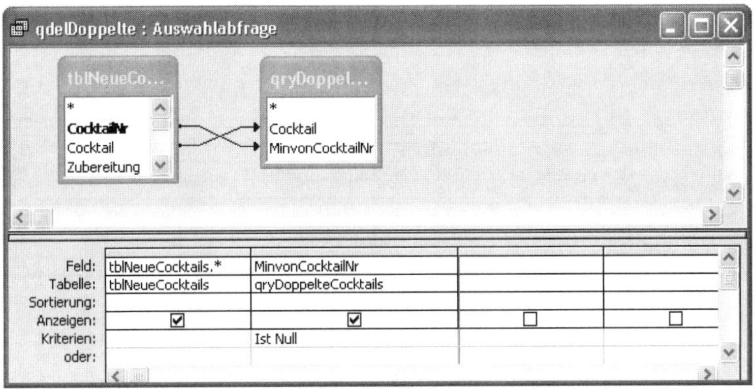

Bild 4.11: Auswahlabfrage mit doppelter Verknüpfung

Das Ergebnis der Auswahlabfrage zeigt das nächste Bild. Das Ergebnis ist richtig, einen Cocktail hatten wir zuvor doppelt eingegeben.

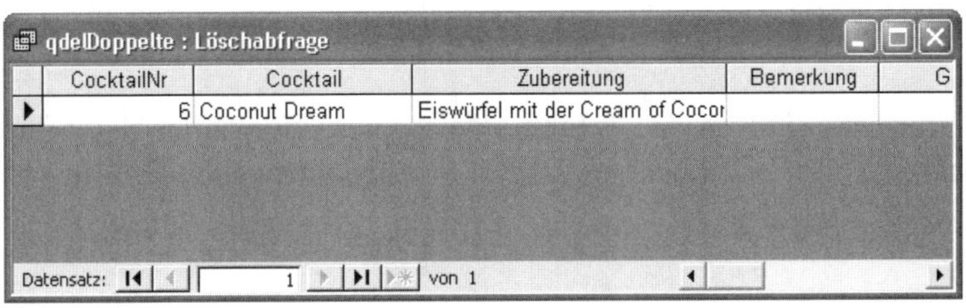

Bild 4.12: Ergebnis der Auswahlabfrage

Im letzten Schritt wird die Auswahlabfrage in eine Löschabfrage umgewandelt. Das folgende Bild zeigt die Entwurfsansicht.

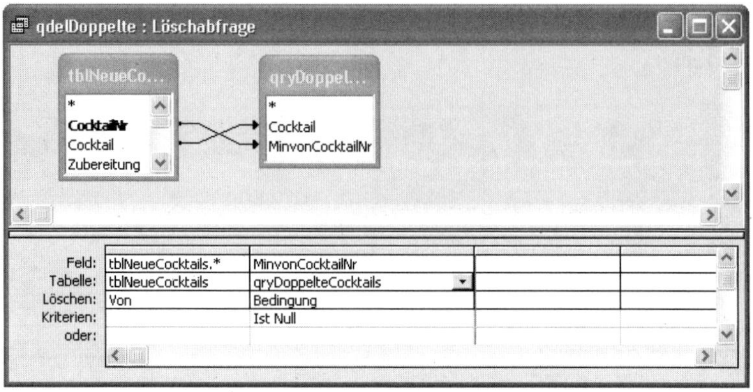

Bild 4.13: Löschabfrage mit doppelter Verknüpfung

Access ersetzt die Festlegungen der Entwurfsansicht durch die SQL-Zeichenfolge:

```
DELETE tblNeueCocktails.*, qryDoppelteCocktails.MinvonCocktailNr
FROM tblNeueCocktails LEFT JOIN qryDoppelteCocktails ON
(tblNeueCocktails.Cocktail = qryDoppelteCocktails.Cocktail) AND
(tblNeueCocktails.CocktailNr = qryDoppelteCocktails.MinvonCocktailNr)
WHERE qryDoppelteCocktails.MinvonCocktailNr IS NULL;
```

Sollten in unserem Fall in der Tabelle *tblNeueCocktails* wieder doppelte Einträge für *Cocktail* vorkommen, muss nur noch die Löschabfrage ausgeführt werden, um die Duplikate zu entfernen.

4.5 Datendefinitionsbefehle

Mithilfe spezieller Datendefinitionabfragen (*ABFRAGE SQL Spezifisch Datendefinition*) können Sie Tabellen und Indizes erstellen, ändern oder löschen. Die in Access-SQL standardmäßig vorhandenen Befehle wurden im Rahmen der Jet 4.0-SQL-Erweiterungen ergänzt. Wir beschreiben die Datendefinitionsbefehle wie `CREATE`, `ALTER` und `DROP` daher zusammen mit den neuen SQL-Befehlen in Kapitel 5, »SQL-Erweiterung von Jet 4.0«.

5 Datendefinition mit SQL

Mithilfe der Jet-Engine 4.0, die von Access 2002 eingesetzt wird, nähert sich der SQL-Sprachumfang in Access dem Standard SQL-92 (ANSI-92 Level 1) an. Im Gegensatz zur Vorgängerversion haben Sie in Access 2002 die Möglichkeit, den ANSI-SQL-Abfragemodus über die Benutzeroberfläche zu ändern und ANSI-92-SQL statt ANSI-89-SQL als Standard einzustellen. Wie wir am Anfang von Kapitel 3 bereits erwähnt haben, sollten Sie es aber vermeiden, Abfragen zu vermischen, die mit den verschiedenen ANSI-SQL-Abfragemodi erstellt wurden, da die beiden von Access verwendeten Modi nicht miteinander kompatibel sind.

Aber auch wenn Sie es bei dem standardmäßig eingestellten Abfragemodus ANSI-89-SQL belassen, stehen Ihnen die Jet 4.0-Erweiterungen über die ADO-Programmierschnittstelle und den Jet 4.0-OLE-DB-Provider zur Verfügung. Abfragen, Formulare und Berichte können die Erweiterungen dann allerdings ohne zusätzliche VBA-Programmierung nicht nutzen.

5.1 Access-SQL-Datendefinitionsbefehle

Die Erstellung und Änderung von Tabellen mit der Hilfe von SQL-Datendefinitionsbefehlen (SQL-Data Definition Language, abgekürzt »DDL«) wird nach unserer Erfahrung in Access-Programmen eher selten eingesetzt, aber für einige Aufgaben sind sie unumgänglich.

In Access können Sie Abfragen für Datendefinitionsbefehle erstellen. Rufen Sie dazu in der Abfragenentwurfsansicht den Befehl *ABFRAGE SQL Spezifisch Datendefinition* auf, um ein Fenster zur Erfassung von DDL-Befehlen zu erhalten.

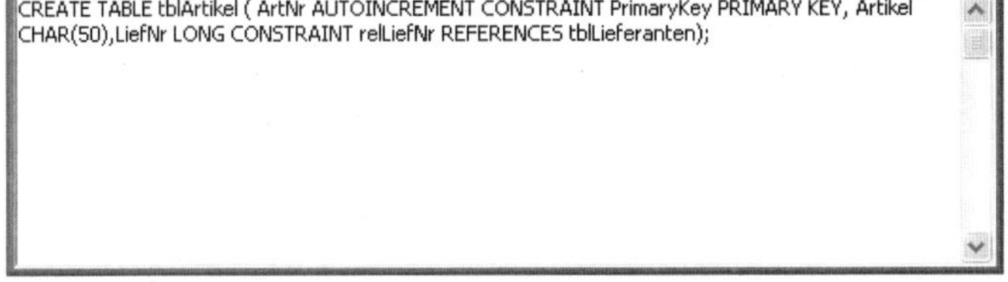

Bild 5.1: Datendefinitionsfenster

5.1.1 DDL-Befehle für Tabellen

Mit `CREATE TABLE` und `ALTER TABLE` stehen Ihnen Befehle zum Erstellen und Ändern von Tabellen zur Verfügung.

Erstellen einer Tabelle

Die allgemeine Form des SQL-DDL-Befehls zur Erstellung einer Tabelle lautet:

```
CREATE TABLE Tabelle (Feld1 Typ [(Größe)][Index1], Feld 2 Typ
[(Größe)][Index2], ...)
```

Die Bezeichnungen der Feldtypen, z.B. `Text`, `Integer`, `Double` usw., können Sie der Access-Hilfe entnehmen. Für `[Index]` können Sie eine `CONSTRAINT`-Klausel einsetzen, die weiter unten beschrieben ist. Mit dem Befehl

```
CREATE TABLE tblDrinks (DrinkNr COUNTER,
Drink CHAR(50), Zubereitung TEXT)
```

legen Sie beispielsweise eine Tabelle *tblDrinks* mit drei Feldern an. Der Datentyp `COUNTER` erzeugt dabei ein AutoWert-Feld.

Ändern einer Tabelle

Mithilfe der DDL-Anweisung `ALTER TABLE` können Sie neue Felder zu Tabellen hinzufügen bzw. Felder löschen.

```
ALTER TABLE Tabelle {ADD {COLUMN Feld Typ[(Größe)] [CONSTRAINT Index] |
CONSTRAINT Mehrfelderindex} |
DROP {COLUMN Feld I CONSTRAINT Indexname } }
```

lautet die allgemeine Form des Befehls. So fügt beispielsweise der Befehl

```
ALTER TABLE tblCocktail ADD COLUMN Autor Text (50)
```

der Tabelle *tblCocktail* ein Feld `Autor` vom Typ `Text` mit der Länge 50 Zeichen hinzu. Mit

```
ALTER TABLE tblCocktail DROP COLUMN Autor
```

entfernen Sie das Feld wieder.

Ändern eines Felds

Seit Access 2000 kann mithilfe der Erweiterung ALTER COLUMN der Datentyp einer Tabellenspalte geändert werden.

```
ALTER TABLE tblCocktail ALTER COLUMN Cocktail VARCHAR(255)
```

Löschen einer Tabelle

Eine Tabelle kann mit dem Befehl `DROP` gelöscht werden, beispielsweise entfernt die folgende Befehlszeile die Tabelle *tblCocktail* aus der Datenbank:

```
DROP TABLE tblCocktail
```

5.1.2 DDL-Befehle für Indizes

Mithilfe der Befehle `CREATE INDEX` und `DROP INDEX` können Sie neue Schlüssel erstellen bzw. vorhandene löschen.

Erstellen eines Indexes

Der SQL-DDL-Befehl `CREATE INDEX` ermöglicht es Ihnen, einen neuen Index zu einer Tabelle hinzuzufügen. Allgemein wird der Befehl durch

```
CREATE [ UNIQUE ] INDEX Index
ON Tabelle (Feld [ASC|DESC][, Feld [ASC|DESC], ...])
[WITH { PRIMARY | DISALLOW NULL | IGNORE NULL }]
```

beschrieben. In der einfachsten Form erzeugt

```
CREATE INDEX GlasNr ON tblCocktail (GlasNr);
```

einen aufsteigenden Index für das Feld `GlasNr` der Tabelle `tblCocktail`, während

```
CREATE INDEX CocktailNr ON tblCocktail (CocktailNr) WITH PRIMARY
```

einen Primärschlüssel erstellen würde.

Löschen eines Indexes

Der folgende Befehl löscht einen Index einer Tabelle:

```
DROP INDEX Index ON Tabelle
```

5.1.3 Referentielle Integrität und Relationen

Sie können Indizes für bestimmte Felder einer Tabelle entweder mit `CREATE INDEX` erstellen oder mithilfe des `CONSTRAINT`-Befehls in einem `CREATE TABLE`- oder `ALTER TABLE`-Statement.

```
CONSTRAINT Name {PRIMARY KEY | UNIQUE |
REFERENCES FremdeTabelle [(FremdesFeld1, FremdesFeld2)]}
```

Mithilfe der CONSTRAINT-Anweisung kann zum einen ein normaler Index erstellt, zum anderen eine Beziehung zwischen Tabellen erzeugt werden. Wir beschreiben die Verwendung des CONSTRAINT-Befehls in Kapitel 11, »Datenzugriff mit DAO«.

5.2 Datendefinitionsbefehle mit Jet 4.0

Wenn Sie für Ihre Datenbank den Standardabfragemodus ANSI-89-SQL nicht geändert haben, lassen sich die Beispiele in diesem Abschnitt nur aus VBA-Programmen mithilfe der Datenzugriffsmethode ADO (siehe Kapitel 10) verwenden und nicht in normalen Abfragefenstern nutzen. Im Vorgriff auf die folgenden Kapitel zu VBA und ADO möchten wir Ihnen eine kleine Routine vorstellen, mit der Sie die Befehle direkt ausprobieren können. Erfassen Sie das folgende kleine Modul im VBA-Editor. Sollte Ihnen der VBA-Editor noch unbekannt sein, dann kann ein Blick in Kapitel 6 hilfreich sein.

```
Sub DDL_Test(ByVal strSQL As String)
    Dim cmd As ADODB.Command

    Set cmd = New ADODB.Command
    cmd.ActiveConnection = CurrentProject.AccessConnection
    cmd.CommandText = strSQL
    cmd.Execute
    Set cmd = Nothing
End Sub
```

Rufen Sie dann im VBA-Editor das Direktfenster mit *ANSICHT Direktfenster* auf und geben Sie den Namen der Routine gefolgt von dem auszuprobierenden SQL-Befehl ein, wobei der Befehl in Anführungszeichen gesetzt werden muss.

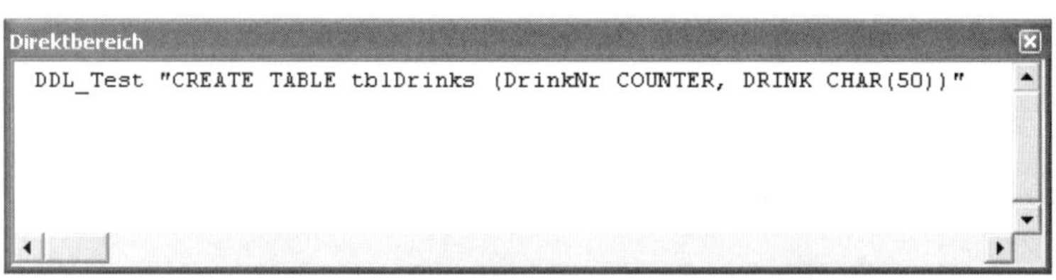

Bild 5.2: Aufruf der Routine im Direktfenster

Bei fehlerhaften SQL-Anweisungen wird eine Fehlermeldung eingeblendet, die aber leider keinen Rückschluss auf den tatsächlichen Fehler zulässt.

5.2.1 Erweiterungen für CREATE TABLE

Die SQL-92-Erweiterungen von Jet 4 für die `CREATE TABLE`-Anweisung erlauben Ihnen die Festlegung von Standardwerten, Einschränkungen, kaskadierter referentieller Integrität, »schnellen« Fremdschlüsseln, Unicode-Zeichenkettenkomprimierung und erweiterten AutoWert-Einstellungen.

Standardwerte

Mit

```
DEFAULT Wert
```

können Sie einem Feld einen Standardwert zuweisen. In der folgenden `CREATE TABLE`-Anweisung wird für den Alkoholgehalt der Standardwert 0 definiert.

```
CREATE TABLE tblDrinks (DrinkNr COUNTER, Drink CHAR(50),
                                    Alkoholgehalt INT DEFAULT 0)
```

Einschränkungen

Mithilfe von Einschränkungen, »Check Constraints«, können Sie Ihre Tabellen um bestimmte Regeln erweitern, ähnlich wie die Gültigkeitsregeln, die Sie in der Access-Oberfläche beim Entwurf neuer Tabellen erstellen können. Allgemein lautet die Syntax:

```
[CONSTRAINT [Name]] CHECK(Bedingung)
```

Im folgenden Beispiel wird eine Tabelle angelegt, für die die Einschränkung vereinbart wird, dass die ausgeschenkte Menge einer Zutat kleiner ist als die in der Hausbar vorhandene.

```
CREATE TABLE tblAusschank (
       Id AUTOINCREMENT,
       ZutatenNr LONG,
       Menge FLOAT,
       CONSTRAINT MengenCheck CHECK ( Menge < (SELECT Menge
              FROM tblHausbar
              WHERE tblAusschank.ZutatenNr = tblHausbar.ZutatenNr)))
```

Übrigens müssen Sie für `CONSTRAINTs` keine `Namen` vergeben, das wird von Access selbsttätig erledigt. Namen sind aber oft hilfreich bei der Dokumentation der Einschränkungen.

Kaskadierte referentielle Integrität

Die in Abschnitt 5.1.3 beschriebenen Befehle zur Erstellung von Fremdschlüsselbeziehungen zwischen Tabellen können mit den Befehlen

```
[ON UPDATE {NO ACTION | CASCADE}]
```

oder

```
[ON DELETE {NO ACTION | CASCADE}]
```

erweitert werden.

```
CREATE TABLE tblAusschank (
        Id AUTOINCREMENT,
        ZutatenNr LONG,
        Menge FLOAT,
        CONSTRAINT PrimaryKey PRIMARY KEY (Id),
        CONSTRAINT tblZutatenFK FOREIGN KEY (ZutatenNr)
        REFERENCES tblZutat(ZutatenNr)
        ON DELETE CASCADE
        ON UPDATE CASCADE)
```

Schnelle Indizes für Fremdschlüssel

Erweitern Sie eine `FOREIGN KEY`-Anweisung zur Erstellung eines Fremdschlüssels um `NO INDEX`, wird Access angewiesen, für diesen Fremdschlüssel keinen zusätzlichen Index anzulegen. Die Standardeinstellung ist, dass für einen Fremdschlüssel ein Index erstellt wird. Dieses kann Geschwindigkeitsvorteile bringen, wenn nur wenige unterschiedliche Werte im Fremdschlüssel gespeichert werden.

Unicode-Zeichenkettenkompression

Access 2002 speichert standardmäßig alle Daten im Unicode-Format, d.h. für jedes Zeichen werden zwei Bytes abgespeichert. Allerdings benötigen nur östliche Zeichensätze wie chinesisch, japanisch usw. zwei Bytes pro Zeichen. Sind nur deutsche, englische oder andere westliche Zeichensätze im Einsatz, die ein Zeichen mit nur einem Byte darstellen, können Sie die Unicode-Kompression einschalten, damit solche Zeichen platzsparend mit nur einem Byte abgelegt werden. Ergänzen Sie zum Einschalten der Komprimierung die Spaltendefinition einer Textspalte um die Anweisung `WITH COMPRESSION`.

AutoWert-Einstellungen

Jet 4.0 bringt die Lösung zu einem Problem, das in der Vergangenheit schon viele Programmierer beschäftigt hat: das Setzen eines Startwerts und eines Inkrements für AutoWert-Felder. Normalerweise beginnen AutoWert-Felder mit dem Wert 1 und jede neue Zeile in der Tabelle zählt um eins hoch. Die allgemeine Form lautet:

```
Spaltenname AUTOINCREMENT(Startwert, Inkrement)
```

Mithilfe des folgenden Befehls erstellen Sie eine Tabelle, in der die `DrinkNr` ab 1000 in 100er-Schritten hochgezählt wird.

```
CREATE TABLE tblDrinks (DrinkNr AUTOINCREMENT(1000,100), Drink CHAR(50))
```

Übrigens kann mit dem Befehl `ALTER TABLE` auch für vorhandene Tabellen nachträglich Startwert und Inkrement geändert werden, beispielsweise in der Form

```
ALTER TABLE tblDrinks ALTER COLUMN DrinkNr AUTOINCREMENT(5,3)
```

Veränderungen an Tabellenstrukturen mit ALTER TABLE

Der Befehl `ALTER TABLE` lässt Sie Änderungen an den Tabellenstrukturen vornehmen. Die Syntax lautet:

```
ALTER TABLE Tabelle ALTER [COLUMN] Spaltenname Datentyp [(Größe)]
            [CONSTRAINT Spalteneinschränkung]
```

5.2.2 Views und Stored Procedures

Mit den Anweisungen `CREATE VIEW` und `CREATE PROCEDURE` können Sie Sichten (Views) und Gespeicherte Prozeduren (Stored Procedures) erstellen. SQL-92 unterscheidet zwischen einfachen `SELECT`-Abfragen, die als Sichten gespeichert werden, und Gespeicherten Prozeduren, die Abfragen mit Parametern, Aktionsabfragen usw. enthalten. In Access-MDBs wird die Unterscheidung zwischen Sichten und Gespeicherten Prozeduren nicht vorgenommen, hier gibt es einfach nur Abfragen.

In Access 2000 konnten Sie mit den Befehlen `CREATE VIEW` und `CREATE PROCEDURE` Sichten und Gespeicherte Prozeduren anlegen, diese wurden jedoch nicht im Datenbankfenster angezeigt. Die angelegten Sichten und Prozeduren konnten, auch wenn sie nicht im Datenbankfenster zu sehen waren, trotzdem über ADO-Befehle ausgeführt werden.

Seit Access 2002 ist diese Ungereimtheit beseitigt, die mit CREATE VIEW und CREATE PROCEDURE angelegten Abfragen werden im Datenbankfenster gezeigt und können ganz normal ausgeführt und verwendet werden.

Mit

```
CREATE VIEW WenigAlkohol
AS
SELECT * FROM tblCocktail WHERE Alkoholgehalt < 0.1
```

legen Sie beispielsweise eine einfache Auswahlabfrage an. Soll die Abfrage mithilfe eines Parameters gesteuert werden, so müssen Sie CREATE PROCEDURE verwenden, wie es das nächste Beispiel zeigt.

```
CREATE PROCEDURE WenigAlkohol_2
AS
SELECT * FROM tblCocktail
       WHERE Alkoholgehalt < [Geben Sie den Alkoholgehalt an:]
```

5.2.3 Transaktionen

Die SQL-Anweisungen BEGIN TRANSACTION, COMMIT TRANSACTION und ROLLBACK TRANSACTION ermöglichen Ihnen die Steuerung von Transaktionen direkt mit SQL-Befehlen. Zu Transaktionen finden Sie ausführliche Informationen in Kapitel 18, »Multiuser-Zugriffe«.

5.2.4 Sicherheitsfunktionen

Eine Beschreibung der neuen Sicherheitsfunktionen ADD USER, ADD GROUP, DROP USER, DROP GROUP, GRANT und REVOKE finden Sie am Ende von Kapitel 24, »Datensicherheit«.

Programmierung mit Visual Basic

6 Einführung in Visual Basic
7 VBA–Funktionen
8 Fehlersuche und –behandlung

6 Einführung in Visual Basic

In diesem Kapitel sollen die Grundlagen der Programmiersprache »Visual Basic für Applikationen« (VBA) besprochen werden. Microsoft hat VBA nicht nur in Access, sondern beispielsweise auch in Excel, Project und Visual Basic implementiert, d.h., die in diesem Abschnitt dargestellten Grundlagen gelten auch in den anderen Applikationen. In Access 2002 wird VBA Version 6.3 eingesetzt.

Wir gehen davon aus, dass Ihnen die Grundlagen der Programmierlogik vertraut sind. Beherrschen Sie darüber hinaus eine Programmiersprache, so sind Ihnen wahrscheinlich die meisten der erläuterten Konzepte bekannt. Wir möchten Sie dann besonders auf die folgenden Access-Spezialitäten hinweisen, die in den weiteren Kapiteln genutzt werden: die Schleifenvariante `For Each...Next` (Abschnitt 6.5.3, »For Each...Next«) und den Befehl `With` (Abschnitt 6.7, »Tipparbeit sparen mit With-Anweisungen«).

6.1 Programmieren in Access

Es gibt zwei Möglichkeiten, in Access Programm-Code zu erfassen: Sie können eigenständige Module bzw. Klassenmodule schreiben oder Klassenmodule, die Bestandteil eines Formulars oder Berichts sind.

Ihre Programme sollten als eigenständige Module erfasst werden, wenn der dort programmierte Code in verschiedenen Formularen und Berichten verwendet wird oder wenn die Programme eigenständige Aufgaben erledigen.

Bei Klassenmodulen, die Bestandteil eines Formulars oder eines Berichts sind, spricht man auch oft von »Code behind Forms« (CBF). Hier werden Prozeduren und Funktionen definiert, die zu einem entsprechenden Formular oder Bericht gehören. Ereignisprozeduren, also Routinen, die auf Ereignisse wie Mausklicks, Tastatureingaben und Datensatzänderungen reagieren, müssen auf jeden Fall als CBF realisiert werden.

6.1.1 Eigenständige Module programmieren

Um eine neue Prozedur zu erstellen, klicken Sie auf der Objektleiste im Datenbankfenster auf die Schaltfläche *Module*. Mithilfe von *Neu* wird der Visual Basic-

Editor in einem eigenen Fenster gestartet und das Code-Fenster mit den allgemeinen Standardeinstellungen angezeigt.

Übrigens können Sie den Visual Basic-Editor jederzeit mit [alt]+[F11] aufrufen. Sie können neue Module oder Klassenmodule auch direkt im Editor anlegen. Verwenden Sie hierzu den Menübefehl *EINFÜGEN*.

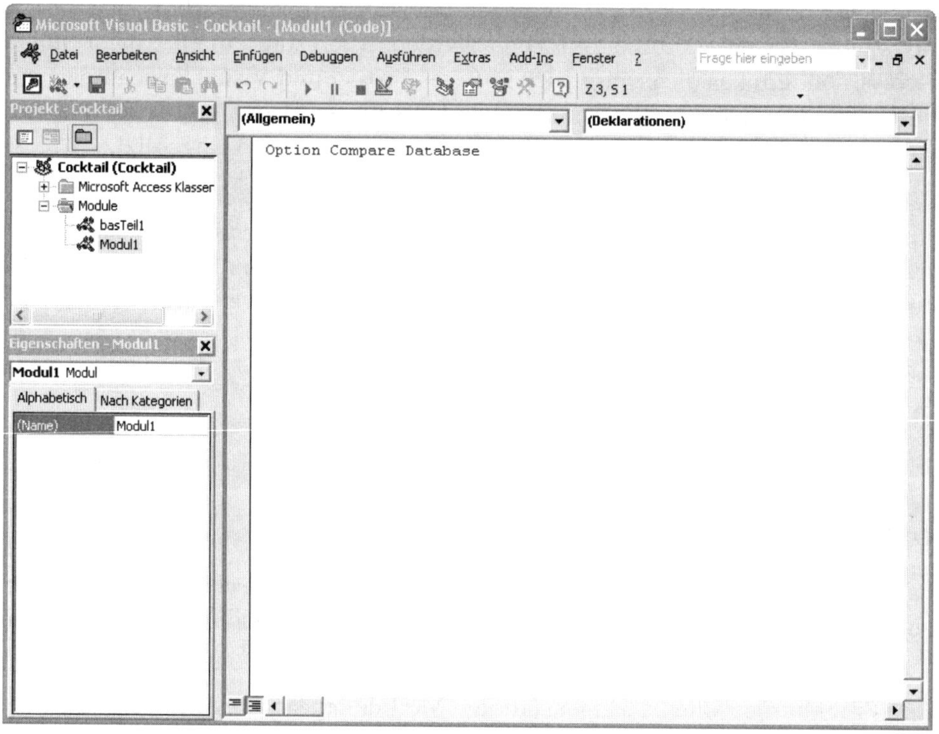

Bild 6.1: Das Visual Basic-Fenster

Neben den aus anderen Windows-Programmen bekannten Menü- und Symbolleisten besteht das Visual Basic-Fenster aus den folgenden Elementen: Im Code-Fenster wird der Code Ihrer Prozeduren eingegeben. Im Fenster des Projekt-Explorers finden Sie alle Bestandteile des aktuellen Programmierprojekts wie Module, Klassenmodule und Formulare. Im Eigenschaftenfenster werden die aktuellen Einstellungen für ausgewählte Objekte angezeigt.

Eine Prozedur, die Sie im Code-Fenster eingeben, kann im einfachsten Fall aus nur einer Zeile Programm-Code bestehen. Als ein solches Beispiel kann

```
Sub TestVersuch ()
        MsgBox "Dies ist ein Test!"
End Sub
```

stehen. Die Schlüsselwörter `Sub...End Sub` fassen die eigentlichen Befehle einer Prozedur ein. Übrigens können Sie den `Sub...End Sub`-Rahmen mithilfe des Befehls *EINFÜGEN Prozedur* (zunächst mit den Standardeinstellungen) erzeugen lassen.

Beginnen Sie mit der ersten Zeile `Sub TestVersuch` des oben angegebenen Codes. Bestätigen Sie diese Eingabe, wird die letzte Zeile der Prozedur `End Sub` automatisch ergänzt.

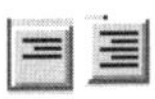

Je nachdem, ob unten im Code-Fenster die Schaltfläche *Prozeduransicht* (linke Schaltfläche) oder *Vollständige Modulansicht* (rechte Schaltfläche) aktiviert ist, erscheint der eingegebene Code nach einer Linie unter den Deklarationen oder auf einer neuen Seite. Zwischen den beiden Seiten (Deklarationen) und *TestVersuch* wechseln Sie mithilfe der zweiten Auswahlliste *Prozedur*.

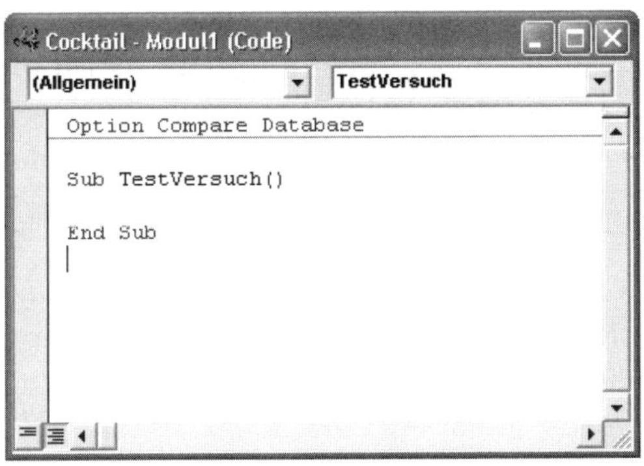

Bild 6.2: Das Code-Fenster mit der Prozedur `TestVersuch`

Schlüsselwörter wie `Sub` oder `End Sub` werden auf dem Monitor blau. Geben Sie nun die zweite Zeile ein. Sowie Sie ein Leerzeichen hinter »Msgbox«eintippen, öffnet Access die Direkthilfe, um Sie mit der Angabe der möglichen Parameter zu unterstützen.

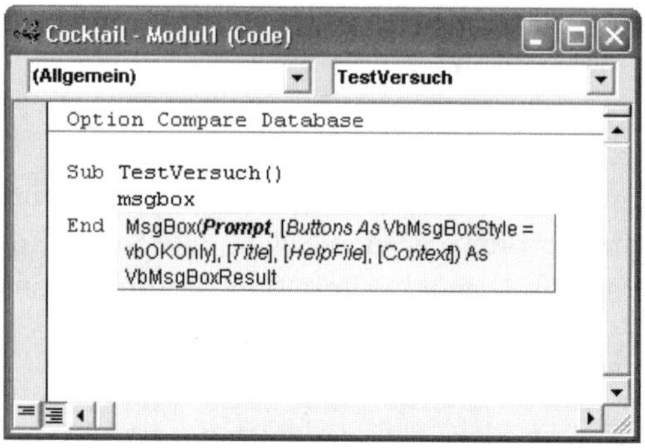

Bild 6.3: Eingabe mit Direkthilfe

`MsgBox` ist die Abkürzung für »Messagebox«, Meldungsfenster, und öffnet ein Dialogfeld mit dem Text, der in »"«-Zeichen mitgegeben wird. Das Meldungsfenster ist ein sehr sinnvolles Werkzeug, um ein Programm zu kontrollieren. Sie können sich damit beispielsweise während des Programmablaufs Werte ausgeben lassen und diese so überprüfen.

Schlüsselwörter: Geben Sie Schlüsselwörter grundsätzlich in kleinen Buchstaben ein. Verlassen Sie dann eine Zeile, sollte Access alle Schlüsselwörter in die richtige Schreibweise umsetzen. Geschieht das nicht, ist das ein deutliches Zeichen dafür, dass Sie sich bei einem Namen verschrieben haben.

Starten Sie Ihr erstes Programm mit der Schaltfläche *Sub/UserForm ausführen* oder *AUSFÜHREN Sub/UserForm ausführen* bzw. der F5-Taste, wird das Access-Fenster mit einem Dialogfeld angezeigt, das den angegebenen Text enthält.

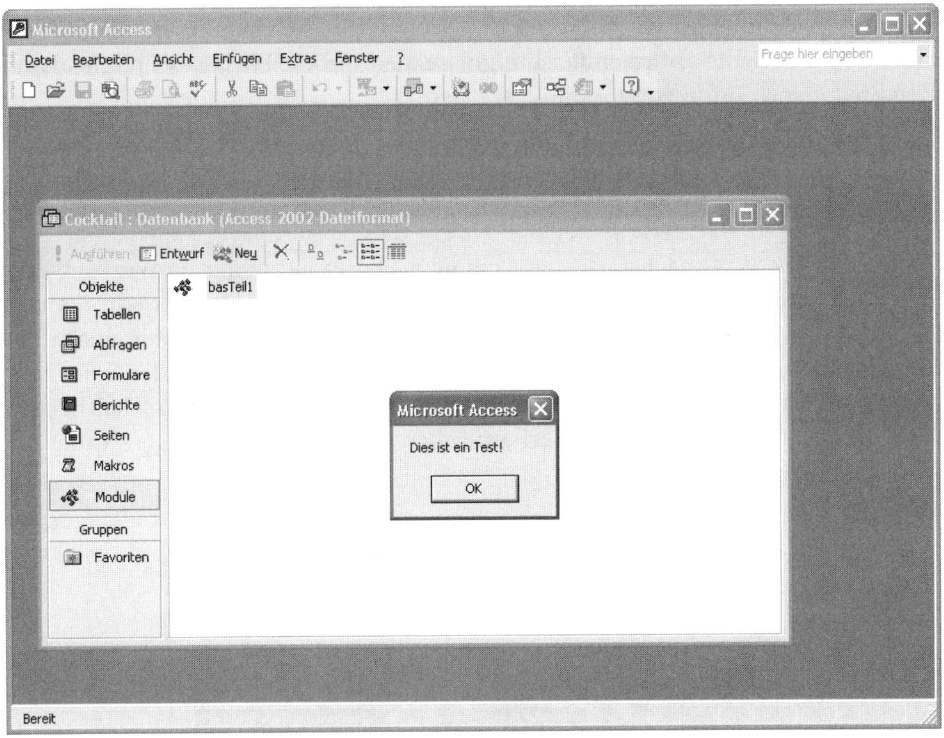

Bild 6.4: Das neue Dialogfeld

Ein Klick auf die *OK*-Schaltfläche des Dialogfeldes und die VBA-Programmierumgebung wird wieder angezeigt.

6.1.2 Klassenmodule schreiben

Access unterscheidet zwischen Modulen und Klassenmodulen. Module sind eigenständige Programme, während Klassenmodule entweder einem Formular oder Bericht zugeordnet sind oder eigenständige Klassen beschreiben. Klassenmodule werden in Kapitel 17, »Klassenmodule«, ausführlich behandelt.

Wenn Sie in Klassenmodulen programmieren, die zu einem Formular oder Bericht gehören (»Code behind Forms«), so können Sie die Programme nur testen, wenn Sie Formular oder Bericht in die Formular- oder Berichtsansicht umschalten.

Wir möchten Ihnen hier kurz zeigen, wie Sie eine Ereignisprozedur für ein Formular als »Code behind Forms« erstellen können. Eine solche Ereignisprozedur ist Teil des Formulars oder Berichts. Kopieren Sie das Formular, wird auch die Prozedur kopiert, löschen Sie das Formular, löschen Sie somit auch die dazugehörigen Ereignisprozeduren. In Kapitel 12, »Ereignisse«, behandeln wir die für Formulare und Berichte auftretenden Ereignisse ausführlich. Für jedes Ereignis kann eine Ereignisprozedur programmiert werden.

Als Beispiel soll ein neues Formular erstellt werden, das eine Schaltfläche mit der Beschriftung *Info* enthalten soll. Ein Klick auf die Schaltfläche soll ein Dialogfeld mit Informationen über die Programmierer öffnen.

Erstellen Sie zunächst in Access ein neues Formular in der Entwurfsansicht. Wählen Sie dann das Werkzeug *Befehlsschaltfläche* aus der *Toolbox* aus und ziehen Sie auf dem Formular eine Schaltfläche auf. Dabei wird automatisch der Befehlsschaltflächen-Assistent aktiviert (sofern er eingeschaltet ist), der Ihnen verschiedene Ereignisprozeduren fertig programmiert für Ihre Befehlsschaltflächen anbietet. Die Arbeit mit Befehlsschaltflächen wird ausführlich in Kapitel 13, »Steuerelemente«, beschrieben.

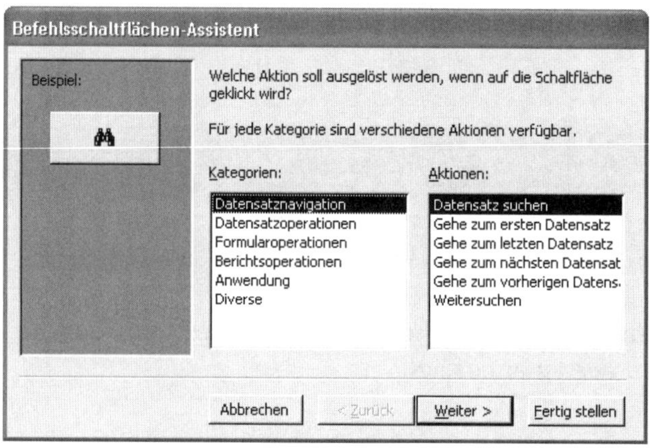

Bild 6.5: Der Befehlsschaltflächen-Assistent

Um eine eigene Anwendung für die Schaltfläche zu schreiben, brechen Sie den Assistenten ab. Klicken Sie dann im Eigenschaftenfenster zur Befehlsschaltfläche in die Zeile *Beim Klicken* und dann auf die Schaltfläche mit den drei Punkten.

Bild 6.6: Das Eigenschaftenfenster mit Registerblatt Ereignis

Sie werden dann nach dem gewünschten Editor gefragt. Wählen Sie den *Code-Generator* aus, wenn Sie Programm-Code zur Schaltfläche schreiben möchten.

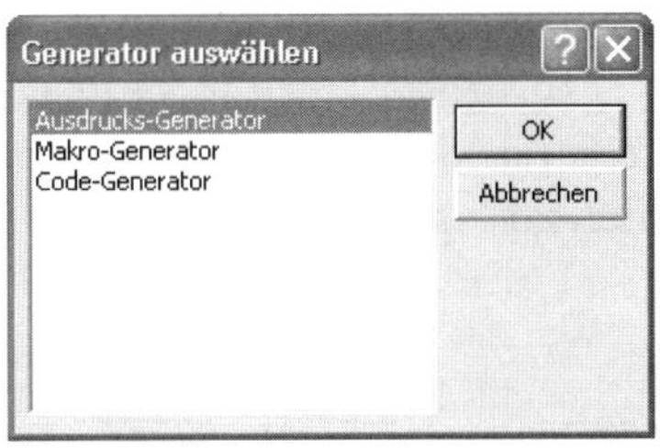

Bild 6.7: Editor auswählen

Im Code-Fenster des Visual Basic-Editors stellt die Auswahlliste *Objekt* (linkes Kombinationsfeld) mögliche Formularobjekte zur Verfügung. Im Beispiel finden Sie in der Liste neben dem Eintrag (*Allgemein*) außerdem *Befehl0*, *Detailbereich* und *Form*, um Module zu den entsprechenden Bereichen zu erfassen. Um ein Programm zur Befehlsschaltfläche zu schreiben, wurde diese in der ersten Auswahlliste mit *Befehl0* bereits selektiert (siehe Bild 6.8). In der rechten Auswahlliste finden Sie die zum Objekt passenden Ereignisse. Da im Eigenschaftenfenster bereits *Beim Klicken* ausgewählt war, ist im Bild entsprechend *Click* eingestellt, der Namen der Prozedur wird automatisch als `Befehl0_Click` festgelegt.

Code-Generator: Möchten Sie einen Schritt sparen und automatisch den Code-Generator angezeigt bekommen, so wählen Sie in Access den Befehl *EXTRAS Optionen*. Aktivieren Sie auf dem Registerblatt *Formulare/Berichte* das Kontrollkästchen *Ereignisprozedur immer verwenden*.

Geben Sie nun im Code-Fenster den benötigten Code ein. Hier wurde als einfaches Beispiel wieder ein Meldungsfenster erstellt. Schließen Sie dann das Code-Fenster.

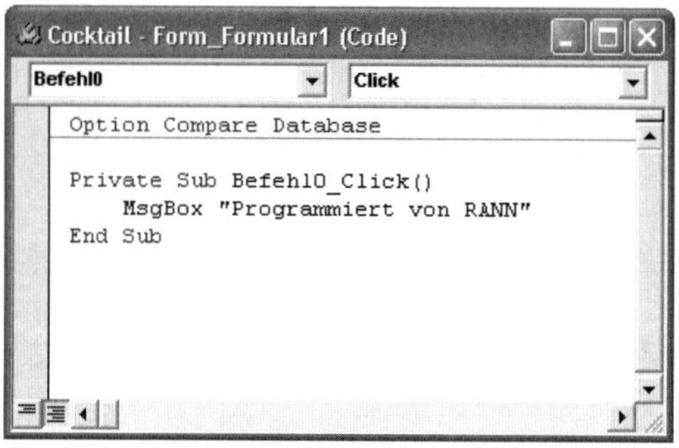

Bild 6.8: Code-Fenster für Klassenmodule mit Programm-Code

Im Eigenschaftenfenster zur Befehlsschaltfläche finden Sie nun in der Zeile *Beim Klicken* den Eintrag `[Ereignisprozedur]`. Mit einem Klick auf die Schaltfläche mit den drei Punkten aktivieren Sie das Code-Fenster erneut, um Änderungen an Ihrem Programm vornehmen zu können.

Bild 6.9: Das Eigenschaftenfenster

Um Ihr Programm zu testen, schalten Sie in die Formularansicht um und betätigen Sie die Befehlsschaltfläche. Access öffnet nun, sollten Sie den Code fehlerfrei eingegeben haben, das Meldungsfenster.

6.2 Variablen

Zur Durchführung von Berechnungen müssen Werte häufig vorübergehend gespeichert werden. Dazu benötigen Sie Variablen. Eine Variable hat einen Namen und einen Datentyp, der bestimmt, welche Art von Daten die Variable speichern kann.

Variablen sollten vor ihrer Verwendung deklariert werden. Dies kann einfach durch

```
Dim Faktor
```

erfolgen. Um der Variablen einen bestimmten Datentyp zuzuweisen, schreiben Sie

```
Dim intFaktor As Integer
```

Damit wird der Variablen `intFaktor` der Datentyp Integer, also eine ganze Zahl, zugewiesen. Die ersten drei Buchstaben des Variablennamens werden hier dazu verwendet anzuzeigen, von welchem Datentyp die Variable ist.

VBA kennt grundsätzlich zwei verschiedene Arten der Deklaration von Variablen. Bei der so genannten impliziten Deklaration werden Variablen durch ihre Verwendung direkt deklariert. Eine `Dim`-Anweisung ist nicht notwendig. Im Gegensatz dazu muss bei der expliziten Deklaration jede Variable vor ihrer Verwendung mit Namen und Datentyp in einer `Dim`-Zeile festgelegt werden. Im vorliegenden Buch wird die explizite Deklaration verwendet.

Option Explicit: Verwenden Sie die Anweisung `Option Explicit` auf dem Deklarationsblatt im Code-Fenster, und lassen Sie sich so zur Deklaration aller verwendeten Variablen zwingen. Auch wenn es zunächst wie ein lästiger Zwang erscheint, alle Variablen zu deklarieren, hilft Ihnen das beispielsweise beim Vermeiden von Tippfehlern in Variablennamen.

Dauerhaft können Sie diesen Eintrag löschen oder hinzufügen, wenn Sie mit *EXTRAS Optionen* auf dem Registerblatt *Editor* das Häkchen vor *Variablendeklaration erforderlich* löschen oder hinzufügen.

Das folgende Beispiel verwendet die drei Variablen `dblMengePint`, `dblMengeMilliLiter` sowie `intFaktor`. Das Programm wurde geschrieben, um Angaben in der angelsächsischen Maßeinheit Pint in Milliliter umzurechnen. Dazu wird zunächst der Wert in Pint abgefragt, der dann umgerechnet werden soll. Neben dem Datentyp `Integer`, also ganze Zahl, wird auch der Datentyp `Double` für Zahlen mit

Nachkommastellen verwendet. Die möglichen Datentypen werden im folgenden Abschnitt besprochen.

Kommentare: Kommentarzeilen werden mit einem Hochkomma eingeleitet und am Bildschirm grün dargestellt, wie im folgenden Beispiel die Erklärung des Werts 480.

Ein Pint entspricht 480 Millilitern. Daher wird der Variablen `intFaktor` der Wert `480` übergeben. Die umzurechnende Menge, die die Variable `dblMengePint` speichert, wird über eine so genannte InputBox abgefragt. Entgegen der Messagebox, mit der nur Texte oder Werte ausgegeben werden können, kann über die InputBox ein Wert eingegeben werden.

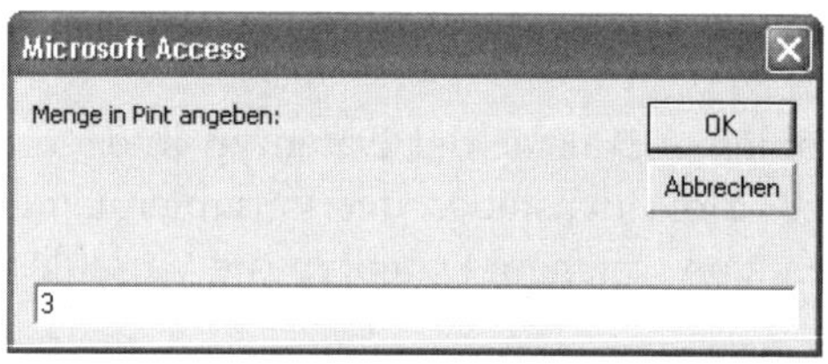

Bild 6.10: InputBox

```
Sub PintUmrechnung()
    Dim dblMengePint As Double
    Dim dblMengeMilliLiter As Double
    Dim intFaktor As Integer

    ' Ein Pint ergibt 480 Milliliter
    intFaktor = 480

    dblMengePint = InputBox("Menge in Pint angeben")
    dblMengeMilliLiter = dblMengePint * intFaktor
    MsgBox dblMengeMilliLiter & " ml"
End Sub
```

Mithilfe der Variablen `dblMengePint` und `intFaktor` wird die Menge in Milliliter errechnet und in einer Messagebox ausgegeben. Sollen in einer Messagebox Zahlen und Texte zusammen ausgegeben werden, so sind sie mit einem »&« zu verbinden. Mithilfe des Operators »&« werden Zeichenketten miteinander verknüpft. Die Anweisung

```
MsgBox dblMengeMilliLiter & " ml"
```

erzeugt die im folgenden Bild dargestellte Messagebox.

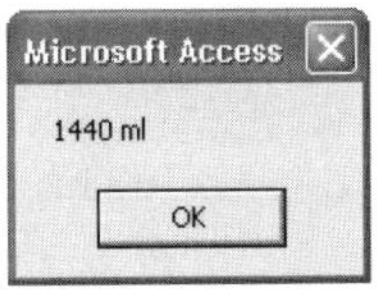

Bild 6.11: Messagebox

6.2.1 Datentypen für Variablen

Standardmäßig verwendet Access für alle Variablen den Datentyp `Variant`. Das heißt, die Deklaration

```
Dim Faktor
```

weist der Variablen `Faktor` automatisch den Datentyp `Variant` zu. Dieser Datentyp kann numerische Daten, Zeichenfolgen, Datums- und Zeitwerte, Datenfelder oder Objekte speichern. Die Arbeit mit diesem Datentyp ist zwar sehr einfach, effizienter jedoch ist es, einer Variablen den Datentyp zuzuweisen, den Sie wirklich benötigen. Beispielsweise benötigt eine Variable vom Datentyp `Variant` 16 Byte Speicherplatz im Hauptspeicher. Werden für diese Variable aber nur ganze Zahlen kleiner als 255 verwendet, ist es sinnvoller, sie als `Byte` zu speichern, da für diesen Datentyp nur ein Byte zum Speichern benötigt wird. Zudem muss beim Kompilieren von Variablen des Datentyps `Variant` der Compiler jeweils entscheiden, welcher Datentyp für die Variable wirklich verwendet wird, was den Vorgang des Kompilierens aufwändiger macht. Zuletzt hilft das Deklarieren einer Variablen mit einem bestimmten Datentyp Fehler zu vermeiden. Soll eine Variable von einem bestimmten Datentyp sein, und wird ihr beispielsweise ein Wert von einem falschen Datentyp zugewiesen, gibt es eine Fehlermeldung. Der Typ Variant hingegen ermöglicht jede Zuweisung.

Tabelle 6.1 zeigt die möglichen Datentypen in Access, ihre Wertebereiche und ihren benötigten Speicherplatz an.

Tabelle 6.1: Aufstellung der in Access verwendeten Datentypen

Datentyp	Art	Wertebereich	Interne Größe
Byte	Ganze Zahl	0...255	1 Byte
Integer	Ganze Zahlen	-32.768 bis 32.767	2 Bytes
Long Integer	Ganze Zahlen	-2.147.483.648 bis 2.147.483.647	4 Bytes
Single	Fließkommazahlen (Dezimalzahlen)	Zahlen mit insgesamt 8 Stellen	4 Bytes
Double	Fließkommazahlen (Dezimalzahlen)	Zahlen mit insgesamt 16 Stellen	8 Bytes
Currency	Festkommazahlen (für Währung)	15 Vor- und 4 Nachkommastellen	8 Bytes
Decimal	Fließkommazahlen (Dezimalzahlen)	Zahlen mit 29 Stellen, davon können bis zu 28 Nachkommastellen sein	12 Bytes
Boolean	Wahrheitswerte	TRUE oder FALSE	2 Bytes
Date	Datums-Zeit-Werte	1.1.100 bis 31.12.9999	8 Bytes
Object	Objektvariable	verweist auf Objekt	
String	Text variabler Länge	kann bis etwa 2 Milliarden Zeichen enthalten	10 Bytes plus Textlänge
String (fixed length)	Text fester Länge	kann bis etwa 65.000 Zeichen enthalten	Textlänge
Variant (mit Zahlen)		Numerische Werte im Bereich des Datentyps Double	16 Bytes
Variant (mit Zeichen)			22 Bytes plus Textlänge
Benutzerdefiniert (mit Type)		Anzahl ist von den Elementen abhängig	Der Bereich für jedes Element entspricht dem Bereich des zugehörigen Datentyps

Die aufgeführten Datentypen für Zahlen haben nicht alle dieselbe Wichtigkeit. Für ganze Zahlen wird man in der Regel den Datentyp `Integer` verwenden, es sei denn, die verwendeten Werte sind mit Sicherheit kleiner als 255, dann kann der Datentyp `Byte` verwendet werden. Der Vorteil dieses Datentyps liegt darin, dass er mit der Hälfte des Speicherplatzes auskommt. Sind die zu verwendenden Zahlen größer als 32.000, dann kommt der Datentyp `Long` in Betracht. Rechnet man mit Zahlen mit Nachkommastellen, wird man normalerweise den Datentyp `Double` verwenden.

Access 2002 arbeitet mit Unicode-Zeichensatz: Access 2002 speichert in VBA und in Datenbanken alle Zeichen im Unicode-Zeichensatz ab. Im Normalfall wirkt sich dieses nicht auf Ihre Programmierung aus, es sei denn, Sie benötigen z.B. beim Zugriff auf interne Windows-Funktionen Zeichenketten im ANSI-Format. Über die VBA-Funktion `StrConv` (siehe Kapitel 7) können Sie Unicode-Daten zu ANSI und umgekehrt konvertieren.

Variablennamen

Variablennamen sollten so gewählt sein, dass der Name eine Aussage über die Variable macht. Dazu werden oft mehrere Wörter oder Silben hintereinander verwendet. Variablennamen müssen mit einem Buchstaben beginnen und dürfen bis zu 200 Zeichen umfassen. In Variablennamen sind Zahlen, aber keine Leerzeichen, Punkte oder andere Sonderzeichen außer dem Unterstrich »_« erlaubt. Zudem dürfen Schlüsselwörter nicht für Variablennamen verwendet werden.

Grundsätzlich werden alle Namen in Visual Basic in einem Wort geschrieben. Besteht ein Name aus mehreren Wörtern, so wird jedes einzelne Wort groß geschrieben wie auch in `dblMengeMilliLiter` oder `boolKorrekteEingabe`. Es ist oft hilfreich, Variablen so zu benennen, dass Sie auf den ersten Blick erkennen können, um welchen Typ es sich handelt. Die folgende Tabelle zeigt die Abkürzungen der einzelnen Variablentypen mit einem Beispiel. Diese Regeln für VBA stammen von Greg Reddick und werden kurz als RVBA-Konvention bezeichnet. Die vollständige RVBA-Namenskonvention finden Sie in Anhang A.

Der Datentyp `Decimal` kann nur mit einem Wert vom Typ `Variant` benutzt werden, d.h., Sie können keine Variable als `Decimal` deklarieren. Mit der `CDec`-Funktion können Sie Ausdrücke zu Variablen mit dem Typ `Variant` erstellen, deren Untertyp `Decimal` ist. Diese Variablen werden dann mit `Decimal`-Genauigkeit gerechnet.

Tabelle 6.2: Abkürzungen und Beispiele zur Namenskonvention

Variablentyp	Beginn	Beispiel
Byte	Byte	Dim byteSorte as Byte
Integer	Int	Dim intZähler As Integer
Long	Lng	Dim lngEinwohner As Long
Single	Sng	Dim sngMwSt As Single
Double	Dbl	Dim dblMengeAs Double
Currency	Cur	Dim curBrutto As Currency
Boolean (Yes/No)	Bool	Dim boolNeuKunde As Boolean
Date (Date/Time)	Date	Dim dateBeitrittsDatum As Date
Object	obj	Dim objFormular As Object
String	str	Dim strRadName As String
String mit fester Länge	stf	Dim stfPLZ As String*5
Variant	var	Dim varEingabe As Variant

Der Datentyp String

Es gibt zwei unterschiedliche Möglichkeiten, Zeichenfolgen zu definieren: mit fester und variabler Länge. Eine Zeichenfolge variabler Länge deklarieren Sie mit

```
Dim strName As String
```

eine Zeichenfolge mit fester Länge von 50 Zeichen hingegen mit

```
Dim stfName As String * 50
```

Das folgende Beispiel verknüpft drei Zeichenfolgen miteinander: den Namen und Vornamen, die durch ein Komma und ein Leerzeichen voneinander getrennt werden sollen.

```
Sub Namen()
    Dim strName As String
    Dim strVorname As String
    Dim strGanzerName As String

    strVorname = "Lisa"
    strName = "Kippherr"
    strGanzerName = strName & ", " & strVorname
    MsgBox strGanzerName
End Sub
```

Leerer String: Ein leerer String, also eine Zeichenkette, die keine Zeichen enthält, wird mit "" dargestellt.

Der Datentyp Date

Datumswerte in Access können den Bereich vom 1. Januar 100 bis zum 31. Dezember 9999 abdecken, Uhrzeiten können von 0:00:00 bis 23:59:59 dargestellt werden.

Möchten Sie einer Variable vom Datentyp `Date` einen Datumswert zuweisen, so muss das eingegebene Datum von zwei »#«-Zeichen eingefasst werden. Sie können bei der Eingabe die folgenden Schreibweisen

```
dateGeburtsdatum = #22 12 61#
dateGeburtsdatum = #22 December 61#
dateGeburtsdatum = #22 dec 61#
dateGeburtsdatum = #22,12,61#
```

verwenden. Egal wie Sie den Datumswert eingeben – wird er als Datum erkannt, fügt Access dafür die amerikanische Schreibweise mit vertauschter Reihenfolge von Monat und Tag

```
dateGeburtsdatum = #12/22/61#
```

ein. Können Sie sich nicht an die Datumsschreibweise ohne Punkte als Trennzeichen gewöhnen, besteht auch die Möglichkeit, das Datum mithilfe der Funktion `DateValue()` folgendermaßen

```
dateGeburtsdatum = DateValue("22.12.61")
```

einzugeben.

Die Ausgabe des Datums erfolgt standardmäßig entsprechend dem in der Ländereinstellung gewählten kurzen Datumsformat. Möchten Sie eine andere Formatierung für das Datum verwenden, benutzen Sie die `Format()`-Funktion. Beispielsweise erzeugt die Zeile

```
strGanzerName = strName & ", " & strVorname & vbNewline & _
                                Format(dateGeburtsdatum, "d.mmmm yyyy")
```

die im Folgenden dargestellte Ausgabe.

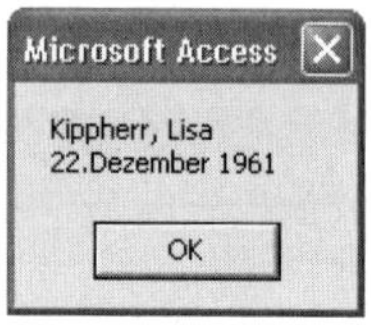

Bild 6.12: Formatiertes Datum

Uhrzeiten werden ebenfalls in #-Zeichen eingegeben, können aber wie gewohnt als

```
dateBeginn = #12:00#
```

verwendet werden. Ihre Ausgabe entspricht dem in der Ländereinstellung gewählten Uhrzeitformat.

Wird eine Variable des Datentyps `Date` in einen numerischen Datentyp, beispielsweise in eine Zahl des Typs `Double`, mit

```
dblDatum = CDbl(dateGeburtsdatum)
```

umgewandelt, so repräsentiert der ganzzahlige Anteil den Datumswert, die Nachkommastellen hingegen die Uhrzeit.

Im Abschnitt 7.6 stellen wir Ihnen VBA-Funktionen vor, die Ihnen die Arbeit mit Datumswerten erleichtern.

Der Datentyp Object

Variablen vom Datentyp `Object` können auf OLE-Objekte, Access-Objekte u. a. verweisen. Einer Variablen, die mit dem Typ `Object` deklariert wurde, kann anschließend mit einer `Set`-Anweisung ein Verweis auf ein von der Anwendung erzeugtes Objekt zugewiesen werden.

In Teil 3, »Datenbankobjekte«, und Teil 4, »Formulare und Berichte«, wird dieser Datentyp ausführlich behandelt.

Der Datentyp Variant

Wird eine Variable nicht explizit mit einem bestimmten Datentyp versehen, so wird sie von Access zum Datentyp `Variant` deklariert. Der Datentyp `Variant` kann `Byte`, `Integer`, `Long`, `Single`, `Double`, `Decimal`, `String` oder `Date` sein, allerdings kann er keine String-Daten fester Länge oder benutzerdefinierte Typen repräsentieren.

Verwenden Sie numerische Daten vom Datentyp `Variant`, so behalten die Daten den Datentyp der eingegebenen Zahl. Rechnen Sie beispielsweise mit als Datentyp Variant deklarierten ganzen Zahlen, so ist auch deren Ergebnis eine ganze Zahl. Wenn Sie jedoch mit einer als Variant deklarierten Zahl mit dem Typ Byte, Integer, Long oder Single eine arithmetische Operation ausführen und dabei den zulässigen Bereich für den ursprünglichen Datentyp überschreiten, wird das Ergebnis innerhalb des Variant automatisch auf den nächstgrößeren Datentyp erweitert.

Eine Variable vom Typ Variant kann auch die speziellen Werte Empty, Null, Nothing und Error enthalten. Empty ist der Wert einer nicht initialisierten Variable, Null beschreibt ungültige Daten, Nothing hebt die Verbindung zu einem Objekt auf und Error zeigt einen Fehler an. Diese speziellen Werte erläutern wir in den folgenden Kapiteln.

Benutzerdefinierte Datentypen

Es besteht die Möglichkeit, eigene Datentypen anzulegen, die eine oder mehrere Komponenten enthalten. Einen Datentyp definieren Sie auf der Deklarationen-Seite des Code-Fensters mit

```
[Private | Public] Type VarName
          Elementname [([Dimensionen])] As Typ
        [ Elementname [([Dimensionen])] As Typ]
        . . .
End Type
```

Für das folgende Beispiel wurde der Datentyp typAdressen definiert, der Mitgliedsnummer, Name, Adresse und Telefonnummer enthält.

```
Type typAdressen
     lngMitgliedsNummer As Long
     strName As String
     strVorname As String
     strStraße As String
     strOrt As String
     strTelefon As String
End Type

Sub AdressenAbfrage()
    Dim Mitglied As typAdressen

    Mitglied.lngMitgliedsNummer = "00111"
    Mitglied.strName = "Apfel"
    Mitglied.strVorname = "Katharina"
```

```
    Mitglied.strStraße = "Lixfelder Weg 2"
    Mitglied.strOrt = "12 345 Apfelhausen"
    Mitglied.strTelefon = "012/345678"

    MsgBox Mitglied.strVorname & ", " & Mitglied.strName & _
       vbNewline & "Mitgliedsnummer: " & Mitglied.lngMitgliedsNummer
End Sub
```

Zeilenumbruch in einer Message- oder InputBox: Möchten Sie in einer Message- oder InputBox einen Zeilenumbruch erzwingen, verwenden Sie `vbNewline`. Verbinden Sie diesen Zeichen-Code mit dem restlichen Text der Box durch ein »&«-Zeichen.

In der Prozedur `AdressenAbfrage` wird die Variable `Mitglieder` als benutzerdefinierter Datentyp `typAdressen` deklariert. Die Zuweisung eines benutzerdefinierten Typs erfolgt unter Benennung der Variablen sowie einer einzelnen Komponente, wie `Mitglied.strName="Apfel"`.

Sehen Sie zum Einsatz von benutzerdefinierten Typen auch den Abschnitt 6.7, »Tipparbeit sparen mit With-Anweisungen«.

6.2.2 Konstanten

Verwenden Sie Werte in Ihrem Programm, die sich nicht ändern, so können Sie diese als Konstanten definieren:

```
Const conPint = 480
Const conAvogadro = 6.022E+23
Const conAnzahl As Integer = 20
```

Konstanten erhalten zur Abkürzung ihres Datentyps nach der RVBA-Namensregel ein `con` als Namenszusatz. Sie verwenden in Ihrem Programm eine Konstante durch den Aufruf ihres Namens.

6.2.3 Enum-Anweisungen

Enum-Anweisungen ermöglichen leicht zu verwendende Aufzählungen, die Sie für Variablen und Prozedurparameter verwenden können.

Mit einem Beispiel lässt sich dies einfach erläutern: Die Aufzählung `ecEinheiten` enthält vier Konstanten, die VBA-intern Werte ab 0 erhalten. Dimensionieren Sie eine Variable vom Typ `ecEinheiten`, so kann sie als Wert nur eine der vier Konstanten annehmen. Enum-Konstanten lassen sich ansonsten wie Const-Konstanten verarbeiten.

```
Enum ecEinheiten
    ecMilliliter
    ecCentiliter
    ecLiter
    ecPint
End Enum

Sub EnumTest
   Dim eEinheit As ecEinheiten

    ...
    eEinheit = ecLiter
    ...
End Sub
```

Beachten Sie bei der Definition der Enum-Anweisung, dass die Konstanten jeweils auf einer Zeile stehen und nicht durch Kommata oder ähnliches getrennt werden. Die Anzahl der Konstanten ist beliebig. Es gibt keine Namenskonvention für Enums, sodass Sie sich hier eigene Präfixe ausdenken können.

Bei der Eingabe von Enum-Konstanten werden Sie vom VBA-Editor unterstützt: Tippen Sie, wie im Listing gezeigt, `eEinheit =`, wird nach dem Gleichheitszeichen sofort ein Kombinationsfeld mit den möglichen Konstanten eingeblendet.

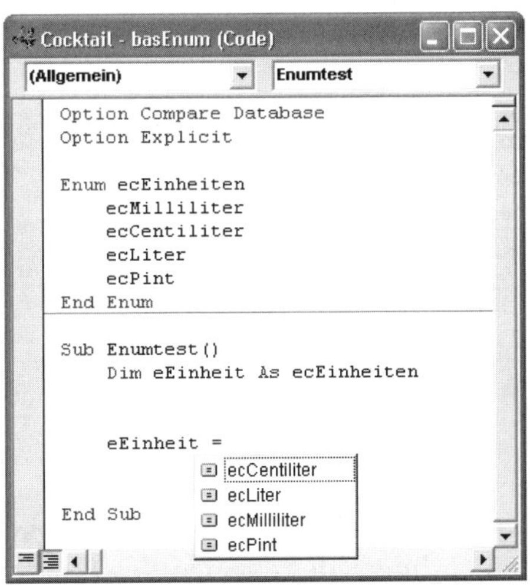

Bild 6.13: Eingabe von Enum-Konstanten

Es ist möglich, die Werte der Konstanten der Enum-Anweisung zu beeinflussen, beispielsweise wie folgt:

```
Enum ecEinheiten
    ecMilliliter = -1
    ecCentiliter
    ecLiter
    ecPint = 100
End Enum
```

Die Konstante `ecMilliliter` erhält den Wert `-1`, ab dann zählt VBA intern um 1 hoch, also `ecCentiliter` wird `0` usw.

6.2.4 Felder

Zu einem Feld können Werte gleicher Art in einer Liste zusammengefasst werden. Sie werden alle mit demselben Namen anhand ihres Indexes angesprochen.

Als Beispiel soll uns wieder die Umrechnung dienen. Das folgende Programm soll die eingegebene Menge in Milliliter umrechnen. Dazu werden zwei Input-Dialogfelder aufgerufen. In das erste soll die umzurechnende Menge eingegeben werden, im zweiten wird anhand einer einzugebenden Zahl ausgewählt, von welcher Einheit in die Einheit Milliliter umgerechnet werden soll. Ist die Mengenangabe in Liter, wird `0` eingetippt, ist sie in Pint, wird `4` eingegeben usw. Diese Methode ist nicht sehr elegant und würde so in einem professionellen Programm nicht verwendet werden, soll uns hier aber als einfaches Beispiel dienen. Besser ließe sich dieses Problem mithilfe eines Formulars und mit Optionsfeldern lösen. Beispiele dazu finden Sie in Kapitel 13, »Steuerelemente«.

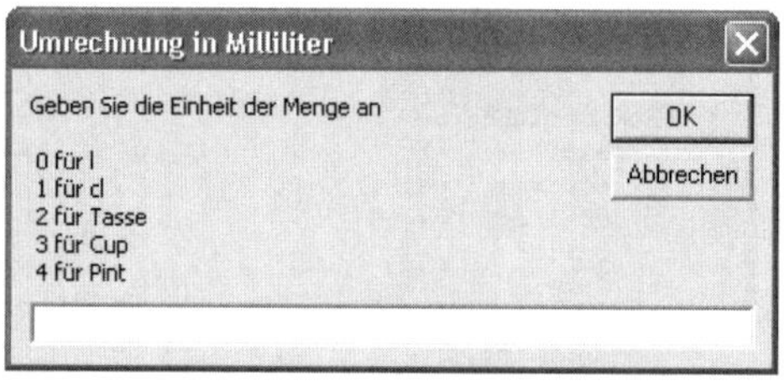

Bild 6.14: InputBox für Einheit

Im folgenden Programm besteht beispielsweise das Feld `dblFaktor` aus fünf Werten, welche die Umrechnungsfaktoren für die Einheiten enthalten. Das Feld wird dimensioniert, indem hinter den Namen des Datentyps in Klammern die benötigte Anzahl der Variablen aufgenommen wird. Im Beispiel wird für die Umrechnung von Liter, Zentiliter, der deutschen Tasse, des englischen oder amerikanischen Cup und Pint in Milliliter ein Feld mit fünf Elementen benötigt. Da der Index für Felder bei Null anfängt zu zählen, also die Elemente `adblFaktor(0)` bis `adblFaktor(4)` ausreichen, wird das Feld `adblFaktor` durch

```
Dim adblFaktor(4) As Double
```

ausreichend dimensioniert. Die Zuweisung einer Zahl zu einem Element des Feldes erfolgt mithilfe des jeweiligen Indexes, d.h., mit

```
adblFaktor(0)=1000
adblFaktor(1)=10
...
```

können die einzelnen Faktoren an das Feld `adblFaktor` übergeben werden. Die in der oben abgebildeten InputBox abgefragten Zahlen für die Einheiten entsprechen gerade dem Index des Umrechnungsfaktors der Einheit. Daher kann die Umrechnung einfach in der Zeile

```
dblMilliLiter = dblMenge * adblFaktor(intIndex)
```

erfolgen. Mit der richtigen Zahl für `intIndex` wird aus dem Feld `adblFaktor` der richtige Umrechnungsfaktor ausgewählt. Daraus ergibt sich für die Umrechnung einer bestimmten Menge einer (fast) beliebigen Einheit in Milliliter das folgende Programm:

```
Sub UmrechnungFeld()
    Dim adblFaktor(5) As Double
    Dim dblMenge As Double
    Dim intIndex As Integer
    Dim dblMilliLiter As Double

    adblFaktor(0) = 1000
    adblFaktor(1) = 10
    adblFaktor(2) = 125
    adblFaktor(3) = 240
    adblFaktor(4) = 480

    dblMenge = InputBox("Geben Sie bitte die Menge an", _
                        "Umrechnung in Milliliter")
    intIndex = InputBox("Geben Sie die Einheit der Menge an" _
               & vbNewline & vbNewline & _
               " 0 für l" & vbNewline & " 1 für cl" & vbNewline & _
```

```
            " 2 für Tasse" & vbNewline & " 3 für Cup" & vbNewline & _
            " 4 für Pint", "Umrechnung in Milliliter")

    dblMilliLiter = dblMenge * adblFaktor(intIndex)
    MsgBox dblMilliLiter & " ml"
End Sub
```

Option Base: Falls Sie damit Schwierigkeiten haben, dass Datenfelder bei Null und nicht bei Eins anfangen zu zählen, können Sie die Anweisung `Option Base 1` auf die Seite der Deklarationen schreiben. Dann laufen die Indizes aller verwendeten Felder bei Eins los. Beachten Sie aber, dass dies nur für Ihre eigenen Datenfelder gilt, alle Datenfelder und Auflistungen von Access sind davon nicht betroffen.

Die Array-Funktion

Die `Array`-Funktion kann ebenfalls für Felder verwendet werden. Der Vorteil besteht darin, dass ihre Werte einer Liste zugewiesen werden. Die Werte eines `Array`-Feldes sind immer vom Datentyp `Variant`. Für das Beispielprogramm `UmrechnungFeld()` könnte die Zuweisung der einzelnen Umrechnungsfaktoren zum Feld `avarFaktor` einfach

```
avarFaktor = Array(1000, 10, 125, 240, 480)
```

heißen. Die einzelnen Werte der Liste werden durch Kommata voneinander getrennt. Das Feld selbst muss nur deklariert, aber nicht dimensioniert werden. Das bedeutet, dass

```
Dim avarFaktor As Variant
```

ausreichend ist. Ansonsten kann das obige Programm unverändert verwendet werden.

Matrizen

Matrizen sind zweidimensionale Felder. Sie deklarieren eine Matrix folgendermaßen:

```
Dim astrAdressen(20, 4) As String
```

Die Matrix `astrAdressen` hat 21 Reihen und fünf Spalten und kann wie im folgenden Bild aussehen.

	1	2	3	4	5
1	Apfel	Katharina	Lixfelder Weg 2	12 345 Apfelhausen	012/345678
2	Banane	Lukas	Bottenhorner Weg 1	12 543 Bananenheim	021/876543
3	Birne	Miriam	Kullmannstr. 4	12 334 Birnwalde	011/223344
4	Kirsche	Conrad	Neumannstr. 2	54 321 Kirschstett	054/567890
5	Mango	Charlotte	Fuchshöhle 13	32 145 Mangonien	032/987654
6	Pflaume	Carlo	An der Hohl 9	45 321 Pfläumling	045/112233
..	...	...	...	...	...

Bild 6.15: Matrix mit Mitgliedern

Eine solche Matrix lässt sich wie im folgenden Programm füllen und abfragen:

```
Sub AdressenAbfrage2()
        Dim astrAdresse(20, 4) As String
        Dim varZähler As Variant

        astrAdresse(0, 0) = "Apfel"
        astrAdresse(0, 1) = "Katharina"
        astrAdresse(0, 2) = "Lixfelder Weg 2"
        astrAdresse(0, 3) = "12 345 Apfelhausen"
        astrAdresse(0, 4) = "012/345678"
        astrAdresse(1, 0) = "Banane"
        astrAdresse(1, 1) = "Lukas"
        astrAdresse(1, 2) = "Bottenhorner Weg 1"
        astrAdresse(1, 3) = "12 543 Bananenheim"
        astrAdresse(1, 4) = "021/876543"
        astrAdresse(2, 0) = "Birne"
        astrAdresse(2, 1) = "Miriam"
        astrAdresse(2, 2) = "Kullmannstr. 4"
        astrAdresse(2, 3) = "12 334 Birnwalde"
        astrAdresse(2, 4) = "011/223344"

        varZähler = InputBox("Bitte geben Sie Ihre Nummer an.")
        varZähler = varZähler - 1
        MsgBox astrAdresse(varZähler, 1) & " " & _
                astrAdresse(varZähler, 0) & vbNewline & _
                astrAdresse(varZähler, 2) & vbNewline & _
                astrAdresse(varZähler, 3) & vbNewline & _
                "Tel.: " & astrAdresse(varZähler, 4)
End Sub
```

Dynamische Datenfelder

Dynamische Datenfelder sind Datenfelder, deren Größe während der Programmausführung geändert wird. In vielen Fällen kann man vorher die benötigte Größe eines Datenfeldes nicht abschätzen, oder man möchte aus Speicherplatzgründen das Datenfeld nur so groß dimensionieren, wie es notwendig ist.

Ein dynamisches Datenfeld wird mit

```
Dim strZutaten() As String
```

deklariert. Damit wird im Programm angegeben, dass ein Datenfeld `strZutaten` existiert, aber es wurde noch kein Speicherplatz für das Feld reserviert. Mithilfe des Befehls

```
ReDim [Preserve] VarName(Dimensionen) [As Typ]
```

wird der Speicherplatz für das Datenfeld belegt. Im folgenden Beispiel wird die Anzahl der einzugebenden Zutaten abgefragt, das Datenfeld entsprechend dimensioniert, und die Zutaten werden in das Datenfeld eingetragen.

```
...
Dim strZutaten() As String
Dim intAnzahl As Integer
intAnzahl = InputBox("Anzahl der Zutaten")
ReDim strZutaten(intAnzahl)
...
```

Haben Sie in einem Programm mit `ReDim` den Speicherplatz für ein dynamisches Datenfeld reserviert und möchten im weiteren Verlauf Ihres Programms den Speicherplatz vergrößern, verwenden Sie erneut `ReDim`. Dabei verlieren Sie allerdings die bisherigen Inhalte des Datenfeldes, es sei denn, Sie geben dem `ReDim`-Befehl das Wort `Preserve` wie in

```
ReDim Preserve strZutaten(100)
```

mit, das die Inhalte des Datenfeldes erhält.

! Implizite ReDim-Deklaration: Sie können mit der Anweisung `ReDim` ein Datenfeld implizit innerhalb einer Prozedur deklarieren. Achten Sie darauf, dass Sie den Namen des Datenfeldes korrekt eingeben, wenn Sie die Anweisung `ReDim` verwenden. Auch wenn die Anweisung `Option Explicit` im Modul enthalten ist, erstellt Visual Basic ein zweites Datenfeld, falls Sie sich beim Namen des Feldes verschreiben.

6.2.5 Gültigkeitsbereiche von Variablen und Konstanten

Durch den Gültigkeitsbereich wird definiert, in welchem Bereich eine Variable oder Konstante verfügbar ist. Variablen und Konstanten haben drei verschiedene Gültigkeitsebenen:

1. **Prozedurebene**, d.h., sie gelten innerhalb einer Prozedur.
2. **Private Modulebene**, d.h., sie gelten nur innerhalb ihres Moduls, aber auch für andere Prozeduren in diesem Modul.
3. **Öffentliche Modulebene**, d.h., sie gelten auch in anderen Modulen.

Standardmäßig gilt eine Variable nur auf Prozedurebene. Das bedeutet, dass diese Variable in einer anderen Prozedur nicht gekannt wird und dort neu deklariert werden muss.

Sollen Variablen und Konstanten auch in anderen Prozeduren eines Moduls verwendet werden, können diese vor den eigentlichen Prozeduren im Bereich (*Deklarationen*) mit dem Zusatz `Private` deklariert werden. Die Deklaration im Deklarationenbereich mit dem Befehl `Dim` bewirkt zwar genau dasselbe, die Verwendung von `Private` verdeutlicht aber besser die Deklaration auf privater Modulebene.

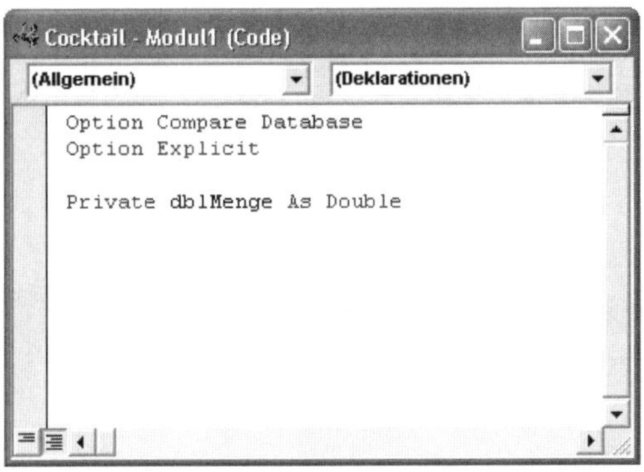

Bild 6.16: Deklaration einer Variable auf privater Modulebene

Eine Variable, die im Bereich (*Deklarationen*) mit dem Befehl `Public` deklariert wird, gilt auf öffentlicher Modulebene, das bedeutet, sie gilt für alle Module und auch für alle Formulare und Berichte, also global im gesamten Access.

6.3 Bedingte Verzweigungen

Für bedingte Verzweigungen stehen Ihnen in Visual Basic verschiedene Befehle zur Verfügung, von denen wir die wichtigsten im Folgenden beschreiben möchten.

6.3.1 IF-Abfragen

Mithilfe einer `If`-Abfrage können Sie Teile Ihres Programms nur dann ausführen lassen, wenn eine bestimmte Bedingung wahr ist. Die einfachste Form einer `If`-Anweisung lautet:

```
If Bedingung Then [Anweisungen]
```

Für die Bedingungen stehen Ihnen dabei die Operatoren der Tabelle 6.3 zur Verfügung.

Beispielsweise könnte eine `If`-Abfrage im Umrechnungsprogramm verwendet werden, um einen Eingabefehler für die InputBox der Einheiten abzufangen. Die Abfrage

```
If intIndex > 4 Then intIndex = 4
```

prüft, ob die eingegebene Zahl größer als vier ist. Ist die Bedingung erfüllt, wird `intIndex` einfach auf den Wert 4 gesetzt.

Tabelle 6.3: Vergleichsoperatoren in Access

Operator	Bedeutung
=	gleich wie
<	kleiner als
<=	kleiner als oder gleich wie
>	größer als
>=	größer als oder gleich wie
<>	ungleich wie
Like	wie (vergleicht Zeichenfolgen)

Mehr Flexibilität für eine Abfrage erhalten Sie mit der folgenden mehrzeiligen, geschachtelten Abfrage:

```
If Bedingung Then
        [Anweisungen]
[ElseIf Bedingung-n Then
        [SonstWennAnw]] . . .
[Else
        [SonstAnw]]
End If
```

Diese Form der Abfrage erlaubt mehrfache Bedingungen. Ebenso besteht die Möglichkeit, mehrere If-Abfragen ineinander zu schachteln.

Einrückungen: Es ist sehr hilfreich, mit Einrückungen bei `If`-Abfragen zu arbeiten. Dann lässt sich besser erkennen, ob unter dem `If` auch ein `End If` zu finden ist. Da `If`-Abfragen fast beliebig verschachtelt werden können, lässt sich so ein vergessenes `End If` schneller finden.

Zusätzlich zu den Vergleichsoperatoren können logische Operatoren verwendet werden. Die folgende Tabelle führt die gebräuchlichsten zusammen mit einem Beispiel auf.

Tabelle 6.4: Logische Operatoren

Operator	Bedeutung	Beispiel
Not	Nicht	`Not(intZähler <= 2)`
And	Und	`intZähler >= 0 And intZähler <= 2`
Or	Oder	`intZähler > 2 Or intZähler < 0`

Die Eingabe der Einheiten im Programm `Umrechnung` in einer InputBox mithilfe der Zahlen 0 bis 4 ist nicht gerade anwenderfreundlich. Schöner wäre eine solche Abfrage, wenn direkt Text eingegeben werden könnte, wie `cl` oder `Pint`. Das ist im folgenden Beispiel möglich. In der Prozedur `Umrechnung2` wird die Einheit in einer InputBox abgefragt. In einer `If`-Abfrage wird anhand der Texteingabe der Index bestimmt. Dazu werden mehrere `If`-Abfragen und der logische Operator `Or` verwendet. Wird keine Übereinstimmung gefunden, wird eine Messagebox mit Fehlermeldung aktiviert und der Fehlerwert `-1` zurückgegeben. Danach folgt die Umrechnung in Milliliter.

```
Sub UmrechnungIf()
    Dim dblMenge As Double
    Dim dblMilliLiter As Double
    Dim strEinheit As String
    Dim intIndex As Integer
    Dim avarFaktor As Variant

    ' Umrechnungsfaktoren
    avarFaktor = Array(1000, 10, 125, 240, 480)

    dblMenge = InputBox("Geben Sie bitte die Menge an", _
                        "Umrechnung in Milliliter")
    strEinheit = InputBox("Geben Sie die Einheit der Menge an")

    If strEinheit = "l" Or strEinheit = "Liter" Then
        IntIndex = 0
    ElseIf strEinheit = "cl" Or strEinheit = "Zentiliter" Then
        IntIndex = 1
    ElseIf strEinheit = "Tasse" Or strEinheit = "Tassen" Then
        IntIndex = 2
    ElseIf strEinheit = "Cup" Or strEinheit = "Cups" Then
        IntIndex = 3
    ElseIf strEinheit = "Pint" Or strEinheit = "Pints" Then
        IntIndex = 4
    Else
        MsgBox "Es wurde eine falsche Einheit angegeben."
        IntIndex = -1
    End If

    If intIndex > -1 Then
       dblMilliLiter = dblMenge * avarFaktor(intIndex)
       MsgBox dblMilliLiter & " ml"
    End If
End Sub
```

Neben dem Operator `Or` gibt es des Weiteren die Operatoren `And` und `Not`. Da es nicht immer ganz einfach ist festzulegen, wie welcher Operator arbeitet, soll Tabelle 6.5 eine Zusammenfassung der Wirkungsweisen der einzelnen Operatoren sein. Bedingung `True` bedeutet dabei, eine Bedingung ist erfüllt. Ergebnis `True` heißt, die Verkettung der beiden Bedingungen wird als wahr angesehen.

Tabelle 6.5: Wirkungsweise der logischen Operatoren

Bedingung1	Operator	Bedingung2	Ergebnis
True	And	True	True
True	And	False	False
False	And	True	False
False	And	False	False
True	Or	True	True
True	Or	False	True
False	Or	True	True
False	Or	False	False
	Not	True	False
	Not	False	True

6.3.2 Select Case-Anweisungen

Neben den `If`-Abfragen gibt es in Visual Basic eine zweite Verzweigungsstruktur, die `Select Case`-Anweisungen. Diese Struktur ist gerade bei vielen Verzweigungen übersichtlicher als eine `If`-Abfrage.

```
Select Case Testausdruck
    [Case Ausdruckliste-n
        [Anweisungen-n]] . . .
    [Case Else
        [SonstAnw]]
End Select
```

Ein einfaches Beispiel für eine `Select Case`-Anwendung ist die folgende Rabattstaffelung. Dabei sollen für abgenommene Stückzahlen größer oder gleich 1000 10% Rabatt gegeben werden, für Stückzahlen zwischen 500 und 999 5% und für Stückzahlen zwischen 100 und 499 nur noch 1%. Für Werte kleiner als 100 gibt es keine Rabatte.

Soll in einer `Case`-Verzweigung ein Vergleichsoperator verwendet werden, wird diesem ein `Is` vorausgestellt:

```
Sub Rabatt()
    Dim varStück As Variant
    Dim dblRabatt As Double

    varStück = InputBox("Gekaufte Stückzahl eingeben")
    Select Case varStück
        Case Is >= 1000
            dblRabatt = 0.1
        Case Is >= 500
            dblRabatt = 0.05
        Case Is >= 100
            dblRabatt = 0.01
        Case Else
            dblRabatt = 0
    End Select

    MsgBox "Bei " & varStück & " Stück gibt es " _
            & dblRabatt * 100 & "% Rabatt."
End Sub
```

Als zweites Beispiel für eine Case-Anweisung wurde das bereits im vorherigen Abschnitt verwendete Umrechnungsbeispiel angepasst. Die beiden Bedingungen, die zur Zuweisung eines Indexes führen sollen, werden hier durch Komma voneinander getrennt.

```
Sub UmrechnungCase()
    Dim dblMenge As Double
    Dim dblMilliLiter As Double
    Dim strEinheit As String
    Dim intIndex As Integer
    Dim avarFaktor As Variant

    ' Umrechnungsfaktoren
    avarFaktor = Array(1000, 10, 125, 240, 480)

    dblMenge = InputBox("Geben Sie bitte die Menge an", _
                        "Umrechnung in Milliliter")
    strEinheit = InputBox("Geben Sie die Einheit der Menge an")
```

```
    Select Case strEinheit
        Case "l", "Liter"
            intIndex = 0
        Case "cl", "Zentiliter"
            intIndex = 1
        Case "Tasse", "Tassen"
            intIndex = 2
        Case "Cup", "Cups"
            intIndex = 3
        Case "Pint", "Pints"
            intIndex = 4
        Case Else
            MsgBox "Es wurde eine falsche Einheit angegeben."
            intIndex = -1
    End Select

    If intIndex > -1 Then
        dblMilliLiter = dblMenge * avarFaktor(intIndex)
        MsgBox dblMilliLiter & " ml"
    End If
End Sub
```

6.4 Prozeduren und Funktionen

Programmierarbeit kann erheblich vereinfacht werden, wenn Sie Ihre Programme in kleine logische Einheiten unterteilen. Solche Einheiten, als Prozeduren bezeichnet, können beispielsweise häufig wiederkehrende Berechnungen sein. Es gibt zwei wichtige Gründe, die dafür sprechen, Programme in Prozeduren aufzuteilen. Zum einen lassen sich solche Einheiten einfacher testen und auf Fehler untersuchen als ein sehr langes Programm, zum anderen können die Prozeduren auch in anderen Programmen verwendet werden.

In Visual Basic werden zwei Arten von Prozeduren unterschieden: die Sub- und die Funktions-Prozedur. Eine Sub-Prozedur führt eine Reihe von Anweisungen durch, ohne nach ihrer Beendigung einen Wert zurückzugeben. Eine Funktions-Prozedur, einfacher nur als Funktion bezeichnet, wird dazu verwendet, einen Wert zu berechnen und zurückzugeben. Sie lässt sich daher auch in Rechnungen und Ausdrücken direkt einsetzen.

6.4.1 Sub-Prozeduren

Bisher wurde die Sub-Prozedur nur in ihrer einfachsten Form

```
Sub Name ()
    [Anweisungen]
End Sub
```

verwendet. Die allgemeinere Definition einer Sub-Prozedur erfolgt durch

```
[Private | Public] [Static] Sub Name [(ArgListe)]
    [Anweisungen]
    [Exit Sub]
    [Anweisungen]
End Sub
```

Die Vorsätze beziehen sich auf Gültigkeitsbereiche der Routine bzw. der verwendeten Variablen. Informationen dazu finden Sie auf Seite 181 in Abschnitt 6.4.5, »Gültigkeitsbereiche von Prozeduren«. Der Befehl `Exit Sub` erlaubt das vorzeitige Verlassen der Sub-Prozedur.

Das folgende Programm zeigt die Prozedur `UmrechnungMitProzedur`, die die Sub-Prozedur `DialogfelderAufrufen` aufruft. In der Sub-Prozedur `DialogfelderAufrufen` werden die beiden Input-Dialogfelder abgefragt und die beiden Eingabewerte als Variablen `dblMenge` und `intIndex` zum aufrufenden Programm zurückgegeben. Die Deklaration der übergebenen Variablen erfolgt in der Sub-Prozedur in der Argumentliste.

```
Sub UmrechnungMitProzedur()
    Dim avarFaktor As Variant
    Dim dblMenge As Double
    Dim intIndex As Integer
    Dim dblMilliLiter As Double

    avarFaktor = Array(1000, 10, 125, 240, 480)
    DialogfelderAufrufen dblMenge, intIndex
    If intIndex > -1 Then
        dblMilliLiter = dblMenge * avarFaktor(intIndex)
        MsgBox dblMilliLiter & " ml"
    End If
End Sub
```

```
Sub DialogfelderAufrufen(dblEingabe As Double, intIndex As Integer)
    Dim strEinheit As String

    dblEingabe = InputBox("Geben Sie bitte die Menge an", _
        "Umrechnung in Milliliter")
    strEinheit = InputBox("Geben Sie die Einheit der Menge an")
    Select Case strEinheit
        Case "l", "Liter"
            intIndex = 0
        Case "cl", "Zentiliter"
            intIndex = 1
        Case "Tasse", "Tassen"
            intIndex = 2
        Case "Cup", "Cups"
            intIndex = 3
        Case "Pint", "Pints"
            intIndex = 4
        Case Else
            MsgBox "Es wurde eine falsche Einheit angegeben."
            intIndex = -1
    End Select
End Sub
```

Der Aufruf einer Sub-Prozedur im Hauptprogramm erfolgt einfach über ihren Namen. Sollen Argumente übergeben werden, so werden diese, mit Kommata voneinander getrennt, hinter dem Namen aufgeführt.

6.4.2 Funktions-Prozedur

Funktions-Prozeduren sind Prozeduren, die einen Wert zurückgeben. Allgemein wird eine Funktions-Prozedur durch

```
[Public | Private] [Static] Function Name [(ArgListe)] [As Typ]
    [Anweisungen]
    [Name = Ausdruck]
    [Exit Function]
    [Anweisungen]
    [Name = Ausdruck]]
End Function
```

definiert. Im folgenden Beispiel wird die Bestimmung der Einheit in einer eigenen Funktion durchgeführt. Der Funktionsaufruf erfolgt im Beispiel in der Zuweisung der Variablen `intIndex`.

```
Sub UmrechnungMitFunktion()
    Dim dblMenge As Double
    Dim dblMilliLiter As Double
    Dim strEinheit As String
    Dim intIndex As Integer
    Dim avarFaktor As Variant
    ' Umrechnungsfaktoren
    avarFaktor = Array(1000, 10, 125, 240, 480)

    dblMenge = InputBox("Geben Sie bitte die Menge an", _
                               "Umrechnung in Milliliter")
    strEinheit = InputBox("Geben Sie die Einheit der Menge an")
    intIndex = BestimmeEinheitCase(strEinheit)
    If intIndex > -1 Then
       dblMilliLiter = dblMenge * avarFaktor(intIndex)
       MsgBox dblMilliLiter & " ml"
    End If
End Sub

Function BestimmeEinheitCase(strEinheit As String) As Integer
    Select Case strEinheit
        Case "l", "Liter"
            BestimmeEinheitCase = 0
        Case "cl", "Zentiliter"
            BestimmeEinheitCase = 1
        Case "Tasse", "Tassen"
            BestimmeEinheitCase = 2
        Case "Cup", "Cups"
            BestimmeEinheitCase = 3
        Case "Pint", "Pints"
            BestimmeEinheitCase = 4
        Case Else
            MsgBox "Es wurde eine falsche Einheit angegeben."
            BestimmeEinheitCase = -1
    End Select
End Function
```

Innerhalb der Funktions-Prozedur werden nicht nur die Datentypen der übergebenen Variablen festgelegt, sondern auch der Datentyp des Wertes, den die Funktion zurückgibt.

! Übergabe von Feldern: Soll ein Feld (Array) übergeben werden, wird sowohl bei der Übergabe als auch im Unterprogramm an den Feldnamen das Klammernpaar `()` angehängt. Im aufrufenden Programm könnte der Aufruf des Unterprogramms `BerechneFeld()` heißen und dann im Unterprogramm die erste Zeile `Sub Berechne(Feld())`.

6.4.3 Variablenübergabe: »by reference« oder »by value«

Es gibt in Visual Basic zwei verschiedene Arten, Variablen an ein Unterprogramm zu übergeben: »by reference« oder »by value«.

Die Standardeinstellung, die wir bisher verwendet haben, ist »by reference«. Dabei wird die Variable selbst übergeben, die auch entsprechend vom Unterprogramm geändert und zurückgegeben werden kann. Die Übergabe der Variablen »by reference« wird im Beispiel `UmrechnungMitProzedur()` auf Seite 176 deutlich. Beim Aufruf der Sub-Prozedur werden die beiden Variablen mit dem Wert `0` übergeben. Durch den Aufruf der Input-Dialogfelder ändern sich die Werte der Variablen. Ist die Sub-Prozedur fertig abgearbeitet, werden die beiden Variablen mit geänderten Werten zurückgegeben.

Werden die Variablen »by value« übergeben, erfolgt keine Rückgabe der geänderten Werte an das aufrufende Programm. Für den Aufruf »by value« wird der Übergabevariablen ein `ByVal` vorangestellt:

```
Sub DialogfelderAufrufen(ByVal dblEingabe As Double, _
                         ByVal intEingabe As Integer)
```

Wie ist nun diese unterschiedliche Wirkungsweise zu verstehen? Bei einer Übergabe »by value« wird der Wert der Variablen an das Unterprogramm übergeben und nicht die Variable selbst. Dann kann im Unterprogramm zwar der Wert bearbeitet und verändert werden, die Variable selbst ist davon jedoch nicht betroffen. Erfolgt eine Übergabe »by reference«, so wird die eigentliche Variable übergeben. Erfolgen dann Änderungen, so erfolgen diese an der Variablen selbst. Damit wird die aufrufende Variable im Hauptprogramm selbst verändert. Welche Übergabeart eingesetzt wird, hängt vom Anwendungsfall ab.

Beispiele und Probleme der Variablenübergabe »by value« oder »by reference« finden Sie in Kapitel 8, »Fehlersuche und -behandlung«.

6.4.4 Optionale Argumente

Optionale Argumente sind Argumente im Aufruf einer Prozedur oder Funktion, für die nicht notwendigerweise immer ein Argument übergeben werden muss. Sie werden durch

```
[Optional] [ByVal | ByRef] VarName[( )] [As Typ]
```

in der Argumentenliste einer Prozedur oder Funktion definiert. Optionale Argumente müssen immer am Ende der Argumentenliste stehen.

Haben Sie eine Variable als optionale Variable deklariert, sollten Sie sich überlegen, was passieren soll, wenn beim Aufruf der Prozedur das entsprechende Argument nicht übergeben wird. Es besteht die Möglichkeit, dem optionalen Parameter einen Standardwert zuzuweisen, sodass beim Aufruf einer Routine, für die das Argument nicht übergeben wird, der Standardwert verwendet werden kann.

Vergeben Sie selbst der Variablen keinen Wert, wird sie von Access entsprechend dem Datentyp gesetzt. Ist das Argument als Zahlenwert deklariert, wird ihm Null zugewiesen, ist es ein Text, wird sie als leerer String ("") initialisiert.

Der Standardwert des Arguments kann direkt im Aufruf der Prozedur wie in

```
Sub Beispiel(strText As String, Optional intZahl As Integer = 13)
        ...
End Sub
```

definiert werden. Eine solche Prozedur könnte mit einer der beiden Zeilen

```
Beispiel "Test"
Beispiel "Test", 100
```

aufgerufen werden. Dabei wird in der ersten Zeile der Standardwert, also 13, verwendet, in der zweiten Zeile wird für `intZahl` der Wert 100 verwendet.

Möchten Sie in Ihrer Prozedur abfragen, ob das optionale Argument übergeben wird, können Sie dazu die Funktion `IsMissing` verwenden.

```
Sub Beispiel(strText As String, Optional intZahl As Variant)
    If IsMissing(intZahl) Then
        ' Wenn kein Argument, dann 13
        intZahl = 13
    Else
        ' Wenn Argument vorhanden, dann ...
    End If
End Sub
```

Sie gibt den Wert `True` zurück, wenn kein Argument übergeben wird, und den Wert `False`, falls ein entsprechendes Argument vorhanden ist. Voraussetzung für die Anwendung der Funktion `IsMissing` ist allerdings, dass das entsprechende Argument vom Datentyp Variant ist! Die erste Methode mit dem Standardwert ist auf jeden Fall zu bevorzugen, denn nur sie wird in zukünftigen Versionen sicher unterstützt.

Benötigen Sie eine Prozedur, in der eine beliebige Anzahl von Argumenten übergeben werden soll, können Sie das Schlüsselwort `ParamArray` verwenden, um ein Array von Argumenten des Datentyps Variant zu übergeben. Im folgenden Beispiel soll ein Produkt aus einer zuvor unbekannten Anzahl von Argumenten berechnet werden, dazu wird eine For-Schleife verwendet, die in den Abschnitten 6.5.2, »For...Next«, und 6.5.3, »For Each...Next«, noch ausführlich beschrieben wird.

```
Function Produkt(ParamArray varZahlen() As Variant) As Double
    Dim dblProdukt As Double
    Dim var As Variant

    dblProdukt = 1

    For Each var In varZahlen
        dblProdukt = dblProdukt * var
    Next var
    Produkt = dblProdukt
End Function
```

Aktivieren Sie nun mit dem Befehl *ANSICHT Direktfenster* den Direktbereich, in dem Sie mit der Eingabe von `?Produkt(3333, 4444, 5555)` oder einer anderen Argumentenliste die Funktion nach Betätigung der [↵]-Taste aufrufen können.

Die zuvor für optionale Argumente beschriebene Funktion `IsMissing` lässt sich für ein `ParamArray`-Argument nicht verwenden, da sie für solche Argumente grundsätzlich `False` zurückgibt. Verwenden Sie `ParamArray`-Argumente, können keine weiteren optionalen Parameter verwendet werden.

6.4.5 Gültigkeitsbereiche von Prozeduren

Prozeduren haben nur zwei Gültigkeitsebenen: die private und öffentliche Modulebene. Prozeduren in Modulen sind standardmäßig öffentlich. Soll eine Prozedur nur in der aktuellen Datenbank verwendet werden können, ist die Anweisung `Private` wie in

```
Private Sub Umrechnung()
    ...
End Sub
```

hinzuzufügen. Prozeduren, die Sie in Formularen oder Berichten (CBF) erstellen, wird automatisch `Private` vorangestellt, andere Module müssen Sie selbst als `Private` deklarieren.

6.5 Schleifen

Schleifen ermöglichen es Ihnen, gleiche Programmteile mehrmals zu wiederholen, ohne dass derselbe Programm-Code mehrfach wiederholt werden muss. In VBA gibt es mehrere Möglichkeiten, eine Schleife zu realisieren: `Do...Loop`, `For...Next`, `For Each...Next` und `While...Wend`.

6.5.1 Do...Loop

Es gibt verschiedene Varianten der `Do...Loop`-Schleife. Grundsätzlich läuft eine `Do...Loop`-Schleife, solange (`while`) eine bestimmte Bedingung erfüllt ist oder bis (`until`) eine Bedingung erfüllt wurde. Eine Form kann mit

```
Do [{While | Until} Bedingung]
    [Anweisungen]
    [Exit Do]
    [Anweisungen]
Loop
```

beschrieben werden, eine zweite durch

```
Do
    [Anweisungen]
    [Exit Do]
    [Anweisungen]
Loop [{While | Until} Bedingung]
```

Das folgende Programm verwendet drei `Do`-Schleifen. Die InputBox fragt die Menge samt Einheit ab. Der eingegebene String muss dann im nächsten Schritt auseinander genommen werden, es wird also festgestellt, welcher Teil die Zahl und welcher die Einheit enthält. Die Schleife, die die Zahl aus dem String extrahiert, arbeitet mit der Funktion `IsNumeric()`, die von einem Zeichen feststellt, ob es Zahl oder Text ist. Von der Eingabe der InputBox wird mit der Funktion

Mid(string, start[, length]) jeweils length Zeichen überprüft. Der Parameter start bestimmt, das wievielte Zeichen des Strings als erstes herausgeschnitten werden soll. Mit einem vorgegebenen String strTest="10 Zentiliter" würde die Funktion Mid(strTest, 4, 2) beispielsweise die Buchstaben "Ze" liefern. Die Funktion Mid(strTest,4) hingegen ergibt alle Zeichen nach dem vierten Zeichen des Strings, also Zentiliter.

In unserem Fall sollen nacheinander aus der Eingabe der InputBox alle Zeichen überprüft werden. Die Variable intStart beginnt daher mit Eins und wird für jeden Durchlauf der Schleife um Eins hochgezählt. Solange das extrahierte Zeichen numerisch oder ein Komma ist, wird es dem String strZahl zugefügt.

Die vollständige Schleife zur Extraktion des numerischen Anteils lautet:

```
Do While IsNumeric(Mid(varMenge, intStart, 1)) Or _
            Mid(varMenge, intStart, 1) = ","
    strZahl = strZahl & Mid(varMenge, intStart, 1)
    intStart = intStart + 1
    boolKorrekteEingabe = True
Loop
```

Die folgende Schleife kontrolliert, ob der String der InputBox nach dem numerischen Anteil Leerzeichen enthält. Auch hier wird die Variable intStart für jedes gefundene Leerzeichen um Eins erhöht:

```
Do While Mid(varMenge, intStart, 1) = " "
    intStart = intStart + 1
Loop
```

Umrahmt werden diese Programmteile von einer weiteren Schleife, welche die richtige Eingabe in die Messagebox sicherstellen soll. Dazu läuft diese Schleife so lange, bis der boolesche Wert boolKorrekteEingabe wahr ist. Bevor diese Kontrollschleife startet, wird der Wert auf falsch gesetzt. Erfolgt die Zahleneingabe korrekt, wird der Wert True. Wird eine richtige Einheit angegeben, bleibt der Wert True, dann ist nämlich die Bedingung intIndex=-1 falsch und somit Not (intIndex = -1) richtig. Wird eine falsche Zeichenfolge als Einheit angegeben, bedeutet das, dass die Funktions-Prozedur BestimmeEinheitCase (siehe Seite 178) den Wert -1 für den Index zurückgibt. Damit ist Not (intIndex = -1) falsch und die Schleife wird erneut durchlaufen.

```
boolKorrekteEingabe = False
Do Until boolKorrekteEingabe
...
    boolKorrekteEingabe = True
...
    boolKorrekteEingabe = Not (intIndex = -1)
Loop
```

Die besprochenen Einzelteile ergeben zusammengesetzt die im Folgenden dargestellte Prozedur `UmrechnungMitDoLoop()`:

```
Sub UmrechnungMitDoLoop()
    Dim intStart As Integer
    Dim intIndex As Integer
    Dim dblMenge As Double
    Dim dblMilliLiter As Double
    Dim varMenge As Variant
    Dim avarFaktor As Variant
    Dim strZahl As String
    Dim strEinheit As String
    Dim boolKorrekteEingabe As Boolean

    'Umrechnungsfaktoren
    avarFaktor = Array(1000, 10, 125, 240, 480)
    'Fehlerwert
    boolKorrekteEingabe = False

    'Stellt korrekte Eingabe der Menge und Einheit sicher
    Do Until boolKorrekteEingabe
        varMenge = InputBox("Geben Sie die Menge mit Einheit an", _
                            "Umrechnung in Milliliter")
        If varMenge = "" Then Exit Sub

        'Bestimmt die Menge als String
        intStart = 1
        Do While IsNumeric(Mid(varMenge, intStart, 1)) Or _
                            Mid(varMenge, intStart, 1) = ","
            strZahl = strZahl & Mid(varMenge, intStart, 1)
            intStart = intStart + 1
            boolKorrekteEingabe = True
        Loop
```

```
        'Überspringt Leerzeichen
        Do While Mid(varMenge, intStart, 1) = " "
            intStart = intStart + 1
        Loop

        'Bestimmt die Einheit
        strEinheit = Mid(varMenge, intStart)
        intStart = Len(varMenge) + 1

        'Wandelt String der Menge in Double um
        If boolKorrekteEingabe = True Then
            dblMenge = CDbl(strZahl)
        End If
        'Bestimmt Index für den Umrechnungsfaktor
        intIndex = BestimmeEinheitCase(strEinheit)
        boolKorrekteEingabe = Not (intIndex = -1)
    Loop

    'Berechnet Menge in Milliliter
    dblMilliLiter = dblMenge * avarFaktor(intIndex)
    MsgBox dblMilliLiter & " ml"
End Sub
```

Um den String `strZahl` in eine Zahl umzuwandeln, mit der dann die Umrechnung in Milliliter erfolgen kann, wurde die Funktion

```
dblMenge = CDbl(strZahl)
```

verwendet. Die Funktion `CDbl()` wandelt die in der Klammer aufgeführte Zahl oder Zeichenfolge in eine Zahl des Datentyps `Double` um.

Abbrechen einer InputBox: Wird die InputBox mit *Abbrechen* anstatt mit der *Ok*-Schaltfläche beendet, gibt die InputBox einen leeren String, also `""`, zurück. So kann die Prozedur durch die Zeile `If varMenge = "" Then Exit Sub` beendet werden.

6.5.2 For...Next

Eine `For`-Schleife wiederholt Anweisungen so lange, bis der Zähler der `For`-Schleife einen vorgegebenen Wert erreicht. Die allgemeine Form der `For`-Schleife wird durch

```
For Zähler = Anfang To Ende [Step Schrittweite]
    [Anweisungen]
    [Exit For]
    [Anweisungen]
Next [Zähler]
```

beschrieben. Für den Schleifenzähler kann sowohl ein Start- als auch ein Endwert vorgegeben werden, ebenso wie das Inkrement, die Schrittweite. Im folgenden Beispiel läuft die `For`-Schleife von Eins bis `Len(varMenge)`. Die Funktion `Len()` berechnet die Länge eines Strings.

```
Sub UmrechnungMitForNext()
    Dim intStart As Integer
    Dim intIndex As Integer
    Dim dblMenge As Double
    Dim dblMilliLiter As Double
    Dim strZahl As String
    Dim strEinheit As String
    Dim varMenge As Variant
    Dim avarFaktor As Variant
    Dim boolKorrekteEingabe As Boolean

    avarFaktor = Array(1000, 10, 125, 240, 480)

    boolKorrekteEingabe = False
    'Stellt korrekte Eingabe der Menge und Einheit sicher
    Do Until boolKorrekteEingabe
         varMenge = InputBox("Geben Sie die Menge mit Einheit an", _
                "Umrechnung in Milliliter")
        If varMenge = "" Then Exit Sub

        'Bestimmt die Menge als String
        strZahl = ""
        For intStart = 1 To Len(varMenge)
            If IsNumeric(Mid(varMenge, intStart, 1)) Or _
                            Mid(varMenge, intStart, 1) = "," Then
                'Numerischen Anteil extrahieren
                strZahl = strZahl & Mid(varMenge, intStart, 1)
                boolKorrekteEingabe = True
            ElseIf Mid(varMenge, intStart, 1) = " " Then
                'Leerzeichen überspringen
```

```
            Else
                'Einheit rausschneiden
                strEinheit = Mid(varMenge, intStart)
                'Schleife beenden
                Exit For
            End If
        Next

        'Wandelt String der Menge in Double um
        If boolKorrekteEingabe = True Then
            dblMenge = CDbl(strZahl)
        End If
        'Bestimmt Index für den Umrechnungsfaktor
        intIndex = BestimmeEinheitCase(strEinheit)
        boolKorrekteEingabe = Not (intIndex = -1)
    Loop

    'Berechnet Menge in Milliliter
    dblMilliLiter = dblMenge * avarFaktor(intIndex)
    MsgBox dblMilliLiter & " ml"
End Sub
```

Um mithilfe des Schlüsselworts `Step` die Schrittweite zu variieren, können Sie wie im folgenden Beispiel

```
For intI = 2 To 20 Step 4
    ...
Next
```

eine größere Schrittweite oder wie in

```
For intI = 20 To 2 Step -4
    ...
Next
```

gar eine negative Schrittweite angeben. Im ersten Beispiel wird die Schleife für die Werte 2, 6, 10, 14 und 18 durchlaufen, im zweiten Beispiel für die Werte 20, 16, 12, 8 und 4.

Untere und obere Grenze

Hilfreich in For...Next-Schleifen sind auch die Funktionen LBound (Lower Bound) und UBound (Upper Bound). Sie bestimmen den niedrigsten und den höchsten Index eines Feldes.

Das folgende Beispiel arbeitet alle Einträge des Datenfeldes avarMonate der Reihe nach ab. Für jedes Element des Datenfeldes, also für jeden Monatsnamen, werden die Einnahmen des entsprechenden Monats abgefragt und am Ende als Summe ausgegeben.

```
Sub Einnahmen()
    Dim avarMonate As Variant
    Dim varMonatsname As Variant
    Dim varEinnahme As Variant
    Dim dblSumme As Double

    avarMonate = Array("Januar", "Februar", "März", "April", _
              "Mai", "Juni", "Juli", "August", "September", _
              "Oktober", "November", "Dezember")

    For varMonatsname = LBound(avarMonate) To UBound(avarMonate)
        varEinnahme = InputBox("Einnahmen im " & _
                                  avarMonate(varMonatsname))
        If varEinnahme = "" Then Exit For

        dblSumme = dblSumme + varEinnahme
    Next

    MsgBox "Die summierten Einnahmen betragen " & dblSumme
End Sub
```

In diesem Beispiel hätte man auch leicht die Schleife von 0 bis 11 laufen lassen können. Wirklich hilfreich sind die Funktionen LBound und UBound, wenn sich die Größe eines Feldes ändert und man nicht die Grenzen der Schleife ändern muss, da das mithilfe der Funktionen automatisch erledigt wird.

6.5.3 For Each...Next

Die For Each...Next-Schleife bearbeitet alle Elemente eines Datenfeldes oder einer Auflistung, ohne dass Sie vorher wissen müssen, um wie viele Elemente es sich dabei handelt. Diese Schleife wurde bereits auf Seite 181 im Beispielprogramm Produkt() verwendet.

```
For Each Element In Gruppe
    [Anweisungen]
    [Exit For]
    [Anweisungen]
Next [Element]
```

Das Beispiel im vorherigen Abschnitt lässt sich auch mit einer `For Each...Next`-Schleife lösen. Dabei werden nacheinander alle Elemente des Feldes `avarMonate` verwendet.

```
Sub Einnahmen()
    Dim avarMonate As Variant
    Dim varMonatsname As Variant
    Dim varEinnahme As Variant
    Dim dblSumme As Double

    avarMonate = Array("Januar", "Februar", "März", "April", _
              "Mai", "Juni", "Juli", "August", "September", _
              "Oktober", "November", "Dezember")

    For Each varMonatsname In avarMonate
        varEinnahme = InputBox("Einnahmen im " & varMonatsname)
        If varEinnahme = "" Then Exit For

        dblSumme = dblSumme + varEinnahme
    Next

    MsgBox "Die summierten Einnahmen betragen " & dblSumme
End Sub
```

For Each-Einschränkung: `For Each` kann nicht für Datenfelder von benutzerdefinierten Datentypen (definiert durch `Type ... End Type`) verwendet werden.

6.5.4 While...Wend

Die `While`-Schleife läuft so lange, bis die angegebene Bedingung nicht mehr erfüllt ist. Ihre allgemeine Form kann durch

```
While Bedingung
    [Anweisungen]
Wend
```

beschrieben werden. Die zuvor verwendete Do-Schleife unseres Beispiels, in der ein String auf seine numerischen Anteile überprüft wurde, kann ebenso als While-Schleife ausgeführt werden:

```
While IsNumeric(Mid(varMenge, intStart, 1)) Or _
                     Mid(varMenge, intStart, 1) = ","
    strZahl = strZahl & Mid(varMenge, intStart, 1)
    intStart = intStart + 1
    boolKorrekteEingabe = True
Wend
```

Zeitlich lang laufende Schleifen: Haben Sie eine Schleife erstellt, deren Abarbeitung längere Zeit in Anspruch nimmt, ohne dass der Benutzer eingreifen kann, so sollten Sie in die Schleife den Befehl DoEvents einfügen. Er gibt dem Windows-System die Chance, während der Schleife gegebenenfalls auf andere Ereignisse wie beispielsweise Mausklicks oder Fensterwechsel zu reagieren.

6.6 Mit GoTo springen

Mit dem Befehl GoTo kann eine bestimmte, mit einer Zeilennummer oder mit einem Text bezeichnete Zeile angesprungen werden. Mit diesem Befehl können Sie nur innerhalb der aktuellen Prozedur springen. GoTos werden verwendet, um Laufzeitfehler abzufangen, die in Kapitel 8, »Fehlersuche und -behandlung«, beschrieben werden. Zu viele GoTos sollten beim Programmieren vermieden werden, denn der Programm-Code wird dadurch schwer lesbar. Im folgenden Beispiel wird ein GoTo verwendet, um die Prozedur zu verlassen, wenn in der Input-Box die *Abbrechen*-Schaltfläche betätigt wurde. Als Sprungmarke wurde hier Ende angegeben. Um die Zeile zu bezeichnen, in die gesprungen werden soll, wird vor die Zeile ein Ende: eingefügt:

```
...
varMenge = InputBox("Geben Sie bitte die Menge mit Einheit an")
If varMenge = "" Then GoTo Ende
...
Ende:
End Sub
```

6.7 Tipparbeit sparen mit With-Anweisungen

Die Anweisung With...End With ermöglicht oft das Sparen von viel Schreibarbeit und so auch das Vermeiden von Tippfehlern. Hinter With

```
With Object
    [Anweisungen]
End With
```

wird ein Objekt oder benutzerdefinierter Typ aufgeführt, der in den folgenden Anweisungszeilen eingespart werden kann. Nach der End With-Zeile gilt die hinter With definierte Abkürzung nicht mehr.

In folgendem Beispiel soll die Gesamtmenge verschiedener Zutaten berechnet werden. Dazu können Sie in einer InputBox nacheinander die Zutaten eingeben und das Programm berechnet daraus die Gesamtmenge. Dieses Programm ist vor allem dann hilfreich, wenn die Zutaten in verschiedenen Einheiten angegeben werden, wie 3 ml Rum, 2 cl Gin und 0,1 ml Saft. Ist Ihre Zutatenliste beendet, klicken Sie auf die *Abbrechen*-Schaltfläche der InputBox, dann wird die Gesamtmenge ausgerechnet.

Zuallererst wird der benutzerdefinierte Typ typZutaten definiert, der aus drei Teilen besteht: einer Mengenangabe, der Einheit der Menge und der Zutat. Die Zuweisung zur Variablen Inhalt vom Typ typZutaten erfolgt über eine InputBox. Der eingegebene String, der aus der Menge mit Einheit und der Zutat besteht, wird mithilfe der Sub-Prozedur ZerlegeString in die einzelnen Variablen strMenge, strEinheit und strZutat aufgeteilt. Damit die Sub-Prozedur die Inhalte der drei Variablen zurückgeben kann, wird ihnen in der Deklaration ein ByRef vorangestellt. Die so festgelegten Zeichenfolgen werden dann der benutzerdefinierten Variablen Inhalt zugewiesen.

Im zweiten Teil des Programms erfolgen eine Umrechnung der Mengen in Milliliter und die Ausgabe der Gesamtmenge der eingegebenen Zutaten.

```
Type typZutaten
    strMenge As String
    strEinheit As String
    strZutat As String
End Type

Sub BerechneInhalt()
    Dim Inhalt(20) As typZutaten
    Dim dblGesamt As Double
    Dim varEingabe As Variant
```

```
    Dim avarFaktor As Variant
    Dim intZähler As Integer
    Dim intI As Integer
    Dim strMenge As String
    Dim dblMenge As Double
    Dim strEinheit As String
    Dim strZutat As String

    avarFaktor = Array(1000, 10, 1, 125, 240, 480)

    intZähler = 1
    Do
       varEingabe = InputBox("Geben Sie bitte die " & intZähler & _
              ". Zutat an", "Berechnung der Menge in Milliliter")
       If varEingabe = "" Then Exit Do
       ZerlegeString varEingabe, strMenge, strEinheit, strZutat
       With Inhalt(intZähler)
           .strMenge = strMenge
           .strEinheit = strEinheit
           .strZutat = strZutat
       End With
       intZähler = intZähler + 1
       Loop

    For intI = 1 To intZähler - 1
       With Inhalt(intI)
           'Wandelt String der Menge in Double um
           dblMenge = CDbl(.strMenge)
           'Berechnet Menge in Milliliter
           dblGesamt = dblGesamt + dblMenge * _
                 avarFaktor(BestimmeEinheiten(.strEinheit))
       End With
    Next

    MsgBox "Die Gesamtmenge beträgt " & dblGesamt & " ml."
End Sub
```

```
Function BestimmeEinheiten(strEinheit As String) As Integer
    Select Case strEinheit
        Case "l", "Liter"
            BestimmeEinheiten = 0
        Case "cl", "Zentiliter"
            BestimmeEinheiten = 1
        Case "ml", "Milliliter"
            BestimmeEinheiten = 2
        Case "Tasse", "Tassen"
            BestimmeEinheiten = 3
        Case "Cup", "Cups"
            BestimmeEinheiten = 4
        Case "Pint", "Pints"
            BestimmeEinheiten = 5
        Case Else
            Stop
    End Select
End Function

Sub ZerlegeString(ByVal varMenge As Variant, ByRef strZahl As _
     String, ByRef strEinheit As String, ByRef strZutat As String)

    Dim intStart As Integer

    strZahl = ""
    strEinheit = ""
    strZutat = ""
    intStart = 1

    'Bestimmt die Menge als String
    Do While IsNumeric(Mid(varMenge, intStart, 1)) Or _
              Mid(varMenge, intStart, 1) = ","
        strZahl = strZahl & Mid(varMenge, intStart, 1)
        intStart = intStart + 1
    Loop
    'Leerzeichen überspringen
    Do While Mid(varMenge, intStart, 1) = " "
        intStart = intStart + 1
    Loop
```

```
    'Einheit einlesen
    Do Until Mid(varMenge, intStart, 1) = " "
        strEinheit = strEinheit + Mid(varMenge, intStart, 1)
        intStart = intStart + 1
    Loop
    'Leerzeichen überspringen
    Do While Mid(varMenge, intStart, 1) = " "
        intStart = intStart + 1
    Loop
    'Zutat einlesen
    strZutat = Mid(varMenge, intStart)
End Sub
```

Und noch ein Tipp zum Schluss: Bei intensiver Arbeit mit VBA-Modulen kann es vorkommen, dass bis vor kurzem fehlerfrei arbeitende Datenbanken Defekte in VBA-Modulen aufweisen, die zum Absturz von Access führen. Auch wenn Sie die Datenbank aus dem Datenbankfenster heraus mit der Funktion *EXTRAS Datenbank-Dienstprogramme Datenbank komprimieren und reparieren* versuchen zu reparieren, tritt der Fehler weiterhin auf.

Abhilfe schafft hier die nicht dokumentierte Kommandozeilenoption `/decompile`. Gehen Sie dazu wie folgt vor:

- Selektieren Sie im Windows-Explorer die Datei MSAccess.EXE im Ordner. Öffnen Sie mit einem Rechtsklick das Kontextmenü zu dieser Datei und wählen Sie die Option *Verknüpfung erstellen.* Auf dem Windows-Desktop wird nun ein Eintrag mit der Bezeichnung »Verknüpfung mit MSAccess.EXE« erstellt.
- Klicken Sie den neuen Eintrag mit der rechten Maustaste an und selektieren Sie *Eigenschaften.*
- Ergänzen Sie den Eintrag zu *Ziel* um den Namen Ihrer defekten Datenbank, mit komplettem Pfad, eingeschlossen in Anführungszeichen. Schreiben Sie daran anschließend die Kommandozeilenoption `/decompile`. Schließen Sie das Dialogfeld mit *OK.*
- Doppelklicken Sie nun auf den Verknüpfungseintrag auf Ihrem Desktop, werden alle Module der angegebenen Datenbank dekompiliert und der Fehler sollte nicht mehr auftreten.

7 VBA-Funktionen

Im Folgenden sollen die wichtigsten Funktionen und Anweisungen von Visual Basic nach Themen sortiert aufgeführt werden. Bei der Erstellung Ihrer Programme können Sie durch die Nutzung der eingebauten Funktionen Ihren Aufwand teilweise erheblich reduzieren. Da man sich die Vielzahl der Funktionen nur schwer merken kann, haben wir die Funktionen nach Themen gegliedert und kurz beschrieben.

7.1 Benannte Argumente

Viele der beschriebenen Funktionen und Anweisungen unterstützen benannte Argumente. Bei einem benannten Argument wird der Name des Arguments dem Wert vorangestellt. Am folgenden Beispiel möchten wir dies illustrieren. Zum Kopieren einer Datei bietet Ihnen Access den Befehl

```
FileCopy "C:\TEST.DAT","A:\TEST.DAT"
```

an, der hier im Beispiel die Datei TEST.DAT auf eine Diskette transferiert. Die Prozedur unterstützt benannte Argumente, deshalb ließe sich der Aufruf auch als

```
FileCopy source:="C:\TEST.DAT", destination:="A:\TEST.DAT"
```

formulieren. Werden die Argumente benannt, ist ihre Reihenfolge bei der Übergabe ohne Belang, d.h., es könnte auch

```
FileCopy destination:="A:\TEST.DAT", source:="A:\TEST.DAT"
```

geschrieben werden. Benannte Parameter zeigen ihre Vorteile vor allem dann, wenn Sie Prozeduren oder Funktionen aufrufen, für die fünf, sechs oder mehr Argumente übergeben werden können. Sie werden im weiteren Verlauf des Buches Prozeduren kennen lernen, deren Aufruf wie

```
Dummy 1, , , "Test", , 0
```

aussehen kann. Hierbei wurde der Prozedur `Dummy` jeweils ein Wert für den ersten, vierten und sechsten Parameter übergeben. Wichtig ist, die Kommata für die übersprungenen Argumente zu setzen (und sich dabei nicht zu verzählen). Mit benannten Argumenten hätte der Aufruf mit

```
Dummy eins:=1, vier:="Test", sechs:=0
```

eine einfachere und übersichtlichere Form.

In den Beschreibungen der Funktionen und Prozeduren in den nächsten Abschnitten werden benannte Argumente **fett** ausgezeichnet.

7.2 Arbeiten mit Dateien und Verzeichnissen

Die folgenden Funktionen und Anweisungen werden benötigt, um Verzeichnisse zu erstellen, zu wechseln, umzubenennen, zu löschen u.ä.

Funktion	Beschreibung
ChDir *Pfad*	wechselt den Ordner. *Pfad* ist eine Zeichenfolge, die den neuen Pfad enthält, wie **ChDir** "C:\VBA-Buch". Mit **ChDir** ".." wechseln Sie in das übergeordnete Verzeichnis.
ChDrive *Laufwerk*	wechselt das Laufwerk. *Laufwerk* ist eine Zeichenfolge, die das existierende Laufwerk enthält. Der Befehl **ChDrive** "H" wechselt auf das Netzwerklaufwerk H.
CurDir [(*Laufwerk*)]	gibt den aktuellen Pfad zurück. *Laufwerk* ist eine *Zeichenfolge*, die angibt, auf welchem Laufwerk der aktuelle Pfad zurückgegeben werden soll.

<table>
<tr><th>Funktion</th><th>Beschreibung</th></tr>
<tr><td>Dir[(Pfadname[, Attribute])]</td><td>gibt den Namen einer Datei oder eines Verzeichnisses zurück.
Pfadname ist eine Zeichenfolge, die einen Dateinamen angibt, und ein Verzeichnis und ein Laufwerk beinhalten kann. Kann der angegebene Pfad nicht gefunden werden, wird »Null« zurückgegeben.
Attribute ist ein numerischer Ausdruck oder eine Konstante, die verschiedenen Dateiattributen entsprechen kann.
<table>
<tr><th>Konstante</th><th>Wert</th><th>Beschreibung</th></tr>
<tr><td>vbNormal</td><td>0</td><td>Normal</td></tr>
<tr><td>vbHidden</td><td>2</td><td>Versteckt</td></tr>
<tr><td>vbSystem</td><td>4</td><td>Systemdatei</td></tr>
<tr><td>vbVolume</td><td>8</td><td>Datenträgerbezeichnung; falls angegeben, werden alle Attribute ignoriert</td></tr>
<tr><td>vbDirectory</td><td>16</td><td>Verzeichnis oder Ordner</td></tr>
</table></td></tr>
<tr><td>FileCopy source, destination</td><td>kopiert eine Datei.
Source und destination sind benannte Argumente. Beides sind Zeichenfolgen, die den Namen der zu kopierenden Datei gegebenenfalls mit Pfad angeben sowie den Namen der Datei (mit Pfad), in die kopiert werden soll.</td></tr>
<tr><td>FileDateTime(Pfadname)</td><td>gibt Datum und Uhrzeit der Erstellung bzw. letzten Änderung der angegebenen Datei zurück.
Pfadname ist eine Zeichenfolge, die den Namen der Datei gegebenenfalls mit Pfad angibt.</td></tr>
<tr><td>FileLen(Pfadname)</td><td>gibt die Größe einer Datei in Byte an.
Pfadname ist eine Zeichenfolge, die den Namen der Datei gegebenenfalls mit Pfad angibt.</td></tr>
<tr><td>GetAttr(Pfadname)</td><td>gibt einen Wert zurück, der Aufschluss über die Dateiattribute gibt.
Pfadname ist eine Zeichenfolge, die den Namen der Datei gegebenenfalls mit Pfad angibt.
Die Funktion GetAttr gibt die Summe der einzelnen Werte der folgenden Tabelle zurück:
<table>
<tr><th>Wert</th><th>Konstante</th><th>Beschreibung</th></tr>
<tr><td>0</td><td>vbNormal</td><td>Normal</td></tr>
<tr><td>1</td><td>vbReadOnly</td><td>Schreibgeschützt</td></tr>
<tr><td>2</td><td>vbHidden</td><td>Versteckt</td></tr>
<tr><td>4</td><td>vbSystem</td><td>Systemdatei</td></tr>
<tr><td>16</td><td>vbDirectory</td><td>Verzeichnis</td></tr>
<tr><td>32</td><td>vbArchive</td><td>Datei wurde seit dem letzten Speichern geändert</td></tr>
</table></td></tr>
</table>

Funktion	Beschreibung
MkDir *Pfad*	erstellt ein neues Verzeichnis. *Pfad* ist eine Zeichenfolge, die den Namen des zu erstellenden Verzeichnisses angibt, und kann den Pfad sowie gegebenenfalls das Laufwerk des neuen Ordners enthalten.
Name *AlterPfad* **As** *NeuerPfad*	ändert den Namen einer Datei oder eines Verzeichnisses. *AlterPfad* und *NeuerPfad* sind Zeichenfolgen, die den Namen einer Datei mit Pfad angeben. Beide Angaben müssen sich auf das gleiche Laufwerk beziehen.
RmDir *Pfad*	löscht ein Verzeichnis. *Pfad* ist eine Zeichenfolge, die das zu löschende leere Verzeichnis mit Pfad angibt.
SetAttr ***pathname, attributes***	setzt Attribute für eine Datei. ***Pathname*** und ***Attributes*** sind benannte Argumente. ***Pathname*** gibt den Dateinamen eventuell mit Verzeichnis und Laufwerk an. ***Attributes*** ist eine Konstante oder ein numerischer Ausdruck mit den folgenden Werten: **Konstante** / **Wert** / **Beschreibung** vbNormal / 0 / Normal vbReadOnly / 1 / Schreibgeschützt vbHidden / 2 / Versteckt vbSystem / 4 / Systemdatei vbArchive / 32 / Datei wurde seit dem letzten Speichern geändert

Der folgende Ausschnitt eines Programms legt ein neues Verzeichnis an, ändert dann den Namen des Verzeichnisses, kopiert eine Datei hinein und fragt die Dateiattribute ab.

```
...
MkDir "C:\Access Buch"
Name "C:\Access Buch" As "C:\VBA Buch"
FileCopy "C:\Unterlage\linpr.doc", "C:\VBA Buch\linpr.doc"
datumDatei = FileDateTime("C:\VBA Buch\linpr.doc")
```

7.3 Dateioperationen

Unter dem Begriff »Dateioperationen« sind Funktionen gesammelt, mit denen sich Text- oder Binärdateien öffnen, schließen, schreiben, lesen und verwalten lassen. Beachten Sie dabei, dass mit diesen Funktionen keine Access-Datenbankdateien angesprochen werden können. Die für die Arbeit mit Access-Datenbanken nötigen Funktionen sind in Teil 3, »Datenbankobjekte«, beschrieben.

Funktion	Beschreibung
Close [*Dateinummerliste*]	schließt eine Datei. *Dateinummerliste* kann eine oder mehrere Nummern enthalten; ohne Nummer werden alle geöffneten Dateien geschlossen.
EOF(*Dateinummer*)	überprüft, ob das Ende einer Datei erreicht ist. *Dateinummer* wird durch den Befehl **Open** vergeben.
FileCopy *source*, ***destination***	kopiert eine Datei. ***Source*** und ***destination*** sind benannte Argumente. Beides sind Zeichenfolgen, die den Namen der zu kopierenden Datei gegebenenfalls mit Pfad angeben sowie den Namen der Datei (mit Pfad), in die kopiert werden soll.
FileDateTime(*Pfadname*)	gibt Datum und Uhrzeit der Erstellung bzw. letzten Änderung der angegebenen Datei zurück. *Pfadname* ist eine Zeichenfolge, die den Namen der Datei gegebenenfalls mit Pfad angibt.
FileLen(*Pfadname*)	gibt die Größe einer Datei in Byte an. *Pfadname* ist eine Zeichenfolge, die den Namen der Datei gegebenenfalls mit Pfad angibt.
Input# *Dateinummer, VarListe*	liest die unter *VarListe* angegebenen Variablen aus der Datei ein.
Kill(*Pfadname*)	löscht Dateien. *Pfadname* ist eine Zeichenfolge, die den oder die Namen von Dateien mit Pfad enthält. Es besteht die Möglichkeit, die Platzhalter »*« und »?« für mehrere oder einzelne Zeichen einzusetzen.
Line Input# *Dateinummer, Stringvariable*	liest eine Zeile aus einer Textdatei und weist sie der angegebenen String-Variablen zu.
Name *AlterPfad* **As** *NeuerPfad*	ändert den Namen einer Datei oder eines Verzeichnisses. *AlterPfad* und *NeuerPfad* sind Zeichenfolgen, die den Namen einer Datei mit Pfad angeben. Beide Angaben müssen sich auf das gleiche Laufwerk beziehen.

Funktion	Beschreibung
Open *Pfad* [**For** *Modus*] [**Access** *Zugriff*] [*Sperre*] **As** [#]*Dateinummer* [**Len**=*Satzlänge*]	ermöglicht die Eingabe in bzw. Ausgabe aus einer Datei. *Modus* kann als Append, Binary, Input, Output oder Random gesetzt werden. *Sperre* wird als Shared, Lock Read, Lock Write, Lock Read oder Write bestimmt.
Print# Dateinummer, [Ausgabeliste]	gibt Daten nach den Angaben der *Ausgabeliste* in eine Datei aus.

Die folgende Prozedur öffnet die angegebene Textdatei. Der Text wird zeilenweise gelesen und im Direktbereich dargestellt.

```
Sub DateiEinlesen()
    Dim strTmp As String

    Open "C:\Dokumente und Einstellungen\Test.txt" For Input As #1
    While Not EOF(1)
        Line Input #1, strTmp
        Debug.Print strTmp
    Wend
    Close #1
End Sub
```

7.4 Datenfelder

VBA bietet Ihnen eine Reihe von Funktionen für die Arbeit mit Datenfeldern. Datenfelder können in Access bis zu 60 Dimensionen aufweisen und sind auf den verfügbaren Speicher begrenzt.

Funktion	Beschreibung
Array(*ArgListe*)	gibt einen Variant mit einem Datenfeld zurück. *ArgListe* enthält die Elemente des Datenfelds durch Kommata getrennt.

Funktion	Beschreibung
Dim *VarName*[([*Dimensionen*])] [**As** [**New**] *Typ*][, *VarName*[([*Dimensionen*])] [**As** [**New**] *Typ*]] . . .	deklariert Variablen und reserviert Speicherplatz. *VarName* enthält den Namen der zu deklarierenden Variablen *Dimensionen* gibt die Dimensionen bei einem Datenfeld an *New* erstellt eine neue Instanz einer Objektvariablen *Typ* legt den Datentyp für die Variable fest
Erase *Datenfeldliste*	löscht die Inhalte des Datenfeldes.
IsArray(*VarName*)	gibt True zurück, falls die Variable ein Datenfeld ist, sonst False. *VarName* kann eine beliebige Variable sein.
LBound(*Datenfeldname* [,*Dimension*])	gibt den kleinsten verfügbaren Index eines Datenfeldes zurück. *Datenfeldname* ist der Name der Datenfeldvariablen. *Dimension* gibt an, für welche Dimension der kleinste Index zurückgegeben werden soll.
Option Base{0|1}	legt die Untergrenzen in einem Datenfeld mit 0 bzw. 1 fest; wird auf Modulebene verwendet; der Standardwert ist 0.
Private *VarName* [([*Dimensionen*])] [**As** [**New**] *Typ*][,*VarName*[([*Dimensionen*])][**As** [**New**] *Typ*]] . .	legt den Gültigkeitsbereich für Variablen als privat fest; wird auf Modulebene verwendet. *Variablen* siehe **Dim**
Public *VarName* [([*Dimensionen*])] [**As** [**New**] *Typ*][,*VarName*[([*Dimensionen*])] [**As** [**New**] *Typ*]] . .	legt den Gültigkeitsbereich für Variablen als öffentlich fest; wird auf Modulebene verwendet. *Variablen* siehe **Dim**
ReDim [Preserve] *VarName* (*Dimensionen*) [As *Typ*][, *VarName*(*Dimensionen*) [*As* *Typ*]]...	reserviert Speicherplatz für dynamische Datenfelder. Mit *Preserve* kann der Inhalt eines Datenfelds bei einer dynamischen Vergrößerung behalten werden.
Static VarName [([*Dimensionen*])] [*As* [*New*] *Typ*][,*VarName* [([*Dimensionen*])][*As* [*New*] *Typ*]] . . .	Variablen, die als *Static* deklariert sind, behalten ihren Wert auch über die Lebensdauer der Prozedur hinaus, in der sie definiert sind. *Variablen* siehe **Dim**

Funktion	Beschreibung
UBound(*Datenfeldname*[, *Dimension*])	gibt den größten verfügbaren Index eines Datenfelds zurück. *Datenfeldname* ist der Name der Datenfeldvariablen. *Dimension* gibt an, für welche Dimension der größte Index zurückgegeben werden soll.

7.5 Datentypkonvertierung

In vielen Fällen müssen in Programmen Typkonvertierungen vorgenommen werden, beispielsweise um den Inhalt eines Strings zu einem Integer-Wert, sofern möglich, umzuwandeln. VBA stellt Ihnen die entsprechenden Routinen zur Verfügung.

Funktion	Beschreibung
Chr(*Zeichencode*)	gibt ein Zeichen abhängig vom eingegebenen Code zurück. *Zeichencode* ist eine Zahl, die ein bestimmtes Zeichen kennzeichnet, Chr(13) beispielsweise steht für einen Zeilenumbruch, Chr(99) für den Buchstaben c.
LCase(*Zeichenfolge*)	wandelt die angegebenen Zeichen in kleine Buchstaben um.
UCase(*Zeichenfolge*)	wandelt die angegebenen Zeichen in Großbuchstaben um.
Str(*Zahl*)	wandelt eine Zahl in eine Zeichenfolge um. *Zahl* ist ein beliebiger gültiger numerischer Ausdruck.
CBool(*Ausdruck*)	wandelt einen Ausdruck in den Datentyp Boolean um. *Ausdruck* kann eine beliebige numerische Zahl oder eine Zeichenfolge sein; ist der Wert ungleich Null, so gibt **Cbool** True zurück, andernfalls False.
CByte(*Ausdruck*)	wandelt einen Ausdruck in den Datentyp Byte um. *Ausdruck* kann eine beliebige numerische Zahl oder eine Zeichenfolge sein.
CCur(*Ausdruck*)	wandelt einen Ausdruck in den Datentyp Currency um. *Ausdruck* kann eine beliebige numerische Zahl oder eine Zeichenfolge sein.

<table>
<tr><th>Funktion</th><th>Beschreibung</th></tr>
<tr><td>CDate(Ausdruck)</td><td>wandelt einen Ausdruck in den Datentyp Date um.
Ausdruck kann ein beliebiger als Datum erkennbarer Ausdruck, wie ein Datum als Zeichenfolge, ein Datumsliteral o.ä. sein.</td></tr>
<tr><td>CDec(Ausdruck)</td><td>wandelt einen Ausdruck in den Datentyp Decimal um. Ausdruck kann eine beliebige numerische Zahl oder eine Zeichenfolge sein.</td></tr>
<tr><td>CDbl(Ausdruck)</td><td>wandelt einen Ausdruck in den Datentyp Double um.
Ausdruck kann eine beliebige numerische Zahl oder eine Zeichenfolge sein.</td></tr>
<tr><td>CInt(Ausdruck)</td><td>wandelt einen Ausdruck in den Datentyp Integer um.
Ausdruck kann eine beliebige numerische Zahl oder eine Zeichenfolge sein.</td></tr>
<tr><td>CLng(Ausdruck)</td><td>wandelt einen Ausdruck in den Datentyp Long um.
Ausdruck kann eine beliebige numerische Zahl oder eine Zeichenfolge sein.</td></tr>
<tr><td>CSng(Ausdruck)</td><td>wandelt einen Ausdruck in den Datentyp Single um.
Ausdruck kann eine beliebige numerische Zahl oder eine Zeichenfolge sein.</td></tr>
<tr><td>CStr(Ausdruck)</td><td>wandelt einen Ausdruck abhängig vom angegebenen Argument in den Datentyp String um.
<table>
<tr><th>Ausdruck</th><th>Rückgabewert</th></tr>
<tr><td>Numerischer Wert</td><td>Zeichenfolge, die die Zahl enthält</td></tr>
<tr><td>Boolean</td><td>Zeichenfolge True oder False</td></tr>
<tr><td>Date</td><td>Systemdatum als Zeichenfolge</td></tr>
<tr><td>Null</td><td>Laufzeitfehler</td></tr>
<tr><td>Empty</td><td>" ", also Nullzeichenfolge</td></tr>
<tr><td>Error</td><td>Zeichenfolge, die aus dem Wort Fehler und der entsprechenden Fehlernummer besteht</td></tr>
</table></td></tr>
<tr><td>CVar(Ausdruck)</td><td>wandelt einen Ausdruck in den Datentyp Variant um.
Ausdruck kann eine beliebige numerische Zahl oder eine Zeichenfolge sein.</td></tr>
<tr><td>Fix(Zahl)</td><td>gibt den ganzzahligen Anteil einer Zahl zurück, schneidet bei positiven und negativen Zahlen die Nachkommastellen einfach ab.
Zahl ist eine beliebige numerische Zahl.</td></tr>
<tr><td>Int(Zahl)</td><td>gibt den ganzzahligen Anteil einer Zahl zurück, rundet positive Zahlen immer ab, gibt für negative Zahlen die ganze Zahl zurück, die kleiner oder gleich dem Argument ist.
Zahl ist eine beliebige numerische Zahl.</td></tr>
</table>

<table>
<tr><th>Funktion</th><th>Beschreibung</th></tr>
<tr><td>Asc(string)</td><td>gibt den Zeichencode des ersten Buchstabens der Zeichenfolge zurück.
string ist ein benanntes Argument, das eine gültige Zeichenfolge beschreibt.</td></tr>
<tr><td>Val(string)</td><td>gibt die Zahlen aus einem String zurück.
string ist ein benanntes Argument, das eine gültige Zeichenfolge beschreibt.</td></tr>
<tr><td>Format(Ausdruck[, Format[, ErsterWochentag[, ErsteWocheImJahr]]])</td><td>formatiert einen Ausdruck nach den unter Format angegebenen Vorgaben.
Ausdruck ist eine Variable oder ein Ausdruck.
Format gibt eine Formatierungsanweisung an.
ErsterWochentag kann einen der folgenden Werte haben:
<table>
<tr><th>Konstante</th><th>Wert</th><th>Beschreibung</th></tr>
<tr><td>vbUseSystem</td><td>0</td><td>NLS API-Einstellung verwenden</td></tr>
<tr><td>vbSunday</td><td>1</td><td>Sonntag (Voreinstellung)</td></tr>
<tr><td>vbMonday</td><td>2</td><td>Montag</td></tr>
<tr><td>vbTuesday</td><td>3</td><td>Dienstag</td></tr>
<tr><td>vbWednesday</td><td>4</td><td>Mittwoch</td></tr>
<tr><td>vbThursday</td><td>5</td><td>Donnerstag</td></tr>
<tr><td>vbFriday</td><td>6</td><td>Freitag</td></tr>
<tr><td>vbSaturday</td><td>7</td><td>Samstag</td></tr>
</table>
ErsteWocheImJahr lässt sich mit den folgenden Konstanten bestimmen:
<table>
<tr><th>Konstante</th><th>Wert</th><th>Beschreibung</th></tr>
<tr><td>vbUseSystem</td><td>0</td><td>NLS API-Einstellung verwenden</td></tr>
<tr><td>vbFirstJan1</td><td>1</td><td>Mit der Woche beginnen, in die der 1. Januar fällt (Voreinstellung)</td></tr>
<tr><td>vbFirstFourDays</td><td>2</td><td>Mit der ersten Woche im Jahr beginnen, die mindestens 4 Tage hat</td></tr>
<tr><td>vbFirstFullWeek</td><td>3</td><td>Mit der ersten vollständigen Woche im Jahr beginnen</td></tr>
</table></td></tr>
<tr><td>Nz(Wert, WertWennNull)</td><td>gibt die Zahl 0 bzw. eine leere Zeichenfolge zurück, falls der Variablen Wert der Wert NULL zugeordnet wird.
Wert ist eine Variable vom Typ Variant.
WertWennNull ist eine Variable vom Typ Variant, die anstelle der Zahl 0 oder der leeren Zeichenfolge zugewiesen werden kann.</td></tr>
</table>

7.6 Datum und Uhrzeit

VBA bietet eine Vielzahl von Funktionen, um mit Datumswerten zu rechnen.

Funktion	Beschreibung
Date	gibt das aktuelle Systemdatum zurück.
Now	gibt das aktuelle Systemdatum sowie die aktuelle Systemuhrzeit zurück.
Time	gibt die aktuelle Uhrzeit des Systems zurück.
Second(*Uhrzeit*)	gibt einen Wert vom Typ Variant (Integer) zurück, der die Sekunde als Zahl zwischen 0 und 59 angibt. *Uhrzeit* kann eine Zeichenfolge, ein numerischer Ausdruck oder ein Wert vom Typ Variant sein.
Minute(*Uhrzeit*)	gibt einen Wert vom Typ Variant (Integer) zurück, der die Minute als Zahl zwischen 0 und 59 angibt. *Uhrzeit* kann eine Zeichenfolge, ein numerischer Ausdruck oder ein Wert vom Typ Variant sein.
Hour(*Uhrzeit*)	gibt einen Wert vom Typ Variant (Integer) zurück, der die Stunde als Zahl zwischen 0 und 23 angibt. *Uhrzeit* kann eine Zeichenfolge, ein numerischer Ausdruck oder ein Wert vom Typ Variant sein.
TimeSerial(***hour, minute, second***)	gibt einen Wert vom Typ Variant (Date) mit der angegebenen Sekunde, Minute und Stunde zurück. ***hour, minute*** und ***second*** sind benannte Argumente.
TimeValue	gibt einen Wert vom Datumtyp Date zurück. *Datum* ist eine Zeichenfolge, die aus dem Bereich 1. Januar 100 bis 31. Dezember 9999 gewählt werden kann.
Day(*Datum*)	gibt einen Wert vom Datentyp Variant (Integer) zurück, der den Tag des Monats angibt, also eine Zahl zwischen 1 und 31. *Datum* ist eine Zeichenfolge oder ein numerischer Ausdruck.
Month(Datum)	gibt eine Zahl zwischen 1 und 12 zurück. *Datum* ist eine Zeichenfolge oder ein numerischer Ausdruck.

Funktion	Beschreibung
Weekday (***date***, [***firstdayofweek***])	gibt den Wochentag als ganze Zahl zurück; gezählt wird ab Sonntag, als der Tag 1. ***date*** und ***firstdayofweek*** sind benannte Argumente: ***date*** ist ein numerischer Ausdruck oder eine Zeichenfolge, die ein Datum repräsentieren kann. ***firstdayofweek*** kann geändert werden; geben Sie dazu entweder das Argument 0 an, um den in der Systemsteuerung vereinbarten ersten Wochentag zu verwenden, oder eine Zahl ab 1 für Sonntag.
Year(Datum)	gibt eine ganze Zahl als Jahreszahl zurück. *Datum* ist eine Zeichenfolge oder ein numerischer Ausdruck.
DateSerial(***year***, ***month***, ***day***)	gibt einen Datumswert mit dem angegebenen Tag, Monat und Jahr zurück. ***year, month*** und ***day*** sind benannte Argumente. Die Zahlen für ***year*** sind auf 100 bis 9999 beschränkt, ansonsten ist jeder numerische Ausdruck erlaubt.
DateValue(*Datum*)	gibt einen Wert vom Datumtyp Date zurück. *Datum* ist eine Zeichenfolge, die aus dem Bereich 1. Januar 100 bis 31 .Dezember 9999 gewählt werden kann.
DateAdd (***interval***, ***number***, ***date***)	gibt einen Wert des Datentyps Variant zurück; dieser Wert enthält ein Datum, das um einen vorgegebenen Zeitraum in der Zukunft liegt. ***interval***, ***number*** und ***date*** sind benannte Argumente: ***interval*** ist eine Zeichenfolge, die das zu addierende Intervall festlegt. ***number*** ist ein numerischer Ausdruck, der die Anzahl der Intervalle definiert. ***date*** ist ein Datum zu dem das Intervall addiert werden soll. Als Zeichenfolge für das Intervall werden folgende Ausdrücke verwendet: **Ausdruck Beschreibung** yyyy Jahr q Quartal m Monat y Tag des Jahres d Tag w Wochentag ww Woche h Stunde n Minute s Sekunde

Funktion	Beschreibung
DateDiff (***interval***, ***date1***, ***date2*** [, ***firstdayofweek***[, ***firstweekofyear***]])	gibt die Anzahl von Intervallen zwischen zwei definierten Terminen an. ***interval***, ***date1***, ***date2***, ***firstdayofweek***, ***firstweekofyear*** sind benannte Argumente: ***interval*** ist eine Zeichenfolge, die das zu addierende Intervall festlegt (siehe DateAdd). ***Date1***, ***date2*** sind zwei Termine zur Berechnung. ***firstdayofweek*** ist eine Konstante, die den ersten Tag der Woche festlegt, standardmäßig ist der Sonntag der erste Tag der Woche. ***firstweekofyear*** ist eine Konstante, die die erste Woche des Jahres festlegt; standardmäßig wird die Woche zur ersten, in der der 1. Januar liegt.
DatePart(***interval***, ***date*** [, ***firstdayofweek***[, ***firstweekofyear***]])	gibt einen bestimmten Teil eines vorgegebenen Datums zurück. ***Intervall***, ***date***, ***firstdayofweek*** und ***firstweekofyear*** sind benannte Argumente: ***interval*** ist eine Zeichenfolge, die das zu addierende Intervall festlegt (siehe DateAdd). ***Date*** ist ein Datum zum Auswerten. ***firstdayofweek*** ist eine Konstante, die den ersten Tag der Woche festlegt, standardmäßig ist der Sonntag der erste Tag der Woche. ***firstweekofyear*** ist eine Konstante, die die erste Woche des Jahres festlegt; standardmäßig wird die Woche zur ersten, in der der 1. Januar liegt.
CDate(*Ausdruck*)	wandelt das angegebene Argument in einen Datumswert um. *Ausdruck* kann ein beliebiger Datumsausdruck sein.

7.7 Mathematische Funktionen

Neben den Grundrechenarten beherrscht Access unter anderem die in der Tabelle aufgeführten mathematischen Funktionen.

Funktion	Beschreibung
Atn(*Zahl*)	berechnet den Arcustangens einer Zahl.
Cos(*Zahl*)	berechnet den Cosinus einer Zahl.
Sin(*Zahl*)	berechnet den Sinus einer Zahl.
Tan(*Zahl*)	berechnet den Tangens einer Zahl.

Funktion	Beschreibung
Exp(*Zahl*)	berechnet die Exponentialfunktion zu Zahl.
Log(*Zahl*)	berechnet den Logarithmus von Zahl.
Sqr(*Zahl*)	berechnet die Quadratwurzel aus Zahl.
Randomize [*Zahl*]	Initialisiert den Zufallszahlengenerator. *Zahl* gibt den Startwert zum Initialisieren an.
Rnd [(*Zahl*)]	gibt eine Zufallszahl zurück. *Zahl* ist ein beliebiger numerischer Ausdruck.
Abs(*Zahl*)	berechnet den Absolutwert der angegebenen Zahl.
Sgn(*Zahl*)	bestimmt das Vorzeichen der angegebenen Zahl; gibt 1 für Zahlen größer 0, 0 für 0 und -1 für Zahlen kleiner 0 zurück.
Fix(*Zahl*)	gibt den ganzzahligen Anteil einer Zahl zurück, schneidet bei positiven und negativen Zahlen die Nachkommastellen einfach ab. *Zahl* ist eine beliebige numerische Zahl.
Int(*Zahl*)	gibt den ganzzahligen Anteil einer Zahl zurück, rundet positive Zahlen immer ab, gibt für negative Zahlen die ganze Zahl zurück, die kleiner oder gleich dem Argument ist. *Zahl* ist eine beliebige numerische Zahl.
Round(*Zahl[,DezStellen]*)	rundet die angegebene *Zahl* auf *DezStellen*.

7.8 Zeichenfolgenmanipulation

In Datenbankanwendungen werden sehr oft Zeichenfolgen bearbeitet. Access unterstützt eine Vielzahl von Funktionen, um Zeichenfolgen zu vergleichen, zu verändern oder umzuwandeln.

Funktion	Beschreibung
CStr(*Ausdruck*)	wandelt einen Ausdruck abhängig vom angegebenen Argument in den Datentyp String um. **Ausdruck** – **Rückgabewert** Numerischer Wert – Zeichenfolge, die die Zahl enthält Boolean – Zeichenfolge True oder False Date – Systemdatum als Zeichenfolge Null – Laufzeitfehler Empty – " ", also Nullzeichenfolge Error – Zeichenfolge, die aus dem Wort Fehler und der entsprechenden Fehlernummer besteht.

Funktion	Beschreibung
StrComp(*string1*, *string2*[, *compare*])	vergleicht zwei Zeichenketten. ***string1***, ***string2*** und ***compare*** sind benannte Argumente. Das Ergebnis der Funktion ist: **Fall** — **Rückgabewert von StrComp** *string1* liegt im Alphabet vor *string2* — -1 *string1* entspricht *string2* — 0 *string1* liegt im Alphabet hinter *string2* — 1 *string1* oder *string2* ist *Null* — Null
LCase (*Zeichenfolge*)	wandelt alle Zeichen in *Zeichenfolge* zu Kleinbuchstaben um.
UCase(*Zeichenfolge*)	wandelt alle Zeichen in *Zeichenfolge* zu Großbuchstaben um.
Space(*Zahl*)	gibt einen String mit *Zahl* Leerzeichen zurück.
Len(*String*)	liefert die Länge einer Zeichenfolge zurück.
InStr([*start*,]*string1*, *string2*[, *compare*])	sucht das Vorkommen einer Zeichenfolge in einer anderen. ***string1***, ***string2*** und ***compare*** sind benannte Argumente. **InStr** gibt folgende Ergebnisse zurück: **Fall** — **Rückgabewert von InStr** *string1* hat die Länge *Null* — 0 *string1* ist *Null* — Null *string2* hat die Länge *Null* — start *string2* ist *Null* — Null *string2* ist nicht vorhanden — 0 *string2* ist in *string1* enthalten — Position, an der Übereinstimmung beginnt *start* > *string2* — 0
Left(*string*, *length*)	gibt *length* Zeichen links beginnend von *String* zurück. ***string*** und ***length*** sind benannte Argumente.
LTrim(*Zeichenfolge*)	entfernt führende Leerzeichen.
Mid(*ZnFVariable*, *Anfang* [,*Länge*])	liefert *Länge* Zeichen, gezählt ab *Anfang*, aus der Zeichenfolge zurück. Ist *Länge* nicht angegeben, werden alle Zeichen bis zum Ende des Strings zurückgegeben.
Right(*string*, *length*)	gibt *length* Zeichen rechts beginnend von *String* zurück. ***string*** und ***length*** sind benannte Argumente.
RTrim(*Zeichenfolge*)	entfernt nachgestellte Leerzeichen.
Trim(*Zeichenfolge*)	entfernt führende und nachgestellte Leerzeichen.

<table>
<tr><th>Funktion</th><th>Beschreibung</th></tr>
<tr><td>Chr(Zeichencode)</td><td>gibt das Zeichen des angegebenen Ascii-Zeichencodes zurück.</td></tr>
<tr><td>Asc(Zeichenfolge)</td><td>liefert den Ascii-Wert des ersten Zeichens von Zeichenfolge.</td></tr>
<tr><td>Split(expression [, delimiter[, limit [, compare]]])</td><td>konvertiert eine Zeichenfolge in ein Array von Zeichenfolgen.
expression enthält Zeichenfolgen und Trennzeichen
delimiter gibt das Trennzeichen der Zeichenfolgen an. Standardmäßig wird das Leerstellenzeichen (" ") verwendet. Wird für delimiter eine Zeichenfolge der Länge Null angegeben, wird die gesamte Zeichenfolge zurückgegeben.
limit gibt die Anzahl der Zeichenfolgen an, die zurückgegeben werden sollen.
compare legt fest, wie der Vergleich zum Unterteilen der Zeichenfolge erfolgen soll.
<table>
<tr><th>Konstante</th><th>Wert</th><th>Beschreibung</th></tr>
<tr><td>vbBinaryCompare</td><td>0</td><td>binärer Vergleich</td></tr>
<tr><td>vbTextCompare</td><td>1</td><td>Textvergleich</td></tr>
<tr><td>vbDatabaseCompare</td><td>2</td><td>Vergleich entsprechend der eingestellten Sortierreihenfolge in EXTRAS Optionen Registerblatt Allgemein.</td></tr>
</table></td></tr>
<tr><td>Join(sourcearray [, delimiter])</td><td>verkettet die Zeichenfolgen eines Arrays wieder zu einer Zeichenfolge.
sourcearray enhält die Zeichenfolgen, die zusammengefasst werden sollen.
delimiter gibt das Trennzeichen der Zeichenfolgen an. Standardmäßig wird das Leerstellenzeichen (" ") verwendet. Wird für delimiter eine Zeichenfolge der Länge Null angegeben, wird die gesamte Zeichenfolge zurückgegeben.</td></tr>
<tr><td>Filter(sourcearray, match [, include [, compare]])</td><td>durchsucht ein Array von Zeichenfolgen nach Elementen, die dem Filterkriterium entsprechen, und gibt ein entsprechendes Array von Zeichenfolgen zurück.
sourcearray enthält die Zeichenfolgen, die durchsucht werden sollen.
match enthält die Zeichenfolge, nach der gesucht werden soll.
include legt fest, ob die dem Filterkriterium entsprechenden Zeichenfolgen in die zurückgegebene Zeichenfolge aufgenommen werden sollen (wenn include True ist), oder ob die gefilterten Elemente aus der zurückgegebenen Zeichenfolge ausgeschlossen werden sollen (wenn include False ist).
compare legt fest, wie der Vergleich zum Unterteilen der Zeichenfolge erfolgen soll (für Konstanten siehe Split).</td></tr>
</table>

Funktion	Beschreibung
Replace(expression, find, replace[, ***start***[, ***count***[, ***compare***]]]**)**	sucht und ersetzt Zeichenfolgen **expression** enthält den Zeichenfolgenausdruck mit den zu ersetzenden Zeichenfolgen. ***find*** enthält die Zeichenfolge, die ersetzt werden soll. ***replace*** enthält die Zeichenfolge, mit der ersetzt werden soll. ***start*** gibt die Position an, an der die Ersetzung starten soll (Standardwert ist 1). ***count*** gibt die Anzahl der durchzuführenden Ersetzungen an. Mit der Standardeinstellung –1 werden alle ersetzt. ***compare*** legt fest, wie der Vergleich zum Unterteilen der Zeichenfolge erfolgen soll (für Konstanten siehe **Split**).
StrConv(*string*, *conversion*[, ***LCID***]**)**	konvertiert eine Zeichenfolge in Kleinbuchstaben, Großbuchstaben oder in normale Schreibweise (große Anfangsbuchstaben). **string** ist der Zeichenfolgenausdruck, der umgewandelt werden soll. **conversion** gibt den Typ der Umwandlung an: *vbUpperCase* wandelt in Großbuchstaben um, *vbLowerCase* wandelt in Kleinbuchstaben um, *vbProperCase* wandelt den ersten Buchstaben jedes Wortes in einen Großbuchstaben um. Mit *vbUnicode* und *vbFromUnicode* können Sie Zeichenketten vom Unicode- zum ANSI-Zeichensatz und umgekehrt konvertieren. ***LCID*** ändert die Gebietsschema-ID.

7.9 Verschiedenes

Die folgende Tabelle listet hilfreiche Funktionen auf, die Sie in Ihren Access-Programmen einsetzen können.

Funktion	Beschreibung
IsArray(*Varname*)	gibt True zurück, falls die Variable *Varname* ein Datenfeld ist.
IsDate(*Varname*)	gibt True zurück, falls die Variable *Varname* ein Datumswert ist.
IsEmpty(*Varname*)	gibt True zurück, falls die Variable *Varname* ein leerer Variant ist.
IsNull(*Varname*)	gibt True zurück, falls die Variable *Varname* den Wert Null hat.

<table>
<tr><th>Funktion</th><th>Beschreibung</th></tr>
<tr><td>IsNumeric(Varname)</td><td>gibt True zurück, falls die Variable Varname einen numerischen Wert enthält.</td></tr>
<tr><td>IsObject(Varname)</td><td>gibt True zurück, falls die Variable Varname ein Objekt ist.</td></tr>
<tr><td>TypeName(VarName)</td><td>gibt eine Zeichenfolge zurück, die Informationen über die Variable VarName enthält.</td></tr>
<tr><td>QBColor(Farbe)</td><td>liefert den RGB-Farbcode für Farbe zurück.
<table>
<tr><th>Nummer</th><th>Farbe</th><th>Nummer</th><th>Farbe</th></tr>
<tr><td>0</td><td>Schwarz</td><td>8</td><td>Grau</td></tr>
<tr><td>1</td><td>Blau</td><td>9</td><td>Hellblau</td></tr>
<tr><td>2</td><td>Grün</td><td>10</td><td>Hellgrün</td></tr>
<tr><td>3</td><td>Cyan</td><td>11</td><td>Hellcyan</td></tr>
<tr><td>4</td><td>Rot</td><td>12</td><td>Hellrot</td></tr>
<tr><td>5</td><td>Magenta</td><td>13</td><td>Hellmagenta</td></tr>
<tr><td>6</td><td>Gelb</td><td>14</td><td>Hellgelb</td></tr>
<tr><td>7</td><td>Weiß</td><td>15</td><td>Leuchtend Weiß</td></tr>
</table></td></tr>
<tr><td>RGB (red, green, blue)</td><td>liefert eine Zahl zurück, die die RGB-Farbe beschreibt.</td></tr>
<tr><td>VarType(VarName)</td><td>gibt den Untertyp einer Variant-Variablen zurück.
<table>
<tr><th>Konstante</th><th>Wert</th><th>Variablentyp</th></tr>
<tr><td>vbEmpty</td><td>0</td><td>Empty (nicht initialisiert)</td></tr>
<tr><td>vbNull</td><td>1</td><td>Null (ungültige Daten)</td></tr>
<tr><td>vbInteger</td><td>2</td><td>Ganzzahl (Integer)</td></tr>
<tr><td>vbLong</td><td>3</td><td>Ganzzahl (Long)</td></tr>
<tr><td>vbSingle</td><td>4</td><td>Fließkommazahl einfacher Genauigkeit</td></tr>
<tr><td>vbDouble</td><td>5</td><td>Fließkommazahl doppelter Genauigkeit</td></tr>
<tr><td>vbCurrency</td><td>6</td><td>Währungsbetrag (Currency)</td></tr>
<tr><td>vbDate</td><td>7</td><td>Datum (Date)</td></tr>
<tr><td>vbString</td><td>8</td><td>Zeichenfolge</td></tr>
<tr><td>vbObject</td><td>9</td><td>OLE-Automatisierungsobjekt</td></tr>
<tr><td>vbError</td><td>10</td><td>Fehlerwert</td></tr>
<tr><td>vbBoolean</td><td>11</td><td>Boolescher Wert</td></tr>
<tr><td>vbVariant</td><td>12</td><td>Variant (Nur bei Datenfeldern mit Variant-Werten)</td></tr>
<tr><td>vbDataObject</td><td>13</td><td>Objekt, das die OLE-Automatisierung nicht unterstützt</td></tr>
<tr><td>vbByte</td><td>17</td><td>Byte</td></tr>
<tr><td>vbArray</td><td>8192</td><td>Datenfeld</td></tr>
</table></td></tr>
</table>

Funktion	Beschreibung	
MsgBox(*prompt* [, ***buttons***] [, ***title***] [, ***helpfile, context***])	aktiviert ein Meldungsdialogfeld, das erst wieder verschwindet, wenn der Anwender eine Schaltfläche betätigt. Abhängig von der verwendeten Schaltfläche wird ein Wert vom Typ Integer zurückgegeben.	
	Argument	**Beschreibung**
	prompt	Text, der im Dialogfeld erscheinen soll. Kann maximal 1024 Zeichen lang sein. Um einen Zeilenumbruch zu erreichen, verwenden Sie *vbNewLine*.
	buttons	numerischer Ausdruck, der sich als Summe aus den verwendeten Schaltflächen, dem Symbol, etc. berechnet.
	title	Zeichenfolge, die in der Titelleiste des Dialogfeldes angezeigt werden soll.
	helpfile	Zeichenfolgenausdruck, der die Hilfedatei mit der kontextbezogenen Hilfe für das Dialogfeld angibt. Wenn Sie *helpfile* angeben, müssen Sie auch *context* angeben.
	context	numerischer Ausdruck mit der Hilfekontextkennung, die der Autor der Hilfe für das entsprechende Hilfethema vergeben hat. Wenn Sie *context* angeben, müssen Sie auch *helpfile* angeben.

returns: vbYes, vbNo

Funktion	Beschreibung
InputBox(*prompt*[,*title*] [, *default*] [, *xpos*] [, *ypos*], [*helpfile, context*])	aktiviert ein Dialogfeld mit Eingabefeld. Ergibt nach Betätigen einer der Schaltflächen einen String mit dem Inhalt des Textfeldes. **Argument** – **Beschreibung** ***prompt*** – Text, der im Dialogfeld erscheinen soll. Kann maximal 1024 Zeichen lang sein. Um einen Zeilenumbruch zu erreichen, verwenden Sie vbNewLine. ***title*** – Zeichenfolge, die in der Titelleiste des Dialogfeldes angezeigt werden soll. ***default*** – Standardwert, der verwendet werden soll, wenn der Anwender keine Eingabe vornimmt. ***xpos*** – gibt den horizontalen Abstand (in Twips) des linken Rands des Dialogfeldes vom linken Rand des Bildschirms an. Ist für *xpos* nichts angegeben, wird das Dialogfeld horizontal zentriert. ***ypos*** – gibt den vertikalen Abstand des oberen Rands des Dialogfeldes vom oberen Rand des Bildschirms an. Ist für *ypos* nichts angegeben, wird das Dialogfeld etwa ein Drittel unterhalb des oberen Bildschirmrands positioniert. ***helpfile*** – Zeichenfolgenausdruck, der die Hilfedatei mit der kontextbezogenen Hilfe für das Dialogfeld angibt. Wenn Sie *helpfile* angeben, müssen Sie auch *context* angeben. ***context*** – numerischer Ausdruck mit der Hilfekontextkennung, die der Autor der Hilfe für das entsprechende Hilfethema vergeben hat. Wenn Sie *context* angeben, müssen Sie auch *helpfile* angeben.
DoEvents	der Befehl ermöglicht Windows, auf andere Ereignisse zu reagieren. In einer zeitlich lang laufenden Schleife sollte der Befehl eingesetzt werden, damit die Schleife nicht das gesamte Windows blockiert.

8 Fehlersuche und -behandlung

»Fehlerfreie Programme gibt es nicht!« ist ein von Programmierern oft gehörter Ausspruch, der sicherlich auch für Access gilt. Wir möchten Ihnen in diesem Kapitel die Funktionen beschreiben, die Access zur Fehlersuche und -behebung in VBA-Programmen anbietet. Sollte, trotz aller Vorsichtsmaßnahmen, ein Fehler in einem Programm auftreten, möchten wir Ihnen im hinteren Teil des Kapitels beschreiben, welche Möglichkeiten zum Abfangen und Behandeln von Laufzeitfehlern bestehen.

Durch das Zusammenspiel von VBA-Programmen, Makros, Abfragen, Formularen und Berichten sind viele Fehler in Access schwer zu finden. Grundsätzlich lassen sich drei Arten von Fehlern unterscheiden.

Fehler beim Kompilieren: Fehler in VBA-Programmen, die durch falsch geschriebene oder angewendete VBA-Befehle entstehen, werden von Access bei der Kompilierung entdeckt. Zudem werden Sie durch die automatische Syntaxüberprüfung während der Programmeingabe auf offensichtliche Schreibfehler sofort hingewiesen.

Laufzeitfehler: Treten während des Ablaufs von Access-VBA-Programmen Fehler oder ungültige Operationen auf, die zum Abbruch eines Programms führen, löst Access einen Laufzeitfehler (run-time error) aus.

Laufzeitfehler treten beispielsweise ein, wenn im Programm der Wertebereich einer Variablen überschritten wird. Wird einer Variablen vom Typ `Integer` der Wert 100.000 zugewiesen, tritt ein Laufzeitfehler auf. Ein weiterer, häufig auftretender Fehler ist die Division durch Null. Sie erhalten einen solchen Fehler, wenn im Befehl

```
dblAlkoholgehalt = dblAlkohol / dblGesamtMenge
```

die Variable `dblGesamtMenge` den Wert `0` aufweist.

Logische Programmfehler: Die unangenehmsten und am schwierigsten auffindbaren Fehler sind logische Programmfehler. Bei solchen Fehlern ist das Programm äußerlich, also syntaktisch, korrekt, aber Fehler in der Programmlogik führen zu falschen Ergebnissen.

Da Access diese Fehler nicht finden kann, müssen Sie Ihr Programm durch ausführliches Testen selbst von logischen Programmfehlern befreien.

8.1 Bug-free!

Am einfachsten ist es natürlich, fehlerfrei zu programmieren, denn dann erspart man sich die mühsame Suche nach den Fehlern. Wir hoffen, Sie haben die Ironie herausgelesen, denn auch die besten Programmierer sind gegen Fehler nicht gefeit. Wir möchten Ihnen in diesem Abschnitt einige Strategien zur Fehlervermeidung beschreiben.

8.1.1 Deklaration von Variablen

Deklarieren Sie alle Variablen mit einem `Dim`-Befehl vor ihrer ersten Verwendung. Verwenden Sie eine neue Variable, ohne sie vorher deklariert zu haben, wird der Typ von Access automatisch zugewiesen.

Die folgende Funktion rechnet eine im Parameter `dblMenge` übergebene Flüssigkeitsmenge in Milliliter um. Die Variable `aintUmrechnung` wird implizit deklariert, also erst bei ihrer ersten Verwendung.

```
Function UmrechnenInml(dblMenge As Double, intEinheit As Integer) _
                       As Double
    ' Reihenfolge Liter, cl, ml, Tasse, Esslöffel, Teelöffel, Cup, Pint
    aintUmrechnung = Array(1000, 10, 1, 125, 15, 5, 240, 480)
    MengeInml = dblMenge * aintUmrechnung(intEinheit)
    UmrechnenInml = MengeInml
End Function
```

Stellen Sie sich vor, der Programmierer der obigen Funktion hat in der letzten Zeile im Wort `dblMenge` »N« mit »M« verwechselt und versehentlich

```
MengeInml = dblNenge * aintUmrechnung(intEinheit)
```

geschrieben. Die Funktion `UmrechnenInml` gibt nun immer den Wert `0` zurück, denn implizit oder explizit deklarierte Variablen werden von Access mit `0` initialisiert.

Sie können Fehler aufgrund von implizit deklarierten Variablen umgehen, indem Sie durch den Befehl

```
Option Explicit
```

nur noch explizit vereinbarte Variablen zulassen. Der Befehl wird in den Deklarationsteil eines Moduls, Formulars oder Berichts aufgenommen.

Sie können `Option Explicit` von Access automatisch in jedes Programm einfügen lassen, indem Sie im Visual Basic-Fenster über *EXTRAS Optionen* Registerblatt *Editor* das im nächsten Bild gezeigte Dialogfeld aufrufen. Aktivieren Sie die Option *Variablendeklaration erforderlich,* damit Access `Option Explicit` automatisch bereitstellt.

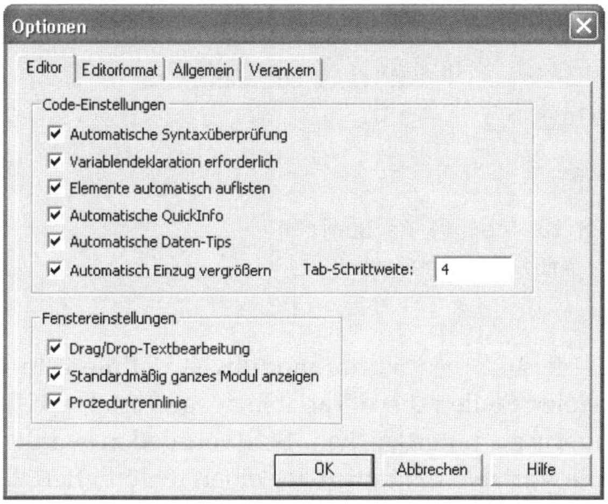

Bild 8.1: Dialogfeld zu EXTRAS Optionen

8.1.2 Kleine Einheiten

Zerlegen Sie Ihre Programme in überschaubare, kleine Einheiten, in Funktionen und Prozeduren. Fehler lassen sich oft besser eingrenzen, wenn kleine Programmteile mit lokalen Variablen verwendet werden.

8.1.3 Möglichst keine globalen Variablen verwenden

Setzen Sie keine oder möglichst wenige globale Variablen ein. Oft ist es nur sehr schwer nachzuvollziehen, welche Routine oder Funktion eine globale Variable zu welchem Zeitpunkt geändert hat. Globale Variablen sollten sehr sorgfältig dokumentiert sein, damit ihr Zustand und Inhalt zu jedem Zeitpunkt eindeutig ist.

Viele Programmierer gehen heute dazu über, globale Variablen zu kapseln. Das bedeutet, dass ein Zugriff auf eine gekapselte Variable (Private im Modul) nur über Zugriffsfunktionen möglich ist. Die Zugriffsfunktion kann beispielsweise den Wertebereich oder die Gültigkeit der Variablen sofort überprüfen. Die Kapselung von Variablen ist eine Methode, die unter anderem in der objektorientierten Programmierung eingesetzt wird.

Als kleines einfaches Beispiel für das Kapseln von globalen Variablen haben wir die folgenden Programmzeilen entwickelt, die als Modul `basGlobaleVariable` abgespeichert wurden.

```
Dim mfBilderAnzeigen As Boolean

Public Sub BilderAnzeigen(ByVal f As Boolean)
    mfBilderAnzeigen = f
End Sub

Public Function MitBildern() As Boolean
    MitBildern = mfBilderAnzeigen
End Function
```

Die Variable `mfBilderAnzeigen` wurde modulweit definiert. In dem Gesamtprogramm wird an vielen Stellen diese Variable ausgewertet, um beispielsweise die Ausgabe von Bildern zu unterdrücken. Soll vermieden werden, dass während des Programms die Variable irrtümlich auf einen fehlerhaften Wert gesetzt wird, kann die Zuweisung eines Wertes nur über `BilderAnzeigen()` und die Abfrage des aktuellen Inhalts nur über `MitBildern()` erfolgen. Zusätzlich könnten Sie in solche globalen Zugriffsroutinen Plausibilitätskontrollen einbauen, damit der globalen Variablen keine unsinnigen Werte zugewiesen werden.

Die Variable `mfBilderAnzeigen` ist so durch das Modul gekapselt, denn ein anderes Modul, ein Formular oder ein Bericht können die Variable nicht direkt benutzen.

8.1.4 Übergabe von Parametern als Wert (*ByVal*)

Übergeben Sie Parameter an Prozeduren und Funktionen nach Möglichkeit immer als Wert, also mit `ByVal`. Standardmäßig werden in VBA Parameter als Referenz, `ByRef`, übergeben. Dabei wird dem Unterprogramm die Adresse der Variablen im Speicher mitgeteilt. Das Unterprogramm verwendet die Adresse, um den Inhalt der Variablen zu bestimmen.

Den Unterschied in der Parameterübergabe möchten wir mit dem folgenden kleinen Beispielprogramm deutlich machen:

```
Sub PerReferenz(intTmp As Integer)
    intTmp = intTmp + 5
    Debug.Print "PerReferenz: "; intTmp
End Sub
```

```
Sub PerWert(ByVal intTmp As Integer)
    intTmp = intTmp + 5
    Debug.Print "PerWert: "; intTmp
End Sub

Sub RefTest()
    Dim intTest As Integer

    intTest = 10
    PerWert intTest
    Debug.Print "RefTest nach PerWert     : "; intTest
    PerReferenz intTest
    Debug.Print "RefTest nach PerReferenz: "; intTest
End Sub
```

Aktivieren Sie den Direktbereich mit *ANSICHT Direktfenster*, und rufen Sie dann die Prozedur mit `RefTest` auf. Der Befehl `Debug.Print`, den wir ebenso wie das Arbeiten mit dem Direktbereich weiter unten ausführlich erläutern, erzeugt eine Ausgabe im Direktbereich. Mit der ersten im Direktbereich dargestellten Zeile wurde das Testprogramm aufgerufen, die weiteren Zeilen sind Ausgaben der einzelnen Prozeduren.

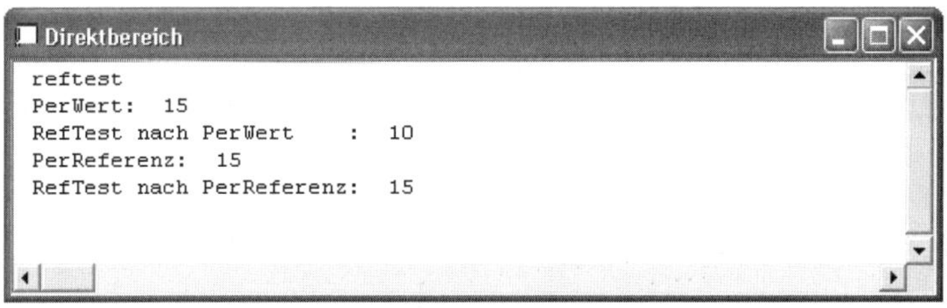

Bild 8.2: Ausgabe im Direktbereich

Wie Sie sehen, wurde die Variable `intTest` selbst durch den Aufruf der Prozedur `PerReferenz()` verändert. Ein Aufruf als Referenz übergibt nicht den Wert der Variablen an die aufgerufene Prozedur oder Funktion, sondern die Adresse der Variablen im Speicher. Eine Veränderung der Variablen manipuliert damit direkt das Original.

8.1.5 Falsche Klammern bei Übergabe von Referenzparametern

Beim Aufruf von Prozeduren wird der Name der Prozedur angegeben und die Parameter, durch Kommata getrennt, direkt dahinter.

```
...
PerReferenz intTest
...
```

In diesem Beispiel sei eine Veränderung der aufrufenden Variablen `intTest` durch die Prozedur `PerReferenz` erwünscht. Vielleicht sind Sie wie wir es gewöhnt, dass die Parameter von Prozeduren in Klammern eingeschlossen werden, wie es in Access bei einem Funktionsaufruf der Fall wäre, also

```
Sub RefTest2()
    Dim intTest As Integer

    intTest = 10
    PerWert intTest
    Debug.Print "RefTest nach PerWert     : "; intTest
    ' Geänderter Aufruf
    PerReferenz (intTest)
    '
    Debug.Print "RefTest nach PerReferenz: "; intTest
End Sub
```

Rufen Sie die Prozedur `RefTest2` im Direktbereich auf, erhalten Sie das folgende Ergebnis.

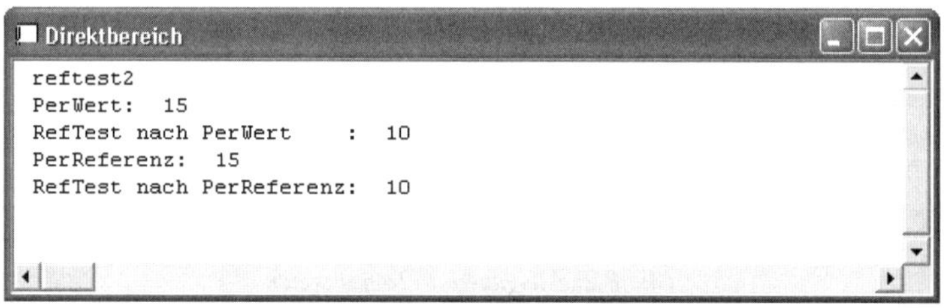

Bild 8.3: Veränderte Ausgabe im Direktbereich

Wie Sie sehen, ist der Wert von `intTest` für den oben gezeigten Aufruf nicht verändert worden. Zu diesem Ergebnis kommt es, da VBA den in Klammern eingeschlossenen Ausdruck als Formel interpretiert. Die Formel wird ausgerechnet und das Ergebnis als Wert (!) an die Prozedur übergeben.

Damit trotz Klammern in unserem Sinne korrekt, also mit einer Übergabe per Referenz, gearbeitet wird, muss die Aufrufvariante für Prozeduren

```
Call PerReferenz(intTest)
```

benutzt werden. Setzen Sie den Befehl `Call` dem Namen der Prozedur voran, müssen alle Parameter in ein Klammernpaar eingeschlossen werden.

Wir empfehlen Ihnen, möglichst alle Parameter als Wert, d.h. mit `ByVal`, an Prozeduren und Funktionen zu übergeben, um Nebeneffekte, wie das ungewollte Verändern von Variablen, zu vermeiden.

Erzwingen einer ByVal-Übergabe: Sie können die Übergabe einer Variablen `ByVal` erzwingen, auch wenn der entsprechende Parameter mit `ByRef` vereinbart ist. Setzen Sie dazu den entsprechenden Parameter beim Prozedur- oder Funktionsaufruf in Klammern. Durch die Klammern interpretiert Access die Variable als Ausdruck, der immer als Wert übergeben wird.

8.1.6 Namenskonventionen

Hilfreich beim Vermeiden von, aber auch beim Suchen nach Fehlern ist die Verwendung einer Namenskonvention für Variablen, Konstanten, Funktionen und Prozeduren. Eine umfangreiche und bewährte Namenskonvention stellen wir Ihnen in Anhang A, »Die Reddick-VBA-Namenskonvention«, vor, die auch von Microsoft in einer abgewandelten Form verwendet wird.

Vergeben Sie beispielsweise Namen für Variablen nach den Richtlinien der »Reddick-VBA-Namenskonvention«, ist der Datentyp einer Variablen direkt aus dem Namen ersichtlich. Dadurch wird ein Programm wesentlich übersichtlicher, da fehlerhafte Typzuweisungen schon während des Programmierens entdeckt werden können.

8.1.7 Kommentare

Schreiben Sie ausführliche Kommentare! Kommentieren Sie Ihren Code – auch wenn es Ihnen zu trivial vorkommt, mit Worten zu erklären, was im Programm passiert. Spätestens in einem halben Jahr wissen auch Sie nicht mehr, welche Bedeutung bestimmte Abläufe in Ihrem Programm haben. Muss Ihr Programm von anderen Personen gepflegt und gewartet werden, sind Kommentare oft die einzige Chance, den Ablauf eines Programms zu verstehen.

8.2 Der Debugger zur Fehlersuche

Der in Access eingebaute VBA-Debugger bietet Ihnen viele Möglichkeiten, Fehlern auf die Spur zu kommen.

Tritt in einer VBA-Routine ein Laufzeitfehler auf, zeigt Access eine entsprechende Fehlermeldung (siehe Bild 8.4) an. Mithilfe der Schaltfläche *Debuggen* in diesem Dialogfeld können Sie an die Stelle im Programm springen, an der der Fehler aufgetreten ist.

Für die Vorstellung der Debugging-Möglichkeiten verwenden wir eine Routine, die die Summe der Werte eines Arrays ermittelt. Damit Sie unsere Fehlersuchbemühungen besser nachvollziehen können, haben wir das Listing der Prozedur abgedruckt.

```
Sub BerechneSumme()
    Dim varWerte As Variant
    Dim intZähler As Integer
    Dim dblSumme As Double

    varWerte = Array(10, 34, 65, 23, 87, 45)

    intZähler = 0
    Do
        dblSumme = dblSumme + varWerte(intZähler)
        intZähler = intZähler + 1
    Loop Until intZähler > 6

    MsgBox "Summe = " & dblSumme
End Sub
```

Die Prozedur `BerechneSumme` erzeugt einen Laufzeitfehler, da die `Do...Loop`-Schleife nicht rechtzeitig abbricht. Der Index eines Arrays beginnt mit 0. Entsprechend versucht die Prozedur in der Schleife auf `varWerte(6)` zuzugreifen, da die Abbruchbedingung erst gültig wird, wenn `intZähler` den Wert 7 hat. Das führt zur folgenden Fehlermeldung, da bei sechs Werten im Array nur die Elemente 0 bis 5 existieren.

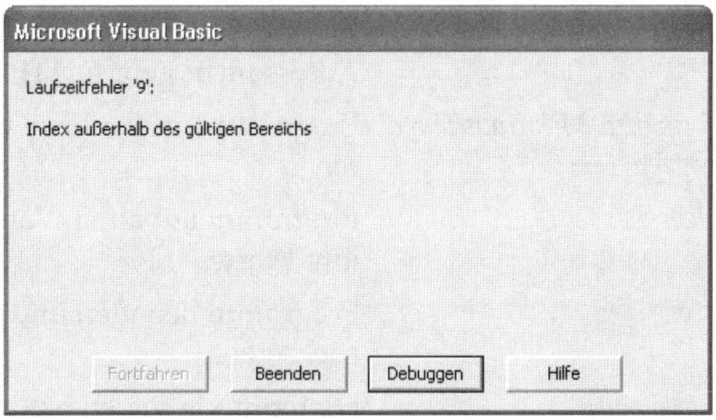

Bild 8.4: Fehlermeldung eines Laufzeitfehlers

Klicken Sie im Dialogfeld, das den Laufzeitfehler anzeigt, auf die Schaltfläche *Debuggen*, wird es geschlossen und die Zeile, die den Fehler ausgelöst hat, wird im Code-Fenster farbig dargestellt.

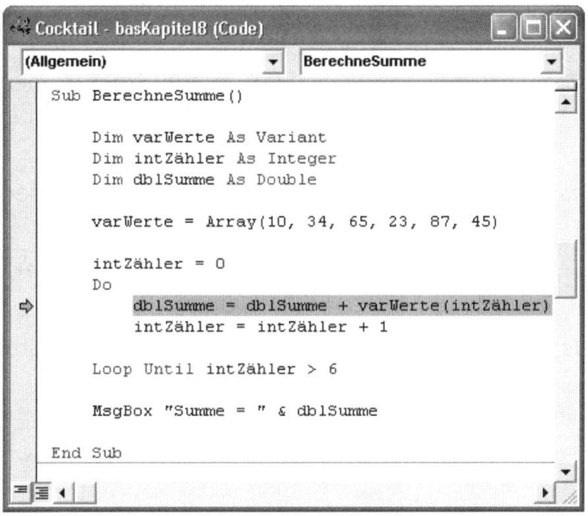

Bild 8.5: Unterlegte fehlerhafte Programmzeile

Hilfreich bei der Arbeit mit dem Debugger ist die gleichnamige Symbolleiste, die Sie sich mit dem Befehl *ANSICHT Symbolleisten Debuggen* einblenden können. Auf der Symbolleiste finden Sie eine Reihe von Schaltflächen, mit denen der eingebaute Debugger zur Fehlersuche bedient wird. Dazu stehen Ihnen die folgenden Schaltflächen zur Verfügung:

	*Entwurfsmodus*	Entwurfsmodus (Schaltfläche wird in Access nicht gebraucht)
	*Sub/Userform bzw. Makro ausführen bzw. Fortsetzen*	Programm starten bzw. weiter fortführen
	*Unterbrechen*	Programm anhalten, Variablen behalten ihre Werte
	*Zurücksetzen*	Programm beenden und Variablen zurücksetzen
	*Haltepunkte ein/aus*	Haltepunkte setzen bzw. entfernen
	*Einzelschritt*	Nächsten Befehl abarbeiten
	*Prozedurschritt*	Nächste Prozedur abarbeiten
	*Prozedur abschließen*	Nächsten Befehl der vorherigen Prozedur abarbeiten
	*Lokal-Fenster*	Beim schrittweisen Durchlaufen werden die Variablen und ihre Werte angezeigt
	*Direktfenster*	Starten von Programmen und Ausgeben von Werten von Variablen mit `debug.print`
	*Überwachungsfenster*	Zeigt Werte von definierten Überwachungsausdrücken an
	*Aktuellen Wert anzeigen*	Aktuellen Wert der markierten Variablen zeigen
	*Aufrufeliste*	Liste der durchlaufenen Unterprogramme zeigen

8.2.1 Anzeige von aktuellen Werten

Um den in Bild 8.4 gezeigten Fehler in der betroffenen Zeile zu lokalisieren, können zuerst die Inhalte der Variablen in der Zeile überprüft werden. Markieren Sie dazu die gewünschte Variable und betätigen dann die Schaltfläche *Aktuellen Wert anzeigen*.

Wir haben die Variable `intZähler` markiert und erhalten nach dem Betätigen der Schaltfläche das folgende Dialogfeld.

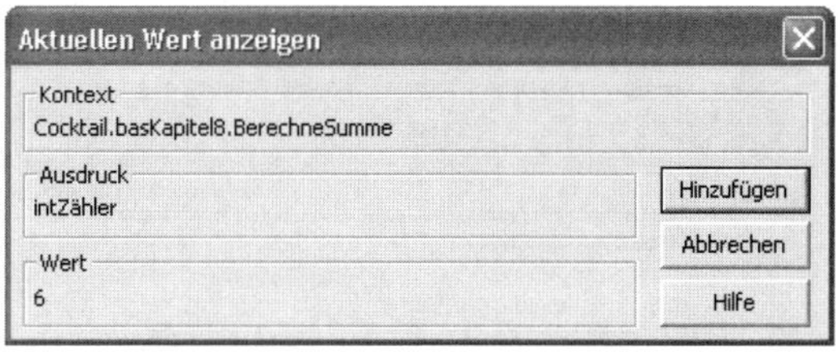

Bild 8.6: Aktuellen Wert anzeigen

Der Inhalt einer Variablen lässt sich auch abfragen, indem Sie den Cursor auf eine Variable positionieren. Nach einer kurzen Verzögerung sollte Access den aktuellen Wert der Variablen in einem gelben Rechteck anzeigen.

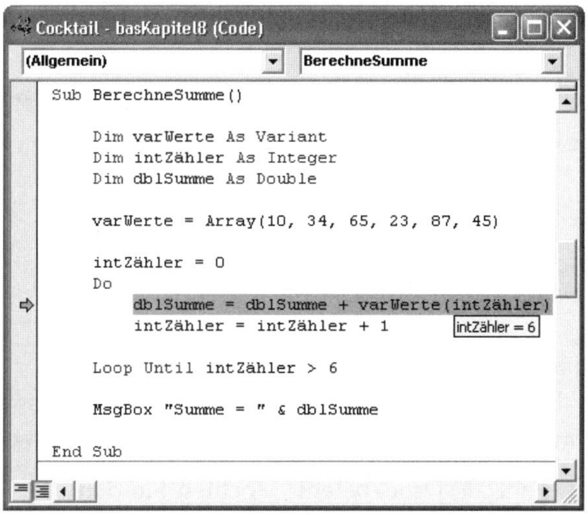

Bild 8.7: Automatischer Datentip

Werden keine Werte angezeigt, überprüfen Sie die Einstellung für die *Automatischen Daten-Tipps* im Dialogfeld zu *EXTRAS Optionen* auf dem Registerblatt *Editor*. Für die Anzeige der Werte muss die Option aktiviert sein.

8.2.2 Der Direktbereich

Im Direktbereich können die Inhalte von Variablen und weitere Operationen abgefragt und aufgerufen werden. Aktivieren Sie den Direktbereich mit der Schaltfläche *Direktfenster*.

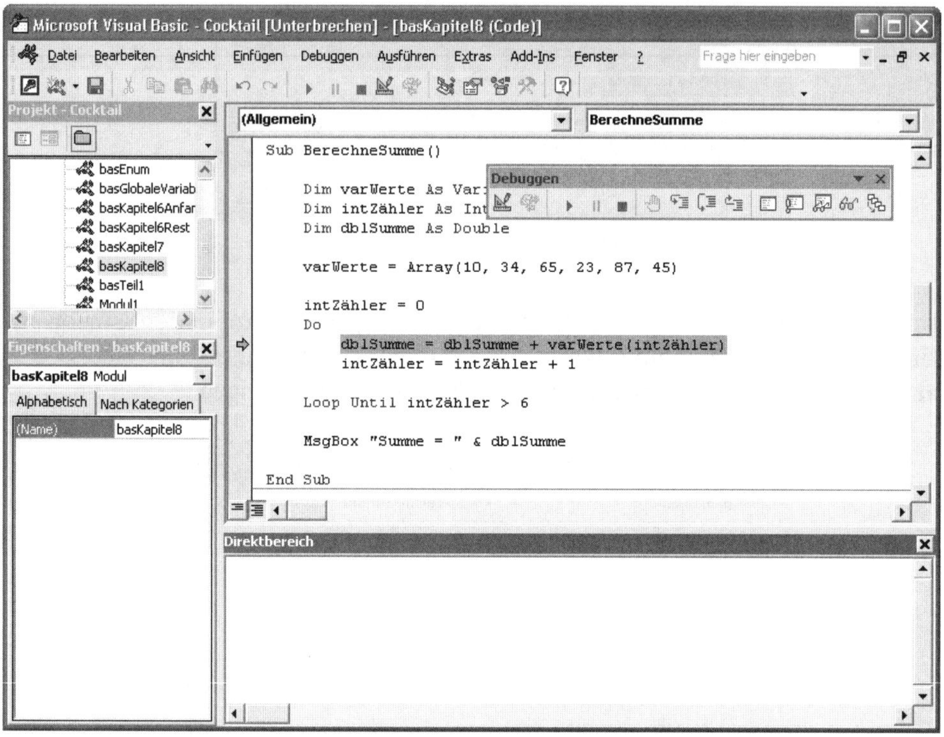

Bild 8.8: VBA-Fenster mit Direktbereich

Im Direktfenster können Sie VBA-Befehle eingeben, beispielsweise Funktionen und Prozeduren aufrufen, den Wert von Variablen abfragen usw.

Ein Fragezeichen dient als Druckbefehl. Möchten Sie den Wert einer Variablen oder das Ergebnis einer Funktion im Direktfenster anzeigen lassen, so setzen Sie ein Fragezeichen davor.

Aufruf im Direktbereich: Rufen Sie eine Funktion im Direktbereich auf, indem Sie ein Fragezeichen voranstellen, damit das Ergebnis der Funktion im Direktbereich ausgegeben wird. Prozeduren werden im Direktbereich mithilfe ihres Namens gestartet, ohne dass ein Fragezeichen verwendet wird.

Der Befehl *Debug.Print*

Wenn Sie in Ihrem Programm den Befehl

```
Debug.Print Ausgabeliste
```

verwenden, so können Sie direkt in das Direktfenster schreiben. Um die Möglichkeiten des Befehls zu illustrieren, wurde in der Prozedur `BerechneSumme` der Befehl `intZähler = intZähler + 1` als Kommentarzeile festgelegt. Dadurch entsteht eine Endlosschleife. Wir haben die fehlerhafte Prozedur aus dem Direktfenster heraus mit

```
BerechneSumme
```

gestartet. Wie zu erwarten, erhalten wir kein Ergebnis, denn Access kreist nun in der Endlosschleife. Mithilfe der Tastenkombination Strg+Pause können Sie Access-Programme unterbrechen. Durch die Tastenkombination wechselt Access in den Debug-Modus, Sie können Ihr Programm nun ab dem Befehl, an dem mit der Tastenkombination abgebrochen wurde, Schritt für Schritt abarbeiten.

Um dem Fehler auf die Spur zu kommen, ergänzen wir unsere Beispielprozedur durch einen `Debug.Print`-Befehl, wie er im nächsten Bild zu sehen ist.

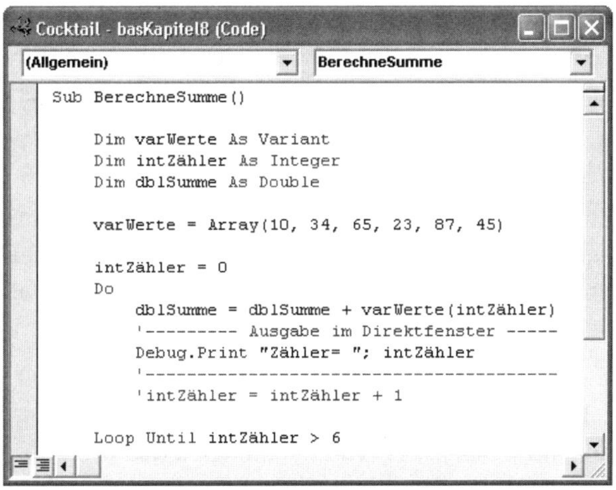

Bild 8.9: Erweiterte Prozedur

Wir starten die Funktion nun erneut im Direktfenster. Für jeden Schleifendurchlauf wird nun der Inhalt der Variable `intZähler` mit `Debug.Print` ausgegeben.

Bild 8.10: Ausgabe im Direktfenster

Für die Aufbereitung der Ausgabedaten mit `Debug.Print` stehen Ihnen eine Reihe von Formatierungsmöglichkeiten zur Verfügung, die wir Ihnen kurz vorstellen möchten.

Mehrere Ausdrücke können entweder mit einem Leerzeichen oder mit einem Semikolon getrennt werden. Ein Leerzeichen hat dabei dieselbe Wirkung wie ein Semikolon. Setzen Sie hinter einen Ausdruck ein Komma, wird die nächste Ausgabe um eine Tabulatorposition verschoben. Den gleichen Effekt erhalten Sie durch das Befehlswort `Tab`. Durch `Tab(n)` können Sie den folgenden Text an die Stelle des *n*ten Zeichens einrücken. Mithilfe des Befehlsworts `Spc(n)` können Sie *n* Leerzeichen einfügen.

Ist das letzte Zeichen einer `Debug.Print`-Anweisung ein Semikolon oder ein Komma, wird die nächste `Debug.Print`-Ausgabe nicht in einer neuen Zeile begonnen, sondern direkt bzw. einen Tabulatorabstand hinter die aktuelle Ausgabe gesetzt.

Daten vom Typ `Boolean` werden entweder als `Wahr` oder als `Falsch` ausgegeben. Für Werte vom Typ `Date` wird das Standardformat für kurze Datumsangaben verwendet. Wenn Daten den Wert Null haben, wird das Wort `Null` ausgegeben.

8.2.3 Das Lokal-Fenster

Im Lokal-Fenster werden alle Variablen und ihre Werte angezeigt, die im aktuell ablaufenden Programm für eine bestimmte Prozedur existieren. Insbesondere beim schrittweisen Durchlaufen eines Programms lassen sich hier leicht Inhalte von Variablen ermitteln.

Komplexe Access-interne und benutzerdefinierte Variablen werden in einer Baumstruktur abgebildet. Durch einen Klick auf das Pluszeichen vor der Variablen öffnen Sie die nächste Ebene der Datenstruktur der Variable.

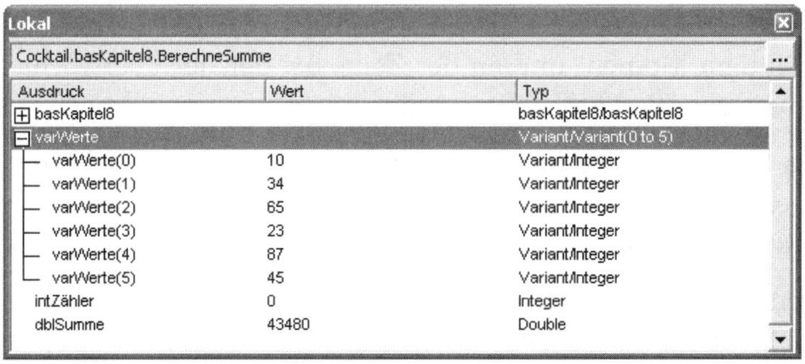

Bild 8.11: Baumstruktur für Variablen

8.2.4 Das Überwachungsfenster

Die dauernde Kontrolle von Variablen oder Ausdrücken kann im Überwachungsfenster eingerichtet werden.

Um eine Variable zu überwachen, rufen Sie mit *DEBUGGEN Überwachung hinzufügen* oder über das Kontextmenü das folgende Dialogfeld auf. Haben Sie vorher eine Variable oder einen Ausdruck markiert, wird er automatisch in das Feld *Ausdruck* übernommen.

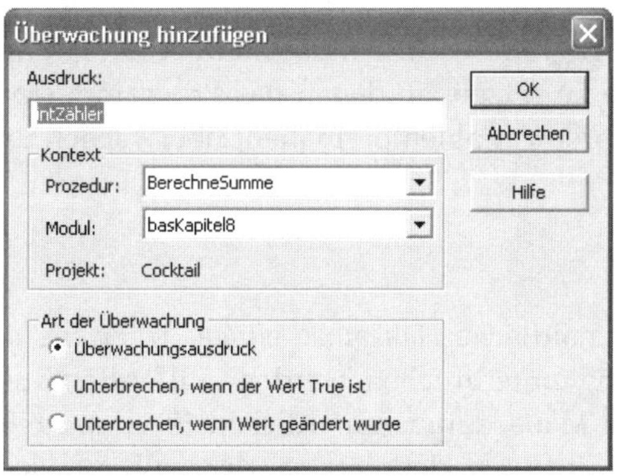

Bild 8.12: Überwachung hinzufügen

Es sind für überwachte Ausdrücke drei Einstellungen möglich:

- Mit *Überwachungausdruck* wird der Inhalt einer Variablen bzw. das Ergebnis eines Ausdrucks im Überwachungsbereich des Direktfensters angezeigt.

- Vereinbaren Sie *Unterbrechen, wenn Ausdruck True ist,* dann stoppt Ihr Programm in dem Moment und an der Zeile, bei der der überwachte Ausdruck als Ergebnis den Wert `Wahr` (`True`) ergibt.
- Möchten Sie das Programm bei einer Änderung des Inhalts einer Variablen oder eines Ausdruckergebnisses anhalten, so selektieren Sie die Option *Unterbrechen, wenn der Wert geändert wurde.*

Im Direktfenster werden die drei Einstellungsmöglichkeiten durch verschiedene Symbole im Überwachungsbereich dargestellt.

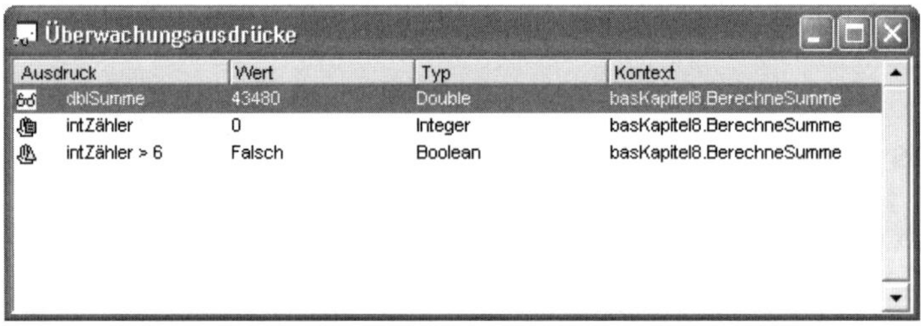

Bild 8.13: Direktfenster mit Überwachungsbereich

8.2.5 Schrittweise Abarbeitung

Access erlaubt, ein Programm schrittweise zu durchlaufen und ermöglicht Ihnen zudem, Haltepunkte zu setzen, an denen das Programm stoppt. Zusätzlich können Sie die Inhalte Ihrer Variablen permanent überwachen und Abbruchkriterien definieren.

Haltepunkte

Mithilfe der Schaltfläche *Haltepunkt ein/aus* legen Sie die Zeile fest, an der die Ausführung unterbrochen werden soll. Alternativ können Sie einen Haltepunkt mit der Maus definieren. Klicken Sie dazu einfach links von der Zeile, für die der Haltepunkt definiert werden soll, auf den grauen Balken im Code-Fenster.

Es besteht auch die Möglichkeit, mehrere Haltepunkte in einem Programm zu definieren. Sie werden jeweils durch einen dunkelroten Balken dargestellt.

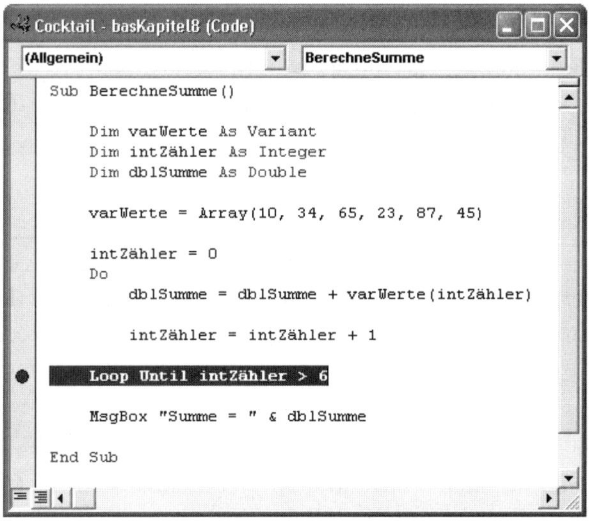

Bild 8.14: Haltepunkt

Hat Ihr Programm einen Haltepunkt erreicht, lassen sich mithilfe des Direktfensters oder über die Schaltfläche *Aktuellen Wert anzeigen* die Inhalte Ihrer Variablen ausgeben.

Anhalten, Weiterlaufen und das Ganze von vorne

Soll das Programm angehalten werden, betätigen Sie zu einem beliebigen Zeitpunkt die Schaltfläche *Unterbrechen*. Dabei bleiben die Werte der Variablen erhalten.

Mit der Schaltfläche *Fortsetzen* wird das Programm ab dem Haltepunkt gestartet, es läuft dann bis zum nächsten Haltepunkt bzw. bis zum Programmende.

Betätigen Sie die Schaltfläche *Zurücksetzen,* so wird ebenso wie mit der Schaltfläche *Unterbrechen* das Programm angehalten, zusätzlich werden alle globalen und modulweiten Variablen zurückgesetzt.

Einzelschritte

Mithilfe der Schaltfläche *Einzelschritt* wird ein Programm Zeile für Zeile abgearbeitet. Sie können so den Ablauf Ihres Programms genau verfolgen. Wird im Programm eine Prozedur oder eine Funktion aufgerufen, wird beim schrittweisen Durchlauf des Programms in die entsprechende Prozedur oder Funktion verzweigt.

Prozedurschritte

Möchten Sie beim schrittweisen Durchlaufen eines Programms nicht jede Prozedur oder Funktion einzeln durchlaufen, sondern überspringen, so verwenden Sie die Schaltfläche *Prozedurschritt*.

Rücksprung

Hilfreich insbesondere beim schrittweisen Durchlaufen großer und tief verschachtelter Programme ist die Schaltfläche *Rücksprung*. Die Schaltfläche führt das Programm mit dem nächsten Befehl derjenigen Prozedur fort, die die aktuell aktive Prozedur aufgerufen hat.

Hilfreiche Tastenkombinationen: Anstelle der Schaltflächen können Sie auch folgende Tastenkombinationen verwenden: [F8] für Einzelschritte, [⇧] + [F8] für Prozedurschritte, [Strg] + [⇧] + [F8] um eine Prozedur abzuschließen und [Strg] + [F8] um eine Prozedur bis zur Cursor-Position abzuarbeiten.

8.2.6 Aufrufreihenfolge

Mithilfe der Schaltfläche *Aufrufeliste* öffnen Sie ein Dialogfeld, das die Prozeduren und Funktionen anzeigt, die bis zur aktuellen Zeile im Programm durchlaufen wurden.

8.3 Bedingte Kompilierung

Auf der Suche nach Fehlern werden von vielen Programmierern Ausgabedialogfelder, Hilfskonstruktionen, Zwischenrechnungen und vieles mehr in das Programm eingefügt. Ist das Programm getestet und für fehlerfrei befunden, ist es aufwändig, alle diese zusätzlichen Befehle aus dem Programm zu nehmen oder als Kommentare zu definieren.

Access bietet Ihnen zur Unterstützung einige Befehle zur bedingten Kompilierung an, d.h., Sie können Programmteile in Abhängigkeit von gesetzten Bedingungen aktivieren. Das folgende Programmfragment zeigt den Einsatz der Befehle.

```
...
#Const conDebug = True
...
#If conDebug Then
    Debug.Print "Summe: "; dblSumme
#End If
...
```

Die Zeile mit dem `Debug.Print`-Befehl wird nur dann kompiliert und in Ihr Programm eingefügt, wenn die Variable `conDebug` den Wert `True` hat. Haben Sie alle Zeilen und Hilfskonstrukte zur Fehlersuche in entsprechende

```
#If ... Then
...
#ElseIf ... Then
...
#Else
...
#End If
```

Befehle eingeschlossen, können Sie sie durch Verändern der `#Const`-Zuweisung unwirksam machen.

Oft ist es hilfreich, mit mehreren Debugging-Stufen zu arbeiten. Definieren Sie beispielsweise

```
#Const conDebugStufe = 3
```

würde der Wert drei eine entsprechende Ausgabe auslösen.

```
#If conDebugStufe = 1 Then
    Debug.Print "Ausgabe der Variable im Direktfenster: "; Variable
#ElseIf conDebugStufe = 2 Then
    MsgBox "Anzeige der Variable im Dialogfeld: " & Variable
#ElseIf ConDebugStufe = 3 Then
    ' Schreiben der Variable in eine Datei
    DebugSchreibeVariableInDatei Variable
#End If
```

8.3.1 Verwenden von Assertions

Es ist oft hilfreich, während des Testens und Debuggens eine Kontrollfunktion in das Programm einzubauen, die den Zustand von Variablen und Ausdrücken überwacht. Tritt ein fehlerhafter Zustand auf, wird das Programm an dieser Stelle angehalten.

Zur Überwachung kann die `Assert`-Methode verwendet werden. Mit ihrer Hilfe kann der Code auf bestimmte Bedingungen geprüft werden. Ist die Bedingung richtig, geschieht nichts, ist sie falsch, springt die Code-Anweisung in den Haltemodus.

In Ihrem Programm können Sie die Methode beispielsweise einsetzen, um zu überprüfen, ob eine Variable unter einem Grenzwert bleibt.

```
Debug.Assert iZähler < 100
```

oder

```
Debug.Assert Len(strTmp) < Len(strName)
```

Der Ausdruck, der der Funktion übergeben wird, muss den Wert `True` oder `False` ergeben.

8.4 Laufzeitfehler

Tritt zur Laufzeit eines Access-Programms ein Fehler auf, zeigt Access eine entsprechende Fehlermeldung an und das Programm wird beendet. Insbesondere, wenn Sie mit »Microsoft Office XP Developer« eigenständige Access-Lösungen erstellen, sind solche Programmabbrüche unangenehm, weil in vielen Fällen Daten verloren gehen können, da das Programm komplett verlassen wird.

Es ist deshalb ratsam, eigene Fehlerbehandlungsroutinen zu implementieren, um auf Laufzeitfehler zu reagieren. Wir möchten Ihnen in den folgenden Abschnitten einen Überblick über die Behandlung von Fehlern und die zur Verfügung stehenden Befehle geben.

! **Bei allen Fehlern anhalten:** Im Registerdialogfeld zu *EXTRAS Optionen* kann auf dem Registerblatt *Allgemein* in der Gruppe *Unterbrechen bei Fehlern* die Option *Bei jedem Fehler* eingeschaltet sein. Damit wird jegliche, von Ihnen in Ihren Programmen definierte Fehlerbehandlung ausgeschaltet, d.h., Access behandelt jeden Fehler selbst. Diese Option ist während des Testens einer Applikation sinnvoll. Später sollte sie jedoch auf jeden Fall deaktiviert werden.

8.4.1 Grundlagen der Fehlerbehandlung

Die VBA-Fehlerbehandlung kann so eingestellt werden, dass beim Auftreten eines Fehlers ein bestimmter, für die Fehlerbehandlung definierter Bereich in Ihrem Programm angesprungen wird. Mit

```
On Error Goto Label
```

wird die eigene Fehlerbehandlung aktiviert, wobei `Label` eine Zeilennummer oder Sprungmarke angibt. Tritt ein Fehler auf, wird das Programm zum `Label` verzweigt, und die dort aufgeführten Befehle werden abgearbeitet.

Jeder Fehler wird von Access in einem `Err`-Objekt abgelegt, dessen Eigenschaften Sie in Ihrem Programm abrufen bzw. dessen Methoden Sie verwenden können. Das Fehlerobjekt `Err` besitzt die folgenden Eigenschaften und Methoden.

Tabelle 8.1: Eigenschaften und Methoden des Err-Objekts

Eigenschaft/Methode	Beschreibung
Number	gibt Nummer des Fehlers zurück.
Description	fügt Beschreibungstext für den Fehler ein.
Source	gibt den Namen der Anwendung zurück, die den Fehler ausgelöst hat.
LastDLLError	enthält die Beschreibung eines Fehlers, der beim Aufruf einer mit *Declare* vereinbarten Funktion einer DLL-Bibliothek aufgetreten ist. Eine DLL-Funktion zeigt einen aufgetretenen Fehler normalerweise durch ihren Rückgabewert an. Sie erhalten über die Eigenschaft LastDLLError zusätzliche Informationen über den Fehler.
HelpFile	gibt die Hilfedatei an, aus der der Hilfetext zum Fehler entnommen wird.
HelpContext	gibt die Kontextkennung in der Hilfedatei an.
Raise	erzeugt einen Fehler.
Clear	setzt das Err-Objekt zurück.

8.4.2 VBA-Fehlerbehandlungsbefehle

In den folgenden Abschnitten erläutern wir die verschiedenen Access- bzw. VBA-Fehlerbehandlungsbefehle.

Fehlerbehandlung setzen: On Error Goto

Die Fehlerbehandlung wird in einem Programm mit dem Befehl

```
On Error Goto Sprungmarke
```

eingeleitet. `Sprungmarke` steht für eine benannte Sprungmarke oder Zeilennummer. Eine ganz einfache Fehlerbehandlung zeigt das folgende Programm.

```
Sub MinimalFehlerbehandlung()
    On Error Goto Fehlerbehandlung_Err
    ' Hier kommt der Fehler: Division durch 0
    Debug.Print 1/0
    Exit Sub
Fehlerbehandlung_Err:
    Msgbox "Fehler " & Err.Description & " aufgetreten!"
End Sub
```

Ab der `Sprungmarke` wird der aufgetretene Fehler behandelt. Sie müssen dabei sicherstellen, dass die Befehle der Fehlerbehandlung nicht abgearbeitet werden, wenn kein Fehler ausgelöst wurde. In den meisten Fällen wird direkt vor der `Sprungmarke` der Fehlerbehandlung `Exit Sub` oder `Exit Function` eingefügt.

Beim Verlassen einer Prozedur oder einer Funktion wird eine dort gesetzte Fehlerbehandlung zurückgesetzt; damit hat die Fehlerbehandlung die gleiche Gültigkeit und Lebensdauer wie die Prozedur oder Funktion, in der sie definiert ist.

Fehler übergehen: On Error Resume Next

Möchten Sie beim Auftreten eines Fehlers direkt mit der Programmzeile weitermachen, die auf die Zeile folgt, die den Fehler ausgelöst hat, verwenden Sie den Befehl

```
On Error Resume Next
```

Der Befehl hat die gleiche Gültigkeit und Lebensdauer wie die Prozedur oder Funktion, in der er verwendet wird.

Die Fehlerbehandlung mit `On Error Resume Next` wird oft eingesetzt, wenn Fehler mit Absicht ausgelöst werden. In der folgenden Funktion wird auf die Eigenschaft `Parent` eines Formulars zugegriffen. Das ist aber nur dann fehlerfrei möglich, wenn das betreffende Formular als Unterformular eingesetzt wird. Ist das Formular `frm` kein Unterformular, wird ein Fehler ausgelöst, dessen Fehlernummer verschieden von `0` ist, und somit wird der Rückgabewert der Funktion den Wert `False` erhalten.

```
Function IstUnterformular(frm As Form) As Boolean
    Dim strTmp As String

    On Error Resume Next
    strTmp = frm.Parent.Name
    IstUnterformular = (Err.Number = 0)
End Function
```

Zurücksetzen der Fehlerbehandlung: On Error Goto 0

Um die eigene Fehlerbehandlung innerhalb einer Prozedur oder Funktion wieder abzuschalten, wird der Befehl

```
On Error Goto 0
```

eingesetzt. Die Sprungmarke `0` ist eine Access-interne Adresse. Das Programm verzweigt zu dieser internen Adresse, selbst wenn Sie in Ihr Programm eine gleichnamige Sprungmarke einfügen. Das bedeutet für die Programmausführung, dass Access die Kontrolle über die Fehlerbehandlung zurückerhält.

Und weiter im Programm: Die Resume-Befehle

Die Resume-Befehle `Resume`, `Resume Next` und `Resume` *`Sprungmarke`* werden eingesetzt, um nach einem Fehler das Programm weiter abzuarbeiten.

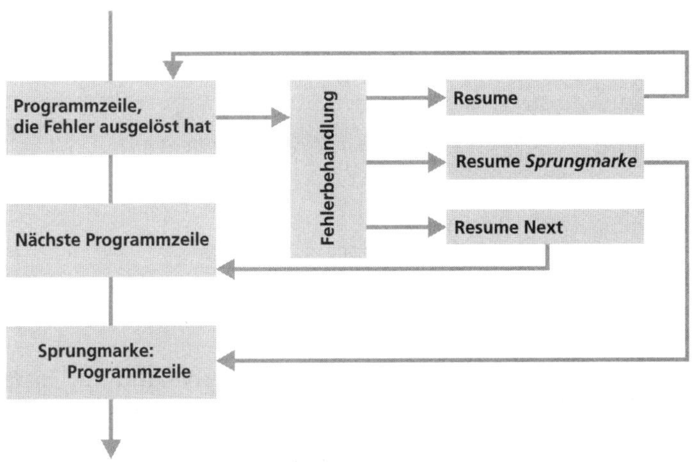

Bild 8.15: Resume-Befehle

Ist es möglich, innerhalb Ihrer Fehlerbehandlung den aufgetretenen Fehler zu beheben, kann durch

```
Resume
```

die Abarbeitung Ihres Programms mit der Programmzeile fortgesetzt werden, die den Fehler ausgelöst hat, während

```
Resume Next
```

das Programm an der Zeile fortführt, die der Zeile mit dem Fehler folgt. Durch

```
Resume Sprungmarke
```

können Sie gezielt eine Stelle im Programm anspringen, an der Ihr Programm fehlerfrei fortgeführt werden kann.

8.4.3 Die On Error-Aufrufkette

Eine `On Error`-Fehlerbehandlung gilt für die Prozedur oder Funktion, in der sie vereinbart wird und für alle Unterprogramme, also für alle Prozeduren und Funktionen, die aus dem Programm mit der Fehlerbehandlung aufgerufen werden. Im folgenden Beispiel wird die Fehlermeldung der Fehlerbehandlung der Prozedur `FehlerTest` aufgerufen, obwohl der Fehler in der Routine `SubMitFehler` auftritt.

```
Sub FehlerTest()
    On Error GoTo FehlerTest_Err
    ' Erzeugt Division durch 0
    SubMitFehler 0
    Exit Sub
FehlerTest_Err:
    MsgBox "Fehler " & Err.Description & " aufgetreten!"
End Sub

Sub SubMitFehler(ByVal intI As Integer)
    Debug.Print 1 / intI
End Sub
```

Wird für die Routine `SubMitFehler` eine eigene Fehlerbehandlung installiert, wird der in `SubMitFehler` aufgetretene Fehler auch dort behandelt.

```
Sub SubMitFehler(ByVal intI As Integer)
    On Error GoTo SubMitFehler_Err
    Debug.Print 1 / intI
    Exit Sub
```

```
SubMitFehler_Err:
    MsgBox "Fehler in SubMitFehler: " & Err.Description
    'Neuen Fehler erzeugen
    Debug.Print 1 / 0
End Sub
```

Tritt in der Fehlerbehandlung selbst der nächste Fehler auf, kann er nicht von der gerade aktiven Fehlerbehandlung, also von sich selbst, abgefangen werden. Access durchläuft die Kette der eingerichteten Fehlerbehandlungen, bis eine nicht aktive Fehlerbehandlung gefunden wird, der der Fehler übergeben wird. In unserem Beispiel würde zuerst der in `SubMitFehler` ausgelöste Fehler von der Fehlerbehandlung `SubMitFehler` angezeigt werden, während der in der `SubMitFehler`-Fehlerbehandlung aufgetretene Fehler von `FehlerTest` verarbeitet wird.

Sind alle Fehlerbehandlungen eines Programms aktiv, und es tritt ein weiterer Fehler auf, übernimmt Access die Behandlung des Fehlers. Es wird die Standardfehlermeldung zum Fehler gezeigt und das Programm abgebrochen.

8.4.4 Einsatz einer Standard-Fehlerbehandlung

Empfehlenswert ist die Programmierung einer allgemeinen Routine zur Fehlerbehandlung.

```
Sub ErrorHandler(ByVal strRoutine As String)
    MsgBox "Fehler »" & Err.Description & " (" & Err.Number & _
           ")« in Unterprogramm [" & strRoutine & "]"
    Select Case Err.Number
    Case 11:
        ' Division durch 0
        ' ...
               ' Programm wird beendet
        End
    Case 9999:
        ' Fehler kann behoben werden
        ' ...
        Resume
    Case Else
        ' ...
        End
    End Select
End Sub
```

Das folgende Listing zeigt den Aufruf der Fehlerbehandlungsfunktion in einer Prozedur.

```
Sub SubMitFehler(ByVal intI As Integer)
    On Error GoTo SubMitFehler_Err
    Debug.Print 1 / intI
    Exit Sub
SubMitFehler_Err:
    ErrorHandler "SubMitFehler"
End Sub
```

Beim Auftreten eines Fehlers wird das im folgenden Bild gezeigte Dialogfeld aufgerufen, das den Namen der Routine anzeigt, in der der Fehler aufgetreten ist.

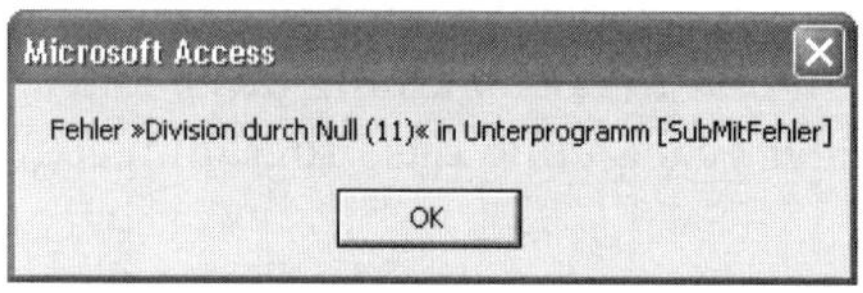

Bild 8.16: Standardisierte Fehlermeldung

8.4.5 Fehlerbehandlung mit Fehlerverfolgung

Eine aufwändigere Routine zur Behandlung von Fehlern zeigt das nächste Listing. Dabei werden Fehler, je nach ihrer Schwere und Auswirkung, in eine Tabelle geschrieben, sodass sich später die aufgetretenen Fehler analysieren lassen. Die Fehlertabelle besitzt die im nächsten Bild gezeigte Struktur:

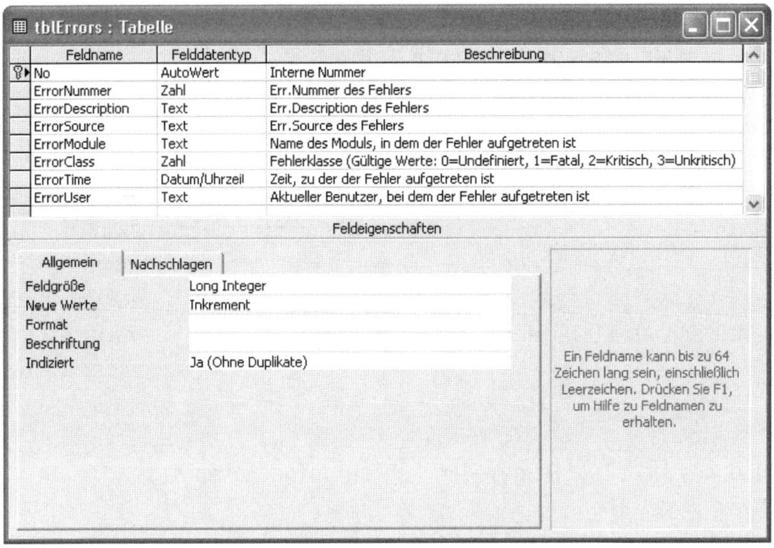

Bild 8.17: Struktur der Tabelle tblErrors

Im folgenden Programmlisting sehen Sie eine einfache Fehlerbehandlungsroutine, die in Abhängigkeit von einer Fehlerklasse (Fatal, Kritisch, Unkritisch) entsprechende Aktionen auslöst. Der Fehlerbehandlungsroutine können Sie eigene Fehlertexte übergeben. Wir verwenden im Listing einige Funktionen, die wir Ihnen erst in den folgenden Kapiteln vorstellen, beispielsweise die Routinen der Datenbankzugriffsschnittstelle ADO in der Funktion `SaveError`, die in Kapitel 10 beschrieben werden.

```
' Fehlerkonstanten
Public Enum ErrorEnum
    UndefinedError = 0  ' Für undefinierte Fehler
    FatalError          ' Für alle schwerwiegenden Fehler,
                        ' die einen Abbruch des Programms erfordern
    CriticalError       ' Für alle kritischen Fehler, die behandelt
                        ' werden können
    NonCriticalError    ' Für alle unkritischen Fehler
End Enum
```

```
' Globale Fehlerbehandlungsroutine
' Gibt Err.Number des aufgetretenen Fehlers zurück
Public Function ErrorHandler( _
                    Optional ByVal Modul As String = "", _
                    Optional ByVal Msg As String = "", _
                    Optional ByVal ErrorClass As _
                             ErrorEnum = UndefinedError) _
                    As Long

    Dim ThisErr As ErrObject

    Set ThisErr = Err

    ' Name des Moduls, in dem der Fehler aufgetreten ist
    If Modul = "" Then
        ' Standardwert ist Err.Source
        Modul = ThisErr.Source
    End If
    ' Fehlermeldung
    If Msg = "" Then
        'Standardwert ist Err.Description
        Msg = ThisErr.Description
    End If

    ' Rückgabewert
    ErrorHandler = ThisErr.Number

    ' je nach Schwere des Fehlers
    Select Case ErrorClass

        ' bei fatalem/kritischem Fehler
        Case FatalError, CriticalError:
            Modul = Modul & "(" & Str(ThisErr.Number) & ")"
            ' Fehlermeldung anzeigen
            MsgBox Msg, vbCritical, Modul
            ' Fehler in Tabelle tblErrors schreiben
            SaveError objerr:=ThisErr, Modul:=Modul, _
                                ErrorClass:=ErrorClass
            If ErrorClass = FatalError Then
                ' Programm beenden
                Application.Quit
```

```
                ' In Access-Runtime-Umgebung: DoCmd.Quit
                End
            End If

        Case NonCriticalError:
            ' Fehlermeldung anzeigen
            MsgBox Msg, vbExclamation, Modul
        Case Else
            ' bei allen anderen Fehlern
            Select Case MsgBox(Msg, vbCritical Or vbAbortRetryIgnore, _
                                                                Modul)
                Case vbAbort:
                    ' Programm beenden
                    Application.Quit
                    ' In Access-Runtime-Umgebung: DoCmd.Quit
                    End
                Case vbRetry:
                    ' no error
                    ErrorHandler = 0
                Case vbIgnore:
                    ' nichts
            End Select

    End Select
End Function

' Speichern des aufgetretenen Fehlers in die Tabelle tblErrors
Sub SaveError(objerr As ErrObject, _
    ByVal Modul As String, _
    ByVal ErrorClass As ErrorEnum)

    Dim rec As ADODB.Recordset

    ' Keine Fehlerbehandlung während der Fehlerbehandlung!
    On Error Resume Next

    ' Tabelle öffnen
    Set rec = New ADODB.Recordset
    rec.Open "tblErrors", CurrentProject.Connection, _
                                 adOpenStatic, adLockOptimistic
```

```
    ' Neuen Datensatz hinzufügen
    With rec
        .AddNew
        !ErrorNumber = objerr.Number
        !ErrorDescription = Nz(objerr.Description)
        !ErrorSource = objerr.Source
        !ErrorModule = Modul
        !ErrorClass = ErrorClass
        !ErrorTime = Now()
        !ErrorUser = CurrentUser()
        .Update
    End With
    rec.Close
    Set rec = Nothing
End Sub
```

Die ErrorHandler-Routine kann, wie im Listing gezeigt, eingesetzt werden:

```
...
err_Routine:
    Dim lngErr As Long
    ' Programm wird beendet, da fataler Fehler
    lngErr = ErrorHandler( _
            Modul:="FehlerTest", _
            Msg:="Chaos! Programm wird beendet!", _
            ErrorClass:=FatalError)
...
```

Der Windows-Benutzername: Die in der Prozedur SaveError() verwendete Funktion CurrentUser() gibt den Access-Benutzer zurück. Wenn Sie keine Access-Sicherheitsfunktionen (siehe Kapitel 24, »Datensicherheit«) verwenden, wird hier immer »Admin« zurückgeliefert. Möchten Sie den Windows- bzw. Netzwerkbenutzernamen erhalten, können Sie die in Kapitel 22, »Add-Ins und Bibliotheken«, Abschnitt 22.5.4, vorgestellte Funktion CurrentUserWin() einsetzen.

Teil drei

Datenbankobjekte

9 Objekte, Methoden und Eigenschaften

»Visual Basic für Applikationen« (VBA) ist eine teilweise objektorientierte Programmiersprache. Das heißt, Befehle und Anweisungen können auf Objekte, wie z.B. Tabellen, Formulare, Berichte usw. angewendet werden. Jedes Objekt hat verschiedene Eigenschaften und Methoden. Man kann sich die Eigenschaft eines Objekts wie ein Adjektiv zu einem Objekt vorstellen, das das Objekt beschreibt. Methoden hingegen können mit Verben verglichen werden; eine Methode ist das, was ein Objekt tun soll.

9.1 Objekte und ihre Hierarchie

Als Objekt wird in Visual Basic allgemein alles bezeichnet, was programmiert und kontrolliert werden kann. Ein Objekt repräsentiert damit ein Element aus Access. Die Objekte sind hierarchisch in verschiedene Ebenen aufgeteilt. Die höchste Ebene in Access ist das `Application`-Objekt.

Ein Objekt kann selbst weitere Objekte enthalten, d.h., ein Formular kann Steuerelemente (*Controls*) enthalten, die ihrerseits Objekte sind.

Eine Auflistung (*Collection*) ist eine Liste von gleichartigen Objekten. Alle Formulare beispielsweise sind in der Auflistung *Forms* zusammengefasst. Die Auflistung *Forms* besteht damit also aus *Form*-Objekten. Für den Namen der Auflistung wird die Pluralform des Objektnamens verwandt. Die englischen Bezeichnungen für Auflistungen unterscheiden sich durch das angehängte »s« zur Bildung des Plurals (*Form – Forms*).

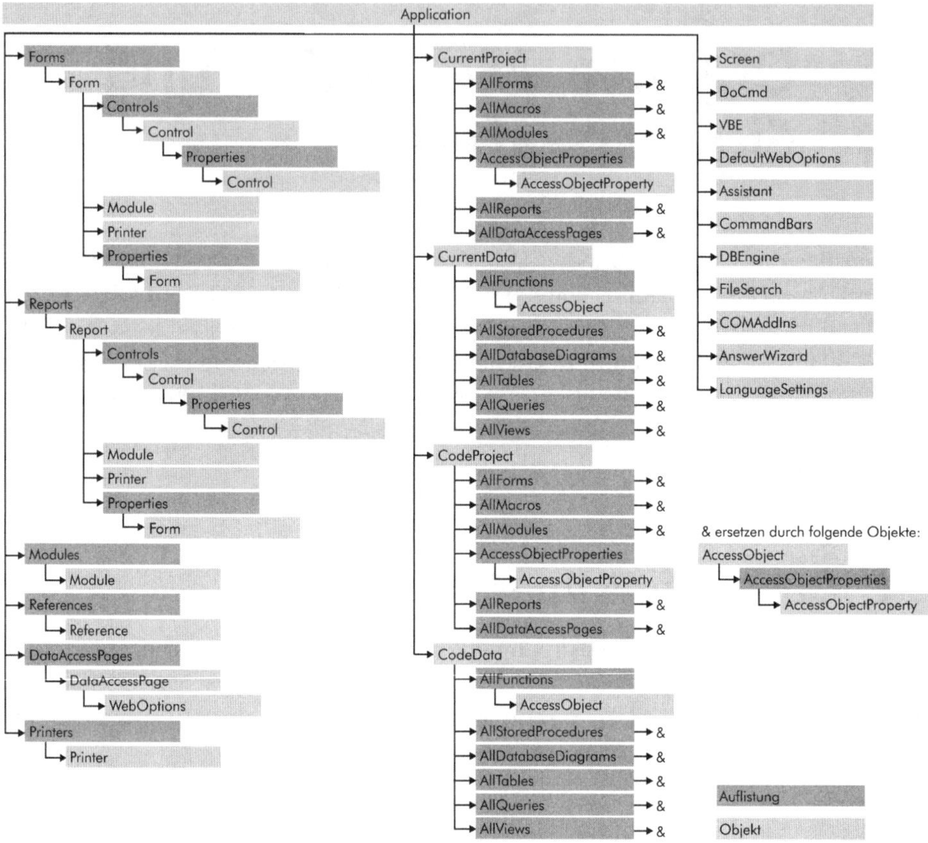

Bild 9.1: Access-Objekthierarchie

9.1.1 Auflistungen und Objekte im Programm

In der Regel durchläuft man die einzelnen Hierarchiestufen, um ein Objekt zu finden und anzusprechen. Die Hierarchieebenen werden in einer Anweisung durch Punkte und/oder Ausrufezeichen voneinander getrennt. Z.B. wird mit

```
Application.Forms("frmCocktail").Controls("txtCocktail").Value = "Zoom"
```

dem Steuerelement `txtCocktail` auf dem Formular `frmCocktail` der Wert `Zoom` zugewiesen. Hierbei trennen die Punkte jeweils die verschiedenen Objekte und Auflistungen der unterschiedlichen Hierarchieebenen voneinander ab. Der letzte Punkt steht zwischen dem Objekt und seiner Eigenschaft `Value`. In der Regel ist es nicht immer notwendig, den gesamten Pfad aufzuführen. Wie weit oben in der Hierarchie der Ebenen zu beginnen ist, hängt vom Kontext ab, in dem die

Anweisung aufgerufen wird. Die oben dargestellte Anweisung kann so überall in Access verwendet werden. Da die Zeile jedoch in Access programmiert und ausgeführt werden soll, besteht beispielsweise nicht die Notwendigkeit, mit dem Wort `Application` zu beginnen. Die Anweisung

```
Forms("frmCocktail").Controls("txtCocktail").Value = "Zoom"
```

wäre absolut ausreichend. Programmieren Sie das Klassenmodul des Formulars `"frmCocktail"`, so ist die folgende Zeile ausreichend:

```
Controls("txtCocktail").Value = "Zoom"
```

Um Objekte in Auflistungen anzusprechen, bietet Access verschiedene Varianten an. In einer Auflistung kann jedes Objekt über seinen Namen in der Form

```
Auflistung("Objektname")
```

angesprochen werden. Der `Objektname` wird als Zeichenkette (`String`) übergeben. In einem Programm könnte die Übergabe der Objektnamen auch in der Form

```
...
Dim strFormName As String
Dim strSteuerelement As String

strFormName = "frmCocktail"
strSteuerelement = "txtCocktail"
Forms(strFormName).Controls(frmSteuerelement).Value = "Zoom"
...
```

durchgeführt werden. Diese Schreibweise hat Vorteile, z.B. wenn auf einem Formular fünf Steuerelemente angeordnet sind, die mit `txtFeld1` bis `txtFeld5` benannt sind. Mit

```
...
Dim strTmp As String
Dim intCnt As Integer

For intCnt = 1 To 5
    strTmp = "txtFeld" & intCnt
    Forms("frmCocktail").Controls(strTmp).Visible = False
Next
...
```

werden alle fünf Steuerelemente unsichtbar geschaltet.

Eine weitere, insbesondere in Access häufig eingesetzte Schreibweise ist

```
Auflistung!Objektname
```

bei der Auflistung und Objektname durch ein Ausrufezeichen getrennt werden. Unser Beispiel könnte also auch als

```
Forms!frmCocktail.Controls!txtCocktail.Value = "Zoom"
```

formuliert werden. Enthält der Objektname Leerzeichen, so muss er in eckige Klammern eingeschlossen werden, wie beispielsweise

```
Forms![Cocktail ohne Bild].Controls![Cocktail Name].Value = "Zoom"
```

Alternativ steht Ihnen ein Zugriff über die Indexnummer eines Objekts in der Auflistung wie

```
Auflistung(Index)
```

zur Verfügung. Mit

```
...
Dim intCnt As Integer

For intCnt = 0 To Forms!frmCocktail.Controls.Count - 1
   MsgBox Forms!frmCocktail.Controls(intCnt).Name
Next
...
```

werden die Namen aller Steuerelemente des Formulars `frmCocktail` ausgegeben, vorausgesetzt, es ist geöffnet. `Count` ist übrigens eine Eigenschaft der Auflistung `Controls`, die die Anzahl der Objekte in der Auflistung enthält (siehe Abschnitt 9.3, »Eigenschaften«). Zum Durchlaufen einer Auflistung eignet sich besonders der Befehl `For Each...Next`, denn dafür muss Ihnen die Zahl der Elemente nicht bekannt sein.

```
...
Dim ctl As Control

For Each ctl In Forms!frmCocktail.Controls
   MsgBox ctl.Name
Next
...
```

Da `Controls` die Standardauflistung eines Formularobjektes ist, kann abgekürzt anstelle von

```
Forms!frmCocktail.Controls!txtCocktail.Value = "Zoom"
```

auch

```
Forms!frmCocktail!txtCocktail.Value = "Zoom"
```

geschrieben werden. Und da `Value` die Standardeigenschaft eines Text-Controls ist, genügt:

```
Forms!frmCocktail!txtCocktail = "Zoom"
```

Microsoft ist zur Zeit der Drucklegung dieses Buchs dabei, die Programmiersprache Visual Basic komplett zu überarbeiten. Im Rahmen seiner .NET-Strategie (dotnet gesprochen) wurde Visual Basic verbessert und vereinfacht, wobei die Programmiertechnik der Objektorientierung als Grundlage gewählt wurde. Es ist absehbar, dass dieses überarbeitete Visual Basic auch in künftigen Access-Versionen eingesetzt wird. Eine der Änderungen in Visual Basic in der .NET-Umgebung ist, dass es keine Standardeigenschaften mehr gibt. Verzichten Sie auf die abgekürzten Schreibweisen, so werden Sie bei der Umsetzung auf künftige Access-Versionen wahrscheinlich weniger Arbeit haben.

Ausrufezeichen oder Punkt: In der Regel finden Sie hinter einem Ausrufezeichen ein selbstgeneriertes Objekt, beispielsweise ein Formular oder einen Bericht. Das Ausrufezeichen zeigt auch an, dass das folgende Objekt Element einer Auflistung ist. Hinter einem Punkt folgt hingegen eine Auflistung, Eigenschaft oder Methode.

9.1.2 Zuweisungen an Objektvariablen

Auflistungen und Objekte können mit Objektvariablen in einem Programm verwaltet werden. Im folgenden Programmfragment wird eine Variable `frm` vom Typ `Form` deklariert. Mithilfe des Befehls `Set` wird der Objektvariablen ein Wert zugewiesen.

```
...
Dim intCnt As Integer
Dim ctl As Control
Dim frm As Form

Set frm = Forms!frmCocktail
For Each ctl In frm.Controls
   MsgBox ctl.Name
Next
...
```

Entsprechend kann auch eine Objektvariable für eine Auflistung vereinbart werden.

```
...
Dim frms As Forms
Dim frm As Form

Set frms = Forms
Set frm = frms!frmCocktail
...
```

9.2 Methoden

Als Methode wird ein Vorgang, eine Tätigkeit bezeichnet, die mit oder von einem Objekt ausgeführt werden kann. Die Methode `SetFocus` setzt den Fokus auf ein Steuerelement, aktiviert es also, um es zu bearbeiten.

```
Dim ctl As Control

Set ctl = Forms!frmCocktail!txtCocktail
ctl.SetFocus
```

Viele Methoden übergeben Argumente, um deren Ausführung zu spezifizieren. Beispielsweise wird mit der Methode `OpenForm` des `DoCmd`-Objekts

```
DoCmd.OpenForm "frmCocktail"
```

das Argument `"frmCocktail"` übergeben. Der Befehl öffnet das angegebene Formular am Bildschirm. Nähere Informationen zum `DoCmd`-Objekt erhalten Sie in Kapitel 23, »Anwendungsentwicklung«. Die allgemeine Form der `OpenForm`-Methode lautet:

```
DoCmd.OpenForm Formularname [, Ansicht] [, Filtername] [, Bedingung]
[, Datenmodus] [, Fenstermodus] [, Öffnungsargumente]
```

In Visual Basic gibt es zwei verschiedene Möglichkeiten, Argumente einer Methode zu übergeben: entweder durch deren Reihenfolge oder durch ihren Namen.

Übergabe in der Reihenfolge

Die Übergabe durch die Reihenfolge der Argumente spart zwar unter Umständen Tipparbeit, hat aber den Nachteil, dass die in der Syntax beschriebene Reihenfolge der Argumente strikt eingehalten werden muss. Mit dieser Methode heißt unser `OpenForm`-Befehl, wenn das Formular im Ansichtsmodus `acNormal` mit der Bedingung `"[txtCocktail] = 'Zoom'"` geöffnet werden soll, folgendermaßen:

```
DoCmd.OpenForm "frmTest",  acNormal,  , "TestNr = 1"
```

Benötigen Sie einen Parameter nicht, muss trotzdem das entsprechende Komma gesetzt werden, wobei Kommata am Ende der Zeile weggelassen werden können.

Diese Methode hat einen ganz eindeutigen Nachteil: Sie müssen immer die Reihenfolge der Argumente, die Sie verwenden, im Kopf haben. Eine falsche Reihenfolge erzeugt unter Umständen auch einen anderen Ausgang des Befehls.

Benannte Parameter

Access bietet zudem die Möglichkeit, mit benannten Parametern zu arbeiten, beispielsweise öffnet

```
DoCmd.OpenForm "frmTest", WhereCondition:="TestNr = 1", View:=acNormal
```

das Formular mit den angegebenen Parametern. Sie müssen bei benannten Parametern nicht auf die Reihenfolge und die richtige Anzahl von Kommata zwischen den Parametern achten.

Die Methode hat allerdings ebenfalls einen Nachteil: Access erwartet die englischen Parameterbezeichnungen. In der Hilfe jedoch werden zu jedem Befehl die deutschen und nicht die englischen Parameterbezeichnungen angegeben. Die einzige Möglichkeit, sich relativ einfach zu behelfen, besteht darin, mit der Direkthilfe zu arbeiten.

Verwenden Sie, um die Direkthilfe im Visual Basic-Editor zu aktivieren, den Befehl *EXTRAS Optionen*. Klicken Sie das Kontrollkästchen zu *Automatische QuickInfo* an. Eine weitere Alternative besteht darin, mit dem Objektkatalog (siehe folgender Abschnitt) zu arbeiten. Auch dort werden die Parameter englisch angegeben.

9.3 Eigenschaften

Eigenschaften beschreiben Objekte. Sie geben beispielsweise deren Farbe, Größe oder Namen wieder. Es gibt bestimmte Eigenschaften, die existieren nur für ein einziges Objekt, andere Eigenschaften gibt es für viele verschiedene Objekte.

Im Gegensatz zu Methoden werden für Eigenschaften keine Argumente übergeben. Wie in

```
Forms("frmCocktail").Controls("txtCocktail").Visible = False
```

wird zunächst das Objekt benannt, nach dem Punkt dann die Eigenschaft und durch ein Gleichheitszeichen getrennt der neue Wert der Eigenschaft. Mit dieser Programmzeile wird die Eigenschaft `Visible` auf `False` gesetzt. Dadurch wird das Steuerelement unsichtbar.

Soll eine Eigenschaft nicht neu gesetzt, sondern abgefragt werden, kann dies mit

```
...
Dim fUnsichtbar As Boolean

fUnsichtbar = Forms("frmCocktail").Controls("txtCocktail").Visible
...
```

geschehen, der Variablen `fUnsichtbar` wird so entsprechend der Eigenschaft des Kontrollfeldes `True` oder `False` zugewiesen.

9.4 Der Objektkatalog

Für die Programmierung steht zu Ihrer Unterstützung der *Objektkatalog* bereit, mit dessen Hilfe Sie Methoden und Eigenschaften von Objekten ermitteln und in Ihr Programm übernehmen können.

Der Objektkatalog kann im Visual Basic-Editor über die links dargestellte Schaltfläche, über *ANSICHT Objektkatalog* oder die F2-Taste geöffnet werden.

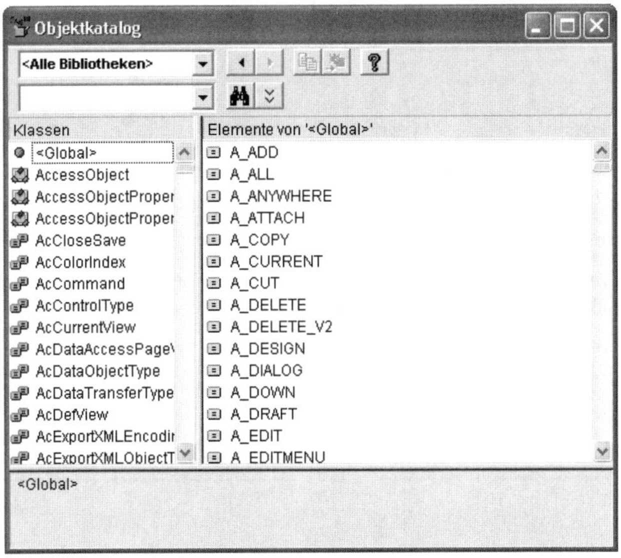

Bild 9.2: Dialogfeld Objektkatalog

Alle zur Verfügung stehenden Objekte sind in Objektbibliotheken zusammengefasst. Jede Applikation wie Access, Excel, Word usw. bildet eine eigene Bibliothek, aber auch Komponenten wie die Datenzugriffsschnittstellen DAO oder ADO verfügen über eigene Bibliotheken. Die einzelnen Objekte werden in der Liste der Klassen aufgeführt. Eine Klasse beschreibt die Eigenschaften und Methoden eines Objekts.

Zu einer Objektbibliothek oder einer Datenbank können Sie sich alle Objekte sowie die dazugehörigen Methoden und Eigenschaften anschauen. Im nächsten Bild wurde beispielsweise die Objektbibliothek *ADODB* der Datenzugriffsschnittstelle ADO selektiert.

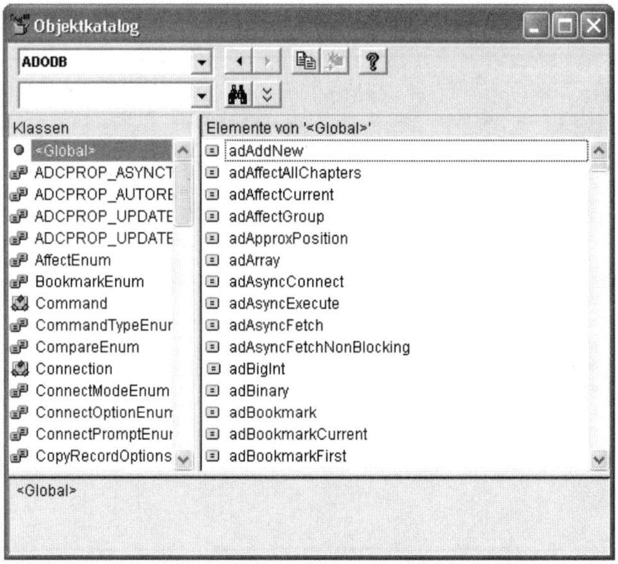

Bild 9.3: Objekte der Bibliothek ADODB

Selektieren Sie links eine Klasse, erhalten Sie auf der rechten Seite die Auflistung der Eigenschaften und Methoden, die ein Objekt auf Basis der Klasse hat. Wählen Sie eine Eigenschaft oder Methode im rechten Listenfeld, so werden Informationen zum ausgewählten Objekt im unteren Bereich des Dialogfeldes gezeigt.

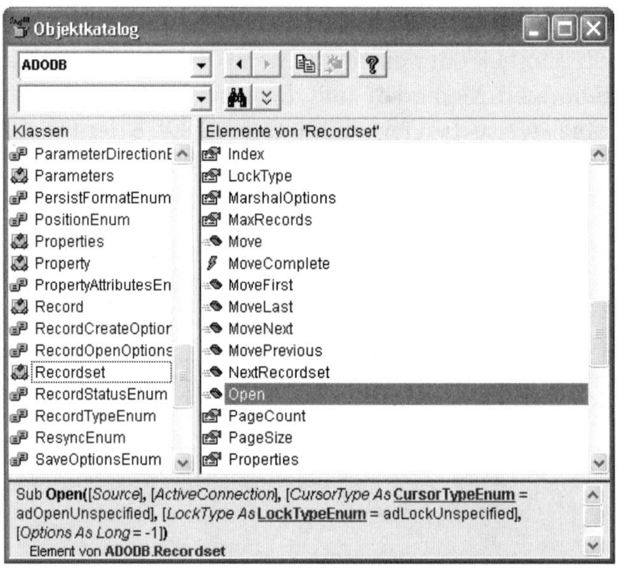

Bild 9.4: Methoden und Eigenschaften von Recordset

Möchten Sie selektierte Objekte in Ihr Programm aufnehmen, betätigen Sie die links dargestellte Schaltfläche. Der markierte Text wird in die Zwischenablage aufgenommen und kann in Ihrem Programm mit *BEARBEITEN Einfügen* eingesetzt werden.

Zum Suchen nach bestimmten Begriffen, Methoden oder Eigenschaften verwenden Sie das Kombinationsfeld unterhalb des Auswahlfeldes für die Bibliotheken. In folgendem Beispiel wurden alle Vorkommen des Begriffs »Recordset« angefordert. Durch Betätigung der Schaltfläche mit dem Fernglas wird der Suchvorgang gestartet und das Ergebnis in dem um den Bereich *Suchergebnisse* erweiterten Dialogfeld angezeigt.

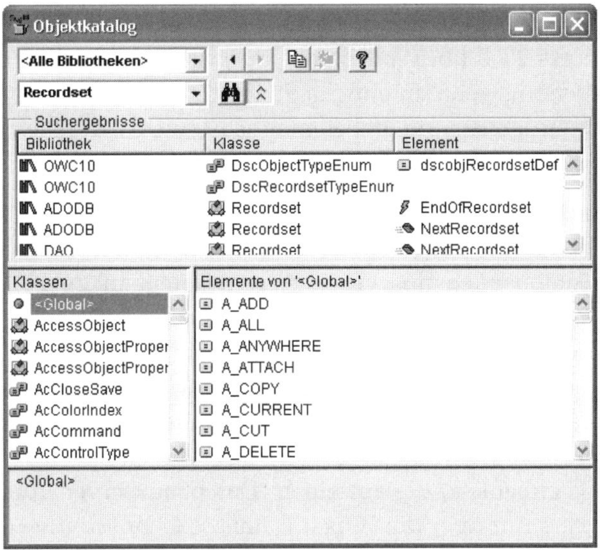

Bild 9.5: Suchen im Objektkatalog

Programmieren Sie eigene neue Objekte in der aktuellen Datenbank, so werden diese im Objektkatalog fett dargestellt.

Die links dargestellte Schaltfläche ermöglicht es Ihnen, direkt zur Definition des markierten Objekts das entsprechende Modul zu laden, d.h., das entsprechende Modul wird zur Bearbeitung auf den Bildschirm geholt.

9.5 ADO und DAO

In Access 2002 existieren zwei Datenzugriffsschnittstellen: »Data Access Objects«, DAO, und »ActiveX Data Objects, ADO. DAO ist die klassische Access-Datenzugriffsschnittstelle, die in den vorangegangenen Access-Versionen eingesetzt und immer wieder verbessert wurde. Die Schnittstelle ist für den Zugriff auf relationale Datenbestände konzipiert worden. ADO wiederum ermöglicht den Zugriff auf beliebige, nicht unbedingt relationale Daten und wurde im Zuge der Internet-Aktivitäten von Microsoft entwickelt.

Ablösung oder Koexistenz?

Mit Access 2000 begann Microsoft, DAO durch ADO abzulösen. Allerdings versucht Microsoft dabei, die Kompatibilität der Versionen nicht zu verlieren, sodass die Evolution von DAO zu ADO nicht immer konsequent innerhalb von Access durchgeführt wurde. Böse Zungen behaupten, dass Microsoft einfach nicht rechtzeitig mit den ADO-Komponenten fertig geworden ist, sodass doch noch sehr viel DAO in Access 2000 übrig blieb. Wie auch immer, für die Programmierung in Access 2002 benötigt man an einigen Stellen DAO, sollte aber (laut Microsoft) eigentlich ADO einsetzen und dabei möglichst nichts durcheinander bringen. Wir gehen davon aus, dass DAO noch lange Jahre im Einsatz sein wird.

Mit jeder der Access-Versionen in den letzten Jahren wurde DAO verbessert und erweitert. DAO ist heute ausgereift und stabil. Aber DAO ist in erster Linie für lokale Access-Datenbanken ausgelegt. Access-Datenbankzugriffe auf Datenbestände auf einem Netzwerkserver sind nicht sehr effektiv, sodass beim Einsatz von Access in Netzwerken die Leistung beim Zugriff mehrerer Benutzer auf die gleichen Daten sehr zu wünschen übrig ließ. Zunehmend kam die Anforderung hinzu, mit Access auf Datenbestände anderer Datenbanken zuzugreifen, insbesondere auf Datenbanken wie Microsoft SQL Server, Oracle, IBM UDB und viele andere. Diese Datenbanken, die auf einem Datenbankserver in einem Netzwerk laufen, kann Access nur über die »Open Database Connectivity« (ODBC) ansprechen. Leider ist für viele Datenbankoperationen die Zugriffsgeschwindigkeit auf die Daten unzureichend. Microsoft erweiterte daraufhin DAO um die `ODBCDirect`-Komponente (siehe Kapitel 25), die eine direktere Programmierung der ODBC-Schnittstelle erlaubt.

Programmieren in Access 2002

Auch wenn Microsoft eindringlich empfiehlt, doch möglichst immer ADO zu verwenden, ist es jedoch in der Praxis oft nicht möglich, auf DAO zu verzichten. Bei normalen Access-Datenbanken wird für Tabellen, Abfragen, Formulare und Berichte intern die DAO-Bibliothek eingesetzt. In Modulen sowie in Modulen von Formularen und Berichten (Code behind forms) wird dagegen standardmäßig ADO verwendet. Nur in Access-Projekten, den speziellen Access-Datenbanken für den Zugriff auf Datenbankserver, wird für alle Komponenten ADO benutzt. Während DAO auch in Access 2002 für MDB-Datenbanken integraler

Bestandteil ist, verhält sich ADO eher wie eine zusätzlich aufgesetzte Schnittstelle.

Die Unterschiede sind vielfältig: DAO (in Access 2002 in der Version 3.6) verwendet den Datenbankkern Jet 4.0. Jet 4.0 verfügt über den in Kapitel 3 beschriebenen SQL-Sprachumfang. ADO dagegen greift auf Datenbanken über den Jet 4.0-OLE DB-Provider zu. ADO hat einen gegenüber DAO 3.6 erweiterten SQL-Wortschatz und verfügt über mehr Möglichkeiten.

DAO kann direkt auf Jet-Tabellen und Abfragen zugreifen und beispielsweise deren Strukturen verändern. Mit DAO lässt sich z.B. relativ einfach ein neues Feld zu einer Tabelle hinzufügen. ADO verfügt selbst über keine einfachen Möglichkeiten zur Änderung von Strukturen, sondern muss dafür die Hilfe der zusätzlichen Schnittstellen ADOX (»ADO Extensions for Data Definition Language (DDL) und Security«) und JRO (»Jet and Replication Objects«) in Anspruch nehmen.

Umsteigen?

Haben Sie bisher mit DAO programmiert, werden Sie viele Gemeinsamkeiten und Ähnlichkeiten zwischen DAO und ADO (nicht nur die drei Buchstaben) feststellen. Und es besteht eigentlich keine Notwendigkeit, auf ADO zu wechseln, es sei denn, Sie möchten ADO-spezifische Erweiterungen nutzen oder Sie greifen auf Daten auf einem Microsoft SQL Server, Microsoft SQL Server Desktop Engine oder einen anderen Datenbankserver zu.

Noch eine kurze Anmerkung zur Access-Hilfe: Hier liegt unserer Meinung nach der größte Schwachpunkt bei der Hinzunahme von ADO. Da ADO und DAO viele Komponenten mit gleichen Namen besitzen, gibt es in der Hilfe oft Verweise auf die jeweils andere Bibliothek. Auch werden viele SQL-Befehle beschrieben, die sich mit Access-Abfragen und DAO nicht einsetzen lassen, sondern nur mit ADO.

In Kapitel 10 beschreiben wir die ADO-Datenbankzugriffsschnittstelle. DAO wird anschließend in Kapitel 11 behandelt.

9.6 Vergleichstabelle DAO und ADO

Der folgenden Tabelle können Sie entnehmen, welche Funktionalitäten von welcher Bibliothek abgedeckt werden. Alle Bibliotheken werden in den nächsten Kapiteln erläutert.

Tabelle 9.1: Bibliotheken und ihre Funktionalitäten

Funktionalität	DAO	ADO	ADOX	JRO
Erstellung von Ergebnismengen (Recordsets) auf Basis von SQL-Zeichenfolgen	✓	✓		
Ausführung von SQL-Parameterabfragen	✓	✓		
Ausführung von SQL-Aktionsabfragen	✓	✓		
Ausführung von SQL-Datendefinitionsabfragen	✓	✓		
Unterstützung für ANSI92 SQL		✓	✓	
Erstellen von Tabellen	✓		✓	
Neue Datenbanken erstellen	✓		✓	
Eigenschaften existierender Tabellen ändern	✓		✓	
Erstellen von Beziehungen zwischen Tabellen	✓		✓	
Neue Benutzer/-gruppen erstellen	✓		✓	
Bearbeiten von Sicherheitseinstellungen	✓		✓	
Unterstützung für Datentyp Dezimal			✓	
Unterstützung für Eigenschaft Komprimiert für Tabellenspalten			✓	
Ausführung von gespeicherten SQL-Abfragen	✓		✓	
Erstellung von gespeicherten Abfragen, die nur durch VBA-Code auszuführen sind			✓	
Erstellung von gespeicherten Abfragen, die durch die Access-Benutzeroberfläche ausgeführt werden können	✓			
Komprimieren von Datenbanken	✓			✓
Verschlüsseln von Datenbanken	✓			✓
Synchronisieren von Repliken	✓			✓
Benutzerdefinierte Eigenschaften für Datenbanken erstellen	✓			
Bearbeiten von Spalteneigenschaften von Tabellen	✓			

10 Die Programmierschnittstelle ADO

Wir möchten Ihnen in diesem und den nächsten Kapiteln die Programmierschnittstelle ADO beschreiben.

ADO, »Active Data Objects«, ist ein Teil von UDA, »Universal Data Access«, mit dem Microsoft eine einheitliche Schnittstelle zu beliebigen Daten bereitstellen möchte. UDA soll den Zugriff auf jede Art von elektronisch gespeicherten Daten ermöglichen, seien es relationale Datenbanken, Dateien, Internet-Daten oder elektronische Mailboxen. ADO soll zu all diesen Datenquellen eine einheitliche Schnittstelle bereitstellen.

ADO verwendet für den Zugriff auf die Datenbank die Schnittstelle OLE DB. OLE DB ist als Nachfolger für die Schnittstelle ODBC, »Open Database Connectivity«, zu sehen. ODBC, für den Zugriff auf relationale Datenbanken konzipiert, war in der Praxis aber oft nicht leistungsfähig und schnell genug. OLE DB, als weiterer Bestandteil von UDA, soll besser und direkter als ODBC einen Zugriff auf beliebige Datenbestände erlauben. Nicht für alle Datenbanken gibt es echte (native) OLE DB-Treiber, daher hat Microsoft einen OLE DB-Treiber für ODBC entwickelt, der über ODBC einen Zugriff realisiert, allerdings mit den bekannten Schwächen von ODBC. ODBC-Treiber existieren für fast alle am Markt gängigen Datenbanken. Übrigens bezeichnet Microsoft OLE DB-Treiber als »OLE DB-Provider«. Weitere Informationen zu OLE DB erhalten Sie in Teil 7.

10.1 Das ADO-Objektmodell

Das ADO-Objektmodell ist einfach. Die oberste Ebene bildet das `Connection`-Objekt, das die Informationen über die Verbindung zur Datenbank beinhaltet.

`Recordset`-Objekte dienen dem Zugriff auf Datensätze. Die einzelnen Felder eines Datensatzes werden über die `Fields`-Auflistung angesprochen. Die Datensätze für ein `Recordset` werden über SQL-Abfragen ausgewählt. `Command`-Objekte dienen zur Ausführung von Abfragen mit und ohne Parameter. Mögliche Fehler werden mithilfe der `Errors`-Auflistung verwaltet.

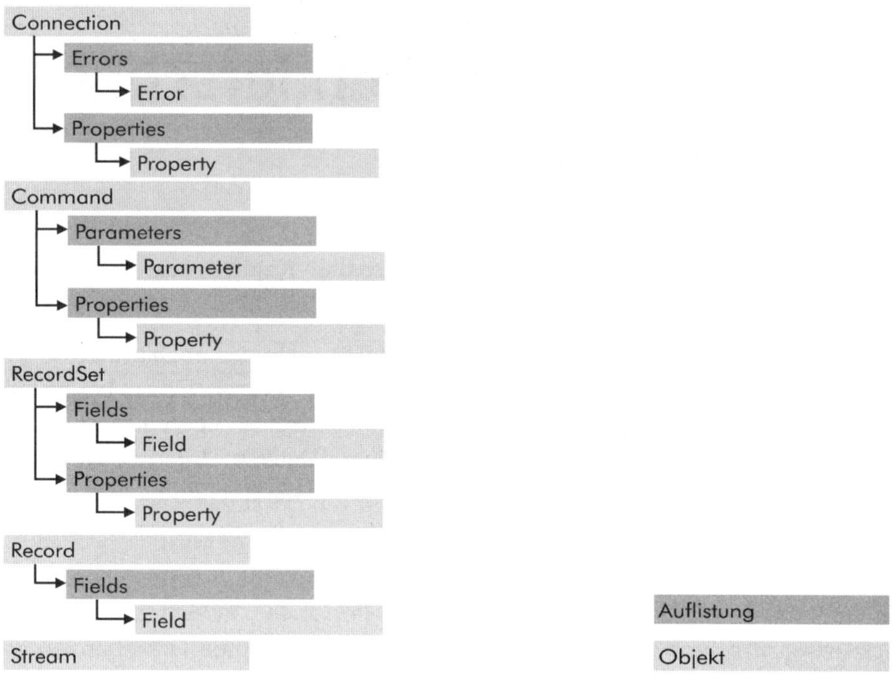

Bild 10.1: ADO-Objektmodell

Verweis auf die ADO-Bibliothek

Die ADO-Bibliothek ist als Standard von Access für die Programmierung mit VBA vorgesehen, wenn Sie eine neue Access 2002/2000-Datenbank öffnen. Konvertieren Sie eine Access 95- oder 97-Datenbank, so ist als Bibliothek DAO eingetragen. Möchten Sie dann in ADO programmieren, müssen Sie aus dem Visual Basic-Editor heraus über *EXTRAS Verweise* das Dialogfeld *Verweise* aufrufen und die ADO-Bibliothek selektieren, so wie es in Bild 10.2 gezeigt ist.

Beachten Sie dabei, nicht aus Versehen den Verweis auf die ADOR-Bibliothek (»ActiveX Data Objects Recordset Library«) zu setzen. Diese Bibliothek ist eine abgespeckte ADO-Bibliothek, die in erster Linie für den Internet-Einsatz konzipiert ist. Sie bietet nicht alle Objekte, Methoden und Eigenschaften der ADO-Bibliothek.

Mit Microsoft Office XP wird die ADO-Bibliothek in der Version 2.5 ausgeliefert, die wir für unsere Beispiele verwenden. Access 2000 verwendete ADO 2.1. Access 2002 kann mit MDB-Datenbanken in den Formaten Access 2000 und 2002 arbeiten. Standardmäßig verwendet Access 2002 das Datenbankformat von Access 2000. Weitere Informationen dazu erhalten Sie in Kapitel 23, »Anwendungsentwicklung«, im Abschnitt 23.5.

Datenbanken im Access 2000-Format verwenden als Standard einen Verweis auf die ADO-Bibliothek 2.1, Datenbanken im Access 2002-Format referenzieren auf ADO 2.5.

ADO 2.5 unterscheidet sich von ADO 2.1 unter anderem durch zwei neue Objekte, `Record` und `Stream`. Die sonstige Funktionalität entspricht weitgehend der von ADO 2.1. `Record`- und `Stream`-Objekte werden im Rahmen dieses Buchs nicht besprochen.

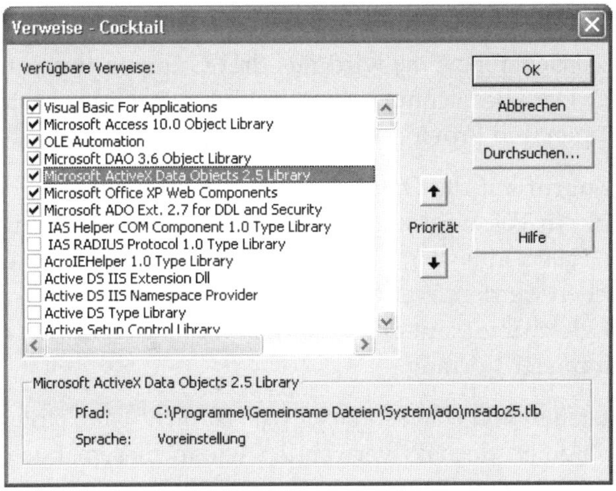

Bild 10.2: Verweis auf die ADO-Bibliothek

10.2 Die Verbindung: Connection

Die oberste Ebene des ADO-Objektmodells ist die `Connection`. Darin ist der Zugriff auf einen OLE DB-Provider beschrieben.

10.2.1 Die Open-Methode

Möchten Sie beispielsweise eine Verbindung zur Access-Datenbank *Cocktail.mdb* aufbauen, so setzen Sie dazu die Methode `Open` ein:

```
Dim conn As ADODB.Connection

Set conn = New ADODB.Connection
conn.Open "Provider=Microsoft.Jet.OLEDB.4.0;" & _
      "Data Source=C:\Cocktail\Cocktail Daten.mdb;User ID=Admin;"
```

Beachten Sie das Befehlswort `New` in der Objektzuweisung, denn es ist notwendig, vor dem Öffnen einer Verbindung ein `Connection`-Objekt neu zu erzeugen. Es ist auch möglich, den Befehl direkt in der Dimensionierungsanweisung einzubauen:

```
Dim conn As New ADODB.Connection
```

Dies ist allerdings die langsamere Variante. Die allgemeine Form der `Open`-Methode lautet:

```
conn.Open Connectionstring, UserID, Password, Options
```

Der Parameter `Connectionstring` wird aus drei Gruppen von Informationen zusammengesetzt: Der Bezeichnung des OLE DB-Providers, standardmäßigen ADO-Informationen und Provider-spezifischen Informationen.

Sollte für den Zugriff auf die Daten mithilfe des OLE DB-Providers eine Benutzerkennung und ein Passwort angegeben werden müssen, kann dies innerhalb des Parameters `Connectionstring` oder explizit über die Parameter `UserID` und `Password` übergeben werden. Werden Benutzerkennung und Passwort im `Connectionstring` und gleichzeitig mit den Parametern `UserID` und `Password` angegeben, so haben die Parameter Vorrang.

Das Zusammenstellen von `Connectionstrings` ist nicht ganz einfach und sehr anfällig für Schreibfehler, deshalb verwenden wir in diesem Buch im Normalfall das Objekt `CurrentProject`.

Das CurrentProject-Objekt

Im weiteren Verlauf des Kapitels beschränken wir uns darauf, eine Verbindung zur aktuell geöffneten Access-Datenbank herzustellen. Dazu benötigen wir kein neues `Connection`-Objekt, sondern können das `Connection`-Objekt verwenden, das über das `CurrentProject`-Objekt von Access zur Verfügung gestellt wird.

```
Dim conn As ADODB.Connection
Set conn = CurrentProject.Connection
```

`CurrentProject` ist ein Verweis auf die aktuelle Datenbank. Die Eigenschaft `Connection` enthält den Verweis auf das entsprechende `Connection`-Objekt. Hierbei muss kein neues Objekt erzeugt werden, es kann deshalb auf `New` verzichtet werden.

Recordsets, die auf Basis des `Connection`-Objekts von `CurrentProject` geöffnet werden, verwenden immer optimistisches Locking (siehe Kapitel 18, »Multiuser-Zugriffe«).

Neu in Access 2002 ist das `AccessConnection`-Objekt, das zu `CurrentProject` hinzugefügt wurde. Während `Connection` zum Zugriff auf Jet-Datenbanken den Microsoft Jet OLE DB-Provider (`Microsoft.Jet.OLEDB.4.0`) verwendet, arbeitet `AccessConnection` mit zwei OLE DB-Providern: Als Data-Provider wird ebenfalls der Microsoft Jet OLE DB-Provider eingesetzt, zusätzlich wird der mit Access 2002 neu hinzugekommene Microsoft Access 10 OLE DB-Provider (`Microsoft.Access.OLEDB.10.0`) als Service-Provider verwendet. Der Microsoft Access 10 OLE DB-Provider wurde speziell für den Einsatz in Access entwickelt.

Einige Funktionen, wie beispielsweise `Sort` für Recordsets, arbeiten für Jet-Datenbanken nur dann, wenn `CurrentProject.AccessConnection` verwendet wird.

Recordsets auf Basis von `CurrentProject.AccessConnection` können in gebundenen Access-Formularen eingesetzt werden. Im Unterschied zu ADO-Recordsets auf `CurrentProject.Connection`-Grundlage sind die Daten im gebundenen Formular nicht schreibgeschützt (sofern das ADO-Recordset selbst nicht schreibgeschützt ist). Mehr zum Einsatz von ADO-Recordsets in gebundenen Formularen finden Sie in Kapitel 14, »Formulare«, im Abschnitt 14.3.16.

Connectionstring-Informationen

Mit dem folgenden Befehl, den Sie im Direktbereich im Visual Basic-Editor (*ANSICHT Direktfenster*) eingeben können, erhalten Sie den `Connectionstring` des `Connection`-Objekts der aktuellen Datenbank.

```
?CurrentProject.Connection.ConnectionString
```

Der `Connectionstring` wird ähnlich aussehen wie:

```
Provider=Microsoft.Jet.OLEDB.4.0;
User ID=Admin;
Data Source=C:\Cocktail\Cocktail2002.mdb;
Mode=Share Deny Read|Share Deny Write; Mode=Share Deny None;
Extended Properties="";
Jet OLEDB:System database=C:\PROGRA~1\MICROS~3\Office\SYSTEM.MDW;
Jet OLEDB:Registry Path="";
Jet OLEDB:Registry Path=SOFTWARE\Microsoft\Office\10.0\Access\Jet\4.0
Jet OLEDB:Database Password="";
Jet OLEDB:Engine Type=5;
Jet OLEDB:Database Locking Mode=0;
Jet OLEDB:Global Partial Bulk Ops=2;
Jet OLEDB:Global Bulk Transactions=1;
Jet OLEDB:New Database Password="";
Jet OLEDB:Create System Database=False;
```

```
Jet OLEDB:Encrypt Database=False;
Jet OLEDB:Don't Copy Locale on Compact=False;
Jet OLEDB:Compact Without Replica Repair=False;
Jet OLEDB:SFP=False
```

Sie können die drei Teile des `Connectionstring` erkennen. Zuerst die Bezeichnung des Providers, hier der Jet-OLE DB-Provider, danach die allgemeinen ADO-Einstellungen. Alle Einträge, die mit `Jet OLEDB:` beginnen, enthalten spezifische Einstellungen für den Provider. Die Dokumentation der Provider-spezifischen Einstellungen wurde von Microsoft bisher nur sehr spärlich zur Verfügung gestellt, zu vielen Einträgen gibt es keine Erläuterung hinsichtlich der Bedeutung. Microsoft bietet auf *msdn.microsoft.com* unter dem Titel »ADO Provider Properties und Settings« weitere Informationen.

Die folgende Tabelle listet einige der für die Initialisierung einer Connection möglichen Eigenschaften auf.

Tabelle 10.1: Initialisierungseinstellungen für den Jet-OLE DB-Provider

Eigenschaft	Beschreibung
Data Source	Voller Pfad und Dateiname der zu öffnenden Datenbank
User ID	Benutzername; bei nicht geschützter Datenbank ist der Standardbenutzername »Admin« (siehe Kapitel 24, »Datensicherheit«)
Password	Kennwort; bei nicht geschützter Datenbank nicht benötigt (siehe Kapitel 24, »Datensicherheit«)
Mode	Öffnungsmodus der Datenbank: `adModeRead` (nur Lesen), `adModeWrite` (nur Schreiben), `adModeReadWrite` (Lesen/Schreiben), `adModeShareDenyRead` (andere Benutzer können die Datenbank nicht zum Lesen öffnen), `adModeShareDenyWrite` (andere Benutzer können die Datenbank nicht zum Schreiben öffnen), `adModeShareDenyExclusive` (andere Benutzer können die Datenbank nicht öffnen) oder `adModeShareDenyNone` (keine Einschränkungen)
Jet OLEDB:System Database	Pfad und Name der Systemdatenbank (siehe Kapitel 24, »Datensicherheit«)
Jet OLEDB:Database Password	Datenbankpasswort (siehe Kapitel 24, »Datensicherheit«)

Tabelle 10.1: Initialisierungseinstellungen für den Jet-OLE DB-Provider (Fortsetzung)

Eigenschaft	Beschreibung
Jet OLEDB:Encrypt Database	Gibt an, ob die Datenbank verschlüsselt ist (siehe Kapitel 24, »Datensicherheit«)
Jet OLEDB:Engine Type	Gibt zurück, welcher Treiber intern von der Jet-Engine genutzt wird. Je nach Datenformat der (verknüpften) Tabelle wird ein entsprechender ISAM-Treiber verwendet. **Engine-Typ** – **Einstellung** Unbekannt – 0 Microsoft Jet 1.0 – 1 Microsoft Jet 1.1 – 2 Microsoft Jet 2.0 – 3 Microsoft Jet 3.x (95, 97, 2000) – 4 Microsoft Jet 4.x (2000, 2002) – 5 dBase III – 10 dBase 4 – 11 dBase 5 – 12 Excel 3.0 – 20 Excel 4.0 – 21 Excel 5.0 (95) – 22 Excel 8.0 (97) – 23 Excel 9.0 (2000) – 24 Exchange 4 – 30 Text 1.x – 60 HTML 1.x – 70 und andere
Jet OLEDB:Global Bulk Transactions	Transaktionssicherung für Aktionsabfragen (siehe Kapitel 18, »Multiuser-Zugriffe«)
Jet OLEDB:Global Partial Bulk Ops	Stellt das Verhalten ein, wenn Aktionsabfragen nicht vollständig ausgeführt werden können. (siehe Kapitel 18, »Multiuser-Zugriffe«)
Jet OLEDB:Database Locking Mode	Bestimmt den Sperrmodus (siehe Kapitel 18, »Multiuser-Zugriffe«)

Datenlinks

Wenn Sie in Ihren Applikationen Connections zu anderen Datenbanken als der aktuellen benötigen, so ist es oft aufwändig, den `Connectionstring` zusammenzustellen. Arbeiten Sie beispielsweise mit wechselnden Datenquellen, so ist eine Änderung und Neuzusammenstellung des `Connectionstring` notwendig, wenn Sie eine andere Datenquelle anwählen.

Alle Informationen einer Verbindung, also des `Connection`-Objekts, lassen sich in einer Datenlink-Datei speichern. Datenlink-Dateien haben die Endung UDL.

Um eine neue Datenlink-Datei zu erzeugen, wählen Sie im Windows-Explorer einen Ordner aus. Klicken Sie im rechten Teilfenster mit der rechten Maustaste und wählen Sie im Kontextmenü den Eintrag *Neu/Microsoft Datenlink* oder wählen Sie *Datei/Neu/Microsoft Datenlink*. Geben Sie der so erstellten neuen Datei einen Namen, hier im folgenden Beispiel heißt die Datei *Cocktail.UDL*. In Windows 2000 bzw. XP steht der Befehl *Datei/Neu/Microsoft Datenlink* nicht zur Verfügung. Behelfen Sie sich damit, eine Textdatei mit der Endung *.TXT* zu erstellen und die Endung anschließend zu *.UDL* umzubenennen.

Öffnen Sie nun mit einem Doppelklick auf die Datei das Dialogfeld *Datenverknüpfungseigenschaften*. Auf dem ersten Registerblatt *Provider* bestimmen Sie den gewünschten Provider für die Verbindung.

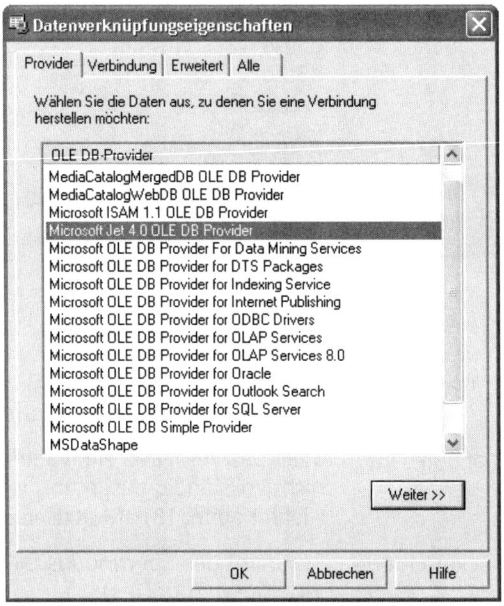

Bild 10.3: Provider-Auswahl

Den Datenbanknamen mit seinem Pfad sowie Benutzername und Kennwort legen Sie auf dem zweiten Registerblatt *Verbindung* fest. Verwenden Sie ein Kennwort, können Sie angeben, ob das Kennwort in der UDL-Datei gespeichert werden soll.

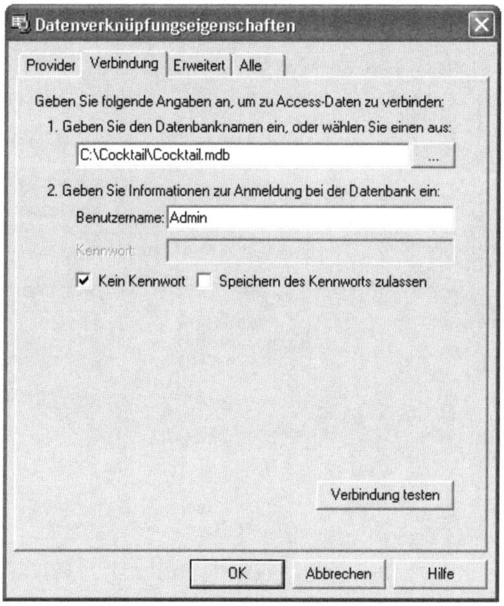

Bild 10.4: Verbindungseinstellungen

Auf dem dritten Registerblatt *Erweitert* können Sie den Modus für die Öffnung der Datenbank angeben. Auf dem letzten Registerblatt können Sie die allgemeinen und Provider-spezifischen Einstellungen vornehmen.

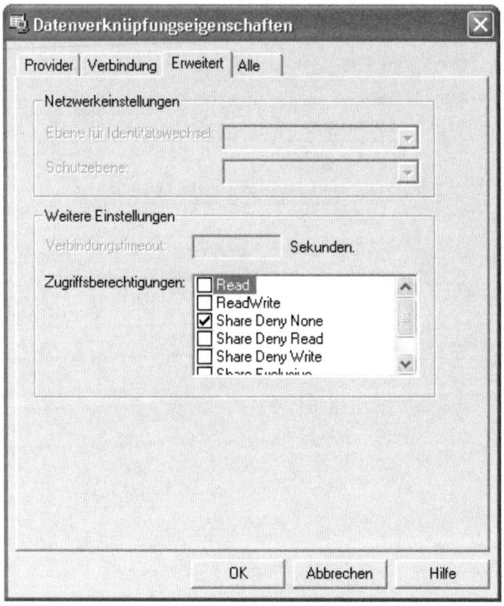

Bild 10.5: Öffnungsmodus

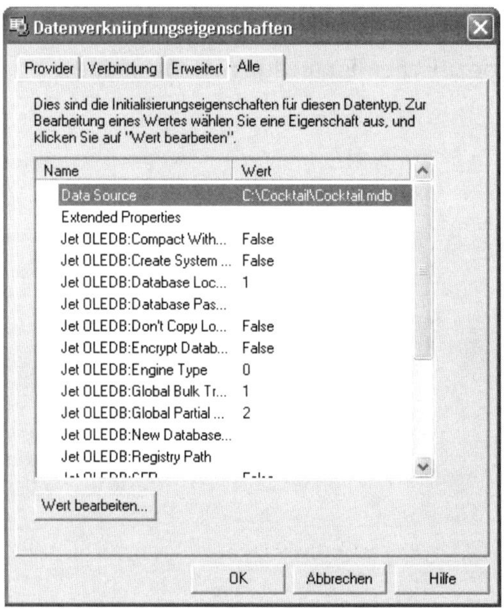

Bild 10.6: Allgemeine und Provider-spezifische Parameter

Das Öffnen einer Verbindung mithilfe einer Datenlink-Datei zeigt das folgende kleine Programm.

```
Sub TestDatenlink()
    Dim conn As ADODB.Connection

    Set conn = New ADODB.Connection
    conn.Open "File Name=C:\Cocktail\cocktail.udl"
    Debug.Print conn.ConnectionString
End Sub
```

10.2.2 Weitere Methoden des Connection-Objekts

Mithilfe der Methode `Execute` können SQL-Abfragen (Aktions- und Datendefinitionsabfragen) ausgeführt werden. Mehr dazu erfahren Sie in Abschnitt 10.4.1.

Die Methode `OpenSchema` ermöglicht es Ihnen, Informationen über die Struktur der verbundenen Datenbank zu erhalten. Die Methode wird in Kapitel 18, »Multiuser-Zugriffe« im letzten Abschnitt beschrieben. Dort finden Sie auch die Erläuterungen zu den Methoden `BeginTrans`, `CommitTrans` und `RollbackTrans`, die zur Transaktionssteuerung dienen.

10.3 Datenzugriff mit Recordsets

Der Zugriff auf Daten in Tabellen wird über `Recordset`-Objekte durchgeführt. Einem Recordset liegt immer eine Tabelle, eine Abfrage oder direkt ein SQL-Befehl zugrunde. Jedes Recordset erhält aufgrund der Datenbasis entsprechende Felder, die in einer `Fields`-Auflistung verwaltet werden.

Die in einem Recordset ermittelten Daten können datensatzweise, Zeile für Zeile, vorwärts und rückwärts durchlaufen werden. Mithilfe eines Datensatzzeigers wird die aktuelle Datenzeile bestimmt. Um den Datensatzzeiger im Recordset zu bewegen, stehen Ihnen eine Reihe von geeigneten Methoden zur Verfügung.

Ein `Recordset` wird mithilfe der Methode `Open` geöffnet:

```
recordset.Open [Source] [,ActiveConnection] [,CursorType] [,LockType]
                                                          [,Options]
```

Als `Source` kann der Name einer Tabelle, einer Abfrage oder ein SQL-Befehl eingesetzt werden.

Der Parameter `ActiveConnection` bestimmt, über welche Verbindung das Recordset aufgebaut werden soll. Um die aktuelle Access-Datenbank anzusprechen, können Sie hier `CurrentProject.AccessConnection` angeben. In Access 2000 wurde hier `CurrentProject.Connection` verwendet.

Mithilfe von `CursorType` wird festgelegt, welcher Art das Recordset sein soll. Die folgende Tabelle enthält die vier gültigen Konstanten.

Tabelle 10.2: CursorType-Konstanten

Konstante	Beschreibung
adOpenKeyset	Ein Recordset vom Typ `Keyset` (Schlüsselgruppe) besteht aus Zeigern auf die Daten von Tabellen oder Abfragen, d.h., es wird nur ein eindeutiger Schlüssel für jeden Datensatz in den lokalen Speicher geladen. In einer Mehrbenutzerumgebung werden durch andere Benutzer geänderte Datensätze direkt im Recordset gezeigt, nicht aber neue Datensätze.
adOpenDynamic	Ein Recordset dieses Typs verhält sich ähnlich wie ein `Keyset`. Neue und geänderte Datensätze anderer Benutzer werden gezeigt. Für Access-Datenbanken werden dynamische Recordsets als `Keyset` definiert.
adOpenStatic	Ein statisches Recordset enthält eine Kopie der Daten zu einem bestimmten Zeitpunkt. Änderungen durch andere Benutzer, die nach der Erstellung des Recordsets aufgetreten sind, werden nicht berücksichtigt.
adOpenForwardOnly	Ein Recordset dieses Typs verhält sich wie ein statisches Recordset, kann aber nur von vorne nach hinten durchlaufen werden.

Locking

Wenn mehrere Benutzer gleichzeitig versuchen, Daten einer Tabelle zu verändern, kann es vorkommen, dass zwei Benutzer den gleichen Datensatz gleichzeitig ändern. Um zu vermeiden, dass die Benutzer sich gegenseitig die Daten überschreiben, kann durch den Einsatz von Sperren, »Locks«, der Zugriff organisiert werden. Der `LockType`-Parameter muss daher eigentlich nur angegeben werden, wenn Sie die Daten des Recordsets verändern möchten, allerdings auch dann, wenn nur ein Benutzer auf die Daten zugreift. In Kapitel 18, »Multiuser-Zugriffe«, werden die verschiedenen `Locking`-Konstanten ausführlich beschrieben. In diesem Kapitel verwenden wir immer die Konstante `adLockOptimistic`.

Tabelle 10.3: LockType-Optionen

Option	Beschreibung
adLockReadOnly	Dies ist der Standardwert. Die Daten des Recordsets können nicht verändert werden.
adLockOptimistic	Die Daten des Recordsets können geändert werden, wobei die optimistische Sperrmethode eingesetzt wird.
adLockBatchOptimistic	Zu den Besonderheiten von Batch-Updates lesen Sie Abschnitt 10.3.11 in diesem Kapitel. Mit Batch-Updates können Sie mehrere Datensätze mit einer Operation aktualisieren.
adLockPessimistic	Die Daten des Recordsets können geändert werden, wobei die pessimistische Sperrmethode eingesetzt wird.

! **CurrentProject** weist eine Besonderheit auf. Recordsets, die auf Basis von `CurrentProject.Connection` oder `CurrentProject.AccessConnection` geöffnet werden, verwenden immer optimistisches Locking. Sehen Sie dazu auch Kapitel 18, »Multiuser-Zugriffe«.

Der optionale Parameter `Options` ermöglicht Ihnen, den Inhalt des Parameters `Quelle` genauer zu bestimmen, um so ADO bei der Auswertung behilflich zu sein. Durch die Angabe des Parameters muss ADO nicht die Auswertroutinen durch Analyse von `Quelle` selbst festlegen.

Tabelle 10.4: Options-Konstanten

Option	Beschreibung
adCmdUnknown	Dies ist der Standardwert. ADO muss selbst bestimmen, wie das Argument `Quelle` ausgewertet wird.
adCmdText	`Quelle` enthält eine Zeichenkette mit der entsprechenden SQL-Abfrage.
adCmdTable	`Quelle` enthält den Namen einer Tabelle. ADO erstellt selbsttätig eine SQL-Abfrage, die alle Zeilen mit allen Spalten der Tabelle zurückgibt. Intern ergänzt ADO den Tabellennamen mit "SELECT * FROM".
adCmdTableDirect	`Quelle` enthält den Namen einer Tabelle. Alle Zeilen und Spalten werden direkt zurückgegeben.
adCmdStoredProc	`Quelle` enthält den Namen einer gespeicherten Prozedur; in Access also den Namen einer Abfrage. Der Aufruf wird als {? = CALL proc(?)} umformatiert.
adCmdFile	Die Datensätze eines Recordsets lassen sich in eine Datei speichern. Mithilfe der Option `adCmdFile` kann eine gespeicherte Datei eingelesen werden.

Die folgenden Programmfragmente zeigen einige verschiedene Varianten, wie Sie ein Recordset öffnen können.

Zuerst wird die Tabelle *tblCocktail* mit den Standardeinstellungen geöffnet, also mit `adOpenForwardOnly` als `CursorType` und `adLockReadOnly` als `LockType`. Damit können die Daten des Recordsets nur von vorne nach hinten gelesen werden.

```
Dim rst As ADODB.Recordset
Dim conn As ADODB.Connection

Set rst = New ADODB.Recordset
Set conn = CurrentProject.AccessConnection
rst.Open "tblCocktail", conn
```

Im zweiten Beispiel wird eine Abfrage geöffnet, wobei die benannten Parameter verwendet wurden.

```
Dim rst As ADODB.Recordset

Set rst = New ADODB.Recordset
rst.Open _
       Source:="qryAlkoholfrei", _
       ActiveConnection:=CurrentProject.AccessConnection, _
       CursorType:=adOpenKeyset, _
       LockType:=adLockOptimistic
```

Der `Open`-Befehl lässt sich auch in der folgenden Weise verwenden:

```
Dim rst As ADODB.Recordset

Set rst = New ADODB.Recordset
rst.Source = "qryAlkoholfrei"
rst.ActiveConnection = CurrentProject.AccessConnection
rst.CursorType = adOpenKeyset
rst.LockType = adLockOptimistic
rst.Open
```

Die nächsten Zeilen laden die Daten der Tabelle *tblCocktail* nach dem Cocktailnamen sortiert.

```
Dim rst As ADODB.Recordset

Set rst = New ADODB.Recordset
rst.Open "SELECT * FROM tblCocktail ORDER BY tblCocktail.Cocktail", _
      CurrentProject.AccessConnection, adOpenKeyset, adLockOptimistic
```

Mit den Befehlen

```
Dim rst As ADODB.Recordset

Set rst = New ADODB.Recordset
rst.Open "qryAlkoholfrei", dbOpenForwardOnly
```

wird ein Vorwärts-Snapshot geöffnet. Die von der Abfrage zurückgelieferten Zeilen mit Daten können im Programm nur von vorne nach hinten durchlaufen werden.

Der Parameter CursorLocation

Von entscheidender Bedeutung für das Funktionieren von vielen in diesem Kapitel vorgestellten Methoden und Eigenschaften von Recordsets ist der Parameter `CursorLocation`. Der Parameter kann zwei Werte annehmen: `adUseServer` und `adUseClient`. Standardmäßig werden Recordsets mit `adUseServer` geöffnet.

Sollten ADO-Methoden und -Parameter nicht in der Weise funktionieren, wie Sie es erwarten, ist es sinnvoll zu kontrollieren, ob die Funktionen nicht nur für eine bestimmte `CursorLocation` ausführbar sind. Beispielsweise arbeiten die unten beschriebenen Funktionen zur Stapelverarbeitung (Batch) nur mit der Einstellung `adUseClient`.

Parameterkombinationen

Eine der Merkwürdigkeiten beim Einsatz von ADO ist, dass nicht immer die Parameterkombinationen für `CursorLocation`, `CursorType`, `LockType` und `Options`, die Sie vorgeben, auch tatsächlich so von ADO umgesetzt werden. Je nach OLE DB-Provider kann es sein, dass die von Ihnen gewünschte Parameterkombination nicht unterstützt wird. ADO setzt dann selbsttätig die Parameter so um, dass der OLE DB-Provider sinnvoll damit umgehen kann. Allerdings kann dies dazu führen, dass das Verhalten des Recordsets nicht Ihren durch die Parameter angegebenen Intentionen entspricht.

Für den Jet-4.0-OLE DB-Provider haben wir alle möglichen Parametervarianten (für `CurrentProject`) durchprobiert und das Ergebnis in die Tabelle *_tblOpen* geschrieben, die Sie in der Beispieldatenbank zu diesem Kapitel finden. Das entsprechende Programm zum Füllen dieser Tabelle heißt `TestRecordsetParameter()`.

10.3.1 Methoden und Eigenschaften

Access bietet Ihnen eine Reihe von Methoden an, um die Position des aktuellen Datensatzes zu bestimmen. Die folgende Tabelle führt die wichtigsten Befehle zur Navigation durch ein Recordset bzw. zur Bearbeitung von Recordsets auf.

Tabelle 10.5: Recordset-Methoden

Methode	Beschreibung
MoveFirst	bewegt den Datensatzzeiger zum ersten Datensatz.
MoveLast	bewegt den Datensatzzeiger zum letzten Datensatz.
MoveNext	bewegt den Datensatzzeiger zum nächsten Datensatz.
MovePrevious	bewegt den Datensatzzeiger zum vorhergehenden Datensatz.
Move *Zeilen* [,*Start*]	bewegt die angegebene Anzahl von Zeilen, bei negativen Werten rückwärts, bei positiven vorwärts. Der optionale Parameter *Start* ist vom Typ Variant. Er kann ein Lesezeichen (Bookmark) oder eine der folgenden Konstanten enthalten: adBookmarkCurrent (Voreinstellung) startet beim aktuellen, adBookmarkFirst beim ersten bzw. adBookmarkLast beim letzten Datensatz.
Find *Kriterien*	sucht den ersten Datensatz, der den Kriterien entspricht.
Seek *Vergleich, Schlüssel1, Schlüssel2, ...*	sucht in einem indizierten Recordset vom Typ *adCmdTableDirect*.
AddNew	hängt einen neuen, leeren Datensatz an das Recordset an.
Update	schreibt einen editierten oder neuen Datensatz.
Delete	löscht den aktuellen Datensatz.
CancelUpdate	bricht einen Edit- oder AddNew-Vorgang ab.
Requery	frischt den Recordset auf, also aktualisiert die Pointer-Liste im lokalen Arbeitsspeicher.
GetRows	übernimmt Datensätze in ein Array.
Clone	klont ein Recordset.
Close	schließt das Recordset.

Die wichtigsten Eigenschaften von Recordsets entnehmen Sie der folgenden Tabelle.

Tabelle 10.6: Recordset-Eigenschaften

Eigenschaft	Beschreibung
RecordCount	gibt die Anzahl der Datensätze im Recordset zurück. RecordCount ist erst dann aktuell, wenn mit MoveLast auf den letzten Datensatz gesprungen wurde.
BOF	(Begin Of File) ist dann wahr, wenn der Datensatzzeiger vor dem ersten Datensatz des Recordsets steht.
EOF	(End Of File) ist dann wahr, wenn der Datensatzzeiger hinter dem letzten Datensatz des Recordsets steht.
Bookmark	Lesezeichen (siehe 10.3.7, »Lesezeichen«)
AbsolutePosition	gibt die relative Datensatznummer des aktuellen Datensatzes im Recordset zurück.
Filter	definiert eine Filterbedingung.
Sort	legt ein Sortierkriterium fest.
Supports	zeigt an, ob ein Recordset eine bestimmte Fähigkeit hat.

10.3.2 Welche Eigenschaften unterstützt ein Recordset?

Welche Funktionen von einem Recordset unterstützt werden, können Sie mithilfe der Eigenschaft `Supports` ermitteln. Die Eigenschaft gibt `True` oder `False` zurück, je nachdem, ob die Funktion unterstützt wird. Möchten Sie beispielsweise erfahren, ob das von Ihnen geöffnete Recordset das Hinzufügen von Daten erlaubt, verwenden Sie den folgenden Befehl:

```
...
If rst.Supports(adAddNew) Then
...
```

In der folgenden Tabelle sind die wichtigsten Parameter für die `Supports`-Eigenschaft aufgeführt.

Tabelle 10.7: Supports-Konstanten

Parameter	Beschreibung
adAddNew	Neue Datensätze können hinzugefügt werden.
adApproxPosition	Die Eigenschaften `AbsolutePosition` und `AbsolutePage` können verwendet werden.
adBookmark	Mit der `Bookmark`-Eigenschaft kann auf bestimmte Datensätze zugegriffen werden.
adDelete	Datensätze können gelöscht werden.
adFind	Die `Find`-Methode wird unterstützt.
adHoldRecords	Der aktuelle Datensatzzeiger kann verschoben werden, ohne Änderungen am aktuellen Datensatz zu speichern.
adIndex	Die `Index`-Eigenschaft kann verwendet werden.
adMovePrevious	Das Recordset kann rückwärts durchlaufen werden.
adResync	Mit der `Resync`-Methode kann das Recordset mit den zugrunde liegenden Daten synchronisiert werden.
adSeek	Die `Seek`-Methode kann eingesetzt werden.
adUpdate	Daten können geändert werden.
adUpdateBatch	Daten können im Batch (siehe 10.3.11) geändert werden.

10.3.3 Ansprechen der Felder eines Datensatzes

Es existieren verschiedene Verfahren, wie auf ein Feld eines Recordsets zugegriffen werden kann.

```
rst.Fields("FeldName").Value
```

lautet die vollständige Schreibweise, um auf den Inhalt des Feldes `FeldName` zuzugreifen. Da `Value` die Standardeigenschaft ist, reicht es aus

```
rst.Fields("FeldName")
```

zu schreiben. Noch kürzer kann ein Zugriff mit einem Ausrufezeichen in der Form

```
rst!FeldName
```

formuliert werden. Sollte der Feldname ein Leerzeichen enthalten, wird

```
rst![Feld Name]
```

in eckige Klammern eingeschlossen. Möglich ist es auch, die Felder des Recordsets mit

```
rst.Fields(Nr)
```

einfach durchzunummerieren. Mit `rst.Fields.Count` kann die Anzahl der Felder abgefragt werden, wie es das nächste Beispiel zeigt, das alle Felder des aktuellen Datensatzes eines Recordsets im Direktfenster ausgibt.

```
...
Dim intI As Integer
...
For intI = 0 To rst.Fields.Count-1
       Debug.Print rst.Fields(intI)
Next
...
```

Einfacher kann die Schleife in der folgenden Form geschrieben werden:

```
...
Dim fld As Field
...
For Each fld In rst.Fields
       Debug.Print fld
Next
...
```

Für welche Variante Sie sich entscheiden, ist eine Frage des persönlichen Programmierstils. Die meisten Programmierer verwenden die Form `rst!FeldName`, da sie kurz ist und aufgrund des Ausrufezeichens Feldnamen schnell erkannt werden.

10.3.4 Bewegen durch Recordsets

Zum Bewegen der Position des aktuellen Datensatzes stehen Ihnen die verschiedenen `Move`-Methoden zur Verfügung.

Tabelle 10.8: Move-Methoden

Parameter	Beschreibung
Move *NumRecords [,Start]*	bewegt den Datensatzzeiger vorwärts (positiver Wert für `NumRecords`) oder rückwärts (negativer Wert). Mit dem optionalen Parameter `Start` kann ein Lesezeichen bestimmt werden, am dem die `Move`-Operation durchgeführt wird. `Start` kann auch eine der folgenden Konstanten übergeben werden: `adBookmarkCurrent` für den aktuellen, `adBookmarkFirst` für den ersten oder `adBookmarkLast` für den letzten Datensatz.
MoveFirst	bewegt den Datensatzzeiger auf den ersten Datensatz.
MoveLast	bewegt den Datensatzzeiger auf den letzten Datensatz.
MoveNext	bewegt den Datensatzzeiger auf den nächsten Datensatz.
MovePrevious	bewegt den Datensatzzeiger auf den vorherigen Datensatz.

Im Programm `MoveMethoden_ADO()` werden einige Varianten verwendet.

```
Sub MoveMethoden_ADO()
    Dim conn As ADODB.Connection
    Dim rst As ADODB.Recordset

    Set conn = CurrentProject.AccessConnection
    Set rst = New ADODB.Recordset

    rst.Open "qryAnzahlCocktailZutaten", _
             conn, _
             adOpenStatic, _
             adLockReadOnly

    ' Wiederhole bis zum Ende des Recordsets
    Do While Not rst.EOF
        Debug.Print rst!Cocktail;
        Debug.Print " mit "; rst("Anzahl von ZutatenNr");
        Debug.Print " Zutaten"
        rst.MoveNext
    Loop

    rst.MoveLast
```

```
    ' Wiederhole bis zum Anfang des Recordsets
    Do
        Debug.Print rst.Fields("Cocktail");
        Debug.Print " an Position "; rst.AbsolutePosition
        rst.MovePrevious
    Loop Until rst.BOF

    ' Jeden fünften Datensatz zeigen
    rst.MoveFirst
    Do While Not rst.EOF
        Debug.Print rst!Cocktail
        rst.Move 5
    Loop

    rst.Close
    Set rst = Nothing
End Sub
```

Am Anfang und am Ende des Recordsets müssen Sie das Verhalten der Eigenschaften `BOF` und `EOF` sowie die Position des aktuellen Datensatzes beachten.

Ist die Position des aktuellen Datensatzes der letzte Datensatz des Recordsets und bewegen Sie den Positionszeiger mit `MoveNext` weiter, wird die Eigenschaft `EOF` wahr, d.h., sie erhält den Wert `True`. Es gibt jetzt keinen aktuellen Datensatz, denn der Positionszeiger enthält einen ungültigen Wert. Versuchen Sie jetzt, auf den Datensatz zuzugreifen, erhalten Sie die folgende Fehlermeldung.

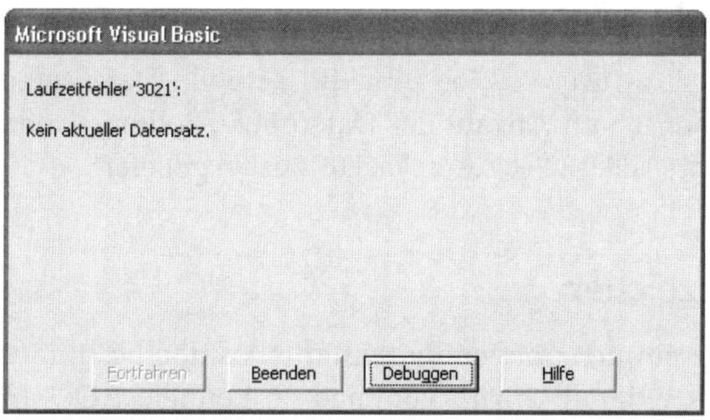

Bild 10.7: Fehlermeldung bei EOF- / BOF-Fehler

Die gleiche Fehlermeldung wird ausgegeben, wenn Sie versuchen, mit `MoveNext` noch weiter über das Ende hinauszugehen, d.h., wenn `EOF` wahr ist, führt jede Bewegung des Positionszeigers nach hinten zu einem Fehler. Laufzeitfehler wie

»3021« können durch Fehlerroutinen abgefangen werden, wie wir sie in Kapitel 8, »Fehlersuche und -behandlung«, beschrieben haben.

Leere Recordsets

Mit der Befehlsfolge

```
...
If rst.BOF And rst.EOF Then
    ' Leeres Recordset
...
```

können Sie prüfen, ob ein Recordset Daten enthält. Sind sowohl die Eigenschaft BOF als auch EOF wahr, ist das Recordset folglich leer.

! **Ist BOF oder EOF wahr,** so zeigt der Datensatzzeiger auf keinen gültigen Datensatz. Wenn Sie versuchen, diesem ungültigen Datensatz Daten zuzuweisen oder aus ihm zu lesen, wird ein Fehler ausgelöst.

10.3.5 Die Anzahl der Datensätze

Der Anzahl der Datensätze in einem Recordset ermitteln Sie mithilfe der Eigenschaft Recordcount.

10.3.6 AbsolutePosition

Die Eigenschaft AbsolutePosition gibt die aktuelle Datensatznummer zurück, eine Zahl zwischen 1 und Anzahl der Datensätze. Sollte BOF oder EOF wahr sein, wird die Konstante adPosBOF bzw. adPosEOF zurückgeliefert.

10.3.7 Lesezeichen

Oft ist es in Programmen notwendig, sich die Position bestimmter Datensätze zu merken, um später darauf zurückkommen zu können. ADO arbeitet mit so genannten Lesezeichen, englisch Bookmarks. Für jeden Datensatz eines Recordsets verwaltet ADO eine eindeutige Markierung. Diese Markierung kann in einer eigenen Variablen gespeichert werden, um so später als Sprungadresse zu dienen.

Lesezeichen sind nicht mit den Datensatznummern von dBase oder anderen Produkten vergleichbar, denn ihre Gültigkeit ist auf die Lebensdauer des Recordsets beschränkt. Ein ADO-Bookmark besitzt den Typ Variant.

Nicht alle Recordsets ermöglichen das Setzen von Lesezeichen. Über die Funktion `Supports(adBookmark)` des Recordsets können Sie die Lesezeichenunterstützung abfragen.

Das folgende Programmfragment weist das Lesezeichen des aktuellen Datensatzes einer Variablen zu und setzt am Ende die Position des aktuellen Datensatzes auf den Datensatz, zu dem das gespeicherte Lesezeichen gehört.

```
Dim varLesezeichen As Variant
...
' Speichern des Lesezeichens
varLesezeichen = rst.Bookmark
...
rst.MoveFirst
...
' Sprung zurück
rst.Bookmark = varLesezeichen
```

10.3.8 Suchen von Datensätzen

Für das Suchen von Datensätzen stehen Ihnen die Varianten

- Einschränken des Recordsets durch eine SQL-Abfrage mit WHERE-Klausel,
- Suchen mit der `Find`-Methode,
- Suchen mit der `Seek`-Methode und
- Setzen von `Filter`-Bedingungen

zur Verfügung. Das erste Verfahren sollten Sie bei der Arbeit mit Recordsets prinzipiell vorziehen. Es ist immer schneller und einfacher, die Auswahl der Datensätze von Access aufgrund einer Abfrage oder einer SQL-Zeichenfolge vornehmen zu lassen. Übrigens eignet sich die Variante mit `Seek` nur für Recordsets vom Typ `adCmdTableDirect`.

Suchen per SQL

In Kapitel 3 haben wir Ihnen die vielfältigen Möglichkeiten beschrieben, mit SQL-Befehlen die gewünschten Daten zu ermitteln.

Platzhalter: Der Jet-4.0-OLE DB-Provider unterstützt neben den in Access bzw. DAO verwendeten Platzhaltern »*« und »?« auch die Parameter des SQL-Standards. Hierbei wird anstelle des »*« das »%« und statt »?« ein »_« verwendet. In SQL-Abfragen mit ADO können Sie beide Varianten benutzen.

Suchen mit der Find-Methode

Die Find-Methode sucht im Recordset nach vorgegebenen Daten:

```
recordset.Find Kriterium [, ZeilenÜberspringen][, Suchrichtung][, Start]
```

wobei `Kriterium` für eine Zeichenfolge mit der Bedingung steht. Die Bedingung muss in der Form »Spaltenname Vergleichsoperation« angeben werden, Verknüpfungen mehrerer Bedingungen mit `AND` oder `OR` sind nicht zulässig. Bei den Vergleichsoperatoren ist auch LIKE erlaubt, allerdings mit Einschränkungen: Als Platzhalterzeichen sind »*«, »%« und »_« möglich, sie haben allerdings alle die gleiche Bedeutung, nämlich als Platzhalter für beliebig viele beliebige Zeichen. Die Wildcards können sowohl am Anfang und am Ende als auch nur am Ende einer Zeichenkette eingesetzt werden, wie im Beispiel unten, nicht aber in der Form `Cocktail LIKE 'C*nut'` oder nur am Anfang einer Zeichenkette.

Nicht jedes Recordset unterstützt die `Find`-Methode. Mit `Supports(adFind)` überprüfen Sie, ob `Find` genutzt werden kann. Das folgende Programmbeispiel zeigt die Anwendung der Methode.

```
Sub FindMethode_ADO()
    Dim rst As ADODB.Recordset
    Dim strKriterium As String

    Set rst = New ADODB.Recordset
    rst.Open "SELECT * FROM tblCocktailLokal ORDER BY Cocktail", _
            CurrentProject.AccessConnection, _
            adOpenDynamic, _
            adLockOptimistic

    If rst.Supports(adFind) Then
        strKriterium = "Cocktail Like 'C*'"
        rst.Find strKriterium
        Do Until rst.EOF
            Debug.Print rst("Cocktail")
            rst.Find strKriterium, Skiprecords:=1
        Loop
    End If
    rst.Close
    Set rst = Nothing
End Sub
```

Beachten Sie bei der Zusammenstellung des Kriteriums für die `Find`-Methoden, dass hier eine Zeichenfolge übergeben werden muss. Hilfreich kann hierbei die

Funktion `BuildCriteria` sein, die syntaktisch korrekte Kriterien zusammenstellt. Wir beschreiben die Funktion in Kapitel 14, Abschnitt 14.2.6.

Suchen in Recordsets vom Typ Table mit Seek

In Recordsets, die mit der Option `adCmdTableDirect` geöffnet werden, können Sie die Methode `Seek` einsetzen, die eine beschleunigte Suche unter direkter Zuhilfenahme eines Indexes ermöglicht. Die Suche mit Seek ist sehr schnell, denn hier muss Access nicht selbst ermitteln, mit welchem Index die Suche am besten durchgeführt wird, sondern Sie geben den Index direkt an.

Seek funktioniert nicht für verknüpfte Access-Tabellen.

Trotzdem sind einige Nachteile bei der `Seek`-Methode zu bedenken. Sie müssen den Namen des Indexes wissen, über den gesucht werden soll und der dann fest im Programm verankert wird. Übrigens hat der Primärschlüssel den Namen »PrimaryKey«. Über die `Indexes`-Auflistung können Sie die Namen der Indizes auch im Programm ermitteln. Seek erlaubt nicht den Einsatz von Wildcards.

```
Tabelle.Seek Schlüsselwerte, Suchoption
```

Das folgende Programmbeispiel zeigt die Verwendung von `Seek`.

```
Sub SeekMethode_ADO()
    Dim conn As ADODB.Connection
    Dim rst As ADODB.Recordset

    Set conn = CurrentProject.AccessConnection
    Set rst = New ADODB.Recordset
    rst.Open _
        Source:="tblCocktailLokal", _
        ActiveConnection:=conn, _
        CursorType:=adOpenDynamic, _
        LockType:=adLockOptimistic, _
        Options:=adCmdTableDirect

    ' Über Index »Cocktail« suchen
    rst.Index = "Cocktail"
    rst.Seek "Bloody Mary", adSeekFirstEQ
    Debug.Print rst!CocktailNr, rst!Cocktail
```

```
    ' Über Primär-Index suchen
    rst.Index = "PrimaryKey"
    rst.Seek 124, adSeekFirstEQ
    Debug.Print rst!CocktailNr, rst!Cocktail

    rst.Close
    Set rst = Nothing
End Sub
```

Setzen von Filterbedingungen

Mit einer Filterbedingung können Sie die Datensätze eines Recordsets einschränken, wobei Ihnen für den Filter die Möglichkeiten der WHERE-Klausel zur Verfügung stehen. Das folgende Programm zeigt die Anwendung der Filter-Eigenschaft.

```
Sub RecordsetMitFilter_ADO()
    Dim conn As ADODB.Connection
    Dim rst As ADODB.Recordset

    Set conn = CurrentProject.AccessConnection
    Set rst = New ADODB.Recordset
    rst.Open "qryAnzahlCocktailZutaten", conn
    rst.Filter = "Cocktail like 'C*'"

    ' Wiederhole bis zum Ende des Recordsets
    Do While Not rst.EOF
        Debug.Print rst!Cocktail;
        Debug.Print " mit "; rst("Anzahl von ZutatenNr");
        Debug.Print " Zutaten"
        rst.MoveNext
    Loop
    rst.Close
    Set rst = Nothing
End Sub
```

Filterkonstanten

Die Filtereigenschaft kann entweder mit einem String mit der Filterbedingung, mit einer der folgenden Konstanten oder mit einem Feld von Lesezeichen gesetzt werden.

Tabelle 10.9: Filterkonstanten

Option	Beschreibung
adFilterNone	entfernt den gesetzten Filter.
adFilterPendingsRecords	Bei der Batchverarbeitung (siehe 10.3.11) können alle Datensätze herausgefiltert werden, die geändert wurden, aber noch nicht an die Datenbank übergeben wurden.
adFilterAffectedRecords	zeigt nur die Datensätze an, die von dem letzten Delete-, Resync-, UpdateBatch- oder CancelBatch-Aufruf betroffen sind (siehe 10.3.11).
adFilterFetchedRecords	Der Filter zeigt nur die Datensätze, die im lokalen ADO-Zwischenspeicher abgelegt sind.
adFilterConflictingRecords	zeigt nur die Datensätze an, die bei der letzten Batchverarbeitung (siehe 10.3.11) nicht gespeichert werden konnten.

Filter setzen mit Lesezeichen

Eine interessante Variante des Einsatzes von Lesezeichen ergibt sich in Kombination mit der `Filter`-Eigenschaft. Der Eigenschaft kann ein Feld mit Lesezeichen zugewiesen werden. Das Recordset enthält dann genau die Datensätze, deren Lesezeichen im Array gespeichert wurden.

Im folgenden Beispiel werden die Lesezeichen des ersten, letzten und vorletzten Datensatzes dem Array `aBookmarks` übergeben.

```
Sub RecordsetFilterMitLesezeichen_ADO()
    Dim conn As ADODB.Connection
    Dim rst As ADODB.Recordset
    ' Array für drei Lesezeichen
    Dim aBookmarks(2) As Variant

    Set conn = CurrentProject.AccessConnection
    Set rst = New ADODB.Recordset
    With rst
        .Open "select * from tblCocktail", conn, _
                                adOpenKeyset, adLockOptimistic
```

```
        ' Ersten, letzten und vorletzten Datensatz merken
        .MoveFirst
        Debug.Print !Cocktail
        aBookmarks(0) = .Bookmark
        .MoveLast
        Debug.Print !Cocktail
        aBookmarks(1) = .Bookmark
        .MovePrevious
        Debug.Print !Cocktail
        aBookmarks(2) = .Bookmark
        ' Filter setzen
        .Filter = aBookmarks
    End With

    Do While Not rst.EOF
        Debug.Print rst!Cocktail
        rst.MoveNext
    Loop
    rst.Close
    Set rst = Nothing
End Sub
```

10.3.9 Sortierung von Recordsets

Es stehen Ihnen für die Sortierung von Recordsets zwei unterschiedliche Verfahren zur Verfügung:

- Sortieren durch eine ORDER BY-Klausel in der SQL-Abfrage oder
- Sortieren mit der `Sort`-Eigenschaft des Recordsets.

Im ersten Fall werden die Daten sortiert von der Datenbank in das Recordset übernommen, im zweiten werden nur die Daten im Recordset neu sortiert.

Die gleiche Syntax, die für ORDER BY verwendet wird, kann auch für die `Sort`-Eigenschaft benutzt werden, beispielsweise

```
rst.Sort = "Cocktail DESC"
```

Für `Sort` ist es notwendig, dass beim Zugriff auf eine Access-Jet-Datenbank beim Öffnen des Recordsets `CurrentProject.AccessConnection` angegeben wird.

Um die mit `Sort` festgelegte Sortierung zurückzunehmen, weisen Sie `Sort` einen leeren String "" zu.

10.3.10 Recordset-Daten bearbeiten

In Recordsets können Sie dann Veränderungen an den Daten vornehmen, wenn `Supports(adUpdate)` wahr ist, Sie können dann neue Datensätze hinzufügen, wenn `Supports(adAddNew)` den Wert `True` aufweist.

Wir möchten in diesem Abschnitt nicht die Besonderheiten von Multiuser-Zugriffen auf Daten besprechen, da alle Fragen, die sich mit dem Sperren (Locking) von Daten beschäftigen, in Kapitel 18, »Multiuser-Zugriffe«, behandelt werden.

Verändern von Daten

Sie können die Daten des aktuellen Datensatzes verändern, indem Sie den Feldern des Datensatzes neue Werte zuweisen. Bei der ersten Zuweisung an ein Feld erstellt ADO intern einen Puffer für die neuen Daten.

Die Daten werden gespeichert, wenn Sie entweder die Methode `Update` aufrufen oder einen anderen Datensatz zum aktuellen machen, beispielsweise durch eine der `Move`-Methoden.

Noch nicht gespeicherte Änderungen an einem Datensatz können mit `CancelUpdate` widerrufen werden.

Ist der Datensatz noch nicht gespeichert, können Sie auf die ursprünglichen Werte der Felder über die Eigenschaft `OriginalValue` der `Fields`-Auflistung zugreifen, beispielsweise würde mit

```
MsgBox rst.Fields("CocktailGeändert").OriginalValue
```

oder kurz

```
MsgBox rst!CocktailGeändert.OriginalValue
```

der Originalwert ausgegeben werden.

Das folgende Programm durchläuft die Datensätze und ändert überall den Inhalt des Feldes *CocktailGeändert* auf das aktuelle Datum.

```
Sub DatensatzÄndern_ADO()
    Dim conn As ADODB.Connection
    Dim rst As ADODB.Recordset

    Set conn = CurrentProject.AccessConnection
    Set rst = New ADODB.Recordset

    rst.Open "SELECT * FROM tblCocktailLokal", _
                  conn, adOpenKeyset, adLockOptimistic
```

```
    With rst
        If .Supports(adUpdate) Then
            Do While Not .EOF
                !CocktailGeändert = Now()
                ' Eigentlich nicht notwendig
                .Update
                .MoveNext
            Loop
        End If
    .Close
    End With
    Set rst = Nothing
End Sub
```

Neue Datensätze hinzufügen

Mithilfe der AddNew-Methode wird dem Recordset ein neuer Datensatz hinzugefügt. Durch den Aufruf von AddNew wird im internen Puffer ein leerer Datensatz erzeugt. Leer heißt, dass alle Felder den Wert Null erhalten.

Anschließend können den Feldern Werte zugewiesen werden. Nach einem Update werden die Daten in die zugrunde liegenden Tabellen geschrieben. ADO führt aber immer ein automatisches Update durch, wenn Sie zu einem anderen Datensatz wechseln oder erneut AddNew aufrufen.

```
Sub AddNewMethode_ADO()
    Dim conn As ADODB.Connection
    Dim rst As ADODB.Recordset

    Set conn = CurrentProject.AccessConnection
    Set rst = New ADODB.Recordset
    rst.Open "tblCocktail", conn, adOpenKeyset, adLockOptimistic

    With rst
        If .Supports(adAddNew) Then
            .AddNew
            !Cocktail = "Klare Sache"
            !Alkoholgehalt = 0#
            !Zubereitung = "Mineralwasser ins Glas geben, " & _
                                                "nicht umrühren."
            .Update
        End If
    End With
```

```
    rst.Close
    Set rst = Nothing
End Sub
```

Im obigen Beispiel wird beim Abspeichern des neuen Datensatzes automatisch eine neue *CocktailNr* erzeugt, da die *CocktailNr* als Autowert definiert ist. Benötigen Sie in Ihrem Programm die neu erzeugte Nummer, so können Sie direkt nach dem `Update` über `rst!CocktailNr` auf den Autowert zugreifen.

Eine übergreifende Methode, den zuletzt im Programm erzeugten Autowert zu ermitteln, und zwar unabhängig von der Tabelle, für die er generiert wurde, bietet die SQL-Zeichenfolge `SELECT @@IDENTITY`. Verwenden Sie in Ihrem Programm die Zeilen

```
...
rst.Open "SELECT @@IDENTITY AS ID", CurrentProject.AccessConnection
MsgBox "Zuletzt vergebener Autowert: " & rst!ID
...
```

zur Bestimmung des zuletzt vergebenen Autowerts.

Status der Bearbeitung

Es kann sinnvoll sein, den Status der Bearbeitung abzufragen. Mithilfe der Eigenschaft `EditMode` können Sie den aktuellen Stand erfahren. Die folgende Tabelle führt die Werte auf, die diese Eigenschaft annehmen kann.

Tabelle 10.10: Konstanten für den Bearbeitungsstatus

Option	Beschreibung
adEditNone	gibt an, dass keine Bearbeitung eines Datensatzes durchgeführt wird.
adEditInProgress	gibt an, dass der aktuelle Datensatz bearbeitet wird und noch nicht gespeichert ist.
adEditAdd	gibt an, dass ein neuer Datensatz hinzugefügt wurde, aber noch nicht gespeichert ist.
adEditDelete	gibt an, dass der aktuelle Datensatz gelöscht wurde und der Datensatzzeiger noch auf diesen Datensatz zeigt.

Datensätze löschen

Sie können den aktuellen Datensatz mithilfe der Methode `Delete` löschen. Der Positionszeiger verbleibt nach dem Löschvorgang auf dem gleichen, jetzt gelöschten Datensatz.

Löschen ist in Access endgültig, ein per Programm gelöschter Datensatz kann nicht wiederhergestellt werden. Es besteht allerdings eine Ausnahme, wenn Sie mit Transaktionen arbeiten, denn solange eine Transaktion nicht abgeschlossen ist, kann eine Löschung, die innerhalb der Transaktion stattfand, rückgängig gemacht werden. Mehr zu Transaktionen erfahren Sie im Kapitel 18, »Multiuser-Zugriffe«.

Wir möchten Ihnen zu bedenken geben, dass sich alle Änderungen an Datensätzen auch mit SQL vornehmen lassen. Der SQL-Befehl `UPDATE` ermöglicht die schnelle Änderung von Datensatzgruppen, mit `INSERT INTO` können Sie neue Datensätze aufnehmen. In Abschnitt 10.4.3, »Parameterabfragen«, finden Sie die Funktion `Alkoholgehalt()`, die einmal mit `Move`-Befehlen und einmal mit SQL gelöst wurde.

10.3.11 Stapelweise Änderungen

ADO bietet Ihnen die Möglichkeit, Änderungen an Datensätzen im Stapel, im Batch, durchzuführen. Dabei werden die Änderungen zuerst auf dem Client lokal abgelegt und dann im Block an die Datenbank übergeben.

Beachten Sie dabei, dass die Batch-Operationen nur dann funktionieren, wenn Sie die `CursorLocation` Ihres Recordsets auf `adUseClient` einstellen.

Um ein Recordset für den Batch-Betrieb zu öffnen, müssen Sie als Konstante für den Parameter `LockType` den Wert `adLockBatchOptimistic` angeben. Mithilfe der Methode `UpdateBatch` werden die Änderungen an den Datensätzen des Recordsets in die Datenbank geschrieben. Möchten Sie die Änderungen verwerfen, so rufen Sie `CancelBatch` auf.

Das folgende Beispiel setzt das Änderungsdatum aller Cocktails auf die aktuelle Zeit und das aktuelle Datum Ihres Systems.

```
Sub DatensatzÄndernBatch_ADO()
    Dim rst As ADODB.Recordset

    Set rst = New ADODB.Recordset
    ' Wichtig, damit die Batchanweisung funktioniert
    rst.CursorLocation = adUseClient
    rst.Open "SELECT * FROM tblCocktail", _
                  CurrentProject.AccessConnection, _
                  adOpenStatic, _
                  adLockBatchOptimistic
    With rst
        If .Supports(adUpdateBatch) Then
            ' Alle Datensätze der Abfrage ändern
            Do While Not .EOF
                !CocktailGeändert = Now()
                .MoveNext
            Loop
        End If

        If MsgBox("Änderungen speichern?", vbYesNo) = vbYes Then
            ' Im Stapel aktualisieren
            .UpdateBatch
        Else
            ' Änderungen verwerfen
            .CancelBatch
        End If

        .Close
    End With
    Set rst = Nothing
End Sub
```

10.3.12 Weitere Recordset-Methoden und -Eigenschaften

In diesem Abschnitt möchten wir Ihnen weitere Recordset-Methoden vorstellen.

Die Methode GetRows( )

Mithilfe der Recordset-Methode `GetRows()` kann die Ergebnismenge eines Recordsets ganz oder teilweise in ein zweidimensionales Feld übertragen werden. Dabei wird `GetRows()` als Parameter die Anzahl der in das Array aufzunehmenden Zeilen übergeben. Ist die Zahl höher als die Anzahl der Datensätze im Recordset, wird das Array entsprechend dimensioniert. Durch UBound(var,2) + 1 kann die tatsächlich übertragene Anzahl bestimmt werden. Damit die Funktion UBound() die korrekte Anzahl von Zeilen des zweidimensionalen Arrays zurückgibt, muss als zweiter Parameter die Anzahl der Dimensionen des Arrays übergeben werden, so wie es unten im Beispiel durch die Konstante conDimension durchgeführt wurde.

```
Sub FillArray_ADO()
    Const conDimension = 2

    Dim rst As ADODB.Recordset
    Dim varArr As Variant

    Set rst = New ADODB.Recordset

    rst.Open "qryAnzahlCocktailZutaten", _
            CurrentProject.AccessConnection, _
            adOpenForwardOnly, _
            adLockReadOnly
    ' Anfordern der Ergebnismenge des Recordsets
    varArr = rst.GetRows(rst.RecordCount)

    MsgBox Str(UBound(varArr, conDimension) + 1) & " Zeilen eingelesen."
    rst.Close
    Set rst = Nothing
End Sub
```

Beachten Sie beim Übertragen von Daten, dass insbesondere Memo- und OLE-Objekt-Felder große Datenmengen beinhalten können, die dann mit GetRows() in den Hauptspeicher aufgenommen werden.

Versucht die GetRows()-Methode auf einen Datensatz zuzugreifen, der zwischenzeitlich gelöscht wurde, bricht GetRows() ab, d.h., nicht alle angeforderten Datensätze wurden übertragen. Überprüfen Sie daher mit

```
If UBound(varArr, conDimension) + 1 <> rst.RecordCount Then
       ' Nicht alle Datensätze eingelesen
End If
```

ob tatsächlich alle Datensätze im Array angekommen sind.

Die Methode GetString()

Während die oben beschriebene Methode `GetRows` ein Array zurückliefert, füllt `GetString` einen String. Hierbei können Sie bestimmen, wie die einzelnen Felder und Datensätze im String voneinander getrennt sowie wie Nullwerte behandelt werden sollen. `GetString` kennt die in der folgenden Tabelle aufgeführten Parameter, die alle optional sind.

Tabelle 10.11: GetString-Parameter

Parameter	Beschreibung
StringFormat	Hierfür kann nur die Konstante adClipFormat selektiert werden. Microsoft hatte weitere Formate geplant (z.B. HTML), aber bisher nicht realisiert.
NumRows	Legt die Anzahl der Zeilen fest, die in den Ergebnisstring übernommen werden sollen.
ColumnDelimeter	Dieser Parameter erwartet eine Zeichenkette, die zur Trennung der einzelnen Spalten eines Datensatzes verwendet wird. Standardmäßig wird mit einem Tab-Zeichen getrennt. (In der deutschen Access-Version heißt es übrigens tatsächlich fehlerhaft ColumnDelimeter bzw. RowDelimeter, während die Begriffe korrekt englisch ColumnDelimiter bzw. RowDelimiter heißen müssten.)
RowDelimeter	Erwartet eine Zeichenkette, die zur Trennung der einzelnen Datensätze eingesetzt wird, standardmäßig wird eine neue Zeile begonnen.
NullExpr	Der Parameter akzeptiert einen String, der immer dann ausgegeben wird, wenn der Wert eines Feldes Null ist.

```
Sub GetString_ADO()
    Dim rst As ADODB.Recordset
    Dim strDaten As String

    Set rst = New ADODB.Recordset
    rst.Open "qryAnzahlCocktailZutaten", _
            CurrentProject.AccessConnection, _
            adOpenForwardOnly, _
            adLockReadOnly
```

```
    ' Anfordern der Ergebnismenge des Recordsets
    strDaten = rst.GetString(ColumnDelimeter:="=", RowDelimeter:=" / ")

    ' String wird bei der Anzeige mit Msgbox ggf. abgeschnitten
    MsgBox strDaten
    rst.Close
    Set rst = Nothing
End Sub
```

Die Methode Clone( )

Die `Clone()`-Methode erstellt eine identische Kopie eines Recordsets. Dies ist beispielsweise hilfreich, wenn Sie Daten zweier Datensätze des Recordsets gleichzeitig verarbeiten müssen. Im folgenden Beispiel wird ein Recordset `rst` Datensatz für Datensatz durchlaufen. Für jeden Datensatz wird in einer Kopie des Recordsets, also in der gleichen Ergebnismenge, nach Datensätzen gesucht, die die gleiche Kategorie wie der Datensatz des Original-Recordsets haben.

```
Sub TestRecordsetClone_ADO()
    Dim rst As ADODB.Recordset
    Dim rstClone As ADODB.Recordset

    Set rst = New ADODB.Recordset
    ' Recordset enthält zwei Spalten: "CocktailNr" und "KategorieNr"
    rst.Open "tblCocktailKategorie", CurrentProject.AccessConnection, _
                                    adOpenKeyset, adLockOptimistic
    ' Recordset klonen
    If Not rst.Supports(adBookmark) Then Exit Sub

    Set rstClone = rst.Clone()

    Do While Not rst.EOF
        rstClone.Find "KategorieNr = " & rst!KategorieNr
        Do While Not rstClone.EOF
            Debug.Print rst!CocktailNr & _
                      " hat die gleiche Kategorie wie " _
                      & rstClone!CocktailNr
            rstClone.Find "KategorieNr = " & rst!KategorieNr, _
                                                  Skiprecords:=1
        Loop
        rstClone.MoveFirst
        rst.MoveNext
    Loop
```

```
    rstClone.Close
    rst.Close
    Set rstClone = Nothing
    Set rst = Nothing
End Sub
```

Die Methode `Clone()` bietet einen weiteren Zugriff auf die gleichen Daten. Der Ausgangsrecordset muss Lesezeichen (Bookmarks) unterstützen. Die Lesezeichen von Original und Klon sind austauschbar – eine Zuweisung wie `rstClone.Bookmark = rst.Bookmark` ist zulässig. Zum Vergleich von Bookmarks können Sie übrigens die Methode `CompareBookmarks` einsetzen.

10.3.13 Die Methoden Requery und Resync

Die Methode `Requery` führt die dem Recordset zugrunde liegende Abfrage noch einmal aus, um so die Daten im Recordset zu aktualisieren. Wurden beispielsweise durch andere Benutzer der Datenbank im Netzwerk Datensätze geändert, gelöscht oder hinzugefügt, so werden diese Änderungen in Ihr Recordset übernommen.

Nur für Client-basierte Recordsets (`CursorLocation = adUseClient`) kann die Methode `Resync` eingesetzt werden. Hierbei werden die vorhandenen Datensätze im Recordset mit der Datenbank abgeglichen, aber die Abfrage nicht neu durchgeführt.

10.3.14 Recordsets ohne Datenbankverbindung

Es lassen sich ADO-Recordsets erstellen, die nur im Speicher, ohne eine Verbindung zu einer Datenbank existieren. Das folgende Beispiel illustriert diese Möglichkeit:

```
Sub RecordsetOhneDatenbankverbindung_ADO()
    Dim rst As ADODB.Recordset

    Set rst = New ADODB.Recordset
    With rst
        ' Zwei Felder erzeugen
        .Fields.Append "Zutat", adVarChar, 255
        .Fields.Append "Menge", adDouble
        .Open
        .AddNew
        !Zutat = "Wasser"
```

```
        !Menge = 1
        .Update
        .AddNew
        !Zutat = "Schnaps"
        !Menge = 2
        .Update
        ' Daten sortieren, Menge absteigend
        .Sort = "Menge DESC"
        ' Daten ausgeben
        .MoveFirst
        Do While Not .EOF
            Debug.Print !Zutat, !Menge
            .MoveNext
        Loop
       .close
    End With
    Set rst = Nothing
End Sub
```

Recordsets ohne Datenbankverbindung sind sehr praktisch, wenn beispielsweise Daten schnell im Speicher sortiert oder nach bestimmten Kriterien durchsucht werden sollen.

10.3.15 Die Methode Save

Mithilfe der Methode `Save` können Sie die Daten eines Recordsets in eine Datei speichern. Dabei stehen Ihnen die Datenformate ADTG (Advanced Data Tablegram) oder XML (Extensible Markup Language) zur Verfügung. Ausführliche Informationen zu Access und XML erhalten Sie in Kapitel 27, »XML«.

Die folgenden beiden Routinen speichern ein Recordset bzw. laden ein gespeichertes Recordset im XML-Dateiformat. Beachten Sie in der zweiten Routine die Option `adCmdFile` beim Öffnen des Recordsets.

```
Sub SaveXML(strSQL As String, strDateiname As String)
    Dim rst As ADODB.Recordset

    Set rst = New ADODB.Recordset

    rst.Open strSQL, CurrentProject.AccessConnection
    ' Als XML-Datei speichern
    rst.Save strDateiname, adPersistXML
```

```
    rst.Close
    Set rst = Nothing
End Sub

Sub LadeXML(strDateiname As String)
    Dim rst As ADODB.Recordset
    Dim fld As ADODB.Field

    Set rst = New ADODB.Recordset
    rst.Open strDateiname, _
        CursorType:=adOpenStatic, _
        LockType:=adLockOptimistic, _
        Options:=adCmdFile

    Do While Not rst.EOF
        For Each fld In rst.Fields
            Debug.Print fld.Name; "="; fld.Value; " / ";
        Next
        rst.MoveNext
        Debug.Print
    Loop
    rst.close
    Set rst = Nothing
End Sub
```

10.3.16 Die Eigenschaft State

Mithilfe der Eigenschaft `State` erhalten Sie Informationen über das aktuelle Recordset. Die Eigenschaft liefert eine der folgenden Konstanten zurück:

Tabelle 10.12: Konstanten für die Eigenschaft State

Option	Beschreibung
adStateClosed	Das Recordset ist geschlossen.
adStateOpen	Das Recordset ist geöffnet.
adStateExecuting	Das Recordset-Objekt führt eine Abfrage aus.
adStateFetching	Das Recordset-Objekt übernimmt das Abfrage-ergebnis.
adStateConnecting	Das Recordset-Objekt baut zurzeit eine Verbindung auf.

10.3.17 Die Eigenschaft Status

Nach dem Ausführen einer Datenbankoperation können Sie die Eigenschaft `Status` abfragen, die Ihnen den aktuellen Zustand eines Recordsets als eine der in der folgenden Tabelle aufgeführten Konstanten zurückgibt.

Tabelle 10.13: Status-Konstanten

Option	Beschreibung
adRecOK	Der Datensatz wurde nicht bearbeitet oder wurde erfolgreich gespeichert.
adRecNew	Ein neuer Datensatz wurde noch nicht gespeichert.
adRecModified	Ein existierender Datensatz wurde geändert und noch nicht gespeichert.
adRecDeleted	Ein Datensatz wurde gelöscht.
adRecUnmodified	Kein Modifikationen am Datensatz.
adRecInvalid	Das Lesezeichen des Datensatzes ist nicht mehr gültig; Änderungen können/konnten nicht gespeichert werden.
adRecMultipleChanges	Der Datensatz wurde nicht gespeichert, da dies mehrere Datensätze betroffen hätte.
adRecPendingChanges	Der Datensatz wurde nicht gespeichert, da er sich auf einen anderen, noch nicht eingefügten Datensatz bezieht.
adRecCanceled	Der Datensatz wurde nicht gespeichert, da die Operation abgebrochen wurde.
adRecCantRelease	Der Datensatz wurde nicht gespeichert, da Sperren existieren.
adRecConcurrencyViolation	Der Datensatz wurde nicht gespeichert, da optimistisch gesperrt wurde.
adRecIntegrityViolation	Der Datensatz wurde nicht gespeichert, da Regeln der referentiellen Integrität verletzt wurden.
adRecMaxChangesExceed	Der Datensatz wurde nicht gespeichert, da die Anzahl nicht gespeicherter Änderungen zu groß ist.
adRecObjectOpen	Der Datensatz wurde nicht gespeichert, da ein Konflikt mit einem offenen Speicherobjekt besteht.
adRecOutOfMemory	Der Datensatz wurde nicht gespeichert, da der Speicher des Computers nicht ausreicht.
adRecPermissionDenied	Der Datensatz wurde nicht gespeichert, da der Benutzer unzureichende Berechtigungen hat.
adRecSchemaViolation	Der Datensatz wurde nicht gespeichert, da ein Konflikt mit der Tabellenstruktur auftrat.
adRecDBDeleted	Der Datensatz wurde aus der Datenbank entfernt.

10.4 Ausführen von Aktions- und Parameterabfragen

Mit Recordsets können Sie SELECT-Abfragen, gespeicherte Abfragen und Tabellen öffnen. Möchten Sie dagegen Abfragen mit Parametern, Aktionsabfragen oder Datendefinitionsabfragen ausführen, müssen Sie dazu `Command`-Objekte verwenden. Aktionsabfragen und Datendefinitionabfragen ohne Parameter können auch mit der `Execute`-Methode eines `Connection`-Objekts ausgeführt werden. Diese Variante möchten wir Ihnen zuerst vorstellen.

10.4.1 Die Execute-Methode des Connection-Objekts

Die `Execute`-Methode des `Connection`-Objekts erlaubt die Ausführung von Auswahl- und Aktionsabfragen. Führen Sie mit der Methode eine Auswahlabfrage aus, wird ein Recordset zurückgeliefert, das immer die Einstellungen `adOpenForwardOnly` und `adLockReadOnly` aufweist.

Interessant ist die Methode eigentlich mehr für die Ausführung von Aktionsabfragen, also Abfragen, die Daten verändern. Das folgende kleine Programm erfragt den Namen einer Aktionsabfrage oder einen SQL-Text vom Benutzer und arbeitet die Abfrage ab. Zurückgegeben wird die Anzahl der durch die Abfrage geänderten Datensätze.

```
Sub AktionsabfragenConnection_ADO()
    Dim strQry As String
    Dim lngRecordsAffected As Long

    strQry = InputBox("Name der Abfrage oder SQL-Text")
    If Len(strQry) > 0 Then
        CurrentProject.AccessConnection.Execute _
                                    strQry, lngRecordsAffected
        MsgBox lngRecordsAffected & " Datensätze geändert."
    End If
End Sub
```

10.4.2 Arbeiten mit Command-Objekten

`Command`-Objekte verfügen wie auch `Connection`-Objekte über die Methode `Execute` zur Ausführung von Abfragen, sie sind aber in der Anwendung mächtiger und flexibler. Sie müssen `Command`-Objekte verwenden, wenn Sie Abfragen mit Parametern ausführen möchten.

Zuerst möchten wir das kleine Beispiel, das im vorherigen Abschnitt vorgestellt wurde, mit einem Command-Objekt und zusätzlicher Fehlerbehandlung umprogrammieren. Beachten Sie dabei, dass Command-Objekte mit New erstellt werden müssen.

```
Sub Aktionsabfragen_ADO()
    Dim cmd As ADODB.Command
    Dim strQry As String
    Dim lngRecordsAffected As Long

    On Error GoTo err_

    Set com = New ADODB.Command
    Do
again:
        strQry = InputBox("Name der Abfrage oder SQL-Text")
        If Len(strQry) > 0 Then
            com.ActiveConnection = CurrentProject.AccessConnection
            com.CommandText = strQry
            com.Execute lngRecordsAffected
            MsgBox lngRecordsAffected & " Datensätze geändert."
        End If
    Loop Until strQry = ""
    Set com = Nothing
    Exit Sub
err_:
    MsgBox Err.Number & "-" & Err.Description
    Resume again
End Sub
```

Ein Command-Objekt bezieht sich auf eine aktive Verbindung, deshalb muss zuerst der Eigenschaft ActiveConnection ein gültiges Connection-Objekt zugewiesen werden.

Über die Eigenschaft CommandText wird der Name einer Abfrage oder ein SQL-Text festgelegt. Ist die übergebene Zeichenkette kein gültiger Name einer Tabelle oder Abfrage bzw. kein fehlerfreies SQL-Kommando, so wird ein Laufzeitfehler ausgelöst.

Die Methode Execute hat die vollständige Syntax

```
com.Execute [RecordsAffected][, Parameters][, Options]
```

Für Auswahlabfragen kann auch die Variante

```
Set Recordset = com.Execute( [RecordsAffected][, Parameters][, Options] )
```

verwendet werden, die ein Recordset zurückliefert. Bei Aktionsabfragen wird die erste Variante eingesetzt. Alle drei Parameter der Methode sind optional. Wie im Beispiel gezeigt, können Sie für den Parameter `RecordsAffected` einen Long-Wert übergeben. In diesem Wert wird die Anzahl der Datensätze zurückgeliefert, die von der Aktionsabfrage geändert wurden.

Die Übergabe von Parametern mithilfe der Auflistung `Parameters` wird weiter unten beschrieben. Der Parameter `Options` kann einen der Werte aus Tabelle 10.4 annehmen.

Die folgende Tabelle gibt Ihnen einen Überblick über die Eigenschaften des `Command`-Objekts.

Tabelle 10.14: Eigenschaften von Command-Objekten

Eigenschaft	Beschreibung
ActiveConnection	spezifiziert die aktuelle Verbindung.
CommandText	enthält den Namen einer Tabelle oder Abfrage bzw. einen SQL-Text.
CommandTimeout	bestimmt die Anzahl der Sekunden, die gewartet wird, bevor die Abfrage abgebrochen wird.
CommandType	Typ der Abfrage, die möglichen Werte können Sie Tabelle 10.4 entnehmen.
Name	Name des Command-Objekts.
Parameters	Auflistung von Parameter-Objekten.
Prepared	weist je nach Datenbank-Server den Server an, die Abfrage »vorbereitet« zwischenzuspeichern, um sie beim wiederholten Aufruf optimiert auszuführen.
Properties	Auflistung mit allen Eigenschaften des Command-Objekts.
State	gibt den Status zurück; mögliche Werte siehe Tabelle 10.12.

10.4.3 Parameterabfragen

Mit dem folgenden ausführlichen Beispiel möchten wir Ihnen die Arbeit mit Parameterabfragen beschreiben. Die Parameter einer Abfrage können aus Ihrem Programm heraus gefüllt werden.

Parameterabfragen lassen sich nicht direkt in der `Open`-Methode eines Recordsets verwenden, sondern Sie müssen immer zuerst ein `Command`-Objekt erzeugen und die Parameter setzen. Jede Parameterabfrage besitzt eine `Parameters`-Auflistung, in der die einzelnen Parameter beschrieben sind. Die folgende Tabelle listet die Eigenschaften eines `Parameter`-Objekts auf.

Tabelle 10.15: Eigenschaften von Parameter-Objekten

Eigenschaft	Beschreibung
Attributes	kann einen der Werte oder die Summe der Werte `adParamSigned`, `adParamNullable` und `adParamLong` annehmen.
Direction	beschreibt, ob der Parameter für Ein- und/oder Ausgabe verwendet werden soll. Standardwert ist `adParamInput`, möglich sind `adParamOutput`, `adParamInputOutput`, `adParamReturnValue` und `adParamUnknown`. Sinnvoll sind diese Werte nur für gespeicherte Prozeduren, beispielsweise auf einem SQL Server oder MSDE (siehe Kapitel 26, »Access-Projekte«).
Name	Name des `Parameter`-Objekts.
NumericScale	gibt die Anzahl der Dezimalstellen bei numerischen Parametern an.
Precision	bestimmt die maximale Anzahl von Ziffern eines numerischen Werts.
Properties	enthält eine Auflistung mit allen Eigenschaften.
Size	bestimmt die Größe eines Parameters.
Type	legt den Datentyp eines Parameters fest.
Value	enthält den Wert des Parameters.

Um die Parameter zu setzen, können Sie verschiedene Schreibweisen verwenden, die verallgemeinert die im Folgenden aufgeführten Formen haben. Die vollständige Schreibweise lautet

```
com.Parameters("ParName").Value = Wert
```

wobei *`Wert`* für eine Zahl, einen String oder einen anderen Typ stehen kann. Da `Value` die Standardeigenschaft ist, kann `.Value` wie in

```
com.Parameters("ParName") = Wert
```

weggelassen werden. Access gibt sich auch mit

```
com("ParName") = Wert
```

zufrieden. Sie können die Parameter auch durchzählen und

```
com.Parameters(0) = Wert
```

verwenden. Beachten Sie dabei aber, wenn Sie einem Command-Objekt über die Eigenschaft CommandText den Namen einer Parameterabfrage übergeben, dass das Objekt damit keine Informationen über die Parameter, weder über Anzahl, Typ noch Namen, erhält. Um auf die in der Abfrage gespeicherten Parameter zugreifen zu können, müssen Sie die ADOX-Bibliothek verwenden (siehe 10.5).

In den folgenden Beispielen können Sie die verschiedenen Möglichkeiten nachvollziehen. Zuerst wird eine Parameterabfrage als SQL-Zeichenfolge der Eigenschaft CommandText zugewiesen. Der Parameter wird hierbei, wie in Access-Abfragen üblich, mit eckigen Klammern eingeschlossen. Durch die Zuweisung der SQL-Zeichenfolge wird die Abfrage ADO-intern vorverarbeitet. Dadurch werden auch der oder die Parameter erkannt und stehen in der Parameterauflistung zur Verfügung.

```
Sub ParameterAbfrage_ADO()
    Dim com As ADODB.Command
    Dim rst As ADODB.Recordset
    Dim par As ADODB.Parameter
    Dim fld As ADODB.Field

    Set com = New ADODB.Command
    Set rst = New ADODB.Recordset
    ' Command-Objekt initialisieren
    Set com.ActiveConnection = CurrentProject.AccessConnection
    com.CommandText = "SELECT DISTINCTROW tblCocktail.Cocktail, " & _
                      " tblCocktail.Zubereitung " & _
                      "FROM tblCocktail " & _
                      "WHERE CocktailErfasst > [Geben Sie ein Datum an:]"

    com.Parameters("[Geben Sie ein Datum an:]") = #1/1/2002#

    ' Öffnen des Recordsets auf Basis des Command-Objekts
    Set rst = com.Execute()

    ' Datensätze im Testfenster ausgeben
    Do While Not rst.EOF
```

```
        ' Die Inhalte der Felder ausgeben, durch »-« getrennt
        For Each fld In rst.Fields
            Debug.Print fld.Value; " - ";
        Next
        ' Neue Zeile erzeugen
        Debug.Print
        rst.MoveNext
    Loop

    ' Recordset schließen
    rst.Close
    Set rst = Nothing
    Set com = Nothing
End Sub
```

Alternativ können Sie den Parameter in der SQL-Zeichenfolge durch ein Fragezeichen angeben. Diese Methode wird von vielen Datenbanksystemen standardmäßig verwendet. Da nun der Parameter keine Bezeichnung hat, wird über seinen Indexwert, hier 0, auf ihn zugegriffen.

```
com.CommandText = "SELECT DISTINCTROW tblCocktail.Cocktail, " & _
                  "tblCocktail.Zubereitung " & _
                  "FROM tblCocktail " & _
                  "WHERE CocktailErfasst < ?"
com.Parameters(0) = #1/20/2002#
```

Parameter lassen sich auch direkt mit der Methode `Execute` in einem Array übergeben. Definieren Sie ein Array, in dem durch Komma getrennt alle Übergabewerte und -texte aufgeführt werden.

```
Set rst = com.Execute(Parameters:=Array(#1/20/2002#))
```

Mithilfe der Methode `CreateParameter` erstellen Sie eigene `Parameter`-Objekte, die der `Parameter`-Auflistung eines `Command`-Objekts angehängt werden können.

```
com.CommandText = "qryParameter"
Set par = cmd.CreateParameter("Datum", adDate, adParamInput)
com.Parameters.Append par
com.Parameters("Datum") = #1/20/2002#
```

Bei der Erstellung eines Parameters können dabei Datentyp und Verwendung (input/output) festgelegt werden.

Als weiteres Beispiel für eine Parameterabfrage soll die folgende Funktion den Alkoholgehalt eines Cocktails bestimmen. Dafür wird anhand der Zutaten die

Gesamtmenge an Flüssigkeit bestimmt, deren Alkoholanteil ermittelt und in Prozent angegeben wird.

Die folgende Auswahlabfrage selektiert die Menge, die Einheit, den Umrechnungsfaktor, um die Mengenangabe in cl zu erhalten, und den Alkoholgehalt für eine Zutat. Um der Abfrage die Cocktailnummer zu übergeben, haben wir den Parameter *paraCocktailNr* als Kriterium für das Feld *CocktailNr* vereinbart. Die Auswahlabfrage wurde unter dem Namen *qryAlkoholgehalt* abgespeichert.

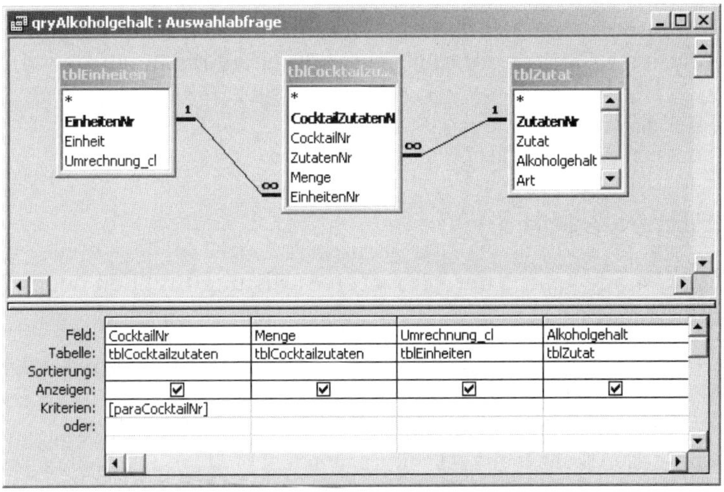

Bild 10.8: Definition der Auswahlabfrage

Zur besseren Anschauung finden Sie im Folgenden den SQL-Befehl, der der obigen Abfrage zugrunde liegt.

```
SELECT DISTINCTROW tblCocktailzutaten.CocktailNr,
tblCocktailzutaten.Menge,
tblEinheiten.Einheit, tblEinheiten.Umrechnung_cl, tblZutat.Alkoholgehalt
FROM tblZutat
INNER JOIN (tblEinheiten
INNER JOIN tblCocktailzutaten
ON tblEinheiten.EinheitenNr = tblCocktailzutaten.EinheitenNr)
ON tblZutat.ZutatenNr = tblCocktailzutaten.ZutatenNr
WHERE (tblCocktailzutaten.CocktailNr = [paraCocktailNr]);
```

Der Funktion `Alkoholgehalt()` wird als Parameter die Nummer des Cocktails übergeben. Der Rückgabewert ist vom Typ `Double`. Gibt die Funktion beispielsweise den Wert 0,25 zurück, weist der entsprechende Cocktail 25% Alkohol auf.

Die Cocktailnummer der Tabelle *tblCocktail*, auf die sich alle Cocktailnummern beziehen, ist als *AutoWert* definiert. Autowerte sind vom Typ `Long Integer`, d.h., in Visual Basic wird die entsprechende Variable als `Long` vereinbart.

Die vorbereitete Abfrage »qryAlkoholgehalt« gibt *n* Zeilen mit Zutaten zurück. In einer Schleife muss die Flüssigkeits- und die Alkoholmenge aufaddiert werden. Mithilfe des Befehls

```
cmdAlk.CommandText = "qryAlkoholgehalt"
```

wird die benannte Auswahlabfrage geöffnet. Der Parameter `paraCocktailNr`, der in der Abfrage als Kriterium für die `CocktailNr` eingetragen wurde, wird mit

```
parAlk.Type = adInteger
parAlk.Direction = adParamInput
parAlk.Value = lngCocktailNr
cmdAlk.Parameters.Append parAlk
```

gesetzt. Die Methode `Append` der `Parameter`-Auflistung fügt den neuen Parameter der Auflistung hinzu.

Hier das vollständige Listing der Funktion `Alkoholgehalt_ADO()`:

```
Function Alkoholgehalt_ADO(lngCocktailNr As Long) As Double
' Bestimmung des Alkoholgehalts für einen Cocktail
' input:    CocktailNr
' output:   Alkoholgehalt in Prozent

    Dim comAlk As ADODB.Command
    Dim rstAlk As ADODB.Recordset
    Dim parAlk As ADODB.Parameter

    Dim dblGesamtMenge As Double
    Dim dblMenge As Double
    Dim dblAlkohol As Double

    ' Fehlerroutine initialisieren
    On Error GoTo Alkoholgehalt_Err

    ' Sicherheitshalber beide Werte zu 0 setzen
    dblAlkohol = 0#
    dblGesamtMenge = 0#
    ' Öffnen der Parameterabfrage
    Set comAlk = New ADODB.Command
    Set comAlk.ActiveConnection = CurrentProject.AccessConnection
```

```
comAlk.CommandText = "qryAlkoholgehalt"
' Setzen des Parameters zur Auswahl des Cocktails
Set parAlk = New ADODB.Parameter
parAlk.Type = adInteger
parAlk.Direction = adParamInput
parAlk.Value = lngCocktailNr
comAlk.Parameters.Append parAlk
' Öffnen des Recordsets
Set rstAlk = comAlk.Execute

' Keine Datensätze gefunden
If rstAlk.BOF And rstAlk.EOF Then
    Alkoholgehalt_ADO = 0#
    Exit Function
End If

Do
    ' Alle Felder mit Werten?
    If Not IsNull(rstAlk("Menge")) And _
       Not IsNull(rstAlk("Umrechnung_cl")) And _
       Not IsNull(rstAlk("Alkoholgehalt")) Then
        ' Zwischenrechnung der Menge in cl
        dblMenge = rstAlk("Menge") * rstAlk("Umrechnung_cl")
        ' Gesamtmenge berechnen
        dblGesamtMenge = dblGesamtMenge + dblMenge
        ' Alkoholmenge berechnen
        dblAlkohol = dblAlkohol + dblMenge * rstAlk("Alkoholgehalt")
    End If
    ' Nächster Datensatz
    rstAlk.MoveNext
Loop Until rstAlk.EOF  ' Ende der Ergebnisdatensätze?

rstAlk.Close
Set rstAlk = Nothing
Set parAlk = Nothing
Set comAlk = Nothing

' Errechnen des Alkoholgehalts
Alkoholgehalt_ADO = dblAlkohol / dblGesamtMenge
Exit Function
```

```
Alkoholgehalt_Err:
    ' Fehler bei der Errechnung der Alkoholgehalts
    ' werden durch den Rückgabewert -1 angezeigt
    Select Case Err
    Case Else
        MsgBox ("Fehler " + Err.Description + " aufgetreten!")
        Alkoholgehalt_ADO = -1#
    End Select
End Function
```

Wir haben die Funktion mit einer einfachen Fehlerbehandlung realisiert. Fehler können in dieser Funktion in erster Linie durch Inkonsistenzen in den Daten auftreten. Sollte beispielsweise für eines der Felder der Wert `Null` vorkommen, kann Access diesen Wert nicht in einer Rechenoperation verwerten. Wir führen in der Funktion die Berechnung des Alkoholgehalts nur durch, wenn alle benötigten Werte verschieden von `Null` sind. Alternativ ließe sich auch die VBA-Funktion `Nz()` einsetzen, die aus einem Nullwert den Zahlenwert 0 macht.

Die Funktion errechnet den Alkoholgehalt, indem die entsprechenden Datensätze mit `MoveNext` durchlaufen werden. Wir möchten Ihnen nun eine Version der Funktion vorstellen, in der die Berechnung des Alkoholgehalts in der SQL-Abfrage durchgeführt wird. Einer der Vorteile, die Rechnung mit SQL auszuführen, liegt in der Behandlung von Nullwerten, die in SQL-Berechnungen automatisch mit dem Zahlenwert 0 kalkuliert werden.

Die neue, geänderte Abfrage

```
SELECT DISTINCTROW tblCocktailzutaten.CocktailNr,
Sum([menge]*[tblZutat].[alkoholgehalt]*[umrechnung_cl]) AS AlkMenge,
Sum([menge]*[umrechnung_cl]) AS Gesamtmenge, [AlkMenge]/[Gesamtmenge] AS
Alkohol
FROM tblZutat INNER JOIN (tblEinheiten INNER JOIN tblCocktailzutaten ON
tblEinheiten.EinheitenNr = tblCocktailzutaten.EinheitenNr) ON
tblZutat.ZutatenNr = tblCocktailzutaten.ZutatenNr
GROUP BY tblCocktailzutaten.CocktailNr
HAVING tblCocktailzutaten.CocktailNr = [paraCocktailNr];
```

führt die gesamte Berechnung in den Ausgabefeldern durch. Die Abfrage wurde als »qryAlkoholgehalt 2« abgelegt. Die Funktion zur Errechnung des Alkoholgehalts eines bestimmten Cocktails hat sich jetzt vereinfacht.

```
Function AlkoholgehaltSQL_ADO(lngCocktailNr As Long) As Double
' Bestimmung des Alkoholgehalts für einen Cocktail, 2. Variante
' input:    CocktailNr
' output:   Alkoholgehalt in Prozent
    Dim comAlk As ADODB.Command
    Dim rstAlk As ADODB.Recordset
    Dim parAlk As ADODB.Parameter
    Dim dblAlkohol As Double

    ' Fehlerroutine initialisieren
    On Error GoTo AlkoholgehaltSQL_Err

    ' Öffnen der Parameterabfrage
    Set comAlk = New ADODB.Command
    Set comAlk.ActiveConnection = CurrentProject.AccessConnection
    comAlk.CommandText = "qryAlkoholgehalt 2"

    Set parAlk = New ADODB.Parameter
    parAlk.Type = adInteger
    parAlk.Direction = adParamInput
    parAlk.Value = lngCocktailNr
    comAlk.Parameters.Append parAlk

    ' Ausführen der Abfrage
    Set rstAlk = comAlk.Execute
    ' Ergebnis besteht nur aus einem Datensatz
    ' Keine Datensätze gefunden
    If Not (rstAlk.EOF And rstAlk.BOF) Then
        AlkoholgehaltSQL_ADO = rstAlk!Alkoholgehalt
    Else
        AlkoholgehaltSQL_ADO = -1#
    End If

    rstAlk.Close
    Set rstAlk = Nothing
    Set parAlk = Nothing
    Set comAlk = Nothing
    Exit Function
AlkoholgehaltSQL_Err:
    ' Fehler bei der Errechnung der Alkoholgehalts
    ' werden durch den Rückgabewert -1 angezeigt
    Select Case Err
    Case Else
```

```
        MsgBox ("Fehler »" + Err.Description + "« aufgetreten!")
        AlkoholgehaltSQL_ADO = -1#
    End Select
End Function
```

10.5 Die ADOX-Bibliothek

Die oben besprochene ADO-Bibliothek ist sehr allgemein konzipiert, sodass sie mit jeder beliebigen Datenquelle arbeiten kann. Zwei Bereiche werden von ADO nicht abgedeckt: Erstellung von Datenbanken, Tabellen und Abfragen sowie Sicherheitsfunktionen, wie beispielsweise Vergabe oder Entzug von Berechtigungen für den Zugriff auf Daten. Für das Fehlen gibt es zwei Gründe: Erstens sind beide Bereiche durch SQL-Befehle abgedeckt, die über `Command`- oder `Connection`-Objekte ausgeführt werden können und zweitens sind die Unterschiede zwischen Datenbanksystemen gerade in diesen Bereichen am größten.

Microsoft hat zusätzlich die ADOX-Bibliothek, »ActiveX Data Objects Extensions for Data Definition Language und Security«, entwickelt, die einen einfachen, vom Datenbankprodukt unabhängigen Zugriff auf Datendefinitions- und Sicherheitsfunktionen ermöglichen soll. Voraussetzung für den Einsatz von ADOX ist allerdings, dass der OLE DB-Provider die entsprechende Funktionalität bereitstellt. Zur Zeit der Drucklegung des Buchs ist es jedoch so, dass nur der OLE DB-Provider für SQL Server einige und der Jet 4.0-OLE DB-Provider fast alle ADOX-Funktionen unterstützen. Letztlich bedeutet dies, dass ADOX eigentlich nur für Access-Datenbanken eingesetzt werden kann bzw. eingesetzt werden muss, denn möchten Sie beispielsweise erfahren, wie viele und welche Parameter eine Abfrage besitzt, sind Sie auf die ADOX-Bibliothek angewiesen.

Möchten Sie die ADOX-Funktionen auf die aktuelle Access-Datenbank anwenden, so müssen Sie als Verbindung `CurrentProject.Connection` angeben, nicht wie in den ADO-Beispielen in den vorangegangenen Abschnitten `CurrentProject.AccessConnection`.

Explizit nur die spezifischen Möglichkeiten der Jet-Engine unterstützt die JRO-Bibliothek, »Microsoft Jet and Replication Objects«, die in Abschnitt 10.6 verwendet wird.

Um die ADOX- und/oder die JRO-Bibliothek nutzen zu können, müssen Sie entsprechende Verweise auf die Bibliotheken im Visual Basic-Editor setzen, so wie es am Anfang des Kapitel (siehe Bild 10.2) beschrieben ist.

10.5.1 Das ADOX-Objektmodell

Das Diagramm in Bild 10.9 gibt Ihnen einen Überblick über das ADOX-Objektmodell.

10.5.2 Das Catalog-Objekt

Das `Catalog`-Objekt enthält fünf Auflistungen: `Tables` (Tabellen), `Views` (Abfragen), `Procedures` (Gespeicherte Prozeduren, mit Jet sind das Parameter-, Aktions-, Datenerstellungs- und Kreuztabellenabfragen), `Groups` (Benutzergruppen) und `Users` (Benutzer).

Übrigens, wir haben in unseren Programmen die Erfahrung gemacht, dass ADOX teilweise sehr langsam arbeitet, insbesondere verglichen mit ähnlichen Funktionen der DAO-Bibliothek (siehe Kapitel 11).

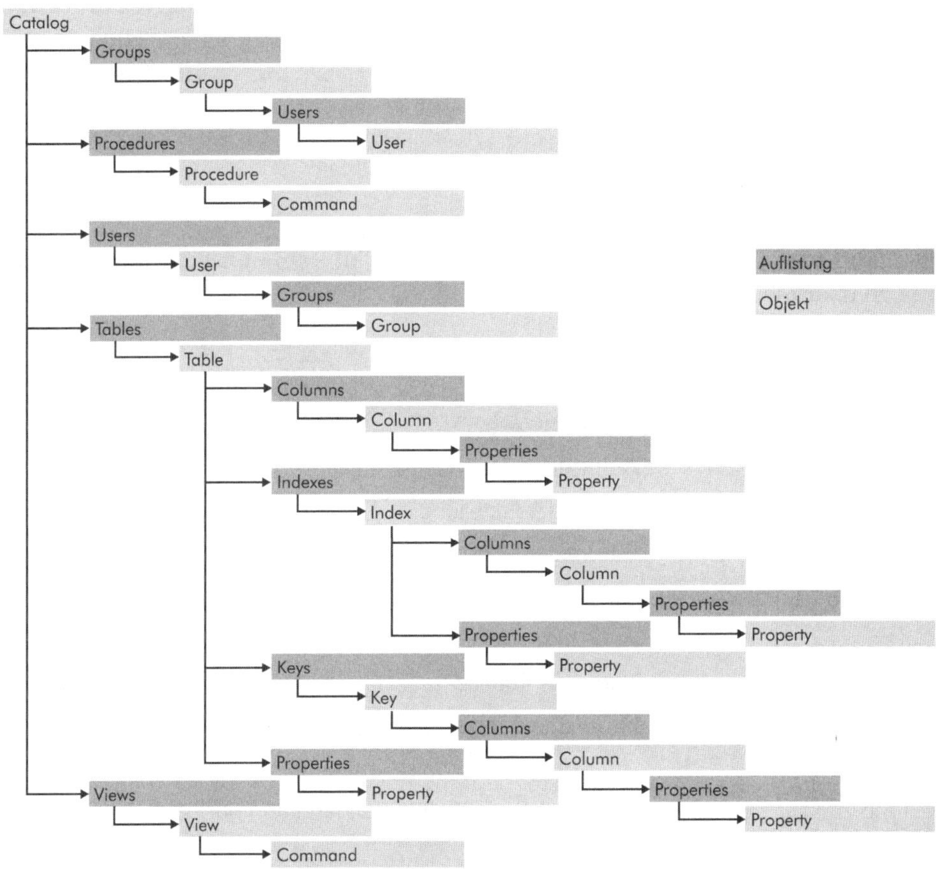

Bild 10.9: Das ADOX-Objektmodell

Tabelle 10.16: Eigenschaften und Methoden von Catalog-Objekten

Methode	Beschreibung
ActiveConnection	legt fest, für welches `Connection`-Objekt der Katalog ist.
Create	erstellt einen neuen Katalog, also eine neue Datenbank. Nach der Erstellung verweist `ActiveConnection` auf die neue Datenbank.
GetObjectOwner	ermittelt den Eigentümer des Katalogs.
SetObjectOwner	setzt den Eigentümer des Katalogs.

Die Eigenschaft `ActiveConnection` bestimmt, für welches `Connection`-Objekt der Katalog zur Verfügung gestellt wird.

Die Auflistungen `Tables`, `Views`, `Procedures`, `Groups` und `Users` verfügen alle über die Eigenschaft `Count`, die die Anzahl der Objekte der jeweiligen Auflistung ergibt. Zur Verfügung stehen für alle die Methoden `Append` zum Hinzufügen, `Delete` zum Entfernen von Objekten und `Refresh` zur Aktualisierung der Auflistung.

10.5.3 Tabellen und Indizes

Die Auflistung `Tables` des `Catalog`-Objekts enthält `Table`-Objekte mit Informationen über die Tabellen der Datenbank.

Tabelle 10.17: Eigenschaften und Methoden von Table-Objekten

Methode/Eigenschaft	Beschreibung
Columns	Auflistung aller Tabellenspalten
DateCreated	Datum der Erstellung
DateModified	Datum der letzten Änderung
Indexes	Auflistung aller Indizes
Keys	Auflistung aller (Primär-, Fremd- und eindeutigen) Schlüssel
Name	Name der Tabelle
ParentCatalog	Verweis auf den zugehörigen Katalog
Properties	Auflistung aller Eigenschaften
Type	Typ der Tabelle; die Eigenschaft kann nur gelesen werden und gibt einen String zurück

Beispiel: Datenbank mit zwei Tabellen anlegen

Im folgenden Beispiel wird eine neue Datenbank mit zwei Tabellen angelegt. Beachten Sie dabei die Zeilen, in der die Eigenschaft `ParentCatalog` gesetzt wird. Diese Zeilen sind notwendig, damit die Datenbank-spezifische Eigenschaft `AutoIncrement` gesetzt werden kann.

```
Sub DatenbankAnlegen_ADOX()
    Dim conn As ADODB.Connection
    Dim cat As ADOX.Catalog
    Dim tblLieferanten As ADOX.Table
    Dim tblArtikel As ADOX.Table

    Set cat = New ADOX.Catalog
    Set tblLieferanten = New ADOX.Table
    Set tblArtikel = New ADOX.Table
    cat.Create "Provider=Microsoft.Jet.OLEDB.4.0; " & _
                         "Data Source=C:\Lieferanten.mdb"
    ' Verbindung zu neuer Datenbank
    Set conn = cat.ActiveConnection

    ' Tabellen »Lieferanten« und »Artikel« anlegen
    With tblLieferanten
        ' ParentCatalog setzen, um AutoIncrement setzen zu können
        Set .ParentCatalog = cat
        .Name = "Lieferanten"
        ' Datenfelder für »Lieferanten« anlegen
        .Columns.Append "LiefNr", adInteger
        .Columns("LiefNr").Properties("AutoIncrement") = True
        .Columns.Append "Lieferant", adWChar, 255
        ' Primärschlüssel anlegen
        .Keys.Append "PrimaryKey", adKeyPrimary, "LiefNr"
    End With
    cat.Tables.Append tblLieferanten

    With tblArtikel
        ' ParentCatalog setzen, um AutoIncrement setzen zu können
        Set .ParentCatalog = cat
        .Name = "Artikel"
        ' Datenfelder für »Artikel«
        .Columns.Append "ArtNr", adInteger
        .Columns("ArtNr").Properties("AutoIncrement") = True
        .Columns.Append "Artikel", adWChar, 50
        .Columns.Append "LiefNr", adInteger
```

```
        ' Primärschlüssel anlegen
        .Keys.Append "PrimaryKey", adKeyPrimary, "ArtNr"
        ' Fremdschlüssel ist Lieferanten.LiefNR
        ' damit wird referentielle Integrität aufgebaut
        .Keys.Append "ArtLief", adKeyForeign, "LiefNr", _
                                    "Lieferanten", "LiefNr"
    End With
    cat.Tables.Append tblArtikel

    Set tblLieferanten = Nothing
    Set tblArtikel = Nothing
    Set cat = Nothing
End Sub
```

Bei der Festlegung der Spalten wird der Datentyp durch eine Konstante angegeben, wie im Programm oben zu sehen, z.B. `adInteger`. Die Konstante und ihre Access-Entsprechungen entnehmen Sie der folgenden Tabelle.

Tabelle 10.18: ADOX-Datentypen und Access-Entsprechungen

ADOX-Datentyp	Access-Entsprechung
adWChar	Text
adLongVarWChar	Memo
adUnsignedTinyInt	Zahl – Byte
adSmallInt	Zahl – Integer
adInteger	Zahl – Long Integer
adSingle	Zahl – Single
adDouble	Zahl – Double
adGuid	Zahl – Replikations-ID
adDecimal	Zahl – Dezimal
adDate	Datum/Zeit
adCurrency	Währung
adBoolean	Ja/Nein
adLongVarBinary	OLE-Objekt
adLongVarWChar	Hyperlink

Beispiel: Existenz einer Tabelle abfragen

Das folgende Beispiel präsentiert Ihnen eine Funktion, die das Vorhandensein einer Tabelle überprüft. Existiert die Tabelle, liefert die Funktion den Wert »Wahr« zurück.

```
Function TableExists_ADOX(ByVal strTableName As String) As Boolean
    Dim tbl As ADOX.Table
    Dim cat As ADOX.Catalog

    Set cat = New ADOX.Catalog
    Set cat.ActiveConnection = CurrentProject.Connection
    For Each tbl In cat.Tables
        If tbl.Name = strTableName Then
            TableExists_ADOX = True
            Exit Function
        End If
    Next
    TableExists_ADOX = False
    Set cat = Nothing
End Function
```

Der mittlere Teil kann auch (geringfügig schneller ablaufend) wie folgt programmiert werden:

```
    Set cat.ActiveConnection = CurrentProject.Connection
    On Error Resume Next
    ' Kann auf das Objekt zugegriffen werden?
    Debug.Print cat.Tables(strTableName).Name
    TableExists_ADOX = (Err.Number = 0)
    Set cat = Nothing
```

Allerdings geht die Überprüfung sehr viel schneller, wenn Sie die folgende Funktion nicht mit ADOX, sondern mit dem Access-Objekt `CurrentData` einsetzen.

```
Function TableExists(ByVal strTableName As String) As Boolean
    On Error Resume Next
    ' Kann auf das Objekt zugegriffen werden?
    Debug.Print CurrentData.AllTables(strTableName).Name
    TableExists = (Err.Number = 0)
End Function
```

10.5.4 Views und Procedures

Über die Auflistung Views kann auf alle in Access gespeicherten Auswahlabfragen, über die Auflistung Procedures auf alle anderen Abfragen, wie beispielsweise Parameter- und Aktionsabfragen zugegriffen werden.

In den Abschnitten zu den Recordset- und Command-Objekten haben wir Ihnen beschrieben, wie Sie Abfragen ausführen können. Die ADOX-Auflistungen werden nur benötigt, wenn Sie eigene Views und Procedures erstellen und speichern wollen sowie um die Parameter von Parameterabfragen zu ermitteln.

Die Parameter von Parameterabfragen

In Abschnitt 10.4.2 haben wir beschrieben, wie mit der Hilfe von Command-Objekten Abfragen mit Parametern ausgeführt werden können. Der Schwachpunkt hierbei ist, dass das Command-Objekt nicht erfährt, wie viele Parameter, mit welchen Namen und welchen Datentypen, in der gespeicherten Parameterabfrage definiert sind.

Im folgenden Beispiel zeigen wir Ihnen, wie Sie über die ADOX-Auflistung Procedures auf die Parameters-Auflistung eines Command-Objekts zugreifen. Benötigt wird dazu ein Catalog-Objekt, das mit New generiert wird. Die Eigenschaft des Objekts ActiveConnection wird mit der aktuellen Datenbankverbindung initialisiert, d.h., das Catalog-Objekt bezieht sich auf die aktuelle Datenbank.

Jedes Procedure-Objekt der Procedures-Auflistung kann über den im Access-Datenbankfenster angezeigten Namen angesprochen werden. Die Inhalte der Abfrage werden in einem Command-Objekt, nämlich der Eigenschaft Command des Procedure-Objekts, abgebildet. Das Command-Objekt des Procedure-Objekts verfügt über eine Parameters-Auflistung, die nun, da über ADOX zugegriffen wurde, vollständig zur Verfügung steht. Im Programm unten wird die Parameters-Auflistung mit einer For...Each-Schleife durchlaufen und so werden alle Parameter mit einer einfachen InputBox vom Benutzer abgefragt.

```
Sub AbfrageMitParametern_ADOX()
    Dim cat As ADOX.Catalog
    Dim com As ADODB.Command
    Dim par As ADODB.Parameter
    Dim rst As ADODB.Recordset
    Dim fld As ADODB.Field

    Set cat = New ADOX.Catalog
```

```
    Set cat.ActiveConnection = CurrentProject.Connection
    ' Vorhandene Prozedur öffnen
    Set com = cat.Procedures("qryParameter").Command

    Debug.Print "Abfrage hat " & com.Parameters.Count & " Parameter."
    ' Parameter in Schleife von Benutzer abfragen
    For Each par In com.Parameters
        par.Value = InputBox(par.Name, "ADOX-Abfragen")
    Next

    rst.Open com, , adOpenForwardOnly, adLockReadOnly

    ' Daten ausgeben
    Do While Not rst.EOF
        For Each fld In rst.Fields
            Debug.Print fld; " / ";
        Next
        Debug.Print
        rst.MoveNext
    Loop
    rst.Close
    Set cat = Nothing
End Sub
```

Erstellen von Views und Procedures

Sowohl die `Views`- als auch die `Procedures`-Auflistung stellen die Methode `Append` zum Hinzufügen und Speichern sowie die Methode `Delete` zum Löschen eines `View`- bzw. `Procedure`-Objekts bereit.

Das folgende Listing zeigt eine Routine, die eine neue `View` erstellt und anschließend ausführt. Beachten Sie, wie wir am Anfang des Abschnitts über ADOX schon erläutert haben, dass die neue `View` nicht im Access-Datenbankfenster gezeigt wird.

```
Sub AbfrageErstellen_ADOX()
    Dim cat As ADOX.Catalog
    Dim com As ADODB.Command
    Dim rst As ADODB.Recordset
    Dim fld As ADODB.Field

    Set cat = New ADOX.Catalog
    Set cat.ActiveConnection = CurrentProject.Connection
    Set com = New ADODB.Command
```

```
    com.CommandText = "SELECT Cocktail, Zubereitung FROM tblCocktail"

    ' Neue View erstellen
    cat.Views.Append "qryCocktailZubereitung", com

    ' Vorhandene View öffnen
    Set com = cat.Views("qryCocktailZubereitung").Command
    Set rst = com.Execute

    ' Daten ausgeben
    Do While Not rst.EOF
        For Each fld In rst.Fields
            Debug.Print fld; " / ";
        Next
        Debug.Print
        rst.MoveNext
    Loop
    rst.Close
    Set com = Nothing
    Set cat = Nothing
End Sub
```

10.5.5 Benutzer und Benutzergruppen

Die Auflistungen `Users` und `Groups` besprechen wir in Kapitel 24, »Datensicherheit«.

10.6 Die JRO-Bibliothek

Die »Jet and Replication Objects«-Bibliothek bietet neben den in diesem Buch nicht beschriebenen Funktionen zur Replikation nur zwei Methoden für die Jet-Engine an, `CompactDatabase` und `RefreshCache`. `CompactDatabase` repariert und komprimiert eine Jet-Datenbank, `RefreshCache` aktualisiert den internen Jet-Datenbankzwischenspeicher, eine Funktion, die nur in Multiuser-Umgebungen benötigt wird.

Das folgende Beispiel illustriert den Einsatz von `CompactDatabase`. Beachten Sie dabei, dass DAO (siehe Kapitel 11) ebenfalls eine Methode mit dem Namen `CompactDatabase` bereithält. JRO arbeitet mit Verbindungszeichenfolgen (deshalb die Konstante `conProvider` im Beispiel), während DAO nur Datenbanknamen verwendet. In Access 2002 können Sie alternativ auch Application.CompactRepair einsetzen, die gleichzeitig komprimiert und repariert.

```
Sub DatenbankKomprimieren_JRO(strName As String)
    Const conProvider = "Provider=Microsoft.Jet.OLEDB.4.0; " & _
                        "Data Source="

    Dim JROEngine As JRO.JetEngine

    Dim strMDB As String
    Dim strBAK As String
    Dim strKOMP As String

    If Right(strName, 4) = ".MDB" Then
        strMDB = strName
        strName = Left(strName, Len(strName) - 4)
    Else
        strMDB = strName + ".MDB"
    End If
    strBAK = strName + ".BAK"
    strKOMP = strName + "KOMPRIMIERT.MDB"

    ' Komprimieren
    Set JROEngine = New JRO.JetEngine
    JROEngine.CompactDatabase conProvider & strMDB, conProvider & strKOMP
    ' Löschen einer evtl. vorhandenen Sicherungsdatei
    On Error Resume Next
    Kill strBAK
    On Error GoTo 0
    ' Umbenennen zu Sicherungsdatei
    Name strMDB As strBAK
    ' Umbenennen der komprimierten Datei
    Name strKOMP As strMDB

    Set JROEngine = Nothing
End Sub
```

11 Datenzugriff mit DAO

Bild 11.1 zeigt die Hierarchie der Datenzugriffsobjekte (»Data Access Objects«, DAO). Oberstes Objekt und Kern der Datenzugriffsobjekte ist der Datenbankkern `DBEngine`, an dem alle anderen Objekte ansetzen. Die `DBEngine` ist ein Einzelobjekt, alle anderen im Bild dargestellten Bestandteile hingegen sind Auflistungsobjekte.

Dieses Kapitel soll die einzelnen Objekte und ihre Anwendungen beschreiben. Dabei werden für alle Objekte die wichtigsten Methoden und Eigenschaften aufgeführt. Eine vollständige Beschreibung finden Sie in der Online-Hilfe zu Access, die die gültige Dokumentation der Datenzugriffsobjekte enthält.

Seit Access 2002 hat Microsoft eine Vielzahl von Konstanten definiert, die durch mehr oder minder einprägsame Namen das Lesen und Setzen von Objekteigenschaften erleichtern sollen. Die wichtigsten Konstanten sind immer im Abschnitt über die jeweiligen Objekte in Tabellen aufgeführt, sodass Sie sie dort schnell nachschlagen können.

! DAO-Bibliothek: Standardmäßig ist die DAO-Bibliothek nicht aktiviert, sondern nur die in Kapitel 10, »Die Programmierschnittstelle ADO«, beschriebene ADO-Bibliothek. Um DAO nutzen zu können, rufen Sie daher im Visual Basic-Editor über *EXTRAS Verweise* das in Bild 11.2 abgebildete Dialogfeld auf. Selektieren Sie den Eintrag *Microsoft DAO 3.6 Object Library*.

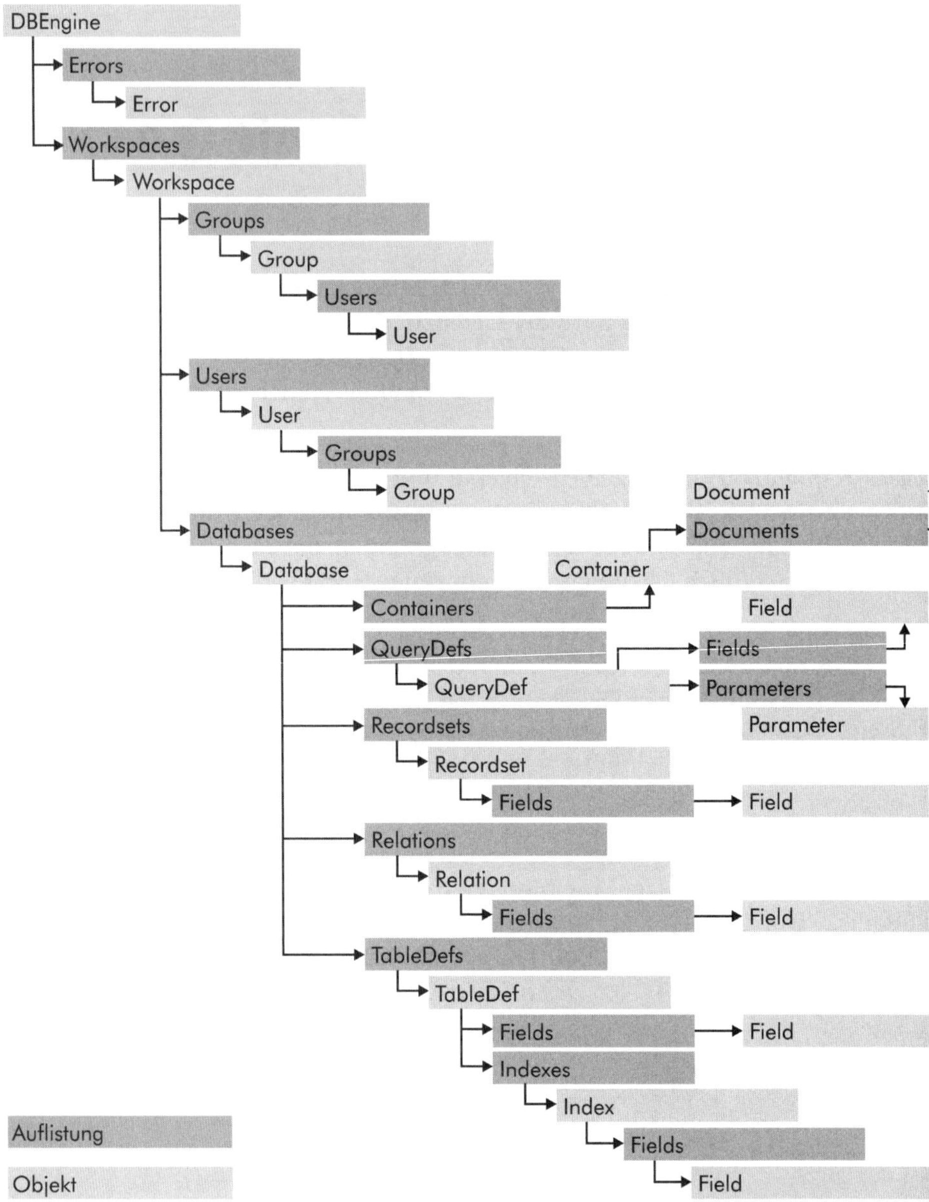

Bild 11.1: Die Hierarchie der Datenzugriffsobjekte

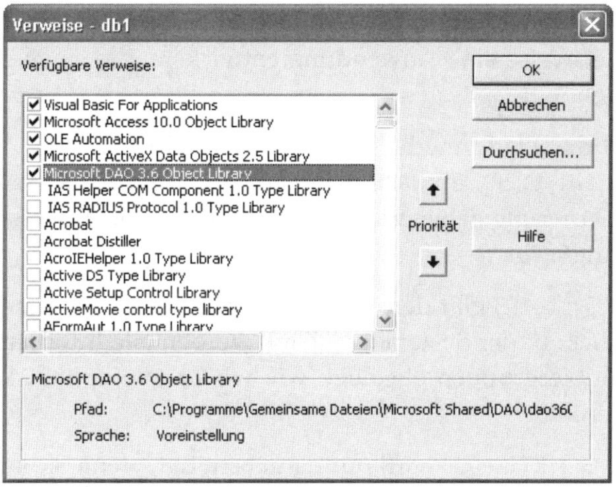

Bild 11.2: Einrichten des DAO-Verweises

11.1 Das Objekt DBEngine

Die `DBEngine`, die »Datenbankmaschine«, bezeichnet die Access zugrunde liegende Microsoft Jet Database Engine. Access 10.0 (2002) enthält die Version 3.6, übrigens ebenso wie Access 2000.

`DBEngine` ist die Basis für alle Datenbankobjekte in Access und beinhaltet die Auflistungen `Workspaces` und `Errors`. Das folgende Programm gibt die Eigenschaften der `DBEngine` aus:

```
Sub DBEngineEigenschaften()

    Dim dbe As DAO.DBEngine

    Set dbe = DBEngine
    With dbe
        Debug.Print "----------------------"
        Debug.Print "DBEngine-Eigenschaften"
        Debug.Print "----------------------"
        Debug.Print "Version = "; .Version
        Debug.Print "IniPath = "; .IniPath
        Debug.Print "SystemDB = "; .SystemDB
        Debug.Print "LoginTimeout = "; .LoginTimeout
    End With
End Sub
```

Die Abfrage der Versionsnummer mit DBEngine.Version kann hilfreich sein, wenn Sie beispielsweise eine Anwendung entwickeln, die einen bestimmten Jet-Versionsstand benötigt.

In IniPath wird der Pfad innerhalb der Windows-Registrierung angegeben, der meist HKEY_CURRENT_USER\SOFTWARE\Microsoft\Office\10.0\Access\Jet\4.0 lautet. Auf die Registrierung gehen wir ausführlich in Teil 6, »Professionelle Anwendungsentwicklung«, ein.

Die Eigenschaft SystemDB gibt den vollständigen Pfad zur Systemdatenbank SYSTEM.MDW zurück. In der Systemdatenbank werden alle Informationen über Benutzer und Benutzergruppen abgelegt, wie wir es in Kapitel 24, »Datensicherheit«, beschreiben.

Die Eigenschaft LoginTimeout wird nur dann benötigt, wenn Sie auf Datenbanken über ODBC zugreifen. In der Eigenschaft wird die Zeit in Sekunden angegeben, nachdem bei einem Anmeldeversuch an eine Datenbank eine Fehlermeldung ausgegeben wird.

DBEngine besitzt zusätzlich die Eigenschaften DefaultType, DefaultUser und DefaultPassword. Sie geben damit Standardwerte für neue Workspace-Objekte vor (siehe Abschnitt 11.2, »Die Auflistung Workspaces«). Gültige Werte für DefaultType sind dbUseJet für Workspace-Objekte, die mit dem Microsoft Jet-Datenbankmodul verbunden sind, und dbUseODBC für Workspaces, die mit einer ODBC-Datenquelle verbunden sind.

11.1.1 Die DBEngine-Methode CompactDatabase

Die Methode CompactDatabase dient zur Komprimierung von Access-Datenbankdateien. Bei der Komprimierung werden ungenutzte Bereiche der Datei freigegeben und die Daten gegebenenfalls in der Datei neu angeordnet. Alle Sicherheitsinformationen werden übertragen. Die allgemeine Form der Methode lautet

```
DBEngine.CompactDatabase AlteDB, NeueDB [,Gebietsschema _
              [,Optionen [,pwd=Kennwort]]]
```

Beim Komprimieren wird die zu komprimierende Datenbank AlteDB in die neue Datei NeueDB umkopiert. Dabei kann ein Gebietsschema angegeben werden, das die Sortierreihenfolge beeinflusst. Die Optionen ermöglichen es, die neue Datenbank zu ver- oder entschlüsseln sowie sie gegebenenfalls in Access 1.x, 2.0 oder 7.0-Datenbanken zu konvertieren. Mögliche Optionswerte sind dbVersion10, dbVersion11, dbVersion20 und dbVersion30. Die Endungen 10, 11 usw. der Optionswerte geben die Jet-Datenbankversionen an, nicht die Access-Versionen.

Zum Ver- bzw. Entschlüsseln der Datenbank verwenden Sie die Konstanten `dbEncrypt` oder `dbDecrypt`.

Falls die alte Datenbank mit einem Kennwort geschützt ist, muss dieses mit angegeben werden.

Das folgende kurze Programm zeigt eine typische Anwendung der Methoden `RepairDatabase` und `CompactDatabase`, allerdings ohne Fehlerbehandlung. Die Datenbank, die repariert und komprimiert werden soll, muss dazu geschlossen sein, d.h., auf sie darf niemand aktiv zugreifen.

```
Sub DatenbankKomprimieren(strName As String)
    Dim strMDB As String
    Dim strBAK As String
    Dim strKOMP As String


    If Right(strName, 4) = ".MDB" Then
        strMDB = strName
        strName = Left(strName, Len(strName) - 4)
    Else
        strMDB = strName + ".MDB"
    End If
    strBAK = strName + ".BAK"
    strKOMP = strName + "KOMPRIMIERT.MDB"

    ' Komprimieren
    DAO.DBEngine.CompactDatabase strMDB, strKOMP

    ' Löschen einer evtl. vorhandenen Sicherungsdatei
    ' existiert die Sicherungsdatei nicht, Fehler ignorieren
    On Error Resume Next
    Kill strBAK
    On Error GoTo 0

    ' Umbenennen zu Sicherungsdatei
    Name strMDB As strBAK
    ' Umbenennen der komprimierten Datei
    Name strKOMP As strMDB
End Sub
```

Alternativ können Sie die Methode `Application.CompactRepair` einsetzen, die unabhängig von DAO oder ADO eine Datenbank gleichzeitg komprimiert und repariert.

11.1.2 Die DBEngine-Methode SetOption

Mithilfe der Methode `DBEngine.SetOption` lassen sich Parameter der Datenbankmaschine verändern. Dabei steht jeder der möglichen Parameter für einen Eintrag in der Windows-Registrierung, über die die Eigenschaften des Jet-Datenbankmoduls gesteuert werden. Da die Parameter fundamentale Eigenschaften der Datenbank beeinflussen und nur in Ausnahmefällen geändert werden sollten, haben wir die Beschreibung in Anhang B, »Jet-Datenbank-Spezifikationen«, aufgenommen.

11.2 Die Auflistung Workspaces

In einem `Workspace`-Objekt (»Workspace« ist übersetzbar mit »Arbeitsbereich«) werden Datenbanken, Benutzer und Transaktionen verwaltet. Alle `Workspace`-Objekte werden in der `Workspaces`-Auflistung aufgeführt. Normalerweise wird nur der Standard-Workspace genutzt, der in der Auflistung über `Workspaces(0)` angesprochen wird.

`Workspaces` werden im Zusammenhang mit dem Sicherheitssystem von Access eingesetzt, das wir in Teil 7 vorstellen. Wichtig sind `Workspace`-Objekte auch beim Zugriff auf Datenbanken über ODBC, wie es in Teil 6 erläutert wird.

Die folgende Beispielroutine `WorkspaceEigenschaften()` gibt die Eigenschaften aller `Workspaces` aus. Hierzu verwendet das Programm die `Properties`-Auflistung. Jedes Objekt besitzt eine Auflistung, in der alle Eigenschaften, `Properties`, eines Objekts enthalten sind.

```
Sub WorkspaceEigenschaften()
    Dim wrk As DAO.Workspace
    Dim prp As DAO.Property

    On Error Resume Next
    For Each wrk In DAO.DBEngine.Workspaces
        For Each prp In wrk.Properties
            Debug.Print prp.Name; " = "; prp.Value
        Next
    Next
End Sub
```

Wird das Programm im Testfenster gestartet, gibt es normalerweise die Daten des Standard-Workspace aus:

```
Name = #Default Workspace#
UserName = admin
IsolateODBCTrans =  0
```

Sind die Namen der Eigenschaften bekannt, kann beispielsweise der Benutzername des aktuellen Benutzers eines Workspace mit

```
wrk.Username
```

abgefragt werden. (Schneller greifen Sie auf den Namen des aktuellen Benutzers über die VBA-Funktion `CurrentUser()` zu, allerdings ist der Benutzername immer »Admin«, wenn Sie nicht das Access-Sicherheitssystem (siehe Kapitel 24) einsetzen.)

11.3 Die Auflistung Databases

In jedem `Workspace` können eine oder mehrere Datenbanken geöffnet werden. Die Datenbanken werden in der `Databases`-Auflistung verwaltet. Die Datenbank mit dem Pfad

```
DBEngine.Workspaces(0).Databases(0)
```

ist die Standarddatenbank. Sie finden hierfür auch oft die abgekürzte Schreibweise `DBEngine(0)(0)`, die etwas Schreibarbeit spart.

11.3.1 Die Funktion CurrentDb( )

Einfacher lässt sich die aktuelle Datenbank mithilfe der Funktion `CurrentDb()` (oder auch einfach `CurrentDb` geschrieben) abfragen, wie es im folgenden Programmbeispiel gezeigt wird. Microsoft empfiehlt die Verwendung von `CurrentDb()`, da hier eine neue aktuelle Instanz der Datenbank geöffnet wird, im Gegensatz zu `DBEngine.Workspaces(0).Databases(0)` bzw. `DBEngine(0)(0)`, bei denen keine Aktualisierung der Datenbankobjekte durchgeführt wird. Die Funktion `CurrentDb()` liefert als Ergebnis ein Objekt vom Typ `Database` zurück. Im folgenden Codefragment wird `CurrentDb` eingesetzt.

```
Dim db As DAO.Database
Set db = CurrentDb()
```

Wir möchten Ihnen empfehlen, die Zuweisung von `CurrentDb` an eine (evtl. globale) Variable zu Beginn einer Anwendung durchzuführen und im weiteren Verlauf des Programms nur noch mit dieser Variablen zu arbeiten, denn der

Nachteil von `CurrentDb` ist die Ausführungsgeschwindigkeit: `CurrentDb` ist sehr langsam.

Wir haben die folgende Routine dreimal ausgeführt, wobei jeweils zwei der drei Varianten auskommentiert wurden. Die Ergebnisse waren erstaunlich: In der ersten Variante mit `CurrentDb` benötigte Access über 19 Minuten, während die 100.000 Schleifendurchläufe der beiden anderen Varianten etwa 7 Sekunden brauchten.

```
Enum eTest
    Variante_1
    Variante_2
    Variante_3
End Enum

Sub CurrentDb_Geschwindigkeitstest(v As eTest)
    Dim dte As Date
    Dim lng As Long
    Dim db As DAO.Database

    ' Zeit bestimmen
    dte = Now
    For lng = 1 To 100000
        Select Case v
        Case Variante_1
            ' 1. Variante mit CurrentDb
            Set db = CurrentDb()
        Case Variante_2
            ' 2. Variante mit DBEngine.Workspaces(0).Databases(0)
            Set db = DBEngine.Workspaces(0).Databases(0)
        Case Variante_3
            ' 3. Variante mit DBEngine(0)(0)
            Set db = DBEngine(0)(0)
        End Select
    Next
    ' Verstrichene Zeit ausgeben
    MsgBox Format(Now - dte, "hh:mm:ss")
End Sub
```

Es empfiehlt sich, `CurrentDb` nicht allzu oft in einem Access-Programm einzusetzen. Wir konnten in einer Applikation die Leistung stark verbessern, indem wir ein `CurrentDb`-Statement aus einer Schleife entfernten.

11.3.2 Database-Eigenschaften

Im folgenden Beispielunterprogramm `DatabaseEigenschaften()` werden alle Eigenschaften der aktuellen Datenbank im Testfenster ausgegeben.

```
Sub DatabaseEigenschaften()
    Dim db As DAO.Database
    Dim prp As DAO.Property

    On Error Resume Next
    Set db = CurrentDb()
    For Each prp In db.Properties
        Debug.Print prp.Name; " = "; prp.Value
    Next
End Sub
```

In der folgenden Tabelle sind die wichtigsten Eigenschaften eines `Database`-Objekts aufgeführt.

Tabelle 11.1: Database-Eigenschaften

Eigenschaft	Beschreibung
Name	gibt den Namen der Datenbank mit komplettem Pfad an.
Updatable	erlaubt das Ändern des `Database`-Objekts, falls die Eigenschaft den Wert »Wahr« zurückgibt.
CollatingOrder	bestimmt die Sortierreihenfolge einer Datenbank. Zurückgegeben wird ein Wert, der die länderspezifische Sortierreihenfolge beschreibt.
Version	gibt die Version der Jet-Datenbank zurück, mit der die Datenbank, also die MDB-Datei, erstellt wurde.

Die oben aufgelistete Prozedur ermittelt für unsere Cocktail-Anwendungsdatenbank die folgenden Database-Eigenschaften:

```
Name = C:\Cocktail\Cocktail Anwendung.mdb
Connect =
Transactions = Wahr
Updatable = Wahr
CollatingOrder = 1033
...
```

11.3.3 Die OpenDatabase( )-Methode

Mithilfe der Methode `OpenDatabase()` können Sie eine beliebige Datenbank öffnen. In einem `Database`-Objekt befinden sich Auflistungen der Tabellen, Abfragen usw.

Die allgemeine Form der `OpenDatabase()`-Methode lautet:

```
Set Datenbank = [Arbeitsbereich.]OpenDatabase(DBName _
              [,Exklusiv[,Schreibgeschützt[,Quelle]]])
```

Die Datenbank `DATEN.MDB` im Verzeichnis `DATEN` öffnen Sie beispielsweise mit den folgenden Zeilen:

```
Dim dbDaten As DAO.Database
Set dbDaten = OpenDatabase("C:\DATEN\DATEN.MDB")
```

Der Name kann auch einen Netzwerkpfad nach der UNC-Schreibweise umfassen, beispielsweise `\\SERVER\ACCESS\DATEN\DATEN.MDB`.

Die Angabe eines Arbeitsbereiches (`Workspace`) ist optional. Die unten aufgeführte Version

```
Dim dbDaten As DAO.Database
Set dbDaten = DBEngine.Workspaces(0).OpenDatabase("DATEN.MDB")
```

zum Öffnen der Datenbank ergibt das gleiche Resultat.

Angenommen, Sie haben einen Arbeitsbereich mit dem Namen »SpezialWS« angelegt. Um die Datenbank ARTIKEL.MDB im neuen Arbeitsbereich zu öffnen, verwenden Sie den folgenden Code:

```
Dim wspAktWS As DAO.Workspace
Dim dbDaten As DAO.Database
Set wspAktWS = DBEngine.Workspaces("SpezialWS")
Set dbDaten = wspAktWS.OpenDatabase("ARTIKEL.MDB")
```

11.4 Datenzugriff mit Recordsets

Der Zugriff auf Daten in Tabellen wird über `Recordset`-Objekte durchgeführt, die die Daten als Tabelle (Table), als Dynaset oder als Snapshot präsentieren können. Einem Recordset liegt immer eine Tabelle, eine Abfrage oder direkt ein SQL-Befehl zugrunde. Jedes Recordset erhält aufgrund der Datenbasis entsprechende Felder, die in einer `Fields`-Auflistung verwaltet werden. `Recordset`-Objekte werden durch Öffnen eines Recordsets erstellt und automatisch der `Recordsets`-Auflistung des `Workspace`-Objekts hinzugefügt.

Ein Recordset wird mithilfe des Befehls `OpenRecordset()` geöffnet. Die Methode kann in zwei Varianten genutzt werden, entweder

```
Set recordset = Datenbank.OpenRecordset(Quelle [,Typ [,Optionen]])
```

oder

```
Set recordset = Objekt.OpenRecordset([Typ [,Optionen]])
```

wobei `Objekt` ein `Recordset`-, `QueryDef`- oder `TableDef`-Objekt sein kann.

Der Typ eines Recordsets kann mithilfe einer der in der folgenden Tabelle aufgeführten Konstanten festgelegt werden. Die Vor- und Nachteile der einzelnen Typen werden weiter unten besprochen.

Tabelle 11.2: Recordset-Typen

Typ	Konstante	Beschreibung
Table	`dbOpenTable`	Zugriff auf lokale Tabelle, editierbar
Dynaset	`dbOpenDynaset`	Zugriff auf eingebundene Tabelle, Abfrage oder über SQL-Befehl, teilweise editierbar
Snapshot	`dbOpenSnapshot`	Zugriff auf eingebundene Tabelle, Abfrage oder über SQL-Befehl als Schnappschuss der Daten zu einem bestimmten Zeitpunkt, nicht bearbeitbar
Dynamic	`dbOpenDynamic`	Für ODBCDirect-Arbeitsbereiche kann ein Recordset dynamisch geöffnet werden (siehe Kapitel 23).

Geben Sie beim Öffnen des Dynasets keinen Typ an, weist Access automatisch einen passenden Typ zu. Geben Sie einen falschen Typ an, versuchen Sie beispielsweise, eine eingebundene Tabelle mit `dbOpenTable` zu öffnen, wird ein abfangbarer Laufzeitfehler ausgelöst.

Optional lassen sich die in Tabelle 11.3 dargestellten Optionen vereinbaren, dabei werden bei gleichzeitiger Festlegung mehrerer Optionen die Konstanten addiert.

Tabelle 11.3: Recordset-Optionen

Option	Beschreibung
dbDenyWrite	legt fest, dass keine Datensätze von anderen Benutzern hinzugefügt oder geändert werden können.
dbDenyRead	bestimmt, dass keine Datensätze von anderen Benutzern gelesen werden können (gilt nur für Table-Recordsets).
dbReadOnly	gibt an, dass aus dem Recordset nur gelesen werden kann.
dbAppendOnly	definiert, dass nur neue Datensätze angefügt werden können (nur Dynaset).
dbInconsistent	gibt an, dass inkonsistente Aktualisierungen zugelassen sind (nur Dynaset).
dbConsistent	gibt an, dass nur konsistente Aktualisierungen zugelassen sind (nur Dynaset).
dbForwardOnly	legt fest, dass ein Recordset vom Typ Snapshot nur vorwärts (mit `MoveNext`) durchlaufen werden kann.
dbSQLPassThrough	definiert, dass eine SQL-Abfrage des Recordsets als SQL-Pass-Through an eine ODBC-Datenbank weitergegeben wird.
dbSeeChanges	definiert, dass ein Laufzeitfehler ausgelöst wird, wenn ein anderer Benutzer die Daten ändert, die in Bearbeitung sind.
dbRunAsync	führt eine asynchrone Abfrage aus (gilt nur für ODBCDirect-Arbeitsbereiche) (siehe Teil 7, »Client/Server-Verarbeitung mit Access«).
dbExecDirect	führt eine Abfrage durch Überspringen von SQLPrepare sowie dem direkten Aufrufen von SQLExecDirect aus (gilt nur für ODBCDirect-Arbeitsbereiche). Verwenden Sie diese Option nur, wenn Sie kein Recordset-Objekt öffnen, das auf einer Parameterabfrage basiert (siehe Teil 7).

Recordsets vom Typ Table

Mit einem Recordset vom Typ `Table` greifen Sie direkt auf eine lokale Tabelle zu, also eine in der aktuellen Datenbank abgelegte Tabelle. Die Daten der Tabelle können bearbeitet werden. Darüber hinaus nutzt Access die Indizes für schnelles Suchen mit der Methode `Seek`.

Recordsets vom Typ Dynaset

Ein Recordset vom Typ `Dynaset` besteht aus Zeigern (Pointers, Bookmarks) auf die Daten von Tabellen oder Abfragen, d.h., es wird nur ein eindeutiger Schlüssel für jeden Datensatz in den lokalen Speicher geladen. Die Daten können in den meisten Fällen editiert werden (siehe Kapitel 2).

Recordsets vom Typ Snapshot

Ein `Snapshot` repräsentiert eine Kopie der Daten zu einem bestimmten Zeitpunkt. Änderungen, die nach der Erstellung des Snapshot-Recordsets aufgetreten sind, werden nicht berücksichtigt. Die Daten in einem Snapshot können nicht bearbeitet werden. Eine besondere Variante des Snapshots ist der Vorwärts-Snapshot, der mithilfe der Konstanten `dbForwardOnly` erzeugt wird. Ein solcher Snapshot kann nur von vorne nach hinten (beispielsweise mit `MoveNext`) durchlaufen werden. Insbesondere im Zusammenhang mit ODBC-Datenbanken kann mit einem Vorwärts-Snapshot eine Verbesserung der Zugriffsgeschwindigkeit erreicht werden.

Recordsets öffnen

Die folgenden Programmfragmente zeigen einige Varianten, wie Sie ein Recordset öffnen können.

Zuerst wird die Tabelle *tblCocktail* mit den Standardeinstellungen geöffnet. Liegt die Tabelle in der aktuellen Datenbank vor, kann sie mit `dbOpenTable` geöffnet werden, ist sie eingebunden, wird `dbOpenDynaset` benutzt.

```
Dim rst As DAO.Recordset
Dim db As DAO.Database
Set db = CurrentDb()
Set rst = db.OpenRecordset("tblCocktail")
```

Im zweiten Beispiel wird eine Abfrage mit der Option `dbReadOnly` geöffnet, d.h., die Daten der Abfrage können nur gelesen werden.

```
Dim rst As DAO.Recordset
Set rst = CurrentDb.OpenRecordset("qryAlkoholfrei", , dbReadOnly)
```

Die nächsten Zeilen laden die Daten der Tabelle *tblCocktail* nach dem Cocktailnamen sortiert.

```
Dim rst As DAO.Recordset
Set rst = CurrentDb.OpenRecordset("Select * From tblCocktail _
       Order By tblCocktail.Cocktail")
```

Kompilierung: Wird der Methode `OpenRecordset()` eine SQL-Zeichenfolge übergeben, muss Access während der Abarbeitung des Programms die SQL-Befehle kompilieren. Verwenden Sie stattdessen eine gespeicherte Abfrage, so ist diese schon kompiliert. Oft werden SQL-Zeichenfolgen übergeben, wenn während des Programmlaufs die SQL-Zeichenfolge erst zusammengestellt wird. Versuchen Sie, an diesen Stellen möglichst mit Parameterabfragen zu arbeiten, um den Kompilierungsvorgang zu sparen, der insbesondere auf Systemen mit wenig Hauptspeicher fast immer ein Nachladen des SQL-Compilers von der Festplatte zur Folge hat.

Mit den Befehlen

```
Dim rst As DAO.Recordset
Dim db As DAO.Database
Set db = CurrentDb()
Set rst = db.OpenRecordset("qryAlkoholfrei", dbOpenSnapshot, _
            dbForwardOnly)
```

wird ein Vorwärts-Snapshot geöffnet. Weitere Varianten zum Öffnen von Recordsets finden Sie in Abschnitt 11.5, »Arbeiten mit QueryDefs«.

11.4.1 Methoden und Eigenschaften

Access bietet Ihnen eine Reihe von Methoden an, um die Position des aktuellen Datensatzes zu bestimmen. Die folgende Tabelle führt die wichtigsten Befehle zur Navigation durch ein Recordset bzw. zur Bearbeitung von Recordsets auf.

Tabelle 11.4: Recordset-Methoden

Methode	Beschreibung
`MoveFirst`	bewegt den Datensatzzeiger zum ersten Datensatz.
`MoveLast`	bewegt den Datensatzzeiger zum letzten Datensatz.
`MoveNext`	bewegt den Datensatzzeiger zum nächsten Datensatz.
`MovePrevious`	bewegt den Datensatzzeiger zum vorhergehenden Datensatz.
`Move` *`Zeilen`* `[,`*`Start`*`]`	bewegt die angegebene Anzahl von Zeilen, bei negativen Werten rückwärts, bei positiven vorwärts. Der optionale Parameter *`Start`* ist eine Zeichenfolge und kennzeichnet ein Lesezeichen (Bookmark).

Tabelle 11.4: : Recordset-Methoden (Fortsetzung)

Methode	Beschreibung
FindFirst *Kriterien*	sucht den ersten Datensatz, der den Kriterien entspricht (siehe alle Find-Methoden in Abschnitt 11.4.4, »Suchen von Datensätzen«).
FindLast *Kriterien*	sucht den letzten Datensatz, der den Kriterien entspricht.
FindNext *Kriterien*	sucht den nächsten Datensatz, der den Kriterien entspricht.
FindPrevious *Kriterien*	sucht den vorhergehenden Datensatz, der den Kriterien entspricht.
Seek *Vergleich, Schlüssel1, Schlüssel2, ...*	sucht in einem indizierten Recordset vom Typ *Tabelle* (`table`).
AddNew	hängt einen neuen, leeren Datensatz an das Recordset an.
Edit	schaltet den aktuellen Datensatz in den Editiermodus.
Update	schreibt einen editierten oder neuen Datensatz.
Delete	löscht den aktuellen Datensatz.
CancelUpdate	bricht einen Edit- oder AddNew-Vorgang ab.
Requery	frischt den Recordset auf, also aktualisiert die Pointer-Liste im lokalen Arbeitsspeicher.
GetRows	übernimmt Datensätze in ein Array.
Clone	klont ein Recordset.
Close	schließt das Recordset.

Tabelle 11.5: Recordset-Eigenschaften

Eigenschaft	Beschreibung
RecordCount	gibt die Anzahl der Datensätze im Recordset zurück. RecordCount ist erst dann aktuell, wenn mit MoveLast auf den letzten Datensatz gesprungen wurde.
BOF	(Begin Of File) ist dann wahr, wenn der Datensatzzeiger vor dem ersten Datensatz des Recordsets steht.
EOF	(End Of File) ist dann wahr, wenn der Datensatzzeiger hinter dem letzten Datensatz des Recordsets steht.
NoMatch	meldet eine ergebnislose Suche (siehe 11.4.4, »Suchen von Datensätzen«).
Bookmark	Lesezeichen (siehe 11.4.6, »Lesezeichen«)
AbsolutePosition	gibt die relative Datensatznummer des aktuellen Datensatzes im Recordset zurück.

Tabelle 11.5: Recordset-Eigenschaften (Fortsetzung)

Eigenschaft	Beschreibung
PercentPosition	gibt einen Prozentwert zurück, der die ungefähre Position des aktuellen Datensatzes im Recordset wiedergibt. Die Eigenschaft PercentPosition ist vom Typ *Single*.
EditMode	gibt zurück, ob ein Datensatz bearbeitet wird.
Filter	definiert eine Filterbedingung.
Sort	legt ein Sortierkriterium fest.
Updatable	zeigt an, ob ein Recordset bearbeitbar ist (wenn wahr) oder nicht (wenn falsch).

11.4.2 Bewegen durch Recordsets

Zum Bewegen der Position des aktuellen Datensatzes stehen Ihnen die verschiedenen `Move`-Methoden zur Verfügung. Im Programm `MoveMethoden()` werden einige Varianten verwendet. Dort wird auch gezeigt, dass verschiedene Verfahren existieren, wie auf ein Feld eines Recordsets zugegriffen werden kann.

```
rst.Fields("FeldName").Value
```

lautet die vollständige Schreibweise, um auf den Inhalt des Feldes `FeldName` zuzugreifen. Da `Value` die Standardeigenschaft ist, reicht es aus

```
rst.Fields("FeldName")
```

zu schreiben. Noch kürzer kann ein Zugriff mit einem Ausrufezeichen in der Form

```
rst!FeldName
```

formuliert werden. Sollte der Feldname ein Leerzeichen enthalten, wird

```
rst![Feld Name]
```

in eckige Klammern eingeschlossen. Möglich ist es auch, die Felder des Recordsets mit

```
rst.Fields(Nr)
```

einfach durchzunummerieren. Dabei kann die Anzahl der Felder über `rst.Fields.Count` abgefragt werden, wie es das nächste Beispiel zeigt, das alle Felder des aktuellen Datensatzes eines Recordsets ausgibt.

```
Dim intI As Integer
For intI = 0 To rst.Fields.Count-1
       Debug.Print rst.Fields(intI)
Next
```

Einfacher kann die Schleife in der folgenden Form geschrieben werden:

```
Dim fld As DAO.Field
For Each fld In rst.Fields
       Debug.Print fld
Next
```

Für welche Variante Sie sich entscheiden, ist eine Frage des persönlichen Programmierstils. Viele Programmierer verwenden die Form `rst!FeldName`, da sie kurz ist und man aufgrund des Ausrufezeichens Feldnamen schnell erkennt.

```
Sub MoveMethoden()
    Dim db As DAO.Database
    Dim rst As DAO.Recordset

    Set db = CurrentDb()
    Set rst = db.OpenRecordset("qryAnzahlCocktailZutaten")

    ' Wiederhole bis zum Ende des Recordsets
    While Not rst.EOF
        Debug.Print rst!Cocktail;
        Debug.Print " mit "; rst("Anzahl von ZutatenNr");
        Debug.Print " Zutaten"
        rst.MoveNext
    Wend

    rst.MoveLast

    ' Wiederhole bis zum Anfang des Recordsets
    Do
        Debug.Print rst.Fields("Cocktail");
        Debug.Print " an Position "; rst.AbsolutePosition;
        Debug.Print " ("; Format(rst.PercentPosition / 100, "0%");
        Debug.Print ")"
        rst.MovePrevious
    Loop Until rst.BOF
```

```
    ' Jeden fünften Datensatz zeigen
    rst.MoveFirst
    While Not rst.EOF
        Debug.Print rst!Cocktail
        rst.Move 5
    Wend

    rst.Close
End Sub
```

Am Anfang und am Ende des Recordsets müssen Sie das Verhalten der Eigenschaften `BOF` und `EOF` sowie die Position des aktuellen Datensatzes beachten.

Ist die Position des aktuellen Datensatzes der letzte Datensatz des Recordsets und bewegen Sie den Positionszeiger mit `MoveNext` weiter, wird die Eigenschaft `EOF` wahr, d.h., sie erhält den Wert `True`. Es gibt jetzt keinen aktuellen Datensatz, denn der Positionszeiger enthält einen ungültigen Wert. Versuchen Sie jetzt, auf Daten des aktuellen Datensatzes zuzugreifen, erhalten Sie die folgende Fehlermeldung.

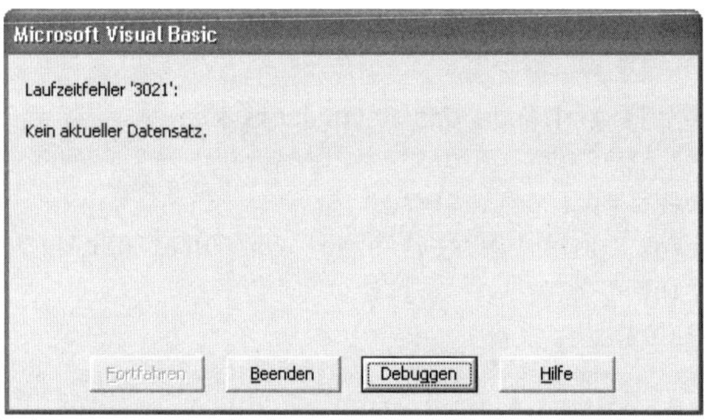

Bild 11.3: Fehlermeldung bei EOF- / BOF-Fehler

Die gleiche Fehlermeldung wird ausgegeben, wenn Sie versuchen, mit `MoveNext` noch weiter über das Ende hinauszugehen, d.h., wenn `EOF` wahr ist, führt jede Bewegung des Positionszeigers nach hinten zu einem Fehler. Laufzeitfehler wie »3021« können durch Fehlerroutinen abgefangen werden, wie wir sie in Kapitel 8, »Fehlersuche und -behandlung«, beschrieben haben.

Leere Recordsets

Mit der Befehlsfolge

```
...
If rst.BOF And rst.EOF Then
    ' Leeres Recordset
...
```

können Sie prüfen, ob ein Recordset Daten enthält. Sind sowohl die Eigenschaft `BOF` als auch `EOF` wahr, ist das Recordset folglich leer.

11.4.3 Die Anzahl der Datensätze

Die Anzahl der Datensätze eines Recordsets lässt sich mit der Eigenschaft `RecordCount` bestimmen. Hierbei werden Recordsets der Typen `Table`, `Dynaset` und `Snapshot` unterschiedlich behandelt.

Bei einem Snapshot gibt `RecordCount` immer die Anzahl der Datensätze des Snapshots zurück. Die Zahl kann sich im Laufe der Arbeit mit dem Snapshot nicht ändern, denn auch wenn andere Benutzer die dem Snapshot zugrunde liegenden Daten modifizieren oder ergänzen, ändert sich der Snapshot nicht, da er eine Kopie der ursprünglichen Daten enthält.

Wird ein Recordset als Table geöffnet, also direkt eine lokale Tabelle verwendet, so gibt `RecordCount` die Anzahl der Datensätze zum Zeitpunkt des Öffnens an. Allerdings liefert `RecordCount` nur dann das richtige Ergebnis, wenn Sie vorher den Positionszeiger mit `MoveLast` auf den letzten Datensatz gerichtet haben, denn Access liest, insbesondere bei größeren Datenmengen, die Daten eines Dynasets nur portionsweise ein. Das `MoveLast`-Kommando kann bei großen Datenmengen einige Zeit benötigen. In diesem Falle sollten Sie Ihr Programm so schreiben, dass Sie ohne die Information über die aktuelle Anzahl der Datensätze auskommen.

Greift ein anderer Benutzer auf die Tabelle zu und fügt neue Datensätze ein, ändert sich der Wert von `RecordCount` nicht. Um die aktuelle Zahl der Datensätze zu erhalten, muss das Recordset geschlossen und wieder geöffnet werden. (So beschreibt es die Dokumentation von Microsoft. Wir hatten damit Schwierigkeiten, denn teilweise stand die geänderte Anzahl der Datensätze erst nach dem Schließen und erneuten Öffnen der gesamten Datenbank zur Verfügung.)

Für ein Dynaset werden, wie oben beschrieben, Zeiger auf die Daten im lokalen Speicher verwaltet. Fügen andere Benutzer Datensätze an Datenbanken an, welche die Grundlage eines Dynasets bilden, werden diese Änderungen nicht im Dynaset abgebildet, denn das Dynaset besitzt keine Zeiger auf die neuen Datensätze. Entsprechend gibt auch die Eigenschaft RecordCount nur die ursprüngliche Anzahl der Datensätze zurück.

Um Access zu veranlassen, die RecordCount-Eigenschaft auf den richtigen Stand zu bringen, muss die Methode Requery des Recordsets eingesetzt werden. Requery aktualisiert das Recordset, d.h., es baut die Tabelle mit Zeigern im lokalen Arbeitsspeicher neu auf.

Das folgende kleine Programm ermöglicht Ihnen den Test der RecordCount-Eigenschaft. Zum Testen empfehlen wir das folgende Szenario: In der aktuellen Datenbank erzeugen Sie eine Tabelle *tblTest* mit Feldern Ihrer Wahl. Rufen Sie dann Access erneut auf, sodass es zweimal geladen ist. Erstellen Sie im zweiten Access eine neue Datenbank und definieren Sie eine Verknüpfung mit der Tabelle *tblTest* in Ihrer ersten Datenbank. Sie haben so die Möglichkeit, Netzwerkzugriffe zu simulieren. Führen Sie nun das Programm AnzahlDerDatensätze() im ersten Access aus, können Sie die Tabelle *tblTest* im zweiten Access manipulieren.

```
Sub AnzahlDerDatensätze()
    Dim db As DAO.Database
    Dim rst As DAO.Recordset
    Dim intRes As Integer

    Set db = CurrentDb()
    Set rst = db.OpenRecordset("tblTest", dbOpenDynaset)

    Do
        rst.MoveLast
        intRes = MsgBox("Anzahl Datensätze: " & rst.RecordCount & _
                                    " -- Requery?", vbYesNoCancel)
        If intRes = vbYes Then
            rst.Requery
        End If
    Loop Until intRes = vbCancel
    rst.Close
End Sub
```

11.4.4 Suchen von Datensätzen

Für das Suchen von Datensätzen stehen Ihnen die Varianten

- Einschränken des Recordsets durch eine SQL-Abfrage mit WHERE-Klausel,
- Suchen mit der Find-Methode,

- Suchen mit der `Seek`-Methode und
- Setzen von Filterbedingungen

zur Verfügung. Das erste Verfahren sollten Sie bei der Arbeit mit Recordsets prinzipiell vorziehen. Es ist immer schneller und einfacher, die Auswahl der Datensätze von Access aufgrund einer Abfrage oder einer SQL-Zeichenfolge vornehmen zu lassen.

Die zweite Variante erlaubt das gezielte Auffinden von Datensätzen in Dynasets, Snapshots und Tables, während die Variante mit `Seek` nur für Recordsets vom Typ `Table` geeignet ist. Vom vierten Verfahren würden wir Ihnen eher abraten, denn es ist sehr langsam.

Suchen mit den Find-Methoden

Alle `Find`-Methoden arbeiten mit der gleichen Syntax wie die hier als Beispiel gezeigte `FindFirst`-Methode:

```
recordset.FindFirst Kriterium
```

wobei *`Kriterium`* für eine Zeichenfolge mit der Bedingung steht. Die einsetzbaren Bedingungen entsprechen denen der `WHERE`-Klausel von SQL-Abfragen, allerdings ohne das Befehlswort `WHERE`.

Das folgende Programmbeispiel zeigt die Anwendung der Methoden.

```
Sub FindMethoden()
    Dim db As DAO.Database
    Dim rst As DAO.Recordset
    Dim strKriterium As String

    Set db = CurrentDb()
    Set rst = db.OpenRecordset("qryAnzahlCocktailZutaten")

    strKriterium = "Cocktail Like 'C*'"
    rst.FindFirst strKriterium
    While Not rst.NoMatch
        Debug.Print rst("Cocktail")
        rst.FindNext strKriterium
    Wend

    rst.Close
End Sub
```

Beachten Sie bei der Zusammenstellung des Kriteriums für die Find-Methoden, dass hier eine Zeichenfolge übergeben werden muss.

Suchen in Recordsets vom Typ Table mit Seek

In Recordsets vom Typ Table können Sie die Methode Seek einsetzen, die eine beschleunigte Suche unter direkter Zuhilfenahme eines Indexes ermöglicht. Die Suche mit Seek ist sehr schnell, denn hier muss Access nicht selbst ermitteln, mit welchem Index die Suche am besten durchgeführt wird, sondern Sie geben den Index direkt an.

Trotzdem sind einige Nachteile für die Seek-Methode zu bedenken. Sie müssen den Namen des Indexes wissen, über den gesucht werden soll und der dann fest im Programm verankert wird. Übrigens hat der Primärschlüssel den Namen »PrimaryKey«. Über die Indexes-Auflistung können Sie die Namen der Indizes auch im Programm ermitteln. Des Weiteren erhalten Sie eine Fehlermeldung, wenn Sie die Seek-Methode auf Dynasets oder Snapshots anwenden.

```
Tabelle.Seek Vergleich, Schlüssel1, Schlüssel2, ...
```

lautet die allgemeine Form der Methode, wobei *Vergleich* eine der Zeichenfolgen "=", "<=", "<", ">=", ">" sein kann. Wenn der Index aus mehr als einem Feld zusammengesetzt ist, geben Sie entsprechend viele Suchwerte (Schlüssel) an.

Das folgende Programmbeispiel zeigt die Verwendung von Seek.

```
Sub SeekMethode()
    Dim db As DAO.Database
    Dim rst As DAO.Recordset

    Set db = CurrentDb()
    Set rst = db.OpenRecordset("tblCocktailLokal", dbOpenTable)

    ' Über Index Cocktail suchen
    rst.Index = "Cocktail"
    rst.Seek "=", "Bloody Mary"
    Debug.Print rst!CocktailNr, rst!Cocktail

    ' Über Primär-Index suchen
    rst.Index = "PrimaryKey"
    rst.Seek "=", 124
    Debug.Print rst!CocktailNr, rst!Cocktail
    rst.Close
End Sub
```

Setzen von Filterbedingungen

Mit einer Filterbedingung können Sie die Datensätze eines Recordsets einschränken, wobei Ihnen für den Filter die Möglichkeiten der WHERE-Klausel zur Verfügung stehen. Allerdings gelten diese Filtereinschränkungen nicht für das geöffnete Recordset, sondern nur für ein neues Recordset auf Basis des geöffneten. Es werden also nur die Datensätze gefiltert, die die Ergebnismenge des ersten Recordsets bilden. Filter können nicht für Table-Recordsets gesetzt werden. Das folgende Programm zeigt die Anwendung der Filter-Eigenschaft.

```
Sub RecordsetMitFilter()
    Dim db As DAO.Database
    Dim rst As DAO.Recordset
    Dim rst2 As DAO.Recordset

    Set db = CurrentDb()
    Set rst2 = db.OpenRecordset("qryAnzahlCocktailZutaten")
    rst2.Filter = "Cocktail like 'C*'"
    Set rst = rst2.OpenRecordset()

    ' Wiederhole bis zum Ende des Recordsets
    While Not rst.EOF
        Debug.Print rst!Cocktail;
        Debug.Print " mit "; rst("Anzahl von ZutatenNr");
        Debug.Print " Zutaten"
        rst.MoveNext
    Wend
    rst.Close
    rst2.Close
End Sub
```

Unserer Meinung nach ist es sinnvoller, ein ganz neues Recordset mit der erweiterten Bedingung anzulegen. Das folgende Programm verwendet dazu eine SQL-Abfrage mit der oben beschriebenen Filterbedingung, die auf der gespeicherten Abfrage basiert. Neben der insbesondere bei größeren Datenbeständen deutlich schnelleren Abarbeitung ist das Programm unserer Meinung nach auch besser lesbar.

```
Sub RecordsetOhneFilter()
    Dim db As DAO.Database
    Dim rst As DAO.Recordset

    Set db = CurrentDb()
    Set rst = db.OpenRecordset("Select * From _
```

```
            qryAnzahlCocktailZutaten Where Cocktail Like 'C*'")

    ' Wiederhole bis zum Ende des Recordsets
    While Not rst.EOF
        Debug.Print rst!Cocktail;
        Debug.Print " mit "; rst("Anzahl von ZutatenNr");
        Debug.Print " Zutaten"
        rst.MoveNext
    Wend
    rst.Close
End Sub
```

Eine interessante Methode im Zusammenhang mit Filtern ist `BuildCriteria()` zum Zusammenstellen einer Filterbedingung (siehe 14.2.6).

11.4.5 Sortieren von Recordsets

Bei der Sortierung von Recordsets müssen wiederum die Recordset-Typen Table, Dynaset und Snapshot unterschieden werden.

Sortierte Table-Recordsets

Nach dem Öffnen eines Recordsets vom Typ Table sind die Datensätze nach dem Primärschlüssel der zugrunde liegenden Tabelle geordnet. Um die Sortierung zu ändern, muss im Programm die Eigenschaft `Index` des Recordsets eingestellt werden, so wie dies schon in Abschnitt 11.4.4, »Suchen von Datensätzen«, beschrieben wurde. Diese Eigenschaft kann nur für Table-Recordsets eingestellt werden, anderenfalls kommt es zu einer Fehlermeldung. Durch Setzen der `Index`-Eigenschaft, z.B. in der Form

```
Dim rstTable As DAO.Recordset
Set rstTable = CurrentDb().OpenRecordset("tblCocktailLokal")
rstTable.Index "Cocktail"
```

liegen die Datensätze nach »Cocktail« sortiert vor.

Sortieren in Dynasets und Snapshots

Es stehen Ihnen für die Sortierung von Dynasets und Snapshots zwei unterschiedliche Verfahren zur Verfügung:

- Sortieren durch eine `ORDER BY`-Klausel in der SQL-Abfrage oder
- Sortieren mit der `Sort`-Eigenschaft des Recordsets.

Für beide Varianten gelten im Prinzip die gleichen Aussagen, wie wir sie in Abschnitt 11.4.4, »Suchen von Datensätzen«, für die `Filter`-Eigenschaft getroffen haben. Verwenden Sie nach Möglichkeit immer `ORDER BY` und verzichten Sie auf den Einsatz der Eigenschaft `Sort`.

11.4.6 Lesezeichen

Oft ist es in Programmen notwendig, sich die Position bestimmter Datensätze zu merken, um später darauf zurückkommen zu können. Access arbeitet mit so genannten Lesezeichen, englisch Bookmarks. Access führt für jeden Datensatz eines Recordsets eine eindeutige Markierung. Diese Markierung kann in einer eigenen Variablen gespeichert werden, um so später als Sprungadresse zu dienen.

Lesezeichen sind nicht mit den Datensatznummern von dBase oder anderen Produkten vergleichbar, denn ihre Gültigkeit ist auf die Lebensdauer des Recordsets beschränkt. Ein Bookmark besitzt den Typ `String`, den Sie allerdings nicht beachten sollten, da er Access-intern festgelegt wird und sich in späteren Versionen ändern kann.

Nicht alle Recordsets ermöglichen das Setzen von Lesezeichen. Die Eigenschaft `Bookmarkable` des Recordsets zeigt die Lesezeichenunterstützung an.

Das folgende Programmfragment weist das Lesezeichen des aktuellen Datensatzes einer Variablen zu und setzt am Ende die Position des aktuellen Datensatzes auf den Datensatz, zu dem das gespeicherte Lesezeichen gehört.

```
Dim strLesezeichen As String
...
' Speichern des Lesezeichens
strLesezeichen = rst.Bookmark
...
rst.MoveFirst
...
' Sprung zurück
rst.Bookmark = strLesezeichen
```

11.4.7 Recordset-Daten bearbeiten

In Recordsets vom Typ `Table` und in bearbeitbaren Dynasets können Sie Veränderungen an den Daten vornehmen bzw. neue Datensätze hinzufügen.

Ob ein Dynaset bearbeitbar ist, können Sie mit der Eigenschaft Updatable des Recordsets ermitteln. Nicht bearbeitbare Dynasets und Snapshots liefern für Updatable den Wert False zurück.

Wir möchten in diesem Abschnitt nicht die Besonderheiten von Multiuser-Zugriffen auf Daten besprechen, da alle Fragen, die sich mit dem Sperren (Locking) von Daten beschäftigen, in Kapitel 18, »Multiuser-Zugriffe«, behandelt werden.

Verändern von Daten

Um den aktuellen Datensatz zu ändern, kopieren Sie mithilfe der Methode Edit die Daten in einen internen Puffer. Sind die Daten bearbeitet, wird die Änderung mit der Update-Methode geschrieben. Erst nach dem Update sind die Bearbeitungen dauerhaft gespeichert. Bewegen Sie vor dem Update den Positionszeiger zu einem anderen Datensatz, werden die Änderungen verworfen.

Das folgende Programm durchläuft die Datensätze und ändert überall den Inhalt des Feldes *CocktailGeändert* auf das aktuelle Datum.

```
Sub EditMethode()
    Dim db As DAO.Database
    Dim rst As DAO.Recordset

    Set db = CurrentDb()
    Set rst = db.OpenRecordset("tblCocktail")

    With rst
        If .Updatable Then
            While Not .EOF
                .Edit
                !CocktailGeändert = Now()
                .Update
                .MoveNext
            Wend
        End If
    End With
    rst.Close
End Sub
```

Wenn Sie versuchen, die Methode Edit auf ein Recordset anzuwenden, dessen Eigenschaft Updatable den Wert False hat, wird die folgende Fehlermeldung ausgegeben.

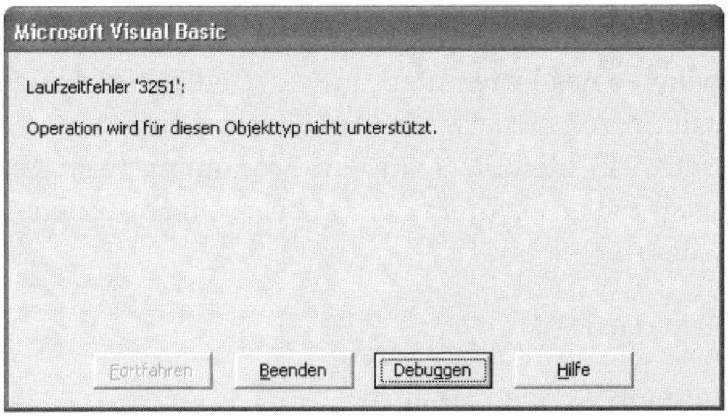

Bild 11.4: Fehlermeldung bei Anwendung der Methode Edit auf nicht bearbeitbaren Recordset

Neue Datensätze hinzufügen

Mithilfe der `AddNew`-Methode wird dem Recordset ein neuer Datensatz hinzugefügt. Durch den Aufruf von `AddNew` wird im internen Puffer ein leerer Datensatz erzeugt. Leer heißt, dass alle Felder den Wert `Null` erhalten.

Anschließend können den Feldern Werte zugewiesen werden. Nach einem `Update` werden die Daten in die zugrunde liegenden Tabellen geschrieben.

```
Sub AddNewMethode()
    Dim db As DAO.Database
    Dim rst As DAO.Recordset

    Set db = CurrentDb()
    Set rst = db.OpenRecordset("tblCocktailLokal")

    With rst
        If .Updatable Then
            .AddNew
            !Cocktail = "Klare Sache"
            !Alkoholgehalt = 0#
            !Zubereitung = "Eiswürfel ins Glas geben, " & _
                     "Mineralwasser darübergießen, nicht umrühren."
            .Update
        End If
    End With
    rst.Close
End Sub
```

Die Eigenschaft LastModified

Nach dem Bearbeiten eines Datensatzes mit `Edit` oder dem Hinzufügen mit `AddNew` steht der Positionszeiger nach der Ausführung von `Update` auf dem zuletzt aktuellen Datensatz. Möchten Sie später im Programm, wenn Sie den Positionszeiger weiterbewegt haben, zu dem zuletzt bearbeiteten Datensatz zurückspringen, können Sie dies mit

```
rst.Bookmark = rst.LastModified
```

durchführen. Alternativ können Sie auch

```
rst.Move 0, rst.LastModified
```

verwenden.

Status der Bearbeitung

Es kann sinnvoll sein, den Status der Bearbeitung abzufragen. Mithilfe der Eigenschaft `EditMode` können Sie den aktuellen Stand erfahren. Die folgende Tabelle führt die Werte auf, die die Eigenschaft annehmen kann.

Tabelle 11.6: Konstanten für den Bearbeitungsstatus

Option	Beschreibung
dbEditNone	gibt an, dass keine Bearbeitung eines Datensatzes durchgeführt wird.
dbEditInProgress	gibt an, dass der aktuelle Datensatz mit Edit bearbeitet wird, aber noch nicht gespeichert ist.
dbEditAdd	gibt an, dass ein neuer Datensatz hinzugefügt wurde, aber noch nicht gespeichert ist.

Datensätze löschen

Sie können den aktuellen Datensatz mithilfe der Methode `Delete` löschen. Der Positionszeiger verbleibt nach dem Löschvorgang auf dem gleichen, jetzt gelöschten Datensatz.

Löschen ist in Access endgültig, ein per Programm gelöschter Datensatz kann nicht wiederhergestellt werden. Es besteht allerdings eine Ausnahme, wenn Sie mit Transaktionen arbeiten, denn solange eine Transaktion nicht abgeschlossen ist, kann eine Löschung, die innerhalb der Transaktion stattfand, rückgängig gemacht werden. Mehr zu Transaktionen erfahren Sie in Kapitel 18, »Multiuser-Zugriffe«.

Oder doch besser SQL?

Wir möchten Ihnen zu bedenken geben, dass sich alle Änderungen an Datensätzen auch mit SQL vornehmen lassen. Der SQL-Befehl `UPDATE` ermöglicht die schnelle Änderung von Datensatzgruppen, mit `INSERT INTO` können Sie neue Datensätze aufnehmen. In Abschnitt 11.5.4, »Parameterabfragen«, finden Sie die Funktion `Alkoholgehalt()`, die einmal mit `Move`-Befehlen und einmal mit SQL gelöst wurde.

Insbesondere wenn Sie vorher mit dBase, FoxPro oder ähnlichen Datenbanken gearbeitet haben, sollten Sie sich mit den Möglichkeiten von SQL vertraut machen.

11.4.8 Weitere Recordset-Methoden

In diesem Abschnitt möchten wir Ihnen weitere Recordset-Methoden vorstellen.

Die Methode GetRows( )

Mithilfe der Recordset-Methode `GetRows()` kann die Ergebnismenge eines Recordsets ganz oder teilweise in ein zweidimensionales Feld übertragen werden. Dabei wird `GetRows()` als Parameter die Anzahl der in das Array aufzunehmenden Zeilen übergeben. Ist die Zahl höher als die Anzahl der Datensätze im Recordset, wird das Array entsprechend dimensioniert. Durch `UBound(var,2) + 1` kann die tatsächlich übertragene Anzahl bestimmt werden. Damit die Funktion `UBound()` die korrekte Anzahl von Zeilen des zweidimensionalen Arrays zurückgibt, muss als zweiter Parameter die Anzahl der Dimensionen des Arrays übergeben werden, so wie es unten im Beispiel durch die Konstante `conDimension` durchgeführt wird.

```
Sub FillArray()
    Const conDimension = 2
    Dim db As DAO.Database
    Dim rec As DAO.Recordset
    Dim varArr As Variant
    Dim intCount As Integer

    Set db = CurrentDb()
    Set rec = db.OpenRecordset("qryAnzahlCocktailZutaten", _
                                                dbOpenSnapshot)
```

```
    ' Einlesen des kompletten Recordsets, Aktualisieren von RecordCount
    rec.MoveLast
    ' Zurück zum ersten Datensatz
    rec.MoveFirst
    ' Anfordern der Ergebnismenge des Recordsets
    varArr = rec.GetRows(rec.RecordCount)
    MsgBox Str(UBound(varArr, conDimension) + 1) " Zeilen eingelesen."
    rec.Close
End Sub
```

Beachten Sie beim Übertragen von Daten, dass insbesondere Memo- und OLE-Objekt-Felder große Datenmengen beinhalten können, die dann mit `GetRows()` in den Hauptspeicher aufgenommen werden.

Versucht die `GetRows()`-Methode auf einen Datensatz zuzugreifen, der zwischenzeitlich gelöscht wurde, bricht `GetRows()` ab, d.h., nicht alle angeforderten Datensätze werden übertragen. Überprüfen Sie daher mit

```
If UBound(varArr, conDimension) + 1 <> rec.RecordCount Then
        ' Nicht alle Datensätze eingelesen
End If
```

ob tatsächlich alle Datensätze im Array angekommen sind.

Die Methode Clone( )

Die `Clone()`-Methode erstellt eine identische Kopie eines Recordsets. Dies ist beispielsweise hilfreich, wenn Sie Daten zweier Datensätze des Recordsets gleichzeitig verarbeiten müssen. Im folgenden Beispiel wird ein Recordset `rec` Datensatz für Datensatz durchlaufen. Für jeden Datensatz wird in einer Kopie des Recordsets, also in der gleichen Ergebnismenge, nach Datensätzen gesucht, die die gleiche Kategorie wie der Datensatz des Original-Recordsets haben.

```
Sub TestRecordsetClone()
    Dim db As DAO.Database
    Dim rec As DAO.Recordset
    Dim recClone As DAO.Recordset

    Set db = CurrentDb()
    ' recordset enthält zwei Spalten: "CocktailNr" u. "KategorieNr"
    Set rec = db.OpenRecordset("tblCocktailKategorie", _
            dbOpenSnapshot)
    ' Recordset klonen
    Set recClone = rec.Clone()
```

```
    While Not rec.EOF
        With recClone
            .FindFirst "KategorieNr = " & rec!KategorieNr
            While Not .NoMatch
                Debug.Print rec!CocktailNr _
                            & " hat die gleiche Kategorie wie " _
                            & !CocktailNr
                .FindNext "KategorieNr = " & rec!KategorieNr
            Wend
            .MoveFirst
        End With
        rec.MoveNext
    Wend
    rec.Close
End Sub
```

Die Methode `Clone()` bietet einen weiteren Zugriff auf die gleichen Daten, Sie erhalten aber eine weitere aktuelle Zeile und ein weiteres Lesezeichen (`Bookmark`). Die Lesezeichen von Original und Klon sind austauschbar, d.h., eine Zuweisung wie `recClone.Bookmark = rec.Bookmark` ist zulässig.

Die Methode `Clone()` ist eng verwandt mit der Methode `RecordsetClone()` für Formulare. In Kapitel 14, »Formulare«, beschreiben wir den Einsatz von `RecordsetClone()`.

11.5 Arbeiten mit QueryDefs

Mit der `OpenRecordset`-Methode lassen sich, wie beschrieben, gespeicherte Auswahlabfragen öffnen oder SQL-Zeichenfolgen direkt eingeben. Für die Bearbeitung von Aktions-, Kreuztabellen-, Datendefinitions- und Parameterabfragen benötigen Sie `QueryDef`-Objekte.

11.5.1 Arbeiten mit QueryDef-Objekten

Wir möchten Ihnen an einem kurzen Beispiel den Einsatz einer Aktualisierungsabfrage in einem Programm erläutern. Auf die entsprechende gespeicherte Abfrage wird über ihren Namen zugegriffen. Jede gespeicherte Abfrage ist Bestandteil der `QueryDefs`-Auflistung. Liefern Abfragen keine Datensätze zurück, sondern führen sie eine Aktion durch, werden sie mit der Methode `Execute` ausgeführt.

```
Sub Aktionsabfragen()
    Dim db As DAO.Database
    Dim qry As DAO.QueryDef
    Dim rst As DAO.Recordset

    Set db = CurrentDb()

    ' Die Aktualisierungsabfrage "qupdAlkoholgehalt" bringt den
    ' Alkoholgehalt der Cocktails auf den neusten Stand
    Set qry = db.QueryDefs("qupdAlkoholgehalt")

    ' Ausführen der Abfrage
    qry.Execute

    Debug.Print "Betroffene Datensätze: "; qry.RecordsAffected
End Sub
```

Versuchen Sie Auswahl-, Kreuztabellen- oder Union-Abfragen mit der Methode Execute auszuführen, erhalten Sie eine abfangbare Fehlermeldung. Das folgende Programm zeigt, wie aufgrund des Typs der Abfrage verzweigt werden kann.

```
Sub Abfragen()
    Dim db As DAO.Database
    Dim qry As DAO.QueryDef
    Dim rst As DAO.Recordset
    Dim fld As DAO.Field
    Dim strQry As String

    Set db = CurrentDb()

    strQry = InputBox("Name der Abfrage")
    Set qry = db.QueryDefs(strQry)
    If qry.Type = dbQSelect Or qry.Type = dbQSetOperation _
                            Or qry.Type = dbQCrosstab Then
        Set rst = qry.OpenRecordset()
        While Not rst.EOF
            For Each fld In rst.Fields
                Debug.Print fld;
            Next
            Debug.Print
            rst.MoveNext
        Wend
        rst.Close
```

```
    Else
        qry.Execute
        Debug.Print "Betroffene Datensätze: "; qry.RecordsAffected
    End If
End Sub
```

Der Methode Execute kann ein Parameter mitgegeben werden, der die Aktionsabfrage steuert. Die folgende Tabelle zeigt die entsprechenden Konstanten.

Tabelle 11.7: Konstanten für Aktionsabfragen

Eigenschaft	Beschreibung
dbDenyWrite	verhindert, dass andere Benutzer während der Abfrage schreibend auf die der Abfrage zugrunde liegenden Tabellen zugreifen können.
dbInconsistent	führt auch inkonsistente Aktualisierungen durch. Dieses ist die Standardeinstellung.
dbConsistent	erzwingt konsistente Aktualisierungen.
dbSQLPassThrough	sorgt dafür, dass die SQL-Anweisung zur Verarbeitung an eine ODBC-Datenbank weitergereicht wird.
dbFailOnError	setzt Aktualisierungen zurück, wenn ein Fehler auftritt.
dbSeeChanges	löst einen Laufzeitfehler aus, wenn ein anderer Benutzer Daten ändert, die von der Abfrage bearbeitet werden.

Wichtig ist insbesondere die Konstante dbFailOnError. Durch sie werden beim Auftreten eines Fehlers alle Änderungen, die die Aktionsabfrage bis zum Zeitpunkt des Fehlers durchgeführt hat, wieder zurückgesetzt.

Direkter Einsatz

Eine Aktionsabfrage lässt sich direkt ausführen, d.h., Sie geben dazu der Methode Execute() die in SQL formulierte Abfrage als Parameter mit. Es handelt sich hierbei allerdings um eine Methode der Datenbank, nicht um die eines QueryDef-Objektes.

Im folgenden Beispiel werden alle Datensätze gelöscht, für die die angegebene Bedingung zutrifft.

```
Sub DirekteAktionsabfrage()
    Dim db As DAO.Database

    Set db = CurrentDb()
    db.Execute( _
       "DELETE * FROM tblCocktail WHERE CocktailNr > 1000;")
End Sub
```

Erweiterte Löschabfrage

Das nächste Beispiel führt eine Löschabfrage aus. Die Besonderheit der Subroutine liegt in der Verwendung einer benutzerdefinierten Eigenschaft. In dieser soll abgelegt werden, wann die Löschabfrage zuletzt durchgeführt wurde. An die `Properties`-Auflistung des `QueryDef`-Objektes wird dazu die Eigenschaft »Letzte Ausführung« angehängt. Als Inhalt der Eigenschaft soll das aktuelle Datum der Ausführung gespeichert werden. Das Datum wird über die Funktion `Now()` abgefragt.

In einer Anwendung könnte die Nutzung der benutzerdefinierten Eigenschaft beispielsweise erfolgen, um in bestimmten Zeitabständen die Löschabfrage zu starten, beispielsweise *n* Tage nach der letzten Durchführung. Beachten Sie dabei bitte, dass ein Fehler ausgelöst wird, wenn Sie auf eine nicht definierte Eigenschaft zugreifen.

```
Sub Löschabfrage()
    Const conLetzteAusführung = "Letzte Ausführung"

    Dim db As DAO.Database
    Dim qry As DAO.QueryDef
    Dim rst As DAO.Recordset
    Dim LastUse As DAO.Property
    Dim strQry As String
    Dim ysnProp As Boolean

    Set db = CurrentDb()

    strQry = "qdelDuplicate"
    Set qry = db.QueryDefs(strQry)

    ysnProp = False
    ' Fehlererkennung ausschalten
    On Error Resume Next
```

```
    ' Wenn Eigenschaft nicht vorhanden, tritt ein Fehler auf,
    ' der ignoriert wird
    ' Ist die Eigenschaft vorhanden, wird ysnProp immer True
    ysnProp = (qry.Properties(conLetzteAusführung).Name) Or True
    ' Fehlererkennung einschalten
    On Error GoTo 0

    If Not ysnProp Then
        ' Eigenschaft erstellen
        Set LastUse = qry.CreateProperty(conLetzteAusführung, _
                           dbDate, Now())
        ' An Auflistung anhängen
        qry.Properties.Append LastUse
    Else
        qry.Properties(conLetzteAusführung) = Now()
    End If
    Debug.Print qry.Properties(conLetzteAusführung).Name, _
                qry.Properties(conLetzteAusführung)
    ' Löschen durchführen
    qry.Execute
    Debug.Print qry.RecordsAffected; " Datensätze gelöscht!"
End Sub
```

Die Überprüfung, ob eine benutzerdefinierte Eigenschaft für eine Abfrage (oder ein anderes Objekt) festgelegt ist, kann auf zwei verschiedene Arten erfolgen. Zum einen kann die gesamte `Properties`-Auflistung daraufhin durchsucht werden, ob eine der Eigenschaften den gesuchten Namen hat.

```
...
Dim prp As DAO.Property

ysnProp = False
For Each prp In qry.Properties
    If prp.Name = "Letzte Ausführung" Then ysnProp = True
Next
...
```

Oder Sie nutzen den Fehler, der beim Zugriff auf eine nicht vorhandene Eigenschaft entsteht. Vor dem Ansprechen der Eigenschaft wird die Fehlererkennung mit `On Error Resume Next` in der Form ausgeschaltet, dass beim Auftreten eines Fehlers mit der im Programm folgenden Zeile fortgefahren wird. Danach wird die Eigenschaft aufgerufen. Hier im Beispiel wird der Name der Eigenschaft angesprochen, aber ignoriert, denn ysnProp erhält, falls kein Fehler aufgetreten ist, immer den Wert True.

```
...
ysnProp = False
On Error Resume Next
ysnProp = (qry.Properties(conLetzteAusführung).Name) Or True
On Error GoTo 0
...
```

Übrigens, führen Sie die Löschabfrage direkt aus Access unter Umgehung des beschriebenen Programms aus, wird die benutzerdefinierte Eigenschaft nicht aktualisiert.

11.5.2 Eigenschaften von QueryDef-Objekten

QueryDef-Objekte verfügen über eine Vielzahl von Eigenschaften, die in der folgenden Tabelle aufgeführt sind.

Tabelle 11.8: QueryDef-Eigenschaften

Eigenschaft	Beschreibung
DateCreated	liefert das Erstellungsdatum.
LastUpdated	gibt das Datum der letzten Änderung zurück.
Name	gibt den Namen der Abfrage an.
Number	liefert einen numerischen Fehlerwert. Die Eigenschaft kann verwendet werden, um einen in einer Abfrage aufgetretenen Fehler zu analysieren.
ODBCTimeout	gibt die Wartezeit bei ODBC-Zugriffen an.
RecordsAffected	gibt die Anzahl der Datensätze zurück, die von der Abfrage betroffen sind.
ReturnsRecords	gibt für eine ODBC-Abfrage Datensätze zurück, wenn wahr; gilt nur für SQL-Pass-Through-Abfragen.
SQL	gibt eine SQL-Zeichenfolge an.
Type	gibt den Typ der Abfrage an.
Updatable	gibt an, dass das Dynaset der Abfrage bearbeitbar ist, wenn Updatable wahr ist.

11.5.3 Erstellen von QueryDef-Objekten

Mit der Methode `CreateQueryDef()` erstellen Sie neue `QueryDef`-Objekte. Die Objekte können dauerhaft angelegt werden, sodass sie anschließend im Abfragenfenster zur Verfügung stehen, oder temporär, d.h., sie werden nicht gespeichert. Die allgemeine Form der Methode lautet

```
Set Query = Datenbank.CreateQueryDef([Name][,SQLText])
```

Das folgende Beispiel zeigt die Anwendung der Methode.

```
Sub QueryErstellen()
    Dim db As DAO.Database
    Dim qry As DAO.QueryDef
    Dim rst As DAO.Recordset
    Dim fld As DAO.Field

    Set db = CurrentDb()
    Set qry = db.CreateQueryDef("qryCocktailSortiert", _
                "SELECT * FROM tblCocktail ORDER BY Cocktail;")
    Set rst = qry.OpenRecordset()
    While Not rst.EOF
        For Each fld In rst.Fields
            Debug.Print fld; " / ";
        Next
        Debug.Print
        rst.MoveNext
    Wend
    rst.Close
End Sub
```

Soll die neue Abfrage, also das `QueryDef`-Objekt, nur temporär erstellt werden, so muss als Name der Abfrage eine leere Zeichenfolge `""` angegeben werden. Temporäre `QueryDefs` werden im Speicher erstellt, d.h., sie werden nicht in der Datenbank gespeichert. Wird die Funktion oder Prozedur beendet, in der ein temporäres `QueryDef`-Objekt verwendet wird, entfernt Access das Objekt automatisch.

11.5.4 Parameterabfragen

Mit dem folgenden ausführlichen Beispiel möchten wir Ihnen die Arbeit mit Parameterabfragen beschreiben. Die Parameter einer Abfrage können aus Ihrem Programm heraus gefüllt werden.

Parameterabfragen lassen sich nicht direkt in der `OpenRecordset`-Methode verwenden, sondern Sie müssen immer zuerst ein `QueryDef`-Objekt erzeugen und die Parameter setzen.

Jede Parameterabfrage besitzt eine `Parameters`-Auflistung, in der die einzelnen Parameter beschrieben sind. Jedes Parameterobjekt verfügt über die Eigenschaften `Name`, `Type` und `Value`.

Um die Parameter zu setzen, können Sie verschiedene Schreibweisen verwenden, die verallgemeinert die im Folgenden aufgeführten Formen haben. Die vollständige Schreibweise lautet

```
qry.PARAMETERS("ParName").Value = Wert
```

wobei *Wert* für eine Zahl, einen String oder einen anderen Typ stehen kann. Da `Value` die Standardeigenschaft ist, kann `.Value` wie in

```
qry.PARAMETERS("ParName") = Wert
```

weggelassen werden. Access gibt sich auch mit

```
qry("ParName") = Wert
```

zufrieden. Sie können die Parameter auch durchzählen und

```
qry.PARAMETERS(0) = Wert
```

verwenden. Für das erste Beispiel möchten wir Ihnen zuerst die SQL-Zeichenfolge der Abfrage »qryParameter« darstellen, damit Sie das Programm besser lesen können.

```
SELECT DISTINCTROW tblCocktail.Cocktail, tblCocktail.Zubereitung
FROM tblCocktail
WHERE tblCocktail.CocktailErfasst < [Geben Sie ein Datum an:];
```

Genutzt wird die Abfrage von folgendem Programm:

```
Sub ParameterQuery()
    Dim db As DAO.Database
    Dim qry As DAO.QueryDef
    Dim rst As DAO.Recordset
    Dim fld As DAO.Field
    Dim strTabelle As String

    ' Aktuelle Datenbank benutzen
    Set db = CurrentDb()
```

```
    ' Abfrage öffnen
    strTabelle = "qryParameter"
    Set qry = db.QueryDefs(strTabelle)

    ' Parameter direkt setzen
    qry("Geben Sie ein Datum an:") = #5/11/02#

    ' Öffnen des Recordsets auf Basis des Query-Objekts
    Set rst = qry.OpenRecordset()

    ' Datensätze im Testfenster ausgeben
    Do
        ' Die Inhalte der Felder ausgeben, durch »-« getrennt
        For Each fld In rst.Fields
            Debug.Print fld.Value; " - ";
        Next
        ' Neue Zeile erzeugen
        Debug.Print
        rst.MoveNext
    Loop While Not rst.EOF

    rst.Close
End Sub
```

Im folgenden Programmfragment werden alle für eine Abfrage definierten Parameter nacheinander in einer Inputbox abgefragt.

```
Dim qry As DAO.QueryDef
Dim par As DAO.Parameter
...
For Each par In qry.Parameters
    strParameter = InputBox(par.Name)
    par = strParameter
Next
...
```

Als weiteres Beispiel für eine Parameterabfrage soll die folgende Funktion den Alkoholgehalt eines Cocktails bestimmen. Dafür wird anhand der Zutaten die Gesamtmenge an Flüssigkeit bestimmt, deren Alkoholanteil ermittelt und in Prozent angegeben.

Die folgende Auswahlabfrage selektiert die Menge, die Einheit, den Umrechnungsfaktor, um die Mengenangabe in cl zu erhalten, und den Alkoholgehalt für eine Zutat. Um der Abfrage die Cocktailnummer zu übergeben, haben wir den

Parameter *paraCocktailNr* als Kriterium für das Feld *CocktailNr* vereinbart. Die Auswahlabfrage wurde unter dem Namen *qryAlkoholgehalt* abgespeichert.

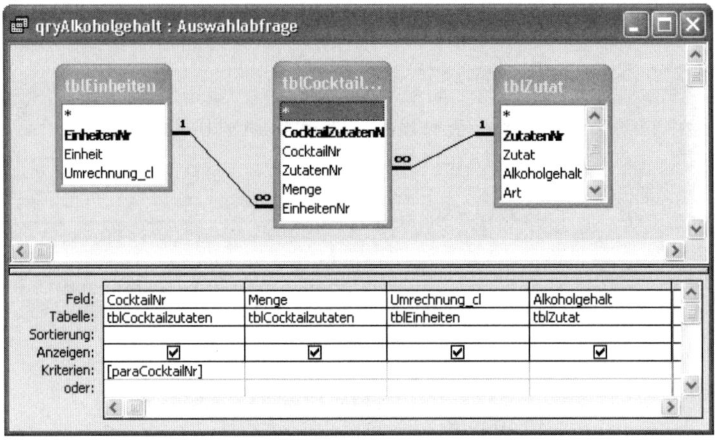

Bild 11.5: Definition der Auswahlabfrage

Zur besseren Anschauung finden Sie im Folgenden den SQL-Befehl, der der obigen Abfrage zugrunde liegt.

```
SELECT DISTINCTROW tblCocktailzutaten.CocktailNr,
tblCocktailzutaten.Menge,
tblEinheiten.Umrechnung_cl, tblZutat.Alkoholgehalt
FROM tblZutat
INNER JOIN (tblEinheiten
INNER JOIN tblCocktailzutaten
ON tblEinheiten.EinheitenNr = tblCocktailzutaten.EinheitenNr)
ON tblZutat.ZutatenNr = tblCocktailzutaten.ZutatenNr
WHERE (tblCocktailzutaten.CocktailNr = [paraCocktailNr]);
```

Der Funktion `Alkoholgehalt()` wird als Parameter die Nummer des Cocktails übergeben. Der Rückgabewert ist vom Typ `Double`. Gibt die Funktion beispielsweise den Wert 0,25 zurück, weist der entsprechende Cocktail 25% Alkohol auf.

Die Cocktailnummer der Tabelle *tblCocktail*, auf die sich alle Cocktailnummern beziehen, ist als *AutoWert* definiert. Autowerte sind vom Typ `Long Integer`, d.h., in Visual Basic wird die entsprechende Variable als `Long` vereinbart.

Die vorbereitete Abfrage »qryAlkoholgehalt« gibt *n* Zeilen mit Zutaten zurück. In einer Schleife müssen die Flüssigkeits- und die Alkoholmenge aufaddiert werden. Mithilfe des Befehls

```
Set qdfAlk = CurrentDb().QueryDefs("qryAlkoholgehalt")
```

wird die benannte Auswahlabfrage geöffnet. Der Parameter `paraCocktailNr`, der in der Abfrage als Kriterium für die `CocktailNr` eingetragen wurde, wird mit

```
qdfAlk("paraCocktailNr") = lngCocktailNr
```

gesetzt. Um auf die Ergebnisdatensätze zugreifen zu können, wird ein Recordset auf Basis des QueryDefs `qdfAlk` geöffnet.

```
Set recAlk = qdfAlk.OpenRecordset()
```

Die folgende Schleife durchwandert die von der Abfrage gefundenen Zutaten des Cocktails mit `MoveNext`, bis das Ende der Abfrage (`EOF`) erreicht ist.

```
Function Alkoholgehalt(lngCocktailNr As Long) As Double
' Bestimmung des Alkoholgehalts für einen Cocktail
' input:    CocktailNr
' output:   Alkoholgehalt in Prozent

    Dim qdfAlk As DAO.QueryDef
    Dim recAlk As DAO.Recordset
    Dim dblGesamtMenge As Double
    Dim dblMenge As Double
    Dim dblAlkohol As Double

    ' Sicherheitshalber beide Werte gleich 0 setzen
    dblAlkohol = 0
    dblGesamtMenge = 0
    ' Öffnen der Parameterabfrage
    Set qdfAlk = CurrentDb().QueryDefs("qryAlkoholgehalt")
    ' Setzen des Parameters zur Auswahl des Cocktails
    qdfAlk("paraCocktailNr") = lngCocktailNr
    ' Öffnen des Recordsets
    Set recAlk = qdfAlk.OpenRecordset()

    ' Keine Datensätze gefunden
    If recAlk.BOF And recAlk.EOF Then
        Alkoholgehalt = 0
        Exit Function
    End If
```

```
    Do
        ' Alle Felder mit Werten?
        If Not IsNull(recAlk("Menge")) And _
           Not IsNull(recAlk("Umrechnung_cl")) And _
           Not IsNull(recAlk("Alkoholgehalt")) Then
             ' Zwischenrechnung der Menge in cl
             dblMenge = recAlk("Menge") * recAlk("Umrechnung_cl")
             ' Gesamtmenge berechnen
             dblGesamtMenge = dblGesamtMenge + dblMenge
             ' Alkoholmenge berechnen
             dblAlkohol = dblAlkohol + dblMenge * _
                                       recAlk("Alkoholgehalt")
        End If
        ' Nächster Datensatz
        recAlk.MoveNext
    Loop Until recAlk.EOF  ' Ende des Recordsets?

    recAlk.Close
    qdfAlk.Close

    Alkoholgehalt = dblAlkohol / dblGesamtMenge
End Function
```

Wir haben (bisher) keine Fehlerbehandlung in der Funktion realisiert. Fehler können in dieser Funktion in erster Linie durch Inkonsistenzen in den Daten auftreten. Sollte beispielsweise für eines der Felder der Wert `Null` vorkommen, kann Access diesen Wert nicht in einer Rechenoperation verwerten. Wir führen in der Funktion die Berechnung des Alkoholgehalts nur durch, wenn alle benötigten Werte verschieden von `Null` sind. Alternativ ließe sich auch die VBA-Funktion `Nz()` einsetzen, die aus einem Nullwert den Zahlenwert 0 macht.

Die Funktion errechnet den Alkoholgehalt, indem die entsprechenden Datensätze mit `MoveNext` durchlaufen werden. Wir möchten Ihnen nun eine Version der Funktion vorstellen, in der die Berechnung des Alkoholgehalts in der SQL-Abfrage durchgeführt wird. Einer der Vorteile, die Rechnung mit SQL auszuführen, liegt in der Behandlung von Nullwerten, die in SQL-Berechnungen automatisch mit dem Zahlenwert 0 kalkuliert werden.

Die neue, geänderte Abfrage

```
SELECT DISTINCTROW tblCocktailzutaten.CocktailNr,
Sum([menge]*[tblZutat].[alkoholgehalt]*[umrechnung_cl]) AS AlkMenge,
Sum([menge]*[umrechnung_cl]) AS Gesamtmenge, [AlkMenge]/[Gesamtmenge] AS
Alkohol
FROM tblZutat INNER JOIN (tblEinheiten INNER JOIN tblCocktailzutaten ON
tblEinheiten.EinheitenNr = tblCocktailzutaten.EinheitenNr) ON
tblZutat.ZutatenNr = tblCocktailzutaten.ZutatenNr
GROUP BY tblCocktailzutaten.CocktailNr
HAVING tblCocktailzutaten.CocktailNr = [paraCocktailNr];
```

führt die gesamte Berechnung in den Ausgabefeldern durch. Die Abfrage wurde als »qryAlkoholgehalt 2« abgelegt. Die Funktion zur Errechnung des Alkoholgehalts eines bestimmten Cocktails hat sich jetzt vereinfacht.

```
Function AlkoholgehaltSQL(lngCocktailNr As Long) As Double
' Bestimmung des Alkoholgehalts für einen Cocktail, 2. Variante
' input:    CocktailNr
' output:   Alkoholgehalt in Prozent

    Dim qdfAlk As DAO.QueryDef
    Dim recAlk As DAO.Recordset

    ' Öffnen der Parameterabfrage
    Set qdfAlk = CurrentDb.QueryDefs("qryAlkoholgehalt 2")
    ' Setzen des Parameters zur Auswahl des Cocktails
    qdfAlk("paraCocktailNr") = lngCocktailNr
    ' Öffnen des Recordsets
    Set recAlk = qdfAlk.OpenRecordset()

    ' Keine Datensätze gefunden
    If recAlk.BOF And recAlk.EOF Then
        Alkoholgehalt = 0
        Exit Function
    End If

    ' Ergebnis besteht nur aus einem Datensatz
    Alkoholgehalt2 = recAlk("Alkohol")

    recAlk.Close
    qdfAlk.Close
End Function
```

11.5.5 Die QueryDefs-Auflistung

Die `QueryDefs`-Auflistung aller `QueryDef`-Objekte umfasst sämtliche in der Datenbank gespeicherten Abfragen. Das folgende kurze Programm soll den Abfragetyp und die Namen aller Abfragen im Testfenster ausgeben. Dazu wird mit einer `For Each`-Schleife die gesamte `QueryDefs`-Auflistung durchlaufen. Der Typ der Abfrage wird mithilfe der Funktion `QueryType()` ermittelt:

```
Sub AbfrageTypen()
    Dim db As Database
    Dim qry As QueryDef

    Set db = CurrentDb()

    For Each qry In db.QueryDefs
        Debug.Print QueryType(qry); " - "; qry.Name
    Next
End Sub
```

Die Funktion zur Ermittlung des Abfragetyps nutzt die in der folgenden Tabelle aufgeführten Konstanten für `QueryDef`-Typen.

Tabelle 11.9: Konstanten für Abfragetypen

Konstante	Beschreibung
dbQSelect	Auswahlabfrage
dbQAction	Aktionsabfrage
dbQCrosstab	Kreuztabellenabfrage
dbQDelete	Löschabfrage
dbQUpdate	Aktualisierungsabfrage
dbQAppend	Anfügeabfrage
dbQMakeTable	Tabellenerstellungsabfrage
dbQDDL	Datendefinitionsabfrage
dbQSQLPassThrough	SQL-Pass-Through-Abfrage
dbQSetOperation	UNION-Abfrage
dbQSPTBulk	SQL-Pass-Through-Mengen-Abfrage

```
Function QueryType(qry As DAO.QueryDef) As String
    Select Case qry.Type
        Case dbQSelect:
            QueryType = "Auswahlabfrage"
        Case dbQAction:
            QueryType = "Aktionsabfrage"
        Case dbQCrosstab:
            QueryType = "Kreuztabellenabfrage"
        Case dbQDelete:
            QueryType = "Löschabfrage"
        Case dbQUpdate:
            QueryType = "Aktualisierungsabfrage"
        Case dbQAppend:
            QueryType = "Anfügeabfrage"
        Case dbQMakeTable:
            QueryType = "Tabellenerstellungsabfrage"
        Case dbQDDL:
            QueryType = "Datendefinitionsabfrage"
        Case dbQSQLPassThrough:
            QueryType = "SQL-Pass-Through-Abfrage"
        Case dbQSetOperation:
            QueryType = "UNION-Abfrage"
        Case dbQSPTBulk:
            QueryType = "SQL-Pass-Through-Mengen-Abfrage"
    End Select
End Function
```

11.6 Die Auflistung TableDefs

Die Tabellen einer Datenbank werden in der Auflistung `TableDefs` innerhalb eines Datenbankobjekts verwaltet. In der Auflistung befinden sich alle Tabellen, d.h. sowohl Systemtabellen als auch ausgeblendete und eingebundene Tabellen.

Das folgende Unterprogramm ermittelt die Eigenschaften für alle Tabellen der aktuellen Datenbank. Mithilfe einer `For Each`-Schleife werden alle Tabellenobjekte durchlaufen und die entsprechenden Eigenschaften (`Properties`) im Testfenster ausgegeben:

```
Sub AuslesenTabellenEigenschaften()
    Dim db As DAO.Database
    Dim tbl As DAO.TableDef
    Dim prp As DAO.Property

    Set db = CurrentDb()

    ' Da nicht alle Eigenschaften von Systemtabellen mit normaler Berech-
    ' tigung gelesen werden können, wird entstehender Fehler übergangen
    On Error GoTo weiter

    ' Für alle Tabellen in der Tabledefs-Auflistung
    For Each tbl In db.TableDefs
        With tbl
            Debug.Print String(28 + Len(.Name), "-")
            Debug.Print "Tabelleneigenschaften für : "; .Name
            Debug.Print String(28 + Len(.Name), "-")

            ' Ausgabe der Eigenschaften
            For Each prp In .Properties
                If prp.Name = "Attributes" Then
                    ' Dekodieren der Attribute
                    Debug.Print prp.Name; " = "; fTabellenAttribute(tbl)
                Else
                    Debug.Print prp.Name; " = "; prp.Value
                End If
            Next
        End With
        Debug.Print
weiter:
    Next
End Sub
```

Im Unterprogramm wird mit den Zeilen

```
Debug.Print String(28 + Len(.Name), "-")
Debug.Print "Tabelleneigenschaften für : "; .Name
Debug.Print String(28 + Len(.Name), "-")
```

eine Ausgabe der Form

```
---------------------------------------
Tabelleneigenschaften für : tblCocktail
---------------------------------------
```

erzeugt, d.h., die Funktion `String(n,s)` liefert eine Zeichenfolge zurück, die aus der Anzahl *n* des ersten Zeichens von *s* besteht. Mit `Len(.Name)` wird die Anzahl der Buchstaben des jeweiligen Tabellennamens bestimmt.

Tabelle 11.10: Tabelleneigenschaften

Eigenschaft	Beschreibung
Name	gibt den Namen der Tabelle an.
Updatable	bestimmt, dass das Tabellenobjekt verändert werden kann, wenn die Eigenschaft den Wert »Wahr« zurückgibt.
DateCreated	gibt das Erstellungsdatum der Tabelle an.
LastUpdated	gibt das Datum der letzten Bearbeitung an.
Connect	erhält bei verknüpften Tabellen einen String mit dem Pfad und dem Namen der verknüpften Datenquelle.
SourceTableName	beinhaltet bei verknüpften Tabellen den Namen der Tabelle der verknüpften Datenquelle.
Attributes	Attribute einer Tabelle, siehe Tabelle 11.11
RecordCount	gibt die Anzahl der Datensätze in der Tabelle an. Bei verknüpften TableDef-Objekten hat die RecordCount-Eigenschaft immer den Wert –1.
ValidationRule	gibt die Gültigkeitsregel für die Tabelle an.
ValidationText	gibt den Text an, der bei Verletzung der Gültigkeitsregel der Tabelle angezeigt wird.

Für die Tabellenattribute (Eigenschaft `Attributes`) sind die in der folgenden Tabelle aufgeführten Konstanten in Access definiert.

Tabelle 11.11: Konstanten für Tabellenattribute

Konstante	Beschreibung
dbSystemObject	Systemtabelle
dbHiddenObject	Ausgeblendete Tabelle
dbAttachedTable	Eingebundene Tabelle
dbAttachedODBC	Eingebundene ODBC-Tabelle
dbAttachSavePWD	Eingebundene Tabelle, für die Benutzerkennung und Passwort gespeichert wird
dbAttachExclusive	Exklusiv eingebundene Tabelle

Die folgende Funktion wertet die Eigenschaft `Attributes` eines `TableDef`-Objekts aus und gibt eine Zeichenfolge zurück, in der die Attribute benannt werden.

```
Function fTabellenAttribute(tbl As DAO.TableDef) As String
    Dim strResult As String

    With tbl
        If .Attributes And dbSystemObject Then
                strResult = "SystemObject "
        End If
        If .Attributes And dbHiddenObject Then
                strResult = strResult + "HiddenObject "
        End If
        If .Attributes And dbAttachExclusive Then
                strResult = strResult + "AttachExclusive "
        End If
        If .Attributes And dbAttachSavePWD Then
                strResult = strResult + "AttachSavePWD "
        End If
        If .Attributes And dbAttachedTable Then
                strResult = strResult + "AttachedTable "
        End If
        If .Attributes And dbAttachedODBC Then
                strResult = strResult + "AttachedODBC "
        End If
    End With
    fTabellenAttribute = strResult
End Function
```

Die folgende Funktion ermittelt die Existenz einer Tabelle in der `TableDefs`-Auflistung, auch ausgeblendete Tabellen und Systemobjekte werden berücksichtigt.

```
Function fTableExists(ByVal strTableName As String) As Boolean
    Dim tbl As DAO.TableDef

    For Each tbl In CurrentDb().TableDefs
        If tbl.Name = strTableName Then
            fTableExists = True
            Exit Function
        End If
    Next
    fTableExists = False
End Function
```

11.7 Die Auflistung Fields

Jede Tabelle besteht aus Feldern, die mithilfe von `Field`-Objekten in einer `Fields`-Auflistung beschrieben werden. Die folgende Tabelle enthält die in einem `Field`-Objekt verwalteten Eigenschaften.

Tabelle 11.12: Feldeigenschaften

Eigenschaft	Beschreibung
Name	gibt den Namen des Feldes zurück.
Type	gibt den Datentyp (siehe Tabelle 11.13) zurück.
Size	liefert die Größe des Feldes.
Attributes	liefert die Attribute (siehe Tabelle 11.14).
AllowZeroLength	erlaubt Null-Werte im Feld, wenn die Eigenschaft wahr ist.
CollatingOrder	gibt die länderspezifische Sortierreihenfolge für das Feld an.
DefaultValue	liefert den Standardwert.
ValidationRule	gibt die Gültigkeitsregel für das Feld an.
ValidationText	liefert den Gültigkeitstext bei Verletzung der Gültigkeitsregel.
Required	gibt an, dass eine Eingabe in das Feld erfolderlich ist, wenn die Eigenschaft wahr ist.
SourceField	gibt den Originalnamen des Feldes zurück. In Abfragen können Ergebnisfelder benannt werden, sodass die Eigenschaft Name den in der Abfrage verwendeten Namen zurückgibt, während SourceField den eigentlichen Namen enthält.
SourceTable	liefert den Namen der Originaltabelle zurück (siehe SourceField).

`Fields`-Auflistungen werden neben Tabellen auch für Recordsets, Indizes und Relationen verwendet, wie es im weiteren Verlauf des Kapitels beschrieben wird.

Das folgende Programm gibt die Felder und ihre Eigenschaften für alle Tabellenobjekte der `TableDefs`-Auflistung der aktuellen Datenbank aus. Für die im Programm verwendeten Eigenschaften Feldtyp (`Type`) und Attribut (`Attributes`) werden Eigenschaftswerte verwaltet, die durch die im Anschluss an die Routine `Tabellenfelder()` aufgelisteten benutzerdefinierten Funktionen `FeldTyp()` und `FeldAttribut()` aufgeschlüsselt werden.

```
Sub TabellenFelder()
    Dim db As DAO.Database
    Dim tbl As DAO.TableDef
    Dim fld As DAO.Field

    Set db = CurrentDb()

    ' Für alle Tabellen der Tabledefs-Auflistung
    For Each tbl In db.TableDefs
        With tbl
            Debug.Print String(21 + Len(.Name), "-")
            Debug.Print "Tabellenfelder für : "; .Name
            Debug.Print String(21 + Len(.Name), "-")

            ' Für alle Felder der jeweiligen Tabelle
            For Each fld In .Fields
                With fld
                    Debug.Print .Name
                    Debug.Print String(Len(.Name), "-")
                    Debug.Print "Feldtyp="; FeldTyp(fld)
                    Debug.Print "Size="; .Size
                    Debug.Print "Attribute="; FeldAttribut(fld)
                    Debug.Print "AllowZeroLength="; _
                                            .AllowZeroLength
                    Debug.Print "CollatingOrder="; .CollatingOrder
                    Debug.Print "DefaultValue="; .DefaultValue
                    Debug.Print "Required="; .Required
                    Debug.Print "ValidationRule="; .ValidationRule
                    Debug.Print "ValidationText="; .ValidationText
                    Debug.Print "SourceField="; .SourceField
                    Debug.Print "SourceTable="; .SourceTable
                    Debug.Print
                End With
            Next
        End With
        Debug.Print
    Next
End Sub
```

Feldtypen werden durch Integer-Werte dargestellt. Damit nicht mit Zahlen für die Typen gearbeitet werden muss, sind in Access Konstanten für die verschiedenen Feldtypen definiert. Die folgende Tabelle gibt Ihnen einen Überblick über die vordefinierten Typkonstanten.

Tabelle 11.13: Konstanten für Feldtypen

Konstante	Beschreibung
dbBoolean	Boolescher Wert (True/False, 1-bit)
dbByte	8-Bit Byte
dbInteger	16-Bit Integer
dbLong	32-Bit Integer
dbSingle	Fließkommazahl mit einfacher Genauigkeit
dbDouble	Fließkommazahl mit doppelter Genauigkeit
dbCurrency	Währungsdaten
dbDate	Datums-/Zeitwert
dbText	Text variabler Länge
dbMemo	Memo-Feld
dbLongBinary	Binärdaten variabler Länge, z.B. OLE-Objekte
dbGUID	GUID-Wert zur Replikation

Die folgende Funktion gibt eine Zeichenfolge mit dem ausgeschriebenen Text des jeweiligen Feldtyps zurück. Übergeben wird der Funktion ein Objekt vom Typ `Field`.

```
Function FeldTyp(fld As DAO.Field) As String
    Select Case fld.Type
        Case dbBoolean:
            FeldTyp = "Boolean"
        Case dbByte:
            FeldTyp = "Byte"
        Case dbInteger:
            FeldTyp = "Integer"
        Case dbLong:
            FeldTyp = "Long Integer"
        Case dbCurrency:
            FeldTyp = "Währung (Currency)"
        Case dbSingle:
            FeldTyp = "Single"
        Case dbDouble:
            FeldTyp = "Double"
        Case dbDate:
            FeldTyp = "Datum (Date)"
```

```
        Case dbText:
            FeldTyp = "Text"
        Case dbLongBinary:
            FeldTyp = "Binärdaten (Bitmap, OLE-Objekt)"
        Case dbMemo:
            FeldTyp = "Memo"
        Case dbGUID:
            FeldTyp = "GUID"
        Case Else
            FeldTyp = "Unbekannt"
    End Select
End Function
```

Ebenso wie die Feldtypen werden auch Feldattribute mithilfe von vordefinierten Konstanten beschrieben. Die folgende Tabelle dient zum Nachschlagen der Konstanten.

Tabelle 11.14: Konstanten für Feldattribute

Konstante	Beschreibung
dbFixedField	Feste Feldgröße
dbVariableField	Variable Feldgröße
dbAutoIncrField	AutoWert-Feld
dbUpdatableField	Aktualisierbares Feld
dbDescending	Feld mit absteigender Sortierreihenfolge
dbSystemField	Feld wird bei der Replikation verwendet

Es können mehrere Attribute gleichzeitig für ein Feld vereinbart werden, beispielsweise kann ein Feld gleichzeitig die Attribute `dbFixedField` und `dbUpdatableField` haben. Die verschiedenen Konstanten für die Attribute repräsentieren jeweils einen Wert und werden für mehrere Attribute addiert.

Die folgende Funktion entschlüsselt die Attribute und erstellt als Rückgabewert eine Zeichenfolge, in der die Attribute hintereinander aufgeführt sind.

```
Function FeldAttribut(fld As DAO.Field) As String
    Dim lngAttr As Long
    Dim strResult As String

    lngAttr = fld.Attributes

    If lngAttr And dbFixedField Then
        strResult = "Feste Größe;"
    End If
    If lngAttr And dbVariableField Then
        strResult = strResult + "Variable Feldgröße;"
    End If
    If lngAttr And dbAutoIncrField Then
        strResult = strResult + "AutoWert;"
    End If
    If lngAttr And dbUpdatableField Then
        strResult = strResult + "Aktualisierbar;"
    End If
    If lngAttr And dbDescending Then
        strResult = strResult + "In abst. Reihenfolge sortiert;"
    End If
    If lngAttr And dbSystemField Then
        strResult = strResult + "Replikationsfeld;"
    End If

    FeldAttribut = strResult
End Function
```

Nicht alle Eigenschaften eines Feldes können zur Laufzeit verändert werden, für viele Eigenschaften verfügen Sie nur über eine Leseberechtigung während des Programmablaufs. Das folgende Programm setzt für ein Feld die Eigenschaft `DefaultValue`. Sie können also in Ihrer Anwendung den Standardwert eines Feldes neu festlegen. Der geänderte Wert wird in der Tabellendefinition hinterlegt und bleibt dauerhaft erhalten.

```
Sub SetzeStandardwert(strTable As String, _
                      strField As String, _
                      varDefault As Variant)
    Dim tbl As DAO.TableDef
    Dim fld As DAO.Field
    Dim db As DAO.Database

    Set db = CurrentDb
```

```
    Set tbl = db.TableDefs(strTable)
    Set fld = tbl.Fields(strField)
    fld.DefaultValue = varDefault
End Sub
```

11.8 Die Auflistung Indexes

Für jedes `TableDef`-Objekt können Indizes angelegt werden, die in einer `Indexes`-Auflistung aufgeführt werden. Für jeden Index sind verschiedene Eigenschaften und Attribute definiert. Ein `Index`-Objekt enthält eine `Fields`-Auflistung, in der die Felder aufgeführt sind, die zur Bildung des Indexes verwendet werden.

Das Programm `AlleTabellenAnzeigen()` listet alle Tabellen der aktuellen Datenbank im Testfenster auf und gibt zu jeder Tabelle die Daten und Eigenschaften der Indizes aus.

```
Sub AlleTabellenAnzeigen()
    Dim db As DAO.Database
    Dim tbl As DAO.TableDef
    Dim fld As DAO.Field
    Dim idx As DAO.Index

    Set db = CurrentDb()

    For Each tbl In db.TableDefs
        With tbl
            Debug.Print String(Len(.Name), "-")
            Debug.Print .Name
            Debug.Print String(Len(.Name), "-")
            Debug.Print "DateCreated="; .DateCreated
            Debug.Print "LastUpdated="; .LastUpdated
            Debug.Print "SourceTableName="; .SourceTableName
            Debug.Print "Connect="; .Connect
            Debug.Print IIf(.Updatable, _
                      "Recordcount=" & .RecordCount, "Nicht Updatable")
            Debug.Print "ValidationRule="; .ValidationRule
            Debug.Print "ValidationText="; .ValidationText
            Debug.Print "ConflictTable="; .ConflictTable
            Debug.Print "Attributes="; fTabellenAttribute(tbl)

            ' Ausgabe des Indizes
            Debug.Print "Indexes:"
```

```
            On Error GoTo lblKeineBerechtigung
            For Each idx In tbl.Indexes
                With idx
                    Debug.Print Space(4); idx.Name
                    Debug.Print Space(4); String(Len(.Name), "-")
                    Debug.Print Space(8);
                    Debug.Print IIf(.Required, "Required ", "");
                    Debug.Print IIf(.IgnoreNulls, "IgnoreNulls", "");
                    Debug.Print IIf(.Primary, "Primary ", "");
                    Debug.Print IIf(.Clustered, "Clustered ", "");
                    Debug.Print IIf(.Unique, "Unique ", "");
                    Debug.Print IIf(.Foreign, "Foreign", "")
                    Debug.Print Space(8); "Indexfelder:"
                    Debug.Print Space(12);
                    For Each fld In idx.Fields
                        Debug.Print fld.Name; " ";
                    Next
                    Debug.Print
                End With
            Next
lblKeineBerechtigung:
            On Error GoTo 0
        End With
    Next
End Sub
```

Die im Programm benutzte Funktion `fTabellenAttribute()` wurde in Abschnitt 11.6, »Die Auflistung TableDefs«, Seite 370, abgebildet und bearbeitet.

11.9 Die Auflistung Relations

Auch die zwischen den Tabellen definierten Relationen lassen sich aus der Auflistung `Relations` des Datenbankobjekts `Database` entnehmen. Für jede Relation werden die Namen der beiden Tabellen und der entsprechenden Felder der Beziehung abgelegt. Ein Attribut beschreibt die Art der Beziehung.

Die folgende Subroutine gibt alle Relationen, deren Attribute und Felder aus:

```
Sub RelationenListe()
    Dim db As DAO.Database
    Dim intI As Integer
    Dim intJ As Integer

    Set db = CurrentDb()

    For intI = 0 To db.Relations.Count - 1
        Debug.Print db.Relations(intI).Name
        Debug.Print fRelationsAttribute(db.Relations(intI))
        With db.Relations(intI)
            For intJ = 0 To .Fields.Count - 1
                Debug.Print .TABLE & "." & .Fields(intJ).Name & _
                        " <-> " & .ForeignTable & "." & _
                        .Fields(intJ).ForeignName
            Next
        End With
        Debug.Print
    Next
End Sub
```

Die Funktion `fRelationsAttribute()` wird zur Bestimmung der Relationsattribute verwendet; sie setzt die in der folgenden Tabelle aufgeführten Konstanten um.

Tabelle 11.15: Konstanten für Relationsattribute

Konstante	Beschreibung
dbRelationUnique	1:1-Beziehung
dbRelationDontEnforce	ohne referentielle Integrität
dbRelationInherited	Beziehung für eingebundene Tabellen
dbRelationUpdateCascade	Aktualisierungsweitergabe
dbRelationDeleteCascade	Löschweitergabe
dbRelationRight	1:n-Beziehung nach rechts
dbRelationLeft	1:n-Beziehung nach links

```
Function fRelationsAttribute(objRelation As DAO.Relation) As String
    Dim lngAttr As Long
    Dim strResult As String

    lngAttr = objRelation.Attributes
```

```
    If lngAttr And dbRelationRight Then
        strResult = "Rechts;"
    End If
    If lngAttr And dbRelationLeft Then
        strResult = strResult + "Links;"
    End If
    If lngAttr And dbRelationDeleteCascade Then
        strResult = strResult + "Lösch-Kaskade;"
    End If
    If lngAttr And dbRelationUpdateCascade Then
        strResult = strResult + "Update-Kaskade;"
    End If
    If lngAttr And dbRelationInherited Then
        strResult = strResult + "Übernommen von eingeb. Tabellen;"
    End If
    If lngAttr And dbRelationDontEnforce Then
        strResult = strResult + "Keine referentielle Integrität;"
    End If
    If lngAttr And dbRelationUnique Then
        strResult = strResult + "1:1"
    End If

    RelationsAttribute = strResult
End Function
```

11.10 Die Auflistung Properties

Jedes Datenzugriffsobjekt besitzt eine `Properties`-Auflistung. In dieser Auflistung werden alle Eigenschaften eines Objekts verwaltet. In den Beispielen oben haben wir die `Properties`-Auflistung schon zur Abfrage der Objekteigenschaften eingesetzt.

Properties: Sowohl für Microsoft Access-Objekte als auch für Datenzugriffsobjekte gibt es `Properties`-Auflistungen. Wenn Sie eine `Properties`-Auflistung durch eine Objektvariable des Typs `Properties` darstellen, verweist die Variable auf die Microsoft Access-Auflistung `Properties`, wenn im Dialogfeld zu *EXTRAS Verweise* die `Microsoft Access 10.0 Object Library`-Typ-Bibliothek in der Reihenfolge weiter oben als die `Microsoft DAO 3.6 Object Library`-Typ-Bibliothek aufgeführt ist. Wenn Sie dann versuchen, mit diesem `Properties`-Objekt auf die DAO-Auflistung `Properties` zu verweisen, erzeugt Microsoft Access einen

Fehler, der angibt, dass die Typen nicht übereinstimmen. Auch in der ADO-Bibliothek existieren `Properties`.

Um sicherzustellen, dass ein `Properties`-Objekt auf die DAO-Auflistung `Properties` verweist, müssen Sie die `Properties`-Objektvariablen wie

```
Dim prps As DAO.Properties
```

aktualisieren. Access ermöglicht es, für Objekte benutzerdefinierte Eigenschaften zu erstellen, indem der `Properties`-Auflistung eines Objekts neue `Property`-Objekte zugefügt werden. Ein `Property`-Objekt besitzt die in der folgenden Tabelle aufgeführten Eigenschaften.

Tabelle 11.16: Eigenschaften für Property-Objekte

Konstante	Beschreibung
Name	gibt den Namen der Eigenschaft an.
Value	gibt den Wert der Eigenschaft an.
Type	liefert den Datentyp der Eigenschaft, z.B. dbLong oder dbText.
Inherited	ist ein Feld vom Typ dbBoolean, das anzeigt, ob die Eigenschaft von einem anderen Objekt ererbt wurde.

11.11 Die Auflistungen Containers und Documents

`Container`- und `Document`-Objekte beinhalten andere Objekte. Sie werden in erster Linie zu Sicherheitszwecken eingesetzt. Das folgende Programm gibt im Textfenster alle Container der `Containers`-Auflistung und ihre Eigenschaften aus.

```
Sub AlleContainer()
    Dim con As DAO.Container
    Dim prp As DAO.Property

    For Each con In CurrentDb().Containers
        For Each prp In con.Properties
            If prp.Name = "Name" Then
                Debug.Print String(Len(prp.Value), "-")
                Debug.Print prp.Value
                Debug.Print String(Len(prp.Value), "-")
```

```
            Else
                Debug.Print prp.Name; " = "; prp.Value
            End If
        Next
        Debug.Print
    Next
End Sub
```

11.12 Die Auflistungen Groups und Users

Die Objekte `Group` und `User` werden in Kapitel 24, »Datensicherheit«, ausführlich besprochen.

11.13 Die Auflistung Connections

Die Auflistung `Connections` dient zur Verwaltung von `Connection`-Objekten, die für die Verbindung zu Remote-Datenbanken eingesetzt werden.

11.14 Datendefinition mit DAO

Access bietet Ihnen eine Reihe von Methoden für Datenzugriffsobjekte, um neue Datenbanken, Tabellen, Felder und vieles mehr anzulegen. Alle Methoden zum Erstellen neuer Objekte beginnen mit `Create...`, wie beispielsweise `CreateDatabase()` oder `CreateTableDef()`.

Neben der Erstellung der neuen Objekte mit Methoden für Datenzugriffsobjekte können auch die Datendefinitionsbefehle von SQL zum Anlegen neuer Tabellen, Felder und anderer Objekte verwendet werden. Wir möchten Ihnen in diesem Abschnitt beide Vorgehensweisen beschreiben.

Für unser Beispiel soll im Verzeichnis *C:\Eigene Dateien* die Datenbank *Lieferanten.mdb* erzeugt werden. Die Datenbank soll verschlüsselt abgelegt werden. In der Datenbank werden die Tabellen `Lieferanten` und `Artikel` angelegt. Die `Lieferanten`-Tabelle enthält die Felder `LiefNr` (AutoWert, Primärschlüssel) und `Lieferant` (Text, 255). Die Felder `ArtNr` (Autowert, Primärschlüssel), `Artikel` (Text, 50) und `LiefNr` (Long Integer) bilden die Tabelle `Artikel`. Zwischen den beiden Tabellen wird eine 1:n-Beziehung mit referentieller Integrität zwischen `Lieferanten.LiefNr` und `Artikel.LiefNr` aufgebaut.

11.14.1 Anlegen einer Datenbank mit DAO

Um Ihnen die Möglichkeiten der Datenzugriffsobjekte besser beschreiben zu können, haben wir die Funktion `DatenbankAnlegen()` programmiert, die die Methoden zur Erstellung von Objekten nutzt. Die Besonderheiten der einzelnen Methoden sollen im Anschluss daran erläutert werden.

```
Sub DatenbankAnlegen()
    Dim db As DAO.Database
    Dim wsp As DAO.Workspace
    Dim tblLieferanten As DAO.TableDef
    Dim tblArtikel As DAO.TableDef
    Dim rel As DAO.Relation
    Dim idx As DAO.Index
    Dim fld As DAO.Field

    Set wsp = DBEngine.Workspaces(0)

    ' Verschlüsselte Datenbank »Lieferanten« anlegen
    Set db = wsp.CreateDatabase("C:\Daten\Lieferanten.mdb", _
                                dbLangGeneral, dbEncrypt)

    ' Tabellen »Lieferanten« und »Artikel« anlegen
    Set tblLieferanten = db.CreateTableDef("Lieferanten")
    Set tblArtikel = db.CreateTableDef("Artikel")

    ' Datenfelder für »Lieferanten« anlegen
    With tblLieferanten
        Set fld = .CreateField("LiefNr", dbLong)
        ' Als AutoWert-Feld festlegen
        fld.Attributes = dbAutoIncrField
        ' An Auflistung Fields anhängen
        .Fields.Append fld
        Set fld = .CreateField("Lieferant", dbText, 255)
        .Fields.Append fld

        ' Index erstellen
        Set idx = .CREATEINDEX("PrimaryKey")
        Set fld = idx.CreateField("LiefNr")
        idx.PRIMARY = True
        idx.Required = True
        idx.Fields.Append fld
```

```
    ' An Auflistung Indexes anhängen
    .Indexes.Append idx
End With

' Datenfelder für »Artikel« anlegen
With tblArtikel
    Set fld = .CreateField("ArtNr", dbLong)
    fld.Attributes = dbAutoIncrField
    .Fields.Append fld
    Set fld = .CreateField("Artikel", dbText, 50)
    .Fields.Append fld
    Set fld = .CreateField("LiefNr", dbLong)
    .Fields.Append fld

    Set idx = .CREATEINDEX("PrimaryKey")
    Set fld = idx.CreateField("ArtNr")
    idx.PRIMARY = True
    idx.Required = True
    idx.Fields.Append fld
    .Indexes.Append idx

    Set idx = .CREATEINDEX("LiefNr")
    Set fld = idx.CreateField("LiefNr")
    idx.Fields.Append fld
    .Indexes.Append idx
End With

' Beide Tabellen an Tabledefs-Auflistung anhängen
db.TableDefs.Append tblLieferanten
db.TableDefs.Append tblArtikel

'Relation definieren
Set rel = db.CreateRelation("relLiefNr", _
                            "Lieferanten", "Artikel")
With rel
    ' Feld der Primärtabelle bestimmen (in »Lieferanten«)
    ' standardmäßig mit referentieller Integrität
    Set fld = .CreateField("LiefNr")
    ' Fremdschlüssel-Feld bestimmen (in »Artikel«)
    fld.ForeignName = "LiefNr"
    .Fields.Append fld
End With
```

```
    ' An Auflistung Relations anhängen
    db.Relations.Append rel

    db.Close
End Sub
```

In unserem Programm wird die neue Datenbank mithilfe der Methode

```
Set Datenbank = Arbeitsbereich.CreateDatabase(Datenbankname, _
      Gebietsschema [,Optionen])
```

angelegt. Über den Parameter `Gebietsschema`, in unserem Beispiel mit `dbLangGeneral` festgelegt, werden länderspezifische Sortierkriterien definiert. `dbLangGeneral` deckt Deutsch, Englisch, Französisch, Italienisch, Portugiesisch und Spanisch ab. Weitere Konstanten für das Gebietsschema entnehmen Sie bitte der Online-Hilfe von Access. Durch die Option `dbEncrypt` wird die Datenbank verschlüsselt angelegt.

Eine mit `CreateDatabase()` erstellte Datenbank wird automatisch der Auflistung `Databases` des `Workspace`-Objekts hinzugefügt.

Die beiden Tabellen unseres Beispiels sind mit

```
Set Tabelle = Datenbank.CreateTableDef([Name [,Attribute
      [,Quelle [,Verbindung]]]])
```

erstellt worden. Sie können die Parameter entweder direkt mit angeben oder sie dem Tabellenobjekt nachträglich zuweisen, die beiden Befehlsfolgen

```
Set tblLieferanten = db.CreateTableDef("Lieferanten")
```

und

```
Set tblLieferanten = db.CreateTableDef()
tblLieferanten.Name = "Lieferanten"
```

sind also gleichwertig. Nachdem alle Einstellungen und Felder (mit `CreateField()`, siehe unten) definiert sind, muss die neue Tabelle der `TableDefs`-Auflistung hinzugefügt werden. Der Befehl dazu lautet in unserem Beispiel

```
db.TableDefs.Append tblLieferanten
```

Die Methode *`Auflistung`*`.Append Objekt` ist für fast alle Auflistungen definiert und hängt ein neues Objekt an eine Auflistung an. Die Anwendung von `Append` ist nicht für alle Objekte möglich. Die folgende Tabelle gibt Aufschluss über die verschiedenen Varianten.

Tabelle 11.17: Recordset-Optionen

Objekt	Auflistung	Verwendung von Append
Workspace	Databases	`Append` ist nicht notwendig, da die neue Datenbank bei Erstellung automatisch der Auflistung angefügt wird.
Database	Containers	Niemals
Database	Recordsets	Recordsets werden automatisch verwaltet.
Container	Documents	Niemals
Index	Fields	`Append` wird verwendet, wenn das Index-Objekt ein neues und noch nicht angefügtes Objekt ist. Für einen bestehenden Index können keine neuen Felder hinzugefügt werden.
QueryDef	Fields	Die Felder sind über die SQL-Abfrage bestimmt.
QueryDef	Parameters	Die Parameter sind über die SQL-Abfrage definiert.
Recordset	Fields	Die Felder sind über die zugrunde liegende Tabelle oder Abfrage festgelegt.
Relation	Fields	`Append` wird beim Erstellen der Relation verwendet (hier irrt die Online-Hilfe von Access, denn dort ist angegeben, dass das Feld der Relation niemals an die Auflistung Relation.Fields angehängt werden soll. Wird es aber nicht mit `Append` hinzugefügt, erscheint eine Fehlermeldung).
TableDef	Fields	`Append` wird verwendet, wenn die Updatable-Eigenschaft des TableDef-Objekts den Wert True hat.
TableDef	Indexes	`Append` wird verwendet, wenn die Updatable-Eigenschaft des TableDef-Objekts den Wert True hat.
Database, Field, Index, QueryDef, TableDef	Properties	`Append` wird verwendet, wenn das Database-, Field-, Index-, QueryDef- oder TableDef-Objekt beständig (persistent) ist.

Bevor ein neues `TableDef`-Objekt an die `TableDefs`-Auflistung angehängt werden kann, müssen Felder und Indizes bestimmt werden. Felder werden mit

```
Set Feld = Objekt.CreateField([Name [,Typ [,Größe]]])
```

eingerichtet, wobei `Objekt` für `TableDef`, `Index` und `Relation` stehen kann, denn diese drei Objekte beinhalten Feldauflistungen. Im Beispiel wurde mit den Zeilen

```
Set fld = tblLieferanten.CreateField("LiefNr", dbLong)
fld.Attributes = dbAutoIncrField
tblLieferanten.Fields.Append fld
```

das AutoWert-Feld »LiefNr« (dbAutoIncrField) vom Typ Long Integer erzeugt und an die Fields-Auflistung des Tabellenobjekts angehängt.

Nach der Festlegung der Felder können die Indizes des TableDef-Objekts erzeugt werden. Der Befehl lautet

```
Set Index = TableDef.CreateIndex([Name])
```

Im Beispiel wurde mit

```
Set idx = tblLieferanten.CREATEINDEX("PrimaryKey")
Set fld = idx.CreateField("LiefNr")
idx.PRIMARY = True
idx.Required = True
idx.Fields.Append fld
tblLieferanten.Indexes.Append idx
```

der Primärschlüssel für das Feld »LiefNr« definiert und angefügt.

Zuletzt wird im Beispiel die Beziehung zwischen den beiden Tabellen hergestellt. Die allgemeine Form des dazu notwendigen Befehls

```
Set Relation = Datenbank.CreateRelation([Name [,Tabelle _
      [,Fremdtabelle [,Attribute]]]])
```

wurde im Beispiel in der folgenden Form verwendet:

```
Set rel = db.CreateRelation("relLiefNr", _
                            "Lieferanten", "Artikel")
Set fld = rel.CreateField("LiefNr")
fld.ForeignName = "LiefNr"
rel.Fields.Append fld
db.Relations.Append rel
```

In Kurzform möchten wir Ihnen die restlichen Methoden zur Objekterzeugung erläutern. Mit

```
Set Workspace = CreateWorkspace(Name, Benutzer, Kennwort)
```

wird ein neuer Workspace geöffnet. Er muss der Workspaces-Auflistung nicht hinzugefügt werden. Für Workspaces lassen sich Benutzergruppen und Benutzer mit den folgenden Methoden generieren:

```
Set Group = Objekt.CreateGroup([Name [,PID]])
```

Objekt kann für Workspace oder User stehen, während bei der nächsten Methode anstelle von Objekt Workspace oder Group verwendet wird.

```
Set User = Objekt.CreateUser([Name [,PID [,Kennwort]]])
```

Neue Gruppen und neue Benutzer müssen mit `Append` an die jeweiligen Auflistungen angefügt werden.

`Property`-Objekte, also zusätzliche Eigenschaften, lassen sich für die Objekte `Database`, `TableDef`, `Field`, `Index` und `QueryDef` mit der Methode

```
Set Property = Objekt.CreateProperty([Name [,Typ [,Wert [,fDDL]]]])
```

erzeugen. Die neuen Objekte müssen der jeweiligen `Properties`-Auflistung zugefügt werden.

11.14.2 Anlegen einer Datenbank mit DAO und SQL

Das im vorherigen Abschnitt beschriebene Programm zur Erstellung einer Datenbank mit zwei Tabellen kann durch ein kurzes Programm ersetzt werden, das zwei SQL-Datendefinitionsabfragen zum Anlegen von Tabellen, Feldern, Indizes und Relationen verwendet. Wir verwenden für dieses Beispiel die SQL-Funktion `CONSTRAINT`, die zum Umfang von SQL-92 gehört. Access deckt eine Teilmenge der `CONSTRAINT`-Funktionalität von SQL-92 ab. Ein `CONSTRAINT` ist eine Einschränkung, also eine Art spezieller Index. Ein `CONSTRAINT` wird direkt mit dem Befehl `CREATE TABLE` verwendet, d.h., es muss kein zusätzlicher Index mit `CREATE INDEX` erzeugt werden. Über die `CONSTRAINT`-Klausel kann, wie in der zweiten Abfrage gezeigt, eine Beziehung direkt aufgebaut werden, indem mit dem Befehlswort `REFERENCES` auf eine andere Tabelle verwiesen wird.

In der aktuellen Datenbank wurden zwei SQL-Datendefinitionsabfragen erstellt. Die erste Abfrage mit dem Namen »qddlAnlegenLieferanten« lautet

```
CREATE TABLE Lieferanten (LiefNr AUTOINCREMENT CONSTRAINT PrimaryKey PRI-
MARY KEY, Lieferant TEXT(255));
```

die zweite Abfrage, unter »qddlAnlegenArtikel« abgelegt, besteht aus dem Befehl:

```
CREATE TABLE Artikel (ArtNr AUTOINCREMENT CONSTRAINT PrimaryKey PRIMARY
KEY, Artikel Text(50), LiefNr LONG CONSTRAINT relLiefNr REFERENCES Liefe-
ranten);
```

Das folgende Programm legt die neue Datenbank an und arbeitet die beiden SQL-Abfragen ab. Da Access nicht den Standard-SQL-Befehl `CREATE DATABASE` unterstützt, muss eine Datenbank mit dem DAO-Befehl `CreateDatabase()` angelegt werden.

Ein Problem möchten wir dabei noch ansprechen: Da die neuen Tabellen, Felder, Indizes und Beziehungen nicht in der aktuellen Datenbank erstellt werden sollen, muss in unserem Programm bestimmt werden, dass sich die Ausführung der SQL-Abfragen auf die neu erstellte Datenbank bezieht. Dazu wurden mithilfe von `CreateQueryDef()` beide SQL-Abfragen in die neue Datenbank transferiert.

```
Sub DatenbankAnlegenSQL()
    Const conQRYLief = "qddlAnlegenLieferanten"
    Const conQRYArt = "qddlAnlegenArtikel"

    Dim dbNew As DAO.Database
    Dim dbCurr As DAO.Database
    Dim ws As DAO.Workspace
    Dim qrySrc As DAO.QueryDef
    Dim qryDest As DAO.QueryDef

    Set wsp = DBEngine.Workspaces(0)

    ' Verschlüsselte Datenbank »Lieferanten« anlegen
    Set dbNew = wsp.CreateDatabase("C:\Daten\Lieferanten.mdb", _
                                   dbLangGeneral, dbEncrypt)
    ' In CurrentDb stehen die vorgefertigten Abfragen
    Set dbCurr = CurrentDb()

    ' Erste Abfrage öffnen
    Set qrySrc = dbCurr.QueryDefs(conQRYLief)
    ' Neue Abfrage in dbNew erstellen, SQL von qrySrc übergeben
    Set qryDest = dbNew.CreateQueryDef(conQRYLief, qrySrc.SQL)
    ' Abfrage in dbNew ausführen
    qryDest.Execute

    ' Schritte wiederholen für zweite Abfrage
    Set qrySrc = dbCurr.QueryDefs(conQRYArt)
    Set qryDest = dbNew.CreateQueryDef(conQRYArt, qrySrc.SQL)
    qryDest.Execute

    dbNew.Close
End Sub
```

11.15 Laufzeitfehler bei Datenzugriffsobjekten

Laufzeitfehler, die bei der Arbeit mit Datenzugriffsobjekten (DAO) und ODBC-Verbindungen auftreten, werden in Access gesondert behandelt. In beiden Fällen besteht die Besonderheit, dass mehrere Fehler gleichzeitig auftreten können. Aus diesem Grund besitzt das Objekt `DBEngine` eine `Errors`-Auflistung, bestehend aus `Error`-Objekten.

11.15.1 Das Error-Objekt

Die `Errors`-Auflistung von `DBEngine` besteht aus `Error`-Objekten, die die in der folgenden Tabelle aufgeführten Eigenschaften aufweisen. Ein `Error`-Objekt besitzt keine Methoden.

Tabelle 11.18: Eigenschaften des Error-Objekts

Eigenschaft	Beschreibung
Number	Nummer des Fehlers
Description	Beschreibungstext für den Fehler
Source	gibt den Namen der Anwendung zurück, die den Fehler ausgelöst hat.
HelpFile	gibt die Hilfedatei an, aus der der Hilfetext zum Fehler entnommen wird.
HelpContext	Gibt die Kontextkennung in der Hilfedatei an.

11.15.2 Die Errors-Auflistung

In der `Errors`-Auflistung werden alle die Fehler aufgeführt, die bei einem DAO- oder ODBC-Problem aufgetreten sind. Durchlaufen Sie eine `Errors`-Auflistung mit `For Each...Next`, wie in

```
Sub DAOFehler()
    Dim rst As DAO.Recordset

    On Error GoTo DAOFehler_Err
    ' Fehler auslösen, da XYZ123 nicht vorhanden
    Set rst = CurrentDb.OpenRecordset("XYZ123")
    Exit Sub
DAOFehler_Err:
    Dim errObj As Error
```

```
    For Each errObj In DBEngine.Errors
        Debug.Print errObj.Description
    Next
End Sub
```

um alle DAO- bzw. ODBC-Fehlermeldungen zu erhalten. In Kapitel 18, »Multiuser-Zugriffe«, beschreiben wir, welche Möglichkeiten mithilfe von Transaktionen bestehen, bei einem DAO- oder ODBC-Fehler Änderungen an den Daten wieder rückgängig zu machen.

11.16 Schneller, schneller, schneller

Für die meisten Anwendungen spielen die Antwortzeiten eine entscheidende Rolle. Wir möchten Ihnen im Folgenden eine Reihe von Hinweisen für die Leistungsoptimierung von Datenbankzugriffen geben.

1. Lassen Sie Access die Arbeit machen! Nutzen Sie die Möglichkeiten von SQL und vermeiden Sie, insbesondere bei eingebundenen Tabellen oder ODBC-Zugriffen, `Move`- und `Find`-Methoden.
2. Nutzen Sie vorkompilierte Abfragen, d.h., vermeiden Sie den Aufruf des SQL-Compilers, der immer benötigt wird, wenn Sie einem `OpenRecordset()`-Aufruf eine SQL-Zeichenfolge übergeben.
3. Setzen Sie, wenn möglich, Snapshots ein.
4. Greifen Sie im Einzelplatzbetrieb direkt auf die Tabellen zu (`dbOpenTable`).
5. Vermeiden Sie `Like` (`Wie`) in SQL-Abfragen, insbesondere in der Form `Feld Like "*BCD"` oder `Feld Like "?BCD"`, da hier der SQL-Optimierer aufgrund des Platzhalters zu Beginn der Vergleichszeichenfolge nicht zum Einsatz kommen kann.
6. Geben Sie in einer Abfrage nur die Felder aus, die wirklich benötigt werden, um die Menge der Daten gering zu halten.
7. Nutzen Sie in SQL-Abfragen die `IIF()`-Funktion zur Auswertung, anstatt entsprechende Vergleiche in Ihrem Programm durchzuführen.
8. Verwenden Sie, wenn möglich, die Schreibweise `Count(*)` zum Ermitteln der Anzahl von Datensätzen anstelle von `Count([Feld])`, wobei Sie aber beachten müssen, dass `Count(*)` Nullwerte mitzählt.
9. Nutzen Sie den `UPDATE`-Befehl von SQL (Aktualisierungsabfragen).
10. Löschen Sie mit Löschabfragen (`DELETE`).

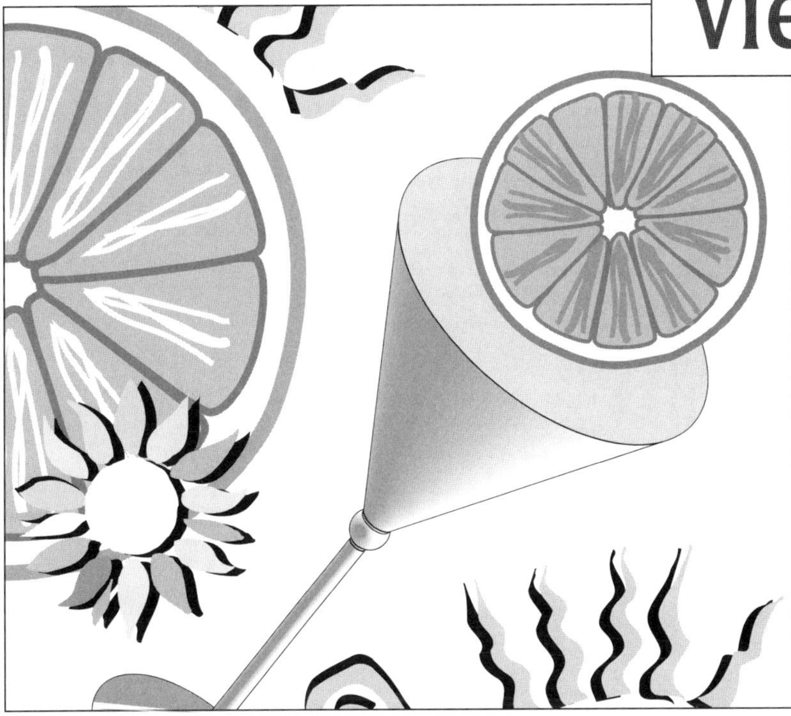

vier

Teil

Formulare und Berichte

12 Ereignisse

Programme in grafischen Benutzeroberflächen wie Microsoft Windows arbeiten im Allgemeinen mit einer Ereignissteuerung (event-driven). Jede Aktion, die ein Benutzer ausführt, beispielsweise ein Mausklick oder ein Tastenanschlag, lösen in Windows ein Ereignis aus. Windows wertet das Ereignis aus und gibt, falls es nicht selbst auf das Ereignis reagieren muss, die Nachricht über das Ereignis an das entsprechende Anwendungsprogramm weiter.

12.1 Ereignisse in Access

Klicken Sie beispielsweise mit der Maus auf ein Steuerelement, das sich auf einem Formular in Microsoft Access befindet, erhält das Steuerelement den Fokus, es wird also aktiviert. Das Ereignis Mausklick wird in der folgenden Weise innerhalb von Windows und Access behandelt: Windows bemerkt den Klick, ermittelt, wo auf dem Bildschirm geklickt wurde (in unserem Beispiel im Access-Fenster) und gibt die entsprechende Nachricht an Access weiter. In Access wird das Formular über das Mausklick-Ereignis informiert, das es seinerseits an das Steuerelement weiterreicht.

Sie können in Ihren Access-Programmen und -Makros auf Access-Ereignisse reagieren, d.h., Sie können beispielsweise ein Programm schreiben, das beim Anklicken eines Steuerelements eine bestimmte Aktion auslöst. Jedes Formular, jeder Bericht und jedes Steuerelement zeigt in seinem Eigenschaften-Fenster die Ereignisse, die behandelt werden können.

Bild 12.1: Ereignisse im Eigenschaften-Fenster eines Formulars

12.1.1 Ereignisbehandlung

Auf ein Ereignis können Sie in drei verschiedenen Varianten reagieren: mit einem Makro, mit einer Ereignisprozedur oder mit einer Funktion.

Ereignismakros

Die einfachste und schnellste Methode, ein Ereignis zu behandeln, ist mithilfe eines Makros. Wir werden nicht weiter auf die Möglichkeiten von Makros eingehen, denn obwohl sie bequem einzusetzen sind, gibt es einige gravierende Probleme bei der Verwendung von Makros. Hierzu zählen beispielsweise die mangelnde Fehlerbehandlung, der nicht abschaltbare Abbruch eines Makros mit der Tastenkombination Strg+Pause durch den Benutzer, die mangelnde Übergabemöglichkeit von Parametern und die Schwierigkeiten bei der Fehlersuche. Insgesamt ist vom Einsatz von Makros abzuraten.

Ereignisprozeduren

In den meisten Fällen werden für die Behandlung von Ereignissen Ereignisprozeduren eingesetzt. Ereignisprozeduren sind VBA-Programme, die lokal zu einem Formular oder Bericht gehören, also als »code behind forms« realisiert sind. Der Name der Routine

```
Private Sub Element_Ereignis()
    ...
End Sub
```

setzt sich aus der Bezeichnung des jeweiligen Elements, beispielsweise `Form_` für ein Formular, und der Bezeichnung des Ereignisses, z.B. `Click`, zusammen.

Beachten Sie dabei, dass im Eigenschaften-Fenster der deutsche Begriff für das Ereignis verwendet wird, während die Ereignisprozedur mit der englischen Bezeichnung gebildet wird.

Ereignisfunktionen

Als dritte Variante steht Ihnen der Aufruf einer Funktion zur Behandlung des Ereignisses zur Verfügung. Es können dabei sowohl lokale als auch globale Funktionen eingesetzt werden. Im Eigenschaften-Fenster wird für das jeweilige Ereignis die entsprechende Funktion in der Form

```
=Funktion()
```

eingetragen.

12.1.2 Ereignisbehandlung in VBA setzen

In seltenen Fällen kann es notwendig sein, für Ereignisse direkt in einem VBA-Programm das Makro, die Ereignisprozedur beziehungsweise die Ereignisfunktion zu setzen. Mit

```
Formular.OnDblClick = "Makro"
```

wird dem Ereignis *Beim Doppelklicken* eines Formulars ein Makro zugewiesen, während

```
Formular.OnDblClick = "=Funktion()"
```

für das Ereignis eine Funktion zuweist. Möchten Sie erreichen, dass die Ereignisprozedur aktiviert wird, benutzen Sie die Variante

```
Formular.OnDblClick = "[Ereignisprozedur]"
```

12.2 Ereignisse für Formulare

Die beiden Tabellen dieses Abschnitts beinhalten die Ereignisse für Formulare und Formularbereiche.

12.2.1 Formularereignisse

Die folgende Tabelle zeigt die Ereignisse, für die über das Eigenschaften-Fenster eines Formulars Makros, Prozeduren oder Funktionen vereinbart werden können.

Tabelle 12.1: Ereignisse für Formulare

Ereignis	Engl. Bezeichnung	Auslösung des Ereignisses	
Beim Anzeigen	Current	Beim Wechsel zum nächsten oder vorherigen Datensatz.	✗
Vor Eingabe	BeforeInsert	Wenn ein neuer Datensatz begonnen wird.	✓
Nach Eingabe	AfterInsert	Nach dem Speichern eines neuen Datensatzes.	✗
Vor Aktualisierung	BeforeUpdate	Bevor die Änderungen an einem Datensatz gespeichert werden.	✓
Nach Aktualisierung	AfterUpdate	Nachdem die Änderungen an einem Datensatz gespeichert wurden.	✗
Beim Datensatzverlassen	RecordExit	In der Hilfe und in der Office XP-Beispieldatenbank Nordwind.mdb wird das Ereignis Recordexit beschrieben. Es steht allerdings nicht mehr zu Verfügung, Sie können es auch nicht in den Formulareigenschaften anwählen. Die Beschreibungen in der Hilfe usw. sind nach dem Beta-Test von Office nicht entfernt worden. Siehe dazu auch *http://support.microsoft.com/support/kb/articles/Q286/4/77.asp*.	✓
Bei Geändert	Dirty	Wenn der Inhalt des aktuellen Datensatzes vom Benutzer geändert wird.	✓
Bei Rückgängig	Undo	Gibt an, welches Makro, welche Ereignisprozedur oder welche benutzerdefinierte Funktion bei Eintritt des Undo-Ereignisses ausgeführt wird.	✓

Die Spalte rechts zeigt an, ob ein Ereignis abgebrochen werden kann.

Tabelle 12.1: Ereignisse für Formulare (Fortsetzung)

Ereignis	Engl. Bezeichnung	Auslösung des Ereignisses	
Beim Löschen	Delete	Wird für jeden einzelnen Datensatz ausgelöst, bevor er gelöscht wird.	✓
Vor Löschbestätigung	BeforeDelConfirm	Bevor das Dialogfeld zur Löschbestätigung am Bildschirm gezeigt wird.	✓
Nach Löschbestätigung	AfterDelConfirm	Nach dem Löschen des Datensatzes oder dem Abbruch des Löschvorgangs.	×
Beim Öffnen	Open	Nach dem Öffnen des Formulars, bevor die Daten in das Formular bzw. die Steuerelemente geladen werden.	✓
Bei Laden	Load	Nach dem Öffnen des Formulars, nach der Herstellung der Verbindung zu den Daten.	×
Bei Größenänderung	Resize	Beim Verändern der Formulargröße bzw. beim Öffnen des Formulars.	×
Bei Entladen	Unload	Wenn Schließen des Formulars angefordert wird, bevor das Formular wirklich geschlossen wird.	✓
Beim Schließen	Close	Beim Schließen des Formulars.	×
Bei Aktivierung	Activate	Wenn das Formular aktiviert wird, d.h. den Fokus erhält.	×
Bei Deaktivierung	Deactivate	Wenn das Formular den Fokus verliert.	×
Bei Fokuserhalt	GotFocus	Das Ereignis wird ausgelöst, nachdem das Formular den Fokus erhalten hat und kein Steuerelement den Fokus erhalten kann.	×
Bei Fokusverlust	LostFocus	Bevor das Formular den Fokus verliert, vorausgesetzt, kein Steuerelement verfügte über den Fokus.	×
Beim Klicken	Click	Beim Klicken auf den Datensatzmarkierer oder den »blinden« Formularbereich[1].	×

Die Spalte rechts zeigt an, ob ein Ereignis abgebrochen werden kann.

[1] Der »blinde« Formularbereich (engl. dead space) ist der Bereich, der entsteht, wenn das Formular größer ist als seine definierten Bereiche.

Tabelle 12.1: Ereignisse für Formulare (Fortsetzung)

Ereignis	Engl. Bezeichnung	Auslösung des Ereignisses	
Beim Doppelklicken	DblClick	Beim Doppelklick auf den Datensatzmarkierer oder den »blinden« Formularbereich.	✓
Bei Maustaste Ab	MouseDown	Beim Betätigen der Maustaste über dem Datensatzmarkierer oder dem »blinden« Formularbereich, bevor das Click-Ereignis ausgelöst wird.	✗
Bei Mausbewegung	MouseMove	Beim Bewegen über dem Datensatzmarkierer oder dem »blinden« Formularbereich, bevor das Click-Ereignis initiiert wird.	✗
Bei Maustaste Auf	MouseUp	Beim Loslassen der Maustaste über dem Datensatzmarkierer oder dem »blinden« Formularbereich, bevor das Click-Ereignis ausgelöst wird.	✗
Bei Mausrad	MouseWheel	Das Ereignis wird ausgelöst, wenn ein Benutzer das Mausrad einsetzt. Es kann abgefragt werden, wie viel das Mausrad bewegt wurde.	✗
Bei Taste Ab	KeyDown	Wenn die Eigenschaft *Tastenvorschau* (KeyPreview) eingeschaltet ist, wird das Ereignis initiiert, wenn eine Taste gedrückt wird. Ist die Tastenvorschau ausgeschaltet, wird das Ereignis nur ausgelöst, wenn der Datensatzmarkierer selektiert ist.	✓
Bei Taste Auf	KeyUp	Ist die Eigenschaft *Tastenvorschau* (KeyPreview) eingeschaltet, wird das Ereignis ausgelöst, wenn eine Taste losgelassen wird. Ist die *Tastenvorschau* ausgeschaltet, wird das Ereignis nur initiiert, wenn der Datensatzmarkierer selektiert ist.	✗
Bei Taste	KeyPress	Ist die Eigenschaft *Tastenvorschau* (KeyPreview) eingeschaltet, wird das Ereignis ausgelöst, wenn eine Taste gedrückt und wieder losgelassen wird. Ist die Tastenvorschau ausgeschaltet, wird das Ereignis nur initiiert, wenn der Datensatzmarkierer selektiert ist.	✓

Die Spalte rechts zeigt an, ob ein Ereignis abgebrochen werden kann.

Tabelle 12.1: Ereignisse für Formulare (Fortsetzung)

Ereignis	Engl. Bezeichnung	Auslösung des Ereignisses	
Bei Fehler	Error	Wenn ein Laufzeitfehler auftritt.	✗
Bei Filter	Filter	Tritt beim Bearbeiten eines Filters auf.	✓
Bei angewendetem Filter	ApplyFilter	Bevor ein Filter aktiv wird.	✓
Bei Zeitgeber	Timer	Wenn die in der Eigenschaft *Zeitintervall* vereinbarte Zeit verstrichen ist.	✗

Die Spalte rechts zeigt an, ob ein Ereignis abgebrochen werden kann.

Das Ereignis *Bei Taste Ab* kann abgebrochen werden, wenn der Parameter *KeyCode* der entsprechenden Ereignisprozedur gleich 0 gesetzt wird. Ebenso kann durch Zuweisen von 0 zum Parameter *KeyAscii* die Aktion *Bei Taste* unterbrochen werden.

12.2.2 Ereignisse für PivotTables und PivotCharts

Die folgende Tabelle listet die neuen Ereignisse für PivotTables und PivotCharts auf.

Tabelle 12.2: Ereignisse für PivotTables und PivotCharts

Ereignis	Engl. Bezeichnung	Auslösung des Ereignisses	
Vor Quickinfo	BeforeScreenTip	Bevor eine QuickInfo für ein Element in einer PivotChart- oder PivotTable-Ansicht angezeigt wird.	✗
Bei Befehl aktiviert	CommandEnabled	Wenn die angegebene Microsoft Office Web Component feststellt, ob der angegebene Befehl aktiviert ist.	✗
Bei Befehl mit Häkchen	CommandChecked	Wenn die angegebene Microsoft Office Web Component feststellt, ob der angegebene Befehl mit einem Häkchen versehen ist.	✗
Bei Befehl vor Ausführung	CommandBeforeEx ecute	Wird ausgelöst, bevor ein angegebener Befehl ausgeführt wird.	✓
Bei Befehlsausführung	CommandExecute	Wird ausgelöst, nachdem der angegebene Befehl ausgeführt wurde.	✗

Die Spalte rechts zeigt an, ob ein Ereignis abgebrochen werden kann.

Tabelle 12.2: Ereignisse für PivotTables und PivotCharts (Fortsetzung)

Ereignis	Engl. Bezeichnung	Auslösung des Ereignisses	
Bei Datenänderung	DataChange	Wenn in der angegebenen PivotTable-Ansicht bestimmte Eigenschaften geändert oder bestimmte Methoden ausgeführt werden.	×
Bei Datengruppen-änderung	DataSetChange	Wenn die angegebene PivotTable-Ansicht datengebunden ist und der Datensatz geändert wird, oder wenn Anfangsdaten von der Datenquelle verfügbar sind.	×
Bei PivotTable-Änderung	PivotTableChange	Wenn das angegebene Feld, die angegebene Feldgruppe oder Funktion der PivotTable-Ansicht hinzugefügt oder gelöscht wird.	×
Bei Markierungs-änderung	SelectionChange	Wenn der Benutzer in einer PivotChart- oder PivotTable-Ansicht eine neue Auswahl trifft.	×
Bei Ansichtsänderung	ViewChange	Wenn die angegebene PivotChart- oder PivotTable-Ansicht neu gezeichnet wird.	×
Beim Verbinden	OnConnect	Wenn die angegebene PivotTable-Ansicht eine Verbindung zu einer Datenquelle herstellt.	×
Beim Trennen	OnDisconnect	Wenn die angegebene PivotTable-Ansicht die Verbindung zu einer Datenquelle trennt.	×
Vor Abfrage	BeforeQuery	Wenn die angegebene PivotTable-Ansicht die Datenquelle abruft.	×
Bei Abfrage	Query	Wenn die angegebene PivotTable-Ansichtsabfrage erforderlich ist.	×
Nach Layout	AfterLayout	Nachdem das Layout für alle Diagramme in der angegebenen PivotChart-Ansicht erstellt wurde, aber noch bevor diese gerendert werden.	×
Vor Rendern	BeforeRender	Wird ausgelöst, bevor ein Objekt in der angegebenen PivotChart-Ansicht gerendert wurde.	×

Die Spalte rechts zeigt an, ob ein Ereignis abgebrochen werden kann.

Tabelle 12.2: Ereignisse für PivotTables und PivotCharts (Fortsetzung)

Ereignis	Engl. Bezeichnung	Auslösung des Ereignisses	
Nach Rendern	AfterRender	Wird ausgelöst, nachdem das durch das Argument chartObject repräsentierte Objekt gerendert wurde.	✗
Nach Render-abschluss	AfterFinalRender	Nachdem alle Elemente in der angegebenen PivotChart-Ansicht gerendert wurden.	✗

Die Spalte rechts zeigt an, ob ein Ereignis abgebrochen werden kann.

12.2.3 Formularbereiche

Ein Formular kann aus fünf Bereichen bestehen: Formularkopf, Seitenkopf, Detail, Seitenfuß und Formularfuß. Für jeden dieser Bereiche können die in der Tabelle aufgeführten Ereignisse behandelt werden.

Tabelle 12.3: Ereignisse für Formularbereiche

Ereignis	Engl. Bezeichnung	Beschreibung	
Beim Klicken	Click	Wenn der Hintergrund des Bereichs angeklickt wird.	✗
Beim Doppelklicken	DblClick	Wenn der Hintergrund des Bereichs doppelt angeklickt wird.	✓
Bei Maustaste Ab	MouseDown	Vor dem Ereignis *Beim Klicken*, wenn der Hintergrund des Bereichs angeklickt wird.	✗
Bei Mausbewegung	MouseMode	Bei einer Bewegung mit der Maus über den Hintergrund des Bereichs.	✗
Bei Maustaste Auf	MouseUp	Vor dem Ereignis *Beim Klicken*, wenn die Maustaste nach einem Klick auf Hintergrund des Bereichs losgelassen wird.	✗

Die Spalte rechts zeigt an, ob ein Ereignis abgebrochen werden kann.

12.3 Ereignisse für Berichte

Für Berichte lassen sich Ereignisse für den Bericht insgesamt wie auch für die einzelnen Berichtsbereiche bearbeiten.

12.3.1 Berichtsereignisse

Die in Tabelle 12.4 aufgeführten Ereignisse lassen sich in Berichten abfangen und verarbeiten.

Tabelle 12.4: Ereignisse für Berichte

Ereignis	Engl. Bezeichnung	Beschreibung	
Beim Öffnen	Open	Beim Öffnen eines Berichts, bevor Daten gedruckt oder in der Seitenansicht dargestellt werden.	✓
Beim Schließen	Close	Beim Schließen eines Berichts, aber bevor das Ereignis *Bei Deaktivierung* ausgelöst wird.	✗
Bei Aktivierung	Activate	Nach *Beim Öffnen*, wenn der Druck bzw. die Seitenansicht startet.	✗
Bei Deaktivierung	Deactivate	Beim Schließen oder dem Wechsel zu einem anderen Fenster.	✗
Bei Ohne Daten	NoData	Wenn keine Daten zum Druck vorliegen.	✓
Bei Seite	Page	Nach der Formatierung der aktuellen Seite, bevor die Seite gedruckt wird.	✗
Bei Fehler	Error	Beim Auftreten eines Fehlers.	✗

12.3.2 Bereichsereignisse

Ein Bericht kann sich aus den Bereichen Berichtskopf, Seitenkopf, einem oder mehreren Gruppenköpfen, Detail, einem oder mehreren Gruppenfüßen, Seitenfuß und Berichtsfuß zusammensetzen.

Tabelle 12.5: Ereignisse für Druckbereiche

Ereignis	Engl. Bezeichnung	Beschreibung	
Beim Formatieren	Format	Nach dem Formatieren des Bereichs, bevor er ausgedruckt wird.	✓
Beim Drucken	Print	Kurz vor dem Drucken eines Bereichs.	✓
Bei Rücknahme	Retreat	Beim Zurückgehen und Neuformatieren des vorherigen Bereichs, wenn die Eigenschaft *Zusammenhalten* für den Bereich eingeschaltet ist und sich herausstellt, dass aufgrund der Einstellung die Bereiche neu angeordnet werden müssen.	✗

Die Spalte rechts zeigt an, ob ein Ereignis abgebrochen werden kann.

12.4 Ereignisse für Steuerelemente

Die verschiedenen Steuerelementtypen unterstützen verschiedene Ereignisse. In Tabelle 12.6 werden die verschiedenen Ereignisse und ihre Gültigkeit für die einzelnen Steuerelemente aufgelistet. Die Zahlen in der Spalte *Gültig für* verweisen auf den entsprechenden Typ eines Steuerelements. Die Steuerelemente Linie und Seitenwechsel haben keine Ereignisse.

① Bezeichnungsfelder, Bilder
② Textfelder
③ Optionsgruppen
④ Umschaltflächen, Optionsfelder und Kontrollkästchen
❹ Nur solche Umschaltflächen, Optionsfelder und Kontrollkästchen, die nicht in einer Optionsgruppe zusammengefasst sind
⑤ Kombinationsfelder
⑥ Listenfelder
⑦ Befehlsschaltflächen
⑧ Objektfelder
⑨ Unterformulare
⑩ Registersteuerelemente

Beachten Sie, dass einige der in der folgenden Tabelle aufgeführten Ereignisse für Objektfelder (⑧) nur für gebundene Objektfelder möglich sind.

Tabelle 12.6: Ereignisse für Steuerelemente

Ereignis	Engl. Bezeichn.	Gültig für	Beschreibung	
Vor Aktualisierung	BeforeUpdate	②③❹⑤⑥ ⑧	Beim Speichern eines Datensatzes oder beim Verlassen eines Steuerelements mit geänderten Inhalten.	✓
Nach Aktualisierung	AfterUpdate	②③❹⑤⑥ ⑧	Nach der Änderung der Inhalte eines Steuerelements.	✗
Bei OLE Aktualisierung	Updated	⑧	Beim Einfügen oder Ändern von OLE-Objekten, wobei das Ereignis mehrfach initiiert werden kann.	✗
Bei Geändert	Dirty	②⑤	Bei Änderung des Inhalts.	✓
Bei Änderung	Change	⑩	Bei Änderung des Inhalts.	✗
Bei nicht in Liste	NotInList	⑤	Wenn die Eingabe in ein Kombinationsfeld nicht in der Liste des Feldes ist.	✗
Beim Hingehen	Enter	②③❹⑤⑥ ⑦⑧⑨	Wenn ein Steuerelement aktiviert wird, kurz bevor es den Fokus erhält.	✗
Beim Verlassen	Exit	②③❹⑤⑥ ⑦⑧⑨	Wenn ein Steuerelement verlassen wird, kurz bevor es den Fokus verliert.	✓
Bei Fokuserhalt	GotFocus	②④⑤⑥⑦ ⑧	Wenn ein Steuerelement den Fokus erhalten hat.	✗
Bei Fokusverlust	LostFocus	②④⑤⑥⑦ ⑧	Wenn ein Steuerelement den Fokus verloren hat.	✗
Beim Klicken	Click	①②③❹⑤ ⑥⑦⑧⑩	Beim Klick auf ein Steuerelement.	✗
Beim Doppelklicken	DblClick	①②③❹⑤ ⑥⑦⑧⑩	Beim Doppelklick auf ein Steuerelement.	✓
Bei Maustaste Ab	MouseDown	①②③④⑤ ⑥⑦⑧⑩	Wenn die Maustaste gedrückt wird, vor dem Click-Ereignis.	✗
Bei Mausbewegung	MouseMove	①②③④⑤ ⑥⑦⑧⑩	Wenn die Maus über dem Steuerelement bewegt wird.	✗
Bei Maustaste Auf	MouseUp	①②③④⑤ ⑥⑦⑧⑩	Wenn die Maustaste losgelassen wird, vor dem Click-Ereignis.	✗

Die Spalte rechts zeigt an, ob ein Ereignis abgebrochen werden kann.

Tabelle 12.6: Ereignisse für Steuerelemente (Fortsetzung)

Ereignis	Engl. Bezeichn.	Gültig für	Beschreibung	
Bei Taste Ab	KeyDown	②④⑤⑥⑦⑧⑩	Wenn eine Taste in einem aktiven Steuerelement gedrückt wird.	✓
Bei Taste Auf	KeyUp	②④⑤⑥⑦⑧⑩	Wenn eine Taste in einem aktiven Steuerelement losgelassen wird.	✗
Bei Taste	KeyPress	②④⑤⑥⑦⑧⑩	Wenn eine Taste in einem aktiven Steuerelement gedrückt und losgelassen wird.	✓

Die Spalte rechts zeigt an, ob ein Ereignis abgebrochen werden kann.

12.5 Ereignisreihenfolgen

Für die Behandlung von Ereignissen ist es in vielen Fällen wichtig, die Reihenfolge zu kennen, in der sie ausgelöst werden. In der folgenden Aufstellung beschreiben wir für die wichtigsten Aktionen die Reihenfolge der Ereignisse. In der Tabelle sind durch **(F)** Formular-, durch **(B)** Berichts- und durch **(S)** Steuerelementereignisse gekennzeichnet.

Tabelle 12.7: Ereignisreihenfolgen

Aktion	Ereignisreihenfolge	Anmerkung
Öffnen eines Formulars	(F) Öffnen (F) Laden (F) Größenänderung (F) Aktivierung (F) Anzeigen (S) Hingehen (S) Fokuserhalt	Enthält das Formular keine aktiven Steuerelemente, tritt das Ereignis Fokuserhalt für das Formular zusätzlich nach dem Ereignis Aktivierung, jedoch vor dem Ereignis Anzeigen ein.
Schließen eines Formulars	(S) Verlassen (S) Fokusverlust (F) Entladen (F) Deaktivierung (F) Schließen	Enthält das Formular keine aktiven Steuerelemente, tritt das Ereignis Fokusverlust für das Formular ebenfalls nach dem Ereignis Entladen ein.

Tabelle 12.7: Ereignisreihenfolgen (Fortsetzung)

Aktion	Ereignisreihenfolge	Anmerkung
Bewegen zwischen Formularen	(F1) Deaktivierung (F2) Aktivierung	Das Ereignis Deaktivierung für ein Formular tritt auch dann ein, wenn Sie von dem Formular zu einem anderen Fenster in Access wechseln. Das Ereignis Deaktivierung wird nicht ausgelöst, wenn Sie zu einem Dialogfeld, zu einem Formular, dessen Eigenschaft PopUp eingeschaltet ist, oder zu einem Fenster in einer anderen Anwendung wechseln.
Verlassen eines Steuerelements	(S) Verlassen (S) Fokusverlust	
Fokus setzen	(S) Hingehen (S) Fokuserhalt	
Ändern und Aktualisieren von Daten in einem Steuerelement	(S) VorAktualisierung (S) NachAktualisierung (S) Verlassen (S) Fokusverlust	Die Sequenz der Ereignisse wird ausgelöst, wenn ein geändertes Steuerelement verlassen wird, d.h. ein anderes Element den Fokus erhält.
Klick auf ein Steuerelement	(S) Maustaste Ab (S) Maustaste Auf (S) Klicken	
Doppelklick auf ein Steuerelement	(S) Maustaste Ab (S) Maustaste Auf (S) Klicken (S) Doppelklick (S) Maustaste Auf	Gilt nicht für Befehlsschaltflächen.
Tastatureingabe	(S) Taste Ab (S) Taste (S) Änderung (S) Taste Auf	Die Ereignisfolge tritt bei Text- und Kombinationsfeldern auf, wenn eine Taste gedrückt wird.
Kombinationsfeld	(S) Taste Ab (S) Taste (S) Änderung (S) Taste Auf (S) NichtInListe (S) Fehler	Ist die Eigenschaft Nur Listeneinträge für ein Kombinationsfeld eingeschaltet, wird die links dargestellte Sequenz initiiert, wenn eine Eingabe in das Kombinationsfeld nicht in der Liste des Feldes gefunden wird.

Tabelle 12.7: Ereignisreihenfolgen (Fortsetzung)

Aktion	Ereignisreihenfolge	Anmerkung
Im Formular zu einem anderen Datensatz wechseln	(F) Anzeigen (F) Vor Aktualisierung (F) NachAktualisierung (F) Anzeigen	
Im Formular zu einem anderen Datensatz wechseln, wenn vorher die Daten im Steuerelement geändert wurden	(F) VorAktualisierung (F) NachAktualisierung (S) Verlassen (S) Fokusverlust (F) Anzeigen	
Löschen von Datensätzen	(F) Löschen (F) VorLöschbestätigung (F) NachLöschbestätigung	Wird das Ereignis Löschen abgebrochen, treten die Ereignisse VorLöschbestätigung und NachLöschbestätigung nicht ein und das Dialogfeld zur Löschbestätigung wird nicht angezeigt.
Erstellen eines neuen Datensatzes	(F) Anzeigen (S) Hingehen (S) Fokuserhalt (F) VorEingabe (F) NachEingabe	Wenn Sie den Fokus in einem Formular zu einem neuen (leeren) Datensatz bewegen und dann einen neuen Datensatz erstellen, indem Sie Text in ein Steuerelement eingeben, tritt die links dargestellte Folge von Ereignissen ein.
Einen Bericht drucken oder in der Seitenansicht darstellen	(B) Öffnen (B) Aktivierung (Bereich) Formatieren evtl. (B) Rücknahme evtl. (B) OhneDaten evtl. (B) Seite (Bereich) Drucken (B) Schließen (B) Deaktivierung	

13 Steuerelemente

Mithilfe von Steuerelementen werden Daten auf Formularen und Berichten dargestellt. Wir gehen in diesem Kapitel davon aus, dass Ihnen die Grundlagen der Formular- und Berichterstellung vertraut sind und möchten bestimmte Techniken beschreiben und typische Problemfälle aufzeigen. Viele Anwendungsentwickler sind erstaunt, wie viele Funktionen man mit Steuerelementen ausführen kann, ohne in VBA programmieren zu müssen. Auf der anderen Seite gibt es eine Reihe von Konstruktionen, die man besser vermeiden sollte, da sonst die Anzeige- oder Ausgabegeschwindigkeit unerträglich langsam wird.

Wir möchten Ihnen in diesem Kapitel den Einsatz von Steuerelementen in erster Linie aus VBA-Programmen heraus beschreiben. Wie schon im vorangegangenen Kapitel angemerkt, ist es auch bei Steuerelementen umständlich und verwirrend, zwischen den deutschen Bezeichnungen für Steuerelemente und deren Eigenschaften, die im Formular- und Berichtsentwurf verwandt werden, und den englischen Begriffen, die für VBA benötigt werden, zu unterscheiden. Wir haben in den folgenden Abschnitten für jedes Steuerelement die wichtigsten Methoden, Eigenschaften und Ereignisse in Deutsch und Englisch in Tabellen aufgeführt.

13.1 Allgemeine Einstellungen

Wir möchten Ihnen in den ersten Abschnitten die Eigenschaften, Methoden und Ereignisse vorstellen, die im Wesentlichen für alle Steuerelemente gelten.

Die Eigenschaften von Steuerelementen lassen sich am schnellsten in der Access-Hilfe nachschlagen. Suchen Sie dazu (wie im folgenden Bild 13.1 zu sehen) im Inhalt der Hilfe unter »Programmieren in Visual Basic« den Punkt »Objekte, Auflistungen und Steuerelemente« heraus. Für jedes Steuerelement werden hier alle Eigenschaften, Methoden und Ereignisse beschrieben.

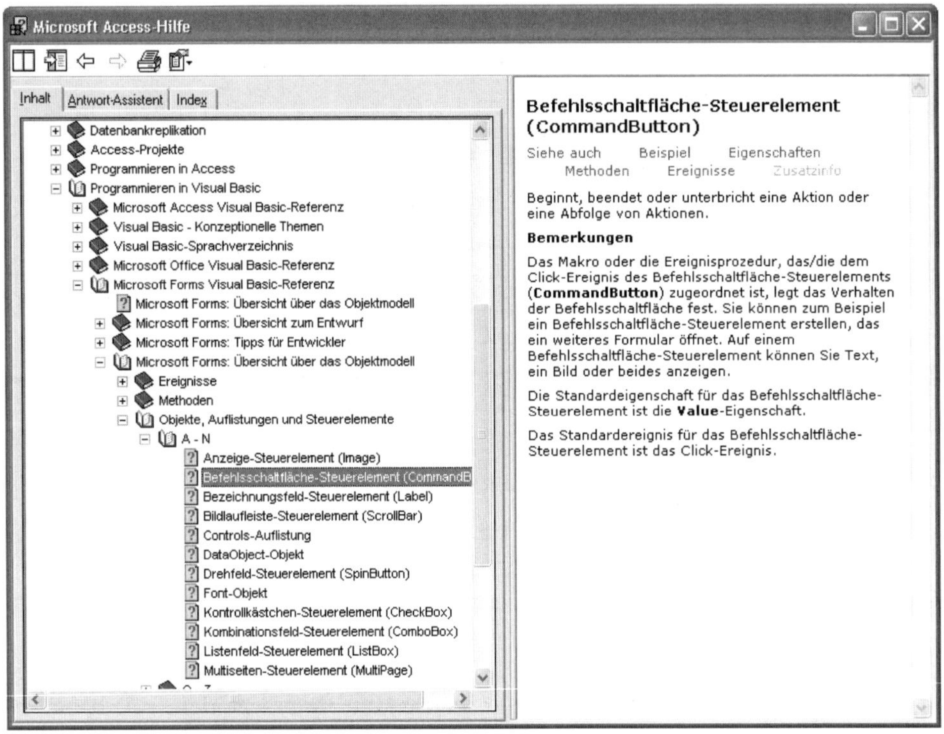

Bild 13.1: Hilfe zu Eigenschaften, Methoden und Ereignissen von Steuerelementen

Jedes Steuerelement besitzt als Objekt vier Angaben:

- Die Eigenschaft *Application*, die auf die Access-Applikation verweist,
- die Eigenschaft *Parent*, zu deutsch Hauptobjekt, die das Formular oder den Bericht beschreibt, in dem das Steuerelement verwandt wird,
- die Auflistung *Properties*, die alle Eigenschaften des Steuerelements enthält und
- die *SizeToFit*-Methode, die nur in der Entwurfsansicht aufgerufen werden kann und die Ausdehnung eines Steuerelements dem Inhalt anpasst.

Allgemeine Eigenschaften

Die in der folgenden Tabelle aufgeführten Eigenschaften (Properties) werden von allen Steuerelementen unterstützt.

Tabelle 13.1: Allgemeine Eigenschaften

Access	VBA	Beschreibung
Name	Name	Bezeichnung des Steuerelements
Sichtbar	Visible	Steuerelement ist sichtbar bzw. unsichtbar
Anzeigen	DisplayWhen	Steuerelement wird immer, nur am Bildschirm oder nur im Druck gezeigt (Nur für Formulare)
Links	Left	Abstand vom linken Rand des Formulars/ Berichts
Oben	Top	Abstand vom oberen Rand des Formulars/ Berichts
Breite	Width	Breite des Steuerelements
Höhe	Height	Höhe des Steuerelements
Marke	Tag	Benutzerdefinierte Eigenschaft
	Application	Applikationsobjekt
	Parent	Hauptobjekt

Eigenschaften von beschrifteten Steuerelementen

Die folgende Tabelle listet die wesentlichen Eigenschaften von Steuerelementen auf, die eine Beschriftung aufweisen.

Tabelle 13.2: Eigenschaften

Access	VBA	Beschreibung
Schriftart	FontName	Font der Beschriftung
Schriftbreite	FontWeight	Von *Sehr Dünn* (100) bis *Extra Fett* (900)
Schriftgrad	FontSize	Schriftgröße in Punkt
Schriftbreite	FontWeight	Extra dünn bis extra fett
Kursiv	FontItalic	
Unterstrichen	FontUnderline	
Textausrichtung	TextAlign	Standard, Links, Zentriert, Rechts
Rahmenart	BorderStyle	Transparent (0), Durchgezogen (1), Strichlinien (2), Kurze Strichlinien (3), Punkte (4), Wenige Punkte (5), Strichlinie Punkt (6), Strichlinie Punkt Punkt (7)
Rahmenbreite	BorderWidth	

Tabelle 13.2: Eigenschaften (Fortsetzung)

Access	VBA	Beschreibung
Rahmenfarbe	BorderColor	
Beschriftung	Caption	Beschriftung des Steuerelements
Spezialeffekt	SpecialEffect	Flach (0), Erhöht (1), Vertieft (2), Graviert (3), Schattiert (4), Unterstrichen (5)
Hilfekontext-ID	HelpContextID	Nummer des Eintrags in einer Hilfedatei
	ControlType	Typ des Steuerelements
Textfarbe	ForeColor	
Hintergrundfarbe	BackColor	
Hintergrundart	BackStyle	Normal (1), Transparent (0)
Steuerelement-TipText	ControlTipText	Text, der in einem kleinen gelben Fenster erscheint, wenn der Maus-Cursor längere Zeit unbewegt über dem Steuerelement steht.
Kontextmenüleiste	ShortcutMenuBar	Name der Kontextmenüleiste. Ein Kontextmenü wird mit einem Klick mit der rechten Maustaste auf das Steuerelement aufgerufen.
LeseRichtung	ReadingOrder	Bestimmt die Leserichtung (von links nach rechts oder umgekehrt).
Tastatursprache	KeyboardLanguage	Setzt ein sprachabhängiges Tastaturlayout.
Bildlaufleisten-position	ScrollBarAlign	Bestimmt die Position der Bildlaufleiste.
Zifferntyp	NumeralShapes	Bestimmt, welche Art von Ziffern verwendet werden soll.
Linker Rand	LeftMargin	
Oberer Rand	TopMargin	
Rechter Rand	RightMargin	
Unterer Rand	BottomMargin	
Zeilenabstand	LineSpacing	Bestimmt den Zeilenabstand bei mehrzeiligem Text in einem Textfeld.

13.2 Die Ereignissteuerung

Alle Steuerelemente reagieren auf Ereignisse, beispielsweise auf einen Mausklick oder einen Tastenanschlag. Ereignisse werden auch ausgelöst, wenn Daten in die Datenbank geschrieben werden, wenn gelöscht wird usw.

Alle Ereignisse lassen sich durch eigene Programmroutinen abfangen und bearbeiten. Klickt ein Anwender beispielsweise auf eine Schaltfläche, so können Sie programmieren, was in diesem Fall geschehen soll. Die folgende Tabelle zeigt einige Ereignisse, die von den meisten Steuerelementen unterstützt werden.

Tabelle 13.3: Ereignisse

Access	VBA	Beschreibung
Beim Klicken	OnClick	Ereignis tritt bei einem Klick auf ein Steuerelement auf
Beim Doppelklicken	OnDblClick	Ereignis tritt bei einem Doppelklick auf ein Steuerelement auf
Bei Mausbewegung	OnMouseMove	Ereignis tritt auf, wenn die Maus über einem Steuerelement bewegt wird
Bei Maustaste Ab	OnMouseDown	Ereignis tritt auf, wenn die Maustaste über einem Steuerelement gedrückt wird
Bei Maustaste Auf	OnMouseUp	Ereignis tritt auf, wenn die Maustaste über einem Steuerelement losgelassen wird

Eine ausführliche Auflistung aller Ereignisse für Steuerelemente finden Sie in Kapitel 12, »Ereignisse«.

Die für ein Steuerelement definierten Ereignisse sind im jeweiligen Eigenschaftsfenster aufgeführt. Rechts von der Bezeichnung des Ereignisses ist ein entsprechendes Kombinationsfeld. Klappen Sie das Kombinationsfeld auf, wird dort der Eintrag `[Ereignisprozedur]` bzw. alle von Ihnen erstellten Access-Makros gezeigt. Wählen Sie `[Ereignisprozedur]` an, wenn Sie für ein Ereignis eine VBA-Routine aufrufen wollen. Möchten Sie für das Ereignis eine VBA-Funktion aufrufen, geben Sie die Funktion in der Form `=Funktionsname()` an.

Bild 13.2: Ereignisse für Befehlsschaltflächen

Möchten Sie eine Routine oder ein Makro zur Ereignisbehandlung neu erstellen, klicken Sie die kleine Schaltfläche mit den drei Punkten rechts vom Kombinationsfeld an. Im darauf erscheinenden Dialogfeld können Sie den gewünschten Editor angeben.

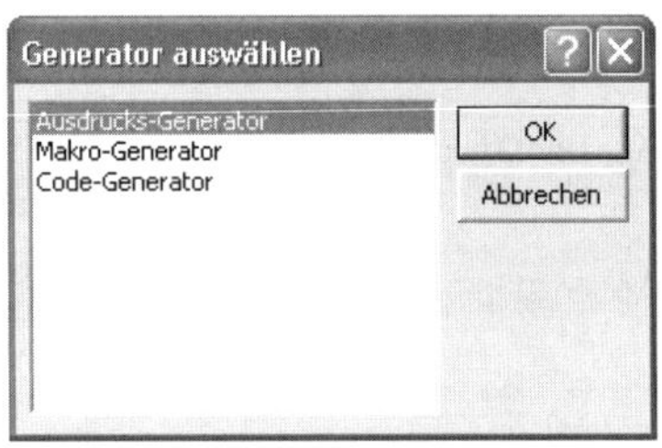

Bild 13.3: Auswahl des Editors

Selektieren Sie den Code-Generator, ruft Access das Code-Fenster auf und erzeugt automatisch einen Rahmen für das Unterprogramm zur Ereignisbehandlung, wobei `NAME` die Bezeichnung des Steuerelements ist.

```
Private Sub NAME_Click()
    ...
End Sub
```

Die im folgenden Bild dargestellte Einstellung im Access-Fenster erspart Ihnen die Abfrage aus Bild 13.3. Damit wird automatisch der Code-Generator aktiviert.

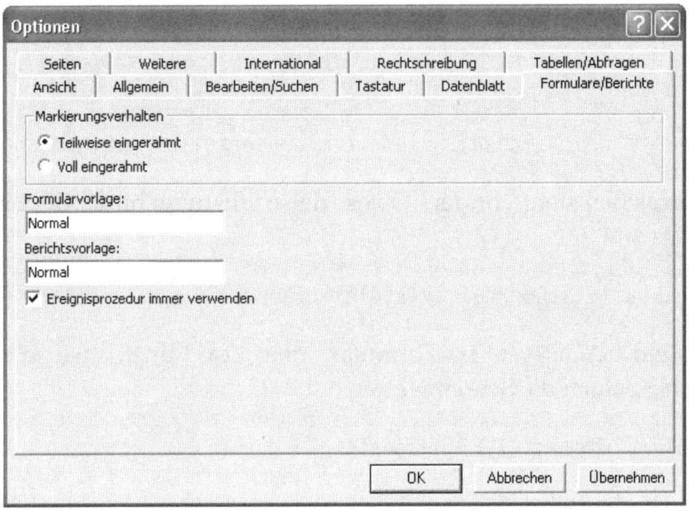

Bild 13.4: Der Code-Generator soll standardmäßig gestartet werden

Namensänderungen: Vorsicht bei Namensänderungen von Steuerelementen, denn Sie ändern damit nicht die Bezeichnungen der Ereignisroutinen. Haben Sie den Namen eines Steuerelements neu festgelegt, ist es notwendig, ihn auch in den Bezeichnungen aller Routinen anzupassen.

13.2.1 Steuerelemente im VBA-Programm

Steuerelemente können aus VBA-Programmen in vielfältiger Weise angesprochen, ausgewertet und verändert werden. Für den Zugriff auf die Eigenschaften eines Steuerelements stehen Ihnen verschiedene Syntaxvarianten zur Verfügung.

Innerhalb eines Formulars oder eines Berichts können Sie einfach über

```
Element.Eigenschaft
```

auf die jeweilige Eigenschaft zugreifen. Beispielsweise wird mit dem Befehl

```
txtFeld.Text = "Test"
```

die Eigenschaft `Text` des Textfeld-Steuerelements `txtFeld` gefüllt. Greifen Sie auf ein Steuerelement nicht innerhalb des Formulars oder Berichts zu, sondern aus einem VBA-Modul bzw. einem anderen Formular oder Bericht, müssen Sie den Namen des Formulars mit angeben. Die allgemeine Form lautet

```
Forms!Form.Element.Eigenschaft
```

bzw.

```
Forms![Form mit Leerzeichen].[Element mit Leerzeichen].Eigenschaft
```

Das Ausrufezeichen steht vor dem Objekt der Auflistung, hinter dem Wort `Forms`, beispielsweise wie in

```
Forms!frmCocktail.txtCocktail.Visible = False
```

die das Textfeld `txtCocktail` im Formular `frmCocktail` unsichtbar schaltet. Alternativ können Sie auch die Schreibweise

```
Forms!Formular("Element").Eigenschaft
```

verwenden. Hierbei wird der Name des Steuerelements als Zeichenfolge übergeben. Der Vorteil dieser Schreibweise liegt darin, dass die Zeichenfolge mit dem Namen erst während des Programmablaufs zusammengesetzt werden muss. Im folgenden Programmfragment werden die Steuerelemente `txtFeld1` bis `txtFeld9` unsichtbar geschaltet.

```
...
Dim intI As Integer
Dim str As String

For intI = 1 To 9
    str = "txtFeld" & intI
    Forms!frmTest(str).Visible = False
Next
...
```

Alle Steuerelemente werden in der Auflistung *Controls* verwaltet und durchnummeriert. Sie können auch über die Auflistung auf die Steuerelemente zugreifen. Mit

```
...
Dim intI As Integer
For intI  = 0 To Forms!frmTest.Controls.Count
    Forms!frmTest.Controls(intI).Visible = False
Next
...
```

werden alle Steuerelemente unsichtbar. Das gleiche Ergebnis erreichen Sie besser mit `For Each ... Next`:

```
...
Dim ctl As Control
For Each Ctl In Forms!frmTest.Controls
    Ctl.Visible = False
Next
...
```

13.2.2 Die eigene Form: »Me«

Auf das eigene Formular, also auf das Formular, das Ihre VBA-Routinen enthält, können Sie über das Objekt `Me` zugreifen.

```
Me.Element.Eigenschaft
```

adressiert ein Element im Formular bzw. Bericht. `Me` ist ein vordefiniertes Objekt vom Typ Form bzw. Report.

13.3 Der Fokus

Viele Eigenschaften von Steuerelementen können nur dann aus einem Programm heraus gesetzt oder ausgewertet werden, wenn das Steuerelement aktiv ist, d.h., wenn das entsprechende Element den Fokus besitzt. Ein Element hat den Fokus, wenn es zur Bearbeitung angeklickt ist oder mit der ⇥-Taste angesprungen wird.

Um den Fokus im Programmablauf auf ein Steuerelement zu setzen, verwenden Sie die Methode

```
Objektname.SetFocus
```

Sie können beispielsweise den aktuellen Inhalt eines Textfeldes mit der Eigenschaft *Text* erst dann auslesen, wenn das Textfeld den Fokus hat. Mit den Zeilen

```
...
Textfeld01.SetFocus
MsgBox "Der Inhalt des Feldes ist: " + Textfeld01.Text
...
```

wird der Fokus gesetzt und der Inhalt des Textfeldes in einem Meldungsdialogfeld gezeigt.

Einige Eigenschaften hingegen lassen sich nicht verändern, wenn das entsprechende Steuerelement über den Fokus verfügt. Beispielsweise können Sie die

Eigenschaft *Visible* nicht ändern, d.h., ein Element mit Fokus kann nicht unsichtbar gemacht werden.

13.4 Bezeichnungsfelder

Mit dem Bezeichnungsfeld können Sie beliebige Texte in Ihrem Formular oder Bericht positionieren. Ein Bezeichnungsfeld ist ein reines Ausgabefeld, für das keine Verbindung zur Tabelle oder Abfrage besteht, die Ihrem Formular oder Bericht zugrundeliegt.

In Bezeichnungsfeldern ist es nicht möglich, Inhalte aus Tabellen oder Abfragen anzeigen zu lassen oder Funktionen auszuwerten, es sei denn, Sie füllen ein Bezeichnungsfeld mithilfe von VBA.

Der Text eines Bezeichnungsfeldes befindet sich in der Eigenschaft `Caption`. Möchten Sie beispielsweise den Text ändern, so können Sie den Befehl in der Form

```
Bezeichnungsfeld0.Caption = "Neuer Text"
```

in Ihrem Programm angeben. Beachten Sie dabei aber, dass die Größe des Bezeichnungsfeldes nicht an den neuen Text angepasst wird, d.h., wenn der neue Text länger ist als die Breite des Bezeichnungsfeldes, wird er abgeschnitten.

Beschriftungen: Die Beschriftung eines Bezeichnungsfeldes wird mit `Caption` angesprochen. Versuchen Sie die Eigenschaft `Text` zu verwenden, wird Ihr Programm zwar kompiliert, aber Sie erhalten einen Laufzeitfehler.

13.5 Textfelder

In Textfeldern können Sie beliebige Texte bis zu einer Länge von 32.000 Zeichen anzeigen lassen bzw. erfassen. Die Texte können ein- oder mehrzeilig sein. Beachten Sie dabei, dass Sie einen Zeilenumbruch in ein Textfeld nur mit der Tastenkombination 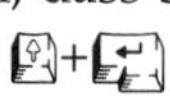 aufnehmen können.

Der Text in einem Textfeld kann nur in einer Schriftart, -größe und -auszeichnung dargestellt werden. Möchten Sie formatierte Texte in einer Datenbank ablegen, so müssen Sie mit OLE-Feldern arbeiten. In ein OLE-Feld kann ein Word- oder WordPad-Text aufgenommen werden, so wie wir es im Abschnitt über OLE-Felder in diesem Kapitel beschreiben. Eine weitere Möglichkeit steht

Ihnen mit dem Zusatzsteuerelement »Microsoft Rich-Textbox« zur Verfügung, mit dem Texte im Rich-Text-Format (RTF) dargestellt und eingegeben werden können. Das Zusatzsteuerelement gehört zum Lieferumfang des »Microsoft Office XP Developer«. Das RichText-Steuerelement wird in Kapitel 20, »ActiveX-Steuerelemente«, beschrieben.

Textfelder lassen sich beispielsweise zur Berechnung von Formeln verwenden. Geben Sie als Steuerelementinhalt beispielsweise

```
=[Menge] * [Umrechnung_cl]
```

an. In ein Feld mit einer Formel können keine Daten per Hand eingegeben werden.

Für Felder, die z.B. nur Rechenergebnisse anzeigen, kann verhindert werden, dass sie mit dem Maus-Cursor oder der ⇥-Taste angesprungen werden können. Dafür müssen Sie im Eigenschaftenfenster zum jeweiligen Feld die Option *Aktiviert* auf *Nein* setzen. Mithilfe der Option *Gesperrt* können Sie eine Eingabe in ein Textfeld verhindern.

13.5.1 Textfeldinhalte

Für den Zugriff auf den Inhalt eines Textfeldes stehen Ihnen zwei Eigenschaften zur Verfügung: *Value* und *Text*.

Die Eigenschaft Value

Normalerweise wird der Inhalt eines Textfeldes mithilfe der Eigenschaft `Value` gesetzt bzw. gelesen. Der Befehl

```
txtFeld.Value = "Neuer Text"
```

füllt die Zeichenfolge in das Textfeld `txtFeld`. Alternativ könnte auch

```
txtFeld = "Neuer Text"
```

geschrieben werden, denn `Value` ist die Standardeigenschaft eines Textfeldes. Die Zeile

```
strVar = txtFeld.Value
```

weist die Zeichenfolge im Textfeld der Variablen zu. Auch Zahlen und Datumswerte werden mithilfe von Textfeldern gezeigt. Der Befehl

```
txtFeld = Now()
```

zeigt das aktuelle Datum und die Uhrzeit im Textfeld. Angenommen, im Programm werden die folgenden Zeilen eingesetzt, die den Inhalt des Textfeldes einer Variablen vom Typ *Date* zuweisen:

```
Dim dtmLetzteÄnderung As Date
dtmLetzteÄnderung = txtFeld.Value
```

Wenn im Textfeld eine Eingabe vorliegt, die nicht den Richtlinien für Datumseingaben entspricht, Access also die Zeichenfolge des Textfeldes nicht in einen Datumswert umwandeln kann, erhalten Sie den folgenden Fehler.

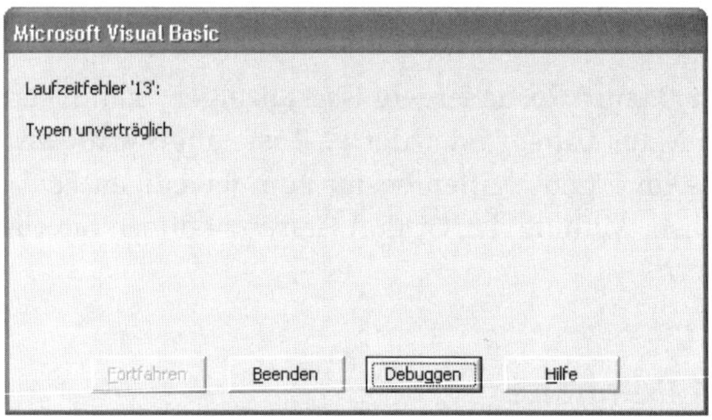

Bild 13.5: Laufzeitfehlermeldung

Zur Vermeidung eines solchen Fehlers können Sie verschiedene Lösungsvarianten einsetzen. Am einfachsten können Sie durch entsprechendes Setzen der Eigenschaft *Format* für das Textfeld Access die Überprüfung überlassen, ob eine Eingabe ein korrekter Datums- bzw. Zahlenwert ist.

Im Programm selbst verwenden Sie die Funktionen `IsDate()` bzw. `IsNumeric()`, um zu ermitteln, ob eine Zeichenfolge umgewandelt werden kann.

```
Dim dtmLetzteÄnderung As Date

    If IsDate(txtFeld.Value) Then
        dtmLetzteÄnderung = txtFeld.Value
    Else
        MsgBox "Falsche Datumseingabe"
End If
```

Die Eigenschaft Text

Der Inhalt eines Textfeldes kann zusätzlich über die Eigenschaft *Text* bestimmt werden. Die Eigenschaft *Text* gibt die formatierte Zeichenfolge zu dem Zeitpunkt zurück, zu dem das Textfeld über den Fokus verfügt. Im Unterschied zu der Einstellung der Eigenschaft *Value* ergibt die Eigenschaft *Text* den aktuellen Inhalt, während *Value* dem gespeicherten Wert des Textfeldes entspricht. *Value* wird aktualisiert, d.h., *Text* und *Value* werden gleich, wenn das Textfeld den Fokus verliert.

Möchten Sie während der Eingabe in ein Textfeld überprüfen, welche Zeichen der Anwender eintippt, können Sie dies mit einer Ereignisfunktion für *Change* (*Bei Änderung*) durchführen. Das folgende kleine Beispiel öffnet ein Meldungsdialogfeld, wenn ein »*« eingegeben wird.

```
Private Sub txtFeld_Change()
    ' Wenn der Anwender ein * eingibt, wird eine Msgbox aufgerufen
    If Right(txtFeld.Text, 1) = "*" Then
        MsgBox "Sternchen"
    End If
End Sub
```

Die Eigenschaft OldValue

Die Eigenschaften *Value* und *Text* sind gleich, wenn ein Textfeld den Fokus verliert. Möchten Sie den alten Wert des Textfeldes vor Ihrer Änderung abrufen, fragen Sie dazu die Eigenschaft *OldValue* ab. *OldValue* kann nur auf an Datenbankfelder gebundene Textfelder angewendet werden. Die *OldValue*-Eigenschaft enthält so lange den alten Wert, bis der Datensatz gespeichert wird.

13.5.2 Werte nachschlagen mit Domänenfunktionen

Mithilfe der Access-Domänenfunktionen können Sie statistische Werte ermitteln. Domänenfunktionen beziehen sich, wie der Name sagt, auf Domänen (engl. Domain). Unter einer Domäne versteht man eine Datensatzgruppe. Die Domänenfunktionen entsprechen den SQL-Aggregatfunktionen.

Die Arbeitsweise der Domänenfunktionen lässt sich am einfachsten anhand eines Beispiels beschreiben. Im folgenden Formular werden die Felder für die Zubereitung und die Anzahl der Zutaten des Cocktails jeweils mithilfe einer Domänenfunktion ermittelt.

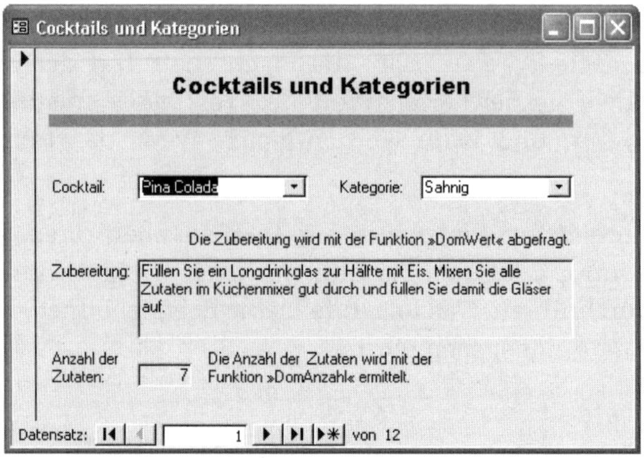

Bild 13.6: Werte mit Domänenfunktionen ermitteln

In beiden Fällen wurde ein ungebundenes Textfeld auf das Formular platziert. Als Steuerelementinhalt des Zubereitungsfeldes wurde

```
=DomWert("Zubereitung"; "tblCocktail"; _
       "[cboCocktailNr] = " & cboCocktailNr)
```

angegeben, während für die Ermittlung der Zutatenanzahl

```
=DomAnzahl("CocktailZutatenNr"; "tblCocktailZutaten"; _
       "CocktailNr = " & cboCocktailNr)
```

eingetragen wurde. Alle Domänenfunktionen besitzen die gleiche Syntax:

```
Domänenfunktion(Ausdruck, Domäne [, Kriterien])
```

Die drei Parameter lassen sich mit den Teilen einer SQL-SELECT-Anweisung vergleichen. Stellen Sie sich die Parameter der Domänenfunktion als Parameter des Befehls `SELECT` *`Ausdruck FROM Domäne WHERE Kriterien`* vor. Im Prinzip gelten die Einschränkungen und Bedingungen der SQL-Parameter ebenso für die Domänenfunktion.

Auch in VBA-Programmen lassen sich Domänenfunktionen einsetzen, allerdings müssen Sie dabei die englischen Funktionsnamen verwenden. In der folgenden Funktion wird für eine als Parameter übergebene Einheitenbezeichnung der Faktor für die Umrechnung in Zentiliter aus der Tabelle *tblEinheiten* bestimmt.

```
Function Umrechnungsfaktor(strEinheit As String) As Double
    Umrechnungsfaktor = DLookup("Umrechnung_cl", "tblEinheiten", _
                                "Einheit = '" & strEinheit & "'")
End Function
```

Die folgende Tabelle führt die Domänenfunktionen mit den deutschen und englischen Funktionsnamen auf.

Tabelle 13.4: Domänenfunktionen

Access	VBA	Beschreibung
DomMittelwert	DAvg	ermittelt den Mittelwert.
DomAnzahl	DCount	ermittelt die Anzahl.
DomWert	DLookup	schlägt einen Wert nach.
DomMin	DMin	ermittelt den kleinsten Wert.
DomMax	DMax	ermittelt den größten Wert.
DomErsterWert	DFirst	ermittelt den ersten Wert.
DomLetzterWert	DLast	ermittelt den letzten Wert.
DomStdAbw	DStDev	gibt die Standardabweichung einer Stichprobe an.
DomStdAbwG	DStDevP	gibt die Standardabweichung einer Grundgesamtheit an.
DomSumme	DSum	ermittelt die Summe.
DomVarianz	DVar	gibt die Varianz einer Stichprobe an.
DomVarianzG	DVarP	gibt die Varianz einer Grundgesamtheit an.

13.6 Kombinations- und Listenfelder

Insbesondere auf Formularen bieten Kombinations- und Listenfelder vielfältige Möglichkeiten zur Darstellung von Daten aus Tabellen, Abfragen, Wertelisten und anderen Datenquellen.

13.6.1 Allgemeine Eigenschaften

Bevor wir Ihnen die vielfältigen Möglichkeiten von Listen- und Kombinationsfeldern beschreiben, möchten wir zuerst einige Hinweise zu diesen Steuerelementtypen geben.

Unterschiede zwischen Listen- und Kombinationsfeldern

Neben den sofort sichtbaren Unterschieden zwischen Listen- und Kombinationsfeldern gibt es einige Eigenschaften der Felder, die erst bei deren Anwendung auffallen. Beispielsweise sind die Verfahren unterschiedlich, mit denen ein bestimmter Eintrag in der Liste eines Listenfeldes bzw. eines aufgeklappten Kombinationsfeldes angesprungen werden kann.

Tippen Sie in ein Listenfeld einen Buchstaben ein, so wird die Markierung auf den ersten Eintrag gesetzt, der mit diesem Buchstaben beginnt. Bei Kombinationsfeldern können Sie mehrere Buchstaben hintereinander eingeben, um einen Eintrag möglichst exakt anzuspringen.

Die gebundene Spalte

Mithilfe der gebundenen Spalte wird bestimmt, welchen Ergebniswert ein Listen- oder Kombinationsfeld zurückliefert. Geben Sie die Nummer der gewünschten Spalte an, wobei die Spalten ab eins gezählt werden.

Geben Sie keine gebundene Spalte an, d.h., wählen Sie als Spaltennummer `0`, so gibt das Listen- bzw. Kombinationsfeld zurück, die wievielte Zeile des Listen- oder Kombinationsfelds selektiert wurde. Bei der Zählung der Zeilen beginnt Access mit `0`.

13.6.2 Sortierreihenfolge

Die Einträge in Listen- und Kombinationsfelder werden normalerweise nach dem Primärschlüssel der zugrunde liegenden Datentabelle sortiert angezeigt. Insbesondere bei Listen- und Kombinationsfeldern, die mit dem Listen- bzw. Kombinationsfeld-Assistenten erstellt wurden, ist diese Sortierreihenfolge im Feld nicht gewünscht.

Ergänzen Sie daher die Datenherkunft des Listen- oder Kombinationsfeldes um eine `ORDER BY`-Klausel, damit die Einträge in der von Ihnen gewünschten Ordnung vorliegen.

13.6.3 Fremdschlüsselproblematik

Werden Listen- oder Kombinationsfelder mit dem entsprechenden Assistenten in der Entwurfsansicht erstellt, geht Access davon aus, dass zwischen den im Listen- oder Kombinationsfeld angezeigten Daten und der grundlegenden Datentabelle eine Fremdschlüsselbeziehung besteht.

Im nächsten Bild ist die Beziehung zwischen der Tabelle *tblCocktail* und der Tabelle *tblGlas* dargestellt. Zwischen diesen Tabellen besteht eine Fremdschlüsselbeziehung, denn der Primärschlüssel der Tabelle *tblGlas* wird in der Tabelle *tblCocktail* als Verweis gespeichert.

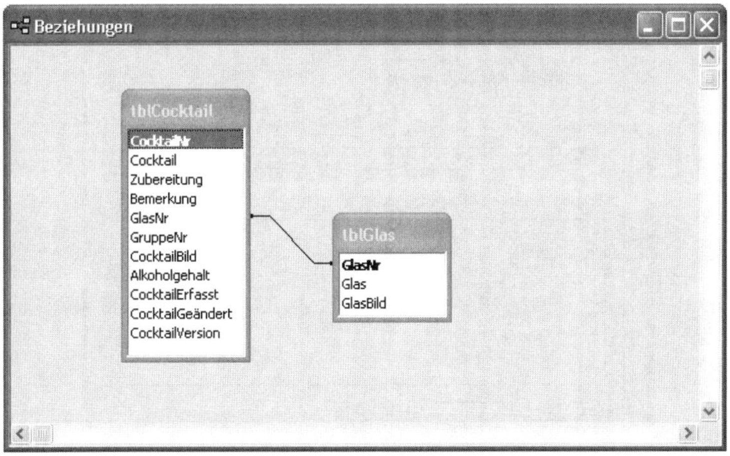

Bild 13.7: Beziehungen zwischen tblCocktail und tblGlas

Wir haben ein Formular erstellt, dessen Datenherkunft die Tabelle *tblCocktail* ist. Mit dem Kombinationsfeld-Assistenten wurde ein Kombinationsfeld erzeugt. Das folgende Bild zeigt das Eigenschaftsfenster des neuen Kombinationsfeldes für *GlasNr*. Im Feld wird die Glasbezeichnung *Glas* gezeigt, in die Tabelle *tblCocktail* wird die *GlasNr* eingegeben, die als gebundene Spalte definiert und deren Anzeige im Kombinationsfeld unterdrückt ist.

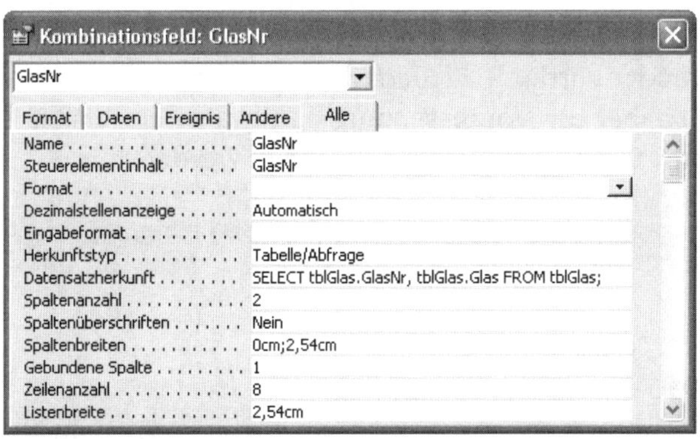

Bild 13.8: Eigenschaftsfenster des Kombinationsfeldes zu GlasNr

Stehen die Tabellen in einer anderen Beziehung zueinander, wird der Einsatz von Listen- und Kombinationsfeldern aufwändiger. Das folgende Bild stellt ein Formular dar, für dessen Datenherkunft die Tabelle *tblZutat* bestimmt ist. Im Listenfeld sollen die Cocktails angezeigt werden, die die Zutat beinhalten.

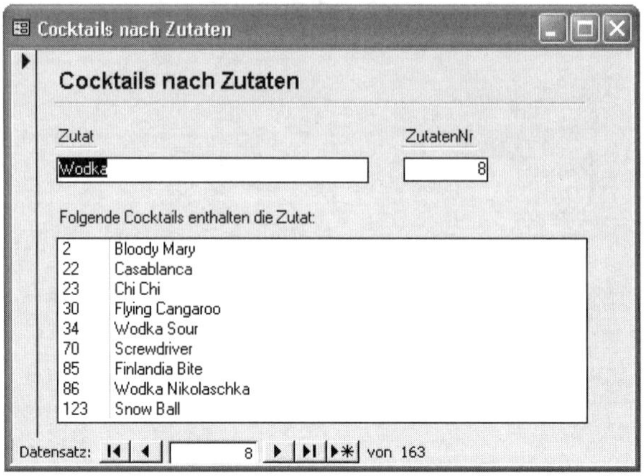

Bild 13.9: Formular »Cocktails nach Zutaten«

Wenn Sie mit dem Listenfeld-Assistenten das Listenfeld erstellen, wird der Assistent versuchen, das Listenfeld über die *CocktailZutatenNr*, den Primärschlüssel der Tabelle *tblCocktailzutaten*, zu verknüpfen. Das im folgenden Bild gezeigte Beziehungsfenster illustriert die Verhältnisse zwischen den Tabellen, wobei die Tabelle *tblCocktail* nur deshalb im Fenster zu sehen ist, weil sie weiter unten benötigt wird. Die Beziehung der Tabellen *tblZutat* und *tblCocktailzutaten* ist eine andere als die oben beschriebene Beziehung zwischen *tblCocktail* und *tblGlas*. Die Tabelle *tblGlas*, die im Kombinationsfeld im Beispiel oben dargestellt werden sollte, verfügte über einen Primärschlüssel, der als Fremdschlüssel in der Tabelle *tblCocktail* verwandt wurde. In *tblCocktailzutaten* ist die *ZutatenNr* kein Primärschlüssel. Dies ist aber die Voraussetzung dafür, dass ein Listen- bzw. Kombinationsfeld mit dem Assistenten erfolgreich erstellt werden kann.

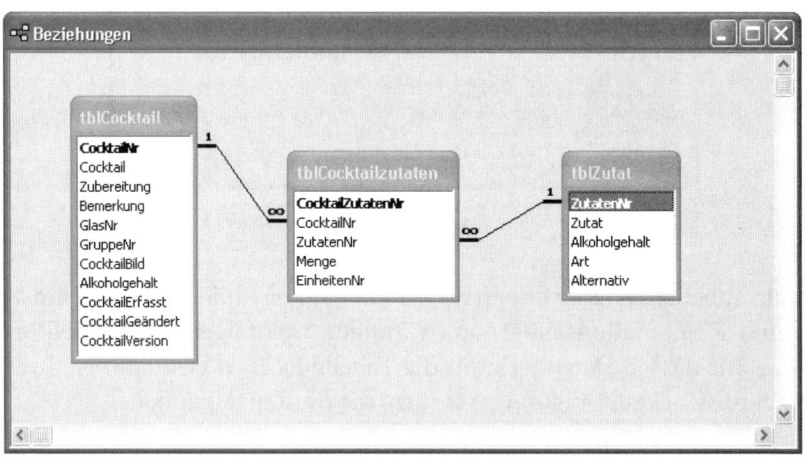

Bild 13.10: Beziehungen zwischen tblZutat und tblCocktailzutaten

Erzeugen Sie das Listenfeld unter Umgehung des Listenfeld-Assistenten, können Sie die Daten, die im Listenfeld gezeigt werden sollen, über die Datenherkunft bestimmen. Wir definierten dazu den folgenden SQL-Befehl. Der `INNER JOIN` dient dabei nur dazu, die Bezeichnung des Cocktails aus *tblCocktail* zu holen. Er hat nichts mit dem eigentlichen Problem zu tun.

```
SELECT DISTINCTROW tblCocktailzutaten.ZutatenNr,
tblCocktailzutaten.CocktailNr, tblCocktail.Cocktail
FROM tblCocktail INNER JOIN tblCocktailzutaten ON tblCocktail.CocktailNr
= tblCocktailzutaten.CocktailNr;
```

Die Eigenschaften des Listenfeldes wurden danach so eingestellt, dass die erste Spalte *ZutatenNr* als gebundene Spalte definiert wurde, deren Ausgabe durch die Spaltenbreitenangabe `0cm` unterdrückt wurde.

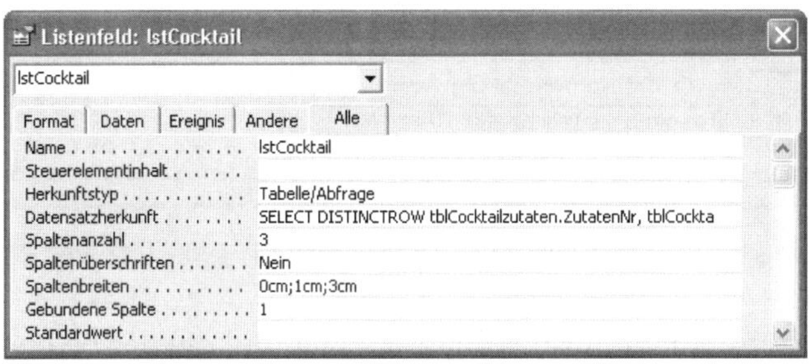

Bild 13.11: Eigenschaftsfenster des Listenfeldes

Das nächste Bild zeigt das Ergebnis unserer Listenfelddefinitionen. Für jede Zutat werden alle Cocktails so oft im Listenfeld gezeigt, wie sie verschiedene Zutaten haben. Die Liste ist einige hundert Einträge lang.

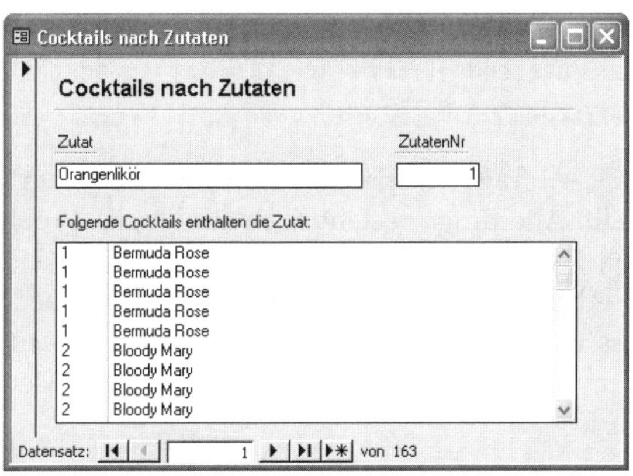

Bild 13.12: Falsch gefüllte Liste

Augenscheinlich funktioniert die Verknüpfung der Zutatennummern zwischen *tblZutat* als Datentabelle des Formulars und *tblCocktailZutaten* im Listenfeld nicht.

Abhilfe können Sie nur über eine Rückwärtsverknüpfung in der SQL-Abfrage des Listenfeldes schaffen. Wie im nächsten Bild gezeigt, wurde für die Spalte *ZutatenNr* als Bedingung ein Verweis auf das Feld *ZutatenNr* des Formulars aufgenommen.

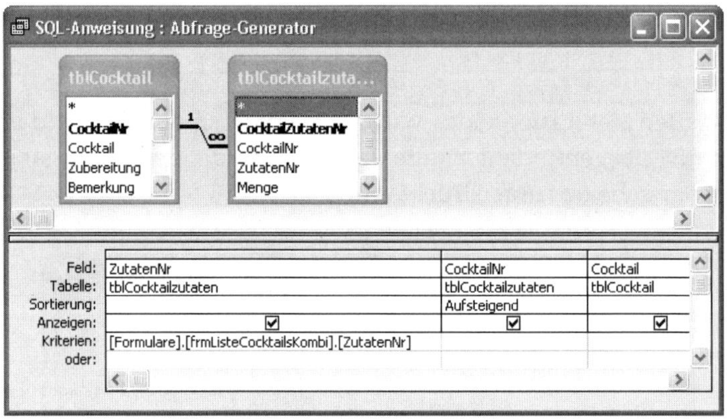

Bild 13.13: Neue Bedingung

Damit wird das Listenfeld nur mit den Daten gefüllt, die der Bedingung entsprechen, die die im Formular im Feld *ZutatenNr* gezeigte Nummer aufweisen. Die entsprechende SQL-Anweisung lautet:

```
SELECT DISTINCTROW tblCocktailzutaten.ZutatenNr,
tblCocktailzutaten.CocktailNr, tblCocktail.Cocktail
FROM tblCocktail INNER JOIN tblCocktailzutaten ON tblCocktail.CocktailNr
= tblCocktailzutaten.CocktailNr
WHERE
tblCocktailzutaten.ZutatenNr=[Formulare].[frmListeCocktails].[ZutatenNr]
ORDER BY tblCocktailzutaten.CocktailNr;
```

Ändern Sie Ihre SQL-Abfrage entsprechend um, werden die richtigen Daten im Listenfeld dargestellt. Allerdings besteht noch ein kleines Problem: Wechseln Sie in den Zutaten von Datensatz zu Datensatz, wird das Listenfeld nicht aktualisiert, d.h., die SQL-Abfrage wird nicht automatisch mit der neuen *ZutatenNr* ausgeführt. Um Access zu einer Aktualisierung des Listenfeldes zu zwingen, wird für das Ereignis *Beim Anzeigen* des Formulars die `Requery`-Methode für das Listenfeld durchgeführt.

```
Private Sub Form_Current()
    lstCocktails.Requery
End Sub
```

13.6.4 Kombinationsfelder als Suchhilfe

Kombinationsfelder zur Auswahl von Datensätzen in Formularen lassen sich leicht realisieren, da hierbei der Kombinationsfeld-Assistent gute Unterstützung bietet. Das Beispiel des vorherigen Abschnitts wurde, wie im nächsten Bild gezeigt, durch ein Kombinationsfeld ergänzt. Mithilfe des Kombinationsfeldes können Sie die Zutat auswählen, die unten mit den entsprechenden Cocktails angezeigt werden soll.

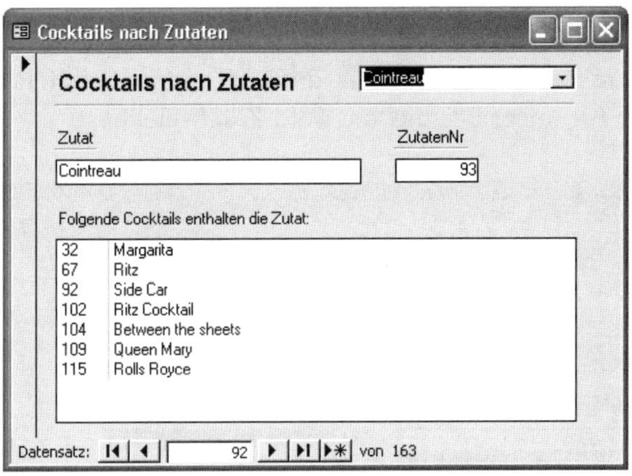

Bild 13.14: Kombinationsfeld zur Zutatensuche

Das Kombinationsfeld erstellen Sie am einfachsten mit dem Kombinationsfeld-Assistenten. Wählen Sie die dritte Option im ersten Dialogfeld des Assistenten.

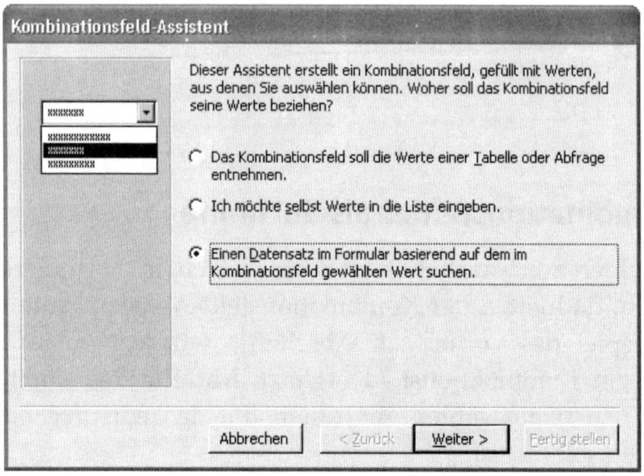

Bild 13.15: Erstes Dialogfeld des Assistenten

Bestimmen Sie nun das oder die Felder, die im Kombinationsfeld gezeigt werden sollen. Wir haben für unser Beispiel das Feld *Zutat* selektiert.

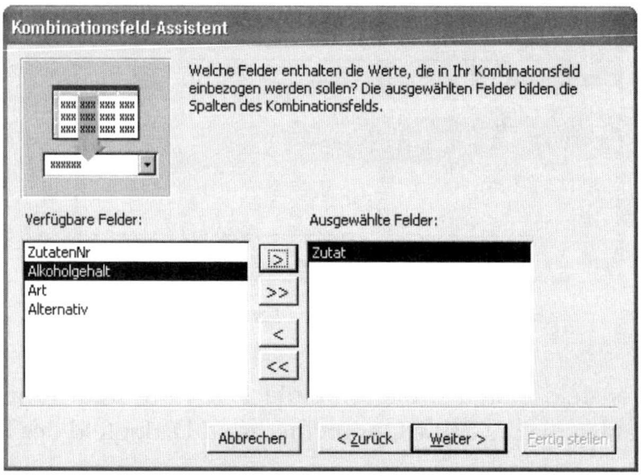

Bild 13.16: Auswahl der Felder

Anschließend legen Sie die gewünschte Feldbreite fest. Übrigens können Sie durch einen Doppelklick auf den rechten Rand des Spaltentitels (hier *Zutat*) die Spaltenbreite an den breitesten Wert der angezeigten Spalteneinträge anpassen. Allerdings gilt das immer nur für die angezeigten Werte. Wenn der breiteste Eintrag gerade nicht angezeigt wird, nützt das also nur wenig.

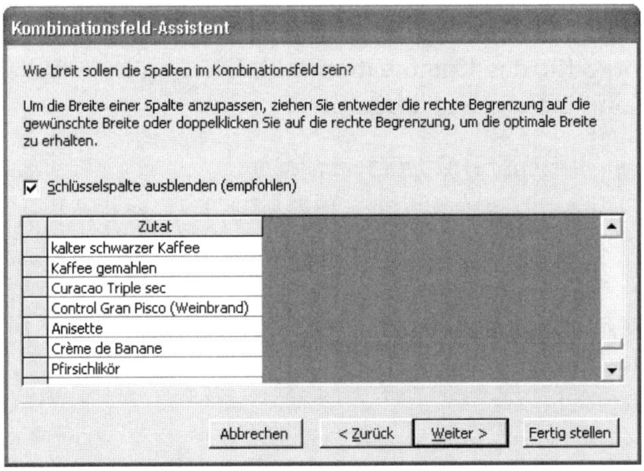

Bild 13.17: Bestimmung der Feldbreite

Im nächsten Bild ist das Eigenschaftsfenster des neu erstellten Kombinationsfeldes dargestellt. Der Inhalt des Feldes wird durch eine SQL-Abfrage ermittelt, wie in *Datensatzherkunft* zu sehen.

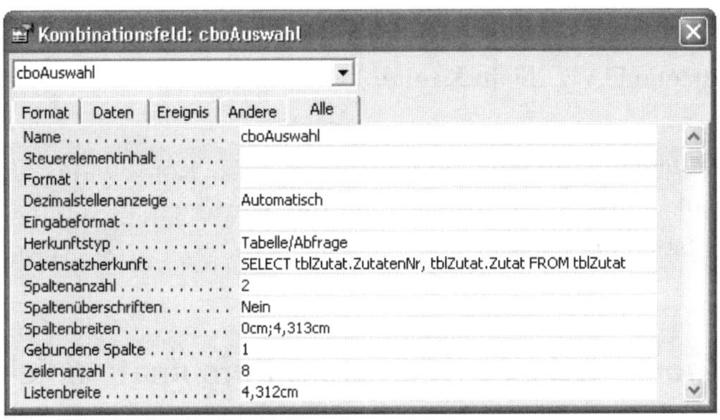

Bild 13.18: Eigenschaften des Kombinationsfeldes

Die SQL-Abfrage lautet

```
SELECT tblZutat.ZutatenNr, tblZutat.Zutat FROM tblZutat;
```

wobei die `ZutatenNr` in der Anzeige im Kombinationsfeld unterdrückt wird. Um dieses Kombinationsfeld sinnvoll nutzen zu können, sollten Sie den SQL-Befehl durch `ORDER BY tblZutat.Zutat` ergänzen.

Der Assistent erstellt selbsttätig eine Routine zur Behandlung des Ereignisses *Nach Aktualisierung* für das Kombinationsfeld. Die Routine wird also nach jeder Änderung im Kombinationsfeld aufgerufen.

```
Private Sub Kombinationsfeld10_AfterUpdate()
    ' Den mit dem Steuerelement übereinstimmenden Datensatz suchen.
    Dim rs As Object

    Set rs = Me.Recordset.Clone
    rs.FindFirst "[ZutatenNr] = " & Str(Me![Kombinationsfeld10])
    Me.Bookmark = rs.Bookmark
End Sub
```

Die Methode `Clone` erzeugt eine Kopie des dem Formular zugrunde liegenden Recordsets. Durch `FindFirst` wird der erste Datensatz in dem geklonten Recordset gesucht, der mit dem Eintrag der Schlüsselspalte des Kombinationsfeldes übereinstimmt. Die Eigenschaft `Me.RecordsetClone.Bookmark` enthält ein Lesezeichen, `Bookmark`, des im `Recordset.Clone` gefundenen Datensatzes. Durch die Zuweisung dieses Lesezeichens an die `Bookmark`, das Lesezeichen, des Recordsets des Formulars wird dieser Datensatz im Formular zum aktuellen Datensatz.

Bei den Methoden `Clone` und `Bookmark` handelt es sich um Methoden der Datenzugriffsschnittstelle DAO, die in Kapitel 11 ausführlich erläutert wird.

Kombinationsfeld umbenennen Es ist sinnvoll, das Kombinationsfeld umzubenennen, beispielsweise in *cboAuswahl*. Allerdings müssen Sie dann auch den Programmcode entsprechend ändern!

13.6.5 Automatisches Öffnen eines Kombinationsfeldes

Sie können Access veranlassen, ein Kombinationsfeld in dem Moment aufzuklappen, in dem der Anwender es anklickt oder anspringt. Erstellen Sie dafür eine Routine für das Ereignis *Bei Fokuserhalt* (*GotFocus*). In der Routine wird nur die Methode *Dropdown* für das Kombinationsfeld ausgeführt, um das Feld zu öffnen.

```
Private Sub cboAuswahl_GotFocus()
    cboAuswahl.Dropdown
End Sub
```

Vor dem Ausführen der Methode zum Aufklappen des Kombinationsfeldes, können Sie die Anzahl der Zeilen, die in einem aufgeklappten Kombinationsfeld gezeigt werden, mithilfe der Eigenschaft *Zeilenanzahl* einstellen. Dazu fügen Sie beispielsweise folgenden Code ein: `cboAuswahl.ListRows = 5`.

13.6.6 Zugriff auf einzelne Spalten

Bei mehrspaltigen Listen- und Kombinationsfeldern können Sie gezielt Werte aus einzelnen Spalten abrufen.

Verweis auf Spaltenwerte

Im nächsten Bild haben wir zur Verdeutlichung des Sachverhalts im Dialogfeld drei Textfelder im unteren Bereich des Formulars definiert, die den Inhalt der markierten Zeile des Listenfeldes zeigen.

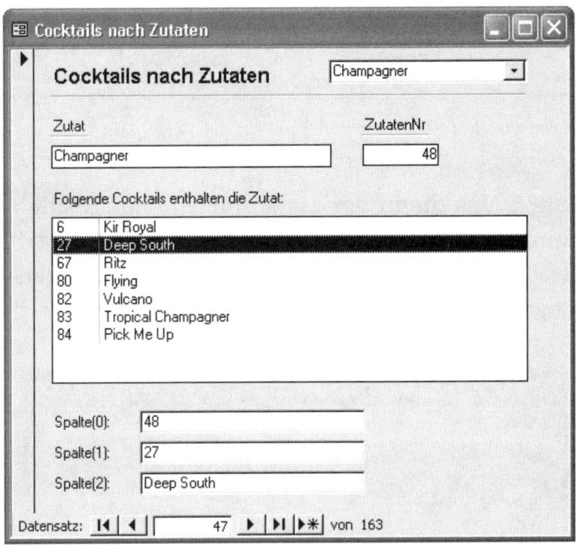

Bild 13.19: Abfrage von Listen-/Kombinationsfeldspalten

Auf die einzelnen Spalten kann über die Eigenschaft *Column* des Listenfeldes zugegriffen werden.

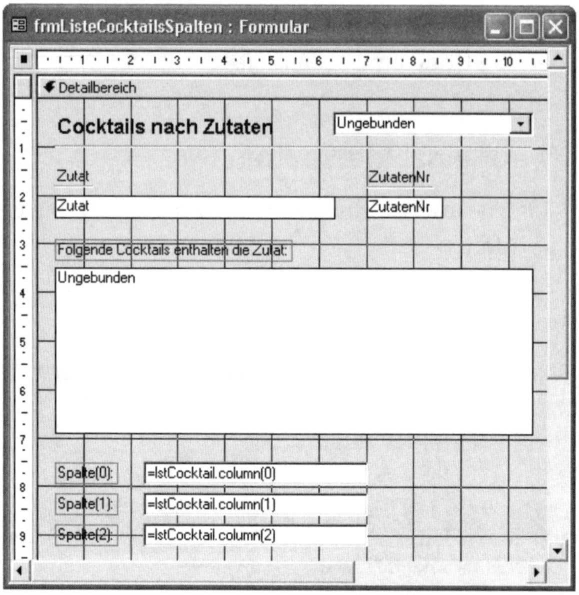

Bild 13.20: Entwurfsansicht des Formulars

Für das erste Textfeld, das die in der Liste unterdrückte Spalte mit der Zutatennummer zeigt, wurde die Anweisung `=[lstCocktails].Column(0)` als Steuerelementinhalt eingetragen, da die Zählung der Spalten eines Listen- oder Kombinationsfeldes bei 0 beginnt.

Bild 13.21: Eigenschaften eines Textfeldes

Während sich die Eigenschaft `Column(s)` auf die aktuelle markierte Zeile bezieht, können Sie mit der zweiten Form der Eigenschaft Spaltenwerte beliebiger Zeilen ermitteln. Die erweiterte Eigenschaftsform wird mit `Column(s,z)` beschrieben. `Column(3,5)` liefert den Wert der vierten Spalte der sechsten Zeile Ihres Listen- oder Kombinationsfeldes, denn auch die Zeilen werden ab Null gezählt.

Die Anzahl der Spalten steht in der Eigenschaft *Spaltenanzahl* (oder *ColumnCount*) zur Verfügung. Sie können problemlos auch den Wert von Spalten abrufen, deren Ausgabe im Listenfeld durch die Angabe einer Spaltenbreite von `0` unterdrückt worden ist.

Spaltenwerte setzen

Die oben beschriebene Methode, Spaltenwerte mit `=Feld.Column(n)` in ein Textfeld zu übernehmen, versagt, wenn das Textfeld ein mit der Datenbank verbundenes Feld ist, denn in diesem Fall muss der Steuerelementinhalt die Bezeichnung der Datenbankspalte aufweisen. Soll aber ein Spaltenwert eines Listen- oder Kombinationsfeldes in ein gebundenes Datenfeld übernommen werden, muss der Wert mit einem VBA-Programm »hineingeschoben« werden.

Wir möchten Ihnen die dazu notwendigen Schritte beschreiben, allerdings füllen wir dabei keine gebundenen Datenbankfelder, sondern einfach nur leere Textfelder, wie Sie im nächsten Bild sehen können. Prinzipiell funktioniert der Vorgang mit gebundenen Feldern entsprechend.

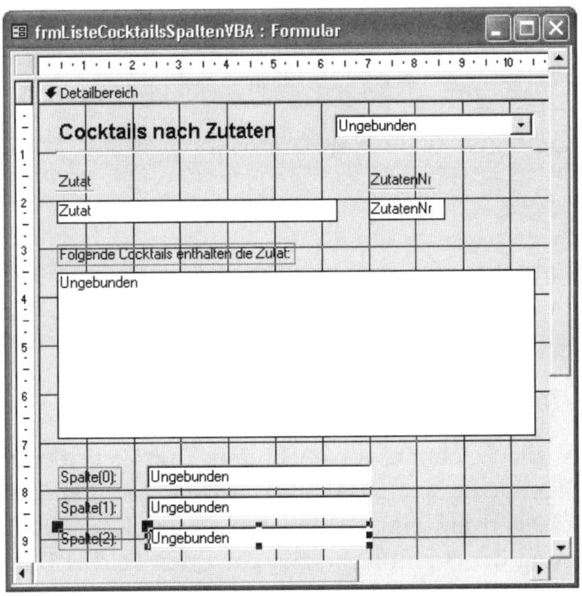

Bild 13.22: Textfelder ohne Inhalt

Die Textfelder sollen gefüllt werden, wenn eine Änderung der Auswahl im Listenfeld *lstCocktails* erfolgt. Access löst bei jeder Aktion im Listenfeld das Ereignis *Nach Aktualisierung* (*AfterUpdate*) aus. Wir nutzen dieses Ereignis, um jedes Mal den Inhalt der Textfelder aufzufrischen. Übrigens wird *Nach Aktualisierung* auch dann ausgelöst, wenn Sie eine andere Zeile im Listenfeld selektieren, ohne das Listenfeld zu verlassen. Infolgedessen wird jede Änderung im Listenfeld durch das folgende Programm sofort in die Textfelder übernommen.

```
Private Sub lstCocktail_AfterUpdate()
    Dim intI As Integer

    For intI = 0 To 2
        Me("txtSpalte" & intI) = Me!lstCocktail.Column(intI)
    Next
End Sub
```

Zusätzlich haben wir eine Routine für das Ereignis *Beim Anzeigen* (*Current*) für das Formular erstellt. Durch die dort aufgeführten Programmschritte wird das Listenfeld aktualisiert, die erste Zeile selektiert, und die Werte dieser markierten Zeile werden in die Textfelder übertragen.

```
Private Sub Form_Current()
    Dim intI As Integer

    lstCocktail.Requery
    lstCocktail.Value = lstCocktail.ItemData(0)
    For intI = 0 To 2
        Me("txtSpalte" & intI) = Me!lstCocktail.Column(intI)
    Next
End Sub
```

Die Eigenschaft *ItemData*, die wir hier zur Voreinstellung verwendet haben, beschreiben wir im weiteren Verlauf des Kapitels ausführlich.

13.6.7 Mehrfachauswahl

Access ermöglicht die Selektion von mehreren Einträgen gleichzeitig in einem Listenfeld. Das folgende Beispiel zeigt einen Anwendungsfall. Das Listenfeld des neuen Formulars basiert auf einer Abfrage, die nur die Cocktailnamen ausgibt. Durch die Betätigung der Schaltfläche zwischen den beiden Feldern werden die Bezeichnungen der selektierten Cocktails in das Textfeld rechts eingetragen.

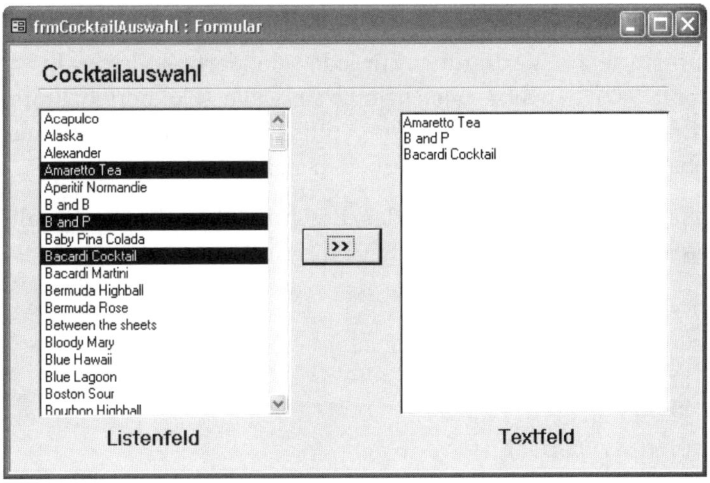

Bild 13.23: Mehrfachauswahl im Listenfeld

Im Entwurf des Formulars wurde für das Listenfeld die Eigenschaft *Mehrfachauswahl* auf *Einzeln* eingestellt. Durch diese Eintragung können mehrere Zeilen im Listenfeld durch Klicken mit der Maus oder mit der Leertaste an- oder abgewählt werden.

Entscheiden Sie sich für den Wert *Erweitert* bei der Eigenschaft *Mehrfachauswahl,* können Sie mehrere Einträge einer Liste nur bei gedrückter [Strg]-Taste anwählen bzw. eine Von-Bis-Auswahl durch Halten der [⇧]-Taste vornehmen.

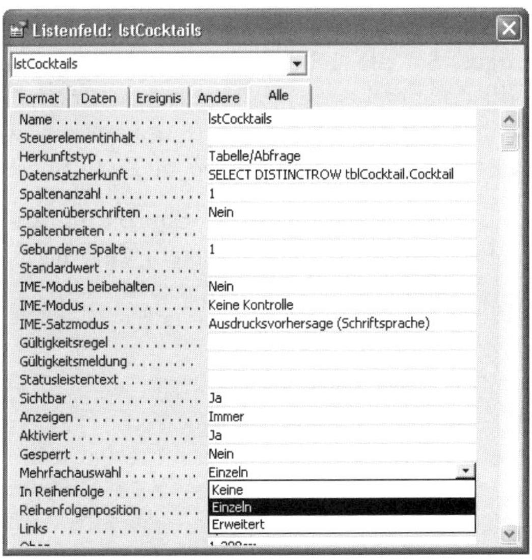

Bild 13.24: Einstellungen für Mehrfachauswahl

Zur Auswertung der selektierten Einträge stellt Ihnen Access eine Eigenschaft und eine Auflistung zur Verfügung. Für jede selektierte Zeile des Listenfeldes ist die Eigenschaft *Selected* wahr. Gleichzeitig sind alle selektierten Einträge in der Auflistung *ItemsSelected* aufgeführt. Die Auflistung besteht aus Werten des Typs `Variant`, wobei jeder Wert ein Index auf einer Zeile des Listenfeldes ist.

Im folgenden Programmstück, das das Ereignis *Click* für die Schaltfläche auf unserem Beispielformular behandelt, wird die Auflistung eingesetzt.

```
Private Sub cmdKopieren_Click()
    Dim strNeueZeile As String
    Dim ctlLst As Control
    Dim ctlTxt As Control
    Dim varElem As Variant

    Set ctlLst = Me!lstCocktails
    Set ctlTxt = Me!txtZutaten

    strNeueZeile = vbNewLine

    ctlTxt.Value = ""
    For Each varElem In ctlLst.ItemsSelected
        ctlTxt.Value = ctlTxt.Value & ctlLst.ItemData(varElem) _
                                                  & strNeueZeile
    Next
End Sub
```

Die Eigenschaft *ItemData* ermittelt für die angegebene Zeile den Wert der gebundenen Spalte. Benötigen Sie die gebundene Spalte nicht, können Sie mit der Eigenschaft *Column* die entsprechende Spalte abfragen. Ersetzen Sie `ctlLst.ItemData(varElem)` durch `ctlLst.Column(2,varElem)`, um beispielsweise den Wert der dritten Spalte eines Listenfeldes für die angegebene Zeile zu erhalten.

Auch könnten Sie die `For Each`-Schleife der Subroutine `cmdKopieren_Click()` durch das folgende Programmfragment ersetzen, das die Eigenschaft *Selected* nutzt.

```
Dim intCnt As Integer
For intCnt = 0 To ctlLst.ListCount - 1
    If ctlLst.Selected(intCnt) Then
        ctlTxt.Value = ctlTxt.Value & ctlLst.ItemData(intCnt) _
                                                  & strNeueZeile
    End If
Next
```

13.6.8 Verwendung einer UNION-Abfrage

Eine weitere Anwendung der Mehrfachauswahl möchten wir Ihnen anhand des Formulars zur Druckauswahl beschreiben. Im Listenfeld des Formulars selektieren Sie die Cocktails, für die das Mixrezept gedruckt werden soll. Die Zeilen im Listenfeld wurden durch die Zeile »*** *Alle Cocktails* ***« ergänzt.

*Bild 13.25: Zusätzlicher Eintrag »*** Alle Cocktails ***«*

Um die erste Zeile in das Listenfeld aufzunehmen, verwendeten wir die schon in Kapitel 3, »Die Abfragesprache SQL«, beschriebene `UNION`-Abfrage, die unter dem Namen »quniAlleCocktails« abgelegt ist.

```
SELECT tblCocktail.Cocktail, tblCocktail.Cocktailnr FROM tblCocktail
UNION SELECT "*** Alle Cocktails ***",0 FROM tblCocktail
ORDER BY tblCocktail.Cocktail;
```

In den Eigenschaften des Listenfeldes wurde als Datensatzherkunft die Abfrage gewählt. Die Abfrage liefert zwei Spalten zurück, `Cocktail` und `CocktailNr`, von denen die zweite bei der Ausgabe durch die Spaltenbreitenangabe von `0` Zentimetern unterdrückt wird. Die so ausgeblendete Spalte ist aber die gebundene Spalte, d.h., ihr Wert wird später weiterverarbeitet.

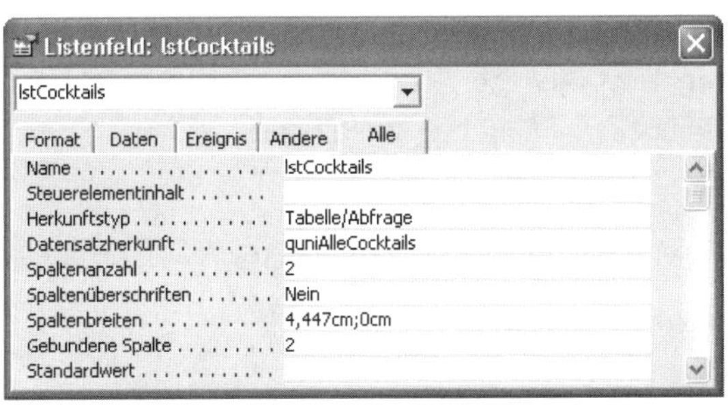

Bild 13.26: Definition für das Listenfeld

Durch einen Klick auf die Schaltfläche mit dem Drucker werden die Rezepte für die selektierten Cocktails ausgedruckt. Die folgende Routine übernimmt die Aufbereitung. Zuerst werden die Nummern der selektierten Cocktails in eine temporäre Tabelle *tblTmpCocktail* übernommen. Die temporäre Tabelle ist die Grundlage für den späteren Ausdruck der Rezepte, d.h., es werden die Cocktailrezepte ausgegeben, deren Nummern in der Tabelle stehen. Die temporäre Tabelle wird vor der Verwendung gelöscht. Der Löschvorgang wird mit

```
CodeProject.Connection.Execute("DELETE * FROM tblTmpCocktail")
```

durchgeführt. Die Cocktail-Anwendung ist auf zwei Datenbanken verteilt. In der einen Datenbank befinden sich die Cocktaildaten, in der anderen alle Formulare, Berichte, Abfragen, Programme und temporären Tabellen. Die Funktion `CodeProject()` liefert die Verbindung zur Datenbank zurück, in der sich das Formular und das Programm befinden. Für diese Datenbank wird mithilfe der Methode `Execute()` des `Connection`-Objekts der Löschbefehl ausgeführt. Mit DAO verwenden Sie die `Execute`-Methode von `CodeDB`.

Anschließend werden die Nummern der selektierten Cocktails in die temporäre Tabelle eingetragen, wobei der erste Eintrag besonders behandelt wird. In der UNION-Abfrage wurde der Zeile »*** *Alle Cocktails* ***« der Wert 0 zugeordnet.

Liefert die Abfrage nach den markierten Einträgen des Listenfeldes den Wert 0 zurück, so sollen alle Rezepte gedruckt werden. Das bedeutet, dass alle Cocktailnummern in *tblTmpCocktail* übernommen werden sollen. Um nicht umständlich alle Nummern in die Tabelle einfügen zu müssen, wird ein SQL-Befehl durchgeführt, der einfach alle Cocktailnummern aus *tblCocktail* überträgt.

```
Private Sub cmdPrint_Click()
    Dim cnn As ADODB.Connection
    Dim lstCtl As Control
    Dim var As Variant
    Dim rst As ADODB.Recordset

    Set cnn = CodeProject.Connection

    ' Löschen aller Einträge der temporären Tabelle
    cnn.Execute "DELETE * FROM tblTmpCocktail"

    Set rst = New ADODB.Recordset
    rst.Open "tblTmpCocktail", cnn, adOpenKeyset, adLockOptimistic

    Set lstCtl = Me!lstCocktails
```

```
    For Each var In lstCtl.ItemsSelected
        If lstCtl.ItemData(var) = 0 Then
            cnn.Execute "INSERT INTO tblTmpCocktail ( CocktailNr ) " _
            & "SELECT DISTINCTROW tblCocktail.CocktailNr " _
            & "FROM tblCocktail"
            Exit For
        Else
            rst.AddNew
            rst!CocktailNr = lstCtl.ItemData(var)
            rst.Update
        End If
    Next
    rst.Close

    DoCmd.OpenReport "rptDruckauswahl", acPreview
End Sub
```

Der Bericht *rptDruckauswahl* verwendet die folgende SQL-Abfrage, um die Rezeptdaten der Cocktails zu ermitteln, deren Nummern in *tblTmpCocktail* aufgeführt sind. Die Verbindung zwischen den Cocktailtabellen *tblCocktail* und *tblTmpCocktail* wird über einen `INNER JOIN` über die Gleichheit der Cocktailnummern aufgebaut.

```
SELECT DISTINCTROW tblTmpCocktail.CocktailNr, tblCocktail.Cocktail,
tblCocktail.Zubereitung, tblZutat.Zutat, tblCocktailzutaten.Menge,
tblEinheiten.Einheit
FROM tblZutat INNER JOIN (tblEinheiten INNER JOIN ((tblCocktail INNER
JOIN tblTmpCocktail ON tblCocktail.CocktailNr =
tblTmpCocktail.CocktailNr) INNER JOIN tblCocktailzutaten ON
tblCocktail.CocktailNr = tblCocktailzutaten.CocktailNr) ON
tblEinheiten.EinheitenNr = tblCocktailzutaten.EinheitenNr) ON
tblZutat.ZutatenNr = tblCocktailzutaten.ZutatenNr
ORDER BY tblCocktail.Cocktail;
```

Das Ergebnis sind die Rezepte für die ausgewählten Cocktails.

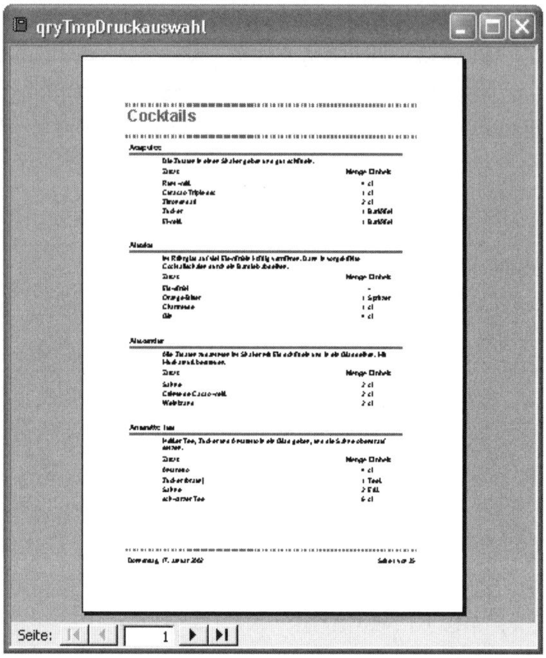

Bild 13.27: Ausgabe der Rezepte

Die DAO-Variante der Routine `Sub cmdPrint_Click` soll Ihnen nicht vorenthalten werden:

```
Private Sub cmdPrintDAO_Click()
    Dim db As DAO.Database
    Dim lstCtl As Control
    Dim var As Variant
    Dim rst As DAO.Recordset

    ' Löschen aller Einträge der temporären Tabelle
    Set db = CodeDb()

    db.Execute "DELETE * FROM tblTmpCocktail"

    Set rst = db.OpenRecordset("tblTmpCocktail", dbOpenTable)
    Set lstCtl = Me!lstCocktails

    For Each var In lstCtl.ItemsSelected
        If lstCtl.ItemData(var) = 0 Then
            db.Execute "INSERT INTO tblTmpCocktail ( CocktailNr ) " _
            & "SELECT DISTINCTROW tblCocktail.CocktailNr " _
            & "FROM tblCocktail"
```

```
            Exit For
        Else
            rst.AddNew
            rst!CocktailNr = lstCtl.ItemData(var)
            rst.Update
        End If
    Next
    rst.Close

    DoCmd.OpenReport "rptDruckauswahl", acPreview
End Sub
```

13.6.9 Zusätzlicher Eintrag im Kombinationsfeld

Stellen Sie sich vor, Sie geben die Zutaten eines neuen Cocktails ein. Nachdem Sie die Hälfte der Zutaten erfasst haben, fällt Ihnen auf, dass die nächste Zutat, die Sie eintragen möchten, noch nicht in der Zutatentabelle existiert. Die verfügbaren Zutaten werden in der Applikation, wie in unserem Beispiel im nächsten Bild zu sehen, in einem Kombinationsfeld, hier auf einem Unterformular, angeboten. (Das Erstellen des Formulars wird im nächsten Kapitel ausführlich besprochen).

Bild 13.28: Neuerfassung eines Cocktails

Die einfachste Variante wäre, für das Kombinationsfeld die Eingabe neuer Werte zuzulassen (Eigenschaft *Nur Listeneinträge*). In vielen Fällen lässt sich diese

Methode aber nicht einsetzen, da entweder eine komplexe Abfrage zum Füllen des Kombinationsfeldes vorliegt, die ein Hinzufügen nicht erlaubt oder bei der Neuerfassung müssen zwingend mehrere Werte eingegeben werden.

Als zweite Variante könnten Sie eine Befehlsschaltfläche und/oder einen Menüeintrag definieren, mit deren Hilfe ein Dialogfeld geöffnet wird, in dem der fehlende Datensatz, hier im Beispiel die Zutat, erfasst wird. Nachteil einer Befehlsschaltfläche ist der Platzbedarf auf dem Formular und der Wechsel des Fokus zur Befehlsschaltfläche. Bei Menüeinträgen haben Sie das Problem, dass Sie Menüs nicht aus Formularen erreichen, die als Dialogfelder geöffnet worden sind.

Die dritte Variante, die wir Ihnen vorstellen möchten, arbeitet mit einem Doppelklick. Für das Kombinationsfeld mit der Zutatenliste wurde eine Ereignisprozedur für das Ereignis *Beim Doppelklicken* vereinbart. Damit wird das folgende Programm ausgeführt, wenn Sie das Kombinationsfeld doppelt anklicken.

```
Private Sub cboZutat_DblClick(Cancel As Integer)
    ' Öffnen des Formulars als Dialogfeld
    DoCmd.OpenForm "frmZutat", WindowMode:=acDialog
    ' Aktualisieren des Kombinationsfelds
    cboZutat.Requery
End Sub
```

Nachteil der Doppelklick-Methode ist, dass der Anwender mit einem Text auf dem Formular oder in der Statuszeile auf die Möglichkeit zum Aufruf des Dialogfelds aufmerksam gemacht werden muss.

Die nach unserer Meinung nach eleganteste Methode zum Erfassen einer neuen Zutat ist das Hinzufügen eines Eintrags `(Neue Zutat)` in die Liste der Zutaten im Kombinationsfeld. Wird im Kombinationsfeld dieser Eintrag selektiert, wird automatisch das Dialogfeld zum Erfassen einer neuen Zutat eingeblendet.

Hinter der Auswahlliste für die Zutaten steht in unserem Beispiel die folgende Abfrage.

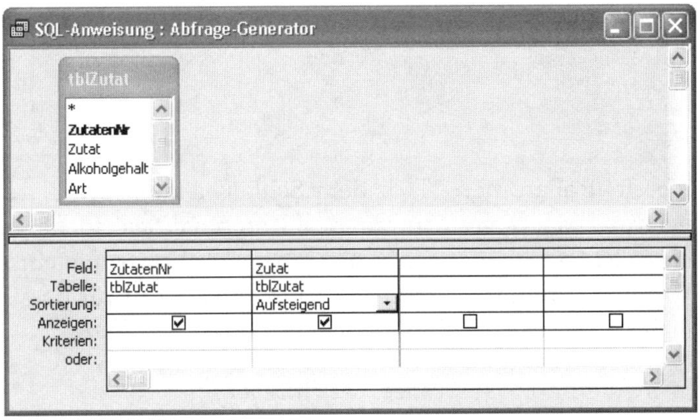

Bild 13.29: Abfrage des Kombinationsfeldes

Die Abfrage wird in der SQL-Ansicht des Abfrageentwurfsfensters durch einen »Dummy«-Datensatz ergänzt. Dazu verwenden Sie wie im vorherigen Abschnitt den SQL-Befehl `UNION`, beispielsweise in der Form

```
SELECT DISTINCTROW tblZutat.ZutatenNr, tblZutat.Zutat FROM tblZutat
UNION SELECT 0,"(Neue Zutat)" FROM tblZutat
ORDER BY tblZutat.Zutat;
```

Für den hinzugekommenen Eintrag `(Neue Zutat)` wird hier im Beispiel die Zutatennummer `0` vereinbart. Die Null kann verwendet werden, da die `ZutatenNr` in der Tabelle `tblZutat` als `AutoWert` definiert ist, also der Wert 0 in der Tabelle nicht vorkommen kann. Wir haben den neuen Eintrag in Klammern gesetzt, damit er bei der gewählten Sortierreihenfolge im Kombinationsfeld immer als erstes erscheint.

Zum Öffnen des Zutateneingabedialogfeldes erfassen Sie die folgende Routine für das Ereignis *Nach Aktualisierung*. Nach jeder Änderung des Inhalts des Kombinationsfeldes wird überprüft, ob der Anwender den Eintrag `(Neue Zutat)` selektiert hat. Ist das der Fall, d.h., hat `cboZutat.Value` den Wert `0`, wird das Formular `frmZutat` als Dialogfeld aufgerufen. Nach dem Schließen des Formulardialogfeldes wird der Inhalt des Kombinationsfeldes aktualisiert, damit alle neuen eingetragenen Zutaten dargestellt werden.

```
Private Sub cboZutat_AfterUpdate()
    ' Wenn Eintrag "(Neue Zutat)" selektiert
    If cboZutat.Value = 0 Then
        Beep
        ' Öffnen des Formular als Dialogfeld
        DoCmd.OpenForm "frmZutat", WindowMode:=acDialog
```

```
        ' Aktualisieren des Kombinationsfelds
        cboZutat.Requery
    End If
End Sub
```

Ein Problem besteht allerdings: Nach dem Schließen des Formulardialogfeldes wird normalerweise der erste Eintrag des Kombinationsfeldes `(Neue Zutat)` angezeigt. Diese Zutat soll natürlich nicht bei der Erfassung eines Cocktails gespeichert werden. Um dieses Problem zu umgehen, wird für das Ereignis *Vor Aktualisierung* des Formulars das Unterprogramm

```
Private Sub Form_BeforeUpdate(Cancel As Integer)
    ' Wenn ungültiger Eintrag bei Zutaten
    If cboZutat.Value = 0 Then
        MsgBox "Eintrag '(Neue Zutat)' nicht erlaubt!"
        cboZutat.SetFocus
    End If
End Sub
```

erfasst, das vor dem Speichervorgang prüft, ob der Eintrag im Kombinationsfeld zulässig ist.

13.6.10 Einträge hinzufügen und entfernen

In Access 2002 ist es mit den Methoden `AddItem` und `RemoveItem` möglich, Einträge zu Listen- und Kombinationsfeldern hinzuzufügen und aus ihnen zu entfernen. Die Datenherkunft des entsprechenden Feldes muss dabei als Werteliste eingestellt sein.

Das folgende Formular *Cocktail-Mixliste* dient hierfür als Anwendungsbeispiel.

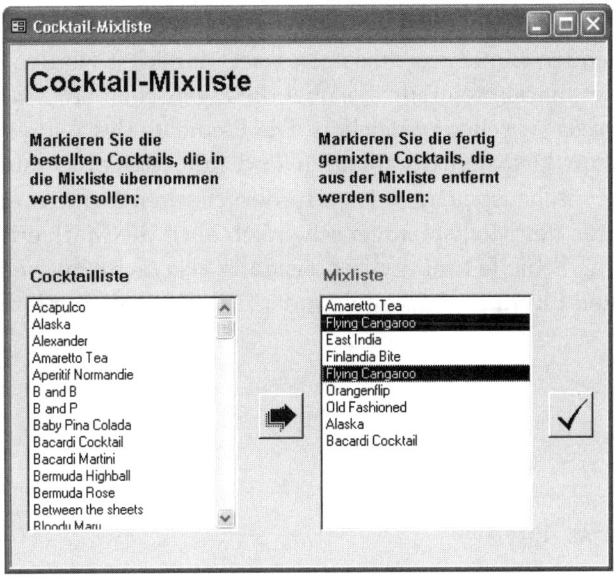

Bild 13.30: Einträge zur Mixliste hinzufügen und entfernen

Die in der Cocktailliste `lstCock` ausgewählten Einträge werden mit *AddItem* entsprechend dem Vorgehen in Abschnitt 13.6.7 in einer `For Each-Next`-Scheife zur Mixliste hinzugefügt. Nach dem Hinzufügen werden die Markierungen entfernt.

```
For Each varElem In lstCock.ItemsSelected
    ' Markierungen aus Cocktailliste wieder entfernen
    lstMix.AddItem lstCock.Column(1, varElem)
    lstCock.Selected(varElem) = 0
 Next
```

Das Entfernen fertig gemixter Cocktails aus der Mixliste ist mit `RemoveItem` realisiert. Ein einzelner Eintrag ließe sich beispielsweise folgendermaßen entfernen:

```
Private Sub cmdFertig_Click()
    Dim lngNr As Long
    Dim lstMix As Control
    Set lstMix = Me!lstMixliste

    lngNr = lstMix.ListIndex
    ' Der ListIndex wird -1 wenn nichts selektiert ist
    If lngNr >= 0 Then
        lstMix.RemoveItem lngNr
    End If
End Sub
```

Das folgende Code-Beispiel zeigt, wie sich in der Mixliste eine Mehrfachauswahl von zu entfernenden Einträgen umsetzen lässt. Zunächst werden dabei die Listenpositionen der markierten Einträge über die Eigenschaft *Selected* abgefragt und im Array *aAuswahl* zwischengespeichert. Die Elemente des Arrays werden dann vom größten zum kleinsten durchlaufen und mit `RemoveItem` aus der Mixliste entfernt. Das Zwischenspeichern ist erforderlich, weil beim direkten Löschen eines Eintrags aus der Mixliste augenscheinlich auch die Markierungen gelöscht werden. Mit einer Schleife funktioniert das dann also nicht. Entweder man löscht alle ausgewählten Einträge gleichzeitig, oder wählt den Weg mit dem Zwischenspeichern.

```
Private Sub Fertig_Click()
    Dim lstMix As Control
    Dim aAuswahl() As Integer
    Dim i As Integer
    Dim intCnt As Integer

    Set lstMix = Me!lstMixliste

    ' Listenplatz der markierten Mixlisten-Einträge
    ' wird im ersten Schritt in Array geschrieben.
    For intCnt = 0 To lstMix.ListCount - 1

        If lstMix.Selected(intCnt) Then
            ' Dimensionierung des Arrays anpassen
            ReDim Preserve aAuswahl(i + 1)
            aAuswahl(i) = intCnt
            i = i + 1
        End If
    Next

    If i = 0 Then Exit Sub ' Wenn keine Markierung dann Abbruch

    ' Im zweiten Schritt werden anhand der im Array
    ' gespeicherten Listenplätze die entsprechenden Einträge
    ' von hinten nach vorne aus der Mixliste entfernen.
    For i = UBound(aAuswahl) To LBound(aAuswahl) + 1 Step -1
        lstMix.RemoveItem Index:=aAuswahl(i - 1)
    Next
End Sub
```

Mehrspaltige Listen- oder Kombinationsfelder: Mit `AddItem` können auch mehrspaltige Listen- oder Kombinationsfelder gefüllt werden. Übergeben Sie dafür der Methode AddItem für das entsprechende Feld eine Zeichenkette, in der die Einträge für die einzelnen Spalten durch Semikolon getrennt sind, also beispielsweise `lstListenfeld.AddItem "Spalte1;Spalte2;Spalte3"` für ein dreispaltiges Listenfeld.

13.6.11 Verknüpfte Kombinations- und Listenfelder

Im nächsten Beispiel möchten wir Ihnen eine Verknüpfung zwischen einem Kombinations- und einem Listenfeld demonstrieren. Alle Einträge im Listenfeld seien einer im Kombinationsfeld auswählbaren Kategorie zugeordnet. Entsprechend sollen mit der Auswahl einer bestimmten Kategorie im Kombinationsfeld nur die Einträge, die dieser Kategorie zugeordnet sind, im Listenfeld angezeigt werden.

Das folgende Bild zeigt ein einfaches, ungebundenes Formular, d.h., das Formular selbst ist nicht mit einer Tabelle der Datenbank verbunden. Weitere Informationen zum Umgang mit ungebundenen Formularen finden Sie in Kapitel 14, »Formulare«.

Im Kombinationsfeld kann eine Cocktailgruppe, wie Coladas, Fizzes, Sours usw. angewählt werden. Entsprechend sollen die Cocktails, die zu der ausgewählten Gruppe gehören, im unteren Listenfeld dargestellt werden. Zusätzlich zu den Gruppenbezeichnungen ist im Kombinationsfeld der Eintrag »*** Alle Cocktails ***« selektierbar, der alle Cocktails im Listenfeld zeigt, die einer Gruppe zugeordnet sind.

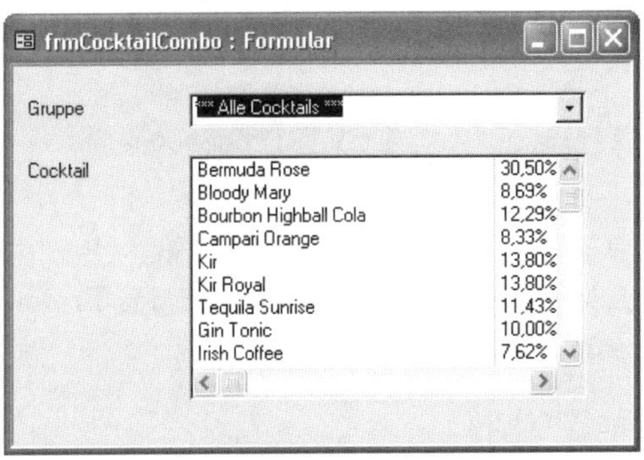

Bild 13.31: Formular mit verknüpftem Kombinations- und Listenfeld

Dem Kombinationsfeld liegt das SQL-Statement

```
SELECT DISTINCTROW tblGruppe.GruppeNr, tblGruppe.Gruppe FROM tblGruppe
UNION SELECT "*","*** Alle Cocktails ***" FROM tblGruppe
ORDER BY tblGruppe.Gruppe;
```

zugrunde, das über den UNION-Befehl die Zeile mit »*** Alle Cocktails ***« erzeugt. Für das Listenfeld wurde die im folgenden Bild gezeigte Abfrage vereinbart. Wichtig ist hierbei die Bedingung `GruppeNr Wie [Forms]![frmCocktailCombo].[cboGruppe]`, wobei `cboGruppe` der Name des Kombinationsfeldes ist. Durch den Operator `Wie` wird erreicht, dass, wenn im Kombinationsfeld der Eintrag »*** Alle Cocktails ***« mit dem Wert »*« selektiert wird, die Abfrage `GruppeNr Wie "*"` lautet, also alle Gruppennummern ausgewählt werden.

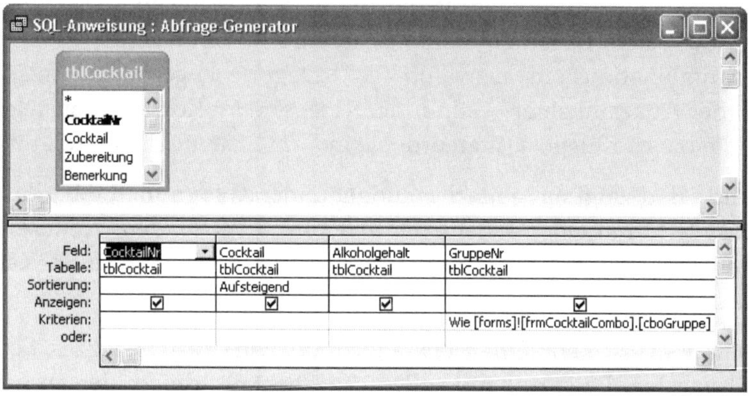

Bild 13.32: Abfragedefinition des Listenfeldes

Diese Abfrage wird durch den SQL-Befehl

```
SELECT DISTINCTROW tblCocktail.CocktailNr, tblCocktail.Cocktail,
tblCocktail.Alkoholgehalt, tblCocktail.GruppeNr
FROM tblCocktail
WHERE  tblCocktail.GruppeNr
       Like [forms]![frmCocktailCombo].[cboGruppe]
ORDER BY tblCocktail.Cocktail;
```

beschrieben. Bei jeder Änderung des Kombinationsfeldes für die Cocktailgruppen muss das Listenfeld aktualisiert werden. Für das Ereignis *Bei Änderung* des Kombinationsfeldes wird die Routine

```
Private Sub cboGruppe_Change()
    ' Bei Änderung des Kombinationsfelds
    ' aktualisieren des Listenfelds
    lstCocktails.Requery
End Sub
```

vereinbart, die die Methode `Requery` für das Listenfeld `lstCocktails` ausführt.

Damit beim Starten des Formulars als Standardwert »*** Alle Cocktails ***« im Kombinationsfeld gezeigt wird, wird die folgende Ereignisroutine für *Bei Laden* definiert:

```
Private Sub Form_Load()
    ' Auf ersten Wert "*" setzen
    cboGruppe.Value = "*"
    ' Aktualisieren des Listenfelds
    lstCocktails.Requery
End Sub
```

13.6.12 Änderungen der Datensatzherkunft

Die Datenbasis eines Listen- oder Kombinationsfeldes kann während der Anzeige geändert werden. Am Beispiel des folgenden Dialogfeldes, das in Abschnitt 13.6.8, »Verwendung einer UNION-Abfrage«, Seite 439, besprochen wurde, möchten wir Ihnen diese Möglichkeit demonstrieren.

Das Dialogfeld aus Bild 13.25 wurde durch eine Optionsgruppe mit zwei Optionsfeldern ergänzt. Je nach ausgewählter Option sollen entweder alle Cocktails oder nur die mit den Zutaten der Hausbar möglichen Drinks im Listenfeld angezeigt werden.

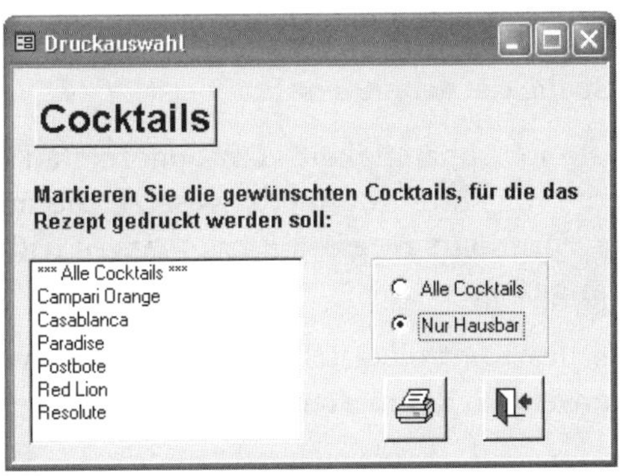

Bild 13.33: Erweitertes Dialogfeld zur Druckausgabe

Für beide Optionsfelder haben wir eine Routine für das Ereignis *Bei Fokuserhalt* erstellt. Die Datenbasis des Listenfeldes *lstCocktails* lässt sich mithilfe der Eigenschaft *RowSource* einfach ändern. Geben Sie dazu den Namen einer Abfrage, so wie in unserem Fall, einen SQL-Befehl oder eine Werteliste an. Die Inhalte des Listenfeldes werden bei einer Änderung der Eigenschaft *RowSource* neu ermittelt.

```
Private Sub optAlle_GotFocus()
    lstCocktails.RowSource = "quniAlleCocktails"
End Sub

Private Sub optHausbar_GotFocus()
    lstCocktails.RowSource = "quniHausbar"
End Sub
```

Als weiteres Beispiel möchten wir Ihnen die Zuweisung einer Werteliste vorstellen. Stellen Sie sich vor, auf einem Formular existiert ein Kombinationsfeld, für das die im folgenden Bild dargestellte Werteliste erfasst wurde.

Bild 13.34: Eigenschaften für Werteliste

Im Formular bzw. in der Anwendung werden die Werte eins bis drei weiterverarbeitet, da die erste Spalte die gebundene Spalte ist.

Nun soll die Werteliste in Abhängigkeit vom angezeigten Datensatz verändert werden. Dazu wird die folgende Routine eingesetzt, die auf das Ereignis *Beim Anzeigen* (*Current*) des Formulars reagiert. *Beim Anzeigen* tritt ein, wenn ein neuer Datensatz im Formular gezeigt wird.

Aufgrund des Inhalts des Kontrollkästchens mit dem Namen *chkAdressTyp* soll eine der beiden als Konstanten definierten Wertelisten verwendet werden.

```
Private Sub Form_Current()
    Const conWerteliste1 = "1;Privat;2;Büro;3;E-Mail"
    Const conWerteliste2 = "1;Durchwahl;2;Zentrale;3;E-Mail"

    If chkAddressTyp Then
        cboWerteliste.RowSource = conWerteliste1
    Else
        cboWerteliste.RowSource = conWerteliste2
    End If
End Sub
```

13.6.13 Listen- oder Kombinationsfelder voreinstellen

Um einen Wert für ein Listen- oder Kombinationsfeld standardmäßig auszuwählen, setzen Sie die Eigenschaft `Value` auf einen entsprechenden Wert für die gebundene Spalte. Soll beispielsweise im folgenden Bild der erste Eintrag des Listenfeldes beim Öffnen des Formulars markiert werden, so können Sie dies durch

```
Private Sub Form_Load()
    lstCocktails.Value = 0
End Sub
```

für das Ereignis *Bei Laden* für das Formular erreichen. Allgemeiner und immer einsetzbar unabhängig von Wert oder Typ der gebundenen Spalte arbeitet die folgende Methode:

```
Private Sub Form_Load()
    lstCocktails.Value = lstCocktails.ItemData(0)
End Sub
```

Allerdings funktioniert es in beiden Fällen nur, wenn keine Mehrfachauswahl für das Listenfeld aktiviert wurde.

Als Alternative bietet es sich an, die Markierungen über die `Selected`-Eigenschaft der Zeilen vorzunehmen. Auf diesem Weg können Sie entweder einzelne Zeilen, oder bei aktivierter Mehrfachauswahl auch mehrere Zeilen auswählen. Dazu setzen Sie die `Selected`-Eigenschaft der ab 0 gezählten Zeilen auf `True`.

```
Private Sub Form_Load()
    lstCocktails.Selected(0) = True
End Sub
```

Bild 13.35: Erster Eintrag im Listenfeld markiert

Um die letzte Zeile einer Auflistung zu markieren, nutzen Sie die `ListCount`-Eigenschaft wie in folgender Programmroutine zu sehen.

```
Private Sub Form_Load()
    lstCocktails.Selected(lstCocktails.ListCount - 1) = True
End Sub
```

13.6.14 Eingabeeinschränkungen in Kombinationsfeldern

Kombinationsfelder können nicht nur dazu benutzt werden, dem Anwender eine Auswahlliste anzubieten, sondern sie lassen sich auch als Eingabefelder verwenden. Beispielsweise kann für die im nächsten Bild gezeigte aufgeklappte Gläserliste vereinbart werden, dass auch Gläser eingegeben werden können, die nicht in der Liste stehen. Beachten Sie dabei, dass das Glas dann im Beispiel in die dem Formular zugrunde liegende Tabelle *tblCocktail* eingetragen, nicht aber in die Auswahlliste des Kombinationsfeldes aufgenommen wird.

Bild 13.36: Aufgeklappte Gläserliste

Kombinationsfeld auf Listeneinträge limitieren

Ist die Eigenschaft *Nur Listeneinträge* auf *Ja* eingestellt, müssen Sie im Kombinationsfeld einen oder keinen Wert aus der Liste auswählen.

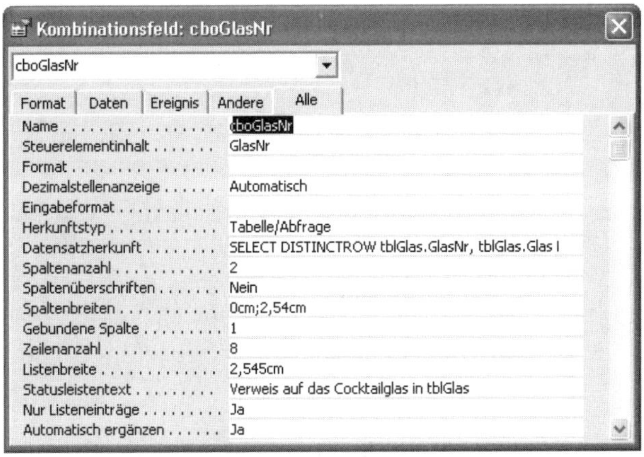

Bild 13.37: Eigenschaften des Kombinationsfeldes

Tippen Sie in das Kombinationsfeld einen Wert ein, der nicht in der Liste vorhanden ist, wird die folgende Fehlermeldung gezeigt.

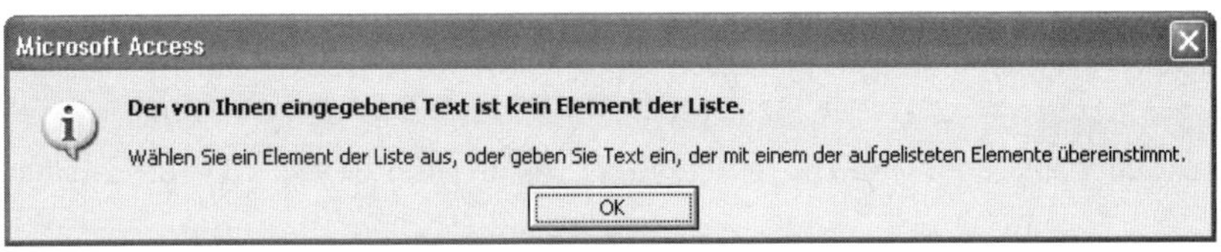

Bild 13.38: Fehlermeldung »Nicht in Liste«

Wenn Ihr Eintrag in das Kombinationsfeld nicht in der Liste steht, wird vor dem Anzeigen der oben gezeigten Fehlermeldung das Ereignis *Bei nicht in Liste* (*NotIn-List*) ausgelöst. Mithilfe einer VBA-Routine können Sie eine Ereignis- und Fehlerbehandlung selbst durchführen. Die Routine hat den Rahmen

```
Private Sub GlasNr_NotInList(NewData As String, _
                             Response As Integer)
    ...
End Sub
```

In der Variablen `NewData` steht der im Kombinationsfeld eingegebene Wert. Mit `Response` können Sie Access einen Wert übergeben, der die weitere Verarbeitung steuert. Drei vordefinierte Konstanten stehen Ihnen als `Response`-Rückgabewerte zur Verfügung.

Tabelle 13.5: Rückgabewertkonstanten für NotInList-Ereignisse

Konstanten	Beschreibung
acDataErrDisplay	Wenn Sie den Wert acDataErrDisplay in Response zurückgeben, zeigt Access die Standardfehlermeldung.
acDataErrContinue	Retournieren Sie den Wert acDataErrContinue, wird keine Meldung von Access eingeblendet.
acDataErrAdded	Durch die Rückgabe des Wertes acDataErrAdded erfährt Access, dass Sie innerhalb der Ereignisbehandlungsfunktion der Liste den neuen Wert hinzugefügt haben.

Als Beispiel präsentieren wir Ihnen für das Cocktailformular eine *NotInList*-Routine für das Feld zur Eingabe eines Glastyps. Geben Sie ein Cocktailrezept ein und für den Cocktail wird ein bestimmtes Glas empfohlen, das nicht in Ihrer Auswahlliste vorkommt, wird automatisch die entsprechende Tabelle *tblGlas* um das neue Glas ergänzt. Der folgende Code enthält sowohl die ADO- als auch die DAO-Variante.

```
#CONST ADO = True

Private Sub cboGlasNr_NotInList(NewData As String, Response As Integer)

#If ADO Then
    Dim rst As ADODB.Recordset
#Else
    Dim db As Database
#End If
    If MsgBox("Neues Glas »" & NewData & "« erfassen?", _
                  vbYesNo + vbQuestion, "Cocktailglas") = vbNo _
    Then
        MsgBox "Glas nicht in Liste", vbExclamation, "Cocktailglas"
        Response = acDataErrContinue
    Else
#If ADO Then
        Set rst = New ADODB.Recordset
        rst.Open "tblGlas", CurrentProject.AccessConnection, _
                           adOpenStatic, adLockOptimistic
#Else
        Set db = CurrentDb()
        Set rst = db.OpenRecordset("tblGlas")
#End If
```

```
        rst.AddNew
        rst!Glas = NewData
        rst.Update
        rst.Close
        Response = acDataErrAdded
    End If
#If ADO Then
    Set rst = Nothing
#Endif
End Sub
```

Wird *NotInList* ausgelöst, erscheint zuerst die folgende Meldung. Der Anwender kann nun entscheiden, ob er das neue Glas erfassen möchte.

Bild 13.39: Benutzerdefinierte Fehlermeldung

Wählt der Benutzer die Schaltfläche *Nein*, wird ein weiteres Meldungsdialogfeld mit einer Fehlermeldung angezeigt und die Konstante `acDataErrContinue` zurückgegeben.

Entscheidet sich der Anwender für die Aufnahme der neuen Glasbezeichnung in die Tabelle *tblGlas*, wird `NewData` entsprechend in die Tabelle eingefügt und `acDataErrAdded` als `Response` festgelegt.

Eingaben in Kombinationsfeldern zulassen

Sollen Eingaben in die Liste eines Kombinationsfeldes zugelassen werden, stellen Sie die Eigenschaft *Nur Listeneinträge* auf *Nein*. Damit erhalten Sie die Möglichkeit, mit einem Kombinationsfeld Werte zu erfassen, die nicht in der Liste sind. Beachten Sie dabei aber, dass nicht die Liste des Kombinationsfeldes um den Wert ergänzt wird, sondern nur der neue Wert in das zugrunde liegende Datenfeld eingetragen wird.

Um die Eigenschaft *Nur Listeneinträge* auf *Nein* schalten zu können, muss die erste angezeigte Spalte des Kombinationsfeldes die gebundene Spalte sein. In unserem Beispiel ist die gebundene Spalte die Glasnummer, deren Anzeige durch die Spaltenbreite 0 unterdrückt wird.

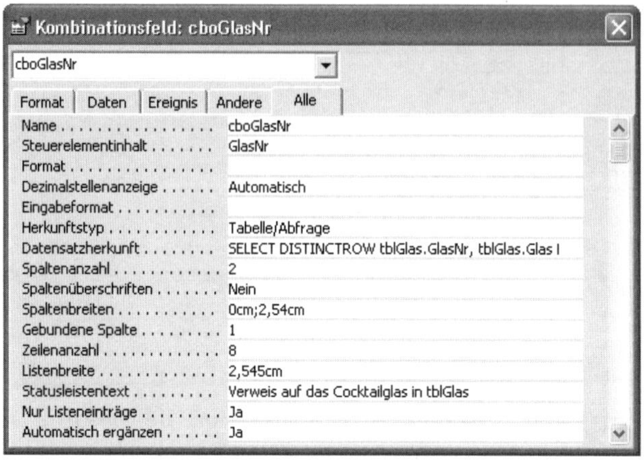

Bild 13.40: Eigenschaften des Kombinationsfeldes cboGlasNr

Versuchen Sie, die Eigenschaft *Nur Listeneinträge* umzuschalten, erhalten Sie die folgende Fehlermeldung.

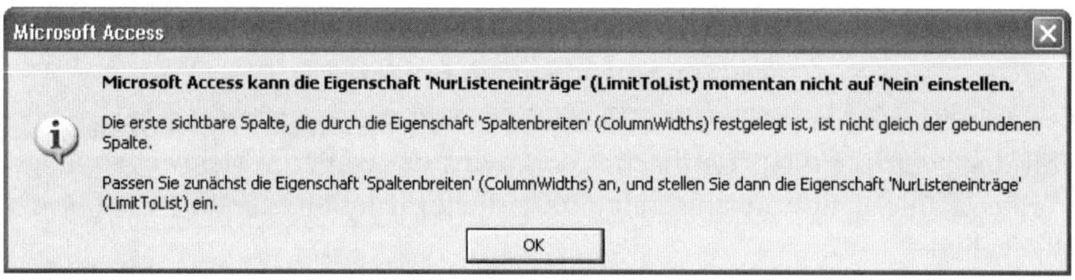

Bild 13.41: Fehlermeldung

Für eine sinnvolle Anwendung der Einstellung sollte der Datentyp des Feldes vom Typ *Text* sein, damit die Eingabe im Kombinationsfeld auch direkt eingetragen werden kann.

13.6.15 Datenherkunft per Recordset

In den vorangegangenen Abschnitten haben wir Ihnen unter anderem zwei Möglichkeiten vorgestellt, Listen- oder Kombinationsfelder zu füllen: mit der Eigenschaft *Datensatzherkunft* (siehe Abschnitt 13.6.12, »Änderungen der Datensatzherkunft«, Seite 451, oder mit der Methode `AddItem` (siehe Abschnitt 13.6.10, »Einträge hinzufügen und entfernen«, Seite 446).

Eine weitere Variante, ein Listen- oder Kombinationsfeld zu füllen, arbeitet mit der Zuweisung eines Recordsets. Sie können dabei DAO- als auch ADO-Recordset zuweisen.

Um die Zuweisung eines Recordsets zu einem Listenfeld zu demonstrieren, ändern wir das Formular aus Bild 13.31 ab und speichern die neue Version als *frmCocktailComboRecordset*.

Das Kombinationsfeld *cboGruppe* besitzt die folgende Datensatzherkunft:

```
SELECT  tblGruppe.GruppeNr, tblGruppe.Gruppe FROM tblGruppe
UNION
SELECT -1, "*** Alle Cocktails ***" FROM tblGruppe
ORDER BY tblGruppe.Gruppe;
```

Bei Änderung des Inhalts von *cboGruppe* wird die folgende Prozedur ausgelöst, die ein ADO-Recordset die Listenfeld *lstCocktails* zuweist:

```
Private Sub cboGruppe_Change()
    ' Bei Änderung des Kombinationsfelds
    ' aktualisieren des Listenfelds

    Dim rst As ADODB.Recordset
    Dim strSQL As String

    ' Recordset initialisieren
    Set rst = New ADODB.Recordset

    strSQL = "SELECT DISTINCTROW tblCocktail.CocktailNr, " & _
             "tblCocktail.Cocktail, tblCocktail.Alkoholgehalt, " & _
             "tblCocktail.GruppeNr FROM tblCocktail"

    ' Wenn nicht der Eintrag »*** Alle Cocktails ***« selektiert ist
    If cboGruppe.Value <> -1 Then
        strSQL = strSQL & " WHERE tblCocktail.GruppeNr = " & cboGruppe
    End If
    ' Recordset öffnen
    rst.Open strSQL, _
                CurrentProject.AccessConnection, _
                adOpenForwardOnly, _
                adLockReadOnly
    ' Recordset an Listenfeld zuweisen
    Set lstCocktails.Recordset = rst

    Set rst = Nothing
End Sub
```

```
Private Sub Form_Load()
    ' Auf ersten Wert setzen
    cboGruppe.Value = -1
    ' Aktualisieren
    cboGruppe_Change
End Sub
```

13.6.16 Benutzerdefinierte Füllfunktionen

Normalerweise werden mit Listen- und Kombinationsfeldern Daten aus Tabellen, Abfragen oder Wertelisten angezeigt. Um ein Listen- oder Kombinationsfeld mit selbstdefinierten Einträgen zu füllen, lässt sich das am effektivsten mit einer so genannten Callback-Funktion realisieren. Eine Callback-Funktion, zu deutsch Rückruffunktion, wird vom Listen- oder Kombinationssteuerelement aufgerufen.

Das folgende Beispiel soll für eine im Dialogfeld selektierte Abfrage die Laufzeit bestimmen. Anhand dieses Beispiels soll der Einsatz einer Callback-Funktion erläutert werden. Im nächsten Bild ist ein ungebundenes Formular dargestellt. Im Listenfeld werden alle in der entsprechenden Datenbank definierten Abfragen angezeigt.

Dabei werden eine Reihe von Abfragen angezeigt, die normalerweise nicht in der Datenbank sichtbar sind. Diese Access-internen Abfragen, die mit ~sq_*fformname* oder ~sq_*fformname*~sq_*ccontrolname* benannt sind, sind Abfragen, die zur Geschwindigkeitssteigerung von *RecordSource*- und *RowSource*-Eigenschaften automatisch vorkompiliert gespeichert werden.

Selektieren Sie eine Abfrage und starten Sie diese mit der Schaltfläche *Abfrage ausführen,* so wird ermittelt, wie lange ein bzw. zehn Durchläufe der Abfrage dauern.

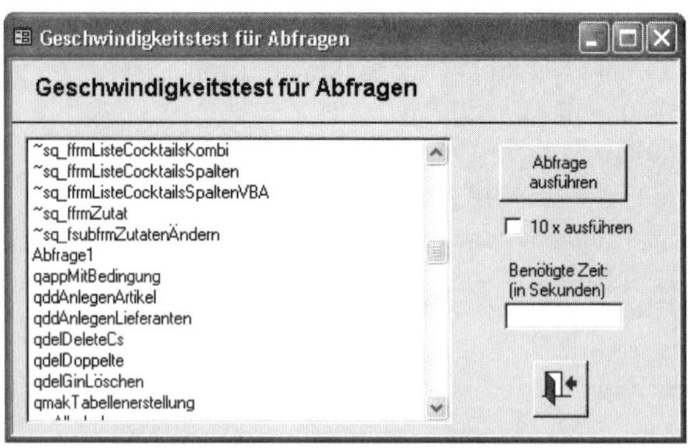

Bild 13.42: Formular mit Listenfeld

Um das Listenfeld mit den Namen der in der Datenbank gespeicherten Abfragen zu füllen, wird die folgende Callback-Funktion verwendet. Die Funktion lässt sich als allgemeines oder als »Code-behind-forms«-Modul erfassen. Wir haben die Funktion für das Beispiel als »Code-behind-forms«-Modul direkt beim Entwurf des Formulars realisiert. Über *ANSICHT Code* haben wir auf das im nächsten Bild gezeigte Fenster umgeschaltet. Im Bereich zu `Objekt:(Allgemein)` und `Prozedur:(Deklarationen)` wurden die folgenden beiden Variablen definiert.

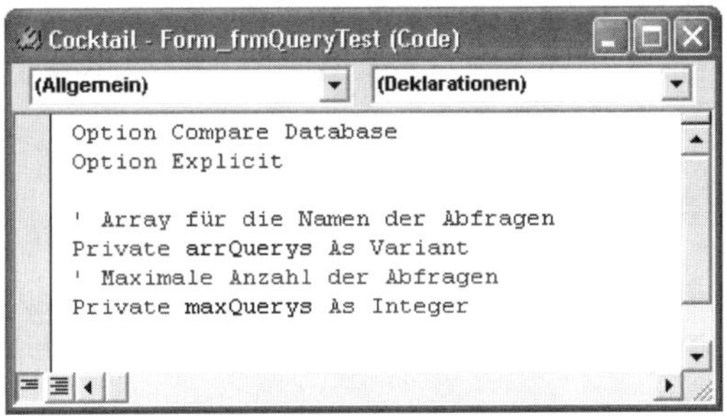

Bild 13.43: Modulfenster des Formulars

Ebenfalls unter `Objekt:(Allgemein)` haben wir die Funktion `QueryAuflisten()` erfasst. Damit die Funktion als Callback-Funktion eingesetzt werden kann, muss sie zwingend fünf Parameter aufweisen, die im folgenden Listing gezeigt sind. Das aufrufende Listen- oder Kombinationsfeld führt die Funktion vielfach hintereinander mit unterschiedlichen Werten für die Parameter aus.

```
Function QueryAuflisten(ctlFeld As Control, _
                        varID As Variant, _
                        varZeile As Variant, _
                        varSpalte As Variant, _
                        varCode As Variant _
                       ) As Variant
    Select Case varCode
        Case acLBInitialize         ' Initialisieren.

            ' ******************************************************
            ' Füllen des Array arrQuerys
            Dim dbsLocal As Database
            Dim intCnt As Integer

            Set dbsLocal = CurrentDb()
            maxQuerys = dbsLocal.QueryDefs.Count
            ReDim arrQuerys(maxQuerys)
```

```
        For intCnt = 0 To dbsLocal.QueryDefs.Count - 1
            arrQuerys(intCnt) = dbsLocal.QueryDefs(intCnt).Name
        Next
        ' ********************************************************

        QueryAuflisten = True

    Case acLBOpen               ' Öffnen.
        QueryAuflisten = Timer  ' Eindeutige ID für erzeugen.

    Case acLBGetRowCount        ' Anzahl an Zeilen abrufen.
        QueryAuflisten = maxQuerys
    Case acLBGetColumnCount     ' Anzahl an Spalten abrufen.
        QueryAuflisten = 1

    Case acLBGetColumnWidth     ' Spaltenbreite abrufen.
        QueryAuflisten = -1     ' -1 erzwingt Verwendung der
                                '  Standardbreite.
    Case acLBGetValue           ' Daten abrufen.
        QueryAuflisten = arrQuerys(varZeile)

    Case acLBGetFormat
        ' Wird für jede Spalte aufgerufen,
        ' geeignet zur Definition von speziellen Formaten
    Case acLBClose
        ' Die Funktion von acLBClose ist nicht dokumentiert
    Case acLBEnd
        ' Ohne Rückgabewert, ggf. zum Aufräumen ...
  End Select
End Function
```

Durch die Auswertung der verschiedenen, im Beispiel durch den Parameter `Code` übergebenen Konstanten ruft das Listen- oder Kombinationsfeld die für die Darstellung der Informationen notwendigen Werte ab. Die folgende Tabelle erläutert die Bedeutung der einzelnen Konstanten.

Tabelle 13.6: Konstanten für Listen- und Kombinationsfelder

Konstanten	Beschreibung
`acLBInitialize`	Wenn der Rückgabewert der Funktion für `acLBInitialize` verschieden von Null, 0 oder False ist, geht das aufrufende Steuerelement davon aus, dass die Funktion erfolgreich Werte für die Anzeige liefern kann. In unserem Beispiel wurden an dieser Stelle die Abfragebezeichnungen ermittelt, die im Listenfeld dargestellt werden sollten.
`acLBOpen`	Der Rückgabewert muss eine eindeutige Identifikationsnummer sein. Es bietet sich an, einfach die aktuelle Systemzeit als Rückgabewert zu verwenden, denn damit erhalten Sie auf jeden Fall einen eindeutigen Wert.
`acLBGetColumnCount`	Die Anzahl der Spalten, die nicht 0 sein darf, ist der Rückgabewert bei einem Aufruf der Funktion mit der Konstanten `acLBGetColumnCount`. Die zurückgegebene Anzahl sollte mit der im Eigenschaftenfenster für das Listen- oder Kombinationsfeld eingetragenen Spaltenanzahl übereinstimmen. Eine ganz sichere Lösung ist die Rückgabe von *ColumnCount*, der Spaltenanzahl-Eigenschaft des Steuerelements.

`acLBGetColumnWidth`	Das aufrufende Listen- oder Kombinationssteuerelement fragt für jede Spalte die Breite ab. Bei der Rückgabe von -1 werden die im Eigenschaftenfenster eingetragenen Werte verwendet. Im Beispiel oben wurde so verfahren.
	Möchten Sie eigene Spaltenbreiten in der Funktion festlegen, so müssen Sie die Funktion durch
	`...`
	`Case acLBGetColumnWidth`
	`   Select Case varSpalte`
	`      Case 0     ' Breite der ersten Spalte`
	`         SpaltenAuflisten = 1000`
	
	`      Case 1     ' Breite der zweiten Spalte`
	`         SpaltenAuflisten = 2000`
	`   End Select`
	`...`
	ergänzen. Die Breitenangaben werden in der Windows-Einheit »twips« angegeben, wobei ein twips 1/1440 inch entspricht.

Tabelle 13.6: Konstanten für Listen- und Kombinationsfelder (Fortsetzung)

<table>
<tr><th>Konstanten</th><th>Beschreibung</th></tr>
<tr><td><code>acLBGetRowCount</code></td><td>Über die Konstante <code>acLBGetRowCount</code> fragt das aufrufende Listen- oder Kombinationsfeld die Anzahl der Zeilen ab, die dargestellt werden sollen.

Ist die Zahl der Zeilen nicht bekannt, geben Sie den Wert -1 an. Das Listen- bzw. Kombinationsfeld ruft dann solange mit <code>acLBGetValue</code> Werte ab, bis der Wert Null zurückgegeben wird.</td></tr>
<tr><td><code>acLBGetValue</code></td><td>Rückgabe des für die entsprechende Zeile/Spalte anzuzeigenden Wertes.</td></tr>
<tr><td><code>acLBGetFormat</code></td><td>Rückgabe einer Formatierungsanweisung für die entsprechende Spalte. Das folgende Beispiel zeigt einen Ausschnitt der Callback-Funktion mit einer Erweiterung für <code>acLBGetFormat</code>.<pre><code>...
Case acLBGetFormat
   Select Case varSpalte
       Case 0   ' Format der ersten Spalte
           ' Alles in Kleinbuchstaben
           SpaltenAuflisten = "<"
       Case 1   ' Format der zweiten Spalte
           SpaltenAuflisten = "tt.mm.yy"
   End Select
...</code></pre></td></tr>
<tr><td><code>acLBClose</code></td><td>Kein Rückgabewert, die Konstante ist nicht dokumentiert.</td></tr>
<tr><td><code>acLBEnd</code></td><td>Kein Rückgabewert. Die Callback-Funktion wird mit dieser Konstanten aufgerufen, wenn das Formular geschlossen wird oder die Requery-Methode auf das Listen- bzw. Kombinationsfeld angewendet wird.</td></tr>
</table>

Im Eigenschaften-Dialogfeld unseres Beispiel-Listenfeldes wird die Callback-Funktion unter *Herkunftstyp* angegeben, so wie im nächsten Bild gezeigt. Achten Sie dabei darauf, dass nur der Name der Funktion – ohne Klammern etc. – eingetragen wird.

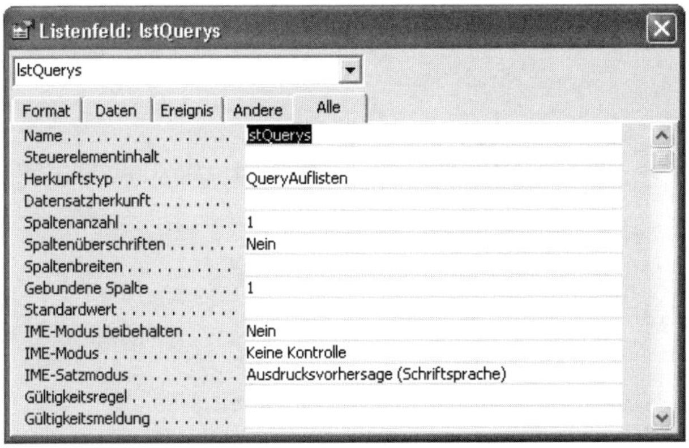

Bild 13.44: Eigenschaften des Listenfeldes

Nachdem das Listenfeld mit der beschriebenen Callback-Funktion gefüllt ist, kann für eine im Listenfeld selektierte Abfrage die Durchlaufzeit bestimmt werden. Das folgende Listing zeigt das Programm, das dem Ereignis *Beim Klicken* der mit *Abfrage ausführen* beschrifteten Schaltfläche zugeordnet ist.

```
Sub cmdAbfrage_Click()
    Dim sngStart As Single
    Dim sngGesamt As Single
    Dim sngVerstrichen As Single
    Dim strAbfrage As String
    Dim intMaxCounter As Integer
    Dim intCounter As Integer

    On Error GoTo Err_cmdAbfrage_Click

    If Not IsNull(lstQuerys.Value) Then
        strAbfrage = lstQuerys.Value

        ' Anzahl der Durchläufe festlegen
        If ctl10times.Value Then
            intMaxCounter = 10
        Else
            intMaxCounter = 1
        End If

        ' Abfrage durchführen
        For intCounter = 1 To intMaxCounter
            sngStart = Timer                        ' Startzeit bestimmen
            DoCmd.OpenQuery strAbfrage, acNormal    ' Abfrage ausführen
            sngGesamt = sngGesamt + (Timer - sngStart)
```

```
            DoCmd.Close acQuery, strAbfrage
        Next

        ' Verstrichene Zeit
        sngVerstrichen = Format(sngGesamt / intMaxCounter, "Fixed")
        txtTime.Value = sngVerstrichen
    End If

Exit_cmdAbfrage_Click:
    Exit Sub
Err_cmdAbfrage_Click:
    MsgBox Err.Description
    Resume Exit_cmdAbfrage_Click
End Sub
```

13.7 Optionsfelder und -gruppen

Mithilfe von Optionsgruppen, Umschaltflächen, Optionsfeldern und Kontrollkästchen können Sie Ja/Nein-Auswahlfelder und Wertelisten benutzerfreundlich einrichten.

Anhand des folgenden Formulars möchten wir Ihnen die Programmierung von Optionsfeldern und -gruppen erläutern.

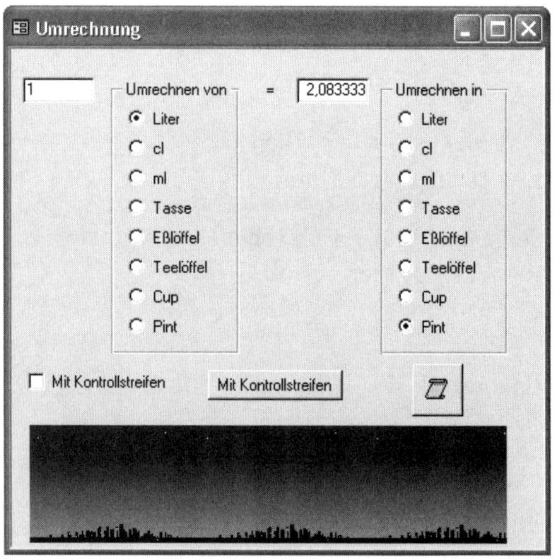

Bild 13.45: Beispielformular

Mit einem der drei Steuerelemente direkt über dem Bild können Sie den Kontrollstreifen einschalten, in dem alle Umrechnungsvorgänge protokolliert werden.

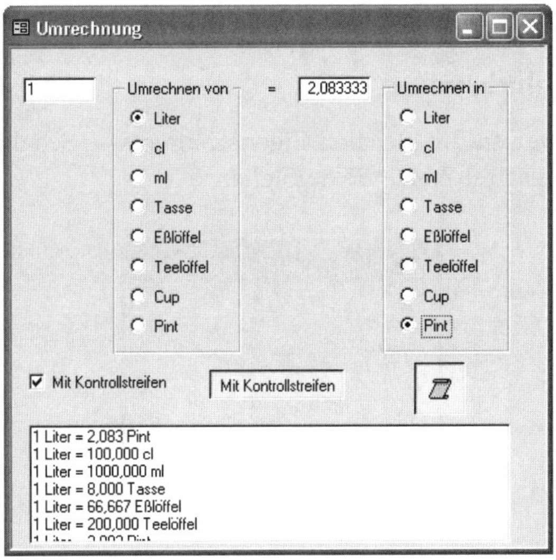

Bild 13.46: Unterer Formularteil mit eingeschaltetem Kontrollstreifen

Zuerst möchten wir Ihnen die drei Feldvarianten und das Optionsgruppen-Steuerelement vorstellen.

13.7.1 Umschaltflächen

Mit Umschaltflächen lassen sich zwei (Wahr/Falsch) bzw. drei (Wahr/Falsch/Null) Zustände anzeigen. Standardmäßig werden nur zwei Zustände dargestellt, wobei Null in diesem Fall als Falsch ausgewertet wird. Um eine Umschaltfläche mit drei Zuständen zu erhalten, müssen Sie die Eigenschaft *Dreifacher Status* einschalten.

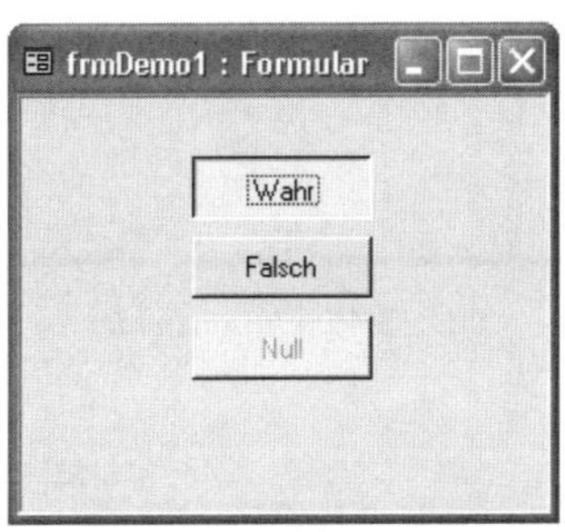

Bild 13.47: Schaltflächen

Umschaltflächen haben gegenüber den im Weiteren beschriebenen Kontrollkästchen und Optionsfeldern den Vorteil, dass sie ein Bild anstelle eines Textes anzeigen können.

13.7.2 Kontrollkästchen

Kontrollkästchen weisen die gleichen Eigenschaften wie Schaltflächen auf. Auch sie können zwei oder drei Zustände darstellen.

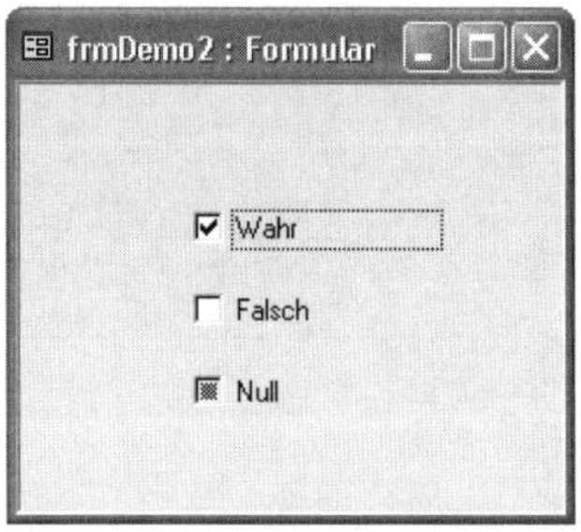

Bild 13.48: Kontrollkästchen

13.7.3 Optionsfelder

Optionsfelder werden in erster Linie verwendet, wenn eine Option von vielen selektiert werden soll. Prinzipiell entsprechen die Eigenschaften von Optionsfeldern denen von Schaltflächen und Kontrollkästchen. Optionsfelder werden aber fast ausschließlich in Optionsgruppen eingesetzt.

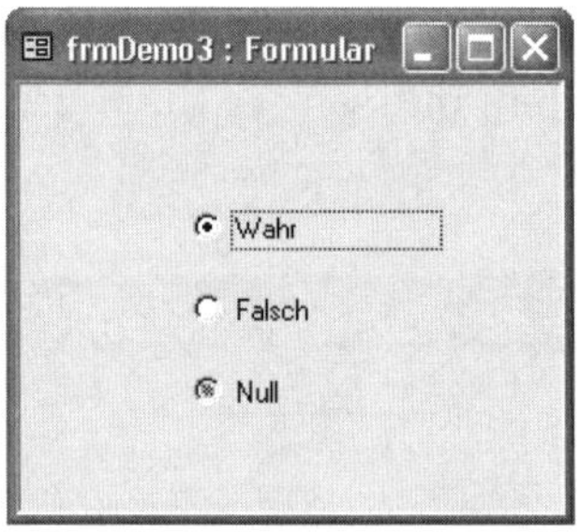

Bild 13.49: Optionsfelder

13.7.4 Optionsgruppen

Mithilfe einer Optionsgruppe können Optionsfelder, seltener auch Schaltflächen oder Kontrollkästchen, zusammengefasst werden. Eine Optionsgruppe besitzt einen Ergebniswert, der angibt, die wievielte Option ausgewählt wurde.

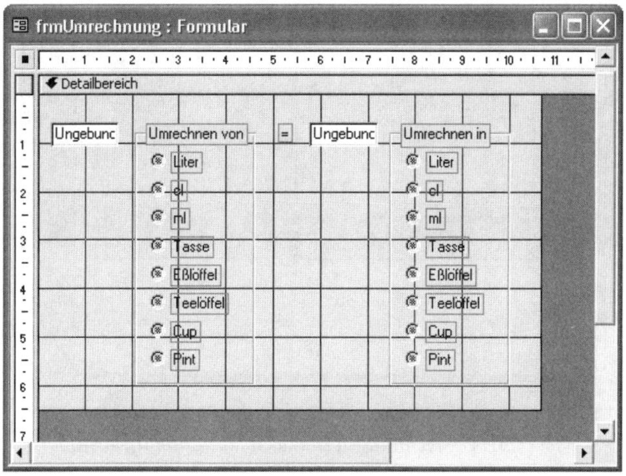

Bild 13.50: Zwei Optionsgruppen

Erstellen Sie eine neue Optionsgruppe, erleichtert der Optionsgruppen-Assistent die Definition. Beide Optionsgruppen im Bild oben sind mit dem Assistenten erzeugt. Die linke Optionsgruppe erhielt den Namen `fraVon`, die rechte `fraIn`. Das folgende Programmfragment zeigt zwei Varianten, die den Rückgabewert einer Optionsgruppe einer Variablen zuweisen.

```
...
Dim intI As Integer
' Zuweisen der Eigenschaft Value
intI = fraVon.Value
' abgekürzte Schreibweise, da Value Default-Eigenschaft
intI = fraVon
...
```

Das Beispielformular

Wir möchten im Folgenden die weiteren Steuerelemente und Programme für unser Beispielformular beschreiben.

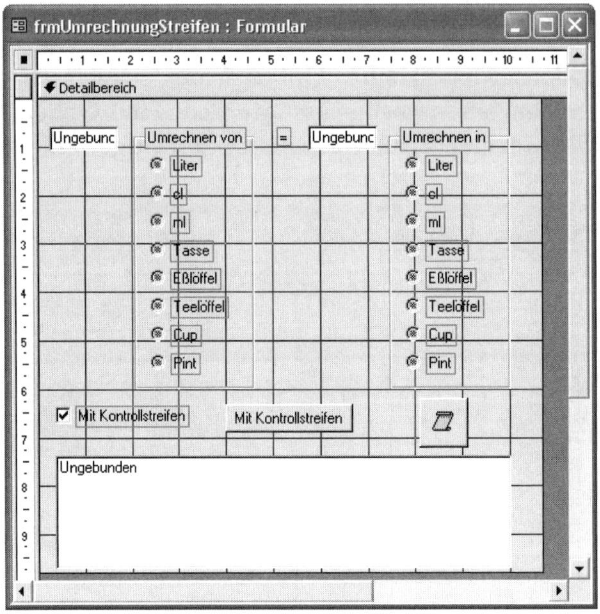

Bild 13.51: Umrechnungsformular in der Entwurfsansicht

In Bild 13.51 haben wir die beiden übereinander liegenden Steuerelemente für das Bild und für den Kontrollstreifen so verschoben, dass sie beide sichtbar sind. Beim Aufrufen des Formulars ist der Kontrollstreifen unsichtbar und das Bild, das eigentlich unter dem Kontrollstreifen liegt, ist sichtbar. Wird das Kontrollkästchen oder eine der beiden Umschaltflächen zum Einschalten des Kontrollstreifens betätigt, wird die Eigenschaft `Visible` des Textfeldes des Kontrollstreifens auf `True` gesetzt. Damit wird das Bild vom Textfeld überdeckt.

```
Sub Umrechnen()
    Dim varUmrechnung As Variant
    Dim dblMl As Double

    ' Wenn keine Menge angegeben, Sub sofort verlassen
    If IsNull(dblMenge) Then Exit Sub
    ' Umrechnungsfaktoren für Umrechnung in ml
    varUmrechnung = Array(1000, 10, 1, 125, 15, 5, 240, 480)

    ' fraVon enthält die Ausgangseinheit
    dblMl = Nz(dblMenge.Value) * varUmrechnung(fraVon.Value - 1)
    ' fraIn enthält die zu errechnende Einheit
    dblAusgabe = dblMl / varUmrechnung(fraIn.Value - 1)
```

```
    ' Ausgabe im Kontrollstreifen
    SchreibeStreifen
End Sub

Sub SchreibeStreifen()
    Dim strVon As String
    Dim strIn As String

    ' Menge und Einheit zusammensetzen
    strVon = Nz(dblMenge.Value) + " " + _
                        Me("txtopt0" & fraVon.Value).Caption
    strIn = Format(dblAusgabe.Value, "0.000") + " " + _
                        Me("txtopt1" & fraIn.Value).Caption
    ' An den Anfang des Streifentextes setzen
    txtStreifen = strVon + " = " + strIn + _
                        vbNewLine + Nz(txtStreifen)
End Sub

Private Sub dblMenge_AfterUpdate()
    ' Nach Mengeneingabe
    Umrechnen
End Sub

Private Sub fraIn_AfterUpdate()
    ' Nach Auswahl einer Einheit
    Umrechnen
End Sub

Private Sub fraVon_AfterUpdate()
    ' Nach Auswahl einer Einheit
    Umrechnen
End Sub

' Kontrollkästchen
Private Sub chkStreifen_Click()
    txtStreifen.Visible = Not txtStreifen.Visible
    tglStreifen = Not tglStreifen
    tglStreifenBild = Not tglStreifenBild
End Sub
```

```
' Umschaltfläche mit Text
Private Sub tglStreifen_Click()
    txtStreifen.Visible = Not txtStreifen.Visible
    chkStreifen = Not chkStreifen
    tglStreifenBild = Not tglStreifenBild
End Sub

' Umschaltfläche mit Bild
Private Sub tglStreifenBild_Click()
    txtStreifen.Visible = Not txtStreifen.Visible
    chkStreifen = Not chkStreifen
    tglStreifen = Not tglStreifen
End Sub
```

13.8 Befehlsschaltflächen

Mithilfe von Befehlsschaltflächen können Sie viele Funktionen und Kommandos für den Anwender leicht erreichbar auf Ihrem Formular anbieten. Bei der Erstellung von Befehlsschaltflächen unterstützt Sie ein Assistent.

13.8.1 Der Befehlsschaltflächen-Assistent

Der Befehlsschaltflächen-Assistent wird automatisch aufgerufen, wenn Sie eine neue Befehlsschaltfläche auf Ihrem Formular positionieren. Er bietet Ihnen für die wichtigsten Anwendungsfälle fertige Befehlsschaltflächen. Wir möchten als Beispiel im Folgenden eine Befehlsschaltfläche erstellen, die das aktive Formular schließt. Im Assistenten wählen wir dazu die entsprechenden Eintragungen.

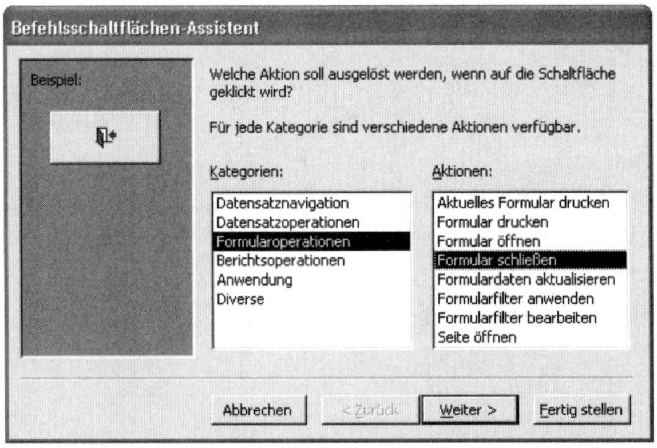

Bild 13.52: Der Befehlsschaltflächen-Assistent

Im nächsten Dialogfeld des Assistenten selektieren Sie das gewünschte Symbol bzw. legen Sie einen Text fest, der auf der Befehlsschaltfläche erscheinen soll.

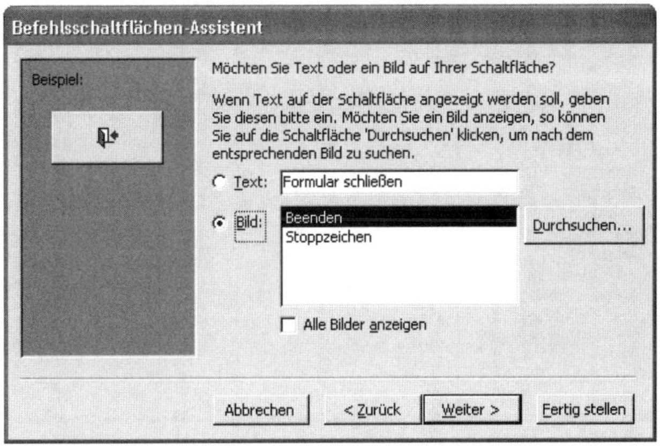

Bild 13.53: Zweites Dialogfeld des Befehlsschaltflächen-Assistenten

Im letzten Dialogfeld bestimmen Sie einen Namen für die Befehlsschaltfläche, beispielsweise *cmdClose*.

Für die Befehlsschaltfläche erzeugt der Assistent automatisch eine Ereignisroutine für das Ereignis *Beim Klicken*. In allen vom Assistenten erzeugten Programmen wird eine einfache Fehlerbehandlung eingefügt.

```
Private Sub cmdClose_Click()
On Error GoTo Err_cmdClose_Click
    DoCmd.Close

Exit_cmdClose_Click:
    Exit Sub

Err_cmdClose_Click:
    MsgBox Err.Description
    Resume Exit_cmdClose_Click
End Sub
```

Die vom Assistenten generierten Programme können Sie nach Ihren Wünschen anpassen.

Besonderheiten von Befehlsschaltflächen

Für Befehlsschaltflächen lassen sich Eigenschaften für die Verarbeitung der [Enter]- und [Esc]-Taste vereinbaren. Setzen Sie die entsprechenden Eigenschaften *Standard* beziehungsweise *Abbrechen* auf *Ja*, so reagiert die Schaltfläche auf die jeweiligen Tasten.

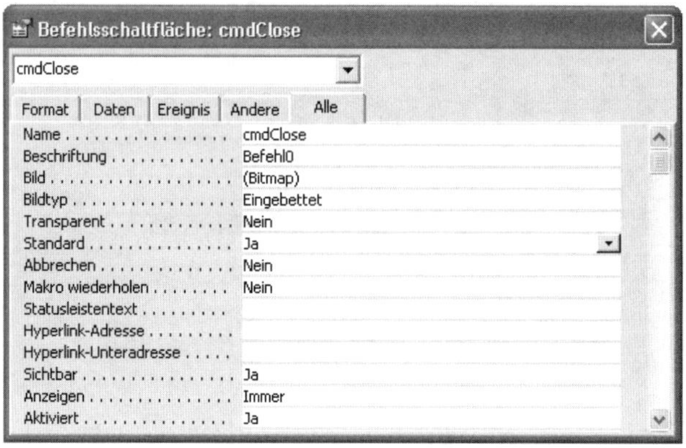

Bild 13.54: Eigenschaften einer Befehlsschaltfläche

In vielen Fällen soll auf eine der Tasten reagiert, aber keine Schaltfläche gezeigt werden. Durch den Einsatz einer transparenten Befehlsschaltfläche können Sie die Tasten abfangen und bearbeiten, ohne dass der Anwender die Schaltfläche sehen kann.

13.9 Das Register-Steuerelement

Das Register-Steuerelement bietet Ihnen die Möglichkeit, ohne Aufwand Steuerelemente auf Registerblätter innerhalb eines Formulars zu verteilen. In früheren Access-Versionen war es aufwändig, Formulare zu erstellen, die sehr viele Steuerelemente beinhalteten. Die am weitesten verbreitete Lösung waren mehrseitige Formulare. Die einzelnen Seiten waren durch Seitenumbruch-Steuerelemente getrennt, wobei zusätzliche Schaltflächen erstellt werden mussten, die dem Anwender ein kontrolliertes Wechseln ermöglichten. Ebenfalls möglich war auch der Einsatz von Registerblättern, allerdings musste für Registerblätter auf das Tabstrip-Zusatzsteuerelement des »Access Development Toolkits« oder Lösungen zugegriffen werden, die Registerblätter nachbildeten. Beim Einsatz des Tabstrip-Zusatzsteuerelements bestand beispielsweise die Restriktion, dass auf den Registerblättern nur Unterformulare angeordnet werden konnten. Durch das Register-Steuerelement wurden die umständlichen Vorgehensweisen abgelöst.

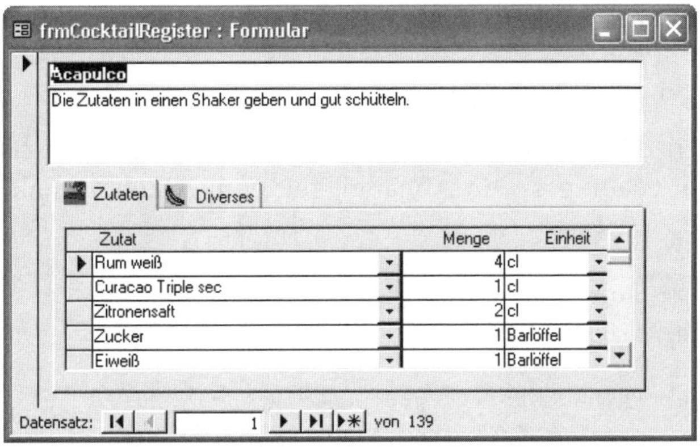

Bild 13.55: Formular mit Register-Steuerelement

Ein Registersteuerelement beinhaltet eine Auflistung von Seiten (`Pages`), von denen jede wiederum eine Auflistung von Steuerelementen (`Controls`) besitzt. Übrigens lässt sich für jede Seite des Registers die Aktivierreihenfolge der Steuerelemente bestimmen.

Zu der Auflistung `Pages` können Sie zur Laufzeit keine Seiten hinzufügen oder löschen. Zur Laufzeit möglich ist das Ein- und Ausblenden von vorhandenen Registerblättern, d.h., Sie können beispielsweise in Abhängigkeit von Inhalten der dem Formular zugrunde liegenden Daten Seiten mit der Eigenschaft `Visible` ein- und ausschalten.

Die Beschriftungen der Registerlaschen lassen sich über die Eigenschaft `Caption` beliebig anpassen.

Um auf ein Steuerelement zuzugreifen, das auf einer der Seiten eines Registersteuerelements angeordnet ist, stehen Ihnen mehrere Möglichkeiten zur Verfügung. Jedes Steuerelement auf einem Registerblatt ist sowohl Mitglied der `Controls`-Auflistung der Register-Steuerelementseite als auch der `Controls`-Auflistung des Formulars. Möchten Sie den Inhalt des Steuerelements `txtAlkoholgehalt` auf dem zweiten Registerblatt `Diverses` des Beispielformulars bestimmen, so können Sie unter anderem mit

```
Me!txtAlkoholgehalt
```

oder

```
Me!Controls("txtAlkoholgehalt").Value
```

oder

```
Me!regCocktail.Pages("pgeDiverses").Controls("txtAlkoholgehalt").Value
```

den Wert abfragen.

Die folgende Prozedur für das Formularereignis *Beim Anzeigen* schaltet die Seite mit dem Namen `pgeDiverses` in Abhängigkeit vom Alkoholgehalt des Cocktails ein oder aus.

```
Private Sub Form_Current()
    Dim tabPage As Page

    Set tabPage = regCocktail.Pages("pgeDiverses")
    ' Seite nur anzeigen bei einem Alkoholgehalt über 15%
    tabPage.Visible = (Me.Alkoholgehalt > 0.15)
End Sub
```

13.10 Hyperlinks

Oftmals sehr praktisch sind Steuerelemente als Hyperlinks, denn sie erlauben das Setzen von Querverweisen zu Inhalten im Internet bzw. Intranet mithilfe von URL-Adressen sowie zu Dateien auf lokalen oder Netzwerklaufwerken. Hyperlinks können für Bezeichnungsfelder (sofern sie nicht einem anderen Steuerelement als Beschreibung zugeordnet sind), Schaltflächen und Bilder definiert werden. Dazu stehen Ihnen die Eigenschaften Hyperlink-Adresse und Hyperlink-Unteradresse zur Verfügung. Am einfachsten können diese Felder mithilfe des Dialogfelds zu *EINFÜGEN Hyperlink* gefüllt werden.

Mithilfe der Eigenschaft `Hyperlink` eines entsprechenden Steuerelements können die Hyperlink-Definitionen für Adresse (`Address`), Unteradresse (`Subaddress`), Beschriftungstext (`TextToDisplay`) und Quickinfo-Text (`ScreenTip`) abgefragt oder gesetzt werden. Die Methode `Follow` entspricht einem Klick auf den Hyperlink.

Zusätzlich können Sie mit Hyperlinks auch direkt arbeiten. Die Methode `FollowHyperlink` des `Application`-Objekts erlaubt es, Hyperlinks ohne den Einsatz von Steuerelementen aufzurufen. Mit `Application.HyperlinkPart` können Sie eine Hyperlink-Adresse in ihre Bestandteile zerlegen.

13.11 Weitere Steuerelemente

Access kennt eine Reihe weiterer Steuerelemente, die hier nur kurz besprochen werden sollen.

13.11.1 Grafische Objekte

Zur Gestaltung Ihrer Formulare und Berichte können Sie die Linien- und Rechteck-Steuerelemente einsetzen, die vielfältig formatierbar sind. Sowohl Linien als auch Rechtecke reagieren auf Ereignisse wie Klick, Doppelklick und einige weitere Mausoperationen.

Mit Bildern und Objekten lassen sich Formulare und Berichte gestalten. Auch diese Objekte können auf Ereignisse reagieren.

Laden von Bildern

Sie können Bilder sowohl während des Entwurfs als auch zur Laufzeit eines Formulars oder Berichts füllen. Um ein Bild zur Laufzeit zu laden, verwenden Sie dazu die Eigenschaft `Picture` des Bild-Steuerelements, beispielsweise:

```
Me.picBild.Picture = "C:\Bilder\Test.jpg"
```

13.11.2 Seitenumbrüche

Mithilfe von Seitenumbruch-Steuerelementen lassen sich mehrseitige Dokumente erzeugen. Zwischen den einzelnen Seiten können Sie mit den Tasten [Bild↑] bzw. [Bild↓] blättern. Insgesamt kann ein Formular bzw. ein Bericht etwas mehr als 55 cm pro Datensatz lang bzw. breit sein.

14 Formulare

Für die Erstellung von Formularen, den Bildschirmmasken in Access, bietet das Programm vielfältige Gestaltungsmöglichkeiten. Wir möchten Ihnen ein Beispielformular vorstellen, für das Access-typische Techniken verwendet wurden. Die Beschreibung des Beispiels ergänzen wir durch weitere Themenkomplexe, denn es lassen sich nicht alle Möglichkeiten von Access in ein Beispiel einarbeiten.

14.1 Die Ereignissteuerung

Ebenso wie für die im vorhergehenden Kapitel beschriebenen Steuerelemente kann ein Formular auf verschiedene Ereignisse reagieren. Das nächste Bild zeigt einen Ausschnitt des Eigenschaftenfensters eines Formulars. Für das Ereignis *Bei Laden* wurde eine Ereignisprozedur vereinbart.

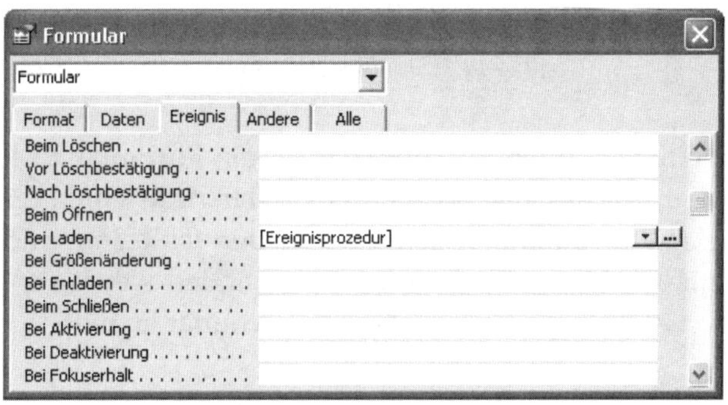

Bild 14.1: Formular-Eigenschaften

Die Ereignisprozeduren besitzen die gleiche Form wie die entsprechenden Routinen für Steuerelemente, so ist beispielsweise

```
Private Sub Form_Load()
    ...
End Sub
```

der leere Rahmen für die *Bei Laden*-Prozedur.

14.2 Das Beispielformular

Anhand der folgenden von uns als Beispiel erstellten Maske möchten wir Ihnen die Möglichkeiten der Erstellung und Gestaltung von Formularen vorstellen.

Bild 14.2: Das Beispielformular

Um schnell und einfach zu einer Grundlage für ein Formular zu kommen, empfiehlt es sich, die in Access angebotenen Formular-Assistenten einzusetzen. Die Basis unseres Beispielformulars bilden die Tabellen *tblCocktail* und *tblCocktailZutaten*, wobei letztere in einem Unterformular behandelt werden soll. Mithilfe des Formular-Assistenten haben wir das folgende Formular erstellt:

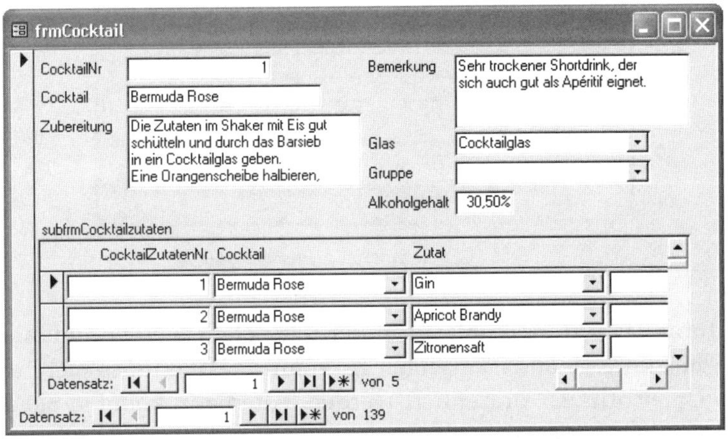

Bild 14.3: Durch den Formular-Assistenten erstelltes Formular

Das Formular soll nun schrittweise verbessert werden. Hierbei werden wir Ihnen zu den einzelnen Themenkomplexen weitere Informationen geben, die nicht im Beispiel eingesetzt werden, aber vielleicht für Ihre Anwendung nützlich sein könnten.

14.2.1 Das Unterformular

Das vom Formular-Assistenten generierte Unterformular wird im nächsten Bild gezeigt.

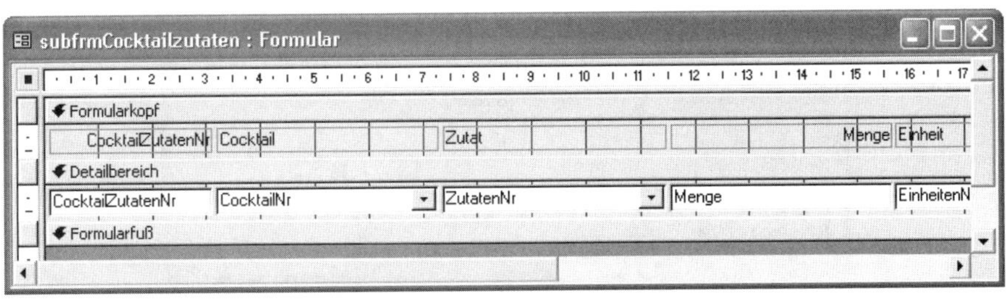

Bild 14.4: Generiertes Unterformular

In Access 2002 hat Microsoft mit dem Befehl *ANSICHT Unterformular in neuem Fenster*, der bei selektiertem Unterformular freigeschaltet ist, einen schnellen Aufruf geschaffen, ein Unterformular zur Bearbeitung in einem eigenen Entwurfsfenster zu zeigen.

Wir haben für unser Beispiel im Folgenden das Unterformular verändert, sodass nur die notwendigen Felder dargestellt werden.

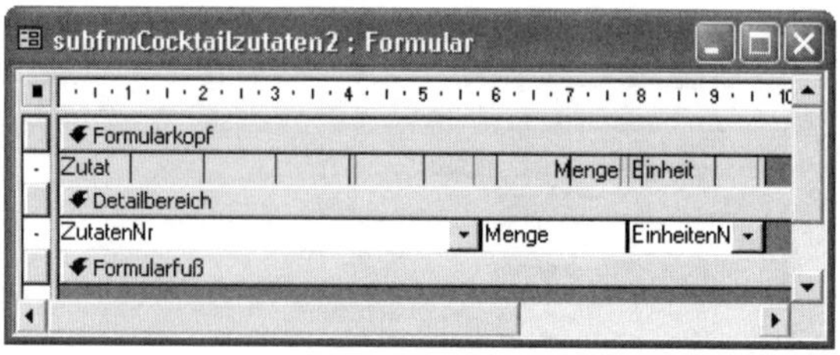

Bild 14.5: Geändertes Unterformular

Das Unterformular soll als Endlosformular dargestellt werden, um alle Zutaten eines Cocktails untereinander anzeigen zu können. Dazu muss mehr als ein Datensatz im Unterformular präsentiert werden. Alternativ könnten Sie die Datenblattansicht wählen. Die Datenblattansicht ist in puncto Bildschirmaufbau wesentlich schneller als die Endlosformularansicht, allerdings bietet die Darstellung in der Formularansicht mehr Gestaltungsmöglichkeiten.

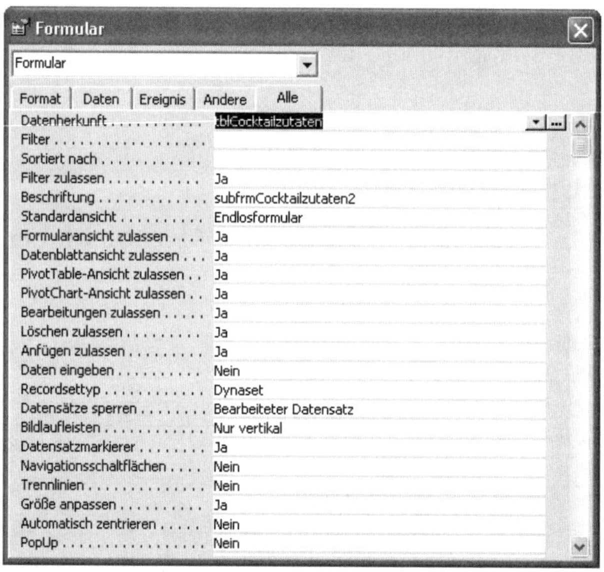

Bild 14.6: Eigenschaften des Unterformulars

Das nächste Bild zeigt exemplarisch die Festlegungen für das Kombinationsfeld für die *ZutatenNr*. Mithilfe des Feldes wird automatisch die Bezeichnung der Zutat über die Zutatennummer nachgeschlagen. Dabei wird mit dem UNION-Befehl, den wir im vorangegangenen Kapitel vorgestellt haben, die zusätzliche Zeile *(Neue Zutat)* erzeugt.

Bild 14.7: Eigenschaften des Kombinationsfeldes für die Zutaten

Nachschlagen-Kombinationsfelder: Access generiert für Datenfelder, die im Entwurf der Tabelle als Nachschlagefelder vereinbart wurden, automatisch Kombinationsfelder. Damit wird erreicht, dass im Unterformular immer der nachgeschlagene Wert dargestellt wird. In unserem Beispiel wird nicht die Zutatennummer, sondern die Bezeichnung der Zutat gezeigt, die aus der entsprechenden Tabelle eingelesen wurde. Wir empfehlen Ihnen, solche Kombinationsfelder nur sparsam einzusetzen, denn sowohl das Nachschlagen als auch das Füllen der Liste für das Kombinationsfeld nimmt Zeit in Anspruch.

Das Formular erhält nach unserer ersten Überarbeitung das im folgenden Bild dargestellte Aussehen.

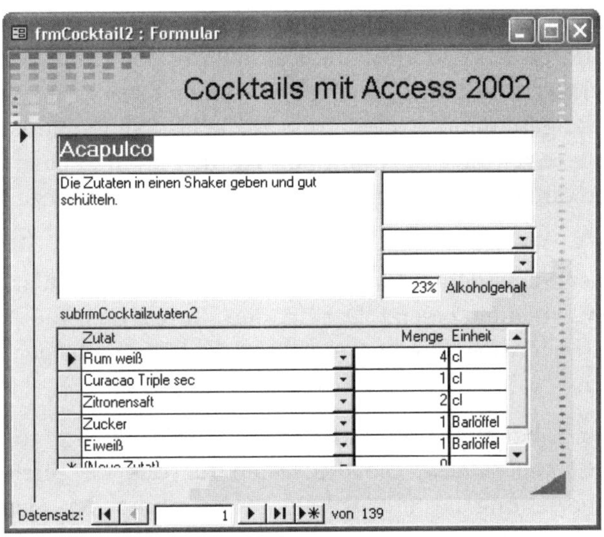

Bild 14.8: Erste Variante des Cocktail-Formulars

Als Hintergrundbild haben wir eine Grafik eingesetzt, die in den Formulareigenschaften hinter *Bild* angegeben wird.

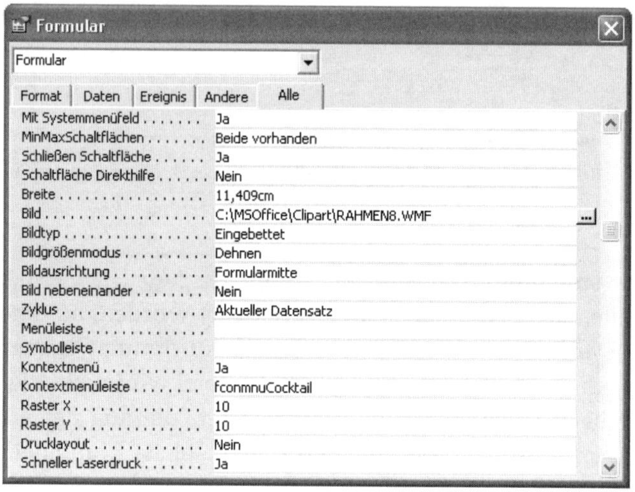

Bild 14.9: Einstellungen für das Hintergrundbild

14.2.2 Etwas mehr Tempo, bitte!

Unser bisher erstelltes Formular wird je nach Rechnerleistung nicht so sehr schnell aufgebaut, da insbesondere die Darstellung des Unterformulars mit den Kombinationsfeldern sehr lange dauert. Wir kennen diese Problematik aus vielen Access-Anwendungen, denn Access muss für jedes Kombinationsfeld eines Datensatzes alle Werte für die Liste ermitteln. Werden dann in einem Endlosformular mehrere Kombinationsfelder gleichzeitig am Bildschirm gezeigt wie in unserem Beispiel, muss der Vorgang entsprechend oft durchgeführt werden.

Wir haben in der folgenden Variante unseres Cocktail-Formulars das Unterformular durch ein Listenfeld ersetzt. Das hat den Vorteil, dass die Anzeige wesentlich schneller ist, allerdings können nun keine Zutaten mehr geändert oder hinzugefügt werden.

Da zwischen der Tabelle *tblCocktail*, die die Daten für das Formular enthält, und der Tabelle *tblCocktailZutaten*, die die Daten für das Listenfeld liefert, keine Fremdschlüsselbeziehung besteht, ist die Verknüpfung des Listenfeldes etwas aufwändiger. Wir haben diese Art der Verknüpfung ausführlich in Kapitel 13, »Steuerelemente«, behandelt.

Für die Verknüpfung benötigen wir zusätzlich ein Feld mit der Cocktailnummer, das unter dem Namen *txtCocktailNr* unten links auf dem in Bild 14.10 dargestellten Formular zu sehen ist. Für das Feld kann die Eigenschaft *Sichtbar* auf *Nein* gesetzt werden, denn es wird nur intern für die Verknüpfung benötigt.

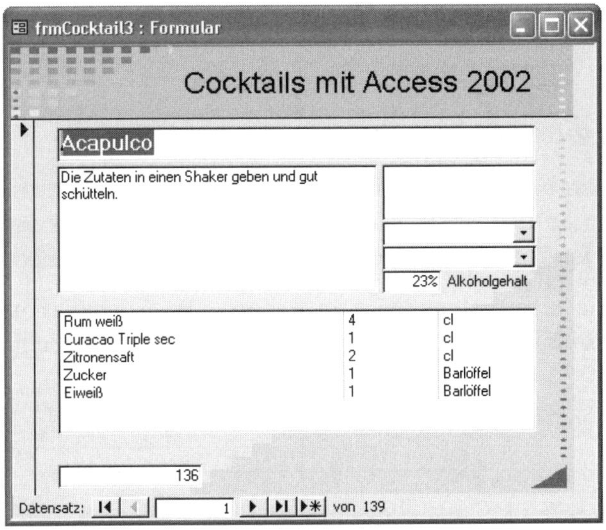

Bild 14.10: Listenfeld statt Unterformular

In der Datensatzherkunft des Listenfeldes *lstCocktails* wird eine SQL-Abfrage mit der folgenden Definition vereinbart. Als Bedingung wurde festgelegt, dass die *CocktailNr* dem Inhalt des neuen Feldes *txtCocktailNr* auf dem Formular entsprechen soll.

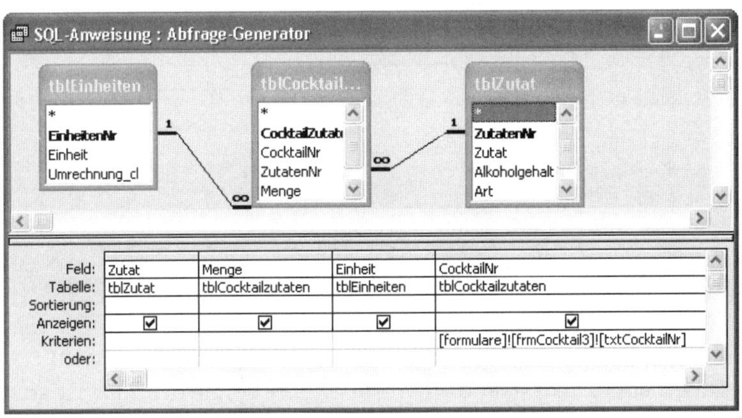

Bild 14.11: Datensatzherkunft des Listenfeldes

Damit das Listenfeld bei Änderungen im Feld *txtCocktailNr*, beispielsweise beim Blättern durch die Cocktails, aktualisiert wird, muss für das Ereignis *Beim Anzeigen* des Formulars die folgende Routine definiert werden.

```
Private Sub Form_Current()
    lstCocktails.Requery
End Sub
```

14.2.3 Die zweite Variante

Nachteil des oben beschriebenen Listenfeldes ist zum einen, dass der Anwender keine Änderung an den Zutaten vornehmen kann, und zum anderen, dass auf die Gestaltung der Daten im Listenfeld wenig Einfluss genommen werden kann.

Wir möchten Ihnen im Folgenden eine Variante des Cocktail-Formulars vorstellen, die mit zwei übereinanderliegenden Unterformularen arbeitet.

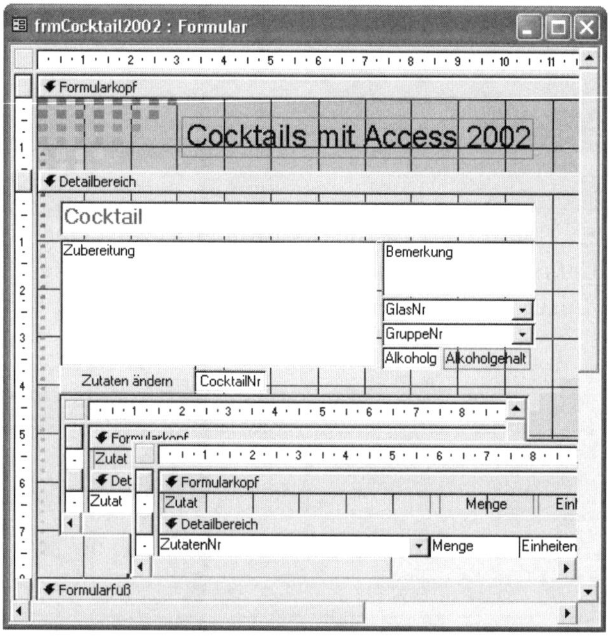

Bild 14.12: Zwei Unterformulare

Mit dem Unterformular *subfrmZutatenAnzeigen* werden die Zutaten schnell dargestellt, können aber nicht geändert werden. Das Unterformular ist standardmäßig aktiv und wird angezeigt. Das Unterformular *subfrmZutatenÄndern* ist beim Öffnen des Cocktail-Formulars unsichtbar. Es wird nur eingeblendet (und dabei das Anzeige-Unterformular ausgeblendet), wenn die Befehlsschaltfläche *Zutaten ändern* betätigt wird.

Beide Unterformulare sind über die *CocktailNr* mit dem Cocktail-Formular verknüpft. Für die Verknüpfung wird das Hilfsfeld mit der *CocktailNr* benötigt, das in der Formularansicht unsichtbar ist.

Das folgende Bild zeigt das Formular *subfrmZutatenAnzeigen* und das dazugehörige Eigenschaftenfenster. Das Unterformular ist als Endlosformular definiert, und sämtliche Bearbeitungsmöglichkeiten sind ausgeschaltet.

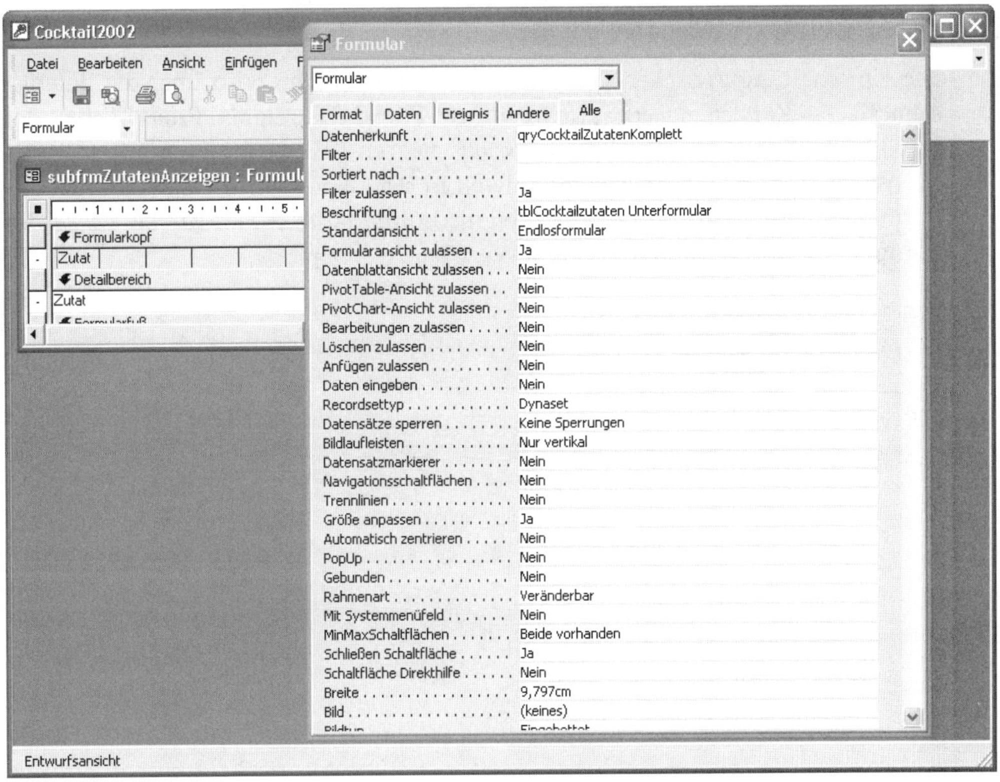

Bild 14.13: Definition des Formulars subfrmZutatenAnzeigen

Der Vollständigkeit halber möchten wir die SQL-Abfrage angeben, die dem Unterformular zugrunde liegt. Im Unterformular dargestellt werden nur die ersten drei Felder, das Feld `tblCocktailzutaten.CocktailNr` wird nur für die Verknüpfung mit dem Hauptformular benötigt.

```
SELECT
       tblZutat.Zutat,
       tblCocktailzutaten.Menge,
       tblEinheiten.Einheit,
       tblCocktailzutaten.CocktailNr
FROM
       tblZutat
       INNER JOIN
       (tblEinheiten INNER JOIN tblCocktailzutaten ON
       tblEinheiten.EinheitenNr = tblCocktailzutaten.EinheitenNr) ON
              tblZutat.ZutatenNr = tblCocktailzutaten.ZutatenNr;
```

Die Umschaltung zwischen den beiden Unterformularen wird über die Befehlsschaltfläche *Zutaten ändern* durchgeführt. Für das Ereignis *Beim Klicken* der Schaltfläche haben wir die Routine `cmdUmschalten_Click()` programmiert, wobei die Variable `mfListenfeldOben` modulweit in den allgemeinen Deklarationen des Formulars vereinbart wurde. Die Ereignisroutine `Form_Load()` für *Bei Laden* des Formulars setzt die Variable auf den Wert `True`.

```
Dim mfListenfeldOben As Boolean
Private Sub Form_Load()
    mfListenfeldOben = True
End Sub

Private Sub cmdUmschalten_Click()

    If mfListenfeldOben Then
        '-- Unterformulardarstellung
        cmdUmschalten.Caption = "Zutaten anzeigen"
        subfrmZutatenAnzeigen.Visible = False
        subfrmZutatenÄndern.Visible = True
        subfrmZutatenÄndern.Requery
    Else
        '-- Listendarstellung
        cmdUmschalten.Caption = "Zutaten ändern"
        subfrmZutatenÄndern.Visible = False
        subfrmZutatenAnzeigen.Visible = True
        subfrmZutatenAnzeigen.Requery
    End If
    mfListenfeldOben = Not mfListenfeldOben
End Sub
```

Ist die Variable `mfListenfeldOben` gleich `True`, wird also das Unterformular angezeigt, ändert das Programm den Text der Befehlsschaltfläche zu »Zutaten anzeigen«, macht das Unterformular *subfrmZutatenAnzeigen* unsichtbar, blendet *subfrmZutatenÄndern* ein und aktualisiert es. Entsprechend umgekehrt läuft der Vorgang bei einer erneuten Betätigung der Befehlsschaltfläche ab.

14.2.4 Die Filterschaltflächen A–Z

Die Optionsgruppe mit den Schaltflächen »*« und »A« bis »Z« auf dem Beispielformular soll der schnellen Auswahl von Cocktails dienen. Klicken Sie z.B. auf »A«, aktivieren Sie damit einen Filter, der nur noch die Cocktails anzeigen lässt, deren Name mit dem gewählten Buchstaben beginnt.

Die Optionsgruppe wurde übrigens ohne die Unterstützung durch den Optionsgruppen-Assistenten erstellt, denn der Assistent erlaubt nur bis zu 20 Schaltflächen innerhalb einer Gruppe.

Für die Optionsgruppe vereinbarten wir, wie im nächsten Bild dargestellt, eine Funktion für das Ereignis *Nach Aktualisierung*. Damit wird die Funktion immer dann aufgerufen, wenn eine Schaltfläche gedrückt wird.

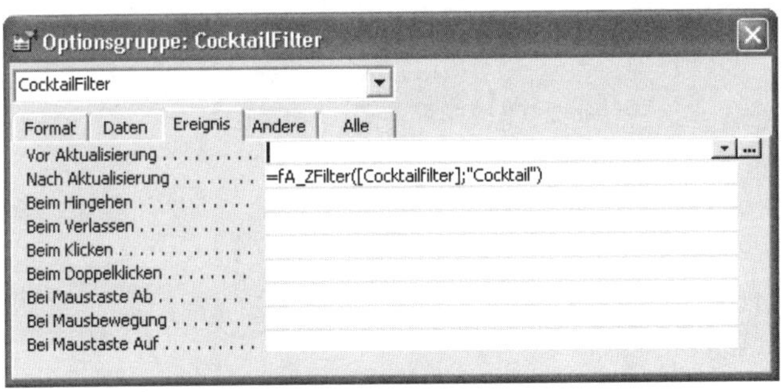

Bild 14.14: Eigenschaften der Optionsgruppe

Die Ereignisbehandlungsroutine `fA_ZFilter()` zeigt das folgende Listing. Die Fehlerbehandlung ist dabei nur sehr einfach ausgeführt.

```
Function fA_ZFilter(fld As Control, strField As String) As Variant
    Dim astrFilter As Variant

    ' Steuerelement fld muss Optionsgruppe sein
    If Not (TypeOf fld Is OptionGroup) Then Exit Function
```

```
    ' Filterangaben jeweils für den ersten Buchstaben
    ' [] klammert die Buchstaben ein, die jeweils für das erste
    ' Zeichen in Frage kommen (siehe SQL: LIKE-Operator)
    astrFilter = Array("[AÀÁÂÃÄ]", "B", "[CÇ]", "D", "[EÈÉÊË]", "F", _
            "G", "H", "[IÌÍÎÏ]", "J", "K", "L", "M", "[NÑ]", _
            "[OÒÓÔÕÖ]", "P", "Q", "R", "[SŠ]", "T", "[UÙÚÛÜ]", _
            "V", "W", "X", "[YÝÿ]", "[ZÆØÅ]")

    On Error GoTo fA_ZFilter_Err

    ' wenn das aktuelle Objekt ein Formular ist
    If TypeOf CodeContextObject Is Form Then
        With CodeContextObject
            ' Optionsbutton mit Wert > 26 zeigt alle Datensätze an
            If fld <= 26 Then
                ' Filter wird zusammengesetzt, am Ende mit Sternchen
                .Filter = strField & " LIKE """ & astrFilter(fld - 1) _
                                                & "*"""
                .FilterOn = True
            Else
                ' Zeigt alle Datensätze an;
                ' Filter wird zurückgesetzt und ausgeschaltet
                .Filter = ""
                .FilterOn = False
            End If
        End With
    End If

fA_ZFilter_Exit:
    Exit Function

fA_ZFilter_Err:
    MsgBox Err.Description
    Resume fA_ZFilter_Exit
End Function
```

Zunächst werden an die Funktion zum einen die Optionsgruppe mit den Schaltflächen übergeben, zum anderen das Tabellenfeld, das gefiltert werden soll. Mit TypeOf wird gleich zu Beginn der Funktion die Art des übergebenen Steuerelements überprüft. Handelt es sich dabei nicht um eine Optionsgruppe, wird die Funktion abgebrochen.

Die Filterkriterien befinden sich im Datenfeld varFilter. Für jeden Buchstaben ist eine Bedingung angegeben, wobei hier die Möglichkeiten der generischen Suche genutzt wurden.

Für das aktuelle Objekt, hier mit CodeContextObject referenziert, wird die Nummer der gedrückten Schaltfläche ermittelt. Für alle Werte kleiner als 26 wird ein Filterkriterium zusammengesetzt, wobei die Nummer der Schaltfläche als Index für das Datenfeld dient. Wird 27 als Ergebniswert der Optionsgruppe zurückgeliefert, hat der Anwender die Schaltfläche mit dem Sternchen betätigt. Entsprechend werden wieder alle Datensätze angezeigt.

14.2.5 Drucken der gefilterten Datensätze

Möchten Sie den für ein Formular vereinbarten Filter an einen Bericht weitergeben, um nur die gefilterten Daten auszudrucken, so lässt sich dies mit den folgenden Zeilen durchführen.

```
' Wenn ein Filter ist
If Me.FilterOn Then
    ' Bericht öffnen und Filterbedingung übergeben
    DoCmd.OpenReport "Bericht", WhereCondition:=Me.Filter
End If
```

Beachten Sie dabei aber, dass im Bericht die gleichen Felder wie im Formular verwendet werden, sonst kann im Bericht die WhereCondition nicht ausgewertet werden.

14.2.6 Zusammenstellen einer Filterbedingung

Die BuildCriteria()-Methode des Application-Objekts unterstützt Sie bei der Definition von Filterbedingungen. Der Methode werden drei Parameter übergeben, das Ergebnis ist eine Zeichenkette mit der Bedingung, die für Filter-Eigenschaften, Find-Methoden und SQL-Statements eingesetzt werden kann. Bei fehlerhaften oder unzureichenden Parametern löst die Methode einen abfangbaren Laufzeitfehler aus (siehe Kapitel 8, »Fehlersuche und -behandlung«). Die allgemeine Form der Methode lautet

```
str = BuildCriteria(Feld, Feldtyp, Ausdruck)
```

wobei *Feldtyp* durch eine der vordefinierten Access-Feldtypenkonstanten dbLong, dbText usw. ersetzt wird. Der Befehl

```
strTmp = BuildCriteria("Cocktail", dbText, "Whiskey Sour")
```

ergibt das Ergebnis `"Cocktail = 'Whiskey Sour'"`. Mit

```
Me.Filter = BuildCriteria("CocktailNr", dbLong, "1 or 2 or 3")
```

bildet diese Methode die Filterbedingung `"CocktailNr = 1 Or CocktailNr = 2 Or CocktailNr = 3"`.

Der Einsatz von `BuildCriteria()` empfiehlt sich in erster Linie dann, wenn Sie die Definitionen für eine Filterbedingung vom Anwender abfragen. Durch die Methode können Sie so sicherstellen, dass syntaktisch korrekte Bedingungen gestellt werden.

14.3 Rund um das Formular

Weitere Themenbereiche im Umfeld von Formular und Unterformular möchten wir in den nächsten Abschnitten beschreiben.

14.3.1 Dynaset oder Snapshot

Für ein gebundenes Formular kann die Eigenschaft *RecordsetTyp* eingestellt werden. Die Eigenschaft bestimmt, ob Daten der zugrunde liegenden Datenherkunft, *RecordSource*, bearbeitet werden können. Alle im Weiteren beschriebenen Einstellungen gelten für gebundene Steuerelemente eines gebundenen Formulars.

Drei Einstellungen sind möglich: *Dynaset*, *Dynaset (Inkonsistente Aktualisierungen)* und *Snapshot*. Bei einem *Snapshot* können die Daten der dem Formular zugrunde liegenden Tabellen oder Abfragen nicht verändert werden; es wird ein Schnappschuss der Daten erzeugt, der nur gelesen werden kann.

Selektieren Sie die Option *Dynaset*, die Standardeinstellung, so können die Daten einer Tabelle oder von Tabellen in einer 1:1-Beziehung bearbeitet werden. Basiert das Formular auf mehreren Tabellen, die nicht in 1:n-Beziehungen zueinander stehen, so können die Daten mit dem Formular nur angezeigt, aber nicht geändert werden.

Die Einstellung *Dynaset (Inkonsistente Aktualisierungen)* erlaubt die Bearbeitung aller Tabellen und Abfragen, sofern zwischen den Tabellen 1:n-Beziehungen mit Aktualisierungsweitergabe definiert sind. Access ist eine der wenigen Datenbanken, die die Änderung von Daten der 1- und der n-Seite im gleichen Formular ermöglicht.

14.3.2 Aktuelle Datensatznummer

Die Datensatznummer für einen Datensatz auf einem Formular lässt sich mithilfe der Eigenschaft `CurrentRecord` des Formulars bestimmen. Die Routine

```
Private Sub Form_Current()
    txtDatensatznummer = Me.CurrentRecord
End Sub
```

weist die aktuelle Datensatznummer dem Textfeld zu. `Form_Current()` ist die Ereignisroutine für das Ereignis *Beim Anzeigen*.

14.3.3 Gesamtzahl der Datensätze in einem Formular

Möchten Sie die Gesamtzahl der Datensätze bestimmen, die in einem Formular angezeigt werden, also die Zahl, die normalerweise rechts von der Navigationsschaltfläche links unten auf einem Formular zu sehen ist, so müssen Sie die Ereignisroutine *Beim Anzeigen* wie folgt ergänzen:

```
Private Sub Form_Current()
    Dim rec As DAO.Recordset

    Set rec = Me.RecordsetClone
    txtDatensatzGesamtzahl = rec.RecordCount
    txtDatensatznummer = Me.CurrentRecord
End Sub
```

Beachten Sie, dass die Methode `RecordsetClone` des Formulars ein DAO-Recordset zurückliefert, es sei denn, das Formular basiert auf einem ADO-Recordset. Sehen Sie dazu 14.3.16, »Recordset als Datenherkunft festlegen«, ab Seite 507.

14.3.4 Neueingabe von Datensätzen

Möchten Sie feststellen, ob der Anwender gerade einen neuen Datensatz mit Ihrem Formular erfasst, also beispielsweise mithilfe von *EINFÜGEN Neuer Datensatz* das leere Formular zur Neueingabe eingeblendet hat, bietet Ihnen Access die Eigenschaft `NewRecord`. Die Eigenschaft gibt den Wert `True` zurück, wenn ein neuer Datensatz eingegeben wird.

Die folgende Routine für das Ereignis *Beim Anzeigen* ruft die Funktion `ZutatenÄndern()` auf, die das Unterformular zur Erfassung und Änderung von Cocktailzutaten einblendet. Im Cocktail-Formular können Sie so sicherstellen, dass nicht das Unterformular zum Anzeigen der Zutaten dargestellt wird, wenn für einen neuen Cocktail die Zutaten erfasst werden sollen.

```
Private Sub Form_Current()
    If Me.NewRecord Then
        ' Hier Befehle einsetzen, die vor der Neueingabe erfolgen sollen
        Call ZutatenÄndern
    End If
End Sub
```

Übrigens kann mithilfe von NewRecord auch die im vorherigen Abschnitt beschriebene Methode zur Bestimmung der Gesamtzahl von Datensätzen erweitert werden, sodass bei der Neueingabe die Anzahl plus eins gezeigt wird.

```
Private Sub Form_Current()
    Dim rec As DAO.Recordset

    Set rec = Me.RecordsetClone
    If Me.NewRecord Then
        txtDatensatzGesamtzahl = rec.RecordCount + 1
    Else
        txtDatensatzGesamtzahl = rec.RecordCount
    End If
    txtDatensatznummer = Me.CurrentRecord
End Sub
```

14.3.5 Löschen von Datensätzen

Beim Löschen von Datensätzen in einem Formular zeigt Access eine standardmäßige Warnmeldung. Möchten Sie eine eigene Löschmeldung definieren, so vereinbaren Sie eine Prozedur für das Ereignis *Beim Löschen*. Das folgende Beispiel aktiviert ein Dialogfeld, auf dem eine *Ja*- und eine *Nein*-Schaltfläche gezeigt werden. Beantworten Sie die Frage mit *Nein*, so wird der Löschvorgang abgebrochen. Dazu muss nur der Parameter Cancel auf True gesetzt werden.

```
Private Sub Form_Delete(Cancel As Integer)
    If MsgBox("Cocktail '" & txtCocktail & "' löschen?", _
                   Buttons := vbYesNo, _
                   Title := "Cocktail") = vbNo Then
        Cancel = True
    End If
End Sub
```

Haben Sie mehrere Datensätze zum Löschen markiert, beispielsweise in der Datenblattansicht, so wird das Ereignis *Beim Löschen* für jeden markierten Datensatz ausgelöst. In der Prozedur `Form_Delete()` können Sie beispielsweise auch Abläufe programmieren, die den zu löschenden Datensatz vorher zur Sicherheit umkopieren.

Allerdings unterdrückt die *Beim Löschen*-Prozedur nicht die Standardwarnmeldung, wenn Sie im Dialogfeld der obigen Funktion *Ja* auswählen, denn die Standardwarnmeldung wird erst zum Zeitpunkt des Ereignisses *Vor LöschBestätigung* eingeblendet. Werden mehrere markierte Datensätze gelöscht, gilt die Löschbestätigung für alle Datensätze, also nur bei dem Ereignis *Beim Löschen* wird bei jedem Datensatz nachgefragt.

Die Reihenfolge der Ereignisse bei einem Löschvorgang können Sie Kapitel 12, »Ereignisse«, entnehmen.

```
Private Sub Form_BeforeDelConfirm(Cancel As Integer, _
            Response As Integer)
    If MsgBox( _
          "Sind Sie sicher, den bzw. die Cocktails zu löschen?", _
          Buttons:=vbYesNo, _
          Title:="Cocktails") = vbNo Then
            Cancel = True
    End If
    ' Keine Access-eigene Meldung zeigen
    Response = acDataErrContinue
End Sub
```

Wichtig zur Unterdrückung der Access-eigenen Löschnachfrage ist die Zuweisung an die Variable `Response`. Standardmäßig hat `Response` den Wert `acDataErrDisplay`, d.h., die Warnmeldung wird gezeigt.

Auch wenn Sie den Löschvorgang abgebrochen haben, tritt auf jeden Fall das Ereignis *Nach Löschbestätigung* auf. Wurde das Löschen bestätigt, so sind die Datensätze zum Zeitpunkt des Ereignisses *Nach Löschbestätigung* schon entfernt. Mithilfe des Parameters `Status` können Sie ermitteln, ob das Löschen der Datensätze erfolgreich war.

```
Private Sub Form_AfterDelConfirm(Status As Integer)
    Select Case Status
        Case acDeleteOK:
            MsgBox "Löschen der Cocktails erfolgreich durchgeführt"
        Case acDeleteCancel:
            MsgBox "Löschen abgebrochen!"
```

```
        Case acDeleteUserCancel:
            MsgBox "Löschen durch Benutzer abgebrochen!"
    End Select
End Sub
```

14.3.6 Synchronisierte Unterformulare

Im folgenden Beispiel möchten wir Ihnen zwei synchronisierte Unterformulare vorstellen. Selektieren Sie im Formular eine Zutat im oberen Unterformular, erhalten Sie im unteren die Alternativzutaten angezeigt.

Bild 14.15: Zutatenalternativen

Das obere Unterformular ist mit dem Unterformular-Assistenten erstellt. Die Verknüpfung zwischen den Cocktaildaten des Formulars und den Zutaten des Unterformulars wird über die Cocktailnummer hergestellt.

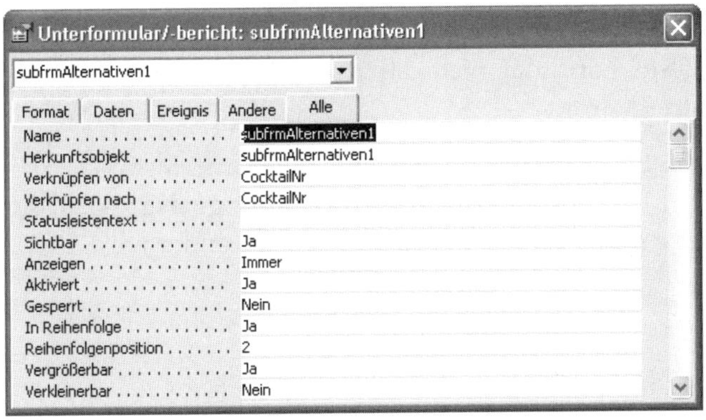

Bild 14.16: Eigenschaften des ersten Unterformulars

Im Unterformular werden die Daten mit dem folgenden SQL-Befehl

```
SELECT
        tblCocktailzutaten.ZutatenNr,
        tblCocktailzutaten.Menge,
        tblCocktailzutaten.EinheitenNr,
        tblCocktailzutaten.CocktailNr
FROM
        tblCocktailzutaten;
```

selektiert. Die Verbindung zwischen den beiden Unterformularen kann fast ohne Programmierung hergestellt werden. Notwendig ist dazu ein Textfeld, das als Verbindungsfeld zwischen den beiden Unterformularen genutzt wird. In Bild 14.15 ist das Verbindungsfeld rechts zwischen den Unterformularen angeordnet. Das Feld kann unsichtbar geschaltet werden, denn sein Inhalt wird nur für die Verbindung zwischen den Unterformularen gebraucht.

In unserem Beispiel wurde das Verbindungsfeld mit dem Namen *txtVerbindung* bezeichnet. Das Feld wird durch das obere Unterformular gefüllt. Das zweite Unterformular bezieht sich dann auf den Inhalt des Verbindungsfeldes.

Im Formular des oberen Unterformulars wird für das Formularereignis *Beim Anzeigen* das folgende Programm erfasst.

```
Private Sub Form_Current()
    On Error Resume Next
    Me.Parent!txtVerbindung = Me!ZutatenNr
End Sub
```

Mit der Zeile `On Error Resume Next` wird vermieden, dass ein Fehler angezeigt wird, wenn dieses Formular nicht als Unterformular, sondern ganz normal als Formular geöffnet wird.

Die folgende SQL-Abfrage liegt dem zweiten Unterformular zugrunde, wobei das Feld `tblZutat.Alternativ` nicht im Formular gezeigt wird, sondern nur für die Verknüpfung der beiden Unterformulare verwendet wird.

```
SELECT tblZutat.Zutat,
       tblZutat.Alkoholgehalt,
       tblZutat.Art,
       tblZutat.Alternativ
FROM tblZutat;
```

Im nächsten Bild ist das Eigenschaftenfenster des zweiten Unterformulars dargestellt. Als *Verknüpfen von* ist das Feld *Alternativ* eingetragen, als *Verknüpfen nach* das Verbindungsfeld *txtVerbindung*.

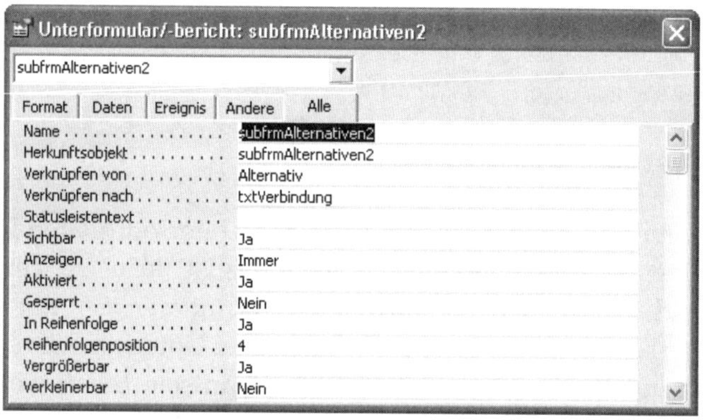

Bild 14.17: Eigenschaften des zweiten Unterformulars

14.3.7 Verweise auf Unterformular-Steuerelemente

Benötigen Sie einen Verweis auf ein Steuerelement eines Unterformulars, da Sie beispielsweise ein Steuerelement des Unterformulars unsichtbar schalten wollen, müssen Sie den Verweis in der Form

```
Forms("Hauptform").Controls("Unterform").Form.Controls("Steuerelement")
```

angeben. Das ist zugegebenermaßen umständlich, deshalb hat Microsoft die `Controls`-Auflistung als Standard geschaltet, sodass Sie

```
Forms("Hauptform")("Unterform")("Steuerelement")
```

oder

```
Forms![Hauptform]![Unterform]![Steuerelement]
```

schreiben können. Soll beispielsweise für das Formular `frmCocktail` das Steuerelement `txtMenge` auf dem Unterformular `subfrmZutatenÄndern` ausgeschaltet werden, so kann dies mit

```
Forms!frmCocktail!subfrmZutatenÄndern!txtMenge.Visible = False
```

durchgeführt werden. Verwenden Sie den Verweis auf das Unterformular innerhalb des Hauptformulars `frmCocktail`, so schreiben Sie abgekürzt

```
Me!subfrmZutatenÄndern!txtMenge.Visible = False
```

14.3.8 Als Unterformular geladen?

Viele Formulare werden sowohl als Formulare als auch als Unterformulare eingesetzt. Oft ist es notwendig, bestimmte Einstellungen in Abhängigkeit davon vorzunehmen, ob das Formular eigenständig oder als Unterformular genutzt wird.

Ob ein Formular oder Unterformular vorliegt, kann schnell ermittelt werden, indem die Eigenschaft *Parent* ausgewertet wird. Allerdings ist die Abfrage von *Parent* nicht ganz problemfrei, denn nur ein Unterformular besitzt einen Wert für die Eigenschaft. Versuchen Sie, auf *Parent* aus einem normalen Formular zuzugreifen, wird ein Laufzeitfehler ausgelöst.

Die folgende kleine Funktion ermittelt, ob ein Formular als Unterformular geladen wurde und umgeht dabei die Laufzeitfehlermeldung.

```
Function IstUnterformular(frm As Form) As Boolean
    Dim strTmp As String

    On Error Resume Next
    strTmp = frm.Parent.Name
    IstUnterformular = (Err.Number = 0)
    On Error GoTo 0
End Function
```

Die Funktion können Sie beispielsweise dazu nutzen, um beim direkten Öffnen eines Unterformulars eine Messagebox mit dem Hinweis anzuzeigen, zu welchem Formular dieses Unterformular gehört. Folgender Code wird dazu an das Ereignis *Bei Laden* des entsprechenden Unterformulars gebunden:

```
Private Sub Form_Load()
    If IstUnterformular(Me) Then
        ' Hier Code eintragen, der ausgeführt wird,
        ' wenn das Formular als Unterformular geladen ist.
    Else
        MsgBox "Dies ist ein Unterformular von frmCocktail2002"
    End If
End Sub
```

14.3.9 Formular offen?

Mit der folgenden kleinen Funktion können Sie feststellen, ob ein bestimmtes Formular geöffnet ist. Dazu wird die Access-Funktion `SysCmd` eingesetzt, mit der eine Reihe von Systemeinstellungen und -zuständen abgefragt werden kann. Die mit `ac...` beginnenden Konstanten sind in Access vordefiniert.

```
Function IsFormOpen(str As String) As Boolean
    isFormOpen = (SysCmd(acSysCmdGetObjectState, acForm, str) <> 0)
End Function
```

Die Funktion lässt sich dahingehend erweitern, dass sie auch den Status anderer Objekte ermittelt. Für optionale Parameter kann ein Standardwert vereinbart werden, der nur dann Verwendung findet, wenn der Parameter nicht anders gesetzt wird. So geht die folgende Funktion davon aus, dass der Status eines Formulars zurückgegeben werden soll, wenn der optionale Parameter `intObjType` nicht angegeben ist.

```
Function IsOpen(strName As String, _
                Optional intObjType As Integer = acForm) As Boolean
    ' Ist das angegebene Object geöffnet?
    IsOpen = (SysCmd(acSysCmdGetObjectState, intObjType, strName) <> 0)
End Function
```

Die oben beschriebene Funktion zeigt die Variante, die bisher mit allen Access-Versionen funktioniert hat. In Access 2000 und 2002 können Sie eine andere Methode verwenden, um beispielsweise ein geöffnetes Formular zu bestimmen. Das mit Access 2000 neu eingeführte Objekt `CurrentProject` beinhaltet Auflistungen aller Formulare (`AllForms`), Berichte (`AllReports`), Module (`AllModules`) usw. Jede der Auflistungen besteht aus Objekten vom Typ `AccessObject`, allgemeinen Access-Objekten. Ein `AccessObject` verfügt unter anderem über die Eigenschaft `IsLoaded`, mit deren Hilfe festgestellt werden kann, ob ein Objekt geladen ist.

```
Function IstGeladen(strName As String)
    ' Ist das angegebene Formular geöffnet?
    Dim ao As AccessObject

    Set ao = CurrentProject.AllForms(strName)
    IstGeladen = ao.IsLoaded
End Function
```

Tabellen (`AllTables`) und Abfragen (`AllQuerys`) können übrigens über das Objekt `CurrentData` angesprochen werden.

14.3.10 Werte übernehmen

In vielen Anwendungen ist es sinnvoll, bei der Eingabe von neuen Datensätzen Werte aus bestimmten Feldern zu übernehmen, um sie nicht immer wieder neu eingeben zu müssen. Access kennt diese Funktion standardmäßig nicht, sie lässt sich aber mit wenigen Zeilen implementieren. Dazu wird für die Steuerelemente, die den Wert der letzten Eingabe in das jeweilige Steuerelement als Vorgabewert erhalten sollen, die Eigenschaft *DefaultValue* gesetzt.

Einfache Variante

In der einfachen Variante wird für jedes Steuerelement, das einen Eingabewert als Standardwert übernehmen soll, eine entsprechende Zeile in die Routine für das Ereignis *Nach Aktualisierung* des Formulars aufgenommen.

```
Private Sub Form_AfterUpdate()
    Element.DefaultValue = "'" & Element.Value & "'"
End Sub
```

Haben Sie die Routine eingegeben sowie den Eingabewert für das entsprechende Steuerelement, wird der aktuelle Wert des Steuerelements als `DefaultValue` zugewiesen und für jeden neuen Datensatz automatisch eingetragen. Beachten Sie dabei bitte, dass `DefaultValue` immer eine Zeichenfolge zugewiesen werden muss, d.h., Sie müssen den Wert in Anführungszeichen einschließen.

Komfortable Variante

Eine komfortablere Methode für die Übernahme von Werten arbeitet mit der benutzerdefinierbaren Eigenschaft *Marke*, die in VBA-Programmen unter ihrem englischen Namen *Tag* angesprochen wird.

Für alle Felder, für die der Wert übertragen werden soll, wird für *Marke* die Zeichenfolge »ÜN« für Übernahme eingetragen.

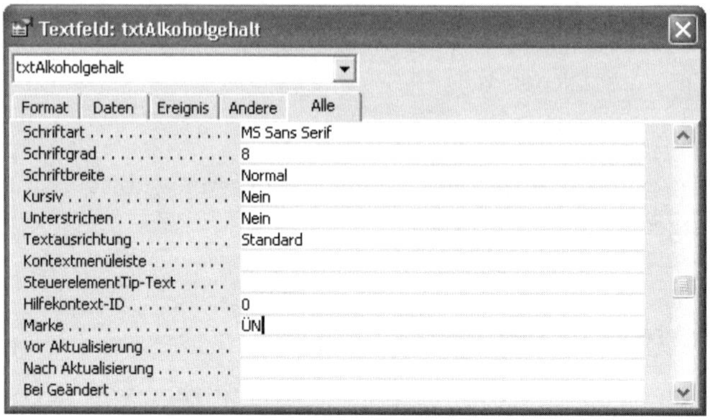

Bild 14.18: Gesetzte Marke »ÜN«

Mithilfe der Routine `ÜbernahmewerteSetzen()`, die entweder im Formular oder global als Modul vereinbart werden kann, wird die Übernahme der Werte für alle Felder mit der Marke »ÜN« durchgeführt. In der Routine wird mit der Funktion `InStr()` geprüft, ob die Zeichenfolge »ÜN« in der Marke des Steuerelements vorkommt.

```
Public Sub ÜbernahmewerteSetzen(frm As Form)
    Const conCarry = "ÜN"
    Const conQuote = """"
    Dim ctl As Control

    For Each ctl In frm.Controls
        If InStr(ctl.Tag, conCarry) > 0 Then
            ctl.DefaultValue = conQuote & ctl.Value & conQuote
        End If
    Next
End Sub
```

Die Routine `ÜbernahmewerteSetzen()` wird von der Ereignisprozedur für das Formularereignis *Nach Aktualisierung* aufgerufen. Das aktuelle Formular wird als `Me` übergeben.

```
Private Sub Form_AfterUpdate()
    Call ÜbernahmewerteSetzen(Me)
End Sub
```

14.3.11 Daten im Formular geändert?

Access bietet Ihnen die Formulareigenschaft `Dirty`, um festzustellen, ob die Daten in einem Formular durch den Anwender geändert wurden. `Dirty` hat den Wert `True`, wenn eine Änderung stattgefunden hat.

Das folgende Programmlisting verwendet das Ereignis *Vor Aktualisierung*, um vom Benutzer abzufragen, ob die Änderungen gespeichert werden sollen.

```
Private Sub Form_BeforeUpdate(Cancel As Integer)
     Dim ctl As Control

     On Error GoTo Err_BeforeUpdate

     If Me.Dirty Then
         If MsgBox("Möchten Sie die Änderungen speichern?", _
                vbYesNo + vbQuestion) = vbNo Then
             Me.Undo
         End If
     End If

   Exit_BeforeUpdate:
     Exit Sub

   Err_BeforeUpdate:
     MsgBox Err.Number & " " & Err.Description
     Resume Exit_BeforeUpdate
  End Sub
```

Access 2002 ermöglicht die Programmierung von Ereignisprozeduren für die Ereignisse *Bei Geändert* (Dirty) und *Bei Rückgängig* (Undo). Sie könnten beispielsweise die Hintergrundfarbe des Formulars ändern, wenn eine Veränderung an den Daten vorgenommen wurde. Werden die Änderungen rückgängig gemacht, wird die Hintergrundfarbe zurückgesetzt.

```
Dim mintBackColor As Long

Private Sub Cocktail_Dirty(Cancel As Integer)
    mintBackColor = Me.Detailbereich.BackColor
    Me.Detailbereich.BackColor = RGB(100, 0, 0)
End Sub

Private Sub Cocktail_Undo(Cancel As Integer)
    Me.Detailbereich.BackColor = mintBackColor
End Sub
```

14.3.12 Ändern des Mauszeigers

Eine Kleinigkeit, die aber für den Anwender einer Applikation oft sehr hilfreich ist, ist das gezielte Verändern des Aussehens des Maus-Cursors. Der Mauszeiger kann mit

```
Screen.MousePointer = n
```

gesetzt werden, wobei *n* einen der folgenden Werte annehmen kann.

Tabelle 14.1: Maus-Cursor

Wert	Maus-Cursor
0	Standard-Cursor
1	Auswahlpfeil
3	Text-Cursor
7	Größenänderung diagonal
9	Größenänderung horizontal
11	Sanduhr

Es funktionieren nur die in der Tabelle angegebenen Werte. Der Cursor lässt sich leider nicht spezifisch für bestimmte Objekte ändern, sondern nur für Access allgemein.

14.3.13 Formularzugriff über Screen.ActiveForm

Das aktuell aktive Formular lässt sich immer über `Screen.ActiveForm` ansprechen. Schreiben Sie globale Routinen, die mit jedem Formular eingesetzt werden sollen, erhalten Sie über `Screen.ActiveForm` die größtmögliche Flexibilität. Damit haben Sie Zugriff auf alle Methoden und Eigenschaften des entsprechenden Formulars.

14.3.14 Argumente an ein Formular übergeben

Beim Öffnen eines Formulars mithilfe der Methode `OpenForm` des `DoCmd`-Objekts können Sie einen eigenen Parameter mitgeben. Die allgemeine Form der Methode

```
DoCmd.OpenForm Formularname [, Ansicht] [, Filtername]
[, Bedingung] [, Datenmodus] [, Fenstermodus] [, Öffnungsargumente]
```

besitzt `Öffnungsargumente` als letzten Parameter. Mithilfe dieses Parameters können Sie eine beliebige Zeichenkette an das zu öffnende Formular übergeben. Verwenden Sie für eine Befehlsschaltfläche in einem Formular

```
DoCmd.OpenForm FormName:="frmTest", OpenArgs:="Cuba libre"
```

zum Öffnen des Formulars `frmTest`, wird die unter `OpenArgs` angegebene Zeichenkette an `frmTest` weitergegeben. Im Formular `frmTest` kann dann beispielsweise beim Laden des Formulars mit

```
Private Sub Form_Load()
    Me.Filter = "Cocktail = '" & Me.OpenArgs & "'"
    Me.FilterOn = True
End Sub
```

mit dem Inhalt der `OpenArgs`-Zeichenkette direkt ein Filter gesetzt werden.

In Kapitel 17, »Klassenmodule«, beschreiben wir als Beispiel ein Klassenmodul, das aus einer Zeichenkette Parameter und Werte extrahiert und zur Verfügung stellt. Sie könnten beispielsweise `"Wert1=10;Wert2=23;Wert3=3,234"` als `OpenArgs` übergeben und mithilfe der Routinen im Klassenmodul zerlegen, sodass Sie auf die einzelnen Werte direkt zugreifen können.

14.3.15 Änderung der Datenherkunft

Die Datenbasis eines Formulars, also die Datenherkunft, lässt sich während der Arbeit mit einem Formular ändern. Das folgende bekannte Formular wurde durch eine zusätzliche Schaltfläche ergänzt, die ein Umschalten zwischen allen Cocktailrezepten und den Rezepten, die mit den Zutaten Ihrer Hausbar möglich sind, erlaubt. Im Bild sehen Sie die Schaltfläche rechts von der *Suchen*-Schaltfläche mit dem Fernglas. Sie ist gedrückt, es werden also nur die Hausbar-Cocktails gezeigt.

Bild 14.19: Neue Schaltfläche für »Hausbar«

Hinter der Schaltfläche steckt ein kleines VBA-Programm für das Ereignis *Beim Klicken* der Schaltfläche.

```
Private Sub cmdHausbar_Click()
    If Not mfHausbar Then
        Me.RecordSource = "qryHausbarCocktails"
    Else
        Me.RecordSource = "select * from tblCocktail order by " _
                          & "tblCocktail.Cocktail"
    End If
    mfHausbar = Not mfHausbar
End Sub
```

In Abhängigkeit von dem Status der Variablen `mfHausbar` wird die Datenherkunft für das Formular über die Eigenschaft *RecordSource* geändert. Als *RecordSource* kann eine Tabelle, eine Abfrage oder ein SQL-Befehl eingesetzt werden. Durch das Setzen von *RecordSource* werden die Daten aufgrund der neuen Datenherkunft aktualisiert. Beachten Sie dabei, dass das Wechseln der Datenherkunft einige Zeit in Anspruch nehmen kann, wenn Sie beispielsweise eine komplexe Abfrage als *RecordSource* übergeben. Blenden Sie gegebenenfalls ein Meldungsdialogfeld ein, das den Anwender über die entstehende Wartezeit informiert. Übrigens wird der erste Datensatz der neuen Datenherkunft zum aktuellen Datensatz des Formulars.

Die Variable `mfHausbar` ist als global innerhalb des Formulars definiert. Dafür wurde sie, wie im nächsten Bild dargestellt, allgemein deklariert.

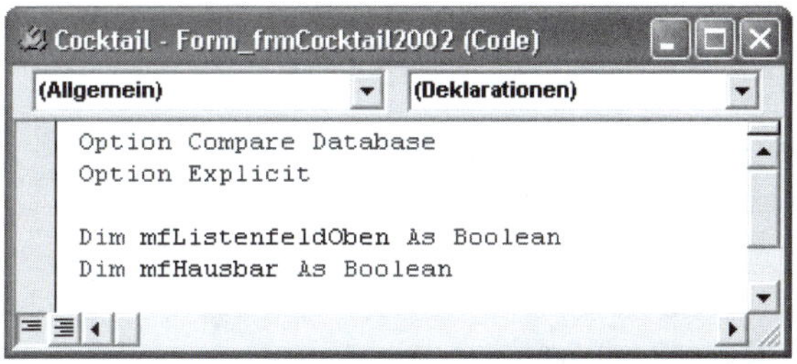

Bild 14.20: Allgemeine Deklarationen für das Formular

Damit die Variable beim Start einen definierten Wert aufweist, wurde im *Beim Laden*-Ereignis des Formulars die folgende Programmzeile erfasst. Eigentlich ist die Zuweisung überflüssig, da Boolesche Variablen standardmäßig den Wert *False* haben.

```
Private Sub Form_Load()
    mfHausbar = False
End Sub
```

14.3.16 Recordset als Datenherkunft festlegen

In Access 2002 ist es möglich, ein beliebiges ADO- oder DAO-Recordset als Datenquelle für das Formular festzulegen. In den Versionen vor 2000 konnten Sie die Datenquelle nur über die Formular-Eigenschaft *Datenherkunft* (`RecordSource`) festlegen.

Welchen Vorteil bringt die direkte Zuweisung eines vorhandenen Recordsets an ein Formular? Setzen Sie die Datenherkunft eines Formulars neu, so wird der SQL-Befehl erneut ausgeführt, also die Datenmenge für das Formular nur ermittelt. Wird ein Recordset zugewiesen, so werden die im Recordset vorhandenen Daten im Formular angezeigt. Die SQL-Befehle, die diesem Recordset ursprünglich zugrunde lagen, werden nicht neu ausgeführt.

Übrigens ist die Methode der direkten Zuweisung des Recordsets die einzige Möglichkeit, wie ADO-Recordsets für gebundene Formulare verwendet werden können.

Das folgende Listing zeigt den möglichen Einsatz. Es ist eine Routine des Formulars *frmCocktail2002*, die wir modifiziert haben.

```
Public Sub cmdHausbar_Click()
    Dim recHausbar As DAO.Recordset

    If Not mfHausbar Then
        Set recHausbar = CurrentDb.OpenRecordset("qryHausbarCocktails")
        ' an Formular zuweisen
        Set Me.Recordset = recHausbar
    Else
        Me.RecordSource = "SELECT * FROM tblCocktail "
    End If
    mfHausbar = Not mfHausbar
End Sub
```

Wie Sie im Listing sehen können, ist es möglich, zwischen der Zuweisung eines DAO-Recordsets und der Verwendung der RecordSource-Eigenschaft zu wechseln, da in beiden Fällen intern DAO-Recordsets verwendet werden. Im folgenden Abschnitt möchten wir Ihnen zeigen, dass es möglich ist, auch ein ADO-Recordset einem Formular zuzuweisen. Allerdings lässt sich dann nicht mehr ohne weiteres zur RecordSource-Variante zurückkehren, denn wenn Sie es wie im DAO-Beispiel oben versuchen, erhalten Sie eine Fehlermeldung. Deshalb der etwas aufwändigere Code der ADO-Lösung:

```
Public Sub cmdHausbar_Click()
    Dim rstHausbar As New ADODB.Recordset

    Set rstHausbar = New ADODB.Recordset

    If Not mfHausbar Then
        rstHausbar.Open "qryHausbarCocktails", _
            CurrentProject.AccessConnection, _
            adOpenStatic, adLockOptimistic
    Else
        rstHausbar.Open "SELECT * FROM tblCocktail " & _
                        "ORDER BY tblCocktail.Cocktail", _
            CurrentProject.AccessConnection, _
            adOpenStatic, adLockOptimistic
    End If
    ' an Formular zuweisen
    Set Me.Recordset = rstHausbar
    Set rstHausbar = Nothing

    mfHausbar = Not mfHausbar
End Sub
```

Basis ist CurrentProject.AccessConnection

Beachten Sie bitte, dass die ADO-Recordsets für den Einsatz in gebundenen Formularen auf Basis der Verbindung `CurrentProject.AccessConnection` oder `CurrentProject.Connection` geöffnet werden können. Daten in Formularen können jedoch nur dann geändert und neu hinzugefügt werden, wenn das zugrunde liegende ADO-Recordset `CurrentProject.AccessConnection` verwendet; gebundene Formulare mit ADO-Recordsets auf Basis der Verbindung `CurrentProject.Connection` sind also schreibgeschützt.

Zusätzlich darf, um Daten im Formular ändern oder einfügen zu können, das ADO-Recordset selbst nicht schreibgeschützt sein und das Recordset muss mindestens ein eindeutig indiziertes Feld enthalten, beispielsweise den Primärschlüssel.

Dies gilt nur für Verbindungen zu Jet-Datenbanken. Für Verbindungen mit anderen OLE DB-Providern, beispielsweise zu Microsoft SQL Server-, Oracle- oder ODBC-Providern gelten andere Bedingungen. Weitere Informationen erhalten Sie unter *http://www.microsoft.com/germany* in der *Support-KnowledgeBase*. Suchen Sie dort nach Dokument *D281998*.

14.4 Ungebundene Formulare

Ungebundene Formulare sind keiner Tabelle oder Abfrage zugeordnet. Mit ihrer Hilfe können Sie beliebige Informationen in einem Formular darstellen. Wir möchten Ihnen im Folgenden einige Beispiele für ungebundene Formulare vorstellen.

Das erste Formular, das nach dem Öffnen der Cocktail-Datenbank gezeigt werden soll, ist das im nächsten Bild dargestellte Formular. Fünf Schaltflächen ermöglichen den Aufruf weiterer Formulare bzw. das Beenden der Cocktail-Anwendung.

Bild 14.21: Startformular

Auch für das eingebettete Bild, nämlich das Cocktailglas auf der linken Seite, ist ein Auslöser für ein Ereignis geschaltet.

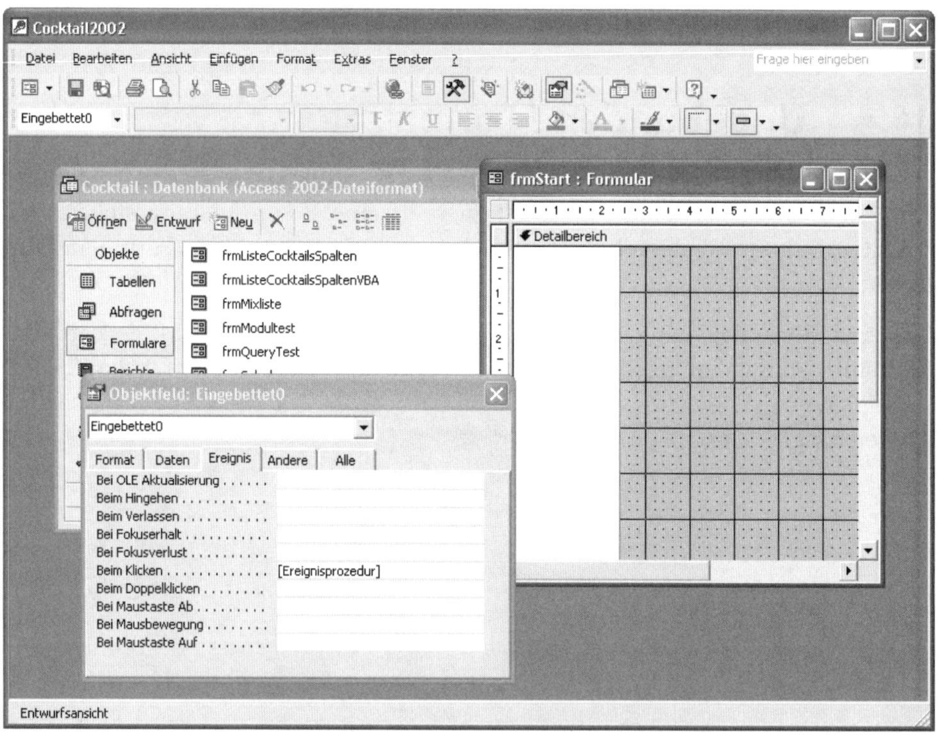

Bild 14.22: Eigenschaftenfenster des eingebetteten Bildes

Ein Klick auf das Bild startet die Abarbeitung der Ereignisprozedur *Beim Klicken*. In der Routine wird das Formular *frmAbout* aufgerufen. Durch den Parameter `acDialog` öffnet Access das Formular als Dialogfeld, d.h., Sie können nicht mit anderen Formularen arbeiten, bis *frmAbout* wieder geschlossen ist.

```
Private Sub Eingebettet0_Click()
    DoCmd.OpenForm "frmAbout", WindowMode:=acDialog
    Me!cmdRezepte.SetFocus
End Sub
```

Durch die Anweisung `Me!cmdRezepte.SetFocus` wird nach dem Schließen des Formulars *frmAbout* die Schaltfläche *cmdRezepte* zur aktiven Schaltfläche definiert, da sonst das Bild ausgewählt bleibt. Für ein selektiertes Bild wird aber ein Rahmen mit acht Markierungspunkten eingeblendet, den wir nicht sehr schön und auf dem Formular eher störend fanden. Der Rahmen wird nicht gezeigt, wenn der Fokus sofort neu gesetzt wird.

Der Rahmen würde auch angezeigt werden, wenn Sie mithilfe der ⇥-Taste von Steuerelement zu Steuerelement springen. Um ein Aktivieren des Bildes durch die ⇥-Taste zu verhindern, haben wir die Eigenschaft *In Reihenfolge* des Bildes auf *Nein* gesetzt. Zum Markieren des Bildes bliebe nun nur noch ein Mausklick. Ein Mausklick wird aber sofort von der Routine *Beim Klicken* behandelt, sodass eine Selektion des Bildes nicht mehr möglich ist.

14.4.1 Formulare als Dialogfelder

Das folgende Bild zeigt das als Dialogfeld geschaltete Formular *frmAbout*. Wir möchten Ihnen den Aufbau des Formulars im Weiteren beschreiben.

Bild 14.23: Formular als Dialogfeld

Sie können zwei verschiedene Ansätze verwenden, um ein Formular als Dialogfeld zu schalten. Zum einen können Sie, wie im vorherigen Abschnitt beschrieben, innerhalb eines VBA-Programms mit dem Aufruf

```
DoCmd.OpenForm "frmAbout", WindowMode:=acDialog
```

durch den Parameter `acDialog` für jedes Formular die Darstellung als Dialogfeld erzwingen. Zum anderen besteht die Möglichkeit, ein Formular von vornherein als Dialogfeld zu definieren. Setzen Sie die Eigenschaft *Popup* auf *Ja*, damit ein Formular immer im Vordergrund über allen anderen Formularen und Fenstern geöffnet wird. Stellen Sie darüber hinaus die Eigenschaft *Gebunden* auf *Ja*, wird das Formular mit dem Formular verbunden, das es aufgerufen hat. Damit wird das Formular zum Dialogfeld.

Im folgenden Bild ist das Eigenschaftenfenster für ein solches Formular abgebildet. Darin wurden zudem Bildlaufleisten, Datensatzmarkierer und Navigationsschaltflächen ausgeschaltet.

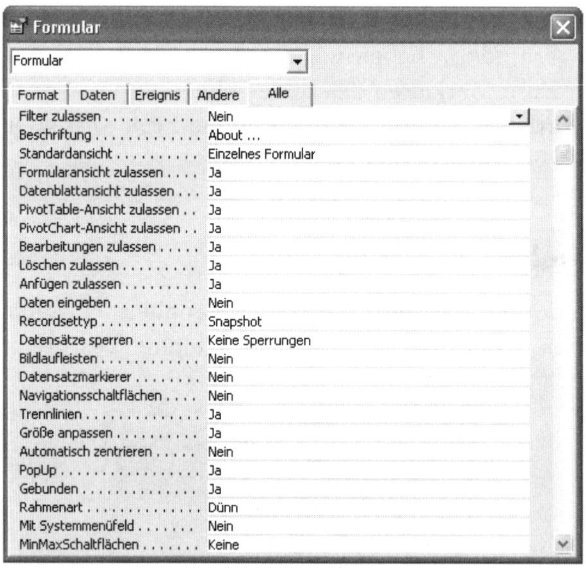

Bild 14.24: Eigenschaften für das Dialogfeld-Formular

Das in Bild 14.23 abgebildete Formular setzt sich aus verschiedenen Bestandteilen zusammen, die übereinander angeordnet werden. Zuunterst liegt, wie Sie in Bild 14.25 sehen können, das Bild mit der Zitronenscheibe. Darüber befindet sich die Grafik mit dem Cocktailglas. In der nächsten Ebene erscheinen die Texte, zuoberst die Befehlsschaltfläche. Im Bild ist die Schaltfläche grau dargestellt. Im fertigen Formular wurde die Befehlsschaltfläche transparent eingestellt und auf die Größe des gesamten Formulars vergrößert, sodass Texte und Bilder durch die Schaltfläche hindurch zu sehen sind.

Bild 14.25: Bestandteile des Formulars

Für die beiden eingebetteten Bilder wurden identische Einstellungen vorgenommen, beispielsweise wurde *Aktiviert* auf *Nein*, *Gesperrt* auf *Ja* und *In Reihenfolge* auf *Nein* gesetzt. Durch diese Definitionen können die Bilder während der Anzeige des Formulars als Dialogfeld nicht selektiert und nicht bearbeitet werden.

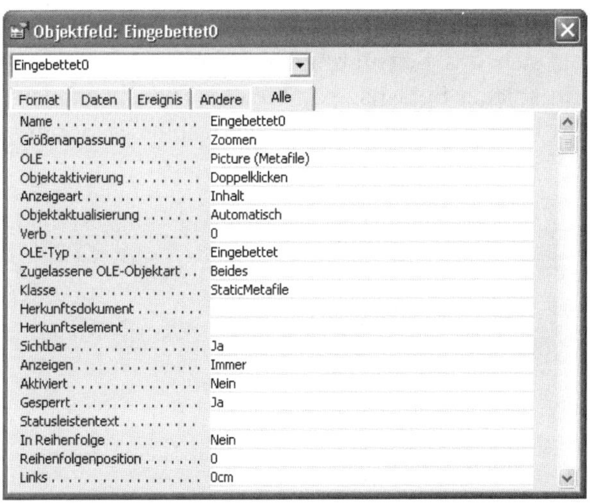

Bild 14.26: Eigenschaften eines eingebetteten Bildes

Die Befehlsschaltfläche, die über allen anderen Steuerelementen liegt, soll alle Mausklicks und Tastenanschläge abfangen. Durch die Eigenschaft *Standard* wird die Schaltfläche als Standardschaltfläche festgelegt.

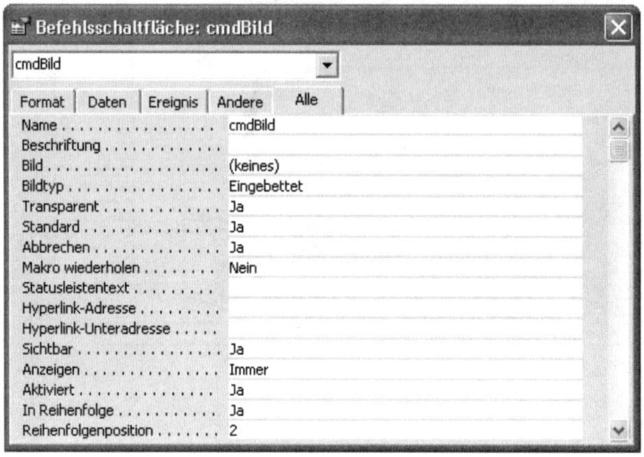

Bild 14.27: Eigenschaften der Befehlsschaltfläche

Für die Ereignisse *Bei Klick* und *Bei Taste* der Befehlsschaltfläche wurden jeweils Ereignisprozeduren vereinbart. Der Inhalt der Prozeduren besteht jeweils nur aus dem Befehl `DoCmd.Close`, um das Formular zu schließen.

14.4.2 Begrüßungsbildschirm

Möchten Sie den Anwender Ihrer Applikation mit einem Begrüßungsdialogfeld (engl. Splashscreen) begrüßen? Wir möchten Ihnen hier eine Lösungsvariante beschreiben, bei der sich das Begrüßungsformular nach einer gewissen Zeit von selbst schließt. Ein solcher Splashscreen bietet sich insbesondere dann an, wenn das erste Formular Ihrer Anwendung lange Ladezeiten benötigt.

Bild 14.28: Begrüßungsformular

Für das Formular wurde die Formulareigenschaft *Zeitgeberintervall* auf *10000* (ms), also 10 Sekunden, gesetzt. Für das Ereignis *Bei Zeitgeber* haben wir die folgende Prozedur vereinbart, damit sich das Formular nach Ablauf des Zeitintervalls selbst schließt.

```
Private Sub Form_Timer()
    ' splash screen nach Zeitintervall schließen
    DoCmd.Close
End Sub
```

14.4.3 Ungebundene Formulare zur Dateneingabe

Ungebundene Formulare werden in vielen Anwendungen für Dateneingabeformulare verwendet. Da ein ungebundenes Formular keine Verknüpfung mit einer Tabelle (direkt oder über eine Abfrage) hat, müssen Sie allerdings alle Datenbankoperationen selbst programmieren. Der Vorteil dieses Ansatzes besteht jedoch darin, dass Sie die komplette Kontrolle über das Formular behalten. Dies ist häufig in Mehrbenutzerumgebungen notwendig, wenn der gleichzeitige Zugriff mehrerer Benutzer auf die Daten detailliert gesteuert werden soll.

Anhand eines einfachen Beispiels möchten wir Ihnen die Grundlagen für ungebundene Eingabeformulare beschreiben. Unser Beispielformular dient zur Erfassung neuer Cocktailzutaten.

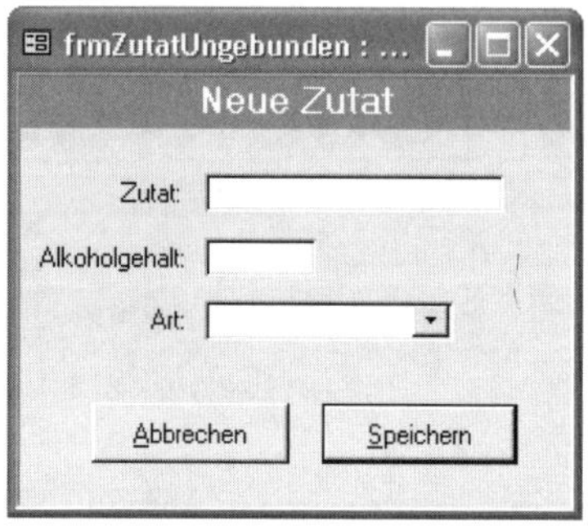

Bild 14.29: Ungebundenes Eingabeformular

Mithilfe der Schaltfläche *Speichern* soll die neue Zutat in die Tabelle `tblZutat` eingetragen werden. Die Schaltfläche *Abbrechen* soll den Eingabevorgang ohne Speichern beenden. Die gesamte Formularprogrammlogik steckt hinter den beiden Schaltflächen. Die *Abbrechen*-Schaltfläche löst das Programm

```
Private Sub cmdAbbrechen_Click()
    If MsgBox("Eingabe abbrechen?", _
           Buttons:=vbYesNo, Title:="Zutateneingabe") = vbYes Then
        ' Schließen des Formulars
        DoCmd.Close
    Else
        ' Zurück zum zuletzt bearbeiteten Steuerelement
        Screen.PreviousControl.SetFocus
    End If
End Sub
```

aus, das beim Anwender nachfragt, ob das Eingabeformular geschlossen werden soll. Im Programm für die Schaltfläche *Speichern* werden die Steuerelemente des Formulars ausgelesen und in die Tabelle `tblZutat` gespeichert. In der Routine sind sowohl die ADO- als auch die DAO-Variante programmiert. Welche Variante verwendet wird, kann über die Konstante `ADO` selektiert werden.

```
Private Sub cmdSpeichern_Click()
#Const ADO = True
#If ADO Then
    Dim rstZutat As ADODB.Recordset
#Else
    Dim db As Database
    Dim rstZutat As Recordset
#End If
    On Error GoTo err_cmdSpeichern
#If ADO Then
    Set rstZutat = New ADODB.Recordset
    rstZutat.Open "tblZutat", _
            CurrentProject.AccessConnection, _
            adOpenStatic, _
            adLockOptimistic
#Else
    Set db = CurrentDb()
    Set rstZutat = db.OpenRecordset("tblZutat")
#End If
    With rstZutat
        .AddNew
        !Zutat = txtZutat
        !Alkoholgehalt = txtAlkoholgehalt
        !Art = cboArt
        .Update
        .Close
    End With

end_cmdSpeichern:
#If ADO Then
    Set rstZutat = Nothing
#End If
    ' Schließen des Formulars
    DoCmd.Close
    Exit Sub

err_cmdSpeichern:
    ' Fehlerbehandlung
    ' ...
    MsgBox Err.Description
    Resume end_cmdSpeichern
End Sub
```

14.4.4 Ungebundene Formulare mit eigener Navigation

Wir möchten Ihnen als weiteres Beispiel ein ungebundenes Formular mit Navigationsschaltflächen vorstellen. Wenn Sie in den VBA-Code des vorangegangenen Beispiels schauen, so ist dort ersichtlich, dass, wenn Sie neue Steuerelemente auf das Formular legen, Sie den Code um entsprechende Befehle zum Speichern der Inhalte ergänzen müssen. Für jedes Steuerelement, dessen Inhalt gespeichert werden soll, muss eine Zeile zum Umkopieren zwischen Steuerelement und Recordset programmiert werden.

Eine Abkürzung zum Anzeigen und Speichern

In diesem Beispiel möchten wir Ihnen eine »Abkürzung« vorstellen. Durch diese Abkürzung ist es ausreichend, ein Steuerelement auf dem Formular zu platzieren und es so zu benennen wie das entsprechende Feld im Recordset.

Unser Formular *frmZutatenUngebunden* hat das im folgenden Bild gezeigte Aussehen. Das Kombinationsfeld zu *Art* zeigt eine Werteliste, jenes zu *Alternativ* ist mit der Tabelle *tblZutat* verknüpft und stellt Zutatennummer (mit Spaltenbreite 0 cm) und Zutat dar.

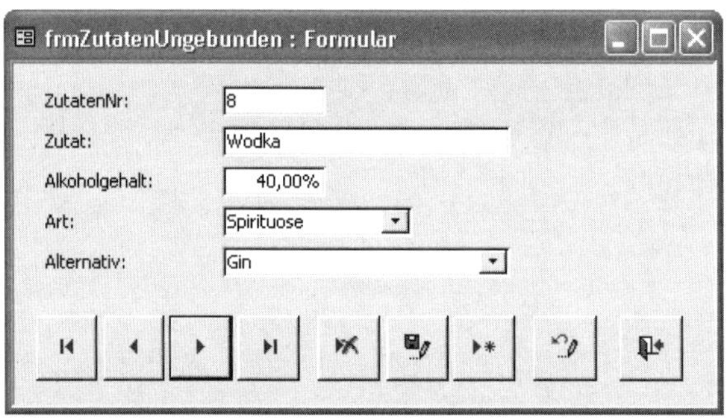

Bild 14.30: Ungebundenes Formular mit Navigationsschaltflächen

Zuerst möchten wir Ihnen die Routine vorstellen, die für das Anzeigen der Daten des aktuellen Datensatzes des zugrunde liegenden Recordsets (hier `mrst` genannt) zuständig ist. Für die Benennung der Steuerelemente des Formulars haben wir die folgende Regel vereinbart: Alle Steuerelemente, die Inhalte des zugrunde liegenden Recordsets beinhalten, beginnen mit `txt` für Textfelder, `lst` für Listenfelder oder `cbo` für Kombinationsfelder. Felder, die nicht mit einer dieser Abkürzungen beginnen, werden nicht mit Werten aus dem Recordset gefüllt.

Realisiert wird das Ganze mit einer Schleife, die alle Steuerelemente des Formulars durchläuft und nach den richtigen drei ersten Buchstaben sucht. Wenn ein entsprechendes Feld gefunden wird, werden die ersten drei Buchstaben abgeschnitten, um den Namen des Feldes im Recordset zu ermitteln. Dann wird der Inhalt des Felds an das Steuerelement zur Anzeige übergeben.

```
Sub AktuellenDatensatzAnzeigen()
    Dim ctl As Control
    Dim strName As String

    ' Für alle betroffenen Steuerelemente
    ' Daten des aktuellen Datensatzes des Recordsets
    ' in Steuerelemente schreiben
    For Each ctl In Me.Controls
        Select Case Left(ctl.Name, 3)
            Case "txt", "lst", "cbo"
                strName = Right(ctl.Name, Len(ctl.Name) - 3)
                ctl.Value = mrst(strName).Value
            Case Else
                ' ...
        End Select
    Next
End Sub
```

Wie Sie unten im vollständigen Listing sehen können, wird beim Speichern und beim Hinzufügen von Datensätzen ähnlich verfahren.

In unserem Beispielcode fehlen übrigens die `Case`-Verzweigungen für Kontrollkästchen, Optionsfelder usw.; vielleicht sehen Sie das als Programmierübung an?

Die Navigationsschaltflächen

Die Navigationsschaltflächen auf dem Beispielformular lassen sich in zwei Gruppen einteilen: zum Bewegen in den Datensätzen und zum Durchführen von Aktionen wie Speichern oder Löschen.

Betrachten wir die Aufgaben der Schaltfläche »Nächster Datensatz«. Ein Klick auf die Schaltfläche soll den Datensatzzeiger des Recordsets auf den nächsten Datensatz bewegen. Die Daten des nun aktuellen Datensatzes sollen im Formular gezeigt werden. Dabei muss überprüft werden, ob es überhaupt einen nächsten Datensatz gibt. Die Prozedur könnte also wie folgt aussehen:

```
' Schaltfläche: Nächster Datensatz
Private Sub cmdNext_Click()
    If Not mrst.EOF Then
        mrst.MoveNext
```

```
    Else
        mrst.MoveLast
    End If
    AktuellenDatensatzAnzeigen
End Sub
```

Wir haben für unser Beispiel einen anderen Ansatz gewählt, nutzen dabei aber eine Programmiertechnik mit Ereignissen, die erst in Kapitel 17, »Klassenmodule«, ausführlich erläutert wird. Durch die Verwendung von *Ereignissen* schrumpft der Code für die oben gezeigte Routine auf eine Zeile zusammen:

```
' Schaltfläche: Nächster Datensatz
Private Sub cmdNext_Click()
        mrst.MoveNext
End Sub
```

Wie lässt sich das erklären? Durch die Deklaration des Recordsets `mrst` mit dem zusätzlichen Schlüsselwort `WithEvents` lösen Aktionen mit dem Recordset Ereignisse aus, für die Ereignisprozeduren programmiert werden können.

```
Dim WithEvents mrst As ADODB.Recordset
```

Wenn Sie auf ein Steuerelement mit der Maus klicken, beispielsweise auf die Schaltfläche `cmdNext`, wird vom Steuerelement ein Ereignis ausgesendet. Dieses Ereignis kann mit der entsprechenden Ereignisprozedur `cmdNext_Click()` behandelt werden. Ebenso kann, wenn mit `WithEvents` deklariert, ein ADO-Recordset Ereignisse auslösen. Die Methode `mrst.MoveNext` löst ein `Move`-Ereignis aus, das im Beispielprogramm von der Prozedur `mrst_MoveComplete` behandelt wird.

Das Grundgerüst für die Ereignisprozedur kann über den VBA-Editor erstellt werden, in dem Sie oben links im Kombinationsfeld den Namen des mit `WithEvents` deklarierten Recordsets, hier `mrst`, selektieren. Im Kombinationsfeld rechts werden dann die möglichen Ereignisse aufgelistet.

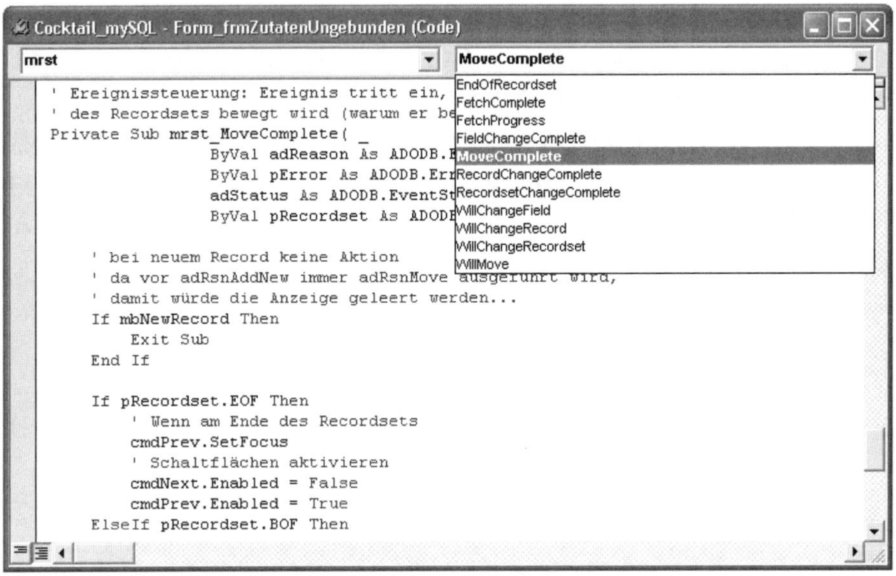

Bild 14.31: Auswahl im VBA-Editor

Die (gekürzte) Ereignisprozedur zeigt das folgende Listing:

```
Private Sub mrst_MoveComplete( _
                ByVal adReason As ADODB.EventReasonEnum, _
                ByVal pError As ADODB.Error, _
                adStatus As ADODB.EventStatusEnum, _
                ByVal pRecordset As ADODB.Recordset)
...
    If pRecordset.EOF Then
...
    ElseIf pRecordset.BOF Then
...
    Else
        ' sonst immer
...
        AktuellenDatensatzAnzeigen
    End If
End Sub
```

Der Ereignisprozedur werden vier Parameter übergeben. `adReason` beispielsweise gibt an, warum die Prozedur aufgerufen wurde, `pRecordset` enthält einen Verweis auf das betroffene Recordset.

Die Ereignisprozedur ruft bei allen Move-Ereignissen die Routine AktuellenDatensatzAnzeigen auf, es sein denn EOF oder BOF sind wahr, denn dann gibt es keinen aktuellen Datensatz, der angezeigt werden könnte.

Hier jetzt das vollständige Listing. Zusätzlich wurde noch realisiert, dass Navigationsschaltflächen aktiviert oder deaktiviert werden, wenn sie nicht benutzt werden können.

```
' ADO-Recordset mit Ereignissen (WithEvents)
Dim WithEvents mrst As ADODB.Recordset

' Kennzeichnung, wenn neuer Datensatz
Dim mbNewRecord As Boolean

' Schaltfläche: Datensatz hinzufügen
' Alle entsprechenden Steuerelemente leeren
Private Sub cmdAddNew_Click()
    Dim ctl As Control

    ' Alle Steuerelemente durchlaufen
    For Each ctl In Me.Controls
        ' Sind die ersten drei Buchstaben
        ' des Namens des Steuerelements txt, lst oder cbo?
        Select Case Left(ctl.Name, 3)
            Case "txt", "lst", "cbo"
                ctl.Value = Null
            ' Hier Case-Anweisungen für andere
            ' Steuerelemente wie Kontrollkästchen usw.
            ' einfügen
            Case Else
                ' ...
        End Select
    Next
    SchaltflächenBeiNeuemDatensatz Enabled:=False

    mbNewRecord = True
End Sub

' Schaltfläche: Formular schließen
Private Sub cmdClose_Click()
    DoCmd.Close
End Sub
```

```
' Schaltfläche: Datensatz löschen
Private Sub cmdDelete_Click()
    ' In Recordset löschen
    mrst.Delete
    ' Zum nächsten Datensatz vorrücken
    mrst.MoveNext
    ' Wenn am Ende des Recordsets,
    ' dann wieder eins zurück
    If mrst.EOF Then
        mrst.MovePrevious
    End If
End Sub

' Schaltfläche: Erster Datensatz
Private Sub cmdFirst_Click()
    mrst.MoveFirst
End Sub

' Schaltfläche: Letzter Datensatz
Private Sub cmdLast_Click()
    mrst.MoveLast
End Sub

' Schaltfläche: Nächster Datensatz
Private Sub cmdNext_Click()
    mrst.MoveNext
End Sub

' Schaltfläche: Vorhergehender Datensatz
Private Sub cmdPrev_Click()
    mrst.MovePrevious
End Sub

' Schaltfläche: Datensatz speichern
Private Sub cmdSave_Click()
    Dim ctl As Control
    Dim strName As String

    ' Wenn neuer Datensatz
    If mbNewRecord Then
        mrst.AddNew
    End If
```

```
    ' Daten aus Steuerelementen holen
    For Each ctl In Me.Controls
        Select Case Left(ctl.Name, 3)
            Case "txt", "lst", "cbo"
                ' Erste drei Buchstaben abschneiden
                strName = Right(ctl.Name, Len(ctl.Name) - 3)
                mrst(strName).Value = ctl.Value
            Case Else
                ' ...
        End Select
    Next
    ' Datensatz speichern
    mrst.Update

    ' Wenn neuer Datensatz
    If mbNewRecord Then
        mbNewRecord = False
        ' Abgleich von Recordset mit Datenquelle
        mrst.Resync
        ' Aktualisierung der Anzeige
        mrst.Move 0

        SchaltflächenBeiNeuemDatensatz Enabled:=True
    End If
End Sub

' Änderungen rückgängig machen,
' aber nur solange sie noch nicht
' explizit gespeichert wurden
Private Sub cmdUndo_Click()

    If mbNewRecord Then
    ' Bei neuem Datensatz
        mbNewRecord = False
        mrst.MoveLast
        SchaltflächenBeiNeuemDatensatz Enabled:=True
    Else
        ' Anzeige aktualisieren
        mrst.Move 0
    End If
End Sub
```

```
Private Sub Form_Close()
    ' Beim Schließen des Formulars
    ' Recordset schließen
    mrst.Close
    Set mrst = Nothing
End Sub

Private Sub Form_Load()
    ' Recordset initialisieren
    Set mrst = New ADODB.Recordset
    ' ... und öffnen
    mrst.Open _
        Source:="SELECT * FROM tblZutat", _
        ActiveConnection:=CurrentProject.AccessConnection, _
        CursorType:=adOpenStatic, _
        LockType:=adLockOptimistic

    mbNewRecord = False
End Sub

Sub AktuellenDatensatzAnzeigen()
    Dim ctl As Control
    Dim strName As String

    ' Für alle betroffenen Steuerelemente
    ' Daten des aktuellen Datensatzes des Recordsets
    ' in Steuerelemente schreiben
    For Each ctl In Me.Controls
        Select Case Left(ctl.Name, 3)
            Case "txt", "lst", "cbo"
                strName = Right(ctl.Name, Len(ctl.Name) - 3)
                ctl.Value = mrst(strName).Value
            Case Else
                ' …
        End Select
    Next
End Sub
```

```
' Ereignissteuerung: Ereignis tritt ein, wenn der Datensatzzeiger
' des Recordsets bewegt wird (warum er bewegt wurde, steht in adReason)
Private Sub mrst_MoveComplete( _
                ByVal adReason As ADODB.EventReasonEnum, _
                ByVal pError As ADODB.Error, _
                adStatus As ADODB.EventStatusEnum, _
                ByVal pRecordset As ADODB.Recordset)
    ' bei neuem Record keine Aktion, da vor adRsnAddNew immer adRsnMove
    ' ausgeführt wird, würde damit die Anzeige geleert werden...
    If mbNewRecord Then
        Exit Sub
    End If

    If pRecordset.EOF Then
        ' Wenn am Ende des Recordsets
        cmdPrev.SetFocus
        ' Schaltflächen aktivieren
        cmdNext.Enabled = False
        cmdPrev.Enabled = True
    ElseIf pRecordset.BOF Then
        ' Wenn am Anfang des Recordsets
        cmdNext.SetFocus
        ' Schaltflächen aktivieren
        cmdPrev.Enabled = False
        cmdNext.Enabled = True
    Else
        ' sonst immer
        cmdNext.Enabled = True
        cmdPrev.Enabled = True
        AktuellenDatensatzAnzeigen
    End If
End Sub

Sub SchaltflächenBeiNeuemDatensatz(Enabled As Boolean)
    cmdSave.SetFocus
    cmdFirst.Enabled = Enabled
    cmdPrev.Enabled = Enabled
    cmdNext.Enabled = Enabled
    cmdLast.Enabled = Enabled
    cmdDelete.Enabled = Enabled
    cmdAddNew.Enabled = Enabled
End Sub
```

14.5 Plausibilitätskontrollen

Die Kontrolle von Eingaben auf ihre Plausibilität lässt sich mit verschiedenen Verfahren durchführen.

14.5.1 Einsatz von Gültigkeitsregeln

Die einfachste Art der Plausibilitätsüberprüfung kann mithilfe von Gültigkeitsregeln eingerichtet werden. Gültigkeitsregeln lassen sich für eine gesamte Tabelle, für die Felder einer Tabelle und die Steuerelemente von Formularen definieren.

In Gültigkeitsregeln für Steuerelemente können im Unterschied zu Tabellen- oder Tabellenfeldgültigkeitsregeln Domänen- (siehe Kapitel 13, »Steuerelemente«), Aggregat- und benutzerdefinierte Funktionen eingesetzt werden. Während der Programmausführung vereinbaren die beiden Zeilen

```
...
txtAlkoholgehalt.ValidationRule = ">=0"
txtAlkoholgehalt.ValidationText = "Negativer Alkoholgehalt unmöglich!"
...
```

beispielsweise eine entsprechende Regel bzw. den Text, der bei Verletzung der Gültigkeitsregel für den Alkoholgehalt angezeigt wird. Sie können so aufgrund von Eingaben und Inhalten Regeln für Steuerelemente dynamisch anpassen.

14.5.2 Kontrolle vor dem Speichern

Für gebundene Formulare können Sie vor dem Speichern der Daten eine Plausibilitätskontrolle vornehmen, wenn Sie eine entsprechende Routine für das Ereignis *Vor Aktualisierung* erfassen. Im folgenden Beispiel werden nur einfache Bedingungen für das Feld `txtCocktail` abgeprüft. Sinnvoll ist eine solche Routine dann, auch im Unterschied zum Einsatz von Gültigkeitsregeln, wenn die Plausibilität beispielsweise durch einen aufwändigen Rechenvorgang kontrolliert wird oder sehr viele Kriterien gleichzeitig überprüft werden sollen.

```
Private Sub Form_BeforeUpdate(Cancel As Integer)
    ' Der Name des Cocktails soll mindestens drei Zeichen lang sein
    If Len(txtCocktail) < 3 Then
        MsgBox "Kein oder zu kurzer Cocktailname erfasst!"
        ' Fokus auf entsprechendes Feld setzen
        txtCocktail.SetFocus
```

```
        ' Abbrechen des Speichervorgangs
        Cancel = True
    End If
End Sub
```

Der Speichervorgang wird abgebrochen, wenn Sie den Parameter `Cancel` auf `True` setzen. In obigem Beispiel wird der Fokus auf das Steuerelement gesetzt, das die Fehlermeldung ausgelöst hat.

14.6 Abfangen von Tastatureingaben und Mausereignissen

Auch wenn manche Programmierer meinen, am besten wäre die »anwenderfreie« Datenverarbeitung, so sollte in der Realität ein nicht unerheblicher Aufwand darauf verwendet werden, eine sichere Bedienung von Programmen zu gewährleisten. Dazu gehört das Abfangen von Tastatureingaben, um unerwünschte und für die Applikation bzw. für die Daten gefährliche Tastenkombinationen herauszufiltern sowie die Reaktion auf bestimmte Mausereignisse.

Die Behandlung von Tastatureingaben und Mausereignisse kann auf mehreren Ebenen erfolgen: für bestimmte Steuerelemente, für Formulare oder für die gesamte Anwendung.

14.6.1 Ereignisse für Tasten

Für Steuerelemente und Formulare können Sie auf die folgenden Ereignisse reagieren: *Bei Taste, Bei Taste Auf* und *Bei Taste Ab.* Mit *Bei Taste* erhalten Sie die Ascii-Werte der Tasten, während die beiden anderen Ereignisse zusätzlich auch alle Sondertasten wie [⇧], [Strg], [alt] usw. zurückgeben.

Die Tastenvorschau

Die drei Tastenereignisse lassen sich sowohl für Steuerelemente als auch für Formulare abfangen. Filtern Sie die Tasten auf Formularebene, so werden die Ereignisroutinen des Formulars vor denen der Steuerelemente ausgelöst. Damit Tastenanschläge auf Formularebene abgefangen werden, müssen Sie die Formulareigenschaft *Tastenvorschau* auf *Ja* setzen.

Das Ereignis Bei Taste

Die folgende Prozedur wandelt beispielsweise alle Kleinbuchstaben, die in ein Formular eingegeben werden, in Großbuchstaben um.

```
Private Sub Form_KeyPress(KeyAscii As Integer)
    If KeyAscii >= Asc("a") And KeyAscii <= Asc("z") Then
        KeyAscii = KeyAscii - (Asc("a") - Asc("A"))
    End If
End Sub
```

Die Ereignisse Bei Taste Auf bzw. Bei Taste Ab

Mit den Ereignisroutinen zu *Bei Taste Auf* und *Bei Taste Ab* können Sie alle Tasten abfangen. Sie erhalten die gedrückte Taste in zwei Werten übergeben: in einem Wert für die angeschlagene Taste und einem Wert, der angibt, ob eine oder mehrere der Tasten ⇧, Strg oder alt gehalten werden.

Das folgende Beispiel zeigt eine *Bei Taste Ab*-Routine, die für alle Textfeld-Steuerelemente die Tastenkombination Strg+F2 zum Markieren des Textes im Textfeld ab der Cursorposition bis zum Ende implementiert.

```
Private Sub Form_KeyDown(KeyCode As Integer, Shift As Integer)
    Dim ctl As Control

    ' Aktuelles Steuerelement
    Set ctl = Me.ActiveControl
    ' Prozedur verlassen, wenn kein Textfeld
    If ctl.ControlType <> acTextBox Then
        Exit Sub
    End If
    ' Wenn Tastenkombination Strg+F2
    If Shift = acCtrlMask And KeyCode = vbKeyF2 Then
        ' Bis zum Ende ab Cursorposition markieren
        If ctl.SelStart < Len(ctl.Text) Then
            ctl.SelLength = Len(ctl.Text) - ctl.SelStart
        End If
    End If
End Sub
```

Die Funktion `Form_KeyDown()` verwendet zur Ermittlung der gedrückten Tasten zwei Konstanten: `acCtrlMask` und `vbKeyF2`. Die möglichen Konstanten für den `KeyCode` finden Sie am schnellsten im Objektkatalog unter `KeyCodeConstants`, wie es das folgende Bild illustriert.

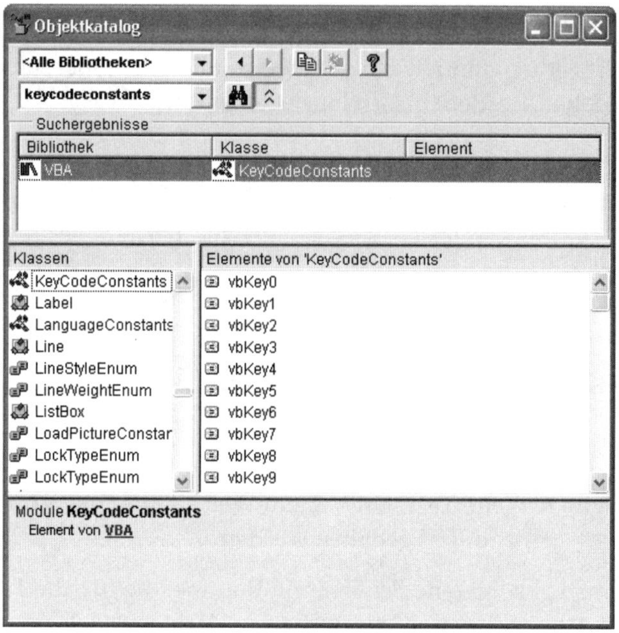

Bild 14.32: KeyCode-Konstanten im Objektkatalog

Die für den Parameter `Shift` einsetzbaren Konstanten wurden in der folgenden Tabelle zusammengestellt.

Tabelle 14.2: Rückgabewerte des Parameters Shift

Status	Wert	Konstanten
keine	0	0
[⇧]	1	acShiftMask
[Strg]	2	acCtrlMask
[⇧]+[Strg]	3	acShiftMask + acCtrlMask
[alt]	4	acAltMask
[⇧]+[alt]	5	acShiftMask + acAltMask
[Strg]+[alt]	6	acCtrlMask + acAltMask
[⇧]+[Strg]+[alt]	7	acShiftMask +acCtrlMask + acAltMask

Sondertasten

Eine Reihe von Tastenkombinationen erreichen nie Ihr Formular, beispielsweise ruft die [F11]-Taste das Datenbankfenster auf und wird deshalb nicht an Ihr Formular übergeben. Die Behandlung von speziellen Access-weit geltenden Tastenkombinationen besprechen wir in Kapitel 23, »Anwendungsentwicklung«.

14.6.2 Die Zyklus-Eigenschaft

Wichtig für viele Applikationen ist die Formular-Eigenschaft *Zyklus*. Mithilfe der Eigenschaft wird eingestellt, mit welchen Tasten ein Benutzer zum nächsten oder vorherigen Datensatz wechseln kann. *Zyklus* kann drei Werte annehmen: Mit *Alle Datensätze* bewirkt ein Drücken der Tab-Taste einen Wechsel zum nächsten Datensatz, wenn das letzte Steuerelement auf einem Formular den Fokus besitzt. Geben Sie *Aktueller Datensatz* an, können Sie mit der Tab-Taste nicht zum nächsten Datensatz weitergehen, sondern der Fokus wird vom letzten Steuerelement zum ersten auf dem Formular gesetzt. Mit *Aktuelle Seite* können Sie bei mehrseitigen Formularen ein Springen auf die nächste Seite verhindern.

Möchten Sie die Option aus einem Programm heraus setzen, so wird die englische Eigenschaftsbezeichnung `Cycle` für das Formular verwendet. `Cycle` kann die Werte 0, 1 und 2 annehmen, die in der Reihenfolge den oben beschriebenen Einstellungen entsprechen.

14.7 Fehlerbehandlung für Formulare

Für Formulare führt Access eine eigene Fehlerbehandlung durch, um fehlerhafte Eingaben, Datenbankprobleme und vieles andere mehr abzufangen. Access bietet in den Formulareigenschaften das Ereignis *Bei Fehler* an, mit dessen Hilfe Sie eine Prozedur definieren können, die sich in die Formularfehlerbehandlung einschaltet. Die Definition der Prozedur

```
Private Sub Form_Error(DataErr As Integer, Response As Integer)
        ...
End Sub
```

enthält zwei Parameter: Mit `DataErr` wird die Nummer des aufgetretenen Fehlers übergeben, mithilfe von `Response` können Sie festlegen, wie Access im Anschluss an die Fehlerprozedur reagieren soll.

Die Formularfehlerbehandlung reagiert nur auf Formularfehler, nicht auf Laufzeitfehler in Ihren VBA-Programmen im Formularmodul oder in globalen Modulen. Für eigene Programmteile müssen Sie eine eigene Fehlerbehandlung implementieren.

Im Folgenden greifen wir zurück auf das Beispiel aus Kapitel 13, »Steuerelemente«, Abschnitt 13.6.9, »Zusätzlicher Eintrag im Kombinationsfeld«. Dort wurde ein Kombinationsfeld, in dem die möglichen Zutaten eines Cocktails aufgelistet wurden, um den Eintrag `(Neue Zutat)` ergänzt. Nun kann eine neue Zutat für einen Cocktail nur dann erfasst werden, wenn diese Zutat in der Tabelle *tblZutat* vorliegt. Um dies sicherzustellen, wurde zwischen den Tabellen referentielle Integrität vereinbart. Der zusätzliche Eintrag im Kombinationsfeld wurde mithilfe einer `UNION`-Abfrage erzeugt und ist nicht Bestandteil der Tabelle *tblZutat*. Wird nun versucht, den Eintrag `(Neue Zutat)` als Zutat eines Cocktails zu erfassen, löst Access einen Laufzeitfehler für das Formular aus, denn es liegt eine Verletzung der referentiellen Integrität vor.

Das folgende Listing zeigt die Fehlerbehandlungsroutine für das Formular. In der Prozedur wird der Fehler 3201 abgefangen, der eine Verletzung der referenziellen Integrität anzeigt.

```
Private Sub Form_Error(DataErr As Integer, Response As Integer)
    Const conErrReferentielleIntegrität = 3201
    ' Fehler behandeln
    Select Case DataErr
        Case conErrReferentielleIntegrität:
            ' Wenn ungültiger Eintrag bei Zutaten
            If cboZutat.Value = 0 Then
                MsgBox "Eintrag '(Neue Zutat)' nicht erlaubt"
                cboZutat.SetFocus
                Response = acDataErrContinue
                Exit Sub
            End If
    End Select
    Response = acDataErrDisplay
End Sub
```

Das Verhalten von Access im Anschluss an die Fehlerroutine steuert der Parameter `Response`, dessen erlaubte Werte Sie in folgender Tabelle sehen.

Tabelle 14.3: Response-Werte

Konstante	**Beschreibung**
acDataErrContinue	ignoriert den Fehler und führt die Ausführung fort, ohne die Standardfehlermeldung von Access anzuzeigen. Verwenden Sie diesen Wert, wenn Ihr Programm den aufgetretenen Fehler behandelt.
acDataErrDisplay	ist die Voreinstellung für den Parameter `Response`. Nach Abschluss der `Form_Error()`-Prozedur wird die Standardfehlermeldung von Access angezeigt.

15 Pivot-Ansichten

Zur Datenauswertung stehen Ihnen in Access 2002 für geöffnete Formulare, Tabellen oder Abfragen die Ansichten *PivotTable* und *PivotChart* zur Verfügung. In diesem Kapitel möchten wir Ihnen anhand eines Beispiels einige Möglichkeiten vorstellen, auf *PivotTable*- und *PivotChart*-Ansichten in Formularen per VBA zuzugreifen. Die Ereignisse, die hierfür zur Verfügung stehen, sind in Kapitel 12 mit aufgelistet.

15.1 Grundlagen

Für die Programmierung der neuen Pivot-Ansichten in Formularen gibt es einige grundlegende Dinge zu beachten.

15.1.1 Verweis auf Office XP Web Components

Um *PivotTable*- und *PivotChart*-Ansichten in Formularen mittels VBA steuern zu können, muss ein Verweis auf die *Office XP Web Components* gesetzt sein. Rufen Sie im VBA-Editor über den Befehl *EXTRAS Verweise* das folgende Dialogfeld auf und überprüfen Sie, ob das entsprechende Häkchen gesetzt ist.

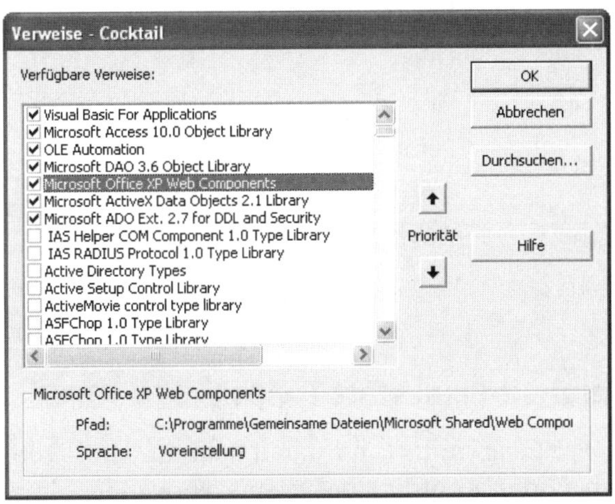

Bild 15.1: Dialogfeld Verweise

15.1.2 Einschränkungen in der Laufzeitumgebung

In Kapitel 23 beschreiben wir Ihnen die Möglichkeit der Weitergabe Ihrer Access-Applikationen zusammen mit einer Access-Laufzeit-Version. In dieser Laufzeitumgebung stehen die Funktionalitäten der *Office XP Web Components* nicht zur Verfügung. Deshalb können hier die *PivotTable-* und *PivotChart-*Ansichten nicht per VBA gesteuert werden.

15.1.3 Verfügbarkeit von programmierbaren Ereignissen

Beim Programmieren müssen Sie beachten, dass nicht alle Ereignisse in beiden Pivot-Ansichten verfügbar sind. Die folgende Tabelle zeigt, welche der neuen Ereignisse Sie in der jeweiligen Ansicht nutzen können.

Tabelle 15.1: Verfügbarkeit von Ereignissen für Pivot-Ansichten

Ereignis	Engl. Bezeichnung	PivotTable-Ansicht	PivotChart-Ansicht
Bei Datenänderung	DataChange	Ja	Nein
Bei Datengruppenänderung	DataSetChange	Nein	Ja
Bei PivotTable-Änderung	PivotTableChange	Ja	Nein
Bei Markierungsänderung	SelectionChange	Ja	Ja
Bei Ansichtsänderung	ViewChange	Ja	Ja
Beim Verbinden	OnConnect	Ja	Nein
Beim Trennen	OnDisconnect	Ja	Nein
Vor Abfrage	BeforeQuery	Ja	Nein
Bei Abfrage	Query	Ja	Nein
Nach Layout	AfterLayout	Nein	Ja
Vor Rendern	BeforeRender	Nein	Ja
Nach Rendern	AfterRender	Nein	Ja
Nach Renderabschluss	AfterFinalRender	Nein	Ja

15.1.4 Maßeinheit Pixel statt Twips

In den *Office XP Web Components* (und damit auch in den Pivot-Ansichten) wird Pixel als Maßeinheit des Koordinatensystems verwendet. In Access hingegen werden die Koordinaten in Twips angegeben. Geht es bei der Programmierung von Pivot-Ansichten um die Auswertung oder Definition von Koordinaten, müssen Sie die beiden Einheiten gegebenenfalls ineinander umrechnen. Der Umrechnungsfaktor ist allerdings abhängig von der Bildschirmauflösung. Beispielsweise entspricht bei einer horizontalen Auflösung von 800 Punkten ein Pixel 15 Twips. In Kapitel 23, »Anwendungsentwicklung«, stellen wir Ihnen in Abschnitt 16 eine Funktion vor, mit deren Hilfe Sie für das jeweilige PC-System das Verhältnis von Twips zu Pixel ermitteln können.

15.1.5 Ansichten bedecken das ganze Formular

PivotTable- und *PivotChart*-Ansichten nehmen die gesamte Oberfläche des Formulars ein. Auf der Fläche des jeweiligen Pivot-Elements können keine benutzerdefinierten Bedienelemente wie Schaltflächen usw. positioniert werden.

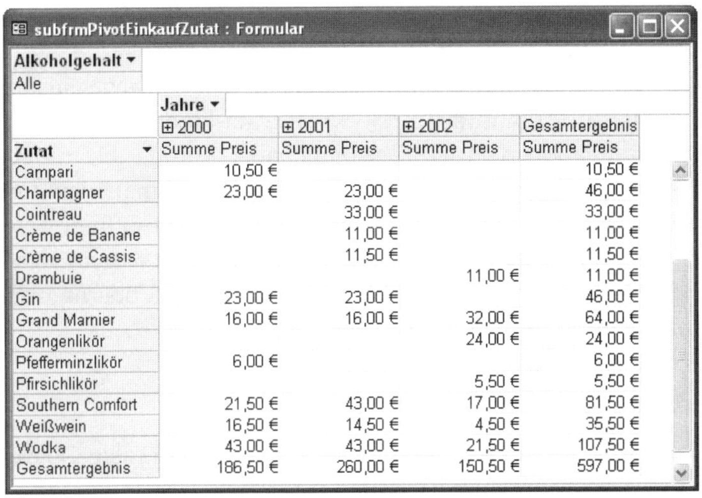

Zutat	2000 Summe Preis	2001 Summe Preis	2002 Summe Preis	Gesamtergebnis Summe Preis
Campari	10,50 €			10,50 €
Champagner	23,00 €	23,00 €		46,00 €
Cointreau		33,00 €		33,00 €
Crème de Banane		11,00 €		11,00 €
Crème de Cassis		11,50 €		11,50 €
Drambuie			11,00 €	11,00 €
Gin	23,00 €	23,00 €		46,00 €
Grand Marnier	16,00 €	16,00 €	32,00 €	64,00 €
Orangenlikör			24,00 €	24,00 €
Pfefferminzlikör	6,00 €			6,00 €
Pfirsichlikör			5,50 €	5,50 €
Southern Comfort	21,50 €	43,00 €	17,00 €	81,50 €
Weißwein	16,50 €	14,50 €	4,50 €	35,50 €
Wodka	43,00 €	43,00 €	21,50 €	107,50 €
Gesamtergebnis	186,50 €	260,00 €	150,50 €	597,00 €

Bild 15.2: PivotTable-Ansicht bedeckt das ganze Formular

Sollen Benutzereingaben verarbeitet werden, bietet es sich an, die gewünschten Steuerelemente auf einem leeren Formular zu positionieren und ein Unterformular mit der Pivot-Ansicht einzubinden. Das Formular *subfrmPivotEinkaufZutat* aus Bild 15.2 ist beispielsweise in das im Abschnitt 15.2, »PivotTable-Ansicht«, behandelte Formular *frmPivotEinkaufZutat* integriert (siehe Bild 15.3).

15.1.6 Ansichtsänderungen werden gespeichert

Änderungen, die Sie an der *PivotTable-* oder *PivotChart*-Ansicht eines Formulars vornehmen, werden beim Schließen zusammen mit dem Formular gespeichert.

Die Ursache hierfür ist, dass Änderungen an den Pivot-Ansichten behandelt werden wie Layout-Änderungen der Datenblattansicht (beispielsweise Änderungen der Spaltenbreite), die ja auch beim Schließen des Formulars automatisch gespeichert werden. Um zu erreichen, dass eine Pivot-Ansicht eines Formulars beim Öffnen in einer von Ihnen festgelegten Form gezeigt wird, gibt es mehrere Möglichkeiten:

Erstellen einer MDE-Datei

Sie können aus Ihrer Access-Datenbank, die im MDB-Format vorliegt, eine MDE-Datei erzeugen. Wenn eine MDE-Datei mit Access geöffnet wird, können keine Änderungen am Design von Formularen (also auch nicht an den Pivot-Ansichten), Berichten sowie am VBA-Code ausgeführt werden. Weitere Informationen zu MDE-Dateien erhalten Sie im Abschnitt 23.7.

Einstellungen im XML-Format speichern

Eine weitere Möglichkeit stellt die Speicherung der Ansichtseinstellungen im XML-Format dar. In Abschnitt 15.2.3, »XMLData-Eigenschaft des PivotTable-Objekts«, beschreiben wir dazu ein Beispiel. Dabei werden die in der *XMLData*-Eigenschaft einer *PivotTable*-Ansicht eines Formulars enthaltenen Layout-Informationen im Memo-Feld einer Tabelle gespeichert. Beim Öffnen des Formulars werden die XML-Daten dann in die entsprechende Eigenschaft des Formulars geladen, wodurch die gespeicherten Layout-Informationen übernommen werden. Zu XML lesen Sie mehr in Kapitel 27.

Ansicht löschen und neu zusammenstellen

Im Abschnitt 15.2.2, »ActiveView-Eigenschaft des PivotTable-Objekts«, zeigen wir Ihnen, wie Sie einzelne Eigenschaften einer *PivotTable*-Ansicht fixieren. Dies wird mit einer an das Ereignis *Beim Öffnen* des Formulars gebundenen Routine erreicht, die zunächst alle Einträge aus der *PivotTable*-Ansicht entfernt, um sie dann in der gewünschten Form wieder hinzuzufügen.

15.2 PivotTable-Ansicht

Am Beispiel des Formulars *frmPivotEinkaufZutat* sollen im Folgenden einige Möglichkeiten zur Steuerung der *PivotTable*-Ansicht erläutert werden. Als Unterformular ist das Formular *subfrmPivotEinkaufZutat* eingebunden.

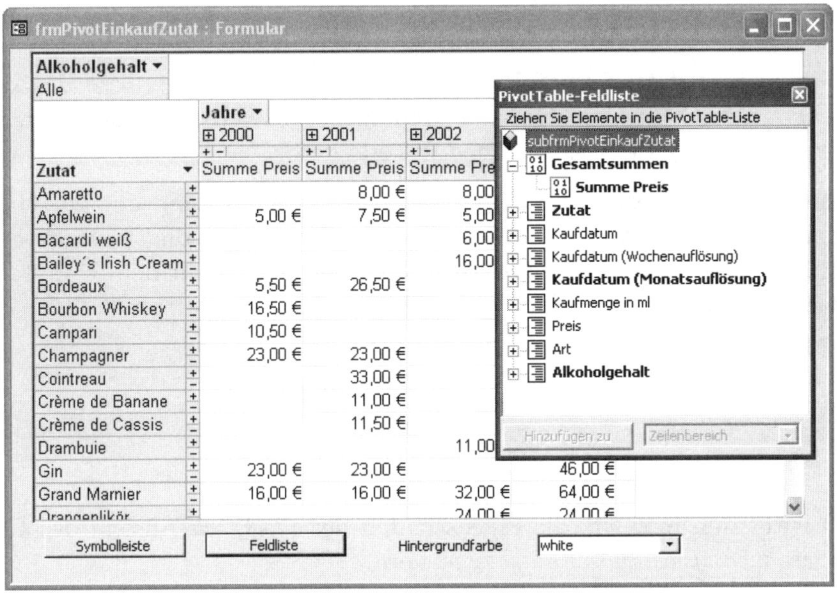

Bild 15.3: PivotTable-Ansicht über Benutzereingaben steuern

Die Steuerelemente am unteren Rand des Formulars *frmPivotEinkaufZutat* erlauben das Ein- und Ausblenden von Symbolleiste und Feldliste sowie das Ändern der Hintergrundfarbe der *PivotTable*-Ansicht. Dies sind Beispiele für die Möglichkeiten, die der Zugriff auf die Eigenschaften des *PivotTable*-Objekts bietet. In Abschnitt 15.2.1 beschreiben wir Ihnen den Aufbau der dazugehörigen Programme.

Damit die *PivotTable*-Ansicht nach dem Öffnen in einer festgelegten Form angezeigt wird, soll außerdem eine entsprechende Routine an das *Beim Öffnen*-Ereignis des Formulars gebunden werden. In Abschnitt 15.2.2 zeigen wir Ihnen hierfür eine mögliche Vorgehensweise, bei der auf das *ActiveView*-Objekt zugegriffen wird. Als weitere Variante beschreiben wir in Abschnitt 15.2.3, wie Sie das Layout im XML-Format speichern und wie Sie die im XML-Format gespeicherten Informationen laden können.

In Abschnitt 15.2.4 geht es dann um das Abfangen von Ereignissen der Pivot-Elemente.

15.2.1 Zugriff auf Eigenschaften des PivotTable-Objekts

Zur Steuerung einer *PivotTable*-Ansicht eines Formulars steht das `PivotTable`-Objekt zur Verfügung, das Sie über die *PivotTable*-Eigenschaft des Formulars aufrufen. Für unser Beispielformular *frmPivotEinkaufZutat* haben wir zunächst die Objektvariable `pt` modulweit deklariert.

```
Private WithEvents pt As PivotTable
```

Das Schlüsselwort `WithEvents` ist hierbei wichtig, damit Ereignisse des Pivot-Elements an die VBA-Objektvariable weitergegeben werden. Ausführlich wird `WithEvents` in Kapitel 17, »Klassenmodule« erläutert.

In den einzelnen Prozeduren wird der Objektvariablen dann der gewünschte Wert zugewiesen. In unserem Fall steht hier ein Verweis auf die *PivotTable*-Eigenschaft des Unterformulars *subfrmPivotEinkaufZutat*, wobei wir dem Unterformular-Steuerelement des Formulars *frmPivotEinkaufZutat* den Namen `Unterformular` gegeben haben.

```
...
Set pt = Me.Unterformular.Form.PivotTable
...
```

Damit ist es nun möglich, die Eigenschaften der *PivotTable*-Ansicht des Unterformulars *subfrmPivotEinkaufZutat* zu steuern.

Feldliste ein- und ausblenden

An das *Beim Klicken*-Ereignis der Schaltfläche *cmdFeldliste* wurde folgende Routine gebunden.

```
Private Sub cmdFeldliste_Click()
    Set pt = Me.Unterformular.Form.PivotTable
    If pt.DisplayFieldList = True Then
        pt.DisplayFieldList = False
    Else
        pt.DisplayFieldList = True
    End If
End Sub
```

Durch das Setzen der `DisplayFieldList`-Eigenschaft auf `True` wird die Feldliste angezeigt, mit `False` wird eine bereits angezeigte Feldliste ausgeblendet.

Vereinfacht könnte die Routine auch wie folgt geschrieben werden:

```
Private Sub cmdFeldliste_Click()
    Set pt = Me.Unterformular.Form.PivotTable
    pt.DisplayFieldList = Not pt.DisplayFieldList
End Sub
```

Symbolleiste ein- und ausblenden

Wenn Sie die `DisplayFieldList`-Eigenschaft durch die `DisplayToolbar`-Eigenschaft ersetzen, lässt sich auf dieselbe Weise auch die Symbolleiste ein- und ausblenden. Für unser Beispielformular wurde folgendes Programm an das *Beim Klicken*-Ereignis der Schaltfläche *cmdSymbolleiste* gebunden.

```
Private Sub cmdSymbolleiste_Click()
    Set pt = Me.Unterformular.Form.PivotTable
    pt.DisplayToolbar = Not pt.DisplayToolbar
End Sub
```

Hintergrundfarbe ändern

Die Hintergrundfarbe der *PivotTable*-Ansicht lässt sich über die *BackColor*-Eigenschaft ändern. Dabei kann entweder der RGB-Farbwert als Long-Wert oder der Name des HTML-Farbwertes angegeben werden. Um z.B. die Farbe des Objekts auf Rot zu setzen, können Sie den Dezimalwert `255` oder das Wort `red` verwenden.

Für unser Formular haben wir das Kombinationsfeld *cboHintergrund* erstellt. Als Datensatzherkunft wurde die Tabelle *tblRGBfarben* eingesetzt, in der die HTML-Bezeichnungen der Farben und die entsprechenden RGB-Farbwerte aufgelistet sind. Als gebundene Spalte haben wir die RGB-Werte gewählt. An das Ereignis *Nach Aktualisierung* des Kombinationsfeldes wurde die Routine zum Setzen der Hintergrundfarbe gebunden.

```
Private Sub cboHintergrund_AfterUpdate()
    Set pt = Me.Unterformular.Form.PivotTable
    pt.BackColor = Me.cboHintergrund
End Sub
```

Hätten wir die Spalte mit der Farbangabe als Text, also z.B. `red`, als gebundene Spalte festgelegt, müsste der zugewiesene Ausdruck in Klammern gesetzt werden:

```
    pt.BackColor = (Me.cboHintergrund)
```

Die *BackColor*-Eigenschaft gibt immer den RGB-Wert (als `long`) der Farbe zurück. Es empfiehlt sich also, diesen RGB-Farbwert und nicht den Namen der Farbe zu verwenden, sobald Sie in Ihrem Programm auch lesend auf die *BackColor*-Eigenschaft zugreifen. Im folgenden Programmbeispiel, das an das *Beim Öffnen*-Ereignis des Formulars gebunden ist, wird die Hintergrundfarbe zuerst über den Namen festgelegt. Damit die ausgewählte Farbe im Kombinationsfeld *cboHinter-*

grund angezeigt wird, erfolgt in der nächsten Programmzeile die Zuweisung des ausgelesenen Long-RGB-Farbwertes.

```
Private Sub Form_Load()
    Set pt = Me.Unterformular.Form.PivotTable

    ' weißer Hintergrund als Standard
    pt.BackColor = "white"
    Me.cboHintergrund = pt.BackColor
End Sub
```

Keine Details

In der Beispiel-*PivotTable*-Ansicht gibt es keine Details, die angezeigt werden können. Trotzdem stehen die Plus- und Minus-Schaltflächen zum Ein- und Ausblenden von Details zur Verfügung. Wie im nächsten Bild zu sehen, lassen sich damit Ansichten zusammenstellen, die nicht besonders aussagekräftig sind.

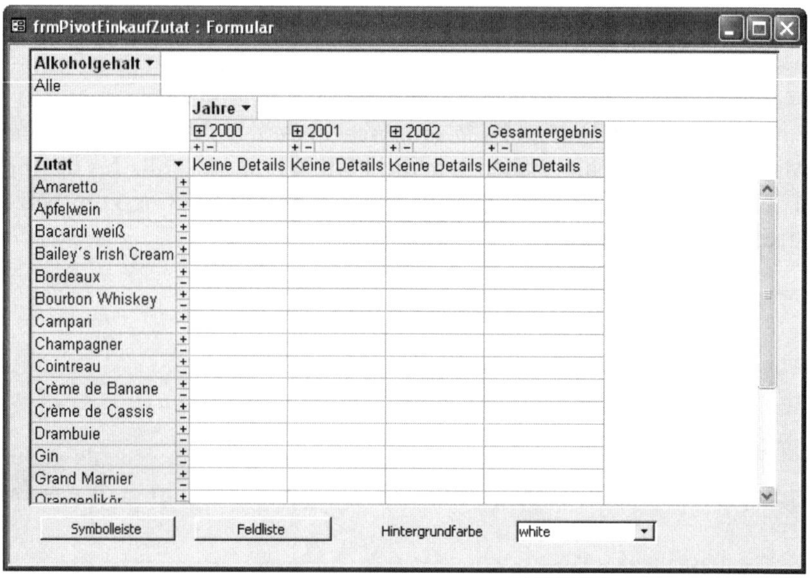

Bild 15.4: Hier ist die Möglichkeit zum Anzeigen von Details nicht besonders sinnvoll

Indem Sie die `AllowDetails`-Eigenschaft auf `False` setzen, deaktivieren Sie die Möglichkeit zur Anzeige von Details.

```
...
pt.AllowDetails = False
...
```

Filtern und Gruppieren erlaubt

Sie können einstellen, ob das Hinzufügen von Feldern zur Filterachse oder das Entfernen von Feldern von der Filterachse möglich sein soll, je nachdem, ob Sie die `AllowFiltering`-Eigenschaft des *PivotTable*-Objekts auf `True` oder `False` setzen. Über die `AllowGrouping`-Eigenschaft legen Sie fest, ob es möglich sein soll, Felder zur Spalten- oder Zeilenachse hinzuzufügen oder zu entfernen. Standardwert ist in beiden Fällen `True`. Für unser Beispiel soll sowohl das Filtern als auch das Gruppieren erlaubt sein.

Eigenschaften-Dialogfeld nicht anzeigen

Wenn Sie nicht möchten, dass an den Eigenschaften der *PivotTable*-Ansicht Änderungen vorgenommen werden, können Sie mit

```
...
pt.AllowPropertyToolbox = False
...
```

erreichen, dass das Eigenschaften-Dialogfeld nicht angezeigt wird.

15.2.2 ActiveView-Eigenschaft des PivotTable-Objekts

Über die `ActiveView`-Eigenschaft des `PivotTable`-Objekts lassen sich Änderungen an der aktuellen Ansicht vornehmen. Wir wollen diese Möglichkeit beispielhaft dafür nutzen, die *PivotTable*-Ansicht nach dem Öffnen in einer vorgegebenen Form anzuzeigen. Dazu werden in der folgenden, an das *Beim Öffnen*-Ereignis des Formulars *frmPivotEinkaufZutat2* gebundenen Routine zunächst alle vorhandenen Felder aus der Ansicht entfernt. Im zweiten Schritt werden dann die gewünschten Felder wieder zu den einzelnen Achsen hinzugefügt.

Felder aus der Ansicht entfernen und zur Ansicht hinzufügen

Die einzelnen Bereiche der *PivotTable*-Ansicht werden von den folgenden Eigenschaften des `ActiveView`-Objekts repräsentiert: `RowAxis` (Reihenachse), `ColumnAxis` (Spaltenachse), `FilterAxis` (Filterachse) und `DataAxis` (Datenachse).

Über die Eigenschaften `RemoveFieldSet` und `InsertFieldSet` können Feldgruppen von der jeweiligen Achse entfernt beziehungsweise zur entsprechenden Achse hinzugefügt werden.

Sofern die *PivotTable* nicht an einen Datensatz gebunden ist, wäre es alternativ auch möglich, die Achseneinträge der *PivotTable*-Ansicht auf einen Schlag mit pt.ActiveView.AutoLayout zu leeren. Beachten Sie aber, dass Summenfelder dabei nicht entfernt werden.

Summen aus der Ansicht entfernen und zur Ansicht hinzufügen

Mit der AddTotal-Methode lassen sich Summenfelder für die *PivotTable*-Ansicht definieren. Mit der InsertTotal-Methode werden sie zur gewünschten Achse der Ansicht hinzugefügt, mit der DeleteTotal-Methode von der entsprechenden Achse entfernt.

Keine Titelleiste anzeigen

Normalerweise ist das Anzeigen der Titelleiste nicht erforderlich. Mit pt.ActiveView.TitleBar.Visible = False bleibt die Titelleiste ausgeblendet.

Erster Versuch für eine Routine zum Zurücksetzen der PivotTable-Ansicht

Hier zunächst ein Überblick über die komplette Routine.

```
Private Sub Form_Load()
    Dim i As Integer
    Dim ptConstants As Object
    Dim totNeueSumme As Object

    Set pt = Me.Unterformular.Form.PivotTable
    Set ptConstants = pt.Constants

    ' Eigenschaften-Dialog nicht anzeigen
    pt.AllowPropertyToolbox = False
    ' es sollen keine Details angezeigt werden können, weil es keine gibt
    pt.AllowDetails = False

    With pt.ActiveView
         ' keine Titelleiste anzeigen
         .TitleBar.Visible = False

        ' Gegebenenfalls auf den Achsen eingetragene Felder
        ' von der jeweiligen Achse entfernen
        For i = (.DataAxis.FieldSets.Count - 1) To 0 Step -1
            .DataAxis.RemoveFieldSet (i)
        Next i

        ' Gesamtsummen löschen, falls vorhanden
        For i = (.Totals.Count - 1) To 0 Step -1
           .DeleteTotal (i)
        Next i
```

```
        For i = (.ColumnAxis.FieldSets.Count - 1) To 0 Step -1
            .ColumnAxis.RemoveFieldSet (i)
        Next i

        For i = (.RowAxis.FieldSets.Count - 1) To 0 Step -1
            .RowAxis.RemoveFieldSet (i)
        Next i

        For i = (.FilterAxis.FieldSets.Count - 1) To 0 Step -1
            .FilterAxis.RemoveFieldSet (i)
        Next i

        ' Standard wiederherstellen, indem alles noch einmal
        ' neu eingetragen wird.
        .ColumnAxis.InsertFieldSet .FieldSets("Kaufdatum by Month")
        .RowAxis.InsertFieldSet .FieldSets("Zutat")
        .FilterAxis.InsertFieldSet .FieldSets("Alkoholgehalt")

        ' Summe definieren und hinzufügen
        Set totNeueSumme = .AddTotal("Summe Preis", _
                                     .FieldSets("Preis").Fields(0), _
                                     ptConstants.plFunctionSum)
        .DataAxis.InsertTotal totNeueSumme
    End With
    ' weißer Hintergrund als Standard
    pt.BackColor = "white"
    Me.cboHintergrund = pt.BackColor
End Sub
```

Erforderliche Verbesserungen an der Routine

Mit der jetzigen Form der Routine ist das Problem des Öffnens der *PivotTable*-Ansicht in vordefinierter Form jedoch noch nicht vollständig gelöst. So bleibt beispielsweise die Auswahl einzelner Elemente bestehen. Außerdem wird die Gruppierung nach Kaufdatum nicht in die Jahresauflösung zurückgesetzt, wenn zuvor eine feinere Auflösung gewählt wurde. Das folgende Bild zeigt, wie das Formular möglicherweise nach dem Öffnen aussehen kann.

Neben den bereits beschriebenen Effekten sehen Sie in folgendem Bild, dass das Feld *Summe Preis* nicht die volle Breite der Spalte ausfüllt. Auch das sollte beim Zurücksetzen der *PivotTable*-Ansicht geändert werden. Im Folgenden zeigen wir Ihnen Lösungsmöglichkeiten für die benannten Probleme. Die Ergebnisse der Überarbeitung sind in *frmPivotEinkaufZutat3* zusammengefasst.

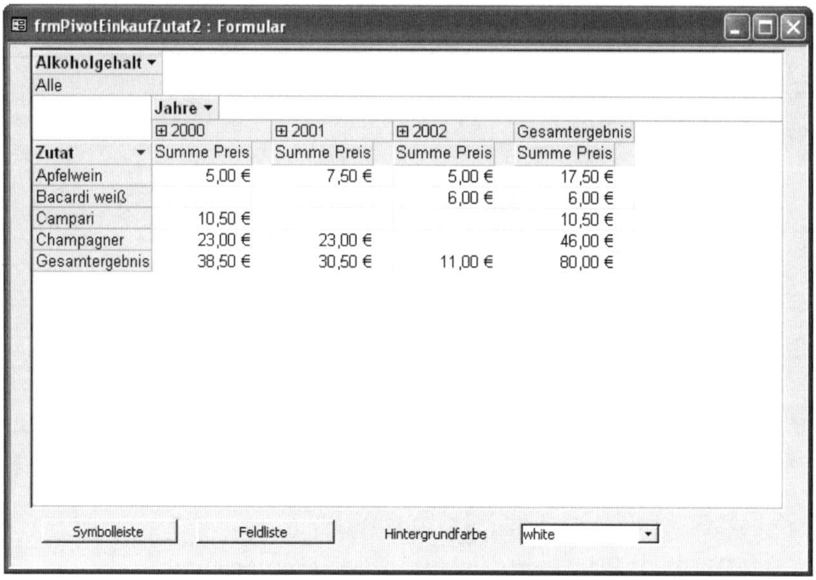

Zutat	⊞ 2000 Summe Preis	⊞ 2001 Summe Preis	⊞ 2002 Summe Preis	Gesamtergebnis Summe Preis
Apfelwein	5,00 €	7,50 €	5,00 €	17,50 €
Bacardi weiß			6,00 €	6,00 €
Campari	10,50 €			10,50 €
Champagner	23,00 €	23,00 €		46,00 €
Gesamtergebnis	38,50 €	30,50 €	11,00 €	80,00 €

Bild 15.5: Die PivotTable-Ansicht wurde nicht vollständig zurückgesetzt

Ausgeblendete Elemente wieder anzeigen

Damit nach dem Öffnen des Formulars alle zuvor ausgeblendeten Elemente auf den Achsen wieder angezeigt werden, können Sie die `IsFiltered`-Eigenschaft des `PivotTable`-Objekts auf `False` setzen.

```
...
pt.ActiveView.IsFiltered = False
...
```

Das Einblenden der Elemente kann erst erfolgen, nachdem die Felder zuvor wieder den Achsen hinzugefügt worden sind. Deshalb haben wir zum obigen Programmbeispiel den Ausdruck `.IsFiltered = False` am Ende des `With`-Befehls hinzugefügt.

Spaltenbreite anpassen

Die Breite eines Objekts lässt sich über die `Width`-Eigenschaft ändern. In unserem Fall soll die Breite des Summenfeldes *Summe Preis* auf die `Gesamtergebnis`-Breite gesetzt werden, die dafür in der Variablen `lngSpaltenbreiteGesamtergebnis` gespeichert wird. Neben der Deklaration der Variablen müssten die folgenden Programmzeilen zum `With`-Befehl der obigen Routine hinzugefügt werden.

```
...
' setzt die Breite des Summenfeldes auf die Breite des Gesamtergebnisses
.Totals("Summe Preis").AutoFit = False
lngSpaltenbreiteGesamtergebnis = _
       pt.ActiveData.ColumnAxis.ColumnMember.TotalColumnMember.Width
.Totals("Summe Preis").Width = lngSpaltenbreiteGesamtergebnis
...
```

Durch das Ändern der `Width`-Eigenschaft wird die `AutoFit`-Eigenschaft auf `False` gesetzt, so dass die entsprechende Programmzeile eigentlich nicht erforderlich wäre.

Zusätzlich haben wir mit `pt.ActiveView.FieldSets("Zutat").Width = 150` auch die *Zutat*-Spaltenbreite auf einen festen Wert gesetzt.

Felder aus einer Feldgruppe entfernen

Über die `IsIncluded`-Eigenschaft einer Feldgruppe lassen sich die enthaltenen Felder aktivieren oder deaktivieren. Für unser Beispiel werden zunächst alle Felder der Feldgruppe `"Kaufdatum by Month"` deaktiviert. Danach wird als einziges Feld `"Jahre"` aktiviert.

```
...
For i = (.FieldSets("Kaufdatum By Month").Fields.Count - 1) To 0 Step -1
    .FieldSets("Kaufdatum By Month").Fields(i).IsIncluded = False
Next i
.FieldSets("Kaufdatum By Month").Fields("Jahre").IsIncluded = True
.ColumnAxis.InsertFieldSet .FieldSets("Kaufdatum by Month")
...
```

Im `With`-Befehl muss zunächst das obige Programmfragment ausgeführt werden, bevor die Feldgruppe `"Kaufdatum by Month"` mit `InsertFieldSet` zur Spaltenachse hinzugefügt wird.

15.2.3 XMLData-Eigenschaft des PivotTable-Objekts

Die `XMLData`-Eigenschaft enthält die Layout-Informationen des `PivotTable`-Objekts. Damit bietet es sich an, diese Eigenschaft zum Fixieren des Aussehens der *PivotTable*-Ansicht beim Öffnen des Formulars zu nutzen. Um die `XMLData`-Eigenschaft beim Laden setzen zu können, erfolgt in unserem Programmbeispiel eine Speicherung in der Tabelle *tblPivotTableXML*. Hier werden die XML-Daten in dem Memo-Feld mit dem Feldnamen *XML* abgelegt. Zur Tabelle haben wir einen leeren Datensatz hinzugefügt.

Kernpunkt der beiden Prozeduren SpeichereXML und LadeXML sind die Zeilen, in denen die XML-Daten mit pt.XMLData = rst.Fields("XML") ausgelesen oder im anderen Fall mit rst.Fields("XML") = pt.XMLData gespeichert werden.

```
Private Sub SpeichereXML()
    Dim rst As ADODB.Recordset

    Set pt = Me.Unterformular.Form.PivotTable

    Set rst = New ADODB.Recordset
    rst.Open "SELECT * FROM tblPivotTableXML", _
        ActiveConnection:=CurrentProject.Connection, _
        CursorType:=adOpenStatic, _
        LockType:=adLockOptimistic, _
        Options:=adCmdText

    ' Speichert XML-Daten der PivotTable-Ansicht
    rst!XML = pt.XMLData
    rst.Update
    rst.Close
    Set rst = Nothing
End Sub

Private Sub LadeXML()
    Dim rst As ADODB.Recordset

    Set pt = Me.Unterformular.Form.PivotTable
    Set rst = New ADODB.Recordset
    rst.Open "SELECT * FROM tblPivotTableXML", _
        ActiveConnection:=CurrentProject.Connection, _
        CursorType:=adOpenStatic, _
        LockType:=adLockReadOnly, _
        Options:=adCmdText

    pt.XMLData = rst!XML
    rst.Close
    Set rst = Nothing
End Sub
```

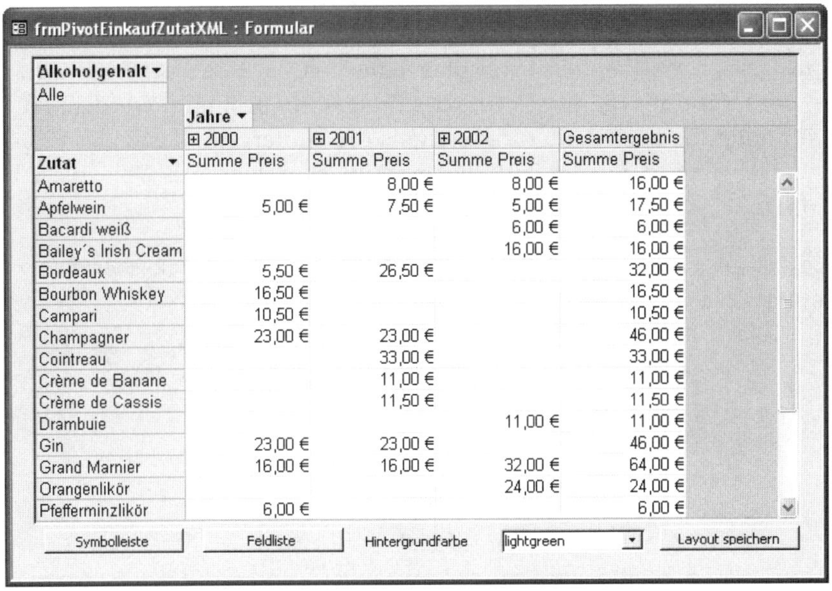

Bild 15.6: Layout im XML-Format speichern

Nach einem Klick auf die Schaltfläche *Layout speichern* wird `SpeichereXML` aufgerufen.

```
Private Sub cmdSpeichereXML_Click()
    Call SpeichereXML
End Sub
```

Beim Laden des Formulars wird `LadeXML` ausgeführt.

```
Private Sub Form_Load()
    Call LadeXML
    Me.cboHintergrund = pt.BackColor
End Sub
```

15.2.4 Ereignisse abfangen

Für die *PivotTable*-Ansicht sind eine Reihe spezieller Ereignisse verfügbar (siehe Tabelle 15.1). Einige Anwendungsbeispiele für Änderungsereignisse werden im Folgenden vorgestellt und sind in *frmPivotEinkaufZutat3* gespeichert.

DataChange-Ereignis

Bei dem `DataChange`-Ereignis kann über eine von 53 `PivotDataReasonEnum`-Konstanten der Grund für die Auslösung des Ereignisses bestimmt werden. Folgende Prozedur ändert je nach Änderungsereignis die Hintergrundfarbe der *PivotTable*-Ansicht. Dabei wird wieder auf die modulweit deklarierte Objektvariable `pt` zugegriffen.

```
Private Sub pt_DataChange(ByVal Reason As OWC10.PivotDataReasonEnum)
    Select Case Reason
        Case plDataReasonAllIncludeExcludeChange
            ' Änderung an angezeigten Elementen
            pt.BackColor = "red"
        Case plDataReasonRemoveTotal
            ' Summe entfernen
            pt.BackColor = "green"
        Case plDataReasonRemoveFieldSet
            ' Feld entfernen
            pt.BackColor = "blue"
        Case plDataReasonInsertTotal
            ' Summe hinzufügen
            pt.BackColor = "yellow"
        Case plDataReasonInsertFieldSet
            ' Feld hinzufügen
            pt.BackColor = "orange"
    End Select
End Sub
```

ViewChange-Ereignis

Änderungen an der Ansicht können über das `ViewChange`-Ereignis verarbeitet werden. In unserem Fall soll bei erfolgter Änderung der Hintergrundfarbe die Anzeige im Kombinationsfeld *cboHintergrund* auf den neuen Wert gesetzt werden.

```
Private Sub pt_ViewChange(ByVal Reason As OWC10.PivotViewReasonEnum)
    ' Bei Änderung der Hintergrundfarbe
    ' Anzeige in Kombinationsfeld aktualisieren
    If Reason = OWC10.PivotViewReasonEnum.plViewReasonBackColorChange Then
        Me.cboHintergrund = pt.BackColor
    End If
End Sub
```

PivotTableChange-Ereignis

Wenn eine Feldgruppe, ein Feld oder Gesamtdaten hinzugefügt werden, tritt das `PivotTableChange`-Ereignis ein. Über die `PivotTableReasonEnum`-Konstanten kann ausgewertet werden, um welche Änderung es sich handelt. Zur Demonstration haben wir das Formular *frmPivotEinkaufZutat3* um folgende Routine ergänzt.

```
Private Sub pt_PivotTableChange( _
        ByVal Reason As OWC10.PivotTableReasonEnum)
    ' Auf das Ereignis reagieren
    Select Case Reason
        Case OWC10.plPivotTableReasonTotalAdded
            MsgBox "plPivotTableReasonTotalAdded"
        Case OWC10.plPivotTableReasonTotalDeleted
            MsgBox "plPivotTableReasonTotalDeleted"
    End Select
End Sub
```

15.3 PivotChart-Ansicht

Zum Ausprobieren der Steuerungsmöglichkeiten für die *PivotChart*-Ansicht haben wir auf der Grundlage des Unterformulars *subfrmPivotEinkaufZutat* ein weiteres Unterformular *subfrmPivotEinkaufZutatChart* erstellt, in dem `PivotChart` als Standardansicht gewählt wurde. Die in diesem Unterformular erstellte *PivotChart*-Ansicht soll nun im Wechsel mit der bestehenden *PivotTable*-Ansicht im Formular *frmPivotEinkaufZutatChart* angezeigt werden können. Das Formular *frmPivotEinkaufZutatChart* basiert auf dem Formular *frmPivotEinkaufZutat* und enthält zusätzlich die Befehlsschaltfläche *cmdWechsel*. Folgende Prozedur haben wir an das *Beim Klicken*-Ereignis der Schaltfläche gebunden.

```
Private Sub cmdWechsel_Click()
    If Me.Unterformular.SourceObject = "subfrmPivotEinkaufZutat" Then
        Me.Unterformular.SourceObject = "subfrmPivotEinkaufZutatChart"
        Me.cmdWechsel.Caption = "Zeige PivotTable"
        mePivot = PivotChart
        Hintergrundfarbe
        PivotChartEinrichten
    Else
        Me.Unterformular.SourceObject = "subfrmPivotEinkaufZutat"
        Me.cmdWechsel.Caption = "Zeige PivotChart"
        mePivot = PivotTable
```

```
            Hintergrundfarbe
            PivotTableEinrichten
        End If
End Sub
```

Im Formular *frmPivotEinkaufZutatChart* wird nun nach einem Klick auf die Schaltfläche *cmdWechsel* das Herkunftsobjekt gewechselt und die Beschriftung der Befehlsschaltfläche ausgetauscht. Darüber hinaus wird der zuvor modulweit deklarierten `Enum`-Variablen `mePivot` der Wert `PivotChart` bzw. `PivotTable` zugewiesen, je nachdem welche Ansicht gezeigt wird. Die mit `Hintergrundfarbe` aufgerufene Prozedur zum Ändern der Hintergrundfarbe stellten wir auf Seite 539 im Abschnitt »Hintergrundfarbe ändern« vor.

Die Routine zum Einrichten der *PivotTable*-Ansicht haben wir für dieses Beispiel in die Funktion `PivotTableEinrichten` ausgelagert. Diese Funktion wird sowohl beim Öffnen des Formulars als auch beim Wechseln zur *PivotTable*-Ansicht aufgerufen. Analog dazu wird beim Wechsel zur *PivotChart*-Ansicht die neue Funktion `PivotChartEinrichten` aktiviert, die wir auf Seite 553 im Abschnitt »Zurücksetzen der PivotChart-Ansicht« erläutern.

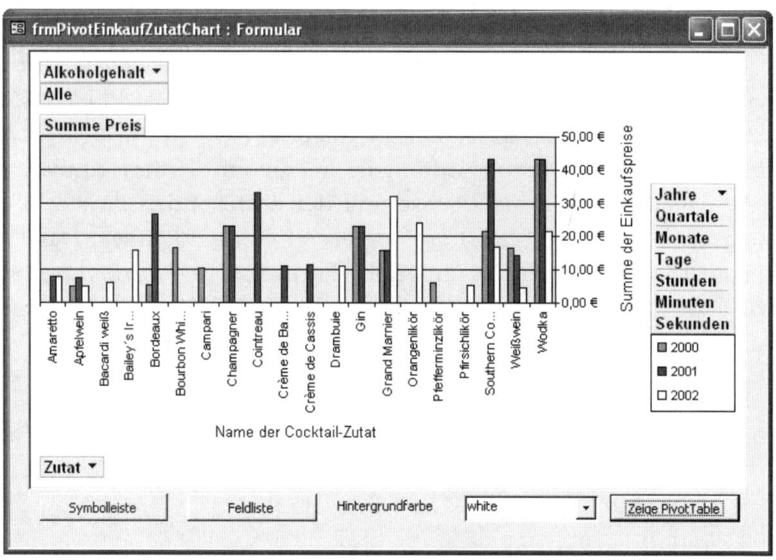

Bild 15.7: Umschalten zwischen PivotTable- und PivotChart-Ansicht

Die anderen Steuerelemente des Formulars funktionieren bisher nur in der *PivotTable*-Ansicht. Über die Abfrage der modulweit deklarierten `Enum`-Variablen `mePivot` soll jetzt jeweils zur für die aktive Ansicht gültigen Routine verzweigt werden.

15.3.1 ChartSpace-Eigenschaft

Für die Steuerung einer *PivotChart*-Ansicht eines Formulars steht das ChartSpace-Objekt zur Verfügung, das Sie über die ChartSpace-Eigenschaft des Formulars aufrufen. Das ChartSpace-Objekt repräsentiert den Diagrammarbeitsbereich, der wiederum mehrere Diagramme enthalten kann. Für unser Beispielformular *frmPivotEinkaufZutatChart* haben wir analog zur Objektvariable pt die Objektvariable cs modulweit deklariert.

```
Private WithEvents cs As ChartSpace
```

Der Objektvariablen cs wird dann in den einzelnen Prozeduren wieder der gewünschte Wert zugewiesen. In unserem Fall steht hier ein Verweis auf die ChartSpace-Eigenschaft des Unterformulars *subfrmPivotEinkaufZutatChart*.

```
...
Set cs = Me.Unterformular.Form.ChartSpace
...
```

Damit ist es nun möglich, die Eigenschaften der *PivotChart*-Ansicht des Unterformulars *subfrmPivotEinkaufZutatChart* zu steuern.

Feldliste ein- und ausblenden

Auch für das ChartSpace-Objekt steht die DisplayFieldList-Eigenschaft zur Verfügung. Damit sich die Feldliste sowohl für die *PivotTable*- als auch für die *PivotChart*-Ansicht ein- und ausblenden lässt, wurde die an das *Beim Klicken*-Ereignis der Schaltfläche *cmdFeldliste* gebundene Prozedur folgendermaßen erweitert.

```
Private Sub cmdFeldliste_Click()
    Select Case mePivot
        Case PivotTable
            Set pt = Me.Unterformular.Form.PivotTable
            pt.DisplayFieldList = Not pt.DisplayFieldList
        Case PivotChart
            Set cs = Me.Unterformular.Form.ChartSpace
            pt.DisplayFieldList = Not cs.DisplayFieldList
        End Select
End Sub
```

Wie Sie sehen, erfolgt die Verzweigung über den Wert der modulweit deklarierten Enum-Variablen mePivot.

Symbolleiste ein- und ausblenden

Da auch die `DisplayToolbar`-Eigenschaft für das `ChartSpace`-Objekt zur Verfügung steht, müssen Sie in der obigen Prozedur nur die `DisplayFieldList`-Eigenschaft durch die `DisplayToolbar`-Eigenschaft ersetzen, um auf entsprechende Weise auch die Symbolleiste ein- und ausblenden zu können. Natürlich muss die Routine dann noch an das *Beim Klicken*-Ereignis der Schaltfläche *cmdSymbolleiste* gebunden werden.

Hintergrundfarbe ändern

Die Hintergrundfarbe einer *PivotChart*-Ansicht lässt sich nicht wie bei der *PivotTable*-Ansicht direkt über die `BackColor`-Eigenschaft ändern. Stattdessen kann über die `Interior`-Eigenschaft ein `ChInterior`-Objekt zurückgegeben werden, dessen `Color`-Eigenschaft dann auf den gewünschten Wert gesetzt wird. Mit dem folgenden Programmfragment lässt sich beispielsweise ein roter Hintergrund für die *PivotChart*-Ansicht einstellen.

```
...
cs.Interior.Color = 255
...
```

Für das Formular *frmPivotEinkaufZutatChart* haben wir für den Wechsel der Hintergrundfarbe der Pivot-Ansichten folgende Prozedur geschrieben.

```
Private Sub Hintergrundfarbe()
    Select Case mePivot
        Case PivotTable
            Set pt = Me.Unterformular.Form.PivotTable
            pt.BackColor = Me.cboHintergrund
        Case PivotChart
            Set cs = Me.Unterformular.Form.ChartSpace
            cs.Interior.Color = Me.cboHintergrund
    End Select
End Sub
```

Diese Prozedur wird nicht nur aufgerufen, wenn für das Kombinationsfeld *cboHintergund* das Ereignis *Nach Aktualisierung* eintritt. Auch in der zu Beginn dieses Abschnitts auf Seite 549 vorgestellten Prozedur, die beim Wechsel zwischen den Pivot-Ansichten aufgerufen wird, wird innerhalb der `Select Case`-Struktur zur `Hintergrundfarbe()`-Prozedur verzweigt. Damit erreichen wir, dass die Hintergrundfarbe beim Wechsel zwischen *PivotTable*- und *PivotChart*-Ansicht aus der Herkunftsansicht übernommen wird.

Zurücksetzen der PivotChart-Ansicht

Folgende Prozedur setzt die *PivotChart*-Ansicht auf einen von uns definierten Standard zurück.

```
Private Sub PivotChartEinrichten()

    Set cs = Me.Unterformular.Form.ChartSpace

    ' Diagrammdaten festlegen
    cs.SetData chDimCategories, chDataBound, "Zutat"
    cs.SetData chDimValues, chDataBound, "Summe Preis"
    cs.SetData chDimSeriesNames, chDataBound, "Kaufdatum By Month"
    cs.SetData chDimFilter, chDataBound, "Alkoholgehalt"

    ' Position der Achsen verschieben
    cs.Charts(0).Axes(0).Position = chAxisPositionBottom
    cs.Charts(0).Axes(1).Position = chAxisPositionRight

    ' Achsentitel eintragen
    cs.Charts(0).Axes(0).Title.Caption = "Name der Cocktail-Zutat"
    cs.Charts(0).Axes(1).Title.Caption = "Summe der Einkaufspreise"

    ' Legende zurücksetzen
    cs.HasChartSpaceLegend = False
    cs.HasChartSpaceLegend = True
End Sub
```

Ähnlich wie zuvor schon für die *PivotTable*-Ansicht haben wir hier eine Reihe von Eigenschaften für die *PivotChart*-Ansicht festgelegt. Die Prozedur wurde an das *Beim Klicken*-Ereignis der *cmdWechsel*-Schaltfläche gebunden und wird damit aufgerufen, sobald von der *PivotTable-* zur *PivotChart*-Ansicht gewechselt wird.

15.4 Pivot-Ansichten als Bild speichern

Sowohl für *PivotTable-* als auch für *PivotChart*-Ansichten gibt es die Möglichkeit des Exports in das GIF-Grafikformat. Damit können Sie einen Schnappschuss der *PivotTable-* oder *PivotChart*-Darstellung erstellen, der mit einem Grafikprogramm angeschaut werden kann.

PivotTable-Export

Für die *PivotTable*-Ansicht eines Formulars erfolgt der Export beispielsweise über folgende Prozedur. In unserem Fall wird der Export durch Doppelklick auf die

Ansicht gestartet. Dazu wird die Prozedur an das *Beim Doppelklicken*-Ereignis des Unterformulars *subfrmPivotEinkaufZutat* gebunden.

```
Private Sub Form_DblClick(Cancel As Integer)
    MsgBox "PivotTable-Ansicht wird im GIF-Format gespeichert"
    Me.PivotTable.ExportPicture "Table.gif", , 800, 600
End Sub
```

Das GIF-Bild wird so mit einer Auflösung von 800 x 600 Pixeln erstellt.

PivotChart-Export

Entsprechend wird eine *PivotChart*-Ansicht im folgenden Beispiel durch Doppelklick auf die *PivotChart*-Ansicht exportiert. Die Prozedur wurde dazu an das *Beim Doppelklicken*-Ereignis des Unterformulars *subfrmPivotEinkaufZutatChart* gebunden.

```
Private Sub Form_DblClick(Cancel As Integer)
    MsgBox "PivotChart-Ansicht wird im GIF-Format gespeichert"
    Me.ChartSpace.ExportPicture "Chart.gif", , 800, 600
End Sub
```

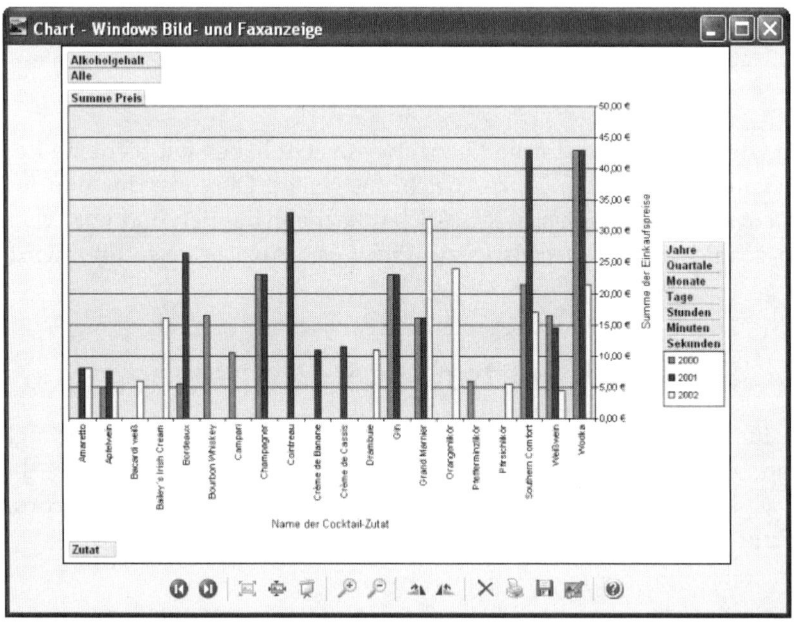

Bild 15.8: Im GIF-Format gespeicherte PivotChart-Ansicht

16 Berichte

Die vielfältigen Gestaltungsmöglichkeiten für Berichte, über die Access standardmäßig verfügt, können mit eigenen Programmen ergänzt werden. Access bietet Ihnen die Kontrolle über fast alle Ereignisse während der Aufbereitung und des Drucks bzw. der Seitenvorschau der Daten. Wir möchten Ihnen in den folgenden Abschnitten zeigen, wie Sie die Vorschau und den Druck von Berichten beeinflussen können.

In Access 2002 steht für Berichte eine ganze Reihe von neuen Eigenschaften zur Verfügung, die es erlauben, die Vorschau von Berichten ähnlich zu beeinflussen wie die von Formularen. Damit wurde der Erkenntnis Rechnung getragen, dass Berichte eben nicht nur zum Ausdrucken, sondern auch zum Anzeigen von Informationen am Bildschirm genutzt werden. Im Eigenschaftenfenster eines Berichts finden Sie zur Steuerung der Anzeige die folgenden Eigenschaften (die meisten davon auf dem Registerblatt *Format*): *Größe anpassen, Automatisch zentrieren, Rahmenart, Mit Systemmenüfeld, MinMaxSchaltflächen, Schließen Schaltfläche, Orientierung, Verschiebbar, PopUp* und *Gebunden*.

Neu in Access 2002 ist auch die Möglichkeit, ebenso wie bei Formularen mithilfe des Parameters `OpenArgs` beliebige Werte an den Bericht zu übergeben. Beim Aufruf des Berichts mit `DoCmd.OpenReport` können Sie als letzten Parameter `OpenArgs` festlegen, wie wir es weiter unten in den Beispielen zeigen.

16.1 Aufbau von Berichten

Wir möchten die für Berichte einsetzbaren Eigenschaften und Ereignisse in den nächsten Abschnitten vorstellen und Anwendungsbeispiele erläutern. In Kapitel 12, »Ereignisse«, Abschnitt 12.3, hatten wir Ihnen schon Informationen über die Reihenfolge des Auftretens von Ereignissen in Berichten gegeben. In Abschnitt 16.2 dieses Kapitels beschreiben wir Beispiele zur Verwendung von Ereignissen.

16.1.1 Bereiche eines Berichts

Jeder Bericht besteht aus mehreren Bereichen; der Detailbereich ist immer vorhanden, alle anderen Bereiche sind optional. Allerdings muss der Detailbereich keine Daten zeigen, sondern kann zur Höhe 0 cm zusammengeschoben oder unsichtbar geschaltet werden.

Es bestehen zwei Möglichkeiten, auf die Bereiche in VBA-Programmen zuzugreifen, zum einen über vordefinierte Eigenschaften und zum anderen über die `Section`-Liste. Die vordefinierten Eigenschaften heißen `Detailbereich`, `Berichtskopf`, `Berichtsfuß`, `Seitenkopfbereich`, `Seitenfußbereich` sowie `Gruppenkopf0`, `Gruppenkopf2` usw. und `Gruppenfuß1`, `Gruppenfuß3` usw.

Alternativ können die Bereiche über die Eigenschaft `Section` des Berichts angesprochen werden. Übrigens gelten die gleichen Bereichsnummern auch für Formulare, wobei Formulare keine Gruppenköpfe und -füße haben können. Für die Bereiche 0 bis 8 hat Microsoft Konstanten vereinbart: `acDetail`, `acHeader`, `acFooter`, `acPageHeader`, `acPageFooter`, `acGroupLevel1Header`, `acGroupLevel1Footer`, `acGroupLevel2Header` und `acGroupLevel2Footer`.

Tabelle 16.1: Berichtsbereiche

Beschreibung	Bereich
Detailbereich	Section(0)
Berichtskopf	Section(1)
Berichtsfuß	Section(2)
Seitenkopfbereich	Section(3)
Seitenfußbereich	Section(4)
Gruppenkopf der ersten Gruppe (Gruppenkopf0)	Section(5)
Gruppenfuß der ersten Gruppe (Gruppenfuß1)	Section(6)
Gruppenkopf der zweiten Gruppe (Gruppenkopf2)	Section(7)
Gruppenfuß der zweiten Gruppe (Gruppenfuß3)	Section(8)
Für die Gruppen 3 bis 10 jeweils Gruppenkopf und -fuß (Gruppenkopf4 bis Gruppenfuß19)	Section(9) bis (24)

16.1.2 Zugriff auf Bereiche

Auf die verschiedenen Bereiche eines Berichts können Sie direkt zugreifen. Wir möchten Ihnen ein kurzes Beispiel erläutern, in dem der Gruppenkopf in Abhängigkeit von einer Benutzereingabe ausgeblendet wird. Der Report heißt *rptCocktailsInSpalten*.

Im folgenden Bild ist die Seitenansicht unseres zweispaltigen Beispielberichts dargestellt. Die Cocktails sind alphabetisch sortiert. Bei jedem Wechsel des Anfangsbuchstabens der Cocktailbezeichnung wird ein Gruppenkopf ausgegeben, der grau hinterlegt ist.

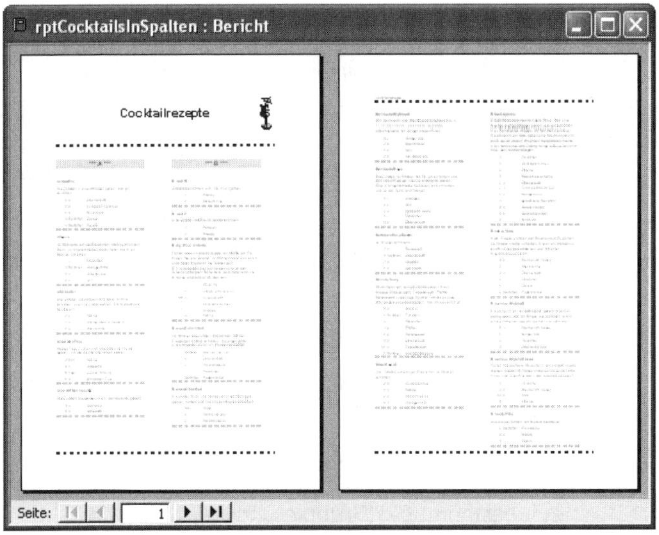

Bild 16.1: Spaltenweise Darstellung der Cocktailrezepte

Dem Benutzer des Berichts soll nun die Möglichkeit gegeben werden, den grauen Gruppenkopf zu unterdrücken. Dafür wird für das Ereignis *Beim Öffnen* des Berichts der folgende Programmcode vereinbart.

```
Private Sub Report_Open(Cancel As Integer)
    If MsgBox("Ausgabe mit Unterteilung nach Anfangsbuchstaben", _
                                 vbQuestion + vbYesNo) = vbNo Then
        ' Ausschalten des Gruppenkopfs
        Me.Section(acGroupLevel1Header).Visible = False
    End If
End Sub
```

Über `Section(acGroupLevel1Header)` oder `Section(5)` wird auf den ersten Gruppenkopf zugegriffen.

16.1.3 Gruppierungsebenen

Für jeden Bericht können bis zu 10 Gruppier- und Sortierebenen im Dialogfeld *Sortieren und gruppieren* vereinbart werden. Über die Eigenschaft `GroupLevel` des

Berichts können Sie auf die Gruppen- und Sortierdefinitionen zugreifen. Die Ebenen werden von 0 bis 9 nummeriert, so dass Sie mit `GroupLevel(9)` beispielsweise die zehnte Gruppierungsebene ansprechen können.

Die folgende Tabelle listet die Eigenschaften, die Sie über `GroupLevel` abfragen können.

Tabelle 16.2: GroupLevel-Eigenschaften

Eigenschaft	Beschreibung
GroupFooter	Ist wahr, wenn ein Gruppenfuß vereinbart ist.
GroupHeader	Ist wahr, wenn ein Gruppenkopf vereinbart ist.
ControlSource	enthält das Feld bzw. den Ausdruck, nach dem sortiert oder gruppiert wird.
SortOrder	ist `False` für aufsteigende, `True` für absteigende Sortierung.
GroupOn	Die Eigenschaft kann die folgenden Werte annehmen: 0 für *Bei jedem Wert*, 1 für *Anfangsbuchstaben*, 2 für *Jahr*, 3 für *Quartal*, 4 für *Monat*, 5 für *Woche*, 6 für *Tag*, 7 für *Stunde*, 8 für *Minute* und 9 für *Intervall*.
GroupInterval	bestimmt das Gruppierungsintervall.
KeepTogether	Für das Zusammenhalten von Berichtsdaten mit ihrem Gruppenkopf werden folgende Werte verwendet: 0 für *Nein*, 1 für *Ganze Gruppe* und 2 für *Mit 1. Detaildatensatz*.

Ausgabe der Sortier-/Gruppierkriterien

Auf die `GroupLevel`-Eigenschaften können Sie auch direkt im Bericht zugreifen, ohne mit VBA zu programmieren. Möchten Sie auf einem Bericht, beispielsweise in der Fußzeile, ausgeben, nach welchen Kriterien der Bericht sortiert bzw. gruppiert ist, so erstellen Sie ein Textfeld, das beispielsweise bei zwei Sortier-/Gruppierebenen den folgenden Inhalt hat:

```
="Sortiert nach " & [Report].[GroupLevel](0).[ControlSource] & _
            ", " & [Report].[GroupLevel](1).[ControlSource]
```

Passen Sie den Befehl je nach Anzahl Ihrer Ebenen entsprechend an.

Dynamische Gruppierungen

Über eine `Wenn`-Bedingung können Sie das Gruppierungs- bzw. das Sortierungskriterium dynamisch bestimmen. Die im nächsten Dialogfeld abgebildete Bedingung stellt die Gruppierung des Berichts in Abhängigkeit von einem Steuerelement auf einem Formular ein; es wird entweder nach dem Cocktailnamen oder der Cocktailnummer sortiert.

Bild 16.2: Dialogfeld Sortieren und gruppieren

16.1.4 Die Eigenschaften Vergrößerbar und Verkleinerbar

Ein häufig auftretendes Problem bei der Ausgabe von Berichten ist das Unterdrücken von Leerzeilen oder leeren Feldern. Zur Illustration verwenden wir den Bericht *rptZutaten*, der im folgenden Bild dargestellt ist.

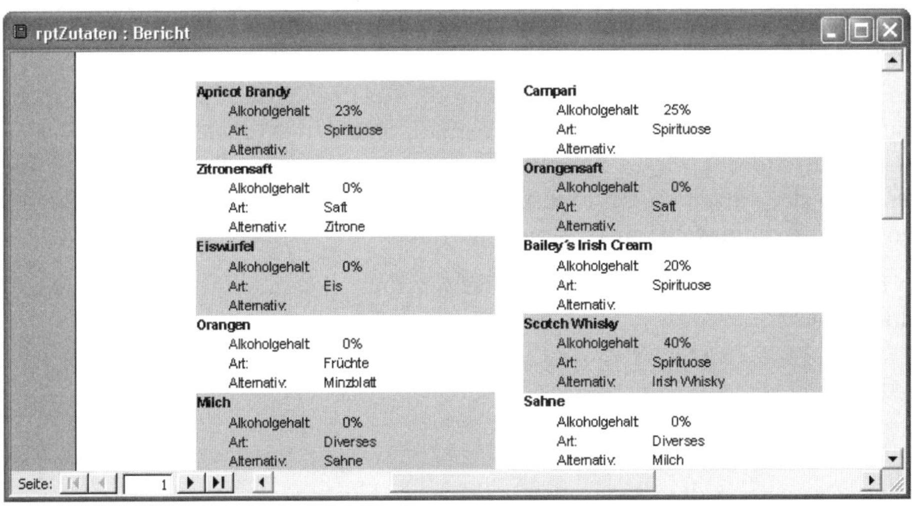

Bild 16.3: Beispielbericht rptZutaten

Die Felder für *Alkoholgehalt, Art* und *Alternativ* sind alle mit der Eigenschaft *Verkleinerbar* als `Wahr` definiert, ebenso der Detailbereich. Trotzdem, wie im Bild zu sehen, werden die Zeilen nicht unterdrückt und der Detailbereich ist deshalb immer gleich hoch. In der Entwurfsansicht hat der Bericht das folgende Aussehen:

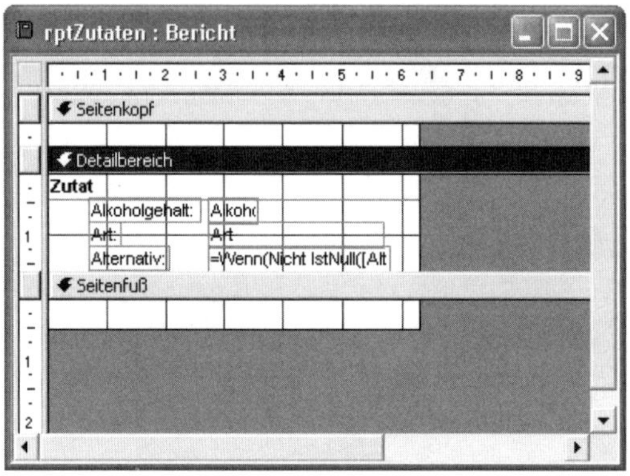

Bild 16.4: Entwurfsansicht von rptZutaten

In der Entwurfsansicht lässt sich das Problem leicht ersehen: Die Bezeichnungsfelder links der eigentlichen Textfelder für die Daten werden immer gedruckt und lassen sich nicht verkleinern.

Die *Verkleinerbar*-Eigenschaft kann nur dann ihre Wirkung entfalten, wenn rechts und links des entsprechend definierten Feldes keine anderen Steuerelemente angeordnet sind.

Zur Lösung des Problems gibt es mehrere Ansätze: Zusammenführen von Bezeichnungs- und Textfeld zu einem Textfeld, Setzen der Eigenschaft *Sichtbar* auf *Falsch* während des `Format`-Ereignisses des entsprechenden Berichtbereichs oder Verketten der einzelnen Einträge zu einer Zeichenkette, die in einem mehrzeiligen Textfeld dargestellt wird.

Im Bericht *rptZutatenNeu* wird pro Zeile der darzustellende Inhalt in einem Textfeld gedruckt.

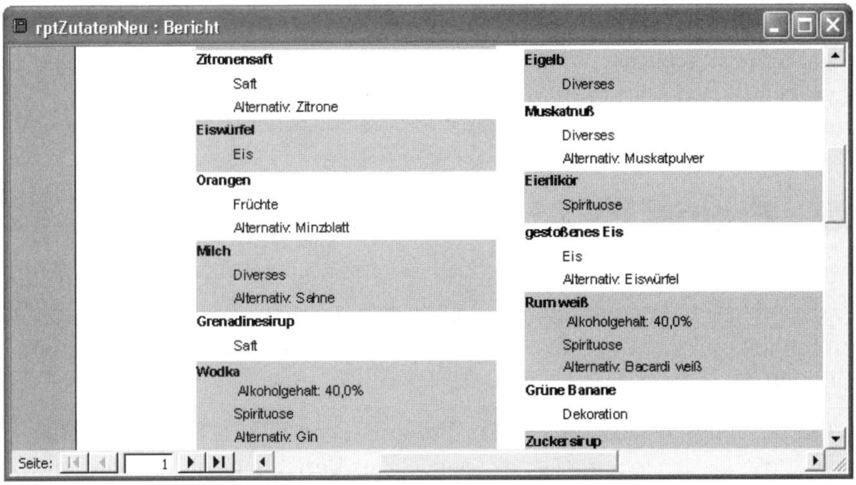

Bild 16.5: Modifizierter Bericht

In der Entwurfsansicht unten sehen Sie die geänderten Felder. Im Textfeld für den Alkoholgehalt wurde beispielsweise der folgende Steuerelementinhalt vereinbart:

```
=Wenn([Alkoholgehalt]=0 Oder IstNull([Alkoholgehalt]);
       Null;
       "Alkoholgehalt: " & Format([Alkoholgehalt];"0,0%"))
```

Für die Alternativzutat lautet der Steuerelementinhalt:

```
=Wenn(Nicht IstNull([Alternativ]);
      "Alternativ: " &
              DomWert("Zutat";"tblZutat";"ZutatenNr = " & [Alternativ]);
      Null)
```

Bild 16.6: Entwurfsansicht des modifizierten Berichts

Beachten Sie außerdem, dass sich überlappende Steuerelemente nie vergrößert oder verkleinert werden. Auch werden Leerräume zwischen Steuerelementen nicht verkleinert oder vergrößert.

16.2 Ereignisse in Berichten

Während des Drucks eines Berichts tritt eine Reihe von Ereignissen auf, die Sie mit geeigneten Ereignisprozeduren behandeln können. Die Reihenfolge, in der die Ereignisse auftreten können, ist in Kapitel 12, »Ereignisse«, in Abschnitt 12.3, beschrieben.

Beim Öffnen eines Berichts wird das Ereignis *Beim Öffnen* ausgelöst. Hier kann letztmalig die *Datenherkunft* (`RecordSource`) des Berichts geändert werden. Oben, in Abschnitt 16.1.2 auf Seite 557 zeigen wir ein Beispiel für eine Ereignisprozedur für *Beim Öffnen*, weitere im Verlauf des Kapitels.

Für jeden Bereich, der ausgegeben wird, wird zuerst das Ereignis *Beim Formatieren* erzeugt. Wenn der formatierte Bereich gedruckt wird, löst dies das Ereignis *Beim Drucken* aus. Nun kann es sein, dass der formatierte Bereich nicht mehr auf die aktuelle Seite passt; in diesem Fall wird das Ereignis *Bei Rücknahme* ausgelöst. Damit wird erreicht, dass der Bereich für die nächste Seite erneut formatiert wird.

16.2.1 Keine Datensätze ausgewählt

Mithilfe des Ereignisses *Bei Ohne Daten* können Sie den Bericht abbrechen, wenn die dem Bericht zugrunde liegende Tabelle oder Abfrage keine Daten enthält. Sie können beispielsweise eine Nachricht für den Benutzer anzeigen, anstatt einen leeren Bericht auszugeben.

```
Private Sub Report_NoData(Cancel As Integer)
    MsgBox "Für den Bericht wurden keine Daten selektiert!", _
                                                    vbExclamation
    ' Durch Cancel = True wird der leere Bericht nicht gezeigt.
    Cancel = True
End Sub
```

Laufzeitfehler: Wenn Sie mit `Cancel = True` die Routine `Report_NoData` verlassen, wird im aufrufenden Programm an der Anweisung `DoCmd.OpenReport` ein Laufzeitfehler ausgelöst. Sie müssen dort also eine entsprechende Fehlerbehandlung einfügen, im einfachsten Fall einfach `On Error Resume Next` vor dem Aufruf `DoCmd.OpenReport` einsetzen.

16.2.2 Das Page-Ereignis

Mithilfe des Ereignisses *Bei Seite* wird es ermöglicht, in der Ereignisbehandlungsroutine `Report_Page` beim Drucken der komplett formatierten Seite nachträglich beispielsweise einen Rahmen um die gesamte Seite zu zeichnen:

```
Private Sub Report_Page()
    Me.Line (0, 0)-(Me.ScaleWidth, Me.ScaleHeight), , B
End Sub
```

Mehr zur `Line`-Methode lesen Sie im Abschnitt 16.3.8 ab Seite 571.

16.3 Techniken für Berichte

In diesem Abschnitt möchten wir Ihnen einige Techniken für Berichte vorstellen.

16.3.1 Unterdrückung der Ausgabe eines Steuerelements

Das nächste Bild zeigt den Bericht *rptDruckauswahl2* in der Entwurfsansicht. Im Gruppenkopfbereich *Cocktail – Kopfbereich* sind das Bezeichnungs- und das Textfeld für die Ausgabe des Alkoholgehalts zu sehen. Die beiden Steuerelemente tragen die Namen `lblAlkoholgehalt` und `txtAlkoholgehalt`.

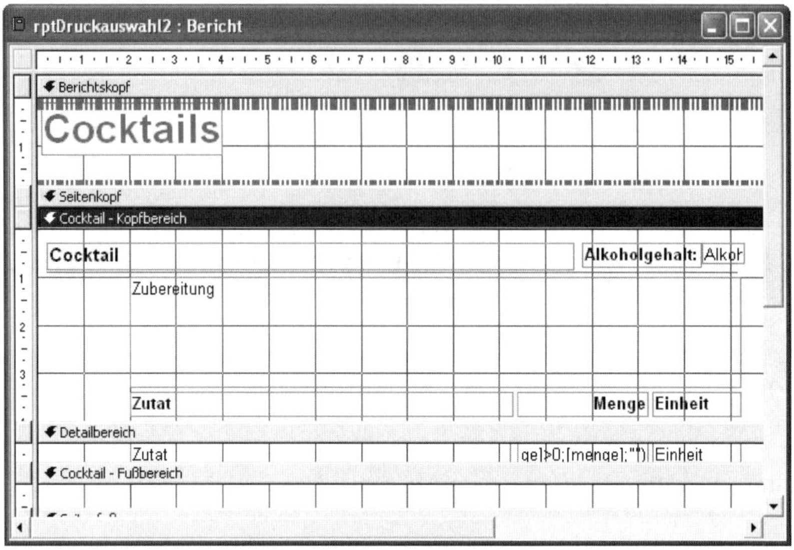

Bild 16.7: Entwurfsansicht des Berichts

Für den Gruppenkopf wurde das folgende Programm für das Ereignis *Beim Formatieren* erstellt.

```
Sub GruppenkopfO_Format(Cancel As Integer, FormatCount As Integer)
    If txtAlkoholgehalt = 0 Then
        If txtAlkoholgehalt.Visible Then
            lblAlkoholgehalt.Visible = False
            txtAlkoholgehalt.Visible = False
        End If
    Else
        If Not txtAlkoholgehalt.Visible Then
            lblAlkoholgehalt.Visible = True
            txtAlkoholgehalt.Visible = True
        End If
    End If
End Sub
```

Wenn der Wert des Feldes `txtAlkoholgehalt` gleich 0 ist, werden die Steuerelemente `lblAlkoholgehalt` und `txtAlkoholgehalt` unsichtbar geschaltet. Aus Leistungsgründen wird, bevor die Felder unsichtbar gemacht werden, überprüft, ob sie nicht bereits verborgen sind. Die Überprüfung auf Unsichtbarkeit wird von Access wesentlich schneller abgearbeitet als das Setzen der Eigenschaft `Visible`.

Das durch die *Beim Formatieren*-Ereignisroutine entstandene Ergebnis ist im nächsten Bild dargestellt; der erste Cocktail mit, der zweite ohne Alkohol.

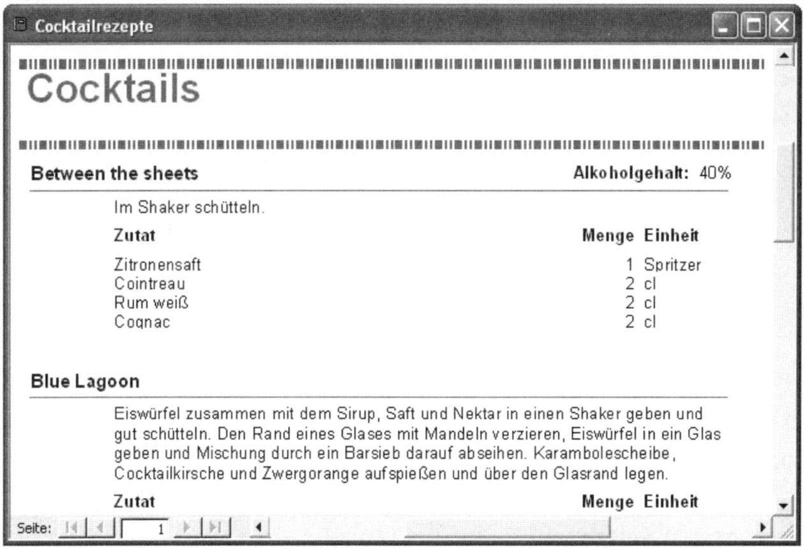

Bild 16.8: Cocktail oben mit, unten ohne Alkoholgehaltsangabe

16.3.2 Berichtseigenschaften zur Laufzeit

Eine Reihe von Eigenschaften eines Berichts kann nur zur Laufzeit abgefragt werden, also nur dann, wenn der Bericht aufbereitet und gedruckt wird.

Tabelle 16.3: Eigenschaften zur Laufzeit

Eigenschaft	Beschreibung
FormatCount	gibt zurück, wie oft ein `Format`-Ereignis für den aktuellen Bereich eingetreten ist. Access muss dann mehrfach einen Bereich formatieren, wenn ein Abschnitt nicht mehr auf eine Seite passt und neu für die nächste Seite formatiert werden muss.
PrintCount	gibt zurück, wie oft ein `Print`-Ereignis für den aktuellen Bereich eingetreten ist. Ein `Print`-Ereignis für einen Bereich tritt dann mehrfach auf, wenn der Bereich über zwei oder mehr Seiten fortgeführt wird.
HasContinued	zeigt an, ob der aktuelle Bereich von der vorherigen Seite fortgeführt wurde.

Tabelle 16.3: Eigenschaften zur Laufzeit (Fortsetzung)

Eigenschaft	Beschreibung
WillContinue	zeigt an, ob der aktuelle Bereich auf der nächsten Seite fortgeführt wird. Werten Sie die Eigenschaft in einem Programm aus, können Sie darauf reagieren, wenn die Seite gewechselt wird.
MoveLayout	zeigt an, ob Access zur nächsten Druckposition weiterrückt.
NextRecord	zeigt an, ob für den aktuellen Bereich zum nächsten Datensatz weitergegangen wird.
PrintSection	zeigt an, ob der aktuelle Bereich gedruckt wird.

16.3.3 Seitenzahlen

Einige Tipps zum Umgang mit Seitenzahlen haben wir in den nächsten Abschnitten zusammengestellt.

Setzen der ersten Seitenzahl

Möchten Sie erreichen, dass die Paginierung der Seiten eines Berichts nicht mit Seite eins beginnt, muss die *Page*-Eigenschaft möglichst in der *Beim Formatieren*-Ereignisprozedur für den Berichtskopf festgelegt werden.

```
Private Sub Berichtskopf_Format(Cancel As Integer, _
                                FormatCount As Integer)
    Dim strSeite As String

    strSeite = InputBox("Erste Seitenzahl", "Cocktailrezepte", 1)
    ' Bei Abbruch der Inputbox oder Falscheingabe
    If Not IsNumeric(strSeite) Then
        Exit Sub
    End If
    Me.Page = CInt(strSeite)
End Sub
```

Unterdrücken der Seitenzahl auf der ersten Seite

Soll die Ausgabe der Seitenzahl auf der ersten Seite des Berichts unterdrückt werden, geben Sie im Textfeld für die Seitenzahl die folgende Zeile ein:

```
=Wenn([Seite]=1;"";[Seite])
```

Gerade und ungerade Seiten

Möchten Sie bei doppelseitigen Berichten die Seitenzahl auf geraden Seiten links und auf ungeraden rechts anordnen, so definieren Sie je ein Textfeld links und rechts. Vereinbaren Sie für das linke Textfeld mit

```
=Wenn([Seite] mod 2 = 0;[Seite])
```

gerade Seitenzahlen und für das rechte Textfeld ungerade mit

```
=Wenn([Seite] mod 2 <> 0;[Seite])
```

16.3.4 Nummerierung von Zeilen

Möchten Sie die ausgegebenen Datensätze durchnummerieren, erstellen Sie dazu ein Textfeld mit dem Steuerelementinhalt

```
=1
```

und schalten Sie die Eigenschaft *Laufende Summe* (`RunningSum`) ein.

16.3.5 Namen des Berichts ausgeben

Um den Namen des aktuellen Berichts beispielsweise in einem Textfeld im Seitenfuß auszugeben, definieren Sie den folgenden Steuerelementinhalt für das Textfeld

```
=CurrentObjectName
```

16.3.6 Detailbereich abwechselnd grau/weiß drucken

Möchten Sie für eine bessere Lesbarkeit den Detailbereich abwechselnd grau und weiß drucken, so können Sie dies durch Hinzufügen einer modulweiten Variablen und etwas Code für das `Format`-Ereignis des Detailbereichs erreichen:

```
Private mbIstGrau As Boolean

Private Sub Detailbereich_Format(Cancel As Integer, _
                                  FormatCount As Integer)
    If mbIstGrau Then
        Detailbereich.BackColor = 16777215 'Hex: FFFFFF
    Else
```

```
        Detailbereich.BackColor = 12632256 'Hex: C0C0C0
    End If
    mbIstGrau = Not mbIstGrau
End Sub
```

Beachten Sie dabei, dass das Ergebnis nur dann ansprechend aussieht, wenn Sie die Steuerelemente im Detailbereich transparent formatieren.

16.3.7 Summe pro Seite errechnen

Access sieht standardmäßig keine Funktion vor, um die Summe einer Seite zu berechnen. Mit wenigen Programmzeilen können Sie eine Seitensumme ausgeben, wie wir es im Beispielbericht *rptEinkauf* realisiert haben. Dort wird das Feld *txtPreis* seitenweise aufaddiert.

Für den Bericht wird eine modulweite Variable `mdblSumme` deklariert. Während des `Print`-Ereignisses des Detailbereichs wird der aktuelle Wert von *txtPreis* zu `mdblSumme` hinzugerechnet. Beachten Sie dabei, dass die Addition für das `Print`-Ereignis ausgeführt wird und nicht für das `Format`-Ereignis. Der Grund dafür ist, dass das `Print`-Ereignis nur dann ausgelöst wird, wenn tatsächlich der Detailbereich gedruckt wird, während ein `Format`-Ereignis durch ein `Retreat`-Ereignis zurückgenommen werden kann, wenn Access feststellt, dass der gerade formatierte Bereich nicht mehr auf die aktuelle Seite passt.

```
Private mdblSumme As Double

Private Sub Report_Open(Cancel As Integer)
    mdblSumme = 0
End Sub

Private Sub Detailbereich_Print(Cancel As Integer, PrintCount As Integer)
    mdblSumme = mdblSumme + Val(Nz(txtPreis))
End Sub

Private Sub Seitenfußbereich_Format(Cancel As Integer, _
                                    FormatCount As Integer)
    txtSumme = mdblSumme
    mdblSumme = 0
End Sub
```

Eine elegantere Lösung, die zwar aufwändiger programmiert, aber dafür einfacher in der Anwendung ist, möchten wir Ihnen im Bericht *rptEinkaufMitKlasse* vorstellen.

Die im Bericht eingesetzte Lösung arbeitet mit einem Klassenmodul, welches Ereignisse des Berichts verarbeitet. Wir erläutern die Arbeit mit Klassenmodulen und Ereignissen ausführlich in Kapitel 17, »Klassenmodule«. Sollten Klassen für Sie noch Neuland sein, so empfehlen wir, zum nächsten Abschnitt zu springen und später hierher zurückzukehren.

Im folgenden Listing sehen Sie den vereinfachten Code für den Bericht. Deklariert wird eine modulweite Klassenvariable von der anschließend erläuterten Klasse `clsSummeProSeite`. Während des `Open`-Ereignisses des Berichts wird die Klasse instanziert und anschließend ein Verweis auf den Bericht selbst übergeben. Dann wird das Steuerelement festgelegt, für das die seitenweise Summe gebildet werden soll. Für das `Format`-Ereignis des Seitenfußes wird über `mclsPreis.Summe` die in der Klasse errechnete Summe ermittelt.

```
Private mclsPreis As clsSummeProSeite

Private Sub Report_Open(Cancel As Integer)
    Set mclsPreis = New clsSummeProSeite
    Set mclsPreis.Report = Me.Report
    Set mclsPreis.Control = txtPreis
End Sub

Private Sub Seitenfußbereich_Format(Cancel As Integer, _
                                    FormatCount As Integer)
    txtSumme = mclsPreis.Summe
End Sub
```

Nun werden Sie zu Recht fragen, wo denn eigentlich die Aufsummierung der Preise stattfindet? Dazu müssen wir uns die folgende Klasse anschauen:

```
Private WithEvents mSecDetail As [_SectionInReport]
Private mdblSumme As Double
Private mCtl As Control

Public Property Set Report(rpt As Report)
    Set mSecDetail = rpt.Section(0)
    mSecDetail.OnPrint = "[Event Procedure]"
    mdblSumme = 0
End Property
```

```
Public Property Set Control(Control As Control)
    Set mCtl = Control
End Property

Public Property Let Summe(Summe As Double)
    mdblSumme = Summe
End Property

Public Property Get Summe() As Double
    Summe = mdblSumme
    mdblSumme = 0
End Property

Private Sub mSecDetail_Print(Cancel As Integer, FormatCount As Integer)
    If mSecDetail Is Nothing Then
        Exit Sub
    End If
    mdblSumme = mdblSumme + Val(Nz(mCtl.Value))
End Sub

Private Sub Class_Terminate()
    Set mSecDetail = Nothing
End Sub
```

Der Trick der Klasse liegt in dem Schlüsselwort `WithEvents`. In der Klasse wird eine Variable `mSecDetail` deklariert, die vom Typ ein Berichtsbereich, Section, ist. Allerdings kann hier nicht direkt `Section` deklariert werden, sondern es muss die interne Objektdarstellung `_SectionInReport` verwendet werden, die, da sie mit einem Unterstrich beginnt, in eckige Klammern eingeschlossen werden muss. Die interne Variante muss verwendet werden, da nur sie Ereignisse per `WithEvents` verarbeitet.

Beim Initialisieren der Klasse (`Class_Initialize`) wird nun der Variablen `mSecDetail` der Detailbereich des aufrufenden Berichts übergeben. Da `mSecDetail` mit dem `WithEvents` definiert ist, wird nun jedes Ereignis, das vom Detailbereich des Berichts ausgelöst wird, auch an `mSecDetail` weitergereicht. Um dieses durchgereichte Ereignis behandeln zu können, sind zwei Dinge zu tun: Zum einen ist es notwendig, ähnlich wie für einen Bereich auf dem Bericht, mit `mSecDetail.OnPrint = "[Event Procedure]"` eine Ereignisprozedur anzugeben. Damit wird erreicht, dass wenn das weitergereichte Ereignis auftritt, die Prozedur `mSecDetail_Print` der Klasse abgearbeitet wird.

Über die Eigenschaft `Control` der Klasse wird festgelegt, welches Steuerelement des Berichts aufaddiert werden soll. Das Steuerelement wird der Variablen `mCtl` übergeben.

In der Ereignisprozedur `mSecDetail_Print` wird der aktuelle Wert von `mCtl.Value` (sicherheitshalber mit `Val(Nz(mCtl.Value))` eingebettet, damit auf jeden Fall eine Zahl addiert wird) zu der Variablen `mdblSumme` addiert.

Um das Ergebnis der Addition abzufragen, wird die Eigenschaft `Summe` eingesetzt. Die Eigenschaft gibt den aktuellen Inhalt von `mdblSumme` zurück und setzt die Variable anschließend auf 0, damit eine neue Aufsummierung beginnen kann.

Sollen in einem Bericht mehrere Summen pro Seite gebildet werden, so muss eine Klassenvariable pro zu summierendem Steuerelement definiert werden. Das `Print`-Ereignis des Detailbereichs des Berichts wird an jede Klassenvariable weitergegeben (siehe Beispielbericht *rptEinkaufMitKlasse2*).

16.3.8 Linien und Kreise zeichnen

Mit den VBA-Methoden `Line`, `Circle` und `PSet` können beliebige Linien, Rechtecke, Kreise, Ellipsen, Bögen und Punkte auf einen Bericht gezeichnet werden. Das folgende Beispiel für den Beispielbericht *rptZutatenNeu* (der schon oben in Abschnitt 16.1.4, Seite 559, verwendet wurde) zeichnet eine grüne Linie links der Steuerelemente für Alkoholgehalt, Art und Zutatenalternative. Die Länge der Linie wird bestimmt ab der oberen Kante des Steuerelements *txtAlkoholgehalt* bis zur unteren Kante von *txtAlternative*.

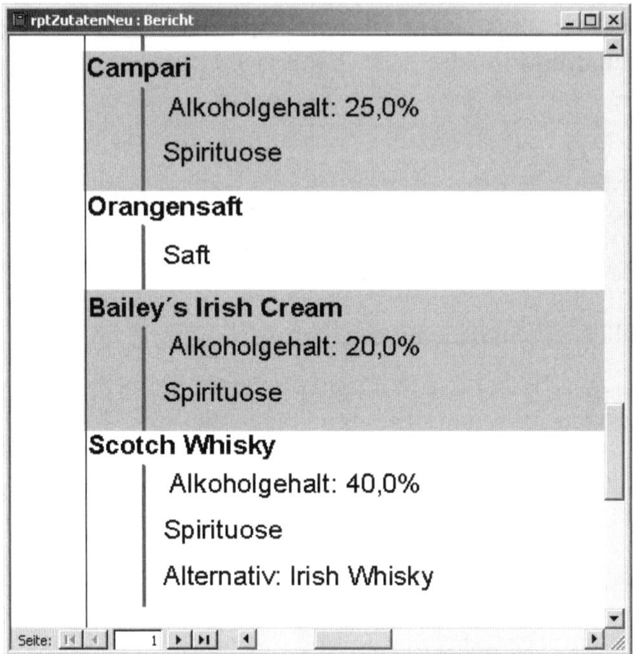

Bild 16.9: Bericht mit Linie in angepasster Länge

Für die Linie sorgt folgendes Programm für das `Format`-Ereignis des Detailbereichs:

```
Private Sub Detailbereich_Format(Cancel As Integer, _
                                FormatCount As Integer)
    Dim sngTop As Single
    Dim sngLeft As Single
    Dim sngBottom As Single

    ' Grüne Linie an den Rand
    sngTop = txtAlkoholgehalt.Top
    sngLeft = txtAlkoholgehalt.Left - 100
    sngBottom = sngTop + txtAlternativ.Top + txtAlternativ.Height
    Me.DrawStyle = 6
    Me.DrawWidth = 20
    Me.Line (sngLeft, sngTop)-(sngLeft, sngBottom), RGB(0, 255, 0)
End Sub
```

Die Parameter für `Line`, `Circle` und `PSet` können Sie in der Online-Hilfe nachlesen. Mit `FillColor` und `FillStyle` legen Sie fest, wie Rechtecke, Kreise und Ellipsen gefüllt werden; mit `DrawWidth` (Linienbreite) und `DrawStyle` (Linienstil) bestimmen Sie die Darstellung von gezeichneten Elementen. Mit `ScaleMode` stellen Sie die Einheit für die Zeichenfunktionen ein, also ob Sie die Werte für die Funktionen in Pixel, Twips, Zentimeter oder Zoll angeben.

16.3.9 Zoom-Einstellung für die Vorschau festlegen

Standardmäßig wird die Vorschau mit einem Zoomfaktor von 100% aufgerufen. Über den Befehl

```
Me.ZoomControl = 80
```

können Sie den Zoomfaktor beispielsweise vorab beim Öffnen des Berichts (*Beim Laden*) auf 80% festlegen.

Diesen Befehl finden Sie nicht in der Hilfe von Access, er ist undokumentiert. Es ist daher möglich, dass es den Befehl in der nächsten Access-Version nicht mehr geben wird.

16.3.10 So drucken Sie mehrere Kopien eines Berichts

Möchten Sie aus Ihrem Programm heraus einen Bericht mehrfach ausdrucken, verwenden Sie dazu – nach dem Befehl `DoCmd.OpenReport` – die Methode `PrintOut` des `DoCmd`-Objektes, wie beispielsweise in:

```
...
DoCmd.OpenReport ReportName:=conReport, View:=acViewPreview
DoCmd.PrintOut PrintRange:=acPages, PageFrom:=1, PageTo:=1, Copies:=2
DoCmd.Close ObjectType:=acReport, ObjectName:=conReport
...
```

Eine weitere Möglichkeit, mehrere Kopien eines Berichts zu drucken, stellen wir Ihnen in Abschnitt 16.7.1, »Informationen über Drucker« (ab Seite 595), vor. Dort wird die Anzahl der Kopien mithilfe des in Access 2002 neu hinzugekommenen `Printer`-Objekts gesetzt.

16.3.11 So drucken Sie nur den aktuellen Datensatz in einem Bericht

Verwenden Sie dazu die `Where`-Bedingung der Methode `OpenReport`. Im Detail gehen Sie folgendermaßen vor: Legen Sie eine neue Schaltfläche auf das Formular. Lassen Sie mithilfe des Assistenten für die Schaltfläche ein Programm erstellen, das den gewünschten bestehenden Bericht öffnet. Ergänzen Sie dieses Programm dann so, dass der Mittelteil die folgenden Zeilen enthält:

```
...
Dim strDocName As String
Dim strWhere As String

strDocName = "tblCocktail"
strWhere = "Cocktail = '" & Me!Cocktail & "'"
DoCmd.OpenReport ReportName:=strDocName, View:=acPreview, , _
                WhereCondition:=strWhere
...
```

16.3.12 So öffnen Sie aus dem Programm heraus das Drucken-Dialogfeld

Möchten Sie in Ihrem VBA-Programm das *Drucken*-Dialogfeld öffnen, so können Sie es mit dem Befehl

```
DoCmd.RunCommand acCmdPrint
```

aufrufen.

16.3.13 Arbeiten mit Unterberichten

Für das Arbeiten mit Unterberichten gelten im Prinzip die gleichen Regeln wie für die Arbeit mit Unterformularen, die wir in Kapitel 14, »Formulare«, beschrieben haben.

Wir haben einen Beispielbericht *rptZutatenCocktails* erstellt, der zwei verschachtelte Unterberichte einsetzt. Im Bericht werden alle in der Tabelle *tblZutat* aufgeführten Cocktailzutaten alphabetisch sortiert ausgeben. Zu jeder Zutat werden in einem Unterbericht (*subrptCocktails*) die Cocktails ausgegeben, die diese Zutat verwenden. Auf dem Unterbericht ist ein weiterer Unterbericht (*subrptCocktailsZutaten*) platziert, der alle Zutaten des entsprechenden Cocktails zeigt. Auf dem Unterbericht *subrptCocktails* befindet sich ein Textfeld, in dem die Anzahl der im Unterbericht *subrptCocktailsZutaten* ausgegebenen Zutaten für den jeweiligen Cocktail dargestellt wird.

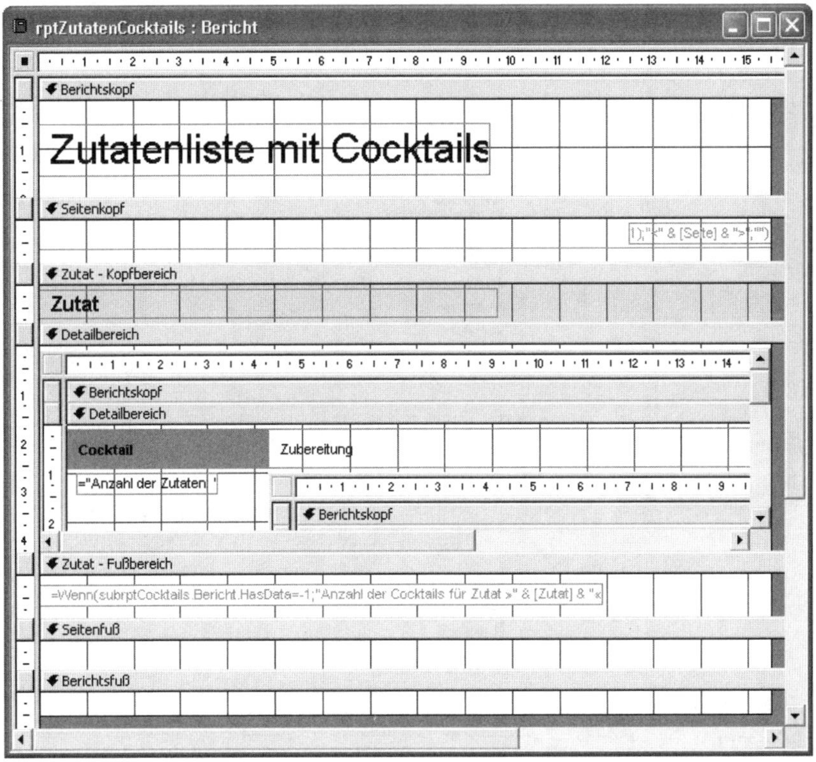

Bild 16.10: Bericht mit Unterberichten

Dafür wurde im Berichtsfuß des Unter-Unterberichts *subrptCocktailsZutaten* ein nicht sichtbares Textfeld *txtAnzahlzutaten* erstellt, das den Steuerelementinhalt `=Anzahl([Zutat])` hat. Im Unterbericht subrptCocktails wird im Textfeld unterhalb des Namens des Cocktails mit `="Anzahl der Zutaten: " & subrptCocktailsZutaten!txtAnzahlzutaten` der Inhalt des Feldes des Unter-Unterberichts ausgelesen.

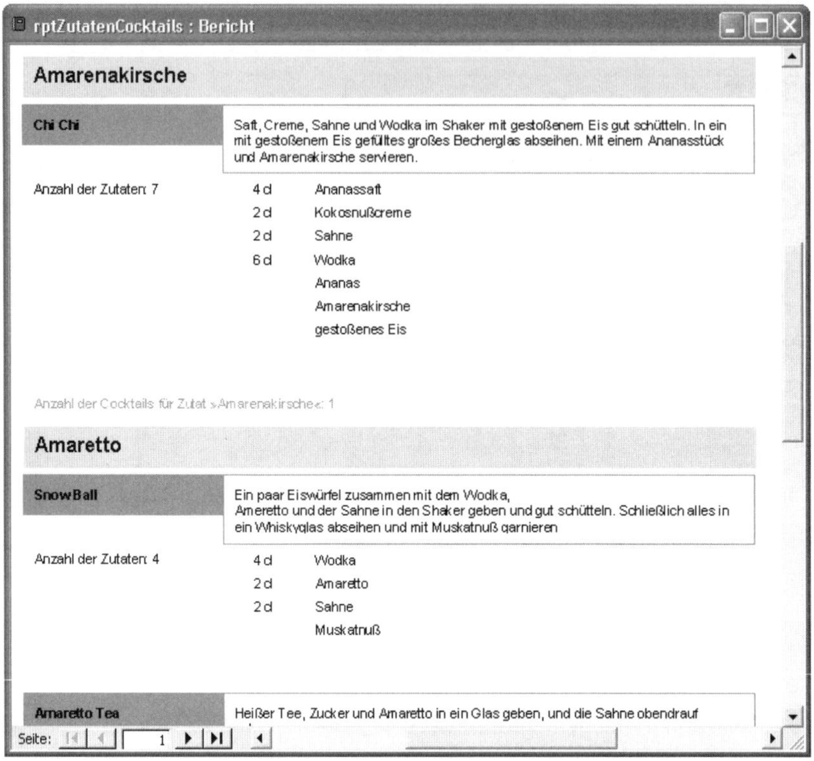

Bild 16.11: Berichtsvorschau

Nach dem gleichen Verfahren wird ein Textfeld im Gruppenfuß des Hauptberichts gefüllt, in dem die Anzahl der Cocktails stehen soll, die die jeweilige Zutat verwenden. Im Seitenfuß des Unterberichts *subrptCocktails* existiert ein unsichtbares Textfeld *txtAnzahlCocktails*, das mit `=Anzahl([Cocktail])` die Cocktails im Unterbericht zählt.

Im Textfeld des Hauptberichts wird mit `=subrptCocktails!txtAnzahlCocktails` die Anzahl der Cocktails im Unterbericht übernommen. Wenn jetzt allerdings eine Zutat in keinem der Cocktailrezepte verwendet wird, erscheint im Textfeld die unschöne Meldung »#Fehler«, da der Unterbericht keine Datensätze enthält. Diese Fehlermeldung kann unterdrückt und durch einen eigenen Text ersetzt werden, wie es das folgende Bild für den kalten schwarzen Kaffee zeigt.

Wir haben dort im Textfeld des Hauptberichts den folgenden Steuerelementinhalt vereinbart:

```
=Wenn(subrptCocktails.Bericht.HasData=-1;
      "Anzahl der Cocktails für Zutat »" & [Zutat] & "«: " &
                                    subrptCocktails!txtAnzahlCocktails;
      "Keine Cocktails mit dieser Zutat")
```

Mithilfe der Eigenschaft `HasData` kann bestimmt werden, ob der angegebene Unterbericht Daten liefert oder nicht. `HasData` kann die folgenden Werte annehmen:

Tabelle 16.4: Werte für HasData-Eigenschaft

Beschreibung	Wert
Gebundener Bericht mit Datensätzen	-1
Gebundener Bericht, der keine Datensätze enthält	0
Ungebundener Bericht	1

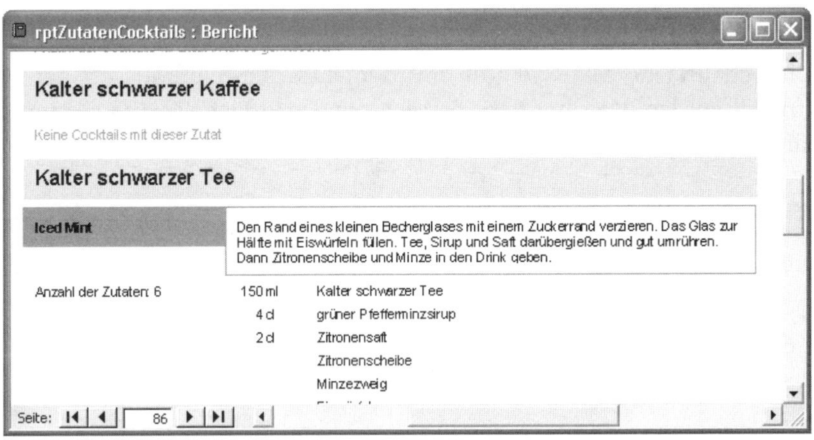

Bild 16.12: Sonderbehandlung, wenn keine Unterberichtsdaten vorhanden

16.4 Drucksteuerung per Formular

Wir möchten Ihnen die Möglichkeiten der Seitenansichts- und Drucksteuerung anhand eines Beispiels erläutern. Das Beispiel haben wir in ähnlicher Form schon in Kapitel 13, »Steuerelemente«, eingesetzt. Erstellt wurde dort ein ungebundenes Formular, um alle oder bestimmte Cocktails zum Druck zu selektieren, wobei zusätzliche Optionen auf der rechten Seite des Formulars angewählt werden können.

Bild 16.13: Dialogformular für die Berichtsausgabe

Über die Schaltfläche *cmdPrint* (die mit dem Drucker-Symbol) soll der Bericht ausgedruckt werden. Darüber befindet sich die Schaltfläche *cmdView* zum Aufruf der Seitenvorschau.

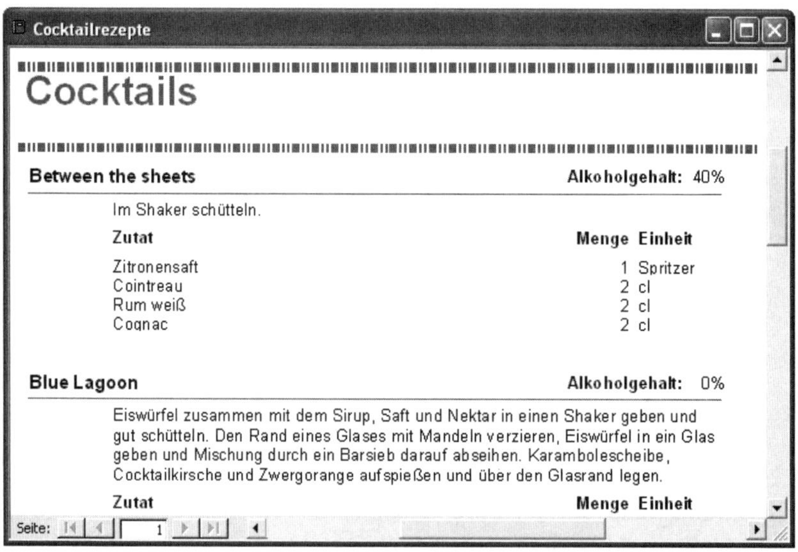

Bild 16.14: Bericht in der Seitenvorschau

Zunächst soll nun festgelegt werden, dass die Seitenansicht und das Dialogfeld rahmen- und nahtlos nebeneinander stehen, wenn die Seitenansicht über die Schaltfläche *cmdView* aufgerufen wird. Für den Fall, dass der Bericht direkt aufgerufen wird, soll er ganz normal mit veränderbarem Rahmen angezeigt werden.

Danach geht es dann um die Verbesserung des Berichts. Beachten Sie, dass rechts oben für jeden Detaildatensatz der Alkoholgehalt ausgegeben wird (Bild 16.14). In den Bericht sollen nun die folgenden Funktionalitäten eingebaut werden:

- Die Ausgabe des Alkoholgehalts soll für Cocktails ohne Alkohol unterdrückt werden.
- Wenn die Option *Alkoholfrei* im Dialogfeld (Bild 16.13) selektiert ist, sollen nur alkoholfreie Drinks ausgegeben werden. Dies soll in zwei Varianten gezeigt werden: durch die Änderung der Datenherkunft und durch das Setzen eines entsprechenden Filters.

16.4.1 Seitenansicht des Berichts positionieren und fixieren

In Access 2002 lassen sich Berichte genau wie Formulare mit VBA frei positionieren. In unserem Beispiel werden das Dialogfeld und die Seitenansicht des Berichts nach Klick auf die Schaltfläche *cmdView* nebeneinander angezeigt, so wie im folgenden Bild zu sehen. Für die dargestellte Ansicht wurde die *Rahmenart* des Formulars und des Berichts auf *Keine* gestellt, so dass beide Objekte ineinander übergehen.

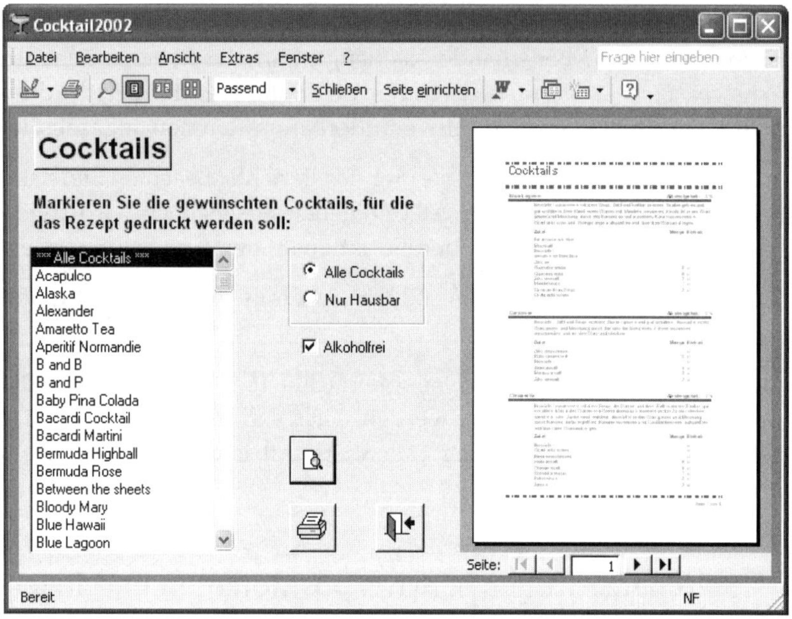

Bild 16.15: Dialogfeld und Seitenansicht nahtlos nebeneinander

Für die Positionierung haben wir sowohl für das Formular als auch für den Bericht die Methode `Move` verwendet. Zuerst wird dabei das Formular innerhalb des Access-Fensters auf eine Position links oben verschoben. Der Bericht wird direkt anschließend an das Formular platziert.

Die Position des Formularfensters wird durch die Eigenschaften `WindowHeight`, `WindowWidth`, `WindowTop` und `WindowLeft` beschrieben. Maßeinheit der Werte ist hierbei Twips, wobei 576 Twips einem Zentimeter entsprechen. Im folgenden Code können Sie sehen, dass zuerst das geöffnete Formular mit der `Move`-Methode auf die neue Position verschoben wurde. Danach wurden die vier Werte, die die Position des Formularfensters angeben, in vier Integer-Variablen gesichert. Die vier Werte bestimmen im nächsten Schritt Größe und Position des Berichtsfensters.

Übrigens wurde der Name des Berichts mit

```
Const conReport = "rptDruckauswahl2"
```

als Konstante definiert, die in den folgenden Programmen verwendet wird.

```
...
    With Forms("frmDruckauswahlAlkoholfrei")
        .Move Left:=100, Top:=100
        h = .WindowHeight
        w = .WindowWidth
        t = .WindowTop
        l = .WindowLeft
        .Moveable = False
    End With

    ' Bericht positionieren und fixieren
    With Reports(conReport)
        .Move Left:=l + w, Top:=t, Width:=w, Height:=h
        .Moveable = False
    End With
...
```

In unserem Beispiel wird mit der Eigenschaft `Moveable` eingestellt, dass weder Formular noch Bericht verschoben werden können.

Die komplette Prozedur `cmdView_Click()` zeigt das folgende Listing; hier wird zuerst geprüft, ob der Anwender im Listenfeld der Cocktails eine Auswahl vorgenommen hat. Ist keiner der Einträge selektiert, wird die Prozedur abgebrochen.

Anschließend werden die entsprechenden Daten in die temporäre Tabelle übernommen. Damit beim Aufruf des Berichts auf jeden Fall die Prozedur `Report_Open` durchlaufen wird, muss sichergestellt werden, dass der Bericht neu geöffnet wird, also wird hier ein gegebenenfalls schon geöffneter Bericht (Prozedur `ReportSchließen`) geschlossen. Danach wird der Bericht geöffnet, wobei als `OpenArgs`-Parameter der Name der Datenquelle angegeben wird. Anschließend werden, wie oben erläutert, Formular und Bericht entsprechend am Bildschirm angeordnet.

```
Private Sub cmdView_Click()
    Dim h As Integer
    Dim w As Integer
    Dim t As Integer
    Dim l As Integer

    ' Prüfen, ob ein Cocktail ausgewählt wurde
    If Me.lstCocktails.ItemsSelected.Count = 0 Then
        MsgBox "Bitte Cocktail auswählen", vbOKOnly, "Hinweis"
        Exit Sub
    End If
```

```
    TemporärDatenErstellen

    'einen evtl. geöffneten Bericht schließen
    ReportSchließen conReport

    ' Datenherkunft ändern mit OpenArgs
    If chkAlkoholfrei Then
        DoCmd.OpenReport _
                Reportname:=conReport, _
                View:=acPreview, _
                OpenArgs:="qryTmpDruckauswahlAlkoholfrei"
    Else
        DoCmd.OpenReport _
                Reportname:=conReport, _
                View:=acPreview, _
                OpenArgs:="qryTmpDruckauswahl"
    End If
    ' aufrufendes Formular positionieren und fixieren
    With Forms("frmDruckauswahlAlkoholfrei")
        .Move Left:=100, Top:=100
        h = .WindowHeight
        w = .WindowWidth
        t = .WindowTop
        l = .WindowLeft
        .Moveable = False
    End With

    ' Bericht positionieren und fixieren
    With Reports(conReport)
        .Move Left:=l + w, Top:=t, Width:=w, Height:=h
        .Moveable = False
    End With
End Sub

Sub ReportSchließen(strReport As String)
    On Error Resume Next
    If CodeProject.AllReports(strReport).IsLoaded Then
        DoCmd.Close acReport, strReport, acSaveNo
    End If
End Sub
```

In der Prozedur `ReportSchließen` wird auf die Auflistung `AllReports` zugegriffen, um festzustellen, ob der angegebene Bericht geöffnet ist. Ist dies der Fall, wird der Bericht geschlossen, wobei der Parameter `acSaveNo` verhindert, dass Änderungen am Bericht gespeichert werden. Die Fehlerbehandlung wurde mit `On Error Resume Next` vereinbart, damit Fehler beim Schließen ignoriert werden.

Damit der Bericht geschlossen wird, wenn das Formular geschlossen wird, haben wir für das *Beim Schließen*-Ereignis des Formulars Folgendes programmiert:

```
Private Sub Form_Close()
    ReportSchließen conReport
End Sub
```

16.4.2 Entwurfseinstellungen ändern

Wir hatten oben im Text erwähnt, dass für das Formular und den Bericht die Eigenschaft *Rahmenart* auf den Wert *Keine* gesetzt wurde, damit Formular und Bericht nahtlos aneinander positioniert werden können. Wenn Sie den Bericht nun unabhängig vom Formular öffnen, wird er dann natürlich ebenfalls randlos gezeigt.

Auf die Eigenschaft *Rahmenart* kann man in VBA als `BorderStyle` zugreifen, allerdings kann die Eigenschaft nur im Entwurfsmodus verändert werden; wenn der Bericht in der Seitenansicht geöffnet oder direkt gedruckt wird, kann die Eigenschaft nur gelesen werden. Gleiches gilt für die Eigenschaften *Schließen-Schaltfläche* (`CloseButton`) und *MinMaxSchaltflächen* (`MinMaxButtons`), da die *Schließen-*, *Minimieren-* und *Maximieren*-Schaltflächen ebenfalls unterdrückt werden sollen. Wird die Eigenschaft `CloseButton` auf `False` gesetzt, so kann das Berichtsfenster nicht mehr direkt geschlossen werden, sondern muss vom aufrufenden Formular aus beendet werden.

Um also zu erreichen, dass der Bericht nur dann ohne Rahmen angezeigt wird, wenn er vom Formular aus aufgerufen wird, kann man so vorgehen, dass der Bericht vom Formular aus zuerst in der Entwurfsansicht geöffnet und dann die Rahmenart gesetzt wird. Anschließend wird der Bericht gespeichert und neu aufgerufen (jetzt ohne Rahmen). Beachtet werden muss dabei allerdings, dass beim Schließen von Bericht oder Formular der Bericht wieder in den alten Zustand versetzt, also erneut in der Entwurfsansicht geändert und dann gespeichert werden muss.

Die Methode besitzt einige Nachteile, die bedacht werden sollten: Jedes Mal wenn der Bericht gespeichert wird, vergrößert sich die Access-Datenbankdatei. Damit diese nicht zu groß wird, sollte also regelmäßig komprimiert werden (*EXTRAS Datenbank-Dienstprogramme Datenbank komprimieren und reparieren*). Der zweite Nachteil ist, dass die Methode nicht in MDE-Datenbankdateien (siehe

Kapitel 23, »Anwendungsentwicklung«, Abschnitt 23.7) eingesetzt werden kann, denn in MDEs können keine Entwurfsänderungen durchgeführt werden.

Das folgende Programmlisting zeigt, wie ein Bericht in der Entwurfsansicht geöffnet, geändert und anschließend in der Seitenansicht dargestellt werden kann. Die Programmzeilen müssen in die Routine `cmdView_Click` eingefügt werden. Beachten Sie dabei die Verwendung der in Access 2002 neu hinzugekommenen Konstante `acHidden` für den `WindowMode` beim Öffnen eines Berichts mit `DoCmd.OpenReport` oder eines Formulars mit `DoCmd.OpenForm`. Die Konstante bewirkt, dass Bericht oder Formular unsichtbar bleiben, also verborgen geöffnet werden. Dies hat den Vorteil, dass der Anwender nichts von der Änderung in der Entwurfsansicht bemerkt.

```
...
    ' Bericht in der Entwurfsansicht verborgen öffnen und ändern
    DoCmd.OpenReport Reportname:=conReport, _
                     View:=acViewDesign, _
                     WindowMode:=acHidden

    ' Berichtseigenschaft: Rahmenart "Keine" einstellen
    Reports(conReport).BorderStyle = 0
    Reports(conReport).CloseButton = False
    Reports(conReport).MinMaxButtons = False

    ' Bericht schließen und speichern,
    ' und angepassten Bericht dann in Seitenansicht anzeigen
    DoCmd.Close acReport, conReport, acSaveYes
...
    DoCmd.OpenReport Reportname:=conReport, _
                     View:=acPreview
...
```

Der Code für das *Beim Schließen*-Ereignis des Formulars wurde wie folgt ergänzt, um alle Änderungen am Bericht zurückzunehmen:

```
Private Sub Form_Close()
    ' Ist Bericht geöffnet?
    If CodeProject.AllReports(conReport).IsLoaded Then
        ' Bericht zuerst schließen
        DoCmd.Close acReport, conReport, acSaveNo
        ' Bericht in der Entwurfsansicht verborgen öffnen und ändern
        DoCmd.OpenReport Reportname:=conReport, _
                         View:=acViewDesign, _
                         WindowMode:=acHidden
```

```
        With Reports(conReport)
            ' Einstellen: Rahmenart veränderbar
            ' Verschiebbar, Min-, Max-, Schließen-Schaltfläche
            .BorderStyle = 2
            .Moveable = True
            .MinMaxButtons = True
            .CloseButton = True
        End With

        ' Bericht speichern und schließen
        DoCmd.Close acReport, conReport, acSaveYes
    End If
End Sub
```

16.4.3 Vereinbarung eines Filters

Um nur die Rezepte alkoholfreier Drinks auszugeben, kann ein Filter definiert werden. Zwei Varianten für die Vereinbarung eines Filters möchten wir Ihnen beschreiben, nämlich beim Aufruf des Berichts mit `DoCmd` oder durch Setzen der *Filter*-Eigenschaft des Berichts.

Beim Aufruf des Berichts

Das folgende Programmfragment zeigt einen Teil der *Beim Klicken*-Routine für die Drucker-Schaltfläche des Beispieldialogfeldes (Bild 16.13). In der Routine wird ausgewertet, ob das Kontrollkästchen *Alkoholfrei* angeklickt ist. Ist das der Fall, wird für den `DoCmd.OpenReport`-Aufruf die `WhereCondition` mit der entsprechenden Bedingung mitgegeben.

```
...
If chkAlkoholfrei Then
        DoCmd.OpenReport _
              ReportName:=conReport, _
              View:=acPreview, _
              WhereCondition:= "[Alkoholgehalt] = 0"
    Else
        DoCmd.OpenReport _
              Reportname:=conReport, _
              View:=acPreview
End If
...
```

Mit `acPreview` statt `acNormal` können Sie das Programmfragment auch zur Routine zum Anzeigen der Seitenansicht hinzufügen.

Beim Öffnen des Berichts

Alternativ zur oben beschriebenen Filterdefinition beim Aufruf des Berichts können Sie auch die Eigenschaft *Filter* des Berichts festlegen. Im folgenden Programm für das Ereignis *Beim Öffnen* des Berichts wird die Eigenschaft *Filter* in Abhängigkeit des Kontrollkästchens auf dem Dialogfeld (Bild 16.13) gesetzt.

```
Private Sub Report_Open(Cancel As Integer)
    On Error Resume Next
    If Forms!frmDruckauswahlAlkoholfrei.chkAlkoholfrei Then
        Me.Filter = "[Alkoholgehalt] = 0"
        Me.FilterOn = True
    End If
End Sub
```

Die Fehleranweisung `On Error Resume Next` wurde in die Prozedur aufgenommen, damit der Bericht auch dann geöffnet werden kann, wenn das Dialogfeld (Bild 16.13) nicht geladen ist.

16.4.4 Änderung der Datenherkunft

Eine weitere Möglichkeit, um Selektionsbedingungen für die Daten zu übergeben, ist die Änderung der Datenherkunft. Dabei wird für den Bericht eine neue Abfrage oder ein neuer SQL-Befehl als Datenherkunft festgelegt. Da die Selektion von Daten mithilfe der *Filter*-Eigenschaft bzw. der `WhereCondition`-Klausel von `DoCmd` langsam in der Ausführung ist, bietet sich die Änderung der Datenherkunft an, wenn eine große Datenmenge ausgewertet werden soll.

Änderung unter Rückgriff auf Formularfeld

Ähnlich wie im obigen Beispiel zum Setzen der Filterbedingung beim Öffnen des Berichts können Sie auch die Datenherkunft ändern, indem Sie auf den Status des Feldes `chkAlkoholfrei` im Dialogfeld zurückgreifen.

```
Private Sub Report_Open(Cancel As Integer)
    On Error Resume Next
    If Forms!frmDruckauswahlAlkoholfrei.chkAlkoholfrei Then
        Me.RecordSource = "qryTmpDruckauswahl2Alkoholfrei"
    Else
```

```
        Me.RecordSource = "qryTmpDruckauswahl2"
    End If
End Sub
```

Variante mit OpenArgs

Ähnlich wie bei Formularen können Sie mit Access 2002 beim Öffnen eines Berichts mithilfe der Methode `OpenReport` des `DoCmd`-Objektes einen eigenen Parameter `OpenArgs` mitgeben. Diese Möglichkeit soll genutzt werden, um aus der Routine zum Aufrufen der Seitenansicht ein Argument zu übergeben, das dann beim Öffnen des Berichts abgefragt wird.

In unserem Beispiel wird folgendes Programmfragment zur Routine für das *Beim Klicken*-Ereignis der Seitenansichts-Schaltfläche `cmdView` des aufrufenden Dialogfeldes hinzugefügt.

```
...
If chkAlkoholfrei Then
        DoCmd.OpenReport _
                Reportname:=conReport, _
                View:=acPreview, _
                OpenArgs:="qryTmpDruckauswahlAlkoholfrei"
Else
        DoCmd.OpenReport _
                Reportname:=conReport, _
                View:=acPreview, _
                OpenArgs:="qryTmpDruckauswahl"
End If
...
```

Das entsprechende Programm für das *Beim Öffnen*-Ereignis des Berichts *rptDruckauswahl2* würde in diesem Fall wie folgt aussehen:

```
Private Sub Report_Open(Cancel As Integer)
    If Len(Me.OpenArgs) > 0 Then
        Me.RecordSource = Me.OpenArgs
    End If
End Sub
```

16.5 Auswahl von Berichten im Formular

In vielen Access-Anwendungen wird dem Anwender ein Formular präsentiert, auf dem er Berichte zum Drucken oder Anschauen auswählen kann. Da im Laufe der Zeit oft neue Berichte hinzukommen, weil den Anwendern noch weitere Varianten der Datenauswertung einfallen, ist es sinnvoll, ein entsprechendes Formular möglichst flexibel zu gestalten. Wir möchten Ihnen im Folgenden eine Umsetzung vorstellen, die die folgenden Vorteile aufweist: einfaches Hinzufügen bzw. Entfernen von Berichten, aussagekräftige Beschreibungstexte für die Berichtsauswahl und Unterdrückung von nicht anzuzeigenden Berichten wie Unterberichten usw.

Unser Beispielformular ist im folgenden Bild dargestellt. In einem Listenfeld werden Beschreibungstexte für Berichte gezeigt. Ein Doppelklick auf den selektierten Bericht oder ein Klick auf die entsprechenden Schaltflächen zeigt den dem Beschreibungstext zugeordneten Bericht in der Seitenansicht und druckt ihn aus.

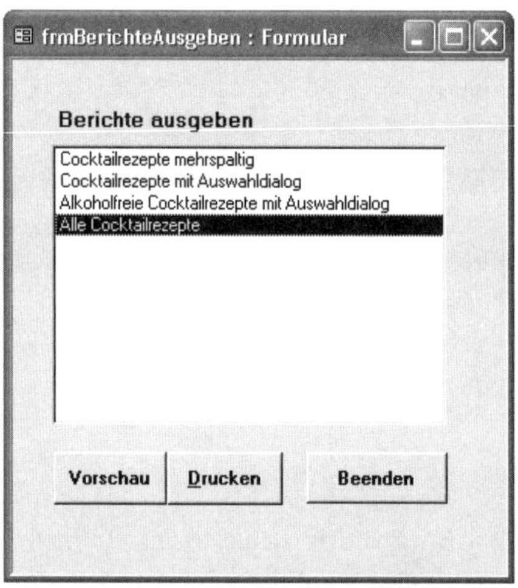

Bild 16.16: Formular zur Berichtsauswahl

Die Festlegung der Beschreibungstexte erfolgt in den Eigenschaften zum jeweiligen Bericht. Selektieren Sie dazu im Datenbankfenster von Access den gewünschten Bericht und rufen Sie das im nächsten Bild gezeigte Dialogfeld über *ANSICHT Eigenschaften* oder über das Kontextmenü auf.

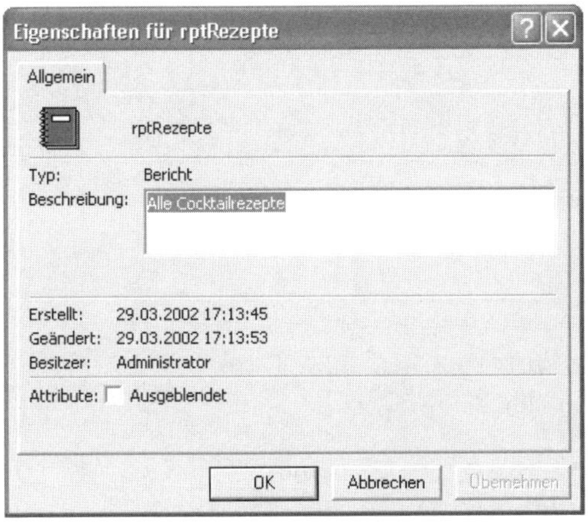

Bild 16.17: Festlegung der Beschreibung

Nicht in der Entwurfsansicht: Die Beschreibung wird nicht im Eigenschaftenfenster in der Entwurfsansicht des Berichts definiert, sondern direkt im Datenbankfenster!

Im folgenden Listing sehen Sie den Code zum Formular. Die Berichtsbeschreibungen werden mithilfe der benutzerdefinierten Füllfunktion `ReportsAuflisten` in das Listenfeld gefüllt. Den Einsatz benutzerdefinierter Füllfunktionen haben wir in Kapitel 13, »Steuerelemente«, in Abschnitt 13.6.16, erklärt. Bei jedem Aufruf des Formulars werden die Berichte mit Beschreibungen erneut ausgelesen und sind damit immer aktuell.

Die Beschreibungen zu den Berichten werden mithilfe von DAO-Objekten ausgelesen. Jedes `Database`-Objekt besitzt eine `Containers`-Auflistung, in der je ein `Container`-Objekt für jedes Registerblatt des Access-Datenbankfensters existiert. Jedes `Container`-Objekt verfügt über eine `Documents`-Auflistung mit den entsprechenden Tabellen, Abfragen, Formularen, Berichten usw. Denken Sie daran, dass Sie im VBA-Editor mit *EXTRAS Verweise* die Referenz auf die DAO 3.6-Bibliothek einrichten.

`Document`-Objekte, für die in den Eigenschaften eine Beschreibung festgelegt wurde, besitzen in ihrer `Properties`-Auflistung einen Eintrag für `"Description"`. Dieser Eintrag wird ausgelesen und im Listenfeld gezeigt.

```
Option Compare Database
Option Explicit

Private mDB As Database

Private Sub cmdBeenden_Click()
    DoCmd.Close
End Sub

Private Sub Form_Load()
    Set mDB = CurrentDb

    ' Liste der Berichte aktualisieren
    mDB.Containers("Reports").Documents.Refresh
    mDB.Containers.Refresh
End Sub

' Füllfunktion für Listenfeld
Function ReportsAuflisten(ctlFeld As Control, _
                          varID As Variant, _
                          varZeile As Variant, _
                          varSpalte As Variant, _
                          varCode As Variant _
                          ) As Variant
    Static intMaxReports As Integer
    Static aReports As Variant

    Select Case varCode
        Case acLBInitialize:
            ' Alle Berichte ermitteln, für die in den Eigenschaften
            ' eine "Beschreibung" erfasst wurde
            Dim doc As Document
            Dim con As Container
            Dim intCnt As Integer
            Dim intRepCnt As Integer
            Dim strTmp As String

            Set mDB = CurrentDb
            ' Anzahl der Berichte ermitteln
            intRepCnt = mDB.Containers("Reports").Documents.Count
            ' Größe des Arrays anpassen
            ReDim aReports(intRepCnt)
            intMaxReports = 0
```

```
            ' Alle Berichte durchlaufen
            For intCnt = 0 To intRepCnt - 1
                On Error Resume Next
                strTmp = mDB.Containers("Reports"). _
                                    Documents(intCnt). _
                                    Properties("Description").Value
                If err.Number = 0 Then
                    ' Wenn "Beschreibung" vorhanden
                    ' Beschreibung in Array umkopieren
                    aReports(intMaxReports) = strTmp
                    intMaxReports = intMaxReports + 1
                End If
                On Error GoTo 0
            Next
            ReportsAuflisten = True
        Case acLBOpen:
            ReportsAuflisten = Timer
        Case acLBGetRowCount:
            ReportsAuflisten = intMaxReports
        Case acLBGetColumnCount:
            ReportsAuflisten = 1
        Case acLBGetColumnWidth:
            ReportsAuflisten = -1
        Case acLBGetValue:
            ReportsAuflisten = aReports(varZeile)
        Case acLBGetFormat:
        Case acLBClose:
        Case acLBEnd:
    End Select
End Function

Private Sub cmdDrucken_Click()
    Call VorschauDruck_Reports(acViewNormal)
End Sub

Private Sub cmdVorschau_Click()
    Call VorschauDruck_Reports(acViewPreview)
End Sub
```

```
' Bei Doppelklick auf Eintrag im Listenfeld
Private Sub lstReports_DblClick(Cancel As Integer)
    Call VorschauDruck_Reports(acViewPreview)
End Sub

Private Sub VorschauDruck_Reports(intView As Integer)
    Dim intCnt As Integer
    Dim strTmp As String

    For intCnt = 0 To mDB.Containers("Reports").Documents.Count - 1
        On Error Resume Next
        ' "Beschreibung" des Berichts ermitteln
        strTmp = mDB.Containers("Reports"). _
                                    Documents(intCnt)._
                                    Properties("Description").Value
        If err.Number = 0 Then
            ' "Beschreibung" mit selektiertem Eintrag
            ' im Listenfeld vergleichen
            If strTmp = lstReports Then
                DoCmd.OpenReport _
                        mDB.Containers("Reports")._
                        Documents(intCnt).Name, View:=intView
            End If
        End If
        On Error GoTo 0
    Next
End Sub
```

Zum Ausdruck des Berichts wird der Beschreibungstext des selektierten Berichts mit den Beschreibungstexten der Dokumente im `Containers("Reports")` verglichen. Bei Übereinstimmung wird der Name des Dokuments an die `DoCmd`-Methode `OpenReport` übergeben.

Wir haben für Kunden verschiedene Erweiterungen dieses Formulars vorgenommen. Beispielsweise wurden Steuerelemente angelegt, mit denen die auszugebenden Daten eingeschränkt werden konnten. Durch Anhänge an den Beschreibungstext haben wir realisiert, dass die Steuerelemente zur Einschränkung der Berichtsdaten je nach Bericht ein- oder ausgeblendet werden können, so dass jeder Bericht seine spezifischen Einschränkungen erhalten kann.

16.6 Snapshots – Schnappschüsse von Berichten

Möchten Sie Access-Berichte elektronisch weitergeben, so können Sie diese auch an Anwender verteilen, die nicht über Access verfügen. Erstellen Sie einen Berichts-Snapshot, der von allen, die das Programm SnapView.exe besitzen, angesehen werden kann. Der Snapshot Viewer gehört zu Office XP, er wird aber bei einer normalen Installation nicht mit eingerichtet. Es besteht auch die Möglichkeit, ihn vom Internet bei Microsoft *www.microsoft.de* herunterzuladen. Übrigens gibt es den Snapshot Viewer auch als ActiveX-Komponente, die in andere Programme oder Microsoft Internet Explorer eingebunden werden kann.

16.6.1 Snapshot erstellen

Erstellen Sie einen Snapshot mithilfe des Befehls *DATEI Exportieren* und wählen Sie im Kombinationsfeld *Dateityp* das *Snapshot Format* aus. Ein Klick auf die Schaltfläche *Speichern* druckt den Bericht in eine Datei mit der Endung **.snp*. Danach wird automatisch der Snapshot Viewer geladen und Sie können sich das Ergebnis ansehen.

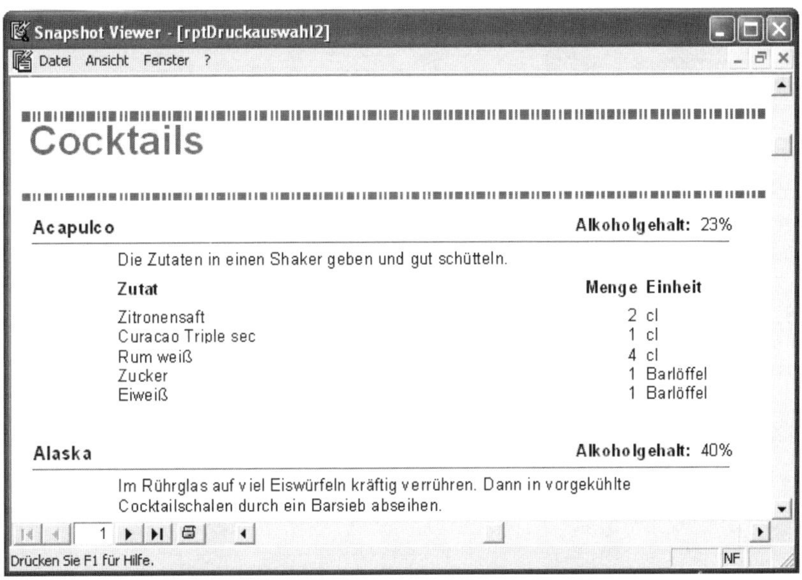

Bild 16.18: Exportierter Bericht im Snapshot Viewer

Innerhalb einer Routine gibt es zwei Möglichkeiten, einen Snapshot zu exportieren: Verwenden Sie dazu die `OutputTo`-Methode des `DoCmd`-Objektes und schreiben so eine SNP-Datei in den von Ihnen gewählten Ordner, oder versenden Sie mithilfe der `SendTo`-Methode den Snapshot an eine von Ihnen eingegebene Mailadresse.

Um eine Snapshot-Datei auf Ihre Festplatte zu schreiben, verwenden Sie beispielsweise den Befehl

```
DoCmd.OutputTo _
        ObjectType:= acOutputReport, _
        Objectname:= conReport, _
        OutputFormat:= acFormatSNP, _
        OutputFile:= "Cocktails.snp", _
        Autostart:= False
```

Damit wird der Bericht `rptDruckauswahl2` in die Datei *Cocktails.snp* geschrieben. Der Snapshot Viewer wird entsprechend dem Ausdruck `Autostart:= False` nicht automatisch gestartet.

Soll der Snapshot gleich per Mail versandt werden, verwenden Sie beispielsweise

```
DoCmd.SendObject _
        ObjectType:= acSendReport, _
        ObjectName:=conReport, _
        OutputFormat:=acFormatSNP, _
        To:="irgendwer@irgendwo.de", _
        Subject:="Cocktails", _
        MessageText:="Hallo, " & vbNewline & _
                    "anbei die versprochene Liste." & vbNewline & _
                    "Viele Grüße, N. ", _
        EditMessage:=True
```

Damit versenden Sie den Bericht *rptDruckauswahl2* als Snapshot im Anhang der Mail. Mit dem Parameter `EditMessage` bestimmen Sie, ob Ihnen die Mail zur Bearbeitung vorgelegt (`True`) oder ob sie gleich versendet (`False`) werden soll.

Bild 16.19: Mail mit SendTo verschicken

16.7 Druckerkontrolle

Die direkte Kontrolle des Druckers in einem Bericht aus einem Access-VBA-Programm heraus hat sich mit Access 2002 wesentlich vereinfacht. Mussten Sie bei den Access-Vorgängerversionen sehr tief in die Windows-Strukturen eintauchen, lässt sich die Druckersteuerung mit dem neu eingeführten `Printer`-Objekt der neuen `Printers`-Auflistung vergleichsweise einfach realisieren. Im Beispiel am Ende des Kapitels möchten wir Ihnen zwei Teilbereiche beschreiben: Drucken auf einem anderen als dem mit dem Bericht gespeicherten Drucker und Drucken mit verschiedenen Papierschächten.

16.7.1 Informationen über Drucker

Für jeden Bericht kann über *DATEI Seite einrichten* das folgende Dialogfeld eingeblendet werden, in dem festgelegt werden kann, auf welchem Drucker der Bericht gedruckt werden soll. Dabei haben Sie zwei Auswahlmöglichkeiten: *Standarddrucker* oder *Spezieller Drucker*. Die Option *Standarddrucker* wählt für die Ausgabe den Access-Standarddrucker. Der Access-Standarddrucker wird beim Start von Access mit dem Windows-Standarddrucker vorbelegt. Dies ist übrigens einer der Gründe, warum Access meist ziemlich unglücklich ist, wenn auf einem PC kein Windows-Standarddrucker eingerichtet ist.

Selektieren Sie im Dialogfeld *Seite einrichten* die Option *Spezieller Drucker*, so können Sie einen der auf Ihrem PC eingerichteten Drucker als Ausgabegerät bestimmen.

Bild 16.20: Dialogfeld Seite einrichten

Wird die Datenbank auf einem anderen Rechner geöffnet und versucht, den Bericht zu drucken, so kann es zu einer Fehlermeldung wie im nächsten Bild kommen.

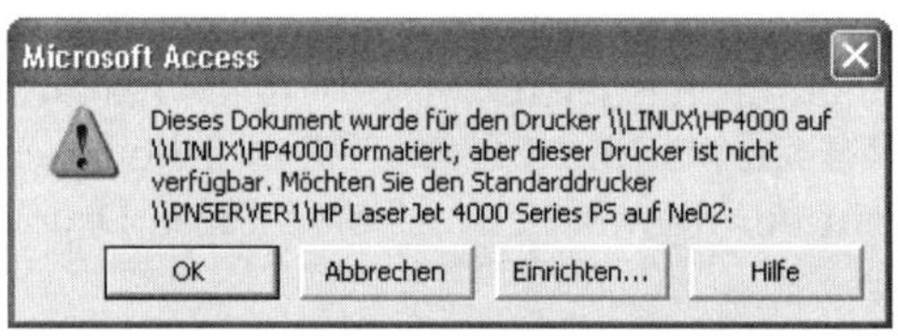

Bild 16.21: Fehlermeldung bei fehlendem Drucker

Durch die neuen `Printer`-Objekte ist es seit Access 2002 viel einfacher, die Auswahl eines Druckers durch den Benutzer und die Einstellung druckerspezifischer Parameter zu realisieren.

Das Printer-Objekt des Berichts

Jeder Bericht verfügt über ein `Printer`-Objekt, in dem die Daten des für den Bericht definierten Druckers enthalten sind.

Mithilfe des Printer-Objekts könnten Sie beispielsweise die Anzahl der zu druckenden Kopien beim Öffnen des Berichts festlegen. Die Eigenschaften des Printer-Objekts stellen wir Ihnen in Abschnitt 16.7.3, ab Seite 599, vor.

```
Private Sub Report_Open(Cancel As Integer)
    ' Zwei Kopien drucken
    Me.Printer.Copies = 2
End Sub
```

Der Access-Standarddrucker

Auch Access selbst kennt ein Printer-Objekt. Es beschreibt den Access-Standarddrucker. Über Application.Printer oder einfach nur Printer können Sie in Ihren Programmen darauf zugreifen.

Die Printers-Auflistung

Zusätzlich enthält die Printers-Auflistung des Application-Objekts alle verfügbaren Drucker des jeweiligen PC-Systems. Für jeden Drucker können die spezifischen Eigenschaften über das jeweilige Printer-Objekt der Printers-Auflistung abgefragt werden.

16.7.2 Angaben zu verfügbaren Druckern

Die Printers-Auflistung wird von Access mit Angaben über alle verfügbaren Drucker gefüllt. Mit der Count-Eigenschaft lässt sich die Anzahl der verfügbaren Drucker ermitteln. Die Daten des Standarddruckers lassen sich mithilfe des Printer-Objekts auslesen. In der Entwurfsansicht des folgenden Formulars werden den beiden Textfeldern txtDruAnzahl und txtDruStandard entsprechende Werte zugewiesen.

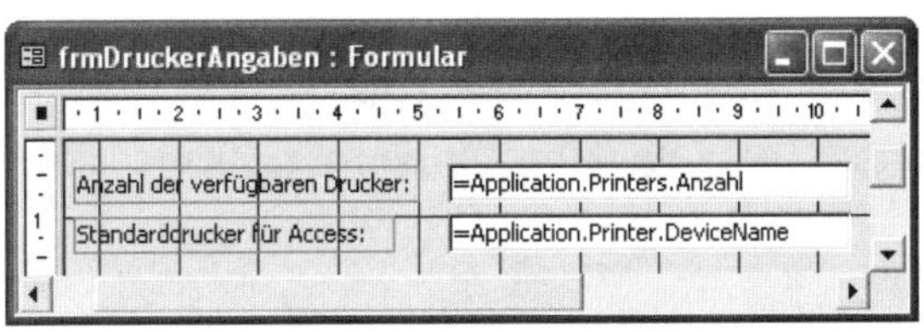

Bild 16.22: Angaben über Drucker in Formular anzeigen

Liste der verfügbaren Drucker

Um eine Liste aller verfügbaren Drucker anzuzeigen, können Sie ein Kombinations- oder Listenfeld mit den Angaben aus der Printers-Auflistung mit der AddItem-Methode füllen. Auf dem Beispielformular *frmDruckerAngaben2* wird dazu das Listenfeld lstDruListe hinzugefügt und folgendes Programm für das Ereignis *Beim Öffnen* des Formulars erstellt.

```
Private Sub Form_Load()
    Dim prt As Printer

    For Each prt In Printers
        lstDruListe.AddItem prt.DeviceName
    Next
    ' Standarddrucker ausgewählt
    lstDruListe.Value = Application.Printer.DeviceName
    ' Standarddrucker in Textfeld schreiben
    txtDruStandard.Value = Application.Printer.DeviceName
End Sub
```

Dabei wird im Listenfeld der Standarddrucker markiert. Damit dem Textfeld txtDruStandard der Name des Standarddruckers wie im Programm zu sehen zugewiesen werden kann, wurde das Textfeld ungebunden definiert.

Ändern des unter Access verwendeten Standarddruckers

Änderungen am Access-Standarddrucker sind unabhängig von dem unter Windows ausgewählten Standarddrucker. Mit folgender Ergänzung wird der im Listenfeld ausgewählte Drucker zum Standarddrucker. Die Routine wird für das Ereignis *Nach Aktualisierung* des Listenfeldes eingefügt.

```
Private Sub lstDruListe_AfterUpdate()
    Set Application.Printer = _
                    Application.Printers(Me.lstDruListe.Value)
    ' Standarddrucker in Textfeld schreiben
    txtDruStandard.Value = Application.Printer.DeviceName
End Sub
```

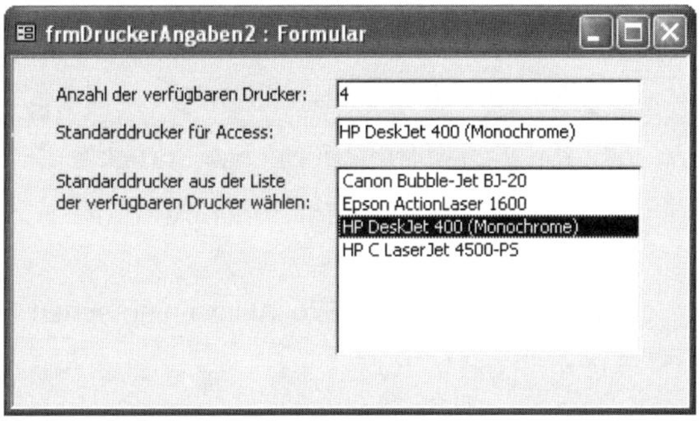

Bild 16.23: Im Listenfeld ausgewählter Drucker wird Standarddrucker

Bericht soll Standarddrucker verwenden

Möchten Sie erreichen, dass ein Bericht den Access-Standarddrucker nutzt anstelle des im Bericht definierten Druckers, setzen Sie die Eigenschaft `UseDefaultPrinter` des Berichts auf `True`.

```
...
Reports("rptBericht").UseDefaultPrinter = True
...
```

16.7.3 Druckeigenschaften ändern

Das `Printer`-Objekt bietet die Möglichkeit, Druckeinstellungen und Seitenlayout eines Berichts zu ändern. In der folgenden Tabelle sind die verfügbaren Eigenschaften aufgelistet.

Tabelle 16.5: Eigenschaften des Printer-Objekts

Eigenschaft	Beschreibung
ColorMode	gibt zurück oder legt fest, ob der angegebene Drucker in Farbe oder schwarz-weiß druckt.
Copies	gibt die Anzahl der zu druckenden Seiten zurück oder legt sie fest.
Duplex	bestimmt, ob doppelseitig ausgedruckt wird, sofern der Drucker über die entsprechende Fähigkeit verfügt.
Orientation	gibt die Druckausrichtung (hoch oder quer) zurück oder legt sie fest.
PaperBin	gibt den Papierschacht für den Ausdruck zurück oder legt ihn fest.

Tabelle 16.5: Eigenschaften des Printer-Objekts (Fortsetzung)

Eigenschaft	Beschreibung
PaperSize	gibt das Papierformat für den Ausdruck zurück oder legt es fest.
PrintQuality	gibt die Druckauflösung für den Ausdruck zurück oder legt sie fest.
LeftMargin	linker Rand in Twips (576 Twips entsprechen 1 Zentimeter)
RightMargin	rechter Rand in Twips
TopMargin	oberer Rand in Twips
BottomMargin	unterer Rand in Twips
ColumnSpacing	Abstand zwischen Spalten in Twips
RowSpacing	Abstand zwischen Zeilen in Twips
DataOnly	bestimmt, ob nur die Daten in der Datenblattansicht ausgedruckt werden, ohne Bezeichnungen, Rahmen der Steuerelemente, Rasterlinien und Grafikelemente.
DefaultSize	bestimmt, ob die Größe des Detailabschnitts in der Entwurfsansicht zum Drucken verwendet wird (*Wahr*) oder die Einstellungen unter Weite und Höhe berücksichtigt werden (*Falsch*).
ItemLayout	gibt zurück oder legt fest, ob der Drucker das Spaltenlayout *Quer, dann nach unten* oder *Nach unten, dann quer* verwendet.
ItemsAcross	bestimmt bei mehrspaltigen Berichten die Anzahl der Spalten.
ItemSizeHeight	die Höhe des Detailabschnitts in Twips
ItemSizeWidth	die Breite des Detailabschnitts in Twips
DeviceName	der für den Drucker bei der Installation angegebene Name; schreibgeschützt
DriverName	Name des Druckertreibers; schreibgeschützt
Port	Druckeranschluss; schreibgeschützt

Mit dem Formular *frmPrinterObjektEigenschaften* können Sie für die verfügbaren Berichte die Werte der Eigenschaften des jeweiligen `Printer`-Objekts des entsprechenden Berichts anzeigen lassen.

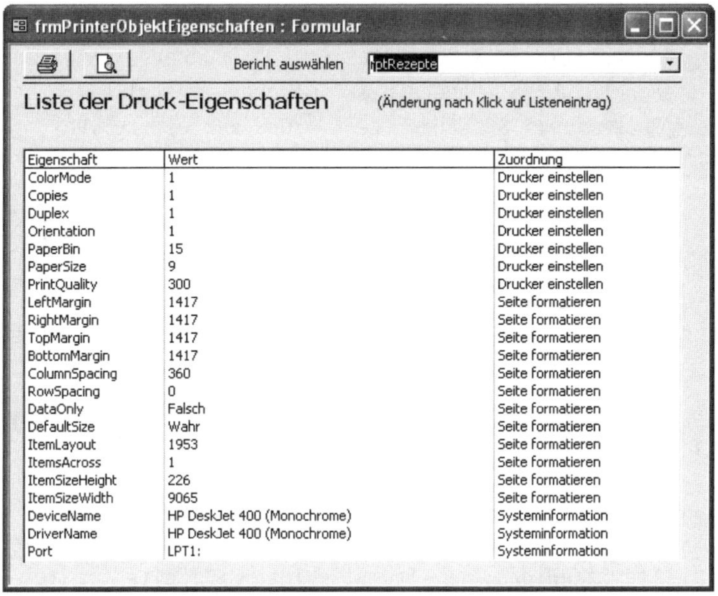

Eigenschaft	Wert	Zuordnung
ColorMode	1	Drucker einstellen
Copies	1	Drucker einstellen
Duplex	1	Drucker einstellen
Orientation	1	Drucker einstellen
PaperBin	15	Drucker einstellen
PaperSize	9	Drucker einstellen
PrintQuality	300	Drucker einstellen
LeftMargin	1417	Seite formatieren
RightMargin	1417	Seite formatieren
TopMargin	1417	Seite formatieren
BottomMargin	1417	Seite formatieren
ColumnSpacing	360	Seite formatieren
RowSpacing	0	Seite formatieren
DataOnly	Falsch	Seite formatieren
DefaultSize	Wahr	Seite formatieren
ItemLayout	1953	Seite formatieren
ItemsAcross	1	Seite formatieren
ItemSizeHeight	226	Seite formatieren
ItemSizeWidth	9065	Seite formatieren
DeviceName	HP DeskJet 400 (Monochrome)	Systeminformation
DriverName	HP DeskJet 400 (Monochrome)	Systeminformation
Port	LPT1:	Systeminformation

Bild 16.24: Liste der Eigenschaften des Printer-Objekts

Mit folgender Funktion werden im Formular die Eigenschaften des ausgewählten Berichts in das Listenfeld geschrieben.

```
Private Sub ListeFüllen()
    'Falls Bericht ohne Datenbasis übergeben wird
    On Error GoTo Exit_ListeFüllen

    Dim i As Integer
    Dim aEigenschaften As Variant

    ' Liste bis auf Überschrift leeren und auf Werteliste stellen
    lstEigenschaften.RowSource = "Eigenschaft;Wert;Zuordnung"
    lstEigenschaften.RowSourceType = "Value List"

    ' Bericht verborgen öffnen
    DoCmd.OpenReport mstrRptName, _
                     View:=acViewPreview, _
                     Windowmode:=acHidden

    With Reports(mstrRptName).Printer
        ' Eigenschaften und Erläuterungstext in Array schreiben
        aEigenschaften = Array( _
            "ColorMode;" & .ColorMode & ";Drucker einstellen", _
            "Copies;" & .Copies & ";Drucker einstellen", _
```

```
            "Duplex;" & .Duplex & ";Drucker einstellen", _
            "Orientation;" & .Orientation & ";Drucker einstellen", _
            "PaperBin;" & .PaperBin & ";Drucker einstellen", _
            "PaperSize;" & .PaperSize & ";Drucker einstellen", _
            "PrintQuality;" & .PrintQuality & ";Drucker einstellen", _
            "LeftMargin;" & .LeftMargin & ";Seite formatieren", _
            "RightMargin;" & .RightMargin & ";Seite formatieren", _
            "TopMargin;" & .TopMargin & ";Seite formatieren", _
            "BottomMargin;" & .BottomMargin & ";Seite formatieren", _
            "ColumnSpacing;" & .ColumnSpacing & ";Seite formatieren", _
            "RowSpacing;" & .RowSpacing & ";Seite formatieren", _
            "DataOnly;" & .DataOnly & ";Seite formatieren", _
            "DefaultSize;" & .DefaultSize & ";Seite formatieren", _
            "ItemLayout;" & .ItemLayout & ";Seite formatieren", _
            "ItemsAcross;" & .ItemsAcross & ";Seite formatieren", _
            "ItemSizeHeight;" & .ItemSizeHeight & ";Seite formatieren", _
            "ItemSizeWidth;" & .ItemSizeWidth & ";Seite formatieren", _
            "DeviceName;" & .DeviceName & ";Systeminformation", _
            "DriverName;" & .DriverName & ";Systeminformation", _
            "Port;" & .Port & ";Systeminformation")
    End With

    For i = LBound(aEigenschaften) To UBound(aEigenschaften)
        ' Eigenschaft ans Ende der Liste anhängen
        lstEigenschaften.AddItem Item:=aEigenschaften(i)
    Next

Exit_ListeFüllen:
    Exit Sub
End Sub
```

Wenn Sie im Listenfeld auf einen Eintrag klicken, können Sie den eingestellten Wert ändern. Nach Klick auf die Schaltfläche *Änderung übernehmen* wird in der aufgerufenen Routine die Eigenschaft auf den geänderten Wert gesetzt. Nehmen wir an, durch Auswahl eines anderen Eintrags im Kombinationsfeld *cboÄnderung* wurde die Eigenschaft `Orientation` geändert. Nun wird zunächst der neue Wert in der Variable `intKombi` gespeichert.

```
...
intKombi = Me.cboÄnderung.Value
...
```

Der gespeicherte Wert wird dann in einer `Select Case`-Struktur der entsprechenden Eigenschaft des `Printer`-Objekts des aufgerufenen Berichts zugewiesen.

```
...
Set pri = Reports(mstrRptName).Printer
    ' Gewählten Wert übernehmen
    ' in lblÄnderung ist Bezeichnung gespeichert
    Select Case Me.lblÄnderung.Caption
        Case Is = "ColorMode"
            pri.ColorMode = intKombi
        Case Is = "Copies"
            pri.Copies = intText
        Case Is = "Duplex"
            pri.Duplex = intKombi
        Case Is = "Orientation"
            pri.Orientation = intKombi
...
```

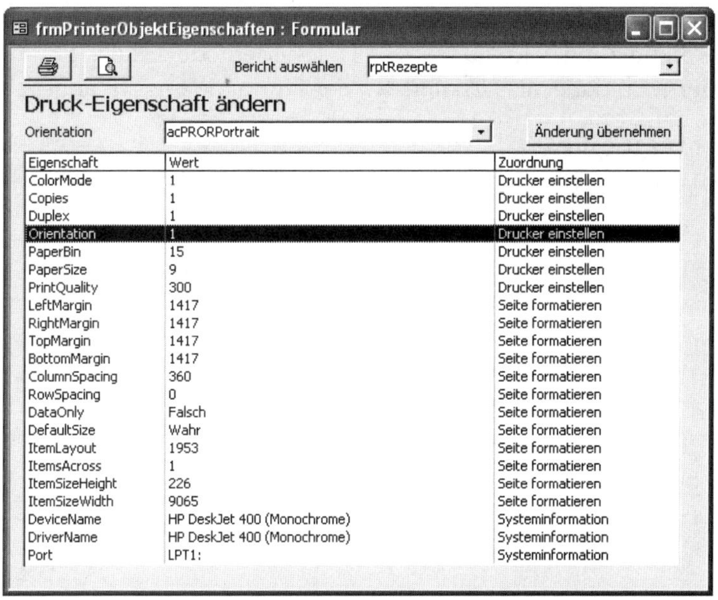

Bild 16.25: Eigenschaft Orientation wird geändert

Nachdem Sie die Änderungen übernommen haben, können Sie die Auswirkungen in der Seitenansicht oder beim Ausdruck überprüfen. Beachten Sie, dass auf diesem Weg vorgenommene Änderungen nicht im Bericht gespeichert werden.

16.7.4 Beispiele: Drucken mit zwei Papierschächten und Druckerauswahl

Wir haben als Beispiel das folgende Formular erstellt, mit dessen Hilfe Sie einen beliebigen Bericht auf einem auswählbaren Drucker und unter Verwendung von zwei Papierschächten drucken können.

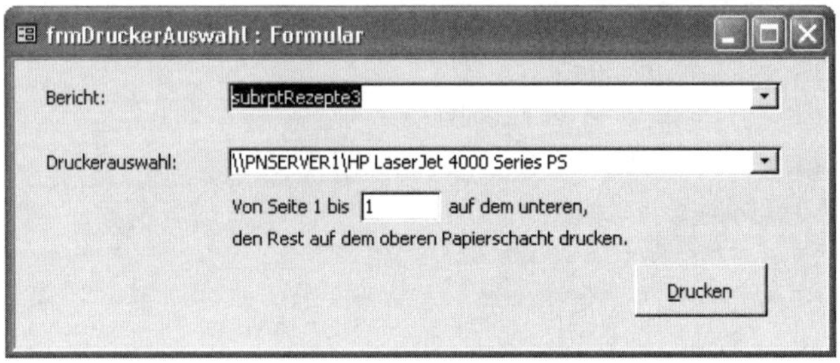

Bild 16.26: Dialogfenster frmDruckerAuswahl

Im Folgenden ist das Listing für das Formular aufgeführt. Beim Laden des Formulars werden für die Kombinationsfelder zwei Prozeduren aufgerufen, die das jeweilige Kombinationsfeld über die AddItem-Methode füllen. Für die Kombinationsfelder wird dabei als *Herkunftstyp* der Eintrag *Werteliste* angegeben.

```
Option Compare Database
Option Explicit

Private Sub Form_Load()
    ' Kombinationsfeld cboBerichte vorbelegen
    Call BerichtKombi(Me.cboBerichte)
    ' einen Bericht auswählen
    cboBerichte.Value = CurrentProject.AllReports(0).Name
    ' Kombinationsfeld cboDrucker vorbelegen
    Call DruckerKombi(Me.cboDrucker)
    ' Standarddrucker ausgewählen
    cboDrucker.Value = Application.Printer.DeviceName
End Sub

Private Sub cmdDrucken_Click()
' Fehlerbehandlung für den Fall, dass Bericht
' ohne Datenbasis aufgerufen wird
On Error GoTo Exit_cmdDrucken_Click
    Dim strRptName As String
    Dim strDruName As String
```

```
    Dim strBisSeite As String
    Dim prt As Access.Printer

    strRptName = cboBerichte.Column(0)
    strDruName = cboDrucker.Column(0)
    strBisSeite = Val(txtPapierschacht)

    ' Drucken mit 2 Papierschächten

    ' Bericht im Entwurfsmodus öffnen und die
    ' Papierschacht-Eigenschaft auf den unteren Papierschacht einstellen
    DoCmd.OpenReport strRptName, acViewDesign
    Set prt = Reports(strRptName).Printer
    prt.PaperBin = acPRBNLower

    ' Mit der PrintOut-Methode von der ersten
    ' bis zur gewählten Berichtsseite drucken
    DoCmd.PrintOut acPages, 1, strBisSeite

    ' Papierschacht-Eigenschaft auf oberen Schacht wechseln
    prt.PaperBin = acPRBNUpper

    ' Mit der PrintOut-Methode alle  restlichen Seiten drucken
    ' (32767 ist der Maximalwert)
    DoCmd.PrintOut acPages, strBisSeite + 1, 32767
    ' Bericht schließen, ohne Änderungen zu speichern
    DoCmd.Close acReport, strRptName, acSaveNo

Exit_cmdDrucken_Click:
    Exit Sub
End Sub

Private Sub DruckerKombi(ctl As Control)
    Dim prt As Printer
    Dim strText As String

    ' Kombinationsfeld leeren und als Werteliste einstellen
    ctl.RowSource = vbNullString
    ctl.RowSourceType = "Value List"

    ' Überschriften eintragen
    strText = "Drucker"
    ctl.AddItem strText
```

```
    For Each prt In Application.Printers
        strText = prt.DeviceName
        'Kombinationsfeld füllen
        ctl.AddItem strText
    Next
End Sub

Private Sub BerichtKombi(ctl As Control)
    Dim ao As AccessObject
    Dim strText As String

    ' Kombinationsfeld leeren und als Werteliste einstellen
    ctl.RowSource = vbNullString
    ctl.RowSourceType = "Value List"

    strText = ""
    For Each ao In CurrentProject.AllReports
        strText = ao.Name
        'Kombinationsfeld füllen
        ctl.AddItem strText
    Next
End Sub
```

Drucken eines Berichts auf beliebigem Drucker

Das Drucken eines Berichts auf einem anderen als dem mit dem Bericht gespeicherten Drucker war mit VBA in früheren Access-Versionen recht kompliziert. Zur Druckeränderung musste der Bericht in der Entwurfsansicht aufgerufen werden, was beispielsweise mit MDE-Dateien nicht funktioniert.

In Access 2002 lassen sich Änderungen vornehmen, ohne in den Entwurfsmodus zu wechseln. In unserem Beispiel wird dabei für den Ausdruck der Standarddrucker geändert. Mit `Set Application.Printer = Nothing` wird danach sichergestellt, dass keine Speicherung dieser Änderung erfolgt, sondern der Standarddrucker auf den ursprünglichen Eintrag zurückgesetzt wird.

Wechsel des Papierschachtes

Da die Umschaltung von Druckereinstellungen während des Ausdrucks nicht möglich ist, werden in unserem Beispiel für den Wechsel des Papierschachtes mit der `PrintOut`-Methode einzelne Teilbereiche ausgedruckt. Zum Wechseln des Papierschachtes wurde die `PaperBin`-Eigenschaft des `Printer`-Objekts verwendet, das wir in Abschnitt 16.7.3, »Druckeigenschaften ändern«, vorgestellt haben.

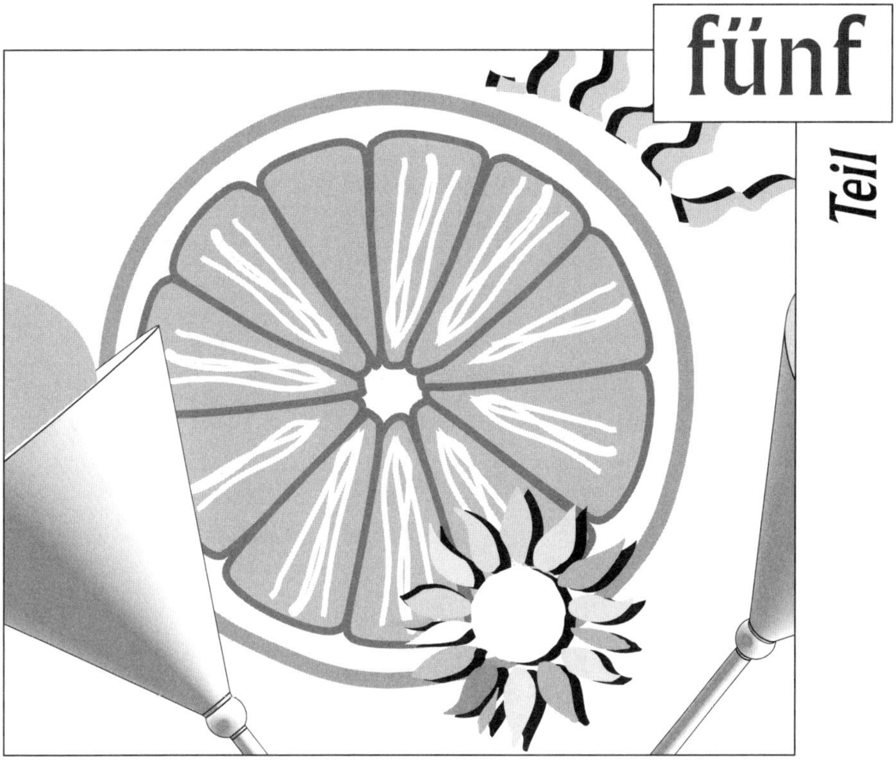

Klassenmodule

17 Klassenmodule

Microsoft hat in Access 95 (Version 7.0) die objektorientierte Programmierung eingeführt, allerdings dort auf Formulare und Berichte beschränkt. Seit Access 97 stehen Ihnen nun Klassenmodule zur Verfügung, die die Erstellung von Objektklassen ermöglichen.

Objektorientierung in Access ist ein Zusatz zum prozeduralen Konzept der Programmiersprache Visual Basic. Sie ermöglicht die Umsetzung objektorientierter Anwendungserstellungsansätze, ist aber keine Anwendungsentwicklungsumgebung im Sinne echter Objektorientierung. Nach unserer Meinung sind Klassenmodule eine gute und leistungsfähige Ergänzung, die insbesondere bei größeren Projekten viele Vorteile bieten.

17.1 Klassen und Objekte

Bei prozeduralen Programmiersprachen wie Visual Basic sind Daten und Prozeduren voneinander getrennt, d.h., es gibt keine Abhängigkeit zwischen Daten und Prozeduren. Dadurch können Nachteile entstehen, wie beispielsweise die Anwendung einer Prozedur auf dafür ungeeignete Daten, worin ungeahnte Fehler verborgen sein können.

"Text"	Multiplizieren(a,b)
1,25	Tag(d)
#12/22/61#	Monat(d)
True	Jahr(d)
	Rückwärts("Text")

Bild 17.1: Daten und Prozeduren

Bei der objektorientierten Programmierung werden Daten und Prozeduren zu Objekten zusammengefasst. Die Daten eines Objekts können auch nur mit den Prozeduren, den Methoden, des Objekts bearbeitet werden.

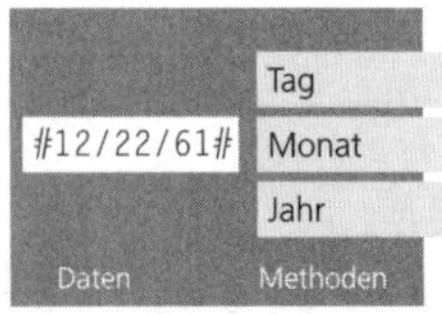

Bild 17.2: Daten und Methoden bilden ein Objekt

Eine Klasse ist die allgemeine Beschreibung eines Objekts, also das Muster für ein Objekt. In einer Klasse wird festgelegt, welche Daten in einem Objekt gespeichert werden können und wie die Zugriffsmethoden definiert sind.

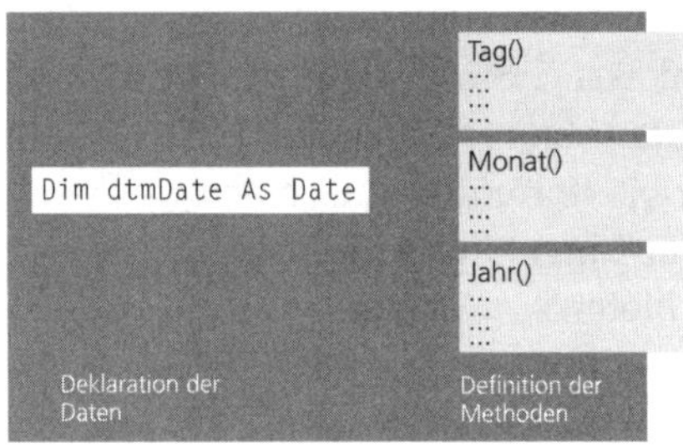

Bild 17.3: Objektklasse

Auf der Basis einer Klasse lassen sich dann Objekte erstellen, in denen Daten und Methoden nach dem Vorbild der Klasse existieren. Diese erst zur Laufzeit des Programms erzeugten Objekte werden auch als Instanzen einer Objektklasse bezeichnet.

Bild 17.4: Objektklasse und Objekte

Objekte schließen die in ihnen enthaltenen Daten, d.h., von außen ist kein direkter Zugriff auf die Daten eines Objekts möglich. Dieses als »Kapselung« bezeichnete Verstecken der Daten ermöglicht beispielsweise auch, alle Daten, die im Objekt gespeichert werden, vorher zu überprüfen.

Access kann nicht alle Anforderungen abdecken, die die Theorie der objektorientierten Programmierung an ein Entwicklungssystem stellt. So ist es beispielsweise nicht möglich, Eigenschaften und Methoden zu vererben. Das bedeutet, in Access können die Eigenschaften und Methoden nicht an die nächsthöhere Klasse weitergegeben (vererbt) werden. Access ist auch nicht in der Lage, Polymorphie zu unterstützen. Polymorphie bedeutet, dass beispielsweise mit einem Methodennamen mehrere Methoden für verschiedene Objekttypen angesprochen werden können. Dabei wählt das System je nach Objekttyp selbsttätig die richtige Methode aus.

Microsoft überarbeitet zurzeit im Rahmen seiner .NET-Strategie alle Programmiersprachen, also auch VBA. Neue gemeinsame Grundlage wird die Objektorientierung. Es ist zu erwarten, dass zukünftige Access-Versionen sehr viel stärker objektorientiert geprägt sein werden.

17.2 Visual Basic-Erweiterungen für Objekte

Eine Klasse kann in Access auf drei verschiedene Arten definiert werden: in einem Klassenmodul, in einem Formular oder in einem Bericht. Klassenmodule werden mithilfe des Befehls *EINFÜGEN Klassenmodul* erzeugt, Formulare und Berichte lassen sich direkt als Klassen nutzen.

17.2.1 Property-Routinen

Für die Definition von Objekteigenschaften für ein Klassenmodul stellt Access neue Befehle zur Verfügung: `Property Get`, `Property Let` und `Property Set`. Als kleines, einfaches Beispiel können Sie in einem Klassenmodul `clsTestKlasse` folgende Zeilen

```
Dim mstrEMail As String

Property Let EMail(strEMail As String)
    mstrEMail = strEMail
End Property
```

```
Property Get EMail() As String
    EMail = mstrEMail
End Property
```

vereinbaren. Property-Routinen werden ähnlich zu Sub- bzw. Function-Routinen definiert. In dem folgenden Programmfragment wird die oben definierte Beispielklasse verwendet.

```
Dim objEMail As clsTestKlasse
Set objEMail = New clsTestKlasse

ObjEMail.EMail = "Fritz.Meier@programmiererei.de"
MsgBox "EMail=> " & objEMail.EMail
```

Nach der Dim-Anweisung wird mithilfe des Befehlsworts Set und des Schlüsselworts New ein neues Objekt nach dem Vorbild der Klasse clsTestKlasse erzeugt. In der dritten Zeile des Fragments wird der Eigenschaft EMail des Objekts eine Zeichenkette zugewiesen. Diese Art der Zuweisung lässt sich nur mit Property-Eigenschaften durchführen, Funktionen und Subs können so nicht eingesetzt werden. Die Zeichenkette wird im Objekt in der objektinternen Variablen mstrEMail abgelegt. Der Inhalt dieser Variablen wird in der vierten Zeile in einem Dialogfeld ausgegeben.

Natürlich könnten Sie sich jetzt fragen, warum der Aufwand mit den Property-Routinen notwendig ist, denn man könnte ja die Variable mstrEMail als Public vereinbaren und so aus jedem Programm heraus direkt darauf zugreifen. Um den Vorteil der Property-Routinen herauszustellen, erweitern wir die Klasse. Im ersten Schritt möchten wir die Property Let-Routine um eine Eingabeüberprüfung ergänzen, die eine einfache Überprüfung der E-Mail-Adresse durchführt.

```
Property Let EMail(strEMail As String)
    If InStr(strEMail, "@") > 0 Then
        mstrEMail = strEMail
    Else
        MsgBox "Keine gültige E-Mail-Adresse!"
        mstrEMail = ""
    End If
End Property
```

Durch die Zuweisung mit objEMail.EMail = "Fritz.Meier@programmiererei.de" an die Eigenschaft wird automatisch die Überprüfung der Zeichenkette durchgeführt. Es ist so auf keinen Fall möglich, eine Zeichenkette ohne »@« der clsTestKlasse.EMail-Eigenschaft zuzuweisen.

In einer Klasse lassen sich auch Eigenschaften nur für Eingaben bzw. nur für die Ausgabe definieren. Die folgende Eigenschaft nur für die Ausgabe gibt den Namen aus der E-Mail-Adresse zurück, also die Zeichen bis zum »@«.

```
Property Get EMailName() As String
    EMailName = Left(mstrEMail, InStr(mstrEMail, "@") - 1)
End Property
```

Die Eigenschaft ließe sich beispielsweise wie folgt verwenden:

```
...
Dim strName As String
...
strName = EMail.EMailName
...
```

Im folgenden Listing finden Sie die komplette `EMail`-Klasse, die unter anderem mit den Mailsystemen von Microsoft (MAPI) und Lotus Notes Mails versenden kann.

```
' clsEMail: Versenden mit MAPI oder Lotus Notes

Option Compare Database
Option Explicit

Private mstrEMail As String      ' E-Mail-Adresse
Private mstrText As String       ' Text der Nachricht
Private mstrBetreff As String    ' Betreff der Nachricht
' MailSystem MAPI(Microsoft) oder Lotus Notes
Enum eMailSystem
    MAPI
    LotusNotes
End Enum
Private meMailSystem As eMailSystem

' Klasse initialisieren
Private Sub Class_Initialize()
    ' Standardmäßig per MAPI(Microsoft) versenden
    MailSystem = MAPI
End Sub
```

```
' MailSystem-Properties setzen/liefern MailSystem (MAPI/LotusNotes)
Property Let MailSystem(eMS As eMailSystem)
    meMailSystem = eMS
End Property

Property Get MailSystem() As eMailSystem
    MailSystem = meMailSystem
End Property

' EMail-Properties setzen/liefern Empfänger-Adresse
Property Let EMail(strEMail As String)
    If InStr(strEMail, "@") > 0 Then
        mstrEMail = strEMail
    Else
        MsgBox "Keine gültige E-Mail-Adresse!"
        mstrEMail = ""
    End If
End Property

Property Get EMail() As String
    EMail = mstrEMail
End Property

' EMailName-Property liefert Name aus Empfänger-Adresse
Property Get EMailName() As String
    EMailName = Left(mstrEMail, InStr(mstrEMail, "@") - 1)
End Property

' EMailDomain-Property liefert Domain aus Empfänger-Adresse
Property Get EMailDomain() As String
    EMailDomain = Right(mstrEMail, _
                  Len(mstrEMail) - InStr(mstrEMail, "@"))
End Property

' EMailDomain-Property liefert Länderkennung aus Empfänger-Adresse
Property Get EMailLand() As String
    Dim intPosPunkt As Integer
    Dim strTmp As String

    strTmp = mstrEMail
    Do Until InStr(strTmp, ".") = 0
        intPosPunkt = InStr(strTmp, ".")
```

```
        strTmp = Right(strTmp, Len(strTmp) - intPosPunkt)
    Loop
    EMailLand = strTmp
End Property

' Betreff-Properties setzen/liefern Betreffzeile
Property Get Betreff() As String
    Betreff = mstrBetreff
End Property

Property Let Betreff(s As String)
    mstrBetreff = s
End Property

' Text-Properties setzen/liefern Mail-Text
Property Get Text() As String
    Text = mstrText
End Property

Property Let Text(s As String)
    mstrText = s
End Property

' Allgemeine Senden-Routine
Public Sub Senden( _
                Optional Adresse As String = "", _
                Optional Betreff As String = "", _
                Optional Text As String = "")

    ' Wenn keine Parameter übergeben werden,
    ' Werte aus Properties holen
    If Adresse = "" Then Adresse = Me.EMail
    If Betreff = "" Then Betreff = Me.Betreff
    If Text = "" Then Text = Me.Text

    Select Case Me.MailSystem
    Case MAPI:
        SendenMAPI Adresse, Betreff, Text
    Case LotusNotes
        SendenNotesMail Adresse, Betreff, Text
    End Select
End Sub
```

```
' Versenden mit MAPI, also der Microsoft-Methode
Private Sub SendenMAPI( _
                Adresse As String, _
                Betreff As String, _
                Text As String)

    On Error GoTo errSenden
    ' Senden per DoCmd
    DoCmd.SendObject To:=Adresse, _
                     Subject:=Betreff, _
                     MessageText:=Text, _
                     EditMessage:=False
    Exit Sub

errSenden:
    MsgBox "Fehler beim Versenden der Mail!"
    Resume Next
End Sub

' Versenden mit Lotus Notes
Private Sub SendenNotesMail( _
                ByVal strRecipient As String, _
                ByVal strSubject As String, _
                ByVal strBodyText As String, _
                Optional ByVal strAttachment As String = "", _
                Optional ByVal bSaveMsgOnSend As Boolean = False)
    Dim objMaildb As Object
    Dim objMailDoc As Object
    Dim objAttachME As Object
    Dim objSession As Object
    Dim objEmbed As Object
    Dim strUserName As String
    Dim strMailDbName As String

    On Error GoTo Err_SendNotesMail

    DoCmd.Hourglass True

    ' Notes-Session öffnen
    Set objSession = CreateObject("Notes.NotesSession")

    ' Session-Benutzername ermitteln und
    ' Name der Mail-Datenbank zusammenstellen
    strUserName = objSession.UserName
```

```
    strMailDbName = Left(strUserName, 1) & _
             Right(strUserName, _
             (Len(strUserName) - InStr(1, strUserName, " "))) & ".nsf"

    'Mail-Datenbank öffnen
    Set objMaildb = objSession.GetDatabase("", strMailDbName)
    ' Wenn nicht schon geöffnet
    If Not objMaildb.IsOpen Then
        objMaildb.OPENMAIL
    End If

    ' Neues Mail-Dokument zusammenstellen
    Set objMailDoc = objMaildb.CREATEDOCUMENT
    With objMailDoc
        .Form = "Memo"
        .sendto = strRecipient
        .Subject = strSubject
        .Body = strBodyText
        .SAVEMESSAGEONSEND = bSaveMsgOnSend
    End With

    ' Gegebenenfalls Anhang aufbereiten
    If (Len(strAttachment) > 0) And (Len(Dir(strAttachment)) > 0) Then
        Set objAttachME = objMailDoc.CREATERICHTEXTITEM("Attachment")
        Set objEmbed = objAttachME.EMBEDOBJECT(1454, "", _
                                    strAttachment, "Attachment")
    End If

    ' Senden des Dokuments
    objMailDoc.Send 0, strRecipient

Exit_SendNotesMail:
    ' Aufräumen - Notes an sich bleibt noch geöffnet
    Set objMailDoc = Nothing
    Set objAttachME = Nothing
    Set objEmbed = Nothing
    Set objMaildb = Nothing
    Set objSession = Nothing

    DoCmd.Hourglass False

    Exit Sub
```

```
Err_SendNotesMail:
    Select Case err.Number
        Case 429
            MsgBox "Fehlerbeschreibung: " & vbNewLine & _
                    err.Description & vbNewLine & "Mögliche Ursache:" _
                    & vbNewLine & "Lotus Notes nicht installiert", _
                    vbCritical, _
                    "Fehler beim Initialisieren von Lotus Notes"
        Case Else
            MsgBox err.Description & err.Number, _
                        vbCritical, "Fehler Lotus Notes Mail"
    End Select
    Resume Exit_SendNotesMail
End Sub

' EMail an mehrere Adressen versenden; hierfür Verteiler als Parameter
' angeben, z.B. SendenVerteiler "a@a.de", "b@b.de" usw.
Public Sub SendenVerteiler(ParamArray adr() As Variant)
    Dim Adresse As Variant

    For Each Adresse In adr
        Senden CStr(Adresse)
        ' Warten, um Verarbeitung zu ermöglichen
        Wait 1
    Next
End Sub

' Senden mit Datenbankdaten: Quelle ist der Name einer Tabelle oder
' Abfrage bzw. eine SQL-Abfrage. Mit FeldAdresse, FeldBetreff und
' FeldText werden die Felder der Quelle bestimmt, die die zu sendenden
' Daten enthalten. Wird FeldAdresse nicht angegeben, werden alle Mails an
' mstrEMail gesendet. Wird FeldBetreff nicht angegeben, werden alle Mails
' mit Betreff mstrBetreff gesendet. Wird FeldText nicht angegeben, werden
' alle Mails mit dem Text mstrText gesendet.
Public Sub SendenDB( _
    Quelle As String, _
    Optional FeldAdresse As String = "", _
    Optional FeldBetreff As String = "", _
    Optional FeldText As String = "")
    Dim rec As ADODB.Recordset

    Set rec = New ADODB.Recordset
```

```
    rec.Open Quelle, _
            CurrentProject.AccessConnection, _
            adOpenForwardOnly, _
            adLockReadOnly
    Do Until rec.EOF
        ' Adresse ermitteln
        If FeldAdresse <> "" Then
            EMail = CStr(rec(FeldAdresse).Value)
        End If
        ' Betreff aus Datenbank?
        If FeldBetreff <> "" Then
            Betreff = CStr(rec(FeldBetreff).Value)
        End If
        ' Nachrichtentext aus Datenbank?
        If FeldText <> "" Then
            Text = CStr(rec(FeldText).Value)
        End If

        ' Jetzt geht's los!
        Senden
        ' Warten, um Verarbeitung zu ermöglichen
        Wait 1

        rec.MoveNext
    Loop
    rec.Close
    Set rec = Nothing
End Sub

Private Function Wait(ByVal intDelay As Integer, _
                Optional ByVal fDispHourglass As Boolean = False)
    ' Warte noch ein Weilchen ...
    Dim dblDelayEnd As Double

    DoCmd.Hourglass fDispHourglass
    dblDelayEnd = DateAdd("s", intDelay, Now)
    Do While DateDiff("s", Now, dblDelayEnd) > 0
        ' do nothing
        DoEvents
    Loop
    DoCmd.Hourglass False
End Function
```

17.2.2 Gleichheit von Objekten

Eine Variable

```
Dim objTest As clsTestKlasse
Set objTest = New clsTestKlasse
```

enthält einen Zeiger (Pointer) auf das Objekt im Speicher. Haben Sie ein zweites Objekt mit

```
Dim obj02 As clsTestKlasse
Set obj02 = New clsTestKlasse
```

definiert, so verfügen Sie über zwei Zeiger auf zwei Speicherbereiche. Der Speicherbereich wird so lange für ein Objekt reserviert, solange noch eine Variable auf den Bereich zeigt. Wird in Ihrem Programm der Befehl

```
Set obj02 = objTest
```

abgearbeitet, deuten beide Zeiger auf den gleichen Speicherbereich. Der Bereich, der für `obj02` ursprünglich reserviert war, wird nun von Access zur erneuten Verwendung freigegeben.

Sie können mit dem Operator `Is` überprüfen, ob zwei Objektvariablen auf das gleiche Objekt im Speicher zeigen:

```
If objTest Is obj02 Then
    ' Variablen zeigen auf das gleiche Objekt
End If
```

Übrigens ist eine Überprüfung, ob die Inhalte zweier Objekte gleich sind, nicht möglich. Versuchen Sie, die Zeile

```
If objTest = obj02 Then
```

zu vereinbaren, meldet Access einen Fehler.

17.2.3 Die Konstante Nothing

Die vordefinierte Konstante `Nothing` beinhaltet einen Zeiger auf »Nichts«. Eine Objektvariable hat den Wert `Nothing`, wenn sie nicht auf ein Objekt im Speicher zeigt. Sie können ein Objekt zerstören, also seinen Speicherbereich freigeben, wenn Sie wie im folgenden Beispiel der Objektvariablen `Nothing` zuweisen.

```
Dim objTest As clsTestKlasse
Set objTest = New clsTestKlasse

' Wenn eine Instanz des Objekts existiert
If Not objTest Is Nothing Then
    ' Objekt zerstören
    Set objTest = Nothing
End If
```

17.2.4 Überprüfung des Objekttyps mit TypeOf

Das Befehlswort `TypeOf` lässt sich verwenden, um den Typ eines Objekts zu ermitteln. Für eine Subroutine kann ein Objekt als Parameter vereinbart werden. Verwenden Sie die allgemeine Form `As Object` für die Objektreferenz, können beliebige Objekte übergeben werden. Innerhalb der Routine können Sie dann, je nach übergebenem Objekt, entsprechende Programmteile ausführen.

```
Sub ObjektTest(obj As Object)
    If TypeOf obj Is clsTestKlasse Then
        ' Code für clsTestKlasse-Objekte
    ElseIf TypeOf obj Is clsAndereKlasse Then
        ' Code für clsAndereKlasse-Objekte
    Else
        ' Kein bekanntes Objekt?
    End If
End Sub
```

Mithilfe von `TypeOf` lassen sich in Access polymorphe Routinen nachbilden, d.h., mit einer Methode können verschiedene Objekte objektspezifisch verarbeitet werden.

17.3 Drei Beispielklassen: clsParseObject, clsParseObjects und clsError

Wir möchten Ihnen drei aufeinander aufbauende Klassen beschreiben, die im weiteren Verlauf des Buches zum Einsatz kommen. Dabei handelt es sich um Programmroutinen zur Zerlegung von Zeichenketten. Eine Zeichenkette in der Form

```
"Wert1=123,45;Wert2=432;Wert3=456,78"
```

soll so zerlegt werden, dass Bezeichnung und dazugehöriger Wert leicht im Programm verwendet werden können. Um beispielsweise den zur Bezeichnung `Wert2` gehörigen Wert der Variablen `x` zuzuweisen, soll die Anweisung

```
x = Value("Wert2")
```

ausreichend sein.

17.3.1 Erstellen einer neuen Klasse

Um eine neue Klasse zu erstellen, aktivieren Sie im Access-Datenbankfenster das Registerblatt *Module*. Mit *EINFÜGEN Klassenmodul* öffnen Sie ein spezielles Modulfenster zur Erstellung von Klassen.

Die Klasse clsParseObject

Die erste Beispielklasse `clsParseObject` besitzt die beiden Eigenschaften `Text` und `Value`. In Objekten dieser Klasse soll jeweils die Bezeichnung und ein zugehöriger Wert gespeichert werden. Die Definition von Eigenschaften wird mithilfe von `Property`-Befehlen durchgeführt. Für jede Eigenschaft wurde `Property Let` zum Zuweisen von Werten und `Property Get` zum Zugreifen auf gespeicherte Werte angelegt. Das `Property`-Pärchen `Let` und `Get` muss zusammenpassen, d.h., der Parameter bei `Let` muss vom gleichen Datentyp wie der Rückgabewert von `Get` sein. Definieren Sie sowohl `Get` als auch `Let`, so müssen die Parameter übereinstimmen.

`Property`-Funktionen sind prinzipiell `Public` definiert, also öffentlich für andere Programme zugänglich. `Private Property`-Routinen sind möglich, werden aber nur selten eingesetzt.

Es können nicht alle Namen für Eigenschaften und Methoden Ihrer Klassen verwendet werden. Möchten Sie beispielsweise `Property Get Open() As String` vereinbaren, so wird Access einen Fehler melden, da `Open` zu den reservierten Befehlsworten in Access gehört.

Die eigentlichen Variablen zur Aufnahme der Werte sind lokal im Klassenmodul definiert. Sie sind von außen nicht zugänglich, d.h., ihre Inhalte können nur über die `Property`-Funktionen verändert werden.

Jede Klasse kann eine Initialisierungs- und Beendigungsroutine besitzen, die mit den Namen `Class_Initialize()` und `Class_Terminate()` bezeichnet werden. Die Routinen werden beim Erzeugen einer neuen Instanz eines Objekts bzw. beim Vernichten eines Objekts aufgerufen. Im folgenden Beispiel dient die Initialisierungsroutine dazu, die privaten Variablen der Klasse vorzubelegen.

```
' Private Variablen der Klasse

Private mstrText As String
Private mdblValue As Double
' Object-Variable für Parent-Objekt
Private mobjParent As Object

Property Get Text() As String
    Text = mstrText
End Property

Property Let Text(ByVal str As String)
    mstrText = str
End Property

Property Get Value() As Double
    Value = mdblValue
End Property

Property Let Value(ByVal dbl As Double)
    mdblValue = dbl
End Property

Property Set Parent(objParent As Object)
    If mobjParent Is Nothing Then
        Set mobjParent = objParent
    End If
End Property

Property Get Parent() As Object
    Set Parent = mobjParent
End Property

Private Sub Class_Initialize()
    mstrText = ""
    mdblValue = 0
End Sub
```

Die Parent-Eigenschaft

In der Eigenschaft `Parent` des `clsParseObject`-Objekts soll ein Verweis auf das Objekt der darüber liegenden Klasse gespeichert werden. Diese Eigenschaft ist auch für alle Access-internen Objekte vereinbart und ermöglicht das Durchlaufen einer Klassenhierarchie.

Die `Parent`-Eigenschaft ist so implementiert, dass sie nur einmal gesetzt, also während der Lebensdauer des Objekts nicht verändert werden kann. Um dies zu erreichen, wird in der `Property Set`-Funktion daraufhin überprüft, ob die Variable `mobjParent` auf ein Objekt zeigt, also einen Wert verschieden von `Nothing` hat. Hat eine Objektvariable den Wert `Nothing`, so verweist sie nicht auf ein aktuelles, im Speicher existierendes Objekt. Die `Set`-Variante der `Property`-Funktion wird eingesetzt, wenn die zu übergebenden Variablen Objektverweise sind.

Einsatz der Klasse clsParseObject

Das folgende Programmfragment zeigt den Einsatz des neuen Objekts. Zuerst muss eine neue Instanz des Objekts nach dem Vorbild der Klasse vereinbart werden. Der Name einer Klasse ist die Bezeichnung, unter der das Klassenmodul gespeichert wird, also die Bezeichnung, die im Access-Datenbankfenster auf dem Registerblatt *Module* eingetragen ist.

Wichtig bei benutzerdefinierten Klassen ist, im Gegensatz zu vordefinierten Access-Klassen, dass Objekte mithilfe des Schlüsselworts `New` als neue Objekte erstellt werden. Für die Vereinbarung stehen Ihnen zwei Schreibweisen zur Verfügung. Bei der ersten Variante sind die Deklaration und die Erzeugung des neuen Objekts getrennt:

```
Dim obj As clsParseObject          ' Neues Objekt deklarieren
Set obj = New clsParseObject       ' Objekt erzeugen
```

Alternativ kann mit

```
Dim obj As New clsParseObject      ' Objekt deklarieren und erzeugen
```

die Erzeugung des neuen Objekts direkt in die Deklaration aufgenommen werden. Der Vorteil der ersten Methode ist, dass das Objekt erst dann erzeugt wird, wenn es wirklich benötigt wird, also vorher auch keinen Speicherplatz verbraucht. Außerdem ist diese Variante geringfügig schneller. Mit

```
obj.Text = "Test"
obj.Value = 100
```

lassen sich Werte den Eigenschaften des neuen Objekts zuweisen, mit

```
MsgBox obj.Text & "=" & obj.Value
```

wird die Ausgabe `Test=100` auf den Bildschirm geholt. Es können beliebig viele Instanzen eines Objekts erzeugt werden. Das folgende Listing gibt im Dialogfeld `Objekt-Q=100` aus.

```
Dim objP As clsParseObject
Dim objQ As clsParseObject

Set objP = New clsParseObject
Set objQ = New clsParseObject
objQ.Text = "Objekt-Q"
objP.Text = "Objekt-P"
objP.Value = 100
objQ.Value = objP.Value
MsgBox objQ.Text & "=" & objQ.Value
```

Was würde Access ausgeben, wenn Sie die beiden `New`-Befehlsworte vergessen hätten, also nur

```
Set objP = clsParseObject
Set objQ = clsParseObject
```

vereinbart hätten? Access arbeitet das Programm ab, das Ergebnis allerdings lautet `Objekt-P=100`. Wie kommt es dazu? Ohne `New` wird keine neue Instanz eines Objekts erzeugt, sondern nur ein Verweis auf das Objekt erstellt. Damit zeigen die Variablen `objP` und `objQ` auf das gleiche Objekt, die Zuweisungen an die Eigenschaft überschreiben einander. Streng genommen existiert eigentlich überhaupt kein Objekt, denn weder `objP` noch `objQ` dürften Speicherplatz beanspruchen. Ein deklariertes Objekt, für das noch keine Instanz erzeugt wurde, hat den Wert `Nothing`.

17.3.2 Auflistungen

Die zweite Klasse `clsParseObjects` ist aufwändiger als die einfache Basisklasse `clsParseObject`. Wie Sie dem Namen der Klasse entnehmen können, beinhaltet `clsParseObjects` eine Auflistung von `clsParseObject`-Objekten. Diese Art der Schreibweise wird für die Access-eigenen Objekte einheitlich verwendet. Sie haben Auflistungen in den vorangegangenen Kapiteln kennen gelernt, beispielsweise `Forms` – bestehend aus `Form`-Objekten, `Controls` – `Control`, `Fields` – `Field` usw.

Einem Objekt der Klasse `clsParseObjects` soll eine Zeichenkette übergeben werden, beispielsweise

```
"Wert1=123,45;Wert2=432;Wert3=456,78"
```

Als Ergebnis soll das Objekt dann eine Auflistung von drei clsParseObject-Objekten enthalten, die jeweils die entsprechende Bezeichnung und den Wert enthalten. Die Auflistung soll vorwärts und rückwärts durchlaufen, ein beliebiger Wert zu einer Bezeichnung schnell ermittelt und die Summe bzw. der Durchschnitt aller Werte in der Auflistung errechnet werden können.

17.3.3 Das Testprogramm für die Klasse clsParseObjects

Bevor wir die Definition der Klasse clsParseObjects im Detail beschreiben, möchten wir zuerst anhand eines kleinen Testprogramms die Funktionalität der Klasse erläutern.

Im Programm wird ein neues Objekt pos vom Typ clsParseObjects erzeugt. Die Variable po vom Typ clsParseObject soll als Zeiger auf eines der Objekte der clsParseObjects-Auflistung dienen.

Der Eigenschaft ParseString des Objekts pos wird eine Zeichenkette übergeben, die innerhalb des Objekts analysiert, zerlegt und in eine Auflistung umgewandelt wird. Mithilfe der Methode Add wird anschließend ein weiteres Objekt angefügt.

Dann wird die Variable po gesetzt, sodass sie auf das Element "Test1" der Auflistung zeigt. In dem darauf folgenden MsgBox-Dialogfeld werden die beiden Bestandteile des Objekts der Auflistung ausgegeben, auf das po zeigt.

Anschließend wird die Auflistung einmal vorwärts und einmal rückwärts durchlaufen. Dazu wurden in der Klasse Methoden definiert, die den Methoden von Recordset-Objekten ähnlich sind.

```
Sub TestParseKlassenmodul()
    Dim pos As clsParseObjects
    Dim po As clsParseObject

    Set pos = New clsParseObjects

    'Übergeben der Testzeichenkette
    pos.ParseString = "Test1=100,67;Wert=12345,3;Zahl=940"
    ' Ein weiteres Objekt hinzufügen
    pos.Add "NeuerWert", 10.89    ' !direkt in VBA Dezimalpunkt

    ' Objekt zuweisen
    Set po = pos.Item("Test1")
    ' Ausgabe von Objektwerten
    MsgBox po.Text & "=" & po.Value
    MsgBox pos.Value("NochEinWert")
```

```
    ' Gesamte Auflistung vorwärts durchlaufen
    Do While Not pos.EOL()
        MsgBox "Vorwärts: " & pos.Item.Text & "=>" & pos.Item.Value
        pos.MoveNext
    Loop

    ' Gesamte Auflistung rückwärts durchlaufen
    pos.MoveLast
    Do While Not pos.BOL()
        MsgBox "Rückwärts: " & pos.Item.Text & "=>" & pos.Item.Value
        pos.MovePrev
    Loop
    Set pos = Nothing
End Sub
```

Die Methoden und Eigenschaften eigener Klassen werden ebenfalls im VBA-Editor vervollständigt, so wie es das nächste Bild zeigt. Sollte dies nicht passieren, überprüfen Sie, ob in den Optionen des Editors (*EXTRAS Optionen*) auf dem Registerblatt *Editor* die Option *Elemente automatisch auflisten* selektiert ist.

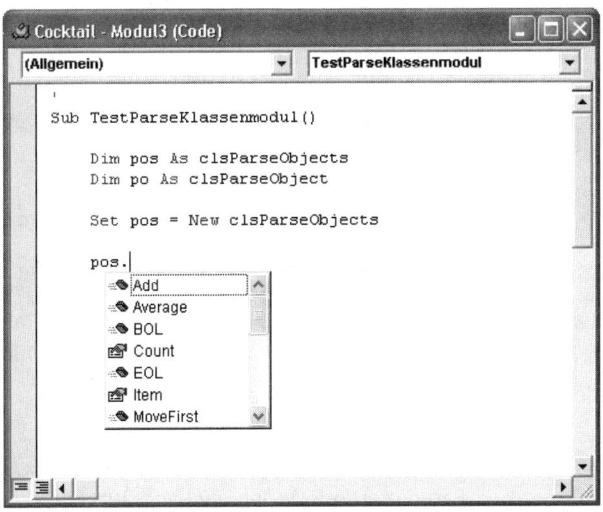

Bild 17.5: Auto-Direkthilfe für eigene Objekte

Die Definitionsdetails aller Klassen lassen sich im Objektkatalog nachschlagen. Im folgenden Bild sehen Sie einen Ausschnitt aus der Klassendefinition von `clsParseObjects`.

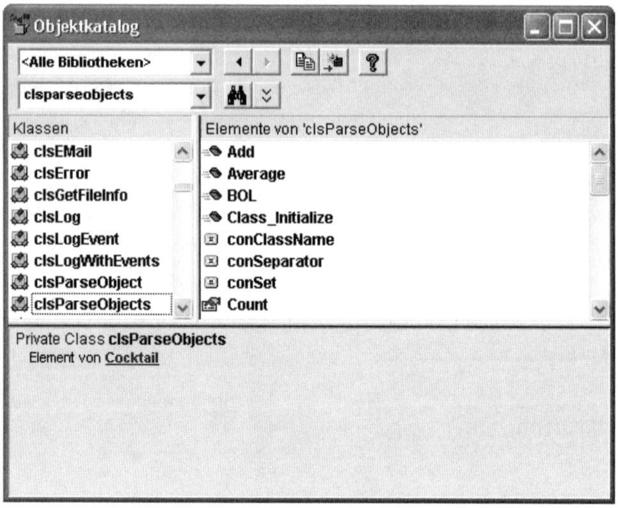

Bild 17.6: Objektkatalog

17.3.4 Übersicht über die Methoden und Eigenschaften der Klasse clsParseObjects

In der folgenden Tabelle sind alle Eigenschaften und Methoden der Klasse `clsParseObjects` aufgeführt, die im Listing in Abschnitt 17.3.9, »Das Listing der Klasse clsParseObjects«, definiert werden.

Tabelle 17.1: Eigenschaften und Methoden der Klasse clsParseObjects

Eigenschaft/Methode	Beschreibung
Add *strText*, *dblValue*	fügt ein neues Objekt der Auflistung `clsParseObjects` hinzu. `strText` muss in der Auflistung eindeutig sein.
Remove *index* oder Remove *key*	entfernt ein Objekt aus der Auflistung.
Item *[index]* oder Item *[key]*	gibt das aktuelle Objekt zurück. Durch die optionalen Parameter *index* oder *key* kann auf ein bestimmtes Objekt der Auflistung zugegriffen werden.
Value *[index]* oder Value *[key]*	liefert den Wert des aktuellen Objekts bzw. den Wert des durch die optionalen Parameter *index* oder *key* bestimmten Objekts der Auflistung.
Count	gibt die Anzahl der Objekte in der Auflistung zurück.
ParseString	erhält die zu zerlegende Zeichenkette zugewiesen bzw. gibt die Zeichenkette zurück.

Tabelle 17.1: Eigenschaften und Methoden der Klasse clsParseObjects (Fortsetzung)

Eigenschaft/Methode	Beschreibung
Sum	errechnet die Summe über alle Werte der Objekte der Auflistung.
Average	ergibt den Mittelwert aller Werte der Objekte der Auflistung.
BOL	ist wahr, wenn der interne Objektzeiger am Anfang der Auflistung steht.
EOL	ist wahr, wenn der interne Objektzeiger am Ende der Auflistung steht.
MoveFirst	macht das erste Objekt der Auflistung zum aktuellen Objekt.
MoveNext	wählt das nächste Objekt der Auflistung als aktuelles Objekt aus.
MovePrev	wählt das vorherige Objekt als aktuelles Objekt der Auflistung.
MoveLast	bestimmt das letzte Objekt der Auflistung als aktuelles Objekt.
SeparatorChar	legt das Zeichen fest, das zur Trennung der einzelnen Werte im zu zerlegenden String dient. Standard ist das Semikolon.
SetChar	erlaubt das Ändern des Zuweisungszeichens im zu zerlegenden String. Standardeinstellung ist das Gleichheitszeichen.
Parent	enthält optional einen Verweis auf die `Parent`-Klasse.

17.3.5 Das Collection-Objekt

Die Auflistung der Objekte wird mithilfe des Access-Objekts `Collection` definiert. Ein `Collection`-Objekt kann eine beliebige Anzahl (beschränkt durch den zur Verfügung stehenden Speicher) von benutzerdefinierten Objekten enthalten. Es besitzt die in der folgenden Tabelle aufgeführten Eigenschaften und Methoden.

Tabelle 17.2: Eigenschaften und Methoden des Collection-Objekts

Eigenschaft/Methode	Beschreibung
Add *item* [, *key*] [, *before*] [, *after*]	fügt ein Objekt *item* der Auflistung hinzu. Optional kann ein in der Auflistung eindeutiger Schlüsselwert *key* vereinbart werden. Durch die optionalen Parameter *before* und *after* kann die Position innerhalb der Auflistung festgelegt werden.
Item *index* oder Item *key*	ermöglicht den Zugriff auf ein Objekt der Auflistung über einen Index- oder Schlüsselwert.
Remove *index* oder Remove *key*	entfernt ein Objekt aus der Auflistung.
Count	gibt die Anzahl der Objekte in der Auflistung zurück.

Alle Objekte einer Auflistung werden durchnummeriert, wobei mit Eins begonnen wird. Für jedes Objekt kann zusätzlich noch ein eindeutiger Schlüsselwert vereinbart werden, über den auf das jeweilige Objekt zugegriffen werden kann.

Für die Klasse `clsParseObjects` haben wir die Auflistung `mcolParts` definiert. Beachten Sie hierbei, dass eine neue `Collection`-Variable mithilfe des Schlüsselworts `New` erzeugt werden muss, hier in der Initialisierungsroutine.

```
Private mcolParts As Collection
```

Die Auflistung ist lokal zur Klasse, d.h., andere Module oder Klassen können auf die Auflistung nicht direkt zugreifen. Des Weiteren wurde in der Klasse die Variable

```
Private mlngActualItem As Long
```

vereinbart, die die Nummer des aktuellen Objekts in der Auflistung enthält.

17.3.6 Hinzufügen von neuen Objekten zu der Auflistung

Um neue `clsParseObject`-Objekte an die Auflistung `mcolParts` anfügen zu können, wird die folgende Routine eingesetzt, die hier gekürzt gezeigt ist.

```
Public Sub Add(ByVal strText As String, ByVal dblValue As Double)
    Dim objParse As clsParseObject

    Set objParse = New clsParseObject

    objParse.Text = strText
```

```
    objParse.Value = dblValue
    Set objParse.Parent = Me
    ' Objekt zur Collection hinzufügen
    mcolParts.Add Item:=objParse, Key:=strText
End Sub
```

Die öffentliche (public) Methode `Add` der Klasse `clsParseObjects` fügt der Auflistung `mcolParts` ein neues `clsParseObject`-Objekt zu, wobei `strText` als eindeutiger Schlüssel übergeben wird.

17.3.7 Zerlegung der Ausgangszeichenkette

Die Zerlegung der Ausgangszeichenkette (`ParseString`) wird durch die Zuweisung an die Eigenschaft `ParseString` eines `clsParseObjects`-Objekts ausgelöst. In der `Property`-Definition von `ParseString` wird die private Funktion `ParseStringToObjects()` aufgerufen, die die eigentliche Zerlegung der Zeichenkette und die Zuweisung an die Auflistung `mcolParts` ausführt.

```
' Zerlegen eines Strings und Anhängen der Teile an die Auflistung
Property Let ParseString(ByVal strLine As String)
    ' Zerlegen des Strings
    If Not ParseStringToObjects(strLine) Then
        ' Im Fehlerfalle Auslösen eines benutzerdefinierten Fehlers
        Err.Raise vbObjectError + 60000, "ParseObjects", _
                                "Zeichenkette kann nicht zerlegt werden"
    End If
End Property
```

Treten bei der Zerlegung der Zeichenkette Fehler auf, löst `ParseString` den benutzerdefinierten Fehler `vbObjectError + 60000` aus. `vbObjectError` ist eine vordefinierte VBA-Konstante, die den unteren Wert für Fehlernummern benutzerdefinierter Fehler vorgibt.

Das folgende Listing zeigt einen Teil aus der Zerlegeroutine `ParseStringToObjects`. In den Variablen `strText` und `dblValue` werden die aus der Ausgangszeichenkette herausgeschnittenen Werte abgelegt und mit `Me.Add strText, dblValue` der Auflistung der Klasse hinzugefügt.

```
...
' Textteil bestimmen
strText = ExtractText(strTmp)
```

```
' Wenn Textteil vorhanden
If strText <> "" Then
    ' Wert bestimmen
    dblValue = ExtractValue(strTmp)
    ' An Collection anfügen
    Me.Add strText, dblValue
 Else
    ' Fehlerwert zurückgeben
    ParseStringToObjects = 1
End If
...
```

So entsteht aus der Ausgangszeichenkette die Auflistung der `clsParseObject`-Objekte, wie es das nächste Bild illustriert.

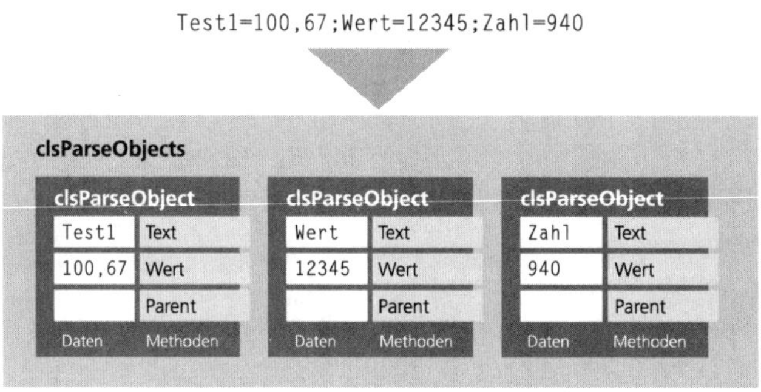

Bild 17.7: Zerlegung der Ausgangszeichenkette

17.3.8 Zugriff auf die Auflistung

Für den Zugriff auf die zerlegten und in die Auflistung `clsParseObjects` übernommenen Bezeichnungen und dazugehörigen Werte stehen eine Reihe von Methoden zur Verfügung.

Variante 1: Zugriff über den Index- oder Schlüsselwert

Jedes Objekt der Auflistung besitzt eine eindeutige Nummer, den Indexwert. Über

```
obj.Item(1)
```

erhalten Sie einen Verweis auf das erste Objekt. Ist im ersten Objekt die Bezeichnung "`Test`" abgelegt, so können Sie mit

```
obj.Item("Test")
```

das Objekt ansprechen. Die Methode

```
obj.Value(1)
```

bzw.

```
obj.Value("Test1")
```

gibt Ihnen einen direkten Zugriff auf den im Objekt gespeicherten Wert.

Variante 2: Zugriff über das aktuelle Objekt

Das aktuelle Objekt der Auflistung wird bestimmt über den Wert der Variablen `mlngActualItem`, die privat zur Klasse `clsParseObjects` definiert ist. Verwenden Sie die Methode `Item` in der Form

```
obj.Item
```

so erhalten Sie das Objekt `obj.Item(mlngActualItem)`. Ebenso können Sie

```
obj.Value
```

einsetzen, um den Wert des aktuellen Objekts abzufragen. Die Methoden

```
obj.MoveFirst
obj.MoveNext
obj.MovePrev
obj.MoveLast
```

verändern den Wert der Variablen `mlngActualItem` entsprechend. Mit

```
obj.EOL
```

oder

```
obj.BOL
```

fragen Sie das Ende bzw. den Beginn der Auflistung ab.

17.3.9 Das Listing der Klasse clsParseObjects

Im Klassenmodul `clsParseObjects` setzen wir zur Fehlerbehandlung die Klasse `clsError` ein, die in Abschnitt 17.4, »Fehlerbehandlung in Klassenmodulen«, beschrieben wird. Die Fehlerklasse ist der Fehlerbehandlung in Access nachgebildet.

```
' Trennzeichen für die String-Zerlegung
Const conSeparator = ";"
Const conSet = "="

Const conClassName = "clsParseObjects"

' Auflistung für ParseObject-Objekte
Private mcolParts As Collection
' Nummer des aktuellen Objekts
Private mlngActualItem As Long
' Separator- und Zuweisungszeichen
Private mstrSeparator As String
Private mstrSet As String
' Object-Variable für Parent-Objekt
Private mobjParent As Object
' Object-Variable für Fehlerbehandlung
Private objErr As clsError
Private mfShowErrors As Boolean

' Hinzufügen von Objekten zur Auflistung
Public Sub Add(ByVal strText As String, ByVal dblValue As Double)
    Dim objParse As clsParseObject

    On Error GoTo err_Add

    Set objParse = New clsParseObject

    objParse.Text = strText
    objParse.Value = dblValue
    Set objParse.Parent = Me
    ' Objekt zur Collection hinzufügen
    mcolParts.Add Item:=objParse, Key:=strText

    ' Beim ersten Aufruf ist mlngActualItem = -1, wird
    ' bei der Initialisierung der Klasse gesetzt
    If mlngActualItem = -1 Then
        mlngActualItem = 1
    End If
exit_Add:
    Exit Sub
```

```
err_Add:
    ' VBA.Err ist das Access-Fehlerobjekt Err, nur Err ist nicht
    ' ausreichend, da diese Klasse selbst eine Eigenschaft Err besitzt
    objErr.Add VBA.Err
    If mfShowErrors Then
        MsgBox "Objekt kann nicht hinzugefügt werden.", _
                Buttons:=vbExclamation, Title:=conClassName
    End If
    Resume exit_Add
End Sub

' Entfernen von Objekten aus der Auflistung
Public Sub Remove(ByVal varID As Variant)

    On Error GoTo err_Remove

    ' Element aus der Collection entfernen
    mcolParts.Remove varID
    If mlngActualItem >= Me.Count Then
        mlngActualItem = Me.Count
    End If
exit_Remove:
    Exit Sub
err_Remove:
    objErr.Add VBA.Err
    If mfShowErrors Then
        MsgBox "Objekt kann nicht entfernt werden.", _
                Buttons:=vbExclamation, Title:=conClassName
    End If
    Resume exit_Remove
End Sub

' Zugriff auf ein Objekt der Auflistung
Property Get Item(Optional ByVal varID As Variant = -1) As clsParseObject

    On Error GoTo err_Item

    If varID = -1 Then
        ' Wenn kein Parameter angegeben,
        ' aktuelles Element zurückgeben
        Set Item = mcolParts(mlngActualItem)
    Else
```

```
        Set Item = mcolParts(varID)
    End If
exit_Item:
    Exit Property

err_Item:
    objErr.Add VBA.Err
    If mfShowErrors Then
        MsgBox "Element nicht vorhanden.", _
                Buttons:=vbExclamation, Title:=conClassName
    End If
    Resume exit_Item
End Property

' Anzahl der Elemente in der Collection
Property Get Count() As Long
    Count = mcolParts.Count
End Property

' BOL (begin of list) feststellen
Public Function BOL() As Boolean
    ' BOL ist wahr, wenn mlngActualItem kleiner als 1
    BOL = (mlngActualItem < 1)
End Function

' EOL (end of list) feststellen
Public Function EOL() As Boolean
    ' EOL ist wahr, wenn mlngActualItem größer als Me.Count
    EOL = (mlngActualItem > Me.Count)
End Function

' Zeiger auf erstes Objekt setzen
Public Sub MoveFirst()
    ' Erstes Element
    mlngActualItem = 1
End Sub
' Zeiger auf letztes Objekt setzen
Public Sub MoveLast()
    ' Letztes Element
    mlngActualItem = Me.Count
End Sub
```

```
' Zeiger auf nächstes Objekt setzen
Public Sub MoveNext()
    If Me.Count > 0 Then
        ' Wenn nicht EOL
        If Not Me.EOL Then
            If mlngActualItem < Me.Count Then
                mlngActualItem = mlngActualItem + 1
            Else
                ' Wert Me.Count + 1 entspricht EOL (end of list)
                mlngActualItem = Me.Count + 1
            End If
        Else
            objErr.Raise vbObjectError + 60005, conClassName, _
                                 "MoveNext nicht möglich."
            If mfShowErrors Then
                MsgBox "MoveNext nicht möglich.", _
                        Buttons:=vbExclamation, Title:=conClassName
            End If
        End If
    End If
End Sub

' Zeiger auf vorheriges Objekt setzen
Public Sub MovePrev()
    If Me.Count > 0 Then
        ' Wenn nicht BOL
        If Not Me.BOL Then
            If mlngActualItem > 1 Then
                mlngActualItem = mlngActualItem - 1
            Else
                ' Wert 0 entspricht BOL (begin of list)
                mlngActualItem = 0
            End If
        Else
            objErr.Raise 60002, conClassName, "MovePrev nicht möglich."
            If mfShowErrors Then
                MsgBox "MovePrev nicht möglich.", _
                        Buttons:=vbExclamation, Title:=conClassName
            End If
        End If
    End If
End Sub
```

```
' Summe über alle Werte der Objekte der Auflistung berechnen
Public Function Sum() As Double
    Dim lngCnt As Long
    Dim dblTmp As Double

    dblTmp = 0
    For lngCnt = 1 To Me.Count
        dblTmp = dblTmp + Me.Item(lngCnt).Value
    Next
    Sum = dblTmp
End Function

' Mittelwert über alle Werte der Objekte der Auflistung berechnen
Public Function Average() As Double
    If Me.Count > 0 Then
        Average = Me.Sum / Me.Count
    Else
        Average = 0
    End If
End Function

Property Let SeparatorChar(ByVal strSeparator As String)
    mstrSeparator = strSeparator
End Property

Property Get SeparatorChar() As String
    SeparatorChar = mstrSeparator
End Property

Property Let SetChar(ByVal strSet As String)
    mstrSet = strSet
End Property

Property Get SetChar() As String
    SetChar = mstrSet
End Property

' Klasse initialisieren
Private Sub Class_Initialize()
    mlngActualItem = -1
    mstrSeparator = conSeparator
    mstrSet = conSet
```

```
    Set mcolParts = New Collection
    Set objerr = New clsError
    ' Fehler werden sofort angezeigt
    mfShowErrors = True
End Sub

' Aufräumen
Private Sub Class_Terminate()
    Set mcolParts = Nothing
    Set objerr = Nothing
End Sub

' Wert eines Objekts ermitteln
Property Get Value(Optional ByVal varID As Variant = -1) As Double
    If varID = -1 Then
        Value = Me.Item.Value
    Else
        Value = Me.Item(varID).Value
    End If
End Property

' Einem Objekt einen Wert zuweisen
Property Let Value(Optional ByVal varID As Variant = -1, _
                                             dblValue As Double)
    If varID = -1 Then
        Me.Item.Value = dblValue
    Else
        Me.Item(varID).Value = dblValue
    End If
End Property

' Zerlegen eines Strings und Anhängen der Teile an die Auflistung
Property Let ParseString(ByVal strLine As String)
    ' Zerlegen des Strings
    If Not ParseStringToObjects(strLine) Then
        ' Im Fehlerfalle Definieren eines benutzerdefinierten
        ' Fehlers
        objErr.Raise vbObjectError + 60003, conClassName, _
                    "Zeichenkette kann nicht zerlegt werden."
```

```
        If mfShowErrors Then
            MsgBox "Zeichenkette kann nicht zerlegt werden.", _
                    Buttons:=vbExclamation, Title:=conClassName
        End If
    End If
End Property

' Zusammensetzen eines Strings aus den Objekten der Auflistung
Property Get ParseString() As String
    Dim strTmp As String
    Dim lngCnt As Long

    strTmp = ""
    For lngCnt = 1 To Me.Count
        strTmp = strTmp + Me.Item(lngCnt).Text + mstrSet
        strTmp = strTmp + CStr(Me.Item(lngCnt).Value) + mstrSeparator
    Next
    ' Letztes Semikolon wieder entfernen
    ParseString = Left(strTmp, Len(strTmp) - 1)
End Property

' Funktion zur eigentlichen Zerlegung des Strings
Private Function ParseStringToObjects(ByVal str As String) As Integer
    Dim lngPos As Long
    Dim strText As String
    Dim dblValue As Double
    Dim strTmp As String

    On Error GoTo err_ParseString

    ' Wenn kein Fehler auftritt, wird True zurückgegeben
    ParseStringToObjects = True

    ' Zusätzliches Trennungszeichen anhängen
    str = str + conSeparator
    ' Erste Position des Trennungszeichens ermitteln
    lngPos = InStr(str, mstrSeparator)
    Do While lngPos > 0
        ' Linken Teil bis zum Trennzeichen
        strTmp = Left(str, lngPos - 1)
        ' Rechter Teil nach dem Trennzeichen
        str = Right(str, Len(str) - lngPos)
```

```
        ' Neue Position des Trennzeichens im rechten Rest
        lngPos = InStr(str, mstrSeparator)

        ' Textteil bestimmen
        strText = ExtractText(strTmp)
        ' Wenn Textteil vorhanden
        If strText <> "" Then
            ' Wert bestimmen
            dblValue = ExtractValue(strTmp)
            ' An Collection anfügen
            Me.Add strText, dblValue
        Else
            ' Fehlerwert zurückgeben
            ParseStringToObjects = 1
        End If
    Loop
exit_ParseString:
    Exit Function
err_ParseString:
    ' Fehlerwert zurückgeben
    objErr.Add VBA.Err
    ParseStringToObjects = 2
    Resume exit_ParseString
End Function

' Wert ermitteln
Private Function ExtractValue(ByVal strText As String) As Double
    Dim lngPos As Long

    ' Position des Zerlegungszeichens ermitteln
    lngPos = InStr(strText, mstrSet)
    If lngPos > 0 Then
        ' Den rechten Teil der Zeichenkette hinter dem
        ' Trennungszeichen zu einem Long-Wert konvertieren
        ExtractValue = CDbl(Right(strText, Len(strText) - lngPos))
        Exit Function
    End If
    ' Wenn kein Wert ermittelt werden kann, Fehler auslösen
    objErr.Raise vbObjectError + 60004, conClassName, _
                            "Wert kann nicht ermittelt werden."
```

```
    If mfShowErrors Then
        MsgBox "Wert kann nicht ermittelt werden.", _
                Buttons:=vbExclamation, Title:=conClassName
    End If
End Function

' Text ermitteln
Private Function ExtractText(ByVal strText As String) As String
    Dim lngPos As Long

    ' Position des Zerlegungszeichens ermitteln
    lngPos = InStr(strText, mstrSet)
    If lngPos > 0 Then
        ' Linken Teil der Zeichenkette bis
        ' zum Zerlegungszeichen zurückgeben
        ExtractText = Left(strText, lngPos - 1)
        Exit Function
    End If
    ' Im Fehlerfalle leere Zeichenkette zurückgeben
    ExtractText = ""
End Function

' Setzen des Parent-Objekts (write-once)
Property Set Parent(objParent As Object)
    If mobjParent Is Nothing Then
        Set mobjParent = objParent
    End If
End Property

' Gibt Parent-Objekt zurück
Property Get Parent() As Object
    Set Parent = mobjParent
End Property
' Verweis auf clsError-Objekt
Property Get ParseErr() As clsError
    Set ParseErr = objErr
End Property

' Fehler innerhalb der Klasse zeigen
Property Let ShowErrors(ByVal fShowErrors As Boolean)
    mfShowErrors = fShowErrors
End Property
```

17.3.10 Nachteile von Collection-Klassen

`Collection`-Klassen weisen gegenüber den sonst von Access zur Verfügung gestellten Auflistungen einen Nachteil auf: Der Zugriff auf ein Objekt der `Collection` muss immer über die Methode `Item` geschehen, also beispielsweise

```
objCollection.Item(1).Name
```

Für Access-Auflistungen können Sie dagegen abgekürzt

```
objAccessAuflistung(1).Name
```

schreiben. Das geht deshalb, da für »echte« Auflistungen in Access die Methode `Item` als Standardmethode (default method) vereinbart ist.

Ein weiterer Nachteil von `Collection`-Klassen ist, dass sie nicht mit `For Each...Next` durchlaufen werden können, sondern es müssen immer `For...Next`-Schleifen mit einer numerischen Variablen verwendet werden. Dafür wird die Anzahl der Elemente der `Collection` mit der Eigenschaft `Count` bestimmt.

Access lässt sich allerdings austricksen, sodass Sie zum einen eine Standardmethode festlegen und zum andern eine »enumeration«-Funktion definieren, die `For Each...Next`-Schleifen erlaubt. Führen Sie zum Tricksen die folgenden Schritte durch, damit Sie eine Standardmethode erhalten und `For Each...Next`-Schleifen möglich werden.

- Fügen Sie Ihrer `clsParseObjects`-Collection-Klasse die folgende »enumeration«-Funktion hinzu.

  ```
  Public Function NewEnum() As IUnknown
      Set NewEnum = mcolParts.[_NewEnum]
  End Function
  ```

- Die Variable `mcolParts` verweist auf das `Collection`-Objekt innerhalb der Klasse `clsParseObjects`, so wie es am Anfang des Listings der Klasse oben (siehe S. 634) definiert wurde.
- Wählen Sie im Menü *DATEI Entfernen von clsParseObjects*. Sie werden nun gefragt, ob Sie die Klassen exportieren möchten. Antworten Sie mit *Ja* und speichern Sie die Datei unter dem Namen *clsParseObjects.cls*.
- Öffnen Sie nun die gespeicherte Klasse *clsParseObjects.cls* mit dem Windows-Editor. Ändern Sie im Editor die Funktion `NewEnum()` wie folgt ab:

  ```
  Public Function NewEnum() As IUnknown
      Attribute NewEnum.VB_UserMemID = -4
      Set NewEnum = mcolParts.[_NewEnum]
  End Function
  ```

- Diese Änderung wird benötigt, damit Sie die Collection mit `For Each...Next` durchlaufen können. Die Zeile mit dem `Attribute`-Befehl wird nur intern vom Visual Basic-Editor benutzt und ist normalerweise nicht zu sehen. Mit `Attribute`-Befehlen werden interne Anweisungen für VBA gespeichert.
- Um die `Item`-Methode als Standardmethode festzulegen, ergänzen Sie die entsprechende `Item`-Funktion.

```
Property Get Item(Optional ByVal varID As Variant = -1) As clsParseObject
    Attribute Item.VB_UserMemID = 0
    On Error GoTo err_Item

    If varID = -1 Then
        ' Wenn kein Parameter angegeben, aktuelles Element zurückgeben
        Set Item = mcolParts(mlngActualItem)
    Else
        Set Item = mcolParts(varID)
    End If
exit_Item:
    Exit Property

err_Item:
    objerr.Add VBA.Err
    If mfShowErrors Then
        MsgBox "Element nicht vorhanden.", _
                Buttons:=vbExclamation, Title:=conClassName
    End If
    Resume exit_Item
End Property
```

- Speichern Sie die Änderungen, die Sie im Editor vorgenommen haben.
- Aktivieren Sie nun den VBA-Editor und laden Sie die geänderte Klasse mit dem Befehl *DATEI Datei importieren.*

Mit dem folgenden kleinen Programm können Sie testen, ob die Änderungen funktionieren:

```
Sub DefaultMethodAndEnumeration()
    Dim pos As clsParseObjects
    Dim po As clsParseObject
    Dim i As Integer

    Set pos = New clsParseObjects
    pos.Add "test1", 1
```

```
    pos.Add "test2", 2
    pos.Add "test3", 3

    ' Enumeration
    For Each po In pos
        Debug.Print po.Text & " = " & po.Value
    Next

    ' default method
    For i = 1 To pos.Count
        Debug.Print pos(i).Text & " = " & pos(i).Value
    Next
    Set pos = Nothing
End Sub
```

17.4 Fehlerbehandlung in Klassenmodulen

Die Behandlung von Fehlern in Klassenmodulen erfordert besondere Aufmerksamkeit.

17.4.1 Einstellungen für die Fehlerbehandlung

Bei allen unbehandelten Fehlern in Klassenmodulen wird standardmäßig das Programm angehalten. Die Einstellung lässt sich im Dialogfeld zu *EXTRAS Optionen* auf dem Registerblatt *Allgemein* nachschlagen.

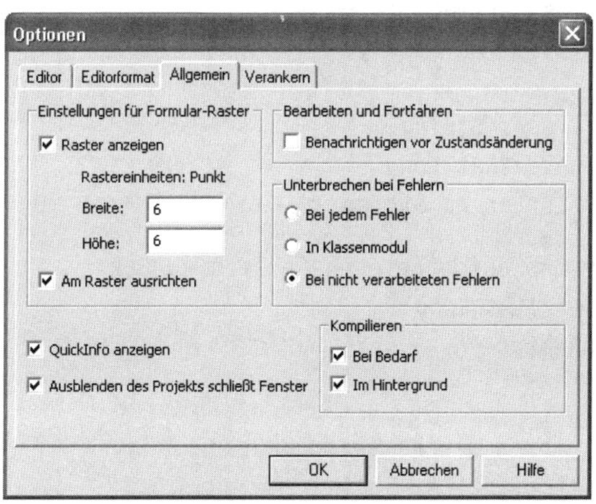

Bild 17.8: Einstellung für die Fehlerbehandlung

In der Gruppe *Unterbrechen bei Fehlern* selektieren Sie, wie Access auf Fehler reagieren soll. Die standardmäßig aktivierte Option *In Klassenmodul* bedeutet, dass Sie in Ihrem Klassenmodul sicherstellen müssen, dass alle Fehler abgefangen und behandelt werden, denn bei jedem nicht behandelten Fehler bricht das Programm mit der Access-Standardfehlermeldung ab.

Die Einstellung *In Klassenmodul* verhindert ebenfalls, dass benutzerdefinierte Fehler aus einem Objekt an das aufrufende Programm weitergegeben werden können. Sie können mit `Err.Raise` eigene Laufzeitfehler generieren, diese müssen aber innerhalb des Klassenmoduls abgefangen werden.

Selektieren Sie die Option *Bei nicht verarbeiteten Fehlern*, so können in einem Klassenmodul auftretende Laufzeitfehler bzw. benutzerdefinierte Fehler an das aufrufende Programm weitergereicht werden.

17.4.2 Fehlerbehandlung mit der Klasse clsError

Die im Folgenden beschriebene Klasse `clsError` ermöglicht eine einfache Weiterverarbeitung von aufgetretenen Fehlern. Die Klasse kann leicht erweitert werden, um eine komfortable Fehlerbehandlung zu erhalten.

Das Listing der Klasse clsError

```
' Allgemeine Meldung
Const conNoError = "Kein Fehler aufgetreten!"

' Fehlerdaten (entspricht Err-Objekt)
Private mlngNumber As Long
Private mstrSource As String
Private mstrDescription As String
' unused
Private mstrHelpFile As String
Private mlngHelpContext As Long
Private mstrLastDLLError As String

' Gibt die Nummer des aufgetretenen Fehlers zurück
Property Get Number() As Long
    Number = mlngNumber
End Property

' Gibt die Beschreibung des Fehlers zurück
Property Get Description() As String
    Description = mstrDescription
End Property
```

```
' Gibt das Modul an, in dem der Fehler aufgetreten ist
Property Get Source() As String
    Source = mstrSource
End Property

' Füllt das clsError-Objekt mit den Daten eines Err-Objekts
Public Sub Add(objErr As ErrObject)
    With objErr
        mlngNumber = .Number
        mstrDescription = .Description
        mstrSource = .Source
    End With
End Sub

' Generiert einen benutzerdefinierten Fehler
Public Sub Raise(ByVal lngNumber As Long, _
                 Optional ByVal strSource As Variant = "-", _
                 Optional ByVal strDescription As Variant = "")
    mlngNumber = lngNumber
    If strDescription <> "" Then
        mstrDescription = strDescription
    Else
        mstrDescription = "Fehler " & CStr(lngNumber)
    End If
End Sub

' Fehlerobjekt wird auf "Kein Fehler" gesetzt
Public Sub Clear()
    mlngNumber = 0
    mstrDescription = conNoError
    mstrSource = "-"
End Sub

' Fehler aufgetreten?
Public Function IsError() As Boolean
    IsError = (Me.Number <> 0)
End Function

Private Sub Class_Initialize()
    ' Alle Werte initialisieren
    Me.Clear
End Sub
```

Die Klasse im Einsatz

Der folgende Ausschnitt aus einem Programm soll den Einsatz der Fehlerklasse illustrieren. Es wird für die Klasse `clsParseObjects` ein Fehler ausgelöst.

```
Dim objP As clsParseObjects
Set objP = New clsParseObjects

...
' Auslösen eines benutzerdefinierten Fehlers
objP.ParseErr.Raise vbObjectError + 60000, "Klasse", _
                                    "Benutzerdefinierter Fehler"
' Fehler aufgetreten?
If objP.ParseErr.IsError() Then
    MsgBox "Fehler " & objP.ParseErr.Number & ": " & _
                   objP.ParseErr.Description
End If
...
```

Mithilfe der `Raise`-Methode lassen sich also spezifische Fehler für Ihre Klassen vereinbaren, die in Programmen, die Ihre Klassen verwenden, gezielt abgefangen werden können.

17.5 Beispiel: Schreiben einer Log-Datei

Bei größeren Programmen ist es zum Testen des Programms oft hilfreich, bestimmte Informationen in eine Datei zu schreiben. Man kann diese Log-Datei dann auswerten, beispielsweise um Fehler im Ablauf eines Programms zu finden.

17.5.1 »Microsoft Scripting Runtime«

Wir haben alle Funktionen, die Sie für die Erstellung und das Mitschreiben einer Log-Datei benötigen, in einer Klasse zusammengefasst. Für alle Dateioperationen, also das Öffnen einer Datei, das Schreiben in die Datei usw. verwenden wir eine Komponente, die neu zu Office 2000 hinzugekommen ist, nämlich »Microsoft Scripting Runtime«. »Microsoft Scripting Runtime« ist als eine Applikationsübergreifende Bibliothek für einen komfortablen Zugriff auf Ordner und Dateien konzipiert. Zwar hätten wir für unsere Klasse auch auf die standardmäßigen Routinen von Access zurückgreifen können, aber das Scripting-Runtime bietet nach unserer Meinung einen einfacheren Zugang und mehr Funktionen.

Der Nachteil des Einsatzes von »Microsoft Scripting Runtime« ist, dass Sie in Ihrem Programm einen Verweis auf die Komponente aufnehmen müssen.

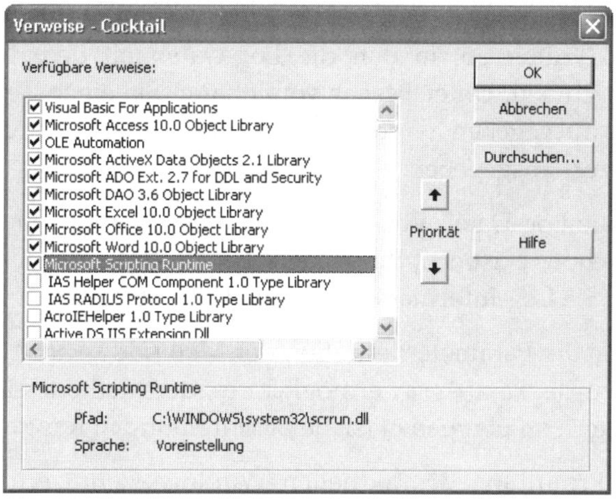

Bild 17.9: Verweis auf »Microsoft Scripting Runtime«

Die folgende Tabelle stellt Ihnen die wichtigsten Objekte der »Microsoft Scripting Runtime«-Bibliothek vor.

Tabelle 17.3: »Microsoft Scripting Runtime«-Objekte

Objekt	Beschreibung
Dictionary	entspricht dem VBA-Collection-Objekt.
Drive	beschreibt ein Laufwerk.
Drives	beschreibt eine Auflistung von `Drive`-Objekten, Eigenschaft von `FileSystemObject`.
File	beschreibt eine Datei.
Files	beschreibt eine Auflistung von `File`-Objekten, Eigenschaft von `FileSystemObject`.
FileSystemObject	beschreibt das oberste Objekt für den Zugriff auf Laufwerke (`Drives`), Ordner (`Folders`) und Dateien (`Files`); das Objekt bietet eine Vielzahl von Eigenschaften und Methoden, mit deren Hilfe z.B. die Existenz von Dateien und Ordnern überprüft werden kann u.v.m.
Folder	beschreibt einen Ordner.
Folders	beschreibt eine Auflistung von `Folder`-Objekten, Eigenschaft von `FileSystemObject`.
TextStream	bezieht sich auf einen »Strom« von Zeichen, der gelesen, geschrieben und angehängt werden kann.

17.5.2 Funktionsumfang der Log-Klasse

Die Klasse `clsLog` ist mit den Methoden `LogWrite` und `LogClear` sowie den Eigenschaften `Folder`, `Filename` und `Header` realisiert worden.

`Folder` gibt den Ordner an, in den die Log-Datei mit dem Namen `Filename` geschrieben werden soll. Unter `Header` vereinbaren Sie einen Text, der mit jeder Log-Information ausgegeben werden soll, standardmäßig wird der Windows-Name des Benutzers ausgegeben.

`LogClear` löscht die Log-Datei. Verwenden Sie diese Methode nicht, werden, falls die Log-Datei schon existiert, die neuen Log-Informationen angehängt. Mit `LogWrite` können Sie Log-Informationen in die Datei schreiben.

Beachten Sie, dass die Parameterdefinition der Methode `LogWrite` mit `ParamArray` vorgenommen wurde. `ParamArray` ermöglicht es, der Methode eine beliebige Anzahl von Parametern zu übergeben (siehe Beschreibung in Kapitel 6).

Wir haben zur Ermittlung des aktuellen Windows-Benutzernamens die Windows-Funktion `GetUserName` eingesetzt. Der Einsatz von Windows-Funktionen wird in Kapitel 22 ausführlich erläutert. Es wird der Windows-Benutzername und nicht der Access-Benutzername abgefragt, denn der Access-Benutzername ist immer »Admin«, wenn Sie nicht das in Kapitel 24 beschriebene Sicherheitssystem von Access einsetzen.

```
Const mconFilename = "Cocktail.log"

' Name und Ordner der Log-Datei
Dim mstrFile As String
Dim mstrFolder As String

' Textkopf für Logging-Datei
Dim mstrHeader As String
' Benutzername
Dim mstrUsername As String

' Erstes Öffnen der Log-Datei?
Dim mboolFirstOpen As Boolean

'Objekte der Scripting-Library
Dim mFSO As FileSystemObject
Dim mTS As TextStream

Private Declare Function GetUserName _
              Lib "advapi32.dll" Alias "GetUserNameA" _
              (ByVal lpBuffer As String, nSize As Long) As Long
```

```
Private Sub Class_Initialize()

    mboolFirstOpen = True

    Set mFSO = New FileSystemObject
    ' Aktuellen Ordner ermitteln
    mstrFolder = mFSO.GetFolder(".").Path
    ' Gegebenenfalls \ anhängen
    If Right(mstrFolder, 1) <> "\" Then
        mstrFolder = mstrFolder & "\"
    End If

    ' Dateiname vorbelegen
    mstrFile = mconFilename
    ' Windows-Benutzer ermitteln
    mstrUsername = Space(255)
    Call GetUserName(mstrUsername, 255)
    mstrUsername = RTrim(mstrUsername)
    ' Chr(0) abschneiden
    mstrUsername = Left(mstrUsername, Len(mstrUsername) - 1)

    ' Header festlegen
    mstrHeader = Format(Now, "dd.mm.yyyy hh:nn:ss") & _
                "[" & mstrUsername & "]"
End Sub

Property Let Filename(Filename As String)
    mstrFile = Filename
End Property

Property Get Filename() As String
    Filename = mstrFile
End Property

Property Let Folder(Folder As String)
    mstrFolder = Folder
End Property

Property Get Folder() As String
    Folder = mstrFolder
End Property
```

```
Property Let Header(Header As String)
    mstrHeader = Header
End Property

Property Get Header() As String
    Header = mstrHeader
End Property

Public Sub LogWrite(ParamArray s() As Variant)
    Dim strTmp As String
    Dim i As Integer

    ' Textdatei öffnen, ggf. neu erstellen
    Set mTS = mFSO.OpenTextFile(Filename:=mstrFolder & mstrFile, _
                                IOMode:=ForAppending, _
                                Create:=True)

    ' beim ersten Aufruf der Routine
    If mboolFirstOpen Then
        mTS.WriteLine "Logging-Information"
        mTS.WriteLine Format(Now, "dd.mm.yyyy hh:nn:ss") & _
                                   " [" & mstrUsername & "] "
        mboolFirstOpen = False
    End If

    strTmp = ""
    For i = 0 To UBound(s)
        strTmp = strTmp & s(i) & " "
    Next

    strTmp = mstrHeader & ": " & strTmp
    mTS.WriteLine = strTmp
    mTS.Close
End Sub

Public Sub LogClear()
    On Error Resume Next
    mFSO.DeleteFile mstrFolder & mstrFile
End Sub
```

Das folgende Testprogramm für die Klasse `clsLog`

```
Sub LogTest()
    Dim LOG As clsLog
    Set LOG = New clsLog

    LOG.Folder = "C:\"
    LOG.LogClear
    LOG.LogWrite "Dies", "ist", "ein", "Test"
    LOG.LogWrite "Log-Test"
    LOG.LogWrite "Ende", 1, 2, 3
End Sub
```

erzeugt die im folgenden Bild gezeigte Log-Datei.

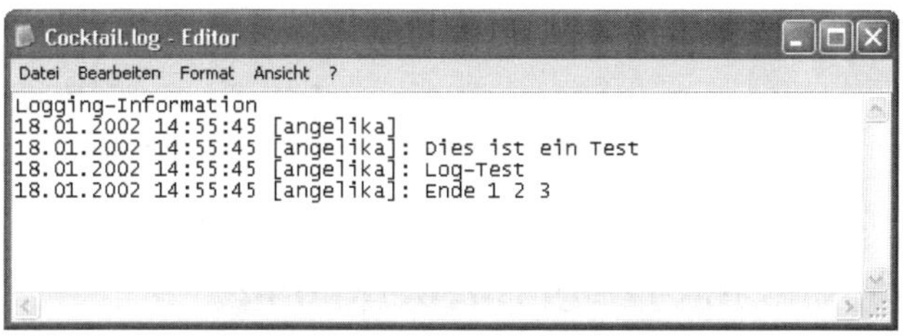

Bild 17.10: Zum Test erzeugte Log-Datei

17.6 Benutzerdefinierte Ereignisse

Seit Access 2000 ist es möglich, benutzerdefinierte Ereignisse zu programmieren und auszulösen. Sie kennen Ereignisse in Access bisher wahrscheinlich in erster Linie von Formularen, Berichten und den dort eingesetzten Steuerelementen. Für jedes Ereignis, das in einem Formular, Bericht oder Steuerelement auftreten kann, können Sie eine Prozedur zur Behandlung des Ereignisses definieren. Sie können Ihre Klassen um die Möglichkeit erweitern, das diese Klassen Ereignisse auslösen können. Für die in Ihren Klassen ausgelösten Ereignisse lassen sich in Formularen, Berichten oder anderen Klassen Ereignisbehandlungsroutinen schreiben.

Sie können jede Klasse (also Klassenmodule von Formularen und Berichten) um benutzerdefinierte Ereignisse erweitern, die Ereignisbehandlung allerdings kann nur in einem Klassenmodul stattfinden, also in Formularen, Berichten oder reinen Klassenmodulen.

Als Beispiel haben wir die in Abschnitt 17.5 beschriebene Log-Klasse `clsLog` um ein benutzerdefiniertes Ereignis erweitert.

17.6.1 Log-Klasse mit Ereignis

Als Beispiel haben wir die Klasse `clsLog` kopiert und unter dem Namen `clsLogWithEvents` abgelegt. Der Klasse `clsLogWithEvents` wird nun ein Ereignis mit dem Namen `LOG` hinzugefügt. Dazu fügen Sie die folgende Zeile am Anfang des Klassenmoduls ein.

```
Public Event LOG(Text As String)
```

Das Ereignis `LOG` soll für jede Zeile ausgelöst werden, die in die Log-Datei geschrieben wird. Dabei soll ein Parameter vom Typ `String` übergeben werden. In die Prozedur `LogWrite()` schreiben Sie als letzten Befehl vor dem `End Sub`:

```
' Ereignis generieren
RaiseEvent LOG(strTmp)
```

Dadurch wird jedesmal, wenn die Methode `LogWrite` verwendet wird, mit dem Befehl `RaiseEvent` das Ereignis ausgelöst. Im nächsten Abschnitt stellen wir Ihnen ein Formular vor, das dieses Ereignis »einfängt« und bearbeitet.

17.6.2 Formular mit Ereignisbehandlung

Das Formular ist einfach gestaltet, es werden einige Felder der Tabelle *tblCocktail* gezeigt.

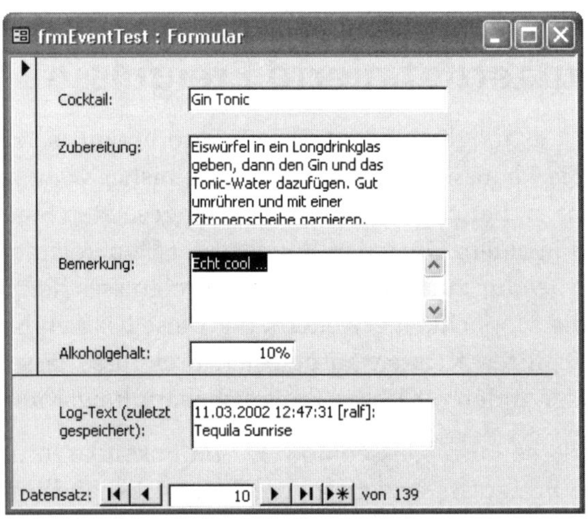

Bild 17.11: Das Testformular für Ereignisse

Wir möchten die Bezeichnung jedes Cocktails, der im Formular geändert wurde, in einer Log-Datei protokollieren. Im Formularfuß (des nächsten Datensatzes) soll der Text, der in die Log-Datei geschrieben wird, als Meldung ausgegeben werden.

Im folgenden Listing wird zu Beginn die Deklaration der Klasse durchgeführt. Die Variable objLog basiert auf der Klassendefinition clsLogWithEvents, die das Ereignis LOG auslöst, wenn mit LogWrite in die Log-Datei geschrieben wird, wie es am Anfang dieses Abschnitts beschrieben wurde. Beachten Sie dabei das Befehlswort WithEvents, es ist notwendig, damit die Klasse Ereignisse auslösen kann. Wenn Sie ein Objekt mit WithEvents deklarieren, können Sie es nicht gleichzeitig mit New erzeugen. Deshalb wird dies in Form_Load durchgeführt, wie es im Listing zu sehen ist.

```
Private WithEvents objLog As clsLogWithEvents

Private Sub Form_AfterUpdate()
    objLog.LogWrite txtCocktail
End Sub

Private Sub Form_Load()
    Set objLog = New clsLogWithEvents
    txtMeldung = ""
End Sub

Private Sub objLog_LOG(Text As String)
    txtMeldung = Text
End Sub
```

In der Prozedur Form_AfterUpdate, die immer dann aufgerufen wird, wenn Veränderungen an den Daten gespeichert werden, wird der Eintrag in die Log-Datei mit LogWrite geschrieben.

Durch die Deklaration von objLog mit dem Befehlswort WithEvents wird Access angewiesen, die Klassenvariable in die Liste der Objekte aufzunehmen, wie es das nächste Bild zeigt.

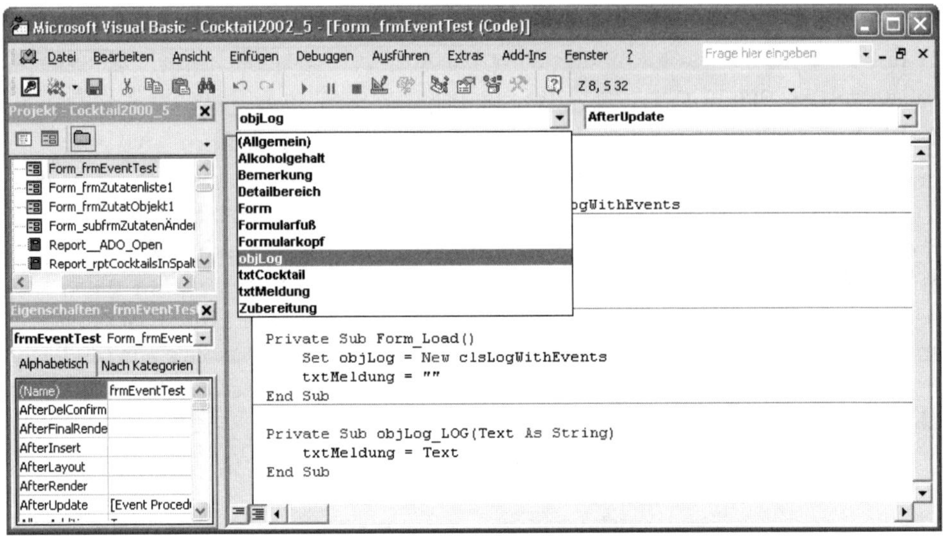

Bild 17.12: Klassenvariable in Objektliste

Selektieren Sie `objLog` in der Liste, wird im rechten Kombinationsfeld das Ereignis `LOG` angezeigt. Wählen Sie es aus, wird die entsprechende Prozedur generiert. Wie Sie oben im Listing sehen können, wird in der Prozedur der Parameter `Text` des Ereignisses dem Steuerelement `txtMeldung` übergeben.

Welchen Vorteil bietet es, wenn Sie mit Ereignissen programmieren? Im obigen kleinen Beispiel ist das noch nicht so richtig ersichtlich, aber in größeren Programmen ist es oft viel einfacher, die Klasse meldet mit einem Ereignis, dass etwas passiert ist, anstatt dass Sie in Ihrem Programm an verschiedenen Stellen prüfen müssen, ob eine bestimmte Aktion oder Veränderung stattgefunden hat.

Im nächsten Abschnitt stellen wir Ihnen eine Lösung mit dem schon in vielen Beispielen verwendeten Formular *frmCocktail2002* vor, die die Einfachheit einer »Ereignis«-Lösung demonstriert.

17.6.3 Formular mit Unterformular

Auf dem Formular *frmCocktail2002* wird für den jeweiligen Cocktail der Alkoholgehalt errechnet. Bisher hatten wir Ihnen Lösungen vorgestellt, bei denen der Alkoholgehalt für alle Cocktails per Aktionsabfrage (siehe Kapitel 4.1) oder per Doppelklick auf das Feld *Alkoholgehalt* (siehe Kapitel 10 bzw. 11) aktualisiert wird.

Eigentlich sollte der Alkoholgehalt immer dann und nur dann neu berechnet werden, wenn sich die Menge oder Einheit einer Zutat ändert, eine Zutat hinzukommt oder gelöscht wird. Die Eingabe, Änderung oder Löschung einer Zutat wird im Unterformular *subfrmZutatenÄndern* vorgenommen. Wir ändern dieses Formular nun so ab, dass das Klassenmodul des Formulars Ereignisse auslösen kann.

Öffnen Sie das Formular *subfrmZutatenÄndern* in der Entwurfsansicht. Wechseln Sie in den VBA-Editor und fügen Sie am Anfang des Klassenmoduls des Formulars die folgende Zeile ein:

```
Event Change()
```

Das Ereignis `Change`, für das keine Parameter benötigt werden, soll signalisieren, dass eine Änderung der Daten im Formular stattgefunden hat.

Wechseln Sie in die Entwurfsansicht des Formulars und generieren Sie eine Ereignisprozedur für das Ereignis *Nach Aktualisierung* des Formulars. In die so erstellte Prozedur `Form_AfterUpdate` schreiben Sie die Zeile `RaiseEvent Change`.

```
Private Sub Form_AfterUpdate()
    RaiseEvent Change
End Sub
```

Durch die Prozedur wird nach jeder Änderung der dem Formular zugrunde liegenden Datenbasis das Ereignis `Change` ausgelöst.

Speichern Sie die Änderung am Formular *subfrmZutatenÄndern* und schließen Sie es. Laden Sie nun *frmCocktail2002* in der Entwurfsansicht und wechseln dann in den VBA-Editor. Fügen Sie die Zeile

```
Dim WithEvents objZutatenÄnderung As Form_subfrmZutatenÄndern
```

am Anfang des Klassenmoduls des Formulars ein. Damit wird deklariert, dass die Klasse `Form_subfrmZutatenÄndern` des Formulars *subfrmZutatenÄndern* Ereignisse über die Variable `objZutatenÄnderung` auslösen kann.

Im nächsten Schritt muss in der Prozedur `Form_Load` die Variable initialisiert werden. Hierbei wird kein neues Objekt erzeugt, sondern der Variablen wird der Verweis auf das bestehende Unterformular *subfrmZutatenÄndern* des Formulars *frmCocktail2002* zugewiesen.

```
Set objZutatenÄnderung = Me.subfrmZutatenÄndern.Form
```

Als letzten Schritt müssen Sie die Ereignisbehandlungsroutine einfügen (ähnlich Bild 17.12), die im nächsten Listing gezeigt ist.

```
Private Sub objZutatenÄnderung_Change()
    txtAlkoholgehalt = fAlkoholgehaltSQL(Me.CocktailNr)
End Sub
```

Wenn Sie die neuen Eigenschaften Ihres Formulars testen, werden Sie feststellen, dass beim Ändern von bestehenden Zutaten oder beim Hinzufügen neuer Zutaten der Alkoholgehalt aktualisiert wird. Löschen Sie hingegen eine Zutat, bleibt der Alkoholgehalt unverändert. Das liegt daran, dass beim Löschen nicht das Ereignis *Nach Aktualisierung* (`AfterUpdate`) für das Unterformular ausgelöst wird. Es liegt nahe, den Befehl `RaiseEvent Change` nun auch für das Ereignis *Beim Löschen* (`Delete`) zu verwenden. Leider hat dies nicht den gewünschten Effekt, denn obwohl das Ereignis korrekt ausgelöst wird, ist der Alkoholgehalt falsch, d.h., es ist immer noch der Gehalt wie vor dem Löschen. Das liegt daran, dass das Ereignis in der Prozedur `Form_Delete` zu einem Zeitpunkt aktiviert wird, bei dem der Löschvorgang noch nicht abgeschlossen ist, also die Neuberechnung des Alkoholgehalts noch den zu löschenden Datensatz mit einschließt. Das Formular kennt leider kein Ereignis, das dann auftritt, wenn die Löschung tatsächlich stattgefunden hat. Ein möglicher Work-around wäre, beim Löschen eine Variable zu setzen, diese beim nächsten *Beim Anzeigen* (`Current`)-Ereignis auszuwerten und dann dort das Ereignis `Change` auszulösen.

17.6.4 Ereignisbehandlung im Klassenmodul

In den Beispielen oben wird die ereignisauslösende Klasse immer aus einem Formular heraus benutzt. Da Formulare Klassenmodule besitzen, ist dies möglich. Möchten Sie Ereignisse dagegen in einem normalen VBA-Modul einsetzen, müssen Sie zu einer etwas aufwändigeren Lösung greifen, denn Ereignisbehandlungsroutinen können nur in Klassenmodulen programmiert werden. Wir verwenden im folgenden Beispiel wieder die Klasse `clsLogWithEvents`, die wir in Abschnitt 17.6.1 vorgestellt haben. Wie Sie sich (hoffentlich) erinnern, löst diese Klasse das Ereignis `LOG` aus, wenn mit `LogWrite` ein Eintrag in eine Log-Datei geschrieben wird.

Erstellen Sie ein neues Klassenmodul mit dem Namen `clsLogEvent` mit dem folgenden Inhalt:

```
Private WithEvents mLOG As clsLogWithEvents

Private Sub Class_Initialize()
    Set mLOG = New clsLogWithEvents
End Sub
```

```
Private Sub Class_Terminate()
    Set mLOG = Nothing
End Sub

Private Sub mLOG_LOG(Text As String)
    ' Meldung ausgeben, wenn Ereignis eintritt
    MsgBox Text
End Sub

Property Get clsLOG() As clsLogWithEvents
    ' Verweis auf eigentliche Klasse
    Set clsLOG = mLOG
End Property
```

Das Listing beginnt mit der Deklaration einer Variable `mLog` als Objekt der ereignisauslösenden Klasse. Bei der Initialisierung der Klasse (`Class_Initialize`) wird ein entsprechendes neues Objekt erzeugt. Die Klasse definiert die Eigenschaft `clsLOG`, die den Verweis auf das oben deklarierte Objekt `mLog` zurückliefert. Die Routine `mLog_LOG` ist die Ereignisbehandlungsroutine für das `LOG`-Ereignis von `mLog`.

Mit dem folgenden kleinen Programm können Sie die verschachtelten Klassen testen:

```
Sub LogTestMitEreignis()
    Dim LOGEvent As clsLogEvent
    Dim LOG As clsLogWithEvents

    ' Neues Objekt erzeugen
    Set LOGEvent = New clsLogEvent
    ' Verweis auf die darunter liegende Klasse
    Set LOG = LOGEvent.clsLOG

    ' Log-Datei in C:\ anlegen
    LOG.Folder = "C:\"
    ' ggf. vorhandene Log-Datei löschen
    LOG.LogClear
    ' Log-Eintrag schreiben, Ereignis wird dabei ausgelöst
    ' und in der Klasse LOGEvent behandelt
    LOG.LogWrite "Dies", "ist", "ein", "Test"
End Sub
```

17.6.5 Ereignisse – Zusammenfassung

Hier eine Zusammenfassung der wichtigsten Eigenschaften von Ereignisklassen:

- Ereignisse können mithilfe des Befehls `Event` für jedes Klassenmodul (also auch für Formulare und Berichte) definiert werden.
- Es können mehrere Ereignisse für jedes Klassenmodul vereinbart werden.
- Jedes Ereignis kann Parameter erhalten. Für die Parameter gelten die gleichen Richtlinien wie für Parameter von `Subs` und `Functions`, wobei die Parameterzusätze `ParamArray` und `Optional` nicht erlaubt sind.
- Ereignisbehandlungsroutinen können nur in Klassenmodulen erstellt werden, d.h. auch in Formularen und Berichten.

17.7 Formular- und Berichtsobjekte

Alle Formulare und Berichte lassen sich als Objektklassen verwenden. Wir möchten Ihnen in diesem Abschnitt den Einsatz eines Formulars als Klasse beschreiben. Im Prinzip stehen Ihnen alle objektorientierten Erweiterungen auch in Formularen und Berichten zur Verfügung. Alle Möglichkeiten, die wir Ihnen im Folgenden anhand von Formularen erläutern, gelten auch für Berichte.

Ein Vorteil des Einsatzes eines Formulars als Klasse ist, dass Sie ein Formular mehrfach öffnen können. Holen Sie ein Formular mit

```
DoCmd.OpenForm "frmZutat"
```

auf den Bildschirm, so lässt sich dieses Formular eigentlich nur einmal laden. Wir möchten Ihnen zeigen, wie Sie ein Formular beliebig oft gleichzeitig öffnen können. Ausgangspunkt soll das im nächsten Bild gezeigte Formular sein, das alle in der Tabelle *tblZutat* aufgeführten Zutaten alphabetisch sortiert in einem Endlosformular darstellt.

Rechts neben jede Zutatenbezeichnung wurde eine Befehlsschaltfläche gesetzt. Ein Klick auf eine der Befehlsschaltflächen soll das Formular `frmZutatObjekt` laden und die Einzelheiten zur entsprechenden Zutat anzeigen. Dabei soll eine beliebige Anzahl von Formularen zur Anzeige der Zutatendetails gleichzeitig geöffnet sein können.

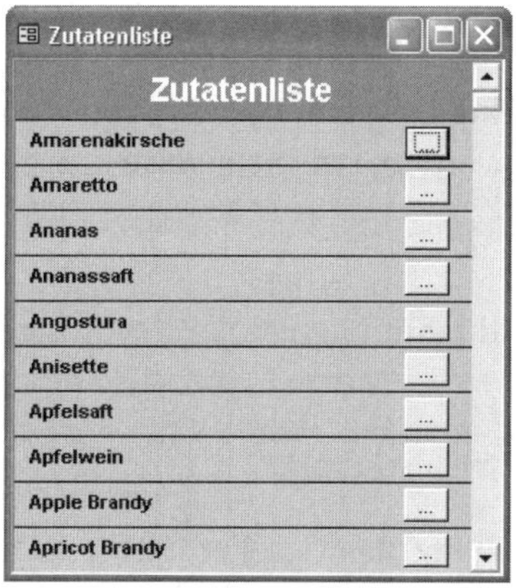

Bild 17.13: Zutatenliste

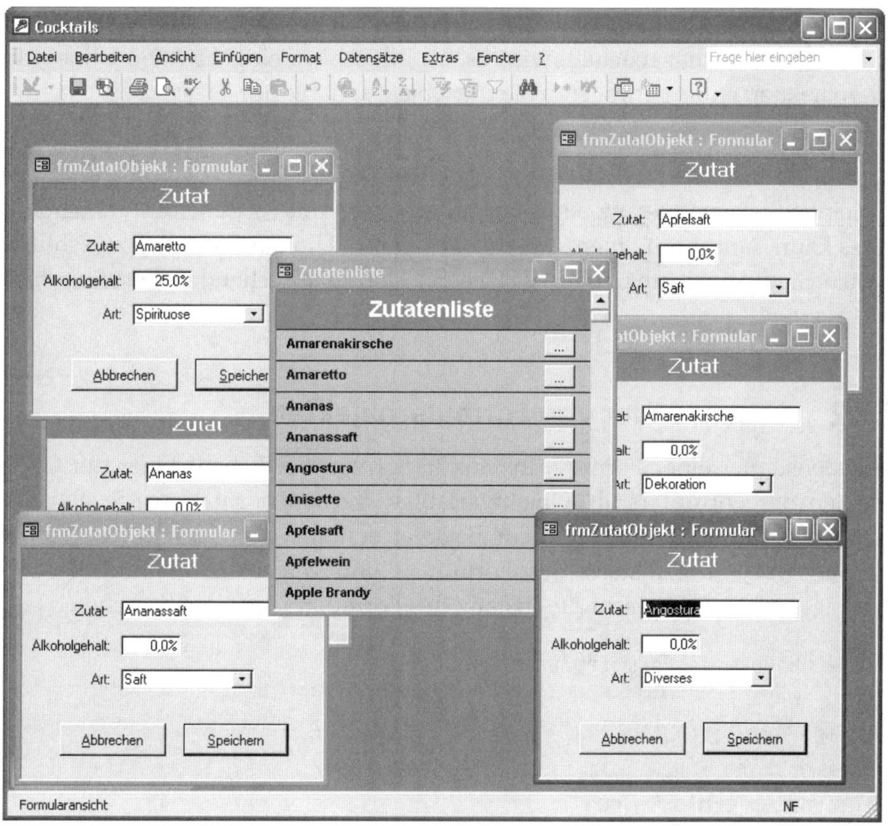

Bild 17.14: Mehrere gleichzeitig geöffnete Formulare

17.7.1 Formulare als Klassen

Um ein Formular als Objektklasse einzusetzen, muss eine Variable vom Typ des Formularobjekts definiert werden, beispielsweise

```
Dim objForm As Form_frmZutatObjekt
```

Einem Formularobjekt wird beim Namen `Form_` vorangestellt, bei einem Berichtsobjekt `Report_`. Mit

```
Set objForm = New Form_frmZutatObjekt
```

erzeugen Sie eine neue Instanz des Objekts. Für jede Instanz benötigen Sie eine eigene Objektvariable. Standardmäßig ist ein neues Formularobjekt nicht am Bildschirm zu sehen. Erst wenn Sie mit

```
objForm.Visible = True
```

das Formular sichtbar machen, wird es am Bildschirm eingeblendet. Um ein Formularobjekt zu entfernen, setzen Sie die Objektvariable auf `Nothing`.

```
Set objForm = Nothing
```

Vermeiden Sie, eine Instanz eines Formularobjekts mit `DoCmd.Close` zu schließen. Access kann darauf mit einem Absturz reagieren. Um ein Formular zu schließen, schalten Sie es unsichtbar oder weisen Sie der entsprechenden Objektvariablen `Nothing` zu.

17.7.2 Lebensdauer von Formularobjekten

Die Lebensdauer einer Formularinstanz hängt von der Lebensdauer der Objektvariablen des Formulars ab. Objektvariablen werden normalerweise global für das Modul definiert. In folgendem Beispiel erstellen Sie dann in der Routine `ÖffneFormular()` die Instanz des Formulars und zeigen es am Bildschirm an. `SchließeFormular()` entfernt die Instanz des Formulars aus dem Speicher.

```
Private objForm As Form_frmZutatObjekt

Sub ÖffneFormular()
    Set objForm = New Form_frmZutatObjekt
    objForm.Visible = True
End Sub
```

```
Sub SchließeFormular()
    Set objForm = Nothing
End Sub
```

In folgender Routine wird sowohl das Objekt definiert als auch die Instanz des Formulars erzeugt und das Formular auf dem Bildschirm eingeblendet. Allerdings verschwindet es sofort wieder, denn mit dem Verlassen der Routine endet auch die Lebensdauer der Objektvariablen `objForm`. Da Access sofort den Speicherbereich eines Objekts freigibt, sobald keine Variable mehr einen Zeiger auf das Objekt enthält, wird die Formularinstanz beim Verlassen der Routine entfernt.

```
Sub ÖffneFormular()
    Dim objForm As Form_frmZutatObjekt

    Set objForm = New Form_frmZutatObjekt
    objForm.Visible = True
End Sub
```

17.7.3 Verwaltung von Formularinstanzen

Um eine beliebige Menge von Formularinstanzen zu verwalten, wird im Formular `frmZutatenListe` eine `Collection` verwendet. Damit wird eine Auflistung aller Formularobjekte erzeugt. Die `Collection` ist global zum Formular definiert, also entspricht die Lebensdauer der Auflistung genau der Lebensdauer des Formulars.

Für die Befehlsschaltfläche `cmdDialog`, die in der Endlosformulardarstellung jeweils rechts neben der Zutat zu sehen ist, wurde die in folgendem Listing gezeigte Subroutine vereinbart. In der Routine wird ein neues Formularobjekt erzeugt und an die Auflistung angehängt.

```
Private mcolForms As New Collection

Private Sub cmdDialog_Click()
    Dim objForm As Form_frmZutatObjekt

    With mcolForms
        ' Neues Formularobjekt erzeugen
        Set objForm = New Form_frmZutatObjekt
        ' Zu Auflistung hinzufügen
        .Add objForm
```

```
        ' Dem letzten Objekt die aktuelle Zutat zuweisen
        .Item(.Count).Zutat = txtZutat
        ' Formular sichtbar machen
        .Item(.Count).Visible = True
    End With
End Sub
```

17.7.4 Die Formularklasse

Für das Formular `frmZutatObjekt`, von dem mehrere Instanzen erzeugt werden sollen, wurde das folgende Programm erfasst.

```
Private mvarBookmark As Variant
Private mrstZutat As ADODB.Recordset

' Zutat zuweisen, die im Formular angezeigt werden soll
Property Let Zutat(ByVal strZutat As String)

    On Error GoTo err_Zutat

    ' Datensatz suchen
    With mrstZutat
        .Find "Zutat='" & strZutat & "'"
        If Not .EOF Then
            txtZutat = !Zutat
            txtAlkoholgehalt = !Alkoholgehalt
            cboArt = !Art
            mvarBookmark = .Bookmark
        Else
            MsgBox "Zutat nicht gefunden!"
        End If
    End With

exit_Zutat:
    Exit Property
err_Zutat:
    ' Fehlerbehandlung
    ' ...
    MsgBox Err.Description
    Resume exit_Zutat
End Property
```

```
Private Sub cmdAbbrechen_Click()
    If MsgBox("Eingabe abbrechen?", _
            Buttons:=vbYesNo, Title:="Zutateneingabe") = vbYes Then
        ' Formular unsichtbar machen
        Me.Visible = False
    Else
        ' Zurück zum zuletzt bearbeiteten Steuerelement
        Screen.PreviousControl.SetFocus
    End If
End Sub

' Veränderung an der Zutat speichern
Private Sub cmdSpeichern_Click()

    On Error GoTo err_cmdSpeichern

    With mrstZutat
        If Len(mvarBookmark) > 0 Then
            ' Aufsuchen des Datensatzes
            .Bookmark = mvarBookmark
            ' Bearbeiten
            !Zutat = txtZutat
            !Alkoholgehalt = txtAlkoholgehalt
            !Art = cboArt
            ' Speichern
            .Update
        End If
    End With

exit_cmdSpeichern:
    ' Formular unsichtbar machen
    Me.Visible = False
    Exit Sub
err_cmdSpeichern:
    ' Fehlerbehandlung
    ' ...
    MsgBox Err.Description
    Resume exit_cmdSpeichern
End Sub
```

```
Private Sub Form_Load()
    ' Initialisieren des Recordsets
    Set mrstZutat = New ADODB.Recordset

    If mrstZutat.State = adStateOpen Then
        mrstZutat.Close
    End If

    mrstZutat.Open "select * from tblZutat order by Zutat", _
            CurrentProject.Connection, _
            adOpenKeyset, _
            adLockOptimistic
End Sub
```

Teil sechs

Professionelle Anwendungsentwicklung

18 Multiuser-Zugriffe

Access-Datenbanken können so im Netzwerk eingesetzt werden, dass mehrere Benutzer Zugriff auf die gleichen Daten erhalten. Bei diesen so genannten Multiuser-Zugriffen müssen die Daten derart verwaltet werden, dass sich die einzelnen Benutzer nicht in die Quere kommen, d.h. ein Benutzer einem anderen Daten überschreibt. Insgesamt muss Access die Konsistenz der Daten gewährleisten.

Wir möchten an dieser Stelle nicht auf die verschiedenen Möglichkeiten der Einrichtung von Access im Netzwerk eingehen, sondern beschränken uns auf die Beschreibung der Sperrmechanismen von Access, die den Zugriff mehrerer Anwender auf die gleichen Daten erlauben. Lesen Sie zur Einrichtung von Access im Netzwerk, insbesondere zur Trennung von Daten und Programm (Front End – Back End) mehr in Kapitel 23, »Anwendungsentwicklung«.

18.1 Datenzugriffe im Netzwerk

Greifen mehrere Benutzer gleichzeitig auf dieselbe Datenbank zu, muss der gegenseitige Zugriff geregelt sein. Nehmen mehrere Benutzer Änderungen an dem gleichen Datensatz vor, müssen die Benutzer über diesen mehrfachen Zugriff informiert werden, denn sonst werden die Daten gespeichert, die zuletzt in die Datenbank geschrieben wurden.

18.1.1 Öffnen einer Datenbank

Sie können schon beim Öffnen einer Datenbank vermeiden, dass sich mehrere Benutzer in die Quere kommen. Zum einen kann eine Datenbank »exklusiv« geöffnet werden, also derart, dass nur ein Benutzer sie öffnen kann. Zum zweiten kann eine Datenbank »read only«, also nur zum Lesen geöffnet werden. In beiden Fällen ist ein Sperren der Datenbank aufgrund mehrfachen Zugriffs nicht notwendig, denn im ersten Fall kann nur ein Benutzer zugreifen, im zweiten Fall können keine Änderungen gespeichert werden.

Um eine Datenbank exklusiv oder schreibgeschützt zu öffnen, können Sie

- im *Datei Öffnen*-Dialog entsprechende Optionen selektieren oder
- als Parameter `/Excl` bzw. `/Ro` über die Kommandozeile festlegen.

18.1.2 Allgemeine Einstellungen

Wir möchten Ihnen die standardmäßigen Sperrmechanismen, engl. Locking, anhand der Einstellungsmöglichkeiten in Access erläutern. Das Registerdialogfeld *Weitere*, das Sie über *EXTRAS Optionen* aufrufen, bietet eine Reihe von Festlegungen für den Mehrbenutzerbetrieb.

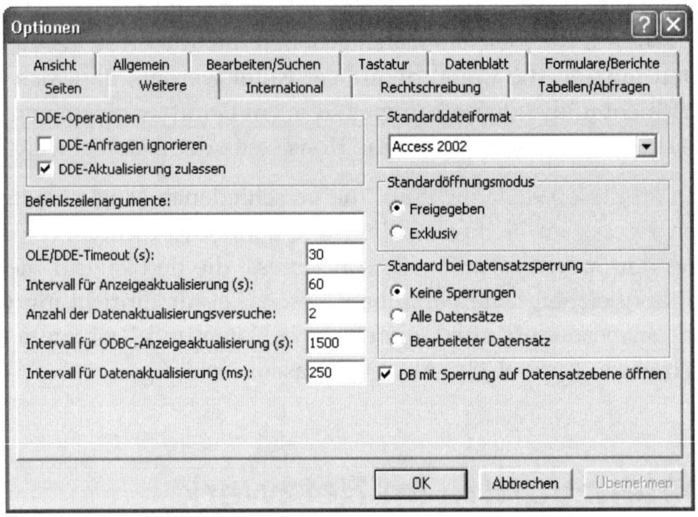

Bild 18.1: Registerdialogfeld zu EXTRAS Optionen

Wenn eine Datenbank von einem Benutzer geöffnet wird, darf sie nicht im exklusiven Modus geladen werden, denn dann hat nur ein Benutzer »exklusiv« Zugriff auf die Datenbank. Standardeinstellung, die auch im Dialogfeld eingetragen ist, ist die Option *Freigegeben*. Alle Benutzer, die auf eine Datenbank gleichzeitig zugreifen, müssen *Freigegeben* selektiert haben.

In der Gruppe *Standard bei Datensatzsperrung* wird festgelegt, nach welchem Verfahren die gleichzeitige Änderung von Datensätzen behandelt werden soll. Die folgende Tabelle erläutert die verschiedenen Verfahren, die in Abschnitt 18.2, »Die Verfahren zur Datensatzsperrung«, genauer beschrieben werden.

Für jedes Formular können Sie die Sperreinstellungen auch im Eigenschaftenfenster zum Formular explizit bestimmen.

Tabelle 18.1: Sperrverfahren

Sperrverfahren	Beschreibung
Keine Sperrungen	Verwendung des optimistischen Sperrverfahrens, d.h., gesperrt wird erst beim Speichern des Datensatzes.
Alle Datensätze	Alle Datensätze werden gesperrt, d.h., andere Benutzer können keine Datensätze hinzufügen oder ändern, sondern nur lesend darauf zugreifen.
Bearbeiteter Datensatz	Verwendung des pessimistischen Sperrverfahrens, d.h., die Sperre für einen Datensatz wird beim Editieren des Datensatzes gesetzt.

18.1.3 Sperrstrategien

Damit ein Benutzer nicht die Daten eines anderen beim gleichzeitigen Zugriff überschreibt, werden Sperren, Locks, gesetzt. Die Sperre signalisiert, dass auf Daten aktiv zugegriffen wird.

In den Access-Versionen bis 8.0 (Access 97) verwendete der Access-Datenbankkern, die Jet-Engine, eine Sperrstrategie, bei der nicht einzelne Datensätze, sondern Seiten (pages) mit 2048 Bytes, d.h. alle Datensätze, die sich auf der entsprechenden Seite befinden, gesperrt werden. Das kann zur Folge haben, dass Datensätze unnötig gesperrt werden, nur weil sie sich zufällig auf einer gesperrten Seite befinden. Beachten Sie dabei, dass Memo- und OLE-Felder getrennt gespeichert und behandelt werden. Ihre Größe zählt nicht bei der Berechnung, wie viele Datensätze auf eine Seite passen. Den Vorteil der seitenweisen Sperrung sah Microsoft in dem geringeren Verwaltungsaufwand und eines im Allgemeinen besseren Leistungsverhältnisses.

Mit Access 2000 hat Microsoft die Sperrstrategie umgestellt. Die Jet-Engine von Access 2000 bzw. 2002 sperrt nun einzelne Datensätze. Damit wird vermieden, dass Datensätze nur deshalb gesperrt werden, weil sie sich zufällig auf der gleichen logischen Seite mit dem eigentlich zu sperrenden Datensatz befinden.

Die Sperrung auf Datensatzebene ist in Access 2002 Standard, d.h. in allen Datenbanken wird mit dieser Strategie gesperrt, es sei denn, Sie deselektieren im Registerdialogfeld *Optionen* auf dem Register *Weitere* die Option *DB mit Sperrung auf Datensatzebene öffnen* (siehe Bild).

Datensatzweises Sperren wird von Access 2002 intern für alle Sperraufgaben verwendet, ausgenommen bei der Ausführung von SQL-Aktionsabfragen. Hierbei wird immer seitenweise gesperrt.

Microsoft hat in Access 2000/2002 die Größe einer Seite von 2048 auf 4096 Bytes erweitert. Das war nötig geworden, damit Access 2000/2002 Unicode-Daten speichern kann, bei denen jedes Zeichen eines Zeichensatzes mit zwei Byte kodiert wird.

Sperrinformationen in der LDB-Datei

Access verwaltet die Informationen über gesperrte Datensätze oder Seiten in einer Hilfsdatei, die den Namen der entsprechenden Datenbank mit der Endung ».LDB« trägt. Für die Datenbank COCKTAIL DATEN.MDB würde die Sperrhilfsdatei COCKTAIL DATEN.LDB heißen. Die Sperrhilfsdatei wird bei Bedarf von Access im gleichen Verzeichnis wie die MDB erzeugt.

Übrigens wird die LDB-Datei für die MDB erzeugt, die die Tabellen, also damit die eigentlichen Daten enthält. Bei der von uns gewählten Trennung zwischen Daten und Progammen (COCKTAIL2002.MDB und COCKTAIL DATEN.MDB) wird die Sperrhilfsdatei nur für die Daten-Datenbank generiert.

Beachten Sie dabei, dass wenn Sie die Daten-Datenbank auf einem Netzwerk-Server ablegen, alle Benutzer der Datenbank nicht nur Schreibrechte auf den entsprechenden Ordner besitzen müssen, sondern auch das Recht zum Anlegen neuer Dateien.

Es kann vorkommen, dass durch einen Absturz von Access die LDB-Datei nicht von Access gelöscht werden kann, wie dies normalerweise geschieht, wenn der letzte Benutzer der Daten-Datenbank die Verbindung gelöst hat, d.h., Access geschlossen hat. Findet Access bei der nächsten Sitzung eine nicht gelöschte LDB-Datei, so wird diese überschrieben.

18.2 Die Verfahren zur Datensatzsperrung

Im Folgenden möchten wir Ihnen die verschiedenen Verfahren zur Sperrung von Datensätzen vorstellen, die Access unterstützt.

18.2.1 Optimistisches Sperren von Datensätzen

Als Erstes behandeln wir das optimistische Sperren in Formularen und Programmen.

Optimistisches Sperren in Formularen

Beim optimistischen Sperren wird erst in dem Moment gesperrt, in dem ein geänderter Datensatz geschrieben werden soll. Wurde der Datensatz in der Zwischenzeit, also in der Zeit zwischen dem Beginn der Bearbeitung und dem Schreiben (Update) von einem anderen Benutzer geändert, erhalten Sie bei der Arbeit mit einem Formular die folgende Mitteilung.

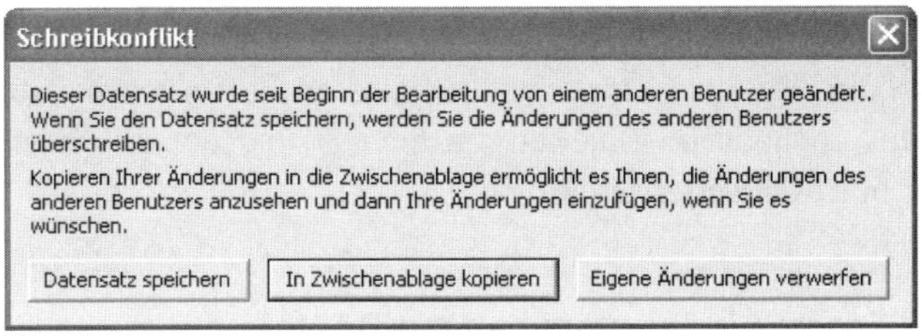

Bild 18.2: Dialogfeld Schreibkonflikt

Entscheiden Sie nun, was mit den von Ihnen durchgeführten Änderungen geschehen soll.

Optimistisches Sperren in Programmen mit ADO

Das folgende Beispiel zeigt das optimistische Sperren eines ADO-Recordsets mithilfe des Parameters `adLockOptimistic`. Gesperrt wird, wenn die Methode Update ausgeführt wird oder ohne Abbruch der Datensatzänderung (`CancelUpdate`) der Datensatzzeiger zu einem anderen Datensatz bewegt wird.

```
Sub SperrTestOptimistisch_ADO()
    Dim rst As New ADODB.Recordset

    ' Optimistisch
    rst.Open _
        "tblCocktail", _
        CurrentProject.Connection, _
        adOpenKeyset, _
        adLockOptimistic

    On Error GoTo err_SperrTest
    ' ...
    rst!Cocktail = rst!Cocktail
    ' ...
    ' Jetzt wird gesperrt
    rst.Update
```

```
exit_SperrTest:
    rst.Close
    Exit Sub
err_SperrTest:
    MsgBox "Fehler: " & Err.Number & " »" & Err.Description & "«"
    Resume exit_SperrTest
End Sub
```

Optimistisches Locking: `CurrentProject` weist eine Besonderheit auf. Recordsets, die auf Basis des `Connection`-Objekts von `CurrentProject` geöffnet werden, verwenden immer optimistisches Locking.

Optimistisches Sperren in Programmen mit DAO

In einem DAO-Programm wird das optimistische Sperren durch den Befehl

```
Recordset.LockEdits = False
```

eingeschaltet. Gesperrt wird erst zum Zeitpunkt des Befehls *Recordset*.`Update`, d.h. wenn die Änderungen am Datensatz in die Tabelle geschrieben werden. Ist der Datensatz in der Zwischenzeit von einem anderen Benutzer verändert worden oder ist er gesperrt, werden entsprechende Laufzeitfehler ausgelöst.

```
Sub SperrTestOptimistisch()
    Dim db As DAO.DATABASE
    Dim rst As DAO.Recordset

    Set db = CurrentDb()
    Set rst = db.OpenRecordset("tblCocktail")

    ' Optimistisch
    rst.LockEdits = False

    On Error GoTo err_SperrTest

    rst.Edit
    ' ...
    rst!Cocktail = rst!Cocktail
    ' ...
    ' Jetzt wird gesperrt
    rst.Update
```

```
exit_SperrTest:
    rst.Close
    Exit Sub

err_SperrTest:
    MsgBox "Fehler: " & Err.Number & " »" & Err.Description & "«"
    Resume exit_SperrTest
End Sub
```

18.2.2 Pessimistisches Sperren von Datensätzen

Beim pessimistischen Sperren wird ein Datensatz in dem Moment gesperrt, in dem die Bearbeitung beginnt.

Pessimistisches Sperren von Formularen

Das pessimistische Sperren wird im Eigenschaftenfenster des Formulars mit der Option *Bearbeiteter Datensatz* als Einstellung für die Eigenschaft *Datensätze sperren* eingeschaltet.

In unserem Beispiel im folgenden Bild hat ein anderer Benutzer den Datensatz mit dem Cocktail »Acapulco« pessimistisch gesperrt. Sie können keine Änderungen vornehmen. Access zeigt dies mit dem Sperrzeichen im Datensatzmarkierer.

Bild 18.3: Formular mit Sperrzeichen im Datensatzmarkierer

Einer der Nachteile des pessimistischen Sperrens ist, dass eine Sperre zeitlich sehr lange gesetzt bleiben kann. Beginnt beispielsweise ein Anwender die Änderung eines Datensatzes und wird dann für längere Zeit aus dem Raum gerufen, so bleibt die Sperre bestehen, bis der Bearbeitungsvorgang abgebrochen oder gespeichert wird.

Pessimistisches Sperren in Programmen mit ADO

Pessimistisches Sperren von Recordsets erreichen Sie bei ADO mit dem Parameter `adLockPessimistic`.

Kein pessimistisches Sperren: Recordsets, die auf der `Connection` des `CurrentProject`-Objekts basieren, lassen keine pessimistischen Sperren zu. Sie können die Recordsets zwar mit `adLockPessimistic` öffnen, aber es wird kommentarlos optimistisch gesperrt.

Um dennoch pessimistisch zu sperren, müssen Sie daher ein neues `Connection`-Objekt erstellen, wie es im folgenden Programmlisting gezeigt wird.

```
Sub SperrTestPessimistisch_ADO()
    Dim conn As New ADODB.Connection
    Dim rst As New ADODB.Recordset

    ' CurrentProject.Connection erlaubt kein pessimistisches Sperren,
    ' deshalb neue Verbindung per Jet 4.0-OLEDB-Provider
    conn.Open "PROVIDER=Microsoft.Jet.OLEDB.4.0;“ & _
                    "DATA SOURCE=C:\Cocktail\Cocktail Daten.mdb"

    rst.Open "tblCocktail", conn, adOpenKeyset, adLockPessimistic

    On Error GoTo err_SperrTest

    ' Jetzt wird gesperrt
    rst!Cocktail = rst!Cocktail
    ' ...
    rst.Update

exit_SperrTest:
    rst.Close
    Exit Sub
err_SperrTest:
    MsgBox "Fehler: " & Err.Number & " »" & Err.Description & "«"
    Resume exit_SperrTest
End Sub
```

Pessimistisches Sperren in Programmen mit DAO

Die Voreinstellung für Sperren in Programmen ist das pessimistische Verfahren. Sie können es explizit mit

```
Recordset.LockEdits = True
```

einschalten, wie es das nächste Beispielprogramm zeigt. Die Sperre wird mit der Ausführung des Befehls `Recordset.Edit` gesetzt und nach `Recordset.Update` aufgehoben.

```
Sub SperrTestPessimistisch()
    Dim db As DAO.Database
    Dim rst As DAO.Recordset

    Set db = CurrentDb()
    Set rst = db.OpenRecordset("tblCocktail")

    ' Pessimistisch (= Standardeinstellung)
    rst.LockEdits = True

    On Error GoTo err_SperrTest

    ' Jetzt wird gesperrt
    rst.Edit
    ' ...
    rst!Cocktail = rst!Cocktail
    ' ...
    rst.Update

exit_SperrTest:
    rst.Close
    Exit Sub
err_SperrTest:
    MsgBox "Fehler: " & Err.Number & " »" & Err.Description & "«"
    Resume exit_SperrTest
End Sub
```

18.2.3 Komplettsperrung

Neben dem optimistischen und pessimistischen Sperrverfahren können Sie auch noch eine Komplettsperrung veranlassen. Vereinbaren Sie im Eigenschaftenfenster eines Formulars für die Sperrung `Alle Datensätze`, so werden alle Datensätze des Recordsets gesperrt. Diese Variante wird nur sehr selten eingesetzt, beispielsweise für Administrationsaufgaben.

18.2.4 Fehlermeldungen bei Sperren

Die folgenden Laufzeitfehler werden von Access ausgelöst, wenn Datenbankoperationen aufgrund von Sperren nicht ausgeführt werden können. Sie können diese Fehler im Fehlerbehandlungabschnitt Ihrer Prozeduren behandeln und entsprechend reagieren.

Tabelle 18.2: Sperrverfahren

Fehlernummer	Fehlerbeschreibung
3186	Speichern nicht möglich; momentane Sperrung durch Benutzer '*Benutzername*' auf Computer '*Computername*'.
3187	Lesen nicht möglich; momentane Sperrung durch Benutzer '*Benutzername*' auf Computer '*Computername*'.
3188	Aktualisieren nicht möglich; momentane Sperrung durch eine andere Sitzung auf diesem Rechner.
3189	Tabelle '*Tabellenname*' ist exklusiv gesperrt durch Benutzer '*Benutzername*' auf Computer '*Computername*'.
3197	Das Microsoft Jet-Datenbankmodul hat den Vorgang angehalten, da Sie und ein weiterer Benutzer gleichzeitig versuchen, dieselben Daten zu verändern.
3202	Speichern nicht möglich; momentane Sperrung durch anderen Benutzer.
3218	Aktualisierung nicht möglich; momentan gesperrt.
3260	Aktualisieren nicht möglich; momentane Sperrung durch Benutzer '*Benutzername*' auf Computer '*Computername*'.

18.3 Transaktionsverarbeitung

Access ermöglicht es Ihnen, mehrere Datenbankoperationen zu einer Transaktion zusammenzufassen. Die Veränderungen an der Datenbank werden erst dann gültig, wenn alle Teiloperationen einer Transaktion erfolgreich verarbeitet wurden. Ist dies nicht der Fall, wird die Datenbank auf den Zustand vor dem Beginn der Transaktion zurückgesetzt.

Die Grundregeln für die Verarbeitung von Transaktionen lassen sich mit dem Akronym *ACID* beschreiben:

Atomicity: eine Transaktion kann nicht aufgeteilt werden, sondern ist die kleinste Einheit.

Consistency: nach einer Transaktion muss das System immer in einem konsistenten Zustand sein.

Isolation: verschiedene gleichzeitig ablaufende Transaktionen dürfen sich nicht gegenseitig stören.

Durability: die Veränderungen, die durch eine Transaktion ausgeführt werden, sind dauerhaft.

18.3.1 Transaktionen in Access mit ADO

Für das ADO-Connection-Objekt stehen Ihnen drei Methoden für Transaktionen zur Verfügung. Beachten Sie dabei, dass Transaktionen von dem von Ihnen verwendeten OLE DB- oder ODBC-Provider unterstützt werden müssen. Sie können dies gegebenenfalls mithilfe der Eigenschaft `Transaction DDL` der `Properties`-Auflistung des `Connection`-Objekts überprüfen. Mit

```
Connection.BeginTrans
```

beginnen Sie eine Transaktion. Nach diesem Befehl können Sie Datenbankoperationen angeben, die zu der Transaktion gehören. Der Befehl

```
Connection.CommitTrans
```

beendet die Transaktion. Um eine Transaktion zurückzusetzen, wird

```
Connection.RollbackTrans
```

verwendet. Das folgende Programm entspricht dem Beispiel im vorherigen Abschnitt. Die Transaktion besteht wiederum aus Datenbankoperationen, in denen jeweils ein Datensatz hinzugefügt werden soll. Auch hier kann dies im zweiten Fall nicht durchgeführt werden, da wir das zweite `Recordset` mit Absicht mit `adLockReadOnly`, also nur zum Lesen, geöffnet haben.

```
Sub TransaktionsTest_ADO()
    Dim conn As ADODB.Connection
    Dim rstCocktail As New ADODB.Recordset
    Dim rstZutaten As New ADODB.Recordset
    Dim fInTransaktion As Boolean
```

```
    Set conn = CurrentProject.Connection
    rstCocktail.Open "tblCocktail", conn, adOpenKeyset, adLockOptimistic
    rstZutaten.Open "tblCocktailZutaten", conn, _
                             adOpenStatic, adLockReadOnly

    On Error GoTo err_TransaktionsTest

    ' Beginn der Transaktion
    conn.BeginTrans
    fInTransaktion = True
    With rstCocktail
        .AddNew
        !Cocktail = "TestCocktail"
        .Update
    End With
    With rstZutaten
        .AddNew
        !CocktailNr = rstCocktail!CocktailNr
        .Update
    End With
    ' Abschließen der Transaktion
    conn.CommitTrans
    fInTransaktion = False

exit_TransaktionsTest:
    rstCocktail.Close
    rstZutaten.Close
    conn.Close
    Exit Sub
err_TransaktionsTest:
    MsgBox "Fehler: " & Err.Number & " »" & Err.Description & "«"
    If fInTransaktion Then
        ' Zurücksetzen der Transaktion
        conn.RollbackTrans
    End If
    Resume exit_TransaktionsTest
End Sub
```

Mit ADO ist die Schachtelung von Transaktionen erlaubt, d.h., Transaktionen innerhalb von Transaktionen auszuführen. Die Schachtelungstiefe für Transaktionen mit dem Jet-OLE DB-Provider ist auf fünf begrenzt. Die `CommitTrans`-Befehle müssen in der richtigen Reihenfolge, also von der innersten zur äußersten Transaktion aufgerufen werden.

Beachten Sie, dass automatisch ein `RollbackTrans` durchgeführt wird, wenn Sie die Verbindung mit

Connection.Close

schließen, ohne die `CommitTrans`-Methode aufgerufen zu haben.

18.3.2 Transaktionen in Access mit DAO

Drei Methoden des DAO-Workspace-Objekts stehen Ihnen in Access für Transaktionen zur Verfügung. Mit

Workspace.BeginTrans

wird Access über den Beginn einer Transaktion informiert. Nach diesem Befehl können Sie Datenbankoperationen angeben, die zu der Transaktion gehören. Der Befehl

Workspace.CommitTrans

schließt die Transaktion ab. Um eine Transaktion zurückzusetzen, wird

Workspace.Rollback

verwendet. Das folgende Programm zeigt den Einsatz der Befehle. Die Transaktion besteht in unserem Beispiel aus Datenbankoperationen, in denen jeweils ein Datensatz hinzugefügt werden soll. Im zweiten Fall kann dies nicht durchgeführt werden, da wir das zweite `Recordset` mit Absicht mit `dbReadOnly`, also nur zum Lesen, geöffnet haben.

```
Sub TransaktionsTest()
    Dim db As DAO.DATABASE
    Dim ws As DAO.Workspace
    Dim rstCocktail As DAO.Recordset
    Dim rstZutaten As DAO.Recordset
    Dim fInTransaktion As Boolean

    ' Standard-Workspace aus der Workspaces-Auflistung
    Set ws = DBEngine.Workspaces(0)
    Set db = CurrentDb()
    Set rstCocktail = db.OpenRecordset("tblCocktail")
    Set rstZutaten = db.OpenRecordset("tblCocktailZutaten", dbReadOnly)

    On Error GoTo err_TransaktionsTest
```

```
    ' Beginn der Transaktion
    ws.BeginTrans
    fInTransaktion = True
    With rstCocktail
        .AddNew
        !Cocktail = "TestCocktail"
        .Update
    End With
    With rstZutaten
        .AddNew
        !CocktailNr = rstCocktail!CocktailNr
        .Update
    End With
    ' Abschließen der Transaktion
    ws.CommitTrans
    fInTransaktion = False

exit_TransaktionsTest:
    rstCocktail.Close
    rstZutaten.Close
    ws.Close
    Exit Sub

err_TransaktionsTest:
    MsgBox "Fehler: " & Err.Number & " »" & Err.Description & "«"
    If fInTransaktion Then
        ' Zurücksetzen der Transaktion
        ws.Rollback
    End If
    Resume exit_TransaktionsTest
End Sub
```

Access erlaubt es, Transaktionen zu schachteln, d.h., Transaktionen innerhalb von Transaktionen auszuführen. Die Schachtelungstiefe für Transaktionen ist auf fünf begrenzt. Die `CommitTrans`-Befehle müssen in der richtigen Reihenfolge, also von der innersten zur äußersten Transaktion aufgerufen werden.

Beachten Sie, dass automatisch ein `Rollback` durchgeführt wird, wenn Sie das Workspace mit

```
Workspace.Close
```

schließen, ohne die `CommitTrans`-Methode aufgerufen zu haben.

Auf die Transaktionsverarbeitung von gebundenen Formularen haben Sie keinen Einfluss, d.h., Sie können den Ablauf einer Formulartransaktion nicht durch eigene Routinen ergänzen oder verändern.

18.3.3 Transaktionen in Multiuser-Umgebungen

Greifen mehrere Anwender gleichzeitig auf dieselben Tabellen zu, so können ebenfalls Transaktionen eingesetzt werden.

Allerdings ist dabei zu beachten, dass die betroffenen Datensätze bei Datenbankoperationen während der gesamten Transaktion gesperrt werden. Dadurch kann das Leistungsverhalten negativ beeinflusst werden, da die Sperren über längere Zeiträume bestehen. Sie sollten aus diesem Grund Transaktionen so kurz wie möglich gestalten.

Benutzeraktionen während Transaktionen: Vermeiden Sie in jedem Fall während einer Transaktion Befehle, die eine Benutzereingabe erfordern. Während der Wartezeit auf die Benutzereingabe bleiben alle Sperren aktiv, die bis zu diesem Zeitpunkt der Transaktion gesetzt wurden. In einer Multiuser-Umgebung kann dies zu einer starken Einschränkung der Leistung führen.

18.3.4 Transaktionen für Aktionsabfragen mit ADO

Für ADO kann für Aktionsabfragen eingestellt werden, ob eine teilweise Ausführung einer Aktionsabfrage erlaubt sein soll. Es stehen Ihnen bei ADO zwei Einstellungsmöglichkeiten zur Verfügung: für ein Command-Objekt oder global für alle Command-Objekte einer Connection. Gesetzt werden in beiden Fällen Eigenschaften des Jet-OLE DB-Providers.

Standardmäßig ist die Einstellung einer Connection so, dass Aktionsabfragen bei Fehlern abbrechen und keine Änderungen an den Daten vorgenommen werden. Um dies zu ändern, müssen Sie die folgende Eigenschaft des Connection-Objekts setzen.

```
Connection.Properties("JET OLEDB:Global Partial Bulk Ops") = 2
```

Die Eigenschaft kann die Werte `1`, teilweise Ausführung, und `2`, nur vollständige Ausführung der Aktionsabfrage, annehmen.

Möchten Sie die Eigenschaft nur für ein bestimmtes Command-Objekt festsetzen, verwenden Sie die Eigenschaft `JET OLEDB:Partial Bulk Ops` für das Command-Objekt.

```
Command.Properties("JET OLEDB:Partial Bulk Ops") = 2
```

Im folgenden Listing wird die Eigenschaft verwendet.

```
Sub TransaktionAktionsabfragen_ADO()
    Dim conn As ADODB.Connection
    Dim cmd As New ADODB.Command
    Dim strSQL As String
    Dim lngGesamt As Long
    Dim lngRecordsAffected As Long

    strSQL = "UPDATE DISTINCTROW tblCocktail "
    strSQL = strSQL + "SET tblCocktail.Alkoholgehalt "
    strSQL = strSQL + "= fAlkoholgehaltSQL([CocktailNr]) "
    strSQL = strSQL + "WHERE (tblCocktail.Alkoholgehalt Is Null);"

    lngGesamt = DCount("*", "tblCocktail", _
                "tblCocktail.Alkoholgehalt Is Null")
    Debug.Print "Anzahl der Datensätze insgesamt: "; lngGesamt

    Set conn = CurrentProject.Connection

    cmd.ActiveConnection = conn
    cmd.CommandText = strSQL
    cmd.CommandType = adCmdUnknown

    On Error GoTo err_TransaktionAktionsabfragen

    ' Teilweise Ausführung erlaubt
    cmd.Properties("JET OLEDB:Partial Bulk Ops") = 1

    cmd.Execute RecordsAffected:=lngRecordsAffected
    Debug.Print lngRecordsAffected; " Datensätze geändert"

exit_TransaktionAktionsabfragen:
    Exit Sub

err_TransaktionAktionsabfragen:
    MsgBox Err.Description, vbCritical
    Resume exit_TransaktionAktionsabfragen
End Sub
```

18.3.5 Transaktionen für Aktionsabfragen mit DAO

Bei der Verwendung von Aktionsabfragen in Mehrbenutzerumgebungen kann es dazu kommen, dass eine Aktionsabfrage die gewünschten Änderungen aufgrund von gesperrten Datensätzen nicht ausführen kann.

Verwenden Sie den Aufruf

```
Querydef.Execute
```

um eine Aktionsabfrage auszuführen, wird kein Datensatz geändert, der gesperrt ist, allerdings alle anderen. Es lässt sich nachträglich nur ermitteln, wie viele Datensätze geändert wurden, aber nicht, welche Datensätze tatsächlich manipuliert wurden. Mit

```
Querydef.Execute dbFailOnError
```

können Sie erreichen, dass ein abfangbarer Laufzeitfehler ausgelöst wird, wenn die Abfrage einen Datensatz nicht ändern kann. Aufgrund der impliziten Transaktion für Aktionsabfragen werden alle Änderungen zurückgesetzt, also dann kein Datensatz geändert. Vereinfacht ausgedrückt, bewirkt `dbFailOnError` „Alle oder keiner“.

```
Sub TransaktionAktionsabfragen()
    Dim db As DAO.DATABASE
    Dim qry As DAO.QueryDef
    Dim strSQL As String
    Dim lngGesamt As Long

    strSQL = "UPDATE DISTINCTROW tblCocktail "
    strSQL = strSQL + "SET tblCocktail.Alkoholgehalt "
    strSQL = strSQL + "= fAlkoholgehaltSQL([CocktailNr]) "
    strSQL = strSQL + "WHERE (tblCocktail.Alkoholgehalt Is Null);"

    Set db = CurrentDb()
    Set qry = db.CreateQueryDef("", strSQL)
    lngGesamt = DCount("*", "tblCocktail", _
                        "tblCocktail.Alkoholgehalt Is Null")
    Debug.Print "Anzahl der Datensätze insgesamt: "; lngGesamt

    On Error GoTo err_TransaktionAktionsabfragen

    qry.Execute dbFailOnError
    Debug.Print qry.RecordsAffected; " Datensätze geändert"
```

```
exit_TransaktionAktionsabfragen:
    Exit Sub

err_TransaktionAktionsabfragen:
    MsgBox Err.Description, vbCritical
    Resume exit_TransaktionAktionsabfragen
End Sub
```

Sie können das `dbFailOnError`-Verhalten auch direkt in einer Abfrage festlegen. Setzen Sie dazu die Abfrageeigenschaft *Bei Fehler abbrechen* auf `Ja`.

Abschalten der impliziten Transaktionen für Aktionsabfragen

Access schließt Aktionsabfragen standardmäßig in eine Transaktion ein. Das kann zur Folge haben, dass vom Betriebssystem eine große Anzahl von Sperren (Record Locks) angefordert wird. Bei Abfragen, die sehr viele Datensätze verändern, kann es zu Problemen kommen, wenn nicht genügend Record Locks vom Betriebssystem bereitgestellt werden können oder die Bereitstellung der Sperren Leistungsprobleme verursacht. Bei Novell NetWare 3.x-Systemen kann die Anforderung von zu vielen Sperren einen Absturz des Servers nach sich ziehen. Um dies zu vermeiden, können Sie in den Eigenschaften einer Abfrage die Option *Transaktion verwenden* ausschalten. Die Abfrage wird dann ohne eine die Abfrage umschließende Transaktion ausgeführt. Sollte allerdings die Aktionsabfrage abbrechen, beispielsweise aufgrund durch andere Benutzer gesperrter Datensätze, können die bis zum Abbruch durchgeführten Änderungen an den Daten nicht mehr zurückgesetzt werden.

Aus VBA heraus können Sie die Eigenschaft unter dem Namen `UseTransaction` ebenfalls setzen. Leider ist diese Eigenschaft nicht standardmäßig angelegt, sodass, wenn Sie die Eigenschaft benutzen, sie zuerst dem entsprechenden QueryDef-Objekt hinzugefügt werden muss. Im Beispiel oben könnten Sie die entsprechenden Befehle einfügen, wie es die folgenden Programmteile zeigen.

```
...
Dim prp As DAO.Property
...
Set db = CurrentDb()
Set ws = DBEngine.Workspaces(0)
Set qry = db.CreateQueryDef("", strSQL)
...
Set prp = qry.CreateProperty("UseTransaction", dbBoolean, False)
qry.Properties.Append prp
...
```

18.3.6 Temporäre Datenbank bei Transaktionen

Bei Transaktionen werden die Daten nicht sofort in die Datenbank geschrieben, sondern zwischengespeichert. Durch den Befehl `CommitTrans` wird die Jet-Engine angewiesen, die zwischengespeicherten Daten in die Datenbank einzufügen.

Die temporäre Datenbank wird in dem Ordner erstellt, der durch die Umgebungsvariable *TEMP* angegeben ist, meist *\Windows\Temp*. Kann in diesen Ordner nicht mehr gespeichert werden, da beispielsweise die Festplatte voll ist, wird ein auffangbarer Fehler ausgelöst. Wenn der Fehler auftritt, sollte die Transaktion mit `Rollback` bzw. `RollbackTrans` zurückgesetzt werden, damit die Datenbank nicht inkonsistent wird.

Die temporäre Datenbank wird von der Jet-Engine selbsttätig gelöscht, sie kann von anderen Anwendungen nicht geöffnet werden.

18.4 Wer benutzt die Datenbank?

In einer Mehrbenutzerumgebung ist es häufig von Interesse, wer zu einem bestimmten Zeitpunkt auf eine Datenbank zugreift. Wir möchten Ihnen in diesem Abschnitt beschreiben, wie Sie für eine Access-Datenbank feststellen können, wer gleichzeitig darauf zugreift. Zur Ermittlung der Datenbankbenutzer müssen Sie die Methode `OpenSchema` des Connection-Objekts verwenden. `OpenSchema` liefert ein Recordset mit den entsprechenden Informationen zurück. Am Ende dieses Abschnitts stellen wir Ihnen weitere Möglichkeiten von `OpenSchema` vor.

Zuerst das Programm, das eine Liste der Datenbankbenutzer ausgibt:

```
Sub Benutzerliste_ADO()
    Dim conn As New ADODB.Connection
    Dim rst As ADODB.Recordset
    Dim varComputername As Variant
    Dim varLoginname As Variant
    Dim varConnected As Variant
    Dim varSuspectState As Variant

    On Error GoTo err_Benutzerliste

    conn.Open "PROVIDER=Microsoft.Jet.OLEDB.4.0;“ & _
                      "DATA SOURCE=C:\Cocktail\Cocktail Daten.mdb"

    Set rst = conn.OpenSchema(Schema:=adSchemaProviderSpecific, _
        SchemaID:="{947bb102-5d43-11d1-bdbf-00c04fb92675}")
    With rst
```

```
        Debug.Print "Computername", "Loginname", _
                                    "Connected", "SuspectState"
        Do Until .EOF
            varComputername = CutNullChar(.Fields("COMPUTER_NAME").Value)
            varLoginname = CutNullChar(.Fields("LOGIN_NAME").Value)
            varConnected = CutNullChar(.Fields("CONNECTED").Value)
            varSuspectState = CutNullChar(.Fields("SUSPECT_STATE").Value)
            Debug.Print varComputername, varLoginname, _
                                    varConnected, varSuspectState
            ' nächster User
            .MoveNext
        Loop
    End With
    rst.Close
    Set rst = Nothing
    Set conn = Nothing
exit_Benutzerliste:
    Exit Sub

err_Benutzerliste:
    MsgBox "Fehler: " & Err.Number & " »" & Err.Description & "«"
    Resume exit_Benutzerliste
End Sub

Function CutNullChar(ByVal v As Variant) As String
    ' bei NULL wird - zurückgegeben
    If IsNull(v) Then
        v = "-"
    Else
        ' wenn chr(0) (vbNullChar) auftritt,
        ' alles danach abschneiden
        If InStr(v, vbNullChar) > 0 Then
            v = Left(v, InStr(v, vbNullChar) - 1)
        End If
    End If
    CutNullChar = v
End Function
```

Die entscheidende Zeile im Programm ist der Befehl zum Öffnen des Recordsets mit der OpenSchema-Methode. Das Recordset für die Benutzerliste wird mit

```
Set rst = conn.OpenSchema(Schema:=adSchemaProviderSpecific, _
            SchemaID:="{947bb102-5d43-11d1-bdbf-00c04fb92675}")
```

aufgerufen. Der Parameter `adSchemaProviderSpecific` gibt an, das es sich bei dem Schema um ein spezifisches Schema für den Jet-OLE DB-Provider handelt. Der Parameter `SchemaID` teilt dem Jet-OLE DB-Provider mit, welche Daten angefordert werden. Warum Microsoft für diesen Wert keine Konstante vordefiniert hat, ist uns ein Rätsel. Übrigens ist es nicht notwendig, das Recordset für das `OpenSchema`-Recordset mit `New` zu erzeugen.

Das Recordset mit den Benutzerinformationen enthält die folgenden vier Felder: `COMPUTER_NAME` für den Windows-Computernamen des Benutzers (in *Systemsteuerung Netzwerk* festgelegt), `LOGIN_NAME` für den Access-Anmeldenamen (wenn die Access-Benutzerverwaltung nicht verwendet wird, wird »Admin« zurückgeliefert), `CONNECTED` ist True, wenn der Benutzer in der LDB-Datei der Datenbank eingetragen wurde, und `SUSPECTED_STATE` ist True, wenn der Benutzer die Verbindung zur Datenbank nicht normal beendet hat.

Im Beispiel oben wird die Funktion `CutNullChar` verwendet, um gegebenenfalls vom Jet-OLE DB-Provider zurückgelieferte Zeichen mit dem Ascii/Unicode-Wert 0 abzuschneiden (solche Nullwerte kennzeichnen in anderen Programmiersprachen, beispielsweise in C++, das Ende von Zeichenketten).

In Kapitel 22, » Add-Ins und Bibliotheken«, Abschnitt 22.5.4, stellen wir Ihnen die Funktionen `CurrentUserWin()` und `Computername()` vor, mit deren Hilfe Sie den aktuellen Windows-Benutzer bzw. den Computernamen ermitteln können.

Weitere Möglichkeiten der OpenSchema-Methode

Die `OpenSchema`-Methode kennt eine ganze Reihe weiterer Konstanten für den Parameter `Schema`. Sie können beispielsweise mit `adSchemaTable` Informationen über Tabellen abfragen usw. Die vollständige Liste der Konstanten entnehmen Sie bitte der Access-Hilfe.

```
Sub SchemaInformation()
    Dim conn As New ADODB.Connection
    Dim rst As ADODB.Recordset
    Dim fld As ADODB.Field
    Dim v As Variant
    Dim s As String

    On Error GoTo err_SchemaInformation

    conn.Open "PROVIDER=Microsoft.Jet.OLEDB.4.0;“ & _
                    "DATA SOURCE=C:\Cocktail\Cocktail Daten.mdb"
```

```
    Set rst = conn.OpenSchema(Schema:=adSchemaTables)
    With rst
        Do Until .EOF
            s = ""
            For Each fld In .Fields
                s = s & "; " & fld.Name & ":" & CutNullChar(fld.Value)
            Next
            Debug.Print s
            .MoveNext
        Loop
    End With
    rst.Close
    Set rst = Nothing
    Set conn = Nothing
exit_SchemaInformation:
    Exit Sub

err_SchemaInformation:
    MsgBox "Fehler: " & Err.Number & " »" & Err.Description & "«"
    Resume exit_SchemaInformation
End Sub
```

19 Automatisierung

Automatisierung, früher OLE-Automatisierung genannt, ermöglicht es Ihnen, aus Access heraus andere Anwendungen, beispielsweise Excel oder Word, zu steuern. Es lassen sich so integrierte Applikationen erstellen, in denen – teilweise unsichtbar für den Anwender – mehrere Programme zusammenarbeiten. Dabei werden die Anwendungen als Objekte mit Methoden und Eigenschaften angesprochen, sodass Sie die Objekte in der gleichen Art und Weise wie Access-eigene Objekte programmieren können.

Die Automatisierungstechniken werden auch für ActiveX-Steuerelemente eingesetzt. ActiveX-Steuerelemente sind wiederverwendbare Softwarekomponenten, mit denen der Funktionsumfang von Access und anderen Anwendungen einfach erweitert werden kann. Wir besprechen ActiveX-Steuerelemente ausführlich in Kapitel 20, insbesondere werden die ActiveX-Elemente erläutert, die zum Lieferumfang von Access gehören.

Als Beispiel stellen wir Ihnen in diesem Kapitel einen Auszug aus der Access-Anwendung »DocuAid2002« vor, die auf der CD-Rom zum Buch beigefügt ist. DocuAid2002 dokumentiert Access-Datenbanken, wobei die Dokumentation als Word 2002-Text erstellt wird. In Kapitel 22, »Add-Ins und Bibliotheken«, werden weitere Komponenten von DocuAid2002 beschrieben, beispielsweise wie Bildschirmfotos von Formularen in den Word-Dokumentationstext eingefügt werden.

Beachten Sie, dass Automatisierung mit Word, Excel oder anderen großen Anwendungspaketen erhebliche Mengen an Arbeitsspeicher verbrauchen kann. Automatisierungsabläufe sind auf Computern mit weniger als 64 MByte RAM kaum oder nur schwer durchzuführen.

19.1 Grundlagen

Anwendungen, die Automatisierung unterstützen, stellen Objektbibliotheken zur Verfügung, in denen die Klassen innerhalb der Anwendung sowie die Methoden und Eigenschaften verzeichnet sind. Die meisten Objektbibliotheken liegen als zusätzliche Dateien mit den Endungen .TLB für »Type Library« oder .OLB für »Object Library« vor.

19.1.1 Early oder Late Binding

Automatisierungsobjekte lassen sich in zwei verschiedenen Varianten einsetzen, die als frühe oder späte Bindung, Early oder Late Binding, bezeichnet werden.

Frühe Bindung

Bei der frühen Bindung muss ein Verweis auf die Objektbibliothek eingetragen werden. Öffnen Sie dazu in Access ein vorhandenes Modul oder erstellen Sie ein neues Modul. In der Modulansicht rufen Sie dann mithilfe des Befehls *EXTRAS Verweise* das im folgenden Bild dargestellte Dialogfeld auf. Selektieren Sie die benötigten Objektbibliotheken durch Anklicken.

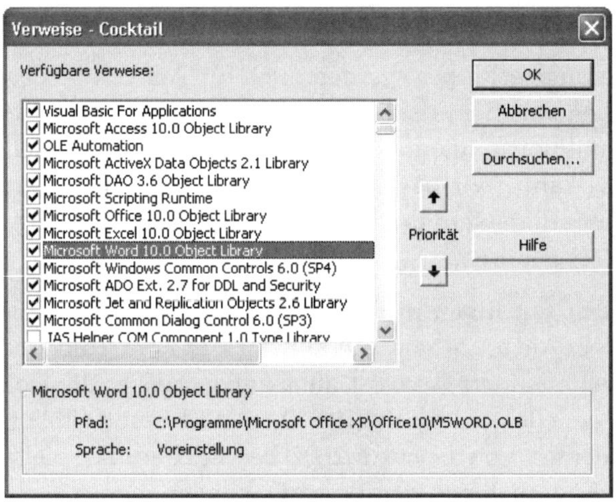

Bild 19.1: Dialogfeld Verweise

Im Bild wurde die Word-10.0-Objektbibliothek ausgewählt, die in den weiteren Beispielen in diesem Kapitel verwendet wird. Nach der Selektion der Bibliothek werden alle Klassen, Methoden und Eigenschaften des entsprechenden Objekts im Objektkatalog gezeigt, wie es das nächste Bild illustriert.

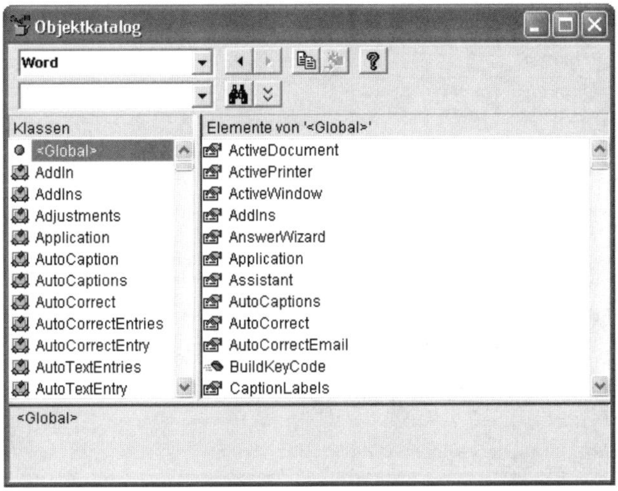

Bild 19.2: Objektkatalog

Mithilfe der Programmzeile

```
Dim objWord As New Word.Application
```

erzeugen Sie ein Word-Objekt. Wird die Programmzeile abgearbeitet, wird ein Word-Objekt in den Speicher geladen, d.h., Word wird aufgerufen. Sollte Word schon aktiv sein, wird eine weitere Word-Instanz erstellt. Allerdings bleibt das neue Word-Objekt unsichtbar, es ist nicht am Bildschirm zu sehen. Mit

```
objWord.Visible = True
```

können Sie das Word-Objekt sichtbar machen. Beim Schreiben des Programmcodes werden Sie von Access unterstützt, indem automatisch zu einem Objekt die möglichen Methoden und Eigenschaften eingeblendet werden.

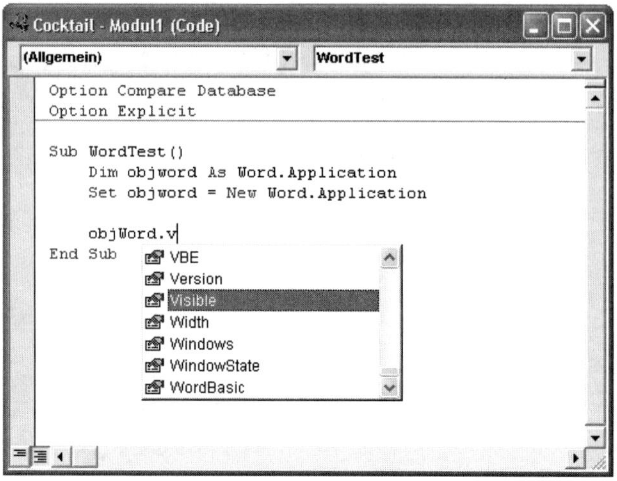

Bild 19.3: Unterstützung bei der Arbeit mit Objekten

Das Programm

```
Dim objWord As New Word.Application

Sub WordTest()
    objWord.Visible = True
    objWord.Quit
    Set objWord = Nothing
End Sub
```

erzeugt ein Word-Objekt, macht es sichtbar und schließt es sofort wieder. Durch die Zeile

```
Set objWord = Nothing
```

wird der Speicher der Objektvariablen wieder freigegeben. Access gibt den Speicher selbsttätig frei, wenn die Lebensdauer einer Variablen endet. Word selbst wird nur geschlossen, wenn Sie die Methode `Quit` aufrufen.

Alternativ können Sie auch die folgende Variante des Programms einsetzen, bei der die Erstellung des Word-Objekts in der Prozedur stattfindet.

```
Dim objWord As Word.Application

Sub WordTest()
    Set objWord = New Word.Application
    objWord.Visible = True
```

```
    objWord.Quit
    Set objWord = Nothing
End Sub
```

Der Vorteil liegt darin, dass Sie nun den Zeitpunkt der Erstellung des Word-Objekts festlegen können. Im ersten Fall lässt sich nicht genau sagen, wann Access das Word-Objekt lädt. Erzeugen Sie die neue Word-Instanz mit dem `Set`-Befehl, so können Sie gezielt bestimmen, ob und wann das Objekt in den Speicher geladen wird.

Beachten Sie aber, dass beim frühen Binden eine Instanz eines Automatisierungsobjekts mit `New` erstellt werden muss. Versuchen Sie auf Methoden und Eigenschaften eines Objekts zuzugreifen, für das noch keine Instanz erzeugt wurde, wird der Laufzeitfehler 91, »Objektvariable oder With-Blockvariable nicht festgelegt«, ausgelöst.

Wenn Sie ein Programm, in dem Automatisierungsobjekte verwendet werden, auf einem anderen Rechner einsetzen, so müssen Sie sicherstellen, dass ein Verweis auf die entsprechende Objektbibliothek in Access eingerichtet ist. Zur Kontrolle von Verweisen können Sie die `References`-Auflistung in Access nutzen, in der alle Verweise aufgelistet sind. In Kapitel 22, »Add-Ins und Bibliotheken«, beschreiben wir Kontrollmechanismen für Verweise.

19.1.2 Späte Bindung

Während beim Early Binding Access aufgrund des Verweises auf die Objektbibliothek alle Informationen über das Objekt erhält, wird beim späten Binden mit allgemeinen Objekten gearbeitet, für die Access zurzeit der Programmerstellung keine Informationen hat. Erst zur Laufzeit erfährt Access, mit welchem Objekt gearbeitet wird. Um allgemein Instanzen von Objekten zu erstellen, stehen Ihnen die Funktionen `CreateObject()` und `GetObject()` zur Verfügung. Im folgenden Beispiel wird das Word-Objekt mithilfe von `CreateObject()` erzeugt. Als Parameter wird der Funktion der Name der Objektklasse übergeben.

```
Dim objWord As Object

Sub WordTest()
    Set objWord = CreateObject("Word.Application")
    objWord.Visible = True
    objWord.Quit
    Set objWord = Nothing
End Sub
```

Wenn Sie mit allgemeinen Objekten arbeiten, erhalten Sie von Access keine Unterstützung durch automatische Direkthilfen, denn zurzeit der Programmerstellung verfügt Access über keine Informationen über das Objekt. Auch führt Access für allgemeine Objekte keine Überprüfung durch, ob die angegebenen Methoden und Eigenschaften für das Objekt existieren.

Der Vorteil der späten Bindung besteht darin, dass bei der Weitergabe Ihres Programms auf dem Zielrechner kein Verweis (im Visual Basic Editor unter *EXTRAS Verweise*) zur Objektbibliothek eingerichtet sein muss. Ein solcher Verweis wird auch als Referenz bezeichnet.

! Fehlende Verweise: Ein fehlender Verweis kann dazu führen, dass Ihr gesamtes Programm nicht mehr funktioniert. Ist nur eine der Bibliotheken als »Nicht vorhanden« markiert, scheint Access auch Funktionen in vorhandenen Bibliotheken nicht mehr korrekt erkennen zu können. In Kapitel 22, »Add-Ins und Bibliotheken«, erhalten Sie weitere Informationen zu Verweisen.

19.1.3 Klassenunterschiede

Die Objektklassen der Automatisierungsobjekte lassen sich in zwei Gruppen unterteilen: Einfach- und Mehrfachinstanzen, im englischen meist mit Single-Use und Multiple-Use Classes bezeichnet.

Der Unterschied ist leicht zu erklären. Erzeugen Sie in Ihrem Programm mehrere Excel-Objekte, wird für jede Objektvariable ein neues Excel geöffnet. Excel ist also eine Single-Use-Anwendung.

```
Dim objExcel1 As Excel.Application
Dim objExcel2 As Excel.Application

Sub ExcelTest()
   Set objExcel1 = New Excel.Application
   Set objExcel2 = New Excel.Application

    objExcel1.Visible = True
    objExcel1.Workbooks.Add

    objExcel2.Visible = True
    objExcel2.Workbooks.Add

    MsgBox "Excel zweimal geöffnet!"

    objExcel1.Quit
```

```
    objExcel2.Quit
    Set objExcel1 = Nothing
    Set objExcel1 = Nothing
End Sub
```

Dagegen ist beispielsweise Microsoft Outlook eine Multiple-Use-Anwendung, d.h., Sie können beliebig viele neue Objektvariablen erstellen, die Variablen verweisen aber immer auf das erste und eine Outlook-Objekt.

19.2 Beispiel 1: Automatisierung mit Word 2002

Um die Möglichkeiten zu zeigen, die Ihnen durch die Automatisierung zur Verfügung stehen, möchten wir Ihnen in diesem Abschnitt die DocuAid2002-Anwendung vorstellen. Wir zeigen Ihnen in den folgenden Schritten den Aufbau der Anwendung und die Weitergabe der Dokumentationsdaten an Word. DocuAid2002 ist als Access-Add-In konzipiert und meldet sich mit dem folgenden Dialogfeld. Informationen zur Installation von DocuAid2002 finden Sie auf der CD-ROM zum Buch im Unterverzeichnis \DocuAid2002 in der Datei README.TXT.

Bild 19.4: Startdialogfeld von DocuAid2002

Im Folgenden wird die Komponente zur Dokumentation der Datenbankeigenschaften beschrieben. Da alle Teile von DocuAid2002 Word verwenden, wurde eine globale Objektvariable definiert. Damit nicht schon beim Laden von DocuAid2002 ein Word-Objekt erzeugt wird, wurde die Definition ohne das Schlüsselwort `New` vorgenommen.

```
Option Compare Database
Option Explicit

' Globale Variable für Word wird initialisiert in Form_frmDocuAid
Global gobjWord As Word.Application
```

Im Modul des Startformulars (siehe Bild 19.4) wird nach Auswahl der gewünschten Dokumentationsoptionen die Dokumentation mithilfe der Schaltfläche *Dokumentation starten* aufgerufen. Ein Klick auf die Schaltfläche löst die Abarbeitung der folgenden Ereignisprozedur aus. In der Prozedur wird eine neue Word-Instanz erzeugt, wobei, wenn der Dokumentationsvorgang mehrfach hintereinander gestartet wird, nicht jedesmal eine neue Instanz erzeugt wird, sondern die vorhandene Instanz weiterverwendet wird. Der Nachteil der Methode liegt darin, dass das Programm abstürzt, wenn der Anwender zwischen zwei Dokumentationsläufen Word »per Hand« schließt. Eine Lösung dieses Problems stellen wir Ihnen in Abschnitt 19.5, »Automatisierung mit Ereignissen«, vor.

```
Private Sub cmdDocuAid_Click()
    ' Word initialisieren und anzeigen
    If gobjWord Is Nothing Then
        Set gobjWord = New Word.Application
        gobjWord.Visible = True
    End If

    ' Textfelder sichtbar machen
    txtDocuModul.Visible = True
    txtDocuItem.Visible = True

    ' Je nach angewählten Optionen
    If chkDatabase Or chkComplete Then
        DocumentDatabase
    End If

    ...
    ' Weitere Optionen
    ...
End Sub
```

Die Prozedur `DocumentDatabase()` übernimmt die Dokumentation der Datenbankeigenschaften. Sie übernimmt das globale Word-Objekt, das noch kein Dokument enthält. Im ersten Schritt wird mit

```
Set oDoc = objWord.Documents.Add()
```

ein neues Dokument erstellt, das auf NORMAL.DOT basiert. Anschließend vereinbart der Aufruf

```
MakeHeaderFooter objWord, "Database »" & CurrentDb.Name & "«"
```

Kopf- und Fußzeilen für das neue Dokument. Die vollständige Prozedur zur Datenbankdokumentation zeigt das folgende Listing. Nicht alle in der Prozedur verwendeten Funktionen und Routinen sind hier im Buch aufgeführt, Sie können sie aber direkt in der Datenbankdatei DocuAid2002.MDA auf der CD-ROM nachschlagen.

```
Option Compare Database
Option Explicit

' Datenbankeigenschaften dokumentieren
Sub DocumentDatabase()
    Dim objWord As Word.Application
    Dim oDoc As Word.Document
    Dim prp As DAO.Property
    Dim strTempFilename  As String

    On Error GoTo err_DocumentDatabase

    ' objWord verweist auf geöffnete Word-Anwendung
    Set objWord = gobjWord

    ' Neues Word-Dokument öffnen
    Set oDoc = objWord.Documents.Add()
    ' Anzeige von Rechtschreibfehlern ausschalten
    oDoc.ShowSpellingErrors = False
    ' Kopf- und Fußzeilen erstellen
    MakeHeaderFooter objWord, "Database »" & CurrentDb.Name & "«"

    ' Überschrift erstellen
    With objWord.Selection
        .Font.Name = "Arial"
        .Font.Size = "14"
        .Font.Bold = True
        .InsertAfter "Database »" & CurrentDb.Name & "«"
```

```
    .InsertParagraphAfter
    .Collapse Direction:=wdCollapseEnd
    .Font.Bold = False
    .Style = "Standard"
    .InsertParagraphAfter
    .Collapse Direction:=wdCollapseEnd
End With
' Aktualisieren des Word-Bildschirms abschalten
objWord.ScreenUpdating = False

' für DBENGINE
FormShowItem "Datenbank dokumentieren", "DBEngine"
With objWord.Selection
    .Font.Bold = True
    .InsertAfter "DBEngine"
    .InsertParagraphAfter
    .Collapse Direction:=wdCollapseEnd
    .Font.Bold = False
    .MoveUp Unit:=wdLine, Count:=1, Extend:=wdMove
    .Borders(wdBorderBottom).LineStyle = wdLineStyleSingle
    .MoveDown Unit:=wdLine, Count:=1, Extend:=wdMove
    .Collapse Direction:=wdCollapseEnd
    .InsertParagraphAfter

    ' DBEngine-Eigenschaften ermitteln
    On Error Resume Next
    For Each prp In DAO.DBEngine.Properties
        If prp.Value <> "" And prp.Name <> "" Then
            .InsertAfter prp.Name & " = " & prp.Value & vbCrLf
            .Collapse Direction:=wdCollapseEnd
            Debug.Print prp.Name, prp.Value
        End If
    Next
    On Error GoTo err_DocumentDatabase
    .InsertParagraphAfter
    .Collapse Direction:=wdCollapseEnd

    ' DATABASE
    FormShowItem "Datenbank dokumentieren", "Database"
    .Font.Bold = True
    .InsertAfter "Database"
    .InsertParagraphAfter
```

```
.Collapse Direction:=wdCollapseEnd
.Font.Bold = False
.MoveUp Unit:=wdLine, Count:=1, Extend:=wdMove
.Borders(wdBorderBottom).LineStyle = wdLineStyleSingle
.MoveDown Unit:=wdLine, Count:=1, Extend:=wdMove
.InsertParagraphAfter
.Collapse Direction:=wdCollapseEnd

' DataBase-Eigenschaften ermitteln
On Error Resume Next
For Each prp In CurrentDb.Properties
    If prp.Value <> "" And prp.Name <> "" Then
        .InsertAfter prp.Name & " = " & prp.Value & vbCrLf
        .Collapse Direction:=wdCollapseEnd
    End If
    Debug.Print prp.Name & " - " & prp.Value

Next
On Error GoTo err_DocumentDatabase
.InsertParagraphAfter
.Collapse Direction:=wdCollapseEnd

' WORKSPACE
FormShowItem "Datenbank dokumentieren", "Workspace"
.Font.Bold = True
.InsertAfter "Workspace"
.InsertParagraphAfter
.Collapse Direction:=wdCollapseEnd
.Font.Bold = False
.Collapse Direction:=wdCollapseEnd
.MoveUp Unit:=wdLine, Count:=1, Extend:=wdMove
.Borders(wdBorderBottom).LineStyle = wdLineStyleSingle
.MoveDown Unit:=wdLine, Count:=1, Extend:=wdMove
.InsertParagraphAfter
.Collapse Direction:=wdCollapseEnd

' WorkSpace-Eigenschaften
On Error Resume Next
For Each prp In DAO.DBEngine.Workspaces(0).Properties
    If prp.Value <> "" And prp.Name <> "" Then
        .InsertAfter prp.Name & " = " & prp.Value & vbCrLf
        .Collapse Direction:=wdCollapseEnd
    End If
```

```
            Debug.Print prp.Name & " - " & prp.Value

        Next
        .InsertParagraphAfter
    End With
    On Error GoTo err_DocumentDatabase
    ' Word-Bildschirmaktualisierung einschalten
    objWord.ScreenUpdating = True
    ' Zum Anfang des Dokuments springen
    objWord.Selection.HomeKey Unit:=wdStory, Extend:=wdMove

    Set objWord = Nothing
    Exit Sub

err_DocumentDatabase:
    Dim lngErr
    If Not objWord Is Nothing Then
        objWord.ScreenUpdating = True
    End If
    Set objWord = Nothing
    lngErr = Errorhandler(strModul:="DocuAid2000- DocumentDatabase", _
                          intclass:=conFatalError)
    Exit Sub
End Sub

' Kopf- und Fußzeilen vereinbaren
Public Sub MakeHeaderFooter(objWord As Word.Application, _
                                            strTitle As String)
    On Error GoTo err_MakeHeaderFooter

    ' Einfache Kopf- und Fußzeilen ohne Besonderheiten
    With objWord.ActiveDocument.Sections(1)
        With .Headers(wdHeaderFooterPrimary).Range
            .Text = strTitle & vbTab & vbTab
            .Font.Name = "Arial"
            .Collapse Direction:=wdCollapseEnd
            .InsertDateTime
            'Absatz grau unterstreichen
            .Borders(wdBorderBottom).LineStyle = wdLineStyleSingle
            .Borders(wdBorderBottom).ColorIndex = wdGray50
        End With
```

```
        With .Footers(wdHeaderFooterPrimary).Range
            .Text = "by Programmiererei Nicol - Frankfurt" & _
                                                  vbTab & vbTab
            .Font.Name = "Times New Roman"
            .Font.Size = 10
            .Collapse Direction:=wdCollapseEnd
            ' Einfügen: »Seitenzahl / Gesamtzahl Seiten«
            ' als Feldfunktionen
            .Select
            .Fields.Add Range:=objWord.Selection.Range, _
                                                  Type:=wdFieldPage
            .Collapse Direction:=wdCollapseEnd
            .Select
            objWord.Selection.TypeText "/"
            .Collapse Direction:=wdCollapseEnd
            .Select
            .Fields.Add Range:=objWord.Selection.Range, _
                                          Type:=wdFieldNumPages
        End With
        objWord.ActiveDocument.Select
        objWord.ActiveWindow.View = wdNormalView
        objWord.ActiveWindow.View.SplitSpecial = wdPaneNone
    End With
    Exit Sub

err_MakeHeaderFooter:
    Dim lngErr
    lngErr = Errorhandler(strModul:="DocuAid2002 - MakeHeadFooter", _
                          intclass:=conFatalError)
End Sub
```

19.3 Beispiel 2: Ausfüllen von Word-Textmarken

In unseren Projekten war eine häufige Forderung unserer Kunden, dass Inhalte einer Tabelle oder Inhalte von Steuerelementen eines Formulars in ein Word-Dokument übertragen werden sollten. Liegen die an Word zu übertragenden Daten in einer Tabelle oder Abfrage vor, bietet sich die Word-Serienbrieffunktion an. Wir möchten Ihnen in diesem Abschnitt eine andere Lösungsvariante vorstellen, bei der Textmarken in einem Word-Dokument mit Inhalten eines

Access-Formulars gefüllt werden. Die Lösung kann beispielsweise eingesetzt werden, um schnell eine Word-Dokumentvorlage aufzurufen, mit den entsprechenden Werten aus dem Formular zu füllen und dann in einer festlegbaren Anzahl von Exemplaren auszudrucken. „Warum der Umweg über Word, warum wird nicht einfach ein Bericht verwendet?" könnten Sie jetzt einwenden. Ganz einfach: Die Word-Vorlage kann und darf durch den Anwender geändert und bearbeitet werden. Der Anwender muss nur darauf achten, die entsprechenden Textmarken in seine Vorlage aufzunehmen. Eine Änderung der Vorlage erfordert somit keine Anpassung des Access-Programms.

Word-Textmarken sind unsichtbare Platzhalter, die an beliebigen Stellen in ein Word-Dokument eingefügt werden können. Eine Textmarke erhält einen eindeutigen Namen, über den sie gezielt angesprochen werden kann.

Wir haben ein einfach zu verwendendes Klassenmodul entwickelt, das den Aufruf von Word, das Laden der entsprechenden Vorlage und das Füllen der Textmarken mit Inhalten des aktiven Formulars automatisiert. Das Einsetzen der Inhalte wird dabei nach dem folgenden Schema vorgenommen: Es werden alle Steuerelemente vom Typ Textfeld, Bezeichnungsfeld und Kombinationsfelder durchlaufen. Jedes Steuerelement hat einen Namen, der in den Eigenschaften des Steuerelements festgelegt wird. Der Inhalt des Steuerelements wird dann in die Word-Vorlage übernommen, wenn im Text eine Textmarke mit gleichem Namen existiert. Wenn also beispielsweise auf dem Formular ein Steuerelement mit dem Namen *txtNachname* definiert ist, wird beim Einfügen in die Word-Vorlage der Inhalt des Steuerelements in die Textmarke *txtNachname* eingesetzt. Soll der Nachname in der Word-Vorlage mehrfach verwendet werden, ist die Klasse so programmiert, dass auch Textmarken mit der Bezeichnung *txtNachname_0* bis *txtNachname_9* entsprechend gefüllt werden.

In Bild 19.5 ist das Formular *frmWordVorlageAusfüllen* abgebildet, das die Felder Cocktail und Zubereitung der Tabelle *tblCocktail* zeigt. Zusätzlich wird der Name der zu verwendenden Word-Dokumentvorlage angegeben. Die Schaltfläche mit der Aufschrift *Druck mit Word-Vorlage* soll die Beispielvorlage in Word öffnen und die Inhalte der Felder des Formulars in die Vorlage einfügen.

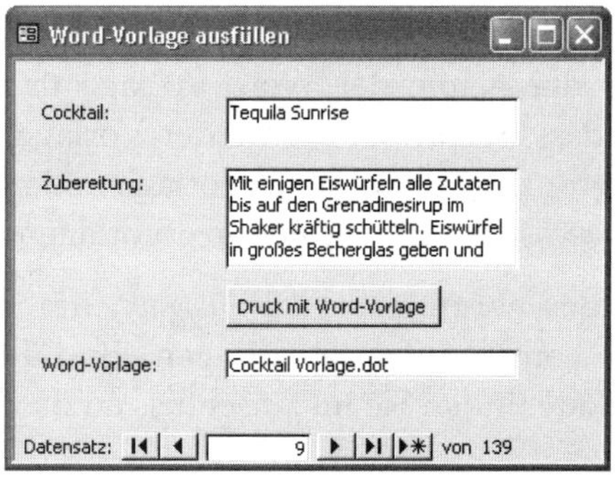

Bild 19.5: Formular frmWordVorlageAusfüllen

Bei einem Klick auf die Schaltfläche *Druck mit Word-Vorlage* wird die folgende Prozedur ausgeführt, in der die Klasse `clsWordTextmarken` verwendet wird. Das Listing der Klasse finden Sie weiter unten.

Innerhalb der Prozedur wurde die Klasse mit dem `Dim`-Befehl deklariert und anschließend mit `Set` eine neue Instanz der Klasse erzeugt. Bei der Initialisierung der Klasse wird automatisch ein Verweis auf das aktuelle Formular generiert, sodass die Klasse weiß, welches Formular die Steuerelemente zur Übergabe an die Word-Vorlage enthält (siehe `Sub Class_Initialize()` im Klassenlisting). Die Klasse enthält zusätzlich die Eigenschaft `Form`, mit deren Hilfe ein Verweis auf ein Formular gesetzt werden kann.

Beachten Sie dabei, dass die Klasse nicht schon beim Laden des Formulars (`Form_Load`) mit `Set` initialisiert werden sollte, denn dann liefert der in `Class_Initialize` verwendete Befehl `Screen.ActiveForm` noch nicht den Verweis auf das sich gerade öffnende Formular zurück.

```
Private Sub cmdDruck_Click()
    ' Für Einfüllen in Textmarken der im
    ' Formular angegebenen Word-Vorlage
    Dim WordTextmarken As clsWordTextmarken

    ' Neues Objekt erzeugen, da wird ein Verweis auf
    ' das aktuelle Formular generiert
    Set WordTextmarken = New clsWordTextmarken
    ' Ausfüllen der Steuerelemente in die Vorlage
    If Not WordTextmarken.FillTemplate(txtWordVorlage) Then
        MsgBox "Word-Vorlage nicht ausgefüllt!"
    End If
    ' Zerstören des Objekts
    Set WordTextmarken = Nothing
End Sub
```

Der eigentliche Vorgang des Ausfüllens in die Word-Vorlage erledigt die Funktion `FillTemplate`, der der Name der Word-Vorlage übergeben wird. Hierbei haben wir vereinbart, dass, wenn der Name der Vorlage ohne Pfad übergeben wird (kein »\« im Namen), die Funktion die Vorlage in dem Ordner erwartet, der in Word (in *Extras/Optionen*) als Pfad für Benutzervorlagen festgelegt ist.

Die Klasse verwendet das Formular *frmDlgAusgabe*, um die Anzahl der auszudruckenden Exemplare vom Benutzer abzufragen. Ein Bild des Formulars sowie den dazugehörenden Code finden Sie im Anschluss an das Klassenlisting.

```
' Klassenmodul clsWordTextmarken
'
' Mithilfe dieser Klasse können die Inhalte der Steuerelemente vom Typ
' Text-, Bezeichnungs- oder Kombinationsfeld in ein Word-Dokument
' eingefügt werden. Dazu wird eine Word-Vorlage verwendet, in der
' Textmarken angelegt sind. Hat eine Textmarke den gleichen Namen wie ein
' Steuerelement des Formulars, so wird der Inhalt des Steuerelements in
' die Textmarke eingefügt. Um mehrfaches Einsetzen zu ermöglichen, also
' den Inhalt eines Steuerelements in mehrere Textmarken einzufügen, kann
' den Textmarkennamen _0 bis _9 angehängt werden. Somit kann ein
' Steuerelementinhalt bis zu 10 mal eingesetzt werden.

Option Compare Database
Option Explicit

' Verweis auf das Formular, dessen Steuerelemente
' in die Textmarken der Word-Vorlage
' eingesetzt werden
Dim mFrm As Form

' Setzen des zu bearbeitenden Formulars
Property Set Form(f As Form)
    Set mFrm = f
End Property

' Einsetzen der Inhalte der Steuerelemente
' in gleichnamige Textmarken in der Word-Vorlage
Function FillTemplate(ByVal Vorlage As String) As Boolean
    ' Word 2002
    Dim oWordApp As Word.Application
    Dim oWord As Word.Document
    Dim wrdBookmark As Word.Bookmark
```

```
' Steuerelemente
Dim ctl As Control
Dim ctlActive As Control

Dim strTmp As String
Dim strBookmark As String

On Error GoTo err_

' Ist ein Formular festgelegt?
If mFrm Is Nothing Then
    MsgBox "Kein Formular angegeben!"
    FillTemplate = False
    Exit Function
End If

' Aktives Steuerelement merken
Set ctlActive = mFrm.ActiveControl

' Sanduhr einschalten
DoCmd.Hourglass True

' Neue Instanz von Word erzeugen, wenn Word noch nicht geöffnet
' wurde,wird Word zwar geladen, das Word-Fenster ist aber unsichtbar
Set oWordApp = New Word.Application
' Wenn ein Backslash im String »Vorlage« vorkommt, wird davon
' ausgegangen, dass der String den Namen der Vorlage mit dem
' kompletten Pfad enthält
If InStr(Vorlage, "\") = 0 Then
    ' Wenn kein Backslash, dann Pfad der
    ' benutzerspezifischen Vorlagen setzen
    Vorlage = oWordApp.Options.DefaultFilePath(wdUserTemplatesPath) _
                        & "\" & Vorlage
End If

' Neues Dokument mit Vorlage erzeugen
Set oWord = oWordApp.Documents.Add(Vorlage)

'Für jedes Steuerelement des Formulars
For Each ctl In mFrm.Controls
    ' nur für Text-, Bezeichnungs- und Kombinationsfelder
    If ctl.ControlType = acTextBox Or _
        ctl.ControlType = acLabel Or _
        ctl.ControlType = acComboBox Then
```

```
        ' Für alle Textmarken in Word-Vorlage
        For Each wrdBookmark In oWord.Bookmarks
            ' Namen der Textmarke ermitteln
            strBookmark = wrdBookmark.Name

            ' für *_0 bis *_9
            If Right(strBookmark, 2) Like "_#" Then
                strBookmark = Left(strBookmark, Len(strBookmark) - 2)
            End If

            ' Wenn der Name der Textmarke gleich dem Namen
            ' des Steuerelements
            If strBookmark = ctl.Name Then

                ' Je nach Typ des Steuerelements
                Select Case ctl.ControlType
                Case acTextBox
                    ' bei Textfeldern kann der Text nur über
                    ' ctl.Text ausgelesen werden, wenn das
                    ' Steuerelement den Fokus besitzt
                    ctl.SetFocus
                    wrdBookmark.Range.InsertAfter ctl.Text
                Case acComboBox
                    ' Bei Kombinationsfeldern den Wert der
                    ' ersten Spalte einsetzen
                    wrdBookmark.Range.InsertAfter ctl.Column(1)
                Case acLabel
                    ' Bei Bezeichnungsfeldern Caption verwenden
                    wrdBookmark.Range.InsertAfter ctl.Caption
                End Select
            End If
        Next
    End If
Next
' Dem vorher aktiven Steuerelement den Fokus zurückgeben, da wegen
' der Behandlung von Textfeldern der Fokus ggf. versetzt wurde
ctlActive.SetFocus

' Sanduhr abschalten
DoCmd.Hourglass False
```

```
' Dialogfeld öffnen, um abzufragen, ob das erstellte und gefüllte
' Word-Dokument gedruckt oder in Word angezeigt werden soll
Dim frmDlg As New Form_frmDlgAusgabe
' Solange das Dialogfeld sichtbar ist...
Do
    DoEvents
Loop Until Not frmDlg.Visible

' Auswahl im Dialogfeld über die Eigenschaft Result
Select Case frmDlg.Result
' Ausdruck
Case 1:
    ' Word-Fenster sichtbar machen
    oWordApp.Visible = True
    ' Word aktivieren
    oWordApp.Activate
    ' aktuelles Dokument ausdrucken, die Anzahl der Exemplare
    ' über Dialogfeld bestimmen
    oWord.PrintOut Copies:=frmDlg.Exemplare, _
            Background:=False 'nicht im Hintergrund
    ' Word schließen, Dokument nicht speichern
    oWordApp.quit SaveChanges:=False
    ' Word-Objekt zerstören
    Set oWordApp = Nothing

' Anzeige in Word
Case 2:
    ' Word-Fenster sichtbar machen
    oWordApp.Visible = True
    ' Word aktivieren
    oWordApp.Activate
End Select

' Dialogfenster zerstören
Set frmDlg = Nothing

' Funktion meldet Erfolg zurück
FillTemplate = True

Exit Function
err_:
    ' Sanduhr abschalten
    DoCmd.Hourglass False
```

```
    Select Case err.Number
    Case 5151, 5137:
        MsgBox "Vorlage »" & Vorlage & _
                "« nicht gefunden! (Fehler " & err.Number & ")"
    Case Else
        MsgBox err.Number & " - " & err.Description
    End Select

    If Not oWordApp Is Nothing Then
        ' Word schließen
        oWordApp.quit SaveChanges:=False
        Set oWordApp = Nothing
    End If

    'Misserfolg zurückmelden
    FillTemplate = False
    Exit Function
End Function

Private Sub Class_Initialize()
    ' Im Normalfall wird die Klasse innerhalb eines Formulars aufgerufen,
    ' damit kann automatisch das aktuelle Formular ermittelt werden.
    ' Im Fehlerfall ist mFrm undefiniert und kann über die Eigenschaft
    ' Form gesetzt werden.
    On Error Resume Next
    Set mFrm = Screen.ActiveForm
End Sub
```

Das folgende Bild zeigt das Dialogfeld, das vom Benutzer die Anzahl der Exemplare abfragt, alternativ kann die ausgefüllte Vorlage in Word angesehen werden.

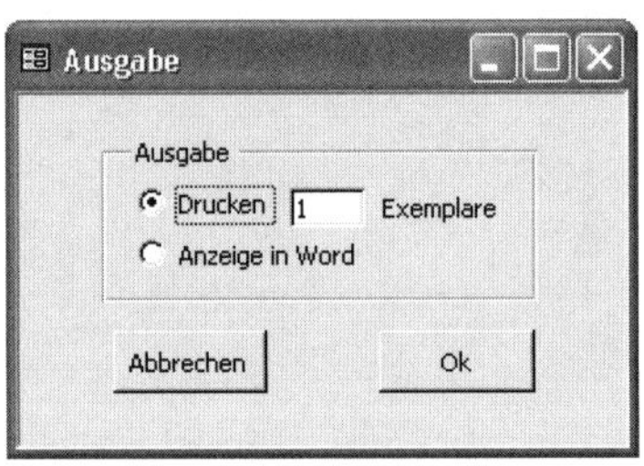

Bild 19.6: Formular frmDlgAusgabe

Für das Formular wurden die im folgenden Listing abgedruckten Prozeduren vereinbart. Mithilfe der Eigenschaft `Exemplare` kann die Anzahl der Exemplare gesetzt und abgefragt werden.

```
Option Compare Database
Option Explicit

' Für das Endergebnis
Dim mResult As Integer

' Dialogfeld wird abgebrochen
Private Sub cmdAbbrechen_Click()
    mResult = 0
    Me.Visible = False
End Sub

' Auswahl ist getroffen
Private Sub cmdOK_Click()
    mResult = fraAusgabe
    Me.Visible = False
End Sub

Private Sub Form_Load()
    ' Formular sichtbar schalten
    ' Wichtig, da Formular als Objekt
    ' verwendet wird
    Me.Visible = True
    mResult = 0
End Sub

' Setzen des Ergebniswertes
Private Sub fraAusgabe_Click()
    mResult = fraAusgabe
End Sub

' Eigenschaft, um Ergebnis abzufragen
Property Get Result() As Integer
    Result = mResult
End Property
```

```
' Eigenschaft, um Anzahl der Exemplare abzufragen
Property Get Exemplare() As Integer
    Exemplare = Val(txtExemplare)
End Property

' Eigenschaft, um Anzahl der Exemplare zu setzen
Property Let Exemplare(Ex As Integer)
    txtExemplare = Ex
End Property
```

19.4 Beispiel 3: Komplexe Rechnungen mit Excel

Für viele komplexe Berechnungen sind die in Access zur Verfügung stehenden mathematischen Funktionen nicht ausreichend. Es bietet sich daher an, die große Anzahl mathematischer Funktionen von Microsoft Excel in Access zu nutzen. Allerdings hat die Verwendung von Excel den Nachteil, dass für die Nutzung der Funktionen Excel komplett als Objekt in den Speicher geladen werden muss, was einige Zeit dauert und erhebliche Mengen an Hauptspeicher erfordert. Die Funktionen von Excel in der im folgenden Beispiel beschriebenen Weise einzusetzen, ist nur sinnvoll, wenn aufwändige mathematische Berechnungen in Access durchgeführt werden sollen.

Im Beispiel wird die Excel-Tabellenfunktion `RoundUp()` (`Aufrunden()`) aufgerufen. Sie ist eine Methode des Objekts `WorkSheetFunction`, das alle Tabellenblattfunktionen enthält.

```
' MODUL: basExcelAutomatisierung
Option Compare Database
Option Explicit

Dim objExcel As Excel.Application

Sub ExcelTest()
    Dim dblA As Double
    Dim dblB As Double
    Dim lngCocktail As Long
    Dim strCocktail As String

    Set objExcel = New Excel.Application

    On Error GoTo err_ExcelTest
```

```
    ' Eingabe einer Cocktailbezeichnung
    strCocktail = InputBox("Cocktail:", "Alkoholgehalt ermitteln")
    If strCocktail = "" Then Exit Sub

    ' Cocktailnummer ermitteln
    On Error Resume Next
    lngCocktail = DLookup("[cocktailnr]", _
                "tblCocktail", "[cocktail]=""" & strCocktail & _
                                                               """")
    If lngCocktail = 0 Then Exit Sub
    On Error GoTo err_ExcelTest

    ' Alkoholgehalt des Cocktails ermitteln
    dblA = fAlkoholgehalt(lngCocktail)

    ' aufrunden
    dblB = objExcel.WorksheetFunction.RoundUp(dblA, 1)
    MsgBox dblB

    objExcel.Quit
    Set objExcel = Nothing

exit_ExcelTest:
    Exit Sub
err_ExcelTest:
    MsgBox "Fehler: " & Err.Number
    Resume exit_ExcelTest
End Sub
```

Beachten Sie, dass wenn Sie ein Excel-Objekt neu erzeugen, dies unsichtbar in den Speicher geladen wird. Wenn Ihr Programm abbricht, ohne die Befehle

```
objExcel.Quit
Set objExcel = Nothing
```

zu durchlaufen, verbleibt das Excel-Objekt im Speicher. Ein solch verbliebenes Objekt kann nur über den Windows-Taskmanager aus dem Speicher entfernt werden. Wir haben es bei Programmieren und Testen aufwändiger Automatisierungslösungen geschafft, Windows 95/98/Me durch zu viele verbliebene Excel-Objekte zum Absturz zu bringen.

19.5 Automatisierung mit Ereignissen

Durch das neue Befehlswort `WithEvents` ist es möglich, auf Ereignisse in Anwendungen zu reagieren, die durch Automatisierungsbefehle gesteuert werden. Damit können Sie beispielsweise über Ereignisse, die in Word oder Excel eingetreten sind, in Ihrer Applikation benachrichtigt werden. Im Objektkatalog werden behandelbare Objektereignisse durch den »Blitz« gekennzeichnet. Im nächsten Bild beispielsweise ist das Ereignis `DocumentChange` des Word-Objekts selektiert.

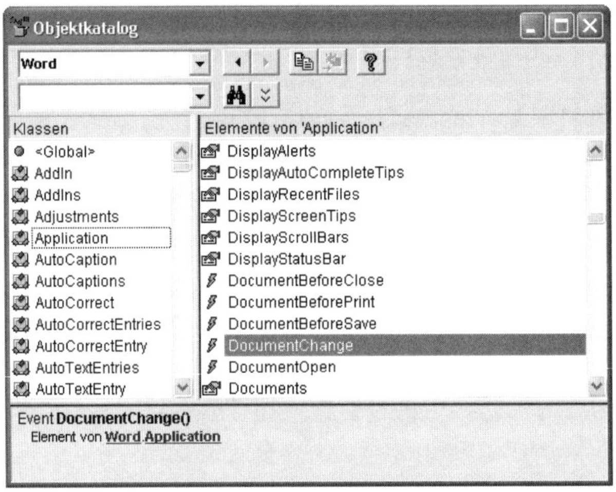

Bild 19.7: Ereignis im Objektkatalog

Wir möchten Ihnen die Anwendung des `WithEvents`-Befehls mithilfe der schon oben beschriebenen DocuAid2002-Applikation erläutern. Wie dort erwähnt, können verschiedene Teile einer Datenbank nacheinander mit DocuAid2002 dokumentiert werden. DocuAid2002 öffnet Word aber nur beim ersten Aufruf der Dokumentation, d.h., werden mehrere Teile hintereinander dokumentiert, geht DocuAid2002 davon aus, dass Word initialisiert und geöffnet ist. DocuAid2002 stürzt ab, wenn zwischen zwei Dokumentationsaufrufen Word »per Hand« geschlossen wird. Um diesen Absturz zu verhindern, werden wir DocuAid2002 so verändern, dass das Programm auf das Ereignis »Schließen« (Quit) von Word reagiert.

Der Einsatz von `WithEvents` ist etwas aufwändig, denn er erfordert ein eigenständiges Klassenmodul oder ein Formularklassenmodul für die Deklaration. Das folgende Listing zeigt die Definition des Klassenmoduls `clsWordEvents`. Mit der Deklaration

```
Private WithEvents mobjWord As Word.Application
```

wird erreicht, dass das Word-Ereignis an mobjWord weitergereicht wird. In der Routine Class_Initialize() wird eine neue Instanz von Word erzeugt.

```
' KLASSENMODUL: clsWordEvents

Private WithEvents mobjWord As Word.Application

Private Sub Class_Initialize()
    Set mobjWord = New Word.Application
End Sub

Property Get WordObject() As Word.Application
    Set WordObject = mobjWord
End Property

Private Sub mobjWord_DocumentChange()
    Debug.Print "Aktuelles Word-Dokument: "; _
                         mobjWord.ActiveDocument.Name
End Sub

Private Sub mobjWord_Quit()
    ' Wenn Word verlassen wird, Variable zurücksetzen
    Set gobjWord = Nothing
End Sub
```

In der Klasse clsWordEvents sind Behandlungsroutinen für die Word-Ereignisse Quit und DocumentChange vereinbart worden. Für DocumentChange, d.h., für Ereignisse, die bei Änderungen an einem Word-Dokument eintreten, wurde zur Demonstration eine Ausgabe im Testfenster definiert. Für DocuAid2002 ist nur das Ereignis Quit interessant: Hierbei wird die globale Variable gobjWord zurückgesetzt, denn nach dem Quit-Ereignis gibt es die Word-Anwendung nicht mehr, auf die die Variable gezeigt hat.

Das DocuAid2000-Modul mit den globalen Deklarationen wurde um eine Deklaration für ein Objekt auf Basis der Klasse clsWordEvents erweitert.

```
' MODUL: basDocuAidGlobals
' Globale Variable für Word
' wird initialisiert in Form_frmDocuAid
Global gobjWord As Word.Application
' Zur Behandlung von Word-Ereignissen
Global gobjWordEvents As clsWordEvents
```

Beim Laden des zentralen Formulars frmDocuAid des DocuAid2002-Add-Ins wird das globale Klassenobjekt initialisiert. Die Eigenschaft WordObject gibt das Word-Objekt zurück, das beim Initialisieren der Klasse erstellt wird.

```
Private Sub Form_Load()
    ' Word-Ereignisbehandlung initialisieren
    Set gobjWordEvents = New clsWordEvents
    Set gobjWord = gobjWordEvents.WordObject
End Sub
```

Der Beginn der Prozedur cmdDocuAid_Click() wurde entsprechend modifiziert, damit sowohl das Klassenobjekt als auch das Word-Objekt definiert werden.

```
Private Sub cmdDocuAid_Click()
    ' Word initialisieren und anzeigen
    If gobjWord Is Nothing Then
        Set gobjWordEvents = New clsWordEvents
        Set gobjWord = gobjWordEvents.WordObject
    End If
    gobjWord.Visible = True
    ...
    ...
End Sub
```

Wird Word vorzeitig beendet, so wird in der Behandlungsroutine mobj-Word_Quit() in der Klasse clsWordEvents für das Ereignis Quit des Word-Objekts der Wert der Variablen gobjWord auf Nothing gesetzt. Das hat zur Folge, dass bei einem weiteren Aufruf der Prozedur cmdDocuAid() die Initialisierung der Klasse erneut durchlaufen und damit eine neue Instanz von Word in den Speicher geladen wird.

19.6 Ausführen von Makros anderer Anwendungen

Alle Office 2002-Anwendungen verfügen über die Möglichkeit, VBA-Programme in der jeweiligen Anwendung zu schreiben. Ebenso lassen sich eine Vielzahl von Windows-Applikationen, die Automatisierung unterstützen, mit eingebauten (Makro-) Programmiersprachen programmieren. Es ist zudem möglich, aus Access-VBA-Programmen per Automatisierung Makros und Programme in anderen Anwendungen zu starten.

Wir möchten Ihnen die Möglichkeiten anhand eines kleinen Beispiels beschreiben. Im Beispiel wird Excel per Automatisierung geladen und eine vorbereitete Excel-Datei geöffnet. Aus Access heraus werden Daten in das Excel-Arbeitsblatt eingetragen und anschließend wird ein Excel-VBA-Makro gestartet, das aus den Daten eine einfache Grafik erzeugt.

Im folgenden Bild sehen Sie auf der rechten Seite die Definition des Excel-Makros `ZeichneGrafik()`. Das Makro selektiert die Zellen A1 bis A5 des aktiven Arbeitsblatts, erstellt eine Grafik und ermittelt in der Zelle A6 die Summe über die Werte in A1:A5.

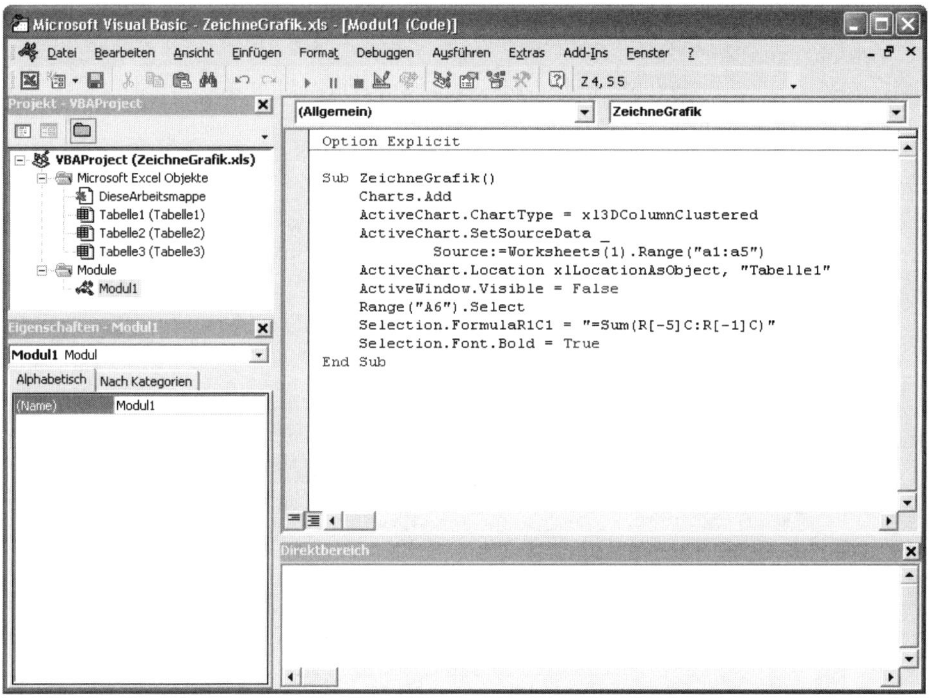

Bild 19.8: Excel-Makro im Visual Basic-Editor

In Access wird mit dem folgenden Programm Excel gestartet und die Datei geladen. Es werden die Werte übergeben und das Makro wird ausgeführt. Das Ergebnis zeigt das Bild nach dem folgenden Listing. Das Excel-Makro wird mit dem Befehl

```
objExcel.Run "ZeichneGrafik"
```

ausgeführt. Die Methode `Run` des Excel-Objekts ruft das angegebene Makro auf, wobei bis zu 30 Parameter mitgegeben werden können.

```
Private objExcel As New Excel.Application

Sub ExcelMakroTest()
    Dim intTmp As Integer
    Dim objExcelWorkSheet As Excel.Worksheet

    ' Excel sichtbar machen
    objExcel.Visible = True
    objExcel.ScreenUpdating = True
    ' XLS-Datei laden
    objExcel.Workbooks.Open "ZeichneGrafik.xls"
    ' Arbeitsblatt 'Tabelle1' aktivieren
    Set objExcelWorkSheet = _
                 objExcel.ActiveWorkbook.Worksheets("Tabelle1")
    objExcelWorkSheet.Activate

    ' Zahlen eintragen
    For intTmp = 1 To 5
       objExcel.Range("A" & Trim(CStr(intTmp))).Formula = intTmp * 100
    Next
    ' Makro aufrufen
    objExcel.Run "ZeichneGrafik"
End Sub
```

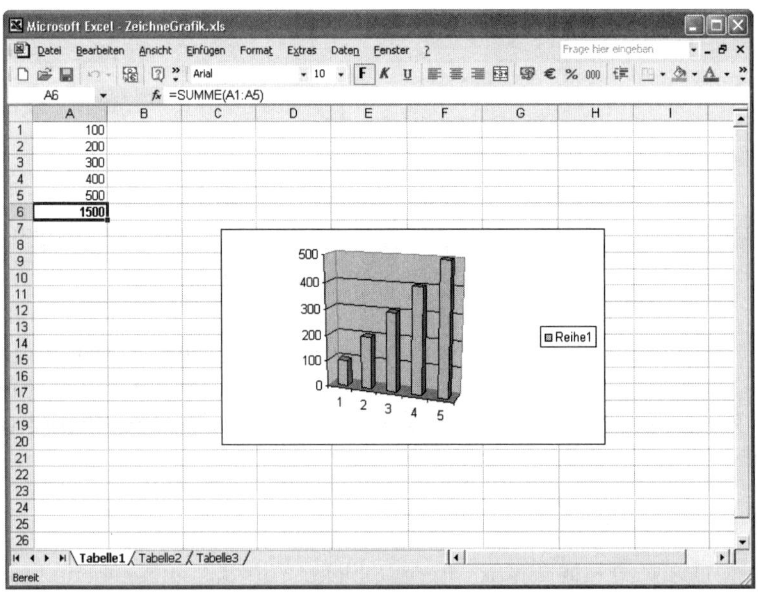

Bild 19.9: Ergebnis des Excel-Makros

20 ActiveX-Steuerelemente

In diesem Kapitel möchten wir Ihnen ActiveX-Steuerelemente vorstellen, mit deren Hilfe Sie Access um eine Reihe interessanter Fähigkeiten ergänzen können. Zwei ActiveX-Steuerelemente werden mit Access ausgeliefert, eine größere Anzahl gehört zur Entwicklungsumgebung »Microsoft Office XP Developer« (MOD).

20.1 ActiveX-Grundlagen

ActiveX-Steuerelemente sind Softwaremodule, die in allen Applikationen eingesetzt werden können, die die ActiveX-Schnittstelle bedienen können. ActiveX-Steuerelemente sind eine Weiterentwicklung der OCX-Steuerelemente, die in den Access-Versionen 2.0 und 7.0 verwendet werden konnten. OCX-Elemente sind wiederum aus den wiederverwendbaren VBX-Steuerelementen für die Programmiersprache Visual Basic hervorgegangen.

Microsoft hat für ActiveX-Steuerelemente, im Gegensatz zu den OCX-Elementen, den Schwerpunkt auf den Einsatz im Internet gelegt. Der Vorteil ist dabei, dass die ActiveX-Elemente relativ klein und schnell programmiert wurden, dafür wurde aber auf viele Komponenten der ursprünglich vereinbarten OCX-Schnittstelle verzichtet. Die Konsequenz daraus ist, dass nicht jedes ActiveX-Steuerelement von Access verwendet werden kann.

ActiveX-Steuerelemente sind als Objekte ausgeführt, d.h., in ihnen ist eine Funktionalität gekapselt, die durch definierte Schnittstellen angesprochen werden kann. Damit kann ein ActiveX-Steuerelement von jeder Anwendung genutzt werden, die die Schnittstelle ansprechen kann.

In Access nutzbare ActiveX-Steuerelemente lassen sich wie normale Access-Steuerelemente verwenden. Sie können beliebig auf einem Formular positioniert werden und die meisten ihrer Eigenschaften können im Eigenschaftenfenster zum Steuerelement festgelegt werden. Zusätzlich stellen die meisten ActiveX-Steuerelemente ein spezifisches Dialogfeld für Einstellungen zur Verfügung. Im weiteren Verlauf des Kapitels weisen wir Sie bei der Beschreibung der Steuerelemente auf die entsprechenden Einstellungsmöglichkeiten hin.

Eine Reihe von ActiveX-Steuerelementen sind auf die Nutzung mit Access hin konzipiert, sodass sie Tabellenfeldern von gebundenen Formularen zugeordnet werden können.

Die Nachteile

Der größte Nachteil beim Einsatz der ActiveX-Steuerelemente ist die teilweise unzureichende Dokumentation. Zu Problemen kann es auch kommen, wenn Sie in Ihren Access-Anwendungen ActiveX-Steuerelemente verwenden, die auf dem Rechner, auf dem die Anwendung geöffnet wird, nicht installiert sind.

20.1.2 Registrieren von ActiveX-Steuerelementen

Bei der Installation von Access werden zwei, bei der Installation der Microsoft Office XP Developer-Tools (MOD) werden die restlichen in diesem Kapitel beschriebenen Steuerelemente auf dem Rechner installiert. Um ein ActiveX-Steuerelement verwenden zu können, muss es entsprechend eingerichtet sein. Das bedeutet insbesondere, dass die korrekten Registrierungseinträge vereinbart sein müssen.

Verwenden Sie die Steuerelemente in Ihren Applikationen, müssen Sie sicherstellen, dass die entsprechenden ActiveX-Steuerelemente auch auf dem Zielrechner installiert sind. Arbeiten Sie mit den MOD-Tools, so können Sie mithilfe des Verpackungs-Assistenten (siehe Kapitel 23, »Anwendungsentwicklung«) ein Installationsprogramm generieren, das die entsprechenden ActiveX-Steuerelemente einrichtet oder aktualisiert.

Sind schon ActiveX-Steuerelemente installiert? Es ist durchaus möglich, dass bereits ActiveX-Steuerelemente auf Ihrem Rechner installiert sind, da diese teilweise von anderen Windows-Anwendungen eingerichtet werden. Beachten Sie dabei allerdings, dass die Steuerelemente in verschiedenen Versionen vorliegen können. Ältere Versionen unterstützen teilweise nicht alle Eigenschaften und Methoden, die hier beschrieben werden. Nicht alle ActiveX-Steuerelemente können mit Access verwendet werden; beachten Sie hierbei auch die Lizenzbestimmungen für die Steuerelemente.

Mithilfe des über *EXTRAS ActiveX-Steuerelemente* aufrufbaren Dialogfeldes, das im folgenden Bild gezeigt ist, können Sie feststellen, welche Steuerelemente auf Ihrem System installiert und registriert sind.

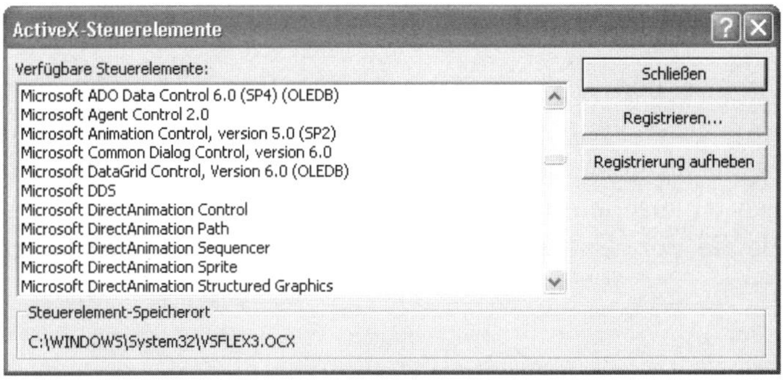

Bild 20.1: ActiveX-Steuerelemente

Über die Schaltfläche *Registrieren* können Sie neue ActiveX-Steuerelemente registrieren, über *Registrierung aufheben* nicht mehr benötigte Elemente entfernen.

20.1.3 Verweise auf ActiveX-Steuerelemente

Um die in diesem Kapitel beschriebenen ActiveX-Steuerelemente von Access und der Microsoft Office XP Developer-Tools mit VBA programmieren zu können, müssen Sie Verweise auf die entsprechenden Bibliotheken einrichten. Das folgende Dialogfeld, das Sie über *EXTRAS Verweise* im Visual Basic-Editor aufrufen, zeigt entsprechende Bibliotheken.

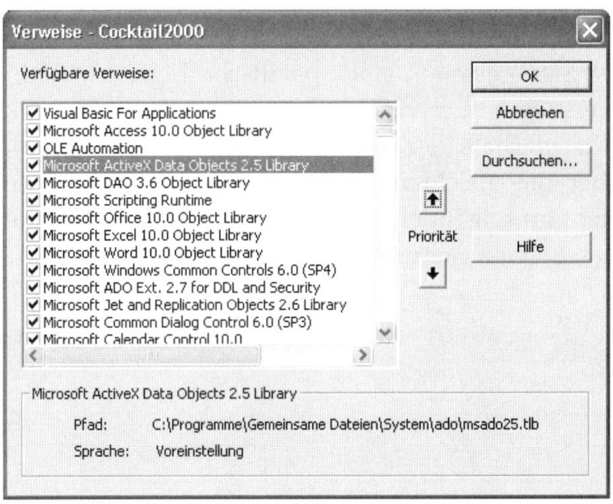

Bild 20.2: Verweise auf ActiveX-Steuerelemente

20.1.4 Fehlende Verweise

Fehlende Verweise können dazu führen, dass Ihre Access-Anwendung nicht mehr gestartet werden kann, da sofort eine Fehlermeldung erscheint. Diese Fehlermeldung kann an einer beliebigen Stelle im Programm, also beispielsweise auch in an sich fehlerfreiem Programmcode auftreten. In Kapitel 22 beschreiben wir Ihren, wie Sie Verweise auf Bibliotheken bzw. ActiveX-Steuerelemente kontrollieren können.

20.1.5 ActiveX-Steuerelemente im Lieferumfang

Mit Access wird das ActiveX-Steuerelement Kalender ausgeliefert. Die Microsoft Office XP Developer-Tools enthalten die ActiveX-Steuerelemente: Abbildungslisten, Listenansicht, RichText-Feld, Schieberegler, AufAb, Statusleiste, Symbolleiste, Fortschrittsleiste, Register, Hierarchieansicht, FlexGrid, Hierarchisches FlexGrid, DataCombo, DataList, DataGrid, ADO Data Control, Chart, Date and Time Picker und einige weitere.

Auf der »Microsoft Office XP Developer«-CD-Rom finden Sie im Ordner *\Samples\Sample Applications\CustomControls* eine Beispieldatenbank, in der Anwendungen der ActiveX-Steuerelemente gezeigt werden.

20.2 Unerlässliche Hilfe: Der Objektkatalog

Für jedes ActiveX-Steuerelement sind spezifische Eigenschaften, Methoden und Ereignisse definiert. Eine wertvolle Hilfestellung beim Umgang mit ActiveX-Steuerelementen ist deshalb der Objektkatalog. Der Objektkatalog kann in der Modulansicht über die gleichnamige Schaltfläche oder mithilfe der F2-Taste aufgerufen werden. Im folgenden Bild sehen Sie die Eigenschaften eines `Panels`, eines Elements des ActiveX-Statusleisten-Steuerelements.

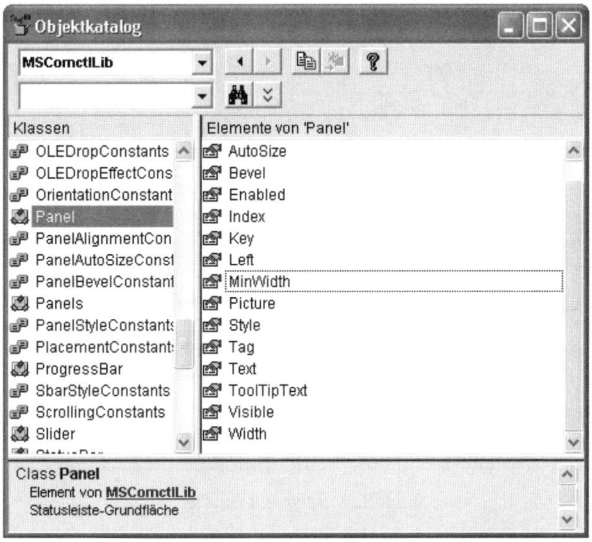

Bild 20.3: Objektkatalog

In allen Tabellen, die die Eigenschaften, Methoden und Ereignisse der ActiveX-Steuerelemente in diesem Kapitel beschreiben, werden die Symbole des Objektkatalogs verwendet. Mit

 werden Eigenschaften, mit

 Methoden dargestellt und

 kennzeichnet Ereignisse.

20.3 Die ActiveX-Steuerelemente

Wir möchten Ihnen in diesem Abschnitt die mit Access bzw. MOD ausgelieferten ActiveX-Steuerelemente kurz anhand einfacher Anwendungsbeispiele vorstellen. Im Anschluss daran finden Sie ein aufwändigeres Beispiel, in dem sechs der beschriebenen ActiveX-Steuerelemente zum Einsatz kommen.

20.3.1 Kalender

Das Kalender-Steuerelement kann auf Formularen zur schnellen und bequemen Eingabe bzw. Anzeige von Datumswerten genutzt werden.

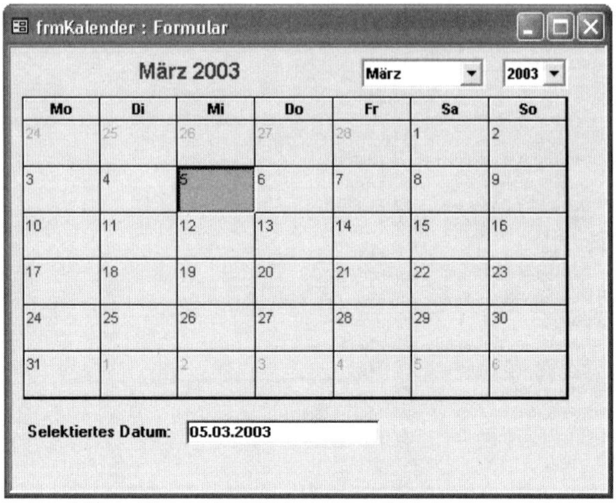

Bild 20.4: Beispielformular

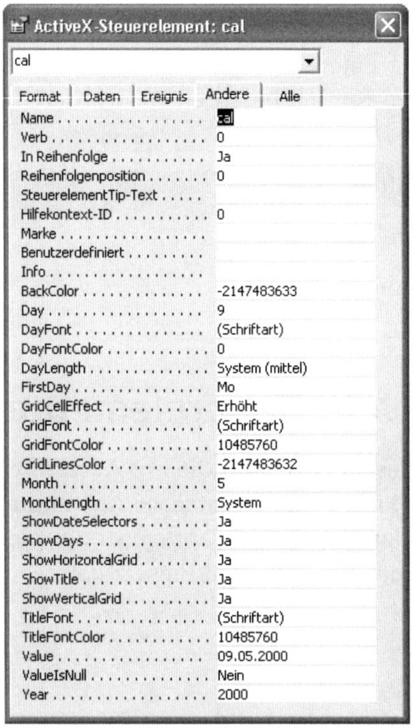

Bild 20.5: Eigenschaften eines Kalender-Steuerelements

Bild 20.5 zeigt einen Ausschnitt des Eigenschaftsfensters des Kalender-Steuerelements. Das Aussehen und die Funktionalität des angezeigten Kalenders kann auf Ihre Anforderungen angepasst werden. So lässt sich beispielsweise beschränken, dass nur die Tage des aktuellen Monats dargestellt werden oder dass der Monat nicht ausgeschrieben, sondern abgekürzt mit drei Buchstaben angegeben wird.

Das Kalender-Steuerelement bietet, wie die meisten ActiveX-Elemente, die Eigenschaft *Benutzerdefiniert*. Selektieren Sie die Zeile im Eigenschaftsfenster und klicken auf die Schaltfläche mit den drei Punkten rechts in der Zeile, wird ein spezifisches Eigenschaftsdialogfeld geöffnet, das Ihnen eine schnelle und bequeme Einstellung der Kalenderoptionen ermöglicht.

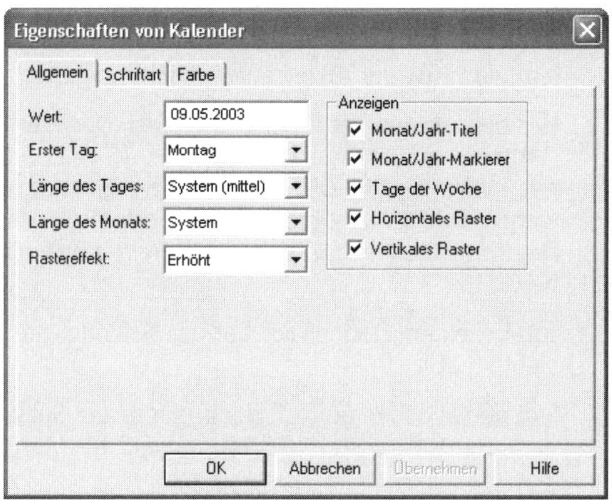

Bild 20.6: Kalendereigene Eigenschaften

Alternativ erreichen Sie das Dialogfeld, indem Sie das Kontextmenü des Kalender-Steuerelements aufrufen und dort *Kalender-Objekt Eigenschaften* bzw. den entsprechenden Eintrag im *BEARBEITEN*-Menü aufrufen.

Bei gebundenen Formularen kann das Kalender-Steuerelement an ein Feld der dem Formular zugrunde liegenden Datenquelle gebunden werden.

Für die VBA-Programmierung unterstützt das Kalender-Steuerelement die in der folgenden Tabelle aufgeführten Eigenschaften, Methoden und Ereignisse.

Tabelle 20.1: Eigenschaften, Methoden und Ereignisse des Kalender-Steuerelements

Element	Beschreibung	Typ
AboutBox	ruft ein Dialogfeld mit Copyright-Informationen auf.	
AfterUpdate	tritt auf, nachdem ein neues Datum gewählt wurde.	
BackColor	bestimmt die Farbe des Hintergrunds.	
BeforeUpdate	tritt vor der Änderung des Datums auf.	
Click	wird bei einem Klick auf den Kalender ausgelöst.	
Day	gibt den im Kalender gezeigten Tag zurück (1–31).	
DayFont	bestimmt die Schriftart für die Anzeige der Wochentage mithilfe des Font-Objekts.	
DayFontColor	legt die Farbe der Anzeige der Wochentage fest.	
DayLength	legt die Anzeige der Wochentage fest. Der Wert 0 bestimmt eine kurze Ausgabe als *S*, *M*, *D*, *M*, *D*, *F* bzw. *S*, mit 1 wird *So*, *Mo*, *Di*, *Mi*, *Do*, *Fr* bzw. *Sa* angezeigt, während der Wert 2 die Ausgabe *Sonntag*, *Montag*, *Dienstag*, *Mittwoch*, *Donnerstag*, *Freitag* bzw. *Samstag* bewirkt.	
DblClick	tritt bei einem Doppelklick auf das Kalender-Steuerelement auf.	
FirstDay	legt den Wochentag fest, der in der ersten Spalte gezeigt wird. Der Wert 1 steht für Sonntage, 2 für Montage usw.	
GridCellEffect	legt den Effekt für die Darstellung des Tagesrasters fest. Die möglichen Werte sind 0 für eine flache, 1 für erhöhte oder 2 für vertiefte Darstellung.	
GridFont	bestimmt den Font für das Tagesraster.	
GridFontColor	definiert die Farbe der Schrift des Tagesrasters.	
GridLinesColor	legt die Farben der Linien des Tagesrasters fest.	
KeyDown	tritt auf, wenn eine Taste hinuntergedrückt ist.	
KeyPress	wird ausgelöst, wenn eine Taste gedrückt wurde.	
KeyUp	tritt auf, wenn eine Taste losgelassen wird.	
Month	enthält den eingestellten Monat (1–12).	
MonthLength	legt die Länge der Monatsdarstellung fest (0 für Jan, Feb, ... bzw. 2 für Januar, Februar, ...).	
NewMonth	tritt auf, wenn ein neuer Monat angezeigt wird.	
NewYear	wird ausgelöst, wenn ein neues Jahr angezeigt wird.	

Tabelle 20.1: Eigenschaften, Methoden und Ereignisse des Kalender-Steuerelements (Fortsetzung)

Element	Beschreibung	Typ
NextDay	setzt das Datum auf den darauffolgenden Tag.	
NextMonth	zählt um einen Monat hoch.	
NextWeek	setzt das aktuelle Datum auf den gleichen Wochentag der nächsten Woche.	
NextYear	blättert auf das nächste Jahr.	
PreviousDay	setzt das Datum auf den vorherigen Tag.	
PreviousMonth	setzt das Datum einen Monat zurück.	
PreviousWeek	setzt das aktuelle Datum auf den gleichen Wochentag der vorherigen Woche.	
PreviousYear	setzt das Datum ein Jahr zurück.	
Refresh	aktualisiert die Bildschirmanzeige.	
ShowDateSelectors	bestimmt, ob die Auswahlfelder für Monat und Jahr im Kalender angezeigt werden.	
ShowDays	bestimmt, ob die Wochentage im Kalender gezeigt werden.	
ShowHorizontalGrid	bestimmt, ob horizontale Rasterlinien dargestellt werden.	
ShowTitle	legt fest, ob ein Titel gezeigt werden soll.	
ShowVerticalGrid	bestimmt, ob vertikale Rasterlinien dargestellt werden.	
TitleFont	legt die Schriftart für den Titel fest.	
TitleFontColor	bestimmt die Farbe für die Schrift des Titels.	
Today	zeigt den heutigen Tag im Kalender an.	
Value	gibt das aktuelle Datum zurück.	
ValueIsNull	stellt das Datum auf Null, d.h., es wird kein Datum im Kalender gezeigt.	
Year	bestimmt das aktuelle Jahr.	

20.3.2 Standarddialog (Common Dialog)

Mithilfe des Standarddialog-Steuerelements können Sie die Windows-Standarddialogfelder zum Öffnen, Speichern, Drucken usw. aufrufen. Um die Eigenschaften, Methoden und Ereignisse des Steuerelements im Objektkatalog sehen zu können, müssen Sie einen Verweis zu *Microsoft Windows Common Dialog Control* einrichten (*EXTRAS Verweise*; gegebenenfalls über die Schaltfläche *Durchsuchen* die Datei *comdlg32.ocx* im Windows-System-Ordner selektieren).

Im folgenden Bild ist die Entwurfsansicht eines Formulars dargestellt. Das auf dem Formular selektierte Symbol ist ein Common Dialog-Steuerelement. Es ist nur in der Entwurfsansicht sichtbar. Im Eigenschaftsfenster des Steuerelements können Sie für die verschiedenen Ausprägungen des Steuerelements Einstellungen festlegen.

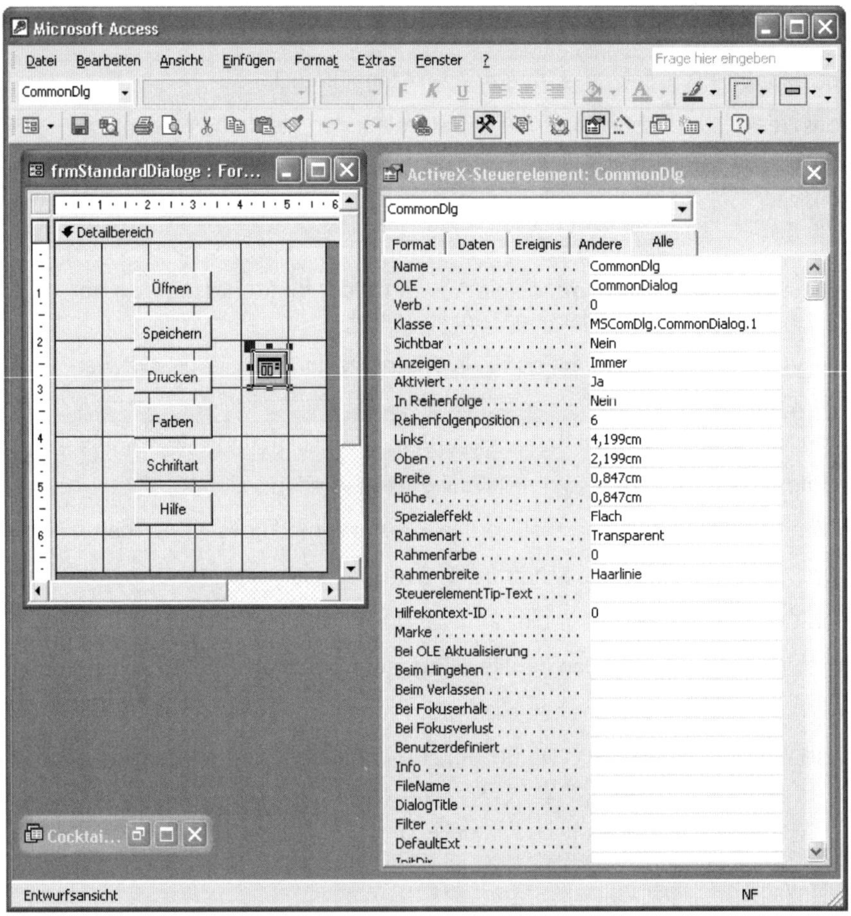

Bild 20.7: Standarddialog-Eigenschaften

Das nächste Bild zeigt den Standarddialog zu »Öffnen«. Er wird angezeigt, wenn bei der Ausführung des oben gezeigten Formulars die Schaltfläche *Öffnen* betätigt wird.

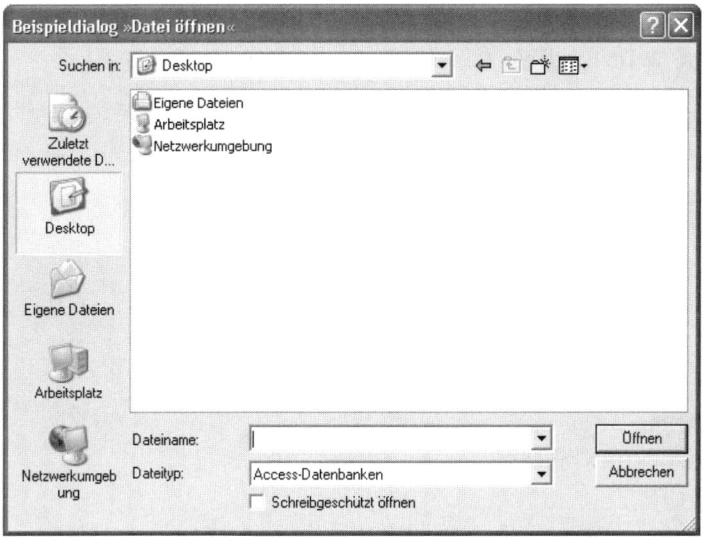

Bild 20.8: Standarddialog »Öffnen«

Hinter den sechs Schaltflächen des Beispielformulars sind die folgenden Ereignisprozeduren vereinbart.

```
Private Sub cmdSchriftart_Click()
    On Error GoTo HandleErr
    ' Abbrechen soll Laufzeitfehler auslösen
    CommonDlg.CancelError = True
    CommonDlg.flags = cdlCFBoth
    CommonDlg.ShowFont

    MsgBox "Font: " & CommonDlg.Font
ExitHere:
    Exit Sub

HandleErr:
    Select Case err.Number
    Case 32755
        MsgBox "Dialogfeld abgebrochen!"
    Case Else
        MsgBox "Fehler " & err.Number & ": " & err.Description, _
              vbCritical, "Form_frmStandardDialoge.cmdSchriftart_Click"
       'ErrorHandler:$$N=Form_frmStandardDialoge.cmdSchriftart_Click
    End Select
    ' Ende des Fehlerbehandlungsblocks.
End Sub
```

```
Private Sub cmdHilfe_Click()
    On Error GoTo HandleErr
    ' Abbrechen soll Laufzeitfehler auslösen
    CommonDlg.CancelError = True
    CommonDlg.HelpFile = "VBA.hlp"
    CommonDlg.HelpCommand = cdlHelpContents
    CommonDlg.ShowHelp
ExitHere:
    Exit Sub

HandleErr:
    Select Case err.Number
    Case 32755
        MsgBox "Dialogfeld abgebrochen!"
    Case Else
        MsgBox "Fehler " & err.Number & ": " & err.Description,
vbCritical, "Form_frmStandardDialoge.cmdHilfe_Click"
'ErrorHandler:$$N=Form_frmStandardDialoge.cmdHilfe_Click
    End Select
    ' Ende des Fehlerbehandlungsblocks.
End Sub

Private Sub cmdFarben_Click()
    On Error GoTo HandleErr
    ' Abbrechen soll Laufzeitfehler auslösen
    CommonDlg.CancelError = True
    CommonDlg.ShowColor
    MsgBox "Farbwert : " & CommonDlg.Color
ExitHere:
    Exit Sub

HandleErr:
    Select Case err.Number
    Case 32755
        MsgBox "Dialogfeld abgebrochen!"
    Case Else
        MsgBox "Fehler " & err.Number & ": " & err.Description,
vbCritical, "Form_frmStandardDialoge.cmdFarben_Click"
'ErrorHandler:$$N=Form_frmStandardDialoge.cmdFarben_Click
    End Select
    ' Ende des Fehlerbehandlungsblocks.
End Sub
```

```
Private Sub cmdDrucken_Click()
    On Error GoTo HandleErr
    ' Abbrechen soll Laufzeitfehler auslösen
    CommonDlg.CancelError = True
    CommonDlg.ShowPrinter
ExitHere:
    Exit Sub

HandleErr:
    Select Case err.Number
    Case 32755
        MsgBox "Dialogfeld abgebrochen!"
    Case Else
        MsgBox "Fehler " & err.Number & ": " & err.Description,
vbCritical, "Form_frmStandardDialoge.cmdDrucken_Click"
'ErrorHandler:$$N=Form_frmStandardDialoge.cmdDrucken_Click
    End Select
    ' Ende des Fehlerbehandlungsblocks.
End Sub

Private Sub cmdÖffnen_Click()
    On Error GoTo err_cmdÖffnen_Click
    With CommonDlg
        ' Abbrechen soll Laufzeitfehler auslösen
        .CancelError = True
        ' Verzeichnis setzen
        .InitDir = "C:\"
        ' Titel des Dialogfelds
        .DialogTitle = "Beispieldialog »Datei öffnen«"
        ' Dateiauswahl vorbelegen
        .Filter = "Access-Datenbanken|*.MDB|Alle Dateien|*.*"
        ' Dialogfeld anzeigen
        .ShowOpen
        ' Rückgabe der gewählten Datei mit
        ' vollständigem Pfad
        MsgBox "Datei: " & .filename
    End With

exit_cmdÖffnen_Click:
    Exit Sub
```

```
err_cmdÖffnen_Click:
    If err.Number = 32755 Then
        MsgBox "Dialogfeld abgebrochen!"
    Else
        MsgBox "Fehler: " & err.Description
    End If
    Resume exit_cmdÖffnen_Click
End Sub

Private Sub cmdSpeichern_Click()
    On Error GoTo err_cmdSpeichern_Click
    ' Abbrechen soll Laufzeitfehler auslösen
    CommonDlg.CancelError = True
    CommonDlg.ShowSave
    MsgBox "Datei: " & CommonDlg.filename

exit_cmdSpeichern_Click:
    Exit Sub

err_cmdSpeichern_Click:
    If err.Number = 32755 Then
        MsgBox "Dialogfeld abgebrochen!"
    Else
        MsgBox "Fehler: " & err.Description
    End If
    Resume exit_cmdSpeichern_Click
End Sub
```

Für die Dialoge können Sie mithilfe der Eigenschaft `CancelError` festlegen, wie das Steuerelement reagiert, wenn der Anwender die *Abbrechen*-Schaltfläche des Steuerelements betätigt. Standardmäßig hat `CancelError` den Wert `False`, d.h., das Steuerelement gibt eine leere Zeichenkette in der Eigenschaft `Filename` zurück, wenn das Dialogfeld abgebrochen wird. Setzen Sie `CancelError` auf `True`, wird der Laufzeitfehler 32755 bei Betätigung der *Abbrechen*-Schaltfläche ausgelöst.

Möchten Sie die Auswahl der Dateien im *Öffnen*-Dialog einschränken, so können Sie mit

```
.Filter = "Access-Datenbanken|*.MDB|Alle Dateien|*.*"
```

wie oben gezeigt, eine Filterbedingung setzen. Dabei werden immer Pärchen aus Anzeigetext und Dateifilter gebildet, die durch senkrechte Striche (Alt-124) getrennt werden. Es lassen sich mehrere Pärchen aneinander hängen.

Tabelle 20.2: Eigenschaften, Methoden und Ereignisse von Standarddialogfeldern

Element	Beschreibung	Typ
Action	gibt zurück, welcher Dialogfeldtyp geöffnet ist.	
CancelError	bestimmt, ob mit der *Abbrechen*-Schaltfläche im Dialogfeld ein Laufzeitfehler ausgelöst werden soll.	
Color	gibt die im Dialog *Farben* gewählte Farbe zurück.	
Copies	bestimmt im Dialog *Drucken* die Anzahl der Exemplare.	
DefaultExt	legt die Standarddateinamenerweiterung für die Dialogfelder *Öffnen* bzw. *Speichern* fest.	
DialogTitle	bestimmt den Titel des Dialogfeldes.	
FileName	gibt den im Dialogfeld *Öffnen* bzw. *Speichern* gewählten Pfad und Dateinamen zurück.	
FileTitle	ergibt den im Dialogfeld *Öffnen* bzw. *Speichern* gewählten Dateinamen ohne Pfad.	
Filter	legt einen Filter für die Dateiauswahl fest.	
FilterIndex	bestimmt, der wievielte Filter aktiv sein soll.	
Flags	setzt Optionen für ein Dialogfeld.	
FontBold	bestimmt die Schriftartvariante im Dialogfeld *Schriftart*.	
FontItalic	bestimmt die Schriftartvariante im Dialogfeld *Schriftart*.	
FontName	bestimmt die Schriftbezeichnung im Dialogfeld *Schriftart*.	
FontSize	bestimmt die Schriftgröße im Dialogfeld *Schriftart*.	
FontStrikeThru	bestimmt die Schriftartvariante im Dialogfeld *Schriftart*.	
FontUnderLine	bestimmt die Schriftartvariante im Dialogfeld *Schriftart*.	
FromPage	bestimmt im Dialogfeld *Drucken* die Seite, ab der gedruckt werden soll.	
hDC	gibt eine Windows-Handle auf den Display Context des Dialogfeldes zurück.	
HelpCommand	ermittelt den Typ der Hilfe.	
HelpContext	gibt die Kontextnummer zurück.	
HelpFile	bestimmt die Hilfedatei.	
HelpKey	legt das Schlüsselwort für den Aufruf der Hilfe fest.	
Index	gibt den Index des Steuerelements zurück.	
InitDir	bestimmt das Ausgangsverzeichnis für die Dialogfelder *Öffnen* bzw. *Speichern*.	

Tabelle 20.2: Eigenschaften, Methoden und Ereignisse von Standarddialogfeldern (Fortsetzung)

Element	Beschreibung	Typ
Max	legt im Dialogfeld *Schriftart* die größtmögliche Schriftgröße fest.	
MaxFileSize	bestimmt für die Dialogfelder *Öffnen* bzw. *Speichern* die maximale Länge des Dateinamens.	
Min	wählt im Dialogfeld *Schriftart* die kleinstmögliche Schriftgröße.	
Name	gibt den Namen des Objekts zurück.	
Object	liefert einen Objektverweis auf das Steuerelement.	
Orientation	gibt die Ausrichtung des Druckerpapiers zurück oder legt sie fest.	
Parent	ergibt einen Verweis auf das aufrufende Objekt.	
PrintDefault	bestimmt, ob die im Dialogfeld *Drucker* vorgenommenen Einstellungen als Systemstandard übernommen werden sollen.	
ShowColor	öffnet Dialogfeld *Farben*.	
ShowFont	öffnet Dialogfeld *Schriftart*.	
ShowHelp	öffnet Dialogfeld *Hilfe*.	
ShowOpen	öffnet Dialogfeld *Öffnen*.	
ShowPrinter	öffnet Dialogfeld *Drucken*.	
ShowSave	öffnet Dialogfeld *Speichern*.	
Tag	legt benutzerdefinierte Daten zum Objekt fest.	
ToPage	bestimmt im Dialogfeld *Drucken* die Seite, bis zu der gedruckt werden soll.	

In Access-Anwendungen werden in den meisten Fällen die Standarddialogfelder zum *Öffnen* und *Speichern* eingesetzt. Über die Eigenschaft `Flags` können Sie beeinflussen, welche Verzeichnisse und Dateien in den Dialogfeldern gezeigt werden bzw. können bestimmte Eigenschaften der ausgewählten Datei ermitteln. Die folgende Tabelle führt die Konstanten auf, die für die Eigenschaft verwendet werden können.

Tabelle 20.3: Konstanten für die Dialogfelder Öffnen bzw. Speichern

Element	Beschreibung
cdlOFNAllowMulti-select	legt fest, dass mehrere Dateien gleichzeitig selektiert werden können. Sie werden in der Eigenschaft FileName durch Leerzeichen getrennt zurückgegeben.
cdlOFNCreatePrompt	fordert den Benutzer zum Erstellen einer neuen Datei auf, wenn diese noch nicht angelegt ist.
cdlOFNExplorer	verwendet ein Auswahlfenster ähnlich dem Windows Explorer.
cdlOFNExtensionDiffer ent	wird gesetzt, wenn die Dateiänderung der ausgewählten Datei sich von DefaultExt unterscheidet.
cdlOFNFileMustExist	legt fest, dass die ausgewählte Datei existieren muss.
cdlOFNHelpButton	legt fest, dass eine Hilfe-Schaltfläche eingeblendet wird.
cdlOFNHideReadOnly	legt fest, dass das Kontrollkästchen *Schreibgeschützt* nicht gezeigt wird.
cdlOFNLongNames	lässt lange Dateinamen zu.
cdlOFNNoChangeDir	verhindert, dass das Verzeichnis gewechselt werden kann.
cdlOFNNoDerefe-renceLinks	verhindert, dass Shell-Verknüpfungen aufgelöst werden.
cdlOFNNoLongNames	lässt nur kurze Dateinamen (DOS 8.3) zu.
cdlOFNNoReadOnly-Return	legt fest, dass der vom Dialogfeld zurückgegebene Namen sich nicht auf eine geschützte Datei (Schreibschutz) bezieht.
cdlOFNNoValidate	lässt ungültige Zeichen in Dateinamen zu.
cdlOFNOverwrite-Prompt	legt fest, dass eine Warnmeldung gezeigt wird, wenn eine Datei überschrieben wird.
cdlOFNPathMustExist	legt fest, dass eine Warnmeldung eingeblendet wird, wenn der Benutzer eine ungültige Pfadangabe eingibt.
cdlOFNReadOnly	zeigt das Kontrollkästchen *Schreibgeschützt* an.
cdlOFNShareAware	legt fest, dass Fehler, die durch gleichzeitigen Zugriff mehrerer Benutzer auf eine Datei entstehen, ignoriert werden.

Für die Dialoge »Drucker«, »Farben« und »Fonts« finden Sie in der Access-Hilfe bzw. im Objektkatalog entsprechende Konstanten.

20.3.3 Abbildungsliste (ImageList)

Eine Abbildungsliste dient zur Verwaltung von Bildern, also Icons und Bitmaps, die in anderen ActiveX-Steuerelementen, beispielsweise Listen- und Hierarchieansicht-Steuerelementen, eingesetzt werden. In den Beispielen zu diesen Steuerelementen werden Abbildungslisten verwendet.

Tabelle 20.4: Eigenschaften, Methoden und Ereignisse von ImageLists

Element	Beschreibung	Typ
BackColor	bestimmt die Hintergrundfarbe.	
hImageList	gibt die Windows-Handle des Steuerelements zurück.	
ImageHeight	bestimmt die Höhe in Pixel eines ListImage-Objekts.	
ImageWidth	bestimmt die Breite in Pixel eines ListImage-Objekts.	
Index	gibt den Index des Steuerelements zurück.	
ListImages	enthält die ListImages-Auflistung.	
MaskColor	bestimmt die Farbe, die transparent dargestellt werden soll.	
Name	bestimmt den Namen des Steuerelements.	
Object	liefert einen Objektverweis auf das Steuerelement.	
Overlay	erstellt ein neues Bild durch Überlagern zweier vorhandener Bilder.	
Parent	gibt einen Verweis auf das Eltern-Objekt zurück.	
Tag	legt benutzerdefinierte Daten zum Objekt fest.	
UseMaskColor	bestimmt den Wert, der für MaskColor verwendet werden soll.	

Tabelle 20.5: Eigenschaften, Methoden und Ereignisse von ListImages

Element	Beschreibung	Typ
Add	fügt ein neues ListImage-Objekt hinzu.	
Clear	löscht alle ListImage-Objekte.	
Count	ermittelt die Anzahl der ListImage-Objekte.	
Item	gibt ein Objekt vom Typ ListImage zurück.	
Remove	entfernt ein ListImage-Objekt.	
Draw	zeichnet das Bild auf einen Windows Display Context (DC).	

Tabelle 20.5: Eigenschaften, Methoden und Ereignisse von ListImages (Fortsetzung)

Element	Beschreibung	Typ
ExtractIcon	erstellt ein Icon aus dem ListImage-Bild.	
Index	ergibt die Indexnummer des Objekts.	
Key	legt einen eindeutigen Schlüsselwert fest.	
Picture	bestimmt das ListImage-Bild.	
Tag	legt benutzerdefinierte Daten zum Objekt fest.	

20.3.4 Listenansicht (ListView)

Das Listenansicht-Steuerelement ermöglicht die Darstellung von Daten in einer Symbol- oder Listenansicht, so wie Sie sie aus dem Windows-Explorer kennen. In Abschnitt 20.4, »Ein Beispiel mit ActiveX-Steuerelementen«, erläutern wir unter anderem den Einsatz eines Listenansicht-Steuerelements. Im nächsten Bild werden rechts die Zutaten in einer Listenansicht des Beispielformulars dargestellt.

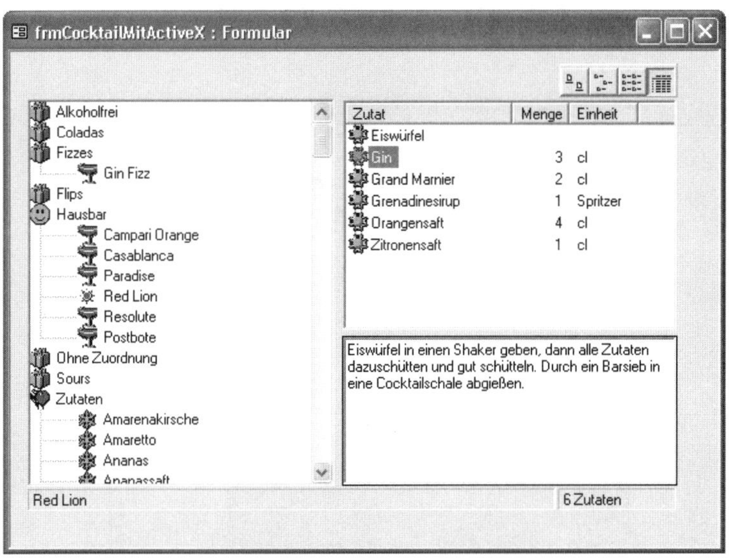

Bild 20.9: Zutaten in Listendarstellung

Mithilfe der vier Schaltflächen rechts über der Listenansicht können Sie die Anzeige des Listenansicht-Steuerelements umschalten, sodass beispielsweise, wie im folgenden Bild gezeigt, nur die Symbole dargestellt werden. Zur Programmierung der Schaltflächen lesen Sie Abschnitt 20.3.9.

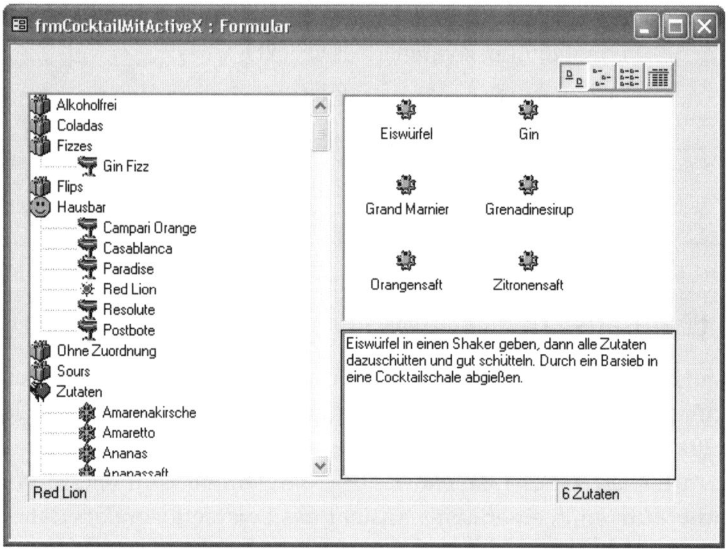

Bild 20.10: Zutaten in Symboldarstellung

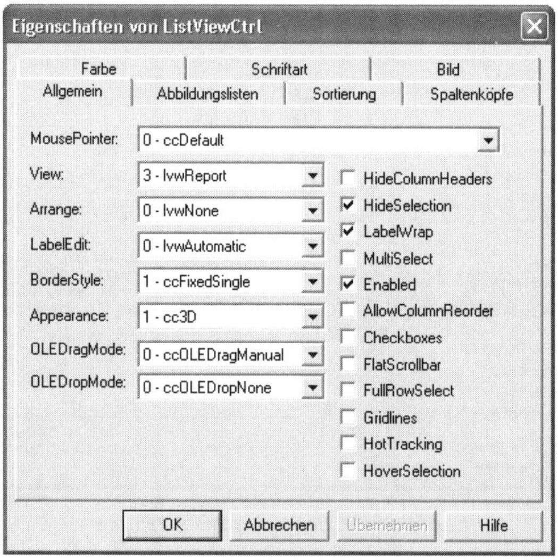

Bild 20.11: Eigenschaftenfenster

Ein Listenansicht-Steuerelement enthält eine `ListItems`-Auflistung, in die alle in der Listenansicht gezeigten Elemente aufgenommen werden. Die Überschriften der jeweiligen Listenspalten (siehe Bild 20.9) werden in der Auflistung `ColumnHeaders` verwaltet. Werden mehrere Spalten gezeigt, besitzt jedes `ListItem`-Objekt ein `SubItems`-Array für die Texte der zusätzlichen Spalten.

Die grundlegenden Eigenschaften stellen Sie im folgenden Dialogfeld in Bild Bild 20.11 ein, das Sie über *BEARBEITEN ListViewCtrl-Objekt Eigenschaften* erreichen.

Das folgende Listing, gegenüber dem Original des im Bild oben gezeigten Formulars leicht verändert und gekürzt, zeigt, wie die Listenansicht mit Daten gefüllt wird.

```
' Zutaten eines Cocktails im ListView-Steuerelement zeigen
Private Sub ShowZutaten(strCocktail As String)
    Dim rst As ADODB.Recordset
    Dim strSQL As String
    Dim lvItem As ListItem
    Dim intCnt As Integer

    ' ListView-Inhalte löschen
    lvZutaten.ListItems.Clear
    ' Spaltenaufschriften und -breiten festlegen
    With lvZutaten.ColumnHeaders
        .Clear
        .Add , , "Zutat", 2000
        .Add , , "Menge", 500, lvwColumnRight
        .Add , , "Einheit", 500
    End With
    ' Spaltenaufschriften einblenden
    Me!lvZutaten.HideColumnHeaders = False

    strSQL = "SELECT DISTINCTROW tblZutat.Zutat, " & _
        "tblCocktailzutaten.Menge, " & _
        "tblEinheiten.Einheit, tblCocktailzutaten.CocktailNr, " & _
        "tblCocktail.Cocktail, tblCocktail.Zubereitung " & _
        "FROM (tblZutat INNER JOIN (tblEinheiten INNER JOIN " & _
        "tblCocktailzutaten ON " & _
        "tblEinheiten.EinheitenNr = " & _
        "tblCocktailzutaten.EinheitenNr) " & _
        "ON tblZutat.ZutatenNr = tblCocktailzutaten.ZutatenNr) " & _
        "INNER JOIN tblCocktail " & _
        "ON tblCocktailzutaten.CocktailNr = " & _
        "tblCocktail.CocktailNr " & _
        "WHERE tblCocktail.Cocktail = """ & strCocktail & """;"
```

```
    Set rst = New ADODB.Recordset
    rst.Open strSQL, CurrentProject.Connection

    intCnt = 0
    Do While Not rst.EOF
        ' Neue Zeile hinzufügen
        Set lvItem = lvZutaten.ListItems.Add()
        With lvItem
            ' Text setzen
            .Text = rst!Zutat
            ' Bild vereinbaren
            .SmallIcon = 10
            ' Großes Bild entspricht kleinem Bild
            .Icon = .SmallIcon
            ' Wenn Mengenangabe
            If rst!Menge > 0 Then
                .SubItems(1) = rst!Menge
                .SubItems(2) = rst!Einheit
            End If
            intCnt = intCnt + 1
        End With
        rst.MoveNext
    Loop
    ...
End Sub
```

Für die Elemente in der Listenansicht lassen sich für die verschiedenen Darstellungen kleine und große Symbole festlegen. Die Icons werden in Abbildungslisten-Steuerelementen verwaltet, d.h., die Nummer für ein Symbol entspricht der Position des Bildes in der jeweiligen Abbildungsliste.

Tabelle 20.6: Eigenschaften, Methoden und Ereignisse eines ListView-Steuerelements

Element	Beschreibung	Typ
AfterLabelEdit	tritt nach dem Bearbeiten des Textes eines Eintrags auf.	
AllowColumnReorder	Benutzer darf Reihenfolge der Spalten verändern.	
Appearance	bestimmt das Aussehen des Objekts.	
Arrange	bestimmt die Anordnung der Icons.	
BackColor	bestimmt die Hintergrundfarbe.	
BeforeLabelEdit	tritt vor dem Bearbeiten des Textes eines Eintrags auf.	

Tabelle 20.6: Eigenschaften, Methoden und Ereignisse eines ListView-Steuerelements (Fortsetzung)

Element	Beschreibung	Typ
BorderStyle	legt die Art des Rahmens für das Objekt fest.	
Checkboxes	gibt einen Wert zurück oder legt einen Wert fest, der bestimmt, ob das Steuerelement neben jedem Listenelement ein Kontrollkästchen anzeigt.	
Click	tritt bei einem Mausklick auf das Objekt auf.	
ColumnClick	tritt bei einem Klick auf die Spaltenüberschrift auf.	
ColumnHeaderIcons	gibt das ImageList-Steuerelement zurück, das für ColumnHeader-Symbole verwendet werden soll, oder legt es fest.	
ColumnHeaders	enthält eine ColumnHeaders-Auflistung.	
Container	ergibt einen Verweis auf das umgebende Container-Objekt.	
DblClick	tritt bei einem Doppelklick auf das Objekt auf.	
DropHighlight	bestimmt das Objekt als Ziel eines »Drag and Drop«-Vorgangs.	
Enabled	bestimmt, ob das Objekt aktiviert ist.	
FindItem	sucht einen bestimmten Eintrag.	
FlatScrollBar	gibt zurück oder legt fest, ob die Bildlaufleisten flach angezeigt werden.	
Font	bestimmt den Font für die Anzeige der Einträge.	
ForeColor	bestimmt die Vordergrundfarbe.	
FullRowSelect	gibt zurück oder legt fest, ob das Auswählen einer Spalte die gesamte Reihe hervorhebt.	
GetFirstVisible	ermittelt das erste sichtbare ListItem-Objekt.	
GotFocus	wird ausgelöst, wenn das Objekt den Fokus erhält.	
GridLines	gibt zurück oder legt fest, ob Rasterlinien zwischen Zeilen und Spalten angezeigt werden.	
Height	bestimmt die Höhe (in Pixel) des Objekts.	
HelpContextID	definiert den Hilfekontext für das Objekt.	
HideColumnHeaders	bestimmt, ob die Spaltenüberschriften in der lvwReport-Darstellung gezeigt werden.	
HideSelection	bestimmt, ob eine Selektion noch angezeigt wird, wenn das Objekt den Fokus verliert.	

Tabelle 20.6: Eigenschaften, Methoden und Ereignisse eines ListView-Steuerelements (Fortsetzung)

Element	Beschreibung	Typ
HitTest	ergibt den Verweis auf den Eintrag, der unter den Koordinaten x und y liegt.	
HotTracking	gibt zurück oder legt fest, ob HotTracking aktiviert ist.	
HoverSelection	gibt zurück oder legt fest, ob HoverSelection aktiviert ist.	
hWnd	gibt die Windows-Handle des Objekts zurück.	
Icons	gibt ein Icons-Objekt zurück.	
Index	ergibt die Indexnummer des Objekts.	
ItemCheck	tritt auf, wenn das ListSubItem-Objekt aktiviert ist.	
ItemClick	tritt auf, wenn ein ListItem-Objekt angeklickt wurde.	
KeyDown	tritt auf, wenn eine Taste hinuntergedrückt ist.	
KeyPress	wird ausgelöst, wenn eine Taste gedrückt wurde.	
KeyUp	tritt auf, wenn eine Taste losgelassen wird.	
LabelEdit	bestimmt, ob der Text eines Eintrags editiert werden darf.	
LabelWrap	legt fest, ob der Text eines Eintrags umgebrochen werden darf.	
Left	legt den linken Abstand des Objekts (in Pixel) zu dem umgebenden Container fest.	
ListItems	enthält eine ListItems-Auflistung.	
LostFocus	tritt auf, wenn das Objekt den Fokus verliert.	
MouseDown	tritt auf, wenn die Maustaste gedrückt wird.	
MouseIcon	legt einen benutzerdefinierten Mauszeiger fest.	
MouseMove	wird beim Bewegen der Maus ausgelöst.	
MousePointer	bestimmt den Mauszeiger.	
MouseUp	tritt beim Loslassen der Maustaste auf.	
Move	verschiebt das Steuerelement.	
MultiSelect	bestimmt, ob eine Mehrfachauswahl zulässig ist.	
Name	gibt den Namen des Objekts zurück.	
Object	liefert einen Objektverweis auf das Steuerelement.	
OLECompleteDrag	tritt auf, um das Ausgangsobjekt zu informieren, dass eine »Drag and Drop«-Operation ausgeführt wird.	
OLEDrag	löst eine »Drag and Drop«-Operation aus.	

Tabelle 20.6: Eigenschaften, Methoden und Ereignisse eines ListView-Steuerelements (Fortsetzung)

Element	Beschreibung	Typ
OLEDragDrop	tritt auf, wenn ein selektiertes Objekt auf ein Zielobjekt abgelegt wird und durch das Zielobjekt eine Drop-Aktion durchgeführt wird.	
OLEDragMode	bestimmt den Drag-Modus bei »Drag and Drop«-Operationen.	
OLEDragOver	tritt auf, wenn das selektierte Objekt über ein anderes Objekt gezogen wird.	
OLEDropMode	bestimmt den Drop-Modus bei »Drag and Drop«-Operationen.	
OLEGiveFeedback	wird nach jedem OLEDragOver-Ereignis ausgelöst, um gegebenenfalls dem Benutzer eine visuelle Rückkopplung zu geben.	
OLESetData	wird ausgelöst, wenn Daten für »Drag and Drop« bereitgestellt werden.	
OLEStartDrag	tritt zu Beginn der »Drag and Drop«-Operation auf.	
Parent	gibt einen Verweis auf das Eltern-Objekt zurück.	
Picture	gibt das Hintergrundbild für das Steuerelement zurück oder legt es fest.	
PictureAlignment	gibt die Bildausrichtung zurück oder legt sie fest.	
Refresh	aktualisiert die Anzeige des Steuerelements.	
SelectedItem	gibt den selektierten Eintrag zurück.	
SetFocus	setzt den Fokus auf das Steuerelement.	
ShowWhatsThis	zeigt ein Hilfedialogfenster an.	
SmallIcons	bestimmt die kleinen Icons für die Anzeige.	
Sorted	bestimmt, ob die Daten sortiert gezeigt werden sollen.	
SortKey	gibt an, nach welcher Spalte sortiert werden soll.	
SortOrder	gibt an, ob auf- oder absteigend sortiert werden soll.	
StartLabelEdit	tritt bei Beginn der Änderung des Textes eines Eintrags auf.	
TabIndex	legt fest, als wievieltes Element das Steuerelement mit der ⇥-Taste angesprungen werden kann.	
TabStop	bestimmt, ob das Objekt mit der ⇥-Taste angesprungen werden kann.	
Tag	legt benutzerdefinierte Daten zum Objekt fest.	

Tabelle 20.6: Eigenschaften, Methoden und Ereignisse eines ListView-Steuerelements (Fortsetzung)

Element	Beschreibung	Typ
TextBackground	gibt einen Wert zurück oder legt einen Wert fest, der bestimmt, ob der Texthintergrund transparent ist oder die ListView-Hintergrundfarbe verwendet.	
Top	legt den Abstand des Objekts (in Pixel) zu dem umgebenden Container fest.	
View	setzt den Anzeigemodus.	
Visible	bestimmt, ob das Objekt sichtbar ist.	
WhatsThisHelpID	setzt die Hilfekontextnummer für das Objekt.	
Width	bestimmt die Breite (in Pixel) des Objekts.	
ZOrder	bestimmt die Reihenfolge von sich überlagernden Steuerelementen.	

Tabelle 20.7: Eigenschaften, Methoden und Ereignisse der ColumnHeaders-Auflistung

Element	Beschreibung	Typ
Add	fügt eine neue Spaltenüberschrift hinzu.	
Clear	löscht alle Spaltenüberschriften.	
Count	enthält die Anzahl der Spalten(überschriften).	
Item	gibt ein Objekt vom Typ ColumnHeader zurück.	
Remove	entfernt eine Spaltenüberschrift.	

Tabelle 20.8: Eigenschaften, Methoden und Ereignisse eines ColumnHeader-Objekts

Element	Beschreibung	Typ
Alignment	bestimmt die Ausrichtung der Spaltenüberschrift.	
Icon	gibt den Index eines Symbols in einem zugehörigen Listenansicht-Steuerelement zurück oder legt ihn fest.	
Index	ermittelt den Index innerhalb der ColumnHeaders-Auflistung.	
Key	ist ein eindeutiger Schlüsselwert eines Objekts in der ColumnHeaders-Auflistung.	

Tabelle 20.8: Eigenschaften, Methoden und Ereignisse eines ColumnHeader-Objekts (Fortsetzung)

Element	Beschreibung	Typ
Left	legt den linken Abstand des Objekts (in Pixel) zu dem umgebenden Container fest.	
Position	gibt die aktuelle Position der Spalte zurück.	
SubItemIndex	gibt den Index der Spaltenüberschrift an.	
Tag	legt benutzerdefinierte Daten zum Objekt fest.	
Text	gibt die Spaltenüberschrift an.	
Width	bestimmt die Breite (in Pixel) des Objekts.	

Tabelle 20.9: Eigenschaften, Methoden und Ereignisse der ListItems-Auflistung

Element	Beschreibung	Typ
Add	fügt ein neues ListItem-Objekt hinzu.	
Clear	löscht alle ListItem-Objekte.	
Count	gibt die Anzahl der ListItem-Objekte zurück.	
Item	gibt ein Objekt vom Typ ListItem zurück.	
Remove	entfernt ein ListItem-Objekt.	

Tabelle 20.10: Eigenschaften, Methoden und Ereignisse eines ListItem-Objekts

Element	Beschreibung	Typ
Bold	gibt einen Wert zurück oder legt einen Wert fest, der bestimmt, ob der Text eines ListItem-Objekts in Fettschrift angezeigt wird.	
Checked	legt einen Wert fest, der bestimmt, ob ein ListSub-Item-Objekt aktiviert ist, oder gibt diesen Wert zurück.	
CreateDragImage	erstellt ein Icon für den Drag-Vorgang.	
EnsureVisible	garantiert, dass der selektierte Eintrag sichtbar ist.	
ForeColor	legt die Vordergrundfarbe zum Anzeigen von Text und Grafiken in einem Objekt fest oder gibt diese zurück.	
Ghosted	bestimmt den Status des Objekts.	
Height	bestimmt die Höhe (in Pixel) des Objekts.	

Tabelle 20.10: Eigenschaften, Methoden und Ereignisse eines ListItem-Objekts (Fortsetzung)

Element	Beschreibung	Typ
Icon	legt das Bild zum Objekt fest.	
Index	ergibt die Indexnummer des Objekts.	
Key	legt einen eindeutigen Schlüsselwert fest.	
Left	legt den linken Abstand des Objekts (in Pixel) zu dem umgebenden Container fest.	
ListSubItems	gibt eine Auflistung von ListSubItems zurück, die zum ListItem-Objekt gehören.	
Selected	gibt an, ob das Objekt selektiert ist.	
SmallIcon	legt das kleine Bild zum Objekt fest.	
SubItems	enthält ein Array mit Zeichenketten mit den Daten für die Spalten in der lvwReport-Darstellung.	
Tag	legt benutzerdefinierte Daten zum Objekt fest.	
Text	bestimmt den Text des Objekts.	
ToolTipText	gibt den Text der QuickInfo des Unterelements zurück oder legt ihn fest.	
Top	legt den Abstand des Objekts zum Container fest.	
Width	bestimmt die Breite (in Pixel) des Objekts.	

20.3.5 RTF (RichText Box)

Ein RichText-Feld dient zur Darstellung von formatiertem Text. Das Microsoft Textformat RTF wird von vielen Anwendungen, beispielsweise vielen Textprogrammen, unterstützt. Durch das Steuerelement steht Ihnen eine kleine Textverarbeitung innerhalb eines Formulars zur Verfügung. Im Beispiel im Abschnitt 20.4, »Ein Beispiel mit ActiveX-Steuerelementen«, wird ein RichText-Feld zur Ausgabe der Zubereitungsanweisung eines Cocktails eingesetzt.

Es stehen Ihnen zwar alle Möglichkeiten der Textformatierung in einem RTF-Steuerelement offen, allerdings muss ihre Nutzung programmiert werden. Das folgende Beispiel soll den Einsatz eines RichText-Feldes illustrieren. Im Formular werden der Name und die Zubereitungsanweisung von Cocktails angezeigt, wobei die Zubereitung oben in einem normalen Textfeld und unten in einem RichText-Feld dargestellt wird. Zur Formatierung der Zubereitung wurden fünf Schaltflächen auf das Formular platziert.

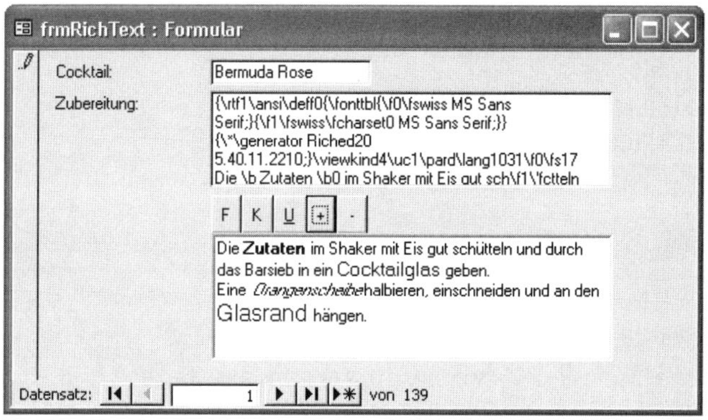

Bild 20.12: Zubereitungstext oben in Text-, unten in RichText-Feld

In obigem Bild wurde der Zubereitungstext im RichText-Feld mithilfe der Schaltflächen fett, kursiv und unterstrichen formatiert und die Schriftgröße verändert. Das RTF-Steuerelement zeigt den formatierten Text, während das Textfeld die Darstellung der RTF-Codes beinhaltet.

Das folgende Listing stellt die Prozeduren der Schaltflächen vor, die zur Formatierung des selektierten Textes in dem RTF-Steuerelement führen. Die Schaltflächen für »Fett«, »Kursiv« und »Unterstrichen« sind als Umschalter konzipiert.

```
Private Sub cmdBold_Click()
    rtfZubereitung.SelBold = Not rtfZubereitung.SelBold
End Sub

Private Sub cmdKursiv_Click()
    rtfZubereitung.SelItalic = Not rtfZubereitung.SelItalic
End Sub

Private Sub cmdUnderline_Click()
    rtfZubereitung.SelUnderline = Not rtfZubereitung.SelUnderline
End Sub

Private Sub cmdFontLarge_Click()
    With rtfZubereitung
        If .SelFontSize < 70 Then
            .SelFontSize = .SelFontSize + 2
        End If
    End With
End Sub
```

```
Private Sub cmdFontSmall_Click()
    With rtfZubereitung
        If .SelFontSize > 2 Then
            .SelFontSize = .SelFontSize - 2
        End If
    End With
End Sub

Private Sub Form_Load()
    ' Randeinstellung (-200 wegen 3D-Rahmen des Felds)
    rtfZubereitung.RightMargin = rtfZubereitung.Width - 200
End Sub
```

RTF-Steuerelemente eignen sich zur Ein- und Ausgabe formatierter Texte, die in den Tabellen einer Datenbank in Memo- oder Textfeldern abgelegt werden können. Formatierte Texte können als Datei geladen bzw. gespeichert oder über die Zwischenablage mit anderen Anwendungen ausgetauscht werden.

Tabelle 20.11: Eigenschaften, Methoden und Ereignisse eines RichText-Steuerelements

Element	Beschreibung	Typ
Appearance	bestimmt das Aussehen des Objekts.	
AutoVerbMenu	bestimmt, ob ein Kontextmenü angewählt werden kann.	
BackColor	bestimmt die Hintergrundfarbe.	
BorderStyle	legt die Art des Rahmens für das Objekt fest.	
BulletIndent	legt eine Einrückung des Textes fest.	
Change	wird bei einer Änderung des Textes ausgelöst.	
Click	tritt bei einem Mausklick auf das Objekt auf.	
DblClick	tritt bei einem Doppelklick auf das Objekt auf.	
DisableNoScroll	bestimmt, ob die Rollbalken aktiv sind.	
Enabled	bestimmt, ob das Objekt aktiviert ist.	
FileName	setzt den Dateinamen der geladenen Textdatei.	
Find	durchsucht den Text nach einer Zeichenfolge.	
Font	bestimmt den Font für die Anzeige der Einträge.	
GetLineFromChar	gibt eine Zeilennummer zurück.	

Tabelle 20.11: Eigenschaften, Methoden und Ereignisse eines RichText-Steuerelements (Fortsetzung)

Element	Beschreibung	Typ
HideSelection	bestimmt, ob eine Selektion noch angezeigt wird, wenn das Objekt den Fokus verliert.	
hWnd	gibt die Windows-Handle des Objekts zurück.	
KeyDown	tritt auf, wenn eine Taste hinuntergedrückt ist.	
KeyPress	wird ausgelöst, wenn eine Taste gedrückt wurde.	
KeyUp	tritt auf, wenn eine Taste losgelassen wird.	
LoadFile	lädt eine Textdatei in das RTF-Steuerelement.	
Locked	sperrt den Text für eine Bearbeitung.	
MaxLength	bestimmt, wie viele Zeichen maximal eingegeben werden können.	
MouseDown	tritt auf, wenn die Maustaste gedrückt wird.	
MouseIcon	legt einen benutzerdefinierten Mauszeiger fest.	
MouseMove	wird beim Bewegen der Maus ausgelöst.	
MousePointer	bestimmt den Mauszeiger.	
MouseUp	tritt beim Loslassen der Maustaste auf.	
MultiLine	bestimmt, ob eine oder mehrere Zeilen zugelassen sind.	
OLECompleteDrag	tritt auf, um das Ausgangsobjekt zu informieren, dass eine »Drag and Drop«-Operation ausgeführt wird.	
OLEDrag	löst eine »Drag and Drop«-Operation aus.	
OLEDragDrop	tritt auf, wenn ein selektiertes Objekt auf ein Zielobjekt abgelegt wird und durch das Zielobjekt eine Drop-Aktion durchgeführt wird.	
OLEDragMode	bestimmt den Drag-Modus bei »Drag and Drop«-Operationen.	
OLEDragOver	tritt auf, wenn das selektierte Objekt über ein anderes Objekt gezogen wird.	
OLEDropMode	bestimmt den Drop-Modus bei »Drag and Drop«-Operationen.	
OLEGiveFeedback	wird nach jedem OLEDragOver-Ereignis ausgelöst, um gegebenenfalls dem Benutzer eine visuelle Rückkopplung zu geben.	
OLEObjects	enthält eine OLEObjects-Auflistung.	

Tabelle 20.11: Eigenschaften, Methoden und Ereignisse eines RichText-Steuerelements (Fortsetzung)

Element	Beschreibung	Typ
OLESetData	wird ausgelöst, wenn Daten für »Drag and Drop« bereitgestellt werden.	
OLEStartDrag	tritt zu Beginn der »Drag and Drop«-Operation auf.	
Refresh	aktualisiert die Anzeige des Steuerelements.	
RightMargin	setzt den rechten Rand.	
SaveFile	speichert den Text unter einem Dateinamen ab.	
ScrollBars	bestimmt, welche Rollbalken gezeigt werden sollen.	
SelAlignment	verändert die Ausrichtung des selektierten Textes.	
SelBold	formatiert den selektierten Text fett.	
SelBullet	formatiert den selektierten Text mit Aufzählungszeichen.	
SelChange	tritt bei Änderungen am selektierten Text auf.	
SelCharOffset	formatiert den selektierten Text hoch- oder tiefgestellt.	
SelColor	verändert die Farbe des selektierten Textes.	
SelFontName	bestimmt den Namen der Schriftart für den selektierten Text.	
SelFontSize	bestimmt die Größe der Schriftart für den selektierten Text.	
SelHangingIndent	formatiert den selektierten Text hängend eingezogen.	
SelIndent	formatiert den selektierten Text eingezogen.	
SelItalic	formatiert den selektierten Text kursiv.	
SelLength	gibt die Anzahl der selektierten Zeichen zurück.	
SelPrint	druckt den selektierten Text.	
SelProtected	bestimmt, ob der selektierte Text geschützt ist.	
SelRightIndent	formatiert den selektierten Text rechts eingezogen.	
SelRTF	gibt den selektierten Text im RTF-Format zurück.	
SelStart	ermittelt den Beginn des selektierten Textes.	
SelStrikeThru	formatiert den selektierten Text durchgestrichen.	
SelTabCount	bestimmt die Anzahl der Tabulatoren im selektierten Text.	

Tabelle 20.11: Eigenschaften, Methoden und Ereignisse eines RichText-Steuerelements (Fortsetzung)

Element	Beschreibung	Typ
SelTabs	setzt einen Tabulator.	
SelText	ergibt den selektierten Text.	
SelUnderline	formatiert den selektierten Text unterstrichen.	
Span	selektiert Text nach Vorgabe.	
Text	ergibt den Text im RTF-Objekt.	
TextRTF	ergibt den Text im RTF-Objekt im RTF-Format.	
UpTo	bewegt die Einfügemarke.	

20.3.6 Schieberegler (Slider)

Schieberegler-Steuerelemente lassen sich zur Eingabe von Werten eines festgelegten Wertebereichs verwenden. Im Beispielformular zum Kalender-Steuerelement (siehe Abschnitt 20.3.1) wurden zwei Schieberegler zur Auswahl von Tag und Monat eingesetzt. Zusätzlich dient ein AufAb-Steuerelement (siehe Abschnitt 20.3.7) zur Selektion des anzuzeigenden Jahres.

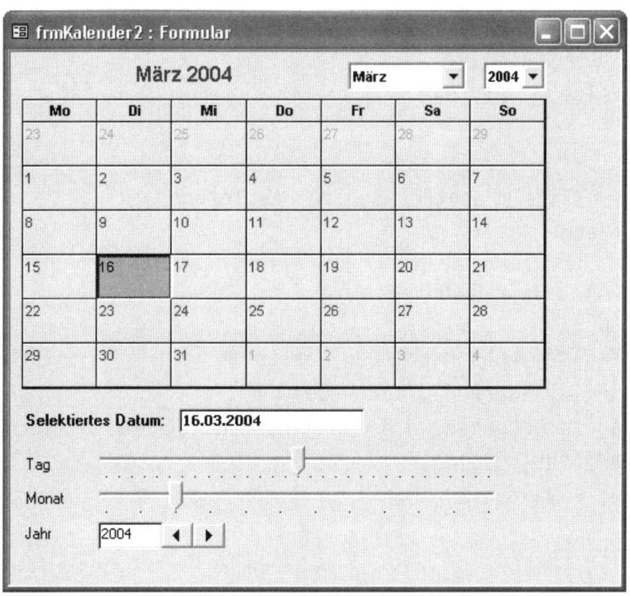

Bild 20.13: Kalender

Das folgende Listing zeigt das Klassenmodul des Formulars *frmKalender2*. Ändern Sie Tag, Monat oder Jahr im Kalender-Steuerelement, werden die Schieberegler und das AufAb-Feld entsprechend angepasst. Wählen Sie ein neues Datum mithilfe der Schieberegler oder dem AufAb-Feld, wird das Datum des Kalender-Steuerelements nachgeführt.

```
Private Sub cal_Click()
    txtDatum = cal.Value
    ' Schieberegler »Monat« setzen
    sldMonat.Value = cal.Month
    ' Schieberegler »Tag« anpassen
    sldTag.Max = TageImMonat(cal.Value)
    sldTag.Value = cal.Day
End Sub

Private Sub Form_Load()
    ' Heutiges Datum anzeigen
    cal.Today
    ' Schieberegler positionieren
    sldMonat.Min = 1
    sldMonat.Max = 12
    sldMonat.Value = cal.Month
    sldTag.Min = 1
    sldTag.Max = TageImMonat(cal.Value)
    sldTag.Value = cal.Day
    updnJahr.Value = cal.Year
End Sub

Private Function TageImMonat(d As Date) As Integer
    Dim dd As Date

    ' Einen Monat weitergehen
    dd = DateAdd(„m“, 1, d)
    ' Erster Tag des entsprechenden Monats
    dd = DateSerial(Year(dd), Month(dd), 1)
    ' Einen Tag zurückgehen, d.h. zum letzten Tag des Vormonats
    dd = DateAdd(“d”, -1, dd)
    TageImMonat = Day(dd)
End Function

Private Sub sldMonat_Change()
    cal.Month = sldMonat.Value
```

```
    sldTag.Max = TageImMonat(cal.Value)
End Sub

Private Sub sldTag_Change()
    cal.Day = sldTag.Value
End Sub

Private Sub txtJahr_Exit(Cancel As Integer)
    If Not IsNull(txtJahr.Value) Then
        updnJahr.Value = Cint(txtJahr.Value)
    End If
End Sub

Private Sub updnJahr_Change()
    cal.Year = updnJahr.Value
    txtJahr.Value = updnJahr.Value
End Sub
```

Tabelle 20.12: Eigenschaften, Methoden und Ereignisse eines Slider-Steuerelements

Element	Beschreibung	Typ
BorderStyle	legt die Art des Rahmens für das Objekt fest.	
Change	wird bei einer Änderung ausgelöst.	
ClearSel	löscht die Selektion.	
Click	tritt bei einem Mausklick auf das Objekt auf.	
Container	ergibt einen Verweis auf das umgebende Container-Objekt.	
Enabled	bestimmt, ob das Objekt aktiviert ist.	
GetNumTicks	gibt die Anzahl von Skalenmarkierungen des Schiebereglers zurück.	
GotFocus	wird ausgelöst, wenn das Objekt den Fokus erhält.	
Height	bestimmt die Höhe (in Pixel) des Objekts.	
HelpContextID	definiert den Hilfekontext für das Objekt.	
hWnd	gibt die Windows-Handle des Objekts zurück.	
Index	ergibt die Indexnummer des Objekts.	
KeyDown	tritt auf, wenn eine Taste hinuntergedrückt ist.	
KeyPress	wird ausgelöst, wenn eine Taste gedrückt wurde.	

Tabelle 20.12: Eigenschaften, Methoden und Ereignisse eines Slider-Steuerelements (Fortsetzung)

Element	Beschreibung	Typ
KeyUp	tritt auf, wenn eine Taste losgelassen wird.	
LargeChange	bestimmt den Wert für »große« Änderungen.	
Left	legt den linken Abstand des Objekts (in Pixel) zu dem umgebenden Container fest.	
LostFocus	tritt auf, wenn das Objekt den Fokus verliert.	
Max	bestimmt den maximalen Wert.	
Min	bestimmt den minimalen Wert.	
MouseDown	tritt auf, wenn die Maustaste gedrückt wird.	
MouseIcon	legt einen benutzerdefinierten Mauszeiger fest.	
MouseMove	wird beim Bewegen der Maus ausgelöst.	
MousePointer	bestimmt den Mauszeiger.	
MouseUp	tritt beim Loslassen der Maustaste auf.	
Move	verschiebt das Steuerelement.	
Name	gibt den Namen des Objekts zurück.	
Object	liefert einen Objektverweis auf das Steuerelement.	
OLECompleteDrag	tritt auf, um das Ausgangsobjekt zu informieren, dass eine »Drag and Drop«-Operation ausgeführt wird.	
OLEDrag	löst eine »Drag and Drop«-Operation aus.	
OLEDragDrop	tritt auf, wenn ein selektiertes Objekt auf ein Zielobjekt abgelegt wird und durch das Zielobjekt eine Drop-Aktion durchgeführt wird.	
OLEDragMode	bestimmt den Drag-Modus bei »Drag and Drop«-Operationen.	
OLEDragOver	tritt auf, wenn das selektierte Objekt über ein anderes Objekt gezogen wird.	
OLEDropMode	bestimmt den Drop-Modus bei »Drag and Drop«-Operationen.	
OLEGiveFeedback	wird nach jedem OLEDragOver-Ereignis ausgelöst, um gegebenenfalls dem Benutzer eine visuelle Rückkopplung zu geben.	
OLESetData	wird ausgelöst, wenn Daten für »Drag and Drop« bereitgestellt werden.	
OLEStartDrag	tritt zu Beginn der »Drag and Drop«-Operation auf.	

Tabelle 20.12: Eigenschaften, Methoden und Ereignisse eines Slider-Steuerelements (Fortsetzung)

Element	Beschreibung	Typ
Orientation	bestimmt, ob der Schieberegler horizontal oder vertikal angeordnet wird.	
Parent	gibt einen Verweis auf das Eltern-Objekt zurück.	
Refresh	aktualisiert die Anzeige des Steuerelements.	
Scroll	tritt beim Scrollen eines Schiebereglers auf.	
SelectRange	bestimmt, ob für den Schieberegler eine Selektion möglich ist.	
SelLength	ermittelt die Länge des selektierten Bereichs.	
SelStart	ergibt den Anfang des selektierten Bereichs.	
SetFocus	setzt den Fokus auf das Steuerelement.	
ShowWhatsThis	zeigt ein Hilfedialogfenster an.	
SmallChange	bestimmt den Wert für »kleine« Änderungen.	
TabIndex	legt fest, als wievieltes Element das Steuerelement mit der ⇥-Taste angesprungen werden kann.	
TabStop	bestimmt, ob das Objekt mit der ⇥-Taste angesprungen werden kann.	
Tag	legt benutzerdefinierte Daten zum Objekt fest.	
Text	Gibt die Zeichenfolge zurück, die in der QuickInfo angezeigt wird, wenn sich die Position des Schiebereglers ändert, oder legt sie fest.	
TextPosition	Gibt einen Wert zurück oder legt einen Wert fest, der bestimmt, wo die QuickInfo, die die Position des Schiebereglers zeigt, angezeigt werden soll.	
TickFrequency	bestimmt die Anzahl der Skalenmarkierungen.	
TickStyle	bestimmt das Aussehen der Skalenmarkierungen.	
Top	legt den Abstand des Objekts (in Pixel) zu dem umgebenden Container fest.	
Value	liefert den Wert eines Objekts.	
Visible	bestimmt, ob das Objekt sichtbar ist.	
WhatsThisHelpID	setzt die Hilfekontextnummer für das Objekt.	
Width	bestimmt die Breite (in Pixel) des Objekts.	
ZOrder	bestimmt die Reihenfolge von sich überlagernden Steuerelementen.	

20.3.7 AufAb (UpDown)

Das im Beispiel in den Abschnitten 20.3.1 und 20.3.6 eingeführte UpDown-Steuerelement wird mit dem im folgenden Bild dargestellten Eigenschaftenfenster angepasst. Es kann horizontal oder vertikal angeordnet werden.

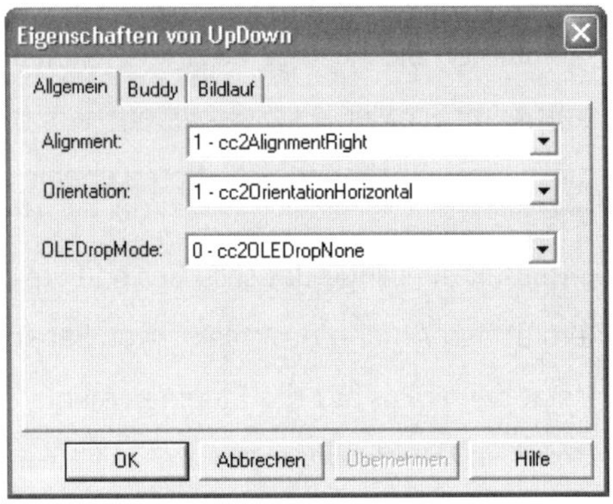

Bild 20.14: Allgemeine Eigenschaften

Tabelle 20.13: Eigenschaften, Methoden und Ereignisse des UpDown-Steuerelements

Element	Beschreibung	Typ
Alignment	legt die Ausrichtung fest.	
AutoBuddy	bestimmt einen Wert, der angibt, ob automatisch ein Steuerelement als verknüpftes Steuerelement (Buddy) verwendet wird. (Nicht in Access 2002 nutzbar.)	
BuddyControl	legt das Steuerelement fest, das als verknüpftes Steuerelement (Buddy) verwendet wird. (Nicht in Access 2002 nutzbar.)	
BuddyProperty	bestimmt die Synchronisierung des verknüpften Steuerelements (Buddy). (Nicht in Access 2002 nutzbar.)	
Change	tritt bei Änderungen auf.	
DownClick	tritt auf, wenn eine Schaltfläche gedrückt wird.	
Enabled	bestimmt, ob das Objekt aktiviert ist.	
hWnd	gibt die Windows-Handle des Objekts zurück.	
Increment	bestimmt das Inkrement der Änderungen.	
Max	setzt den maximalen Wert.	
Min	setzt den minimalen Wert.	

Tabelle 20.13: Eigenschaften, Methoden und Ereignisse des UpDown-Steuerelements (Fortsetzung)

Element	Beschreibung	Typ
MouseDown	tritt auf, wenn die Maustaste gedrückt wird.	
MouseMove	wird beim Bewegen der Maus ausgelöst.	
MouseUp	tritt beim Loslassen der Maustaste auf.	
OLECompleteDrag	tritt auf, um das Ausgangsobjekt zu informieren, dass eine »Drag and Drop«-Operation ausgeführt wird.	
OLEDrag	löst eine »Drag and Drop«-Operation aus.	
OLEDragDrop	tritt auf, wenn ein selektiertes Objekt auf ein Zielobjekt abgelegt wird und durch das Zielobjekt eine Drop-Aktion durchgeführt wird.	
OLEDragMode	bestimmt den Drag-Modus bei »Drag and Drop«-Operationen.	
OLEDragOver	tritt auf, wenn das selektierte Objekt über ein anderes Objekt gezogen wird.	
OLEDropMode	bestimmt den Drop-Modus bei »Drag and Drop«-Operationen.	
OLEGiveFeedback	wird nach jedem OLEDragOver-Ereignis ausgelöst, um gegebenenfalls dem Benutzer eine visuelle Rückkopplung zu geben.	
OLESetData	wird ausgelöst, wenn Daten für »Drag and Drop« bereitgestellt werden.	
OLEStartDrag	tritt zu Beginn der »Drag and Drop«-Operation auf.	
Orientation	bestimmt, ob das UpDown-Element vertikal oder horizontal gezeigt wird.	
SyncBuddy	bestimmt die Synchronisierung.	
UpClick	tritt auf, wenn eine Schaltfläche losgelassen wird.	
Value	liefert den Wert eines Objekts.	
Wrap	legt fest, ob der Text eines Eintrags umgebrochen werden darf.	

20.3.8 Statusleiste (StatusBar)

Mithilfe des ActiveX-Steuerelements *Statusleiste* können Sie Windows-Statusleisten in Ihre Formulare einbauen. Das folgende Beispiel illustriert die Verwendung einer Statuszeile in einem Access-Formular.

Bild 20.15: Formular mit Statusleiste

Die Statusleiste ist im Beispiel dreigeteilt: Links wird die Anzahl der Cocktails eingeblendet, in der Mitte das aktuelle Datum und rechts die Uhrzeit. Eine Statusleiste kann in bis zu 16 Abschnitte aufgeteilt werden. Im nächsten Bild sehen Sie das zweite Registerblatt *Grundfläche* des Eigenschaftenfensters eines Statusleisten-Steuerelements. Mithilfe der Schaltfläche *Grundfläche einfügen* erstellen Sie einen neuen Anzeigeabschnitt in der Statusleiste.

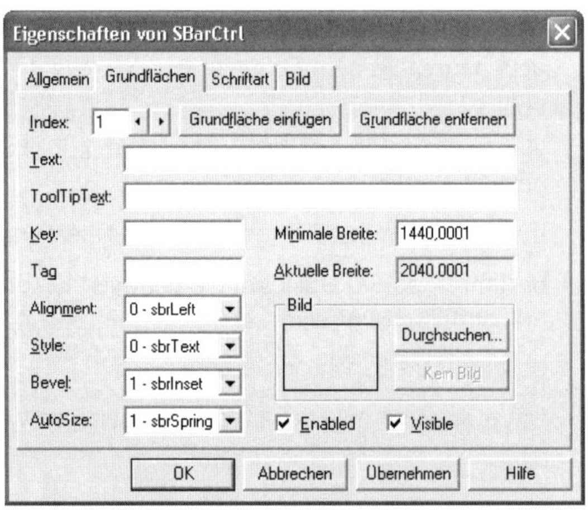

Bild 20.16: Eigenschaften der Statusleiste

Für jedes Panel kann der Inhalt über *Style* festgelegt werden. Die folgende Tabelle führt die möglichen Einstellungen auf.

Tabelle 20.14: Style-Konstanten

Konstante	Beschreibung
sbrText	zeigt die unter Text im Eigenschaftenfenster erfasste Zeichenfolge an.
sbrDate	gibt das aktuelle Datum aus.
sbrTime	gibt die aktuelle Zeit aus.
sbrCaps	zeigt an, ob dauerhaft auf Großschreibung umgeschaltet wurde (⇩-Taste).
sbrIns	zeigt den Einfg.-Status an.
sbrNum	stellt den Status der Num Lock-Taste dar.
sbrScrl	zeigt den Status der Rollen-Taste an.

Die eingerichteten Panel lassen sich aus einem Programm über die Auflistung `Panels` des Statusleisten-Objekts ansprechen, wie es das folgende Listing für das in Bild 20.15 gezeigte Formular zeigt.

```
Private Sub Form_Load()
    ' Anzahl der Cocktails ermitteln und anzeigen
    Statusleiste.Panels(1).Text = _
            DCount("[Cocktail]", "tblCocktail") & " Cocktails"
End Sub

Private Sub Statusleiste_PanelClick(ByVal Panel As Object)
    ' Bei Klick auf die Statusleiste
    DoCmd.OpenForm "frmAbout", WindowMode:=acDialog
End Sub
```

Tabelle 20.15: Eigenschaften, Methoden und Ereignisse des StatusBar-Steuerelements

Element	Beschreibung	Typ
Click	tritt bei einem Mausklick auf das Objekt auf.	
Container	ergibt einen Verweis auf das umgebende Container-Objekt.	
DblClick	tritt bei einem Doppelklick auf das Objekt auf.	
Enabled	bestimmt, ob das Objekt aktiviert ist.	

Tabelle 20.15: Eigenschaften, Methoden und Ereignisse des StatusBar-Steuerelements (Fortsetzung)

Element	Beschreibung	Typ
Font	bestimmt den Font für die Anzeige der Einträge.	
Height	bestimmt die Höhe (in Pixel) des Objekts.	
hWnd	gibt die Windows-Handle des Objekts zurück.	
Index	ergibt die Indexnummer des Objekts.	
Left	legt den linken Abstand des Objekts (in Pixel) zu dem umgebenden Container fest.	
MouseDown	tritt auf, wenn die Maustaste gedrückt wird.	
MouseIcon	legt einen benutzerdefinierten Mauszeiger fest.	
MouseMove	wird beim Bewegen der Maus ausgelöst.	
MousePointer	bestimmt den Mauszeiger.	
MouseUp	tritt beim Loslassen der Maustaste auf.	
Move	verschiebt das Steuerelement.	
Name	gibt den Namen des Objekts zurück.	
Object	liefert einen Objektverweis auf das Steuerelement.	
OLECompleteDrag	tritt auf, um das Ausgangsobjekt zu informieren, dass eine »Drag and Drop«-Operation ausgeführt wird.	
OLEDrag	löst eine »Drag and Drop«-Operation aus.	
OLEDragDrop	tritt auf, wenn ein selektiertes Objekt auf ein Zielobjekt abgelegt wird und durch das Zielobjekt eine Drop-Aktion durchgeführt wird.	
OLEDragMode	bestimmt den Drag-Modus bei »Drag and Drop«-Operationen.	
OLEDragOver	tritt auf, wenn das selektierte Objekt über ein anderes Objekt gezogen wird.	
OLEDropMode	bestimmt den Drop-Modus bei »Drag and Drop«-Operationen.	
OLEGiveFeedback	wird nach jedem OLEDragOver-Ereignis ausgelöst, um gegebenenfalls dem Benutzer eine visuelle Rückkopplung zu geben.	
OLESetData	wird ausgelöst, wenn Daten für »Drag and Drop« bereitgestellt werden.	
OLEStartDrag	tritt zu Beginn der »Drag and Drop«-Operation auf.	
PanelClick	tritt bei einem Klick auf ein Panel auf.	

Tabelle 20.15: Eigenschaften, Methoden und Ereignisse des StatusBar-Steuerelements (Fortsetzung)

Element	Beschreibung	Typ
PanelDblClick	tritt bei einem Doppelklick auf ein Panel auf.	
Panels	enthält eine Panels-Auflistung.	
Parent	gibt einen Verweis auf das Eltern-Objekt zurück.	
Refresh	aktualisiert die Anzeige des Steuerelements.	
ShowTips	bestimmt, ob QuickInfos gezeigt werden.	
ShowWhatsThis	zeigt ein Hilfedialogfenster an.	
SimpleText	bestimmt den Text, der gezeigt wird, wenn der Stil des Statusbars auf sbrSimple gesetzt wird.	
Style	legt den Stil des Statusbars fest.	
TabIndex	legt fest, als wievieltes Element das Steuerelement mit der [Tab]-Taste angesprungen werden kann.	
Tag	legt benutzerdefinierte Daten zum Objekt fest.	
Top	legt den Abstand des Objekts (in Pixel) zu dem umgebenden Container fest.	
Visible	bestimmt, ob das Objekt sichtbar ist.	
WhatsThisHelpID	setzt die Hilfekontextnummer für das Objekt.	
Width	bestimmt die Breite (in Pixel) des Objekts.	
ZOrder	bestimmt die Reihenfolge von sich überlagernden Steuerelementen.	

Tabelle 20.16: Eigenschaften, Methoden und Ereignisse der Panels-Auflistung

Element	Beschreibung	Typ
Add	fügt ein neues Panel-Objekt hinzu.	
Clear	löscht alle Panel-Objekte.	
Count	ermittelt die Anzahl der Panel-Objekte.	
Item	gibt ein Objekt vom Typ Panel zurück.	
Remove	entfernt ein Panel-Objekt.	

Tabelle 20.17: Eigenschaften, Methoden und Ereignisse des Panel-Objekts

Element	Beschreibung	Typ
Alignment	bestimmt die Ausrichtung des Inhalts.	
AutoSize	legt fest, ob die Größe eines Panels an den Inhalt angepasst wird.	
Bevel	bestimmt die Anzeige eines Panels.	
Enabled	bestimmt, ob das Objekt aktiviert ist.	
Index	ergibt die Indexnummer des Objekts.	
Key	legt einen eindeutigen Schlüsselwert fest.	
Left	legt den linken Abstand des Objekts (in Pixel) zu dem umgebenden Container fest.	
MinWidth	legt die minimale Breite fest.	
Picture	bestimmt ein Bild zur Anzeige.	
Style	legt den Stil des Panels fest.	
Tag	legt benutzerdefinierte Daten zum Objekt fest.	
Text	bestimmt den Text des Panels.	
ToolTipText	setzt einen ToolTipText.	
Visible	bestimmt, ob das Objekt sichtbar ist.	
Width	bestimmt die Breite (in Pixel) des Objekts.	

20.3.9 Symbolleiste (ToolBar)

Das ToolBar-Steuerelement bietet Ihnen die Möglichkeit, Symbolleisten an beliebigen Stellen auf einem Formular anzuordnen. Die auf den Schaltflächen einer Symbolleiste gezeigten Bilder werden in einem Abbildungslisten-Steuerelement verwaltet.

Symbolleisten mithilfe des ToolBar-Steuerelements sind sozusagen die kleine Symbolleistenlösung. In Kapitel 21, »Menüs und Symbolleisten«, stellen wir Ihnen die »große« Lösung mithilfe von CommandBars vor, die eine Programmierung aller Menüs und Symbolleisten in Access ermöglichen.

In Bild 20.9 sehen Sie oben rechts eine ToolBar mit vier Schaltflächen. Eine weitergehende Beschreibung des Beispiels finden Sie in Abschnitt 20.4.

Im abgebildeten Eigenschaftenfenster der Symbolleiste sind die allgemeinen Einstellungen zu sehen. Über *ImageList* wird das Abbildungslisten-Steuerelement, das die Bilder für die Schaltflächen beinhaltet, an den ToolBar gebunden.

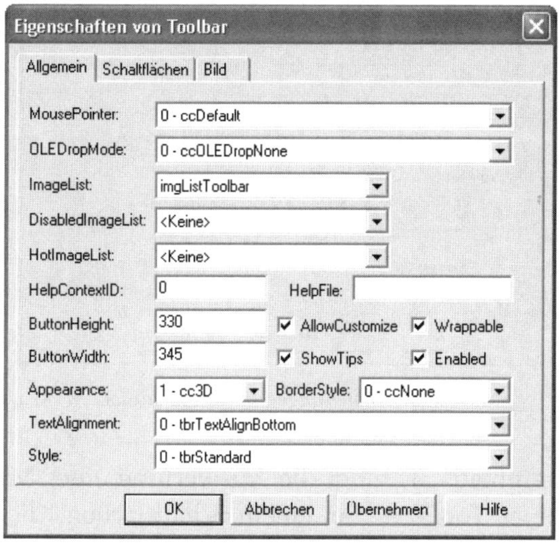

Bild 20.17: ToolBar-Eigenschaften

Auf dem zweiten Registerblatt *Schaltflächen* können Sie mit *Schaltfläche einfügen* neue Schaltflächen erzeugen. Das Icon für die Schaltfläche wird über den Eintrag *Image* bestimmt, der die Nummer des Bildes im Abbildungslisten-Element enthält.

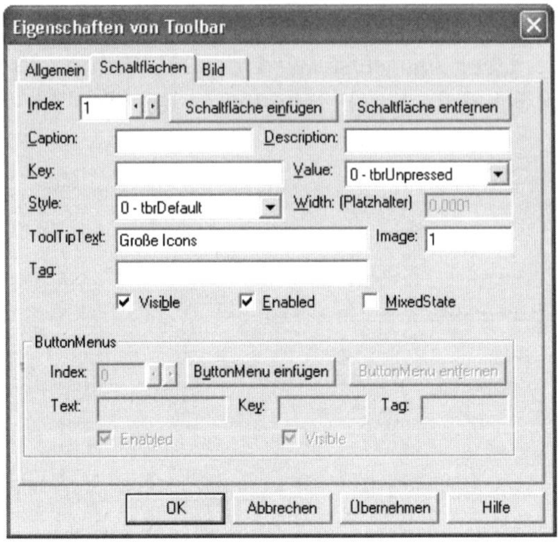

Bild 20.18: Einstellungen für die Schaltflächen

Der folgende Programmauszug zeigt die Auswertung eines Mausklicks auf eine der Schaltflächen eines ToolBars. Bei einem Schaltflächen-Klick wird der Ereignisprozedur ein `Button`-Objekt übergeben, das die Daten der gewählten Schaltfläche enthält.

```
Private Sub tbar_ButtonClick(ByVal Button As Object)
    Select Case Button.Index
        Case 1
            lvZutaten.View = lvwIcon
        Case 2
            lvZutaten.View = lvwSmallIcon
        Case 3
            lvZutaten.View = lvwList
        Case 4
            lvZutaten.View = lvwReport
    End Select
End Sub
```

Tabelle 20.18: Eigenschaften, Methoden und Ereignisse des ToolBar-Steuerelements

Element	Beschreibung	Typ
AllowCustomize	bestimmt, ob der Benutzer die Symbolleiste anpassen darf.	
Appearance	bestimmt das Aussehen des Objekts.	
BorderStyle	legt die Art des Rahmens für das Objekt fest.	
ButtonClick	wird bei einem Klick auf ein Button-Objekt ausgelöst.	
ButtonDropDown	tritt auf, wenn der Benutzer auf den Dropdown-Pfeil einer Schaltfläche mit Style = tbrDropdown klickt.	
ButtonHeight	bestimmt die Höhe (in Pixel) eines Buttons.	
ButtonMenuClick	tritt auf, wenn der Benutzer ein Element aus einem Schaltflächen-Dropdown-Menü auswählt.	
Buttons	enthält eine Buttons-Auflistung.	
ButtonWidth	bestimmt die Breite (in Pixel) eines Buttons.	
Change	wird erzeugt, nachdem der Benutzer die Darstellung eines Symbolleiste-Steuerelements mithilfe des Dialogfeldes *Symbolleiste anpassen* angepasst hat.	
Click	tritt bei einem Mausklick auf das Objekt auf.	
Container	ergibt einen Verweis auf das umgebende Container-Objekt.	
Controls	enthält eine Controls-Auflistung.	
Customize	passt eine Symbolleiste an.	
DblClick	tritt bei einem Doppelklick auf das Objekt auf.	
DisabledImageList	gibt das ImageList-Steuerelement zurück, das zum Speichern von Bildern verwendet werden soll, die angezeigt werden, wenn sich eine Schaltfläche in deaktiviertem Zustand befindet, oder legt das Steuerelement fest.	
Enabled	bestimmt, ob das Objekt aktiviert ist.	
Height	bestimmt die Höhe (in Pixel) des Objekts.	
HelpContextID	definiert den Hilfekontext für das Objekt.	
HelpFile	legt die Hilfedatei fest.	
HotImageList	gibt das ImageList-Steuerelement zurück, das zum Speichern von Bildern verwendet werden soll, die angezeigt werden, wenn sich eine Schaltfläche in aktiviertem Zustand befindet, oder legt das Steuerelement fest.	

Tabelle 20.18: Eigenschaften, Methoden und Ereignisse des ToolBar-Steuerelements (Fortsetzung)

Element	Beschreibung	Typ
hWnd	gibt die Windows-Handle des Objekts zurück.	
ImageList	bestimmt die zugehörige Abbildungsliste.	
Index	ergibt die Indexnummer des Objekts.	
Left	legt den linken Abstand des Objekts (in Pixel) zu dem umgebenden Container fest.	
MouseDown	tritt auf, wenn die Maustaste gedrückt wird.	
MouseIcon	legt einen benutzerdefinierten Mauszeiger fest.	
MouseMove	wird beim Bewegen der Maus ausgelöst.	
MousePointer	bestimmt den Mauszeiger.	
MouseUp	tritt beim Loslassen der Maustaste auf.	
Move	verschiebt das Steuerelement.	
Name	gibt den Namen des Objekts zurück.	
Object	liefert einen Objektverweis auf das Steuerelement.	
OLECompleteDrag	tritt auf, um das Ausgangsobjekt zu informieren, dass eine »Drag and Drop«-Operation ausgeführt wird.	
OLEDrag	löst eine »Drag and Drop«-Operation aus.	
OLEDragDrop	tritt auf, wenn ein selektiertes Objekt auf ein Zielobjekt abgelegt wird und durch das Zielobjekt eine Drop-Aktion durchgeführt wird.	
OLEDragOver	tritt auf, wenn das selektierte Objekt über ein anderes Objekt gezogen wird.	
OLEDropMode	bestimmt den Drop-Modus bei »Drag and Drop«-Operationen.	
OLEGiveFeedback	wird nach jedem OLEDragOver-Ereignis ausgelöst, um gegebenenfalls dem Benutzer eine visuelle Rückkopplung zu geben.	
OLESetData	wird ausgelöst, wenn Daten für »Drag and Drop« bereitgestellt werden.	
OLEStartDrag	tritt zu Beginn der »Drag and Drop«-Operation auf.	
Parent	gibt einen Verweis auf das Eltern-Objekt zurück.	
Refresh	aktualisiert die Anzeige des Steuerelements.	
RestoreToolbar	setzt die Symbolleiste auf den Ursprungszustand zurück.	
SaveToolbar	speichert die Symbolleiste.	

Tabelle 20.18: Eigenschaften, Methoden und Ereignisse des ToolBar-Steuerelements (Fortsetzung)

Element	Beschreibung	Typ
ShowTips	bestimmt, ob QuickInfo-Texte (ToolTips) gezeigt werden.	
ShowWhatsThis	zeigt ein Hilfedialogfenster an.	
Style	gibt einen Wert zurück oder legt einen Wert fest, der bestimmt, wie die Symbolleiste gezeichnet wird.	
TabIndex	legt fest, als wievieltes Element das Steuerelement mit der -Taste angesprungen werden kann.	
Tag	legt benutzerdefinierte Daten zum Objekt fest.	
TextAlignment	liefert einen Wert zurück oder legt einen Wert fest, der bestimmt, ob Schaltflächentext unterhalb oder rechts von dem Schaltflächensymbol angezeigt wird.	
Top	legt den Abstand des Objekts (in Pixel) zu dem umgebenden Container fest.	
Visible	bestimmt, ob das Objekt sichtbar ist.	
WhatsThisHelpID	setzt die Hilfekontextnummer für das Objekt.	
Width	bestimmt die Breite (in Pixel) des Objekts.	
Wrappable	legt fest, ob der Text eines Eintrags umgebrochen werden darf.	
ZOrder	bestimmt die Reihenfolge von sich überlagernden Steuerelementen.	

Tabelle 20.19: Eigenschaften, Methoden und Ereignisse der Buttons-Auflistung

Element	Beschreibung	Typ
Add	fügt ein neues Button-Objekt hinzu.	
Clear	löscht alle Button-Objekte.	
Count	ermittelt die Anzahl der Button-Objekte.	
Item	gibt ein Objekt vom Typ Button zurück.	
Remove	entfernt ein Button-Objekt.	

Tabelle 20.20: Eigenschaften, Methoden und Ereignisse des Button-Objekts

Element	Beschreibung	Typ
ButtonMenus	liefert einen Verweis auf die ButtonMenu-Objektauflistung eines Button-Objekts zurück.	
Caption	bestimmt den Text für die Schaltfläche.	
Description	setzt eine Beschreibung.	
Enabled	bestimmt, ob das Objekt aktiviert ist.	
Height	bestimmt die Höhe (in Pixel) des Objekts.	
Image	legt das Bild der Schaltfläche fest.	
Index	ergibt die Indexnummer des Objekts.	
Key	legt einen eindeutigen Schlüsselwert fest.	
Left	legt den linken Abstand des Objekts (in Pixel) zu dem umgebenden Container fest.	
MixedState	legt die möglichen Stati fest.	
Style	bestimmt den Typ der Schaltfläche.	
Tag	legt benutzerdefinierte Daten zum Objekt fest.	
ToolTipText	bestimmt den QuickInfo-Text.	
Top	legt den Abstand des Objekts (in Pixel) zu dem umgebenden Container fest.	
Value	liefert den Wert eines Objekts.	
Visible	bestimmt, ob das Objekt sichtbar ist.	
Width	bestimmt die Breite (in Pixel) des Objekts.	

Tabelle 20.21: Eigenschaften, Methoden und Ereignisse der Controls-Auflistung

Element	Beschreibung	Typ
Count	bestimmt die Anzahl der Control-Objekte.	
Item	gibt ein Objekt zurück.	

20.3.10 Fortschrittsleiste (ProgressBar)

Der Fortschritt einer Operation wird in einer Fortschrittsleiste in kleinen Rechtecken gezeigt. Fortschrittsleisten werden in den meisten Fällen bei Vorgängen eingesetzt, die einige Zeit in Anspruch nehmen, um den Anwender über den Stand der Dinge zu informieren. Das folgende Beispielformular zeigt in der Fortschrittsleiste, wie viel Prozent der Cocktail-Tabelle schon durchlaufen wurden.

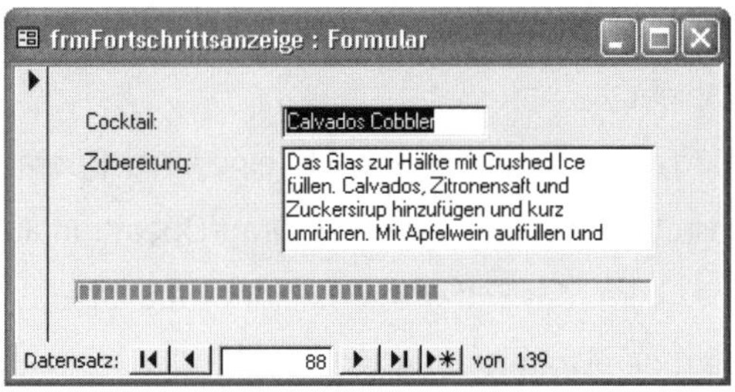

Bild 20.19: Das Beispielformular

Für eine Fortschrittsleiste kann der Minimal- und Maximalwert der Anzeige festgelegt werden. Die Eigenschaft `Value` setzt den aktuell gezeigten Wert. Die folgenden Prozeduren für obiges Formular initialisieren und aktualisieren die Fortschrittsanzeige.

```
Private Sub Form_Current()
    Dim rst As DAO.Recordset

    Set rst = Me.RecordsetClone
    ' Position im Clone setzen
    rst.Bookmark = Me.Bookmark
    ' Fortschrittsanzeige aktualisieren
    progBar.Value = rst.AbsolutePosition
    rst.Close
End Sub

Private Sub Form_Load()
    Dim rst As DAO.Recordset

    Set rst = Me.RecordsetClone
    rst.MoveLast
    ' Anzahl der Datensätze
    progBar.Max = rst.AbsolutePosition
    progBar.Value = 1
    rst.Close
End Sub
```

Tabelle 20.22: Eigenschaften, Methoden und Ereignisse des ProgressBar-Steuerelements

Element	Beschreibung	Typ
Align	legt die Ausrichtung fest.	
Appearance	bestimmt das Aussehen des Objekts.	
BorderStyle	legt die Art des Rahmens für das Objekt fest.	
Click	tritt bei einem Mausklick auf das Objekt auf.	
Container	ergibt einen Verweis auf das umgebende Container-Objekt.	
Drag	beginnt, beendet oder bricht eine Drag-Operation ab.	
DragDrop	wird bei einer erfolgreichen Drag-Operation ausgelöst.	
DragIcon	bestimmt das Bild während einer Drag-Operation.	
DragMode	legt den Drag-Modus fest.	
DragOver	tritt während des Drag-Vorgangs auf.	
Enabled	bestimmt, ob das Objekt aktiviert ist.	
Height	bestimmt die Höhe (in Pixel) des Objekts.	
hWnd	gibt die Windows-Handle des Objekts zurück.	
Index	ergibt die Indexnummer des Objekts.	
Left	legt den linken Abstand des Objekts (in Pixel) zu dem umgebenden Container fest.	
Max	setzt den maximalen Wert.	
Min	setzt den minimalen Wert.	
MouseDown	tritt auf, wenn die Maustaste gedrückt wird.	
MouseIcon	legt einen benutzerdefinierten Mauszeiger fest.	
MouseMove	wird beim Bewegen der Maus ausgelöst.	
MousePointer	bestimmt den Mauszeiger.	
MouseUp	tritt beim Loslassen der Maustaste auf.	
Move	verschiebt das Steuerelement.	
Name	gibt den Namen des Objekts zurück.	
Object	liefert einen Objektverweis auf das Steuerelement.	
OLECompleteDrag	tritt auf, um das Ausgangsobjekt zu informieren, dass eine »Drag and Drop«-Operation ausgeführt wird.	
OLEDrag	löst eine »Drag and Drop«-Operation aus.	

Tabelle 20.22: Eigenschaften, Methoden und Ereignisse des ProgressBar-Steuerelements (Fortsetzung)

Element	Beschreibung	Typ
OLEDragDrop	tritt auf, wenn ein selektiertes Objekt auf ein Zielobjekt abgelegt wird und durch das Zielobjekt eine Drop-Aktion durchgeführt wird.	
OLEDragMode	bestimmt den Drag-Modus bei »Drag and Drop«-Operationen.	
OLEDragOver	tritt auf, wenn das selektierte Objekt über ein anderes Objekt gezogen wird.	
OLEDropMode	bestimmt den Drop-Modus bei »Drag and Drop«-Operationen.	
OLEGiveFeedback	wird nach jedem OLEDragOver-Ereignis ausgelöst, um dem Benutzer eine visuelle Rückkopplung zu geben.	
OLESetData	wird ausgelöst, wenn Daten für »Drag and Drop« bereitgestellt werden.	
OLEStartDrag	tritt zu Beginn der »Drag and Drop«-Operation auf.	
Orientation	gibt einen Wert zurück oder legt einen Wert fest, der bestimmt, ob die Fortschrittsleiste vertikal oder horizontal angezeigt wird.	
Parent	gibt einen Verweis auf das Eltern-Objekt zurück.	
Refresh	aktualisiert die Anzeige.	
Scrolling	gibt einen Wert zurück oder legt einen Wert fest, der bestimmt, ob das Steuerelement den Fortschritt mit einer standardmäßigen segmentierten oder mit einer glatten Fortschrittsleiste anzeigt.	
ShowWhatsThis	zeigt ein Hilfedialogfenster an.	
TabIndex	legt fest, als wievieltes Element das Steuerelement mit der -Taste angesprungen werden kann.	
Tag	legt benutzerdefinierte Daten zum Objekt fest.	
Top	legt den Abstand des Objekts (in Pixel) zu dem umgebenden Container fest.	
Value	liefert den Wert eines Objekts.	
Visible	bestimmt, ob das Objekt sichtbar ist.	
WhatsThisHelpID	setzt die Hilfekontextnummer für das Objekt.	
Width	bestimmt die Breite (in Pixel) des Objekts.	
ZOrder	bestimmt die Reihenfolge von sich überlagernden Steuerelementen.	

20.3.11 Register (TabStrip)

Das Register-Steuerelement war in vorhergehenden Access-Versionen eine Möglichkeit, Formulare mit Registerblättern zu erstellen. Microsoft hat ein neues Register-Steuerelement in Access eingebaut (siehe Kapitel 14, »Formulare«), das leistungsfähiger und einfacher zu nutzen ist als das TabStrip-Steuerelement.

20.3.12 Hierarchieansicht (TreeView)

Das Hierarchieansicht-Steuerelement dient zur Darstellung von hierarchischen Zusammenhängen, die in Form einer Baumdarstellung abgebildet werden. Die Anzahl der Einträge und die Tiefe des Baums werden nur vom zur Verfügung stehenden Speicher begrenzt. Im Beispiel im Abschnitt 20.4 wird ein TreeView-Steuerelement mit zwei Darstellungsebenen eingesetzt.

Tabelle 20.23: Eigenschaften, Methoden und Ereignisse eines TreeView-Steuerelements

Element	Beschreibung	Typ
AfterLabelEdit	tritt nach dem Bearbeiten des Textes eines Eintrags auf.	
Appearance	bestimmt das Aussehen des Objekts.	
BeforeLabelEdit	tritt vor dem Bearbeiten des Textes eines Eintrags auf.	
BorderStyle	legt die Art des Rahmens für das Objekt fest.	
CheckBoxes	bestimmt, ob das Steuerelement neben jedem Listenelement ein Kontrollkästchen anzeigt.	
Click	tritt bei einem Mausklick auf das Objekt auf.	
Collapse	tritt auf, wenn ein Ast des Baums zusammengeklappt wird.	
Container	ergibt einen Verweis auf das umgebende Container-Objekt.	
DblClick	tritt bei einem Doppelklick auf das Objekt auf.	
DropHighlight	gibt ein Objekt zurück und selektiert es.	
Enabled	bestimmt, ob das Objekt aktiviert ist.	
Expand	tritt auf, wenn die Kinder-Objekte eines Eintrags eingeblendet werden.	
FullRowSelect	bestimmt, ob das Auswählen einer Spalte die gesamte Reihe hervorhebt.	
GetVisibleCount	bestimmt die Anzahl der sichtbaren Einträge.	
GotFocus	wird ausgelöst, wenn das Objekt den Fokus erhält.	

Tabelle 20.23: Eigenschaften, Methoden und Ereignisse eines TreeView-Steuerelements (Fortsetzung)

Element	Beschreibung	Typ
Height	bestimmt die Höhe (in Pixel) des Objekts.	
HelpContextID	definiert den Hilfekontext für das Objekt.	
HideSelection	bestimmt, ob eine Selektion noch angezeigt wird, wenn das Objekt den Fokus verliert.	
HitTest	ergibt den Verweis auf den Eintrag, der unter den Koordinaten x und y liegt.	
HotTracking	gibt zurück oder legt fest, ob HotTracking aktiviert ist.	
hWnd	gibt die Windows-Handle des Objekts zurück.	
ImageList	bestimmt die zugehörige Abbildungsliste.	
Indentation	legt die Einrückung der einzelnen Ebenen fest.	
Index	ergibt die Indexnummer des Objekts.	
KeyDown	tritt auf, wenn eine Taste hinuntergedrückt ist.	
KeyPress	wird ausgelöst, wenn eine Taste gedrückt wurde.	
KeyUp	tritt auf, wenn eine Taste losgelassen wird.	
LabelEdit	bestimmt, ob der Text eines Eintrags editiert werden darf.	
Left	legt den linken Abstand des Objekts (in Pixel) zu dem umgebenden Container fest.	
LineStyle	legt die Art der Linien fest.	
LostFocus	tritt auf, wenn das Objekt den Fokus verliert.	
MouseDown	tritt auf, wenn die Maustaste gedrückt wird.	
MouseIcon	legt einen benutzerdefinierten Mauszeiger fest.	
MouseMove	wird beim Bewegen der Maus ausgelöst.	
MousePointer	bestimmt den Mauszeiger.	
MouseUp	tritt beim Loslassen der Maustaste auf.	
Move	verschiebt das Steuerelement.	
Name	gibt den Namen des Objekts zurück.	
NodeCheck	tritt auf, wenn eine Checkbox einer Node aktiviert oder deaktiviert wird.	
NodeClick	tritt bei einem Mausklick auf einen Eintrag auf.	
Nodes	enthält eine Nodes-Auflistung.	

Tabelle 20.23: Eigenschaften, Methoden und Ereignisse eines TreeView-Steuerelements (Fortsetzung)

Element	Beschreibung	Typ
Object	liefert einen Objektverweis auf das Steuerelement.	
OLECompleteDrag	tritt auf, um das Ausgangsobjekt zu informieren, dass eine »Drag and Drop«-Operation ausgeführt wird.	
OLEDrag	löst eine »Drag and Drop«-Operation aus.	
OLEDragDrop	tritt auf, wenn ein selektiertes Objekt auf ein Zielobjekt abgelegt wird und durch das Zielobjekt eine Drop-Aktion durchgeführt wird.	
OLEDragMode	bestimmt den Drag-Modus bei »Drag and Drop«-Operationen.	
OLEDragOver	tritt auf, wenn das selektierte Objekt über ein anderes Objekt gezogen wird.	
OLEDropMode	bestimmt den Drop-Modus bei »Drag and Drop«-Operationen.	
OLEGiveFeedback	wird nach jedem OLEDragOver-Ereignis ausgelöst, um gegebenenfalls dem Benutzer eine visuelle Rückkopplung zu geben.	
OLESetData	wird ausgelöst, wenn Daten für »Drag and Drop« bereitgestellt werden.	
OLEStartDrag	tritt zu Beginn der »Drag and Drop«-Operation auf.	
Parent	gibt einen Verweis auf das Eltern-Objekt zurück.	
PathSeparator	enthält das Trennzeichen, das für eine vollständige Ausgabe des Pfades zu einer Node verwendet wird.	
Refresh	aktualisiert die Anzeige des Steuerelements.	
Scroll	gibt zurück, ob Bildlaufleisten angezeigt werden.	
SelectedItem	gibt den selektierten Eintrag zurück.	
SingleSel	bestimmt, ob das Auswählen eines neuen Elements in der Hierarchie dieses Element öffnet und das zuvor ausgewählte Element ausblendet.	
SetFocus	setzt den Fokus auf das Steuerelement.	
ShowWhatsThis	zeigt ein Hilfedialogfenster an.	
Sorted	bestimmt, ob die Daten sortiert gezeigt werden sollen.	
StartLabelEdit	tritt bei Beginn der Änderung des Textes eines Eintrags auf.	

Tabelle 20.23: Eigenschaften, Methoden und Ereignisse eines TreeView-Steuerelements (Fortsetzung)

Element	Beschreibung	Typ
Style	zeigt eine hierarchische Liste von Node-Objekten an, von denen jedes eine Bezeichnung und eine optionale Bitmap enthält.	
TabIndex	legt fest, als wievieltes Element das Steuerelement mit der Tab-Taste angesprungen werden kann.	
TabStop	bestimmt, ob das Objekt mit der Tab-Taste angesprungen werden kann.	
Tag	legt benutzerdefinierte Daten zum Objekt fest.	
Top	legt den Abstand des Objekts (in Pixel) zu dem umgebenden Container fest.	
Visible	bestimmt, ob das Objekt sichtbar ist.	
WhatsThisHelpID	setzt die Hilfekontextnummer für das Objekt.	
Width	bestimmt die Breite (in Pixel) des Objekts.	
ZOrder	bestimmt die Reihenfolge von sich überlagernden Steuerelementen.	

Tabelle 20.24: Eigenschaften, Methoden und Ereignisse der Nodes-Auflistung

Element	Beschreibung	Typ
Add	fügt ein neues Node-Objekt hinzu.	
Clear	löscht alle Node-Objekte.	
Count	bestimmt die Anzahl der Node-Objekte.	
Item	gibt ein Objekt vom Typ Node zurück.	
Remove	entfernt ein Node-Objekt.	

Tabelle 20.25: Eigenschaften, Methoden und Ereignisse des Node-Objekts

Element	Beschreibung	Typ
BackColor	gibt die Hintergrundfarbe zurück, die zum Anzeigen des Texts eines Node-Objekts verwendet wird oder legt sie fest.	
Bold	bestimmt, ob der Text eines Node-Objekts in Fettschrift angezeigt wird.	
Checked	bestimmt, ob ein Node-Objekt aktiviert ist.	
Child	liefert einen Verweis auf das erste Kind-Objekt zurück.	
Children	ermittelt die Anzahl von Kinder-Objekten.	
CreateDragImage	erstellt ein Bild für Drag-Operationen.	
EnsureVisible	garantiert, dass der selektierte Eintrag sichtbar ist.	
Expanded	bestimmt, ob die Kinder eines Eintrags gezeigt werden.	
ExpandedImage	wird als Bild für einen Eintrag angezeigt, wenn die Kinder sichtbar sind.	
FirstSibling	gibt das erste Kind-Objekt der nächsten Ebene zurück.	
ForeColor	gibt die Vordergrundfarbe zurück, die zum Anzeigen des Texts eines Node-Objekts verwendet wird oder legt sie fest.	
FullPath	ermittelt den vollständigen Pfad zu einem Eintrag.	
Image	legt das Bild für einen Eintrag fest.	
Index	ergibt die Indexnummer des Objekts.	
Key	legt einen eindeutigen Schlüsselwert fest.	
LastSibling	gibt das letzte Kind-Objekt der nächsten Ebene zurück.	
Next	gibt das nächste Kind-Objekt der nächsten Ebene zurück.	
Parent	gibt einen Verweis auf das Eltern-Objekt zurück.	
Previous	gibt das vorhergehende Kind-Objekt der nächsten Ebene zurück.	
Root	gibt das Wurzel-Objekt eines Baums zurück.	
Selected	bestimmt, ob ein Eintrag selektiert ist.	
SelectedImage	legt das Bild für selektierte Einträge fest.	
Sorted	bestimmt, ob die Daten sortiert gezeigt werden sollen.	
Tag	legt benutzerdefinierte Daten zum Objekt fest.	
Text	gibt den Text des Eintrags zurück.	
Visible	bestimmt, ob das Objekt sichtbar ist.	

20.4 Ein Beispiel mit ActiveX-Steuerelementen

Im folgenden Beispiel möchten wir Ihnen ein Formular mit sechs ActiveX-Steuerelementen vorstellen. Für das Formular wurde links ein Hierarchieansicht-Steuerelement (TreeView) zur Anzeige von Cocktailgruppen, Cocktails und Zutaten eingesetzt. Zu jedem Cocktail erhalten Sie im Listenansicht-Steuerelement (ListView) rechts oben die benötigten Zutaten angezeigt. Oberhalb der Zutatenansicht wurde eine Symbolleiste (ToolBar) angeordnet, die ein Umschalten zwischen den verschiedenen Ansichten des Listenansicht-Steuerelements ermöglicht. Unterhalb der Zutaten wird die Zubereitungsanweisung des links selektierten Cocktails in einem RichText-Steuerelement ausgegeben. Am unteren Rand des Formulars wurde ein Statusleisten-Steuerelement (StatusBar) positioniert.

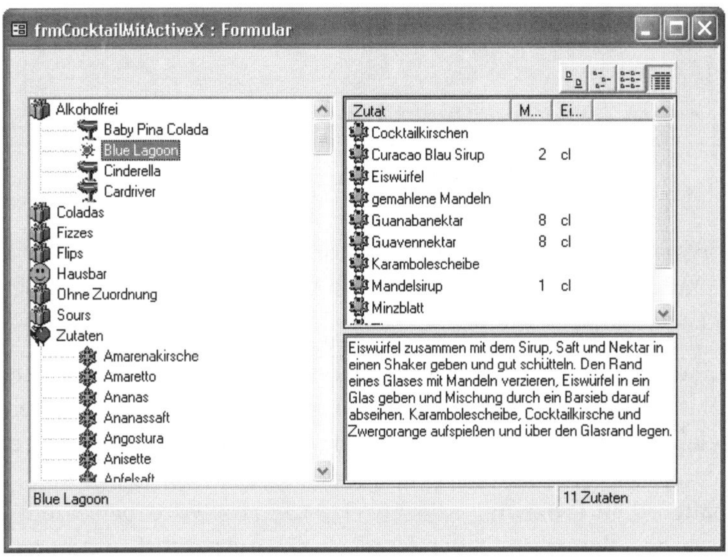

Bild 20.20: Das Beispielformular

Für die Icons in ListView, TreeView und ToolBar wurden zwei Abbildungslisten-Steuerelemente (ImageList) aufgenommen, die allerdings nur in der Entwurfsansicht des Formulars sichtbar sind, wie Sie es im nächsten Bild sehen können.

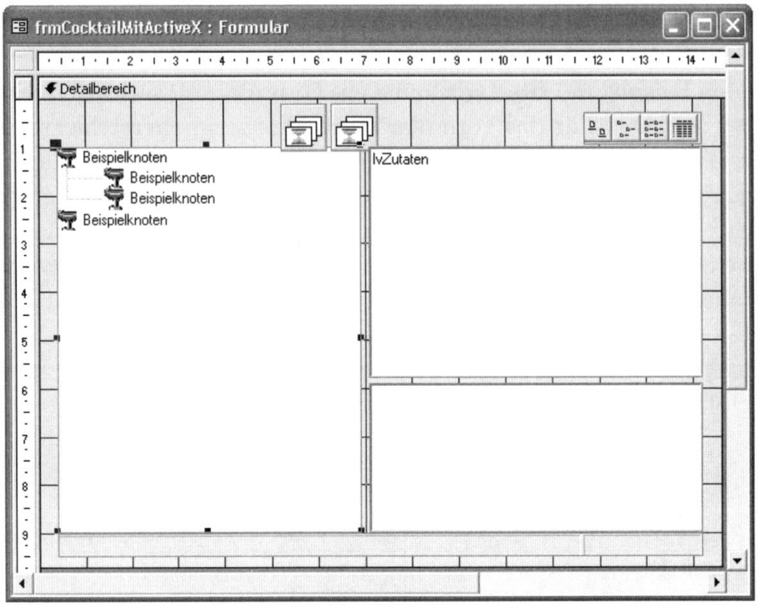

Bild 20.21: Das Beispielformular in der Entwurfsansicht

Zu dem vorgestellten Beispielformular gehört das Listing ab Seite 779. Zum besseren Verständnis des Listing möchten wir Ihnen die Bedienungsmöglichkeiten des obigen Formulars beschreiben.

Auf der linken Seite werden die verschiedenen Cocktailgruppen, die Hausbar und die Zutatenliste angezeigt. Wird ein Cocktail aus einer der Gruppen oder der Hausbar selektiert, erscheinen rechts die entsprechenden Zutaten. Wird eine Zutat der Zutatenliste gewählt, werden rechts die Cocktails dargestellt, die diese Zutat enthalten. Die Prozedur `tvCocktail_NodeClick` wird bei einem Klick auf einen Eintrag im Hierarchie-Steuerelement links ausgeführt und sorgt dann für die Anzeige im Listenansicht-Steuerelement rechts. Dieses soll nur bei Cocktails bzw. Zutaten, nicht aber bei Cocktailgruppen, der Hausbar oder dem Symbol für die Zutatenliste erfolgen. Über die `Parent`-Eigenschaft des `Node`-Objekts wird geprüft, wie der folgende Programmabschnitt zeigt, ob ein Knoten (`Node`) auf der ersten oder zweiten Ebene selektiert wurde. Knoten der ersten Ebene haben keinen Eltern-Knoten.

```
If Not Node.Parent Is Nothing Then
    ' In zweiter Ebene des TreeView-Elements
    If Node.Parent.Text = "Zutaten" Then
        ' Cocktails zur Zutat im ListView zeigen
        ShowCocktails Node
```

```
    Else
        ' Zutaten zum Cocktail zeigen
        ShowZutaten Node
    End If
    ...
End If
```

Klicken Sie eine Cocktailzutat in der Listenansicht rechts doppelt an, so wird die Zutat links in der Hierarchie aufgeschlagen (Prozedur `lvZutaten_DblClick`). Ist links eine Zutat selektiert, so werden rechts die Cocktails gezeigt. Ein Doppelklick auf einen Cocktail verzweigt links zur Darstellung des Cocktails.

Zusätzlich können Cocktails mithilfe von »Drag and Drop« zwischen den einzelnen Cocktailgruppen verschoben werden. Die dazu nötigen Routinen werden im Anschluss an das Listing beschrieben.

Im folgenden Listing wurden keine vordefinierten Abfragen verwendet, sondern alle SQL-Abfragen sind direkt im Programm vereinbart.

```
Private Sub Form_Load()
    ' TreeView, ListView und Statusbar
    Dim objTV As TreeView
    Dim ctlStatus As Control
    Dim nod As Node
    Dim intCnt As Integer
    Dim rst As ADODB.Recordset

    Set rst = New ADODB.Recordset
    ' Alle Cocktailgruppen
    rst.Open "SELECT * FROM tblGruppe ORDER BY Gruppe", _
                                CurrentProject.Connection
    ' Verweis auf Treeview setzen
    Set objTV = Me!tvCocktail.Object
    ' TreeView sortiert füllen
    objTV.Sorted = True
    ' Alle Cocktailgruppen einfügen
    Do While Not rst.EOF
        ' Key besteht aus "G" und Gruppennummer
        Set nod = objTV.Nodes.Add(Key:="G" & CStr(rst!GruppeNr), _
                                Text:=rst!Gruppe, Image:=3)
        rst.MoveNext
    Loop
    rst.Close
```

```
' Für Cocktails ohne Gruppenzuordnung: Key ist "GO"
Set nod = objTV.Nodes.Add(Key:="GO", Text:="Ohne Zuordnung", _
                          Image:=3)

' Cocktails als Children (tvwChild) in die Gruppen-Nodes einfügen,
' Verteilung über Key
rst.Open "SELECT GruppeNr AS Grp, Cocktail "FROM tblCocktail", _
                                      CurrentProject.Connection
Do While Not rst.EOF
    Set nod = objTV.Nodes.Add(Relative:="G" & CStr(rst!grp), _
                              Relationship:=tvwChild, _
                              Text:=rst!Cocktail, _
                              Image:=1, _
                              SelectedImage:=8)
    rst.MoveNext
Loop
rst.Close
' Hausbar
Set nod = objTV.Nodes.Add(Key:="H", Text:="Hausbar", Image:=4)
rst.Open "SELECT * FROM qryHausbar3", CurrentProject.Connection
intCnt = 1
Do While Not rst.EOF
    Set nod = objTV.Nodes.Add(Relative:="H", _
                           Relationship:=tvwChild, _
                           Key:="H" & CStr(intCnt), _
                           Text:=rst!Cocktail, _
                           Image:=1, _
                           SelectedImage:=8)
    rst.MoveNext
    intCnt = intCnt + 1
Loop
rst.Close
' Liste aller Zutaten
' zuerst Eintrag für oberste Ebene festlegen
Set nod = objTV.Nodes.Add(Key:="Z", Text:="Zutaten", Image:=2)
' Alle Zutaten als Children einfügen
rst.Open "SELECT Zutat, ZutatenNr " & _
          "FROM tblzutat ORDER BY Zutat", CurrentProject.Connection
```

```
    intCnt = 1
    Do While Not rst.EOF
        Set nod = objTV.Nodes.Add(Relative:="Z", _
                                  Relationship:=tvwChild, _
                                  Key:="Z" & CStr(intCnt), _
                                  Text:=rst!Zutat, _
                                  Image:=11, _
                                  SelectedImage:=9)
        rst.MoveNext
        intCnt = intCnt + 1
    Loop
    rst.Close

    ' Erste Node selektieren, Statuszeile aktualisieren
    With objTV.Nodes(1)
        .Selected = True
        Status.Panels(1).Text = .Text
        ' Anzahl der Cocktails ermitteln
        intCnt = CountCocktails(objTV.SelectedItem)
        ' Text in Statusbar schreiben
        Status.Panels(2).Text = intCnt & _
                             IIf(intCnt <> 1, " Cocktails", " Cocktail")
    End With
    ' In Symbolleiste Button "Details" drücken
    tbar.Buttons(4).Value = tbrPressed
    ' Ansicht auf Details umschalten
    lvZutaten.View = lvwReport
End Sub

' Löschen von ListView, StatusBar und RTF
Private Sub ClearListView()
    ' Löschen von ListView
    With lvZutaten
        .HideColumnHeaders = True
        .ListItems.Clear
    End With
    ' Löschen des Statusbars
    With Status
        .Panels(1).Text = ""
        .Panels(2).Text = ""
    End With
```

```
    ' Löschen des Inhalts des RTF-Steuerelements
    rtfBox.Text = ""
End Sub

' Ändern der ListView-Sortierreihenfolge
Private Sub lvZutaten_ColumnClick(ByVal ColumnHeader As Object)
    Dim i As Integer

    For i = 1 To lvZutaten.ColumnHeaders.Count
        ' Ermitteln, auf welchen Header geklickt wurde
        If ColumnHeader.Text = lvZutaten.ColumnHeaders(i).Text Then
            If lvZutaten.SortKey = i - 1 Then
                ' Wenn nach der angeklickten Spalte schon sortiert wird,
                ' Sortierung umkehren
                If lvZutaten.SortOrder = lvwAscending Then
                    lvZutaten.SortOrder = lvwDescending
                Else
                    lvZutaten.SortOrder = lvwAscending
                End If
            Else
                ' Sortierspalte festlegen
                lvZutaten.SortKey = i - 1
                lvZutaten.SortOrder = lvwAscending
            End If
        End If
    Next
    ' Selektierte Zeile sichtbar halten
    lvZutaten.SelectedItem.EnsureVisible
End Sub

' Bei Doppelklick im ListView-Steuerelement
Private Sub lvZutaten_DblClick()
    Dim i As Integer

    For i = 1 To tvCocktail.Nodes.Count
        ' Suchen nach dem Eintrag im TreeView-Element, das gleich
        ' dem angeklickten Eintrag im ListView-Steuerelement ist.
        If tvCocktail.Nodes(i).Text = lvZutaten.SelectedItem.Text Then
            ' Fokus auf TreeView setzen
            tvCocktail.SetFocus
```

```
            ' Node selektieren
            With tvCocktail.Nodes(i)
                .Selected = True
                .EnsureVisible
            End With
            If lvZutaten.ColumnHeaders(1).Text = "Cocktail" Then
                ' Zutaten im ListView-Element anzeigen
                ShowZutaten tvCocktail.SelectedItem
            Else
                ' Cocktails zur Zutat im ListView-Element anzeigen
                ShowCocktails tvCocktail.SelectedItem
            End If
            ' Bei gefundenem Eintrag Prozedur verlassen
            Exit Sub
        End If
    Next
End Sub

' Wenn Cocktail im ListView-Element gezeigt werden,
' Zubereitung bei Klick auf Cocktail einblenden
Private Sub lvZutaten_ItemClick(ByVal Item As Object)
    Dim rst As ADODB.Recordset

    Set rst = New ADODB.Recordset
    If lvZutaten.ColumnHeaders(1).Text = "Cocktail" Then
        rst.Open "SELECT Zubereitung " & _
                "FROM tblCocktail " & _
                "WHERE Cocktail = """ & Item.Text & """;", _
                     CurrentProject.Connection
        rtfBox.RightMargin = rtfBox.Width - 100
        rtfBox.Text = rst!Zubereitung
        rst.Close
    End If
    Set rst = Nothing
End Sub

Private Sub tbar_ButtonClick(ByVal Button As Object)
    Dim intCnt As Integer

    Select Case Button.Index
        Case 1
            lvZutaten.View = lvwIcon
```

```
        Case 2
            lvZutaten.View = lvwSmallIcon
        Case 3
            lvZutaten.View = lvwList
        Case 4
            lvZutaten.View = lvwReport
    End Select
    For intCnt = 1 To 4
        tbar.Buttons(intCnt).Value = tbrUnpressed
    Next
    tbar.Buttons(Button.Index).Value = tbrPressed
End Sub

Private Sub tvCocktail_Collapse(ByVal Node As Object)
    ClearListView
End Sub

Private Sub tvCocktail_NodeClick(ByVal Node As Object)
    Dim rst As ADODB.Recordset
    Dim strSQL As String
    Dim lvItem As ListItem
    Dim intCnt As Integer

    Set rst = New ADODB.Recordset
    ' ListView-Element, StatusBar und RTF löschen
    ClearListView
    ' Linkes Panel des Statusbars setzen
    Status.Panels(1).Text = Node.Text

    ' Hat Node Eltern, dann ist es nicht die oberste Ebene
    If Not Node.Parent Is Nothing Then
        ' In zweiter Ebene des TreeView-Elements
        If Node.Parent.Text = "Zutaten" Then
            ' Cocktails zur Zutat im ListView zeigen
            ShowCocktails Node
        Else
            ' Zutaten zum Cocktail zeigen
            ShowZutaten Node
        End If
    Else
```

```
        ' In erster Ebene des TreeView-Elements
        ' Anzahl der Cocktails ermitteln
        intCnt = CountCocktails(Node)
        ' Text im rechten Panel des StatusBars setzen
        Status.Panels(2).Text = intCnt & _
                          IIf(intCnt <> 1, " Cocktails", " Cocktail")
    End If
    Set rst = Nothing
End Sub

' Anzahl der Cocktails einer Gruppe
Private Function CountCocktails(nod As Node) As Integer
    Dim rst As ADODB.Recordset

    Set rst = New ADODB.Recordset
    If nod.Key <> "K0" Then
        ' Cocktails mit Gruppenzugehörigkeit
        rst.Open "SELECT Count(*) AS AnzCock " & _
                 "FROM tblCocktail INNER JOIN tblGruppe ON " & _
                 "tblCocktail.GruppeNr = tblGruppe.GruppeNr " & _
                 "WHERE tblGruppe.Gruppe=""" & nod.Text & """;", _
                          CurrentProject.Connection
    Else
        ' Cocktails ohne Gruppenzugehörigkeit
        rst.Open "SELECT Count(*) AS AnzCock " & _
                 "FROM tblCocktail WHERE GruppeNr = 0", _
                                  CurrentProject.Connection
    End If
    CountCocktails = rst!AnzCock
    rst.Close
    Set rst = Nothing
End Function

' Cocktailnamen im ListView-Steuerelement zeigen
Private Sub ShowCocktails(nodeZutat As Node)
    Dim rst As ADODB.Recordset
    Dim lvItem As ListItem
    Dim i As Integer
    Dim strSQL As String
```

```
    Set rst = New ADODB.Recordset
    strSQL = "SELECT tblCocktail.Cocktail, " & _
             "tblCocktail.Alkoholgehalt, " & _
             "tblZutat.Zutat FROM tblZutat INNER JOIN " & _
             "(tblCocktail INNER JOIN tblCocktailzutaten " & _
             "ON tblCocktail.CocktailNr = " & _
             "tblCocktailzutaten.CocktailNr) " & _
             "ON tblZutat.ZutatenNr = tblCocktailzutaten.ZutatenNr " & _
             "WHERE tblZutat.Zutat =""" & nodeZutat.Text & """" & _
             "ORDER BY tblCocktail.Cocktail;"

    rst.Open strSQL, CurrentProject.Connection

    ' ListView löschen
    lvZutaten.ListItems.Clear
    ' Spaltenaufschriften und -breiten vereinbaren
    With lvZutaten.ColumnHeaders
        .Clear
        .Add , , "Cocktail", lvZutaten.Width - 1900
        .Add , , "Alkoholgehalt", 1000, lvwColumnRight
    End With
    ' Spaltenaufschriften anzeigen
    Me!lvZutaten.HideColumnHeaders = False
    ' Zeilen füllen mit Cocktailbezeichnung und Alkoholgehalt
    i = 0
    Do While Not rst.EOF
        Set lvItem = lvZutaten.ListItems.Add(Text:=rst!Cocktail)
        lvItem.SmallIcon = 1
        lvItem.Icon = lvItem.SmallIcon
        lvItem.SubItems(1) = Format(rst!Alkoholgehalt, "0%")
        i = i + 1
        rst.MoveNext
    Loop
    rst.Close
    ' Rechtes Panel des StatusBars setzen
    Status.Panels(2).Text = i & " Cocktail(s)"
    Set rst = Nothing
End Sub
```

```
' Zutaten eines Cocktails im ListView-Steuerelement zeigen
' übergeben wird ein Node-Object eines Treeviews
Private Sub ShowZutaten(nodeCocktail As Node)
    Dim rst As ADODB.Recordset
    Dim strSQL As String
    Dim lvItem As ListItem
    Dim intCnt As Integer

    ' ListView-Element löschen
    lvZutaten.ListItems.Clear
    ' Spaltenaufschriften und -breiten festlegen
    With lvZutaten.ColumnHeaders
        .Clear
        .Add , , "Zutat", 2000
        .Add , , "Menge", 500, lvwColumnRight
        .Add , , "Einheit", 500
    End With
    ' Spaltenaufschriften einblenden
    Me!lvZutaten.HideColumnHeaders = False

    ' Zutaten und Einheiten für einen Cocktail ermitteln
    strSQL = "SELECT DISTINCTROW tblZutat.Zutat, " & _
             "tblCocktailzutaten.Menge, " & _
             "tblEinheiten.Einheit, tblCocktailzutaten.CocktailNr, " & _
             "tblCocktail.Cocktail, tblCocktail.Zubereitung " & _
             "FROM (tblZutat INNER JOIN (tblEinheiten INNER JOIN " & _
             "tblCocktailzutaten ON " & _
             "tblEinheiten.EinheitenNr = " & _
             "tblCocktailzutaten.EinheitenNr) " & _
             "ON tblZutat.ZutatenNr = tblCocktailzutaten.ZutatenNr) " & _
             "INNER JOIN tblCocktail " & _
             "ON tblCocktailzutaten.CocktailNr = " & _
             "tblCocktail.CocktailNr " & _
             "WHERE tblCocktail.Cocktail = """ & nodeCocktail.Text & _
                                                               """;"

    Set rst = New ADODB.Recordset
    rst.Open strSQL, CurrentProject.Connection

    intCnt = 0
    Do While Not rst.EOF
        ' Neue Zeile hinzufügen
        Set lvItem = lvZutaten.ListItems.Add()
```

```
        With lvItem
            ' Text setzen
            .Text = rst!Zutat
            ' Bild vereinbaren
            .SmallIcon = 10
            ' Großes Bild entspricht kleinem Bild
            .Icon = .SmallIcon
            ' Wenn Mengenangabe
            If rst!Menge > 0 Then
                .SubItems(1) = rst!Menge
                .SubItems(2) = rst!Einheit
            End If
            intCnt = intCnt + 1
        End With
        rst.MoveNext
    Loop

    rst.MoveFirst
    ' Zubereitungstext im RTF-Steuerelement zeigen
    ' Rechten Rand des RTF-Elements setzen
    rtfBox.RightMargin = rtfBox.Width - 100
    rtfBox.Text = rst!Zubereitung
    rst.Close
    Set rst = Nothing
    ' Rechtes Panel des StatusBars setzen
    Status.Panels(2).Text = intCnt & " Zutaten"
End Sub

Private Sub tvCocktail_OLEDragDrop(Data As Object, Effect As Long, _
            Button As Integer, Shift As Integer, _
            x As Single, y As Single)
    Dim tvTree As TreeView
    Dim strKey As String
    Dim strText As String
    Dim nod As Node
    Dim nodDragged As Node
    Dim rst As ADODB.Recordset

    On Error GoTo err_tvCocktail_OLEDragDrop

    Set rst = New ADODB.Recordset
```

```
    rst.Open "select * from tblCocktail", CurrentProject.Connection, _
            adOpenKeyset, adLockOptimistic

    Set tvTree = Me!tvCocktail.Object
    With tvTree
        If Not (.SelectedItem Is Nothing) Then
            If Not (.SelectedItem.Parent Is Nothing) Then
                Set nodDragged = .SelectedItem
                ' Erste Ebene mit Cocktailgruppen
                If .DropHighlight.Parent Is Nothing Then
                    ' Nicht in die eigene Gruppe
                    If nodDragged.Index <> .DropHighlight.Index Then
                        ' Cocktail kann nicht in Hausbar
                        ' oder Zutaten gezogen werden
                        If Left(.DropHighlight.Key, 1) = "G" Then
                            Set nodDragged.Parent = .DropHighlight
                            ' Speichern der neuen Gruppenzuordnung
                            rst.Find "[Cocktail]='" & _
                                               nodDragged.Text & "'"
                            If Not rst.EOF Then
                                rst!GruppeNr = _
                                        CLng(Mid(.DropHighlight.Key, 2))
                                rst.Update
                            End If
                        End If
                    End If
                End If
            Else
                MsgBox "Kann nicht verschoben werden!"
            End If
        End If
        Set nodDragged = Nothing
        Set .DropHighlight = Nothing
    End With

exit_tvCocktail_OLEDragDrop:
    Set rst = Nothing
    Exit Sub
err_tvCocktail_OLEDragDrop:
    If err.Number = 35614 Then
        MsgBox "Zirkuläre Verknüpfung nicht möglich!"
    Else
```

```
        MsgBox "Fehler: " & err.Number & ": " & err.Description
    End If
    Resume exit_tvCocktail_OLEDragDrop
End Sub

Private Sub tvCocktail_OLEDragOver(Data As Object, Effect As Long, _
        Button As Integer, Shift As Integer, _
        x As Single, y As Single, State As Integer)
    Dim tvTree As TreeView

    Set tvTree = Me!tvCocktail.Object
    ' wenn kein Knoten selektiert ist, wird der Knoten
    ' selektiert, über den gerade gezogen (drag) wird
    If tvTree.SelectedItem Is Nothing Then
        Set tvTree.SelectedItem = tvTree.HitTest(x, y)
    End If
    ' Markiert ein mögliches Ziel
    Set tvTree.DropHighlight = tvTree.HitTest(x, y)
End Sub

Private Sub tvCocktail_OLEStartDrag(Data As Object, _
                                    AllowedEffects As Long)
    ' Beim Start der DragDrop-Operation wird
    ' aktuelles Objekt deselektiert
    Me!tvCocktail.Object.SelectedItem = Nothing
End Sub
```

20.4.1 Die Verwendung der Key-Eigenschaft

Eine zentrale Rolle beim Einsatz eines TreeView-Steuerelements kommt der Eigenschaft `Key` zu. Jedes `Node`-Objekt kann einen im Gesamtbaum eindeutigen Schlüssel besitzen. Im Beispiel wurden die verschiedenen Node-Typen für Cocktailgruppen, Hausbar und Zutatenliste durch den ersten Buchstaben des `Keys` unterschieden (siehe Prozedur `Form_Load()` im Listing oben). Über den `Key` können Sie gezielt auf einen Knoten zugreifen, in dem Sie beispielsweise über

```
objTV.Nodes("H").Text
```

auf den Text des Eintrags für die Hausbar zugreifen. Der entsprechende Knoten wurde im Listing mit

```
Set nod = objTV.Nodes.Add(Key:="H", Text:="Hausbar", Image:=4)
```

definiert. Die `Key`-Zeichenkette lässt sich als Zugriffsparameter auf die Objekte der `Nodes`-Auflistung verwenden.

Für viele Anwendungen ist es sinnvoll, den Schlüssel sprechend festzulegen, also in der `Key`-Zeichenkette Informationen über den Inhalt des Knotens oder seine Position im Baum festzuhalten.

20.4.2 »Drag and Drop«-Operationen

Seit Access 97 werden die »Drag and Drop«-Möglichkeiten von ActiveX-Steuerelementen unterstützt. Im Beispiel wird diese Technik verwandt, damit Sie Cocktails zwischen den einzelnen Cocktailgruppen im TreeView-Steuerelement auf der linken Seite des Formulars verschieben können.

»Drag and Drop«-Operationen basieren auf dem »Object Linking and Embedding«-Protokoll (OLE) von Microsoft. Da es nicht möglich ist, alle Eigenschaften, Methoden und Ereignisse im Zusammenhang mit OLE im Rahmen dieses Buches zu beschreiben, möchten wir Sie auf Literatur zum Windows-API verweisen.

Für die »Drag and Drop«-Funktionen im Beispiel müssen die Eigenschaft *OLEDragMode* und *OLEDropMode* gesetzt werden. Für unser Beispiel wurde die im Bild gezeigte Einstellung vorgenommen.

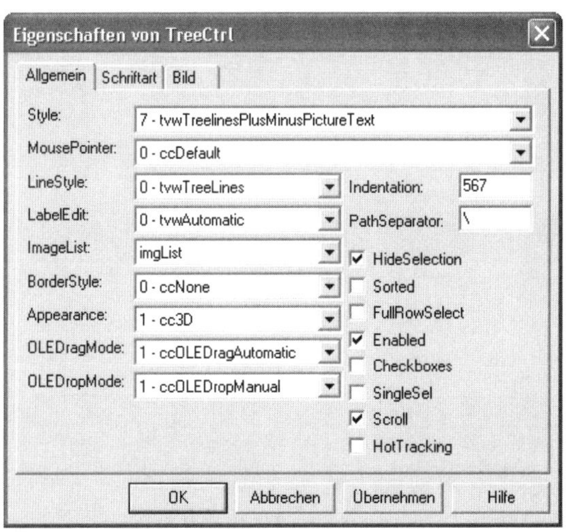

Bild 20.22: Eigenschaften des TreeView-Steuerelements

Durch die Festlegung von *OLEDragMode* auf `ccOLEDragAutomatic` wird der selektierte Text im TreeView-Steuerelement zu Beginn der »Drag and Drop«-Operation automatisch als die zu verschiebenden Daten aufgenommen. Der Eintrag `ccOLEDropManual` für *OLEDropMode* vereinbart, dass die Drop-Operation unter Ihrer Kontrolle ablaufen soll.

Im Ende des Listing des Beispielformulars wird die »Drag and Drop«-Funktion durch drei Prozeduren gesteuert. Die Ereignisprozedur `tvCocktail_OLEStartDrag()` wird zu Beginn der »Drag and Drop«-Operation im TreeView-Steuerelement ausgelöst und entfernt die aktuelle Selektion im Steuerelement.

Während des Ziehens des Eintrags im TreeView-Steuerelement tritt wiederholt das Ereignis `OLEDragOver` ein. Die Prozedur `tvCocktail_OLEDragOver()` sorgt dafür, dass der Eintrag selektiert wird, der sich zu Beginn der »Drag and Drop«-Operation unter dem Cursor befindet. Das Element unter dem Cursor wird mithilfe der Methode `HitTest` ermittelt, der die x- und y-Koordinate übergeben werden. Auf jeden Fall wird das Element unter dem Cursor als `DropHighlight`, also als Ziel, selektiert.

Mit der Ereignisprozedur `tvCocktail_OLEDragDrop()` wird das selektierte Element an der neuen Stelle im TreeView eingefügt. Dabei wird auch der Eintrag für den verschobenen Cocktail in der Tabelle *tblCocktail* angepasst, d.h., die neue Cocktailgruppenzuordnung gespeichert. In der Prozedur wird aufwändig geprüft, ob das Ziel eine der Cocktailgruppen ist, denn ein Cocktail kann nicht in die Zutatenliste oder die Hausbar verschoben oder als Knoten unterhalb eines Cocktails angeordnet werden.

21 Menüs und Symbolleisten

Für die Bedienung von Formularen können eigene Menüs, Kontextmenüs und Symbolleisten erstellt werden. In den Access-Versionen vor Access 97 mussten für die Definitionen von Menüs spezielle Makros verwendet werden und die Möglichkeiten mit Symbolleisten waren eingeschränkt. Insbesondere war es nicht möglich, Menüs und Symbolleisten aus einem VBA-Programm heraus zu manipulieren, es sei denn, Sie verwendeten umständliche Windows-API-Aufrufe.

Für alle Office 97-, 2000 und XP-Anwendungen hat Microsoft eine gemeinsame Basis für Menüs und Symbolleisten implementiert. Menü- und Symbolleisten wurden zu »CommandBars« zusammengefasst, die sich aus Access heraus programmieren lassen. Wir möchten Ihnen in den folgenden Abschnitten den Einsatz von CommandBars in Access-Anwendungen ausführlich beschreiben und eine Reihe von Beispielen vorstellen. Zum Abschluss zeigen wir Ihnen Routinen, in denen die Einträge einer Datenbank zum Aufbau einer Symbolleiste verwendet werden.

Im weiteren Verlauf werden wir allgemein von CommandBars oder von Symbolleisten sprechen, wenn Menüs, Kontextmenüs oder Symbolleisten gemeint sind.

21.1 Erstellen und Anpassen von Symbolleisten

Mithilfe des Dialogfeldes *Anpassen*, das Sie über *ANSICHT Symbolleisten Anpassen* erreichen, können Sie neue CommandBars definieren bzw. vorhandene verändern. Hierbei muss zwischen den über 20 in Access eingebauten Symbolleisten und neuen benutzerdefinierten unterschieden werden.

Die eingebauten Symbolleisten und Menüs können nur verändert, nicht aber gelöscht werden.

21.1.1 Personalisierte oder adaptive Menüs

Seit Office 2000 gibt es personalisierte oder adaptive Menüs, also Menüs, die nur die zuletzt verwendeten Befehle anbieten und nur eine eingeschränkte Auswahl der Einträge zeigen. Auf diese Neuerung hätte Microsoft unserer Meinung nach gerne verzichten können, denn die meisten Anwender werden dadurch eher verwirrt.

Möchten Sie auf diesen Microsoft-Einfall verzichten, rufen Sie dafür das Dialogfeld *Anpassen* über *EXTRAS Anpassen* auf. Auf dem Registerblatt *Optionen* aktivieren Sie die Option *Menüs immer vollständig anzeigen*.

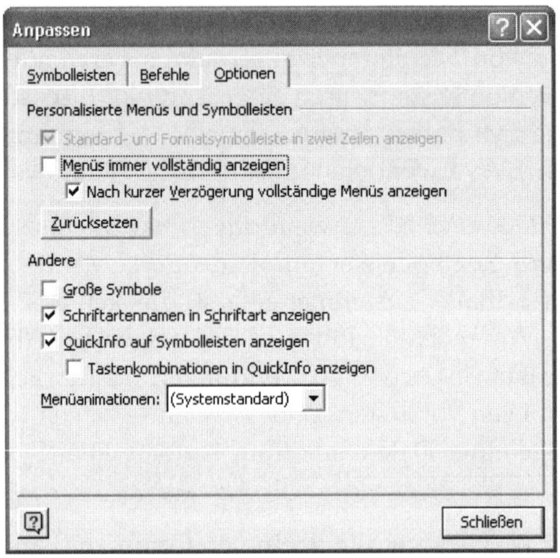

Bild 21.1: Adaptive Menüs ein- oder ausschalten

Sie können die Abschaltung auch aus einem VBA-Programm heraus vornehmen. Wir haben Ihnen bisher zwar noch nicht beschrieben, wie CommandBars programmiert werden, aber vielleicht erinnern Sie sich im Laufe des Kapitels daran, dass der Befehl hier am Anfang schon aufgeführt wurde:

```
CommandBars.AdaptiveMenus = False
```

21.1.2 Symbol- und Menüleisteneinträge

Für die Beschreibung der Anpassungs- und Gestaltungsmöglichkeiten für Symbolleisten erstellen wir eine neue Symbolleiste.

Erstellen einer neuen Symbolleiste

Mithilfe der Schaltfläche *Neu* im Dialogfeld *Anpassen* auf dem Registerblatt *Symbolleisten* blenden Sie das folgende Dialogfeld ein, in dem Sie die Symbolleiste benennen können.

Bild 21.2: Dialogfeld Neue Symbolleiste

Die neue Symbolleiste wird in die Liste der Symbolleisten im Dialogfeld *Anpassen* aufgenommen. Über die Schaltfläche *Eigenschaften* erhalten Sie das folgende Dialogfeld zur Definition der Symbolleisteneigenschaften.

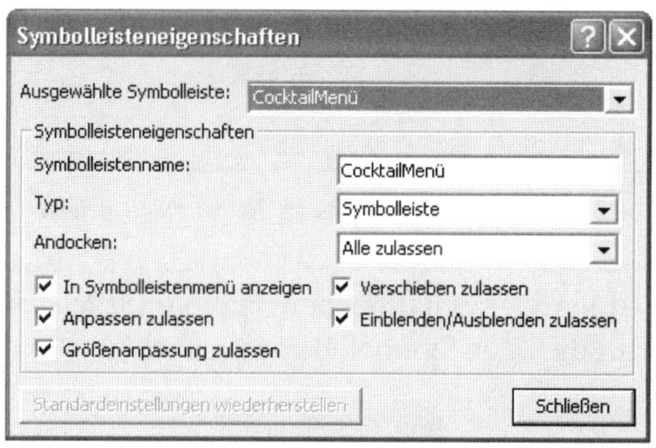

Bild 21.3: Dialogfeld Symbolleisteneigenschaften

Für die Eigenschaft *Typ* stehen Ihnen drei Einstellungen zur Verfügung: `Symbolleiste`, `Menüleiste` und `Popup`. Die Eintragung `Popup` wird für Kontextmenüs verwendet.

Zusammenstellen der Symbolleiste

Auf dem Registerblatt *Befehle* des Dialogfeldes *Anpassen* stehen Ihnen alle in Access enthaltenen Befehle zur Verfügung. Sie können sie mit der Maus aus dem rechten Feld auf die neue Symbolleiste verschieben.

Bild 21.4: Dialogfeld Anpassen, Registerblatt Befehle

Wir haben die folgenden vier Schaltflächensymbole (*Seitenansicht, Drucken, Seite einrichten, Beenden*) auf die neue Symbolleiste verschoben.

Bild 21.5: Neue Symbolleiste

Um eine eigene Schaltfläche zu erstellen, steht Ihnen in der Kategorie *Datei* der Befehl *Benutzerdefiniert* zur Verfügung. Möchten Sie mehrstufige Menüs generieren, selektieren Sie die Kategorie *Neues Menü*. Im Kontextmenü einer Schaltfläche, hier für `Seite einrichten`, können Sie weitere Optionen festlegen.

Bild 21.6: Kontextmenü einer Schaltfläche

Über den Befehl *Eigenschaften* können Sie das im nächsten Bild dargestellte Dialogfeld aufrufen. Vereinbaren Sie im Dialogfeld die *Beschriftung*, die für Texteinträge gezeigt werden soll. Der *Verknüpfungstext* dient zur Aufnahme der Abkürzungstastenkombination. Unter *QuickInfo* wird der Text erfasst, der gezeigt wird, wenn der Cursor längere Zeit über der Schaltfläche steht. In *Bei Aktion* wird die Funktion festgelegt, die ausgeführt werden soll, wenn die Schaltfläche selektiert wird. Unter *Stil* wird das Aussehen der Schaltfläche bestimmt.

Bild 21.7: Festlegung der Eigenschaften

Über *Parameter* lassen sich Daten beispielsweise an die *Bei Aktion*-Funktion übergeben, während *Marke* zur zusätzlichen Identifikation der Schaltfläche verwendet werden kann.

Möchten Sie, dass links oder über der Schaltfläche, je nach Ausrichtung der Symbolleiste, eine Trennungslinie zur Gruppierung eingeblendet wird, so selektieren Sie die Option *Eine Gruppe beginnen*.

Ein Eintrag in einem CommandBar kann auch ein Hyperlink sein, also mit einer URL ein Verweis auf eine Seite im Internet, Intranet oder eine lokale Datei definiert werden. In Bild 21.6 finden Sie im unteren Teil des Kontextmenüs den entsprechenden Eintrag.

21.1.3 Bei Aktion-Funktionen

Mithilfe der Symbolleistenschaltfläche lassen sich benutzerdefinierte Funktionen aufrufen. Dazu wird im Dialogfeld (Bild 21.7) in die Eigenschaft *Bei Aktion* der Name einer Funktion eingetragen. Das funktioniert nur unter der Bedingung, dass die Funktion öffentlich (`Public`) in einem Modul definiert sein muss.

21.1.4 Speicherung von CommandBars

Änderungen an den eingebauten Menü- und Symbolleisten werden, spezifisch für jeden Benutzer der Datenbank, in der Windows-Registrierung gespeichert. Passt ein Benutzer, der sich mit Name und Passwort in Access angemeldet hat, die Symbolleisten nach seinen Vorstellungen an, so stehen ihm diese Änderungen dauerhaft zur Verfügung und die Symbolleisten anderer Benutzer sind nicht betroffen.

Beachten Sie, dass die Eintragungen der Windows-Registrierung nicht mit übernommen werden, wenn Sie eine Applikation auf einen anderen Rechner kopieren, d.h., alle Symbolleisten werden auf die Standardeinstellungen zurückgesetzt.

Erstellen Sie neue benutzerdefinierte Symbolleisten, so werden diese mit der Datenbank abgelegt. Erlauben Sie dem Anwender, innerhalb Ihrer Access-Anwendung die benutzerdefinierten Symbolleisten zu ändern, so werden diese Veränderungen in der Registrierung benutzerspezifisch gespeichert.

21.1.5 Konvertieren von Access 7-Menüs

Überführen Sie Access-Anwendungen von Access 7 für Windows 95 zu Access 2002, können Sie die dort mithilfe von Makros erstellten Menüs in CommandBars konvertieren. Dazu stehen im Menü *EXTRAS Makro* entsprechende Befehle zur Verfügung.

21.2 Programmieren von CommandBars

Der große Vorteil von CommandBars gegenüber den Menü- und Symbolleistenlösungen vorangegangener Access-Versionen ist die Programmierbarkeit, d.h., Sie können CommandBars direkt aus Ihren VBA-Programmen heraus manipulieren. In den folgenden Abschnitten stellen wir Ihnen einige der vielen CommandBar-Varianten und -Möglichkeiten vor, allerdings können wir im Rahmen dieses Kapitels keine vollständige Besprechung des Funktionsumfangs von CommandBars bieten.

21.2.1 Die Office-Bibliothek

CommandBars sind eine Objektklasse der Office-Bibliothek, die für den Einsatz von CommandBars in VBA referenziert sein muss. Zur Office-Bibliothek gehören neben den CommandBars die Objektklassen `FileSearch` für die gezielte Suche nach Dateien und `Assistenten` für die Unterstützung des Benutzers durch Hilfetexte.

Stellen Sie sicher, dass in Access ein Verweis auf die Office-Bibliothek eingetragen ist. Öffnen Sie dazu ein beliebiges Modul und setzen Sie über *EXTRAS Verweise* die Referenz auf *Microsoft Office 10.0 Object Library* (siehe Kapitel 22, »Add-Ins und Bibliotheken«).

21.2.2 CommandBar-Objekte

Das CommandBar-Objektmodell ist, verglichen mit anderen Objekten in Access, verhältnismäßig einfach. Alle `CommandBar`-Objekte werden in der Auflistung `CommandBars` verwaltet, die ein Bestandteil der so genannten Container-Anwendung ist. Da CommandBars zur Office-Bibliothek gehören, sind sie kein integraler Bestandteil von Access, sondern Access dient als Container-Anwendung und erhält somit eine `CommandBars`-Auflistung.

Jeder CommandBar, also jede Menü- oder Symbolleiste bzw. jedes Kontextmenü besteht aus einer Auflistung von `CommandBarControls`. Ein `CommandBarControl` ist ein Objekt, das aus einer der drei Unterklassen `CommandBarControlButton`, `CommandBarControlComboBox` oder `CommandBarControlPopup` gebildet wurde. Ist das

`CommandBarControl`-Objekt vom Typ `CommandBarControlPopup`, so kann es einen weiteren `CommandBar` enthalten, um so verschachtelte Menüs zu erstellen.

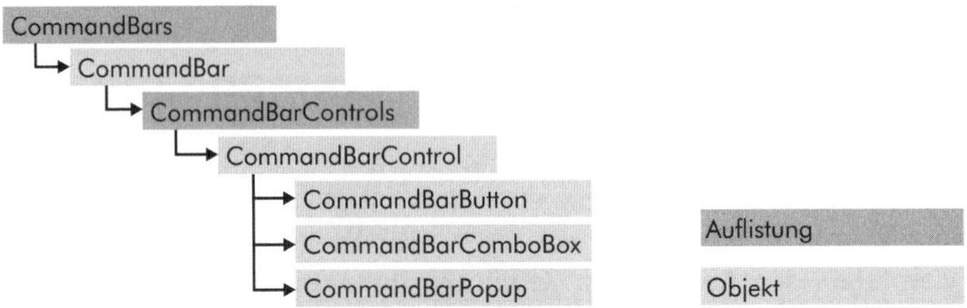

Bild 21.8: CommandBar-Objektmodell

Die CommandBars-Auflistung

Anders als bei fast allen Auflistungen in Access wird die `CommandBars`-Auflistung sowie alle darin enthaltenen Auflistungen ab 1 und nicht ab 0 indiziert.

Tabelle 21.1: Eigenschaften und Methoden der CommandBars-Auflistung

Klasse	Beschreibung
ActionControl	gibt das CommandBarControl-Objekt zurück, für das aktuell die *Bei Aktion*-(OnAction)-Funktion ausgeführt wird. Die Eigenschaft kann nur gelesen werden.
ActiveMenuBar	gibt einen Verweis auf das CommandBar-Objekt des Menüs zurück. Es kann nur ein Menü aktiv sein. Die Eigenschaft kann nur gelesen werden.
AdaptiveMenus	aktiviert oder deaktiviert adaptive Menüs. Die Einstellung gilt für alle Office 2002-Applikationen.
Add	fügt ein neues CommandBar-Objekt der Auflistung hinzu.
Count	ermittelt die Anzahl der CommandBar-Objekte in der Auflistung. Die Eigenschaft kann nur gelesen werden.
DisplayFonts	bestimmt, ob im Schriften-Kombinationsfeld die Schriftnamen in der jeweiligen Schrift gezeigt werden. Die Einstellung gilt für alle Office 2002-Applikationen.
DisplayKeysInToolTips	legt fest, ob in den QuickInfos auch die Abkürzungstasten (Shortcuts) dargestellt werden.
DisplayToolTips	stellt für alle Applikationen, die CommandBar-Objekte verwenden, ein, ob QuickInfos für Schaltflächen gezeigt werden.

Tabelle 21.1: Eigenschaften und Methoden der CommandBars-Auflistung (Fortsetzung)

Klasse	Beschreibung
FindControl	ermittelt ein CommandBarControl in allen CommandBar-Objekten der Auflistung nach bestimmten Kriterien.
FindControls	liefert eine Auflistung von Controls zurück, die der angegebenen Suchbedingung genügen.
LargeButtons	schaltet die Darstellung großer Schaltflächen ein.
MenuAnimationStyle	bestimmt die Animationsvariante für Symbolleisten und Menüs.
OnUpdate	ist ein Ereignis, das ausgelöst wird, wenn eine Änderung am CommandBar durchgeführt wurde.
ReleaseFocus	löst den Benutzeroberflächenfokus von allen Symbolleisten.

CommandBar-Objekte

Ein CommandBar-Objekt enthält die gesamte Beschreibung einer Menü- oder Symbolleiste. Die einzelnen Menüeinträge und Schaltflächen werden über die CommandBarControls-Auflistung verwaltet.

Tabelle 21.2: Eigenschaften und Methoden eines CommandBar-Objekts

Klasse	Beschreibung
AdaptiveMenus	ermittelt, ob für diesen CommandBar personalisierte, also adaptive, Menüs festgelegt sind.
BuiltIn	gibt True zurück, wenn das CommandBar-Objekt zu den in Access eingebauten CommandBars gehört. Die Eigenschaft kann nur gelesen werden.
Controls	liefert einen Verweis auf die CommandBarControls-Auflistung zurück. Die Eigenschaft kann nur gelesen werden.
Delete	löscht den CommandBar.
Enabled	aktiviert den CommandBar.
FindControl	ermittelt eine CommandBarControl innerhalb des CommandBar-Objekts.
Height	gibt die Höhe des CommandBars in Pixel zurück.
Left	liefert die x-Position des CommandBars in Pixel.
Name	enthält den englischen Namen des CommandBars.
NameLocal	gibt den lokalisierten Namen des CommandBars zurück.

Tabelle 21.2: Eigenschaften und Methoden eines CommandBar-Objekts (Fortsetzung)

Klasse	Beschreibung
Parent	ergibt einen Verweis auf das übergeordnete Objekt. Die Eigenschaft kann nur gelesen werden.
Position	ermittelt oder setzt die aktuelle Position des CommandBars in Form einer in `msoBarPosition` definierten Konstante.
Protection	schützt einen CommandBar mit den unter `msoBarProtection` definierten Konstanten.
Reset	setzt einen eingebauten CommandBar auf seine Standardeinstellung zurück.
ShowPopup	zeigt einen Popup-CommandBar an. Die x- und y-Koordinaten werden der Methode als Parameter übergeben.
RowIndex	gibt zurück, die wievielte Reihe der CommandBar in der Liste der angedockten CommandBars ist.
Top	ermittelt die y-Koordinate des CommandBars.
Type	gibt den Typ des CommandBars zurück. Die Typen sind unter `msoBarType` als Konstanten definiert. Die Eigenschaft kann nur gelesen werden.
Visible	erlaubt das Ein- und Ausschalten des CommandBars.
Width	ermittelt oder setzt die Breite des CommandBars.

Prinzipiell werden drei CommandBar-Typen unterschieden: Symbolleisten, Menüleisten und Kontextmenüs. Bei der Erstellung eines CommandBars wird der Typ festgelegt und kann nachträglich nicht geändert werden. Alle CommandBar-Varianten lassen sich auch nur temporär erstellen, d.h., ihre Lebensdauer ist auf die Laufzeit der Anwendung begrenzt und sie werden nicht in der Datenbankdatei gespeichert. Für temporäre CommandBars wird `Temporary:=True` als Parameter übergeben.

Eine Symbolleiste mit dem Namen »Cocktail«, die oben im entsprechenden Fenster angedockt ist, erstellen Sie mit dem Befehl:

```
Set cbr = CommandBars.Add("Cocktail", Position:=msoBarTop)
```

wobei `cbr` als

```
Dim cbr As CommandBar
```

vereinbart ist. Soll der CommandBar als Menüleiste verwendet werden, muss der Parameter `MenuBar` auf `True` gesetzt werden:

```
Set cbr = CommandBars.Add("Cocktail", MenuBar:=True)
```

Für den Einsatz eines CommandBars als Kontextmenü wird mithilfe des Parameters `Position` die Konstante `msoBarPopup` in der Form

```
Set cbr = CommandBars.Add("CocktailPopup", Position:=msoBarPopup)
```

zugewiesen. Für Kontextmenüs können Sie die Methode `ShowPopup` nutzen, um ein Kontextmenü an einer beliebigen, frei bestimmbaren Position einzublenden.

Dieses Programmfragment listet die Namen aller aktuell sichtbaren CommandBars auf:

```
Dim cbr As CommandBar
For Each cbr In CommandBars
    With cbr
        If .Visible Then
             MsgBox .Name
        End If
    End With
Next
```

Die verschiedenen CommandBarControl-Objekte

Jeder CommandBar enthält eine Auflistung aller Steuerelemente, das `CommandBarControls`-Objekt. Das Objekt besitzt eine Methode und eine Eigenschaft, die Sie der folgenden Tabelle entnehmen können.

Tabelle 21.3: Eigenschaften und Methoden einer CommandBarControls-Auflistung

Klasse	Beschreibung
Add	fügt ein neues Objekt der Auflistung hinzu.
Count	gibt die Anzahl der Objekte in der CommandBarsControls-Auflistung zurück.

Die drei in Access programmierbaren CommandBarControls `CommandBarButton`, `CommandBarPopup` und `CommandBarComboBox` besitzen die gleiche Basisklasse, d.h., alle Eigenschaften und Methoden der Basisklasse sind auf die Objekte der abgeleiteten Klassen anwendbar, sofern dort nicht die Methoden oder Eigenschaften mit dem gleichen Namen definiert sind. Die folgende Tabelle führt die Methoden und Eigenschaften der Basisklasse auf.

Tabelle 21.4: Eigenschaften und Methoden eines CommandBarControl-Objekts

Klasse	Beschreibung
BeginGroup	bewirkt, dass, wenn `True`, je nach Ausrichtung des CommandBars, eine Trennlinie oberhalb oder rechts des CommandBarControls eingefügt wird, um logische Gruppen zu trennen.
BuiltIn	ist wahr, wenn es ein CommandBarControl-Objekt eines der eingebauten CommandBars ist. Die Eigenschaft kann nur gelesen werden.
Caption	ergibt oder setzt den Text des CommandBarControl.
Copy	kopiert das Objekt in einen anderen CommandBar.
Delete	löscht das Objekt aus der Auflistung.
Enabled	aktiviert das CommandBarControl.
Execute	führt die OnAction-Funktion des Objekts aus.
Height	gibt die Höhe des Steuerelements zurück.
ID	ermöglicht die Nutzung von OnAction-Funktionen eingebauter CommandBarControl-Objekte. Die Eigenschaft kann nur gelesen werden.
IsPriorityDropped	gibt bei adaptiven Menüs an, ob der Eintrag zurzeit gezeigt oder unterdrückt wird.
Left	gibt die x-Koordinate des Objekts in Pixel, bezogen auf den Bildschirm, zurück. Die Eigenschaft kann nur gelesen werden.
Move	verschiebt das CommandBarControl-Objekt in einen anderen CommandBar.
OnAction	legt die Funktion fest, die ausgeführt wird, wenn das Objekt in Menü- oder Symbolleiste selektiert wird. Die Eigenschaft ist vom Typ `String`. Der Funktionsname kann als `"=Funk()"` oder als `"Funk"` übergeben werden. Die Funktion muss global definiert sein, d.h., zwingend in einem Access-Modul vereinbart werden.
Parameter	ermöglicht, der OnAction-Routine einen Parameter zu übergeben.
Priority	dieser Parameter wird von Microsoft intern genutzt.
Reset	setzt das Objekt auf die Standardeinstellungen zurück.
SetFocus	setzt bei einem sichtbaren und aktivierten Objekt den Cursor auf das Objekt.

Tabelle 21.4: Eigenschaften und Methoden eines CommandBarControl-Objekts (Fortsetzung)

Klasse	Beschreibung
Tag	kann als Marke zur Vereinbarung benutzerdefinierter Daten verwendet werden.
ToolTipText	legt den QuickInfo-Text fest.
Top	ergibt die y-Koordinate in Pixel des CommandBarControls. Die Eigenschaft kann nur gelesen werden.
Type	liefert den Typ des Objekts zurück. Die entsprechenden Konstanten sind in der Gruppe `msoControlType` definiert. Die Eigenschaft kann nur gelesen werden.
Visible	ist wahr, wenn das CommandBarControl-Objekt sichtbar ist.
Width	gibt die Breite des Objekts in Pixel zurück.

Der folgende Programmabschnitt gibt Text und Type aller CommandBarControls eines CommandBars aus.

```
Dim cbr As CommandBar
Dim cbc As CommandBarControl

Set cbr = CommandBars("Menu Bar")
For Each cbc In cbr.Controls
    MsgBox cbc.Caption & " - " & cbc.Type
Next
```

Für die Unterklasse `CommandBarButton` der CommandBarControls sind aus der nächsten Tabelle die speziellen Eigenschaften und Methoden zu ersehen.

Tabelle 21.5: Eigenschaften und Methoden eines CommandBarButton-Objekts

Klasse	Beschreibung
BuiltInFace	gibt an, ob das eingebaute Icon verwendet werden soll.
CopyFace	kopiert das Icon des CommandBarButtons in die Zwischenablage.
FaceId	ergibt die ID des Icons.
HyperlinkType	soll die CommandBar-Schaltfläche als Hyperlink arbeiten (die entsprechende URL wird in der Eigenschaft ToolTipText übergeben), muss die Eigenschaft gesetzt werden.
PasteFace	fügt den Inhalt der Zwischenablage als Icon für den CommandBarButton ein.

Tabelle 21.5: Eigenschaften und Methoden eines CommandBarButton-Objekts (Fortsetzung)

Klasse	Beschreibung
ShortcutText	legt die Abkürzungstaste für den Button fest.
State	ermittelt den Status des Buttons. Die möglichen Stati sind unter `msoButtonState` vereinbart.
Style	legt den Stil (`msoButtonStyle`) des Buttons fest.

Die besonderen Eigenschaften und Methoden für Kombinationsfelder in Symbolleisten und Kontextmenüs zeigt die folgende Tabelle. Beachten Sie dabei, dass Kombinationsfelder nicht in Menüleisten eingesetzt werden können.

Tabelle 21.6: Eigenschaften und Methoden eines CommandBarComboBox-Objekts

Klasse	Beschreibung
AddItem	fügt einen neuen Eintrag der Liste eines CommandBar-ComboBox-Objekts hinzu.
Clear	entfernt alle Einträge der Liste.
DropDownLines	legt die Anzahl der Zeilen fest, die beim Aufklappen des CommandBarComboBox-Objekts gezeigt werden.
DropDownWidth	bestimmt die Breite des aufgeklappten Kombinationsfeldes. Vereinbaren Sie den Wert -1, wird die Breite anhand des breitesten Eintrags festgelegt.
List	enthält ein Array mit allen Einträgen des Kombinationsfeldes. Der Index des Arrays beginnt mit 1.
ListCount	gibt die Anzahl der Einträge zurück. Die Eigenschaft kann nur gelesen werden.
ListHeaderCount	bestimmt die Anzahl der Zeilen, die oberhalb einer Trennungslinie eingeblendet werden, z.B. für »Zuletzt benutzt«-Einträge.
ListIndex	liefert den Index der selektierten Zeile im Kombinationsfeld zurück.
RemoveItem	entfernt einen Eintrag aus der Liste.
Style	definiert den Stil des Kombinationsfeldes. Die einzusetzenden Konstanten sind unter `msoComboStyle` vereinbart.
Text	liefert den Text der selektierten Zeile im Kombinationsfeld zurück.

21.2.3 Die Access-eigenen CommandBars

In vielen Fällen bietet es sich an, die in Access enthaltenen CommandBars und ihre Einträge in eigenen CommandBars zu nutzen. Möchten Sie die CommandBar-Einträge nutzen, müssen Sie die Identifikationsnummern der Einträge kennen. Um die Identifikationsnummern der Access-CommandBar-Einträge zu ermitteln, möchten wir Ihnen die im Listing unten aufgeführte Routine vorstellen, mit der sich Nummern und Typen der Einträge abfragen lassen. Die Routine erstellt ein Word-Dokument, sodass Sie später in Word die CommandBar-Liste einsehen können. Das Word-Dokument wird mithilfe von OLE-Automatisierungsbefehlen erzeugt. Das folgende Bild zeigt einen Ausschnitt der Ergebnisdatei in Word. Für jeden CommandBar werden die Eigenschaften `Name` und `NameLocal` fett formatiert ausgegeben, darunter die Einträge des CommandBars mit `Caption`, `ID` und `Type`. Für `msoControlPopup`-Einträge werden alle Untereinträge rekursiv angezeigt.

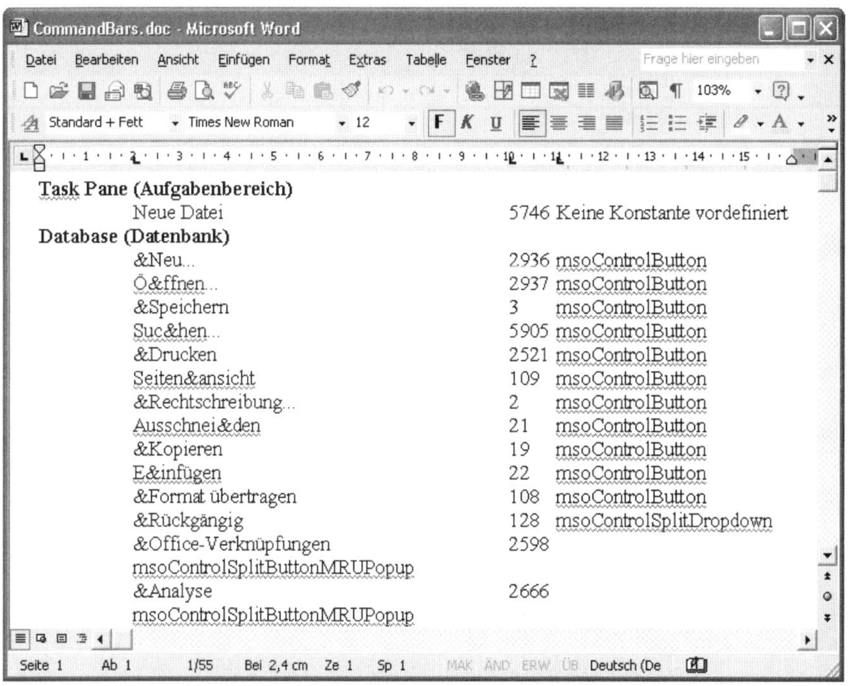

Bild 21.9: Die Access-eigenen CommandBars

Beachten Sie beim Ausführen der Routine, dass Word als Bibliothek referenziert ist. Standardmäßig werden alle Popup-Einträge rekursiv durchsucht und aufgelistet. Mithilfe des Parameters `fWithPopups` kann dieses Verhalten gesteuert werden.

```
Sub CommandBarsToWord(Optional fWithPopups As Boolean = True)
    ' CommandBar-Definitionen
    Dim cbr As CommandBar
    Dim cbc As CommandBarControl
    ' Word-Objekte
    Dim objWord As Word.Application
    Dim objWordDoc As Word.Document

    ' Neues Word starten
    Set objWord = New Word.Application
    ' Neues Dokument öffnen
    Set objWordDoc = objWord.Documents.Add
    ' Word sichtbar machen
    objWord.Visible = True

    With objWord.Selection
        ' Tabstops setzen
        With .ParagraphFormat.TabStops
            .Add objWord.CentimetersToPoints(2)
            .Add objWord.CentimetersToPoints(10)
            .Add objWord.CentimetersToPoints(11)
        End With

        ' Für alle Access-CommandBars
        For Each cbr In CommandBars
            objWord.Application.ScreenUpdating = False
            ' Name und lokalisierten Namen ausgeben
            .InsertAfter cbr.Name & " (" & cbr.NameLocal & ")"
            ' Fett formatieren
            .Font.Bold = True
            .InsertParagraphAfter
            .Collapse Direction:=wdCollapseEnd

            ' für alle CommandBar-Controls
            For Each cbc In cbr.Controls
                .Font.Bold = False
                .InsertAfter Chr(9) & cbc.Caption & _
                             Chr(9) & cbc.ID & _
                             Chr(9) & CBControlType(cbc)
                .InsertParagraphAfter
                .Collapse Direction:=wdCollapseEnd
```

```
                ' wenn Popup, dann nächste Ebene bearbeiten
                If fWithPopups And cbc.Type = msoControlPopup Then
                    ListCommandBar objWord, cbc.Control, 1
                End If
            Next
            objWord.Application.ScreenUpdating = True
        Next
    End With
    ' Word-Dokument speichern
    objWordDoc.SaveAs "CommandBars"
    ' Work-Dokument schließen
    objWordDoc.Close
    ' Word schließen
    objWord.Quit
    Set objWord = Nothing
End Sub

' Für msoControlPopup-Einträge
Sub ListCommandBar(objWord As Word.Application, _
                                   cbp As CommandBarPopup, _
                                  intLevel As Integer)
    Dim cbc As CommandBarControl
    Dim intOldSize As Integer
    Dim intI As Integer

    ' Schriftgröße merken
    intOldSize = objWord.Selection.Font.Size
    ' Mit allen Controls
    For Each cbc In cbp.CommandBar.Controls
        ' Einrücken
        For intI = 0 To intLevel
            objWord.Selection.InsertAfter Chr(9)
        Next
        With cbc
            ' in Word einfügen
            objWord.Selection.InsertAfter .Caption & Chr(9) & _
                                .ID & Chr(9) & CBControlType(cbc)
            ' wenn Popup, dann nächste Ebene bearbeiten
            If .Type = msoControlPopup Then
                ListCommandBar objWord, cbc.Control, intLevel + 1
            End If
        End With
```

```
        objWord.Selection.InsertParagraphAfter
        objWord.Selection.Font.Size = 7
        objWord.Selection.Collapse Direction:=wdCollapseEnd
    Next
    objWord.Selection.Collapse Direction:=wdCollapseEnd
    ' Schriftgröße zurücksetzen
    objWord.Selection.Font.Size = intOldSize
End Sub

' Typnummer in Text umwandeln
Function CBControlType(ByVal cbc As CommandBarControl)
    Dim arr As Variant

    ' Array mit Konstantenbezeichnungen
    arr = Array("msoControlCustom", "msoControlButton", _
       "msoControlEdit", "msoControlDropdown", _
       "msoControlComboBox", "msoControlButtonDropdown", _
       "msoControlSplitDropdown", "msoControlOCXDropdown", _
       "msoControlGenericDropdown", "msoControlGraphicDropdown", _
       "msoControlPopup", "msoControlGraphicPopup", _
       "msoControlButtonPopup", "msoControlSplitButtonPopup", _
       "msoControlSplitButtonMRUPopup", "msoControlLabel", _
       "msoControlExpandingGrid", "msoControlSplitExpandingGrid", _
       "msoControlGrid", "msoControlGauge", _
       "msoControlGraphicCombo")

    On Error GoTo err_CBControlType

    CBControlType = arr(cbc.Type)

exit_CBControlType:
    Exit Function

err_CBControlType:
    CBControlType = "Keine Konstante vordefiniert"
    Resume exit_CBControlType
End Function
```

Beachten Sie, dass sich die Identifikationsnummern der eingebauten Menü- und Symbolleisteneinträge mit der nächsten Version von Access ändern können. Verwenden Sie Konstanten, um bei einer Änderung der `ID` schnell die Änderung in allen Ihren Programmen nachzuvollziehen, beispielsweise

```
Const conCbrIdCut = 21
Const conCbrIdCopy = 19
Const conCbrIdPaste = 22
```

21.2.4 Arbeiten mit CommandBars

Wir möchten Ihnen in diesem Abschnitt einige wichtige Methoden und Eigenschaften von CommandBars und CommandBarControls vorstellen.

Die FindControl-Methode

Mithilfe der Methode `FindControl`, die sowohl für die Auflistung `CommandBars` als auch für `CommandBar`-Objekte definiert ist, können Sie ein bestimmtes `CommandBarControl` suchen. Die allgemeine Form der Methode lautet

```
obj.FindControl(Type, Id, Tag, Visible, Recursive)
```

Mithilfe des Parameters `Type` bestimmen Sie, nach welchem `CommandBarControl`-Typ Sie suchen. Über `Id` identifizieren Sie die eingebauten Menü- und Symbolleisteneinträge, während `Tag` Sie bei der Suche von benutzerdefinierten Einträgen unterstützt. Setzen Sie `Visible` auf `True`, so werden nur sichtbare Einträge durchsucht. Der Parameter `Recursive` erlaubt eine rekursive Suche durch alle durch `CommandBarPopup` verschachtelten CommandBars. In den weiteren Listings des Kapitels finden Sie eine Reihe von Beispielen zu `FindControl`.

Aktivieren und deaktivieren von CommandBarControls

Über die `CommandBarControl`-Eigenschaft `Enabled` können Sie Einträge in Menüs und Symbolleisten aktivieren und deaktivieren. Deaktivierte Menü- und Symbolleisteneinträge werden grau dargestellt und können nicht selektiert werden. Es ist möglich, CommandBarControls eingebauter CommandBars zu deaktivieren, Sie können aber nicht von Access deaktivierte Einträge aktivieren.

Um einen Eintrag in einem Menü oder einer Symbolleiste mit einem Häkchen zu versehen, müssen Sie die Eigenschaft `State` setzen. Vereinbaren Sie die Konstante `msoButtonDown` für `State`, so wird bei Menüleisten ein Häkchen gezeigt bzw. bei Symbolleisten die Schaltfläche »gedrückt« dargestellt. Die Zuweisung der Konstanten `msoButtonUp` entfernt das Häkchen.

Ausführen der OnAction-Funktion

Sie können aus Ihren Programmen die `OnAction`-Funktionen benutzerdefinierter und eingebauter `CommandBarControls` direkt aufrufen. Dazu steht Ihnen die Methode `Execute` zur Verfügung. Der Befehl

```
CommandBars("Cocktail").Controls("Hausbar").Execute
```

führt die `OnAction`-Funktion des Eintrags »Hausbar« aus. Mit

```
CommandBars.FindControl(Id:=577).Execute
```

rufen Sie beispielsweise das Access-Datenbankfenster auf.

Ein- und Ausblenden von CommandBars

Um CommandBars ein- und auszublenden, stehen Ihnen zwei Varianten zur Verfügung. Mit

```
CommandBars("Cocktail").Visible = True
```

wird beispielsweise die Symbolleiste Cocktail eingeblendet. In früheren Access-Versionen wurden Symbolleisten aus einem Programm heraus mit dem Befehl

```
DoCmd.ShowToolbar Symbolleistenname [, Einblenden]
```

ein- oder ausgeblendet. Für den Parameter `Einblenden` können die Konstanten `acToolbarNo`, `acToolbarWhereApprop` und `acToolbarYes` angegeben werden, wobei `acToolbarYes` der Standardwert ist.

21.2.5 Der CommandBar »Cocktail«

Im folgenden Bild sehen Sie das Cocktail-Formular, für das eine temporäre Menüleiste komplett programmgesteuert erstellt wurde. Oben auf der rechten Seite der Menüleiste ist ein Kombinationsfeld angeordnet, mit dem ein Cocktail schnell angewählt werden kann.

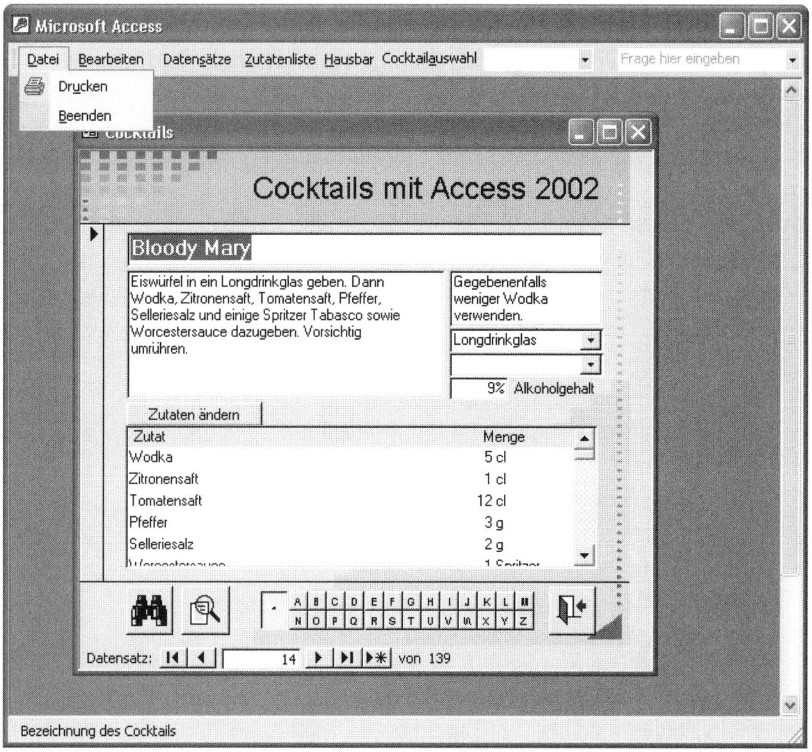

Bild 21.10: Cocktail-Formular mit CommandBar

Das folgende Programm erzeugt die oben gezeigte Menüleiste. Der CommandBar wird mit

```
Set cbr = CommandBars.Add("Cocktail", MenuBar:=True, _
                      Position:=msoBarTop, Temporary:=True)
```

erstellt. Da der CommandBar als Menüleiste eingesetzt werden soll, wird der Parameter `MenuBar` als `True` definiert.

Interessant ist die Übernahme des Icons der eingebauten Schaltfläche *Drucken* für den benutzerdefinierten Eintrag *Drucken* mithilfe der folgenden Befehle:

```
' Übernehmen des vorhandenen Icons der Schaltfläche Drucken
CommandBars.FindControl(ID:=4).CopyFace
cbb.PasteFace
```

Icons werden prinzipiell über die Windows-Zwischenablage an eine Schaltfläche übertragen.

Die Definition des Kombinationsfeldes in der Menüleiste zeigt das folgende Programmfragment. Als Grundlage für die im Kombinationsfeld gezeigten Daten wird das im Parameter `frm` der Prozedur übergebene Formular verwendet, d.h., mit der `RecordsetClone`-Methode wird auf das entsprechende Recordset zugegriffen.

```
' CommandBarComboBox mit allen Cocktailnamen erstellen
        Set cbo = .Controls.Add(msoControlComboBox)
        With cbo
            .Tag = "FindCocktail"
            .Caption = "Cocktail&auswahl"
            .Style = msoComboLabel
            ' Breite des DropDowns bestimmen
            .DropDownWidth = .Width
            ' Klonen des Formular-Recordsets
            Set rst = frm.RecordsetClone
            Do While Not rst.EOF
                ' Cocktailnamen der ComboBox hinzufügen
                .AddItem rst!Cocktail
                rst.MoveNext
            Loop
            .OnAction = "CBActionFindCocktail"
        End With
```

Die im Listing gezeigte *OnAction*-Funktion `CBActionFindCocktail()` zeigt, wie mithilfe der Bookmark-Eigenschaft ein im Kombinationsfeld des CommandBars ausgewählter Eintrag als Suchbedingung für das Recordset des Cocktail-Formulars verwendet wird.

Listing der Prozedur CocktailCommandBar()

Die im folgenden Listing aufgeführten Prozeduren und Funktionen sind alle innerhalb des Moduls `basCommandBar` erfasst.

```
Sub CocktailCommandBar(frm As Form)
    ' Konstanten für eingebaute CommandBarControls
    Const conCbrIdPrint = 4
    Const conCbrIdQuit = 752
    Const conCbrIdBearbeiten = 30003
    Const conCbrIdDatensätze = 30014
```

```
' CommandBar-Definitionen
Dim cbr As CommandBar
Dim cbo As CommandBarComboBox
Dim cbb As CommandBarButton
Dim cbFile As CommandBarControl
Dim cbp As CommandBarPopup
' Recordset für CommandBarComboBox
Dim rst As Recordset

' Neuer CommandBar, oben angedockt, temporär
Set cbr = CommandBars.Add("Cocktail", MenuBar:=True, _
                    Position:=msoBarTop, Temporary:=True)

With cbr
    ' CommandBar-Eintrag "Datei" als Popup
    Set cbp = .Controls.Add(msoControlPopup)
    With cbp
        .Tag = "FileCocktail"
        .Caption = "&Datei"
    End With
    ' cbFile zeigt auf neuen Eintrag "Datei"
    Set cbFile = .FindControl(Tag:="FileCocktail")
    ' Neuer Eintrag "Drucken" in Menü "Datei"
    Set cbb = cbFile.CommandBar.Controls.Add(msoControlButton)
    With cbb
        .Tag = "PrintCocktail"
        .Caption = "Dr&ucken"
        ' Vorbereiten für Icon
        .Style = msoButtonIconAndCaption
        .OnAction = "CBActionPrintCocktail"
    End With
    ' Übernehmen des vorhandenen Icons der Schaltfläche Drucken
    CommandBars.FindControl(ID:=conCbrIdPrint).CopyFace
    cbb.PasteFace

    ' Vorhandene Menüeinträge aus Access-CommandBars umkopieren
    With CommandBars
        ' Menüeintrag "Beenden"
        .FindControl(ID:=conCbrIdQuit).Copy cbFile.CommandBar
        ' Menü "Bearbeiten"
        .FindControl(ID:=conCbrIdBearbeiten).Copy cbr
```

```
    ' Menü "Datensätze"
    .FindControl(ID:=conCbrIdDatensätze).Copy cbr
End With

' Neuer Eintrag "Zutatenliste"
Set cbb = .Controls.Add(msoControlButton)
With cbb
    .Tag = "Zutatenliste"
    .Caption = "&Zutatenliste"
    .Style = msoButtonCaption
    .TooltipText = "Zutatenliste aufrufen"
    .OnAction = "CBActionZutatenliste"
End With

' Neuer Eintrag "Hausbar"
Set cbb = .Controls.Add(msoControlButton)
With cbb
    .Tag = "Hausbar"
    .Caption = "&Hausbar"
    .Style = msoButtonCaption
    .TooltipText = "Hausbar aufrufen"
    .OnAction = "CBActionHausbar"
End With

' CommandBarComboBox mit allen Cocktailnamen erstellen
Set cbo = .Controls.Add(msoControlComboBox)
With cbo
    .Tag = "FindCocktail"
    .Caption = "Cocktail&auswahl"
    .Style = msoComboLabel
    ' Breite des DropDowns bestimmen
    .DropDownWidth = .Width
    ' Klonen des Formular-Recordsets
    Set rst = frm.RecordsetClone
    Do While Not rst.EOF
        ' Cocktailnamen der ComboBox hinzufügen
        .AddItem rst!Cocktail
        rst.MoveNext
    Loop
    .OnAction = "CBActionFindCocktail"
End With
```

```
        ' CommandBar dem Formular zuweisen
        frm.MenuBar = "Cocktail"
    End With
End Sub

Function CBActionPrintCocktail() As Variant
    DoCmd.OpenForm "frmDruckauswahl", WindowMode:=acDialog, _
                        OpenArgs:=Forms("frmCocktail97")!CocktailNr
End Function

Function CBActionZutatenliste() As Variant
    DoCmd.OpenForm "frmZutat", WindowMode:=acDialog
End Function

Function CBActionHausbar() As Variant
    Dim frm As Form
    Dim cbc As CommandBarControl

    ' Aktuelles CommandBarControl
    Set cbc = CommandBars.ActionControl
    ' Aktuelles Formular
    Set frm = Screen.ActiveForm

    ' Umschalten zwischen "Cocktailliste" und "Hausbar"
    If cbc.Caption = "&Hausbar" Then
        frm.RecordSource = "qryHausbarCocktails"
        cbc.Caption = "&Cocktailliste"
    Else
        frm.RecordSource = "select * from tblCocktail " & _
                            "order by tblCocktail.Cocktail"
        cbc.Caption = "&Hausbar"
    End If
End Function

Function CBActionFindCocktail() As Variant
    Dim strID As String
    Dim rst As Recordset
    Dim cbc As CommandBarControl

    ' Aktuelles CommandBarControl
    Set cbc = CommandBars.ActionControl
    strID = cbc.Text
```

```
    If Len(strID) > 0 Then
        With Screen.ActiveForm
            ' Recordset des aktuellen Formulars
            Set rst = .RecordsetClone
            ' Cocktail suchen
            rst.FindFirst "Cocktail = '" & strID & "'"
            If Not rst.NoMatch Then
                ' Gefundenen Datensatz im Formular anzeigen
                .Bookmark = rst.Bookmark
            End If
        End With
    End If
End Function
```

Erweiterung des Kombinationsfeldes

CommandBar-Kombinationsfelder verfügen über die Option, die zuletzt angewählten Einträge am Anfang der Liste oberhalb einer Trennungslinie anzuzeigen, wie es im folgenden Bild illustriert ist.

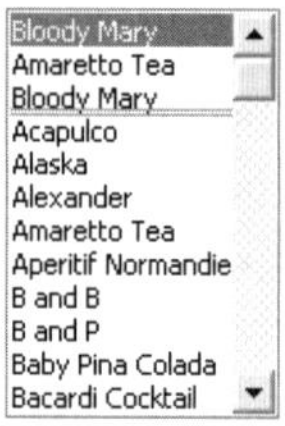

Bild 21.11: Erweitertes Kombinationsfeld

Für die Erweiterung des Kombinationsfeldes wurden in die *OnAction*-Funktion `CBActionFindCocktail()` in den Abschnitt, in dem das Kombinationsfeld gefüllt wird, die kursiv formatierten Zeilen aufgenommen.

```
If Not rst.NoMatch Then
    ' Gefundenen Datensatz im Formular anzeigen
    .Bookmark = rst.Bookmark
    ' Zur "Zuletzt benutzt"-Liste hinzufügen
    AddToList cbc, strID
    cbc.Text = ""
End If
```

Die Funktion AddToList() fügt den im Kombinationsfeld selektierten Eintrag am Anfang der Liste vor der Trennungslinie hinzu.

```
Private Function AddToList(cbc As CommandBarComboBox, _
                           ByVal strID As String) As Boolean
    On Error Resume Next

    ' Zu CommandBarComboBox hinzufügen
    cbc.AddItem strID, 1
    cbc.ListIndex = cbc.ListIndex - 1
    If cbc.ListHeaderCount > 0 Then
        cbc.ListHeaderCount = cbc.ListHeaderCount + 1
    Else
        cbc.ListHeaderCount = 1
    End If
    AddToList = True
End Function
```

Standardmäßig ist der Wert der Eigenschaft ListHeaderCount des Kombinationsfeldes -1, d.h., es werden keine Trennungslinie und keine Einträge oberhalb der eigentlichen Liste gezeigt. Wird ListHeaderCount auf einen Wert größer Null gesetzt, gibt die Eigenschaft die Anzahl der Zeilen an, die oberhalb der Trennungslinie dargestellt werden sollen.

21.2.6 CommandBar-Definitionen per Tabelle

Bei großen Applikationen, die im Laufe des Entwicklungsprozesses viele Änderungen erfahren, kann es sinnvoll sein, alle Menü- und Symbolleistendefinitionen in einer Tabelle abzulegen. Wir möchten Ihnen im Folgenden beispielhaft zeigen, wie eine solche Tabelle und die entsprechende Programmlogik aussehen kann. Wir haben das Beispiel für eine bessere Übersichtlichkeit vereinfacht, d.h., es werden nur die Definitionen einer Symbolleiste in der Tabelle gespeichert.

Die Tabelle für die CommandBar-Definition

Für das Beispiel wurde die im folgenden Bild gezeigte Tabellenstruktur eingesetzt. Mithilfe der Tabelle sollen Schaltflächen der Typen msoControlButton, msoControlPopup und msoControlComboBox erstellt werden können.

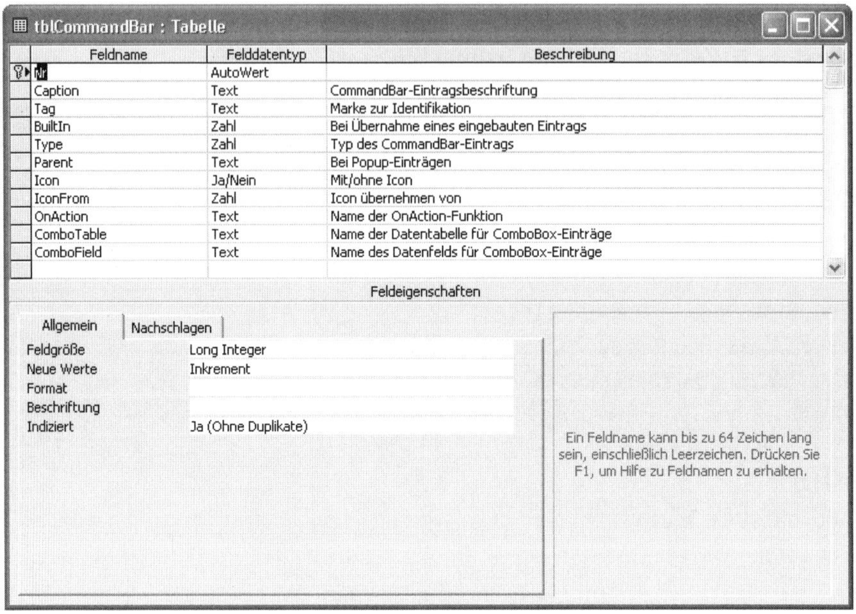

Feldname	Felddatentyp	Beschreibung
Nr	AutoWert	
Caption	Text	CommandBar-Eintragsbeschriftung
Tag	Text	Marke zur Identifikation
BuiltIn	Zahl	Bei Übernahme eines eingebauten Eintrags
Type	Zahl	Typ des CommandBar-Eintrags
Parent	Text	Bei Popup-Einträgen
Icon	Ja/Nein	Mit/ohne Icon
IconFrom	Zahl	Icon übernehmen von
OnAction	Text	Name der OnAction-Funktion
ComboTable	Text	Name der Datentabelle für ComboBox-Einträge
ComboField	Text	Name des Datenfelds für ComboBox-Einträge

Allgemein | Nachschlagen

Feldgröße	Long Integer
Neue Werte	Inkrement
Format	
Beschriftung	
Indiziert	Ja (Ohne Duplikate)

Bild 21.12: Definition der Tabelle tblCommandBar

Das nächste Bild zeigt die Einträge für eine Mustersymbolleiste, die in der darauf folgenden Abbildung dargestellt ist. Die erste Tabellenzeile definiert ein Popup-Menü, das die Einträge der Zeilen zwei und drei aufnehmen soll. Der in der dritten Zeile festgelegte Eintrag soll den Eintrag *Beenden* aus den eingebauten CommandBars übernehmen. Die vierte Zeile fügt das komplette Menü *Bearbeiten* aus Access der Mustersymbolleiste hinzu.

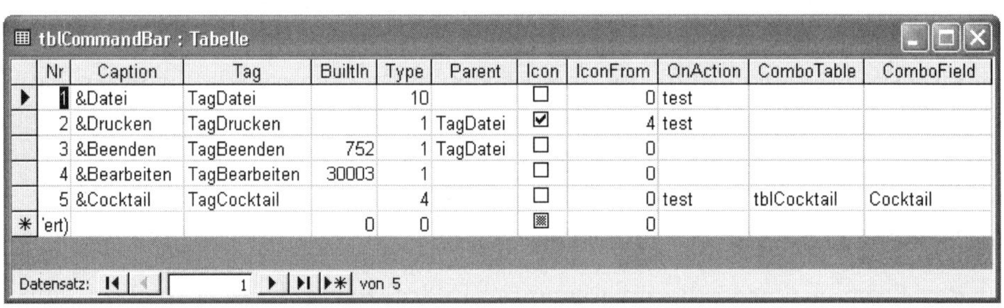

Nr	Caption	Tag	BuiltIn	Type	Parent	Icon	IconFrom	OnAction	ComboTable	ComboField
1	&Datei	TagDatei		10		☐	0	test		
2	&Drucken	TagDrucken		1	TagDatei	☑	4	test		
3	&Beenden	TagBeenden	752	1	TagDatei	☐	0			
4	&Bearbeiten	TagBearbeiten	30003	1		☐	0			
5	&Cocktail	TagCocktail		4		☐	0	test	tblCocktail	Cocktail
'ert)			0	0		■	0			

Bild 21.13: Musterdaten für CommandBar-Tabelle

Die fünfte Zeile definiert ein Kombinationsfeld, in dem alle Cocktailnamen aus der Tabelle *tblCocktail* gezeigt werden sollen.

Bild 21.14: Aus Tabellendaten erstellter CommandBar

Der im folgenden Listing aufgeführte Funktion `CommandBarFromTable()` wird als Parameter der Name der zu erstellenden Symbolleiste übergeben. Zusätzlich kann der Name der Tabelle angegeben werden, der mit `tblCommandBar` vordefiniert ist. Der Rückgabewert der Funktion ist der Name des erzeugten CommandBars. Im Fehlerfall wird eine leere Zeichenkette zurückgegeben.

```
Function CommandBarFromTable(ByVal strCBName As String, _
              Optional ByVal strTable As String = "tblCommandBar" _
              ) As String
    Dim db As Database
    ' Recordset für Tabelle mit CommandBar-Einträgen
    Dim rst As Recordset
    ' CommandBar-Definitionen
    Dim rstCombo As Recordset
    Dim cbr As CommandBar
    Dim cbp As CommandBarPopup
    Dim cbb As CommandBarButton
    Dim cbc As CommandBarControl
    Dim cbo As CommandBarComboBox

    On Error GoTo err_CBFromTable

    ' Im Fehlerfalle wird leerer String zurückgegeben
    CommandBarFromTable = ""

    ' Öffnen der Tabelle mit CommandBar-Einträgen
    Set db = CurrentDb
    Set rst = db.OpenRecordset(strTable)

    ' Erstellen eines neuen CommandBars
    Set cbr = CommandBars.Add(strCBName, _
                                Position:=msoBarTop, Temporary:=True)
```

```
' Für alle Zeilen der Tabelle
Do While Not rst.EOF
    ' Wenn eingebauter CommandBar-Eintrag
    If Not IsNull(rst!BuiltIn) Then
        ' Wenn kein Parent definiert
        If IsNull(rst!Parent) Then
            CommandBars.FindControl(ID:=rst!BuiltIn).Copy cbr
        Else
            Set cbc = CommandBars.FindControl(Tag:=rst!Parent)
            CommandBars.FindControl(ID:=rst!BuiltIn).Copy _
                                             cbc.CommandBar
        End If
    Else
        ' In Abhängigkeit vom Typ
        Select Case rst!Type
            ' Normaler Button
            Case msoControlButton:
                ' Wenn Parent
                If IsNull(rst!Parent) Then
                    Set cbb = _
                            cbr.Controls.Add(msoControlButton)
                Else
                    Set cbb = _
                           cbr.FindControl(Tag:=rst!Parent). _
                           CommandBar.Controls. _
                           Add(msoControlButton)
                End If
                With cbb
                    .Tag = rst!Tag
                    .Caption = rst!Caption
                    If rst!Icon Then
                        .Style = msoButtonIconAndCaption
                    Else
                        .Style = msoButtonCaption
                    End If
                    .OnAction = rst!OnAction
                End With
```

```
    ' Icon von Eintrag übernehmen
    If rst!Icon Then
        CommandBars.FindControl( _
                   ID:=rst!iconfrom).CopyFace
        cbb.PasteFace
    End If

' Popup-Button
Case msoControlPopup:
   If IsNull(rst!Parent) Then
      Set cbp = cbr.Controls.Add(msoControlPopup)
   Else
      Set cbp = cbr.FindControl(Tag:=rst!Parent). _
                         CommandBar.Controls. _
                         Add(msoControlPopup)
   End If
   With cbp
       .Tag = rst!Tag
       .Caption = rst!Caption
   End With

' ComboBox
Case msoControlComboBox:
    Set cbo = cbr.Controls.Add(msoControlComboBox)
    With cbo
        .Tag = rst!Tag
        .Caption = rst!Caption
        .Style = msoComboLabel
        ' Breite des DropDowns bestimmen
        .DropDownWidth = .Width
        ' Klonen des Formular-Recordsets
        If IsNull(rst!ComboTable) Then
            Set rstCombo = _
                  Screen.ActiveForm.RecordsetClone
        Else
            Set rstCombo = _
                  db.OpenRecordset(rst!ComboTable)
        End If
```

```
                        Do While Not rstCombo.EOF
                            ' Cocktailnamen der ComboBox hinzufügen
                            .AddItem rstCombo(rst!ComboField)
                            rstCombo.MoveNext
                        Loop
                        .OnAction = rst!OnAction
                    End With
                Case Else
                    ' nothing
            End Select
        End If
        ' Nächster Datensatz
        rst.MoveNext
    Loop

    ' Rückgabe des Namens des CommandBars
    CommandBarFromTable = strCBName

exit_CBFromTable:
    Exit Function

err_CBFromTable:
    ' Falls CommandBar noch existiert
    If Err.Number = 5 Then
        CommandBars(strCBName).Delete
        Resume
    End If
    MsgBox Err.Number & " - " & Err.Description
    Resume exit_CBFromTable
End Function
```

Die Beispieltabelle und -funktion kann so erweitert werden, dass sowohl Menü- und Symbolleisten als auch Kontextmenüs in der Tabelle abgelegt werden können.

22 Add-Ins und Bibliotheken

Add-Ins sind spezielle Access-Datenbanken, mit denen Access um neue Funktionen erweitert werden kann. Sie lassen sich mithilfe des *Add-In Managers* im Menü *EXTRAS Add-Ins* einrichten. Add-Ins werden in Datenbanken mit der Endung .MDA oder .MDE bereitgestellt.

In diesem Kapitel besprechen wir darüber hinaus den Einsatz von Bibliotheken. Bibliotheken sind Access-Datenbanken, die Prozeduren und Funktionen enthalten, auf die aus vielen Access-Anwendungen zugegriffen werden kann. Auf diese Art können Sie Programmelemente bereitstellen, ohne diese in jede MDB-Datei aufzunehmen.

Aus Access lassen sich auch »Dynamic Link«-Bibliotheken (DLL) aufrufen, beispielsweise die Windows-Bibliotheken, mit deren Hilfe Ihnen alle Funktionen der Windows-Programmierschnittstelle (Windows-API) zur Verfügung stehen. Dies wurde in vorangegangenen Kapiteln auch schon gezeigt, beispielsweise am Ende von Kapitel 16, »Berichte«.

Mit dem Microsoft Office 2002 Developer, der getrennt zu erwerbenden Sammlung von Werkzeugen für die Office 2002-Programmierung, können so genannte COM-Add-Ins erstellt werden. COM-Add-Ins sind übergreifende Add-Ins, die in allen Office-Programmen eingebunden werden können. Bisher hatte jede Office-Applikation ein oder mehrere Add-In-Varianten. Sollte ein Add-In sowohl mit Access als auch mit Excel ablaufen können, so mussten zwei getrennte Add-Ins programmiert werden. Mit COM-Add-Ins können Add-Ins realisiert werden, die in allen Office-Anwendungen gleichermaßen ausgeführt werden können.

Soweit zur Theorie, in der Praxis sieht das alles nicht so rosig aus. COM-Add-Ins reagieren auf bestimmte Ereignisse oder Menü-Kommandos. Da beispielsweise Access keine dafür verwendbaren Ereignisse auslöst, ist die Nutzung von COM-Add-Ins sehr beschränkt, sodass Sie weiterhin normale Add-Ins benötigen. Wir haben daher auf eine ausführliche Beschreibung von COM-Add-Ins verzichtet, die auch den Rahmen dieses Buches gesprengt hätte.

22.1 Bibliotheken

Sie können in Access eine Vielzahl unterschiedlichster Bibliothekstypen einbinden und die dort angebotenen Funktionen nutzen. Möglich ist die Einbindung von Access-Datenbanken und -Projekten mit den Dateiendungen MDB, MDA, MDE, ADP, ADE, von Programmdateien (EXE, DLL), von Klassenbibliotheken (OLB, TLB) und von OCX-Komponenten.

Um eine Bibliothek einsetzen zu können, müssen Sie in Access einen Verweis, eine Referenz, auf die entsprechende Datei einrichten.

22.1.1 Einrichten einer Referenz

Sie tragen einen Verweis auf eine Bibliotheksdatei ein, indem Sie ein beliebiges Modul öffnen und dann im VBA-Editor den Befehl *EXTRAS Verweise* aufrufen. Es erscheint das im folgenden Bild gezeigte Dialogfeld.

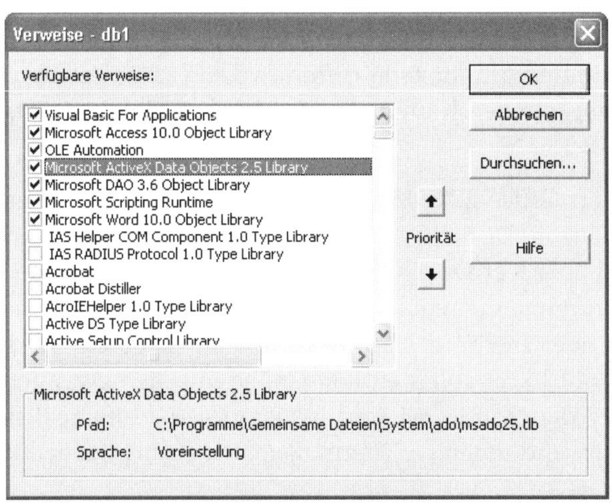

Bild 22.1: Dialogfeld Verweise

Alle Bibliotheken, die mit einem Häkchen versehen sind, sind aktive Referenzen auf die jeweilige Bibliothek. Gezeigt werden im Listenfeld *Verfügbare Verweise* alle diejenigen Bibliotheken, die in einem der Systemordner von Windows gefunden wurden. Mithilfe der Schaltfläche *Durchsuchen* öffnen Sie ein Dialogfeld, das Ihnen die Auswahl einer Bibliothek in einem beliebigen Ordner ermöglicht.

! Weitergabe von Access-Datenbanken, die Bibliotheken nutzen: Sollen die auf Ihrem Rechner erstellten Applikationen auf anderen Rechnern zum Einsatz kommen, müssen Sie sicherstellen, dass dort die gleichen Bibliotheken installiert und referenziert sind (siehe auch Kapitel 23, »Anwendungsentwicklung«, Abschnitt 23.19, »Verpackungs-Assistent und Access-Laufzeitumgebung«).

22.1.2 Kontrolle von Referenzen

Fehlerhafte Referenzen, also Verweise auf nicht mehr vorhandene Bibliotheken, führen zu unschönen Fehlern in Access. Meistens meldet sich Access mit der Fehlermeldung »Benutzerdefinierter Typ nicht definiert«, wenn versucht wird, ein VBA-Programm auszuführen. Die Stelle im Programm, an der der Fehler gezeigt wird, hat nichts mit dem eigentlichen Problem der fehlenden Referenz zu tun.

Wenn Sie im Anschluss an die Fehlermeldung beispielsweise versuchen, Ihre VBA-Komponenten mit *DEBUGGEN Kompilieren von...* neu zu kompilieren, wird wahrscheinlich eine der eingebauten VBA-Funktionen als Fehlerquelle angezeigt. Das ist sehr irreführend, denn nicht die Funktion ist für das Problem verantwortlich, sondern eine »gebrochene« Referenz.

Wie kann man die obige Fehlermeldung umgehen bzw. wie kann man eine ungültige Referenz feststellen? Im folgenden Listing sehen Sie die Funktion `ReferenzKontrolle`, die die Gültigkeit eines Verweises überprüft. Sie gibt `True` zurück, wenn die Referenz in Ordnung ist. Übergeben wird der Name der zu überprüfenden Bibliothek. Über die Variable `bMeldung` kann gesteuert werden, ob zusätzlich eine Meldung eingeblendet werden soll.

Eingesetzt wird in der Funktion die Auflistung `References`, die aus `Reference`-Objekten besteht. Die Eigenschaften eines `Reference`-Objekts finden Sie in der folgenden Tabelle.

Tabelle 22.1: Eigenschaften des Reference-Objekts

Eigenschaft	Größe
BuiltIn	Die Eigenschaft ist `True`, wenn die Komponente als »eingebaute« Komponente zwingend für den Betrieb von Access benötigt wird.
Collection	Zeiger auf die `References`-Auflistung, zu der das Objekt gehört.
FullPath	Kompletter Pfad zur Bibliothek.
Guid	Typ-Bibliotheken und EXE-Dateien haben GUIDs (globally unique identifier).
IsBroken	Die Eigenschaft ist `True`, wenn die Verbindung zur Bibliothek abgebrochen ist.
Kind	0 für Typ-Bibliotheken oder EXE-Dateien, 1 für Access-Datenbanken
Major	Versionsnummer
Minor	Versionsnummer
Name	Name der Bibliothek; wenn `IsBroken` `True` ist, enthält die Eigenschaft den vollen Pfad (wie `FullPath`).

```
Function ReferenzKontrolle(ByVal strRef As String, _
        Optional bMeldung As Boolean = True) As Boolean
    Dim objRef As Reference

    On Error Resume Next
    ReferenzKontrolle = False

    Set objRef = References(strRef)

    If err.Number = 0 Then
        ' Objekt wurde erstellt
        If Not objRef.IsBroken Then
            If err.Number = 0 Then
                ' Referenz in Ordnung
                ReferenzKontrolle = True
                Exit Function
            End If
        End If
    End If

    If bMeldung Then
        MsgBox "Verbindung zur Bibliothek " & strRef & " abgebrochen!"
    End If
End Function
```

Die Funktion `ListReferenzen` ermittelt die Namen aller Bibliotheken mithilfe der Auflistung `References` und kontrolliert mit der obigen Funktion die Verweise.

```
Sub ListReferenzen()
    Dim objRef As Reference
    Dim strResult As String
    Dim strTmp As String

    strResult = ""
    For Each objRef In References
        If ReferenzKontrolle(objRef.Name, False) Then
            strTmp = " V" & objRef.Major & "." & objRef.Minor & _
                     " - " & objRef.Name
        Else
            strTmp = "Verknüpfung zu " & objRef.Name & " abgebrochen!"
        End If
        If strResult = "" Then
            strResult = strTmp & vbNewLine
        Else
            strResult = strResult & strTmp & vbNewLine
        End If
    Next
    MsgBox strResult
End Sub
```

Möchten Sie eine Referenz neu herstellen, so können Sie der folgenden Funktion den Namen der Bibliotheksdatei übergeben. Die Funktion gibt `True` zurück, wenn der Verweis erfolgreich erstellt werden konnte.

```
Function ReferenceFromFile(strDateiname As String) As Boolean
    Dim ref As Reference

    On Error GoTo Error_ReferenceFromFile
    Set ref = References.AddFromFile(strDateiname)
    ReferenceFromFile = True

Exit_ReferenceFromFile:
    Exit Function
Error_ReferenceFromFile:
    MsgBox Err & ": " & Err.Description
    ReferenceFromFile = False
    Resume Exit_ReferenceFromFile
End Function
```

22.1.3 Access-Datenbanken als Bibliotheken

Sie können Access-Datenbanken in den Formaten MDB, MDA oder MDE, die die Prozeduren und Funktionen enthalten, als Bibliotheken nutzen, auf die aus anderen Access-Anwendungen zugegriffen werden soll. Um die in einer Bibliothek enthaltenen Funktionen, Prozeduren, Klassen usw. nutzen zu können, müssen Sie einen Verweis auf die Bibliotheksdatenbank aufbauen. In der Modulansicht rufen Sie dazu das Dialogfeld *Verweise* über *EXTRAS Verweise* auf. Mithilfe der Schaltfläche *Durchsuchen* erhalten Sie einen Dateiauswahldialog. Legen Sie den gewünschten Dateityp fest und selektieren Sie die gewünschte Datenbankdatei. Alle Funktionen, Prozeduren usw. der neuen Bibliothek lassen sich jetzt im Objektkatalog einsehen und in Ihren Programmen verwenden.

Änderungen in Bibliotheksdatenbanken: Im VBA-Editor erhalten Sie den Quelltext aller VBA-Module einer als Bibliothek eingebundenen MDB-Datenbank zur Einsicht. Sie können dort auch Änderungen vornehmen, nur leider werden diese nicht gespeichert, Ihre Modifikationen ohne Warnmeldung vernichtet. Öffnen Sie für Änderungen also immer das Original direkt.

22.1.4 Verweise auf Klassenmodule

Während Sie auf Funktionen und Prozeduren in MDB- oder MDE-Bibliotheksdateien problemlos zugreifen können, gelingt dies nicht mit Klassenmodulen. Versuchen Sie, ein Objekt basierend auf einer Klasse der Bibliothek zu dimensionieren, werden Sie feststellen, dass die Klasse nicht angeboten wird.

Mit einem Trick, der nach unserer Erfahrung keine Nebenwirkungen hat, können Sie auf Klassen in Bibliotheken zugreifen:

- Öffnen Sie die Bibliotheksdatenbank.
- Selektieren Sie die gewünschte Klasse und laden Sie sie im Entwurfsmodus in den VBA-Editor.
- Wählen Sie im Menü *DATEI Entfernen von...* an.
- Speichern Sie die Klasse. Sie wird als Textdatei mit der Endung .CLS abgelegt.
- Öffnen Sie die Datei mit dem Windows-Editor. Sie können jetzt, wie in Bild 22.2 gezeigt, am Beginn des Textes versteckte Attribute der Klasse sehen.

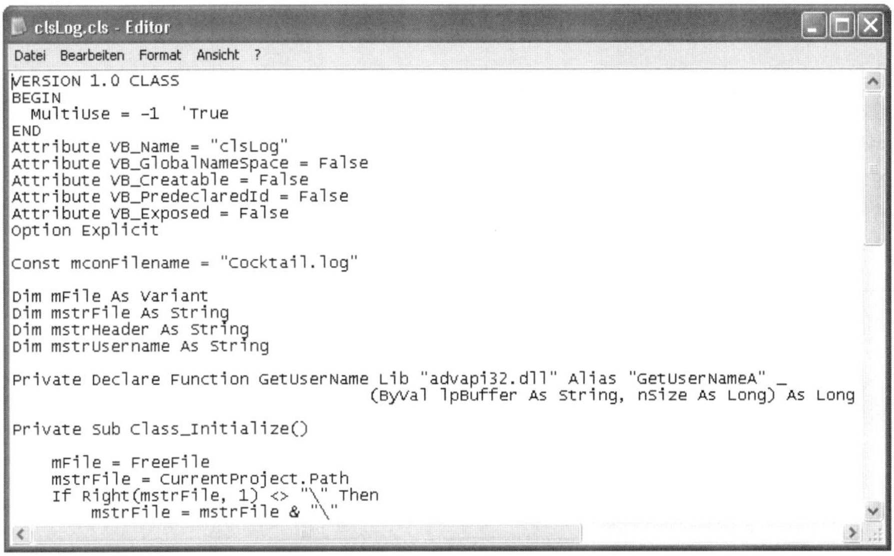


```
VERSION 1.0 CLASS
BEGIN
  MultiUse = -1  'True
END
Attribute VB_Name = "clsLog"
Attribute VB_GlobalNameSpace = False
Attribute VB_Creatable = False
Attribute VB_PredeclaredId = False
Attribute VB_Exposed = False
Option Explicit

Const mconFilename = "Cocktail.log"

Dim mFile As Variant
Dim mstrFile As String
Dim mstrHeader As String
Dim mstrUsername As String

Private Declare Function GetUserName Lib "advapi32.dll" Alias "GetUserNameA" _
                                    (ByVal lpBuffer As String, nSize As Long) As Long

Private Sub Class_Initialize()

    mFile = FreeFile
    mstrFile = CurrentProject.Path
    If Right(mstrFile, 1) <> "\" Then
        mstrFile = mstrFile & "\"
```

Bild 22.2: Klasse, im Texteditor geladen

- Ändern Sie den Wert des Attributs `VBExposed = False` auf `True` und speichern Sie die Textdatei.
- Im VBA-Editor laden Sie die geänderte Textdatei mit *DATEI Datei importieren*.

Die Klasse sollte jetzt in der Bibliotheksdatenbank anderen Datenbanken zur Verfügung stehen.

22.1.5 Suchreihenfolge

Beachten Sie dabei aber, dass in der Access-Datenbank, die auf die Bibliothek zugreift, der Verweis auf die Bibliothek mit komplettem Pfad gespeichert wird. Dieser Pfad wird immer zuerst nach der Bibliothek durchsucht. Wenn Sie die Bibliothek in einen anderen Ordner verschieben, versucht Access, diese Datei zu finden und den Verweis wiederherzustellen. Access sucht die Datei in folgenden anderen Ordnern:

- in dem Ordner, in dem sich die aufrufende Datenbank befindet,
- im Ordner, in dem Access installiert ist,
- im Windows-Ordner,
- im Windows-System-Ordner,

- in jedem Ordner, der in der PATH-Angabe in der Autoexec-Datei angegeben ist.

Mithilfe des Eintrags `RefLibPaths` in der Windows-Registrierung können Sie zusätzlich festlegen, wo nach Bibliotheken gesucht werden soll. Erstellen Sie dazu unter `\HKEY_LOCAL_MACHINE\SOFTWARE\Microsoft\Office\10.0\Access` den Schlüssel `RefLibPaths` in der Registrierung mit dem Programm REGEDIT.EXE. Unterhalb dieses Schlüssels definieren Sie einen Zeichenfolgeeintrag, wobei die Zeichenfolge den Namen Ihrer Bibliothek hat und der Wert der Zeichenfolge der entsprechende Pfad ist, wie es im Bild für `FunkBib.mdb` gezeigt ist.

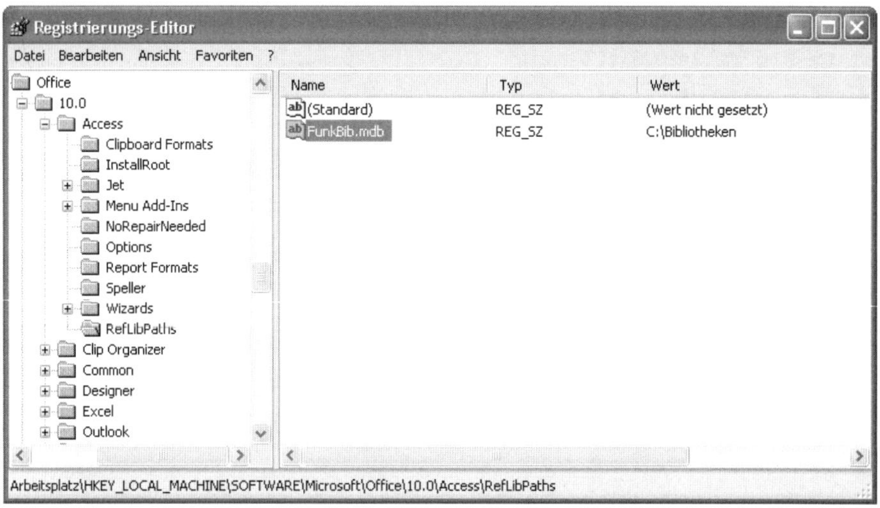

Bild 22.3: RefLibPaths-Eintrag in der Registrierung

22.2 Add-Ins

Access unterscheidet drei verschiedene Add-In-Typen: Menü-Add-Ins sind allgemeine Programme, die über *EXTRAS Add-Ins* aufgerufen werden. Wizard- und Builder-Add-Ins hingegen enthalten Programme, die kontextspezifisch für bestimmte Aufgaben aufgerufen werden. Viele der Access-eigenen Assistenten sind beispielsweise als Wizard-Add-Ins implementiert.

Alle Add-Ins müssen in der Windows-Registrierung mit entsprechenden Werten eingetragen werden. Ohne diese Einträge in der Registrierung lassen sich Add-Ins nicht einsetzen, da Access sofort eine Fehlermeldung anzeigen würde. Bei der Installation eines Add-Ins mit dem *Add-In-Manager* werden die Registrierungseinträge gesetzt. Gleichzeitig wird immer die Add-In-Datei in das Verzeichnis

\Programme\Microsoft Office\Office10 kopiert. Die entsprechenden Registrierungseinträge für ein Add-In werden einer speziellen Tabelle entnommen, die im Add-In angelegt sein muss, wie es weiter unten beschrieben wird.

Im Registrierungseditor (REGEDIT.EXE), der normalerweise im Windows-Verzeichnis zu finden ist, lassen sich die Einträge für die installierten Add-Ins im Pfad

`HKEY_LOCAL_MACHINE\Software\Microsoft\Office\10.0\Access`

einsehen. Menü-Add-Ins werden im Pfad `Menu Add-Ins`, Assistenten im Pfad `Wizards` unterhalb von `Access` eingetragen.

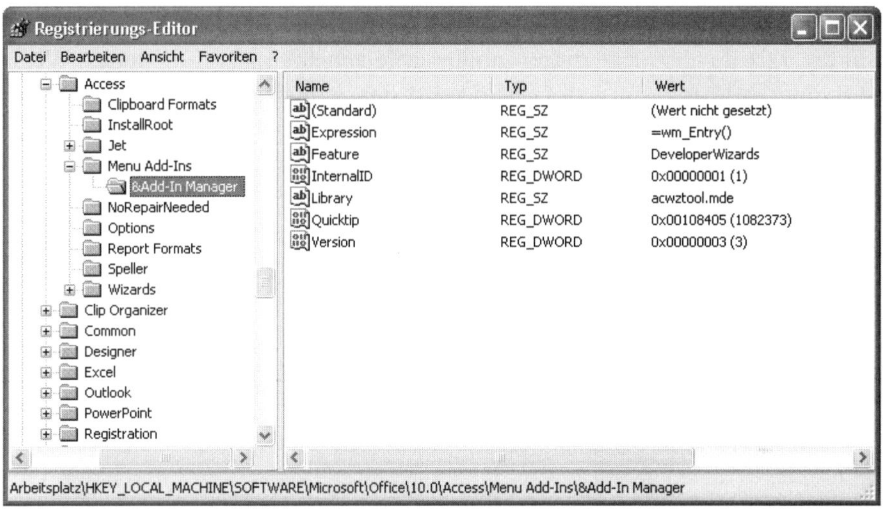

Bild 22.4: Add-In-Einträge im Registrierungseditor

Add-In-Datenbanken haben die Dateiendung .MDA oder .MDE. MDA-Datenbanken sind normale MDB-Datenbanken mit anderer Endung. Zur Erstellung einer MDA-Datei können Sie entweder über *DATEI Neu* eine MDA-Datenbank erzeugen oder eine vorhandene MDB-Datei umbenennen. Die Möglichkeiten von MDE-Datenbanken werden in Kapitel 23, »Anwendungsentwicklung«, beschrieben.

22.2.1 Die Tabelle USysRegInfo

Damit eine Datenbank als Add-In eingesetzt werden kann, muss eine Tabelle mit dem Namen *USysRegInfo* angelegt werden. Die Tabelle kann neu erstellt werden oder aus einem der mit Access mitgelieferten Add-Ins importiert werden. Die folgende Tabelle zeigt die Struktur der *USysRegInfo*-Tabelle.

Tabelle 22.2: Definition der USysRegInfo-Tabelle

Feldname	Feldtyp	Größe
SubKey	Text	255
Type	Number	Long Integer
ValName	Text	255
Value	Text	255

Die in die Tabelle einzutragenden Inhalte unterscheiden sich für Menü-, Wizard- oder Builder-Add-Ins. Im `SubKey`-Feld wird der Schlüsselwert für den Registrierungswert festgelegt. Alle Zeilen der *USysRegInfo*-Tabelle müssen den gleichen `SubKey` aufweisen. Für Menü-Add-Ins wird in der Spalte `SubKey` ein Eintrag in der Form

```
HKEY_LOCAL_MACHINE\Menu Add-Ins\Add-In-Name
```

erfasst, wobei `Add-In-Name` für die Bezeichnung Ihres Add-Ins steht. Die als `Add-In-Name` vergebene Bezeichnung wird dann im Menü zu *EXTRAS Add-Ins* als Menüeintrag verwendet. Für Wizards und Builder wird als `SubKey`

```
HKEY_LOCAL_MACHINE\Wizards\WizardTyp\Wizard-Name
```

bzw.

```
HKEY_LOCAL_MACHINE\Wizards\WizardTyp\WizardSubType\Wizard-Name
```

vereinbart. Möglich sind Objekt-Assistenten (*`WizardTyp`* kann `Form-Wizards`, `Table-Wizards`, `Report-Wizards` und `Query-Wizards` sein) in der ersten Schreibweise sowie Steuerelement- (`Control-Wizards`) und Eigenschafts-Assistenten (`Property-Wizards`) in der zweiten Schreibweise, wobei für den `WizardSubType` die englische Bezeichnung eines Steuerelements bzw. einer Eigenschaft eingesetzt wird.

Anstelle von

```
HKEY_LOCAL_MACHINE\
```

können Sie auch

```
HKEY_CURRENT_ACCESS_PROFILE\
```

verwenden. Beide Varianten beziehen sich auf die gleiche Stelle in der Registrierungsdatenbank, wenn keine benutzerspezifischen Profile in Access eingerichtet sind.

22.3 Beispiel: Das DocuAid2002-Add-In

Wir möchten Ihnen die Erstellung von Add-Ins anhand des Dokumentationsprogramms DocuAid2002 beschreiben. DocuAid2002 dokumentiert Access-Datenbanken, wobei die Ausgabe direkt in Word erfolgt. Teile von DocuAid2002 wurden schon in Kapitel 19, »Automatisierung«, erläutert. DocuAid2002 liegt der CD-ROM zum Buch bei.

In der DocuAid2002-Datenbank sind die im folgenden Bild gezeigten Einträge für die Tabelle *USysRegInfo* eingetragen. Im `SubKey` wurde durch das Voranstellen des &-Zeichens vor den Namen des Add-Ins erreicht, dass der dem Zeichen folgende Buchstabe als Abkürzungstaste für den Menüeintrag im Menü zu *EXTRAS Add-Ins* unterstrichen wird.

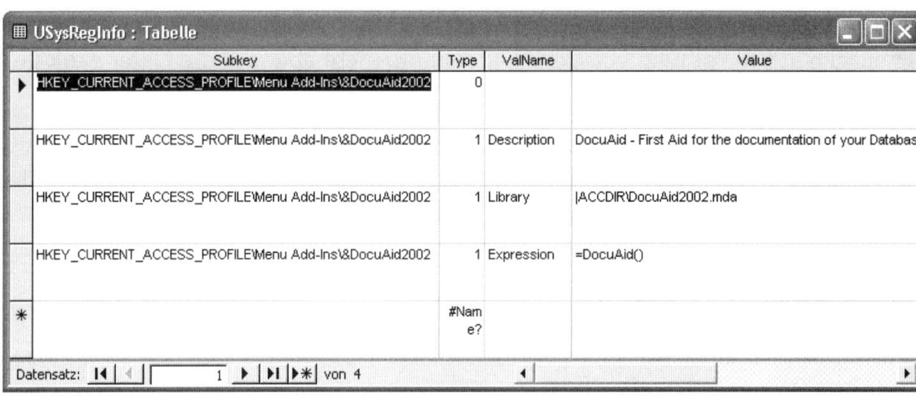

Bild 22.5: DocuAid2002-Einträge der Tabelle USysRegInfo

Für Menü-Add-Ins benötigen Sie mindestens die Einträge mit den *ValNamen* `Library` und `Expression`. Für `Library` wird der Name der Add-In-Datenbankdatei angegeben. Stellen Sie dem Namen den Platzhalter `|ACCDIR\` voran, so wird dieser durch den aktuellen Pfad zu den Access-Systemdateien ersetzt.

In der Zeile `Expression` wird als *Value* der Aufruf einer globalen Funktion eingetragen, mit der das eigentliche Add-In-Programm gestartet wird. Beachten Sie dabei, dass es sich zwingend um eine Funktion und nicht um eine Sub-Prozedur handeln muss. Das folgende Listing zeigt die Startfunktion des DocuAid2002-Add-Ins, die ein Startformular öffnet.

```
' Startfunktion für Add-In-Aufruf
Public Function DocuAid()

    ' Formular öffnen
    DoCmd.OpenForm "frmDocuAid"

End Function
```

22.4 Besonderheiten bei Add-Ins und Bibliotheken

Beim Einsatz von Add-Ins und Bibliotheken gibt es einige Besonderheiten zu beachten. Normalerweise wird in Programmen über die Funktion `CurrentDB()` auf die aktuelle Datenbank zugegriffen. Verwenden Sie die Funktion in Add-Ins oder Bibliotheken, die im Hintergrund arbeiten, so erhalten Sie einen falschen Datenbankverweis, denn `CurrentDB()` bzw. `CurrentProject()/CurrentData()` beziehen sich auf die aktuell geladene Datenbank, nicht aber auf die Datenbank von Add-In oder Bibliothek.

Verwenden Sie in Add-Ins oder Bibliotheken die Funktion `CodeDb()` bzw. `CodeProject()/CodeData()`, die auf die Datenbank verweisen, in der sich der Code, d.h. das ablaufende Programm befindet.

Hilfreich ist auch das Objekt `CodeContextObject`, das einen Verweis auf das Objekt zurückgibt, zu dem der momentan ablaufende Programmcode gehört.

22.5 Einsatz von Windows-DLL-Bibliotheken

Aus Access-VBA-Programmen lassen sich Funktionen aus Windows 95/98/2000/NT/XP-Bibliotheken oder anderer »Dynamic Link Libraries« (DLL) aufrufen. Wir beschreiben Ihnen im Folgenden den prinzipiellen Umgang mit DLLs, allerdings sind, insbesondere für die Nutzung der Windows-Funktionen, Informationen über die internen Windows-Strukturen notwendig. Da die meisten DLLs in den Programmiersprachen C oder C++ programmiert sind, sind für den Aufruf der Funktionen und die Übergabe von Parametern Kenntnisse dieser Programmiersprachen von Vorteil.

Eine Beschreibung aller Windows-API-Funktionen finden Sie im Internet unter *msdn.microsoft.com*.

22.5.1 Declare-Statements

Um eine Funktion oder Prozedur einer DLL einzusetzen, muss diese vorab deklariert werden. Die Deklaration kann global innerhalb eines Moduls oder privat innerhalb von Formular- oder Berichtsklassenmodulen erfolgen. Eine Deklaration wird mit dem Befehlswort `Declare` eingeleitet.

```
Declare Function GetWindowRect Lib "User32" ( _
                         ByVal Hwnd As Long, lpRect As rect) As Long
```

Durch die Angabe `Lib` wird die DLL oder das Modul bestimmt, in der die deklarierte Funktion oder Prozedur definiert ist. Sollte der Name der Funktion oder Prozedur schon in Ihrer Anwendung vergeben sein oder möchten Sie einen einfacheren Namen verwenden, so lässt sich mithilfe des optionalen Parameters `Alias` der Name festlegen, den die Funktion oder Prozedur in der DLL hat, während innerhalb Ihrer Programme der hinter `Function` oder `Sub` definierte Name verwendet wird.

```
Declare Function GetOpenFileName Lib "comdlg32.dll" _
                 Alias "GetOpenFileNameA" _
                 (pOpenFilename As typOpenFilename) As Long
```

Beachten Sie beim Einsatz von Windows-Funktionen des »Application Programming Interfaces« (API), dass viele Funktionen, wie hier `GetOpenFileName`, in zwei Varianten vorliegen. Durch das `A` am Ende des `Alias` wird die ANSI-Variante der Funktion aufgerufen, ohne `A` liefert die Funktion alle Ergebnisse im UNICODE-Zeichensatz.

22.5.2 Übergabe von Parametern an API- und DLL-Funktionen

Achten Sie darauf, Parameter an DLL-Funktionen korrekt zu übergeben, denn Fehler bei der Parameterübergabe führen fast immer zum Absturz von Access.

ByVal oder ByRef?

Die meist in C oder C++ geschriebenen DLLs und Windows-Module übernehmen Parameter standardmäßig als Wert, d.h., die Deklaration des Funktionsaufrufs erfolgt mit `ByVal`. Access selbst übergibt Parameter standardmäßig als

Referenz, d.h. als `ByRef`-Parameter. Achten Sie also auf korrekte Deklarationen, sonst sind Abstürze vorprogrammiert.

Strings bilden eine Ausnahme der Regel, dass Access normalerweise alle Parameter `ByRef` übergibt, da sie immer `ByVal` übergeben werden. Access verwendet ein anderes Format (BSTR) zur Speicherung von Strings als C-Programme. In C-Programmen werden Strings durch ein `Chr(0)`-Zeichen abgeschlossen, während Access im String ein Feld mit der Länge des Strings verwaltet. Bei der Übergabe von Strings wird eine Konvertierung der beiden Formate automatisch durchgeführt.

Wird von einer DLL die Übergabe eines Pufferbereichs erwartet – dies geschieht in der Regel als String – so müssen Sie den Pufferbereich zuerst in Access initialisieren, indem Sie beispielsweise den String mit der `Space()`-Funktion vorab mit Leerzeichen füllen.

Viele DLL-Funktionen besitzen Parameter, für die verschiedene Datentypen übergeben werden können. Access bietet zur Deklaration dieser Parameter den Typ `Any` an, der anzeigt, dass beliebige Datentypen übergeben werden können.

22.5.3 Der WinAPI-Viewer

Mit dem »Microsoft Office 2000 Developer« wurde als Hilfsprogramm das Add-In WinAPI-Viewer mitgeliefert. Mithilfe des WinAPI-Viewers können Sie die Deklarationen der Windows-Funktionen, die Konstanten und Typdefinitionen fehlerfrei in Ihr Programm übernehmen. Leider hat Microsoft dieses hilfreiche Werkzeug aus dem Lieferumfang von »Microsoft Office XP Developer« herausgenommen.

22.5.4 Beispiel: Ermitteln des Windows-Benutzers

Eine häufig benötigte Funktion ist die Ermittlung des aktuellen Benutzers. Die von Access zur Verfügung gestellte Funktion `CurrentUser()` liefert allerdings immer den Benutzernamen »Admin« zurück, wenn Sie die in Kapitel 24, »Datensicherheit«, vorgestellten Benutzerverwaltungs- und Sicherheitswerkzeuge von Access nicht nutzen.

Die im Folgenden vorgestellten Funktionen `CurrentUserWin()` und `ComputerName()` ermitteln den Windows-Benutzernamen des Benutzers bzw. den Computernamen des aktuellen Rechners. Die Funktionen sind insbesondere im Netzwerk nützlich, wenn mehrere Benutzer auf die gleiche Datenbank zugreifen und beispielsweise protokolliert werden soll, wer welche Änderungen an den Daten vorgenommen hat.

```
Private Declare Function GetUserName _
                Lib "advapi32.dll" _
                Alias "GetUserNameA"
               (ByVal lpBuffer As String, _
                nSize As Long) _
                As Long

Private Declare Function GetComputerName _
                Lib "kernel32" _
                Alias "GetComputerNameA" _
                (ByVal lpBuffer As String, _
                nSize As Long) _
                As Long

Public Function CurrentUserWin() As String
    Dim lpUsername As String
    Dim lngTmp As Long

    ' Bei Fehlern weitermachen
    On Error Resume Next

    ' String mit Leerzeichen füllen
    lpUsername = SPACE(255)
    ' Win-API-Funktion aufrufen
    lngTmp = GetUserName(lpUsername, 255)

    If Err.Number = 0 Then
        ' Wenn kein Fehler aufgetreten ist
        CurrentUserWin = Trim(CutNullChar(lpUsername))
    Else
        CurrentUserWin = ""
    End If
End Function

Public Function ComputerName() As String
    Dim lpComputerName As String
    Dim lngTmp As Long

    ' Bei Fehlern weitermachen
    On Error Resume Next

    ' String mit Leerzeichen füllen
    lpComputerName = Space(255)
```

```
    ' Win-API-Funktion aufrufen
    lngTmp = GetComputerName(lpComputerName, 255)

    If Err.Number = 0 Then
        ' Wenn kein Fehler aufgetreten ist
        ComputerName = Trim(CutNullChar(lpComputerName))
    Else
        ComputerName = ""
    End If
End Function

Function CutNullChar(ByVal v As Variant) As String
    ' bei NULL wird - zurückgegeben
    If IsNull(v) Then
        v = "-"
    Else
        ' wenn chr(0) (vbNullChar) auftritt,
        ' alles danach abschneiden
        If InStr(v, vbNullChar) > 0 Then
            v = Left(v, InStr(v, vbNullChar) - 1)
        End If
    End If
    CutNullChar = v
End Function
```

Die Funktion `CutNullChar()` schneidet beim übergebenen String alle Zeichen nach dem Zeichen mit dem Ascii/Unicode-Wert 0 (`Chr(0)` bzw. `vbNullChar`) ab. Dieser Wert wird in anderen Programmiersprachen zur Kennzeichnung des Endes eines Strings benutzt, in VBA führt er zu Fehlern.

22.5.5 Beispiel: Fotografieren eines Formulars

Das folgende Beispiel, das Windows-API-Funktionen verwendet, dient zur Erstellung von Bildschirmfotos von Formularen, die beispielsweise in Programmdokumentationen verwendet werden können. Mithilfe der Windows-API-Funktionen wird der Bereich des Windows-Desktops, der von dem geöffneten Formular bedeckt wird, als Bitmap in die Zwischenablage kopiert. Sie können anschließend z.B. in Word den Inhalt der Zwischenablage als Bild in einen Text aufnehmen.

Die »Fotografie« wird mithilfe der Prozedur `CaptureForm()` geschossen. Der Prozedur wird der Name des zu fotografierenden Formulars übergeben. Das Formular wird geöffnet, der Bildschirminhalt aktualisiert, dann das Bildschirmfoto erstellt und in die Zwischenablage kopiert.

```
' Typ für Rechtecke
Private Type rect
    Left As Long
    Top As Long
    Right As Long
    Bottom As Long
End Type

' Deklarationen der Windows-API-Funktionen
Private Declare Function CreateCompatibleDC Lib "gdi32" ( _
   ByVal hdc As Long) As Long

Private Declare Function CreateCompatibleBitmap Lib "gdi32" ( _
   ByVal hdc As Long, ByVal nWidth As Long, ByVal nHeight As Long _
   ) As Long

Private Declare Function SelectObject _
            Lib "gdi32" (ByVal hdc As Long, _
            ByVal hObject As Long) As Long

Private Declare Function BitBlt _
            Lib "gdi32" (ByVal hDCDest As Long, _
            ByVal XDest As Long, ByVal YDest As Long, _
            ByVal nWidth As Long, _
            ByVal nHeight As Long, ByVal hDCSrc As Long, _
            ByVal XSrc As Long, _
            ByVal YSrc As Long, ByVal dwRop As Long) As Long

Private Declare Function DeleteDC _
            Lib "gdi32" (ByVal hdc As Long) As Long

Private Declare Function GetDC _
            Lib "User32" (ByVal Hwnd As Long) As Long

Private Declare Function GetWindowRect _
            Lib "User32" (ByVal Hwnd As Long, _
            lpRect As rect) As Long
```

```
Private Declare Function ReleaseDC _
            Lib "User32" (ByVal Hwnd As Long, _
            ByVal hdc As Long) As Long

Private Declare Function GetDesktopWindow _
            Lib "User32" () As Long

Private Declare Function GetActiveWindow _
            Lib "User32" () As Long

Private Declare Function OpenClipboard _
            Lib "User32" (ByVal Hwnd As Long) As Long

Private Declare Function CloseClipboard _
            Lib "User32" () As Long

Private Declare Function SetClipboardData
            Lib "User32" (ByVal wFormat As Long, _
            ByVal hMem As Long) As Long

Private Declare Function EmptyClipboard _
            Lib "User32" () As Long

' Windows-API-Konstanten
Private Const CF_BITMAP = 2
Private Const vbSrcCopy = &HCC0020

' Formular fotografieren
Sub CaptureForm(ByVal strFormname As String)
    Dim frm As Form

    On Error GoTo err_CaptureForm

    ' Formular öffnen
    DoCmd.OpenForm strFormname

    ' Formular neu zeichnen
    Set frm = Forms(strFormname)
    frm.Repaint
    Wait 2 ' 2 sec warten zur Sicherheit

    ' Formular 'fotografieren'
    FormDump frm
```

```
    'Formular schließen
    DoCmd.Close acForm, strFormname, acSaveNo
    Exit Sub

err_CaptureForm:
    MsgBox "CaptureForm kann das Formular " & strFormname & _
        " nicht öffnen!"
    DoCmd.Close acForm, strFormname, acSaveNo
End Sub

' Fotografieren eines Formulars
Sub FormDump(frm As Form)
    Dim lngAccessHwnd As Long
    Dim lngDeskHwnd As Long
    Dim hdc As Long
    Dim hdcMem As Long
    Dim rect As rect
    Dim lngJunk As Long
    Dim lngWidth As Long
    Dim lngHeight As Long
    Dim hBitmap As Long

    On Error GoTo err_FormDump

    DoCmd.Hourglass True

    ' Ermittle window handles von Windows und Microsoft Access
    lngDeskHwnd = GetDesktopWindow()
    lngAccessHwnd = GetActiveWindow()

    ' Ermittle Abmessungen des Fensters
    Call GetWindowRect(frm.Hwnd, rect)
    lngWidth = rect.Right - rect.Left
    lngHeight = rect.Bottom - rect.Top

    ' Ermittle device context des Desktops
    hdc = GetDC(lngDeskHwnd)
    ' Speicher bereitstellen
    hdcMem = CreateCompatibleDC(hdc)
    hBitmap = CreateCompatibleBitmap(hdc, lngWidth, lngHeight)
```

```
    If hBitmap <> 0 Then
        lngJunk = SelectObject(hdcMem, hBitmap)

        ' Kopieren der Desktop Bitmap
        lngJunk = BitBlt(hdcMem, 0, 0, lngWidth, lngHeight, _
                  hdc, rect.Left, rect.Top, vbSrcCopy)

        ' Kopieren der Bitmap in die Zwischenablage
        lngJunk = OpenClipboard(lngDeskHwnd)
        lngJunk = EmptyClipboard()
        lngJunk = SetClipboardData(CF_BITMAP, hBitmap)
        lngJunk = CloseClipboard()
    End If

    ' Freigeben der Handles
    lngJunk = DeleteDC(hdcMem)
    lngJunk = ReleaseDC(lngDeskHwnd, hdc)

    DoCmd.Hourglass False
    Exit Sub

err_FormDump:
    DoCmd.Hourglass False
    MsgBox "Fehler in CaptureForm"
End Sub

' Anzahl von Sekunden warten
Sub Wait(ByVal intDelay As Integer, _
        Optional ByVal fDispHourglass As Boolean = False)

    Dim dblDelayEnd As Double

    DoCmd.Hourglass fDispHourglass
    dblDelayEnd = DateAdd("s", intDelay, Now)
    Do While DateDiff("s", Now, dblDelayEnd) > 0
        ' do nothing
        DoEvents
    Loop
    DoCmd.Hourglass False
End Sub
```

23 Anwendungsentwicklung

In diesem Kapitel möchten wir Ihnen in loser Folge Objekte und Funktionen in Access erläutern, die zur Erstellung eigenständiger Anwendungen benötigt werden.

23.1 Aufteilung von Datenbanken

In Access befinden sich Formulare, Berichte, Programme und Daten gemeinsam in der MDB-Datei. Das bringt Vorteile, da so alle Bestandteile einer Anwendung zusammen sind, es kann sich aber auch nachteilig auswirken. Nehmen wir an, die Cocktail-Anwendung wird von verschiedenen Benutzern eingesetzt. Die Benutzer haben inzwischen eigene Cocktailrezepte eingegeben und so die Daten erweitert.

Wird nun ein Update der Cocktail-Anwendungsprogramme angeboten, stellt sich die Frage, wie die neuen Programme und die spezifischen Daten der einzelnen Benutzer zusammengeführt werden können. Um dem Problem der Zusammenführung von vornherein aus dem Weg zu gehen, ist es sinnvoll, die Datenbank in ein Frontend und ein Backend aufzuteilen. Im Frontend werden Formulare, Berichte und Programme, im Backend nur die Tabellen abgelegt; sinnvollerweise wird das Backend auf einem Netzwerk-Server eingerichtet. Die Frontend-Datenbank enthält Verknüpfungen auf die Tabellen der Backend-Datenbank. Bei einem Update von Formularen, Berichten und/oder Programmen lässt sich nun problemlos das Frontend austauschen, ohne dass die Daten, die sich in den Tabellen des Backends befinden, davon berührt werden. Für die Formulare, Berichte und Programme des Frontends bedeutet es keinen Unterschied, ob auf Tabellen direkt oder über eine Verknüpfung zugegriffen wird.

Bei der Arbeit in einem Netzwerk ist es möglich, dass verschiedene Anwender jeweils ihr eigenes Frontend auf ihrem Rechner haben, aber gemeinsam auf eine Backend-Datenbank auf einem Server zugreifen. Hierbei ist es übrigens sinnvoll, temporäre Tabellen innerhalb der jeweiligen Frontends anzulegen, um so Konflikte zu vermeiden und die Netzbelastung zu verringern.

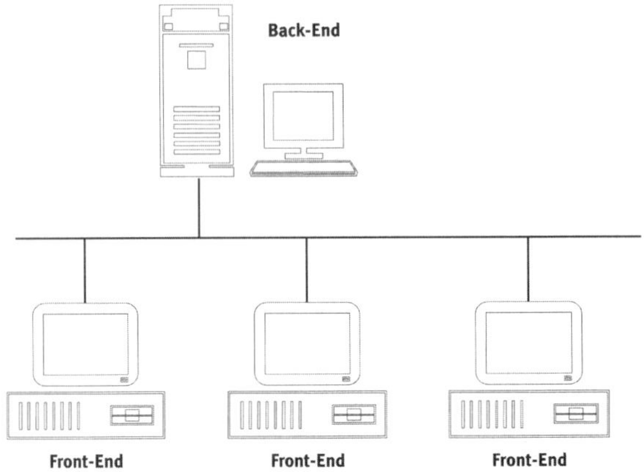

Bild 23.1: Aufteilung von Datenbanken

Lesen Sie zu diesem Thema Kapitel 25, »Client/Server-Verarbeitung«, in dem beschrieben wird, wie sich Verknüpfungen auch auf Tabellen beziehen können, die in anderen Datenbankenprodukten verwaltet werden.

Das nächste Bild zeigt die Darstellung von verknüpften Tabellen im Datenbankfenster. Verknüpfungen zu Access-Datenbanken werden durch einen Pfeil gekennzeichnet; Verknüpfungen zu dBase, Paradox, Excel usw. erhalten ein entsprechendes Symbol. Wenn Sie den Mauszeiger über eine verknüpfte Tabelle stellen, so erhalten Sie in einer QuickInfo die Angaben über die Verknüpfung.

Bild 23.2: Verknüpfte Tabellen im Datenbankfenster

Wir möchten uns nun auf die Verknüpfung zwischen Access-Datenbanken beschränken, auch wenn die in den nächsten Abschnitten vorgestellten Programmfunktionen (mit Ausnahme des Assistenten zur Datenbankaufteilung) auch für den Aufbau und die Verwaltung der Verknüpfungen zu fremden Datenbankdateien zuständig sind.

23.2 Verknüpfungen

Mithilfe des Befehls *DATEI Externe Daten Tabellen verknüpfen* öffnen Sie ein Dialogfeld, in dem Sie die gewünschte Backend-Datenbank auswählen. Nach der Selektion des Backends wird das folgende Dialogfeld gezeigt, das Ihnen die Tabellen der gewählten Datenbank zur Auswahl anbietet.

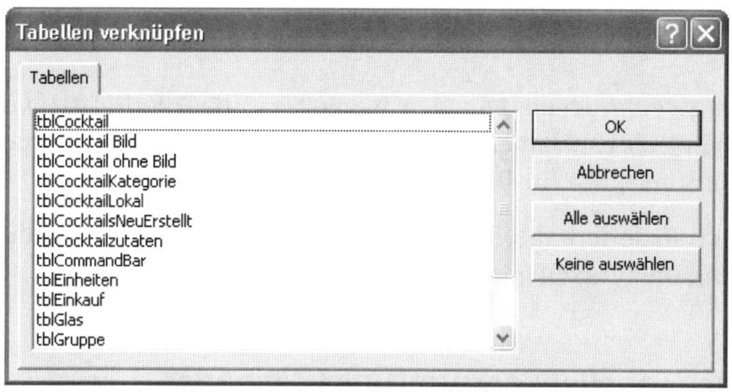

Bild 23.3: Dialogfeld Tabellen verknüpfen

Sie können Verknüpfungen zu Tabellen in verschiedenen Datenbanken aufbauen, d.h. gegebenenfalls mit mehreren Backends arbeiten, beispielsweise mit unterschiedlichen Backends für Stamm- und Bewegungsdaten.

23.2.1 Der Assistent zur Datenbankaufteilung

Um eine bestehende Access-MDB-Datei in Frontend und Backend aufzuteilen, können Sie den Assistenten zur Datenbankaufteilung nutzen. Der Assistent gehört als Add-In zum Lieferumfang von Access. Sie rufen ihn mit *EXTRAS Datenbank-Dienstprogramme Assistent zur Datenbankaufteilung* auf.

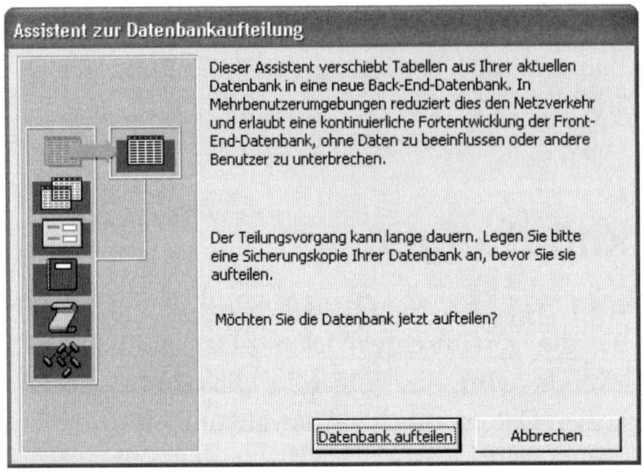

Bild 23.4: Erstes Dialogfeld des Assistenten zur Datenbankaufteilung

Legen Sie im zweiten Dialogfeld den Namen der Backend-Datenbank fest. Der Assistent schlägt einen Namen vor, der aus dem Namen der aktuellen Datenbank, erweitert um »_be« für Backend, besteht.

Der Assistent transferiert alle Tabellen der aktuellen Datenbank in die neue Backend-Datenbank und erstellt entsprechende Verknüpfungen.

23.2.2 Der Tabellenverknüpfungs-Manager

Verknüpfte Tabellen können mit einem weiteren Add-In im Menü *EXTRAS Datenbank-Dienstprogramme,* dem *Tabellenverknüpfungs-Manager,* verwaltet werden. Mit seiner Hilfe können Sie Verknüpfungen überwachen und gegebenenfalls anpassen.

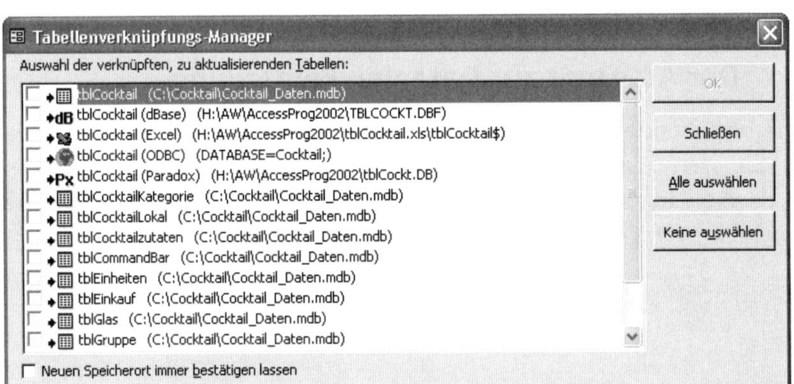

Bild 23.5: Dialogfeld des Tabellenverknüpfungs-Managers

Selektieren Sie im Dialogfeld des *Tabellenverknüpfungs-Managers* die Tabellen, deren Verknüpfung überprüft werden soll. Besteht die Verbindung zur Tabelle nicht mehr, da beispielsweise das Backend gelöscht oder in ein anderes Verzeichnis verschoben wurde, bietet der Assistent ein Dialogfeld an, in dem die Verknüpfung neu aufgebaut und aktualisiert werden kann. Klicken Sie die Option *Neuen Speicherort immer bestätigen lassen* an, wird das Dialogfeld zur Dateiauswahl auf jeden Fall angezeigt.

23.2.3 Verknüpfungskontrolle

In einer auf Frontend und Backend verteilten Access-Anwendung empfiehlt es sich, die Verknüpfungen der Tabellen beim Programmstart zu kontrollieren. Um zu vermeiden, dass das Programm stoppt, wenn die Tabellenverknüpfungen nicht mehr gültig sind, können Sie die Klasse `clsRefreshLinks` in Ihr Programm aufnehmen. Die folgende Funktion `Autoexec()` verwendet diese Klasse, um die Verknüpfungen der Cocktail-Datenbank zu überprüfen. Die Funktion kann von einem Autoexec-Makro oder aus einem Start-Formular heraus aufgerufen werden.

```
Function Autoexec() As Variant
    ' wird vom Autoexec-Makro aufgerufen

    ' Klasse zur Überprüfung der Verknüpfung
    Dim objRefreshLink As New clsRefreshLink

    ' Kontrolle der Tabellenverknüpfung
    ' Wenn Link zu tblCocktail fehlerhaft, dann alle Links aktualisieren
    If objRefreshLink.RefreshLink("tblCocktail") > 0 Then
        objRefreshLink.DataMDB = "Controlling_Daten.mdb"
        objRefreshLink.MDBDirectory = objRefreshLink.SplitPath(mDB.Name)
        objRefreshLink.RefreshAllLinks
    End If

    ' Start-Formular aufrufen
    DoCmd.OpenForm "frmStart"

End Function
```

Dabei können Sie den Namen der zu verknüpfenden Daten-Datenbank in der Eigenschaft `DataMDB` des `clsRefreshLink`-Objekts vorbelegen. Können die Verknüpfungen der Tabellen nicht aktualisiert werden, da sich die Daten-Datenbank nicht mehr dort befindet, wo die Tabelle sie erwartet, wird zuerst versucht, die Daten-Datenbank in dem Verzeichnis zu finden, in dem sich die aktuelle Datenbank befindet. Wird sie auch dort nicht gefunden, wird ein Standarddialogfeld eingeblendet, in dem Sie Pfad und Namen der Daten-Datenbank angeben können. Beachten Sie, dass die Klasse die DAO-Bibliothek sowie die *Microsoft Office 10.0 Object Library* verwendet, d.h., Sie müssen entsprechende Verweise einrichten.

Die Klasse funktioniert für Verknüpfungen zu Tabellen in Access-Datenbanken. Für verknüpfte Tabellen, die beispielsweise per ODBC eingebunden sind, kann es zu fehlerhaftem Verhalten kommen. Allerdings werden ODBC-Verknüpfungen wenn möglich korrekt aktualisiert und gegebenenfalls ein Pseudo-Index wieder eingerichtet. Lesen Sie mehr zu ODBC-Verbindungen und dem Pseudo-Index in Kapitel 25, »Client/Server-Verarbeitung«, Abschnitt 25.3.3.

```
Option Compare Database
Option Explicit

' Objektdaten
'-------------------------------------
' Name der Daten-Datenbankdatei
Private mstrDatabase As String
' Verzeichnis der Daten-Datenbankdatei
Private mstrDirectory As String
' Datenbankverweis
Private mDB As DAO.Database
' Fehlerklasse
Private clsErr As New clsError
'-------------------------------------

' Für Dialogfeldtitel
Private Const conConnectMsg = "Auswählen der Datenbank für Tabelle"

' Präfix für Verbindungszeichenfolge zu Access-MDBs
Private Const conDB = ";DATABASE="

' Fehlerkonstante
Private Const conNoError = 0
Private Const conTableNotFound = 3265
Private Const conMDBNotFound = 3024

Private Sub Class_Initialize()
    ' Aktuelle Datenbank ermitteln
    Set mDB = CurrentDb()
```

```
    ' Verzeichnis der aktuellen Datenbank ermitteln
    mstrDirectory = SplitPath(mDB.Name)
End Sub

Property Let DataMDB(ByVal strDatabase As String)
    Const conMDB = ".MDB"
    ' Daten-Datenbanknamen festlegen, ggf. durch MDB ergänzen
    If UCase(Right(strDatabase, 4)) <> conMDB Then
        strDatabase = strDatabase + conMDB
    End If
    mstrDatabase = strDatabase
End Property

Property Get DataMDB() As String
    ' Daten-Datenbankname zurückgeben
    DataMDB = mstrDatabase
End Property

Property Let MDBDirectory(strDirectory As String)
    ' Daten-Datenbankverzeichnis setzen
    mstrDirectory = strDirectory
End Property

Property Get MDBDirectory() As String
    ' Daten-Datenbankverzeichnis zurückgeben
    MDBDirectory = mstrDirectory
End Property

Sub RefreshAllLinks()
    ' Alle Verknüpfungen aktualisieren
    Dim tdef As TableDef

    On Error GoTo err_RefreshAllLinks

    For Each tdef In mDB.TableDefs
        ' Wenn es keine versteckte Tabelle ist
        If Not Application.GetHiddenAttribute(acTable, tdef.name) Then
            ' Wenn es eine verknüpfte Tabelle ist
            If tdef.Connect <> "" Then
```

```
                ' Verknüpfung aktualisieren
                Select Case RefreshLink(tdef.Name)
                    Case conNoError:
                        ' Refresh erfolgreich
                    Case conTableNotFound, conMDBNotFound:
                        ' Aktualisierung nicht erfolgreich
                        If Not ConnectLink(tdef) Then
                            ' Name/Pfad der Daten-Datenbank abfragen
                            If Not ConnectDatabase(tdef) Then
                                ' Im Fehlerfalle Programm anhalten
                                MsgBox "Verbindungsfehler bei '" & _
                                      tdef.Name & "': " & _
                                      "Programm wird beendet", _
                                      vbExclamation
                                End
                            End If
                        End If
                    Case Else
                        MsgBox "Verbindungsfehler bei '" & tdef.Name _
                            & "': " & clsErr.Number _
                            & " - " & clsErr.Description, _
                            vbExclamation
                End Select
            End If
        End If
    Next

exit_RefreshAllLinks:
    Exit Sub

err_RefreshAllLinks:
    MsgBox "Fehler: " & Err.Number & _
           " - " & Err.Description, _
           vbExclamation
    Resume exit_RefreshAllLinks
End Sub
```

```
' RefreshLink gibt Wert > 0 zurück, wenn die Verknüpfung
' zur angegebenen Tabelle nicht aktualisiert werden konnte
Function RefreshLink(ByVal strTableName As String) As Integer
    ' Verknüpfung für Tabelle aktualisieren
    Dim tdef As TableDef
    Dim strTmp As String
    Dim i As Integer
    Dim bPseudoIndex As Boolean

    On Error GoTo err_RefreshLink

    Set tdef = mDB.TableDefs(strTableName)
    With tdef
        ' Überprüfung auf Pseudo-Index,
        ' nur bei Nicht-Access-MDB-Verknüpfungen
        If Left(tdef.Connect, Len(conDB)) <> conDB Then
            For i = 0 To .Indexes.Count - 1
                ' Pseudo-Index vorhanden?
                If .Indexes(i).Name = "__uniqueindex" Then
                    bPseudoIndex = True
                    strTmp = Replace(.Indexes(i).Fields, "+", "")
                    strTmp = Replace(strTmp, ";", ",")
                    Exit For
                End If
            Next
        End If

        ' Überprüfen der Verknüpfung
        .RefreshLink

        If bPseudoIndex Then
            ' Pseudo-Index neu erzeugen,
            ' da er beim RefreshLink gelöscht wird
            ' strTmp enthält Indexfelder
            mDB.Execute "CREATE UNIQUE INDEX __uniqueindex ON " _
                        & tdef.Name & "(" & strTmp & ") WITH PRIMARY"
            strtmp = ""
        End If

        ' Name und Verzeichnis der Daten-Datenbank speichern
        ' Bei Nicht-Access-MDB-Verknüpfungen ist
        ' DataMDB und MDBDirectory leer
        Me.DataMDB = ExtractMDB(.Connect)
```

```
        strTmp = SplitPath(.Connect)
        If strTmp <> "" Then
            Me.MDBDirectory = Right(strTmp, Len(strTmp) - Len(conDB))
        End If
    End With
    RefreshLink = 0

exit_RefreshLink:
    Exit Function

err_RefreshLink:
    clsErr.Add VBA.Err
    RefreshLink = clsErr.Number
    Resume exit_RefreshLink
End Function

Function ConnectLink(tdef As TableDef) As Boolean
    Dim strConnect As String
    Dim strDatabase As String

    On Error GoTo err_ConnectLink

    ' Verknüpfung neu aufbauen
    tdef.Connect = conDB & Me.MDBDirectory & Me.DataMDB
    tdef.RefreshLink
    ConnectLink = True

exit_ConnectLink:
    Exit Function

err_ConnectLink:
    ConnectLink = False
    Resume exit_ConnectLink
End Function

Function ConnectDatabase(tdef As TableDef)
    Dim strTmp As String

    On Error GoTo err_ConnectDatabase

    ' Verzeichnis wechseln
    ChDir Me.MDBDirectory
    ' Standarddialogfeld öffnen
    strTmp = GetDatabase(conConnectMsg, Me.DataMDB)
```

```
    ' Name und Verzeichnis speichern
    Me.DataMDB = ExtractMDB(strTmp)
    Me.MDBDirectory = SplitPath(strTmp)
    ' Verknüpfung aufbauen
    tdef.Connect = ";DATABASE=" & Me.MDBDirectory & Me.DataMDB
    tdef.RefreshLink
    ConnectDatabase = True

exit_ConnectDatabase:
    Exit Function

err_ConnectDatabase:
    ConnectDatabase = False
    MsgBox "Verbindung nicht möglich"
    Resume exit_ConnectDatabase
End Function

Private Function SplitPath(ByVal strPath As String) As String
    Dim strTmp As String

    strTmp = strPath
    Do While InStr(strTmp, "\") > 0
        strTmp = Right(strTmp, Len(strTmp) - InStr(strTmp, "\"))
    Loop
    SplitPath = Left(strPath, Len(strPath) - Len(strTmp))
End Function

Private Function GetDatabase(ByVal strTitle As String, _
                             ByVal strFileName As String) As String

    ' Für FileDialog muss Verweis auf
    ' Microsoft Office 10 Object Library
    ' gesetzt sein
    Dim fd As FileDialog
    Dim sel As Variant

    Set fd = Application.FileDialog(msoFileDialogFilePicker)

    With fd
        ' Nur eine Datei kann selektiert werden
        .AllowMultiSelect = False
        ' Aufschrift auf Schaltfläche
        .ButtonName = "&Verknüpfen"
```

```
        ' Festlegung der Darstellung der Dateien
        .InitialView = msoFileDialogViewList
        ' Titel des Dialogfelds
        .Title = "Backend-Datenbank verknüpfen"
        ' Setzen von Filtern für bestimmte Dateitypen
        ' Zuerst wird die vorhandene Liste gelöscht
        .Filters.Clear
        ' Hinzufügen eines Filters für alle Dateien
        .Filters.Add "Alle Dateien", "*.*"
        ' Hinzufügen eines Filters für Datenbankdateien
        .Filters.Add "Datenbanken", "*.mdb; *.mde", 1

        'Wenn Dialogfeld nicht abgebrochen
        If .Show <> 0 Then
            GetDatabase = .SelectedItems(1)
        End If
    End With
    Set fd = Nothing
End Function

Private Function ExtractMDB(ByVal strMDB As String) As String
    ' Ermittelt Datenbanknamen
    Dim strDatabase As String

    strDatabase = strMDB
    Do
        strDatabase = Right(strDatabase, Len(strDatabase) _
                             - InStr(strDatabase, "\"))
    Loop Until InStr(strDatabase, "\") = 0
    ExtractMDB = strDatabase
End Function

Property Get RefreshErr() As clsError
    Set RefreshErr = clsErr
End Property
```

`ConnectDatabase()` setzt die Funktion `GetDatabase()` ein, um das Dialogfeld zur Auswahl der Backend-Datenbank zu öffnen. `GetDatabase()` verwendet dafür das `FileDialog`-Objekt der *Microsoft Office 10.0 Object Library*, auf die ein Verweis eingerichtet sein muss. Das `Filedialog`-Objekt wird in Abschnitt 23.2.4 beschrieben.

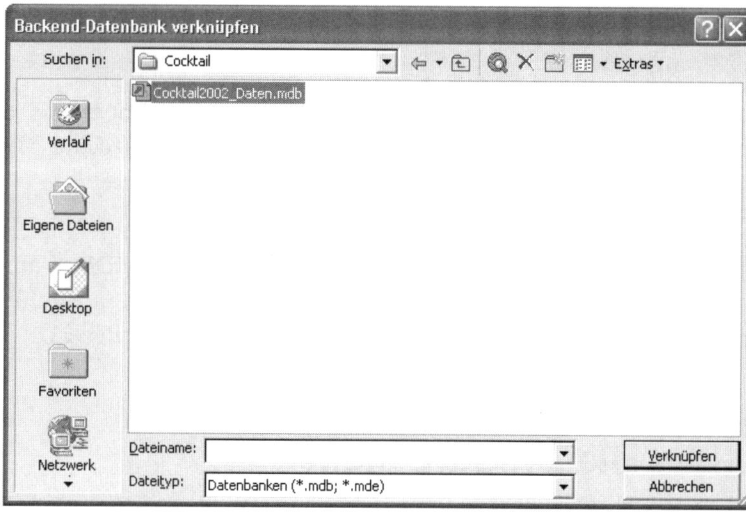

Bild 23.6: Dialogfeld zur Datenbankverknüpfung

23.2.4 Aufruf der Frontend-Datenbank

Oft werden Frontend- und Backend-Datenbank in den gleichen Ordner auf einem Netzwerk-Server kopiert. Alle Benutzer im Netzwerk greifen dann auf diesen Ordner zu und rufen die gleiche Frontend-Datenbank auf. Nun ist es mit Access 2002 aber so, dass wenn mehrere Benutzer gleichzeitig die gleiche Datenbank öffnen, nur der erste diese uneingeschränkt öffnen kann. Wenn dieser erste nun beispielsweise im Visual Basic-Editor arbeitet, dann erhalten alle weiteren Benutzer beim Aufruf eine Warnmeldung. Damit soll verhindert werden, dass mehrere Benutzer gleichzeitig Änderungen im Code durchführen.

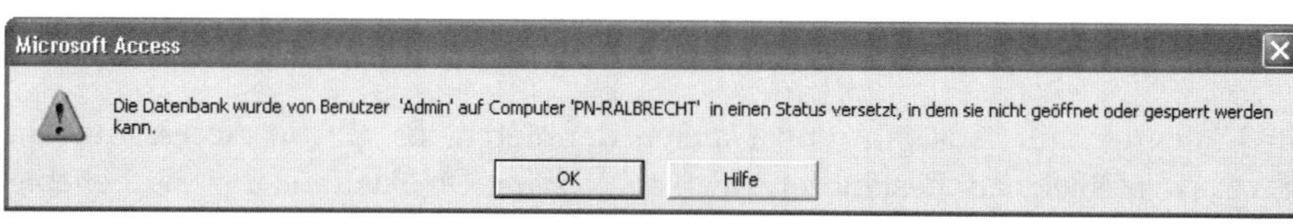

Bild 23.7: Warnmeldung

Wie kann diese Warnmeldung umgangen werden? Am einfachsten dadruch, dass Änderungen an einer Kopie durchgeführt werden, die dann als Frontend bereitgestellt wird. Die »benutzersicherste« Methode ist das Erstellen einer MDE-Datenbank aus der MDB. Eine MDE enthält alles, was eine MDB auch enthält, bis auf den VBA-Quellcode. Außerdem erlaubt eine MDE keine Entwurfsänderungen an Abfragen, Formularen oder Berichten. Mehr zu MDEs erfahren Sie in Abschnitt 23.7 auf Seite 867.

Alternativ können Sie eine Windows-Verknüpfung zur MDB herstellen, am einfachsten, indem Sie im Windows-Explorer das Kontextmenü (rechte Maustaste) der MDB-Datenbank aufrufen und *Verknüpfung erstellen* selektieren.

Editieren Sie dann die Eigenschaften der Verknüpfung und fügen Sie das Kommandozeilenargument `/runtime` hinzu. Dies bewirkt, dass die MDB so aufgerufen wird, als würde sie nur mit einer Access-Runtime-Version ausgeführt. Zur Access-Runtime-Version lesen Sie mehr in Abschnitt 23.20 ab Seite 921.

23.3 Das FileDialog-Objekt

Neu in Access 2002 ist die Möglichkeit, Standarddialogfelder zum Öffnen und Speichern von Dateien einblenden zu können. In der im vorherigen Abschnitt beschriebenen Klasse `clsRefreshLink` wird ein solches Standarddialogfeld, `FileDialog`, eingesetzt (siehe Bild 23.6). In früheren Access-Versionen musste zum Einblenden eines solchen Dialogs aufwändig Windows-API-Programmierung oder ein ActiveX-Steuerelement eingesetzt werden.

Am Beispiel der Funktion `GetDatabase` der oben vorgestellten Klasse `clsRefreshLink` möchten wir Ihnen die Möglichkeiten des `FileDialog`-Objekts zeigen; das Listing der Funktion finden Sie auf Seite 855.

Beachten Sie dabei, dass für den Einsatz des `FileDialog` ein Verweis auf die *Microsoft Office 10 Object Library* gesetzt werden muss.

In Ihren VBA-Programmen können Sie mit den Zeilen

```
Dim fd As FileDialog
Set fd = Application.FileDialog(msoFileDialogFilePicker)
```

ein Dialogfeld zur Auswahl von Dateien definieren. Es gibt in Access nur ein `FileDialog`-Objekt als Bestandteil des `Application`-Objekts, auf das Sie beliebig oft verweisen können. Beachten Sie dabei, dass Einstellungen des Objekts erhalten bleiben, Sie also bei einem zweiten oder weiteren Aufruf des Objekts die vorher getroffenen Einstellungen wieder erhalten.

Beim Verweis auf das Objekt müssen Sie einen Parameter angeben, der die Werte `msoFileDialogFilePicker`, `msoFileDialogFolderPicker`, `msoFileDialogOpen` oder `msoFileDialogSaveAs` annehmen kann. Obwohl der Parameter `msoFileDialogSaveAs` in Access ausgewählt werden kann, wird bei einem Aufruf eines entsprechenden `FileDialog`-Dialogfelds eine Fehlermeldung ausgegeben. Dies ist ein bei

Microsoft bekannter Fehler; in den anderen Office-Applikationen wie beispielsweise Excel kann der Parameter verwendet werden. Dieser Fehler ist insofern ärgerlich, da damit die Neuanlage von Dateien mithilfe eines `FileDialog`-Dialogfelds nicht durchgeführt werden kann.

Die folgende Tabelle listet die Eigenschaften des `FileDialog`-Objekts auf:

Tabelle 23.1: Eigenschaften und Methoden des FileDialog-Objekts

Eigenschaft	Datentyp	Beschreibung
AllowMultiSelect	Boolean	Wenn die Eigenschaft Wahr ist, können mehrere Dateinamen selektiert werden, ansonsten nur einer.
ButtonName	String	bestimmt die Aufschrift auf der »Öffnen«-Schaltfläche.
DialogType	msoFileDialogType	gibt zurück, in welcher Weise das Dialogfeld geöffnet wurde.
FilterIndex	Long	bestimmt, welcher Filter der Filters-Auflistung aktiviert sein soll.
Filters	FileDialogFilters	ist eine Auflistung von Filter-Objekten.
InitialFileName	String	definiert einen Dateinamen, der beim Öffnen des Dialogs selektiert ist; es ist dann aber nur dieser Dateiname zu sehen.
InitialView	msoFileDialogView	legt fest, in welcher Darstellung Ordner und Dateien gezeigt werden sollen. Mögliche Werte, denen immer `msoFileDialogView` vorangestellt wird, sind: `Details`, `LargeIcons`, `SmallIcons`, `List`, `Preview`, `Properties`, `Thumbnail` und `WebView`.
SelectedItems	FileDialogSelectedItems	enthält eine Auflistung von String mit Datei- oder Ordnernamen.
Show		Die Funktion ruft das Dialogfeld auf, als Rückgabewerte werden geliefert: -1 (ausführen) oder 0 (abbrechen).
Title	String	bestimmt den Titel des Dialogfelds.

23.3.1 Die Filters-Auflistung

Die `Filters`-Auflistung bestimmt, welche Einträge im Kombinationsfeld zu *Dateityp* (siehe Bild 23.6) gezeigt werden. Setzen Sie die `Filter`-Einträge wie folgt:

```
' Alte Filter-Einträge entfernen
fd.Filters.Clear
' Mit Add neue Einträge erstellen
fd.Filters.Add "Alle Dateien", "*.*"
fd.Filters.Add "Access-Datenbanken", "*.mdb"
```

Übrigens ist die Reihenfolge der Darstellung im Kombinationsfeld umgekehrt zur Reihenfolge der `Add`-Aufrufe. Bei der Festlegung der Dateiendungen sind auch Mehrfachnennungen wie `"*.mdb;*.mda;*.mde"` möglich; die einzelnen Einträge werden mit Semikolon getrennt.

23.3.2 Aufruf des Dialogs

Der Dialog wird mit `Show` aufgerufen. Wenn eine Auswahl getroffen wurde und das Dialogfeld über OK geschlossen wird, gibt `Show` den Wert `True` zurück, ansonsten bei Abbruch den Wert `False`.

23.3.3 Dialogergebnisse

Die selektierten Dateien oder Ordner werden in der Auflistung `SelectedItems` zurückgegeben. Über `SelectedItems.Count` können Sie die Anzahl der Elemente ermitteln.

```
If fd.Show Then
    For i = 1 To fd.SelectedItems.Count
        Debug.Print fd.SelectedItems(i)
    Next
End If
```

Beachten Sie, dass die Zählung der Elemente in der Auflistung mit Element 1 beginnt.

23.4 Start-Eigenschaften

Das Dialogfeld *Start*, das über *EXTRAS Start* aufgerufen wird, ermöglicht die Festlegung von Einstellungen, die beim Öffnen einer Access-Datenbank aktiv werden. Sie können im Feld *Formular anzeigen* angeben, welches Formular nach dem Öffnen der Datenbank gezeigt werden soll.

! Start-Einstellungen vs. *AutoExec*-Makro: In früheren Access-Versionen wurden alle Operationen nach dem Start durch ein spezielles Makro mit dem Namen *AutoExec* gestartet. *AutoExec*-Makros können weiterhin eingesetzt werden. Ein *AutoExec*-Makro wird aber erst abgearbeitet, nachdem ein im *Start*-Dialogfeld angegebenes Formular geöffnet wurde.

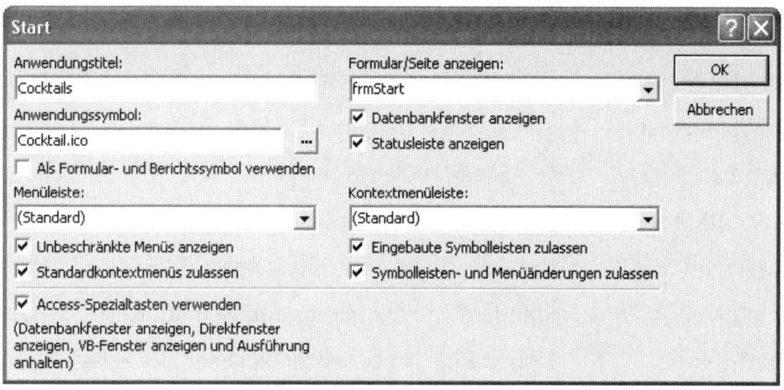

Bild 23.8: Dialogfeld Start

Im *Start*-Dialogfeld legen Sie den *Anwendungstitel* fest, der die Beschriftung der Access-Titelleiste bestimmt, und das *Anwendungssymbol*, das das Access-eigene Symbol oben links in der Titelleiste ersetzt. Für Ihre Access-Anwendung aktivieren Sie unter *Menüleiste* und *Kontextmenüleiste* entsprechende Symbolleisten, die als Menü definiert wurden (siehe Kapitel 21, »Menüs und Symbolleisten«).

Die Schaltfläche *Weitere* blendet die Option ein, die unter der Trennungslinie im Dialogfeld angezeigt wird. Möchten Sie vermeiden, dass der Anwender Access-Funktionen direkt ausführen kann, schalten Sie *Access-Spezialtasten verwenden* aus, sodass die entsprechenden Tastenkombinationen, beispielsweise F11 zum Aufruf des Datenbankfensters, unwirksam werden.

Sollen bestimmte Programme nach dem Öffnen der Datenbank ablaufen, so ist es am einfachsten, sie in der Ereignisprozedur *Beim Laden* des Startformulars aufzurufen.

23.4.1 Start-Einstellungen mit VBA setzen

Alle *Start*-Einstellungen lassen sich auch in einem VBA-Programm festlegen. Die folgende Tabelle führt die Bezeichnungen der *Start*-Eigenschaften auf.

Tabelle 23.2: Start-Eigenschaften

Eigenschaft	Beschreibung
AppTitle	Anwendungstitel
AppIcon	Anwendungssymbol
StartupForm	Nach dem Start anzuzeigendes Formular
StartupShowDBWindow	Datenbankfenster nach Start angezeigt (0: False; -1: True)
StartupShowStatusBar	Statuszeile anzeigen (0: False; -1: True)
StartupMenuBar	Globale Menüleiste
StartupShortcutMenuBar	Globale Kontextmenüleiste
AllowFullMenus	Unbeschränkte Menüs anzeigen (0: False; -1: True)
AllowShortcutMenus	Standard-Kontextmenüs zulassen (0: False; -1: True)
AllowBuiltInToolbars	Eingebaute Symbolleisten zulassen (0: False; -1: True)
AllowToolbarChanges	Symbolleistenänderungen erlauben (0: False; -1: True)
AllowBreakIntoCode	Codeansicht nach Fehler zulassen (0: False; -1: True)
AllowSpecialKeys	Access-Spezialtasten verwenden (0: False; -1: True)

Das Setzen der *Start*-Eigenschaften mit VBA ist nicht ganz einfach. Die *Start*-Eigenschaften gehören zum `Database`-Objekt. Allerdings sind sie dort nicht standardmäßig definiert, sondern müssen erst der `Properties`-Auflistung des aktuellen `Database`-Objekts hinzugefügt werden. Beim ersten Setzen einer *Start*-Option wird ein Laufzeitfehler ausgelöst, da die Eigenschaft noch nicht vorhanden ist. In der im folgenden Listing aufgeführten Funktion `SetStartOption()` wird der Laufzeitfehler beim ersten Setzen der Option abgefangen und in der Fehlerbehandlungsroutine die Eigenschaft der `Database`-`Properties`-Auflistung hinzugefügt. Beachten Sie, dass für die Funktionen ein Verweis auf die DAO-Bibliothek gesetzt werden muss.

```
Sub StartEigenschaftSetzen()
        Dim f As Boolean
        f = SetStartOption("AppTitle", dbText, "Cocktails")
```

```
        ' Icon befindet sich im Verzeichnis der Datenbank
        f = SetStartOption("AppIcon", dbText, _
                      SplitPath(CurrentDB.Name) & "Cocktail.ico")
    Application.RefreshTitleBar
End Sub

Function SetStartOption(prpName As String, prpTyp As Variant, _
                                    prpWert As Variant) As Boolean
        Dim dbs As DAO.Database
        Dim prp As DAO.Property

        Set dbs = CurrentDb()
        On Error GoTo SetStartOption_Err
        dbs.Properties(prpName) = prpWert
        SetStartOption = True
        Exit Function
SetStartOption_Err:
        If Err = 3270 Then
                Set prp = dbs.CreateProperty(prpName, prpTyp, prpWert)
                dbs.Properties.Append prp
                Resume
        Else
                SetStartOption = False
                Exit Function
        End If
End Function

Function SplitPath(ByVal strPath As String) As String
    Dim strTmp As String

    strTmp = strPath
    Do While InStr(strTmp, "\") > 0
        strTmp = Right(strTmp, Len(strTmp) - InStr(strTmp, "\"))
    Loop
    SplitPath = Left(strPath, Len(strPath) - Len(strTmp))
End Function
```

23.4.2 Datenbankfenster ein- oder ausblenden

Das Datenbankfenster kann auch per VBA-Code ein- oder ausgeblendet werden. Verwenden Sie die Zeilen

```
DoCmd.SelectObject acTable, , True
DoCmd.RunCommand acCmdWindowHide
```

um das Datenbankfenster auszublenden und

```
DoCmd.SelectObject acTable, , True
```

zum Einblenden (mehr zu `DoCmd` erfahren Sie ab Seite 882 in Abschnitt 23.13).

23.4.3 Hintergrundbilder

Normalerweise wird beim Start von Access bzw. der Access-Laufzeitumgebung das Microsoft Access-Logo als Hintergrundbild eingeblendet. Sie können das Logo beim Starten durch ein eigenes Bild ersetzen. Erstellen Sie dazu im Verzeichnis Ihrer Anwendung eine Windows-Bitmap (BMP), die den gleichen Namen wie Ihre Anwendung aufweist. Starten Sie die Anwendung, so wird die Bitmap eingeblendet.

23.5 Access-Dateiformate

Jede der bisherigen Access-Versionen hatte ihr eigenes Datenbankformat. Wollten Sie mit Access eine Datenbank öffnen, die mit einer der Vorgängerversionen erstellt war, so mussten Sie die Datenbank in das aktuelle Format konvertieren bzw. konnten sie nur in einem schreibgeschützten Modus betreiben, der Änderungen an Formularen, Berichten usw. nicht zuließ. Bei einigen unserer Kunden haben wir die Probleme miterlebt, die durch den gleichzeitigen Betrieb mehrerer Access-Versionen entstehen können.

Mit Access 2002 betritt Microsoft neue Pfade: Das Standarddatenbankformat in Access 2002 ist das Format der Access-Version 2000! Es gibt aber auch ein neues Datenbankformat für die Version 2002, das außer einem verbesserten Speicherungsformat keine entscheidenden Vorteile aufweist. Sie können über *EXTRAS Optionen Weitere Standarddateiformat* festlegen, in welchem Format neue Datenbanken erstellt werden sollen.

Beachten Sie allerdings, dass Datenbanken im Format Access 2000 standardmäßig einen Verweis auf die ADO-Bibliothek Version 2.1 einrichten, während im Access 2002-Format auf ADO 2.5 referenziert wird.

Access 2002 bietet Ihnen über den Menübefehl *EXTRAS Datenbank-Dienstprogramme Konvertierung* Möglichkeiten, Datenbanken zwischen den Access-Datenbankformaten 97, 2000 oder 2002 zu konvertieren. Interessant ist dabei, dass

Microsoft hier auch die Umsetzung zurück zu einem »alten« Datenbankformat wie dem von Access 97 vorsieht. Nach unserer Meinung lässt sich dieses darauf zurückführen, dass noch sehr viele Access 97-Anwendungslösungen im Einsatz sind.

Konvertieren von Datenbanken

Die folgende Prozedur konvertiert alle Access-MDB-Datenbanken in einem angegebenen Quellordner und speichert sie im Zielordner. Voreingestellt ist eine Konvertierung in das Format von Access 2000; das Format kann mit dem optionalen Parameter übersteuert werden.

```
Sub DatenbankenKonvertieren( _
                strOriginalPfad As String, _
                strZielPfad As String, _
                Optional FileFormat As AcFileFormat = _
                                  acFileFormatAccess2000)

    Dim strMDB As String
    Dim strMDBOriginal As String
    Dim strMDBZiel As String

    On Error Goto err_DatenbankenKonvertieren

    ' Erste Datenbank MDB im Ordner ermitteln
    strMDB = Dir(strOriginalPfad & "\*.MDB")

    Do Until strMDB = ""
        strMDBOriginal = strOriginalPfad & "\" & strMDB
        strMDBZiel = strZielPfad & "\" & strMDB

        ' Datenbank konvertieren
        Application.ConvertAccessProject _
            SourceFilename:=strMDBOriginal, _
            DestinationFilename:=strMDBZiel, _
            DestinationFileFormat:=FileFormat
        ' Nächste MDB-Datenbanken ermitteln
        strMDB = Dir
    Loop

exit_DatenbankenKonvertieren:
    Exit Sub
```

```
err_DatenbankenKonvertieren:
    MsgBox Err.Description & "(" & Err.Number & ")", _
           vbExlamation,
           "Konvertierung"
    Resume Next
End Sub
```

23.6 Komprimieren von Datenbanken

Schon immer hatten Access-Datenbanken die Eigenschaft, sich während der Entwicklung und während des Betriebs langsam aber sicher aufzublähen, also immer größer zu werden. Zur regelmäßigen Pflege von Access-Datenbanken (Frontends ebenso wie Backends) gehört die Komprimierung und Reparatur. In Access 2002 wurde Komprimierung und Reparatur zu einer Aktion zusammengezogen (*EXTRAS Datenbank-Dienstprogramme Datenbank komprimieren und reparieren*); gleichzeitig wurde dafür auch eine neue Access-Methode eingeführt: `Application.CompactRepair`.

In folgendem Listing sehen Sie eine Prozedur, die Sie zum Komprimieren von Datenbanken einsetzen können. Beachten Sie dabei, dass Sie nicht die aktuelle geöffnete oder eine von einem anderen Benutzer geöffnete Datenbank komprimieren können.

```
Sub DatenbankReparatur(ByVal strMDB As String)
    Dim strKomprimierteMDB As String

    On Error GoTo err_DatenbankReparatur

    If LCase(Left(strMDB, 4)) <> ".mdb" Then
        strMDB = strMDB & ".mdb"
    End If
    strKomprimierteMDB = Left(strMDB, Len(strMDB) - 4) & _
                                             "_Komprimiert.mdb"

    Application.CompactRepair _
        LogFile:=True, _
        SourceFile:=strMDB, _
        DestinationFile:=strKomprimierteMDB

exit_DatenbankReparatur:
    Exit Sub
```

```
err_DatenbankReparatur:
    MsgBox Err.Description & "(" & Err.Number & ")", _
           vbExclamation, _
           "DatenbankReparatur"
    Resume Next
End Sub
```

23.7 MDE-Datenbanken

MDE-Datenbanken sind Access-MDB-Datenbanken, aus denen sämtlicher Quellcode entfernt wurde. Alle Datenbankobjekte wie Formulare, Berichte usw. liegen ausschließlich in kompilierter Form vor. Durch MDE können Sie sicherstellen, dass der Anwender eine Version Ihrer Datenbank erhält, an der keinerlei Änderungen vorgenommen werden können, denn es kann nicht mehr in den Entwurfsmodus gewechselt werden.

Beachten Sie dabei, dass in Ihrer Applikation kein Code verwendet wird, der beispielsweise auf Formulare oder Berichte in der Entwurfsansicht öffnet. Dies funktioniert in einer MDE nicht!

23.7.1 MDE erstellen

Um eine MDB-Datenbank in die MDE-Form umzuwandeln, wählen Sie *EXTRAS Datenbank-Dienstprogramme MDE-Datei erstellen*. Achten Sie aber darauf, das Original der Datenbank aufzuheben, sonst verlieren Sie den Quellcode Ihrer Programme. Während der Konvertierung werden alle Module kompiliert und die Datenbank komprimiert.

Beachten Sie, dass Sie MDE-Datenbanken nur aus MDB-Datenbanken erstellen können, die im Access 2002-Format vorliegen. MDB-Datenbanken im Access 2000-Format müssen vor der Umwandlung zu einer MDE in das Access 2002-Format konvertiert werden (*EXTRAS Datenbank-Dienstprogramme Konvertierung*). Dies bedeutet aber auch, dass Access 2002-MDE-Datenbanken nicht mit Access 2000 verwendet werden können. MDE-Datenbanken, die mit Access 2000 erzeugt wurden, können mit Access 2002 geöffnet werden. Möchten Sie MDE-Datenbanken in einer gemischten Umgebung mit Access 2000 und 2002 einsetzen, so müssen Sie die MDEs mit Access 2000 erzeugen!

Sollten bei der Erstellung der MDE Probleme auftreten, prüfen Sie die folgenden Punkte:

- Alle VBA-Programme müssen sich fehlerfrei kompilieren lassen. Führen Sie zur Prüfung die Kompilierung durch: Im Visual Basic-Editor mit *DEBUGGEN Kompilieren von ...*
- Es müssen alle Verweise gesetzt sein, d.h., unter *EXTRAS Verweise* dürfen keine Referenzen mit dem Hinweis »Nicht vorhanden:« vorkommen.
- Manchmal kann auch das Dekompilieren der gesamten MDB helfen. Allerdings ist dies nicht von Microsoft dokumentiert und daher nicht ohne Risiko (an eine Sicherungskopie denken!). Erstellen Sie dazu beispielsweise auf dem Desktop eine Verknüpfung zu Ihrer Datenbank. Editieren Sie dann in den Eigenschaften der Verknüpfung den Aufruf, in dem Sie den Parameter /DECOMPILE hinzufügen. Rufen Sie dann Ihre Datenbank über die Verknüpfung auf, wird der gesamte Code dekompiliert und damit Access gezwungen, alle Module neu zu kompilieren.

23.7.2 MDE per Code erzeugen

Wir kennen einige Anwendungen, bei denen für einzelne Anwender in regelmäßigen Abständen spezifische MDEs erstellt werden. Die Erstellung von MDEs per VBA ist von Microsoft eigentlich nicht vorgesehen, allerdings ist bekannt, dass ein spezieller `SysCmd`-Aufruf (mehr zu `SysCmd` finden Sie in Abschnitt 23.14 ab Seite 892) zur Erstellung von MDEs eingesetzt werden kann. Also: Einsatz auf eigenes Risiko und ohne Gewähr, dass es fehlerfrei funktioniert! Das folgende Programm benötigt einen Verweis auf *Microsoft Office 10.0 Object Library*.

```
Sub MDEperCode()
    ' AUF EIGENE GEFAHR
    Dim appAcc As Access.Application
    Dim fd As FileDialog
    Dim strMDB As String
    Dim strMDE As String

    Set fd = Application.FileDialog(msoFileDialogOpen)
    With fd
        .Title = "MDE erstellen"
        .ButtonName = "&Auswählen"
        .Filters.Clear
        .Filters.Add "Datenbankdateien", "*.MDB", 1
        .Filters.Add "Alle Dateien", "*.*", 2
        If .Show = -1 Then
            strMDB = .SelectedItems(1)
```

```
        Else
            Exit Sub
        End If
    End With
    ' aus Endung mdb Endung mde machen
    strMDE = Left(strMDB, Len(strMDB) - 1) & "e"

    ' Neues Access-Objekt erstellen
    Set appAcc = CreateObject("Access.Application")
    ' MDE erzeugen
    appAcc.SysCmd 603, strMDB, strMDE
    ' Access-Objekt schließen
    Set appAcc = Nothing
End Sub
```

23.8 Sperren der Anzeige von VBA-Code

Möchten Sie nur Ihre VBA-Programme vor unbefugtem Zugriff schützen, so können Sie im Visual Basic-Editor das Dialogfeld zu den Projekteigenschaften mit *EXTRAS Eigenschaften* aufrufen. Auf dem Registerblatt *Schutz* stellen Sie ein, ob Sie das aktuelle VBA-Projekt für die Anzeige sperren möchten. Sie können den VBA-Code nur dann wieder einsehen, wenn Sie das vereinbarte Kennwort angeben.

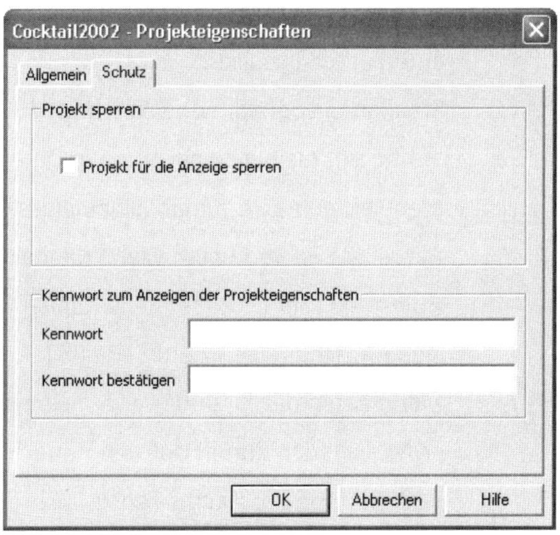

Bild 23.9: Anzeige von VBA-Code sperren

23.9 Das Application-Objekt

Das `Application`-Objekt bezieht sich auf die Access-Anwendung selbst. Die für das Objekt vereinbarten Eigenschaften und Methoden betreffen Einstellungen von Access und globale Operationen. Eine Auswahl der Eigenschaften und Methoden möchten wir Ihnen in den folgenden Tabellen vorstellen.

Tabelle 23.3: Einige Eigenschaften des Application-Objekts

Eigenschaft	Beschreibung
BrokenReference	Diese Eigenschaft gibt True zurück, falls getrennte oder ungültige Verweise in der Datenbank existieren.
Build	gibt die aktuelle Buildnummer der Accessversion zurück.
CodeContextObject	Diese Eigenschaft ermittelt das Objekt, in dem ein Makro bzw. Visual Basic-Code ausgeführt wird.
CommandBars	bestimmt die CommandBars für die Applikation (siehe Kapitel 21, »Menüs und Symbolleisten«).
CurrentObjectType	gibt den Typ des aktuellen Objekts zurück.
FeatureInstall *Konstante*	Hiermit können Sie festlegen, wie Access bei Methoden und Eigenschaften noch nicht installierter Funktionsmerkmale verfährt. Hierfür gibt es folgende Konstanten, `msoFeatureInstallNone` (beim Aufruf der Methode/Eigenschaft tritt nur ein Fehler auf), `msoFeatureInstallOnDemand` (Rückfrage vor der Installation) oder `msoFeatureInstallOnDemandWithUI` (Das Feature wird automatisch installiert).
FileDialog	Standarddialogfeld (siehe Abschnitt 23.3, Seite 858)
FileSearch	ermöglicht die Suche nach und in Dateien.
MenuBar	Menüleistenmakro für ein allgemeines Menü
Printer	Aktueller Systemdrucker (Siehe Kapitel 16).
Printers	Auflistung aller Drucker (Siehe Kapitel 16).
Screen	Siehe Abschnitt 23.12 auf Seite 881.
ShortcutMenuBar	Menüleistenmakro für das allgemeine Kontextmenü.
VBE	ermöglicht den Zugriff auf den Visual Basic-Editor.
Visible	bestimmt, ob das Access-Fenster sichtbar ist oder nicht.

Tabelle 23.4: Einige Methoden des Application-Objekts

Methode	Beschreibung
AccessError *Fehlernummer*	Gibt die Fehlerbeschreibung der angegebenen Fehlernummer zurück.
BuildCriteria *Feld, Feldtyp, Ausdruck*	Wandelt einen Ausdruck in eine analysierte Kriterienzeichenfolge um. Der Parameter `Feldtyp` ist eine Konstante, die den Datentyp des zu suchenden Feldes angibt.
CompactRepair *SourceFile, DestinationFile* [, *LogFile*]	Repariert und komprimiert die angegebene Access-Datenbank (siehe Abschnitt 23.6 auf Seite 866).
ConvertAccessProject *SourceFilename, DestinationFilename, DestinationFileFormat*	Konvertiert die angegebene Access-Datei in eine andere Version. Für DestinationFileFormat können Sie angeben: `acFileFormatAccess2`, `acFileFormatAccess95`, `acFileFormatAccess97`, `acFileFormatAccess2000` oder `acFileFormatAccess2002`.
DoCmd	Siehe Abschnitt 23.13 ab Seite 882.
FollowHyperlink *Adresse, Unteradresse, NeuesFenster, VerlaufHinzufügen, Extrainfo, Methode, Headerinfo*	Öffnet eine Website oder Dokument, beispielsweise `FollowHyperlink "www.programmiererei.de"`. Mit `FollowHyperlink "mailto:aw@programmiererei.de"` kann das Mail-Programm geöffnet werden, um eine Mail an die angegebene Adresse zu versenden. (siehe auch Abschnitt 23.15 ab Seite 894)
Eval *Zeichenfolgenausdruck*	Wertet den Zeichenfolgenausdruck aus und gibt eine Zeichenkette oder einen Wert zurück.
Nz Wert [, *WertWennNull*]	Falls der zu prüfende Wert den Inhalt NULL hat, wird der `WertWennNull` zurückgegeben. Ist dieser nicht angegeben, so wird eine 0 oder leere Zeichenfolge "" zurückgegeben.
GetHiddenAttribute *Objekttyp, Objektname*	Ermittelt, ob das angegebene Objekt ausgeblendet ist.
GetOption *Optionsname*	Abfragen von Optionen (siehe Abschnitt 0 ab Seite 872).
HyperlinkPart *Hyperlink, Teil*	Ermittelt Teile eines Hyperlinks.
Quit [*Option*]	Beenden des Programms. Für *Option* können Sie `acSaveYes` (Sichern der Objekte), `acPrompt` (Nachfragen vor Sichern) oder `acExit` (Verwerfen von Änderungen) einsetzen.

Tabelle 23.4: Einige Methoden des Application-Objekts (Fortsetzung)

Methode	Beschreibung
RefreshDatabaseWindow	Aktualisiert das Datenbankfenster, um neue oder geänderte Objekte anzuzeigen.
RefreshTitleBar	Aktualisiert die Access-Titelleiste, nachdem die Eigenschaft `AppTitel` oder `AppIcon` geändert wurde.
SetHiddenAttribute *Objekttyp, Objektname*	Bestimmt, ob das angegebene Objekt ausgeblendet wird.
SetOption *Optionsname*	Setzen von Optionen (siehe Abschnitt 0 ab Seite 872).
SysCmd	Siehe Abschnitt 23.14 ab Seite 892.

23.10 Setzen und Lesen von Access-Optionen

Alle Optionen, die im Dialogfeld zu *EXTRAS Optionen* auf den verschiedenen Registerblättern eingestellt werden können, lassen sich direkt aus VBA-Programmen abfragen und setzen.

Gesetzt und abgefragt werden die eingestellten Optionen mit zwei Methoden des Application-Objekts, deren allgemeine Formen

```
Application.SetOption "Bezeichnung", Wert
```

und

```
Wert = Application.GetOption("Bezeichnung")
```

lauten. Im folgenden Beispiel werden ausgeblendete Objekte eingeblendet und die Standardschriftart abgefragt.

```
...
Application.SetOption "Show Hidden Objects", True
Msgbox "Die eingestellte Standardschriftart ist " & _
                     Application.GetOption("Default Font Name")
...
```

Sowohl bei `SetOption` als auch bei `GetOption` muss als Parameter der im Dialogfeld angezeigte und in der folgenden Tabelle aufgeführte Text für die einzelnen

Optionen übergeben werden. Dabei reagiert Access auf Schreibfehler mit einem Laufzeitfehler.

In den folgenden Tabellen sind nur die englischen Optionsbezeichnungen angegeben. Es sind auch deutsche Optionsbezeichnungen möglich, die Sie in der Online-Hilfe nachschlagen können. Sollen Ihre Anwendungen auch mit Access-Versionen in anderen Sprachen ablaufen können, so sollten Sie die englischen Bezeichnungen verwenden, die in allen Versionen funktionieren.

Wir empfehlen Ihnen, die englischen Optionsbezeichnungen in Ihren Programmen zu benutzen, denn das nächste Access-Update kommt bestimmt. Die deutschen Optionsbezeichnungen sind zwischen den Access-Versionen 97, 2000 und 2002 teilweise unterschiedlich, während die englischen Bezeichnungen von Microsoft nicht verändert wurden. Es ist eine ärgerliche Fehlerquelle, wenn beispielsweise eine Optionsbezeichnung in der alten Access-Version mit Bindestrich, aber in der neuen ohne Bindestrich geschrieben wird.

Tabelle 23.5: Optionen der Registerkarte Ansicht

Text im Dialogfeld	Englisch	Wertebereich
Statusleiste	Show Status Bar	-1: True, 0: False
Startaufgabenbereich	Show Startup Dialog Box	-1: True, 0: False
Neue Objektverknüpfungen	Show New Object Shortcuts	-1: True, 0: False
Ausgeblendete Objekte	Show Hidden Objects	-1: True, 0: False
Systemobjekte	Show System Objects	-1: True, 0: False
Fenster in Taskleiste	ShowWindowsInTaskbar	-1: True, 0: False
Namensspalte	Show Macro Names Column	-1: True, 0: False
Bedingungsspalte	Show Conditions Column	-1: True, 0: False
Klickoptionen im Datenbankfenster	Database Explorer Click Behavior	0: einfacher Klick; 1: Doppelklick
Ersatzschriftartunterstützung	*Enable Font Switching*	
Ersatzschriftart benutzen	*Substitute Font Name*	

Tabelle 23.6: Optionen der Registerkarte Allgemein

Text im Dialogfeld	Englisch	Wertebereich
Linker Rand	Left Margin	0 ... Seitenbreite
Rechter Rand	Right Margin	0 ... Seitenbreite
Oberer Rand	Top Margin	0 ... Seitenhöhe
Unterer Rand	Bottom Margin	0 ... Seitenhöhe
Standarddatenbankordner	Default Database Directory	Pfad
Sortierreihenfolge bei neuer DB (Nur bei MDBs)	New Database Sort Order	Länderkennzahl
Persönliche Daten entfernen	Remove Personal Information	-1: True, 0: False
Beim Schließen komprimieren	Auto Compact	-1: True, 0: False
Komprimieren, wenn Verkleinerung um mind. folgenden Prozentsatz möglich	*Auto Compact Percentage*	
Informationen aufzeichnen (Nur bei MDBs)	Track Name AutoCorrect Info	-1: True, 0: False
Ausführen (Nur bei MDBs)	Perform Name AutoCorrect	-1: True, 0: False
Änderungen protokollieren (Nur bei MDBs)	Log Name AutoCorrect Changes	-1: True, 0: False
Feedback mit Sound	Provide Feedback with Sound	-1: True, 0: False
(Vierstellige Jahreszahlenformatierung) In dieser Datenbank benutzen	Four-Digit Year Formatting	-1: True, 0: False
(Vierstellige Jahreszahlenformatierung) In allen Datenbanken benutzen	Four-Digit Year Formatting All Databases	-1: True, 0: False
Liste zuletzt geöffneter Dateien	Enable MRU File List	-1: True, 0: False
Liste zuletzt geöffneter Dateien (Anzahl Dateien)	Size of MRU File List	0 ..9

Tabelle 23.7: Optionen der Registerkarte Weboptionen (über Registerkarte Allgemein)

Text im Dialogfeld	Englisch	Wertebereich
Hyperlink-Farbe	Hyperlink Color	0 ... 15
Farbe für besuchten Hyperlink	Followed Hyperlink Color	0 ... 15
Hyperlinks unterstreichen	Underline Hyperlinks	-1: True, 0: False
HTML-Vorlage	*HTML Template*	
Datenquellenname	*Data Source Name*	
Benutzername	*User Name*	
Benutzerkennwort	*Password*	
Server URL	*Active Server Pages URL*	
Sitzungs-Timeout (min)	*Active Server Pages Session Timeout*	

Die kursiv dargestellten Optionen werden nur noch aus Kompatibilitätsgründen zu Access 97 unterstützt.

Tabelle 23.8: Optionen der Registerkarte Bearbeiten/Suchen

Text im Dialogfeld	Englisch	Wertebereich
Suchen/Ersetzen-Standard	Default Find/Replace Behavior	0: Schnelle Suche, 1: Allgemeine Suche, 3: Feldanfang-Suche
Datensatzänderungen	Confirm Record Changes	-1: True, 0: False
Löschen von Dokumenten	Confirm Document Deletions	-1: True, 0: False
Aktionsabfragen (Nur bei MDBs)	Confirm Action Queries	-1: True, 0: False
Lokalen indizierten Feldern (Nur bei MDBs)	Show Values in Indexed	-1: True, 0: False
Lokalen nichtindizierten Feldern (Nur bei MDBs)	Show Values in Non-Indexed	-1: True, 0: False
ODBC-Feldern (Nur bei MDBs)	Show Values in Remote	-1: True, 0: False
Keine Listen anzeigen, wenn mehr als diese Anzahl Zeilen gelesen wird	Show Values Limit	0 ... 32766

Tabelle 23.8: Optionen der Registerkarte Bearbeiten/Suchen (Fortsetzung)

Text im Dialogfeld	Englisch	Wertebereich
(Liste anzeigen von Werten in) Datensätzen im lokalen Snapshot (Nur bei ADPs)	Show Values in Snapshot	-1: True, 0:False
(Liste anzeigen von Werten in) Datensätzen auf dem Server (Nur bei ADPs)	Show Values In Server	-1: True, 0:False

Tabelle 23.9: Optionen der Registerkarte Tastatur

Text im Dialogfeld	Englisch	Wertebereich
Cursor mit Eingabetaste bewegen	Move After Enter	0: Nicht bewegen, 1: nächstes Feld, 2: nächster Datensatz
Funktion der Pfeiltasten	Arrow Key Behavior	0: Nächstes Feld, 1: Nächstes Zeichen
Cursorverhalten bei Eintritt in Feld	Behavior Entering Field	0: Ganzes Feld markieren, 2: Zum Ende des Feldes gehen, 1: Zum Anfang des Feldes gehen
Cursor stoppt bei erstem/letztem Feld	Cursor Stops at First/Last Field	-1: True, 0: False
Auto Commit	Ime Autocommit	-1: True, 0: False
Datenblatt IME-Steuerelement	Datasheet Ime Control	-1: True, 0: False

Tabelle 23.10: Optionen der Registerkarte Datenblatt

Text im Dialogfeld	Englisch	Wertebereich
Standardfarben: Schriftart	Default Font Color	0 ... 15
Standardfarben: Hintergrund	Default Background Color	0 ... 15
Standardfarben: Rasterlinien	Default Gridlines Color	0 ... 15
Standardschriftart: Schriftart	Default Font Name	Schriftartname
Standardschriftart: Schriftschnitt	Default Font Weight	0: Dünn bis 8: Extra Fett
Standardschriftart: Schriftgrad	Default Font Size	1 ... 127

Tabelle 23.10: Optionen der Registerkarte Datenblatt (Fortsetzung)

Text im Dialogfeld	Englisch	Wertebereich
Standardschriftart: Kursiv	Default Font Italic	-1: True, 0: False
Standardschriftart: Unterstrichen	Default Font Underline	-1: True, 0: False
Standardrasterlinien: Horizontal	Default Gridlines Horizontal	-1: True, 0: False
Standardrasterlinien: Vertikal	Default Gridlines Vertical	-1: True, 0: False
Standardspaltenbreite	Default Column Width	0.1" bis 22.75"
Standardzelleffekt	Default Cell Effect	2: Vertieft, 1: Erhöht, 0: Flach
Animationen anzeigen	Show Animations	-1: True, 0: False

Tabelle 23.11: Optionen der Registerkarte Formulare/Berichte

Text im Dialogfeld	Englisch	Wertebereich
Markierungsverhalten	Selection Behavior	0: Teilweise eingerahmt, 1: Voll eingerahmt
Formularvorlage	Form Template	
Berichtsvorlage	Report Template	
Ereignisprozedur immer verwenden	Always Use Event Procedures	-1: True, 0: False

Tabelle 23.12: Optionen der Registerkarte Seiten

Text im Dialogfeld	Englisch	Wertebereich
Bereichseinzug	Section Indent	0 ... 57,788
Zweite Spaltenfarbe	Alternate Row Color	Farbwert
Stil für Beschriftungsbereich	Caption Section Style	
Stil für Fußbereich	Footer Section Style	
Standardseitenordner verwenden	Use Default Page Folder	-1: True, 0: False
Standardseitenordner	Default Page Folder	Pfad
Standardverbindungsdatei verwenden	Use Default Connection File	-1: True, 0: False
Standardverbindungsdatei	Default Connection File	Pfad

Tabelle 23.13: Optionen der Registerkarte Weitere

Text im Dialogfeld	Englisch	Wertebereich
DB mit Sperrung auf Datensatzebene öffnen (Nur bei MDBs)	Use Row Level Locking	-1: True, 0: False
Standard bei Datensatzsperrung (Nur bei MDBs)	Default Record Locking	0: Keine Sperrung, 1: Alle Datensätze, 2: Bearbeitete Datensätze
Standardöffnungsmodus (Nur bei MDBs)	Default Open Mode for Databases	0: Freigegeben, 1: Exklusiv
DDE-Anfragen ignorieren	Ignore DDE Requests	-1: True, 0: False
DDE-Aktualisierung zulassen	Enable DDE Refresh	-1: True, 0: False
OLE/DDE-Timeout (s)	OLE/DDE Timeout (Sec)	0 ... 300
Anzahl der Datenaktualisierungsversuche (Nur bei MDBs)	Number of Update Retries	0 ... 10
Intervall für ODBC- Anzeigeaktualisierung (s) (Nur bei MDBs)	ODBC Refresh Interval (Sec)	1 ... 3600
Intervall für Anzeigeaktualisierung (s)	Refresh Interval (Sec)	1 ... 32766
Intervall für Datenaktualisierung (ms) (Nur bei MDBs)	Update Retry Interval (Msec)	1 ... 1000
Befehlszeilenargumente	Command-Line Arguments	
Standarddateiformat	Default File Format	9 oder 10
Vorgabe der max. Datensätze (Nur bei ADPs)	Row Limit	0 ... 2147483647
Anmeldenamen und Kennwort speichern (Nur bei ADPs)	Save Login and Password	-1: True, 0: False

Tabelle 23.14: Optionen der Registerkarte Rechtschreibung

Text im Dialogfeld	Englisch	Wertebereich
Wörterbuchsprache	Spelling dictionary language	
Wörter hinzufügen zu	Spelling add words to	
Vorschläge nur aus Hauptwörterbuch	Spelling suggest from main dictionary only	-1: True, 0: False
Wörter in GROSSBUCHSTABEN ignorieren	Spelling ignore words in UPPERCASE	-1: True, 0: False
Wörter mit Zahlen ignorieren	Spelling ignore words with number	-1: True, 0: False
Internet- und Dateiadressen ignorieren	Spelling ignore Internet and file addresses	-1: True, 0: False
Deutsch: Neue Rechtschreibregeln	Spelling use German post-reform rules	-1: True, 0: False
Koreanisch: Hilfsverb/Adjektiv kombinieren	Spelling combine aux verb/adj	-1: True, 0: False
Koreanisch: Tippfehlerliste verwenden	Spelling use auto-change list	-1: True, 0: False
Koreanisch: Zusammengesetzte Substantive	Spelling process compound nouns	-1: True, 0: False
Hebräische Modi	Spelling Hebrew modes	
Arabische Modi	Spelling Arabic modes	

Tabelle 23.15: Optionen der Registerkarte Tabellen/Abfragen

Text im Dialogfeld	Englisch	Wertebereich
Text	Default Text Field Size	1 ... 255 (MDB)
		1 ... 8000 (ADP)
Zahl	Default Number Field Size	0: Double, 1: Integer, 2: Long Integer, 3: Single, 4: Byte, 5: ReplikationsID
Standardfeldtyp	Default Field Type	0: Text, 1: Memo, 2: Zahl, 3: Datum/Zeit, 4: Währung, 5: AutoWert, 6: Ja/Nein, 7: OLE Objekt

Tabelle 23.15: Optionen der Registerkarte Tabellen/Abfragen (Fortsetzung)

Text im Dialogfeld	Englisch	Wertebereich
AutoIndex bei Importieren/Erstellen	AutoIndex on Import/Create	Liste von Feldnamen, durch Semikolon getrennt
Tabellennamen anzeigen	Show Table Names	-1: True, 0: False
Alle Felder ausgeben	Output All Fields	-1: True, 0: False
AutoVerknüpfung aktivieren	Enable AutoJoin	-1: True, 0: False
Ausführungsberechtigungen	Run Permissions	0: Des Besitzers, 1: Des Benutzers
(ANSI 92 Syntax) In dieser Datenbank benutzen	ANSI Query Mode	-1: True, 0: False
Standard für neue Datenbanken	ANSI Query Mode Default	-1: True, 0: False

23.11 Informationen über Datenbank-Objekte

Auf alle bestehenden Objekte wie Tabellen, Abfragen, Formulare usw. kann über Auflistungen von `AccessObject`-Objekten zugegriffen werden.

Die Auflistungen `AllTables` und `AllQueries` werden vom `CurrentData`-Objekt bereitgestellt, während `CurrentProject AllForms`, `AllReports`, `AllDataAccessPages`, `AllMacros` und `AllModules` enthält.

Im Beispielformular *frmAlleObjekte* werden mithilfe der Auflistungen Listenfelder mit den Namen der Objekte sowie dem Datum der Erstellung und der letzten Änderung gefüllt. Der folgende Code-Ausschnitt zeigt den Einsatz der Auflistungen:

```
Dim ao As AccessObject

For Each ao In CurrentProject.AllForms
    lstForms.AddItem ao.Name & ";" & ao.DateCreated & _
                            ";" & ao.DateModified
Next
For Each ao In CurrentData.AllTables
    lstTables.AddItem ao.Name & ";" & ao.DateCreated & _
                             ";" & ao.DateModified
Next
```

Übrigens sind die Auflistungen die einzige Möglichkeit, an das Datum der Erstellung bzw. der letzten Änderung zu kommen, denn die andere Variante über DAO mit der `Documents`-Auflistung (siehe Kapitel 11, »Datenzugriff mit DAO«, Abschnitt 11.11) ist fehlerhaft, denn sie liefert für `DateCreated` und `LastUpdated` immer das Erstellungsdatum.

23.12 Das Screen-Objekt

Mithilfe des `Screen`-Objekts können Sie aktive Formulare und Berichte abfragen. Das Objekt besitzt die in der folgenden Tabelle aufgeführten Eigenschaften.

Tabelle 23.16: Eigenschaften des Screen-Objekts

Eigenschaft	Beschreibung
ActiveForm	ermittelt das aktive Formular.
ActiveReport	gibt den aktiven Bericht zurück.
ActiveDataAccessPage	liefert die aktive Datenzugriffsseite zurück.
ActiveDataSheet	ermittelt das aktive Datenblatt.
ActiveControl	beinhaltet das aktive Steuerelement.
PreviousControl	gibt das zuletzt aktive Steuerelement zurück.
MousePointer	verändert den Maus-Cursor (nicht dokumentierte Eigenschaft); die Werte 0: Normaler Cursor, 1: Pfeil, 3: Text-Cursor, 7: Diagonal, 9: Horizontal und 11: Sanduhr sind möglich, andere Werte haben keine Wirkung.

Das folgende Programmfragment zeigt den Namen des aktiven Formulars in einem Meldungsfenster an.

```
...
Dim frmActive As Form
On Error Resume Next
Set frmActive = Screen.ActiveForm
If Err.Number = 0 Then
    MsgBox frmActive.Name
Else
    MsgBox "Kein Formular aktiv!"
End If
...
```

Beachten Sie bitte, dass beim Debuggen von Programmen das `Screen`-Objekt zu Fehlern führen kann, denn beispielsweise kann bei geöffnetem Direktfenster kein aktives Formular ermittelt werden.

23.13 Das DoCmd-Objekt

Mithilfe des *DoCmd*-Objekts, das Bestandteil des *Application*-Objekts ist, können Access-Aktionen wie Öffnen und Schließen von Formularen und Berichten, Ändern des Maus-Cursors oder Setzen von Steuerelementwerten durchgeführt werden.

DoCmd unterstützt bis auf wenige Ausnahmen alle Access-Aktionen, die mit Makros ausgelöst werden können. In VBA-Programmen benötigen Sie in den meisten Fällen nur einige wenige *DoCmd*-Methoden, denn die meisten Aktionen lassen sich auch mit den entsprechenden VBA-Befehlen aufrufen. Die folgende Tabelle führt die Methoden des *DoCmd*-Objekts mit den jeweiligen VBA-Alternativen auf.

Tabelle 23.17: Methoden des DoCmd-Objekts

DoCmd-Methode	Anwendung	VBA-Alternative
DoCmd.ApplyFilter [*Filtername*] [, *Bedingung*]	Setzen eines Filters. Als *Bedingung* können Sie eine gültige SQL-WHERE-Klausel ohne das Wort WHERE angeben.	
DoCmd.Beep	Piep!	
DoCmd.CancelEvent	Die Methode bricht das laufende Ereignis ab.	
DoCmd.Close [*Objekttyp*, *Objektname*], [*Speichern*]	Formular oder Bericht schließen. Für den *Objekttyp* lassen sich die Konstanten `acTable`, `acQuery`, `acForm`, `acReport`, `acMacro` und `acModule` angeben. Für ADP: `acFunction`, `acDiagram`, `acServerView`, `acStoredProcedure`. Der Parameter *Speichern* ermöglicht mit `acSaveNo` Änderungen zu verwerfen, mit `acSaveYes` zu speichern oder mit `acSavePrompt` vor der Speicherung nachzufragen.	

Tabelle 23.17: Methoden des DoCmd-Objekts (Fortsetzung)

DoCmd-Methode	Anwendung	VBA-Alternative
DoCmd.CopyDatabaseFile *DatabaseFileName* [, *OverwriteExistingFile*] [, *DisconnectAllUsers*]	Kopiert die mit dem Access-Projekt verbundene SQL Server-Datenbank in eine andere SQL Server-Datenbank.	
DoCmd.CopyObject [*Zieldatenbank*] [, *Neuer Name*] [, *Objekttyp* (*Herkunft*), *Objektname* (*Herkunft*)]	Kopieren eines Access-Objekts, z.B. eines Formulars oder Berichts. Für die Konstanten für Objekttyp siehe `DoCmd.Close`.	
DoCmd.DeleteObject [*Objekttyp*, *Objektname*]	Löschen eines Access-Objekts. Für die Konstanten für Objekttyp siehe `DoCmd.Close`.	
DoCmd.DoMenuItem *Menüleiste*, *Menüname*, *Befehl* [, *Unterbefehl*] [, *Version*]	(*`DoCmd.DoMenuItem`* ist veraltet und wurde durch *`DoCmd.RunCommand`* abgelöst.) Aufrufen eines Menübefehls, die Parameter geben die Position im Menü an. Als *Menüleiste* geben Sie im Normalfall `acFormBar` an. Für den *Menünamen* stehen Ihnen die Konstanten `acFile`, `acEditMenu` und `acRecordsMenu` zur Verfügung. Die folgenden Konstanten für *Befehl* lassen sich einsetzen: `acNew` (Neu), `acSaveForm` (Formular speichern), `acSaveFormAs` (Formular speichern unter), `acSaveRecord` (Datensatz speichern), `acUndo` (Rückgängig), `acCut` (Ausschneiden), `acCopy` (Kopieren), `acPaste` (Einfügen), `acDelete` (Löschen), `acSelectRecord` (Datensatz markieren) oder `acSelectAllRecords` (Alle Datensätze markieren). Als *Unterbefehl* sind möglich: `acObject` (Objekt), `acRefresh` (Anzeige aktualisieren), `acObjectVerb` (Objektverb) oder `acObjectUpdate` (Objekt aktualisieren). Da die Menüstrukturen in jeder Access-Version unterschiedlich sind, kann die *Version* angegeben werden.	
DoCmd.Echo	Verwenden Sie statt `DoCmd.Echo` besser `Application.Echo`	`Application.Echo`

Tabelle 23.17: Methoden des DoCmd-Objekts (Fortsetzung)

DoCmd-Methode	Anwendung	VBA-Alternative
DoCmd.FindNext	Nächsten Datensatz suchen. Muss nach DoCmd.FindRecord aufgerufen werden.	
DoCmd.FindRecord *SuchenNach* [, *Vergleichen*] [, *GroßKlein*] [, *Suchen*] [, *WieFormatiert*] [, *NurAktuellesFeld*] [, *AmAnfangBeginnen*]	Einen Datensatz suchen. Für *Vergleichen* kann acAnywhere (Teil des Feldinhalts), acEntire (Gesamter Feldinhalt) oder acStart (Anfang des Feldinhalts) angegeben werden. Die Suchrichtung (*Suchen*) kann mit acUp (Oben), acDown (Unten) bzw. acSearchAll (Alle) vorgegeben werden. *NurAktuellesFeld* wird mit acCurrent (Aktuelles Feld) oder acAll (Alle Felder) bestimmt.	
DoCmd.GoToControl *Steuerelementname*	Ein Steuerelement aktivieren.	*Element*.SetFocus
DoCmd.GoToPage [*Seitenzahl*] [, *Rechts*, *Unten*]	Zu einer bestimmten Seite eines Formulars springen. Die Methode ist veraltet, verwenden Sie besser *Formular*.GotoPage.	*Formular*.GotoPage
DoCmd.GoToRecord [*Objekttyp*, *Objektname*] [, *Datensatz*] [, *Offset*]	Zu einem bestimmten Datensatz springen. Geben Sie *Objekttyp* und *Objektname* nicht an, wird das aktuelle Objekt verwendet. Für den Parameter *Objekttyp* lassen sich die folgenden Konstanten angeben: acDataTable (Tabelle), acDataQuery (Abfrage) und acDataForm (Formular). Für ADPs: acDataFunction, acDataServerView, acDataStoredProcedure Für den Parameter *Datensatz* verwenden Sie eine der Konstanten acPrevious (Vorheriger), acNext (Nächster), acFirst (Erster), acLast (Letzter), acGoTo (Gehe zu) oder acNewRec (Neu).	
DoCmd.Hourglass *Sanduhr*	Sanduhr-Cursor ein- oder ausschalten (True/False)	
DoCmd.Maximize	Fenster maximieren	
DoCmd.Minimize	Fenster minimieren	

Tabelle 23.17: Methoden des DoCmd-Objekts (Fortsetzung)

DoCmd-Methode	Anwendung	VBA-Alternative
DoCmd.MoveSize [*Rechts*] [, *Unten*] [, *Breite*] [, *Höhe*]	Das aktuelle Fenster verändern oder verschieben. Alle Angaben müssen in der Windows-Einheit *twips* angegeben werden. Ein *twips* ist 1/1440 Zoll lang bzw. 567 *twips* ergeben 1 cm.	
DoCmd.OpenData-AccessPage Seitenname [, *Seitenansicht*]	Öffnen einer Datenzugriffsseite. Das Argument *Seitenansicht* kann die Werte *acDataAccessPageBrowse* (Voreinstellung) oder *acDataAccessPageDesign* aufweisen.	
DoCmd.OpenDiagram *Diagrammname*	Öffnet ein auf einem Microsoft SQL-Server oder MSDE gespeichertes Datenbankdiagramm in einem Access-Projekt (ADP).	
DoCmd.OpenForm *Formularname* [, *Ansicht*] [, *Filtername*] [, *Bedingung*] [, *Datenmodus*] [, *Fenstermodus*] [, *Öffnungsargumente*]	Ein Formular öffnen. Für den Parameter *Ansicht* verwenden Sie die Konstanten `acNormal` (Formularansicht), `acDesign` (Entwurfsansicht), `acPreview` (Seitenansicht), `acFormPivotTable` (PivotTable), `acFormPivotChart` (Pivot-Chart) oder `acFormDS` (Datenblattansicht). Als *Bedingung* können Sie eine gültige SQL-WHERE-Klausel ohne das Wort WHERE angeben. Der Parameter *Datenmodus* erlaubt die Verwendung der Konstanten `acFormAdd` (Hinzufügen), `acFormEdit` (Bearbeiten), `acFormReadOnly` (Schreibgeschützt) Konstanten für den Parameter *Fenstermodus*: `acWindowNormal` (Normal), `acHidden` (Ausgeblendet), `acIcon` (Symbol) oder `acDialog` (Dialog).	

Tabelle 23.17: Methoden des DoCmd-Objekts (Fortsetzung)

DoCmd-Methode	Anwendung	VBA-Alternative
DoCmd.OpenFunction *FunctionName* [, *Ansicht*] [, *Datenmodus*] ((Nur bei ADPs))	Eine Funktion in einer Microsoft SQL Server-Datenbank öffnen. Für den Parameter *Ansicht* verwenden Sie die Konstanten `acViewDesign` (Entwurfsansicht), `acViewNormal` (Standard), `acViewPivotChart` (PivotChart-Ansicht), `acViewPivotTable` (PivotTable-Ansicht), `acViewPreview` (Seitenansicht) Für *Datenmodus* wählen Sie die Konstanten `acAdd` (Hinzufügen), `acEdit` (Bearbeiten) oder `acReadOnly` (Schreibgeschützt) aus.	
DoCmd.OpenModule [*Modulname*] [, *Prozedurname*]	Ein Modul öffnen	
DoCmd.OpenQuery *Abfragename* [, *Ansicht*] [, *Datenmodus*] ((Nur bei MDBs))	Eine Abfrage aufrufen (*Ansicht* und *Datenmodus* siehe `DoCmd.OpenFunction`).	
DoCmd.OpenReport *Berichtsname* [, *Ansicht*] [, *Filtername*] [, *Bedingung*] [, *Fenstermodus*] [, *Öffnungsargumente*]	Einen Bericht öffnen. (Parameter *Ansicht* siehe `DoCmd.OpenFunction`, *Fenstermodus* siehe `DoCmd.`OpenForm)	
DoCmd.OpenStoredProcedure *Prozedurname* [, *Ansicht*] [, *Datenmodus*]	Führt eine auf einem Microsoft SQL-Server oder MSDE gespeicherte Prozedur (stored procedure) in einem Access-Projekt (ADP) aus. (*Ansicht* und *Datenmodus* siehe `DoCmd.OpenFunction`)	
DoCmd.OpenTable *Tabellenname* [, *Ansicht*] [, *Datenmodus*]	Eine Tabelle öffnen (*Ansicht* und *Datenmodus* siehe `DoCmd.OpenFunction`).	
DoCmd.OpenView *Ansichtsname* [, *Ansichtsmodus*] [, *Datenmodus*]	Führt eine auf einem Microsoft SQL-Server oder MSDE gespeicherte Sicht (View) in einem Access-Projekt (ADP) aus. (*Ansicht* und *Datenmodus* siehe `DoCmd.OpenFunction`).	

Tabelle 23.17: Methoden des DoCmd-Objekts (Fortsetzung)

DoCmd-Methode	Anwendung	VBA-Alternative
DoCmd.OutputTo *Objekttyp* [, *Objektname*] [, *Ausgabeformat*] [, *Ausgabedatei*] [, *Autostart*] [, *TemplateFile*] [, *Encoding*]	Ausgabe eines Objekts in eine Datei. Für *Objekttyp* können die folgenden Konstanten vereinbart werden: `acOutputForm` (Formular), `acOutputFunction` (Funktion), `acOutputModule` (Modul), `acOutputQuery` (Abfrage), `acOutputReport` (Bericht), `acOutputServerView` (Sicht), `acOutputStoredProcedure` (Gespeicherte Prozedur) oder `acOutputTable` (Tabelle). Das *Ausgabeformat* wird durch `acFormatASP` (ASP-Seiten), `acFormatDAP` (DataAccessPage), `acFormatHTML`, `acFormatIIS` (Internet Information Server), `acFormatRTF` (Rich-Text-Format), `acFormatSNP` (Berichts-Snapshot), `acFormatTXT` (Text) oder `acFormatXLS` (Excel) bestimmt. Ist *AutoStart* True, wird automatisch, je nach *Ausgabeformat*, die entsprechende Anwendung gestartet.	
DoCmd.PrintOut [*Druckbereich*] [, *Von*, Bis] [, *Druckqualität*] [, *Exemplare*] [, *ExemplareSortieren*]	Ausgabe auf dem Drucker. Als *Druckbereich* können Sie `acPrintAll` (Alles drucken), `acSelection` (Markierung drucken) oder `acPages` (Seiten drucken) festlegen. Die *Druckqualität* wird mit `acHigh` (Hoch), `acMedium` (Mittel), `acLow` (Niedrig) oder `acDraft` (Entwurf) bestimmt.	
DoCmd.Quit [*Option*]	Das Programm beenden. Die Methode ist veraltet, verwenden Sie besser `Application.Quit`.	Application.Quit
DoCmd.Rename *Neuer Name* [, *Objekttyp*, *Alter Name*]	Ein Objekt umbenennen (*Objekttyp* siehe `DoCmd.Close`).	
DoCmd.RepaintObject [*Objekttyp*, *Objektname*]	Bildschirmanzeige auffrischen (*Objekttyp* siehe `DoCmd.Close`).	*Objekt*.Repaint

Tabelle 23.17: Methoden des DoCmd-Objekts (Fortsetzung)

DoCmd-Methode	Anwendung	VBA-Alternative
DoCmd.Requery [*Steuerelementname*]	Datengrundlage erneut abfragen. Die Methode ist veraltet, verwenden Sie `Objekt.Requery`.	*Objekt*.Requery
DoCmd.Restore	Führt die Aktion Wiederherstellen einer Fenstergröße aus.	
DoCmd.RunCommand *Befehl*	Die Methode erlaubt die Ausführung fast aller im Access-Menü angebotenen Befehle. Als Argument *Befehl* erwartet die Methode die interne Nummer des entsprechenden Menübefehls. Access bietet Ihnen dafür vordefinierte Konstanten, die Sie in der Access-Hilfe zu diesem Befehl nachschlagen können. `DoCmd.Runcommand` löst die veraltete Methode `DoCmd.DoMenuItem` ab. Siehe dazu 23.13.1, »Arbeiten mit DoCmd.RunCommand«, Seite 891.	
DoCmd.RunMacro *Makroname* [, *Wiederholungen*] [, *Wiederholbedingung*]	führt das angegebene Makro aus.	
DoCmd.RunSQL *SQL-Anweisung* [, *TransaktionVerwenden*]	führt den angegebenen SQL-Befehl aus. Falls die Anweisung als Transaktion durchgeführt werden soll, so muss der Parameter *TransaktionVerwenden* auf True gesetzt werden.	*Datenbank*.Execute
DoCmd.Save [*Objekttyp*, *Objektname*]	Access-Objekt speichern (*Objekttyp* siehe `DoCmd.Close`).	
DoCmd.SelectObject *Objekttyp*, *Objektname* [, *ImDatenbankfenster*]	Access-Objekt auswählen (*Objekttyp* siehe `DoCmd.Close`). Wird für den Parameter *ImDatenbankfenster* True übergeben, wird das Objekt im Datenbankfenster markiert.	

Tabelle 23.17: Methoden des DoCmd-Objekts (Fortsetzung)

DoCmd-Methode	Anwendung	VBA-Alternative
DoCmd.SendObject [*Objekttyp*] [, *Objektname*] [, *Ausgabeformat*] [, *An*] [, *Cc*] [, *Bcc*] [, *Betreff*] [, *Nachricht*] [, *NachrichtBearbeiten*] [,*Vorlagedatei*]	Access-Objekt per E-Mail verschicken . Für den Parameter Objekttyp können Sie `acSendDataAccessPage`, `acSendForm` (Formular), `acSendModule` (Modul), `acSendNoObject` (ohne Objekt), `acSendQuery` (Abfrage), `acSendReport` (Bericht) oder `acSendTable` (Tabelle) festlegen. Der Parameter Ausgabeformat kann selbstdefiniert sein oder einer der folgenden Konstanten `acFormatDAP` (DataAccessPage), `acFormatHTML`, `acFormatRTF` (Richtext), `acFormatTXT` (Text) oder `acFormatXLS` (Excel) Wenn für *NachrichtBearbeiten* False angegeben wird, sendet sich die Mail sofort.	
DoCmd.SetMenuItem *Menüindex* [, *Befehlsindex*] [, *Unterbefehlsindex*] [, *Kennzeichen*]	Schaltet einen Menüpunkt um.	
DoCmd.SetWarnings *WarnmeldungenAn*	Schaltet Access Warnmeldungen ein oder aus.	
DoCmd.ShowAllRecords	Setzt einen Filter zurück.	
DoCmd.ShowToolbar *Symbolleistenname* [,*Anzeigen*]	Blendet Symbolleisten aus oder ein. Für *Anzeigen* kann `acToolbarYes` (Ja), `acToolbarWhereApprop` (Sofern passend) oder `acToolbarNo` (Nein) verwendet werden.	
DoCmd.TransferDatabase [*Transfertyp*], *Datenbankformat*, *Datenbankname* [, *Objekttyp*], *Quelle*, *Ziel* [,*NurStruktur*] [, AnmeldungSpeichern]	Im- oder Export einer Datenbank. Für *Transfertyp* kann `acImport` (Importieren), `acExport` (Exportieren) oder `acLink` (Einbinden) bestimmt werden (*Objekttyp* siehe `DoCmd.Close`).	

Tabelle 23.17: Methoden des DoCmd-Objekts (Fortsetzung)

DoCmd-Methode	Anwendung	VBA-Alternative
DoCmd.TransferSpreadsheet [*Transfertyp*] [, *Dateiformat*], *Tabellenname*, *Dateiname* [, *BesitztFeldnamen*] [, *Bereich*] [,*UseOA*]	Im- oder Export einer Tabelle. Für *Transfertyp* kann `acImport` (Importieren), `acExport` (Exportieren) oder `acLink` (Einbinden) bestimmt werden. Für *Dateiformat* sind die folgenden Konstanten möglich: `acSpreadsheetTypeExcel3`, `acSpreadsheetTypeExcel4`, `acSpreadsheetTypeExcel5`, `acSpreadsheetTypeExcel7` (Excel 95), `acSpreadsheetTypeExcel8` (Excel 97), `acSpreadsheetTypeExcel9` (Excel 2000), `acSpreadsheetTypeLotusWJ2` (Nur japan. Version), `acSpreadsheetTypeLotusWK1`, `acSpreadsheetTypeLotusWK3`, `acSpreadsheetTypeLotusWK4` Falls in der ersten Spalte die Bezeichnungen stehen, sollten Sie den Parameter *BesitztFeldnamen* auf True setzen.	
DoCmd.TransferSQLDatabase *Server*, *Database* [, *UseTrustedConnection*] [, *Login*] [, *Password*] [,*TransferCopyData*]	Überträgt die angegebene Microsoft SQL Server-Datenbank an eine andere SQL Server-Datenbank.	
DoCmd.TransferText [*Transfertyp*] [, *Spezifikationsname*] [, *Tabellenname*] [, *Dateiname*] [, *BesitztFeldnamen*] [, *HTML-Tabellenname*] [,*Codepage*]	Im- oder Export eines Textes. Als *Transfertyp* kann `acImportDelim` (Import mit Trennzeichen), `acImportFixed` (Import mit festgelegtem Format), `acExportDelim` (Export mit Trennzeichen), `acExportFixed` (Export mit festgelegtem Format), `acExportMerge` (Export von Serienbriefdatei), `acLinkDelim` (Verknüpfen mit Trennzeichen) oder `acLinkFixed` (Verknüpfen mit festgelegtem Format) verwendet werden. Mit `acExportHTML`, `acImportHTML` und `acLinkHTML` werden HTML-Dateien transferiert.	

23.13.1 Arbeiten mit DoCmd.RunCommand

Die `DoCmd`-Methode `RunCommand` ermöglicht den Aufruf fast aller Access-Funktionen. Der Methode wird eine Zahl übergeben, die die aufzurufende Funktion kennzeichnet. Microsoft hat für alle Funktionen Konstanten definiert, die alle mit `acCmd...` beginnen. In der Online-Hilfe zu `RunCommand` werden alle `acCommand`-Konstanten aufgelistet. Die von `DoCmd.RunCommand` aufgerufene Access-Funktion bezieht sich immer auf das gerade aktive Objekt; ob die Funktion tatsächlich ausgeführt werden kann, hängt also vom entsprechenden Kontext ab.

23.13.2 Beispiel: Druckvorschau

Im folgenden Beispiel wird mithilfe der Konstante `acCmdPreviewTwelvePages` ein Bericht derart geöffnet, dass in der Berichtsvorschau jeweils zwölf Seiten dargestellt werden.

```
Public Sub PreviewZwölfSeitenAnsicht(strRpt As String)
    ' Öffnen des Berichts als Vorschau, aber nicht sichtbar
    DoCmd.OpenReport strRpt, acViewPreview, , , acHidden
    ' Selektieren des Berichts
    DoCmd.SelectObject acReport, strRpt
    ' Anzeigen in der Zwölf-Seiten-Vorschau
    DoCmd.RunCommand acCmdPreviewTwelvePages
End Sub
```

23.13.3 Beispiel: Arbeiten mit der Windows-Zwischenablage

Die `RunCommand`-Konstanten `acCmdCut`, `acCmdCopy`, `acCmdPaste` und `acCmdPasteSpecial` ermöglichen es Ihnen, mit Inhalten der Windows-Zwischenablage zu arbeiten. Der `RunCommand`-Befehl wirkt sich hierbei immer auf das Steuerelement (oder Objekt) aus, das den Fokus besitzt.

Im Beispielformular *frmCopyAndPaste* haben wir eine kleine Demonstration erstellt. Dort finden Sie zwei Textfelder, `txtA` und `txtB`, sowie vier Schaltflächen. Das folgende Listing mit den Ereignisprozeduren für die Schaltflächen erklärt sich selbst:

```
Private Sub cmdCopy_Click()
    ' In die Zwischenablage kopieren
    txtA.SetFocus
    DoCmd.RunCommand acCmdCopy
End Sub
```

```
Private Sub cmdCut_Click()
    ' In die Zwischenablage ausschneiden
    txtA.SetFocus
    DoCmd.RunCommand acCmdCut
End Sub

Private Sub cmdPaste_Click()
    ' Einfügen aus der Zwischenablage
    txtB.SetFocus
    DoCmd.RunCommand acCmdPaste
End Sub

Private Sub cmdPasteSpecial_Click()
    ' Aus der Zwischenablage einfügen
    ' mit Dialogfeld zur Formatauswahl
    txtB.SetFocus
    DoCmd.RunCommand acCmdPasteSpecial
End Sub
```

23.14 Die SysCmd-Funktion

Die SysCmd-Funktion ermöglicht die Abfrage einer Reihe von Access-Einstellungen und -Stati. Zusätzlich können Sie Text und Fortschrittsbalken in der Access-Statuszeile mithilfe der Funktion steuern. SysCmd wird in zwei Varianten eingesetzt, nämlich

```
Rückgabewert = SysCmd(Aktion[, Text][, Wert])
```

oder

```
Objektzustand = SysCmd(Aktion[, Objekttyp][, Objektname])
```

In der folgenden Tabelle sind die für Aktion möglichen Konstanten aufgeführt.

Tabelle 23.18: SysCmd-Konstanten

Konstante	Beschreibung
acSysCmdInitMeter	initialisiert die Fortschrittsanzeige der Statusleiste.
acSysCmdUpdateMeter	aktualisiert die Fortschrittsanzeige mit dem angegebenen Wert.
acSysCmdRemoveMeter	entfernt die Fortschrittsanzeige der Statusleiste.
acSysCmdSetStatus	stellt den Text in der Statusleiste auf das Argument Text ein.
acSysCmdClearStatus	setzt den Text in der Statusleiste zurück.
acSysCmdRuntime	gibt den Wert True (-1) zurück, wenn eine Laufzeitversion von Microsoft Access ausgeführt wird.
acSysCmdAccessVer	liefert die Versionsnummer von Microsoft Access zurück.
acSysCmdIniFile	gibt den Namen der von Microsoft Access verwendeten .INI-Datei zurück.
acSysCmdAccessDir	liefert den Namen des Verzeichnisses zurück, in dem sich MSACCESS.EXE befindet.
acSysCmdProfile	gibt die Einstellung von /profile zurück, die der Benutzer angegeben hat, wenn er Microsoft Access über die Befehlszeile gestartet hat.
acSysCmdGetWorkgroupFile	liefert den Pfad zur Arbeitsgruppeninformationsdatei (SYSTEM.MDW) zurück.
acSysCmdGetObjectState	gibt den Zustand des angegebenen Datenbankobjekts zurück. Sie müssen die Argumente Objekttyp und Objektname angeben. Gültige Objekttypen sind `acTable`, `acQuery`, `acForm`, `acReport`, `acMacro`, `acModule`, `acDataAccessPage`, `acDefault`, `acDiagram`, `acServerView` und `acStoredProcedure`.

Ein Beispiel zur Verwendung der Fortschrittsanzeige zeigt der folgende Programmabschnitt:

```
...
varTmp = SysCmd(acSysCmdInitMeter, "Fortschrittsanzeige", 20)
For intCnt = 1 To 19
   ' Fortschrittsanzeige aktualisieren
   varTmp = SysCmd(acSysCmdUpdateMeter, intCnt)
   ' ...
   ' ...
```

```
Next
' Fortschrittsanzeige entfernen
varTmp = SysCmd(acSysCmdRemoveMeter)
...
```

23.15 Starten von anderen Programmen

Möchten Sie aus Access heraus ein anderes Programm wie beispielsweise Microsoft Excel oder den Windows-Editor starten, so stehen Ihnen dafür mehrere Vorgehensweisen zur Verfügung.

Die einfachste Variante arbeitet mit dem Befehl `FollowHyperlink`. Der eigentlich zu den Access-Internet-Funktionen gehörende Befehl eignet sich hervorragend, um beispielsweise Dateien zu öffnen, mit deren Dateiendung auf dem PC eine Anwendung verknüpft ist. Mit

```
Application.FollowHyperlink "C:\Cocktail.xls"
```

beispielsweise wird Microsoft Excel aufgerufen, das der Endung "xls" zugeordnet ist.

Universeller, aber aufwändiger in der Anwendung ist der `Shell`-Befehl. Dem Befehl wird ein Pfadname übergeben, der Pfad und Name des aufzurufenden Programms enthält sowie gegebenenfalls weitere Parameter. Dem `Shell`-Befehl kann außerdem mitgegeben werden, wie das Programmfenster geöffnet werden soll. Mit

```
Shell "notepad.exe", vbNormalFocus
```

wird der Windows Editor in einem normalen Fenster gestartet. Im Beispiel wurde kein Pfad für das Programm angegeben, da der entsprechende Windows-Ordner automatisch durchsucht wird (PATH-Angabe).

Für den Fensteröffnungsmodus kann alternativ angegeben werden: `vbHide` (versteckt), `vbMinimizedFocus` (minimiert mit Fokus), `vbMaximizedFocus` (maximiert mit Fokus), `vbNormalNoFocus` (normal ohne Fokus), oder `vbMinimizedNoFocus` (minimiert ohne Fokus).

23.16 Unterschiedliche Bildschirmauflösungen

Vor einigen Jahren hatten viele Programmierer Probleme, Access-Anwendungen zu entwickeln, die auf Rechnern mit unterschiedlichen Auflösungen am Bildschirm ablaufen sollten. In der Zwischenzeit wurde diese Fragestellung für die meisten Anwendungen unwichtig, denn nur sehr wenige Anwender arbeiten noch mit Standard-VGA-Auflösung bei 640x480 Bildpunkten. Da zurzeit neue PC-Systeme mindestens mit 17"-Monitoren und leistungsfähigen Grafikkarten ausgeliefert werden, werden hier meist Auflösungen von 1024x768 Pixeln verwendet.

Access unterstützt von sich aus keine automatische Anpassung von Formularen an verschiedene Bildschirmauflösungen. Formulare, die für 1024x768 entwickelt wurden und dort den gesamten Bildschirm nutzen, werden beispielsweise bei 800x600 einfach abgeschnitten bzw. füllen bei 1280x1024 nicht mehr den ganzen Schirm.

Die meisten Access-Entwickler entscheiden sich dazu, der Einfachheit halber eine Mindestauflösung festzulegen und ihre Formulare entsprechend zu gestalten. Es ist zwar möglich, mithilfe von Windows-API-Funktionen Auflösung und Darstellungsparameter zu ermitteln und Formulare an die jeweilige Auflösung umzurechnen, aber dies ist aufwändig und die Ergebnisse sind oft unbefriedigend.

Auf dem Markt sind einige professionelle »Resizer«, also Hilfsprogramme, die die Auflösungspassung automatisch vornehmen, beispielsweise »ResizeStatic« (*http://www.indus-gmbh.de/Access-Corner/access-corner.html*), »Certusizer« (*http://www.zoschke.com*), »ShrinkerStretcher« (*http://www.peterssoftware.com*) oder »Change« (*http://www.access-paradies.de*).

Wir möchten Ihnen im Folgenden vorstellen, wie Sie die Bildschirmauflösung eines PCs sowie die Twips-per-Pixel-Rate bestimmen können.

Mithilfe der Windows-API-Funktion `GetSystemMetrics` können Sie die Bildschirmauflösung bestimmen:

```
' Bildschirmauflösung ermitteln
Private Declare Function GetSystemMetrics Lib "user32" _
                                    (ByVal nIndex As Long) As Long

Function FullScreenX() As Long
    FullScreenX = GetSystemMetrics(16)
End Function

Function FullScreenY() As Long
    FullScreenY = GetSystemMetrics(17)
End Function
```

Der Unterschied in den darstellbaren horizontalen und vertikalen Bildpunkten ist nur ein Aspekt der verschiedenen Auflösungen. Zusätzlich muss die Größe der

Bildpunkte mit berücksichtigt werden. Durch den Bildschirmkartentreiber erhält Windows Informationen darüber, wie viele Pixel ein Zoll ergeben. Windows verwendet die spezielle Einheit »twips«, um diesen Wert abzubilden. Bei einer horizontalen Auflösung von 640 bzw. 800 Bildpunkten wird ein Pixel mit 15 Twips gerechnet, bei höheren Auflösungen werden 12 Twips pro Pixel angesetzt.

Mithilfe der folgenden Funktion können Sie für das jeweilige PC-System das Verhältnis von Twips zu Pixeln ermitteln.

```
' Windows-API Deklarationen
Private Type POINTAPI
    x As Long
    y As Long
End Type

Private Declare Function GetDeviceCaps Lib "gdi32" _
 (ByVal hdc As Long, ByVal nIndex As Long) As Long

Private Declare Function GetDC Lib "user32" _
 (ByVal hwnd As Long) As Long

Private Declare Function ReleaseDC Lib "user32" _
 (ByVal hwnd As Long, ByVal hdc As Long) As Long

' Funktion gibt Twips per Pixel in x- und y-Richtung zurück
Function TwipsPerPixel() As POINTAPI
    Dim lngDC As Long
    Dim ptDPI As POINTAPI

    On Error GoTo Err_TwipsPerPixel

    ' Ermittle den DisplayContext des Windows-Desktop
    lngDC = GetDC(0)

    If lngDC <> 0 Then
        ' Verhältnis der Pixel pro Inch
        ptDPI.x = GetDeviceCaps(lngDC, 88)
        ptDPI.y = GetDeviceCaps(lngDC, 90)

        ' Es sind immer 1440 Twips pro Inch
        TwipsPerPixel.x = 1440 / ptDPI.x
        TwipsPerPixel.y = 1440 / ptDPI.y
```

```
        ' DisplayContext freigeben
        Call ReleaseDC(0, lngDC)
    End If

Exit_TwipsPerPixel:
    Exit Function

Err_TwipsPerPixel:
    MsgBox "TwipsPerPixel (" & Err.Description & " - " & Err.Number & ")"
    Resume Exit_TwipsPerPixel
End Function
```

Das folgende kleine Programm zeigt Ihnen den Einsatz der Funktion:

```
Sub TestTwipsPerPixel()
    Debug.Print TwipsPerPixel.x, TwipsPerPixel.y
End Sub
```

23.17 Registrierungseinträge

Mit einfachen Access-VBA-Befehlen können Einträge in der Registrierung von Windows 95/98/NT/2000/XP ausgelesen bzw. gesetzt werden. Allerdings können mit den Access-eigenen Registrierungsfunktionen nur Einträge in einem bestimmten Teilbereich der Registrierung verwaltet werden. Deshalb stellen wir Ihnen im Anschluss Prozeduren vor, die mithilfe von Windows-API-Aufrufen auf den gesamten Registrierungsbaum zugreifen können.

23.17.1 Die Access-Registrierungsfunktionen

Access stellt Ihnen dazu die folgenden Befehle zur Verfügung. Mit

```
GetSetting(appname, section, key[, default])
```

wird ein Eintrag aus der Registrierung gelesen, mit

```
GetAllSettings(appname, section)
```

wird ein zweidimensionales Datenfeld mit Registrierungswerten zurückgegeben, mit

```
SaveSetting appname, section, key, setting
```

setzen Sie einen neuen Wert bzw. erstellen Sie einen neuen Eintrag und mit

```
DeleteSetting appname, section[, key]
```

wird ein Eintrag entfernt. Die im folgenden Listing aufgeführten Routinen verwenden die genannten Funktionen. Als Applikationsnamen haben wir hierbei für alle Einträge »Cocktail« über die Konstante conAppName festgelegt.

```
Const conAppName = "Cocktail"

Sub RegEintragSetzen(strSection As String, strKey As String, _
                                                varValue As Variant)
    ' Eintrag in der Registrierung vornehmen
    SaveSetting appname:=conAppName, Section:=strSection, _
                                KEY:=strKey, setting:=varValue
End Sub

Sub RegEintragLöschen(strSection As String, _
                                Optional varKey As Variant)
    If IsMissing(varKey) Then
        DeleteSetting appname:=conAppName, Section:=strSection
    Else
        DeleteSetting appname:=conAppName, _
                                Section:=strSection, KEY:=varKey
    End If
End Sub

Function RegEintragHolen(strSection As String, _
                                strKey As String) As Variant
    RegEintragHolen = GetSetting(conAppName, strSection, strKey)
End Function
```

Mit dem kleinen Testprogramm

```
Sub RegistrierungsTest()
    RegEintragSetzen "StartEinstellungen", "VorabDialogZeigen", 1
End Sub
```

wurde der im folgenden Bild gezeigte Eintrag in der Registrierung erzeugt. Die Registrierung kann mit dem Programm *REGEDIT* angesehen werden, das Sie im Windows-Verzeichnis finden. Die Access-Befehle können nur Registrierungseinträge im Teilbaum HKEY_CURRENT_USER\Software\VB and VBA Program Settings vornehmen.

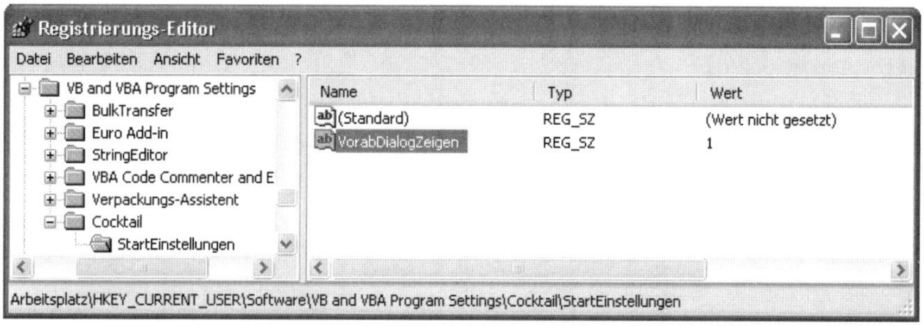

Bild 23.10: Eintrag im Registrierungs-Editor

23.17.2 Allgemeine Registrierungsfunktionen

Mithilfe der im folgenden Listing aufgeführten Routinen können Sie beliebige Registrierungseinträge setzen und abfragen.

```
Option Compare Database
Option Explicit

' Konstanten für Registrierungsfunktionen
Const conREG_SZ As Long = 1
Const conREG_DWORD As Long = 4
Const conHKEY_CLASSES_ROOT = &H80000000
Const conHKEY_CURRENT_USER = &H80000001
Const conHKEY_LOCAL_MACHINE = &H80000002
Const conHKEY_USERS = &H80000003
Const conKeyAllAccess = &H3F

Declare Function RegCloseKey _
    Lib "advapi32.dll" ( _
    ByVal lngHKEY As Long) As Long

Declare Function RegCreateKeyEx _
    Lib "advapi32.dll" _
    Alias "RegCreateKeyExA" _
    (ByVal lngHKEY As Long, ByVal strSubKey As String, _
    ByVal lngReserved As Long, ByVal strClass As String, _
    ByVal lngOptions As Long, ByVal lngDesired As Long, _
    ByVal strSecurityAttributes As Long, lngResult As Long, _
    lngDisposition As Long) As Long
```

```
Declare Function RegOpenKeyEx _
    Lib "advapi32.dll" _
    Alias "RegOpenKeyExA" _
    (ByVal lngHKEY As Long, ByVal strSubKey As String, _
    ByVal lngOptions As Long, ByVal lngDesired As Long, _
    lngResult As Long) As Long

Declare Function RegQueryValueExString _
    Lib "advapi32.dll" _
    Alias "RegQueryValueExA" _
    (ByVal lngHKEY As Long, ByVal strValueName As String, _
    ByVal lngReserved As Long, lngType As Long, _
    ByVal lngData As String, lngData As Long) As Long

Declare Function RegQueryValueExLong _
    Lib "advapi32.dll" _
    Alias "RegQueryValueExA" _
    (ByVal lngHKEY As Long, ByVal strValueName As String, _
    ByVal lngReserved As Long, lngType As Long, lngData As Long, _
    lngData As Long) As Long

Declare Function RegQueryValueExNULL _
    Lib "advapi32.dll" _
    Alias "RegQueryValueExA" _
    (ByVal lngHKEY As Long, ByVal strValueName As String, _
    ByVal lngReserved As Long, lngType As Long, _
    ByVal lngData As Long, lngData As Long) As Long

Declare Function RegSetValueExString _
    Lib "advapi32.dll" _
    Alias "RegSetValueExA" _
    (ByVal lngHKEY As Long, ByVal strValueName As String, _
    ByVal lngReserved As Long, ByVal lngType As Long, _
    ByVal strValue As String, ByVal lngData As Long) As Long

Declare Function RegSetValueExLong _
    Lib "advapi32.dll" _
    Alias "RegSetValueExA" _
    (ByVal lngHKEY As Long, ByVal strValueName As String, _
    ByVal lngReserved As Long, ByVal lngType As Long, _
    lngValue As Long, ByVal lngData As Long) As Long
```

```
' Setzen eines Registrierungseintrags
Public Function SetValueEx _
    (ByVal lngHKEY As Long, strValueName As String, _
    lngType As Long, ByRef varValue As Variant) As Long

    Dim lngValue As Long
    Dim strValue As String

    Select Case lngType
        ' Wert ist vom Typ String
        Case conREG_SZ
            strValue = varValue & Chr(0)
            SetValueEx = RegSetValueExString(lngHKEY, _
                strValueName, 0&, lngType, strValue, Len(strValue))
        ' Wert ist vom Typ DWORD (long)
        Case conREG_DWORD
            lngValue = varValue
            SetValueEx = RegSetValueExLong(lngHKEY, _
                strValueName, 0&, lngType, lngValue, 4)
    End Select
End Function

' Lesen eines Registrierungseintrags
Function QueryValueEx(ByVal lngHKEY As Long, _
                      ByVal strValueName As String, _
                      ByRef varValue As Variant) As Long
    Dim lngCch As Long
    Dim lngRc As Long
    Dim lngType As Long
    Dim lngValue As Long
    Dim strValue As String

    On Error GoTo err_QueryValueEx

    ' Größe und Datentyp bestimmen
    lngRc = RegQueryValueExNULL(lngHKEY, strValueName, 0&, _
                                lngType, 0&, lngCch)
    If lngRc <> conNoError Then
        strValue = ""
        lngRc = -1
    Else
        Select Case lngType
```

```
            ' Für Strings
            Case conREG_SZ:
                strValue = String(lngCch, 0)

                lngRc = RegQueryValueExString(lngHKEY, _
                      strValueName, 0&, lngType, strValue, lngCch)
                If lngRc = conNoError Then
                    varValue = Left(strValue, lngCch)
                Else
                    varValue = Empty
                End If
            ' Für DWORDS (long)
            Case conREG_DWORD:
                lngRc = RegQueryValueExLong(lngHKEY, _
                    strValueName, 0&, lngType, lngValue, lngCch)
                If lngRc = conNoError Then
                    varValue = lngValue
                End If
            Case Else
                'alle anderen Datentypen werden nicht unterstützt
                lngRc = -1
        End Select
    End If

exit_QueryValueEx:
    QueryValueEx = lngRc
    Err.Clear
    Exit Function

err_QueryValueEx:
    Resume exit_QueryValueEx

End Function

' Registrierungswert aus HKEY_CURRENT_USER abfragen
Public Function QueryRegValue(strKeyName As String, _
                              strValueName As String) As Variant

    Dim lngRetVal As Long      ' Ergebniswert der API-Funktion
    Dim lngHKEY As Long        ' Handle des Registrierungseintrags
    Dim varValue As Variant    ' Wert des Registrierungseintrags
```

```
    ' Registrierung öffnen,
    ' lngHKEY enthält anschließend den Zeiger auf den Eintrag
    lngRetVal = RegOpenKeyEx(conHKEY_CURRENT_USER, stbKeyName, 0, _
                                        conKeyAllAccess, lngHKEY)
    ' Abfragen des Werts
    lngRetVal = QueryValueEx(lngHKEY, strValueName, varValue)
    If lngRetVal <> -1 Then
        QueryRegValue = Left(varValue, Len(varValue) - 1)
    Else
        QueryRegValue = ""
    End If
    RegCloseKey (lngHKEY)
End Function
```

23.18 Microsoft Office XP Developer (MOD)

Die Zusatzsoftware Microsoft Office XP Developer (MOD) stellt Komponenten und Hilfswerkzeuge für die Office XP-Programmierung zur Verfügung. Zum Umfang von MOD gehört auch eine Access-Laufzeitversion, die das Betreiben von Access-Datenbanklösungen auf Rechnern ermöglicht, auf denen kein Access eingerichtet ist. MOD muss zusätzlich gekauft werden und gehört nicht zum Lieferumfang des Office-Pakets. MOD hatte für vorangegangene Access-Versionen schon die Namen ODE und ODT. Diese Abkürzungen tauchen immer noch an einigen Stellen auf.

Weitere Informationen zu Microsoft Office XP Developer finden Sie im Internet unter der Adresse *http://www.microsoft.de/office* und ausführlicher, aber in englischer Sprache, unter *http://msdn.microsoft.com* in der *MSDN Library* unter *Office Solutions Development*.

! **MOD Service Release:** Laden Sie sich das neuste MOD-Service Release aus dem Download-Bereich von *http://msdn.microsoft.com*, denn die Originalausgabe von MOD weist eine Reihe von Fehlern auf!

Wir möchten Ihnen in den folgenden Abschnitten einige der Komponenten vorstellen. In Kapitel 20, »ActiveX-Steuerelemente«, haben Sie schon einige der Komponenten kennen gelernt.

23.18.1 Visual Basic-Add-Ins

Zu MOD gehören eine Reihe von Visual Basic-Add-Ins, die Ihnen Programmierunterstützung geben. Um die Add-Ins zu aktivieren, rufen Sie im Visual Basic-Editor *EXTRAS Add-In-Manager* auf. Im Dialogfeld *Add-In-Manager* werden, wie im folgenden Bild zu sehen, die von MOD installierten Add-Ins aufgeführt. Selektieren Sie das gewünschte Add-In und laden Sie es, indem Sie die Option *Geladen/Entladen* anwählen. Kreuzen Sie die Option *Beim Start laden* an, wird das Add-In beim nächsten Start des Visual Basic-Editors automatisch bereitgestellt.

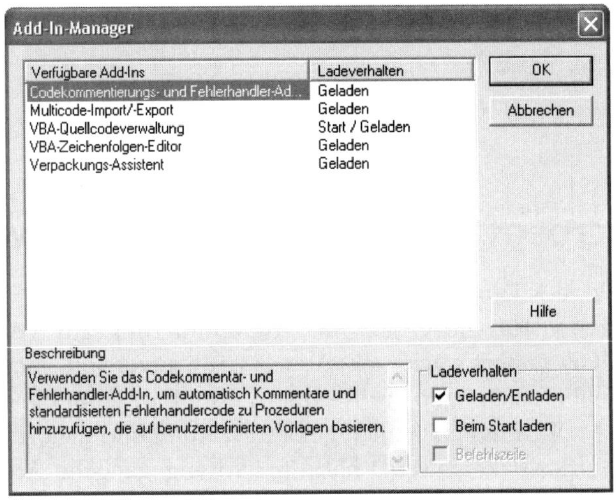

Bild 23.11: Add-In-Manager

Die geladenen Add-Ins können im Visual Basic-Editor über den Menüpunkt *Add-Ins* abgerufen werden.

VBA-Zeichenfolgen-Editor

Der *VBA-Zeichenfolgen-Editor* unterstützt Sie bei der Erstellung von Zeichenketten, insbesondere wenn diese aus vielen Einzelteilen bestehen.

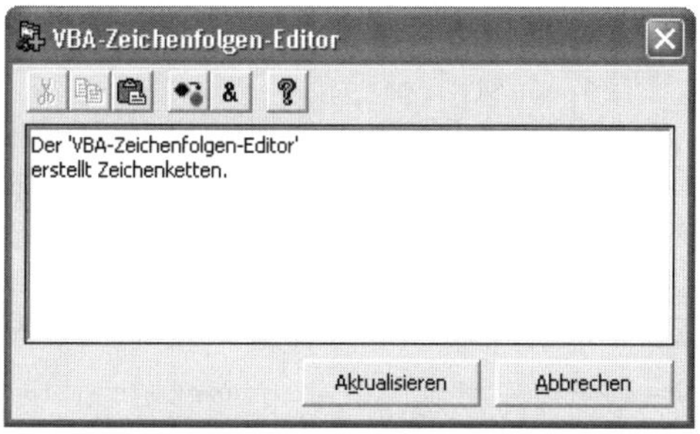

Bild 23.12: VBA-Zeichenfolgen-Editor

Der im Bild oben gezeigte Satz wird vom *Zeichenfolgen-Editor* beispielsweise als

```
"Der 'VBA-Zeichenfolgen-Editor'" & vbNewLine & "erstellt Zeichenketten."
```

in Ihren Code eingefügt.

Codekommentierungs- und Fehlerhandler-Add-In

Kommentieren Sie Ihre VBA-Programme ausreichend? Haben Sie eine Laufzeit-Fehlerbehandlung in alle Prozeduren integriert? Ob ja oder nein, das *Codekommentierungs- und Fehlerhandler-Add-In* unterstützt Sie, indem vorbereitete Kommentarzeilen und Fehlerbehandlungsbefehle in Ihre Programme eingefügt werden.

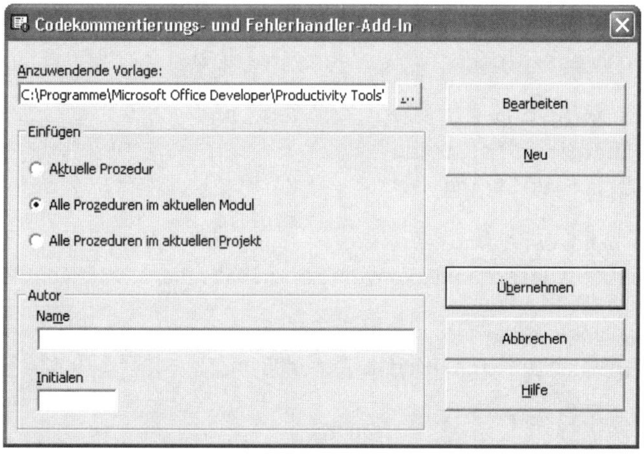

Bild 23.13: Codekommentierungs- und Fehlerhandler-Add-In

Ein typisches Beispiel einer Prozedur mit eingesetzten Kommentaren und Fehlerbehandlung zeigt das folgende Listing:

```
Sub DatenbankenKonvertieren( _
        strOriginalPfad As String, _
        strZielPfad As String, _
        Optional FileFormat As AcFileFormat = acFileFormatAccess2000)
' VBA-Codekommentierungs- und Fehlerhandler-Add-In hat
' einen Codeheader eingefügt
'=============================================================
' basDatenbankenKonvertieren.DatenbankenKonvertieren
'-------------------------------------------------------------
' Zweck
' Autor : RA, Sonntag, 10. April 2005
' Hinweise :
'-------------------------------------------------------------
' Parameter
'-----------
' strOriginalPfad (String)
' strZielPfad (String)
' FileFormat (Optional) (AcFileFormat)
'-------------------------------------------------------------
' Rückgaben:
'-------------------------------------------------------------
' Revisionsverlauf
'-------------------------------------------------------------
' Sonntag, 11. April 2004 :
'=============================================================
' Ende des Codeheaderblocks

    Dim strMDB As String
    Dim strMDBOriginal As String
    Dim strMDBZiel As String

On Error GoTo HandleErr
Call EnterProc("basDatenbankenKonvertieren.DatenbankenKonvertieren")

    ' Erste Datenbank MDB im Ordner ermitteln
    strMDB = Dir(strOriginalPfad & "\*.MDB")

    Do Until strMDB = ""
        strMDBOriginal = strOriginalPfad & "\" & strMDB
        strMDBZiel = strZielPfad & "\" & strMDB
```

```
        ' Datenbank konvertieren
        Application.ConvertAccessProject _
            SourceFilename:=strMDBOriginal, _
            DestinationFilename:=strMDBZiel, _
            DestinationFileFormat:=FileFormat
        ' Nächste MDB-Datenbanken ermitteln
        strMDB = Dir
    Loop

ExitHere:
  Call ExitProc("basDatenbankenKonvertieren.DatenbankenKonvertieren")
  Exit Sub

' VBA-Codekommentierungs- und Fehlerhandler-Add-In hat Fehlerhandlerblock
' hinzugefügt. Dieser Codeblock darf NICHT bearbeitet werden.
' Automatischer Fehlerhandler zuletzt aktualisiert am
' Sonntag, 7. April 2005 21:31:06
HandleErr:
  Select Case Err.Number
    Case Else
      MsgBox "Error " & Err.Number & ": " & Err.Description, _
            vbCritical, _
            "basDatenbankenKonvertieren.DatenbankenKonvertieren"
  End Select
  Resume ExitHere
' Ende des Fehlerhandlerblocks.
End Sub
```

Unterprogrammaufrufe EnterProc und ExitProc

Das *Codekommentierungs- und Fehlerhandler-Add-In* fügt zwei Aufrufe von nicht vorhandenen Prozeduren ein: `Call EnterProc` und `Call ExitProc`. Sie können die beiden Aufrufe aus der Vorlage für das Add-In löschen. Die Bearbeitung der Vorlage ist in Abschnitt »Vorlage für Codekommentierungs- und Fehlerhandler-Add-In« auf Seite 909 beschrieben. Die Fehler wurden mit dem Service Pack 1 des MODs behoben, dort sind die Aufrufe für die Prozeduren nicht mehr in der Vorlage enthalten. Ein weiterer, allerdings nicht problematischer Fehler wird ebenfalls mit SP1 behoben: Am Ende des Fehlerbehandlungsblock fehlt der Befehl `Resume ExitHere`; wir haben ihn im Listing oben ergänzt.

Mit einem kurzen Programm allerdings können Sie die eigentlich fehlerhaften Aufrufe sinnvoll nutzen. Die beiden Prozeduren waren ja wohl gedacht, um den Eintritt in eine Prozedur bzw. den Austritt mitschreiben zu lassen.

Wir haben dazu eine Tabelle *tblCallstack* angelegt, die die Felder *Nr* (AutoWert), *Modul* (Text), *Prozedur* (Text), *Aktion* (Zahl, Byte) und *Zeit* (Zahl, Long Integer) enthält.

In folgendem Listing haben wir EnterProc und ExitProc realisiert. EnterProc öffnet dabei ein Recordset beim ersten Aufruf der Routine. Beachten Sie, dass Sie für das Schließen des Recordsets mit mrst.Close und das Entfernen des Objekts mit Set mrst = Nothing selbst sorgen müssen.

```
Private mrst As ADODB.Recordset

' Prozedur erwartet "Modul.Prozedur" im Parameter
Public Sub EnterProc(strProcName As String)
    Dim i As Integer

    ' Recordset schon vorhanden?
    If mrst Is Nothing Then
        ' Öffnen des Recordsets
        Set mrst = New ADODB.Recordset
        mrst.Open "tblCallstack", _
                  CurrentProject.AccessConnection, _
                  adOpenStatic, _
                  adLockOptimistic
    End If

    ' Neuen Datensatz hinzufügen
    With mrst
        .AddNew
        i = InStr(strProcName, ".")
        ' Modulname
        !Modul = Left(strProcName, i - 1)
        ' Prozedurname
        !Prozedur = Right(strProcName, Len(strProcName) - i)
        ' Aktion 1 = Enter
        !Aktion = 1
        ' Abgelaufene Zeit in Millisekunden
        !Zeit = Timer
        .Update
    End With
End Sub
```

```
' Prozedur erwartet "Modul.Prozedur" im Parameter
Public Sub ExitProc(strProcName As String)
    Dim i As Integer

    ' Wenn Recordset nicht vorhanden, dann raus
    If mrst Is Nothing Then
        Exit Sub
    End If

    ' Neuen Datensatz hinzufügen
    With mrst
        .AddNew
        i = InStr(strProcName, ".")
        ' Modulname
        !Modul = Left(strProcName, i - 1)
        ' Prozedurname
        !Prozedur = Right(strProcName, Len(strProcName) - i)
        ' Aktion 2 = Exit
        !Aktion = 2
        ' Abgelaufene Zeit in Millisekunden
        !Zeit = Timer
        .Update
    End With
End Sub
```

Sie können die Inhalte der Tabelle *tblCallstack* auswerten, um beispielsweise die Reihenfolge von Prozeduraufrufen sowie die jeweilige Verweildauer in der Routine zu ermitteln.

Vorlage für Codekommentierungs- und Fehlerhandler-Add-In

Das *Codekommentierungs- und Fehlerbehandler-Add-In* verwendet für die einzusetzenden Kommentare und Fehlerbehandlungsbefehle eine Vorlage, normalerweise *C:\Programme\Microsoft Office Developer\Productivity Tools\1031\CC_EH.eht*. Mithilfe der Schaltfläche *Bearbeiten* können Sie die Vorlage verändern oder mit der Schaltfläche *Neu* eine neue Vorlage erstellen.

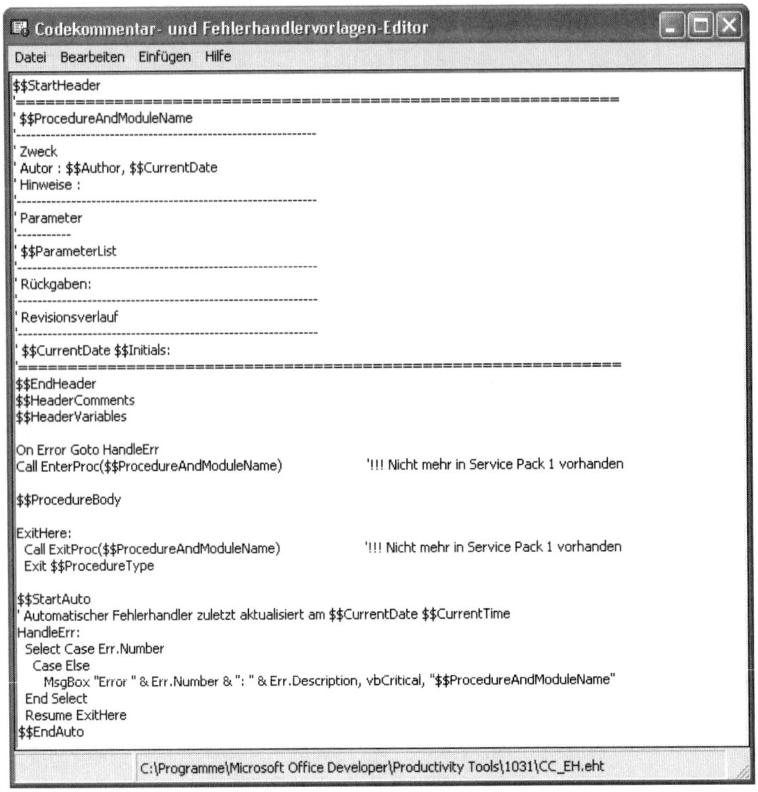

Bild 23.14: Codekommentierung- und Fehlerbehandler-Vorlage

Die Vorlage können Sie nach Belieben verändern, wobei Sie die folgenden Platzhalter verwenden können.

Tabelle 23.19: Platzhalter

Platzhalter	Beschreibung
$$Author	Autor; wie im Dialogfeld angegeben
$$CurrentDate	Datum; wie im Dialogfeld angegeben
$$CurrentTime	Zeit; wie im Dialogfeld angegeben
$$EndAuto	Wird durch »Ende des Codeheader-Blocks« ersetzt
$$HeaderVariable	Platzhalter für eine beliebige Anzahl von Zeilen mit `Dim`- und/oder `Static`-Festlegungen direkt nach der Prozedurdefinition und anschließenden Kommentar- oder Leerzeilen
$$Initials	Initialen

Tabelle 23.19: Platzhalter (Fortsetzung)

Platzhalter	Beschreibung
$$ParameterList	Parameter der kommentierten Funktion/Subroutine
$$ProcedureAndModuleName	Name der Funktion/Subroutine mit vorangestelltem Modulnamen
$$ProcedureBody	Prozedurinhalt, d.h., alle Zeilen nach den Variablendefinitionen (siehe $$HeaderVariable) und vor `End Sub/End Function/ End Property`
$$ProcedureName	Projektname
$$StartAuto	Zeigt den Beginn einer eingefügten Fehlerbehandlungsroutine an
$$EndAuto	Zeigt das Ende einer eingefügten Fehlerbehandlungsroutine an
$$HeaderComments	Platzhalter für eine beliebige Zahl von Kommentar- oder Leerzeilen direkt nach der Prozedurdefinition, vor den ersten Befehlen.
$$ProcedureType	Art der kommentierten Routine, also `Function`, `Sub` oder `Property`
$$StartHeader	Wird durch »VBA-Codekommentar- und Fehlerhandler-Add-In hat einen Codeheader eingefügt« ersetzt

Beachten Sie, dass eine Vorlagendatei entweder `$$StartHeader` und `$$EndHeader` oder `$$StartAuto` und `$$EndAuto` enthalten muss, um als gültige Vorlagendatei erkannt zu werden.

Codebibliothek

Die *Codebibliothek* ermöglicht einen Zugriff auf spezielle Bibliotheken, in denen Routinen und Programmteile gespeichert sind, die Sie in Ihre Applikationen kopieren können. Microsoft stellt eine große Bibliothek *codelib.clb* mit Office-Programmierbeispielen zur Verfügung. Alle Beispiele können Sie in Ihren Applikationen einsetzen. Die Codefragmente und Funktionen können über die Zwischenablage in Ihre Programme kopiert oder als Dateien gespeichert werden.

Die *Codebibliothek* finden Sie im Windows-Startmenü unter *Programme/Microsoft Office XP Developer*. Laden Sie dort die mitgelieferte Bibliothek *codelib.clb*.

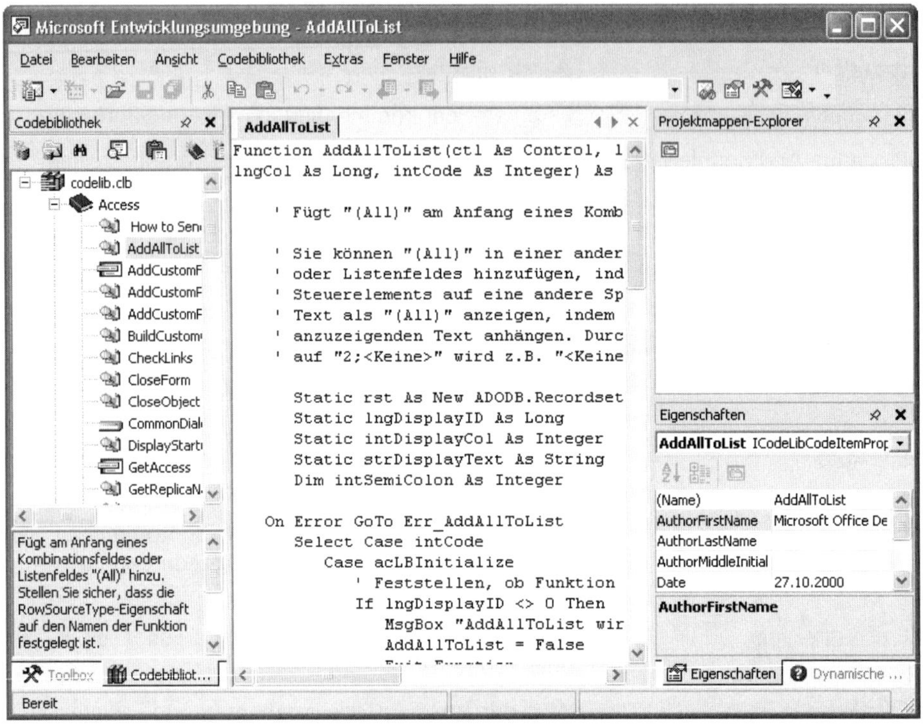

Bild 23.15: Codebibliothek

Zusätzlich zum Codebibliothek-Programm, das Ihnen die Bearbeitung vorhandener sowie das Anlegen neuer Bibliotheken ermöglicht, liefert Microsoft den *Codebibliothek-Viewer*. Es erlaubt das Ansehen vorhandener Bibliotheken, aber kann die Inhalte nicht verändern. Hilfreich ist übrigens die Suchfunktion: Sie können sich so schnell zu einem bestimmten Stichwort Suchergebnisse im Fenster unten rechts anzeigen lassen.

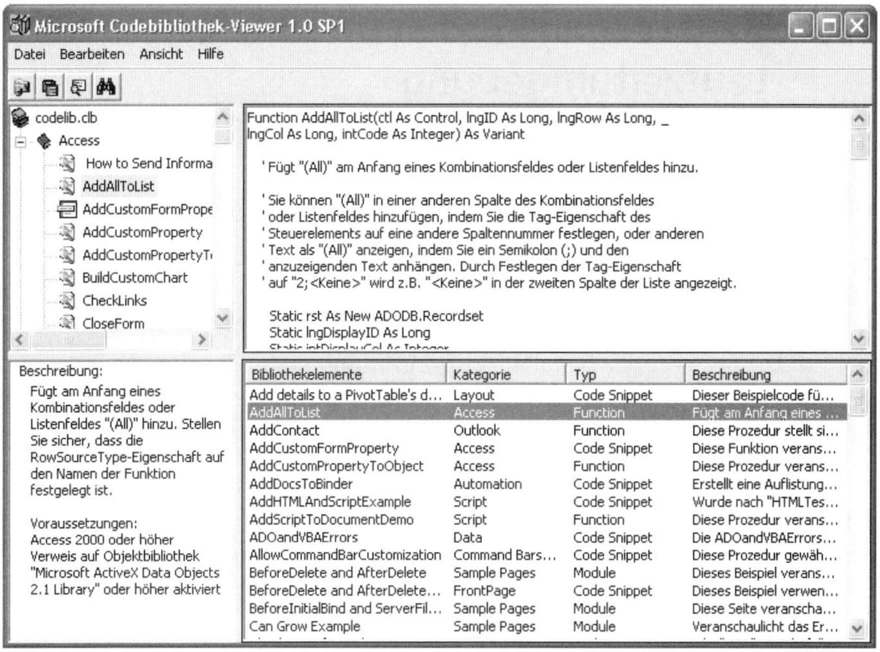

Bild 23.16: Codebibliothek-Viewer

23.18.2 Weitere MOD-Programme und -Elemente

Mithilfe des *VBA-Multicode-Import/Export*-Add-Ins können VBA-Module und -Klassenmodule importiert und exportiert werden, um sie beispielsweise mit anderen Office-Applikationen oder Visual Basic 6 auszutauschen.

Mit MOD wird *Visual SourceSafe* ausgeliefert, das eine Verwaltung und Kontrolle Ihrer Programme ermöglicht. Dies ist insbesondere dann hilfreich, wenn mehrere Programmierer gleichzeitig an der gleichen Anwendung arbeiten.

Die mit MOD ausgelieferten ActiveX-Steuerelemente werden zum größten Teil in Kapitel 20, »ActiveX-Steuerelemente«, beschrieben.

Der *Replikationsmanager* von MOD wird nicht in diesem Buch erläutert. Er erweitert die Replikationsmöglichkeiten von Access.

Auch die Daten-Steuerelemente *Datenumgebungs-Designer* und *Datenbericht-Designer* ebenso wie die Workflow-Komponenten für *Microsoft Exchange Server* und *Microsoft SQL Server* werden im Rahmen dieses Buchs nicht besprochen.

23.19 Verpackungs-Assistent und Access-Laufzeitumgebung

Möchten Sie Ihre Access-Applikationen an andere Anwender weitergeben oder verkaufen, so ist es meistens nicht ausreichend, einfach die MDB- oder MDE-Datei weiterzugeben, denn in ihr verwenden Sie vielleicht ActiveX-Komponenten, die auf dem Zielrechner nicht installiert sind. Außerdem setzt eine MDB- oder MDE-Datei voraus, dass auf dem Zielrechner Access 2002 eingerichtet ist.

Mithilfe der (käuflich zu erwerbenden) Zusatzsoftware *Microsoft Office XP Developer* (MOD) können Sie Installationsprogramme erstellen, die alle benötigten Komponenten auf einem Zielrechner einrichten und erhalten eine Access-Laufzeit-Version (Runtime), die Sie mit Ihren Anwendungen vertreiben können.

Für die Generierung des Installationsprogramms steht Ihnen ein Verpackungs-Assistent zur Verfügung. Mit dem Assistenten können Sie Installationsdateien erzeugen, die Ihre Datenbankanwendung, eine Access-Laufzeitversion und weitere Komponenten beinhalten.

Der *Verpackungs-Assistent* kann im Windows-Startmenü unter *Programme/Microsoft Office XP Developer* aufgerufen werden oder er wird als Add-In im Access-Visual Basic-Editor eingerichtet. Im Visual Basic-Editor aktivieren Sie den Assistenten über *ADD-INS Add-In-Manager*. In der Gruppe *Ladeverhalten* bestimmen Sie, wann das Add-In geladen werden soll (siehe Bild 23.11). Rufen Sie nach dem Laden den Assistenten über *ADD-INS Verpackungs-Assistent* auf.

Im ersten Dialogfeld des Verpackungs-Assistenten bestimmen Sie als Hauptdatei die Access-Datenbankdatei, die als Frontend für den Anwender bestimmt ist. Im weiteren Verlauf können zusätzliche Datenbanken, beispielsweise ein Backend, hinzugefügt werden.

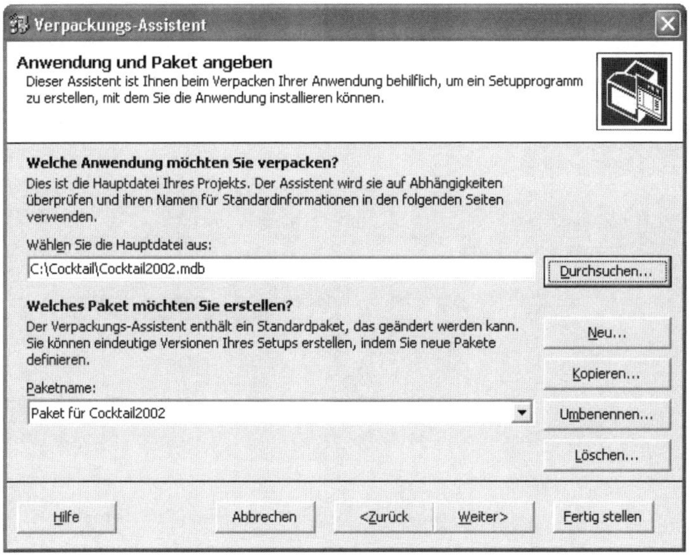

Bild 23.17: Erstes Dialogfeld des Setup-Assistenten

Für das Paket können Sie einen beliebigen Namen festlegen. Alle Informationen über das zu erstellende Installationspaket werden im Ordner der Hauptdatei in einer Datei mit der Endung ».pks« gespeichert. Dies ist übrigens eine Textdatei, die Sie mit dem Windows-Editor anschauen können.

Im nächsten Dialogfeld legen Sie Informationen zu Ihrer Anwendung fest. Das Setup-Programm ermöglicht Ihnen, die Sprache für das Installationsprogramm festzulegen. Beachten Sie, dass hier nur die Sprache für das Setup festgelegt wird, nicht aber die Sprache des Access-Runtimes; diese kann auf einem der folgenden Dialogfelder definiert werden.

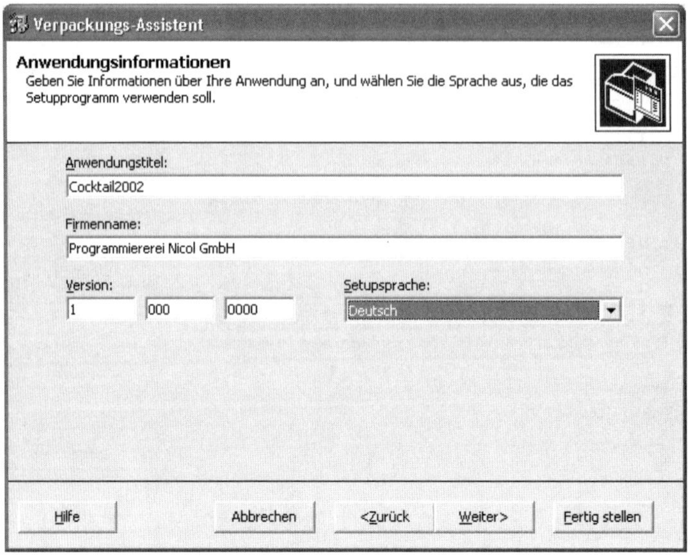

Bild 23.18: Festlegung von Anwendungsinformationen

Der Verpackungs-Assistent durchsucht nun Ihre Datenbank nach Abhängigkeiten, beispielsweise den Datenbanken verknüpfter Tabellen, ActiveX-Komponenten oder Bibliotheken. Die Abhängigkeitsinformationen werden im folgenden Dialogfeld eingeblendet.

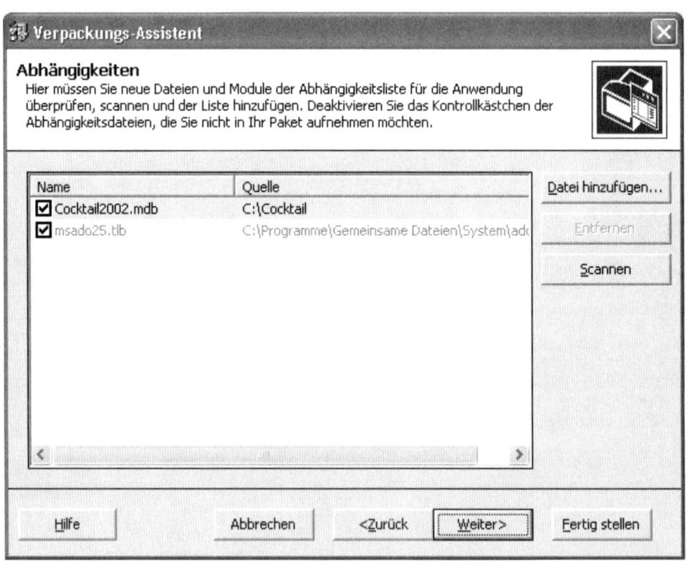

Bild 23.19: Abhängigkeitsinformationen

Mithilfe der Schaltfläche *Datei hinzufügen* können Sie die Liste erweitern, falls der Assistent nicht alle Abhängigkeiten finden konnte oder Sie zusätzliche Dateien, wie Backend-Datenbanken, Anleitungen, Bilder usw. zusätzlich mit dem Setup-Programm installieren lassen möchten.

Fügen Sie zusätzliche MDB-Dateien hinzu, so können diese gescannt werden, um gegebenenfalls weitere Abhängigkeiten zu ermitteln. Dabei werden auch verknüpfte MDB-Tabellen als abhängige Dateien behandelt.

Im nächsten Dialogfeld wird bestimmt, in welchen Ordnern die Dateien auf dem Zielrechner installiert werden sollen.

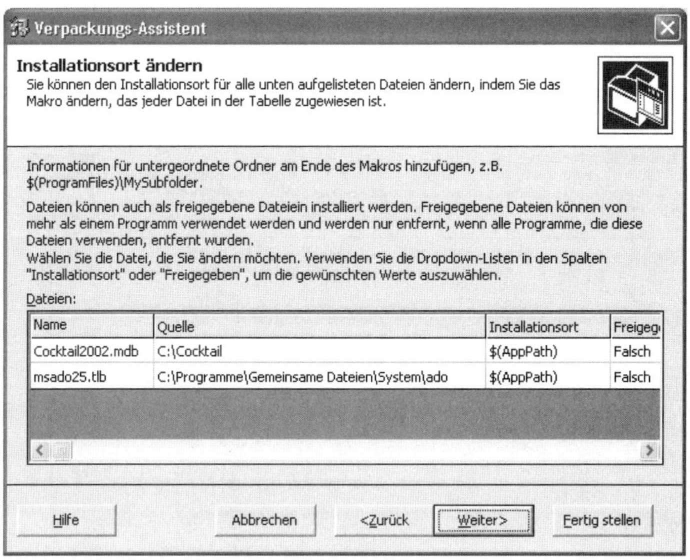

Bild 23.20: Zu installierende Dateien

Für die Spalte *Installationsort* können Sie die folgenden Platzhalter verwenden:

Tabelle 23.20: Platzhalter für Installationsordner

Konstante	Installationsordner
$(AppPath)	\Programme\Anwendungsname
$(WinPath)	\Windows oder \Winnt
$(WinSysPath)	\Windows\System oder \Winnt\System
$(WinSysPathSysFile)	\Windows\System32 oder \Winnt\System32
$(CommonFiles)	\Programme\Gemeinsame Dateien

Tabelle 23.20: Platzhalter für Installationsordner (Fortsetzung)

Konstante	Installationsordner
$(CommonFilesSys)	\Programme\Gemeinsame Dateien\System
$(ProgramFiles)	\Programme
$(MSDAOPath)	\Programme\Gemeinsame Dateien\Microsoft Shared\DAO
$(Font)	\Windows\Fonts oder \Winnt\Fonts

Im folgenden Dialogfeld können Sie festlegen, ob das Access-Runtime, zusätzliche Systemkomponenten sowie der Internet Explorer 5.01 mit in Ihr Setup-Programm aufgenommen werden sollen.

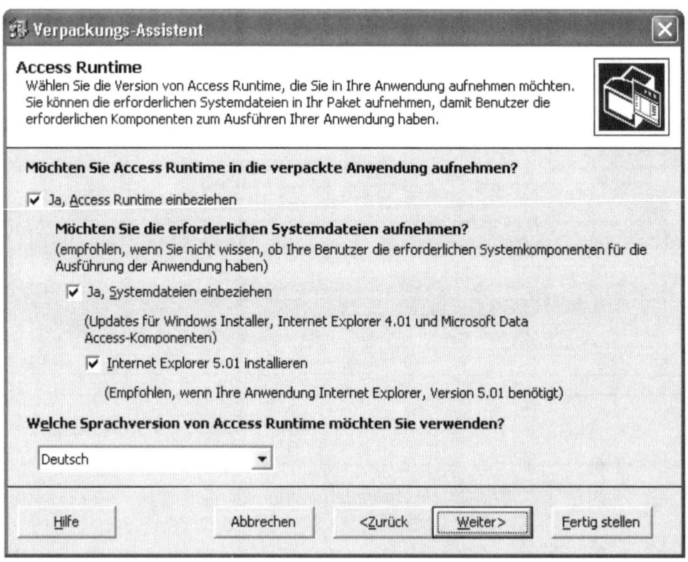

Bild 23.21: Laufzeitversions-Meldung

Für die Zusammenstellung der Runtime-Version werden Sie beim ersten Durchlauf mit einer gewählten Sprache mit dem folgenden Dialogfeld nach der entsprechenden Office XP- bzw. Access 2002-Original-CD gefragt.

Der Verpackungs-Assistent stellt für jede selektierte Sprache standardmäßig im Ordner *C:\Programme\Microsoft Office Developer\Access Runtime* unter der jeweiligen Ländernummer (1031 für Deutschland) eine Runtime-Version zusammen.

Die Weitergabe der Laufzeitversion ist lizenzfrei, allerdings kann die Größe der Laufzeitversion, je nach abhängigen Komponenten, 150 MByte und mehr betragen.

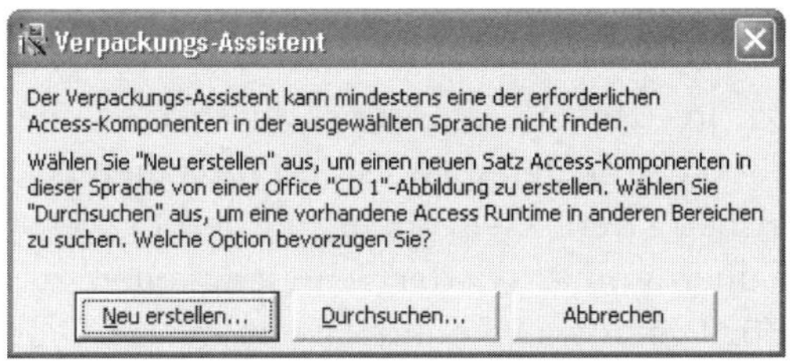

Bild 23.22: Zusammenstellen der Runtime-Version

Zusätzlich zum Access-Runtime können Sie in das Setup-Programm die Microsoft SQL Server 2000 Desktop Engine (siehe Kapitel 26) sowie den Replikations-Manager einbinden lassen.

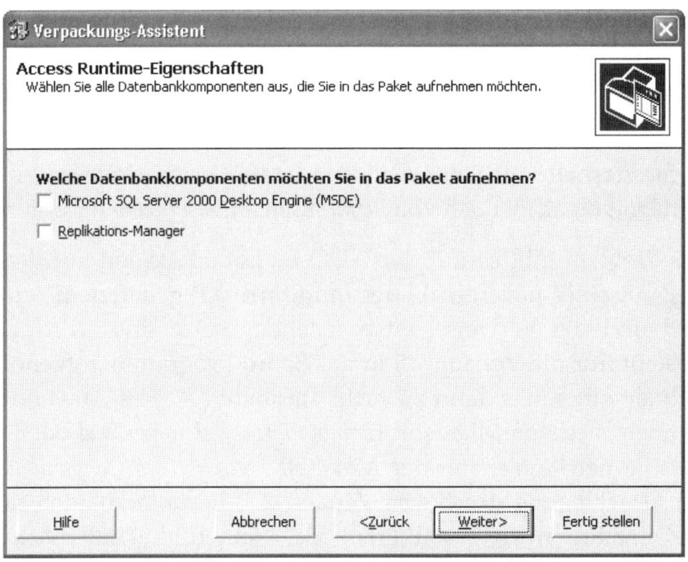

Bild 23.23: Mit MSDE und Replikations-Manager?

In den nächsten Dialogfeldern des Assistenten, die hier nicht abgebildet sind, wird die Position des Aufrufs der als Hauptdatei angegebenen MDB-Datei festgelegt. Das darauf folgende Dialogfeld erlaubt Ihnen die Festlegung eines Programms, dass nach erfolgter Installation ausgeführt werden soll.

Anschließend können Sie im nächsten Dialogfeld bestimmen, ob ein Setup-Programm erstellt wird oder nur das Verpackungsskript (mit Endung .pks) geschrieben wird, ohne das Setup-Programm zu erzeugen.

Probleme mit der Installation

Immer wieder wird in den Newsgroups zu Access, beispielsweise *microsoft.public.de.access*, davon berichtet, dass es zu Problemen bei der Installation auf Zielrechnern kam. Insbesondere Zielrechner mit den Betriebssystemen Windows 98, Me oder NT scheinen immer wieder Schwierigkeiten zu bereiten. Wenn Sie z.B. die Installation für Windows 98 oder Me von einer CD aus durchführen, die Installationsdateien also schreibgeschützt sind, so erhalten Sie die Fehlermeldung, dass ein Pfad bzw. eine Datei nicht gefunden wurden. Das gleiche Problem tritt auf, wenn die *Microsoft SQL Server Desktop Engine* (MSDE) in die Installation aufgenommen wurde und von CD installiert wird.

Probleme gibt es auch, wenn eine MDB-Datei, die installiert werden soll, verknüpfte Tabellen zu Oracle- oder IBM AS/400-Datenbanken enthält. Hier ist es am sinnvollsten, die Verknüpfungen herauszunehmen und dann das Setup-Programm erstellen zu lassen. Anschließend rufen Sie die im Verzeichnis *Package\ Support* abgelegte MDB auf und verknüpfen sie neu. Starten Sie dann die Batch-Datei in diesem Ordner, um das Setup-Programm neu zu erstellen.

Installieren Sie deshalb auf jeden Fall das letzte Service Release zu MOD! Sie können es im Download-Bereich von *http://msdn.microsoft.com* herunterladen.

Ein häufiges Problem gibt es mit der ADO-Bibliothek. Wenn auf dem Entwicklungsrechner mit einer neueren als der mit Office XP gelieferten Version 2.5 gearbeitet wird und die Verweise entsprechend gesetzt sind, wird vom Verpackungs-Assistent nur die Version 2.5 in das Setup-Programm aufgenommen. Auf dem Zielrechner führt dies dann zu nicht startbaren Access-Anwendungen. Wir empfehlen Ihnen, sich von Microsoft (*www.microsoft.de/download* oder *www.microsoft.com/data*) die neuste Version der *Microsoft Data Access Components* (MDAC), zur Zeit der Drucklegung des Buchs Version 2.7, herunterzuladen und auf den jeweiligen Zielrechnern zu installieren. Sie können die entsprechende Datei *mdac_typ.exe* vom Setup-Programm mit einrichten lassen und festlegen, dass sie nach Abschluss der Installation automatisch gestartet wird. Auf der Website *www.microsoft.com/data* stellt Microsoft übrigens einen *Component Checker* bereit, mit dessen Hilfe Sie die MDAC-Version eines Rechners bestimmen können.

23.20 Einsatz der Access-Laufzeitversion

Entwickeln Sie Access-Anwendungen, die mit der Laufzeitversion von Access eingesetzt werden sollen, so müssen Sie bei der Entwicklung auf die Unterschiede der Laufzeitversion zur Vollversion von Access achten.

In der Laufzeitumgebung werden das Datenbank-, das Makro- und das Modulfenster sowie die Entwurfsansichten von Tabellen, Abfragen, Formularen und Berichten ausgeblendet, ebenso wie die Dialogfelder für Filter. Diese Fenster und Ansichten sind zwar nach wie vor vorhanden, werden von der Laufzeitumgebung aber nicht angezeigt. Alle Befehle, mit denen Anwender Änderungen an der Datenbank vornehmen könnten, sind nicht zugänglich. Darüber hinaus werden alle eingebauten Access-Symbolleisten deaktiviert.

Am besten ist es, für Ihre Anwendung eigene Menüs und Symbolleisten zu erstellen. Damit vermeiden Sie eine ungewollte Fehlbedienung Ihrer Anwendung und können auf die Access-Menüs verzichten.

Ihre Anwendung muss ein Start-Formular haben, von dem aus zu allen Formularen und Berichten verzweigt werden kann, denn in der Laufzeitversion ist das Datenbankfenster für den Aufruf von Formularen und Berichten nicht erreichbar.

Wichtig ist, dass Sie eine komplette Fehlerbehandlung Ihrer Visual Basic-Prozeduren in Ihre Anwendung einfügen. Wenn die Laufzeitversion auf einen unbehandelten Visual Basic-Laufzeitfehler stößt, wird die Anwendung geschlossen, ohne dass eine Fehlermeldung gezeigt wird. Die Anwendung wird ebenfalls bei Makrofehlern ohne Meldung beendet. Da Makrofehler nicht abfangbar sind, sollten Sie auf den Einsatz von Makros verzichten.

23.20.1 Simulation der Laufzeitumgebung

Möchten Sie Ihre Anwendung zusammen mit der Laufzeitumgebung weitergeben oder vertreiben, so ist es notwendig, das Programm mit der Laufzeitversion zu testen.

Im ersten Fall erstellen Sie mithilfe des im Abschnitt 23.19 beschriebenen Verpackungs-Assistenten Installationsdateien mit der Laufzeitversion. Installieren Sie die erstellten Setup-Dateien auf Ihrem Rechner, so wird die Laufzeitversion eingerichtet. Zum weiteren Testen Ihrer Anwendung ersetzen Sie die eingerichtete Anwendungs-MDB-Datei jeweils durch die neueste Version.

In der zweiten Variante können Sie mithilfe der Kommandozeilenoption `/runtime` eine normale Access-Version anweisen, die Laufzeitversion zu simulieren. Dies funktioniert auch ohne MOD.

23.20.2 Vollversion oder Laufzeitumgebung?

In vielen Fällen kann es sinnvoll sein, dass sich eine Anwendung in der Access-Vollversion anders verhält als in der Laufzeitversion. Mithilfe der folgenden Funktion können Sie abfragen, ob die Anwendung mit der Laufzeitversion ausgeführt wird.

```
Function IsRuntime() As Boolean

    On Error GoTo err_IsRunTime
    IsRuntime = SysCmd(acSysCmdRuntime)

exit_IsRunTime:
    Exit Function

err_IsRunTime:
    ' Bei Fehler "Ungültiger Prozeduraufruf"
    If Err.Number = 5 Then
        IsRuntime = False
    Else
        MsgBox "Fehler: " & Err.Number & ": " & Err.Description
    End If
    Resume exit_IsRunTime
End Function
```

24 Datensicherheit

24.1 Grundlagen der Access-Sicherheit

Access bietet mehrere Verfahren an, mit denen der Zugriff auf die Daten in Access-Datenbanken gesichert werden kann. Wir möchten Ihnen im Folgenden die Grundlagen der Sicherheitsverfahren vorstellen. Die Sicherung von VBA-Programmen, Formularen, Berichten per MDE-Datenbank usw. haben wir Ihnen schon im vorangegangenen Kapitel im Abschnitt 23.7 beschrieben.

24.1.1 Zugriffsrechte

Berechtigungen für den Zugriff auf Daten lassen sich auf Datenbank- oder Benutzerebene vereinbaren.

Zugriffsrechte auf Datenbankebene

Vergeben Sie ein Kennwort für die gesamte Datenbank, muss vor jeder Benutzung der entsprechenden MDB-Datei das Kennwort angegeben werden. Jede Person, die über das Passwort verfügt, hat uneingeschränkten Zugang zur Datenbank.

Um das Kennwort mithilfe des Befehls *EXTRAS Sicherheit Datenbankkennwort zuweisen* einzurichten, muss die Datenbank im exklusiven Modus geöffnet werden. Wählen Sie dazu im Dialogfeld zu *DATEI Öffnen* über die Schaltfläche *Öffnen* die Option *Exklusiv öffnen*.

Mithilfe der folgenden Funktion können Sie das Datenbankkennwort aus einem Programm heraus setzen. Ist noch kein Passwort vereinbart, übergeben Sie für den Parameter `varOldPwd` die leere Zeichenkette "".

```
Function DatenbankPasswortÄndern( _
              ByVal varOldPwd As Variant, _
              ByVal varNewPwd As Variant) As Boolean

   On Error GoTo err_DatenbankPasswortÄndern
```

```
    Dim db As DAO.Database

    Set db = CurrentDb()

    DatenbankPasswortÄndern = False

    db.NewPassword varOldPwd, varNewPwd

    DatenbankPasswortÄndern = True

exit_DatenbankPasswortÄndern:
    Exit Function

err_DatenbankPasswortÄndern:
    Select Case Err.Number
        Case 3033:
            MsgBox "Keine Berechtigung!"
        Case Else
            MsgBox "Fehler " & Err.Number & ": " & Err.Description
    End Select
    Resume exit_DatenbankPasswortÄndern

End Function
```

Datenbankkennwort: Beachten Sie, dass wenn Sie das Datenbankkennwort vergessen, Sie den Zugriff auf Ihre Datenbank verlieren. So richtig sicher ist allerdings das Datenbankkennwort nicht, denn im Internet werden auf einigen Web-Seiten Programme angeboten, die das Datenbankkennwort von Access knacken können sollen!

Zugriffsrechte auf Benutzerebene

Arbeiten mehrere Personen mit der gleichen Datenbank bzw. wird Ihre Anwendungslösung im Netzwerk eingesetzt, beispielsweise als Frontend/Backend-Applikation, ist es sicherer und besser, die Zugriffsrechte auf Benutzerebene zu vergeben. Dabei können detailliert für jeden Benutzer und für Benutzergruppen Rechte zum Lesen, Schreiben, Löschen usw. für alle Bereiche der Datenbank gesetzt werden. Sie können einem Benutzer damit beispielsweise den Zugriff auf die Daten ermöglichen, aber verhindern, dass er Änderungen an der Datenstruktur vornehmen kann.

Durch die Zuordnung von Benutzern zu Benutzergruppen lässt sich die Verwaltung von Berechtigungen vereinfachen, indem entsprechende Rechte an Gruppen vergeben werden. Die Berechtigungen der Gruppe sind dann für jeden Benutzer festgelegt, der zu dieser Gruppe gehört.

24.1.2 Datenbankverschlüsselung

Um ein Lesen der Datenbankinhalte durch Hilfs- oder Textprogramme unter Umgehung von Access zu verhindern, sollten Sie Ihre Datenbanken verschlüsseln. Access chiffriert Ihre Datenbank mit einem internen Schlüssel. Alle Datensätze und Objekte, die in der Datenbank abgelegt werden, sind dann automatisch verschlüsselt. Allerdings hat die Verschlüsselung eine Verschlechterung der Datenbankleistung zur Folge.

Um eine Datenbank zu verschlüsseln, starten Sie Access, ohne eine Datenbank zu laden. Wählen Sie im Menü *EXTRAS Sicherheit Datenbank ver-/entschlüsseln*, um den Vorgang zu starten. Access erzeugt bei der Verschlüsselung eine neue, verschlüsselte Datenbank. Ihr Original bleibt unchiffriert.

Beachten Sie, dass es durch die Verschlüsselung zu Leistungseinbußen zwischen 5% und 15% kommen kann.

24.2 Die Arbeitsgruppeninformationsdatei

Bei der Installation von Access wird automatisch die Standard-Arbeitsgruppeninformationsdatei SYSTEM.MDW (MDW für Microsoft Database Workgroup) angelegt. Darin sind folgende Informationen abgelegt:

- Benutzernamen mit Passwörtern sowie persönlicher ID (PID),
- Gruppennamen und Gruppen-IDs,
- Informationen darüber, welcher Benutzer welcher Gruppe angehört.

Die Zuordnung eines Benutzers zu einer Arbeitsgruppeninformationsdatei wird in der Windows-Registrierung auf dem System des jeweiligen Benutzers gespeichert. Bei einer Frontend/Backend-Verteilung in einer Mehrbenutzerumgebung (siehe Kapitel 23, »Anwendungsentwicklung«) liegt die Access-Datenbank mit den Daten typischerweise auf dem Server. Dort wird auch die Arbeitsgruppeninformationsdatei abgelegt, sodass die Mitglieder der Arbeitsgruppe auf beide Datenbanken Zugriff haben.

! **Die Standard-Arbeitsgruppeninformationsdatei**, die bei der Installation von Access angelegt wird, ist für jede Access-Installation dieselbe. Sie ist somit nicht sicher und lässt sich auch nicht sichern. Brauchen Sie eine gesicherte Datenbank, ist es notwendig, eine neue Arbeitsgruppeninformationsdatei anzulegen.

24.2.1 Eine neue Arbeitsgruppeninformationsdatei anlegen

Mithilfe des Datensicherheits-Assistenten (*EXTRAS Sicherheit Benutzerdatensicherheits-Assistent*) können Sie eine neue Arbeitsgruppeninformationsdatei anlegen, die im Folgenden entweder mit einer bestimmten Datenbank verknüpft ist oder als Standard-Arbeitsgruppeninformationsdatei festgelegt werden kann. Von der Datenbank wird eine ungesicherte Kopie mit der Endung BAK erstellt; die aktuelle Datenbank hingegen wird gesichert und es wird eine Verknüpfung auf die MDW-Datei mit dem Namen der Datenbank auf den Desktop gelegt. Von dort aus lässt sich die Datenbank mit den Einstellungen aus der Arbeitsgruppeninformationsdatei leicht aufrufen.

Soll keine neue Arbeitsgruppeninformationsdatei zu einer bestimmten Datenbank erstellt, sondern die Standard-Arbeitsgruppeninformationsdatei ersetzt werden, klicken Sie die entsprechende Option im zweiten Schritt des Datensicherheits-Assistenten an.

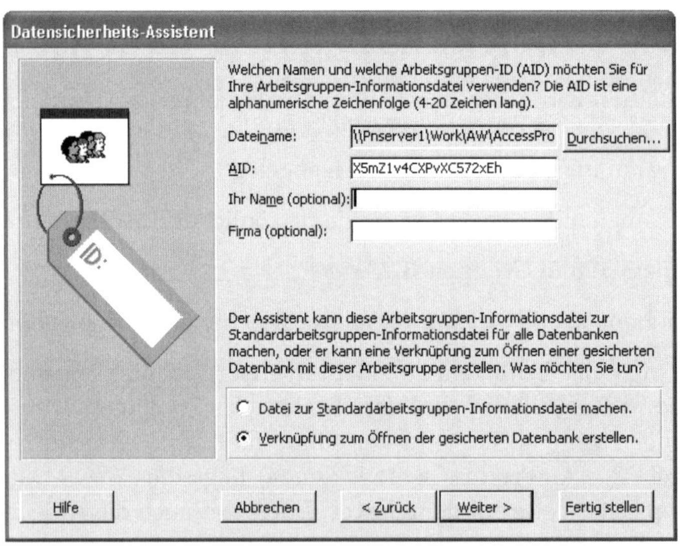

Bild 24.1: Neue Standard-Arbeitsgruppeninformationsdatei oder Verknüpfung erstellen?

Da der Datensicherheits-Assistent standardmäßig die gesamte Datenbank mit allen Objekten sichert, können Sie bei Bedarf im nächsten Schritt des Assistenten bestimmte Objekte ausnehmen.

Das nächste Fenster des Datensicherheits-Assistenten erlaubt es Ihnen festzulegen, welche vordefinierten Benutzergruppen Sie für Ihre Arbeitsgruppeninformationsdatei verwenden möchten.

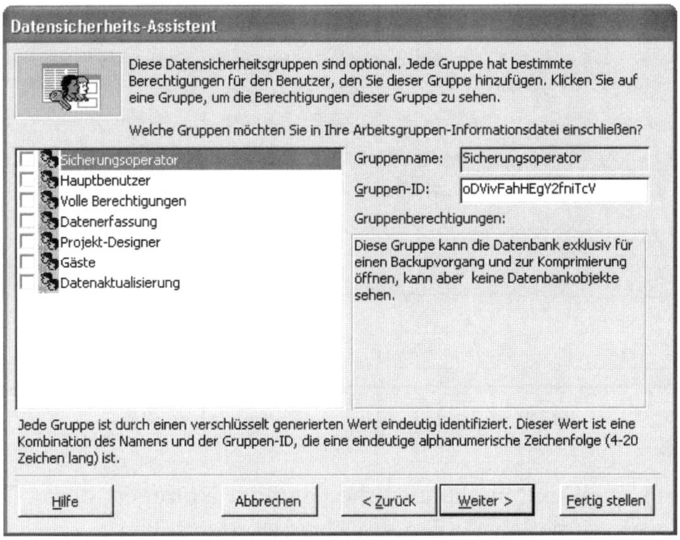

Bild 24.2: Welche Gruppen sollen verwendet werden?

Alle Benutzer, die nicht explizit einer dieser Datensicherheitsgruppen zugewiesen sind, werden die Rechte der Gruppe `Benutzer` übertragen. Die Rechte für diese Standardbenutzer lassen sich im folgenden Dialogfeld definieren. Access schlägt hierbei vor, dem `Benutzer` keinerlei Rechte zu geben, also nicht einmal das Recht, die Datenbank zu öffnen. Möchten Sie einem Standardbenutzer hingegen einige Rechte einräumen, so können Sie diese hier festlegen. Dabei können Sie im Detail bestimmen, welche Rechte dem Benutzer in Tabellen, Abfragen, Formularen oder auch beispielsweise in Modulen eingeräumt werden sollen.

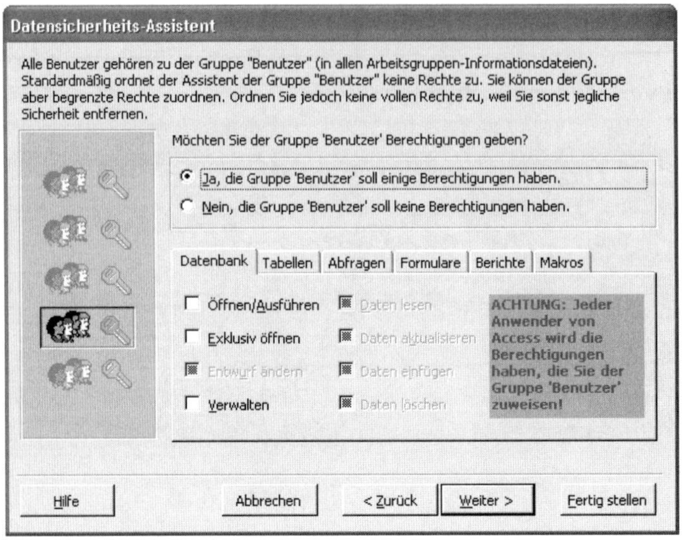

Bild 24.3: Rechte für den Standardbenutzer festlegen

Danach ist es soweit und Sie können die Benutzer eintragen, deren Daten in der Arbeitsgruppeninformationsdatei gespeichert werden sollen.

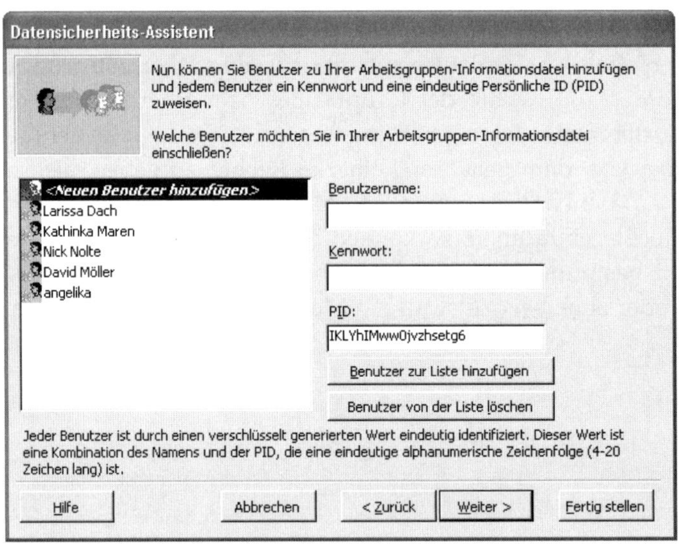

Bild 24.4: Neue Benutzer hinzufügen

Die eingegebenen Benutzer werden dann den ausgewählten Benutzergruppen zugewiesen. Dabei besteht zum einen die Möglichkeit, Benutzer den Benutzergruppen zuzuordnen, zum anderen können Sie auch für bestimmte Benutzergruppen die Benutzer bestimmen.

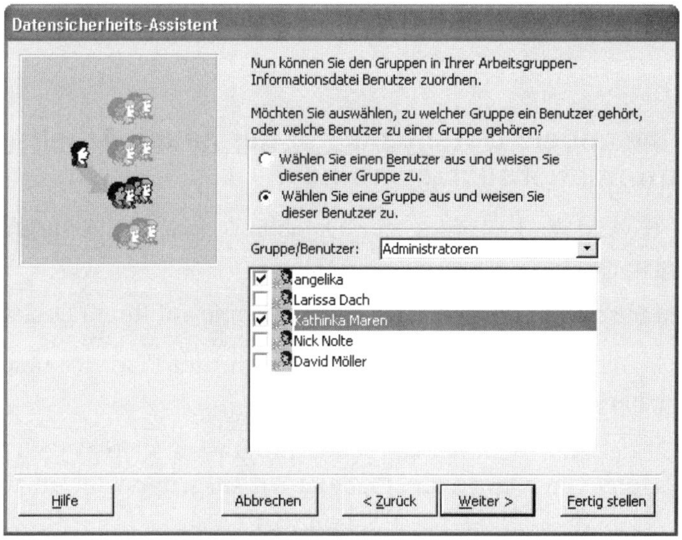

Bild 24.5: Gruppen für Benutzer festlegen

Im letzten Schritt können Sie den Namen der ungeschützten Datenbank festlegen. Klicken Sie dann auf die Schaltfläche *Fertig stellen*, wird eine neue Arbeitsgruppeninformationsdatei erstellt (oder eine existierende geändert) und die Datenbank gesichert. Zudem entfernt der Assistent den Benutzer `Admin` aus der Benutzergruppe `Admins` und gibt ihm ein geheimes Passwort.

Ist die Arbeitsgruppeninformationsdatei und die Kopie der Datenbank erstellt, wird ein Bericht mit den Daten der Arbeitsgruppeninformationsdatei angezeigt, der auf Wunsch auch als Snapshot ausgegeben wird. Dieser Bericht ist dann wichtig, wenn Sie aus irgendeinem Grund gezwungen sein sollten, die Arbeitsgruppeninformationsdatei zu rekonstruieren. Da der Bericht sensible Daten enthält, sollten Sie ihn an einem sicheren Ort ablegen.

Neuer Benutzer, neue Benutzergruppe oder Sichern anderer Objekte: Sie können den Benutzerdatensicherheits-Assistenten jederzeit erneut starten, um der Arbeitsgruppeninformationsdatei neue Benutzer oder –gruppen zuzufügen bzw. um neue Objekte zu sichern.

! VBA-Code sichern: Der Benutzerdatensicherheits-Assistent sichert keinen VBA-Code. Um VBA-Code zu sichern, müssen Sie ein Passwort für das VBA-Projekt einführen (*EXTRAS Eigenschaften von...* Registerblatt *Schutz*).

24.2.2 Eine andere Datenbank mit der neuen Arbeitsgruppeninformationsdatei verbinden

- Kopieren Sie die Verknüpfung zur Datenbank, die der Assistent auf Ihren Desktop gelegt hat.
- Aktivieren Sie das Eigenschaftenfenster zur Kopie auf Ihrem Desktop.
- Ändern Sie im Eintrag hinter *Ziel* den Namen und Pfad der ursprünglichen Datenbank in den Namen und Pfad der neuen.

Der Eintrag besteht aus dem ausführenden Programm, gefolgt vom Namen der Datenbank, gefolgt von Namen und Pfad der Arbeitsgruppeninformationsdatei:

```
"C:\Programme\Microsoft Office XP\Office10\MSACCESS.EXE" "C:\Dokumente
und Einstellungen\Benutzername\Eigene Dateien\Access\Cocktails.mdb"
/WRKGRP "C:\ Dokumente und Einstellungen\Benutzername\Eigene
Dateien\Access\Gesichert.mdw"
```

24.2.3 Eine gesicherte Datenbank »entsichern«

Sie können die Sicherung einer Datenbank rückgängig machen, indem Sie so vorgehen:

- Loggen Sie sich als Benutzer der Benutzergruppe `Administratoren` ein.
- Starten Sie den Benutzerdatensicherheits-Assistenten und geben dem Benutzer `Benutzer` volle Rechte.
- Fügen Sie den Benutzer `Administrator` mit dem Befehl *EXTRAS Sicherheit Benutzer- und Gruppenkonten* wieder in die Benutzergruppe »Administratoren« ein und löschen Sie mithilfe der Schaltfläche *Kennwort löschen* sein Passwort.
- Verlassen Sie Access, starten Sie es erneut und loggen Sie sich als `Admin` ein.
- Erstellen Sie eine neue leere Datenbank und importieren Sie alle gesicherten Objekte der Datenbank mit dem Befehl *DATEI Externe Daten Importieren*.

24.3 Benutzer und Benutzergruppen

Bei der Neuerstellung einer Datenbank legt Access standardmäßig zwei Benutzergruppen und einen Benutzer an. Der Benutzer `Admin` oder `Administrator` ist der Benutzer, der von Access automatisch verwendet wird, wenn ein Benutzer eine Datenbank aufruft, für die kein expliziter Schutz vereinbart ist. Der `Administrator` ist Mitglied der Gruppe `Administratoren` (`Admins`) sowie der Gruppe `Benutzer` (`Users`). In die Gruppe der `Benutzer` wird standardmäßig jeder neue Benutzer aufgenommen.

! Namensvergabe: Microsoft vergibt Namen für Benutzer immer im Singular (`Administrator` bzw. `Admin`), Namen für Benutzergruppen hingegen im Plural (`Administratoren` bzw. `Admins`). Halten Sie sich beim Vergeben neuer Namen an diese Regel, damit sich auf den ersten Blick Benutzer- von Gruppennamen unterscheiden lassen.

Nur Mitglieder der Benutzergruppe `Administratoren` können neue Benutzer- oder Gruppenkonten mit *EXTRAS Sicherheit Benutzer- und Gruppenkonten* einrichten, ändern oder löschen.

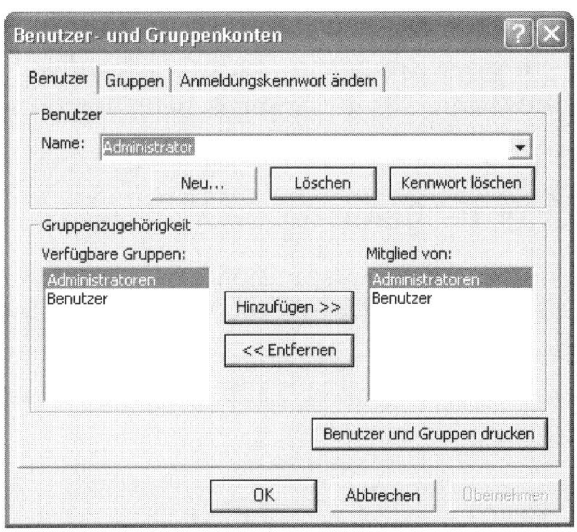

Bild 24.6: Standardbenutzer und -gruppen

! Löschen von Standardbenutzern und -gruppen: Access lässt eine Löschung der Standardbenutzer und -gruppen (`Administrator`, `Administratoren`, `Benutzer`) im Dialogfeld zu *EXTRAS Sicherheit Benutzer- und Gruppenkonten* nicht zu. Theoretisch ließen sich die Standardbenutzer und -gruppen mithilfe von VBA-DAO-Programmen entfernen. Es ist allerdings nicht zu empfehlen.

24.3.1 Einen neuen Benutzer/eine neue Gruppe einrichten

Mithilfe der Schaltfläche *Neu* besteht die Möglichkeit, einen neuen Benutzer (Registerblatt *Benutzer*) oder eine neue Benutzergruppe (Registerblatt *Gruppe*) einzurichten.

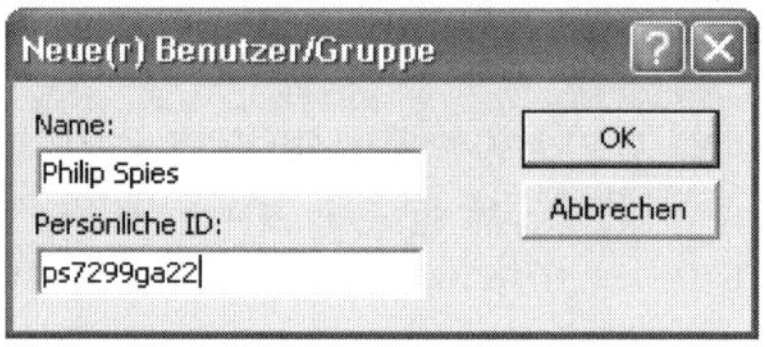

Bild 24.7: Neuen Benutzer einrichten

Dazu muss jeweils eine Sicherheitskennung (personal identifier, PID) gespeichert werden. Sicherheitskennungen können aus 4-20 Zeichen bestehen, dürfen keine Leerzeichen enthalten und unterscheiden Groß-/Kleinschreibung (im Gegensatz zum Namen). Aus dem Namen und der PID wird durch Verschlüsselung für jeden Benutzer und für jede Gruppe ein »security identifier« (SID) erzeugt. Eine einmal eingegebene PID kann nie wieder angesehen oder geändert werden.

24.3.2 Passwörter für Benutzer

Passwörter können nur von dem entsprechenden Benutzer selbst geändert werden. Ein Passwort ist optional. Es kann aus 1-14 Zeichen bestehen und unterscheidet Groß-/Kleinschreibung. Es besteht keine Möglichkeit, sich ein Passwort anzusehen. Ein vergessenes Passwort kann jedoch von einem Mitglied der Gruppe `Administratoren` gelöscht werden.

24.3.3 Die vorgegebenen Konten für Benutzer und Gruppen

Die eingebauten Konten (`Admin`, `Admins` und `Users`) erlauben ein Sicherheitssystem, das »unsichtbar« bleibt, bis es gebraucht und aktiviert wird. Um die Sicherheit einer Datenbank zu gewährleisten, ist es notwendig zu wissen, wie diese eingebauten Konten funktionieren. Dazu beschreibt die folgende Tabelle die drei vorgegebenen Konten.

Tabelle 24.1: Die eingebauten Konten

Konto		Gleiche SID für alle Arbeitsgruppen?	Kommentare
Admin	Benutzer	Ja	Standard-Benutzerkonto
Admins	Benutzergruppe	Nein	Mitglieder haben spezielle Privilegien.
Users	Benutzergruppe	Ja	Alle Benutzer sind Mitglied der Gruppe Users.

Der Benutzer Admin

Alle neuen Arbeitsgruppen enthalten den Benutzer `Admin` ohne Passwort. Normalerweise versucht Access Sie als Benutzer `Admin` ohne Passwort einzuloggen. Nur wenn das misslingt, werden Sie nach Benutzername und Passwort gefragt.

Da jeder `Admin` in jeder Arbeitsgruppe die gleiche Sicherheitskennung (SID) hat, wird der Benutzer `Admin` vom Benutzerdatensicherheits-Assistenten aus der Gruppe `Admins` herausgenommen, um eine Datenbank sichern zu können. Denn sonst kann, wenn die Standard-Arbeitsgruppeninformationsdatei eingespielt wird, jeder unberechtigt und ohne Passwort Ihre Datenbank verwenden.

Die Benutzergruppe Admins

Mitglieder der Benutzergruppe `Admins` haben spezielle unwiderrufliche administrative Rechte. Die Mitgliedschaft in der Benutzergruppe `Admins` kann aber von einem anderen Mitglied der Gruppe `Admins` widerrufen werden. Jedes Mitglied aus `Admins` kann sich alle Rechte an allen Datenbankobjekten in seiner Arbeitsgruppe geben. Zudem haben die Mitglieder aus `Admins` immer die Möglichkeit, Benutzer- und Gruppenkonten in ihrer Arbeitsgruppe zu verwalten.

Standardmäßig erhält die Benutzergruppe `Admins` volle Berechtigung auf alle neuen Objekte, die Sie erstellen.

Die Benutzergruppe Users

Die Benutzergruppe `Users` ist die Default-Benutzergruppe für alle Access-Benutzer. Sowohl alle vorgegebenen als auch alle neuen Benutzer sind standardmäßig Mitglied in `Users`.

Die `Benutzer`-Gruppe verfügt standardmäßig über alle Zugriffsberechtigungen für die einzelnen Access-Objekte.

24.4 Berechtigungen

Die für Benutzer und Benutzergruppen vereinbarten Berechtigungen werden in der eigentlichen Datenbank eingerichtet und gespeichert. Datenbank und Arbeitsgruppeninformationsdatei müssen zueinander passen, damit einem Benutzer ein definierter Zugriff auf die Daten gewährt werden kann. Die Berechtigungen, die in einer Datenbank abgelegt werden, beziehen sich nicht auf Benutzer- oder Gruppennamen, sondern auf den SID.

Für jedes Access-Objekt lassen sich im Dialogfeld zu *EXTRAS Sicherheit Benutzer- und Gruppenberechtigungen* detailliert die Zugriffsrechte für einzelne Benutzer und Benutzergruppen festlegen. Dabei lassen sich auch mehrere Access-Objekte gleichzeitig markieren.

Bild 24.8: Dialogfeld Benutzer- und Gruppenberechtigungen

24.5 Die Rolle des Besitzers

Der Besitzer einer Datenbank bzw. die Besitzer von Access-Objekten haben weitergehende Berechtigungen. Ein Besitzer kann seine Datenbank bzw. seine Objekte immer öffnen.

Der Besitzer einer Datenbank, also der Benutzer, der die Datenbank erstellt hat, kann nicht nachträglich geändert werden. Soll die gesamte Datenbank einen neuen Besitzer erhalten, müssen Sie eine neue Datenbank mit dem Namen und dem Passwort des neuen Besitzers erstellen und anschließend alle Objekte der Originaldatenbank importieren.

In seltenen Fällen müssen die Besitzer für einzelne Objekte der Datenbank geändert werden. Nutzen Sie dazu das folgende Dialogfeld.

Bild 24.9: Besitzer von Objekten

24.6 Programmierung der Sicherheitsfunktionen

Wir möchten Ihnen in den folgenden Abschnitten die Programmierung der Sicherheitsfunktionen mit VBA erläutern. In Access 2002 gibt es drei verschiedene Möglichkeiten, die Sicherheitsdefinitionen zu programmieren:

- Data Access Objects (DAO)
- ActiveX Data Objects Extensions for DDL and Security (ADOX)
- Jet SQL-92

Nur mit DAO stehen Ihnen alle Access- und Jet-Sicherheitsfunktionen zur Verfügung. ADOX unterstützt einige Funktionen nicht oder noch nicht aufgrund eines Fehlers im Jet-OLE DB-Provider, ist aber einfacher zu programmieren. Am einfachsten in der Anwendung sind die Jet-SQL92-Erweiterungen, allerdings können Sie einige Operationen, wie beispielsweise das Abfragen vergebener Berechtigungen, nicht mit SQL durchführen. Mit SQL übrigens sind Sie auf der sicheren

Seite, falls Sie statt auf eine Jet-MDB-Datenbank beispielsweise auf einen Microsoft SQL-Server oder andere SQL-Datenbankserver zugreifen, denn SQL funktioniert im Unterschied zu DAO und ADOX mit jeder SQL92-kompatiblen Datenbank.

24.6.1 Sicherheitsmechanismen mit DAO

Möchten Sie Sicherheitssysteme in DAO programmieren, benötigen Sie zwei Zweige des DAO-Objektmodells:

- Verwenden Sie die Auflistungen `Users` und `Groups`, um Benutzer- und Gruppenkonten zu verwalten.
- Verwenden Sie die Auflistungen `Containers` und `Documents`, um Berechtigungen für Jet- und Access-Objekte zu vergeben.

Der Zusammenhang im DAO-Objektmodell wird in Bild 11.1 in Kapitel 11, »Datenzugriff mit DAO«, verdeutlicht. Die Auflistung der Gruppen `Groups` beinhaltet alle Gruppen. Jede `Group` enthält eine Auflistung `Users`, die die Benutzer beinhaltet. Die Auflistung `Groups` ist Bestandteil eines `Workspace`-Objekts.

Verweis auf DAO-Bibliothek: Für die folgenden Beispiele müssen Sie im VBA-Editor unter *EXTRAS Verweise* einen Verweis auf die DAO 3.6-Bibliothek setzen.

User und Groups

Das folgende kleine Programm gibt alle Gruppen und die dazugehörigen Benutzer aus.

```
Sub GruppenUndBenutzer()
    Dim wrk As DAO.Workspace
    Dim usr As DAO.User
    Dim grp As DAO.Group

    Set wrk = DBEngine.Workspaces(0)
    For Each grp In wrk.Groups
        Debug.Print grp.Name
        For Each usr In grp.Users
            Debug.Print Spc(4); usr.Name
        Next
    Next
End Sub
```

Benutzer und Gruppen lassen sich auch in einer zweiten Variante abfragen:

```
Sub BenutzerUndGruppen ()
    Dim wrk As DAO.Workspace
    Dim usr As DAO.User
    Dim grp As DAO.Group

    Set wrk = DBEngine.Workspaces(0)
    For Each usr In wrk.Users
        Debug.Print usr.Name
        For Each grp In usr.Groups
            Debug.Print Spc(4); grp.Name
        Next
    Next
End Sub
```

Wenn Sie eine der beiden oben aufgeführten Funktionen im Direktbereich aufrufen, so sehen Sie, dass für die Gruppen »Administratoren« und »Benutzer« die englischen Bezeichnungen »Admins« und »Users« ausgegeben werden. Ebenso wird der Benutzer »Administrator« als »Admin« aufgeführt.

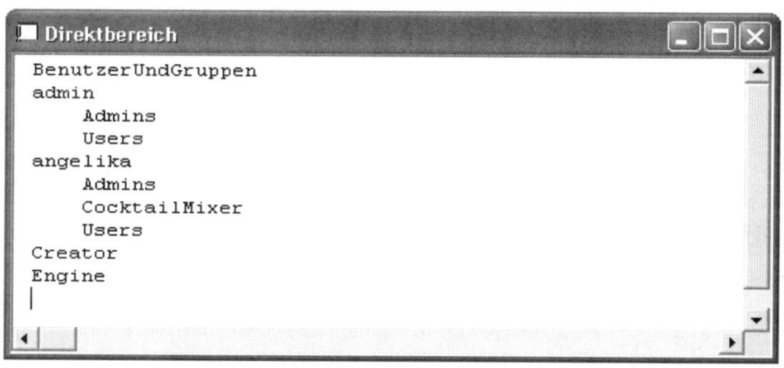

Bild 24.10: Gruppen- und Benutzernamen

Verwenden Sie in Ihren VBA-Programmen auch in der deutschen Version von Access die englischen Gruppen- und Benutzerbezeichnungen. Im Beispiel im Abschnitt »Neuen Benutzer hinzufügen« weiter unten können Sie sehen, dass für das Hinzufügen eines Benutzers zur Gruppe der »Benutzer« die Gruppenbezeichnung »Users« verwendet wird.

Die folgenden Tabellen stellen Ihnen die Eigenschaften und Methoden der Auflistungen und Objekte von Gruppen und Benutzern vor.

Tabelle 24.2: Eigenschaften und Methoden der Auflistungen Users und Groups

Eigenschaft/Methode	Beschreibung
Count	gibt die Anzahl der Benutzer bzw. Gruppen zurück.
Append	fügt einen neuen Benutzer bzw. eine neue Benutzergruppe hinzu.
Delete	löscht einen Benutzer bzw. eine Benutzergruppe.
Refresh	aktualisiert die Auflistung.

Tabelle 24.3: Eigenschaften und Methoden eines User-Objekts

Eigenschaft/Methode	Beschreibung
Name	gibt den Namen eines Benutzers zurück. Für der User-Auflistung hinzugefügte Benutzer kann diese Eigenschaft nur gelesen werden.
Password	kann nur einmal für neue, noch nicht der Auflistung hinzugefügte Benutzer vereinbart werden. Für das Passwort wird zwischen Groß- und Kleinschreibung unterschieden. Das Passwort kann nicht gelesen werden.
PID	kann nur einmal für neue, noch nicht der Auflistung hinzugefügte Benutzer vereinbart werden. Für die PID wird zwischen Groß- und Kleinschreibung unterschieden. Die PID kann nicht gelesen werden.
CreateGroup	erstellt ein neues Gruppenobjekt, das, wenn es der Auflistung Groups des User-Objekts hinzugefügt wird, den Benutzer zu einem Mitglied der Gruppe macht.
NewPassword	ersetzt ein bestehendes Passwort mit einem neuen Passwort.

Tabelle 24.4: Eigenschaften und Methoden eines Group-Objekts

Eigenschaft/Methode	Beschreibung
Name	gibt den Namen einer Gruppe zurück. Für der Groups-Auflistung hinzugefügte Gruppen kann diese Eigenschaft nur gelesen werden.
PID	kann nur einmal für neue, noch nicht der Auflistung hinzugefügte Gruppen vereinbart werden. Für die PID wird zwischen Groß- und Kleinschreibung unterschieden. Die PID kann nicht gelesen werden.
CreateUser	erzeugt ein neues Benutzerobjekt, das, wenn es der Auflistung Users des Group-Objekts hinzugefügt wird, den Benutzer zu einem Mitglied der Gruppe macht.

Neuen Benutzer hinzufügen

Die folgende Funktion fügt einen neuen Benutzer hinzu. Jeder neue Benutzer muss Mitglied der Gruppe »Benutzer« (»Users«) werden. In der Fehlerbehandlung der Prozedur werden die wesentlichen Fehler abgefangen.

```
Function NeuerBenutzer(ByVal strName As String, _
                       ByVal strPID As String, _
                       ByVal strPasswort As String) As Boolean

    On Error GoTo err_NeuerBenutzer

    Dim wrk As DAO.Workspace
    Dim usr As DAO.User

    NeuerBenutzer = False
    Set wrk = DBEngine.Workspaces(0)

    ' Neuen Benutzer erstellen
    Set usr = wrk.CreateUser(strName, strPID, strPasswort)
    wrk.Users.Append usr

    'Benutzer der Gruppe "Benutzer" zuweisen
    usr.Groups.Append wrk.CreateGroup("Users")

    NeuerBenutzer = True

exit_NeuerBenutzer:
    Exit Function

err_NeuerBenutzer:
    Select Case Err.Number
    ' Benutzer/Gruppe existiert schon
        Case 3390:
            MsgBox "Benutzerkonto >" & strName & "< existiert schon."
        Case 3304:
            MsgBox "PID muss zwischen 4 und 20 Zeichen lang sein!"
        Case 3033:
            MsgBox "Keine ausreichende Berechtigung!"
        Case Else
            MsgBox "Fehler " & Err.Number & ": " & Err.Description
    End Select
    Resume exit_NeuerBenutzer
End Function
```

Benutzer zur Gruppe hinzufügen

Im nächsten Listing möchten wir Ihnen eine Funktion vorstellen, die einen vorhandenen Benutzer einer Gruppe zufügt. In der Funktion wird sowohl die Auflistung der Benutzer als auch die der Gruppen aktualisiert, um gegebenenfalls Änderungen der Auflistungen zu berücksichtigen. Wir verwenden hierbei schon die Funktion `BenutzerInGruppe` benutzt, die erst im nächsten Abschnitt vorgestellt wird.

```
Function BenutzerZuGruppeHinzufügen( _
                      ByVal strGroup As String, _
                      ByVal strUser As String) As Boolean
    Dim wrk As DAO.Workspace
    Dim usr As DAO.User
    Dim grp As DAO.Group

    BenutzerZuGruppeHinzufügen = False

    Set wrk = DBEngine.Workspaces(0)

    'Benutzer- und Gruppenauflistungen aktualisieren
    wrk.Users.Refresh
    wrk.Groups.Refresh

    Set usr = wrk.Users(strUser)
    Set grp = wrk.Groups(strGroup)

    'Wenn Benutzer schon Mitglied der Gruppe
    If BenutzerInGruppe(strUser, strGroup) Then
        MsgBox "Benutzer ist schon Mitglied der Gruppe!"
        GoTo exit_BenutzerZuGruppeHinzufügen
    End If

    On Error GoTo err_BenutzerZuGruppeHinzufügen

    'Benutzer der Gruppe hinzufügen
    grp.Users.Append grp.CreateUser(strUser)

    BenutzerZuGruppeHinzufügen = True

exit_BenutzerZuGruppeHinzufügen:
    Exit Function
err_BenutzerZuGruppeHinzufügen:
    Select Case Err.Number
        Case 3265:
            MsgBox "Benutzer oder Gruppe existiert nicht!"
```

```
        Case 3032:
            MsgBox "Benutzer ist schon Mitglied der Gruppe!"
        Case 3033:
            MsgBox "Keine Berechtigung!"
        Case Else
            MsgBox "Fehler " & Err.Number & ": " & Err.Description
    End Select
    Resume exit_BenutzerZuGruppeHinzufügen
End Function
```

Mitgliederbefragung

Häufig wird in Anwendungen abgefragt, ob ein Benutzer Mitglied einer Gruppe ist, um bestimmte Funktionen freizugeben. Die folgende Funktion `BenutzerInGruppe()` gibt den Wert `True` zurück, wenn der angegebene Benutzer Mitglied der Gruppe ist. Geben Sie keinen Benutzer an, wird automatisch der aktuell angemeldete Benutzer für die Mitgliederbefragung verwendet.

```
Function BenutzerInGruppe( _
                ByVal strGroup As String, _
                Optional ByVal varUser As Variant) As Boolean
    Dim wrk As DAO.Workspace
    Dim usr As DAO.User
    Dim grp As DAO.Group
    Dim varGroupName As Variant

    On Error GoTo err_BenutzerInGruppe

    BenutzerInGruppe = False

    Set wrk = DBEngine.Workspaces(0)

    ' Auflistungen aktualisieren
    wrk.Users.Refresh
    wrk.Groups.Refresh

    ' Wenn kein Benutzer angegeben,
    ' aktuellen Benutzer verwenden
    If IsMissing(varUser) Then
        varUser = CurrentUser()
    End If

    ' Fehlerbehandlung für Benutzer
    On Error GoTo err_NoUser
```

```
    Set usr = wrk.Users(varUser)

    ' Fehlerbehandlung für Gruppen
    On Error GoTo err_NoGroup
    Set grp = wrk.Groups(strGroup)

    ' Allgemeine Fehlerbehandlung
    On Error GoTo err_BenutzerInGruppe

    ' Namen des Gruppenobjekts des Benutzers ermitteln
    varGroupName = usr.Groups(strGroup).Name

    ' Wenn der Name vorhanden ist
    If Not IsEmpty(varGroupName) Then
        BenutzerInGruppe = True
    End If

exit_BenutzerInGruppe:
    Exit Function

err_BenutzerInGruppe:
    Select Case Err.Number
        Case 3033:
            MsgBox "Keine Berechtigung!"
        Case Else
            MsgBox "Fehler " & Err.Number & ": " & Err.Description
    End Select
    Resume exit_BenutzerInGruppe

err_NoUser:
    Select Case Err.Number
        Case 3265:
            MsgBox "Benutzer existiert nicht!"
            Resume exit_BenutzerInGruppe
        Case Else
            GoTo err_BenutzerInGruppe
    End Select

err_NoGroup:
    Select Case Err.Number
        Case 3265:
            ' Wenn Gruppe nicht existiert,
            ' kann Benutzer auch kein Mitglied sein
            BenutzerInGruppe = False
```

```
            Exit Function
        Case Else
            GoTo err_BenutzerInGruppe
    End Select

End Function
```

Neues Passwort vergeben

Möchten Sie einem Anwender ermöglichen, sein Passwort innerhalb Ihrer Applikation zu ändern, so können Sie dazu die folgende Funktion einsetzen. Soll ein Passwort für einen Benutzer vereinbart werden, der noch kein Passwort besitzt, so muss als altes Passwort `strOldPwd` eine leere Zeichenkette `""` angegeben werden.

Der Administrator (Admin) kann die Passwörter aller Benutzer ändern. Dabei ist es nicht nötig, dass der Admin das alte Passwort eines Benutzers kennt, d.h., der Parameter `strOldPwd` kann zwar angegeben werden, er wird aber ignoriert.

```
Function PasswortÄndern( _
                ByVal strUser As String, _
                ByVal strOldPwd As String, _
                ByVal strNewPwd As String) As Boolean

    On Error GoTo err_PasswortÄndern

    Dim wrk As DAO.Workspace
    Dim usr As DAO.User

    PasswortÄndern = False

    Set wrk = DBEngine.Workspaces(0)

    Set usr = wrk.Users(strUser)
    usr.NewPassword strOldPwd, strNewPwd

    PasswortÄndern = True

exit_PasswortÄndern:
    Exit Function

err_PasswortÄndern:
    Select Case Err.Number
        Case 3265:
            MsgBox "Benutzer existiert nicht!"
```

```
        Case 3033:
            MsgBox "Keine Berechtigung!"
        Case Else
            MsgBox "Fehler " & Err.Number & ": " & Err.Description
        End Select
    Resume exit_PasswortÄndern

End Function
```

Containers und Documents

Die Verwaltung der Berechtigungen wird in Access mithilfe der Objektauflistungen `Containers` und `Documents` durchgeführt, die zu einem `Database`-Objekt gehören.

Die `Containers`-Auflistung enthält standardmäßig die folgenden zugänglichen Container: `Databases`, `Forms`, `Modules`, `Relationships`, `Reports`, `Scripts` und `Table`. Jeder Container enthält Dokumente, die in der `Documents`-Auflistung des jeweiligen Containers verwaltet werden.

Die `Containers`-Auflistung entspricht dem Datenbankfenster, Sie können also die Container der Auflistung mit den Registerblättern des Datenbankfensters vergleichen. Die auf den einzelnen Registerblättern aufgeführten Tabellen, Abfragen, Formulare usw. entsprechen den Dokumenten der `Documents`-Auflistung jedes Containers.

Das folgende Programm ermittelt die Namen aller Container bzw. der in den Containern enthaltenen Dokumente. Mithilfe der Funktion `PermissionText()` wird eine Zeichenfolge ausgegeben, die die Berechtigungen für das jeweilige Objekt im Klartext enthält.

```
Sub ContainerAndDocuments()
    Dim ctr As DAO.Container
    Dim doc As DAO.Document
    Dim prp As DAO.Property
    Dim db As DAO.Database

    Set db = CurrentDb
    For Each ctr In db.Containers
        Debug.Print ctr.Name
        Debug.Print PermissionText(ctr.Permissions)
        For Each prp In ctr.Properties
            Debug.Print Spc(2); prp.Name; " = "; prp.Value
        Next
```

```
        For Each doc In ctr.Documents
            Debug.Print Spc(4); doc.Name
            Debug.Print Spc(8); PermissionText(doc.Permissions)
            For Each prp In doc.Properties
                Debug.Print Spc(8); prp.Name; " = "; prp.Value
            Next
        Next
    Next
End Sub
```

Die Funktion `PermissionText()` stellt eine Zeichenfolge zusammen, die den als Parameter übergebenen Wert für eine Berechtigung als Folge der Namen der Konstanten enthält. Die Überprüfung auf eine Berechtigung wird mithilfe einer bitweisen `And`-Verknüpfung durchgeführt.

```
Function PermissionText(ByVal lngPerm As Long) As String
    Dim strTmp As String
    Dim varKonst As Variant
    Dim varStrKonst As Variant
    Dim intI As Integer

    varKonst = Array(acSecMacExecute, dbSecDelete, _
                acSecMacReadDef, dbSecDeleteData, acSecMacWriteDef, _
                dbSecFullAccess, acSecFrmRptExecute, dbSecInsertData, _
                acSecFrmRptReadDef, dbSecNoAccess, acSecFrmRptWriteDef, _
                dbSecReadSec, acSecModReadDef, dbSecReadDef, _
                acSecModWriteDef, dbSecReplaceData, dbSecCreate, _
                dbSecRetrieveData, dbSecDBAdmin, dbSecWriteSec, _
                dbSecDBCreate, dbSecWriteDef, dbSecDBExclusive, _
                dbSecWriteOwner, dbSecDBOpen)

    varStrKonst = Array("acSecMacExecute", "dbSecDelete", _
                "acSecMacReadDef", "dbSecDeleteData", _
                "acSecMacWriteDef", "dbSecFullAccess", _
                "acSecFrmRptExecute", "dbSecInsertData", _
                "acSecFrmRptReadDef", "dbSecNoAccess", _
                "acSecFrmRptWriteDef", "dbSecReadSec", _
                "acSecModReadDef", "dbSecReadDef", _
                "acSecModWriteDef", "dbSecReplaceData", _
                "dbSecCreate", "dbSecRetrieveData", "dbSecDBAdmin", _
                "dbSecWriteSec", "dbSecDBCreate", "dbSecWriteDef", _
                "dbSecDBExclusive", "dbSecWriteOwner", "dbSecDBOpen")
```

```
    For intI = 0 To Ubound(varKonst)
        If (lngPerm And varKonst(intI)) = varKonst(intI) Then
            strTmp = strTmp & varStrKonst(intI) & " "
        End If
    Next
    PermissionText = strTmp
End Function
```

Die folgende Tabelle führt die Sicherheitskonstanten und ihre Bedeutung auf. Die Konstanten, die mit `db...` beginnen, beziehen sich auf den Jet-Datenbankkern, während die mit `ac...` eingeleiteten Konstanten ergänzende Berechtigungen von Access beschreiben.

Tabelle 24.5: Sicherheitskonstanten

Konstante	Beschreibung
dbSecNoAccess	erlaubt keinen Zugriff.
dbSecFullAccess	erlaubt vollen Zugriff.
dbSecDelete	erlaubt das Löschen des Objekts.
dbSecReadSec	erlaubt das Lesen der sicherheitsbezogenen Informationen des Objekts.
dbSecWriteSec	erlaubt das Ändern der Zugriffsberechtigungen.
dbSecWriteOwner	erlaubt die Änderung der Owner-Eigenschaft.
dbSecCreate	ermöglicht die Erstellung neuer Dokumente.
dbSecReadDef	erlaubt das Lesen der Tabellendefinition, einschließlich der Spalten- und Indexinformationen.
dbSecWriteDef	erlaubt das Ändern oder Löschen der Tabellendefinition, einschließlich der Spalten- und Indexinformationen.
dbSecRetrieveData	ermöglicht den Abruf von Daten aus dem `Document`-Objekt.
dbSecInsertData	erlaubt das Hinzufügen von Datensätzen.
dbSecReplaceData	erlaubt Änderungen an Datensätzen.
dbSecDeleteData	erlaubt das Löschen von Datensätzen.
dbSecDBAdmin	erlaubt dem Benutzer, die Datenbank replizierbar zu machen und das Datenbankkennwort zu ändern.
dbSecDBCreate	ermöglicht die Erstellung neuer Datenbanken.
dbSecDBExclusive	gestattet exklusiven Zugriff auf eine Datenbank.

Tabelle 24.5: Sicherheitskonstanten (Fortsetzung)

Konstante	Beschreibung
dbSecDBOpen	erlaubt das Öffnen der Datenbank.
acSecFrmRptReadDef	gestattet, das Formular oder den Bericht in der Entwurfsansicht zu öffnen, ohne Änderungen vorzunehmen.
acSecFrmRptWriteDef	erlaubt, das Formular oder den Bericht in der Entwurfsansicht zu ändern oder zu löschen.
acSecFrmRptExecute	erlaubt, das Formular in der Formularansicht oder Datenblattansicht zu öffnen bzw. den Bericht in der Seitenansicht zu drucken oder zu öffnen.
acSecMacReadDef	erlaubt, das Makrofenster zu öffnen und ein Makro anzuzeigen, ohne Änderungen vorzunehmen.
acSecMacWriteDef	gestattet, ein Makro im Makrofenster zu ändern oder zu löschen.
acSecMacExecute	erlaubt, ein Makro auszuführen.
acSecModReadDef	erlaubt, ein Modul zu öffnen, ohne Änderungen vorzunehmen.
acSecModWriteDef	gestattet, den Inhalt eines Moduls zu ändern oder zu löschen.

Abfragen einer Berechtigung

Das in diesem Abschnitt aufgeführte Programm erlaubt die Überprüfung einer Berechtigung. Beispielsweise wird mit dem Aufruf

```
CheckPermission("Forms", "frmCocktail", dbsecFullAccess)
```

ermittelt, ob der aktuelle Benutzer der Datenbank die Berechtigung zum vollen Zugriff `dbsecFullAccess` auf das Formular *frmCocktail* besitzt.

Als Parameter der Funktion `CheckPermission()` sind festgelegt: `strObjType` als Name eines Containers, z.B. »Forms«, »Querys«, »Reports«, usw., `strObjName` als Name des entsprechenden `Documents` und `lngPerm` als die zu überprüfende Berechtigung.

```
Function CheckPermission(ByVal strObjType As String, _
    ByVal strObjName As String, ByVal lngPerm As Long) As Boolean

    Dim db As DAO.Database
    Dim wrk As DAO.Workspace
    Dim cnt As DAO.Container
```

```
    Dim doc As DAO.Document
    Dim fPerm As Boolean

    On Error GoTo err_CheckPermission

    Set db = CurrentDb()
    Set wrk = DBEngine.Workspaces(0)

    CheckPermission = False

    ' Container bestimmen und aktualisieren
    Set cnt = db.Containers(strObjType)
    cnt.Documents.Refresh

    ' Document bestimmen
    Set doc = cnt.Documents(strObjName)
    doc.UserName = CurrentUser()

    CheckPermission = ((cnt.Permissions And lngPerm) = lngPerm)
    Exit Function

err_CheckPermission:
    MsgBox Err.Description & Err.Number
End Function
```

Die Funktion verfügt nur über eine sehr einfache Fehlerbehandlung, die für einen Praxiseinsatz erweitert werden sollte.

24.6.2 Sicherheitsmechanismen mit ADOX

Mit der Bibliothek »ADO Extensions for DDL and Security« stehen Ihnen Funktionen für die Programmierung der Sicherheitsfunktionen zur Verfügung. Einen Überblick über ADOX und sein Datenmodell haben wir Ihnen in Kapitel 10 gegeben.

ADOX stellt Ihnen Auflistungen für alle Benutzer (`Users`) und Gruppen (`Groups`) zur Verfügung. Für jedes dieser Objekte können Berechtigungen abgefragt und vergeben werden.

Verweis auf Bibliothek: Für die folgenden Beispiele müssen Sie im VBA-Editor unter *EXTRAS Verweise* einen Verweis auf die »ADO Ext. for DDL and Security«-Bibliothek setzen.

User und Groups

Auch mit ADOX sollen zunächst alle Gruppen und die dazugehörigen Benutzer ausgegebenen werden.

```
Sub GruppenUndBenutzer_ADOX()
    Dim cat As ADOX.Catalog
    Dim usr As ADOX.User
    Dim grp As ADOX.Group

    Set cat = New ADOX.Catalog
    cat.ActiveConnection = CurrentProject.Connection
    For Each grp In cat.Groups
        Debug.Print grp.Name
        For Each usr In grp.Users
            Debug.Print Spc(4); usr.Name
        Next
    Next
    Set cat = Nothing
End Sub
```

Benutzer und Gruppen lassen sich auch in einer zweiten Variante abfragen:

```
Sub BenutzerUndGruppen_ADOX()
    Dim cat As ADOX.Catalog
    Dim usr As ADOX.User
    Dim grp As ADOX.Group

    Set cat = New ADOX.Catalog
    cat.ActiveConnection = CurrentProject.Connection
    For Each usr In cat.Users
        Debug.Print usr.Name
        For Each grp In usr.Groups
            Debug.Print Spc(4); grp.Name
        Next
    Next
    Set cat = Nothing
End Sub
```

Verwenden Sie in Ihren VBA-Programmen auch in der deutschen Version von Access die englischen Gruppen- und Benutzerbezeichnungen.

Die folgenden Tabellen stellen Ihnen die Eigenschaften und Methoden der Auflistungen und Objekte von Gruppen und Benutzern vor.

Tabelle 24.6: Eigenschaften und Methoden der Auflistungen Users und Groups

Eigenschaft/Methode	Beschreibung
Count	gibt die Anzahl der Benutzer bzw. Gruppen zurück.
Append	fügt einen neuen Benutzer bzw. eine neue Benutzergruppe hinzu.
Delete	löscht einen Benutzer bzw. eine Benutzergruppe.
Refresh	aktualisiert die Auflistung.
Item	verweist auf ein User- bzw. Group-Objekt.

Tabelle 24.7: Eigenschaften und Methoden eines User-Objekts

Eigenschaft/Methode	Beschreibung
Name	gibt den Namen eines Benutzers zurück. Für der User-Auflistung hinzugefügte Benutzer kann diese Eigenschaft nur gelesen werden.
Groups	listet alle Gruppen auf, zu denen der Benutzer gehört.
GetPermissions	ermittelt die Berechtigungen.
SetPermissions	setzt Berechtigungen.
ChangePassword	ändert das Passwort.

Tabelle 24.8: Eigenschaften und Methoden eines Group-Objekts

Eigenschaft/Methode	Beschreibung
Name	gibt den Namen einer Gruppe zurück. Für der Groups-Auflistung hinzugefügte Gruppen kann diese Eigenschaft nur gelesen werden.
GetPermissions	ermittelt die Berechtigungen.
SetPermissions	setzt Berechtigungen.
Users	listet alle Benutzer der Gruppe auf.

Neuen Benutzer hinzufügen

Die folgende Funktion fügt einen neuen Benutzer hinzu. Jeder neue Benutzer muss Mitglied der Gruppe »Benutzer« (»Users«) werden.

```
Function NeuerBenutzer_ADOX(ByVal strName As String, _
                             ByVal strPasswort As String) As Boolean
    Dim cat As ADOX.Catalog

    On Error GoTo err_NeuerBenutzer

    NeuerBenutzer_ADOX = False

    Set cat = New ADOX.Catalog
    cat.ActiveConnection = CurrentProject.Connection

    ' Neuen Benutzer erstellen
    cat.Users.Append strName, strPasswort

    'Benutzer der Gruppe "Benutzer" zuweisen
    cat.Users(strName).Groups.Append "Users"

    NeuerBenutzer_ADOX = True

exit_NeuerBenutzer:
    Set cat = Nothing
    Exit Function

err_NeuerBenutzer:
    MsgBox "Fehler " & Err.Number & ": " & Err.Description
    Resume exit_NeuerBenutzer
End Function
```

Keine PID möglich: Ein Nachteil beim Anlegen neuer Benutzer oder Gruppen mit ADOX ist, dass Sie keine PID angeben können. Damit ist der Benutzer bzw. die Gruppe nicht vollständig gesichert. Mit DAO oder mit SQL können Sie PIDs angeben.

Benutzer zur Gruppe hinzufügen

Im nächsten Listing möchten wir Ihnen eine Funktion vorstellen, die einen vorhandenen Benutzer einer Gruppe zufügt.

```
Function BenutzerZuGruppeHinzufügen_ADOX( _
                    ByVal strGroup As String, _
                    ByVal strUser As String) As Boolean
    Dim cat As ADOX.Catalog
    Dim usr As ADOX.User
    Dim grp As ADOX.Group

    On Error GoTo err_BenutzerZuGruppeHinzufügen

    BenutzerZuGruppeHinzufügen_ADOX = False

    Set cat = New ADOX.Catalog
    cat.ActiveConnection = CurrentProject.Connection

    'Benutzer- und Gruppenauflistungen aktualisieren
    cat.Users.Refresh
    cat.Groups.Refresh

    Set usr = cat.Users(strUser)
    Set grp = cat.Groups(strGroup)

    'Wenn Benutzer schon Mitglied der Gruppe
    If BenutzerInGruppe_ADOX(strGroup, strUser) Then
        MsgBox "Benutzer ist schon Mitglied der Gruppe!"
        GoTo exit_BenutzerZuGruppeHinzufügen
    End If

    'Benutzer der Gruppe hinzufügen
    grp.Users.Append strUser

    BenutzerZuGruppeHinzufügen_ADOX = True

exit_BenutzerZuGruppeHinzufügen:
    Set cat = Nothing
    Exit Function

err_BenutzerZuGruppeHinzufügen:
    MsgBox "Fehler " & Err.Number & ": " & Err.Description
    Resume exit_BenutzerZuGruppeHinzufügen

End Function
```

Mitgliederbefragung

Häufig wird in Anwendungen abgefragt, ob ein Benutzer Mitglied einer Gruppe ist, um bestimmte Funktionen freizugeben. Die folgende Funktion `BenutzerIn-`

Gruppe() gibt den Wert True zurück, wenn der angegebene Benutzer Mitglied der Gruppe ist. Geben Sie keinen Benutzer an, wird automatisch der aktuell angemeldete Benutzer für die Mitgliederbefragung verwendet.

```
Function BenutzerInGruppe_ADOX( _
                ByVal strGroup As String, _
                Optional ByVal varUser As Variant) As Boolean
    Dim cat As ADOX.Catalog
    Dim usr As ADOX.User
    Dim grp As ADOX.Group
    Dim varGroupName As Variant

    On Error GoTo err_BenutzerInGruppe

    BenutzerInGruppe_ADOX = False

    Set cat = New ADOX.Catalog
    cat.ActiveConnection = CurrentProject.Connection

    ' Auflistungen aktualisieren
    cat.Users.Refresh
    cat.Groups.Refresh

    ' Wenn kein Benutzer angegeben,
    ' aktuellen Benutzer verwenden
    If IsMissing(varUser) Then
        varUser = CurrentUser()
    End If

    ' Fehlerbehandlung für Benutzer
    On Error GoTo err_NoUser
    Set usr = cat.Users(varUser)

    ' Fehlerbehandlung für Gruppen
    On Error GoTo err_NoGroup
    Set grp = cat.Groups(strGroup)

    ' Namen des Gruppenobjekts des Benutzers ermitteln
    varGroupName = usr.Groups(strGroup).Name

    ' Wenn der Name vorhanden ist
    If Not IsEmpty(varGroupName) Then
        BenutzerInGruppe_ADOX = True
    End If
```

```
exit_BenutzerInGruppe:
    Exit Function

err_BenutzerInGruppe:
    MsgBox "Fehler " & Err.Number & ": " & Err.Description
    Resume exit_BenutzerInGruppe

err_NoUser:
    Select Case Err.Number
        Case 3265:
            MsgBox "Benutzer/Gruppe existiert nicht!"
            Resume exit_BenutzerInGruppe
        Case Else
            GoTo err_BenutzerInGruppe
    End Select

err_NoGroup:
    Select Case Err.Number
        Case 3265:
            BenutzerInGruppe_ADOX = False
            Exit Function
        Case Else
            GoTo err_BenutzerInGruppe
    End Select
End Function
```

Neues Passwort vergeben

Möchten Sie einem Anwender ermöglichen, sein Passwort innerhalb Ihrer Applikation zu ändern, so können Sie dazu die folgende Funktion einsetzen. Soll ein Passwort für einen Benutzer vereinbart werden, der noch kein Passwort besitzt, so muss als altes Passwort `strOldPwd` eine leere Zeichenkette `""` angegeben werden.

Der Administrator (Admin) kann die Passwörter aller Benutzer ändern. Dabei ist es nicht nötig, dass der Admin das alte Passwort eines Benutzers kennt, d.h., der Parameter `strOldPwd` kann zwar angegeben werden, er wird aber ignoriert.

```
Function PasswortÄndern( _
                ByVal strUser As String, _
                ByVal strOldPwd As String, _
                ByVal strNewPwd As String) As Boolean
    Dim cat As ADOX.Catalog
    Dim usr As ADOX.User

    On Error GoTo err_PasswortÄndern

    PasswortÄndern_ADOX = False

    Set cat = New ADOX.Catalog
    cat.ActiveConnection = CurrentProject.Connection

    cat.Users(strUser).ChangePassword strOldPwd, strNewPwd

    PasswortÄndern_ADOX = True

exit_PasswortÄndern:
    Set cat = Nothing
    Exit Function

err_PasswortÄndern:
    MsgBox "Fehler " & Err.Number & ": " & Err.Description
    Resume exit_PasswortÄndern
End Function
```

Berechtigungen für Benutzer und Gruppen

Über die Methode `SetPermissions` können Sie Berechtigungen für einen Benutzer bzw. für eine Gruppe erteilen oder entziehen. Die vergebenen Berechtigungen können Sie mit der Funktion `GetPermissions` für Benutzer und Gruppen abfragen.

Tabelle 24.9: ADOX-Sicherheitskonstanten

Konstante	Beschreibung
adRightNone	erlaubt keinen Zugriff.
adRightFull	erlaubt vollen Zugriff.
adRightDrop	erlaubt das Löschen des Objekts.
adRightReadPermissions	erlaubt das Lesen der sicherheitsbezogenen Informationen des Objekts.
adRightWritePermissions	erlaubt das Ändern der Zugriffsberechtigungen.
adRightWriteOwner	erlaubt die Änderung der Owner-Eigenschaft (Eigentümer).
adRightCreate	ermöglicht die Erstellung neuer Dokumente.
adRightReadDesign	erlaubt das Lesen der Tabellendefinition, einschließlich der Spalten- und Indexinformationen.
adRightWriteDesign	erlaubt das Ändern oder Löschen der Tabellendefinition, einschließlich der Spalten- und Indexinformationen.
adRightRead	ermöglicht das Lesen von Datensätzen.
adRightInsert	erlaubt das Hinzufügen von Datensätzen.
adRightUpdate	erlaubt Änderungen an Datensätzen.
adRightDelete	erlaubt das Löschen von Datensätzen.
adRightExclusive	kann Datenbank exklusiv öffnen.
adRightExecute	kann ein Objekt ausführen.
adRightWithGrant	erlaubt, Berechtigungen an andere Benutzer zu vergeben.

Abfragen einer Berechtigung

Das in diesem Abschnitt aufgeführte Programm erlaubt die Überprüfung einer Berechtigung. Beispielsweise wird mit dem Aufruf

```
CheckPermission_ADOX("tblCocktail", adRightFull)
```

ermittelt, ob der aktuelle Benutzer der Datenbank die Berechtigung zum vollen Zugriff `adRightFull` auf das die Tabelle *tblCocktail* besitzt. Als Parameter der Funktion `CheckPermission_ADOX()` sind festgelegt: `strObjName` als Name einer Tabelle oder Abfrage und `Permission` als die zu überprüfenden Berechtigungen. `Permission` ist als `ADOX.RightsEnum` definiert. Die Enumeration `RightsEnum` enthält alle Sicherheitskonstanten, die in Tabelle 24.9 aufgeführt sind. Einer der Vorteile, den Parameter als `Enum` und nicht als `Long` (wie beispielsweise im vorangegangenen Abschnitt für DAO) zu definieren, ist, dass beim Schreiben des Programms der VBA-Editor eine Auswahl der möglichen Konstanten für diese Parameter einblendet.

```
Function CheckPermission_ADOX( _
        ByVal strObjName As String, _
        ByVal Permission As ADOX.RightsEnum) As Boolean
    Dim cat As ADOX.Catalog
    Dim usr As ADOX.User
    Dim UserPerm As ADOX.RightsEnum

    On Error GoTo err_CheckPermission

    CheckPermission_ADOX = False

    Set cat = New ADOX.Catalog
    cat.ActiveConnection = CurrentProject.Connection

    ' Aktueller Benutzer
    Set usr = cat.Users(CurrentUser())
    ' Konstante adPermObjTable kann für
    ' Tabellen und Abfragen verwendet werden
    UserPerm = usr.GetPermissions(strObjName, adPermObjTable)
    CheckPermission_ADOX = ((UserPerm And Permission) = Permission)
    Exit Function

err_CheckPermission:
    MsgBox Err.Description & Err.Number
End Function
```

Sowohl für `GetPermissions` als auch für `SetPermissions` muss ein Objekttyp (Parameter `ObjectType`) angegeben werden. Der Objekttyp beschreibt, für welche Art von Objekt die Berechtigung gesetzt oder ermittelt werden soll.

Für Jet-Tabellen und Abfragen kann als `ObjectType` der Wert `adPermObjTable` angegeben werden. Um Berechtigungen für Formulare, Berichte und Makros zu setzen, muss die Konstante `adPermObjProviderSpecific` verwendet werden; zusätzlich ist es notwendig, einen Wert für den Parameter `ObjectTypeID` zu übergeben. Im folgenden Codefragment sind die Konstanten für Formulare, Berichte und Makros abgedruckt.

```
' Konstanten für Berechtigungen
Const conJetForms   = "{c49c842e-9dcb-11d1-9f0a-00c04fc2c2e0}"
Const conJetReports = "{c49c8430-9dcb-11d1-9f0a-00c04fc2c2e0}"
Const conJetMacros  = "{c49c842f-9dcb-11d1-9f0a-00c04fc2c2e0}"
```

24.6.3 Sicherheit mit SQL

In Kapitel 5 haben wir Ihnen die neuen SQL-92-Befehle vorgestellt, die der JET-OLE DB-Provider unterstützt. In diesem Abschnitt möchten wir etwas detaillierter auf die Befehle zur Sicherheit eingehen.

Erstellen neuer Benutzer und Gruppen

Mithilfe des Befehls `CREATE` können Sie neue Benutzer und Gruppen erzeugen. Für neue Gruppen lautet der Befehl:

```
CREATE GROUP Gruppenname PID
```

Für neue Benutzer verwenden Sie:

```
CREATE USER Benutzername Kennwort PID
```

Um einen Benutzer einer Gruppe zuzuordnen, setzen Sie den Befehl

```
ADD USER Benutzername TO Gruppenname
```

ein. Um eine Gruppe zu löschen, verwenden Sie:

```
DROP GROUP Gruppenname
```

Ein Benutzer wird mit

```
DROP USER Benutzername
```

gelöscht. So entfernen Sie die Zugehörigkeit eines Benutzers zu einer Gruppe:

```
DROP USER Benutzername FROM Gruppenname
```

Um das Kennwort eines Benutzers zu ändern, nutzen Sie den Befehl:

```
ALTER USER Benutzername PASSWORD NeuesPasswort AltesPasswort
```

```
ALTER DATABASE PASSWORD NeuesPasswort AltesPasswort
```

ändert das Datenbankpasswort.

Berechtigungen für Objekte und Container können mit den Befehlen `GRANT` und `REVOKE` gewährt und genommen werden. Unter einem Container versteht man die Zusammenfassung einer Art von Objekten, beispielsweise alle Tabellen, alle Abfragen usw.

Die allgemeine Syntax zum Gewähren von Rechten lautet,

```
GRANT {Berechtigung [, Berechtigung2 [, ...]]} ON {TABLE Tabelle | OBJECT
    Objekt | CONTAINER Container} TO {Konto [, Konto2 [, ...]]}
```

wobei als Konto ein Benutzer oder eine Gruppe angegeben werden kann. Die möglichen Konstanten für die Berechtigung zeigt Tabelle 24.10. Um Berechtigungen eines Benutzers oder einer Gruppe zurückzunehmen, verwenden Sie den folgenden Befehl.

```
REVOKE {Berechtigung [, Berechtigung2 [, ...]]} ON {TABLE Tabelle |
    OBJECT Objekt | CONTAINER Container} FROM {Konto [, Konto2 [, ...]]}
```

Tabelle 24.10: SQL-Sicherheitskonstanten

Konstante	Beschreibung
SELECT	erlaubt das Lesen von Datensätzen.
DELETE	erlaubt das Löschen von Datensätzen.
INSERT	erlaubt das Einfügen von Datensätzen.
UPDATE	erlaubt das Aktualisieren von Datensätzen.
DROP	erlaubt das Löschen von Objekten.
SELECTSECURITY	erlaubt das Lesen von Sicherheitseinstellungen eines Objekts.
UPDATESECURITY	erlaubt das Ändern von Sicherheitseinstellungen eines Objekts.
DBPASSWORD	erlaubt das Ändern des Datenbankpassworts.
UPDATEIDENTITY	erlaubt die Änderung von Identitätsspalten (Autowerte).
CREATE	erlaubt das Erstellen neuer Objekte.
SELECTSCHEMA	erlaubt das Lesen der Struktur eines Objekts.
UPDATESCHEMA	erlaubt das Verändern der Struktur eines Objekts.
UPDATEOWNER	erlaubt die Änderung des Eigentümers eines Objekts.

Beispiele

In den folgenden Listings finden Sie einige Beispiele für die Programmierung von Sicherheitsfunktionen mit SQL. Im ersten Listing ist die Lösung für das Anlegen eines neuen Benutzers angegeben.

```
Function NeuerBenutzer_SQL(ByVal strName As String, _
                           ByVal strPID As String, _
                           ByVal strPasswort As String) As Boolean

    On Error GoTo err_NeuerBenutzer

    Dim cnn As ADODB.Connection

    NeuerBenutzer_SQL = False

    If (Len(strPID) < 4 Or Len(strPID) > 20) _
            And Not Len(strPID) = 0 Then
        MsgBox "PID muss zwischen 4 und 20 Zeichen lang sein!"
        Exit Function
    End If

    Set cnn = CurrentProject.Connection

    ' Neuen Benutzer erstellen
    cnn.Execute "CREATE USER " & _
                    strName & " " & _
                    strPasswort & " " & _
                    strPID

    'Benutzer der Gruppe "Benutzer" zuweisen
    cnn.Execute "ADD USER " & strName & " TO Users"

    NeuerBenutzer_SQL = True

exit_NeuerBenutzer:
    Exit Function

err_NeuerBenutzer:
    MsgBox "Fehler " & Err.Number & ": " & Err.Description
    Resume exit_NeuerBenutzer
End Function
```

Die folgende Funktion ändert das Kennwort eines Benutzers.

```
Function PasswortÄndern_SQL( _
                ByVal strUser As String, _
                ByVal strOldPwd As String, _
                ByVal strNewPwd As String) As Boolean

    On Error GoTo err_PasswortÄndern

    Dim cnn As ADODB.Connection

    PasswortÄndern_SQL = False

    Set cnn = CurrentProject.Connection

    cnn.Execute "ALTER USER " & strUser & _
                " PASSWORD " & strNewPwd & " " & strOldPwd

    PasswortÄndern_SQL = True

exit_PasswortÄndern:
    Exit Function

err_PasswortÄndern:
    MsgBox "Fehler " & Err.Number & ": " & Err.Description
    Resume exit_PasswortÄndern

End Function
```

sieben

Teil

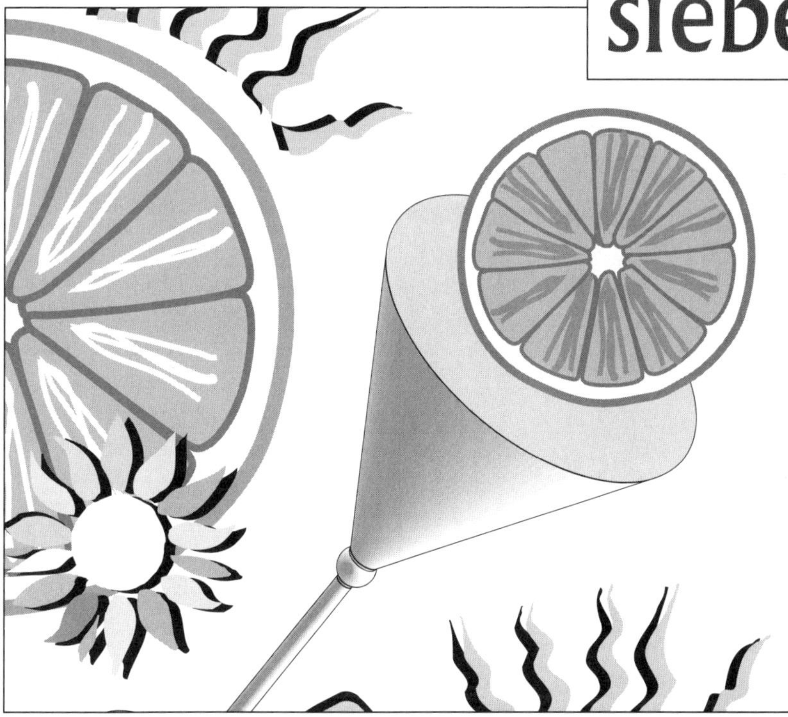

Client/Server-Verarbeitung mit Access

25 Client/Server-Verarbeitung

Kaum ein Thema hat die Datenverarbeitung in den letzten Jahren so geprägt wie »Client/Server«, allerdings ist die Spannweite der Systeme beachtlich, die als Client/Server-Systeme bezeichnet werden. Vom PC, der als Client an einem Netzwerk-Server hängt, bis hin zu weltumspannenden Systemen reicht die Palette der so genannten Client/Server-Systeme. Das momentan meistgenutzte Client/Server-System ist das Internet: Viele Server bedienen Clients, die mit einem Browser wie Microsoft Internet Explorer oder Netscape Navigator arbeiten. Alle im Weiteren erläuterten Varianten der Client/Server-Verarbeitung lassen sich auch im Internet oder Intranet realisieren.

Wir möchten Ihnen in diesem Kapitel einen allgemeinen Überblick über Client/Server-Verarbeitung geben und dann auf die Möglichkeiten eingehen, die Access für Client/Server-Umgebungen bietet.

25.1 Das Client/Server-Modell

Drei große Bereiche können bei der Client/Server-Verarbeitung unterschieden werden: Präsentation der Daten, Applikationsfunktionen und Datenmanagement. Diese drei Funktionalitäten lassen sich auf verschiedene Weise zwischen Client und Server verteilen.

Das folgende Bild zeigt die möglichen Verteilungsvarianten zwischen Client und Server. Links bzw. oben sind die englischen Begriffe eingesetzt, rechts und unten sind die deutschen Entsprechungen zu sehen.

Die Begriffe sind weder im Englischen noch im Deutschen in der Literatur, dem Sprachgebrauch der Hersteller und den Definitionen in Normen und Standard einheitlich.

Prinzipiell lassen sich für die Verteilung der verschiedenen Aufgaben zwischen Client und Server sechs Fälle unterscheiden. Wir beschränken uns zuerst nur auf das direkte Zusammenspiel zwischen Client und Server. Die Verbindung zwischen Client und Server wird über ein Netzwerk hergestellt.

Möglich sind auch mehrstufige Architekturen: ein Client arbeitet mit einem Server zusammen, der wiederum an einem weiteren Server hängt und so weiter. Wir kommen auf diese Varianten weiter unten zu sprechen.

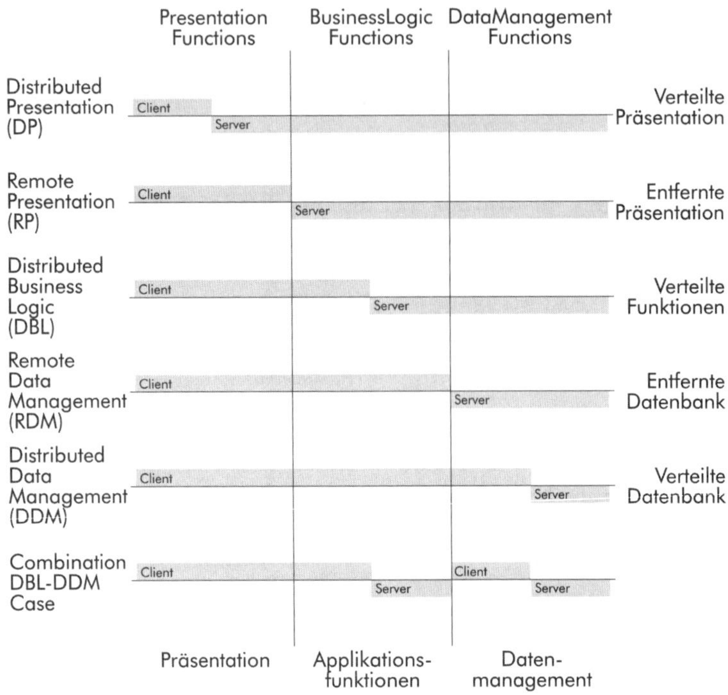

Bild 25.1: Das Client/Server-Modell

Zuerst möchten wir Ihnen eine kurze Definition der im Bild verwendeten Begriffe Präsentation, Applikationsfunktionen und Datenmanagement geben.

Präsentation: Unter Präsentation ist die gesamte Darstellung der Daten für den Benutzer am Bildschirm zusammengefasst, unabhängig davon, ob die Daten in einer grafischen Benutzeroberfläche oder in einer alphanumerischen Darstellung gezeigt werden. Zur Präsentation zählen alle Funktionen, die sich mit der Darstellung beschäftigen, beispielsweise Formatierung der Daten oder die Reaktion auf Tastatureingaben oder Mausbewegungen.

Applikationsfunktionen: Unter den Applikationsfunktionen sind alle Funktionen zusammengefasst, die sich nicht mit der Präsentation oder mit der Ein- und Ausgabe von Daten in die Datenbank beschäftigen.

Datenmanagement: Unter Datenmanagement werden alle Funktionen verstanden, die zur Manipulation und zum Ablegen bzw. Wiederauffinden der Daten in einer Datenbank benötigt werden. Datenmanagement wird in der Regel mithilfe eines Datenbankmanagementsystems (DBMS) durchgeführt.

Im Prinzip gibt es nicht »das« Client/Server-Modell, sondern verschiedene Varianten der Verteilung der Funktionen. Je nach Problemstellung muss die Verteilung neu definiert werden. Innerhalb einer Client/Server-Umgebung kann es gleichzeitig mehrere Verteilungsvarianten geben.

25.1.1 Verteilung der Funktionen zwischen Client und Server

Anhand von Beispielen sollen im Folgenden die verschiedenen Varianten der Verteilung der Funktionen zwischen Client und Server detailliert beschrieben werden. Zusätzlich möchten wir Sie auf typische Probleme der jeweiligen Verteilungsvariante hinweisen.

Verteilte Präsentation

Die erste Verteilungsvariante, die wir Ihnen beschreiben möchten, ist die *Verteilte Präsentation,* bei der sich Client und Server die Aufgaben der Darstellung am Bildschirm des Clients teilen.

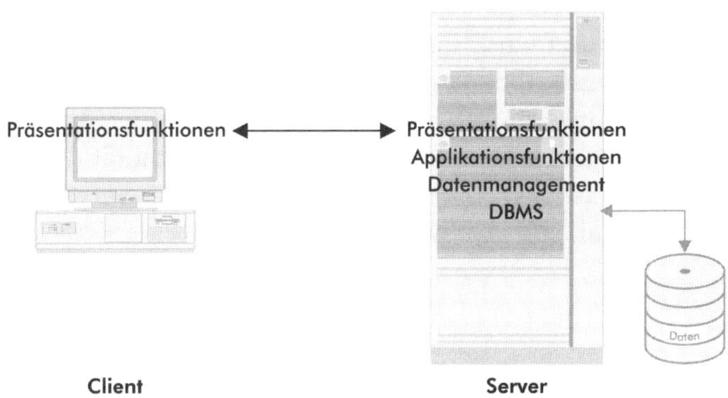

Bild 25.2: Verteilte Präsentation

Entfernte Präsentation

Bei der *Entfernten Präsentation* übernimmt der Client alle Aufgaben der Darstellung am Bildschirm. Der Server sendet die von den Applikationsfunktionen aufbereiteten Daten in Rohform an den Client, dessen Präsentationsprogramm die Daten dort anzeigt. Tastenanschläge oder Mausbewegungen werden vom Client-Präsentationsprogramm an den Server weitergereicht.

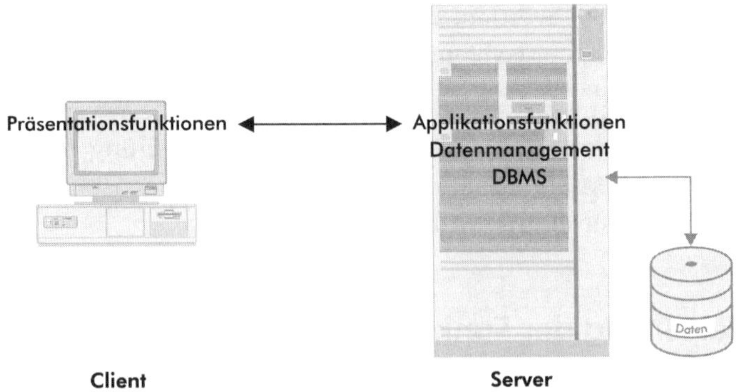

Bild 25.3: Entfernte Präsentation

Für die »Unterhaltung« zwischen Server und Client ist es notwendig, dass beide die gleiche Sprache sprechen, die Daten also in beide Richtungen über das Netz übermittelt werden können. Typische Protokolle für die Kommunikation zwischen den Programmen sind die *Remote Procedure Calls* (RPC) oder *Advanced-Program-to-Program-Communication* (APPC).

Verteilte Funktionen

Bei der entfernten Präsentation stellt sich die Frage, warum nicht die Rechenkapazität des Clients genutzt wird, um neben der Darstellung am Bildschirm auch bestimmte Verarbeitungsfunktionen durchzuführen. Vereinfacht könnte man z.B. fragen, warum die Applikationsfunktionen auf dem Server ermitteln müssen, dass der 31. Februar kein gültiges Datum ist? Die Plausibilität des Datums ließe sich problemlos schon auf dem Client ermitteln, sodass der Server (wenn auch in diesem Fall nur minimal) entlastet würde.

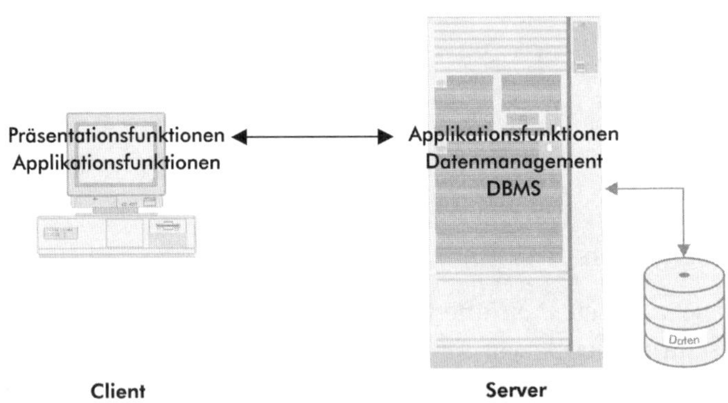

Bild 25.4: Verteilte Funktionen

Der Aufwand für die Programmierung von verteilten Funktionen ist höher als bei der entfernten Präsentation, denn es muss gewährleistet werden, dass die Zusammenarbeit zwischen Client und Server in allen Fällen funktioniert.

Entfernte Datenbank

Bei der Verteilungslösung *Entfernte Datenbank* liegen die gesamten Applikationsfunktionen auf dem Client, während die Datenbankmanagementfunktionen auf dem Server ablaufen. Der Server wird hierbei als Datenbank- oder Database-Server bezeichnet.

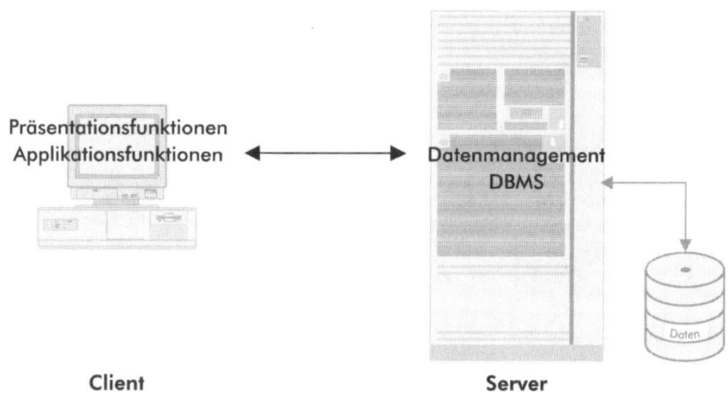

Bild 25.5: Entfernte Datenbank

Die Verbindung zwischen Client und Datenbankserver wird in den meisten Fällen mithilfe der Datenbankabfragesprache SQL hergestellt. Die Kommunikation mit dem Server über SQL lässt sich in die Applikationslogik auf dem Client relativ einfach integrieren, sodass diese Verteilungsvariante sehr häufig eingesetzt wird.

Angenommen, auf dem Client sollen die zehn besten Kunden auf dem Bildschirm in einer Liste dargestellt werden. In der Applikationslogik des Clients wird dazu eine entsprechende SQL-Abfrage generiert. Diese Abfrage schickt der Client über das Netz an den Server. Der Server nimmt die SQL-Befehle entgegen und arbeitet sie ab, er setzt also seine Rechenleistung für die Lösung des Problems ein.

Das Ergebnis lässt der Server dem Client über das Netzwerk zukommen. Auf dem Client werden die ermittelten Daten von der Applikationslogik aufbereitet und dann präsentiert.

Sowohl der Client als auch der Server benötigen hierfür entsprechende Schnittstellen, die den Transport der SQL-Befehle und -Ergebnisse über das Netzwerk ermöglichen. Fast jeder Datenbankhersteller bietet inzwischen solche Schnittstellen an.

Verteilte Daten

Liegen die Daten nicht auf einem Server, sondern müssen zur Lösung einer Anfrage nach Daten die Datenmanagementfunktionen mehrerer Server zusammenarbeiten, spricht man von *Verteilten Daten*. Zusätzlich könnten hierbei auch lokale Daten des Clients mit in eine Abfrage eingebunden werden.

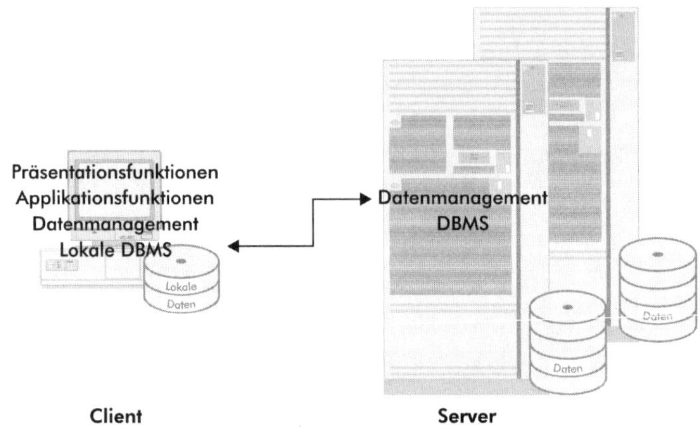

Bild 25.6: Verteilte Daten

Verteilte Funktionen und verteilte Daten

Der komplexeste Verteilungsfall entsteht, wenn Applikations- und Datenmanagementfunktionen auf verschiedene Rechner verteilt werden.

25.1.2 Mehrschichtige Architekturen

Wir sind bei den oben beschriebenen Verteilungsvarianten immer nur von zwei Partnern, Client und Server, ausgegangen. Es lassen sich aber auch mehrschichtige Architekturen aufbauen.

Das nächste Bild zeigt einen dreischichtigen Client/Server-Aufbau. Ein Client greift auf einen Server zu, der wiederum an einen weiteren Server angeschlossen ist. Der erste Server könnte beispielsweise ein Abteilungsserver sein, während der zweite Server als zentraler Unternehmensserver ausgelegt ist. Für die Anzahl der Stufen in einer Client/Server-Umgebung gibt es keine Begrenzungen.

Die einzelnen Stufen werden in der Literatur oft mit dem englischen Begriff *tier* bezeichnet, der sich mit Schicht, Stufe oder Rang übersetzen lässt.

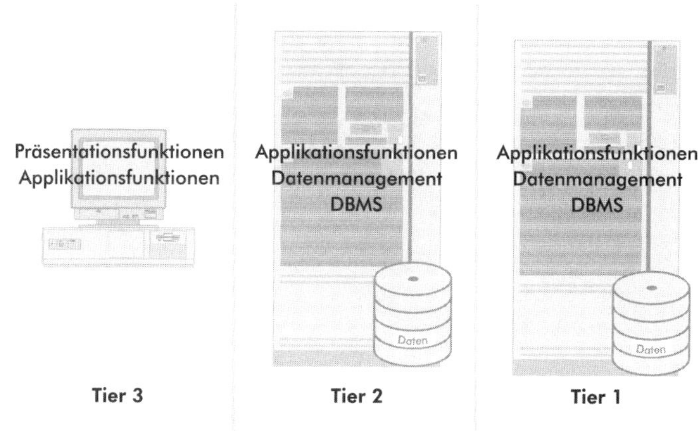

Bild 25.7: 3-Tier-Architektur

25.1.3 Problemfall Netzwerktransport

Um die Varianten und Probleme des Einsatzes von SQL-Datenbanken in Client/Server-Umgebungen zu verdeutlichen, ist es notwendig, die verschiedenen Zugriffsvarianten zu betrachten.

Direkt

Bei Host-Systemen mit Terminals und bei Einzelplatzsystemen befinden sich Datenbanksoftware (DBMS) und Applikation auf dem gleichen Rechner im gleichen Adressraum.

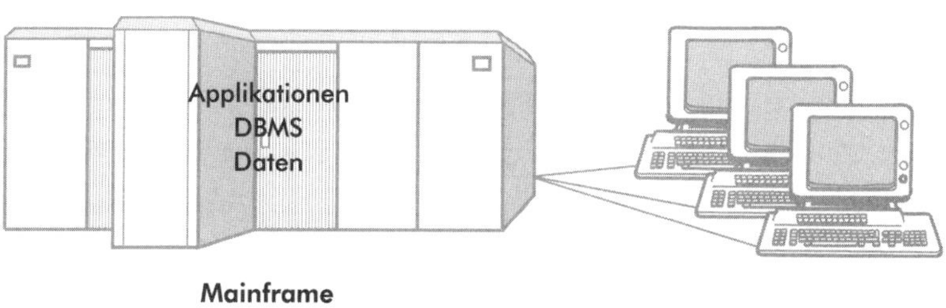

Bild 25.8: Standardfall Großrechner

Das Gleiche gilt im Prinzip für einen Einzelplatzrechner. Setzen Sie Access beispielsweise auf einem PC ein, befinden sich Präsentation, Applikationslogik und Datenmanagement auf dem gleichen Rechner.

Bild 25.9: Stand-alone-PC

Über das Netz

Beim Zugriff auf Daten über ein Netzwerk sind die beiden folgenden Varianten zu unterscheiden, die beide von Access unterstützt werden. Bei der so genannten File-Server-Variante befinden sich nur die Daten auf dem Server, d.h., Präsentation und Applikationslogik werden auf dem Client verarbeitet.

Bild 25.10: Daten auf dem File-Server

Bei der File-Server-Variante werden verhältnismäßig viele Daten über das Netzwerk bewegt, denn letztendlich wird eine Auswertung der Daten, beispielsweise in einer Abfrage, auf dem Client durchgeführt.

Bei der zweiten Variante wird ein Datenbank-Server eingesetzt. Auf diesem Server läuft ein eigenständiges Datenbankprodukt, z.B. Microsoft SQL Server, Oracle, IBM DB2, IBM Informix oder Adabas-D der Software AG. Access kann über die in Abschnitt 25.3 beschriebene ODBC-Schnittstelle auf Datenbank-Server zugreifen. Dabei übernimmt der Server einen entscheidenden Teil der Verarbeitung.

Mit der Hilfe von Access-Projekten, einer speziellen Variante von Access-Datenbanken, wird der Zugriff auf das Datenbanksystem Microsoft SQL Server derart gestaltet, dass in Access Formulare, Berichte und Module abgelegt werden, auf dem Datenbank-Server alle Daten, Abfragen und gespeicherten Prozeduren (stored procedures).

Access arbeitet als Client. Benötigt die Access-Applikation Daten oder sollen Daten verändert werden, schickt Access einen entsprechenden SQL-Befehl an den Datenbank-Server, den wir im Weiteren auch als SQL-Server bezeichnen. Der Befehl wird auf dem Server abgearbeitet und das Ergebnis über das Netzwerk an den Client geschickt. Diese Lösung bietet zwei Vorteile: zum Ersten kann die Rechen- und Verarbeitungsleistung des Servers genutzt werden und zum Zweiten verringert sich die Netzbelastung.

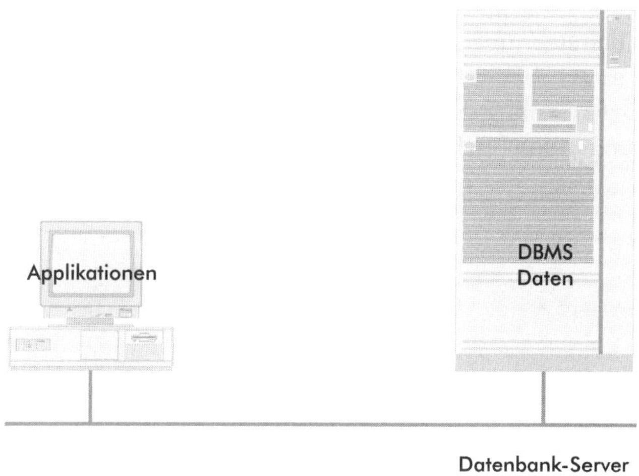

Bild 25.11: Daten von einem Datenbank-Server verwaltet

25.2 Wege zur Datenbank

Nach der Theorie möchten wir Ihnen nun beschreiben, wie die Praxis mit Access aussieht. Teilweise werden wir dazu Informationen zusammenfassen, die wir Ihnen in den vorangegangenen Kapiteln in anderen Zusammenhängen beschrieben haben. Welche Wege führen also von Access zur Datenbank?

Stand-alone

Der einfachste Fall ist natürlich die Stand-alone-Lösung. Auf einem Einzelplatz-PC befinden sich Access und seine Datenbank auf dem gleichen Rechner.

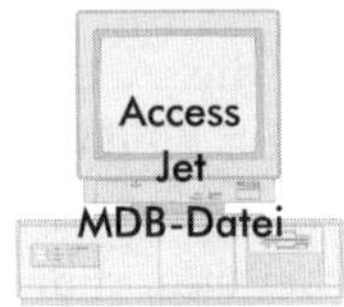

Bild 25.12: Stand-alone-PC

File-Server

Sollen mehrere Benutzer über ein Netzwerk auf Access-Daten zugreifen, kann die Datenbank auf einen File-Server kopiert werden. Alle Anwender verwenden die gleiche MDB-Datenbank. Eine bessere Lösung ist die in Kapitel 23, »Anwendungsentwicklung«, beschriebene Variante der Aufteilung in Front- und Backend.

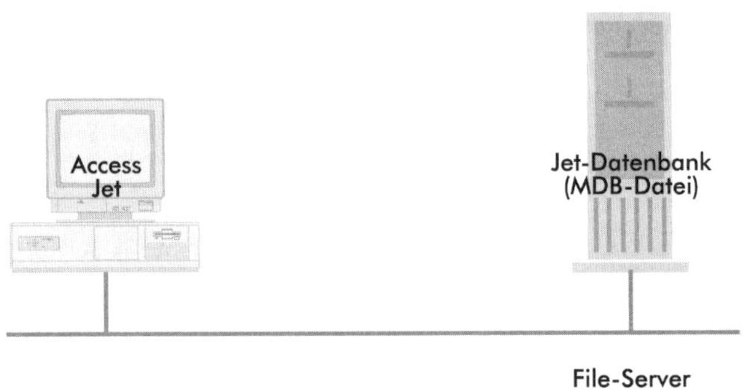

Bild 25.13: Access-MDB auf File-Server

Nachteile der File-Server-Lösung sind zum einen die relativ hohe Netzwerkbelastung, denn eine Verarbeitung der Daten (Abfragen etc.) findet nur auf dem Client durch die Jet-Engine statt, zum anderen die erhöhte Fehleranfälligkeit der Datenbank. Ein Absturz von Access auf einem der Client-Rechner kann unter Umständen zur Zerstörung der Access-Datenbank auf dem File-Server führen.

Die File-Server-Variante wird auch beim Zugriff auf typische PC-Datenbankprogramme wie Paradox, dBase usw. eingesetzt. Mit Access werden verschiedene so genannte ISAM-Treiber geliefert, die der Jet-Engine einen direkten Zugriff auf die Dateien in den Formaten von Paradox, dBase usw. ermöglichen.

Die Open Database Connectivity (ODBC)-Schnittstelle

Eine allgemeine Datenbankschnittstelle ist ODBC. Wir beschreiben diese Schnittstelle in Abschnitt 25.3 ab Seite 977 ausführlich.

Bild 25.14: ODBC-Zugriff

Per ODBC erhalten Sie unter anderem Zugriff auf Datenbank-Server. Auf diesem Server läuft ein eigenständiges Datenbankprodukt, z.B. Microsoft SQL Server, Oracle, Informix oder Adabas-D. Access kann über die in Abschnitt 25.3 beschriebene ODBC-Schnittstelle auf Datenbank-Server zugreifen. Dabei übernimmt der Server einen entscheidenden Teil der Verarbeitung. Vereinfacht ausgedrückt sendet Access dem Datenbank-Server eine SQL-Abfrage und erhält das Abfrageergebnis zurück. Damit wird die Netzwerkbelastung minimiert und die eigentliche Datenbankarbeit wird vom Server geleistet.

Leider ist das nur die Theorie, denn in der Realität werden alle Datenbankabfragen über die Jet-Engine abgewickelt, sodass bei Abfragen beispielsweise doch alle Daten zum Client übertragen werden. Wir hatten in unseren Projekten einige Fälle, bei denen Abfragen, die lokal innerhalb von Access problemlos und schnell ausgeführt wurden, über ODBC nicht oder nur extrem langsam abliefen.

Um das Leistungsverhalten von ODBC-Verbindungen zu verbessern, lassen sich SQL-Pass-Through-Abfragen (SPT) erstellen. Diese spezielle Abfragevariante umgeht die Jet-Engine, d.h., die Abfragen werden tatsächlich auf dem Server ausgeführt. SPTs sind aber in manchen Fällen, beispielsweise bei der Übergabe von Parametern, sehr unhandlich.

Datenzugriff mit OLE DB

Die Weiterentwicklung von ODBC ist OLE DB. OLE DB funktioniert ähnlich wie ODBC, ist aber moderner und universeller. OLE DB wird aus Access heraus mit ADO angesprochen. In Abschnitt 25.4 ab Seite 1000 erhalten Sie weitere Informationen.

Bild 25.15: ADO-Zugriff über OLE DB-Provider

Eine spezielle Variante des OLE DB-Zugriffs wird in Access-Projekten eingesetzt. Access-Projekte sind spezielle Datenbanken, die direkt auf einen Microsoft SQL Server bzw. auf dessen abgespeckte Version Microsoft Desktop Engine zugreifen. Eine ausführliche Beschreibung von Access-Projekten erhalten Sie in Kapitel 26.

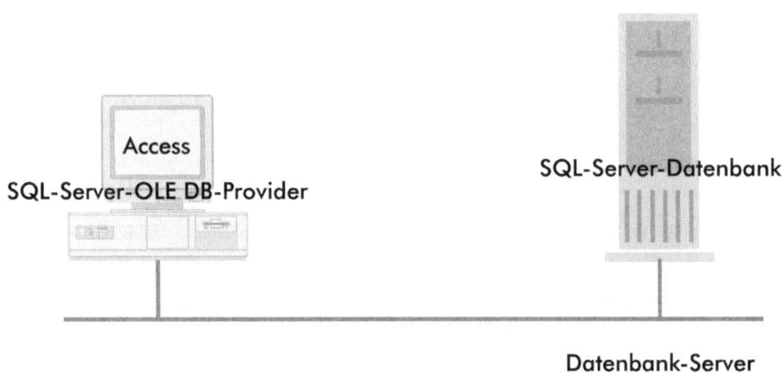

Bild 25.16: Access-Projekte (ADP)

Da noch längst nicht alle Datenbankhersteller OLE DB anbieten, wird ODBC von Access weiter unterstützt und für DAO auch benötigt. Die Access-Benutzeroberfläche mit Abfragen, Formularen und Berichten basiert, wie in Teil 3 schon erwähnt, auf der Datenzugriffsschnittstelle DAO.

OLE DB kann aber nur mit ADO verwendet werden. Allerdings mit Ausnahmen: Die neu in Access hinzugekommenen Access-Projekte, eine spezielle Form der Access-Datenbanken, können über OLE DB direkt auf den Microsoft SQL Server zugreifen, wie es in Kapitel 26 beschrieben wird.

25.3 ODBC

Damit Applikationen wie Access, Excel und viele andere einen Zugriff auf SQL-Datenbanken erhalten, bietet sich als eine Zugangsvariante ein so genanntes »Call-level interface« (CLI) an. Ein CLI stellt Applikationen eine einheitliche Schnittstelle zum Zugriff auf unterschiedlichste Datenbanken bereit.

25.3.1 Microsoft ODBC

Das zurzeit erfolgreichste »call-level interface« ist Microsoft ODBC. Basierend auf den Definitionen der SQL-Access-Group und X/Open hat Microsoft die ODBC-Schnittstelle implementiert und als Bestandteil seiner inzwischen nicht mehr ganz aktuellen Systemarchitektur »Windows Open Services Architecture« (WOSA) definiert. ODBC kann heute als veraltet angesehen werden, trotzdem erfreut es sich großer Beliebtheit, denn für fast alle gängigen Datenbanksysteme gibt es ODBC-Treiber.

Wenn Datenbanksysteme wie beispielsweise Oracle, Informix, Ingres, IBM DB2, MS SQL Server, Sybase, mySQL und viele andere mehr eingesetzt werden, sind die Programme, die auf die von diesen Systemen verwalteten Daten zugreifen, an das jeweilige Produkt angepasst. Wurde eine Applikation für das Oracle-Datenbanksystem entwickelt, so ist es nicht möglich, ohne erhebliche Anpassungsarbeiten an der Applikationssoftware das Datenbanksystem auszutauschen, beispielsweise anstelle von Oracle das Konkurrenzprodukt von Sybase einzusetzen. Ein noch aufwändigeres Problem ist der gleichzeitige Zugriff auf mehrere Datenbanksysteme unterschiedlicher Hersteller aus einem Programm heraus. Da viele Unternehmen aus den verschiedensten Gründen mehr als ein Datenbanksystem einsetzen, trifft man die Anforderung nach einem vielfachen Zugriff sehr oft an.

Die Abfragesprache SQL

Der einzige gemeinsame Nenner, der für die verschiedenen Produkte zu finden ist, ist die Datenbankabfragesprache SQL. SQL ist eine genormte Sprache, die von den meisten Datenbankanbietern unterstützt wird. Allerdings hat jeder Datenbankhersteller SQL um eigene Sprachelemente erweitert, sodass jede Datenbank ihren eigenen Dialekt spricht. Ein neuer, erweiterter Standard, SQL-92 oder SQL-2 genannt, soll eine einheitliche Sprache für alle bringen, aber zur Zeit unterstützen nicht alle Anbieter SQL-92, während aber inzwischen schon SQL-3 definiert wurde.

Der Aufbau von ODBC

Microsoft hat vor inzwischen langer Zeit (zumindestens lang im PC-Maßstab) eine Datenbankschnittstelle entwickelt, die für Applikationen einen herstellerunabhängigen Zugriff auf Datenbanken ermöglicht. ODBC ermöglicht die Abfrage und Manipulation von Daten, die von den einleitend genannten Datenbanksystemen verwaltet werden.

ODBC liegt die Trennung der Applikation von der Datenbank zugrunde, d.h., eine Anwendung greift nur noch auf ODBC zu und ODBC gibt die Zugriffe in der richtigen Art und Weise an das jeweilige Datenbanksystem weiter. ODBC ist zurzeit nur unter Windows verfügbar und kann sowohl auf Einzelplatz-PCs als auch auf in einem Netzwerk angeschlossenen PCs eingesetzt werden. Das im folgenden Bild dargestellte Schema soll die ODBC-Philosophie verdeutlichen.

ODBC unterteilt sich in einen allgemeinen ODBC-Treiber, der die Schnittstelle zur Applikation darstellt und einen Treiber, der für die Übersetzungsarbeit von ODBC auf ein spezifisches Datenbankprodukt sorgt.

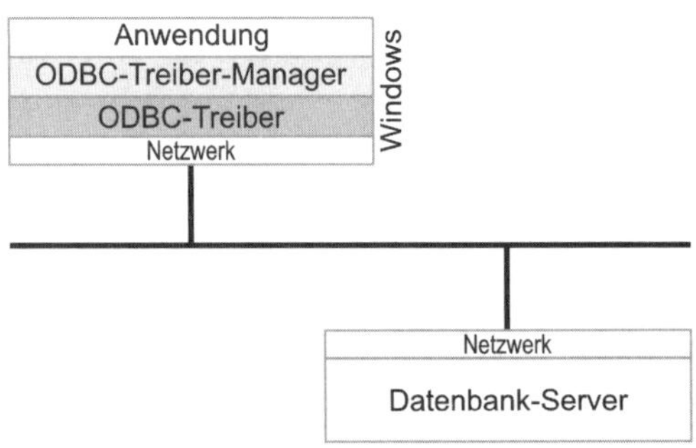

Bild 26.17: ODBC-Konzept

25.3.2 Einrichten eines ODBC-Treibers

Bei der Installation von ODBC im Rahmen der Access-Einrichtung wird in der Windows-Systemsteuerung ein neues Symbol eingefügt. Es dient zum Aufruf des ODBC-Administrators, der zur Verwaltung der Datenbanktreiber für die verschiedenen Datenbankprodukte eingesetzt wird. Unter Windows 2000 bzw. XP finden Sie den entsprechenden Eintrag im Menü *Verwaltung*.

Der »ODBC-Datenquellen-Administrator« meldet sich mit dem im folgenden Bild dargestellten Dialogfeld. Eine Datenquelle ist eine Definition für den Zugriff auf eine Datenbank.

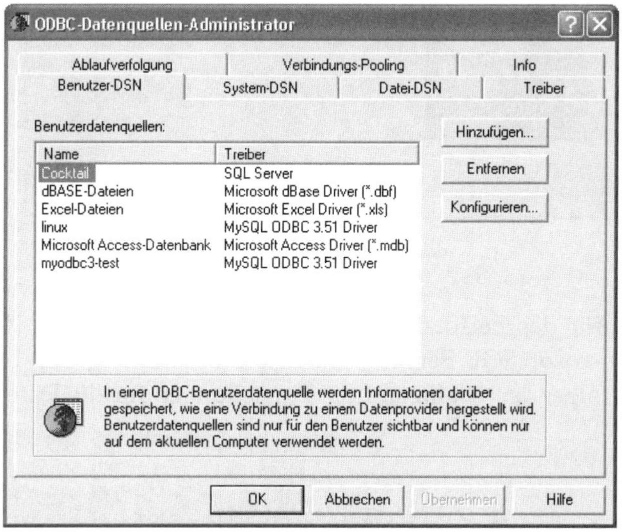

Bild 25.18: Dialogfeld Datenquellen

Es werden drei Arten von Datenquellen (DSN) unterschieden: *Benutzer-DSN*, die einem bestimmten Benutzer zugeordnet sind, *System-DSN*, die dem Computer, auf dem sie definiert sind, zugeordnet sind und *Datei-DSN*, bei denen die Datenquellendefinition in einer Datei abgelegt wird.

Jede Datenquellendefinition, die mit beliebigem Namen bezeichnet werden kann, repräsentiert eine Einstellung für den Zugriff auf einen Datenbanktreiber. Die auf Ihrem System verfügbaren Datenbanktreiber können Sie sich auf dem Registerblatt *ODBC-Treiber* (siehe Bild 25.18) anzeigen lassen. Es ist möglich, mehrere Datenquellendefinitionen für einen Treiber vorzunehmen.

Erstellen Sie eine neue Datenquelle, so werden Sie zuerst im folgenden Dialogfeld nach dem Datenbanktreiber gefragt.

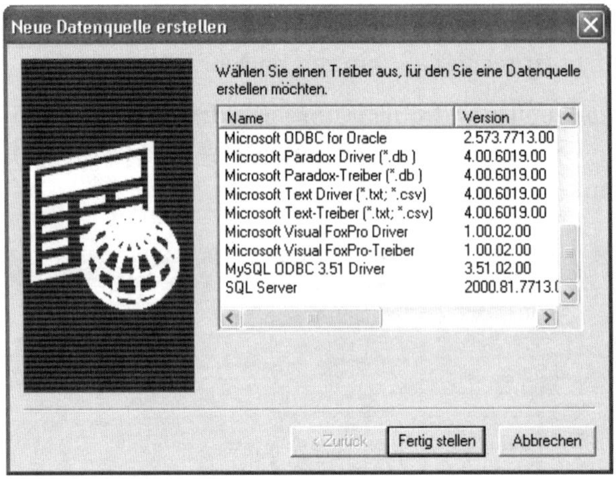

Bild 25.19: Dialogfeld Treiber

Selektieren Sie für das Beispiel den Treiber *SQL Server* für den Zugriff auf die Datenbank »Microsoft SQL Server«. Nach der Bestätigung der Treiberauswahl können Sie im folgenden Dialogfeld die Einstellungen für die Datenquelle festlegen.

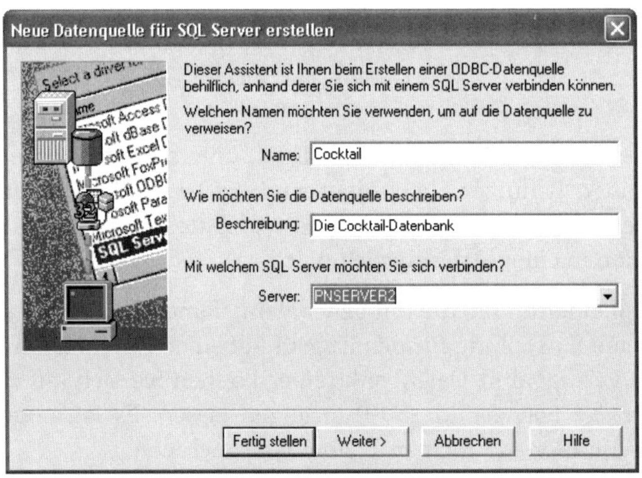

Bild 25.20: Dialogfeld ODBC SQL Server-Setup

Als *Datenquellennamen* geben Sie einen Ihre Datenquelle charakterisierenden Text an, den Sie durch eine Beschreibung ergänzen können. Auf alle weiteren Eintragungen können wir hier nicht eingehen, denn Sie hängen von Ihrer SQL Server-Installation ab.

25.3.3 Nutzung von ODBC

Wir möchten Ihnen in diesem Abschnitt zeigen, wie Sie eine Tabelle im Access-Datenbankfenster einfügen, die eine ODBC-Verbindung nutzt. Rufen Sie dazu mit *DATEI Externe Daten Tabelle verknüpfen* das folgende Dialogfeld auf.

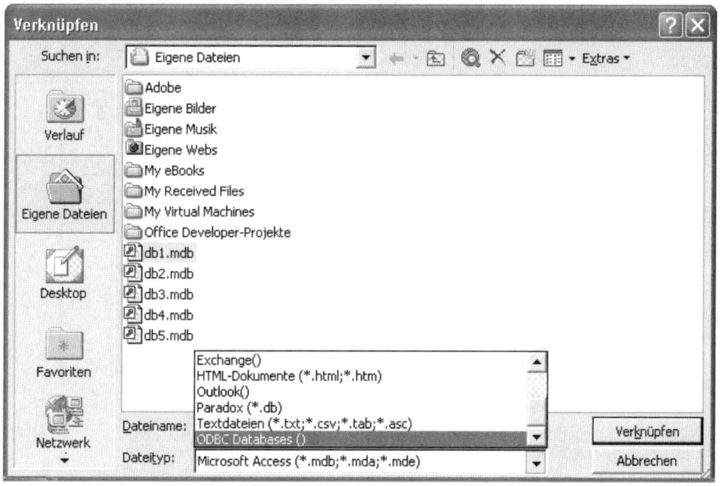

Bild 25.21: Dateityp ODBC-Datenbanken auswählen

Wählen Sie im Feld *Dateityp* den Eintrag *ODBC-Datenbanken* an. Sofort nach der Auswahl wird das nächste Dialogfeld eingeblendet, in dem Sie die gewünschte Datenquelle angeben.

Bild 25.22: Auswählen einer Datenquelle

Die von uns gewählte Datenquelle *Cocktail* enthält die Definitionen für eine ODBC-Verbindung zu einer SQL Server-Datenbank. Deshalb wird als nächstes das Anmeldedialogfeld des SQL Servers angezeigt. Nach erfolgreicher Anmeldung werden im nächsten Dialogfeld alle Tabellen aufgeführt, auf die Sie Zugriff haben. Je nach Einrichtung und Berechtigung Ihres SQL Server-Benutzers wird vor den Tabellennamen eine weitere Bezeichnung eingeblendet, hier im Bild *dbo* für »database owner«.

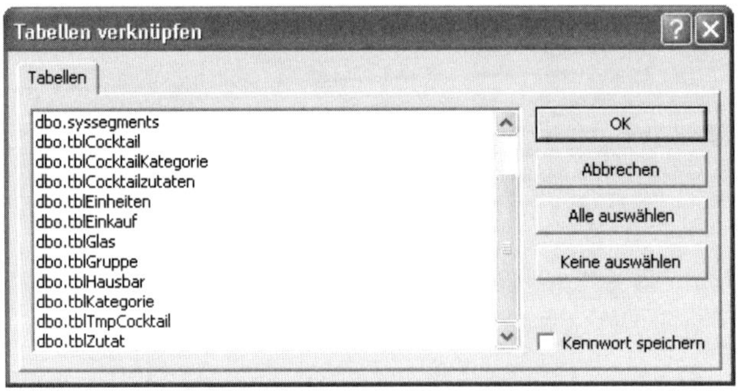

Bild 25.23: SQL Server-Tabellen

Im Access-Datenbankfenster werden verknüpfte ODBC-Tabellen mit einer kleinen Weltkugel dargestellt.

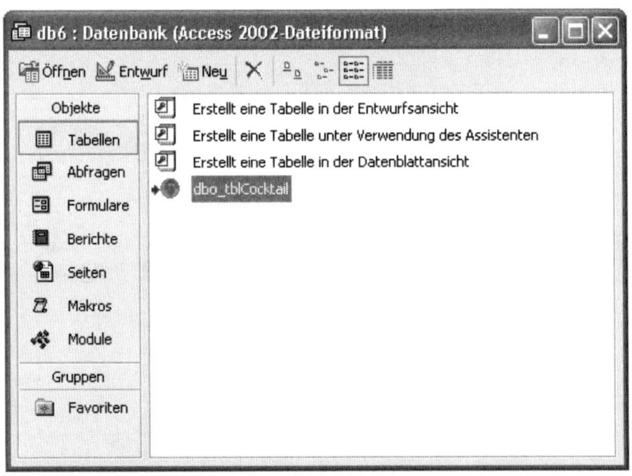

Bild 25.24: Verknüpfte ODBC-Tabelle

Verknüpfung benötigt eindeutigen Datensatzbezeichner

Damit die Daten in verknüpften Tabellen von Access aus korrekt verwendet werden können, muss jeder Datensatz der verknüpften Tabelle eindeutig ansprechbar sein. Das ist dann der Fall, wenn die verknüpfte Tabelle über einen Primärschlüssel verfügt. Wenn Sie Verknüpfungen zu Datenbankservern wie Microsoft SQL Server oder Oracle definieren, ist es auch möglich, auch dem Server definierte Abfragen (Views) zu verknüpfen. Diese Abfragen verhalten sich in Access-MDBs wie Tabellen.

Verknüpfen Sie eine Tabelle oder Abfrage, die nicht über einen eindeutigen Datensatzbezeichner, also beispielsweise einen Primärschlüssel verfügt, so fragt Access beim Verknüpfen nach, welche Felder einen Datensatz eindeutig beschreiben, wie es das nächste Bild beispielhaft zeigt.

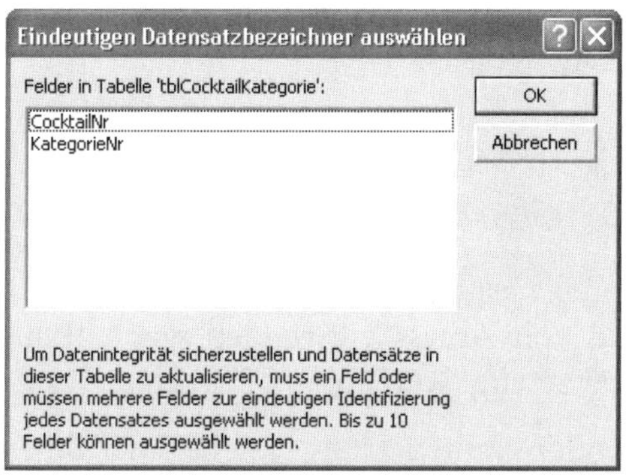

Bild 25.25: Nachfrage nach eindeutigem Feld

Das ausgewählte Feld bzw. die Felder, die den eindeutigen Datensatzbezeichner bilden, werden in der Eigenschaft `Index` des DAO-`TableDef`-Objekts (siehe Kapitel 11, »Datenzugriff mit DAO«, Abschnitt 11.6) für die Tabelle abgelegt. Wenn im Beispiel in Bild 25.25 beide Felder markiert werden, kann nachher beispielsweise im VBA-Direktfenster mit der Eingabe

```
?CurrentDb().TableDefs("tblCocktailKategorie").Indexes(0).Fields
```

ausgegeben werden, wie Access den eindeutigen Datensatzbezeichner ablegt. In unserem Beispiel wäre die Ausgabe:

```
+CocktailNr;+KategorieNr
```

Der erstellte Index ist ein Pseudo-Index, denn er wird lokal in Access angelegt und nicht auf dem ODBC-Server.

Beachten Sie, dass die von Ihnen angegebenen Felder für den eindeutigen Datensatzbezeichner den Datensatz auch tatsächlich eindeutig beschreiben, sonst kann es zu nicht vorhersagbaren Ergebnissen kommen!

Pseudo-Indizes

Wenn sich ODBC-Verknüpfungsdefinitionen ändern, müssen die Verknüpfungen aktualisiert werden. Wenn Sie dazu den Tabellenverknüpfungs-Manager aufrufen, wie es in Kapitel 23, »Anwendungsentwicklung«, Abschnitt 23.2.2, beschrieben wird, so vergisst Access leider alle Definitionen für die eindeutigen Datensatzbezeichner und fragt sie auch nicht erneut ab. Das kann beispielsweise zur Folge haben, dass verknüpfte Tabellen, die vorher die Änderung von Datensätzen erlaubten, nach der Verknüpfungsaktualisierung nur noch gelesen werden können, denn zum Ändern, Löschen und Einfügen von Daten benötigt Access zwingend einen eindeutigen Datensatzbezeichner.

Mithilfe des Befehls

```
CurrentDb.Execute "CREATE UNIQUE INDEX __uniqueindex " & _
                  "ON VerknüpfteTabelle(Feld1) WITH PRIMARY"
```

kann ein Pseudo-Index erneut erstellt werden. Der Name des Indexes »__uniqueindex« wird von Access verwendet, wenn Pseudo-Indizes über das Dialogfeld in Bild 25.25 erzeugt werden.

In Kapitel 23, »Anwendungsentwicklung«, stellen wir Ihnen in Abschnitt 23.2.3 die Klasse `clsRefreshLink` vor, die die Verknüpfungen zu Tabellen programmgesteuert durchführt. Die Klasse ist so programmiert (Routine `RefreshLink`), dass Pseudo-Indizes erhalten bleiben.

25.3.4 Zugriff auf ODBC-Datenbanken mit DAO

Auf verknüpfte ODBC-Datenbanken können Sie mit DAO zugreifen, d.h., Sie können alle in Kapitel 11 beschriebenen Methoden und Eigenschaften einsetzen. Wie bei allen verknüpften Tabellen enthält die Eigenschaft `Connect` eines `TableDef`-Objekts auch für verknüpfte ODBC-Datenbanken eine Zeichenkette mit der Beschreibung der Verbindung. Die folgende Prozedur gibt die `Connect`-Zeichenkette im Testfenster aus.

```
Sub ODBCConnect()
    Dim db As Database
    Dim tdef As TableDef

    Set db = CurrentDb
    Set tdef = db.TableDefs("tblCocktailSQL")
    Debug.Print tdef.Connect
End Sub
```

Der Inhalt der Connect-Eigenschaft für unsere Beispieltabelle lautet:

```
ODBC;DRIVER={SQL Server};SERVER=PN_SERVER;UID=sa;PWD=;
              APP=Microsoft®Access;WSID=RALF;DATABASE=Cocktail
```

Nur der Beginn der Zeile, nämlich ODBC;, ist für den Aufbau einer ODBC-Verbindung notwendig. Liegen die anderen Daten komplett oder teilweise nicht vor, werden sie abgefragt, wenn Sie die verknüpfte Tabelle nutzen wollen. Möchten Sie beispielsweise als zusätzliche Sicherheitsstufe erreichen, dass der Anwender beim Zugriff auf die ODBC-Datenbank sich mit Name und Passwort legitimieren muss, entfernen Sie UID und PWD aus der Connect-Eigenschaft.

25.3.5 SQL Pass-Through-Abfragen

Verwenden Sie verknüpfte ODBC-Tabellen, so wird der Jet-Datenbankkern eingesetzt. Das bedeutet, dass Abfragen mit Jet-SQL durchgeführt werden. Der Vorteil dabei ist, dass Ihre Anwendung unabhängig von Typ und Hersteller des Datenbanksystems ist, auf dem die Daten verwaltet werden. Ob die ODBC-Verknüpfung zu einer Oracle-, Informix- oder sonstigen Datenbank aufgebaut wurde, ist für Ihre Anwendung dann ohne Bedeutung.

Der Nachteil der Verwendung von Jet-SQL ist, dass viele Leistungsmerkmale der zugrunde liegenden Datenbankmanagementsysteme (im Weiteren auch SQL-Datenbanken genannt) nicht genutzt werden können. Die meisten Datenbanksysteme verfügen über die Fähigkeit, vordefinierte Abfragen und spezielle Datenbankprogramme in der Datenbank selbst abzuspeichern. Diese so genannten Gespeicherte Prozeduren lassen sich aber nicht über Jet-SQL ansprechen. Aus diesem Grund ermöglicht es Access, spezielle SQL Pass-Through-Abfragen zu definieren, die den Jet-Datenbankkern umgehen. Die Befehle in einer SQL Pass-Through-Abfrage werden nicht von der Jet-Datenbank-Engine auf Richtigkeit geprüft, sondern direkt über den ODBC-Treiber an die Datenbank weitergegeben. Auf diese Weise können beliebige SQL-Befehle an die Datenbank übermittelt werden, beispielsweise auch Aufrufe von Gespeicherten Prozeduren.

Definition von SQL Pass-Through-Abfragen

Um eine `SQL Pass-Through`-Abfrage (SPT) zu definieren, starten Sie eine neue Abfrage, ohne eine Tabelle auszuwählen und selektieren dann *ABFRAGE SQL spezifisch Pass Through*. Für SPT-Abfragen wird nur das SQL-Entwurfsfenster gezeigt, nicht die normale Abfrageentwurfsansicht. Das nächste Bild zeigt die SQL-Ansicht, wobei das Abfrageeigenschaftendialogfeld eingeblendet ist. Unter *ODBC-Verbindung* wird die Verbindungszeichenkette eingetragen. Klicken Sie die Zeile an, wird rechts außen eine Schaltfläche eingeblendet, mit der Sie einen Assistenten für die Zusammenstellung der ODBC-Zeichenkette aufrufen können. Geben Sie keine gültige ODBC-Zeichenkette an, werden Sie bei jeder Ausführung der Abfrage nach der ODBC-Verbindung gefragt.

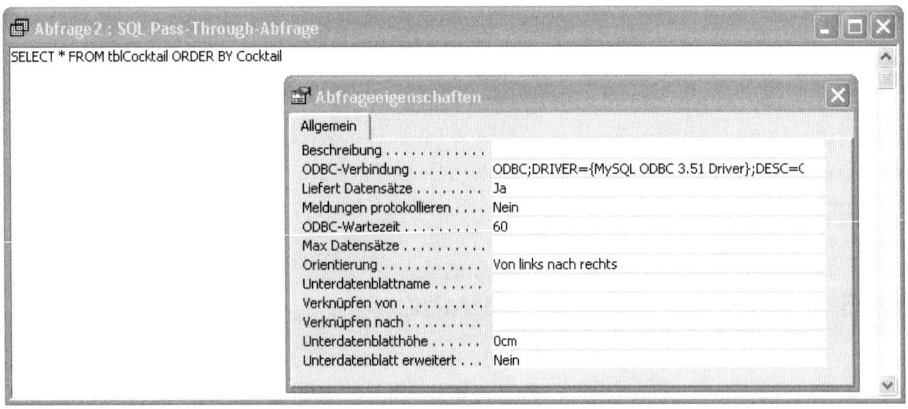

Bild 25.26: SQL Pass-Through-Eigenschaften

Die Eigenschaft *Liefert Datensätze* gibt an, ob die SPT-Abfrage Datensätze zurückgibt oder Aktionen wie Aktualisieren oder Löschen ausgeführt werden.

Beachten Sie, dass SPT-Abfragen immer Snapshots zurückgeben, also die Datensätze der Ergebnismenge nicht geändert werden können.

Das folgende Listing erstellt eine neue SPT-Abfrage in Access. Beachten Sie dabei, dass die `Connect`-Eigenschaft vor der `SQL`-Eigenschaft vereinbart werden muss, denn sonst wird zur Laufzeit der Inhalt der `SQL`-Eigenschaft vom Jet-Datenbankkern auf Korrektheit der Syntax überprüft. Verwenden Sie spezifische Befehle der SQL-Datenbank, so löst Access einen Fehler aus. Um dies zu umgehen, vereinbaren Sie zuerst die `Connect`-Eigenschaft.

```
Sub CreateSPT()
    Const conQueryName = "qryCocktailSQL"

    Dim db As DAO.Database
    Dim rst As DAO.Recordset
    Dim qry As DAO.QueryDef

    Set db = CurrentDb
    ' Neue Abfrage erstellen
    Set qry = db.CreateQueryDef(conQueryName)
    ' Zuerst Connect vereinbaren, dann SQL zuweisen,
    ' sonst wird die SQL-Anweisung von Jet kontrolliert
    qry.Connect = "ODBC;DSN=Cocktail"
    qry.SQL = "SELECT Cocktail FROM dbo.tblCocktail"
    ' Abfrage liefert Daten zurück
    qry.ReturnsRecords = True
    db.QueryDefs.Refresh

    Set rst = db.OpenRecordset(conQueryName)
    ' oder schneller
    ' Set rst = qry.OpenRecordset()
    Do While Not rst.EOF
        Debug.Print rst!Cocktail
        rst.MoveNext
    Loop
    rst.Close
End Sub
```

Aufruf von Gespeicherten Prozeduren

Mithilfe der folgenden SPT-Abfrage wurde eine Gespeicherte Prozedur (Stored Procedure) in der Beispieldatenbank auf einem Microsoft SQL Server 2000 erstellt. Für die SPT-Abfrage wurde die Eigenschaft *Liefert Datensätze* auf `Nein` gesetzt, denn die Abfrage hat kein Ergebnis, sondern erstellt eine Gespeicherte Prozedur.

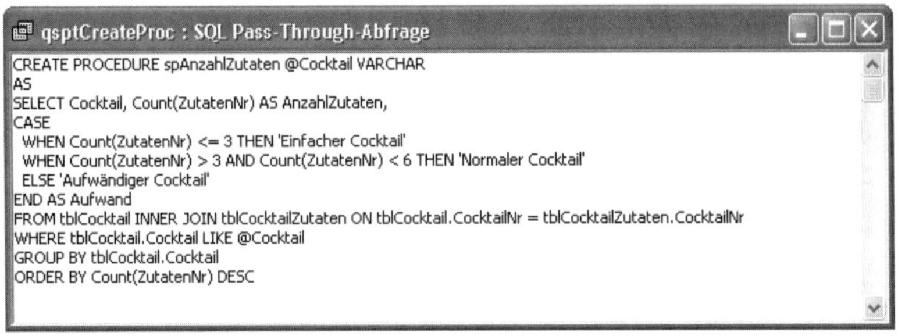

Bild 25.27: Definition einer Gespeicherten Prozedur

In der Gespeicherten Prozedur wird eine Abfrage definiert, die SQL-Befehle enthält, die nur der SQL Server versteht, d.h., die so nicht in Access ablaufen würde. Die CASE-WHEN-THEN-Anweisung ähnelt der Access-WENN-Funktion, hat aber mehr Möglichkeiten. CREATE PROCEDURE erstellt die Abfrage auf dem SQL Server; dort wird sie auch gespeichert.

Der Aufruf der Gespeicherten Prozedur liefert alle Cocktails zurück, deren Namen dem übergebenen Parameter entspricht. Das Befehlswort `Execute` zum Aufruf ist übrigens optional, der Name der Gespeicherten Prozedur ist völlig ausreichend.

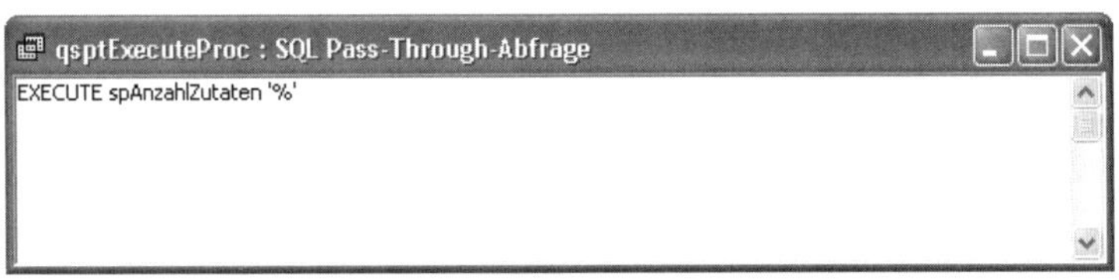

Bild 25.28: Aufruf einer Gespeicherten Prozedur

SPT-Abfragen weisen einige Nachteile auf: Sie können die Abfrage nicht im Entwurfsfenster ansehen, sondern müssen immer direkt den SQL-Code (fehlerfrei) schreiben. Außerdem können Sie in einer SPT-Abfrage keine Parameter in der gewohnten Access-Abfragenmethode definieren, indem Sie einfach den Namen des Parameters in eckige Klammern setzen, wie es falsch im folgenden Bild gezeigt ist.

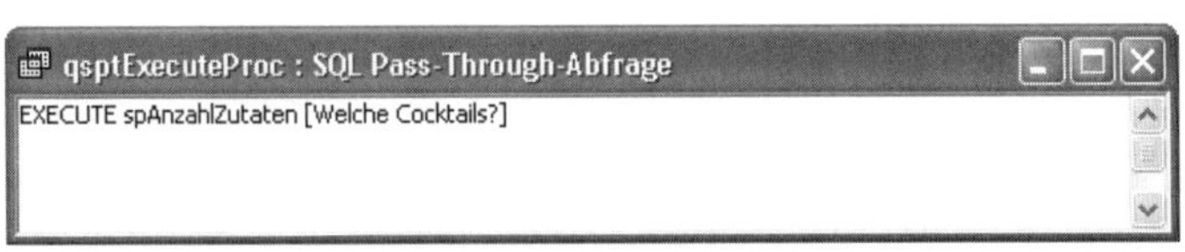

Bild 25.29: Nicht mögliche Parameterdefinition

Bei der Ausführung der Abfrage wird nicht der Parameter vom Benutzer abgefragt, sondern es werden einfach die Zeichen an den Datenbank-Server weitergereicht. Da also an SPT-Abfragen keine Parameter übergeben werden können, müssen Sie, wenn Sie beispielsweise die obige Abfrage mit anderen Werten für die Prozedur *spAnzahlZutaten* aufrufen wollen, jeweils ein neue SPT-Abfrage erstellen.

25.3.6 ODBCDirect-Verbindungen

In Access 97 wurden für die Programmierung mit DAO `ODBCDirect`-Verbindungen eingeführt, die den Jet-Datenbankkern vollständig umgehen. `ODBCDirect`-Verbindungen unterstützen asynchrone Datenbankabfragen, bei denen Ihre Anwendung nicht auf die Rückmeldung des Servers wartet,

Durch die schrittweise Ablösung von DAO durch ADO spielen ODBCDirect-Verbindungen heute für die Programmierung keine Rolle mehr; wir haben deshalb eine Beschreibung verzichtet.

25.3.7 Beispiel: mySQL-ODBC-Verbindung

Auf vielen Internet-Servern, insbesondere jenen, die mit dem Betriebssystem Linux arbeiten, wird die Datenbank mySQL eingesetzt. mySQL ist ein einfaches und schnelles Datenbanksystem, das mit Internet-Programmiersprachen wie PHP, Phyton, Perl oder anderen programmiert werden kann und sich daher in der Internet-Programmierer-Gemeinde großer Beliebtheit erfreut.

Wir haben mit mehreren mySQL-Anwendern zusammengearbeitet, die die mySQL-Daten mit einem Access-Frontend verwalten, also aus Access heraus die mySQL-Tabellen via ODBC verknüpft haben. Zur Verknüpfung von mySQL-Tabellen benötigen Sie den mySQL-ODBC-Treiber, den Sie unter *www.mysql.com* herunterladen können.

Dabei betreiben einige Anwender doppelte Datenhaltung. Aus einer internen Access-Anwendung mit Produktionsdaten werden Daten regelmäßig zu mySQL zur Veröffentlichung im Internet kopiert. Es gibt mehrere Möglichkeiten, die Daten zu mySQL zu übertragen, beispielsweise mit Access-Anfügeabfragen, die Daten aus Access-Tabellen an verknüpfte mySQL-ODBC-Tabellen anfügen.

Stellen Sie sich nun vor, die von Ihnen entwickelte Access-Datenbank soll auf eine mySQL-Datenbank bei Ihrem Internet-Service-Provider (ISP) übertragen werden. Mithilfe von Abfragen können Sie die Daten übertragen, aber vorher müssen erst einmal die entsprechenden Tabellen in der mySQL-Datenbank angelegt werden. Außerdem setzt das Umkopieren der Daten per Access-Abfrage schnelle Übertragungsleitungen voraus.

Wir möchten Ihnen im Folgenden eine Lösung vorstellen, die eine Datei erstellt, die SQL-Befehle im mySQL-Dialekt enthält. Die Befehle werden aus Ihren Tabellenstrukturen und -Daten ermittelt und ermöglichen, vorhandene, schon in der mySQL-Datenbank erstellte Tabellen zu löschen (DROP), Tabellen neu zu erstellen (CREATE) und mit den Daten der Access-Tabellen zu füllen (INSERT).

Realisiert wurde die Lösung in Form eines Klassenmoduls. Für die Beschreibung hier im Buch haben wir das Beispiel vereinfacht, so dass beispielsweise nur die Tabellen der aktuellen Datenbank übertragen werden können. Außerdem werden keine OLE-Objekt-Felder übertragen. Zusätzlich wird jeder Tabelle ein Feld *mySQLTimeStamp* hinzugefügt. Damit wird umgegangen, dass Access beim Anfügen von Datensätzen in einer Tabelle anstelle der Werte des angefügten Datensatzes nach dem Speichern nur »#Gelöscht« gezeigt wird.

In folgendem Listing sehen Sie die Verwendung der Klasse `clsMySQLExport`. Die Klasse besitzt nur eine Methode `mySQLExport` und eine Eigenschaft `ExportFilename`, über die der Name der SQL-Ausgabedatei gesetzt werden kann. Wird der Name nicht vor dem Aufruf der Methode `mySQLExport` mit der Eigenschaft `ExportFilename` festgelegt, so wird mithilfe eines `FileDialog`-Objekts ein Standarddialog aufgerufen, in dem die Ausgabedatei bestimmt werden kann.

```
Sub mySQLExport()
    Dim mySql As clsMySQLExport

    Set mySql = New clsMySQLExport
    mySql.mySQLExport
    Set mySql = Nothing
End Sub
```

Die Klasse verwendet ADOX (siehe Kapitel 10, »Die Programmierschnittstelle ADO«, Abschnitt 10.5) zum Ermitteln der Strukturen der Access-Tabellen und ADO zum Auslesen der Daten. Für das Schreiben der SQL-Ausgabedatei wird das `FileSystemObject` der *Microsoft Scripting Runtime*-Bibliothek eingesetzt. Das `FileDialog`-Objekt wird von der Microsoft Office 10.0-Bibliothek bereitgestellt (Eine ausführliche Beschreibung finden Sie in Kapitel 23, Abschnitt 23.3). Beachten Sie daher, dass für den Einsatz der Klasse folgende Verweise gesetzt sein müssen: *Microsoft ActiveX Data Objects 2.5 Library, Microsoft ADO Ext. 2.5 for DDL and Security, Microsoft Office 10.0 Object Library* sowie *Microsoft Scripting Runtime.*

```
' Klassenmodul clsMySQLExport
'
' Mithilfe dieser Klasse können die Tabellen der
' aktuellen Datenbank an mySQL übertragen werden.
' Erstellt wird dazu eine SQL-Ausgabedatei, die
' Befehle zum DROP, CREATE und INSERT enthalten kann
'
' Folgende Verweise müssen gesetzt werden:
' - Microsoft ActiveX Data Objects 2.5 Library
' - Microsoft ADO Ext. 2.5 for DDL and Security
' - Microsoft Office 10.0 Object Library
' - Microsoft Scripting Runtime.

Option Compare Database
Option Explicit

' Trennzeichen zwischen den SQL-Befehlen
Private Const conTrennzeichen As String = ";"
' Zur besseren Lesbarkeit des SQL-Codes wird eingerückt
Private Const conIndent As Integer = 5

Private mstrExportFilename As String

Property Let ExportFilename(Filename As String)
    mstrExportFilename = Filename
End Property

Property Get ExportFilename() As String
    ExportFilename = mstrExportFilename
End Property

Sub mySQLExport( _
        Optional WithCREATE As Boolean = True, _
        Optional WithINSERT As Boolean = True, _
        Optional WithDROP As Boolean = False)

    Dim cnn As ADODB.Connection
    Dim rst As ADODB.Recordset
    Dim fld As ADODB.Field
    Dim cat As ADOX.Catalog
    Dim tbl As ADOX.Table
```

```
Dim col As ADOX.Column
Dim idx As ADOX.Index

Dim fso As FileSystemObject
Dim ts As TextStream

Dim strTableName As String
Dim strFeldname As String
Dim strSQL As String
Dim strTmp As String

On Error GoTo err_mySQLExport

' Ausgabedatei vorbereiten
Set fso = New FileSystemObject
' Ausgabedateinamen schon gesetzt?
If mstrExportFilename = "" Then
    ' Mit Office-FileDialog abfragen
    Dim fd As FileDialog
    ' Eigentlich sollte der FileDialog mit msoFileDialogSaveAs
    ' geöffnet werden, aber aufgrund eines Access-Fehlers
    ' funktioniert dies nicht. Workaround: FileDialog mit
    ' msdFileDialogFilePicker öffnen und dort gewünschte
    ' Datei zuerst über Kontextmenü/Neu/Text-Dokument anlegen
    ' und dann selektieren.
    Set fd = Application.FileDialog(msoFileDialogFilePicker)
    With fd
        .Title = "mySQL-Ausgabedatei"
        .ButtonName = "&OK"
        ' Hinzufügen von Filtern
        .Filters.Clear
        .Filters.Add "SQL-Dateien", "*.sql", 1
        .Filters.Add "Textdateien", "*.txt", 2
        .Filters.Add "Alle Dateien", "*.*", 3

        If .Show = -1 Then
            mstrExportFilename = fd.SelectedItems(1)
        Else
            Exit Sub
        End If
    End With
End If
```

```
' Datei erstellen, vorhandene Datei ggf. überschreiben
Set ts = fso.CreateTextFile( _
    Filename:=mstrExportFilename, _
    OverWrite:=True)

' Aktuelle Datenbank
Set cnn = CurrentProject.Connection
Set cat = New ADOX.Catalog
Set cat.ActiveConnection = cnn

' Sanduhr zeigen
DoCmd.Hourglass True

' Für alle Tabellen in der aktuellen Datenbank
For Each tbl In cat.Tables
    ' Systemtabellen und interne Tabellen werden ignoriert
    If tbl.Type <> "SYSTEM TABLE" And _
       tbl.Type <> "ACCESS TABLE" And _
       Left(tbl.Name, 1) <> "~" _
       Then

        ' Tabellenname von Leerzeichen befreien
        strTableName = LeerzeichenEntfernen(tbl.Name)

        ' DROP-Befehl zum Löschen einer vorhandenen Tabelle
        If WithDROP Then
            ts.WriteBlankLines 1
            ts.WriteLine "DROP TABLE " & _
                                   strTableName & conTrennzeichen
        End If

        If WithCREATE Then
            ' CREATE-Befehl zum Erstellen der neuen Tabelle
            ts.WriteBlankLines 1
            ts.WriteLine "CREATE TABLE " & strTableName & " ("

            ' Liste aller Felder der Tabelle zusammenstellen
            strFeldname = ""

            For Each col In tbl.Columns
                ' Felder durch Komma trennen
                If strFeldname <> "" Then
                    ts.WriteLine ","
                End If
```

```
' Feldname ermitteln
strFeldname = LeerzeichenEntfernen(col.Name)
' Feldtyp ermitteln
Select Case col.Type
    Case adBoolean
        strSQL = "TINYINT"
    Case adUnsignedTinyInt
        strSQL = "TINYINT UNSIGNED"
    Case adWChar
        strSQL = "CHAR(" & col.DefinedSize & ")"
    Case adCurrency
        strSQL = "DECIMAL(20,4)"
    Case adDBDate, adDate
        strSQL = "DATETIME"
    Case adDecimal
        strSQL = "DECIMAL(20,4)"
    Case adDouble
        strSQL = "REAL"
    Case adSmallInt
        strSQL = "SMALLINT"
    Case adInteger
        strSQL = "INT"
    Case adLongVarBinary, adBinary, adVarBinary
        strSQL = "LONGBLOB"
    Case adLongVarWChar
        strSQL = "LONGTEXT"
    Case adNumeric
        strSQL = "DECIMAL(20,4)"
    Case adSingle
        strSQL = "FLOAT"
    Case adVarChar, adVarWChar, adLongVarChar
        strSQL = "CHAR(" & col.DefinedSize & ")"
    Case adDBTimeStamp
        strSQL = "TIMESTAMP"
    Case Else
        ' Da geht alles andere rein
        strSQL = "LONGBLOB"
End Select

' Überprüfung auf "Autowert"
' und "Eingabe erforderlich"
On Error Resume Next
```

```
' Eigenschaften sind spezifisch für
' Jet-OLE DB-Provider
If col.Properties("AutoIncrement") = True Then
    strSQL = strSQL & " NOT NULL AUTO_INCREMENT"
ElseIf col.Properties("Nullable") = False Then
    strSQL = strSQL & " NOT NULL"
End If
On Error GoTo err_mySQLExport

' Überprüfung auf Standartwert
strTmp = CStr(col.Properties("Default"))
If strTmp <> "" Then
    ' mySQL-Bedingung: Wenn Standardwert,
    ' dann "Eingabe erforderlich"
    If col.Properties("Nullable") = True Then
        strSQL = strSQL & " NOT NULL"
    End If
    ' Standardwert umformen
    If Left(strTmp, 1) = """" Then
        ' Zeichenketten
        strSQL = strSQL & " DEFAULT '" & _
              Mid(strTmp, 2, Len(strTmp) - 2) & "'"
    ElseIf ((UCase(strTmp) = "NOW()" Or _
            UCase(strTmp) = "DATE()" Or _
            UCase(strTmp) = "TIME()") _
            And _
            (Left(strSQL, 5) = "DATE " Or _
            Left(strSQL, 9) = "DATETIME ")) Then
        ' Datum/Zeit-Funktionen, die von
        ' mySQL unterstützt werden
        strSQL = "TIMESTAMP " & _
                    Right(strSQL, Len(strSQL) - _
                    InStr(strSQL, " "))
    ElseIf UCase(strTmp) = "NO" Then
        ' Ja/Nein-Feld NEIN
        strSQL = strSQL & " DEFAULT 0"
    ElseIf UCase(strTmp) = "YES" Then
        ' Ja/Nein-Feld JA
        strSQL = strSQL & " DEFAULT 1"
    Else
```

```
                ' für alle anderen...
                strSQL = strSQL & " DEFAULT " & strTmp
            End If
        End If

        'Feld ausgeben
        ts.Write Space(conIndent) & _
             strFeldname & _
             Space(conIndent) & _
             strSQL
    Next
    ts.WriteLine ","
    ' TimeStamp-Feld hinzufügen
    ts.Write Space(conIndent)
    ts.WriteLine "mySQLTimeStamp TIMESTAMP,"

    ' Primärschlüssel/Index-Informationen
    For Each idx In tbl.Indexes
        strSQL = ""
        ' Indexfelder zusammenstellen
        For Each col In idx.Columns
            strSQL = strSQL & IIf(strSQL = "", "", ", ") & _
                                  LeerzeichenEntfernen(col.Name)
        Next
        ' Informationen ausgeben
        ts.Write Space(conIndent)
        ' Primärschlüssel?
        If idx.PrimaryKey Then
            ts.Write "PRIMARY "
        End If
        ' Eindeutiger Index, aber nicht Primärschlüssel
        If idx.Unique And Not idx.PrimaryKey Then
            ts.Write "UNIQUE "
        End If
        ts.Write "KEY (" & strSQL & ")"
    Next
    ts.WriteLine
    ' CREATE beenden
    ts.WriteLine ")" & conTrennzeichen
    ts.WriteBlankLines 1
End If
```

```
' Alle Daten der Tabelle
' per INSERT INTO table VALUES() übergeben
If WithINSERT Then
    Set rst = New ADODB.Recordset
    ' Tabellenname in [] gesetzt, wegen Leerzeichen usw.
    rst.Open _
            Source:="SELECT * FROM [" & tbl.Name & "]", _
            ActiveConnection:=cnn, _
            CursorType:=adOpenForwardOnly, _
            LockType:=adLockReadOnly

    ' Sind Daten vorhanden?
    If Not (rst.BOF And rst.EOF) Then
        ' Solange Daten vorhanden sind
        Do Until rst.EOF
            ts.Write "INSERT INTO " & strTableName
            ' Zuerst Feldnamen zusammenstellen
            strSQL = ""
            ' Für jedes Feld des Recordsets
            For Each fld In rst.Fields
                ' Keine OLE-Objekt-Felder übernehmen
                If fld.Type <> adVarBinary And _
                        fld.Type <> adBinary And _
                        fld.Type <> adLongVarBinary Then
                    ' Feldnamen mit Komma trennen
                    If strSQL <> "" Then
                        strSQL = strSQL & ", "
                    End If
                    strSQL = strSQL & fld.Name
                End If
            Next
            ts.WriteLine "(" & strSQL & ")"
            ' Feldwerte zusammenstellen
            ts.WriteLine "VALUES ("
            strSQL = ""
            ' Für jedes Feld des Recordsets
            For Each fld In rst.Fields
                ' Keine OLE-Objekt-Felder übernehmen
                If fld.Type <> adVarBinary And _
                        fld.Type <> adBinary And _
                        fld.Type <> adLongVarBinary Then
```

```
                ' Werte durch Komma trennen
                If strSQL <> "" Then
                    strSQL = strSQL & ", "
                    ts.WriteLine strSQL
                End If
                strSQL = Space(conIndent)
                ' Ist Feldwert NULL?
                If IsNull(fld.Value) Then
                    strSQL = strSQL & "NULL"
                Else
                    ' Ansonsten je nach Feldtyp
                    Select Case fld.Type
                        Case adBoolean
                            strSQL = strSQL & _
                                  IIf(fld.Value = True, _
                                             "1", "0")
                        Case adWChar, adVarWChar, _
                             adLongVarWChar, _
                             adLongVarChar
                            strSQL = strSQL & "'" & _
                                          fld.Value & "'"
                        Case adDate, adDBTimeStamp
                            strSQL = strSQL & _
                               "'" & _
                               Format(fld.Value, _
                               "YYYY-MM-DD HH:MM:SS") & _
                               "'"
                        Case Else
                            strSQL = strSQL & fld.Value
                    End Select
                End If
            End If
        Next
        ts.WriteLine strSQL
        ts.WriteLine ");"
        ts.WriteBlankLines 1
        rst.MoveNext
    Loop
End If
```

```
                rst.Close
                Set rst = Nothing
            Else
                ts.WriteLine "# Keine Daten vorhanden"
            End If
            ts.WriteBlankLines 1
        End If
    Next

exportSQL_exit:
    ' Aufräumen
    ts.Close
    Set fso = Nothing
    Set cat = Nothing
    Set cnn = Nothing
    DoCmd.Hourglass False

    Exit Sub

err_mySQLExport:
    DoCmd.Hourglass False
    MsgBox Err.Description & " (" & Err.Number & ")", _
                                     vbCritical, "mySQL Export"
    Resume exportSQL_exit
End Sub

Private Function LeerzeichenEntfernen(strname As String) As String
    LeerzeichenEntfernen = Replace(strname, " ", "_")
End Function
```

Hier am Ende des mySQL-Abschnitts noch ein paar Hinweise:

- Wenn man mySQL-Tabellen über den mySQL-ODBC-Treiber verknüpft, werden eingestellten Optionen (auch Benutzername und Passwort!) mit der eingebundenen Tabelle in Access gespeichert. Nachträgliche Änderungen an den Optionen der ODBC-Datenquellendefinition (DSN) haben keine Auswirkungen auf bereits eingebundene Tabellen. Man muss die Tabellen mit dem Tabellenverknüpfungs-Manager erneut einbinden, wenn man die Optionen ändern möchte.
- Vermeiden Sie die Verwendung von BIGINT-Feldern in mySQL-Tabellen, denn Access kann mit diesem Datentyp nicht korrekt umgehen.

- Fügen Sie Ihren mySQL-Tabellen prinzipiell ein Feld vom Datentyp TIMESTAMP hinzu, um scheinbar grundlosen Fehlermeldungen (»Schreibkonflikt«) von mySQL zu entgehen.

25.4 OLE DB

OLE DB ist eine Spezifikation von Schnittstellen für den Datenzugriff unabhängig von der Art und Struktur der Daten. Dabei wird ODBC als grundlegendes System verwendet. Basierend auf COM (Common Object Model), Microsofts Komponentensystem, soll OLE DB in allen Microsoft-Produkten für den universellen Datenzugriff verwendet werden. In OLE DB stellen »data provider« und »data service provider« Daten und Datenservices für eine Datenquelle bereit.

ADO ist die Programmierschnittstelle zu OLE DB und insbesondere innerhalb von Access der einzige Weg, OLE DB zu nutzen. OLE DB-Datenquellen lassen sich aus der Benutzeroberfläche von Access nicht direkt ansprechen, sondern erfordern VBA-Programmierung mit ADO (siehe Kapitel 10, »Die Programmierschnittstelle ADO«). Ausnahme sind die in Kapitel 26 beschriebenen Access-Projekte, die auch aus der Benutzeroberfläche einen OLE DB-Zugriff auf Microsoft SQL Server-Datenbanken ermöglichen.

Das folgende Listing zeigt die Verwendung des OLE DB-Providers für den Microsoft SQL Server. Es wird eine ADO-Verbindung (`Connection`) mithilfe des OLE DB-Providers zu Datenbank aufgebaut.

```
Sub OLEDB_Test()
    Dim cnn As ADODB.Connection
    Dim rst As ADODB.Recordset

    ' Neue Verbindung aufbauen
    Set cnn = New ADODB.Connection
    ' Verbindungsinformationen setzen
    cnn.ConnectionString = "Provider=Microsoft.Access.OLEDB.10.0; " & _
                           "Persist Security Info=False; " & _
                           "Data Source=SERVER;" & _
                           "Integrated Security=SSPI;" & _
                           "Initial Catalog=CocktailSQL;" & _
                           "Data Provider=SQLOLEDB.1"

    ' Verbindung öffnen
    cnn.Open
```

```
    ' Recordset auf Basis der Verbindung öffnen
    Set rst = New ADODB.Recordset
    rst.Open _
        "select * from tblEinheiten", _
        cnn, _
        adOpenForwardOnly, _
        adLockReadOnly
    ' Alle Datensätze auslesen
    Do Until rst.EOF
        Debug.Print rst!Einheit
        rst.MoveNext
    Loop
    ' Alles schließen
    rst.Close
    Set rst = Nothing
    cnn.Close
    Set cnn = Nothing
End Sub
```

In der folgenden Tabelle sind einige der Schlüsselwörter für den ADO-`ConnectionString` für den Zugriff über OLE DB-Provider aufgeführt. Jeder OLE DB-Provider verfügt über eigene Schlüsselwörter für spezifische Eigenschaften. In Kapitel 10, »Die Programmierschnittstelle ADO«, finden Sie in Tabelle 10.1 eine Aufstellung der Schlüsselwörter für den OLE DB-Provider für Jet-Datenbanken.

Tabelle 25.1: Schlüsselwörter für den ConnectionString

Schlüsselwort	Beschreibung
Provider=	Der wichtigste Teil der Verbindungszeichenfolge ist der Provider. Mit seiner Hilfe wird der OLE DB-Treiber bestimmt.
Data Provider=	Einige Provider sind eigentlich nur spezielle Treiber zum Aufbereiten von Daten. Die Daten selbst werden mithilfe eines Data Providers bereitgestellt. Im Beispiel oben wird als Provider `Microsoft.Access.OLEDB.10.0` verwendet, die Daten aber vom Provider `SQLOLEDB.1` geholt.
Data Source=	Hier wird der Name des Rechners (=Name des SQL Servers/ MDSE) angegeben, auf dem sich die Datenbank befindet.
Initial Catalog=	Das Schlüsselwort dient zur Festlegung der Datenbank, auf die zugegriffen werden soll.
Integrated Security=	Wenn dieses Schlüsselwort angegeben wird, dann nur mit dem Wert SSPI. SSPI steht für »Security Support Provider Interface«, einer Funktionsbibliothek für Sicherheitsfunktionen unter Windows NT/2000/XP. Es wird hiermit festgelegt, dass die Sicherheitsfunktionen von Windows NT/2000/XP verwendet werden.
User ID=	Wenn keine integrierte Windows NT/2000/XP-Sicherheit eingesetzt wird, gibt dieses Schlüsselwort die Benutzerkennung an.
Passwort=	Wenn keine integrierte Windows NT/2000/XP-Sicherheit eingesetzt wird, gibt dieses Schlüsselwort das Kennwort zu User ID an.
Persist Security Info=	Dieser Parameter spielt nur dann eine Rolle, wenn keine integrierte Windows NT/ 2000/XP-Sicherheit verwendet wird. Er verhindert, dass das Kennwort des Clients nach dem Verbindungsaufbau aus der Verbindungszeichenfolge entfernt wird. Mögliche Werte sind True und False, wobei False verwendet werden sollte.

Datenlinks: Eine Unterstützung beim Aufbau von OLE DB-Verbindungen sind Datenlinks, die eine Beschreibung der Verbindungszeichenfolge in einer UDL-Datei speichern. In Kapitel 10, »Die Programmierschnittstelle ADO«, beschreiben wir in Abschnitt 10.2 den Einsatz von Datenlinks.

26 Access-Projekte

Zur Verwaltung sehr großer Datenmengen, beim Einsatz im Netzwerk, wenn viele Benutzer gleichzeitig auf die Daten zugreifen sollen, wenn hohe Anforderungen an die Betriebs- und Datensicherheit bestehen oder wenn ein unterbrechungsfreier Betrieb gewährleistet werden soll, sind Access-Datenbanken nicht geeignet.

Der »Microsoft SQL Server« ist das Microsoft-Produkt, das alle die genannten Anforderungen erfüllt. Microsoft SQL Server ist ein »echter« Datenbank-Server, d.h., ein Frontend gibt SQL-Befehle an den SQL-Server (das Backend), der das Ergebnis ermittelt und an das Frontend übergibt.

Der Microsoft SQL Server ist für große Datenmengen und hohe Benutzerzahlen konzipiert. Dem Mehr an Leistung steht aber ein Mehr an Administration gegenüber, denn der SQL Server mit seinen vielfältigen Einstellungsmöglichkeiten ist deutlich aufwändiger zu verwalten als eine Access-Datenbank auf einem File-Server, entlastet dafür aber das Netzwerk.

Access mit seinen leistungsfähigen Formularen und Berichten ist ein geeignetes Werkzeug für die Erstellung von Frontends für den SQL-Server. In den vorangegangen Access-Versionen mussten dazu ODBC-Verknüpfungen auf SQL Server-Tabellen in Access-MDB-Dateien eingebunden werden. Um die vielfältigen Leistungen des SQL-Servers nutzen zu können, war es oftmals notwendig, umständlich mit SQL-Pass-Through-Abfragen und DAO-`ODBCDirect`-Arbeitsbereichen zu arbeiten. Alternativ konnten seit Access 2000 auch ADO-Verbindungen über den SQL Server-OLE DB-Treiber hergestellt werden.

Mit Access 2000 hat Microsoft Access-Projekte eingeführt. Access-Projekte sind spezielle Access-Dateien (.ADP), die für den Zugriff auf SQL Server-Datenbanken konzipiert sind. Mit einem Access-Projekt können Sie direkt auf die in einer SQL Server-Datenbank gespeicherten Komponenten zugreifen, diese modifizieren und neue Elemente anlegen. Mit Access 2002 hat Microsoft die Stabilität und Leistungsfähigkeit von Access-Projekten stark verbessert. Während bei Access 2000 viele Datenbankentwickler davon sprachen, dass Access-Projekte sich eigentlich noch im Beta-Stadium befänden, also nicht fertig wären, sind wohl fast alle Kinderkrankheiten mit Access 2002 ausgemerzt.

Wenn Sie den Einsatz von Access-Projekten planen, sollten Sie bedenken, dass mit Access-Projekten viele Aufgaben anders als mit normalen Access-Datenbanken gelöst werden und die Anwendung eine sorgfältigere Planung erfordert.

26.1 SQL Server und MSDE

Access-Projekte arbeiten mit Microsoft SQL Server 2000 und 7.0 sowie mit Microsoft SQL Server Desktop Engine (MSDE) zusammen. Microsoft SQL Server 2000 bzw. 7.0 lässt sich mit Windows 98, Me, NT 4.0, 2000 und XP betreiben.

Microsoft SQL Server Desktop Engine 2000 ist eine für fünf Benutzer optimierte, unbeschränkte aber abgespeckte Version von SQL Servers 2000. MSDE unterstützt Datenbanken bis zu einer Größe von 2 GB, wobei fast beliebig viele Datenbanken angelegt werden können. Access-Projekte, die für die Zusammenarbeit mit MSDE entwickelt wurden, sollten ohne Änderungen auch mit SQL Server zusammenarbeiten.

Im weiteren Verlauf werden immer dann, wenn Funktionen von Microsoft SQL Server beschrieben werden, damit auch die Funktionen von MSDE beschrieben. In den Fällen, wo Unterschiede zwischen SQL Server und MSDE bestehen, wird entsprechend darauf hingewiesen.

MSDE 2000 wird zusammen mit Office XP bzw. Access 2002 ausgeliefert, muss aber getrennt installiert werden, wie wir es in Abschnitt 26.2 beschreiben.

In MSDE fehlen Programme wie der Microsoft SQL Server 2000 Enterprise Manager oder der Query Analyzer; die Verwaltung von MSDE-Datenbanken wird innerhalb von Access-Projekten oder mit dem DOS-Programm OSQL durchgeführt.

SQL Server selbst wird in den Versionen Enterprise, Standard und Desktop angeboten. Die Standard-Edition kann mit bis zu 4 Prozessoren eingesetzt werden und nur auf Windows NT bzw. 2000-Servern installiert werden. Die Enterprise-Version unterstützt 32 Prozessoren und bis zu 64 Gigabyte RAM.

Unter Windows 98, Me, NT Workstation, 2000 Professional und XP Professional kann die Desktop-Version des SQL Servers genutzt werden. Bei der Desktop-Version fehlen einige Funktionen der »großen« Versionen, die meistens Windows NT/2000/XP-spezifisch sind. MSDE ist eigentlich die Desktop-Version des SQL Servers, allerdings ohne die folgenden Komponenten:

- *Online-Dokumentation*: die komplette Dokumentation für den SQL Server.

- *Enterprise Manager*: Ein komfortables und umfangreiches Programm zur Verwaltung von Datenbanken, Benutzern usw.
- *MSDTC Admin-Konsole*: Das Programm kontrolliert den Microsoft Distributed Transaction Coordinator, der für die Abwicklung von Transaktionen zuständig ist, bei denen mehrere SQL Server beteiligt sind.
- *Profiler*: Ermöglicht die Überwachung und Analyse des Datenverkehrs vom und zum SQL Server.
- *Query Analyzer*: Mit diesem Programm lassen sich SQL-Abfragen direkt interaktiv ausführen.

Microsoft SQL Server besitzt ein eigenes Sicherheitssystem, mit dem sehr detailliert Zugriffsrechte auf Tabellen, Views (Sichten) und Stored Procedures (Gespeicherte Prozeduren) vergeben werden können. Die Grundlagen der Sicherheitsfunktionen, insbesondere aus der Sicht von Access-Projekten, beschreiben wir Ihnen in Abschnitt 26.16.

Die für den SQL Server von Microsoft zur Verfügung gestellten Service Packs können auch auf MSDE angewendet werden. Den jeweils aktuellen Service Pack können Sie über *www.microsoft.com/sql* beziehen.

Daten und Protokoll

Einer der entscheidenden Unterschiede zwischen Access und SQL Server in Bezug auf die Speicherung der Daten ist, dass der SQL Server alle Datenbankoperationen wie Einfügen, Aktualisieren und Löschen protokolliert. Jede Datenbankoperation wird als Transaktion benannt, wobei Transaktionen auch mehrere Datenbankbefehle enthalten können. In einer Protokolldatei, Log, wird jede Transaktion mitgeschrieben. Im Falle eines Defekts der eigentlichen Datendatei lassen sich die Inhalte anhand des Transaktionsprotokolls wiederherstellen.

Jede logische SQL Server-Datenbank besteht daher aus mindestens zwei Dateien: Einer Datendatei mit der Dateiendung .MDF und einer Protokolldatei mit der Endung .LDF.

Es ist möglich, dass sich eine SQL Server-Datenbank über mehrere Datendateien und mehrere Protokolldateien verteilt, die auf unterschiedlichen Laufwerken liegen. Bei vielen SQL Server-Installationen werden aus Sicherheitsgründen Daten und Protokoll auf verschiedenen Festplatten eingerichtet.

Tritt während eines Schreibvorgangs an einer Datenbank ein Fehler auf, beispielsweise ein Laufwerk- oder Netzwerkfehler bzw. ein Stromausfall, werden die Informationen aus dem Transaktionsprotokoll wiederherstellt und die Datenbank wird wieder in den letzten konsistenten Zustand überführt.

26.2 MDSE 2000 installieren

MSDE 2000 gehört zum Lieferumfang von Office XP; es muss aber getrennt installiert werden. Zur Installation rufen Sie das Programm *setup.exe* im Ordner *\MSDE2000* auf der Installations-CD auf.

Das Installationsprogramm erlaubt keine Benutzereingriffe, sondern richtet MSDE mit den Standardeinstellungen im Verzeichnis *C:\Programme\Microsoft SQL Server* ein. Dabei werden die grundlegenden Komponenten der Datenbank sowie der SQL Server Dienst-Manager eingerichtet.

Nach Installation Rechner neu starten: Booten Sie nach der Installation auf jeden Fall den Rechner, auch wenn das Installationsprogramm Sie nicht dazu auffordert, denn nur dann erhalten Sie sofort den vollen Funktionsumfang.

26.2.1 Zugriffsrechte

Alle Anwender, die auf SQL Server- bzw. MSDE-Datenbanken zugreifen möchten, müssen dafür legitimiert werden. Zur Authentifizierung von Benutzern kennt SQL Server zwei Verfahren: SQL Server- oder Windows-Authentifizierung. Bei der SQL Server-Authentifizierung wird Benutzername und Kennwort vom SQL Server verwaltet, während bei der Windows-Authentifizierung Windows die Verwaltung der Benutzerdaten übernimmt.

Bei der Installation auf Windows NT/2000/XP wird MSDE standardmäßig mit Windows-Authentifizierung eingerichtet, während für Windows 98/Me SQL Server-Sicherung verwendet wird.

Bei Windows-Authentifizierung werden alle Mitglieder der Windows-Benutzergruppe Administratoren zu SQL Server-Administratoren, während bei SQL Server-Sicherheit der Benutzer »sa« eingerichtet wird (standardmäßig ohne Kennwort!), der volle Zugriffsrechte besitzt.

Kennwort für sa vergeben: Nach einer Installation auf Windows 98 oder Me sollten Sie dem Administrationsbenutzer »sa« sofort ein Kennwort vergeben. Rufen Sie dazu von einer MS-DOS-Kommandozeile den folgenden Befehl auf: `OSQL -U sa -Q "sp_password NULL, 'Ihr neues Paßwort' "`. Nach Eingabe des Befehls werden Sie nach dem alten Kennwort gefragt. Da kein altes Kennwort vorhanden ist, bestätigen Sie einfach ohne Eingabe.

26.2.2 Update der MDAC-Version

Die Installation von MSDE richtet die *Microsoft Data Access Components* (MDAC) in der Version 2.6 auf dem PC ein. Diese Version unterscheidet sich von der mit Office XP bzw. Access 2002 mitgelieferten Version 2.5 durch einige Erweiterungen insbesondere für den Zugriff auf SQL Server 2000 bzw. MSDE 2000. Zur Zeit der Drucklegung des Buchs ist allerdings schon die Version 2.7 von MDAC verfügbar. Die jeweils neuste Version können Sie unter *www.microsoft.com/data* herunterladen. Dort finden Sie übrigens auch das Hilfsprogramm *Component Checker*, mit dessen Hilfe der MDAC-Versionsstand auf einem PC ermittelt werden kann.

26.2.3 Anpassen der Installation

Über Kommandozeilen-Parameter beim Aufruf des Setup-Programms oder mithilfe der Konfigurationsdatei *setup.ini* können Sie den Installationsverlauf steuern, der normalerweise ohne Benutzereingriff abläuft. Im MSDE-Ordner auf der Office XP- bzw. Access 2002-CD ist eine *setup.ini*-Datei vorhanden, die allerdings als »Versteckt« gekennzeichnet ist; stellen Sie in Ihrem Windows-Explorer ein, dass versteckte Dateien gezeigt werden, um die Datei zu sehen. Um eine Installation mit einer angepassten ini-Datei durchzuführen, kopieren Sie die Datei auf Ihre Festplatte, ändern Sie dann die Eigenschaften der Datei, damit sie nicht versteckt und schreibgeschützt ist und rufen Sie dann die Datei zum Bearbeiten mit dem Windows-Editor aus. Die Datei enthält standardmäßig nur eine Zeile `[Options]`, unter der die in Tabelle 26.1 aufgeführten Parameter angefügt werden können.

Beim Aufruf des Setup-Programms müssen Sie mit dem Kommandozeilen-Parameter */settings* Pfad und Name Ihrer angepassten *setup.ini*-Datei angeben.

Die in der folgenden Tabelle aufgeführten Parameter können Sie auf der Kommandozeile an das Setup-Programm übergeben.

Tabelle 26.1: Kommandozeilen-Parameter für das MSDE-Setup-Programm

Parameter	Beschreibung
/settings *Dateiname*	bestimmt, dass die Installationsoptionen aus der angegebenen Datei verwendet werden sollen (siehe folgende Tabelle).
/L* *Dateiname*	erstellt eine Log-Datei des Setup-Vorgangs in der angegebenen Datei.
/i Ordner	gibt den Ordner der Windows-Installer-Datei (.msi) an.
/f	repariert die bestehende Installation.
/x	deinstalliert MSDE.

Die in der nächsten Tabelle aufgeführten Optionen können in einer *setup.ini*-Datei eingesetzt werden.

Tabelle 26.2: Parameter für das MSDE-Setup-Programm

Parameter	Beschreibung
DATADIR=	bestimmt, in welchen Ordner die eigentlichen Datenbanken kopiert werden sollen. Die Pfadangabe sollte mit einem Backslash enden.
TARGETDIR=	gibt das Zielverzeichnis für die Installation der MSDE-Programmkomponenten an. Die Pfadangabe sollte mit einem Backslash enden.
INSTANCENAME=	ermöglicht die Einrichtung mehrerer SQL Server-Instanzen.
SECURITYMODE=SQL	bestimmt bei der Installation auf Windows NT/2000/XP-Systemen, dass SQL Server-Sicherheit verwendet werden soll. Für Windows 98/Me ist der Befehl ohne Wirkung.
UPGRADE=1	aktualisiert eine vorhandene SQL Server 7.0- oder MSDE 1.0-Installation auf dem Zielrechner.

26.2.4 Upgrade von MSDE 1.0 oder SQL Server 7.0

Wenn auf dem Installationszielrechner schon SQL Server 7.0 oder MSDE 1.0 installiert ist, so bleibt bei der standardmäßigen Einrichtung von MSDE 2000 die alte Version erhalten und betriebsbereit. Sie müssen allerdings bei der Installation von MSDE 2000 einen Instanz-Namen mit `INSTANCENAME=`*`Name`* angeben. Auf einem Rechner können mehrere Instanzen bereitgestellt werden, die sich nach außen alle wie eigenständige SQL Server benehmen. Beachten Sie, dass Client-Rechner mindestens die Microsoft Database Access Components in der Version 2.6 installiert haben müssen, um mit Instanzen umgehen zu können (*www.microsoft.com/data*).

Wir werden im weiteren Verlauf des Kapitels davon ausgehen, dass MSDE 2000 ohne Instanzen eingerichtet wurde.

26.2.5 Dokumentation

MSDE wird ohne Dokumentation ausgeliefert, also ohne die Online-Hilfe, die mit den normalen SQL Server-Versionen bereitgestellt wird. Sie können die neuste Version der Online-Hilfe per Internet erhalten: *www.microsoft.de/sql*.

26.3 MSDE starten

Nach der Installation auf Windows NT/2000/XP wird MSDE als Dienst des Betriebssystems gestartet. Unter Windows 98/Me wird im Startmenü in *Programme/ AutoStart* der SQL Server-Dienst-Manager installiert.

Jeder MSDE-Server im Netzwerk wird über einen eindeutigen Namen angesprochen. Hierbei wird der Netzwerkname des Computers verwendet, auf dem MSDE installiert ist.

Bild 26.1: SQL Server-Dienst-Manager

Für Windows 95/98 klicken Sie die Option *Dienst bei Betriebssystemstart automatisch starten* an, damit MSDE nach dem Starten des Computers zur Verfügung steht, ohne dass Sie den *Dienst-Manager* aufrufen müssen.

Der *Dienst-Manager* wird als Symbol in der Taskleiste angezeigt. Er lässt sich mit einem Doppelklick auf das Symbol aufrufen.

26.4 Überblick über Access-Projekte

Access-Projekte verwenden OLE DB und ADO für den Zugriff auf Microsoft SQL Server bzw. MSDE. Auf dem Server werden Tabellen, die Beziehungen zwischen den Tabellen (Datenbankdiagramme) sowie Abfragen in Form von Sichten (Views) und Gespeicherten Prozeduren (Stored Procedures) abgelegt. Formulare, Berichte, Seiten, Makros und Module dagegen werden in der Access-Projektdatei (mit der Dateiendung ADP) gespeichert.

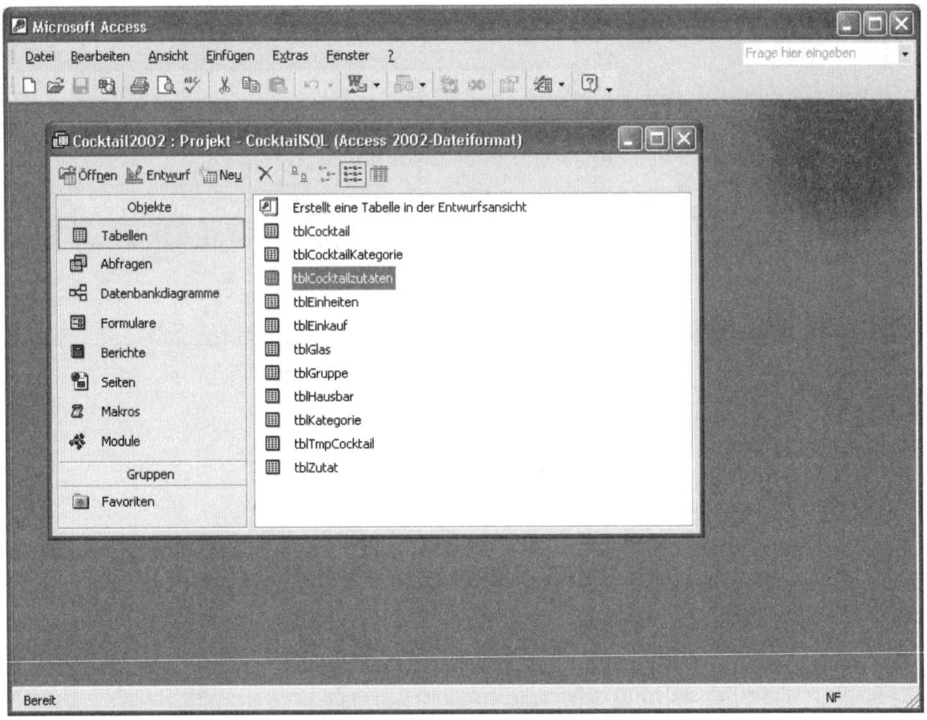

Bild 26.2: Access-Projekt

26.4.1 SQL Server-Datenbanken

Auf SQL Server kann eine fast beliebige Anzahl von Datenbanken verwaltet werden. Jede Datenbank beinhaltet Tabellen, Sichten, Funktionen, Gespeicherte Prozeduren und Datenbankdiagramme. Auf eine Datenbank wird über ihren Namen zugegriffen.

Jedes Access-Projekt baut eine Verbindung zu einem SQL-Server und einer bestimmten Datenbank auf. Sowie die Verbindung hergestellt ist, werden die Datenbankobjekte der verbundenen Datenbank im Access-Projekt angezeigt.

26.4.2 Tabellen

Die Daten werden auf SQL Server wie in Access auch in Tabellen gespeichert. Alle Access-Datentypen werden in SQL Server-Datentypen abgebildet. Der SQL Server kennt darüber hinaus eine Vielzahl weiterer Datentypen. In Abschnitt 26.6 werden wir Ihnen die Datentypen und ihre Access-Jet-Entsprechungen vorstellen.

26.4.3 Abfragen

SQL Server/MSDE arbeitet mit Abfragen in drei Ausprägungen: Sichten, Gespeicherte Prozeduren und Funktionen.

Sichten

Einer Sicht liegt immer eine `SELECT`-Abfrage zugrunde. Sie entspricht einer Access-Auswahlabfrage. Der entscheidende Unterschied zu Access-Abfragen ist, dass Sichten keine Parameter haben können; für die Übergabe von Parametern müssen Sie Funktionen oder Gespeicherte Prozeduren einsetzen.

Gespeicherte Prozeduren (Stored Procedures)

Hinter Gespeicherten Prozeduren verbirgt sich auf SQL Server/MSDE die Möglichkeit, mithilfe der Programmiersprache Transact-SQL komplexe Abfragen und Abläufe zu erstellen und mit Parametern aufzurufen.

Durch die Programmierung mit Transact-SQL ist es möglich, Programme direkt auf dem Datenbank-Server ablaufen zu lassen und so beispielsweise den Transport von Daten über das Netzwerk zu minimieren.

Funktionen

SQL Server/MSDE erlaubt die Programmierung von benutzerdefinierten Funktionen mit Transact-SQL. Funktionen können entweder einen Wert oder eine Tabelle als Ergebnis zurückgeben.

26.4.4 Datenbankdiagramme

Datenbankdiagramme entsprechen den Beziehungsdiagrammen in Access-MDB-Datenbanken. Ähnlich wie im Beziehungsfenster können anhand von Linien die Beziehungen zwischen den Tabellen eingezeichnet werden.

SQL Server/MSDE arbeitet standardmäßig mit DRI, deklarativer referentieller Integrität. Ebenso wie für Jet-Datenbanken kann damit referentielle Integrität zwischen Tabellen vereinbart werden. SQL Server 2000 beherrscht zudem die Aktualisierungsweitergabe sowie die Löschweitergabe.

26.5 Ein neues Projekt erstellen

Möchten Sie ein neues Access-Projekt erstellen, so bietet Ihnen Access dafür zwei Varianten: Sie können ein Projekt für eine bestehende SQL Server/MSDE-Datenbank anlegen oder eine neue Datenbank auf dem SQL Server erzeugen.

26.5.1 Projekt mit neuer Datenbank

Selektieren Sie im Dialogfeld *Neu* zu *DATEI Neu* die Option *Projekt (Neue Datenbank)*, so wird zuerst ein Dialogfeld eingeblendet, in dem Sie den Namen des neuen Projekts angeben. Anschließend öffnet Access das im nächsten Bild dargestellte Dialogfeld. Bestimmen Sie hier den SQL Server, auf dem die Datenbank angelegt werden soll.

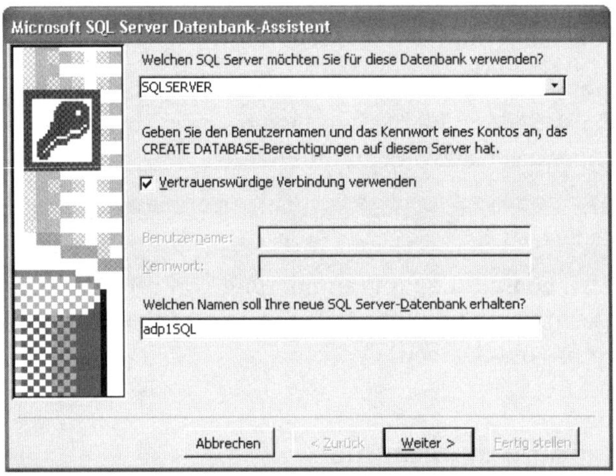

Bild 26.3: Neue Datenbank anlegen

SQL Server ist mit einem eigenen Sicherheitssystem geschützt, das zum einen den prinzipiellen Zugriff auf SQL Server regelt, zum anderen für jeden Benutzer bzw. jede Benutzergruppe detailliert die Rechte an einer Datenbank bestimmt. Läuft der SQL Server auf einem Windows NT/2000/XP-Rechner, so kann das Sicherheitssystem von SQL Server die Sicherheitsinformationen von Windows verwenden. Ein Benutzer, der von Windows NT/2000/XP authentifiziert ist, kann auch auf SQL Server zugreifen. Man spricht dabei von »vertrauenswürdigen« (engl. trusted) Verbindungen.

In einem neuen SQL Server ist standardmäßig der SQL Server-Benutzer »sa« (system administrator) ohne Kennwort angelegt. Er hat alle Rechte.

Ist SQL Server für vertraute Verbindungen eingerichtet, entscheidet also Ihre Windows-Benutzerkennung über den Zugang zum Server, können Sie die Felder *Anmeldungs-ID* und *Kennwort* leer lassen.

Das Sicherheitssystem des SQL Servers aus der Sicht von Access-Projekten beschreiben wir Ihnen in Abschnitt 26.16.

26.5.2 Projekt an bestehende Datenbank anschließen

Wählen Sie im Dialogfeld *Neu* die Option *Projekt (Bestehende Datenbank)*, wird das Dialogfeld *Datenverknüpfungseigenschaften* (je nach Version auch *Datenlinkeigenschaften* genannt) aufgerufen.

Auf dem Registerblatt *Verbindung* geben Sie den SQL Server-Namen, den Benutzernamen und den Namen der Datenbank an. Die beiden weiteren Registerblätter ermöglichen die weitergehende Konfiguration der Verbindung.

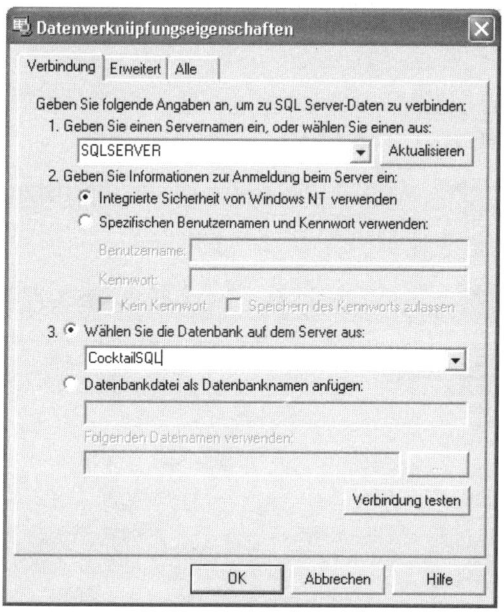

Bild 26.4: Datenverknüpfungseigenschaften

Mithilfe der Schaltfläche *Verbindung testen* können Sie überprüfen, ob eine erfolgreiche Verbindung zum Datenbank-Server aufgenommen werden kann.

Übrigens können Sie das Dialogfeld *Datenverknüpfungseigenschaften* in einem Access-Projekt über *DATEI Verbindung* jederzeit aufrufen und die Einstellungen gegebenenfalls ändern.

Netzwerkprotokoll für SQL Server-Installationen unter Windows 98/Me: Sollte Ihr Access-Projekt Schwierigkeiten haben, den auf einem anderen Rechner im Netzwerk installierten SQL- oder MSDE-Server zu finden, kann dies an den eingesetzten Netzwerkprotokollen liegen. Sowohl auf dem Client als auch auf dem Server muss TCP/IP als Netzwerkprotokoll installiert sein und dieses Protokoll muss als Standardnetzwerkbibliothek für SQL Server/MSDE definiert werden. Auf dem Server wird dies standardmäßig festgelegt. Auf dem Client müssen Sie dazu das Programm CLICONFG.EXE (über *START Ausführen*) aufrufen und TCP/IP als Standardnetzwerkbibliothek festlegen.

26.6 Tabellen

Die Vorgehensweise beim Anlegen neuer Tabellen entspricht im Wesentlichen der, die Sie von Access-MDBs kennen. Es kommen einige neue Einstellungen und Auswahlmöglichkeiten hinzu.

26.6.1 Anlegen von Tabellen

Das Fenster zum Anlegen neuer Tabellen hat das im nächsten Bild gezeigte Aussehen.

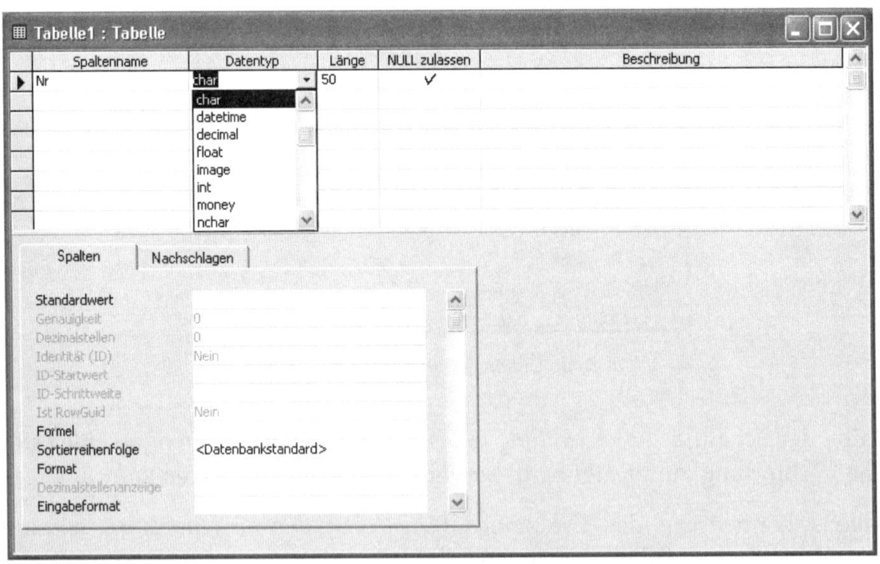

Bild 26.5: Anlegen von Tabellen

Der *Spaltenname* darf bis zu 128 Zeichen enthalten. Verwenden Sie Leer- oder Sonderzeichen für den Spaltennamen, so wird dieser automatisch in eckige Klammern eingeschlossen. Wir empfehlen Ihnen, bei Spaltennamen auf Leer- und Sonderzeichen zu verzichten.

Die folgende Tabelle zeigt die Auswahlmöglichkeiten für die Spalte *Datentyp*. In der rechten Spalte der Tabelle sind die Access-Entsprechungen aufgeführt. Die *Größe*, *Genauigkeit* und Anzahl der *Dezimalstellen* werden je nach Datentyp angegeben.

Tabelle 26.3: Datentypen

Datentyp	Beschreibung	Access-Entsprechung
char	Text fester Länge bis 8.000 Bytes	
nchar	Unicode-Text fester Länge bis 4.000 Bytes	
varchar	Text variabler Länge bis 8.000 Bytes	
nvarchar	Unicode-Text variabler Länge bis 4.000 Bytes	Text
text	Zeichendaten bis 2^{31}-1 Zeichen	
ntext	Unicode-Zeichendaten bis 2^{30}-1 Zeichen	Memo, Hyperlink
image	Binärdaten bis 2^{31}-1 Byte	OLE-Objekt
binary	Binäre Daten fester Länge bis 255 Byte	
varbinary	Binäre Daten variabler Länge bis 255 Byte	
datetime	Datum und Zeit (zwischen 1. Januar 1753 bis 31. Dezember 9999)	Datum/Zeit
smalldatetime	Datum und Zeit (zwischen 1. Januar 1900 bis 6. Juni 2079)	
decimal	Gepackte Dezimalzahl, exakt numerisch	Zahl: Dezimal
numeric	Synonym zu decimal	
real	Fließkommazahl mit 7 Stellen Genauigkeit	Zahl: Single
float	Fließkommazahl mit 15 Stellen Genauigkeit	Zahl: Double
int	Ganze Zahl zwischen -2.147.483.648 bis 2.147.483.647	AutoWert, Zahl: Long Integer
smallint	Ganze Zahl zwischen -32.768 und 32.767	Zahl: Integer, Zahl: Byte

Tabelle 26.3: Datentypen (Fortsetzung)

Datentyp	Beschreibung	Access-Entsprechung
tinyint	Ganze Zahl zwischen 0 und 255	
money	Float mit 4 Dezimalstellen	Währung
smallmoney	Real mit 4 Dezimalstellen	
bit	0 oder 1	Ja/Nein
timestamp	Zeitstempel; eindeutig in der gesamten Datenbank	
uniqueidentifier	Global eindeutiger Bezeichner	
sql_variant	Ein Datentyp, der Werte verschiedener Datentypen speichert	
bigint	Ganze Zahl zwischen -9.223.372.036.854.775.808 und 9.223.372.036.854.775.807	

! bit- vs. Ja/Nein-Datentyp: Für den Datentyp `bit` wird in Access automatisch eine Konvertierung vorgenommen. Auf SQL Server werden für `bit`-Werte 0 und 1 gespeichert, während in Access daraus 0 und –1 wird. In Access-MDBs werden Ja/Nein-Datenfelder auch intern durch 0 und –1 repräsentiert.

In der Spalte *NULL zulassen* bestimmen Sie, ob Null-Werte erlaubt sind. Sind diese nicht zugelassen, muss bei der Dateneingabe ein Wert angegeben werden, das Feld kann also nicht leer gelassen werden (für Access-MDBs heißt diese Einstellung *Eingabe erforderlich*).

Die Spalte *Standardwert* dient zur Festlegung eines Wertes, der für neue Datensätze für dieses Feld vorbelegt wird.

Wie Ihnen in der Tabelle der Datentypen vielleicht aufgefallen ist, kennt SQL Server keinen Datentyp *AutoWert* (auch in Access ist dies eigentlich kein Datentyp, sondern eine Zahl vom Typ `Long Integer` mit einer speziellen Eigenschaft). Selektieren Sie die Spalte *Identität*, so wird, vorausgesetzt Sie haben als Datentyp *int, smallint, tinyint, decimal* oder *numeric* angegeben, der Wert dieser Spalte automatisch hoch gezählt. In den Spalten *ID-Startwert* und *ID-Schrittweite* können Sie bestimmen, ab wann und in welchen Schritten gezählt wird. Beachten Sie dabei, dass für eine Identitätsspalte *NULL zulassen* ausgeschaltet werden muss.

Auf die Spalte *Ist RowGuid* gehen wir hier nicht weiter ein, sie entspricht der Replikations-ID in Access-MDBs und wird für Replikationsaufgaben benötigt.

Primärschlüssel

Wie auch in Access-MDBs benötigt jede Tabelle einen Primärschlüssel. Selektieren Sie die Spalte bzw. die Spalten, die als Primärschlüssel definiert werden sollen, durch einen Klick links außen auf den grauen Zeilenkopf. Klicken Sie dann auf die Schaltfläche *Primärschlüssel* oder wählen Sie im Kontextmenü zu einer Spalte *Primärschlüssel* aus. Beachten Sie, dass Sie vorher das Häkchen bei *NULL zulassen* entfernt haben sollten.

26.6.2 Tabelleneigenschaften

Über das Dialogfeld *Eigenschaften*, das Sie über die gleichnamige Schaltfläche oder *ANSICHT Eigenschaften* aufrufen, können Sie für Ihre Tabellen Einschränkungen (in Access-MDBs: Gültigkeitsregeln), Beziehungen, Indizes und Schlüssel definieren.

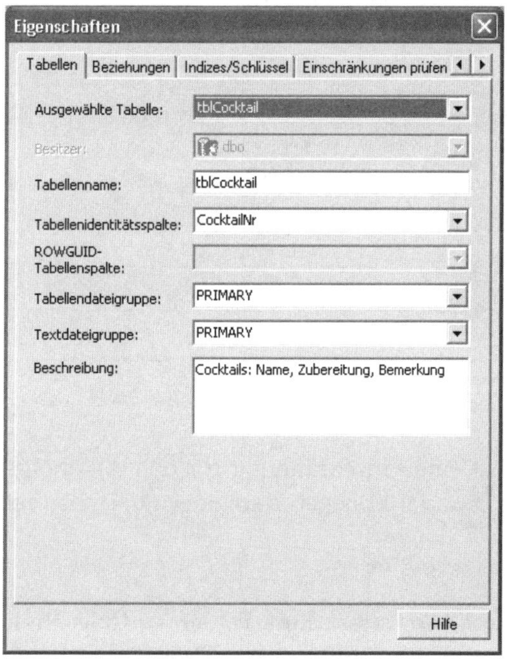

Bild 26.6: Tabelleneigenschaften

Übrigens lässt sich das Eigenschaftenfenster nur über die Schließen-Schaltfläche bzw. die Tastenkombination alt+F4 schließen.

Einschränkungen

Einschränkungen (Check-Constraints) für Tabellen und Spalten können auf dem Registerblatt *Tabellen* des Eigenschaftenfensters erstellt und bearbeitet werden. Um eine neue Einschränkung zu definieren, selektieren Sie die Schaltfläche *Neu*. Im Textfeld *Einschränkungsausdruck* geben Sie die Einschränkung an, wobei die verwendete Syntax der von SQL-WHERE-Klauseln entspricht.

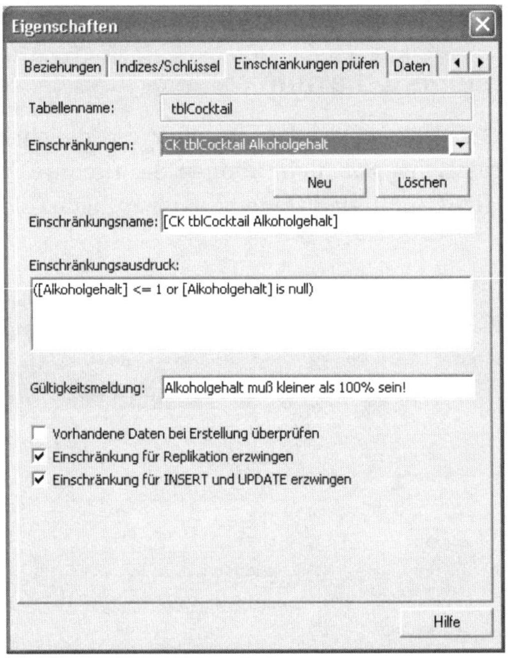

Bild 26.7: CHECK-Einschränkungen

Hier im Beispiel wird eine Einschränkung für den Alkoholgehalt festgelegt, der entweder zwischen 0 und 100 liegen darf oder `Null`, also nicht angegeben sein kann.

Überprüfung vorhandener Daten: Eine Fehlermeldung ähnlich wie die in Bild 26.8 tritt auf, wenn Sie die Option *Vorhandene Daten bei Erstellung überprüfen* selektiert haben und bei der Überprüfung der vorhandenen Daten ein Fehler ausgelöst wird, also die vereinbarte Einschränkung nicht angewendet werden kann.

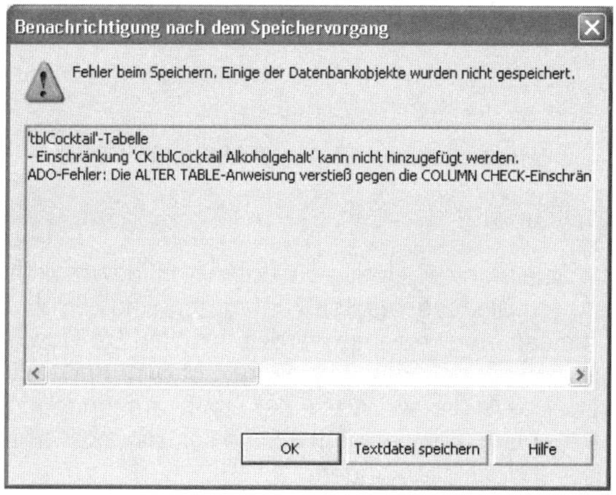

Bild 26.8: Fehlermeldung beim Speichern der Änderungen

Beziehungen

Wir behandeln Beziehungen zwischen Tabellen ausführlich im Abschnitt 26.6.3.

Indizes und Schlüssel

Über das Registerblatt *Indizes/Schlüssel* können Sie Indizes für Ihre Tabelle bestimmen bzw. die Definition vorhandener Indizes einsehen und ändern.

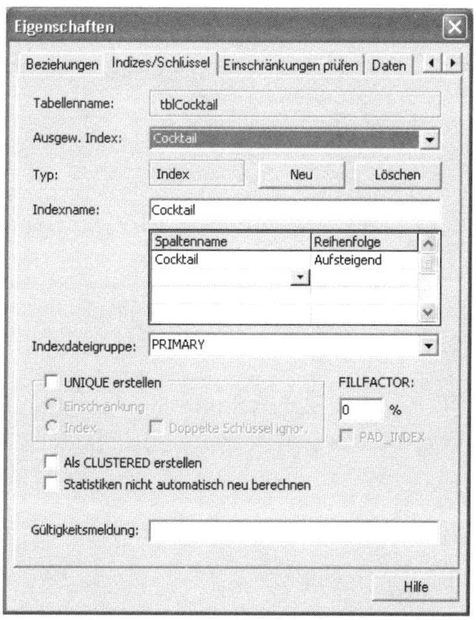

Bild 26.9: Indizes und Schlüssel

Sie haben gegenüber den Access-MDB-Indizes eine Reihe zusätzlicher Einstellungsmöglichkeiten.

Tabelle 26.4: Einstellungsmöglichkeiten für Indizes

Option	Beschreibung
Unique	Durch Selektion der Option *Unique* wird Eindeutigkeit für die Spalte vereinbart. Die Eindeutigkeit kann durch eine *Einschränkung* oder durch einen *Index* erzeugt werden. Wählen Sie *Einschränkung*, wird eigentlich kein neuer Index erzeugt, sondern nur ein Check-Constraint (s.o.) definiert, der alle Werte der Spalte auf Eindeutigkeit überprüft. Nur mit einem Index erreichen Sie eine Leistungsverbesserung bei Sortier- und Suchvorgängen. Selektieren Sie die Auswahl *Index*, können Sie über die Option *Doppelte Schlüssel ignorieren* erreichen, dass Sie zwar doppelte Werte für eine Spalte eingeben können, diese aber nicht indiziert werden.
Füllfaktor	Mit der Angabe eines *Füllfaktors* können Sie beeinflussen, wie SQL Server intern den Index behandelt. Im Normalfall wird dieser Wert nicht geändert.
Clustered	Pro Tabelle kann ein *Clustered* Index, ein gruppierter Index, erstellt werden. Bei einem gruppierten Index werden Daten und Index-Eintrag an der gleichen physikalischen Stelle gespeichert. Damit kann die Zugriffsgeschwindigkeit erheblich gesteigert werden. Im Normalfall wird der Primärschlüssel als gruppierter Index definiert.
Statistiken	Die Statistik eines Indexes wird normalerweise automatisch aktualisiert. Sie wird vom Abfrageoptimierer von SQL Server benötigt. Diese Einstellung sollte nicht geändert werden.

Länge von Indizes: Die Größe der Felder eines Indexes kann maximal 900 Byte betragen.

Daten

Auf dem Registerblatt *Daten* des Eigenschaftenfensters können Sie wie für MDB-Tabellen zusätzliche Vereinbarungen treffen, so beispielsweise für Unterdatenblätter.

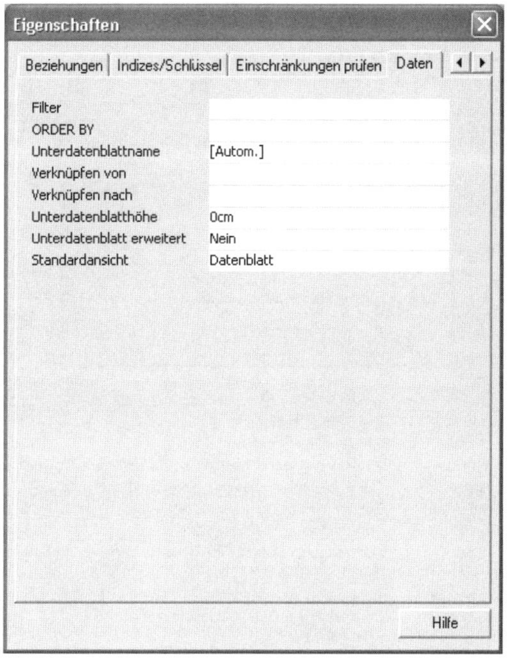

Bild 26.10: Daten

26.6.3 Tabellen in der Datenblattansicht

Die Datenblattansicht von SQL Server-Tabellen weist einige Besonderheiten auf. Die Navigationsschaltflächen unten links wurden um zwei Schaltflächen gegenüber der normalen Access-Datenblattansicht erweitert.

Zeigt die Schaltfläche *Abfrage abbrechen* ein rotes Kreuz, so werden zurzeit Daten vom Server an Access zur Darstellung im Datenblatt übertragen. Klicken Sie auf die Schaltfläche, wird die Abfrage der Daten abgebrochen.

Die Schaltfläche *Max. Datensätze* öffnet ein kleines Fenster, in dem Sie bestimmen können, wie viele Datensätze vom Server an Access übertragen werden sollen. Standardmäßig ist vorgegeben, dass Access maximal 10.000 Datensätze vom Server einliest. Diese Begrenzung ist sinnvoll, um beispielsweise bei SQL Server-Tabellen mit Millionen von Datensätzen nicht alle Daten über das Netzwerk zum Client zu transferieren, was unter Umständen minutenlang das Netzwerk belasten würde. Nach unserer Erfahrung kann dieser Wert noch heruntergesetzt werden; in unseren Anwendungen waren die Anwender mit 1.000 Datensätzen zufrieden, wenn sie mehr benötigten, haben sie die Anzahl der maximalen Datensätze per Hand hoch gesetzt.

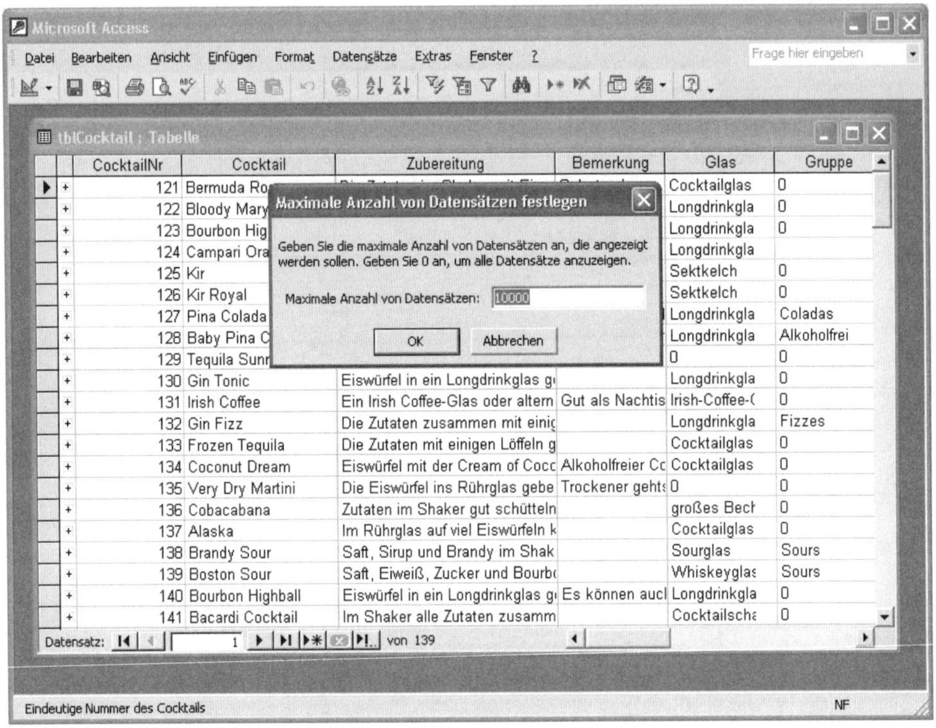

Bild 26.11: *Tabellendatenblattansicht*

Benötigen Sie mehr als die ersten 10.000 Datensätze, so öffnen Sie mit der Schaltfläche *Max. Datensätze* das kleine Fenster und geben eine größere Zahl ein. Dann werden die nächsten Zeilen eingelesen und dargestellt.

Die Standardanzahl der einzulesenden Datensätze wird in *EXTRAS Optionen* auf dem Registerblatt *Weitere* mit der Option *Vorgabe der max. Datensätze* festgelegt.

26.7 Datenbankdiagramme

Mithilfe von Datenbankdiagrammen können Sie die Beziehungen zwischen den Tabellen erstellen und beschreiben.

Wenn Sie ein neues Diagrammfenster öffnen, erhalten Sie ein leeres Fenster. Zunächst müssen Sie, ähnlich wie im Access-MDB-Beziehungsfenster, die gewünschten Tabellen hinzuholen. Wir haben als Beispiel vier Tabellen auf dem Datenbankdiagrammfenster angeordnet.

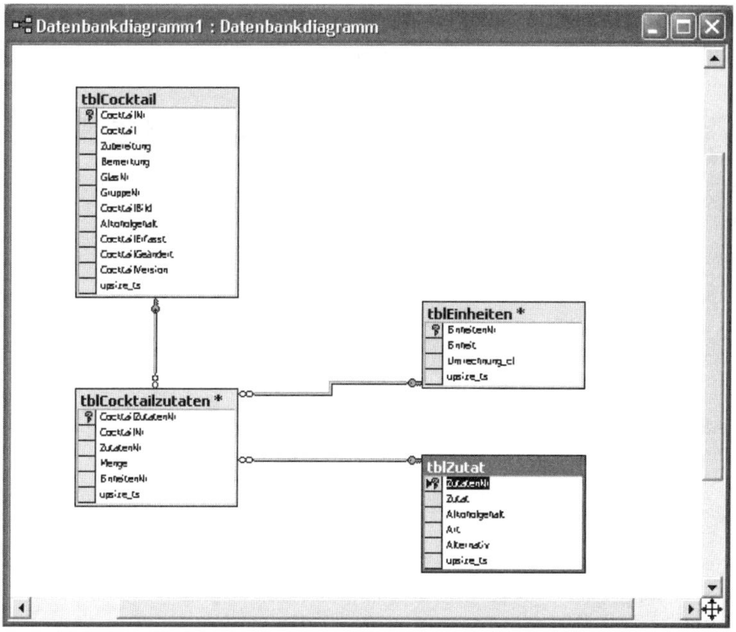

Bild 26.12: Datenbankdiagrammfenster

Sie können auch direkt im Datenbankdiagrammfenster neue Tabellen anlegen. Klicken Sie dazu mit der rechten Maustaste auf den weißen Hintergrund des Fensters und wählen Sie im Kontextmenü *Neue Tabelle.*

Speichern des Datenbankdiagramms

Wenn Sie das Datenbankdiagramm speichern, erstellt Access entsprechende SQL-Befehle zum Ändern von Tabellen und Beziehungen. Das Datenbankdiagramm wird nicht gespeichert, wenn die neuen Definitionen nicht auf die vorhandenen Daten angewendet werden können. Für Beziehungen beispielsweise können Sie einstellen, dass vorhandene Daten nicht überprüft werden, ob sie den neu definierten Fremdschlüsselbeziehungen genügen.

26.7.1 Tabellen bearbeiten

Im Diagramm können Sie die Tabellen direkt bearbeiten. Über das Kontextmenü einer Tabelle selektieren Sie eine der Darstellungsmöglichkeiten: *Spalteneigenschaften* blendet alle Spalten des Tabellenentwurfs ein (siehe Bild 26.5), *Spaltennamen* ist die gezeigte Voreinstellung, *Indizes* stellt nur die Namen der indizierten Felder dar, *Nur Name* zeigt nur die Titelleiste des jeweiligen Tabellenfensters und

Benutzerdefinierte Ansicht ermöglicht Ihnen die Zusammenstellung beliebiger Entwurfsspalten für die Darstellung im Fenster.

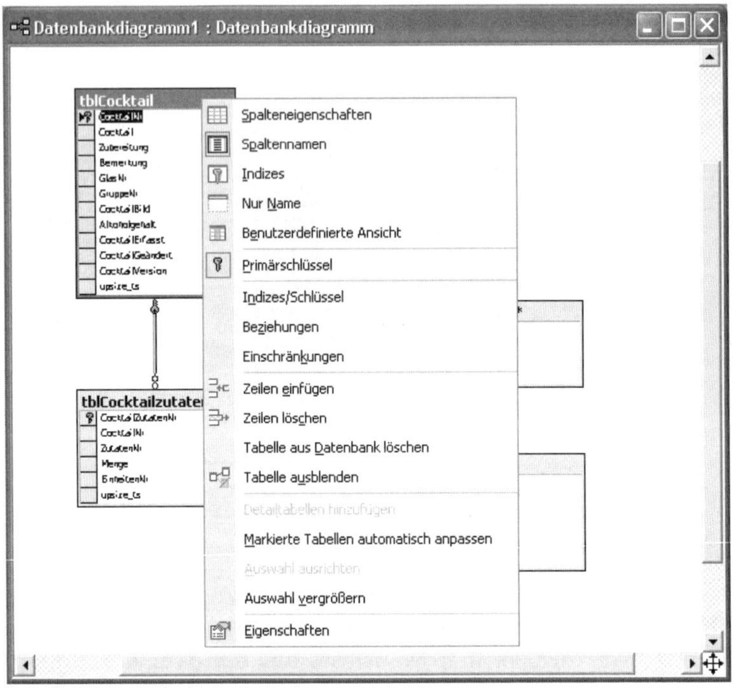

Bild 26.13: Darstellungsauswahl

26.7.2 Beziehungen definieren

Im nächsten Schritt definieren Sie die Beziehungen zwischen den Tabellen. Wir haben dazu die Tabelle *tblGlas* auf der Diagrammfläche positioniert. Anschließend wurde in der Tabelle *tblCocktail* das Feld *GlasNr* angeklickt und es dann bei gehaltener Maustaste auf das gleichnamige Feld in der Tabelle *tblGlas* gezogen. Dabei wird das folgende Dialogfeld eingeblendet, in dem Sie die Details der Beziehungsdefinition sehen.

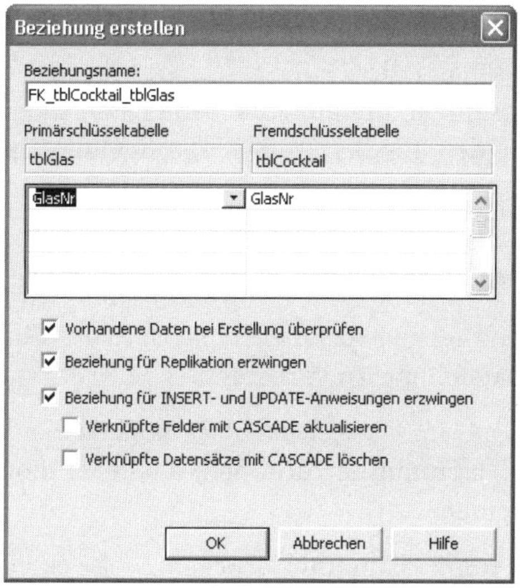

Bild 26.14: Erstellen einer Beziehung

Der Beziehungsname wird von Access vorgeschlagen. Er beginnt normalerweise mit den Buchstaben FK für »Foreign Key«, Fremdschlüssel.

Selektieren Sie die Option *Vorhandene Daten bei Erstellung überprüfen*, so kontrolliert der SQL Server, ob die neue erstellte Fremdschlüsselbeziehung für schon vorhandene Daten gültig ist, also für jeden Fremdschlüssel ein entsprechender Primärschlüssel existiert.

Wählen Sie *Beziehung für INSERT- und UPDATE-Anweisungen aktivieren*, so wird bei jeder Einfüge- bzw. Aktualisierungsoperation geprüft, ob zu dem angegebenen Fremdschlüssel ein Primärschlüssel besteht. Ist die Option deaktiviert, wird die Beziehungslinie zwischen den beiden Tabellen gestrichelt dargestellt. Außerdem wird hiermit verhindert, dass Zeilen in der Primärschlüsseltabelle gelöscht werden, wenn in der Fremdschlüsseltabelle übereinstimmende Zeilen vorhanden sind.

Bei der kaskadierenden Aktualisierung (*Verknüpfte Felder mit CASCADE aktualisieren*) werden bei einer Änderung eines Primärschlüsselwerts alle Fremdschlüsselwerte dieser Beziehung aktualisiert; entsprechend werden beim kaskadierenden Löschen (*Verknüpfte Datensätze mit CASCADE löschen)* alle Zeilen mit dem entsprechenden Fremdschüsselwert gelöscht, wenn der entsprechende Primärschlüsselwert gelöscht wird.

Ungenaue Beziehungslinien: Im Unterschied zu Access-MDB-Beziehungslinien setzen die Beziehungslinien nur am Tabellenfenster, aber nicht unbedingt in Höhe des Feldes an, zu dem die Beziehungslinie eigentlich gehört.

26.7.3 Diagramm formatieren und ausrichten

Umfasst Ihre Datenbank sehr viele Tabellen, so ist es oft hilfreich, über *ANSICHT Zoom* die Größe der Darstellung zu variieren.

Mit dem Befehl *DIAGRAMM Tabellen anordnen* können Sie Access anweisen, Ihre Tabellen so auf dem Diagramm anzuordnen, dass sich möglichst wenige Beziehungslinien überschneiden.

Möchten Sie Ihr Beziehungsdiagramm drucken, so ist es vor dem Ausdruck oft sinnvoll, sich die Seitenwechsel am Bildschirm anzeigen zu lassen. Mit *DIAGRAMM Seitenumbrüche anzeigen* werden die Umbrüche eingeblendet. Über *DIAGRAMM Seitenumbrüche neu berechnen* weisen Sie Access an, die Seitenwechsel neu zu ermitteln, damit Sie die Tabellen gegebenenfalls anders anordnen können.

26.7.4 Diagramme beschriften

Um Ihre Datenmodelle besser dokumentieren zu können, ist es möglich, Texte direkt in das Datenbankdiagramm zu schreiben. Klicken Sie dazu mit der rechten Maustaste auf die Stelle, an der Sie einen Text einfügen möchten und selektieren Sie im Kontextmenü den Befehl *Neues Bezeichnungsfeld*. Access blendet einen Rahmen ein, in den Sie direkt schreiben können.

Die Bezeichnungsfelder können Sie mit der Maus beliebig auf dem Beziehungsdiagramm anordnen. Bezeichnungsfelder lassen sich auch formatieren: Selektieren Sie das gewünschte Bezeichnungsfeld, klicken Sie innerhalb des Rahmens mit der rechten Maustaste und wählen Sie dann im Kontextmenü *Zeichen*.

26.8 Erstellen von Abfragen

Wenn Sie neue Abfragen erstellen, müssen Sie entscheiden, ob Sie eine Sicht, eine Gespeicherte Prozedur oder eine Funktion benötigen. Bei der Erstellung jeder der Varianten können Sie zwischen einem Designer, der Ihnen ähnlich wie in der Access-MDB-Entwurfsansicht von Abfragen bei der Zusammenstellung der Abfrage hilft, oder der einfachen SQL-Text-Ansicht wählen. Die ersten drei

Auswahloptionen im Access-Datenbankfenster rufen ebenso wie die ersten drei Einträge im Dialogfeld *Neue Abfrage* jeweils den entsprechenden Designer auf.

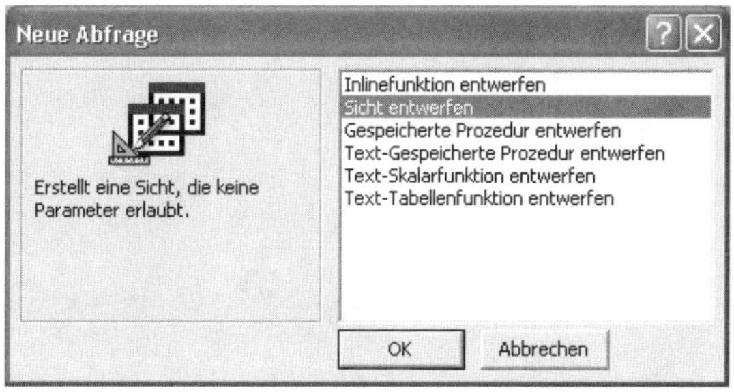

Bild 26.15: Dialogfenster Neue Abfrage

Wir möchten Ihnen in den drei folgenden Abschnitten Sichten, Gespeicherte Prozeduren und Funktionen vorstellen und Ihnen erläutern, welche Variante Sie wann einsetzen können.

26.9 Sichten

Sichten, engl. Views, entsprechen Access-Auswahlabfragen ohne Sortierkriterien. Sie dienen dazu, dem Anwender eine »Sicht« auf die Daten der Tabellen zu geben. Eine Sicht kann als »virtuelle Tabelle« bezeichnet werden. Sichten werden auch dafür verwendet, Zugriffsberechtigungen auf Daten zu vergeben, indem für bestimmte Benutzer nur bestimmte Sichten zugelassen werden. Auf großen, unternehmensweiten Datenbanksystemen dürfen die Anwender oft nur über Sichten auf Daten zugreifen, nie direkt auf die Tabellen, denn oft enthalten die Tabellen mehr Spalten, als die Anwender für ihre spezifischen Aufgaben benötigen. Übrigens können Sichten wiederum auf Sichten basieren.

Mit den Schaltflächen *Diagramm*, *Raster* und *SQL* können Sie die drei Teilbereiche des Entwurfsfensters für Sichten ein- bzw. ausblenden. In Bild 26.17 sind alle drei Bereiche sichtbar.

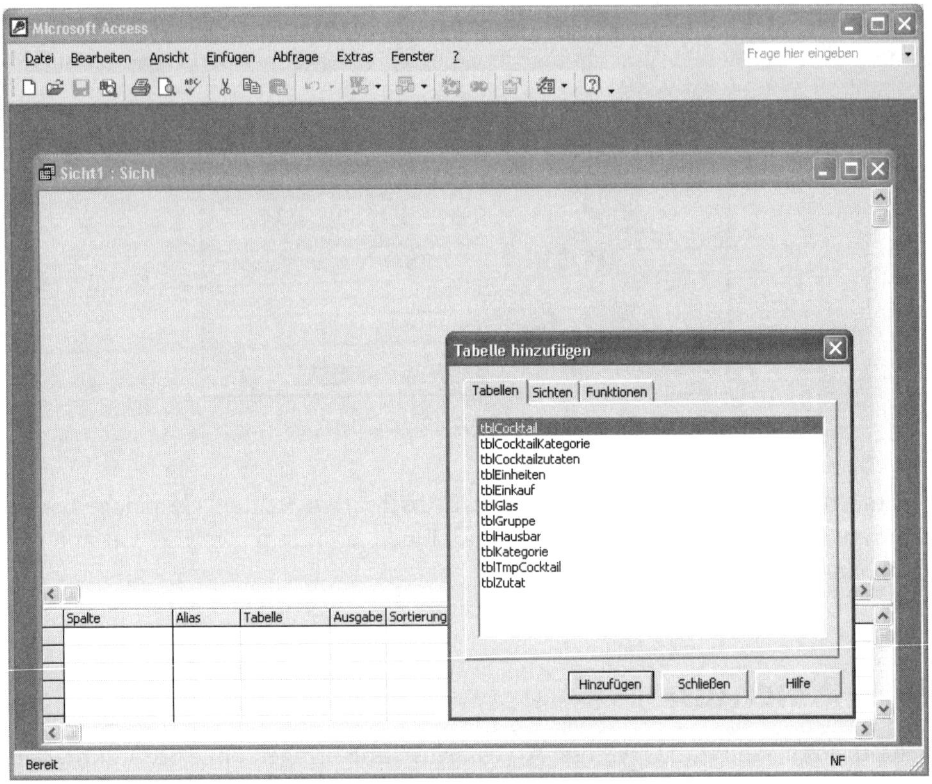

Bild 26.16: Auswahl der Tabellen für eine neue Sicht

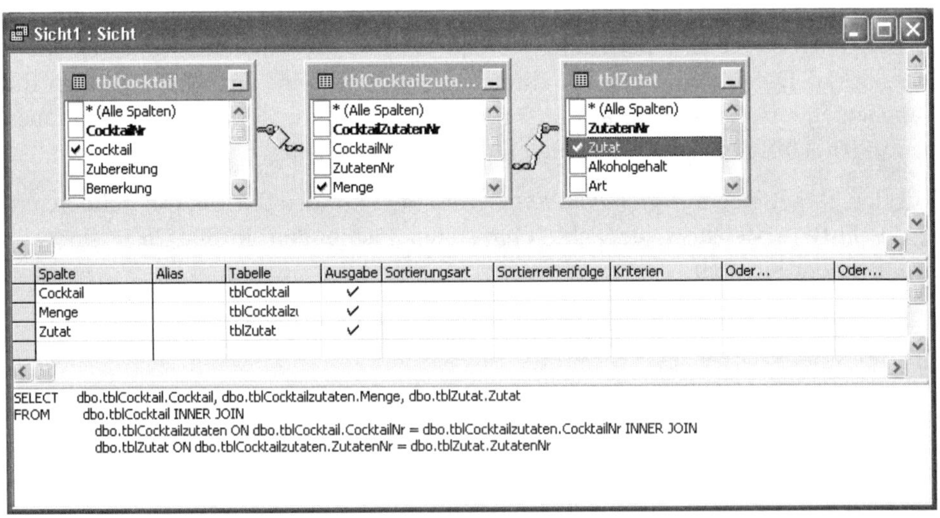

Bild 26.17: Sicht mit eingeblendetem SQL-Text

Beachten Sie bei der Eingabe von Kriterien, dass Sie alle SQL-Schlüsselwörter im englischen Original schreiben müssen. Die in MDBs erlaubten deutschen Übersetzungen der SQL-Befehle sind nicht zulässig, also müssen Sie beispielsweise »LIKE« verwenden und nicht »WIE«.

SQL Server/MSDE setzt übrigens immer Namen des aktuellen Datenbankbenutzers vor die Tabellenbezeichnung, hier im Bild »dbo« (database owner). Es ist möglich, dass verschiedene Benutzer Sichten (bzw. Funktionen, Gespeicherte Prozeduren oder auch Tabellen) mit dem gleichen Namen anlegen. Diese werden dann durch den Benutzernamen unterschieden.

SQL-Unterschiede: Beachten Sie bei der Formulierung Ihrer Sichten, dass die SQL-Syntax den Regeln der SQL-92-Definition gehorcht und damit Unterschiede zu Access-SQL aufweist.

Tabelle 26.5: Einige Unterschiede zwischen Access-SQL und SQL-92

Access-SQL	SQL-92	Anmerkung
"	'	Zeichenketten werden in einfache Anführungszeichen eingeschlossen, doppelte Anführungszeichen können anstelle der eckigen Klammern »[]« für Feldnamen verwendet werden.
*	%	Wildcard für `LIKE`-Operator (für beliebige Anzahl beliebiger Zeichen).
?	_	Wildcard für `LIKE`-Operator (für ein beliebiges Zeichen).
&	+	Zeichenketten werden mit dem »+«-Zeichen aneinander gehängt.
`DISTINCTROW`		Befehlswort wird nicht unterstützt.

Beziehungen

In Bild 26.18 sind die Eigenschaften der Beziehungslinie zwischen den Tabellen *tblCocktail* und *tblCocktailZutaten* dargestellt.

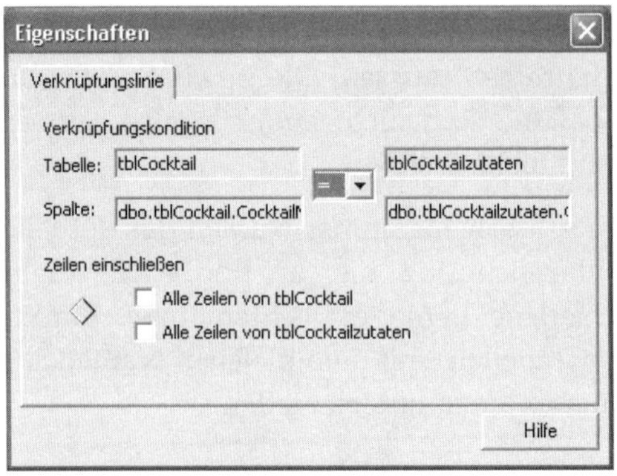

Bild 26.18: Eigenschaften einer Beziehung

Im Kombinationsfeld zwischen den beiden Tabellen-/Spaltenbezeichnungen können Sie die Art der Beziehung einstellen. Standardmäßig ist hier ein Gleichheitszeichen eingetragen. In der Gruppe *Zeilen einschließen* bestimmen Sie, ob von der einen oder der anderen Tabelle alle Zeilen verwendet werden sollen, unabhängig davon, ob in der jeweils anderen Tabelle eine entsprechende Zeile existiert.

Tabelle 26.6: Verknüpfungstypen

Verknüpfungstyp	Symbol	Beschreibung
INNER JOIN		Bei der inneren Verknüpfung werden die Zeilen in der Ergebnismenge zurückgegeben, bei denen die Spalten auf beiden Seiten der Verknüpfung den gleichen Wert haben.
LEFT [OUTER] JOIN		Bei der linken äußeren Verknüpfung enthält die Ergebnismenge alle Zeilen der linken Tabelle, auch wenn in der rechten Tabelle dazu keine Übereinstimmung besteht. Welche Tabelle als links und welche als rechts angesehen wird, ergibt sich aus der Reihenfolge im `SELECT`-Befehl.
RIGHT [OUTER] JOIN		Bei der rechten äußeren Verknüpfung werden die Daten wie beim `LEFT JOIN` verknüpft, nur dass links und rechts vertauscht wird.
FULL [OUTER] JOIN		Bei der vollen äußeren Verknüpfung werden alle Zeilen beider Tabellen verwendet, auch wenn keine Übereinstimmung besteht. Diese Variante kann übrigens mit Access-MDB-Abfragen nicht festgelegt werden.

Eigenschaften der Sicht

Die Eigenschaften der gesamten Sicht erhalten Sie, wenn Sie bei eingeschaltetem Eigenschaftenfenster auf den Hintergrund eines der Bereiche der Sicht klicken.

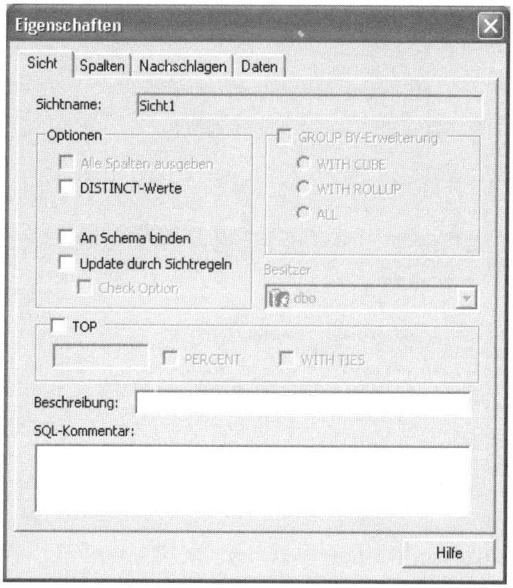

Bild 26.19: Eigenschaften der Sicht

Wir möchten Ihnen im Folgenden nur eine Auswahl der Optionen erläutern; viele der Optionen sind an fortgeschrittene SQL Server-Optionen gebunden, deren Erklärung den Rahmen dieses Buchs sprengen würde.

Die Optionen *Top* und *DISTINCT-Werte* entsprechen den in Kapitel 3, »Die Abfragesprache SQL«, erläuterten SQL-Befehlen `TOP` und `DISTINCT`. Die in der Gruppe *GROUP BY-Erweiterungen* angeboten Einstellungen besprechen wir weiter unten.

Eine Beschreibung wird als Eigenschaft mit der Sicht in der Datenbank abgelegt, legen Sie einen *SQL-Kommentar* an, so wird dieser auf dem SQL Server mit dem SQL-Code der Sicht gespeichert.

Auf dem Registerblatt *Nachschlagen* können Sie analog zu den Nachschlagefeldern in MDB-Abfragen Werte in anderen Tabellen nachschlagen lassen.

Gruppieren

Im nächsten Bild ist im Rasterbereich der Sicht die Spalte *Gruppieren nach* mithilfe der Schaltfläche *Gruppieren* eingeblendet worden.

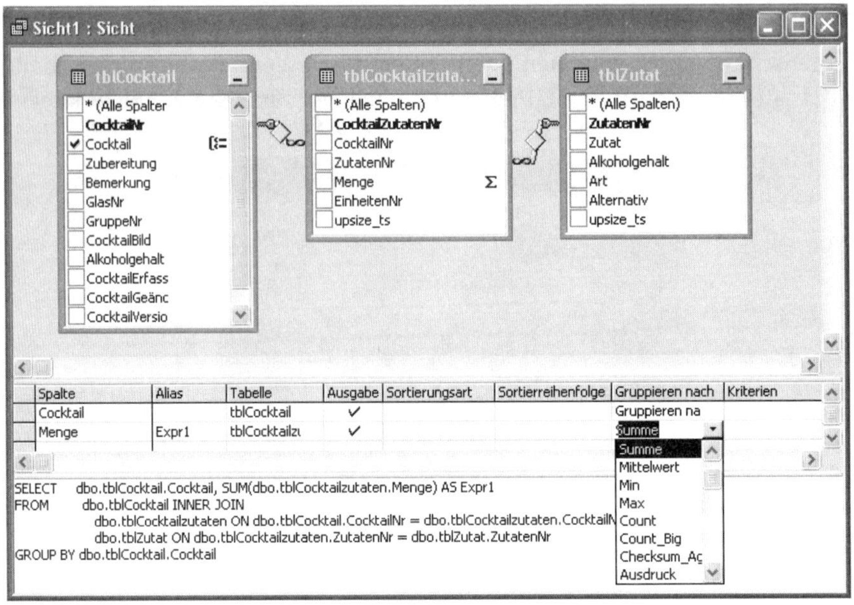

Bild 26.20: Sicht mit Gruppierungsfunktionen

Die SQL-Gruppierungsfunktionen wurden in Kapitel 3, »Die Abfragesprache SQL«, beschrieben. Wir beschränken uns daher an dieser Stelle auf die folgende Tabelle, die einige der zu Access-Abfragen unterschiedlichen Funktionen aufführt.

Tabelle 26.7: Gruppierungsfunktionen

Funktion	Beschreibung
Sum Distinct (Genaue Summe)	Die Summe wird nicht über alle Zeilen, sondern derart berechnet, dass mehrfach vorhandene identische Werte nur einmal aufsummiert werden (in SQL: `SUM(DISTINCT` *`Spalte`*`)`).
Avg Distinct (Genauer Mittelwert)	Der Mittelwert wird nicht über alle Zeilen, sondern derart berechnet, dass mehrfach vorhandene identische Werte nur einmal in die Berechnung einfließen (in SQL: `AVG(DISTINCT` *`Spalte`*`)`).
Count Distinct (Genaue Anzahl)	Die Summe wird nicht über alle Zeilen, sondern derart berechnet, dass mehrfach vorhandene identische Werte nur einmal gezählt werden (in SQL: `COUNT(DISTINCT` *`Spalte`*`)`).
Where (Wo)	Die Einstellung entspricht bei Access-MDB-Abfragen der Einstellung »Bedingung«.

26.10 Gespeicherte Prozeduren

Gespeicherte Prozeduren, »Stored Procedures«, werden in Transact-SQL programmiert. Transact-SQL ist eine Programmiersprache, die die SQL-Befehle mit Programmierelementen wie Verzweigungen, Schleifen, Variablen und vielem mehr verbindet.

Transact-SQL ermöglicht es Ihnen, Programmlogik auf dem Server auszuführen und dadurch eine verteilte Verarbeitung zu erreichen (siehe Kapitel 25, »Client/Server-Verarbeitung«).

Access bietet Ihnen zwei Varianten, Gespeicherte Prozeduren neu zu erstellen. Sie können die bekannte Entwurfsansicht verwenden, die Sie auch für Sichten einsetzen. Allerdings haben Sie nun gegenüber Sichten den Vorteil, dass Sie Parameter verwenden können. Außerdem können Sie Aktualisierungs-, Tabellenerstellungs-, Anfüge-, Lösch- und Werteanfügeabfragen zusammenstellen, so wie Sie es von MDBs her gewohnt sind.

26.10.1 Neue Gespeicherte Prozedur in der Entwurfsansicht

Um eine neue Gespeicherte Prozedur in der Entwurfsansicht zu erstellen, selektieren Sie im Dialogfeld *Neue Abfrage* (siehe Bild 26.15) den Eintrag *Gespeicherte Prozedur entwerfen*. Sie erhalten dann das bekannte Fenster der Entwurfsansicht und den Tabellen-Auswahldialog.

Wie Sie im folgenden Bild sehen, können Sie für Ihre Abfragen Parameter definieren. Sie können dafür die aus MDB-Datenbanken gewohnten eckigen Klammern oder die SQL Server-Schreibweise mit @ verwenden; dabei werden die eckigen Klammern zu @ umgeformt.

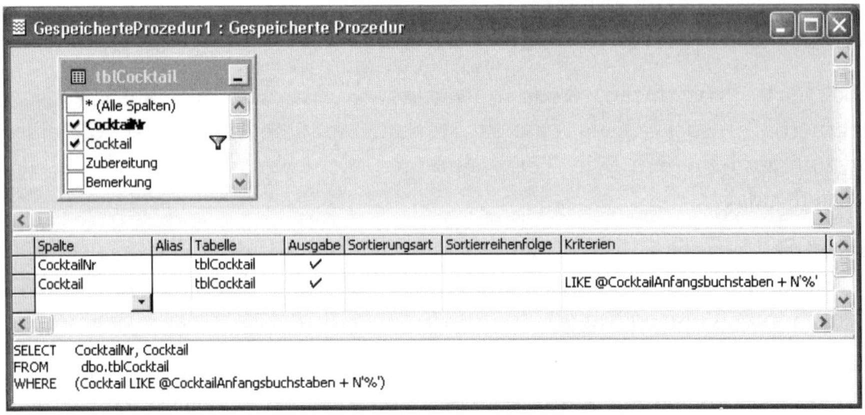

Bild 26.21: Neue Gespeicherte Prozedur

Ebenso wie in MDBs können für Ihre Parameter Datentypen vereinbart werden. Rufen Sie dazu das Eigenschaftenfenster für die Prozedur auf.

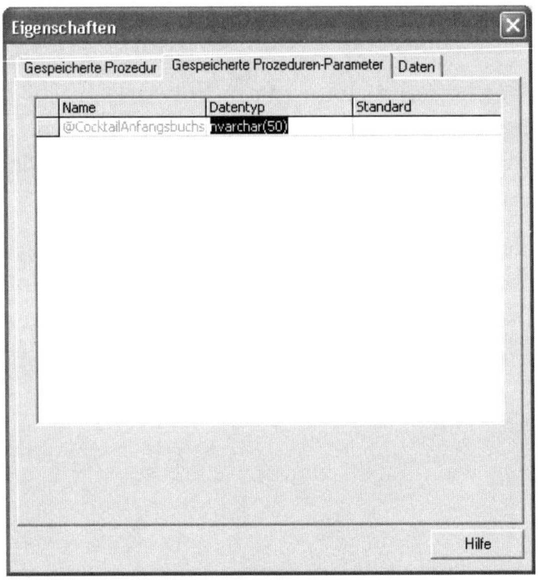

Bild 26.22: Parameter für Gespeicherte Prozedur festlegen

26.10.2 Neue Gespeicherte Prozedur in der Textansicht

Erstellen Sie eine neue Gespeicherte Prozedur in der Textansicht, so wird das folgende Fenster zur Erfassung der Gespeicherten Prozedur eingeblendet. Es beinhaltet ein Programmfragment mit dem Grundgerüst einer Gespeicherten Prozedur.

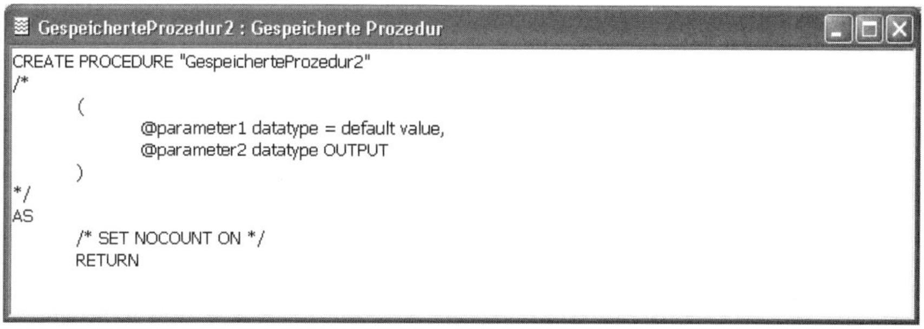

Bild 26.23: Gespeicherte Prozedur in der Textansicht

Die Zeichenfolgen /* und */ begrenzen ein- oder mehrzeilige Kommentare. Daneben haben Sie die Möglichkeit, Kommentare am Zeilenende mit zwei Minuszeichen -- einzuleiten.

Im ersten Kommentar der neuen Gespeicherten Prozedur sind beispielhafte Deklarationen von Parametern zu sehen. Prozedurparameter besprechen wir in Abschnitt 26.10.3. Die auskommentierte Anweisung `SET NOCOUNT ON` wird benötigt, wenn mehrere Anweisungen in der Gespeicherten Prozedur vorkommen, aber nur eine davon die Ergebnismenge der Gespeicherten Prozedur liefert. Im Normalfall benötigen Sie diese Anweisung nicht.

Das folgende Bild zeigt eine einfache Abfrage. Wir haben alle nicht benötigten Teile der Gespeicherten Prozedur entfernt.

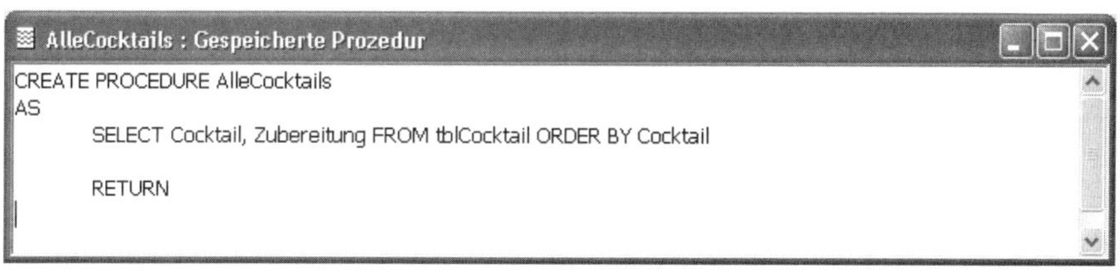

Bild 26.24: Einfache Abfrage

Die Abfrage wird unter dem Namen gespeichert, der hinter dem Befehl `CREATE PROCEDURE` angegebenen ist. Mithilfe der Schaltfläche *Ansicht* wird die Gespeicherte Prozedur ausgeführt. Übrigens ändert sich der Befehl `CREATE PROCEDURE` nach dem Speichern zu `ALTER PROCEDURE`; jedes erneute Speichern ändert die vorhandene Gespeicherte Prozedur.

26.10.3 Eine kurze Einführung in Transact-SQL

Eine Gespeicherte Prozedur kann beliebige SQL-Befehle enthalten; sie kann Datensätze zurückliefern oder nur eine Aktion ausführen. Die Abarbeitung der Gespeicherten Prozedur findet komplett auf dem Server statt, Access erhält nur die Ergebnisse.

Liefert die Gespeicherte Prozedur Datensätze zurück, spricht man von einem Resultset. Im Beispiel in Bild 26.24 werden zwei Spalten der Tabelle *tblCocktail* als Resultset zurückgegeben. Ein Resultset entsteht durch eine `SELECT`-Anweisung. Theoretisch können mehrere `SELECT`s mehrere Resultsets in einer Gespeicherten Prozedur erzeugen, allerdings kann Access damit nicht umgehen und zeigt immer nur das erste Resultset. Nur wenn Sie die Gespeicherte Prozedur über ADO-Befehle ansprechen, können Sie auch auf mehrere Resultsets zugreifen.

Eine Gespeicherte Prozedur kann einen Ergebniswert zurückgeben. Dies kann in der Form programmiert werden, dass hinter dem Befehl `RETURN` am Ende der Gespeicherten Prozedur eine Zahl oder eine Zeichenkette angegeben wird. Auch den Return-Wert können Sie nur mit einem ADO-Programm auswerten.

Parameter

Einer Gespeicherten Prozedur können Sie Parameter übergeben. Die Parameter, die immer mit dem Zeichen »@« eingeleitet werden, werden vor dem Befehlswort AS angegeben. Für jeden Parameter muss ein Datentyp (siehe Tabelle 26.3) vereinbart werden. Mehrere Parameter werden durch Kommata voneinander getrennt. Beachten Sie dabei, dass im Namen des Parameters keine Leer- oder Sonderzeichen erlaubt sind, so wie Sie es vielleicht von Access-Abfragen her kennen.

Im folgenden Beispiel wird der Parameter `@Datum` vom Typ `DateTime` definiert.

```
CREATE PROCEDURE qryParameter
       @Datum DATETIME
AS
       SELECT tblCocktail.Cocktail, tblCocktail.Zubereitung
       FROM tblCocktail
       WHERE tblCocktail.CocktailErfasst < @Datum
RETURN
```

Führen Sie die Abfrage aus dem Access-Datenbankfenster direkt aus, so wird für jeden Parameter in einem Dialogfeld ein Wert von Ihnen abgefragt.

Für die Parameter können Sie Standardwerte vereinbaren. Ein Standardwert wird dann verwendet, wenn Sie nicht explizit beim Aufruf der Funktion einen Wert für den Parameter angeben. Er wird hinter der Deklaration des Parameters nach einem Gleichheitszeichen angegeben, wie es die folgende Zeile zeigt:

```
CREATE PROCEDURE qryParameter @Datum DATETIME = '1.1.2002'
```

Beachten Sie dabei, dass für Parameter, für die ein Standardwert festgelegt wurde, keine Wertabfrage beim Aufruf der Gespeicherten Prozedur aus dem Datenbankfenster heraus erfolgt. Es wird bei einem solchen Aufruf immer der Standardwert verwendet.

Transact-SQL erlaubt es, dass Parameter mit dem Zusatz `OUTPUT` vereinbart werden. Mithilfe von `OUTPUT`-Parametern können Sie Werte aus der Gespeicherten Prozedur an das aufrufende Programm zurückgeben. Beim Aufruf der Gespeicherten Prozedur aus dem Access-Datenbankfenster heraus ist der Zusatz `OUTPUT` ohne Wirkung.

! **Verweise auf Formularfelder:** In Access-Jet-Abfragen können Sie Verweise auf Felder offener Formulare als Parameter definieren, etwa in der Art `Formulare!Formular1!Feld1`. Bei der Ausführung der Abfrage wird dann der aktuelle Wert des Feldes als Parameter übergeben. Solche Verweise sind in Access-Projekten nicht zulässig, allerdings gibt es einen anderen Weg, Felder als Parameter zu übergeben. Näheres dazu lesen Sie in Abschnitt 26.11. Übrigens hat auch der in Abschnitt 26.14 beschriebene Upsizing-Assistent, der MDB-Datenbanken zu ADPs überführt, Probleme mit solchen Verweisen.

Die CASE-Anweisung

Für viele Aufgabenstellungen leistet die `CASE`-Anweisung gute Dienste. Sie ermöglicht es, Wenn-Dann-Konstrukte in `SELECT`- und anderen Abfragen zu verwenden. In Access-Abfragen verwenden Sie dazu die `WENN()`-Funktion (engl. `IIF()`), die auf SQL Server so nicht existiert.

Die `CASE`-Anweisung kann in zwei Varianten angewendet werden: einfach oder komplex. Die einfache Version hat die Syntax:

```
CASE Bedingung
    WHEN Ausdruck1 THEN Ausdruck11
    WHEN Ausdruck2 THEN Ausdruck22
    ...
    ELSE Ausdruck33
END
```

Bei der komplexen Variante wird wie folgt formuliert:

```
CASE
    WHEN Bedingung1 THEN Ausdruck1
    WHEN Bedingung2 THEN Ausdruck2
    ...
    ELSE Ausdruck3
END
```

Am einfachsten kann man die Möglichkeiten und die Unterschiede beider Varianten anhand von Beispielen erläutern. Die im nächsten Listing gezeigte Gespeicherte Prozedur gibt aus, zu wie vielen Kategorien ein Cocktail zugeordnet ist. Hierbei wird die einfache Syntax für die CASE-Anweisung verwendet.

```
CREATE PROCEDURE Kategorien
AS
        SELECT tblCocktail.Cocktail,
        CASE COUNT(tblKategorie.Kategorie)
                WHEN 1 THEN 'Eine Kategorie'
                WHEN 2 THEN 'Zwei Kategorien'
                WHEN 3 THEN 'Drei Kategorien'
                ELSE 'Mehr als drei Kategorien'
        END
        FROM tblCocktail INNER JOIN
            tblCocktailKategorie ON
            tblCocktail.CocktailNr = tblCocktailKategorie.CocktailNr
            INNER JOIN tblKategorie ON
            tblCocktailKategorie.KategorieNr = tblKategorie.KategorieNr
        GROUP BY tblCocktail.Cocktail
RETURN
```

Die folgende Gespeicherte Prozedur ermittelt Cocktails, die leicht zu mixen sind. Hierzu wird für jeden Cocktail die Anzahl der Zutaten gezählt. Cocktails mit weniger als vier Zutaten gelten als »einfach«, haben sie zwischen vier und sechs Zutaten werden sie als »normal« bezeichnet, mit sieben und mehr Zutaten sind sie aufwändig. Die Gespeicherte Prozedur gibt den Namen des Cocktails, die Anzahl der Zutaten und den Schwierigkeitsgrad aus. Der Schwierigkeitsgrad wird mithilfe der komplexen `CASE`-Anweisung ermittelt.

```
CREATE PROCEDURE spAnzahlZutaten
        @Cocktail VARCHAR(50) = '%'
AS
        SELECT
        Cocktail,
```

```
    COUNT(ZutatenNr) AS AnzahlZutaten,
    CASE
           WHEN COUNT(ZutatenNr) <= 3 THEN  'Einfacher Cocktail'
           WHEN COUNT(ZutatenNr) >3 AND COUNT(ZutatenNr) <=6
                                       THEN 'Normaler Cocktail'
           ELSE  'Aufwändiger Cocktail'
    END
    FROM tblCocktail INNER JOIN tblCocktailzutaten
           ON tblCocktail.CocktailNr = tblCocktailzutaten.CocktailNr
    WHERE tblCocktail.Cocktail like @Cocktail
    GROUP BY tblCocktail.Cocktail
    ORDER BY COUNT(tblCocktailzutaten.ZutatenNr) DESC
```

Variablen

Gespeicherte Prozeduren erlauben die Verwendung von Variablen. Die Variablen können Sie wie Variablen in VBA benutzen, also einen Wert einer Variablen zuweisen oder ihn auslesen. Der Name einer Variablen muss mit einem »@«-Zeichen beginnen. Mit

```
DECLARE @Anzahl INT
```

deklarieren Sie die Variable `@Anzahl` vom Datentyp `int`. Die möglichen Datentypen entnehmen Sie Tabelle 26.3. Jede Variable muss deklariert werden.

Um einer Variablen einen Wert zuzuweisen, müssen Sie eine `SELECT`-Anweisung verwenden, beispielsweise

```
SELECT @Anzahl = 5
```

Alternativ können Sie auch

```
SET @Anzahl = 5
```

schreiben. Diese Schreibweise wird von Microsoft für einfache Zuweisungen empfohlen.

Im Unterschied zu VBA konvertiert Transact-SQL Datentypen nicht automatisch, Sie können also einem String keine Zahl zuweisen und sich wie in VBA darauf verlassen, dass die Zahl in einen String umgewandelt wird. Zur Konvertierung von Datentypen verwenden Sie die Funktionen `CAST` und `CONVERT`.

Wenn Sie mehrere Zeichenketten aneinander hängen möchten, müssen Sie das »+«-Zeichen anstelle des »&«-Zeichens verwenden:

```
DECLARE @S1 VARCHAR(100)
DECLARE @S2 VARCHAR(100)
SET @S1 = 'Zeichenkette1'
SELECT @S2 = 'Dies ist ' + @S1 + '!'
```

In der folgenden Gespeicherten Prozedur wird der Alkoholgehalt eines Cocktails errechnet. Sie können in dieser Gespeicherten Prozedur sehen, wie das Ergebnis einer SELECT-Abfrage einer Variablen zugewiesen werden kann. Das dritte SELECT in der Gespeicherten Prozedur errechnet den Alkoholgehalt. Das Ergebnis dieses SELECTs bildet die Rückgabemenge der Gespeicherten Prozedur.

```
CREATE PROCEDURE Alkoholgehalt
       @CocktailNr INT
AS
       DECLARE @Gesamtmenge REAL
       DECLARE @Alkoholmenge REAL

       SELECT @Alkoholmenge =
              SUM(Menge * tblZutat.Alkoholgehalt * Umrechnung_cl)
              FROM tblZutat INNER JOIN
                     (tblEinheiten INNER JOIN tblCocktailzutaten ON
                     tblEinheiten.EinheitenNr =
                                   tblCocktailzutaten.EinheitenNr)
                     ON tblZutat.ZutatenNr = tblCocktailzutaten.ZutatenNr
              WHERE tblCocktailzutaten.CocktailNr = @CocktailNr

       SELECT @Gesamtmenge = SUM(Menge * Umrechnung_cl)
              FROM tblZutat INNER JOIN
                     (tblEinheiten INNER JOIN tblCocktailzutaten ON
                     tblEinheiten.EinheitenNr =
                                   tblCocktailzutaten.EinheitenNr)
                     ON tblZutat.ZutatenNr = tblCocktailzutaten.ZutatenNr
              WHERE tblCocktailzutaten.CocktailNr = @CocktailNr

       -- Alkoholgehalt errechnen und als Ergebnismenge zurückgeben
       SELECT @Alkoholmenge/@Gesamtmenge
RETURN
```

Eingebaute Variablen

Transact-SQL bietet Ihnen eine Reihe interner Variablen und Funktionen an, die beispielsweise den Status des Systems oder andere Informationen liefern. Die internen Variablen beginnen mit »@@«. Die Variable @@SERVERNAME beispielsweise gibt den Namen des SQL Servers zurück; @@ROWCOUNT liefert Ihnen die Anzahl der

Zeilen, auf die sich Ihre letzte Operation ausgewirkt hat, während @@ERROR die Fehlernummer des letzten Fehlers angibt.

Die folgende Prozedur, die zwei der internen SQL Server-Funktionen verwendet, ist ein Ersatz für die Access-MDB-CurrentUser()-Funktion. Mit der SQL Server-Funktion SUSER_SID() wird eine eindeutige Sitzungskennung ermittelt, die an die Funktion SUSER_NAME() übergeben wird, um den Login-Namen des Benutzers am SQL Server zu erhalten.

```
Public Function CurrentUserSQL() As String
    Const strSQL As String = "SELECT SUSER_SNAME(SUSER_SID())"
    Dim rs As ADODB.Recordset

    On Error GoTo CurrentUserSQL_Err
    Set rs = CurrentProject.Connection.Execute(strSQL)
    CurrentUserSQL = rs.Fields(0).Value

CurrentUserSQL_Exit:
    rs.Close
    Set rs = Nothing
Exit Function

CurrentUserSQL_Err:
    MsgBox Err.Description & "(" & Err.Number & ")"
    Set rs = Nothing
End Function
```

Interne Funktionen

In Sichten, Funktionen und Gespeicherten Prozeduren können Sie unter anderem die in der folgenden Tabelle aufgeführten Funktionen verwenden. Die Parameter der Funktionen schlagen Sie am einfachsten in der Online-Hilfe zu Transact-SQL nach.

Tabelle 26.8: Funktionen

Funktion	Beschreibung
CAST	konvertiert einen Datentyp in einen anderen Datentyp.
CONVERT	wie CAST, mit etwas anderer Syntax.
GETDATE	gibt das aktuelle Systemdatum des Rechners zurück, auf dem der SQL Server läuft.
LEN	ermittelt die Länge einer Zeichenkette.
LEFT	gibt n Zeichen einer Zeichenkette vom linken Ende zurück.
LOWER, LCASE	konvertiert eine Zeichenkette in Kleinbuchstaben.
LTRIM	entfernt alle Leerzeichen am Anfang einer Zeichenkette.
ROUND	rundet eine Zahl.
RIGHT	gibt n Zeichen einer Zeichenkette vom rechten Ende zurück.
SUBSTRING	ermittelt, ob eine Zeichenkette in einer anderen vorkommt.
UPPER, UCASE	konvertiert eine Zeichenkette in Großbuchstaben.

Verzweigungen

Mithilfe der IF-Anweisung können Sie Verzweigungen in Ihren Transact-SQL-Anweisungen erstellen. Die allgemeine Form lautet

```
IF Ausdruck
        SQL-Ausdruck
[ELSE
        SQL_Ausdruck]
```

wobei für SQL-Ausdruck auch mehrere, dann aber von den Anweisungen BEGIN und END eingeschlossene Befehle stehen können.

Die folgende Gespeicherte Prozedur listet je nach Wert des übergebenen Parameters alle Cocktails oder nur die Cocktails auf, die mit der Hausbar zu mixen sind.

```
CREATE PROCEDURE Cocktails
    @Hausbar BIT
AS
    IF @Hausbar = 0
```

```
    -- Alle Cocktails
    SELECT
            tblCocktail.Cocktail,
            tblCocktail.Zubereitung,
            tblCocktailzutaten.Menge,
            tblZutat.Zutat,
            tblEinheiten.Einheit
        FROM tblZutat INNER JOIN
            (tblEinheiten INNER JOIN
                (tblCocktail INNER JOIN tblCocktailzutaten
                    ON tblCocktail.CocktailNr =
                            tblCocktailzutaten.CocktailNr)
                ON tblEinheiten.EinheitenNr =
                        tblCocktailzutaten.EinheitenNr)
            ON tblZutat.ZutatenNr = tblCocktailzutaten.ZutatenNr
        ORDER BY tblCocktail.Cocktail
ELSE
    -- Hausbar-Cocktails
    SELECT
            tblCocktail.Cocktail,
            tblCocktail.Zubereitung,
            tblCocktailzutaten.Menge,
            tblZutat.Zutat,
            tblEinheiten.Einheit
        FROM tblZutat INNER JOIN
            (tblEinheiten INNER JOIN
                (tblCocktail INNER JOIN tblCocktailzutaten
                    ON tblCocktail.CocktailNr =
                            tblCocktailzutaten.CocktailNr)
                ON tblEinheiten.EinheitenNr =
                        tblCocktailzutaten.EinheitenNr)
            ON tblZutat.ZutatenNr = tblCocktailzutaten.ZutatenNr
        WHERE (
            (SELECT Count(*) AS ZAnzahl
            FROM tblCocktailzutaten
                INNER JOIN tblHausbar
                ON tblCocktailzutaten.ZutatenNr =
                                    tblHausbar.ZutatenNr
            WHERE tblCocktailzutaten.CocktailNr =
                                    tblCocktail.CocktailNr) =
```

```
            (SELECT Count(*) AS ZAnzahl
                FROM tblCocktailzutaten
            WHERE tblCocktailzutaten.CocktailNr =
                                    tblCocktail.CocktailNr)
            )
        ORDER BY tblCocktail.Cocktail
RETURN
```

Im nächsten Beispiel wird in der Gespeicherten Prozedur ein Text zusammengesetzt, der je nach Alkoholgehalt des angegebenen Cocktails variiert. Beachten Sie die Verwendung der Funktion `CAST` zur Umwandlung von Zahlen in Zeichenketten, die Transact-SQL im Unterschied zu VBA nicht implizit durchführt.

```
CREATE PROCEDURE CocktailAlkohol
       @CocktailNr INT
AS
       DECLARE @Meldung VARCHAR(200)
       DECLARE @Cocktail VARCHAR(100)
       DECLARE @Alkoholgehalt REAL
       DECLARE @Anzahl INT

       SELECT @Cocktail=Cocktail,
              @Alkoholgehalt=Alkoholgehalt FROM tblCocktail
              WHERE CocktailNr = @CocktailNr

       SELECT @Meldung = 'Cocktail »' + @Cocktail + '« hat '

       IF (SELECT AVG(Alkoholgehalt) FROM tblCocktail) < @Alkoholgehalt
       BEGIN
              SELECT @Meldung = @Meldung +
                            'weniger Alkohol als der Durchschnitt.'
              SELECT @Anzahl = COUNT(*) FROM tblCocktail
                            WHERE Alkoholgehalt > @Alkoholgehalt
              SELECT @Meldung = @Meldung + ' ' +
                            CAST(@Anzahl AS VARCHAR(10)) +
                            ' Cocktails haben mehr Alkohol.'
       END
       ELSE
       BEGIN
              SELECT @Meldung = @Meldung +
                            'mehr Alkohol als der Durchschnitt.'
              SELECT @Anzahl = COUNT(*) FROM tblCocktail
                            WHERE Alkoholgehalt < @Alkoholgehalt
```

```
            SELECT @Meldung = @Meldung + ' ' +
                                CAST(@Anzahl AS VARCHAR(10)) +
                                ' Cocktails haben weniger Alkohol.'
        END
        -- Ergebnis
        SELECT @Meldung
RETURN
```

Schleifen

Sie können mit dem Befehl `WHILE` Befehle bis zum Erreichen einer Abbruchbedingung wiederholen lassen.

```
WHILE Ausdruck
        { SQL-Ausdruck }
        [BREAK]
        {SQL-Ausdruck}
        [CONTINUE]
```

Als `SQL-Ausdruck` können auch mehrere Befehle eingeschlossen in die Anweisungen `BEGIN` und `END` stehen. `BREAK` bricht die Schleife ab, während mit `CONTINUE` der nächste Schleifendurchlauf beginnt, ohne dass gegebenenfalls nach dem `CONTINUE` vorkommende Befehle ausgeführt werden.

Gespeicherte Prozedur ruft Gespeicherte Prozedur

Gespeicherte Prozeduren lassen sich verschachteln, eine Gespeicherte Prozedur kann also eine andere Gespeicherte Prozedur aufrufen. Dazu verwenden Sie den Befehl `EXECUTE`, dessen vereinfachte allgemeine Syntax lautet:

```
EXEC[UTE]
        {
            [@return_status =]
                {procedure name}
        }
        [[@parameter =] {value}]
```

Im folgenden kleinen Beispiel wird der Alkoholgehalt mithilfe der Gespeicherten Prozedur *Alkoholgehalt* (s.o.) ermittelt:

```
CREATE PROCEDURE ExecTest
        (@Nr INT)
AS
        EXEC Alkoholgehalt @CocktailNr = @Nr
RETURN
```

Eine Gespeicherte Prozedur kann mithilfe der `RETURN`-Anweisung einen Wert zurückgeben. Der Return-Wert kann beim `EXECUTE`-Aufruf in eine Variable geschrieben werden. Die folgenden zwei Beispiele zeigen die Anwendung. In der ersten Gespeicherten Prozedur wird die Anzahl der Zutaten für einen Cocktail ermittelt und als Rückgabewert zurückgeliefert. Führen Sie diese Gespeicherte Prozedur direkt aus dem Datenbankfenster aus, wird die Meldung eingeblendet, dass keine Datensätze von der Gespeicherten Prozedur geliefert werden, denn Access wertet den Return-Wert nicht aus.

```
CREATE PROCEDURE AnzahlZutaten
        @CocktailNr INT
AS
        DECLARE @Anzahl INT

        SELECT @Anzahl = COUNT(ZutatenNr) FROM tblCocktailZutaten
                WHERE CocktailNr = @CocktailNr
RETURN @Anzahl
```

In der zweiten Gespeicherten Prozedur sehen Sie den Aufruf der ersten Gespeicherte Prozedur. Der Rückgabewert der Gespeicherten Prozedur wird der Variablen `@AnzahlZutaten` zugewiesen.

```
CREATE PROCEDURE ExecAnzahlZutaten
        @CocktailNr INT
AS
        DECLARE @AnzahlZutaten INT

        EXECUTE @AnzahlZutaten = AnzahlZutaten @CocktailNr
        SELECT @Anzahlzutaten AS 'Anzahl der Zutaten'
RETURN
```

26.10.4 Trigger

Für jede Tabelle können Trigger programmiert werden. Trigger gibt es in drei Varianten: Einfüge-, Aktualisierungs- und Lösch-Trigger (Insert, Update, Delete). Ein Einfüge-Trigger wird beispielsweise immer dann abgearbeitet, wenn ein neuer Datensatz der Tabelle zugefügt wird. Wir gehen im Rahmen dieses Buchs nicht weiter auf Trigger ein, möchten Ihnen aber noch eine Besonderheit von Triggern erläutern. Beim Einfügen von Datensätzen in eine Tabelle stehen innerhalb des Triggers alle Datensätze, die eingefügt werden sollen, in einer internen Tabelle `inserted` zur Verfügung, die die gleiche Struktur wie die eigentliche Tabelle hat. Beim Lösch-Trigger werden die zu löschenden Datensätze in der internen Tabelle `deleted` gespeichert, bevor tatsächlich gelöscht wird. Beim Aktualisierungs-Trigger werden beide internen Tabellen verwendet. Auf die internen Tabellen kann innerhalb des Triggers zugegriffen werden.

26.11 Funktionen

SQL Server 2000 erlaubt es, mithilfe von Transact-SQL Funktionen zu schreiben, die Werte oder Tabellen als Ergebnis zurückliefern können. Wann werden solche Funktionen eingesetzt? Wie wir oben beschrieben haben, ist die Ergebnismenge einer Sicht eine Tabelle, so dass Sie beispielsweise `SELECT * FROM Sicht1` formulieren können. Allerdings können Sie einer Sicht keine Parameter übergeben. Eine Gespeicherte Prozedur können Sie mit Parametern aufrufen, sie kann eine Ergebnistabelle zurückgeben, die aber nicht in einem SELECT-Befehl verwendet werden kann.

Eine Funktion erlaubt Ihnen, einen Wert oder eine Tabelle als Ergebnis zu erhalten und Parameter zu übergeben, also gewissermaßen eine Mischung von Sicht und Gespeicherter Prozedur.

Access bietet Ihnen drei Funktions-Varianten an: Als Inline-, Text-Skalar- oder Text-Tabellen-Funktion. Eine Inline-Funktion ist eine Sicht mit Parametern, die auch in der Entwurfsansicht definiert wird. Eine Text-Skalar-Funktion liefert einen Wert zurück, eine Text-Tabellen-Funktion eine Tabelle. Beide werden im Text-Modus editiert.

Wir haben als Beispiel eine neue Funktion erstellt, die einen skalaren Wert, hier einen Integer, als Ergebnis zurückliefert.

```
CREATE FUNCTION dbo.fAnzahlZutaten (@CocktailNr INT)
RETURNS INT
AS
        BEGIN
                DECLARE @Anzahl INT
                SELECT @Anzahl = COUNT(dbo.tblCocktailzutaten.ZutatenNr)
                FROM dbo.tblCocktail INNER JOIN
                        dbo.tblCocktailzutaten ON
```

```
                            dbo.tblCocktail.CocktailNr =
                            dbo.tblCocktailzutaten.CocktailNr
            WHERE (dbo.tblCocktail.CocktailNr = @CocktailNr)
      RETURN @Anzahl
END
```

Beachten Sie bei der Funktion, dass der Ergebniswert mithilfe des Befehls RETURN zurückgegeben wird. Wenn Sie die Funktion direkt in Access ausführen lassen, erhalten Sie eine leere Ergebnismenge, da Access keine RETURN-Werte in der Datenblattansicht zeigt.

In der folgenden SQL-Abfrage wird die Funktion verwendet und zeigt bei der Ausführung des Befehls auch Ergebnisse:

```
SELECT CocktailNr,
       Cocktail,
       dbo.fAnzahlZutaten(CocktailNr) AS AnzahlZutaten
FROM dbo.tblCocktail
```

Das nächste Listing zeigt eine Funktion, die eine Ergebnistabelle zurückgibt. Die Struktur der Tabelle wird dabei mit dem RETURNS-Befehl festgelegt. Mit INSERT INTO z.B. kann diese internen, temporär angelegte Tabelle dann gefüllt.

```
CREATE FUNCTION dbo.fCocktailAlkProzent
       (
       @AlkVon FLOAT,
       @AlkBis FLOAT
       )
RETURNS @Tabelle
        TABLE (CocktailNr INT, Cocktail VARCHAR(50), Alkoholgehalt FLOAT)
AS
       BEGIN
              INSERT INTO @Tabelle
                     SELECT CocktailNr, Cocktail, Alkoholgehalt
                     FROM tblCocktail
                     WHERE Alkoholgehalt BETWEEN @AlkVon AND @AlkBis
       RETURN
END
```

In dem folgenden SELECT-Befehl wird die Funktion verwendet und liefert als Ergebnis eine Liste aller Cocktails mit einem Alkoholgehalt zwischen 10% und 20%.

```
SELECT CocktailNr, Cocktail, Alkoholgehalt
FROM dbo.fCocktailAlkProzent(0.1, 0.2)
```

26.12 Formulare

Die Erstellung und Programmierung von Formularen entspricht weitgehend dem, was Sie von Access-MDBs gewohnt sind. Es kommen einige neue Eigenschaften hinzu sowie einige Restriktionen.

26.12.1 Neue Schaltflächen

In der Formularansicht werden ebenso wie in der Datenblattansicht zwei neue Navigationsschaltflächen gezeigt: *Abfrage abbrechen* und *Max. Datensätze*. Wir haben die Schaltflächen in Abschnitt 26.6.3 beschrieben.

In den Eigenschaften des Formulars stehen Ihnen die Optionen `MaxRecords` und `MaxRecButton` zur Verfügung. Mit `MaxRecords` geben Sie an, wie viele Datensätze eingelesen werden sollen, mit `MaxRecButton` steuern Sie, ob die Schaltfläche *Max. Datensätze* in der Formularansicht gezeigt werden soll.

26.12.2 Drei Möglichkeiten für die Datenherkunft

Normale Access-MDB-Formulare können auf Tabellen und Abfragen basieren. Für die Datenherkunft von Formularen für Access-Projekte ist die Auswahl zwischen Tabellen, Sichten, Funktionen und Gespeicherte Prozeduren möglich.

Basiert ein Formular auf einer Funktion oder Gespeicherte Prozedur mit Parametern, so können Sie die Parameter mithilfe der Eigenschaft *InputParameters* setzen (siehe Abschnitt 26.12.4).

Die Eigenschaft *RecordsetType* bestimmt, ob Änderungen an den Feldinhalten des Formulars gespeichert werden können. Die Eigenschaft kann die Werte *Snapshot* (keine Änderungen möglich) und *Updatable Snapshot* (Änderungen unter bestimmten Bedingungen möglich) annehmen.

26.12.3 Wann können Daten bearbeitet werden?

Ob Daten in Formularen bearbeitet werden können, dafür gelten für Access-Projekte im Wesentlichen die gleichen Regeln wie für Access-MDBs.

Daten können nur dann aktualisiert werden, wenn die zugrunde liegenden Tabellen einen Primärschlüssel (oder zumindestens einen eindeutigen Schlüssel) besitzen. Formulare, die auf einer einzelnen Tabelle basieren, die einen Primärschlüssel enthält, sind aktualisierbar. Das gleiche gilt, wenn das Formular auf einer Sicht basiert, die nur eine Tabelle enthält.

Formulare, denen ein SQL-Befehl oder eine Sicht mit einer 1:n-Beziehung zugrunde liegt, sind dann aktualisierbar; und zwar sowohl die 1- als auch die n-Seite. Beachten Sie dabei, dass es bei Änderungen an Feldern der 1-Seite zu Fehlern bei der Anzeige kommen kann, dass beispielsweise bei Endlosformularen sowohl der neue Wert als auch bei anderen Datensätzen der alte Wert zu sehen ist. In MDBs wird die Anzeige im korrekt aktualisiert. Nach unserer Erfahrung ist es sinnvoll und teilweise notwendig, die Primärschlüsselfelder aller im SQL-Befehl oder der Sicht verwendeten Tabellen in die SQL-Abfrage aufzunehmen.

Bei Formularen, die auf Gespeicherten Prozeduren basieren, muss gegebenenfalls die Eigenschaft *Eindeutige Tabelle* (`UniqueTable`) gesetzt werden, um dem Formular mitzuteilen, welche der betroffenen Tabelle aktualisiert werden soll.

26.12.4 Die Eigenschaft Eingabeparameter

Wenn Sie als Datenherkunft Ihres Formulars eine Gespeicherte Prozedur festlegen, für die Parameter definiert sind, so werden Sie für jeden Parameter in einem Dialogfenster nach einem Wert gefragt. Im Dialogfenster ist dann jeweils der Name des Parameters zu sehen, wobei der Name ohne das führende Zeichen »@« angezeigt wird.

Mithilfe der Eigenschaft *Eingabeparameter* (engl. *InputParameters)* können Sie eigene Texte in den Abfragedialogfenstern anzeigen lassen. Zudem ist es möglich, auf Steuerelemente anderer Formulare zu verweisen und den Wert für den Parameter dort auszulesen.

Wir verwenden für die folgenden Beispiele die Gespeicherte Prozedur, für die ein Parameter mit der Bezeichnung `@Cocktail` definiert ist.

```
CREATE PROCEDURE CocktailsParameter
       @Cocktail VARCHAR(100)
AS
       SELECT * FROM tblCocktail WHERE Cocktail LIKE @Cocktail
       RETURN
```

Wenn die Gespeicherte Prozedur als Datenherkunft eines Formulars verwendet wird, wird das folgende Dialogfenster beim Öffnen gezeigt. Der Name des Parameters erscheint über der Eingabezeile.

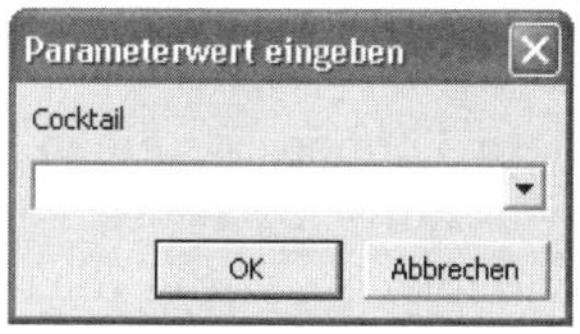

Bild 26.25: Dialogfenster für Parameter

Um den Abfragetext zu ändern, verwenden Sie die Formulareigenschaft *Eingabeparameter* mit folgender Syntax

```
ParameterName Datentyp = [Abfragetext]
```

Bei Gespeicherten Prozeduren wird der Name des Parameters mit dem führenden »@«-Zeichen angegeben, also in unserem Beispiel

```
@Cocktail VARCHAR = [Auswahl der Cocktails (% für alle)]
```

Der Abfragetext wurde in eckigen Klammern eingeschlossen. Damit wird das folgende Dialogfenster beim Öffnen des Formulars erzeugt.

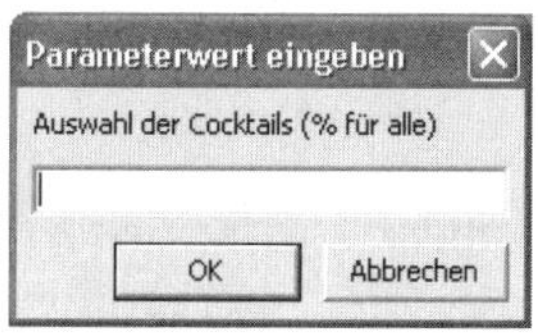

Bild 26.26: Geänderter Text

Trennung mit Komma: Mehrere Parameter werden durch Kommata voneinander getrennt, nicht wie sonst in Access mit Semikolon.

26.12.5 Eingabeparameter vorbelegen

Sie können über die Eigenschaft *Eingabeparameter* auch Parameter von Abfragen bzw. Gespeicherten Prozeduren vorbelegen. Setzen Sie dazu den Wert, den ein Parameter erhalten soll, in Anführungszeichen. Die Anführungszeichen benötigen Sie übrigens immer, unabhängig vom Typ des Parameters.

```
@Cocktail VARCHAR = "Cuba libre"
```

26.12.6 Verweise auf Formularfelder

Mithilfe von Eingabeparametern können Sie einen Wert aus einem geöffneten Formular abfragen. Den Verweis auf ein Steuerelement eines Formulars spezifizieren Sie in der bekannten Schreibweise, wie es die nächste Zeile zeigt.

```
@Cocktail VARCHAR = [Forms]![frmCocktail2002]![txtCocktail]
```

26.12.7 Ein neue Filtervariante

Die Filtervarianten *Auswahl-* und *Formularbasierter Filter* arbeiten beide mit den lokalen Daten, d.h., bevor gefiltert wird, werden zuerst alle Daten auf den Client geholt. Dies kann bei großen Tabellen auf dem Server zu Engpässen führen, denn erst müssen alle Daten auf den Client übertragen werden. Der Filter bearbeitet immer nur die tatsächlich auf den Client geholten Datensätze, deren Menge ja normalerweise über die Formulareigenschaft *Max. Datensätze* (standardmäßig 10.000) eingeschränkt ist.

Um über die gesamte Datenmenge zu filtern, und zwar schon auf dem Server, sodass also nur die gefilterten Daten auf den Client übertragen werden, hat Microsoft die Eigenschaften *Formularbasierter Serverfilter* (*ServerFilterByForm*) und *Serverfilter* eingeführt.

Setzen Sie die Eigenschaft *Formularbasierter Serverfilter* auf `Ja`, so werden beim Öffnen des Formulars als Erstes die Filterbedingungen abgefragt, wie es das nächste Bild beispielhaft für das Formular *frmCocktail2002* zeigt.

Bild 26.27: Formular im ServerFilterByForm-Modus

Klicken Sie nach der Eingabe der Bedingungen auf die Schaltfläche *Serverfilter anwenden*, wird der Server angewiesen, die Daten zu ermitteln und an den Client zu übertragen. Die vom Benutzer eingetragenen Filterbedingungen werden in der Eigenschaft *Serverfilter* abgelegt. Über diese Eigenschaft können Sie auch Voreinstellungen für das Formular festlegen.

! Formularbasierter Serverfilter nur mit SQL-Abfragen, nicht mit Funktionen oder Gespeicherten Prozeduren: Die Eigenschaft *Formularbasierter Serverfilter* können Sie nur einsetzen, wenn die Datenherkunft Ihres Formulars keine Funktion oder Gespeicherte Prozedur ist.

26.12.8 Verweise auf Formulare oder Berichte in Steuerelementen

In Kapitel 13, »Steuerelemente«, stellten wir Ihnen in Abschnitt 14.6.10 das Formular *frmCocktailCombo* mit verknüpften Kombinations- und Listenfeldern vor. Das Listenfeld ist derart mit dem Kombinationsfeld verknüpft, dass in der Datenherkunft des Listenfelds eine SQL-Abfrage mit einem Verweis auf das Formularfeld in der Form `[Forms]![frmCocktailCombo].[cboGruppe]` definiert wurde. Ein solcher Verweis auf Access-ADP-Formulare kann nicht in Abfragen genutzt werden. Das gleiche Problem kann auch in Berichten auftreten.

Warum können Verweise auf Formulare nicht in Access-ADP-Formularen verwendet werden? Die SQL-Abfragen werden ja an den Server zur Ausführung übergeben, und der Server hat keinen Zugriff auf die auf dem lokalen Rechner geöffneten Formulare oder Berichte.

Wir möchten Ihnen im Folgenden eine Lösungsvariante vorstellen, die auf der Basis von Gespeicherten Prozeduren realisiert ist.

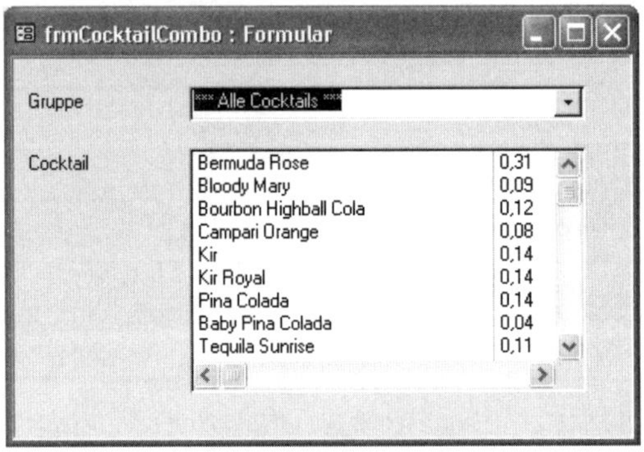

Bild 26.28: Beispielformular mit verknüpften Steuerelementen

Die Datensatzherkunft für das Kombinationsfeld *cboGruppe* für die Auswahl der Cocktailgruppe ist mit folgender Gespeicherten Prozedur angegeben:

```
CREATE PROCEDURE AlleCocktails
AS
       SELECT tblGruppe.GruppeNr, tblGruppe.Gruppe
       FROM tblGruppe
       UNION
       SELECT 0, '*** Alle Cocktails ***'
       ORDER BY tblGruppe.Gruppe
RETURN
```

Wie kann nun die Datensatzherkunft des Listenfelds vereinbart werden, sodass immer die Cocktails entsprechend der gewählten Gruppe gezeigt werden? Natürlich könnte man nun geeignete VBA-Befehle programmieren, die je nach der Gruppe die entsprechende Datensatzherkunft einstellen.

In der MDB-Lösung war eigentlich nur das folgende Programm für das Ereignis *Bei Änderung* notwendig.

```
Private Sub cboGruppe_Change()
    ' Bei Änderung des Kombinationsfelds
    ' aktualisieren des Listenfelds
    lstCocktails.Requery
End Sub
```

Wir möchten es bei diesem kurzen Programm belassen und Ihnen zeigen, wie Sie einen Verweis auf den selektierten Eintrag im Kombinationsfeld für die Cocktailgruppe an die Gespeicherte Prozedur übergeben, die das Listenfeld füllt.

Eigentlich ist es ganz einfach (wenn man darauf kommt): Die Datensatzherkunft des Listenfelds ist eine Gespeicherte Prozedur, deren Parameter den gleichen Namen wie das Steuerelement auf dem Formular hat, also in unserem Fall *cboGruppe*.

```
CREATE PROCEDURE CocktailsZurGruppe
        @cboGruppe INT
AS
        IF @cboGruppe = 0
                SELECT  tblCocktail.CocktailNr,
                        tblCocktail.Cocktail,
                        CONVERT(DECIMAL(4,2),tblCocktail.Alkoholgehalt)
                FROM tblCocktail
        ELSE
                SELECT  tblCocktail.CocktailNr,
                        tblCocktail.Cocktail,
                        CONVERT(DECIMAL(4,2),tblCocktail.Alkoholgehalt)
                FROM tblCocktail
                WHERE tblCocktail.GruppeNr = @cboGruppe
RETURN
```

Das Kombinationsfeld *cboGruppe* liefert den Wert 0 zurück, wenn alle Cocktails gezeigt werden sollen, ansonsten die entsprechende Gruppennummer. In der Gespeicherten Prozedur verzweigt eine `IF`-Anweisung in Abhängigkeit von `@cboGruppe`. Die Funktion `CONVERT` dient zur Konvertierung und Formatierung von Werten. Hier wird sie eingesetzt, um einheitlich zwei Nachkommastellen beim Alkoholgehalt anzeigen zu lassen.

26.12.9 Domänenfunktionen mit Formular- oder Berichtverweisen

Setzen Sie in Ihren Formularen oder Berichten Domänenfunktionen wie `DomWert()`, `DomSumme()` usw. ein, so konnten Sie in MDB-Formulare Verweise auf Formulare und Berichte in einer eigentlich unsauberen Form schreiben, beispielsweise als:

```
=DomWert("[CocktailNr]";"tblCocktail";"[CocktailNr]=Forms!frm1!CNr")
```

Die Schreibweise ist deshalb unsauber, weil der Verweis auf das Formular innerhalb der Zeichenkette für die `WHERE`-Klausel vorkommt. Access hat den Ausdruck zwar richtig ausgewertet, aber in einem Access-Projekt funktioniert dies leider nicht mehr. Sie müssen jetzt den Ausdruck syntaktisch korrekt als

```
=DomWert("[CocktailNr]";"tblCocktail";
        "[CocktailNr]='" & [Forms]![frm1]![CNr] & "'")
```

schreiben, also durch das Zusammensetzen von Zeichenketten.

26.13 Berichte

Berichte wurden um zwei neue Eigenschaften ergänzt: *Serverfilter* und *Eingabeparameter*. Beide Eigenschaften haben wir im vorangegangenen Abschnitt für Formulare erläutert; sie funktionieren für Berichte entsprechend.

26.14 Der Upsizing-Assistent

Der Upsizing-Assistent dient zur Umsetzung von vorhandenen Access-MDB-Datenbanken zu Access-Projekten. Dabei werden die Tabellen und Abfragen in eine SQL Server-Datenbank überführt, die Formulare, Berichte, Seiten, Makros und Module in ein Access-Projekt kopiert und angepasst.

26.14.1 Starten des Upsizing-Assistenten

Öffnen Sie die zu konvertierende Datenbank und selektieren Sie dann *EXTRAS Datenbank-Dienstprogramme Upsizing-Assistent*. Im ersten Dialogfeld des Assistenten geben Sie an, ob Sie eine neue Datenbank auf SQL Server anlegen oder eine bestehende Datenbank verwenden möchten.

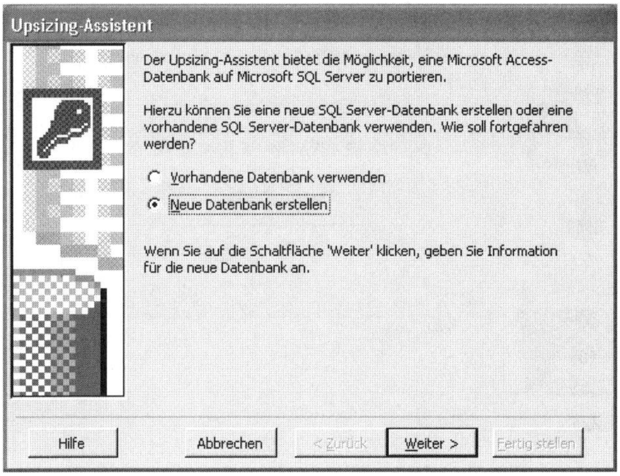

Bild 26.29: Vorhandene oder neue Datenbank?

Für unser Beispiel legen wir eine neue SQL Server-Datenbank für die Cocktaildaten an. Bestimmen Sie im Dialogfeld (Bild 26.30) zuerst den SQL Server-Rechner, auf dem die Datenbank angelegt werden soll. Selektieren Sie *(lokal)*, so wird die Datenbank auf dem SQL Server auf Ihrem Rechner eingerichtet.

Geben Sie dann *Anmeldungs-ID* und *Kennwort* ein. Die *Anmeldungs-ID*, der Benutzername von SQL Server, muss über die Berechtigung zum Anlegen neuer Datenbanken verfügen. Der Benutzer »sa« (system administrator) ist standardmäßig immer eingerichtet. Beachten Sie, dass für den »sa« nach der Installation kein Kennwort vereinbart ist. Da der »sa« auf alle Datenbanken und Komponenten vollen Zugriff hat, sollten Sie für diesen Benutzer möglichst schnell ein Kennwort vergeben (siehe Abschnitt 26.16).

Als Namen der Datenbank schlägt der Upsizing-Assistent den Namen der von Ihnen geöffneten ADP-Datei mit einem angehängten »SQL« vor.

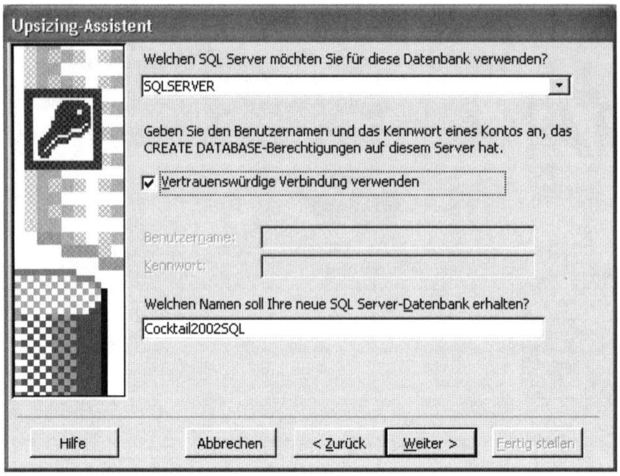

Bild 26.30: Anlegen einer neuen Datenbank

Im nächsten Dialogfeld des Assistenten bestimmen Sie die Tabellen, die auf SQL Server übertragen werden sollen.

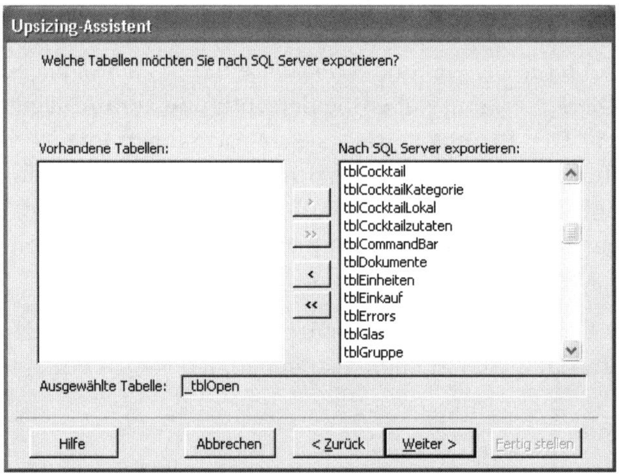

Bild 26.31: Auswahl der zu übertragenden Tabellen

Anschließend bestimmen Sie, welche Attribute der Tabellen übernommen werden sollen. Im Normalfall werden Indizes, Gültigkeitsregeln und Standardwerte mit übertragen.

Für die zu übertragenden Tabellenbeziehungen können zwei Varianten gewählt werden: DRI (deklarative referentielle Integrität) oder Trigger. Die Umsetzung der Tabellenbeziehungen mithilfe von Triggern ist veraltet und ist sehr unübersichtlich. DRI ist für Access-Beziehungen die bessere Wahl. Wenn Sie Ihre Datenbank nicht auf zu SQL Server 2000 bzw. MSDE 2000 übertragen, sondern auf SQL Server 7.0 bzw. MSDE 1.0, so sollten Sie Trigger wählen, da sonst alle Einstellungen der Access-Tabellen für Aktualisierungs- und Löschweitergaben verloren gehen. Gültigkeitsregeln werden übrigens auf SQL Server als Constraints angelegt.

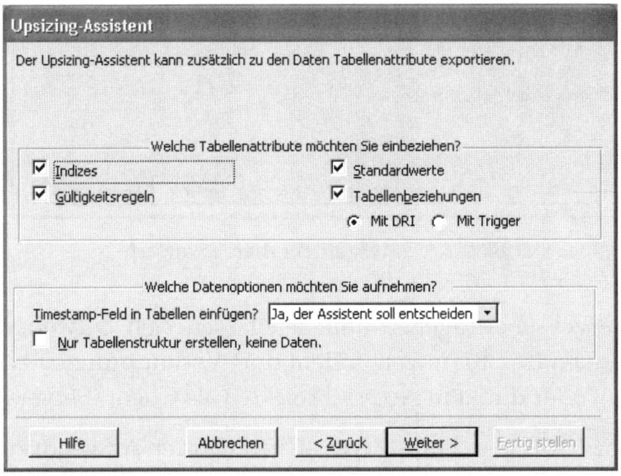

Bild 26.32: Festlegung der Tabellenattribute

Der Upsizing-Assistent fügt normalerweise so genannte Timestamp-Felder Ihren Tabellen hinzu. Diese Felder werden vom Datenbank-Server unter anderem bei Zugriffen mehrerer Benutzer gleichzeitig auf die gleichen Datensätze ausgewertet. Sind Sie sich nicht sicher, ob Timestamp-Felder notwendig oder möglich sind, wählen Sie die Einstellung *Ja, der Assistent soll entscheiden*.

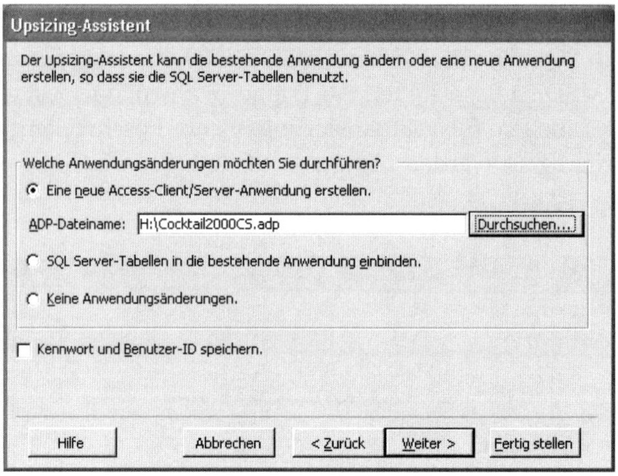

Bild 26.33: Auswahl der Anwendungsart

Die auf SQL Server übertragenen Tabellen lassen sich entweder in normalen Access-Datenbanken (MDB) nutzen, indem dort Verknüpfungen zu den Tabellen angelegt werden, oder direkt in Access-Projekten als Client/Server-Anwendung.

Für unser Beispiel soll eine neue Access-Client-Server-Anwendung erstellt werden, der Upsizing-Assistent soll also ein Access-Projekt erzeugen (siehe Bild 26.33). Nach dem Upsizing erstellt der Assistent einen Bericht, in dem die Ergebnisse der Übertragung dokumentiert werden. Dieser Bericht wird auch als Berichts-Snapshot (siehe Kapitel 16, Abschnitt 16.6) im Ordner der Original-Datenbank abgelegt.

Bei der Übernahme der Abfragen werden diese in Sichten, Funktionen und Gespeicherten Prozeduren überführt.

26.14.2 Upsize-Probleme

Meist ist es nicht möglich, MDB-Datenbanken komplett und ohne Fehler zu konvertieren. Im Normalfall erfordert ein erfolgreiches Upsizing einiges an Vor- und Nachbereitung. Wir möchten Ihnen einige typische Probleme anhand der Cocktail-Beispielanwendung beschreiben.

Verweise auf Formularfelder

Alle Abfragen bzw. SQL-Befehle in Formularen, Berichten oder Steuerelementen, in denen Verweise auf Formulare oder Berichte wie z.B. `[Forms]![frmCocktail]![Cocktail]` vorkommen, werden nicht konvertiert.

VBA-Funktionen in Abfragen

Nicht alle VBA-Funktionen, die Sie in MDB-Abfragen verwenden können, besitzen eine Entsprechung auf SQL Server. Die folgende Tabelle listet die Funktionen auf, die umgesetzt werden. Abfragen mit VBA-Funktionen, die nicht in der Tabelle aufgeführt sind, oder mit benutzerdefinierten Funktionen werden vom Upsizing-Assistenten nicht konvertiert.

Tabelle 26.9: Konvertierbare Funktionen

Umsetzbare Funktionen			
Asc()	Cvdate()	Mid(), Mid$()	Sgn()
Ccur()	Date()	Minute()	Space(), Space$()
Cdbl()	Day()	Mod	Str(), Str$()
Chr(), Chr$()	Hour()	Month()	Time()
Cint()	Int()	Now()	Trim(), Trim$()
Clng()	Lcase(), Lcase$()	Right(), Right$()	Ucase(), Ucase$()
Csng()	Left(), Left$()	Rtrim(), Rtrim$()	Weekday()
Cstr()	Ltrim(), Ltrim$()	Second()	Year()

Daten in Formularen können nicht mehr bearbeitet werden

Wenn Daten in Formularen nach dem Upsizing im Access-Projekt nicht bearbeitet werden können, kann das daran liegen, dass die zugrunde liegenden Abfragen nicht aktualisierbar sind, da beispielsweise nicht die Primärschlüssel aller betroffenen Tabellen in der Abfrage vorhanden sind.

Tabellen/Abfragen, deren Namen einen Apostroph enthalten, werden nicht konvertiert

Um ganz sicher zu gehen, sollten in den Namen Ihrer Tabellen und Abfragen keine Sonderzeichen vorkommen.

Sicherheitseinstellungen von MDBs werden nicht übernommen

Die Jet-Sicherheitseinstellungen, Benutzer und Gruppen werden nicht übernommen, da SQL Server ein anderes Sicherheitssystem verwendet (siehe Abschnitt 26.16).

Ausreichende Berechtigungen am SQL Server

Verfügen Sie nicht über ausreichende Berechtigungen, um Tabellen, Abfragen oder Gespeicherte Prozeduren auf SQL Server anlegen zu dürfen, übergeht der Upsizing-Assistent die entsprechenden Komponenten und legt sie ohne weitere Meldung nicht an.

Hyperlinks

Hyperlinks werden als `ntext`-Felder umgesetzt. Sie verlieren dabei ihre spezifischen Hyperlink-Funktionen, d.h., sie sind nur noch als Text vorhanden.

Nicht alle Abfragen werden konvertiert

Die folgenden Abfragevarianten werden nicht konvertiert: Kreuztabellen, SQL-Pass-Through-Abfragen und Datendefinitionsabfragen sowie alle Abfragen mit Verweisen auf Formular- oder Berichtfelder.

Wenn in Access-Abfragen das Schlüsselwort DISTINCTROW verwendet wird, so versucht der Upsizing-Assistent, dies durch TOP 100 PERCENT zu ersetzen. Abfragen mit DISTINCTROW mit mehreren Tabellen werden nicht umgesetzt. Es ist sinnvoll, vor dem Aufruf des Upsizing-Assistenten alle DISTINCTROW-Schlüsselwörter aus den Abfragen zu entfernen.

Abbruch des Upsizing durch Zeitüberschreitung

Wenn große Access-Tabellen auf SQL Server/MSDE übertragen werden, kann es zu Abbrüchen durch Zeitüberschreitung (Timeout) kommen. Sie können den Timeout-Wert so setzen, dass die Übertragung beliebig lange dauern kann. Damit ist sichergestellt, dass nicht vorzeitig abgebrochen wird. Um den Timeout-Wert zu setzen, muss ein Wert in der Windows-Registierung geändert werden. Rufen Sie dazu das Programm *RegEdit* auf und setzen Sie den Wert des Schlüssels `HKEY_LOCAL_MACHINE\Software\Microsoft\Jet\4.0\Engines\ODBC\QueryTimeout` auf `0`.

! Dokument von Microsoft zum Upsizing: Im Download-Bereich des Internet-Angebots von Microsoft *www.microsoft.de* bzw. *www.microsoft.com* können Sie sich ein Dokument mit Informationen zum Upsizing (*Upsize02.exe*) herunterladen.

26.15 Wartung und –Verwaltung

In den folgenden Abschnitten stellen wir Ihnen Befehle zur Verwaltung von Projekten und Datenbanken vor.

26.15.1 Reparieren und komprimieren

Access-Projekte müssen ebenso wie Access-MDB-Datenbanken von Zeit zu Zeit komprimiert werden, insbesondere dann, wenn Sie häufig Änderungen von Formularen, Berichten und Modulen vornehmen. Durch die Änderungen nimmt die Größe Ihrer ADP-Datei zu, sodass in der ADP-Datei viel ungenutzter Platz entsteht. Komprimieren Sie daher Ihre ADP-Datei mit *EXTRAS Datenbank-Dienstprogramme Datenbank komprimieren und reparieren.*

Die Daten, Sichten, Funktionen und Gespeicherten Prozeduren sind von einer Komprimierung nicht betroffen, denn sie werden ja auf SQL Server verwaltet.

26.15.2 MSDE-Verwaltungsfunktionen

Die in diesem Abschnitt beschriebenen Access-Verwaltungsfunktionen für Datenbanken funktionieren nur, wenn Sie auf MSDE zugreifen und MSDE auf dem Rechner installiert ist, von dem aus Sie die Verwaltungsfunktionen aufrufen. Sie können mit Access keine SQL Server oder MSDE-Server verwalten, die auf anderen Rechnern eingerichtet sind.

! **Verwaltung mit dem Enterprise Manager:** Das zum Lieferumfang des Microsoft SQL Server 2000 gehörende Programm Enterprise Manager erlaubt die komplette Verwaltung von SQL- und MSDE-Servern, unabhängig davon, auf welchem Rechner sie installiert sind (natürlich nur, wenn Sie entsprechende Zugriffsrechte besitzen).

Das Microsoft Beispielprojekt NWINDCS.ADP: Auf der Access 2002- bzw. Office XP-CD-ROM finden Sie das Beispielprojekt NWINDCS.ADP und die Datei NWINDCS.SQL. NWINDCS.SQL enthält alle SQL-Befehle zum Anlegen einer entsprechenden Beispieldatenbank auf SQL Server bzw. MSDE. Rufen Sie NWINDCS.ADP auf, überprüft das Projekt (Funktion `OpenStartup` in Modul *Start*), ob eine Datenbank auf Ihrem Server eingerichtet ist. Wenn SQL Server/MSDE auf dem lokalen Rechner installiert ist, wird die Datenbank erzeugt. Möchten Sie die Datenbank auf einem entfernten SQL Server-Rechner erstellen, führen Sie die Datei NWINDCS.SQL mit dem *Query Analyzer* aus, wenn Sie SQL

Server 2000 einsetzen oder mit der DOS-Anwendung OSQL.EXE, wenn Sie MSDE auf dem Zielrechner verwenden. Sie müssen die Datenbank *NordwindCS* vorher erstellen, am einfachsten mit dem *Enterprise Manager*. Nutzen Sie MSDE, rufen Sie NWINDCS.ADP zuerst auf dem Rechner auf, auf dem MSDE installiert ist.

Datensicherung und Wiederherstellung

In einem Access-Projekt können Sie für eine SQL Server-/MSDE-Datenbank Datensicherungen durchführen, sofern sie auf dem lokalen Rechner eingerichtet ist. Dabei wird nur die aktuell in der ADP-Datei verbundene Datenbank gesichert. Die Sicherung wird mit der Dateiendung .DAT abgelegt. Wählen Sie dazu den Befehl *EXTRAS Datenbank-Dienstprogramme Sicherungskopie*.

Um eine Sicherungskopie wieder einzuspielen, rufen Sie die entsprechende Funktion über *EXTRAS Datenbank-Dienstprogramme Wiederherstellen* auf.

Eine Datensicherung kann auch per Gespeicherter Prozedur durchgeführt werden. Transact-SQL bietet Ihnen dazu den Befehl `BACKUP` an. Im folgenden Listing wird eine Gespeicherte Prozedur erstellt, die die Datenbank *Cocktail2000_SQL* (Daten und Log) in eine Datei sichert.

```
CREATE PROCEDURE spDatensicherung
AS
    SET NOCOUNT ON
    BACKUP DATABASE Cocktail2002_SQL TO DISK =
        'C:\Cocktail2002_SQL.dat'
RETURN
```

Auch die Wiederherstellung kann per Gespeicherter Prozedur durchgeführt werden, allerdings nicht für die aktuell mit dem Access-Projekt verbundene Datenbank. Außerdem darf kein Benutzer mit der zurück zu sichernden Datenbank verbunden sein.

```
CREATE PROCEDURE spWiederherstellen
AS
    SET NOCOUNT ON
    RESTORE DATABASE Cocktail2002_SQL
        FROM DISK='C:\Cocktail2002_SQL.dat'
RETURN
```

Dateipfade werden in der Sicherungsdatei gespeichert: Mithilfe von `BACKUP` und RESTORE kann man Datenbanken von einem SQL Server auf einen anderen kopieren. Beachten Sie dabei, dass die Pfade zu den Datenbankdateien (.MDF/.LDF) mit in der Sicherungsdatei abgelegt sind. Möchten Sie ein Backup wieder einspielen, aber die Datenbank soll oder kann nicht im gleichen Pfad angelegt werden, können Sie dem RESTORE-Befehl mithilfe von MOVE Anweisungen angeben, wo die Dateien gespeichert werden sollen. Die Anweisung REPLACE überschreibt eine eventuell vorhandene Datenbank mit gleichem Namen.

```
CREATE PROCEDURE spWiederherstellen
AS
    SET NOCOUNT ON
    RESTORE DATABASE Cocktail2002_SQL
        FROM DISK='C:\Cocktail2002_SQL.dat'
    WITH MOVE 'Cocktail2002_SQL_Daten' TO
                               'F:\daten\Cocktail_daten.mdf',
         MOVE 'Cocktail2002_SQL_Protokoll' TO
                               'F:\daten\Cocktail_protokoll.ldf',
    REPLACE
RETURN
```

Mit einem Access-Projekt haben Sie normalerweise keine Möglichkeit zu ermitteln, welche physischen Dateien hinter einer Datenbank stehen. Arbeiten Sie mit dem *SQL Server Enterprise Manager* können Sie über die Eigenschaften einer Datenbank ein Dialogfeld einblenden, das Ihnen die Dateien für Daten und Protokoll zeigt. Eine Datenbank kann sich über mehrere Daten- und Protokolldateien erstrecken, die auch auf verschiedenen Laufwerken liegen können.

Mithilfe der Systemprozedur sp_helpdb, die in der *master*-Datenbank von Microsoft bereitgestellt wird, können Details über eine Datenbank abgefragt werden. Die Gespeicherte Prozedur liefert mehrere Ergebnismengen zurück, im zweiten Resultset der Gespeicherten Prozedur sind die Namen der Dateien aufgelistet. Access kann nur Gespeicherte Prozeduren mit einer Ergebnismenge verarbeiten, d.h., mit einer Gespeicherte Prozedur in Access erhalten Sie immer nur das erste Resultset angezeigt. Um an das zweite Resultset zu gelangen, müssen Sie VBA programmieren, wie wir es im folgenden Listing zeigen. Die Prozedur DatenbankDateien gibt alle Dateinamen aus, die mit der Funktion DatenbankDateiname() ermittelt werden.

```
Function DatenbankDateiname(strDB As String) As String()
' Gibt ein Array von Strings mit Dateinamen zurück
    Dim rec As New ADODB.Recordset
    Dim rec2 As New ADODB.Recordset
    Dim strResult() As String
    Dim i As Integer
```

```
    ' Gespeicherte Prozedur liefert zwei Recordsets als Ergebnis
    rec.Open "sp_helpdb '" & strDB & "'", CurrentProject.Connection
    ' Zweites Recordset zuweisen
    Set rec2 = rec.NextRecordset
    ' Feld dimensionieren
    ReDim strResult(rec2.RecordCount)
    Do While Not rec2.EOF
        ' Dateiname steht im Feld 'filename'
        strResult(i) = rec2.Fields("filename").Value
        i = i + 1
        rec2.MoveNext
    Loop
    DatenbankDateiname = strResult
End Function

Sub DatenbankDateien()
    Dim i As Integer
    Dim strResult() As String

    ' Feld mit Dateinamen füllen
    strResult = DatenbankDateiname("Cocktail2000_SQL")
    ' Alle Dateinamen ausgeben
    For i = LBound(strResult) To UBound(strResult)
        Debug.Print strResult(i)
    Next
End Sub
```

Löschen einer SQL-Datenbank

Möchten Sie eine SQL-Datenbank vom SQL Server entfernen, so können Sie die Funktion *EXTRAS Datenbank-Dienstprogramm SQL-Datenbank löschen* selektieren. Die Datenbank muss aber auf dem lokalen System vorliegen.

Eine Datenbank lässt sich auch per Gespeicherter Prozedur löschen, allerdings im Gegensatz zu dem gerade beschriebenen Menübefehl nicht die Datenbank, mit der das Access-Projekt verbunden ist. Um eine andere als die verbundene Datenbank zu löschen, können Sie in einer Gespeicherten Prozedur den folgenden Befehl verwenden:

```
DROP DATABASE datenbankname
```

26.16 Sicherheit

Drei Bereiche eines Access-Projekts können gesichert werden: die Tabellen, Sichten, Funktionen und Gespeicherten Prozeduren durch entsprechende Einstellungen von SQL Server, Formulare, Berichte und Makros in der ADP-Datei und die VBA-Module.

Fangen wir hinten an: VBA-Module schützen Sie, indem Sie sie im VBA-Editor über *EXTRAS Eigenschaften* Registerblatt *Schutz* für die Anzeige sperren.

Durch die Erzeugung einer ADE-Datei schützen Sie Formulare, Berichte usw. In einer ADE-Datei liegen alle Komponenten so vor, dass sie nicht im Entwurfsmodus aufgerufen werden können. Sie erzeugen eine ADE-Datei mithilfe des Befehls *EXTRAS Datenbank-Dienstprogramme ADE-Datei erstellen*. Denken Sie daran, die originale ADP-Datei aufzuheben, sonst können Sie keine Änderungen mehr vornehmen.

Das Schützen der Daten des SQL Servers ist etwas aufwändiger und erfordert die Kenntnis des Schutzmechanismus des SQL Servers. Wir möchten Ihnen in den folgenden Abschnitten den mehrstufigen Schutz des Servers beschreiben.

26.16.1 SQL Server-Anmeldung

Der erste Schritt für jeden Benutzer ist die Anmeldung am Server. Für die Identifizierung des Benutzers gibt es zwei mögliche Verfahren: SQL Server- oder Windows-Authentifizierung. Wird Microsoft SQL Server 2000 bzw. MSDE 2000 unter Windows NT/2000/XP eingesetzt, wird die Verifizierung des Benutzers durch Windows vorgenommen und vom SQL Server/MSDE übernommen. Unter Windows 98/Me kann nur die SQL Server-Authentifizierung verwendet werden. Dabei sind Benutzer und Kennwort auf SQL Server hinterlegt.

Wenn Sie SQL Server-Sicherheit verwenden, können Sie mit *EXTRAS Sicherheit Loginkennwort festlegen* das in folgendem Bild gezeigte Dialogfeld aufrufen, um für Ihren, den zurzeit aktuellen Benutzer, das Kennwort zu ändern.

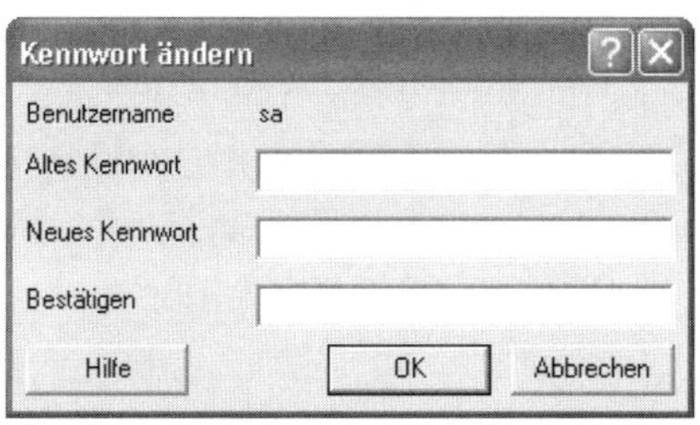

Bild 26.34: Loginkennwort festlegen

26.16.2 Verwaltung von Benutzern

Bei der Verwaltung der Benutzer unterscheidet SQL Server zwischen Serveranmeldungen, Serverrollen, Datenbankbenutzern und Datenbankrollen.

Serveranmeldungen

Der Benutzer, der auf SQL Server zugreifen möchte, benötigt eine Serveranmeldung. Mit der Serveranmeldung werden die Benutzer verwaltet, die Zugriff auf SQL Server haben. Nach einer Neuinstallation eines SQL Servers ist nur der Benutzer »sa« (system administrator) vorhanden bzw. läuft SQL Server mit Windows-Sicherheit, hat die Windows-Gruppe *Administratoren* Zugriff auf den Server.

Administratoren: Alle Mitglieder der Windows-Benutzergruppe *Administratoren* sind automatisch auch Administratoren (Mitglieder der Serverrolle *sysadmin*) für SQL Server.

Serverrollen

Die Serverrolle beschreibt, für welche zusätzlichen Aufgaben ein Benutzer (also eine Serveranmeldung) berechtigt werden kann. Die folgende Tabelle gibt Ihnen einen Überblick über die verschiedenen Serverrollen. Ein »normaler« Benutzer ist keiner dieser Rollen zugeordnet.

Tabelle 26.10: Serverrollen

Serverrolle	Beschreibung
System Administrators	können alle Serverfunktionen verwenden.
Security Administrators	verwalten Serveranmeldungen usw.
Server Administrators	können Server konfigurieren.
Setup Administrators	managen Startup-Prozeduren und Verbindungen zu anderen Servern.
Process Administrators	verwalten Prozesse innerhalb des Servers.
Disk Administrators	managen Datendateien und Laufwerke.
Database Creators	erstellen und ändern Datenbanken bzw. können Datensicherungen wieder einspielen.

Datenbankbenutzer

Die Serveranmeldung ermöglicht noch keinen Zugriff auf die Datenbanken von SQL Server. Erst wenn eine Serveranmeldung einem Datenbankbenutzer zugeordnet ist, kann dieser auch Datenbanken verwenden. Der Standarddatenbankbenutzer ist »dbo« (database owner).

Datenbankrollen

Einer Datenbankrolle können bestimmte Berechtigungen erteilt werden. Die Datenbankbenutzer lassen sich einer oder mehreren Rollen zuweisen, um so die Verwaltung zu vereinfachen. Die Rollen entsprechen den Benutzergruppen der Jet-Sicherheitsverwaltung von MDB-Dateien. Alle Benutzer sind automatisch Mitglieder der Rolle `public`.

Die folgende Tabelle listet die standardmäßigen Datenbankrollen auf:

Tabelle 26.11: Datenbankrollen

Datenbankrolle	Beschreibung
public	zu dieser Datenbankrolle gehört jeder Datenbankbenutzer.
db_owner	kann alle Administrationsaufgaben an der Datenbank ausführen.
db_accessadmin	kann die Benutzeranmeldungen der Datenbank administrieren.
db_datareader	kann Daten aus Tabellen lesen.
db_datawriter	kann Daten hinzufügen, ändern und löschen.
db_ddladmin	kann Datendefinitionbefehle ausführen.
db_securityadmin	kann Berechtigungen für Benutzer und Rollen vergeben.
db_backupoperator	kann Datensicherungen erstellen.
db_denydatareader	kann keine Daten aus Tabellen lesen.
db_denydatawriter	kann keine Daten hinzufügen, ändern oder löschen.

26.16.3 Zugriffsberechtigungen

Sie können für jedes SQL Server-Datenbankobjekt Zugriffsberechtigungen festlegen. SQL Server unterscheidet für Tabellen und Sichten die Berechtigungen zum Ansehen (`SELECT`), zum Hinzufügen (`INSERT`), zum Aktualisieren (`UPDATE`) und zum Löschen (`DELETE`). Für Gespeicherte Prozeduren gibt es die Berechtigung zum Ausführen (EXEC). Zusätzlich können Sie bestimmen, ob der Benutzer die Definitionen der deklarativen referentiellen Integrität (DRI) ändern darf.

26.16.4 Benutzerverwaltung

Im Unterschied zu Access 2000 enthält Access 2002 keine Werkzeuge zur Benutzerverwaltung für SQL Server. Für einen SQL Server ist dies nicht weiter problematisch, denn dort steht Ihnen mit dem SQL Server-Enterprise Manager ein leistungsfähiges Werkzeug zur Verfügung.

Setzen Sie MSDE 2000 ein, so fehlt Ihnen ein geeignetes Programm zur bequemen Benutzer- und Zugriffsrechteverwaltung. Microsoft empfiehlt, alle Benutzer als »sa« arbeiten zu lassen oder mithilfe von Systemprozeduren entsprechende Benutzer auf MSDE einzurichten. Alternativ können Sie sich eine Lizenz der SQL Server-Client-Tools beschaffen und mit dem darin enthaltenen SQL Server-Enterprise Manager Ihre Benutzer administrieren.

Wir möchten Ihnen im Folgenden zwei Formulare und zwei Gespeicherte Prozeduren vorstellen, die Sie beim Anlegen und Löschen von »normalen« Benutzern für die aktuelle Datenbank unterstützen.

Rufen Sie das Formular *frmBenutzerverwaltung* auf, so erhalten Sie eine Liste der Serveranmeldungen von SQL Server. Wir gehen davon aus, dass Sie selbst als »sa« angemeldet sind bzw. bei Windows-Sicherheit der Gruppe »Administratoren« angehören.

Bild 26.35: Benutzerverwaltung

Klicken Sie auf einen der vorhandenen Benutzernamen, so wird rechts die zugewiesene Standard-Datenbank und -Sprache eingeblendet.

Das Listenfeld mit den Benutzernamen wird mit der SQL Server-Systemprozedur sp_helplogins gefüllt, die eine Liste der Serveranmeldungen zurückgibt. Für die *Datensatzherkunft* des Listenfelds wurde daher definiert: EXEC sp_helplogins.

Neue Benutzer anlegen

Das Formular erlaubt nun das Anlegen neuer Benutzer für die aktuelle, mit dem Access-Projekt verbundene Datenbank. Für jeden neuen Benutzer wird eine Serveranmeldung erstellt sowie ein Benutzername für die aktuelle Datenbank. Die Zugriffsberechtigung auf die Datenbank wird über die Datenbankrollen db_datareader und db_datawriter eingestellt, denen jeder neue Benutzer zugewiesen wird.

Im Dialogfeld zum Anlegen eines neuen Benutzers (über die Schaltfläche *Hinzufügen* in Bild 26.35) können Sie auswählen, ob Sie einem bestehenden Windows-Benutzer Zugriff auf die aktuelle Datenbank erteilen möchten oder Sie eine neue Serveranmeldung mit SQL Server-Sicherheit erstellen.

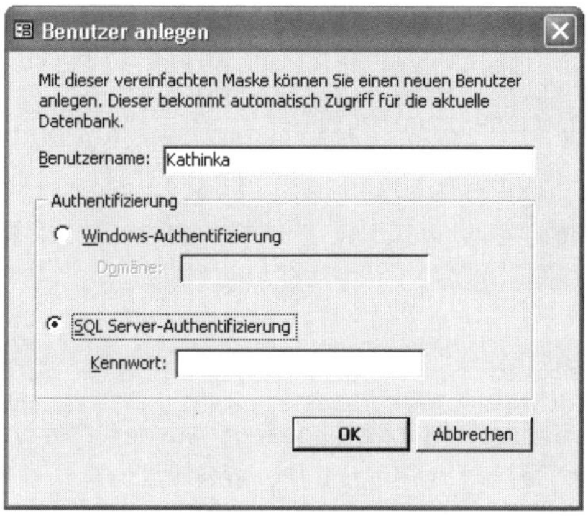

Bild 26.36: Neuen Benutzer anlegen

Das folgende Listing zeigt die Ereignisprozedur für die *OK*-Schaltfläche. Mithilfe eines Command-Objekts und dessen Parameterliste werden die angegebenen Daten an die Gespeicherte Prozedur spNeuerBenutzer übergeben und diese ausgeführt. Beachten Sie, dass die Methode Refresh für Parameter erst ab ADO Version 2.5 funktioniert.

```
' Benutzer hinzufügen und Formular schliessen
Private Sub cmdOK_Click()
    Dim com As ADODB.Command
    Dim par As ADODB.Parameter

    On Error GoTo cmdOk_Err

    Set com = New ADODB.Command

    With com
        .ActiveConnection = CurrentProject.Connection
        .CommandText = "spNeuerBenutzer"
        .CommandType = adCmdStoredProc
        .Parameters.Refresh
        .Parameters("@NTUser").Value = fraAuthentifizierung
        .Parameters("@Domaene").Value = txtDomaene
        .Parameters("@BenutzerName").Value = txtName
        .Parameters("@Kennwort").Value = txtSQLKennwort
        .Execute
    End With

    MsgBox "Benutzer wurde angelegt!"

cmdOk_Exit:
    Set com = Nothing
    DoCmd.Close
    Exit Sub

cmdOk_Err:
    MsgBox "Benutzer konnte nicht angelegt werden!" & vbNewLine & _
           "(" & err.Description & ")", vbCritical
    Resume cmdOk_Exit
End Sub
```

Die Gespeicherte Prozedur zeigt das folgende Listing. Hier werden die Systemprozeduren `sp_addlogin`, `sp_grantlogin`, `sp_default_db` und andere verwendet, um den Benutzer anzulegen und ihm/ihr Zugriff auf die aktuelle Datenbank zu geben.

```
CREATE PROCEDURE spNeuerBenutzer
       @NTUser As Int,
       @BenutzerName As VarChar(50),
       @Domaene As VarChar(50),
       @Kennwort As VarChar(50)

AS
       DECLARE @BenutzerDb As VarChar(30)

       -- Aktuelle Datenbank bestimmen
       SET @BenutzerDb = db_name()

       -- Windows-Sicherheit ==> @NTUser = 1
       IF (@NTUser = 1) BEGIN
              -- Windows-Domäne hinzufügen
              SET @BenutzerName = @Domaene + '\' + @BenutzerName
              -- Serveranmeldung erstellen
              EXEC sp_grantlogin @BenutzerName
              -- Standard-Datenbank zuweisen
              EXEC sp_defaultdb @BenutzerName, @BenutzerDb
       END
       ELSE BEGIN
              -- Neue SQL Server-Serveranmeldung erstellen
              EXEC sp_addlogin @BenutzerName, @Kennwort, @BenutzerDb
       END
       -- Zugriff auf die aktuellen DB gewähren
       EXEC sp_grantdbaccess @BenutzerName
       -- Benutzer Berechtigung als Standardbenutzer zuweisen
       EXEC sp_addrolemember "db_datareader", @BenutzerName
       EXEC sp_addrolemember "db_datawriter", @BenutzerName
RETURN
```

Benutzer löschen

Auf dem Formular *frmBenutzerverwaltung* befindet sich auch eine Schaltfläche, mit deren Hilfe ein Benutzer gelöscht werden kann. Es können nur Benutzer entfernt werden, die ausschließlich Zugriffsrechte auf die aktuelle Datenbank besitzen. Das folgende Listing zeigt den Code:

```
Private Sub cmdBenutzerLöschen_Click()

    On Error GoTo cmdBenutzerLöschen_Err

    If MsgBox("Benutzer '" & lstBenutzer & "' löschen?", _
            vbQuestion + vbYesNo) = vbYes Then
        DoCmd.Hourglass True
        With mcom
            .ActiveConnection = CurrentProject.Connection
            ' Zugriff des Benutzers auf die aktuelle Datenbank löschen
            .CommandText = "sp_revokedbaccess '" & lstBenutzer & "' "
            ' Wenn Benutzer aber gar keinen Zugriff hatte,
            ' den auftretenden Fehler ignorieren
            On Error Resume Next
            .Execute

            On Error GoTo cmdBenutzerLöschen_Err
            ' Benutzer löschen
            .CommandText = "sp_droplogin '" & lstBenutzer & "'"
            .Execute
        End With

        lstBenutzer.Requery
        DoCmd.Hourglass False
        MsgBox "Benutzer gelöscht!"
    End If

cmdBenutzerLöschen_Exit:
    Exit Sub

cmdBenutzerLöschen_Err:
    DoCmd.Hourglass False
    MsgBox "Löschen des Benutzers fehlgeschlagen." & vbNewLine & _
           "(" & err.Description & ")", vbCritical
    Resume cmdBenutzerLöschen_Exit
End Sub
```

Berechtigung zur Ausführung von Gespeicherten Prozeduren erteilen

Die Berechtigung zur Ausführung Gespeicherter Prozeduren muss ausdrücklich erteilt werden; normalerweise kann nur der Besitzer einer Gespeicherten Prozedur (also der, der sie angelegt hat) sie auch ausführen. Aus diesem Grund wird auf dem Formular in Bild 26.35 die Schaltfläche *Ausführen* angeboten, die für einen selektierten Benutzer die entsprechenden Ausführungsberechtigungen für alle vorhandenen Gespeicherten Prozeduren erteilt. Durch Klick auf die Schaltfläche wird der folgende Code ausgeführt:

```
Private Sub cmdRechteErteilen_Click()

    On Error GoTo cmdRechteErteilen_Err

    DoCmd.Hourglass True
    mcom.CommandText = "spGrantExecuteAlleProzeduren '" & _
                                                    lstBenutzer & "'"
    mcom.Execute
    DoCmd.Hourglass False

    MsgBox "Rechte wurden erteilt."

cmdRechteErteilen_Exit:
    Exit Sub

cmdRechteErteilen_Err:
    DoCmd.Hourglass False
    MsgBox "Fehler beim vergeben der Rechte!" & vbNewLine & _
           "(" & err.Description & ")", vbCritical
    Resume cmdRechteErteilen_Exit
End Sub
```

Die Gespeicherte Prozedur `spGrantExecuteAlleProzeduren` ist aufwändig mit einem Cursor programmiert, auf dessen Erläuterung wir bisher in diesem Kapitel verzichtet haben. Ein Cursor ist das SQL Server-interne Äquivalent zu einem Recordset; mit ihm kann datensatzweise durchlaufen werden. Hier werden für alle Einträge für Benutzer in einer Systemtabelle mit dem SQL-Befehl `GRANT` die entsprechenden Berechtigungen gesetzt.

```
CREATE PROCEDURE spGrantExecuteAlleProzeduren @username VARCHAR(100)

AS
        -- Die Prozedur gewährt dem Benutzer @username
        -- Ausführungsrechte für alle gespeicherten Prozeduren

        -- Alle gespeicherten Prozeduren auflisten (username.storedproc)
        DECLARE sysobj CURSOR FOR
               SELECT sysusers.name + '.' + sysobjects.name
                      FROM sysobjects
                      INNER JOIN sysusers ON sysobjects.uid = sysusers.uid
                      WHERE sysobjects.xtype = 'P'
```

```
    -- Zwischenspeicher für Prozedurnamen
    DECLARE @name VARCHAR(100)
    -- Cursor öffnen
    OPEN sysobj
    -- Ersten Datensatz holen
    FETCH sysobj INTO @name
    -- Solange Datensätze vorhanden
    WHILE (@@FETCH_STATUS=0) BEGIN
        -- Befehl zusammenstellen und mit EXEC ausführen
        EXEC ('GRANT EXECUTE ON ' + @name +' TO [' + @username +']' )
        -- Nächsten Datensatz holen
        FETCH sysobj INTO @name
    END
    -- Cursor schliessen
    CLOSE sysobj
    DEALLOCATE sysobj
RETURN
```

27 XML mit Access 2002

Die Extensible Markup Language (XML) ist ein neuerer Standard zur Beschreibung und Speicherung von strukturierten Daten, der aktuell große Bereiche der Softwareentwicklung beeinflusst. Es handelt sich um ein offenes Datenaustauschformat, das die Weitergabe und Verarbeitung von Daten zwischen beliebigen Systemen und Anwendungen erlaubt. Sowohl Access 2002 als auch der SQL Server 2000 bieten XML im begrenzten Rahmen als Austauschformat an.

Die Speicherung und Verarbeitung von XML-Daten wird zukünftig viele Aufgaben übernehmen, die heute nur mit Datenbanken zu lösen sind. Eine neue Generation von plattformunabhängigen Anwendungen setzt auf konfliktfrei auszutauschende oder über Webdienste zugängliche XML-Daten. Es ist absehbar, dass XML das allgemeine Dateiformat von Office-Anwendungen werden wird. In Zukunft werden Datenbanklösungen wie Access oder der SQL Server XML nicht nur als zusätzliches Datenaustauschformat, sondern auch in ihre interne Verarbeitung und als native Speicheroption integrieren. Ein optimierter XML-Datenzugriff könnte dabei schon in einer der nächsten Versionen von Access die veraltete und von Microsoft nicht mehr weiterentwickelte JET-Engine ablösen.

XML-Dokumente sind als selbstbeschreibende Einheiten konzipiert, d.h. sie enthalten alle Informationen, die notwendig sind, damit eine beliebige Anwendung sie in einem beliebigen Umfeld verarbeiten kann. Die Voraussetzung für den erfolgreichen plattformübergreifenden Einsatz von XML ist der fortschreitende Prozess der Standardisierung durch das World Wide Web Consortium (W3C), das unter anderem auch den Sprachumfang von HTML festgelegt hat.

Neben dem eigentlichen XML-Format und XHTML wurden begleitend auch XML-Schema und XML Namensräume, XSL-Transformationen und XLink, sowie die Locatorkonzepte XPointer und XPath vom W3C standardisiert. Zurzeit wird eine in der Leistungsfähigkeit mit SQL vergleichbare Abfragesprache für XML unter dem Namen XQuery als offener Standard entwickelt.

XML hat wie HTML seinen Ursprung in der Architektur der komplexen und aufwändigen Standard Generalized Markup Language (SGML), die zur Beschreibung und Bereithaltung beliebiger Dokumente entwickelt wurde. XML führt das Konzept von SGML in einer einfacheren Struktur fort, die mit Hilfe von schematischen Dokumentbeschreibungen anpassungsfähig und leicht erweiterbar ist.

Wesentliches Merkmal von XML ist die Trennung von Dateninhalten und Dokumentstruktur. Die Struktur bilden Blöcke von Tags, das sind Bezeichner, die von den Zeichen < und > eingeschlossen sind. Jeder Dateninhalt wird als Element von einem öffnenden und einem schließenden Tag umgeben, also beispielsweise

```
<COCKTAIL>Bermuda Highball</COCKTAIL>
```

Ein Tag kann Dateninhalte wahlweise auch als Attribute enthalten. Enthält er ausschließlich Attribute, so kann er selbst mit / geschlossen werden, wodurch der schließende Tag entfällt, beispielsweise

```
<COCKTAIL Alkoholgehalt="0.35" Name="Bermuda Highball" />
```

Attribute und Elemente können auch nebeneinander verwendet werden, wie beispielsweise in

```
<COCKTAIL Alkoholgehalt="0.35">Bermuda Highball</COCKTAIL>
```

Schließlich können Tags mehrere Zeilen einschließen und andere Tags beinhalten, womit sich Dateninhalte hierarchisch darstellen lassen.

```
<tblCocktail>
        <CocktailNr>263</CocktailNr>
        <Cocktail>Bermuda Highball</Cocktail>
        <Zubereitung>Gin, Vermouth und Weinbrand mit etwas Eis in ein
        Longdrinkglas geben und umrühren. Anschließend mit Ginger Ale
        auffüllen.</Zubereitung>
        <Alkoholgehalt>0.35</Alkoholgehalt>
</tblCocktail>
```

Beachten Sie, dass beim Verarbeiten von XML die Klein- und Großschreibung von Tags ausgewertet wird, d.h. `<COCKTAIL>`, `<Cocktail>` und `<cocktail>` sind drei unterschiedliche Tags.

Im Gegensatz zu HTML, das ausschließlich vordefinierte Tags wie beispielsweise `<html> ... </html>`, `<head> ... </head>`, `<body> ... </body>` oder `<b> ... </b>` verwendet, erfordert XML die Definition eigener Tags.

Zusätzlich können in XML Verarbeitungsanweisungen angegeben werden, die mit `<?name data?>` definiert werden, beispielsweise gibt `<?xml version="1.0"?>` die Version der XML-Definition an.

Um XML Dateien vor der Verarbeitung der Inhalte auf Gültigkeit und Vollständigkeit prüfen zu können, wurden Regeln aufgestellt, die ein so genanntes »wohlgeformtes« XML-Dokument definieren. Programme, die XML verarbeiten bzw. zerlegen (so genannte XML-Parser) prüfen in der Regel immer zuerst, ob die Anforderungen an ein wohlgeformtes XML-Dokument erfüllt sind:

- Es muss genau ein Element geben, das alle anderen enthält, d.h. das Wurzelelement, auch »root« genannt,
- alle Elemente müssen innerhalb geschlossener Tags vorliegen, bzw. zu allen öffnenden Tags müssen die entsprechenden schließenden Tags vorhanden sein, leere Elemente bestehen aus einem einzelnen geschlossenen Tag,
- Tags dürfen nicht überlappen, d.h. sie müssen richtig verschachtelt sein,
- alle Attribute müssen einen Wert haben, der von einfachen oder doppelten Anführungszeichen eingeschlossen ist, sowie
- der benutzte Zeichensatz muss am Anfang des Dokuments definiert werden, wenn er nicht UTF-8 oder UTF-16 ist.

UTF-8 und UTF-16 bezeichnen Unicode-Zeichensätze, mit denen XML-Daten auf allen Plattformen, die Unicode unterstützen, ohne Umwandlung zum allgemeinen Austausch genutzt werden können. In Nicht-Unicode-Umgebungen (z.B. Mac OS bis Version 8.4, Win 95/98/Me) empfiehlt sich für Webdaten die Verwendung der Zeichensätze ISO-8859-1 bzw. ISO-8859-15.

Die Zeichen < und > sind für die Darstellung von Tags reserviert. Benötigen Sie diese Zeichen im Dateninhalt, können diese bei Daten, die für eine HTML-Ausgabe gedacht sind, durch die HTML-Codes < und > ersetzt werden. Das Zeichen & sollte, da es HTML-Codes einleitet, nur als & in Dateninhalten vorkommen. Wenn Sie Dateninhalte mit Sonderzeichen nicht derart verändern möchten, können diese alternativ in einen zusätzlichen Tag <![CDATA[...]]>, (für Character Data) eingebettet werden, beispielsweise

```
<Zubereitung>
      <![CDATA[<Schritt1>Gin, Vermouth & Weinbrand mit etwas Eis in ein
      Longdrinkglas geben und umrühren</Schritt1><Schritt2>Anschließend
      mit Ginger Ale auffüllen.</Schritt2>]]>
</Zubereitung>
```

Der Inhalt von CDATA-Elementen wird vom XML-Parser unverändert ausgegeben, so dass wie im Beispiel gezeigt, sogar weitere XML-Tags und beliebige Sonderzeichen eingebettet werden können. Die einzige Zeichenfolge, die nicht enthalten sein sollte ist „]]>", da sie den Abschluss des CDATA-Tags darstellt.

In den folgenden Abschnitten werden die XML-Funktionen von Access 2002 und SQL Server 2000 beschreiben. Sie erhalten dabei einen kurzen Einblick in den

Aufbau von XML-Dateien, XML-Namensräumen, XML-Schemas, XSL-Transformationen und deren mögliche Anwendungen.

27.1 XML mit Access 2002

In Access 2002 können Daten aus einzelnen Tabellen, Sichten, gespeicherten Prozeduren, Formularen und Berichten im XML-Format exportiert werden; Daten, die im XML-Format vorliegen, können in einzelne Tabellen importiert werden. Während es in XML nach neuestem Standard sehr leicht möglich ist, mehrere Datentabellen einschließlich der Verknüpfungsinformationen zu speichern, erzeugt Access 2002, dessen XML auf älteren Vorgaben beruht, nur einfache XML-Schemas, die für diese Einschränkung verantwortlich sind. Damit ist es aus Access 2002 heraus z.B. noch nicht möglich, eine vollständige Datenbank in einer XML-Datei zu speichern bzw. sie wiederherzustellen.

Zur Kontrolle der exportierten XML-Daten können Sie den Microsoft Internet Explorer verwenden, der die Darstellung von unformatiertem XML unterstützt.

27.1.1 Exportieren als XML

Für das folgende Beispiel wurde eine Sicht mit dem Namen *vwCocktail* angelegt, die die Spalten *CocktailNr, Cocktail, Zubereitung, Bemerkung, Alkoholgehalt* und *Cocktailversion* der Tabelle *tblCocktail* nach dem Namen sortiert ausgibt. Zum Exportieren der Daten in XML selektieren Sie im Access-Datenbankfenster unter *Abfragen* die Sicht und wählen dann *Datei/Exportieren*. Im Dialogfeld (Bild 27.1) selektieren Sie im Kombinationsfeld *Dateityp* den Eintrag *XML-Dokumente*.

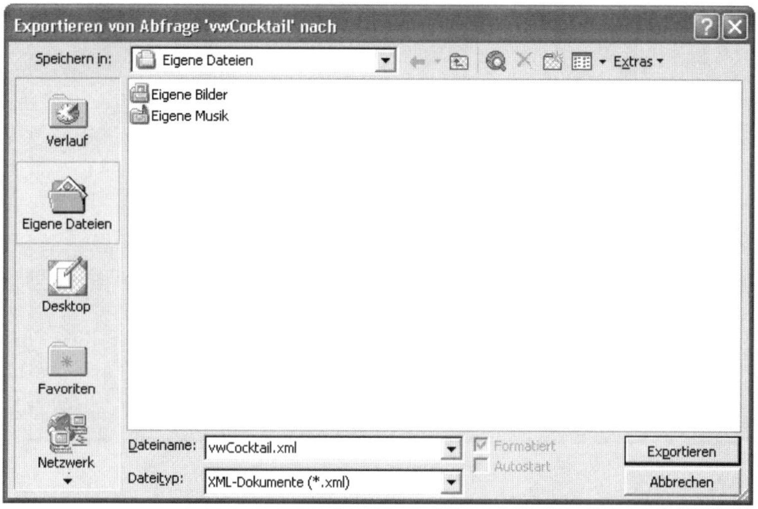

Bild 27.1: Exportieren der Sicht vwCocktail

Nach dem Schließen des Dialogfelds mit *Exportieren* geben Sie im nächsten Schritt an, welche Dateien erstellt werden sollen. Die *Daten* der Tabelle werden in eine XML-Datei exportiert, die Struktur der Tabelle, also das *Schema* der Daten, wird optional in eine XSD-Datei gespeichert. Zusätzlich kann eine XSL-Transformationsdatei erstellt werden, mit deren Hilfe die XML-Daten zur Präsentation in HTML-Code angezeigt werden können.

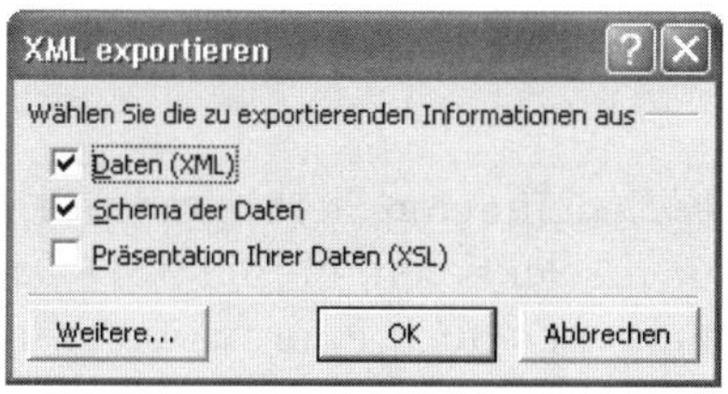

Bild 27.2: Auswahl der zu exportierenden Informationen

Mithilfe der Schaltfläche *Weitere* rufen Sie das in Bild 27.3 gezeigte Dialogfeld auf, das erweiterte Einstellungsmöglichkeiten bietet.

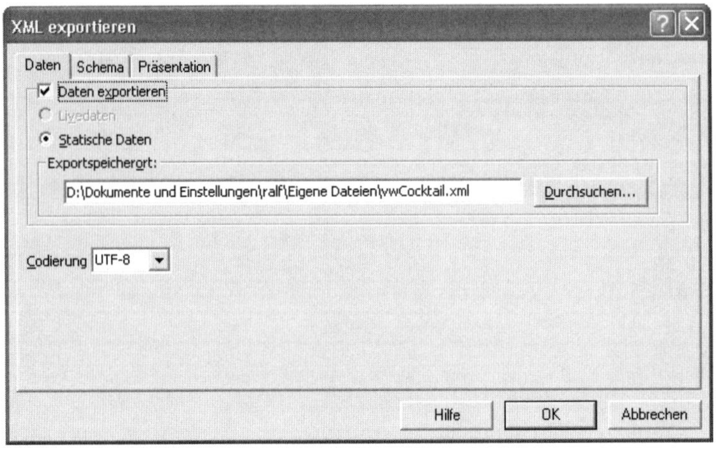

Bild 27.3: Zusätzliche Exporteinstellungen

Auf dem Registerblatt *Daten* bestimmen Sie die Export-Einstellungen für die XML-Daten. Das Kontrollkästchen *Daten exportieren* legt fest, ob eine XML-Datei erzeugt werden soll, denn es kann durchaus sinnvoll sein, auch nur das *Schema* einer Tabelle ohne Daten zu übertragen. Exportieren Sie *statische Daten*, wird die XML-Datei mit den Daten generiert, die zu diesem Zeitpunkt in der zugrunde liegenden Datenquelle für den Export vorhanden sind. Die Option *Livedaten* wird nur dann freigegeben, wenn Sie ein Formular oder einen Bericht aus einem Access-Projekt exportieren und außerdem die SQLXML Erweiterung für den SQL Server installiert haben, wie es im Abschnitt »XML mit SQL Server 2000« beschrieben wird. Mehr dazu erfahren Sie im Abschnitt »Livedaten« am Ende des Kapitels.

Auf dem Registerblatt *Schema* definieren Sie, ob und wie eine XSD-Datei geschrieben werden soll. Sie können selektieren, ob die XSD-Datei neben den Angaben über Datenfelder und Datentypen auch Informationen über den Primärschlüssel und die Indizes der Datenquelle enthalten soll. Alternativ ist es möglich, diese Strukturinformationen in die XML-Datei einzubetten; wählen Sie dazu die entsprechende Option.

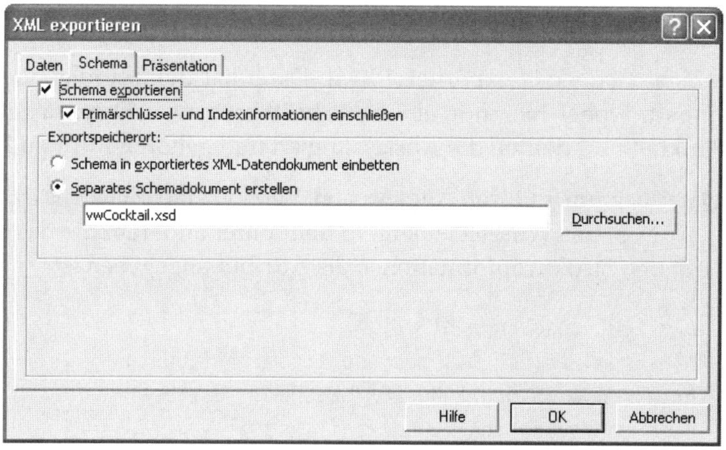

Bild 27.4: Einstellungen für Schemainformationen

Das dritte Registerblatt, *Präsentation*, ermöglicht Ihnen, Informationen für die Gestaltung der XML-Daten zu bestimmen. Dabei können Sie angeben, ob diese Informationen auf dem *Client* (als HTML-Code) oder *Server* (über ASP-Seiten) ausgewertet werden sollen.

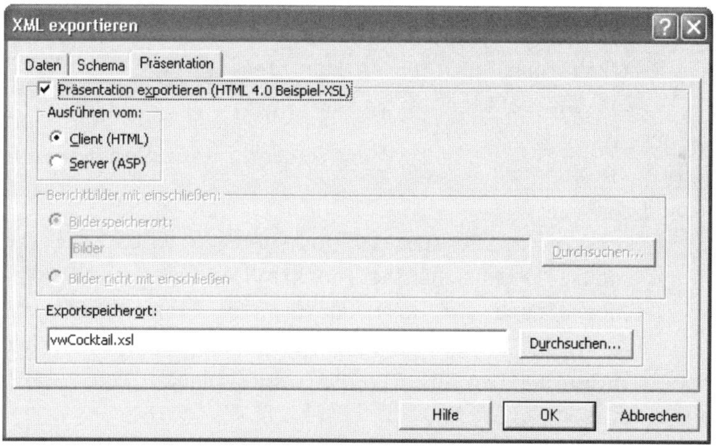

Bild 27.5: Präsentationseinstellungen

Die XSL-Datei enthält Anweisungen zur Umwandlung, Formatierung und Darstellung der XML-Daten. Access 2002 fügt zur erweiterten Verarbeitung zusätzlich ein VB Script-Programm beim Export in die XSL-Datei ein.

27.1.2 Die XML-Datei

Die für die Sicht *vwCocktail* exportierte XML-Datei hat den im folgenden Listing gezeigten Inhalt, wobei hier nur ein Ausschnitt mit zwei Datensätzen gezeigt wird; die Punkte `[...]` deuten die Auslassung an und gehören nicht zu XML.

Die XML-Datei beginnt mit der Angabe von Version und Zeichensatz. Der Tag `<dataroot ... >` ist das Wurzelelement, in dem unter anderem die dazugehörige XSD-Datei mit den Strukturinformationen als Attribut angegeben ist.

```
<?xml version="1.0" encoding="UTF-8"?>
<dataroot xmlns:od="urn:schemas-microsoft-com:officedata"
xmlns:xsi="http://www.w3.org/2000/10/XMLSchema-instance"
xsi:noNamespaceSchemaLocation="vwCocktail.xsd">
        <vwCocktail>
                <CocktailNr>121</CocktailNr>
                <Cocktail>Bermuda Rose</Cocktail>
                <Zubereitung>Die Zutaten im Shaker mit Eis gut schütteln
                und durch das Barsieb in ein Cocktailglas geben. Eine
                Orangenscheibe halbieren, einschneiden und an den Glasrand
                hängen.</Zubereitung>
                <Bemerkung>Sehr trockener Shortdrink, der sich auch gut als
                Apéritif eignet.</Bemerkung>
                <Alkoholgehalt>0,305</Alkoholgehalt>
                <CocktailVersion>1</CocktailVersion>
        </vwCocktail>
        [...]
        <vwCocktail>
                <CocktailNr>270</CocktailNr>
                <Cocktail>Red Sunshine</Cocktail>
                <Zubereitung>Gin, Crème de Cassis, Zitronensaft mit etwas
                Eis im Shaker gut schütteln. In ein Glas geben, und dieses
                mit Sodawasser auffüllen</Zubereitung>
                <GlasNr>9</GlasNr>
                <GruppeNr>0</GruppeNr>
                <Alkoholgehalt>0,242857142857143</Alkoholgehalt>
                <CocktailVersion>1</CocktailVersion>
        </vwCocktail>
</dataroot>
```

In folgendem Bild sehen Sie die Darstellung der XML-Datei im Microsoft Internet Explorer. Der Internet Explorer ist in der Lage, auch unformatierte XML-Datei zu analysieren und mit Hilfe einer eingebauten Standard XSL-Transformation strukturiert auszugeben. Unterelemente können dabei mit Klick auf das übergeordnete Element ein- und ausgeblendet werden. Der Netscape Navigator kann in der Version 6.2 noch keine unformatierten XML-Daten anzeigen und unterstützt auch nur einen kleinen Teil der XSL-Verarbeitung. Anstelle der XSL-Transformation favorisiert das Netscape-Projekt die Zuordnung von CSS-Stilen mit Hilfe der XSL-Datei, ein Ansatz, der in der Entwicklung des XSLT-Standards vor einiger Zeit aufgegeben worden ist. Damit beschränkt sich die XML-Verarbeitung in Netscape bisher leider auf die Konfiguration der Benutzeroberfläche, während der Browser bei der XML-Darstellung nach aktuellem Standard versagt.

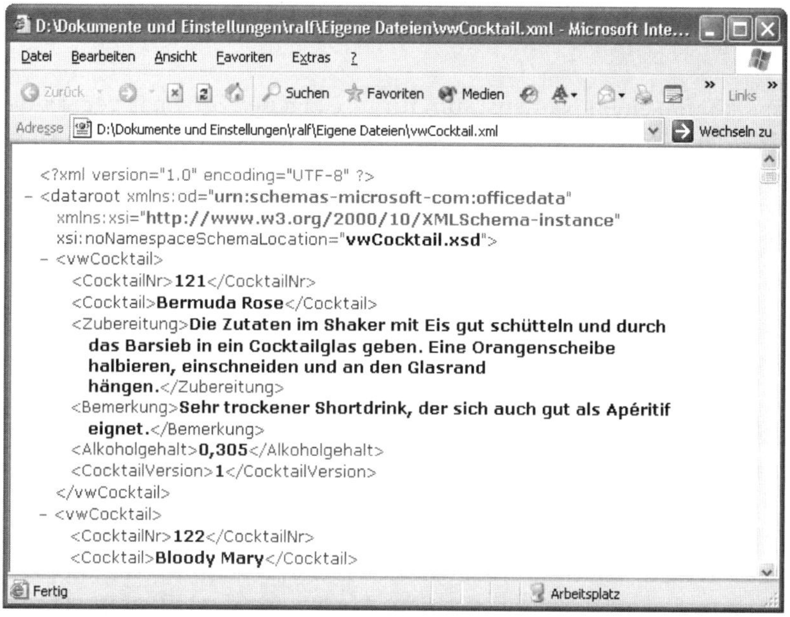

Bild 27.6: Darstellung der XML-Datei im Internet Explorer

27.1.3 XML Namensräume

Die Attribute des `<dataroot/>` Tags geben so genannte Namensräume an, innerhalb derer die XML-Definition und die XSD-Schema Definition des XML-Dokumentes gültig sind.

```
<dataroot xmlns:od="urn:schemas-microsoft-com:officedata"
xmlns:xsi="http://www.w3.org/2000/10/XMLSchema-instance"
xsi:noNamespaceSchemaLocation="vwCocktail.xsd">
```

Da die Namen von XML-Tags frei wählbar sind, könnte der Tag `<dataroot/>` in einem anderen XML-Dokument zu völlig anderen Zwecken als der Speicherung von Cocktaildaten definiert werden, und eine andere Verarbeitung benötigen. Innerhalb von `<dataroot/>` liegende Tags könnten ebenfalls an anderen Stellen in einem anderen Zusammenhang mit gleichen Namen verwendet werden. Damit die Zuordnung über ein einzelnes XML-Dokument hinaus eindeutig ist, wird der Tag `dataroot` und seine eingeschlossenen Elemente mit Hilfe des Präfix `xmlns:od` (für XML-Namespace: Office-Data) und des *Uniform Resource Name* `"urn:schemas-microsoft-com:officedata"` als Teil eines von Microsoft für Office-Daten definierten Schema-Namens eindeutig bestimmt. Ein XML-Parser identifiziert daraus den Tag `<cocktail/>` bei der Auswertung des XML-Dokumentes als `od.dataroot.vwCocktail.cocktail`.

Eine Firma könnte einen Namensraum für ihre eigenen Schemas verwenden, und für verschiedene Projekte eigene Namensräume definieren, um die gezielte Verarbeitung von XML-Daten zu gewährleisten, die sehr wahrscheinlich gleich benannte Tags mit unterschiedlichen Inhalten enthalten. Ein einfaches Beispiel dafür wären Adressendaten und Tags wie z.B. `<Name/>` oder `<Ort/>`, die unterschiedlich zugeordnet und formatiert werden sollen.

Die zweite Namensraumdefinition `xmlns:xsi = "http://www.w3.org/2000/10/XMLSchema-instance`" bestimmt den Präfix `xsi` als Platzhalter für die XML-Schema-Definition, die beim World Wide Web Consortium (W3C) im Oktober 2000 eingereicht wurde. Die Pfadangabe ist ein so genannter *Uniform Resource Identifier* (URI), der anders als ein *Uniform Resource Locator* (URL), der auf ein existierendes Dokument verweist, nur zur Definition einer weltweit eindeutigen Kennzeichnung, d.h. eines Namensraumes dient. Die angegebene Adresse ist nicht dazu gedacht, vom XML-Parser während der Verarbeitung aufgerufen zu werden, sondern dient nur der Definition. Auch wenn ein URI nicht den Sinn hat, auf ein Dokument zu verweisen, ist es eine gute Idee, an dieser Stelle ein Dokument abzulegen, das die Zwecke des Namensraumes beschreibt.

Das dritte Attribut `xsi:noNamespaceSchemaLocation` gibt an, unter welchem Namen das XSD-Schema zu finden ist, das die Strukturinformationen der XML-Datei enthält. Da ein lokales Schema verwendet wird, ersetzt die Angabe des Schema-Dateinamens eine allgemeinere Namensraumdefinition.

Namensräume sind eine wesentliche Vorraussetzung für den allgemeinen, plattformunabhängigen Datenaustausch mit Hilfe von XML-Daten. Sie geben an, welche Strukturen zur Verarbeitung vorausgesetzt werden, und verhindern Konflikte mit identisch benannten Tags in verschiedenen Datenmengen, indem sie die lokalen Datenelemente in einen eindeutigen Kontext setzen.

XML-Parser, die Namensräume auswerten, können in der Regel aus den URI-Angaben erkennen, ob sie unter anderem den Befehlsvorrat haben, den diese Version von XSD-Schema oder XSL-Transformation erfordert, und ob sie die XML-Verarbeitung durchführen können.

Namensraumpräfixe wie z.B. `xsd:` und `xsl:` werden verwendet, um in XML-Schema-Dateien und XSL-Transformations-Dateien Anweisungen und Elemente von XML-Datenelementen oder HTML-Code zu unterscheiden.

27.1.4 Strukturinformationen in der XSD-Datei

In der XSD-Datei werden alle Informationen über die Struktur der XML-Daten, d.h. Feldbezeichnungen, Feldtypen, Gültigkeitsregeln und optional auch Angaben zu Schlüsselfeldern zusammengeführt. XSD-Dateien werden ebenfalls im XML-Format geschrieben. Die von Access 2002 verwendete Version von XML-Schema unterstützt noch nicht mehrere verknüpfte Tabellen in einem XSD-Schema.

```
<?xml version="1.0" encoding="UTF-8"?>
<xsd:schema xmlns:xsd="http://www.w3.org/2000/10/XMLSchema"
xmlns:od="urn:schemas-microsoft-com:officedata">
	<xsd:element name="dataroot">
		<xsd:complexType>
			<xsd:choice maxOccurs="unbounded">
				<xsd:element ref="vwCocktail"/>
			</xsd:choice>
		</xsd:complexType>
		</xsd:element>
	<xsd:element name="vwCocktail">
		<xsd:annotation>
			<xsd:appinfo />
		</xsd:annotation>
		<xsd:complexType>
			<xsd:sequence>
				<xsd:element name="CocktailNr"
				od:jetType="autonumber" od:sqlSType="int"
				od:autoUnique="yes" od:nonNullable="yes">
					<xsd:simpleType>
						<xsd:restriction
						base="xsd:integer"/>
					</xsd:simpleType>
				</xsd:element>
```

```
                    <xsd:element name="Cocktail" minOccurs="0"
                    od:jetType="text" od:sqlSType="nvarchar">
                        <xsd:simpleType>
                            <xsd:restriction
                            base="xsd:string">
                                <xsd:maxLength
                                value="50"/>
                            </xsd:restriction>
                        </xsd:simpleType>
                    </xsd:element>
                    <xsd:element name="Zubereitung" minOccurs="0"
                    od:jetType="memo" od:sqlSType="ntext">
                        <xsd:simpleType>
                            <xsd:restriction
                            base="xsd:string">
                                <xsd:maxLength
                                value="536870910"/>
                            </xsd:restriction>
                        </xsd:simpleType>
                    </xsd:element>
                    <xsd:element name="Bemerkung" minOccurs="0"
                    od:jetType="memo" od:sqlSType="ntext">
                        <xsd:simpleType>
                            <xsd:restriction
                            base="xsd:string">
                                <xsd:maxLength
                                value="536870910"/>
                            </xsd:restriction>
                        </xsd:simpleType>
                    </xsd:element>
                    <xsd:element name="Alkoholgehalt"
                    minOccurs="0" od:jetType="double"
                    od:sqlSType="float" type="xsd:double"/>
                    <xsd:element name="CocktailVersion"
                    minOccurs="0" od:jetType="integer"
                    od:sqlSType="smallint" type="xsd:short"/>
                </xsd:sequence>
            </xsd:complexType>
        </xsd:element>
    </xsd:schema>
```

27.1.5 Präsentation mit Hilfe der XSL-Datei

Bei einer allgemeinen XML-/XSLT-Verarbeitung würde ein XML-Parser wie z.B. MSXML aus den XML-Daten und den Transformations-Anweisungen in der XSL-Datei eine HTML-Datei erzeugen. Der Internet Explorer führt dies sogar direkt beim Laden einer XML-Datei aus, wenn in einer Verarbeitungsanweisung `<?xml-stylesheet ... ?>` der Verweis auf eine XSL-Datei angegeben ist. Im Browserfenster ist dann der erzeugte HTML-Code zu sehen.

XSL-Transformationen bieten eine Verarbeitung von XML-Daten in Schleifen mit Kontrollstrukturen, die Bedingungen auswerten und eine gezielte Datenauswahl aus dem Datenbaum unterstützen. Die Verarbeitung erfolgt innerhalb von `<xsl:template match="..."> </xsl:template>` Abschnitten, die Teile der XML-Daten über eine in `match` angegebene Filterbedingung auswerten. Sie können geschachtelt sein und während der Verarbeitung wiederholt und rekursiv angewendet werden.

Access 2002 geht einen anderen Weg und bettet eigene Objekt-Funktionen und XML-Parser Aufrufe als Skriptblöcke in der Programmiersprache VB Script in die XSL-Transformationsdatei ein. Dies ist nicht im Sinne des W3C-Standards und beschränkt die Verwendung dieser XSL-Transformationen auf Windows und MS-Office Umgebungen. Der Hintergrund für diesen Sonderweg scheint in der von Access 2002 verwendeten und inzwischen veralteten XSL-Definition zu liegen, deren Einschränkungen bei der Formatierung und bei der Umwandlung von Datentypen auf diesem Weg umgangen werden.

Wenn Sie versuchen, die beim Export von Access erzeugten XSL-Transformationsdateien mit dem MSXML Parser in der aktuellen Version 4 zu verarbeiten, erhalten Sie eine Fehlermeldung, da die für den Namensraum `xmlns:xsl = http://www.w3.org/TR/WD-xsl` verfügbaren Transformationsanweisungen nicht mit jenen `xmlns:xsl = http://www.w3.org/1999/XSL/Transform` aus dem aktuellen Namensraum kompatibel sind. Beachten Sie, dass die im `URI` angegebene Jahreszahl den Zeitpunkt angibt, in dem der Standardentwurf eingereicht wurde. Tatsächlich beschlossen wurde der daraus entstandene Standard erst im Jahr 2001. Für eine zum Standard konforme XSLT-Verarbeitung bietet es sich an, das *Microsoft XML 4 Parser SDK* zu installieren und dessen Dokumentation und Beispiele zu studieren.

Bei dem im folgenden Listing gezeigten Beispiel werden die XML-Daten in einer Tabelle in einer HTML-Datei in drei Spalten ausgegeben. Das Skript wird hier verkürzt dargestellt; es empfiehlt sich, versuchsweise ein Formular oder einen Bericht in XML zu exportieren und die erzeugten XSL-Dateien anzuschauen, um einen Eindruck von den Möglichkeiten der Darstellung zu erhalten.

Zusätzlich zur XSL-Datei erzeugt die Exportfunktion HTML- oder ASP-Code, der die eigentliche XSL-Transformation aufruft. Dieser Code wird im Anschluss an das Listing der XSL-Datei vorgestellt.

```
<?xml version="1.0"?>
<xsl:stylesheet xmlns:xsl="http://www.w3.org/TR/WD-xsl"
language="vbscript">
       <xsl:template match="/">
       <HTML>
       <HEAD>
              <META HTTP-EQUIV="Content-Type" CONTENT="text/html;
              charset=UTF-8" />
              <TITLE>
              vwCocktail
              </TITLE>
              <STYLE TYPE="text/css">
              </STYLE>
       </HEAD>
       <BODY link="#0000ff" vlink="#800080">
       <TABLE BORDER="1" BGCOLOR="#ffffff" CELLSPACING="0"
       CELLPADDING="0">
       <TBODY>
       <xsl:for-each select="/dataroot/vwCocktail">
              <xsl:eval>AppendNodeIndex(me)</xsl:eval>
       </xsl:for-each>
       <xsl:for-each select="/dataroot/vwCocktail">
              <xsl:eval>CacheCurrentNode(me)</xsl:eval>
              <xsl:if expr="OnFirstNode">
                     <TR>
                     <TH style="width: 2.499cm">
                     CocktailNr
                     </TH>
                     <TH style="width: 2. 499cm">
                     Cocktail
                     </TH>
                     <TH style="width: 2. 499cm">
                     Zubereitung
                     </TH>
                     <TH style="width: 2. 499cm">
                     Bemerkung
                     </TH>
                     <TH style="width: 2. 499cm">
```

```
            Alkoholgehalt
            </TH>
            <TH style="width: 2. 499cm">
            CocktailVersion
            </TH>
            </TR>
        </xsl:if>
        <TR>
        <TD>
        <xsl:eval no-entities="true"> Format(GetValue("CocktailNr",
        3),"" ,"") </xsl:eval>
        </TD>
        <TD>
        <xsl:eval no-entities="true"> Format(GetValue("Cocktail",
        202),"" ,"") </xsl:eval>
        </TD>
        <TD>
        <xsl:eval no-entities="true">
        Format(GetValue("Zubereitung", 202),"" ,"") </xsl:eval>
        </TD>
        <TD>
        <xsl:eval no-entities="true"> Format(GetValue("Bemerkung",
        202),"" ,"") </xsl:eval>
        </TD>
        <TD>
        <xsl:eval no-entities="true">
        Format(GetValue("Alkoholgehalt", 5), "Percent", "0")
        </xsl:eval>
        </TD>
        <TD>
        <xsl:eval no-entities="true">
        Format(GetValue("CocktailVersion", 2),"" ,"") </xsl:eval>
        </TD>
        </TR>
        <xsl:if expr="OnLastNode">
        </xsl:if>
        <xsl:eval>NextNode()</xsl:eval>
    </xsl:for-each>
    </TBODY>
    </TABLE>
    </BODY>
```

```
</HTML>
<xsl:script>
<![CDATA[
        'variable declaration
        dim cNodes
        dim iCurrNode
        dim rgNodes()
        dim objCurrNode
        dim sizeIncrement
        dim objGroupNodes
        dim rgFields()
        dim rgRowsources()
        dim rgGroupOn()
        dim rgGroupInterval()
        dim rgfGroupBoundaries()
        dim cGroups
        dim cGroupBoundaries
        dim rgGroupRowsources()

        'variable initialization
        sizeIncrementGroup = 10
        sizeIncrementNode = 100
        cNodes = 0
        cGroups = 0
        cGroupBoundaries = 0
        iCurrNode = 0
        objCurrNode = null
        objGroupNodes = null
        ReDim rgNodes(sizeIncrement)
        ReDim rgFields(sizeIncrementGroup)
        ReDim rgRowsources(sizeIncrementGroup)
        ReDim rgGroupOn(sizeIncrementGroup)
        ReDim rgGroupInterval(sizeIncrementGroup)
        ReDim rgfGroupBoundaries(sizeIncrementNode)
        ReDim rgGroupRowsources(sizeIncrementGroup)

        function SetGroupFilter(iLevel, strField, strRowsource,
        strGroupOn, strGroupInterval)
               if (cGroups Mod sizeIncrementGroup) = 0 then
                      ReDim Preserve
                      rgFields(sizeIncrementGroup+cGroups)
```

```
                    ReDim Preserve
                    rgRowsources(sizeIncrementGroup+cGroups)
                    ReDim Preserve
                    rgGroupOn(sizeIncrementGroup+cGroups)
                    ReDim Preserve
                    rgGroupInterval(sizeIncrementGroup+cGroups)
                    ReDim Preserve
                    rgGroupRowsources(sizeIncrementGroup+cGroups)
                end if
                dim Field
                dim Rowsource
                dim GroupOn
                dim GroupInterval
                rgFields(cGroups) = strField
                rgRowsources(cGroups) = strRowsource
                rgGroupOn(cGroups) = strGroupOn
                rgGroupInterval(cGroups) = strGroupInterval
                cGroups = cGroups + 1
                SetGroupFilter = ""
            end function
             [...]

    ]]>
    </xsl:script>
    </xsl:template>
</xsl:stylesheet>
```

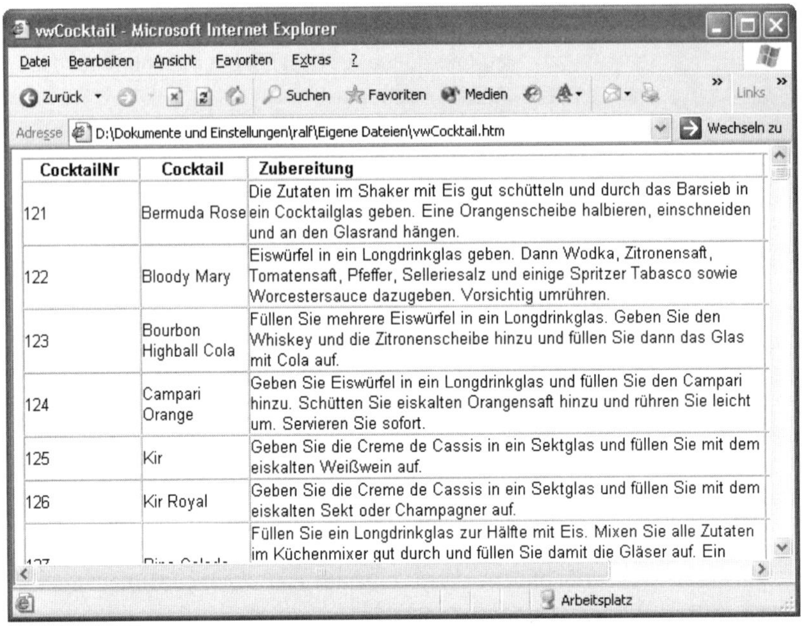

Bild 27.7: Ergebnis der XSL-Transformation von XML-Daten als HTML-Präsentation

27.1.6 HTML für die Ausführung auf einem Client

Um die XML-Daten mit Hilfe von XSL formatiert anzuzeigen, generiert die Exportfunktion den folgenden HTML-Code. Das eingebundene Skript lädt die XML- und XSL-Dateien und löst die XSL-Transformation aus. Wie unschwer zu erkennen ist, beruht der Aufruf auf einem ActiveX-Objekt und ist deshalb in seiner Nutzung auf den Microsoft Internet Explorer beschränkt.

```
<HTML xmlns:signature="urn:schemas-microsoft-com:office:access">

<HEAD>
<META HTTP-EQUIV="Content-Type" CONTENT="text/html;charset=UTF-8"/>
</HEAD>

<SCRIPT event=onload for=window>
        objData = new ActiveXObject("MSXML.DOMDocument");
        objData.async = false;
        objData.load("vwCocktail.xml");
        if (objData.parseError.errorCode != 0)
                alert(objData.parseError.reason);
```

```
        objStyle = new ActiveXObject("MSXML.DOMDocument");
        objStyle.async = false;
        objStyle.load("vwCocktail.xsl");
        if (objStyle.parseError.errorCode != 0)
              alert(objStyle.parseError.reason);

        document.open("text/html","replace");
        document.write(objData.transformNode(objStyle));
</SCRIPT>

</HTML>
```

27.1.7 ASP für den Microsoft Internet Information Server

Soll die XML-/XSLT-Lösung auf einem Microsoft Internet Information Server (IIS) ablaufen, können Sie beim Export im entsprechenden Dialogfeld (siehe Bild 27.5) die Option *Server (ASP)* selektieren. Das folgende Listing zeigt den Inhalt der Datei *vwCocktail.asp*.

Der Client ruft in diesem Beispiel über `http://server/vwCocktail.asp` die ASP-Datei auf, der Server führt das Script aus, löst die XSL-Transformation aus, und sendet den resultierenden HTML-Code zum Client. Er kann von beliebigen Browsern angezeigt werden, also nicht nur vom Internet Explorer.

```
<%
Set objData = Server.CreateObject("MSXML.DOMDocument")
objData.async = false

if (false) then
       Set objDataXMLHTTP = Server.CreateObject("Microsoft.XMLHTTP")
       objDataXMLHTTP.open "GET", "", false
       objDataXMLHTTP.setRequestHeader "Content-Type", "text/xml"
       objDataXMLHTTP.send
       objData.load(objDataXMLHTTP.responseBody)
else
       objData.load(Server.MapPath("vwCocktail.xml"))
end if

Set objStyle = Server.CreateObject("MSXML.DOMDocument")
objStyle.async = false
objStyle.load(Server.MapPath("vwCocktail.xsl"))
```

```
Response.ContentType = "text/html"
Response.Write objData.transformNode(objStyle)
%>
```

27.2 Die Methoden ExportXML und ImportXML

Um den XML-Export oder -Import aus einem VBA-Programm heraus durchzuführen, stehen Ihnen die Methoden `ExportXML` und `ImportXML` des `Application`-Objekts zur Verfügung.

27.2.1 ExportXML

Die Definition für `ExportXML` lautet:

```
Application.ExportXML(ObjectType, DataSource, DataTarget,
                      SchemaTarget, PresentationTarget, ImageTarget,
                      Encoding, OtherFlags)
```

Für `ObjektType` kann eine der folgenden Konstanten angegeben werden, die den Typ des zu exportierenden Objekts angibt: `acExportTable`, `acExportQuery`, `acExportServerView`, `acExportStoredProcedure`, `acExportFunction`, `acExportForm`, `acExportReport` oder `acExportDataAccessPage`.

In `DataSource` geben Sie den Namen des zu exportierenden Objekts an, in `DataTarget` die Zieldatei.

Soll zusätzlich zur XML-Datei eine XSD-Datei mit Strukturinformationen erstellt werden, müssen Sie unter `SchemaTarget` einen Dateinamen angeben. Wird kein Dateiname festgelegt, werden die Schemainformationen in die XML-Datei eingebettet.

Die Präsentation der Datei können Sie über eine XSL-Datei steuern; der Name der Datei wird mit `PresentationTarget` angegeben. Werden Bilder für die Präsentation benötigt, kann mit `ImageTarget` ein Pfad für zu exportierende Bilder angegeben werden.

Mit `Encoding` bestimmen Sie die für die exportierte Datei zu verwendende Textcodierung. Dabei ist `acUTF8` Standard, erlaubt sind die Werte `acEUCJ`, `acUCS2`, `acUCS4`, `acUTF16` oder `acUTF8`.

Der Parameter `OtherFlags` ist eine Bitmaske, die den Export in das XML-Format zusätzlich steuern kann; Näheres hierzu entnehmen Sie der Hilfe zu Access.

27.2.2 ImportXML

Der Import von XML-Daten kann mit der Methode `ImportXML` durchgeführt werden, deren vollständige Definition

```
Application.ImportXML(DataSource, ImportOptions)
```

lautet. `DataSource` gibt den Dateinamen der zu importierenden XML-Datei an. In der XML- oder einer dazugehörenden XSD-Datei ist der Name der Zieltabelle vereinbart. Eine Konvertierung der XML-Daten während des Imports kann mithilfe einer als `DataTransform` angegebenen XSL-Datei vorgenommen werden. Für den Parameter `ImportOptions` kann eine der folgenden Konstanten übergeben werden: `acStructureAndData`, `acStructureOnly` oder `acAppendData`.

27.3 ADO-Recordsets und XML

Programmieren Sie mit ADO, so können Sie ein ADO-Recordset als XML-Datei speichern. Diese erhält Daten in einem flachen XDR Schema (XML-Data Reduced Schema), das auf den einzelnen Datenzeilen basiert und das sich nicht ohne weiteres in eine sinnvolle XML-Verarbeitung integrieren lässt. Lesen Sie dazu den Abschnitt »Speichern von Recordsets« in Kapitel 11, »Datenzugriff mit DAO«.

27.4 XML mit SQL Server 2000/MSDE 2000

Eine der Neuerungen von SQL Server 2000 (und MSDE 2000) ist die Unterstützung von XML. Die mit dem SQL Server 2000 ausgelieferte *XML-Unterstützung von SQL in IIS* wurde erheblich erweitert und ist als *SQLXML Erweiterung* bei `msdn.microsoft.com` frei als Download erhältlich. Zu den XML-Funktionen gehören:

- Die Möglichkeit, SQL Server-Abfragen und -Prozeduren über HTTP mit einer URL aufzurufen, wobei das Ergebnis in XML zurückgeliefert wird.
- Die Möglichkeit, XML-Daten zu lesen und zu generieren, beispielsweise mit dem Befehl `OPENXML` und weiteren.
- Unterstützung für XDR (XML-Data Reduced), einer Microsoft-eigenen Untermenge eines Vorläufers des XML Schema-Standards (auch XSD genannt).

XML Schema ist seit Mai 2001 eine Empfehlung des World Wide Web Consortiums, W3C.

- Ergänzung von ADO und des SQL Server 2000-OLE DB-Providers zur Verarbeitung von XML-Daten.
- Mit der SQLXML3 Erweiterung des SQL Server 2000 lassen sich XML-Daten in so genannten »Updategrams« dazu einsetzen, Daten in SQL Server-Tabellen einzufügen, zu aktualisieren und zu löschen.

Wir möchten Ihnen in den folgenden Abschnitten die Abfrage von SQL Server-Daten via HTTP mit Hilfe einer URL beschreiben und eine Einsatzmöglichkeit in Access aufzeigen. Im Rahmen dieses Buchs lassen sich die XML-Fähigkeiten von SQL Server 2000 nicht vollständig beschreiben.

27.4.1 Konfiguration

Damit Sie über den Aufruf einer URL via HTTP Daten eines SQL Servers abfragen können, sind einige vorbereitende Schritte notwendig. Wir gehen im Folgenden davon aus, dass auf einem Rechner Windows 2000 Server und der Internet Information Server (IIS) eingerichtet sind, sowie ein SQL Server 2000 verfügbar ist. Installieren Sie zusätzlich die aktuelle SQLXML Erweiterung, die unter `msdn.microsoft.com/msdn-files/027/001/824/Search.asp` zum Download bereitsteht.

Einrichtung eines virtuellen Verzeichnisses

Legen Sie zuerst einen Ordner mit der Bezeichnung *Cocktail* im Ordner *\Inetpub\wwwroot* an. Richten Sie anschließend ein virtuelles Verzeichnis ein. Rufen Sie dazu *Start/Programme/SQLXML3/IIS Support konfigurieren* auf.

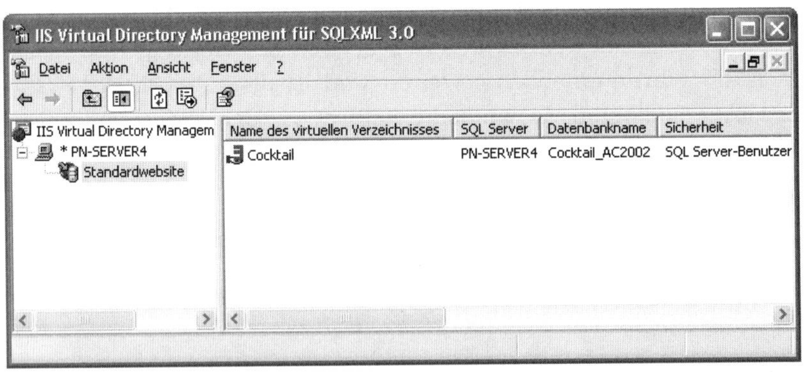

Bild 27.8: Verwaltungsprogramm von virtuellen Verzeichnissen für SQLXML

Nach Klick auf die Standardwebsite öffnen Sie über *Aktion/Neu/Virtuelles Verzeichnis* das in folgendem Bild gezeigte Dialogfeld.

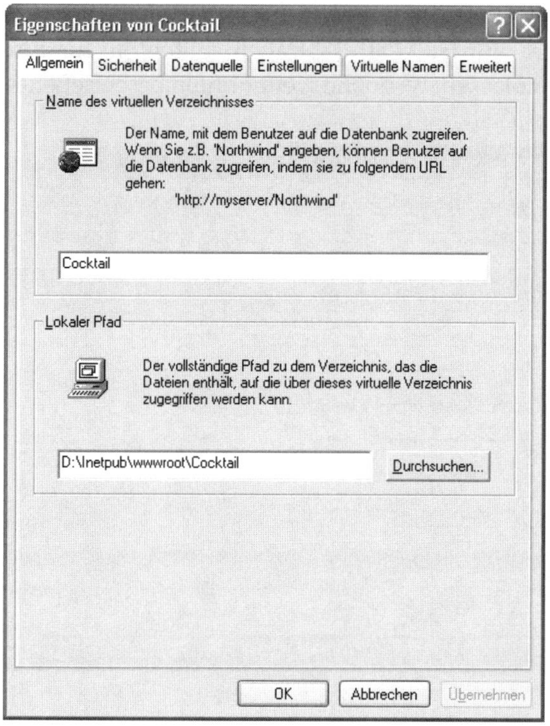

27.9: Dialogfeld zum Anlegen eines virtuellen Verzeichnisses

In diesem Beispiel wurde das virtuelle Verzeichnis `Cocktail` genannt. Als lokaler Pfad wurde `D:\Inetpub\wwwroot\Cocktail` angegeben.

Die zweite Registerseite, *Sicherheit*, ermöglicht die Einstellung der Authentifizierungsmethoden, wobei drei Varianten zur Verfügung stehen. Selektieren Sie die erste Option, so werden alle Datenbankoperationen mit dem angegebenen Benutzer oder Datenbankbenutzer durchgeführt, unabhängig davon, wer die Abfrage stellt. Die zweite Option verwendet eine integrierte Windows-Authentifizierung, d.h. der Benutzer muss als Windows-Benutzer eingetragen sein. Netscape-Clients können über diese Methode keinen Zugriff erhalten. Die letzte Option verwendet eine Standardauthentifizierung mit Passwörtern im Klartext.

Auf der Registerseite *Datenquelle* bestimmen Sie den SQL Server und die zu verwendende Datenbank. Mit SQLXML können Sie auch Daten von anderen SQL Servern im Netzwerk über den IIS, den Sie gerade konfigurieren, zugänglich machen.

Welche Arten von Abfragen zugelassen werden sollen, können Sie auf der Registerseite *Einstellungen* festlegen. Am sichersten ist es, nur Vorlagenabfragen zuzulassen; dies ist die Standardeinstellung. An dieser Stelle soll die einfacher zu benutzende Variante der URL-Abfragen gezeigt werden, weshalb diese Option zusätzlich selektiert wurde. XPath Abfragen sollten Sie für direkte Zugriffe auf Datenbankobjekte zulassen, wenn Sie weiter unten beschrieben sind.

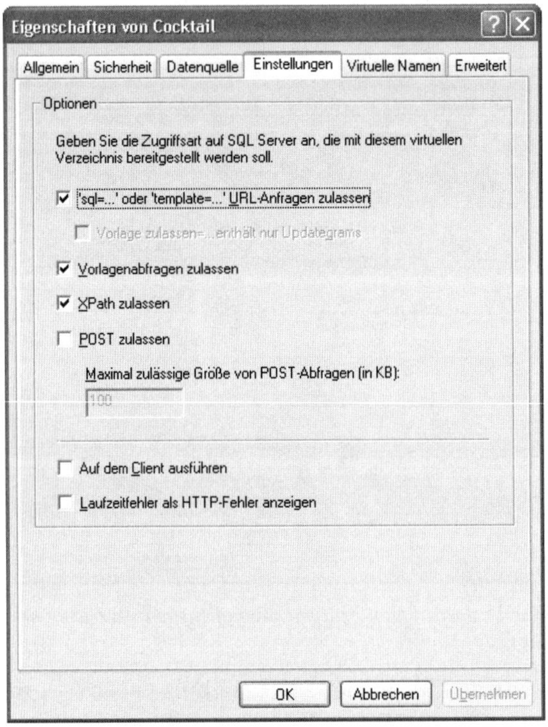

Bild 27.10: Auswahl von zugelassenen Abfragevarianten

Auf der Registerseite *Virtuelle Namen* lassen sich Einstellungen definieren, die beispielsweise für XPath-Abfragen im Datenbaum hierarchischer Datenmengen benötigt werden.

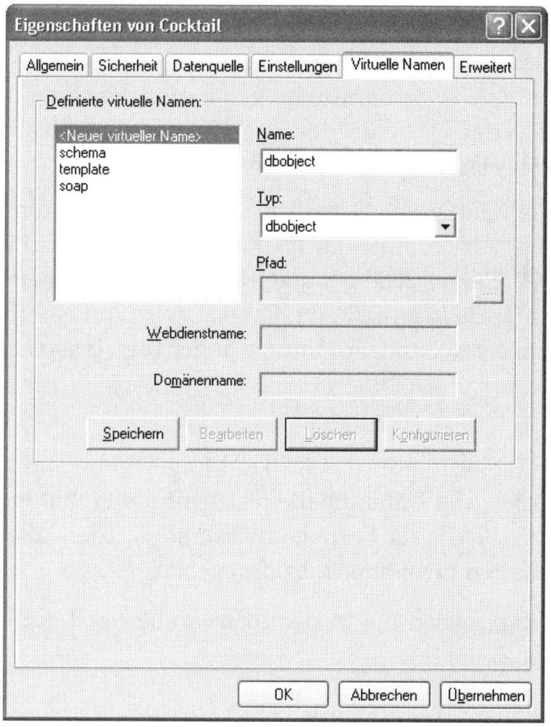

Bild 27.11: Einrichtung von Datenbank-Zugriffsobjekten

Markieren Sie den Eintrag *<Neuer virtueller Name>*, wählen Sie bei Typ `dbobject` aus, und geben Sie als Namen `dbobject` an. Nach Klick auf *Speichern* sehen Sie unter *Definierte virtuelle Namen* den Eintrag `dbobject`, der Ihnen später direkte Zugriffe auf Datenbankobjekte erlaubt.

Sie können den Eintrag *<Neuer virtueller Name>* erneut markieren und als andere Typen `Schema` oder `Template` auswählen. Für beide muss ein Verzeichnis auf dem Webserver angegeben werden, in dem XSD-Schemas und XML-Vorlage gespeichert werden, die später mit URL-Abfragen aufgerufen werden sollen.

Zusätzlich kann als virtueller Name ein `Soap`-Objekt definiert werden, mit dem Abfragen und Prozeduren aus dem SQL Server 2000 als XML-Webdienste veröffentlicht werden. Das `Soap`-Objekt wird als Datei ebenfalls in einem Webserververzeichnis gespeichert; mit Klick auf *Konfigurieren* in der aktuellen Maske können Sie auswählen, welche XML-Vorlagen oder Gespeicherte Prozeduren als Webdienst zugänglich gemacht werden. Diese können später mit dem *SOAP-Toolkit* oder *Visual Studio.NET* in externe verteilte Anwendungen eingebunden werden.

Die Registerseite *Erweitert* macht zusätzliche, von uns nicht hier verwendete Einstellungen zugänglich.

27.4.2 Ausführung von URL-Abfragen

Sie können nun die SQL Server Datenbank mit Hilfe des Internet Explorer über das Virtuelle Verzeichnis `Cocktail` im IIS abfragen. Dabei wird die Transact-SQL Erweiterung des SQL Server 2000 genutzt, die Abfrageergebnisse mit der Anweisung `FOR XML` als XML-Code zurückgibt. `FOR XML` wird mit einer zusätzlichen Formatanweisung an eine gewöhnliche Abfrage angehängt, beispielsweise

```
SELECT * FROM tblCocktail FOR XML AUTO
```

Die Formatanweisung `AUTO` gibt das XML-Abfrageergebnis in Form von einzelnen Elementen zurück, die Dateninhalte als Attribute enthalten. Verwenden Sie stattdessen `AUTO, ELEMENTS` als Formatanweisung, werden alle Dateninhalte in Form von geschachtelten Elementen zurückgegeben.

Für eine URL-Abfrage geben Sie in der Adresszeile des Internet Explorers beispielsweise (in einer Zeile)

```
http://servername/cocktail?sql=select+*+from+tblCocktail
                                        +for+xml+auto&root=root
```

ein, wobei Sie für `servername` den Namen Ihres IIS-Servers, auf dem SQLXML installiert ist, einsetzen. Die folgende Bild zeigt das Ergebnis.

Beachten Sie, dass anstelle von Leerzeichen im SQL-Befehl Pluszeichen eingesetzt werden. An die SQL-Abfrage wurde `&root=root` angehängt. Dies weist den SQL Server an, die Ergebnismenge der Abfrage innerhalb des Wurzelelementes mit dem Tag `<root> ... </root>` einzuschließen, um eine »wohlgeformte« XML-Ausgabe zu erhalten.

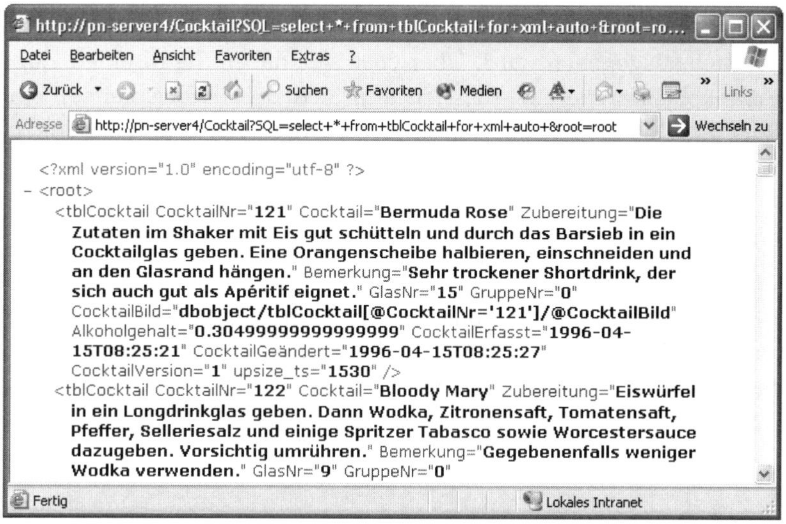

Bild 27.12: Ergebnis im Browser

Wird dieser Anhang nicht hinzugefügt, erhalten Sie im Internet Explorer eine Hinweismeldung, die im nächsten Bild zu sehen ist.

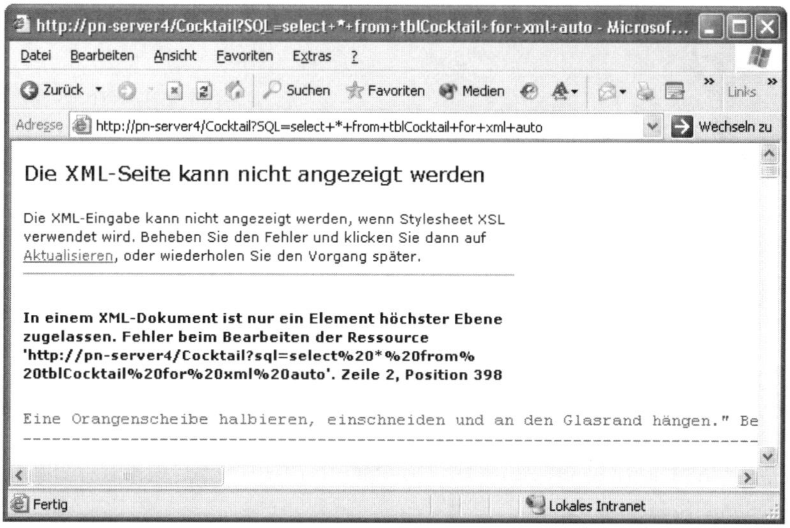

Bild 27.13: Fehlermeldung, die eine nicht wohlgeformte XML-Ausgabe auslöst

Eine Besonderheit in der XML-Ausgabe in Bild 27.12 stellt der Tag

```
<CocktailBild>dbobject/tblCocktail[@CocktailNr='121']/@CocktailBild
</CocktailBild>
```

dar, in dem an Stelle der binären Bilddaten ein Link auf das Datenbankzugriffsobjekt `dbobject` ausgegeben wird. Über `dbobject` haben Sie direkten Zugriff auf die Datenbankobjekte wie z.B. Tabellen und Sichten. Als Beispiel soll ein Cocktail-Bild aus der Datenbank über einen URL-Aufruf angezeigt werden. So liefert der Aufruf (in einer Zeile) von

```
http://servername/cocktail/dbobject/tblCocktail
[@CocktailNr='121']/@CocktailBild
```

das Bild des Cocktails 121. Auf das `dbobject` wird dabei eine Datenabfrage in XPath Locator-Syntax angewendet, mit der in der Datenbank aus der Tabelle `tblCocktail` für den Datensatz mit der `CocktailNr` 121 die Daten für das `CocktailBild` ausgelesen werden.

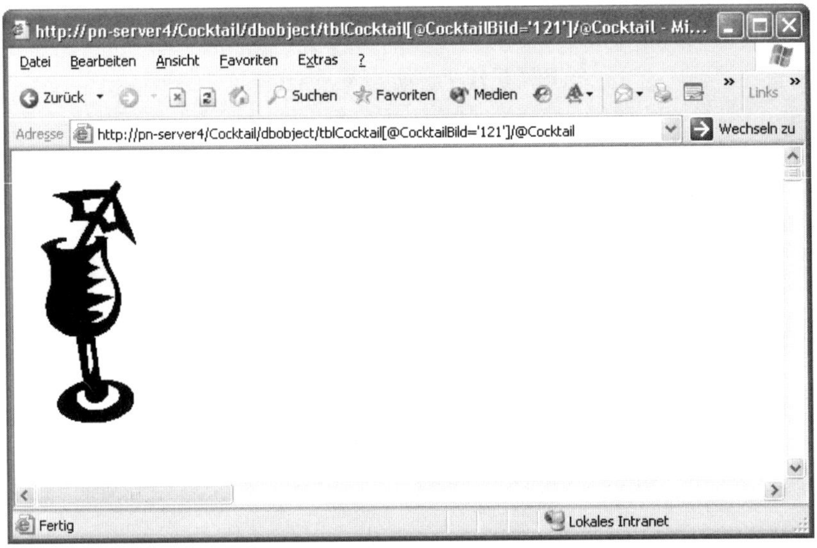

Bild 27.14: Ausgabe von Einzeldaten über dbobject

Alternativ können die Bilddaten auch in eine XML-Ausgabe eingebettet werden, z.B. wenn Sie zusammengehörende Daten vollständig in einer XML-Datei speichern möchten. Dazu ergänzen Sie den `FOR XML AUTO` Aufruf um die Angabe `BINARY BASE64`, beispielsweise

```
http://servername/cocktail?sql=select+*+from+tblCocktail+for+xml+auto,
binary base64&root=root
```

was zu einer Ausgabe der Daten als

```
<CocktailBild>FRwxAAIAAAAIABUAFAA9DbGlwQXJ0 [...]
AQAAADwAQEAAwAAAAAAi60F/g==</CocktailBild>
```


führt. Die Punkte `[...]` deuten eine Auslassung der sehr umfangreichen Daten an und gehören nicht zu XML.

URL-Aufruf einer gespeicherten Prozedur

Mit Hilfe einer gespeicherten Prozedur können Sie direkt ein wohlgeformtes XML-Dokument generieren. Die in Bild 27.15 gezeigte Prozedur `CocktailXML` erzeugt selbst das dazu notwendige Wurzelelement `<ROOT> ... <ROOT>`.

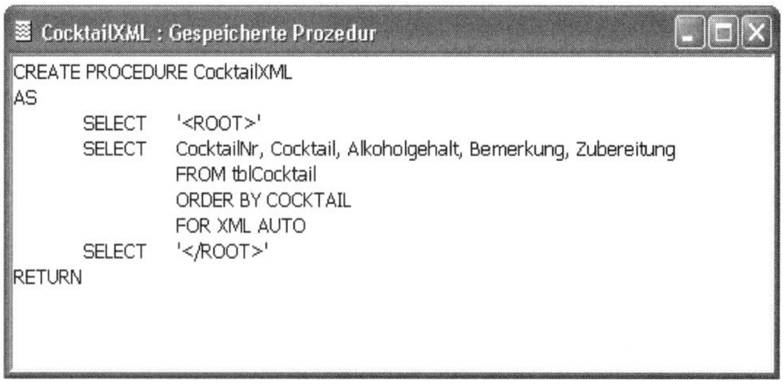

Bild 27.15: Gespeicherte Prozedur CocktailXML

Um die gespeicherte Prozedur aufzurufen, geben Sie die folgende URL-Abfrage ein:

```
http://servername/Cocktail?sql=exec+CocktailXML
```

Sie können auch Abfragen mit Parametern einsetzen. Im folgenden Listing wurde der Parameter `@CocktailNr` ergänzt.

```
CREATE PROCEDURE CocktailXML2 @CocktailNr INT
AS
        SELECT   '<ROOT>'
        SELECT   CocktailNr, Cocktail, Alkoholgehalt, Zubereitung,
        CocktailVersion
                FROM tblCocktail
                WHERE CocktailNr=@CocktailNr
                ORDER BY COCKTAIL
                FOR XML AUTO
        SELECT  '</ROOT>'
RETURN
```

Der Aufruf mit Parameter lautet

```
http://servername/Cocktail?sql=exec+CocktailXML2+121
```

und liefert als Ergebnis die Daten des Cocktails mit der CocktailNr 121.

Die Methode der Abfrage von Daten per URL ist nicht für die direkte und relativ unhandliche Anwendung im Internet Explorer gedacht, die nur Testzwecken dient. Aus Anwendungen heraus aufgerufen, bietet sie neue Möglichkeiten der Datenbankanbindung über das Internet, die mit geringstem Aufwand zu realisieren sind. Dazu gehört z.B. auch das gezielte Laden einzelner Daten über `dbobject`.

Wir möchten Ihnen im folgenden Abschnitt einen Einsatzfall für URL-Abfragen beschreiben.

27.4.3 Programmieren mit der Microsoft XML-Bibliothek

Ein praktischer Anwendungsfall wäre eine Firma, die in ihrer Außenstelle Access einsetzt. In einer der Access-Applikationen werden von Zeit zu Zeit Informationen benötigt, die in der Zentrale der Firma von einem SQL Server verwaltet werden. Die Mitarbeiter in der Außenstelle haben alle Zugang zum Internet, der SQL Server der Zentrale ist über einen IIS aus dem Internet erreichbar. Die Access-Applikation der Außenstelle kann nun um ein Formular ergänzt werden, das mit Hilfe einer URL-Abfrage Daten vom zentralen Server über das Internet ermittelt. In der Praxis sollten hier natürlich entsprechende Vorkehrungen getroffen werden, um die Sicherheit der Daten zu gewährleisten.

Auf das Cocktail-Beispiel übertragen lässt sich ein Formular erstellen, über das per Internet Cocktaildaten abgefragt werden können. Per URL-Abfrage wird ein Listenfeld mit dem Cocktailnamen gefüllt. Mit Klick auf einen Filmtitel werden mit einer zweiten URL-Abfrage der Alkoholgehalt und die Zubereitungsanleitung des ausgewählten Cocktails ermittelt und angezeigt.

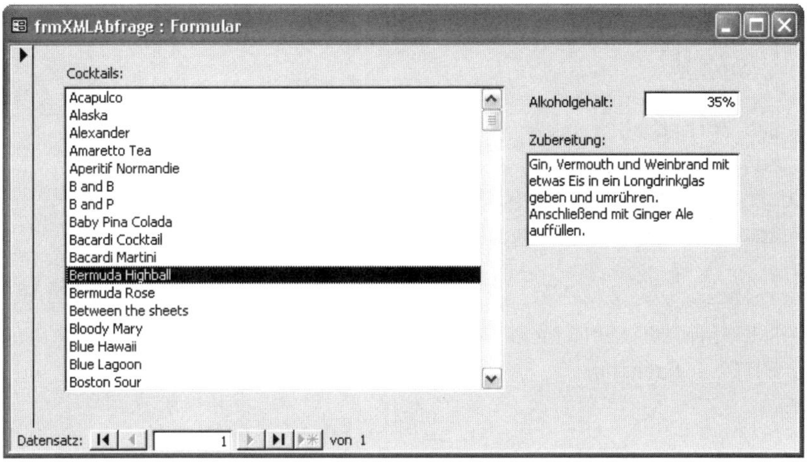

Bild 27.16: Beispielformular frmXMLAbfrage

Die URL-Abfragen werden aus einem VBA-Programm heraus aufgerufen, das beispielsweise beim Laden des Formulars ausgeführt wird. Um es einem VBA-Programm zu ermöglichen, HTTP-Abfragen über das Internet zu versenden und XML zu empfangen, wird die MSXML-Bibliothek verwendet, die mit dem Internet Explorer installiert wird, oder aus dem *Microsoft XML Parser SDK* stammt. Sie müssen im VBA-Editor über *Extras/Verweise* einen Verweis auf die Microsoft XML-Bibliothek einrichten, wie es in folgendem Bild gezeigt ist.

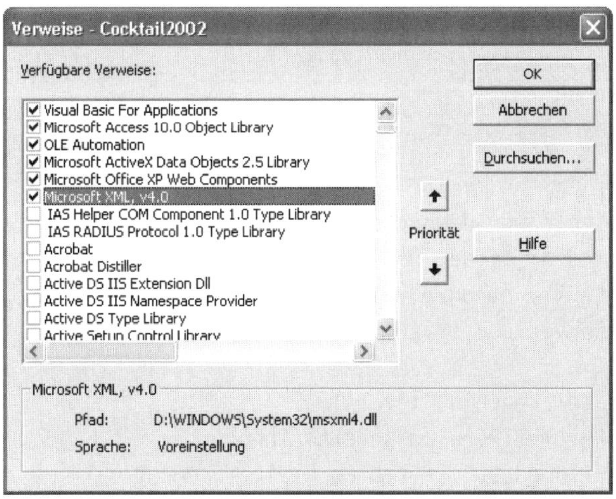

Bild 27.17: Einbindung der Microsoft XML-Bibliothek

Das Programm zum Beispielformular *frmXMLAbfrage* zeigt das folgende Listing:

```
' Objekt für die HTTP-Verbindung
Dim mHTTP As XMLHTTP

Private Sub Form_Load()
    Set mHTTP = New XMLHTTP
    ' Cocktailnamen beim Laden ermitteln
    AlleCocktailnamen_XML_via_HTTP
End Sub

Private Sub Form_Unload(Cancel As Integer)
    Set mHTTP = Nothing
End Sub

Private Sub lstCocktails_Click()
    ' Cocktaildaten nach Klick auf Cocktailnamen holen
    Cocktaildaten_XML_via_HTTP lstCocktails.Value
End Sub

Private Sub AlleCocktailnamen_XML_via_HTTP()
    Dim dom As DOMDocument
    Dim child As IXMLDOMNode
    Dim att As IXMLDOMAttribute
    Dim strURL As String
    Dim strCocktailNr As String
    Dim strCocktailname As String

    ' Neues Dokument
    Set dom = New DOMDocument

    ' Abfrage
    strURL = "http://www.demo-cocktail.de/Cocktail?sql=exec+CocktailXML"
    ' HTTP-Verbindung öffnen und URL vorbereiten
    mHTTP.Open "GET", strURL, False
    ' Daten an Server übertragen
    mHTTP.send
    ' Wenn Abfrage Ergebnis liefert
    If dom.loadXML(mHTTP.responseText) Then
        ' dom.childnodes(0) = <tblCocktail>-Element
        For Each child In dom.childNodes(0).childNodes
            ' CocktailNr und Cocktailname ermitteln
            strCocktailNr = _
                    child.Attributes.getNamedItem("CocktailNr").nodeValue
```

```
            strCocktailname = _
                    child.Attributes.getNamedItem("Cocktail").nodeValue
            ' zu Listenfeld hinzufügen (Herkunftstyp des
            ' Listenfelds ist "Werteliste")
            ' Breite der Anzeige der CockatilNr ist auf 0 cm gesetzt
            lstCocktails.AddItem strCocktailNr & ";" strCocktailname
        Next
    End If
    Set dom = Nothing
End Sub

Private Sub Cocktaildaten_XML_via_HTTP(lngCocktailNr As Long)
    Dim dom As DOMDocument
    Dim child As IXMLDOMNode
    Dim att As IXMLDOMAttribute
    Dim strURL As String

    ' Neues Dokument
    Set dom = New DOMDocument

    ' Abfrage mit Parameter
    strURL = _
      "http://www.demo-cocktail.de/Cocktail?sql=execute+CocktailXML2+" & _
      lngCocktailNr

    ' HTTP-Verbindung öffnen und URL vorbereiten
    mHTTP.Open "GET", strURL, False
    ' Daten an Server übertragen
    mHTTP.send
    ' Wenn Abfrage Ergebnis liefert
    If dom.loadXML(mHTTP.responseText) Then
        ' dom.childnodes(0) = <tblCocktail>-Element
        ' Umwandlung in Zahlenwert, den Access als Prozentwert
        ' formatieren kann
        txtAlkohol = CDbl(Replace(dom.childNodes(0).childNodes(0). _
                    Attributes(2).nodeValue, ".", ","))
        txtZubereitung = dom.childNodes(0).childNodes(0). _
                        Attributes(3).nodeValue
    End If
    Set dom = Nothing
End Sub
```

Updategrams

Die SQLXML-Erweiterung für den SQL Server 2000 ergänzt die XML-Funktionen des SQL Servers um *Updategrams*. Es handelt sich um spezielle XML-Dateien, mit deren Hilfe Daten über URL-Aufrufe in SQL Server-Tabellen eingefügt, bearbeitet und gelöscht werden können. Die XML-Erweiterungen finden Sie im Internet unter `msdn.microsoft.com/xml`. Die Dokumentation von SQLXML enthält auch eine Darstellung und Beispiele der Nutzung von Updategrams.

27.5 Livedaten

Die XML-Exportfunktionen von Access 2002, die wir im Abschnitt »Exportieren als XML« vorgestellt haben, erlauben für den Export von Formularen und Berichten die Festlegung der Option *Livedaten* (siehe Bild 27.2). Wird die Option *Livedaten* selektiert, so wird anstelle von statischen XML-Daten eine in eine XML-Datei eingebettete URL-Abfrage erzeugt, deren Aufruf im Browser die Daten im Formular oder Bericht aktualisiert. Das folgende Listing zeigt beispielhaft eine solche XML-Datei.

```
<?xml version="1.0" encoding="UTF-8"?>
<!DOCTYPE dataroot [
        <!ENTITY livedata SYSTEM
        "http://www.demo-cocktail.de/Cocktail?sql=SELECT+*+FROM
                        +tblCocktail+FOR+XML+AUTO,ELEMENTS">
        ]>
<dataroot xmlns:od="urn:schemas-microsoft-
com:officedata">&livedata;</dataroot>
```

Anhang

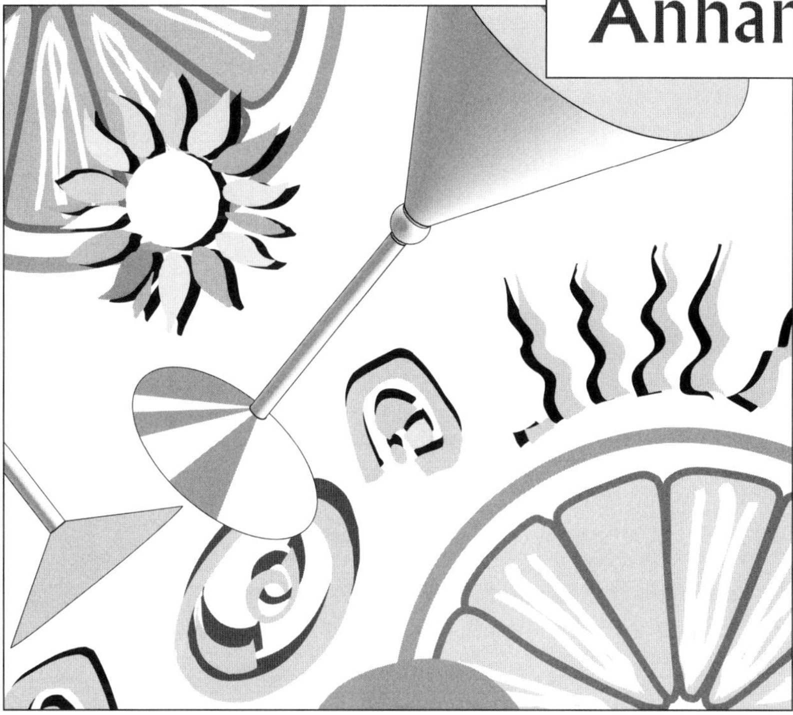

A Reddick-VBA-Namenskonvention

Greg Reddick ist Präsident von Xoc Software, einer Firma, die Software in Visual Basic, Microsoft Access, C/C++ sowie für das Internet entwickelt. Er arbeitete vier Jahre im Access Entwicklungsteam bei Microsoft. Der nachfolgende Text ist eine Übersetzung und Zusammenfassung seines Artikels »The Reddick VBA Naming Conventions, Version 7«.

Die Absicht der Reddick-VBA-(RVBA) Namenskonvention besteht darin, eine Richtlinie zu schaffen, um Objekte in Visual Basic for Applications (VBA) zu benennen. Konventionen sind in jedem Programmierprojekt wertvoll. Werden sie verwendet, enthält der Name eines Objekts Informationen über die Bedeutung des Objekts.

VBA wird implementiert, um mit einer Host-Applikation zu kommunizieren, wie Microsoft Access, Microsoft Visual Basic, AutoCAD und Visio. Die RVBA-Konventionen decken alle Implementationen der Sprache VBA ab, unabhängig von der Host-Applikation. Einige der in diesem Artikel beschriebenen Typkürzel können möglicherweise in einigen Host-Programmen von VBA nicht implementiert sein. Das Wort *Objekt* bezieht sich in diesem Artikel sowohl auf einfache Variablen und VBA-Objekte als auch auf Objekte, die von dem VBA-Host-Programm bereitgestellt werden.

Ich bin zwar der Autor dieser Konventionen, trotzdem sind sie die Arbeit vieler Leute, wie Charles Simonyi (Anmerkung der Übersetzer: Charles Simonyi ist Mitarbeiter von Microsoft und hat dort die Entwicklung von Microsoft und Word geleitet.), der die ungarische Notation erfand, auf der die Konventionen basieren, und Stan Leszynski, der Mitautor vieler Versionen dieser Konventionen ist. Viele andere, zu viele, um sie aufzuzählen, haben ebenso dazu beigetragen, die Konventionen zu entwickeln und zu verbreiten, aber ich möchte vor allem Paul Litwin und Ken Getz (Anmerkung der Übersetzer: Autoren des Access 2000 Developer's Handbook, Programmierer und Trainer im Bereich MS Access, Visual Basic und SQL-Server) danken, die über Jahre erheblich Beiträge leisteten.

Diese Konventionen sind als Richtlinie gedacht. Sollten Sie mit einem Teil nicht einverstanden sein, so ersetzen Sie ihn durch das, was in Ihren Augen besser funktioniert. Behalten Sie dabei aber im Hinterkopf, dass zukünftige Generationen von Programmierern diese Änderungen verstehen müssen und fügen Sie im Kopf eines Moduls einen Kommentar ein, der die gemachten Änderungen beschreibt. Um den Artikel über die Konventionen kurz zu halten, wird nicht beschrieben, wie sie abgeleitet wurden, obwohl jede der hier gezeigten Ideen eine beträchtliche Geschichte aufweist.

Änderungen der Konventionen

Einige der Typkürzel, die hier vorgestellt werden, haben sich seit vorangegangenen Konventionen geändert. Sehen Sie die früheren Typkürzel als Großväter der heutigen an – Sie müssen nicht in Ihre alten Programme zurückgehen und sie ändern. Für neue Entwicklungen ist es Ihnen überlassen, die älteren Typkürzel zu verwenden oder die hier vorgeschlagenen neueren. An einigen Stellen in diesem Artikel finden Sie die älteren Typkürzel in {Klammern}. Da es immer wieder neuere Fassungen dieses Artikels gibt, können Sie sich die aktuelle Version von der Xoc-Software-Website (http://www.xoc.net) herunterladen.

A.1 Einführung in die ungarische Notation

Die RVBA-Konventionen basieren auf der ungarischen Notation, die nach der Heimat von Charles Simonyi benannt wurden, dem Erfinder dieses Stils der Objektbenennung. Das Ziel der ungarischen Notation besteht darin, Informationen über ein Objekt prägnant und effizient auszudrücken. Die ungarische Notation ist gewöhnungsbedürftig, wird sie jedoch einmal angenommen, gerät sie schnell zur zweiten Natur. Das Format eines ungarischen Objektnamens wird durch

```
[Prefix]Tag[BaseName[Suffix]] bzw. [Präfix]Typkürzel[Basisname[Suffix]]
```

beschrieben. Hierbei bezeichnen die eckigen Klammern die optionalen Teile des Objektnamens. Die einzelnen Komponenten werden im Folgenden beschrieben.

Das **Präfix** ergänzt das Typkürzel um zusätzliche Informationen. Für das Präfix werden Kleinbuchstaben verwendet. Sie werden in der Regel einer vorgegebenen Liste entnommen, die später in diesem Artikel beschrieben wird.

Das **Typkürzel**, im Englischen kurz mit »Tag« benannt, besteht aus einer kurzen Folge von Buchstaben, die den Typ des Objekts anzeigen. Für das Typkürzel werden Kleinbuchstaben verwendet. Auch hierzu gibt es eine standardisierte Liste, die später im Artikel aufgeführt wird.

Der **Basisname** besteht aus einem oder mehreren Wörtern, die beschreiben, was das Objekt repräsentiert. Der erste Buchstabe jedes Wortes wird groß geschrieben.

Das **Suffix** bietet zusätzliche Informationen zur Bedeutung des Basisnamens. Der erste Buchstabe jedes Wortes des Suffixes wird groß geschrieben. Im Artikel wird eine standardisierte Liste der Suffixe angegeben.

Beachten Sie hierbei, dass der einzige Teil des Objektnamens, der wirklich benötigt wird, aus dem Typkürzel besteht. Dies scheint unlogisch; vielleicht sind Sie der Meinung, dass der Basisname der wichtigste Teil eines Objektnamens darstellt. Stellen Sie sich aber eine eingebaute Prozedur vor, die innerhalb eines beliebigen Formulars arbeitet. Dabei ist die Tatsache wichtig, dass die Routine innerhalb des Formulars funktioniert, und nicht, was dieses Formular repräsentiert. Da die Routine innerhalb verschiedenster Arten von Formularen arbeiten könnte, benötigen Sie nicht unbedingt den Basisnamen. Verwenden Sie allerdings mehr als ein Objekt eines bestimmten Typs in einer Routine, müssen Sie für alle außer einem Objekt einen Basisnamen verwenden, um sie unterscheiden zu können. Zudem enthält der Basisname Informationen über die Variable. In aller Regel sollte eine Variable einen Basisnamen enthalten.

A.2 Typkürzel

Verwenden Sie die im Folgenden beschriebene Technik, um Typkürzel zu erstellen, die den Datentyp eines Objekts beschreiben.

A.2.1 Typkürzel für Variablen

Verwenden Sie die in Tabelle A.1 aufgeführten Typkürzel für VBA-Datentypen. Ebenso können Sie ein spezifisches Typkürzel für einen Datentyp einer Host-Applikation oder einem seiner Objekte anstelle von »obj« verwenden. (Siehe Abschnitt A.8, »Host-Applikationen und Erweiterungen für Komponenten«.)

Tabelle A.1 Typkürzel für VBA-Variablen

Typkürzel	Variablentyp
bool {f, bln}	Boolean
byte {byt}	Byte
cur	Currency

Tabelle A.1 Typkürzel für VBA-Variablen (Forts.)

Typkürzel	Variablentyp
date {dtm}	Date
dec	Decimal
dbl	Double
int	Integer
lng	Long
obj	Object
sng	Single
str	String
stf	String (feste Länge)
var	Variant

Hier sind einige Beispiele:

```
lngCount
intValue
strInput
```

Sie sollten alle Variablen explizit in jeweils einer Zeile deklarieren. Verwenden Sie nicht die alte Basic-Deklaration der Variablen, wie %, & und $. Sie sind überflüssig, wenn Sie die Namenskonventionen verwenden. Zudem gibt es für einige Datentypen wie `Boolean` keine Zeichen. Deklarieren Sie alle Variablen des Datentyps `Variant` mit `As Variant`, auch wenn der Datentyp `Variant` der Standarddatentyp ist:

```
Dim intTotal As Integer
Dim varField As Variant
Dim strName As String
```

A.2.2 Namen für Eigenschaften definieren

Eigenschaften einer Klasse stellen ein besonderes Problem dar: sollen sie den Namenskonventionen gehorchen, um ihren Typ anzuzeigen? Soll die Namenskonventionen konsequent eingehalten werden, müssten sie entsprechend bezeichnet werden. Namen für Eigenschaften sind aber auch ohne Typkürzel erlaubt; vor allem, wenn eine Klasse Kunden zur Verfügung gestellt werden soll, die nicht an die Namenskonventionen gewöhnt sind.

A.2.3 Typkürzel für Auflistungen

Auflistungen erhalten spezielle Typkürzel. Sie definieren diesen Typkürzel, indem Sie dem Datentyp der Auflistung ein »s« folgen lassen. Eine Auflistung des Datentyps `Long` beispielsweise erhält das Typkürzel »lngs«. Das Typkürzel für eine Auflistung von Formularen heißt »frms«. Obwohl eine Auflistung theoretisch Objekte verschiedener Datentypen enthalten kann, sind in der Praxis alle Datentypen einer Auflistung dieselben. Möchten Sie verschiedene Datentypen in einer Auflistung verwenden, benutzen Sie das Typkürzel »obj«:

```
intsEntries
frmsKundenDaten
objsVerschiedenes
```

A.2.4 Typkürzel für Konstanten

Konstanten haben in VBA immer einen Datentyp. Da VBA den Datentyp für Sie festlegt, falls Sie das nicht tun, sollten Sie den Datentyp für Konstanten spezifizieren. Konstanten, die im Abschnitt der allgemeinen Deklarationen stehen, sollten das Schlüsselwort `Private` oder `Public` erhalten und mit dem Präfix »m« oder »g« versehen werden. Die Konstante wird durch den an das Typkürzel angehängten Buchstaben »c« gekennzeichnet, wie

```
Const intcGray As Integer = 3
Private Const mdblcPi As Double = 3.14159265358
```

Obwohl diese Methode empfohlen wird, um Konstanten zu benennen, können Sie – falls Sie es für wichtiger halten zu spezifizieren, dass Sie mit Konstanten arbeiten, als deren Datentyp – alternativ das Typkürzel `con` verwenden. Zum Beispiel:

```
Const ConPi As Double = 3.14159265358
```

A.2.5 Menüelemente

Der Name von Menüelementen sollte ihre Position in der Hierarchie der Menüs verdeutlichen. Alle Menüelemente sollten das Typkürzel `mnu` verwenden und der Basisname sollte anzeigen, an welcher Stelle der Menühierarchie sich das Menüelement befindet. Verwenden Sie `Sep`, gefolgt von einer Ordnungszahl im Basisnamen, um Trennungsstriche in einem Menü zu kennzeichnen.

`mnuDatei`	(auf der Menüleiste)
`mnuDateiNeu`	(Befehl *Neu* im Menü *Datei*)
`mnuDateiNeuFormular`	(Befehl *Formular* im Flyout-Menü)
`mnuDateiSep1`	(erster Trennungsstrich im Menü *Datei*)
`mnuDateiSpeichernUnter`	(Befehl *Speichern* unter im Menü *Datei*)
`mnuDateiSep2`	(zweiter Trennungsstrich im Menü *Datei*)
`mnuDateiBeenden`	(Befehl *Beenden* im Menü *Datei*)
`mnuBearbeiten`	(auf der Menüzeile)

A.3 Datentypen erstellen

VBA erlaubt Ihnen, drei Arten neuer Datentypen zu erstellen: Enum-Typen, Klassen und benutzerdefinierte Typen. In jedem Fall müssen Sie sich einen neuen Typkürzel ausdenken, um den Datentyp zu beschreiben, den Sie neu erstellt haben.

A.3.1 Datentyp Enum

Gruppen von Konstanten des Datentyps `Long` sollten zu einem Enum-Typ (Anmerkung der Übersetzer: vom englischen Wort enumeration, zu Deutsch Aufzählung) zusammengefasst werden. Erfinden Sie ein Typkürzel für den Typ, hängen Sie ein »c« an und definieren Sie die Enum-Konstanten mit dem Typkürzel. Da der Name, der in der Enum-Zeile festgelegt wird, im Objekt-Browser dargestellt wird, können Sie den Basisnamen dazu verwenden, die Abkürzung, die durch den Typkürzel festgelegt wird, zu beschreiben, wie in

```
Public Enum ervcErrorValue
    ervcInvalidType = 205
    ervcValueOutOfBounds
End Enum
```

Vergeben Sie den Basisnamen im Singular: der Aufzählungstyp sollte `ervcErrorValue` und nicht `ervcErrorsValues` heißen. Dann können Sie das Typkürzel, das Sie sich für den Enum-Typ ausgedacht haben, für Variablen verwendet werden, die Werte dieses Typs enthalten, z.B.:

```
Dim erv As ervcErrorValue
Private Sub Example (ByVal ervCur As ervcErrorValue)
```

Obwohl VBA nur Enum-Typen für Gruppen von Daten des Typs Long zur Verfügung stellt, besteht die Möglichkeit, Gruppen von Konstanten anderer Datentypen zu erzeugen. Definieren Sie eine Gruppe von Konstanten und verwenden Sie dabei den erfundenen Typkürzel:

```
Public Const estcError205 As String = "Invalid type"
Public Const estcError206 As String = "Value out of bounds"
```

Weil auf diese Art nicht wirklich ein neuer Datentyp erzeugt wird, kontrolliert der VBA-Compiler leider den Datentyp nicht. Sie erzeugen Variablen, die Konstanten enthalten, mit der gleichen Syntax, mit der Sie Variablen erzeugen, die Instanzen des Enum-Types enthalten, beispielsweise

```
Dim estError As String
```

A.3.2 Typkürzel für Klassen und benutzerdefinierte Typen

Eine Klasse definiert ein benutzerdefiniertes Objekt. Weil so ein neuer Datentyp erzeugt wird, müssen Sie sich ein neues Typkürzel für das Objekt ausdenken. Sie können den Basisnamen verwenden, um die Abkürzung des Typkürzels zu beschreiben. Benutzerdefinierte Typen werden als eine einfache Klasse, die nur Eigenschaften enthält, angesehen, werden aber ansonsten wie Klassen-Module verwendet.

```
gphGlyph
edtEdit
Public Type grbGrabber
```

Definieren Sie dann Variablen, um die Instanzen dieser Klassen anzusprechen, indem Sie dasselbe Typkürzel verwenden:

```
Dim gphNext As New gphGlyph
Dim edtCurrent As edtEdit
Dim grbHandle As grbGrabber
```

A.3.3 Polymorphismus

Sie verwenden in VBA die Anweisung `Implements`, um Klassen aus einer Basisklasse abzuleiten. Das Typkürzel für die abgeleitete Klasse sollte dasselbe sein wie für die Basisklasse. Allerdings sollte die abgeleitete Klasse einen anderen Basisnamen als die Basisklassen verwenden, wie in:

```
anmAnimal      (Basisklasse)
anmZebra       (von anmAnimal abgeleitete Klasse)
anmElefant     (von anmAnimal abgeleitete Klasse)
```

Diese Logik zum Benennen abgeleiteter Klassen wird für Formulare verwendet, die alle aus der vordefinierten Basisklasse Formular abgeleitet werden und das Typkürzel »frm« erhalten. Ist eine Variable als Typ einer Basisklasse definiert, verwenden Sie das Typkürzel der Basisklasse:

```
Dim anmBeliebig As anmAnimal
Dim frmNew As Form
```

Definieren Sie eine Variable einer abgeleiteten Klasse, verwenden Sie den gesamten Namen der abgeleiteten Klasse im Variablennamen, wie in:

```
Dim anmZebraInstance As anmZebra
Dim anmElephantBeispiel As anmElephant
Dim frmKundeDaten As FrmKunde
```

A.4 Prozeduren erstellen

VBA-Prozeduren erfordern Namen für verschiedene Objekte: die Prozeduren selbst, Parameter und Sprungmarken. Diese Objekte sollen im Folgenden beschrieben werden.

A.4.1 Prozedurnamen erstellen

Ereignisprozeduren werden von VBA benannt; diese Namen können Sie nicht verändern. Sie sollten die Großschreibung verwenden, die das System vorschlägt. Schreiben Sie für benutzerdefinierte Prozedurnamen den ersten Buchstaben jedes Wortes groß, wie

```
cmdOK_Click
GetTitelBarString
PerformInitialization
```

Für Prozeduren sollte immer der Gültigkeitsbereich durch `Public` oder `Private` angegeben werden, wenn sie deklariert werden.

```
Public Function GetTitelBarString() As String
Private Sub PerformInitialization()
```

A.4.2 Parameter benennen

Sie sollten für alle Parameter den Zusatz `ByVal` oder `ByRef` verwenden, auch wenn `ByRef` optional ist und somit redundant. Parameter für Prozeduren werden genau so benannt wie einfache Variablen desselben Typs, außer dass Argumente, die »by Reference« übergeben werden, den Zusatz »r« erhalten, wie

```
Public Sub TestValue(ByVal intInput As Integer, ByRef rlngOutput As Long)
Private Function GetValue(ByVal strKey As String, ByRef rgph As Glyph) _
                                                            As Boolean
```

A.4.3 Sprungmarken benennen

In Namen für Sprungmarken mit großen und kleinen Buchstaben werden große Buchstaben für den ersten Buchstaben eines Wortes verwendet:

```
ErrorHandler:
ExitProcedure:
```

A.5 Präfixe

Ein Präfix soll einen Objektnamen so verändern, dass mehr Informationen über das Objekt zur Verfügung stehen.

A.5.1 Präfixe für Datenfelder (Arrays) von Objekten

Verwenden Sie für Datenfelder des Typs Objekt die Vorsilbe »a« wie

```
aintFontSizes
astrNames
```

A.5.2 Präfixe für Indizes

Sie kennzeichnen einen Index in einem Datenfeld mit der Vorsilbe »i« und konsequenterweise sollte als Datentyp `Long` verwendet werden. Sie können den Index-Präfix auch verwenden, um auf andere Enum-Objekte hinzuweisen wie auf Auflistungen benutzerdefinierter Klassen, z.B.

```
iaintFontSize
iastrNames
igphsGlyphCollection
```

A.5.3 Präfixe für Gültigkeitsbereiche und Lebensdauern

Für jede Variable gibt es in VBA drei Gültigkeitsebenen: `Public`, `Private` and `Local`. Eine Variable hat zusätzlich eine Lebensdauer der aktuellen Prozedur oder der Länge des Programms. Verwenden Sie die in Tabelle A.2 dargestellten Präfixe, um auf die Gültigkeitsebene und Lebensdauer hinzuweisen.

Tabelle A.2: Präfixe für Gültigkeit und Lebensdauer

Präfix	Objekttyp
(keinen)	Lokale Variable, Lebenszeit auf Prozedurebene, wird mit »dim« deklariert
s	Lokale (statische) Variable, Lebenszeit auf Programmebene, wird mit »Static« deklariert
m	Private (modulare) Variable, Lebenszeit auf Programmebene, wird mit »Private« deklariert
g	Public (globale) Variable, Lebensdauer auf Programmebene, wird mit »Public« deklariert

Die Präfixe »m« und »g« werden auch verwendet, um die Gültigkeitsebenen anderer Objekte, z.B. von Konstanten, darzustellen:

```
intLocalVariable
mintPrivateVariable
gintPublicVariable
mCdblcPi
```

Um abwärtskompatibel sein zu können, erlaubt VBA verschiedene Typdeklarationen. Das ältere Schlüsselwort »Global« sollte immer durch »Public«, das Schlüsselwort »Dim« im Abschnitt der allgemeinen Deklarationen sollte durch »Privat« ersetzt werden.

A.5.4 Andere Präfixe

In Tabelle A.3 werden weitere Präfixe aufgeführt und beschrieben.

Tabelle A.3: Andere häufig verwendete Präfixe

Präfix	Objekttyp
c	Zähler (Count) eines Objekttyps
h	Zeiger (Handle) auf ein Windows-Objekt
r	Parameter, der »By Reference« übergeben wurde

Hier zwei Beispiele:

```
castrArray
hWndForm
```

A.6 Suffixe

Suffixe verändern den Basisnamen eine Objekts und werden für weitere Informationen über eine Variable verwendet. Wahrscheinlich werden Sie eigene Nachsilben erstellen, die speziell an Ihre Entwicklungen angepasst sind. In Tabelle A.4 finden Sie einige allgemeine VBA-Suffixe.

Tabelle A.4: Häufig verwendete Suffixe

Suffix	Objekttyp
Min	Das absolut erste Element eines Feldes oder einer Liste
First	Das erste Element, das in einem Feld oder einer Liste während der aktuellen Operation verwendet wird.
Last	Das letzte Element, das in einem Feld oder einer Liste während der aktuellen Operation verwendet wird.
Lim	Die obere Grenze von Elementen, die in einem Feld oder einer Liste verwendet werden. Lim ist kein gültiger Index. Normalerweise gilt Lim=Last+1.
Max	Das absolut letzte Element eines Feldes oder einer Liste
Cnt	Wird mit Datenbankelementen verwendet, um anzuzeigen, dass es sich um einen Zähler handelt. Zähler werden vom System automatisch hochgezählt, sie sind Zahlen vom Typ Long oder ReplicationsID.

Sehen Sie hier einige Beispiele:

```
iastrNamesMin
iastrNameMax
iaintFontSizesFirst
igphsGlyphCollectionLast
lngCustomerIdCnt
varOrderIdCnt
```

A.7 Dateinamen

Für Dateinamen wird kein Typkürzel benötigt, da die Dateierweiterung den Objekttyp bereits angibt:

`Test.frm`	(`frmTest` Formular)
`Globals.bas`	(`globals` Modul)
`Glyph.cls`	(`gphGlyph` Klassenmodul)

A.8 Host-Applikationen und Erweiterungen für Komponenten

Jede Applikation mit VBA und jede Komponente, die installiert werden kann, hat eine Menge von verwendbaren Objekten. Dieser Abschnitt definiert Typkürzel für die Objekte in den verschiedenen Host-Applikationen und Komponenten.

A.8.1 Access 2002, Version 10.0-Objekte

Tabelle A.5 führt die Typkürzel für Access-Objektvariablen auf. Außer, dass diese Typkürzel im Programm-Code verwendet werden, um auf die entsprechenden Objekttypen zu verweisen, werden dieselben Typkürzel auch dazu benutzt, um diese Objekte in Formularen und Berichten zu benennen.

Tabelle A.5: Typkürzel für Access-Objektvariablen

Typkürzel	Objekttyp (deutsch)	Objekttyp (englisch)
aob	AccessObject	AccessObject
aop	AccessObject-Eigenschaft	AccessObjectProperty
aops	AccessObject-Eigenschaften	AccessObjectProperties
app	Applikation	Application
bfr	Gebundenes Objekt	BoundObjectFrame
chk	Kontrollkästchen	CheckBox
cbo	Kombinationsfeld	ComboBox
cmd	Befehlsschaltfläche	CommandButton
ctl	Steuerelement	Control
ctls	Steuerelemente	Controls
ocx	Zusatzsteuerelement	CustomControl
dap	Datenzugriffsseite	DataAccessPage
dcm	DoCmd	DoCmd
fd	Standarddialogfeld	FileDialog
fdf	Filter für Standarddialogfeld	FileDialogFilter
frm	Formular	Form
fcd		FormatCondition
fcds		FormatConditions
frms	Formulare	Forms
grl	Gruppenebene	GroupLevel
hyp	Hyperlink	Hyperlink
img	Bild	Image
lbl	Bezeichnungsfeld	Label
lin	Linie	Line
lst	Listenfeld	ListBox
bas	Modul	Module
ole	OLE-Objekt	ObjectFrame
opt	Optionsfeld	OptionButton
fra	Optionsgruppe	OptionGroup (frame)

Tabelle A.5: Typkürzel für Access-Objektvariablen (Fortsetzung)

Typkürzel	Objekttyp (deutsch)	Objekttyp (englisch)
brk	Seitenumbruch	PageBreak
pal	Farbpalette	PaletteButton
prps	Eigenschaften	Properties
shp	Rechteck	Rectangle
ref	Referenz	Reference
refs	Referenzen	References
rpt	Bericht	Report
rpts	Berichte	Reports
scr	Bildschirm	Screen
sec	Bereich	Section
sfr	Unterformular	SubForm
srp	Unterbericht	SubReport
tab	Registersteuerelement	Tab Control
txt	Textfeld	Textbox
tgl	Umschaltfläche	ToggleButton

Dazu zwei Beispiele:

```
txtName
lblInput
```

Für ActiveX-Zusatzsteuerelemente können Sie den Typkürzel »ocx« verwenden, wie in Tabelle A.5 aufgeführt, oder aber spezifischere Typkürzel, die in den Tabellen A.15 und A.16 definiert werden. Für ActiveX-Steuerelemente, die nicht in den Tabellen A.15 und A.16 aufgeführt sind, verwenden Sie entweder »ocx« oder erfinden Sie ein eigenes Typkürzel.

A.8.2 DAO 3.6-Objekte

DAO ist die Programmierschnittstelle zur Jet Database Engine, die sich Access, Visual Basic und C++ teilen. Die für DAO 3.6 zu verwendenden Typkürzel sind in Tabelle A.6 zu sehen.

Tabelle A.6: DAO 3.6 Objekttypkürzel

Typkürzel	Objekttyp
cnt	Container
cnts	Containers
db	Database
dbs	Databases
dbe	DBEngine
doc	Document
docs	Documents
err	Error
errs	Errors
fld	Field
flds	Fields
grp	Group
grps	Groups
idx	Index
idxs	Indexes
prm	Parameter
prms	Parameters
pdbe	PrivDBEngine
prp	Property
prps	Properties
qry	QueryDef
qrys	QueryDefs
rst	Recordset
rsts	Recordsets
rel	Relation
rels	Relations
tbl	TableDef
tbls	TableDefs
usr	User

Tabelle A.6: DAO 3.6 Objekttypkürzel (Forts.)

Typkürzel	Objekttyp
usrs	Users
wrk	Workspace
wrks	Workspaces

Auch hierzu zwei Beispiele:

```
rstCustomers
idxPrimaryKey
```

Tabelle A.7 listet die Typkürzel auf, die in einer Datenbank den Typ der Objekte identifizieren.

Tabelle A.7: Typkürzel für Access-Datenbankobjekte

Typkürzel	Objekttyp
cls	Klassenmodul
tbl	Table
qry	Query
frm	Form
rpt	Report
mcr	Macro
bas	Module
dap	DataAccessPage

Bei Bedarf können Sie auch exaktere Typkürzel oder Suffixe verwenden, um den Zweck und Typ eines Datenbankobjektes zu identifizieren. Setzen Sie Suffixe ein, benutzen Sie die in Tabelle A.7 dargestellten Typkürzel, um den Typ darzustellen. Verwenden Sie entweder Typkürzel oder Suffix, aber nicht beide gleichzeitig. Die Typkürzel und Suffixe finden Sie in Tabelle A.8.

Tabelle A.8: Spezielle Objekttypkürzel und -suffixe für Access-Datenbankobjekte

Typkürzel	Suffix	Objekttyp
tlkp	Lookup	Table (lookup)
qsel	(none)	Query (select)
qapp	Append	Query (append)
qxtb	XTab	Query (crosstab)
qddl	DDL	Query (DDL)
qdel	Delete	Query (delete)
qflt	Filter	Query (filter)
qlkp	Lookup	Query (lookup)
qmak	MakeTable	Query (make table)
qspt	PassThru	Query (SQL pass-through)
qtot	Totals	Query (totals)
quni	Union	Query (union)
qupd	Update	Query (update)
fdlg	Dlg	Form (dialog)
fmnu	Mnu	Form (menu)
fmsg	Msg	Form (message)
fsfr	SubForm	Form (subform)
rsrp	SubReport	Form (subreport)
mmnu	Mnu	Markro (menu)

Sehen Sie dazu folgende Beispiele:

```
tblValiNamesLookup
tlkpValidNames
fmsgError
mmnuFileMnu
```

Verwenden Sie keine Leerzeichen, um Objekte in einer Datenbank zu benennen. Schreiben Sie besser den ersten Buchstaben für jedes Wort groß. Schreiben Sie anstatt `Quarterly Sales Values Table` besser `tblQuarterlySalesValues`.

Zurzeit wird darüber diskutiert, ob Felder einer Tabelle Typkürzel erhalten sollen oder nicht. Ob Sie welche verwenden, liegt bei Ihnen. Falls Sie welche benutzen möchten, nehmen Sie die Typkürzel aus Tabelle A.9.

Tabelle A.9: Typkürzel für Felder (falls Sie sich dafür entscheiden)

Typkürzel	Objekttyp
lng	Autowertfelder (sequentiell oder zufällig) des Typs Long (verwendet mit Suffix Cnt)
bin	Binary
byte	Byte
cur	Currency
date	Date/Time
dbl	Double
guid	Globally unique identified (GUID), benutzt für Replikation
int	Integer
lng	Long
mem	Memo
ole	OLE
sng	Single
str	Text
bool	Yes/no

A.8.3 Visual Basic 6.0-Objekte

Tabelle A.10 führt die Typkürzel auf, die für Visual Basic 6.0-Objekte vorgeschlagen werden.

Tabelle A.10: Typkürzel für Visual Basic-Objekte

Typkürzel	Objekttyp
app	App
chk	CheckBox
clp	Clipboard
cbo	ComboBox
cmd	CommandButton
ctl	Control
dat	Data
dir	DirListBox
drv	DriveListBox
fil	FileListBox
frm	Form
fra	Frame
glb	Global
hsb	HScrollBar
img	Image
lbl	Label
lics	Licenses
lin	Line
lst	ListBox
mdi	MDIForm
mnu	Menu
ole	OLE
opt	OptionButton
pic	PictureBox
prt	Printer
prp	PropertyPage
scr	Screen
shp	Shape
txt	TextBox
tmr	Timer
uctl	UserControl
udoc	UserDocument
vsb	VScrollBar

A.8.4 Microsoft ActiveX Data Objects (ADO) 2.x

Zu Office 2002 gehört die Version 2.5 der ActiveX Data Object-Bibliothek. In Tabelle A.11 finden Sie die für die aktuelle Version von ADO vorgeschlagenen Typkürzel.

Zur Beachtung: Viele ADO-, ADOX- und JRO-Kürzel entsprechen denen von DAO. Achten Sie deshalb darauf, den Namen der Objektbibliothek in allen Referenzen in Ihrem Code einzufügen, damit eine Verwechslung ausgeschlossen wird. Verwenden Sie besser

```
Dim rst As ADODB.Recordset
```

oder

```
Dim cat As ADOX.Catalog
```

als Objekttypen ohne den Namen der Bibliothek. Das verhindert nicht nur Verwechslungen der Quelle eines Objekts, sondern ermöglicht auch ein etwas schnelleres Ablaufen Ihres Programms.

Tabelle A.11: ADO 2.x-Objekttypkürzel

Typkürzel	Objekttyp
cmn {cmd}	Command
cnn {cnx}	Connection
err	Error
errs	Errors
fld	Field
flds	Fields
prm	Parameter
prms	Parameters
prps	Properties
prp	Property
rst	Recordset
rec	Record
stm	Stream

A.8.5 Microsoft ADO Ext. 2.x for DDL and Security (ADOX)

Um DDL- und Sicherheitsobjekte in der Jet-Datenbank zu unterstützen, stellt Microsoft ADOX zur Verfügung, eine zusätzliche ADO-Objektbibliothek. In Tabelle A.12 zeigt die Typkürzel für die ADOX-Objekte.

Tabelle A.12: ADOX Objekttypkürzel

Typkürzel	Objekttyp
cat	Catalog
clm	Column
clms	Columns
cmd	Command
grp	Group
grps	Groups
idx	Index
idxs	Indexes
key	Key
keys	Keys
prc	Procedure
prcs	Procedures
prps	Properties
prp	Property
tbl	Table
tbls	Tables
usr	User
usrs	Users
vw	View
vws	Views

A.8.6 Microsoft Jet- und Replikations-Objekte

Um Jet-Replikations-Funktionalitäten zu unterstützen, stellt ADO eine weitere Bibliothek (JRO) zur Verfügung. Tabelle A.13 schlägt Kürzel für JRO-Objekte vor.

Tabelle A.13: JRO Objekttypkürzel

Typkürzel	Objekttyp
flt	Filter
flts	Filters
jet	JetEngine
rpl	Replica

A.8.7 Microsoft SQL Server- und Microsoft Data Engine (MSDE)-Objekte

Tabelle A.14 listet Typkürzel für Microsoft SQL Server- und MSDE-Objekte auf.

Tabelle A.14: SQL Server/MSDE Objekttypkürzel

Typkürzel	Objekttyp
tbl	Tabelle
proc	Stored Procedure
fct	Function
trg	Trigger
vw {qry}	View
dgm	Database-Diagram
pk	Primärschlüssel
fk	Fremdschlüssel
idx	anderer Index
rul	Check Contraint
def	Default

A.8.8 Microsoft Zusatzsteuerelemente

Windows 95 und Windows NT haben eine Menge gemeinsamer Zusatzsteuerelemente, die aus VBA heraus zugänglich sind. Tabelle A.15 listet die Typkürzel für Objekte auf, die mit den Zusatzsteuerelementen erstellt wurden.

Tabelle A.15: Typkürzel für Microsoft Zusatzsteuerelemente

Typkürzel	Objekttyp
ani	Animation
btn	Button (Toolbar)
bmn	ButtonMenu (Toolbar)
bmns	ButtonMenus (Toolbar)
bnd	Band (CoolBar)
bnds	Bands (CoolBar)
btns	Buttons (Toolbar)
cbr	CoolBar
cbp	CoolBarPage (CoolBar)
hdr	ColumnHeader (ListView)
hdrs	ColumnHeaders (ListView)
cbi	ComboItem (ImageCombo)
cbis	ComboItems (imageCombo)
ctls	Controls
dto	DataObject
dtf	DataObjectFile
dtp	DTPicker
fsb	FlatScrollBar
imc	ImageCombo
iml	ImageList (ImageList)
lim	ListImage
lit	ListItem (ListView)
lits	ListItems (ListView)
lsi	ListSubItem (ListView)
lsis	ListSubItems (ListView)
lvw	ListView (ListView)
mvw	MonthView
nod	Node (TreeView)
nods	Nodes (TreeView)
pnl	Panel (Status Bar)
pnls	Panels (Status Bar)
prb	ProgressBar (Progress Bar)
sld	Slider (Slider)
sbr	StatusBar (Status Bar)
tab	Tab (Tab Strip)
tabs	Tabs (Tab Strip)

Tabelle A.15: Typkürzel für Microsoft Zusatzsteuerelemente (Forts.)

Typkürzel	Objekttyp
tbs	TabStrip (Tab Strip)
tbr	Toolbar (Toolbar)
tvw	TreeView (TreeView)
udn	UpDown

A.8.9 Andere Zusatzsteuerelemente und Objekte

Tabelle A.16 zeigt Typkürzel für andere verbreitete OLE/ActiveX-Zusatzsteuerelemente und Objekte.

Tabelle A.16: Typkürzel für verbreitete OLE/ActiveX-Zusatzsteuerelemente

Typkürzel	Objekttyp
cdl	CommonDialog
dbc	DBCombo (Data Bound Combo Box)
dbg	DBGrid (Data Bound Grid)
dls	DBList (Data Bound List Box)
gau	Gauge (Gauge)
gph	Graph (Graph)
grd	Grid (Grid)
msg	MAPIMessage (Message API Message Control)
ses	MAPISession (Messaging API Session Control)
msk	MaskEdBox (Masked Edit Textbox)
key	MhState (Key State)
mmc	MMControl (Multimedia Control)
com	MSComm (Communication Port)
out	Outline (Outline Control)
pcl	Picture Clip (Picture Clip Control)
rtf	Rich TextBox (Rich Textbox)
spn	SpinButton (Spin Button)

B Spezifikationen

B.1 Allgemeine Access-Spezifikationen

Die Spezifikationen für Datenbanken, Tabellen und Abfragen finden Sie in den drei folgenden Tabellen.

Tabelle B.1: Datenbankspezifikationen

Attribute	Maximale Werte
Datenbankgröße (.MDB)	2 GByte, durch verknüpfte Tabellen fast beliebige Größe, da jede verknüpfte Datenbank wieder 2 GByte groß sein kann.
Anzahl der Zeichen für einen Objektnamen	64
Anzahl der Zeichen für ein Benutzerpasswort	14
Maximale Länge eines Benutzer- oder Gruppennamens	20
Anzahl gleichzeitiger Benutzer	255
Anzahl der Objekte in einer Datenbank	32.768
Anzahl der Module in einer Datenbank	1.000

Tabelle B.2: Tabellenspezifikationen

Attribute	Maximale Werte
Maximale Länge eines Tabellennamens	64
Anzahl der Zeichen eines Feldnamens	64
Anzahl der Felder pro Tabelle	255
Maximale Größe einer Tabelle	2 GByte
Maximale Anzahl der Zeichen in einem Text-Feld	255

Tabelle B.2: Tabellenspezifikationen (Fortsetzung)

Attribute	Maximale Werte
Maximale Anzahl der Zeichen in einem Memo-Feld	65.535 oder 1 Gbyte Zeichenspeicher
Max. Größe eines OLE-Objekt-Felds	1 GByte
Anzahl der Schlüssel in einer Tabelle	32
Maximale Anzahl der Felder für einen Index	10, wobei die Gesamtlänge 255 Zeichen nicht überschreiten darf
Anzahl der Zeichen in einer Gültigkeitsmeldung	255
Anzahl der Zeichen in einer Gültigkeitsregel	2.048
Anzahl der Zeichen in der Tabellenbeschreibung	255
Anzahl der Zeichen in einem Datensatz (ohne Memo und OLE-Objekt-Felder)	2.000

Tabelle B.3: Abfragespezifikationen

Attribute	Maximale Werte
Anzahl von Tabellen in einer Abfrage	32
Anzahl von Feldern in einem Recordset	255
Maximale Zahl von verschachtelten Abfragen	50
Anzahl der Zeichen für den Namen eines Parameters	255
Anzahl der AND-Verknüpfungen in einem Ausdruck	40
Anzahl der Zeichen in einem SQL-Befehl	ca. 64.000
Anzahl der ANDs in einer WHERE- oder HAVING-Klausel	99
Anzahl der Zeichen in einer Zelle des Abfrageentwurfsbereichs	1.024

B.2 Jet-Datentypen

Die folgende Tabelle führt die Spezifikationen der Jet-Datentypen auf. Beachten Sie dabei, dass Access 2002 alle Texte im Unicode-Zeichensatz speichert. Dies bedeutet, dass für jedes Zeichen zwei Byte Speicherplatz benötigt werden, es sei denn, Sie haben das entsprechende Feld beim Tabellenentwurf mit der Option *Unicode-Kompression* definiert.

Tabelle B.4: Access-Feldtypen

Konstante	Beschreibung
Text	Text variabler Länge bis 255 Zeichen
Memo	Memo-Feld, Text variabler Länge bis zu 64.000 Zeichen
Zahl: Byte	8-bit Byte, d.h. ganze Zahlen von 0 bis 255
Zahl: Integer	16-bit Integer, d.h. ganze Zahlen von -32.768 bis 32.767
Zahl: Long	32-bit Integer, d.h. ganze Zahlen von -2.147.483.648 bis 2.147.483.647
Zahl: Single	Fließkommazahl mit einfacher Genauigkeit (7 Stellen, -3,402823E38 bis 3,402823E38), benötigt 4 Bytes Speicherplatz)
Zahl: Double	Fließkommazahl mit doppelter Genauigkeit (15 Stellen, -1,79769313486232E308 bis 1,79769313486232E308, benötigt 8 Bytes Speicherplatz)
Zahl: Währung	Währungsdaten, Speicherung wie Double
Zahl: ReplikationsID	ID-Wert zur Replikation (4 Byte)
AutoWert	Fortlaufende eindeutige Numerierung, als Long abgelegt
Ja/Nein	Boolescher Wert (True/False, 1-bit)
OLE-Objekt	Binärdaten variabler Länge, z.B. OLE-Objekt, bis 1 Gbyte

B.3 SQL-Server/MSDE-Spezifikationen

In den folgenden Tabellen finden Sie die Spezifikationen für die verschiedenen SQL Server- und MSDE-Varianten.

Tabelle B.5: Server-Spezifikationen

Attribute	MSDE	SQL Server
Maximale Datenbankgröße	2 GB	Bis zu 1.048.576 TB
Anzahl gleichzeitiger Benutzer	Optimiert für bis zu 5 Benutzern	
Unterstützter Speicherausbau	2 GB	Abhängig von SQL Server-Version, bis zu 64 GB
Unterstützte Anzahl von Prozessoren	2	Abhängig von SQL Server-Version, bis zu 64
Max. Anzahl Spalten in einer Tabelle	1.024	1.024

Tabelle B.6: SQL-Server/MSDE-Feldtypen

Datentyp	Gültigkeitsbereich	Speichergröße
bigint	-9.223.372.036.854.775.808 bis 9.223.372.036.854.775.807	8 Byte
int	-2.147.483.648 bis 2.147.483.647	4 Byte
smallint	-31.768 bis 31.767	2 Byte
tinyint	0 bis 255	1 Byte
bit	0 oder 1	Bitdatentypen teilen sich mit anderen Bit-Spalten zusammen 1 Byte. Entsprechend belegen 8 Bit-Spalten derselben Tabelle 1 Byte. Besitzt die Tabelle nur eine Bit-Spalte, belegt diese ebenfalls 1 Byte.

Datentyp	Gültigkeitsbereich	Speichergröße
decimal(p,s)	$-10^{38}-1$ bis $10^{38}-1$	2 bis 17 Byte je nach angegebener Genauigkeit (p), die bis zu 38 Stellen betragen kann, und s Dezimalstellen
float (auf 15 Stellen genau)	$-1{,}79*10^{308}$ bis $1{,}79*10^{308}$	8 Byte
real (auf 7 Stellen genau)	$-3{,}4*10^{38}$ bis $3{,}4*10^{38}$	4 Byte
char(n)	Entsprechend n bis zu 8000 Zeichen	1 Byte pro deklariertem Zeichen
varchar(n)	Bis zu 8000 Zeichen	1 Byte pro gespeichertem Zeichen; deklarierte aber nicht genutzte Zeichen belegen keinen Speicherplatz.
nchar(n)	Bis zu 4000 Zeichen; Unicode	2 Bytes pro deklariertem Zeichen
nvarchar(n)	Bis zu 4000 Zeichen; Unicode	2 Bytes pro gespeichertem Zeichen; deklarierte aber nicht genutzte Zeichen belegen keinen Speicherplatz.
ntext	bis zu $2^{30}-1$ Zeichen (1.073.741.823); Unicode	Tatsächlich gespeicherte Anzahl Bytes
money	–922.337.203.685.477,5707 bis 922.337.203.685.477,5807 mit einer Genauigkeit von einem Zehntausendstel einer Einheit (vier Dezimalstellen)	8 Byte
smallmoney	–214.748,3648 bis 214.748,3647 mit einer Genauigkeit von einem Zehntausendstel einer Einheit (vier Dezimalstellen). Smallmoney-Werte werden bei der Anzeige auf zwei Dezimalstellen gerundet.	4 Byte
datetime	Datumswerte vom 1. Januar 1753 bis zum 31. Dezember 9999 mit einer Genauigkeit von 3,33 Millisekunden	8 Byte

Datentyp	Gültigkeitsbereich	Speichergröße
smalldatetime	Datumswerte vom 1. Januar 1900 bis zum 6. Juni 2079 mit einer Genauigkeit von einer Minute	4 Byte
binary(n)	Binär; feste Länge	n Byte
varbinary(n)	Binäre; variable Länge	Tatsächlich gespeicherte Anzahl Bytes
text	maximal 2^{31} -1 (2.147.483.647) Byte an binären Daten, variable Länge	Tatsächlich gespeicherte Anzahl Bytes
image	maximal 2^{31} -1 (2.147.483.647) Byte an binären Daten, variable Länge	Tatsächlich gespeicherte Anzahl Bytes
timestamp	Ein für die interne Verarbeitung eingesetzter Wert. Es kann nur ein timestamp pro Tabelle definiert werden.	8 Byte
uniqueidentifier	ein global eindeutiger Bezeichner	16 Byte

C Informationen im Internet

Im Internet finden Sie Informationen und vielfältige Hilfestellung zum Einsatz von Microsoft Access sowie Microsoft SQL Server.

Bitte beachten Sie, dass alle Internet-Angebote, insbesondere auch die von Microsoft, einem konstanten Wandel unterliegen, so dass die zur Zeit der Drucklegung des Buchs gültigen Internet-Adressen vielleicht irgendwann später nicht mehr die erwarteten Internet-Seiten anzeigen.

C.1 Internet-Adressen

In der folgenden Tabelle werden interessante Internet-Adressen zu Access und SQL Server aufgeführt. Viele Seiten sind auf private Initiative entstanden und bieten unendgeldlich Hilfestellung; teilweise sind es aber auch kommerzielle Angebote.

Tabelle C.1: Internet-Adressen für Access

Adresse	Kommentar
http://www.microsoft.de/office	Alles zu Microsoft Office.
http://msdn.microsoft.com	Microsoft Developer Network (MSDN); die zentrale Informationsquelle zu Microsoft-Produkten.
http://msdn.microsoft.com/office	Office-Seiten in MSDN.
http://www.microsoft.com/ technet	Technische Informationen von Microsoft zu allen Microsoft-Produkten.
http://www.microsoft.de/download	Zentrale Download-Sites von Microsoft
http://www.microsoft.com/downloads	
http://www.access-guru.de	Tipps und Downloads, deutsch
http://www.access-hilfe.de	Tipps und Downloads, deutsch
http://www.access-home.de	Tipps und Downloads, deutsch
http://www.access-paradies.de	Tipps und Downloads, deutsch
http://www.accessprofipool.de	Tipps und Downloads, deutsch

Adresse	Kommentar
http://www.access-rettung.de	Rettung von beschädigten Access-Datenbanken
http://www.accessusergroup.com	Access User Group (dAUG)
http://www.a-jo.de	Tipps und Downloads, deutsch
http://www.berndjungbluth.de	Tipps und Downloads zu Access und SQL Server, deutsch
http://www.cyber4you-isp.de/access/	Tipps und Downloads, deutsch
http://www.donkarl.com	Tipps und Downloads, deutsch
http://www.freeaccess.de	Tipps und Downloads, deutsch
http://www.fullaccess.de	Tipps und Downloads, deutsch
http://www.mvps.org/access	Tipps und Downloads, englisch
http://www.trigeminal.com	Tipps und Downloads, deutsch/englisch.

C.2 Newsgroups

Der News-Server *msnews.microsoft.com* stellt Ihnen die folgenden Newsgroups bereit. Sie können diese beispielsweise in Microsoft Outlook oder Microsoft Outlook Express abonnieren.

Tabelle C.2: Deutschsprachige Newsgroups

Newsgroup
microsoft.public.de.access
microsoft.public.de.access.clientserver
microsoft.public.de.sqlserver

Index

Index

C

D

F

G

H

I

L

N

V

W